스펄전 설교전집 16

에스겔 · 다니엘

독자 여러분들께 알립니다!

'CH북스'는 기존 **'크리스천다이제스트'**의 영문명 앞 2글자와 도서를 의미하는 **'북스'**를 결합한 출판사의 새로운 이름입니다.

스펄전 설교전집 16

에스겔·다니엘

1판 1쇄 발행 2023년 1월 2일

발행인 박명곤 **CEO** 박지성 **CFO** 김영은
기획편집 채대광, 김준원, 박일귀, 이승미, 이은빈, 이지은, 성도원
디자인 구경표, 한승주
마케팅 임우열, 김은지, 이호, 최고은
펴낸곳 CH북스
출판등록 제406-1999-000038호
전화 070-4917-2074 **팩스** 0303-3444-2136
주소 서울시 강서구 마곡중앙6로 40, 장흥빌딩 10층
홈페이지 www.hdjisung.com **이메일** main@hdjisung.com
제작처 영신사

※ 잘못 만들어진 책은 구입하신 서점에서 교환해드립니다.
※ CH북스는 (주)현대지성의 기독교 출판 브랜드입니다.

스펄전 설교전집 16

The Treasury of the Bible

스펄전 설교전집
에스겔 · 다니엘

김원주 옮김

CH북스
크리스천 다이제스트

차례

■ 에 스 겔

▪ 다 니 엘

에스겔

제
1
장
—

하나님의 섭리

—

"내가 그 생물들을 보니 그 생물들 곁에 있는 땅 위에는 바퀴가 있는데 그 네 얼굴을 따라 하나씩 있고 그 바퀴의 모양과 그 구조는 황옥 같이 보이는데 그 넷은 똑같은 모양을 가지고 있으며 그들의 모양과 구조는 바퀴 안에 바퀴가 있는 것 같으며 그들이 갈 때에는 사방으로 향한 대로 돌이키지 아니하고 가며 그 둘레는 높고 무서우며 그 네 둘레로 돌아가면서 눈이 가득하며 그 생물들이 갈 때에 바퀴들도 그 곁에서 가고 그 생물들이 땅에서 들릴 때에 바퀴들도 들리더라." — 겔 1:15-19

나는 설교에서 끊임없이 하나님의 섭리에 대해 이야기합니다. 그래서 하나님께서 큰 기사를 행하시는 과정, 곧 소위 "섭리"라고 하는 것에 대해 내가 믿는 바를 설교 전체를 할애해서 한번 설명하는 것이 좋겠다고 생각하였습니다. 적합한 본문을 찾다가 이 본문을 만났습니다. 여기에 나오는 "바퀴들"은 하나님의 섭리를 의미합니다. 내가 이 바퀴들을 설명하는 동안 성령께서 도와주시면 낙담하고 있는 사람들을 기쁘게 하고 고뇌에 지친 많은 사람들에게 기운을 북돋울 수 있는 하나님의 통치에 관해 많은 점들을 설명할 수 있을 것이라고 믿습니다.

1. 설교의 소제목들을 이야기하자면, 첫 번째로 말씀드릴 것은 섭리가 여기서 바퀴에 비유된다는 것입니다.

에스겔 선지자는 "그 생물들을 보았을" 때 눈을 다시 크게 떴고, 거기에서 하나님의 섭리의 놀라운 예를 보았습니다. 나는 이 생물들을 천사라고 생각합니다. 이 사실이 바퀴라는 형상을 통해서 나타났습니다. 여러분은 섭리에 대한 비유를 성경에서만 볼 수 있는 것이 아니라는 점을 알아야 합니다. 로마인들과 그리스인들은 섭리에 있어서 하나님의 놀라운 활동을 바퀴의 회전에 비유하는데 익숙하였기 때문입니다. 말하자면 이렇습니다. 포로로 잡힌 어떤 왕이 쇠사슬에 묶이고 전차 바퀴에 달려서 끌려갔습니다. 그는 끌려가면서 계속해서 바퀴를 쳐다보고 눈물을 흘렸습니다. 그러다가 바퀴를 다시 쳐다보더니 눈을 들어 위를 보고 미소를 지었습니다. 정복자가 그를 바라보고 물었습니다. "너는 무엇 때문에 바퀴를 보고 있느냐?" 포로로 잡힌 왕이 대답하였습니다. "나는 사람의 운명이 이런 것이구나 하고 생각하고 있었소. 방금 전에 나는 여기 위에 있었는데 지금은 저기 아래에 있소. 그러나 얼마 있지 않으면 나는 다시 여기 바퀴 꼭대기에 있을 수 있고 당신은 먼지를 뭉개고 있을 수 있소." 이것이 이교도에게는 익숙한 생각이었습니다. 선지자도 그와 같은 생각을 가지고 있었고, 하나님의 은혜로 이 바퀴가 하나님의 섭리를 보여주는 매우 아름다운 비유라는 것을 알게 되었습니다. 이제 그 점을 설명하도록 하겠습니다.

왜 섭리를 바퀴와 같은 것으로 보는지에 대한 한 가지 이유를 방금 전에 말씀드렸습니다. 그것은 때로 바퀴의 한 부분이 바퀴 꼭대기에 있다가 그 다음에는 맨 밑바닥에 있기 때문입니다. 때로 이 부분이 높아졌다가 이내 밑바닥으로 내려앉습니다. 그 다음에는 이 부분이 공중으로 올라갔다가 다시 한 바퀴 돌면 땅바닥으로 내려앉습니다. 우리의 인생이 그와 같습니다. 때로 우리는 아주 가난한 처지에 떨어져서 무엇을 해서 먹고 살지 잘 알 수가 없습니다. 그런데 얼마 되지 않아 바퀴가 회전하면 부의 안락함을 누리게 됩니다. 넓은 방을 차지하고 살며 양식과 포도주를 배부르게 먹고 넘치도록 가득 찬 잔을 마십니다. 그러다가 다시 우리는 병과 기근으로 낮은 데 처하게 됩니다. 잠시 시간이 지나고 또 한 페이지가 넘어가면 우리는 하늘에까지 높이 올라가 여호와 우리 하나님을 찬송하고 기뻐할 수가 있습니다. 나는 이 자리에 계신 여러분 가운데 많은 사람들이 나보다 훨씬 더 변화무쌍한 삶을 살았을 것이라고 생각합니다. 그래서 여러분은 여러분의 인생이 "바퀴"와 같았다는 것을 느낄 수 있습니다. 자, 그대는 건강하고 지위가 높고 부유합니다. 그대는 지금 바퀴의 맨 꼭대기에 있는 것일 수 있습니다. 그러나 인생은 바퀴입니다. 그대는 머지않아 낮아질 수 있습니다. 우울하고 풀이 죽은 불쌍한 여러분, 머리를 어디에 두어야 할지 몰라서 슬퍼하고 있는 여러분, 바퀴가 돌면 여러분이 높은 데로 올라갈 수 있습니다. 우리의 경험은 결코 확정된 것이 아닙니다. 그것은 언제나 변하고 회전합니다. 지금 바퀴의 끝머리에 앉아 있는 파리는 바퀴가 다음에 한 번만 돌면 깔아뭉개질 수가 있습니다. 세상은 오늘 목사에게 "호산나" 하고 외치다가도 다음 날이면 "그를 십자가에 못 박게 하소서 십자가에 못 박게 하소서" 하고 소리칠 수 있습니다. 이런 것이 사람의 상태입니다. 섭리는 바퀴와 같습니다.

여러분도 알다시피, 바퀴에는 결코 돌지 않는 한 부분이 있는데 그것은 바퀴의 축(軸)입니다. 그와 같이 하나님의 섭리에도 결코 움직이지 않는 축이 있습니다. 그리스도인 여러분, 여기에 여러분을 위한 기분 좋은 사실이 있습니다. 여러분의 상태는 언제나 변하고 있습니다. 때로 여러분은 마음이 우쭐해지기도 하고 때로는 우울해지기도 합니다. 그렇지만 여러분의 상태에서 움직이지 않는 점이 있습니다. 그 축이 무엇입니까? 모든 기계가 돌아가는 중심점에 있는 추축(樞軸)은 무엇입니까? 그것은 자기 언약 백성들을 향한 하나님의 영원한 사랑이라는 축입니다. 바퀴의 외부는 변하고 있지만 그 중심은 언제나 고정되어 있습니다. 다른 것들은 움직일 수 있지만 하나님의 사랑은 움직이지 않습니다. 이것이 바퀴의 축입니다. 그리고 이것이 하나님의 섭리를 바퀴에 비유하는 또 한 가지 이유입니다.

그 다음에 한 가지 더 생각해 봅시다. 여러분이 관찰해 보면, 바퀴가 아주 빠르게 움직일 때는 바퀴의 외부 테두리밖에 볼 수 없다는 것을 압니다. 그래서 여러분이 역사를 되돌아보고 수천 년의 이야기를 읽어보면 섭리의 바퀴가 아주 빠르게 돌아가기 때문에 그 원 안에 있는 작은 모든 일들을 놓칩니다. 한 가지 큰 사실만을 보는데, 그것은 하나님께서 이 세상에서 자신의 영원한 목적들을 이루어가고 계신다는 것입니다. 여러분이 앉아서 역사책을 한 권 집어 들고, 말하자면 영국 역사서를 들고서 그 가운데 한 사건에 대해서 "이것은 제 자리에 놓이지 않은 것 같아"라고 말할 것입니다. 다른 사건에 대해서는 "이것은 시기가 맞지 않은 것 같아"라고 하고, 또 다른 사건에 대해서는 "이것은 자유의 대의에 어긋나는 것 같아"라고 말합니다. 천 년의 역사를 보고, 또 그 시초부터 자유를 말살할 것처럼 보였던 일들, 다시 말해 우리의 이 연방 국가가 출현할 때부터 이 나라를 파괴할 것처럼 보였지만 자유라는 튼튼한 이 떡갈나무가 더 깊이 뿌리박게 만들었던 일들을 잘 살펴보십시오. 사건들을 하나씩 하나씩 보기보다는 전체를 한 번에 보도록 하십시오. 천 년의 역사를 보면 여러분에게 하나님은 지혜로우시고 공의로우시다는 것을 가르쳐 주는, 좌우 대칭이 이루어진 둥근 원밖에 보이지 않을 것입니다. 여러분의 인생도 그와 같다는 것을 아십시오. 오늘 여러분이 근심거리들로 초조해합니다. 그러면 과거도 생각해 보고, 여러분의 모든 근심거리들을 합쳐 보면, 그것들은 전혀 근심거리들이 아닙니다. 이 근심거리가 다른 근심거리를 좌절시키는 것을 볼 것입니다. 여러분의 삶을 예로 들어 생각해 보십시오. 오늘 하루만을 보지 않고 지난 40년간의 여러분 인생을 돌아보십시오. 그러면 여러분은 슬퍼하고 불평하기보다 여러분에게 베푸신 자비들을 인하여 하나님을 찬송하지 않을 수 없을 것입니다. 바퀴가 돌아가게 해 보십시오. 그러면 영원한 지혜의 바퀴가 돌아가는 것밖에 보이지 않을 것입니다.

지금까지 나는 설교 주제의 첫 번째 부분, 곧 하나님의 섭리가 여기서 바퀴에 비유된다는 점을 알기 쉽게 설명하였다고 믿습니다.

2. 두 번째로 생각할 점은, 하나님의 섭리는 천사들과 신비하게 연결되어 있다는 것입니다.

15절을 보십시오. "내가 그 생물들을 보니." 그 다음에는 19절을 보십시오. "그 생물들이 갈 때에 바퀴들도 그 곁에서 가고 그 생물들이 땅에서 들릴 때에 바퀴들도 들려서." 나는 이 생물들이 천사라고 생각합니다. 그리고 본문은 섭리와 천사 같은 존재가 서로 연결되어 있다고 가르칩니다. 나는 그것을 어떻게 설명해야 할지, 어떻게 그렇게 되어 있는지 모릅니다. 그러나 천사들이 이 세상일들과 깊은 관계가 있다고 믿습니다. 천사가 산헤립의 군대를 쓰러트렸습니다. 하나님의 영원한 목적들을 이루기 위해 어떤 방식으로든지 천사들이 보냄을 받는다고 나는 굳게 믿습니다. 섭리라는 이 큰 바퀴를 여전히 천사가 돌립니다. 이 바퀴를 멈추게 할 것 같은 문제가 발생할 경우에는 힘센 천사가 바퀴에 어깨를 대고 굴러가도록 밀어서 하나님의 섭리라는 전차가 계속 가도록 만듭니다. 천사들은 우리가 생각하는 것보다 훨씬 더 많은 면에서 우리와 관계가 있습니다. 나는 때로 영들이 내려와 내 귀에 어떤 생각들을 속삭인다는 것밖에 알지 못합니다. 때로는 꿈의 나라에서 오는 것 같은 이상한 생각들이 들기도 하고, 내 속에서 심령을 뜨겁게 만드는 활활 타는 듯한 이상들이 보이기도 합니다. 그런가 하면 성령님으로부터 오는 것임을 알 수 있는 생각들이 떠오르는 경우도 있습니다. 그 가운데 어떤 것들은 영광스럽고 또 어떤 것들은 그만큼 영광스럽지는 않지만 여전히 거룩한 생각들입니다. 그리고 천사들에게서 오는 것으로 보이는 생각들도 종종 있습니다. 때로 고통 가운데 있을 때 마음을 위로하는 생각을 만나기도 합니다. 겟세마네 동산에서 그리스도께 힘을 북돋우기 위해 천사가 보냄을 받지 않았습니까? 여러분은 천사가 예수님의 힘을 북돋았다는 점을 어떻게 생각합니까? 그리스도의 마음에 어떤 생각들을 집어넣음으로써 힘을 북돋운 것입니다. 천사가 그 외에 다른 어떤 방식으로 그 일을 할 수 없었을 것입니다. 천사는 깁스를 하거나 어떤 물질적인 수단을 사용해서 주님에게 힘을 북돋울 수 없었고, 다만 거룩한 생각들을 주입함으로써 그 일을 할 수 있었습니다. 그 일은 우리에게도 마찬가지입니다. 여러분을 타락시켰을 수도 있는 시험이 있었습니다. 그때 하나님께서 이렇게 말씀하셨습니다. "가브리엘아, 날아가라! 내 백성 가운데 위험에 처한 사람이 있다. 가서 그의 심령에 거룩한 생각을 집어넣어라. 그러면 위험이 올 때 그가 '사탄아 내 뒤로 물러가라. 나는 결코 죄에 손을 대지 않겠다'라고 말할 것이다."

우리 그리스도인에게는 사람마다 동행하는 수호천사가 있습니다. "그들의 천사들이 하늘에서 하늘에 계신 내 아버지의 얼굴을 항상 뵈옵느니라"(마 18:10)는 말씀은 모든 그리스도인에게 수호천사가 있다는 의미인 것이 분명합니다. 이 수호천사는 그리스도인 한 사람 한 사람에게 날아가서 그의 머리 위로 하나님의 방패를 들고 있으며, 그의 발이 돌에 부딪히지 않게 하는 일을 합니다. 또 이 천사는 그리스도인을 보호하고 통제하며 관리하고 그의 마음에 생각들을 주입하며 악한 욕구들을 억누릅니다. 그리고 그는 죄를 짓지 못하도록 막고 의를 행하도록 인도하시는 성령님의 대행자이자 종입니다. 내 생각이 옳은지 그른지는 여러분의 판단에 맡깁니다. 내가 "천사론"에 있어서 일반 사람들보다 더 많이 생각하는 것일지 모릅니다. 때로 나는 밤에 혼자 있을 때 상상력이 아주 강하게 발동을 하면 내가 하나님의 말씀을 전할 때 천사가 주위를 날아다니는 것을 보았다는 생각이 들기까지 하였습니다. 어떻든 나는 본문 말씀이 우리에게 천사들이 하나님의 섭리와 깊은 관계가 있음을 가르친다고 생각합니다. 본문이 "그 생물들이 갈 때에 바퀴들도 그 곁에서 가고 그 생물들이 땅에서 들릴 때에 바퀴들도

들리더라"고 말하기 때문입니다. 우리는 하나님께서 천사들을 구원의 상속자인 하나님의 백성들을 섬기는 부리는 영들로 지으신 것에 대해서 하나님을 찬미합시다.

3. 세 번째로 드릴 말씀은, 하나님의 섭리는 우주적이라는 것입니다.

여러분이 본문을 보면 이것을 알 것입니다. "내가 보니 그 생물들 곁에 있는 땅 위에는 바퀴가 있는데 그 네 얼굴을 따라 하나씩 있고." 바퀴에 "네 얼굴"이 있었습니다. 내가 생각할 때 이 말씀은 한 얼굴은 북쪽을 바라보고 또 한 얼굴은 남쪽을, 또 한 얼굴은 동쪽을, 또 한 얼굴은 서쪽을 바라보고 있다는 뜻입니다. 각 방면을 바라보는 얼굴이 있는데, 이것은 섭리가 우주적이어서 지구의 모든 방면을 바라보고 있음을 가르칩니다. 여러분은 옛날 그림이 걸려 있는 집에 가본 적이 있습니까? 나는 이따금 미술관에 가곤 했는데, 거기에 옛날 전사의 그림이 있었습니다. 그 전사는 나를 똑바로 바라보았습니다. 내가 그림이 걸려 있는 방의 한쪽 끝으로 갈지라도 그 전사는 여전히 나를 바라보았습니다. 여러분이 방의 어느 쪽에 있든지 간에 잘 그려진 초상화는 여러분을 보고 있을 것입니다. 하나님의 섭리가 그와 같습니다. 여러분이 어디에 있든지 간에, 하나님의 눈이 여러분을 보실 것입니다. 마치 이 온 세상에 다른 사람은 아무도 없는 것처럼 여러분을 보실 것입니다. 이 세상에 단 한 사람 밖에 없다면 하나님께서 얼마나 그 사람을 집중해서 보실 것인지 상상할 수 있습니다. 그런데 하나님은 우리 각 사람을 마치 이 온 세상에 다른 아무 피조물이 없는 것처럼 보십니다. 하나님의 눈은 매 시간, 매 순간 우리에게 고정되어 있습니다. 우리가 어디에 있든지 간에 바퀴의 한 얼굴은 우리에게 향해 있을 것입니다.

여러분은 주님 앞에서 나를 쫓아낼 수 없습니다. 나를 시베리아나 라플란드(Lapland: 유럽 최북부 지역 - 역주)의 눈 쌓인 곳으로 보내보십시오. 거기에서도 하나님의 눈은 나를 볼 것입니다. 나를 오스트레일리아로 보내어 금광 지대에서 일하게 만들어 보십시오. 거기에서도 하나님은 나를 만나실 것입니다. 여러분이 나를 이 둥근 지구의 가장 끄트머리로 보낼지라도 거기에서도 여전히 나를 보는 하나님의 눈이 있을 것입니다. 풀잎 하나 자라지 않는 사막에 집어넣어 보십시오. 거기에서도 하나님의 임재가 나를 위로할 것입니다. 폭풍우가 윙윙 거리고 바람이 비명을 지르는 바다로 보내보십시오. 미친 파도가 마치 구름 낀 보좌에서 별을 딸 것처럼 하늘에까지 손을 뻗을지라도 거기에서도 나를 바라보는 하나님의 눈이 있을 것입니다. 나를 바다 속에 빠트리고, 파도 사이에서 꼴딱꼴딱 하고 내 목구멍으로 물이 넘어가는 소리가 나게 해 보십시오. 내 몸을 바다 동굴 속에 뉘여 보십시오. 거기에서도 내 뼈 하나하나를 쳐다보는 하나님의 눈이 있을 것입니다. 그래서 부활의 날에 내 모든 원소가 어디로 흩어졌든지 다 추적될 것입니다. 그렇습니다. 하나님의 눈은 도처에 있습니다. 하나님의 섭리는 우주적입니다.

이 자리에는 친구들이 아주 멀리 떨어져 있는 분들이 있을 수 있습니다. 그 분들에게 위로의 말을 드리겠습니다. 하나님의 눈이 그들을 보고 계십니다. 이 자리에 사랑하는 사람들이 이제 곧 먼 나라로 가게 되어 헤어질 분들이 있을 수 있습니다. 그들이 어디로 가든지 간에, 그들은 마치 여기 있는 것과 마찬가지로 하나님의 보호하심 가운데 있을 것입니다. 이 세상의 어떤 부분이 다른 부분만큼 태양의 빛에 가깝지 않은 경우가 있다고 할지라도, 그들은 모두 하나님의 눈에 다 같이 가까이 있습니다. 여러분이 원하는 대로 어디든지 나를 보내보십시오. 그곳이 어디든지 간에 섭리의 구름 기둥이 나를 인도할 것이고, 하나님께서 나와 함께 하실 것입니다. 그 생각은 멍고 파크(Mungo Park, 1771 - 1806, 아프리카 대륙을 탐험한 스코틀랜드 탐험가 - 역주)가 사하라 사막에 있었을 때 그에게 큰 위안이 되었습니다. 그는 강도를 만나 모든 것을 빼앗기고 알몸이 되었습니다. 그때 갑자기 이끼 한 조각이 눈에 띄어 그것을 집어 들고 보니, 정말로 아름다웠습니다. 그는 말했습니다. "그렇다면 하나님의 손이 여기 있는 것이다. 하나님의 작품들 가운데 한 가지가 여기 있으니 말이다. 내가 큰 소리로 불러도 들을 사람이 아무도 없고, 먹이를 찾아 어슬렁거리는 사자와 울부짖는 자칼밖에 없을지라도 하나님은 여기 계신다." 그 생각에 그는 위로를 얻었습니다.

여러분이 어디에 있든지 간에, 여러분의 처지가 어떻든지 간에, 하나님께서 여러분과 함께 계실 것입니다. 하나님의 눈은 결혼식에도 가 있고 장례식에도 가 있으며, 요람도 보시고 무덤도 보십니다. 전투 중에도 하나님의 눈은 연기를 뚫고 보고 계시며, 혁명의 때에도 통치자의 손에서 벗어난 사람들 무리를 다루는 하나님의 손이 있습니다. 지진 가운데서도 여호와는 나타나십니다. 폭풍우 가운데서도, 배를 요동치게 하고 바위에 부딪히게 하는 사나운 파도에서도 배를 구원하시는 하나님의 손이 있습니다. 어떤 계절이든지, 어떤 때이든지, 어떤 위험에서든지, 어떤 풍토에서든지 거기에 하나님의 손이 있습니다.

4. 그 다음에 드릴 말씀은, 하나님의 섭리는 하나라는 것입니다.

하나님의 섭리는 언제나 하나뿐입니다. "내가 그 생물들을 보니 그 생물들 곁에 있는 땅 위에는 바퀴가 있는데 그 네 얼굴을 따라 하나씩 있고 그 바퀴의 모양과 그 구조는 녹주석(綠柱石, 개역개정은 '황옥') 같이 보이는데 그 넷은 똑같은 모양을 가지고 있으며." 이 바퀴들의 모양과 구조는 녹주석같이 보였습니다. 바퀴가 넷이고 얼굴도 넷인데, 모양은 하나였습니다. 기계 장치는 하나밖에 없었습니다. 이렇게 해서 섭리는 모두가 하나라는 사실을 우리는 배웁니다. 때로는 섭리의 일들이 서로 엇갈리는 것처럼 보입니다. 하나님께서 행하시는 한 가지 일이 하나님께서 행하시는 다른 일과 모순되는 것처럼 보입니다. 그러나 사실은 그렇지 않습니다.

하나님의 섭리가 하나라는 것은 우리가 파악하기 어렵지만 위대한 진리입니다. 요셉의 경우를 한 번 봅시다. 하나님께서는 요셉을 애굽 온 땅을 다스릴 치리자로 세울 뜻을 마음에 두고 계십니다. 그런데 그 뜻이 어떻게 이루어집니까? 첫째로 할 일은 요셉의 형제들이 그를 미워해야 하는 것입니다. 그러면 여러분은 이렇게 말합니다. "아! 그것은 뒤로 한 걸음 물러나는 것입니다." 그 다음에, 요셉의 형제들이 그를 구덩이 집어넣어야 합니다. "그것은 또 한 걸음 뒤로 물러나는 것이에요" 하고 여러분은 말합니다. 아니요, 그렇지 않습니다. 잠깐만 더 들어보십시오. 요셉의 형제들이 요셉을 팔아야 합니다. 그것은 또 한 걸음 뒤로 물러나는 것이지 않습니까? 아, 그런데 그렇지 않습니다! 섭리는 하나입니다. 여러분은 섭리를 따로따로 떨어진 부분들로 보아서는 안 됩니다. 요셉이 팔립니다. 그는 총애 받는 사람이 됩니다. 여기까지는 아주 좋습니다. 그것은 한 걸음 앞으로 나아가는 것입니다. 그런데 이내 그는 지하 감옥에 갇힙니다. 기다려서 그 결말을 봅시다. 기계의 각기 다른 모든 부분들이 하나입니다. 기계의 여러 부분들이 충돌하는 것처럼 보이지만 결코 그렇지 않습니다. 그 모든 것을 합쳐 보십시오. 요셉이 구덩이에 던져지지 않았다면 그는 보디발의 종이 되지 못하였을 것입니다. 요셉이 감옥에 갇히지 않았다면 다른 죄수들의 꿈을 해석하지 못했을 것입니다. 그리고 애굽 왕이 꿈을 꾸지 않았다면 결코 왕궁으로 부름 받지 못하였을 것입니다. 요셉이 존귀하게 되도록 합력해서 작용한 수많은 기회들이 있었습니다. 섭리는 하나입니다. 섭리는 결코 스스로 충돌하지 않습니다.

어떤 사람은 말합니다. "아, 나는 그것을 이해하지 못하겠어요. 섭리는 내게 아주 불리하게 작용하는 것처럼 보입니다." 한나 모어 여사(Hannah More: 1747-1833. 영국 종교 저술가이자 박애주의자 - 역주)가 말한 것으로 생각되는데, 자기가 한번은 카펫을 제조하는 곳에 들어갔다고 했습니다. 그녀가 카펫을 보고 "전혀 아름다워 보이지 않는군요" 하고 말하자 주인이 말했습니다. "그것은 부인께서 이제까지 보지 못한 가장 아름다운 카펫 가운데 하나입니다." "여기 걸려 있는 것 좀 보세요. 아주 무질서하기 짝이 없어요." "부인, 왜 그러는지 아십니까? 부인은 지금 카펫의 뒷면을 보고 있기 때문입니다." 아주 많은 경우에 우리에게 벌어지는 일이 그와 같습니다. 여러분과 나는 뒷면을 보고 있기 때문에 섭리가 우리에게 불리하게 작용하고 있다고 생각합니다. 우리는 이 땅에 있는 동안에 섭리의 뒷면을 봅니다. 그러나 천국에 이르면 우리는 하나님의 처사들의 바른 면을 볼 것입니다. 그러면 그때는 이렇게 말할 것입니다. "하나님이여, 주의 행사는 참으로 다양합니다! 주께서 이 모든 일들을 지혜롭게 행하셨습니다." 때로 여러분은 사랑하는 친구가 왜 죽게 되었는지 생각하면, 혼란스러웠습니다.

또는 이렇게 말하기도 하였습니다. "왜 내가 이런 저런 때에 병이 들었지? 왜 그런 고생과 재난이 내게 임했지?" 그것은 여러분이 알 바가 아닙니다. 여러분은 모든 일들이 합력해서 한 가지 큰 목적을 이루며, 이 일이 다른 일을 방해하지 않는다는 것을 믿어야 합니다. 그러나 여러분이 아직은 그것을 볼 것이라고 기대해서는 안 됩니다. 여기 이 땅에서는 기계가 완전히 부서지는 것처럼 보이고, 그러면 우리는 그것을 보고 얼떨떨할 수밖에 없습니다. 그러나 하늘에서는 그 모든 것이 합쳐지는 것을 볼 것입니다. 어떤 위대한 기술자가 기계를 만들고 있는 곳에 내가 들어가서 그에게 이렇게 묻는다고 생각해 봅시다. "지금 당신은 이것이 기계라고 말할 생각입니까?" "그렇습니다. 이것은 최고의 기계가 될 것입니다." "그렇게 보이지 않는데요. 나는 이것을 조립할 수 없겠어요." "그렇습니다. 선생님, 선생님은 할 수 없지만 나는 할 수 있습니다. 내가 이것을 조립하고 나면 와서 보십시오. 그러면 선생님은 기계의 각 부분이 다른 부분과 조화를 이루고, 바퀴의 톱니마다 다른 기계의 톱니와 맞물려 작동하는 것을 볼 것입니다. 그래서 내가 손을 보면 모든 부분들이 다 같이 움직일 것입니다. 그러니 선생님은 이 기계에 트집을 잡아 '이것은 너무 작고 저것은 너무 크다'고 말하지 마시기 바랍니다. 선생님은 기계에 관해 아무것도 모르기 때문입니다." 친구 여러분, 그와 같이 여러분과 나는 하나님의 방식들을 부분적으로밖에 보지 못합니다. 우리는 그저 여기서 바퀴를 보고 저기서 바퀴를 볼 뿐입니다. 우리는 천국에 갈 때까지 기다려야 합니다. 그때서야 비로소 카펫의 바른 면을 볼 것이고, 그것이 한 목표, 한 목적을 지닌 한 기계 장치였다는 것을 알게 될 것입니다.

5. 그 다음에 생각할 점은, 본문에서 하나님의 섭리가 바다에 비유된다는 것입니다.

16절을 보십시오. "그 바퀴의 모양과 그 구조는 녹주석같이 보이는데." "녹주석(綠柱石)"이라는 이 단어는 성경에서 보통 바다를 표시하는데 사용됩니다. 이는 녹주석이 여러분이 때로 바다에서 보는 짙은 녹색과 또 때때로 보이는 바다의 푸른 모양과 아주 흡사하기 때문이다. 우리가 잠시 높은 절벽 꼭대기에 올라가서 요동치는 바다를 내려다봅시다. 바다는 그동안 수많은 노래의 주제였습니다. 바다는 그 거대한 가슴에 수많은 함대(艦隊)들을 품었지만 여전히 굽이치고 있습니다. 바다가 하늘에 있는 성운(星雲)들과 하나님께서 높은 곳에 매달아 두신 천체들에 비하면 하나님의 창조의 작은 부분들 가운데 하나에 불과하지만, 여러분이 바다에 관해 생각하기 시작하면, 다시 말해 하나님 작품들의 광대한 세계에 대해 생각하다 보면 그 거대함에 길을 잃기 시작합니다. 이 일은 섭리에 대해서도 그대로 적용됩니다.

하나님의 섭리는 또 다른 이유에서 바다와 비슷합니다. 바다는 결코 정지해 있지 않고, 밤낮으로 항상 움직입니다. 낮에 태양이 바다를 비출 때, 바다의 파도는 마치 온 땅을 점령하고 견고한 땅을 온통 물에 잠기게라도 하려는 것처럼 일렬로 서서 경계선까지 밀고 들어옵니다. 그 다음에 다시 파도는 마치 먹이를 마지못해 포기하는 것처럼 뒤로 물러갑니다. 바다는 항상 움직입니다. 달이 바다를 비추고 별들이 바다를 밝게 해도 바다는 여전히 움직입니다. 혹은 깜깜함이 내려와 아무것도 볼 수 없어도 여전히 바다는 움직입니다. 밤낮으로 끊임없이 요동하는 큰 물결은 떠들썩하게 영광의 찬가를 부르거나 먼 바다에서 난파당한 선원들의 엄숙한 애가(哀歌)를 속삭입니다. 섭리는 그런 것입니다. 섭리는 밤낮으로 언제나 진행합니다. 농부가 잘지라도 그가 뿌린 밀은 자랍니다. 바다에서 선원은 잠들지라도 바람과 파도는 그의 배를 계속해서 실어 나릅니다. 섭리, 그대는 결코 멈추지 않는다. 그대의 거대한 바퀴는 영원한 회전을 멈추지 않는다! 푸른 바다가 오랜 세월 동안 맹렬하게 굽이쳤듯이 섭리도 처음으로 그것을 작동하도록 하신 분이 멈추라고 명령하실 때까지 계속해서 앞으로 굴러갈 것입니다. 멈추라는 명령이 있으면 섭리의 바퀴가 멈출 것입니다. 섭리는 전능하신 하나님의 영원한 명령에 의해 항상 정해지기 때문입니다.

그 다음에, 여러분은 섭리가 바다 같은 또 한 가지 이유를 볼 것입니다. 사람은 섭리를 다룰 수 없습니다. 바다를 다스리거나 지배할 사람이 있습니까? 사람은 할 수 없습니다. 크세르크세스(Xerxes)는 바다가 자기 배들을 쓸어 가버렸다고 해서 헬레스폰트(Hellespont: 다르다넬스[Dardanelles] 해협의 옛 그리스 명 - 역주)를 위한 쇠사슬을 만들어 그것으로 채찍 삼아 바다를 쳤습니다. 그렇지만 바다가 그것에 대해 조금이라도 신경을 썼습니까? 바다는 그를 비웃었습니다. 만일 그가 그리 큰 겁쟁이가 아니어서 바다의 품에 뛰어들었다면 바다가 그를 삼켜버렸을지도 모릅니다. 크누트 대왕(Canute: 994?-1035. 영국 · 덴마크 · 노르웨이 왕 - 역주)이 해변에 의자를 놓고 앉아서 파도에게 물러가라고 명령하였습니다. 파도가 그의 말에 신경을 썼습니까? 파도는 몰려왔고, 그가 뒤로 물러가지 않았다면 그와 그의 의자를 쓸어 가버렸을 것입니다. 바다는 사람이 다스릴 수 있게 되어 있지 않습니다. 함대 전체가 바다 위를 항해하는데, 그것은 개울에 부는 바람에 밀려가는 깃털 같을 뿐입니다. 사람들이 바다에 무엇을 놓을지라도 그것은 아무것도 없는 것이나 같습니다. 바다는 사람이 제지하거나 묶거나 다룰 수 없습니다. 탐욕스런 사람은 땅을 넓혀갔지만, 바다에는 경계표가 없습니다. 바다는 맹렬하고, 자신의 뜻을 따라 움직입니다. 섭리가 그와 같습니다. 사람은 섭리를 다루지 못할 것입니다.

한번은 나폴레옹이 계획은 사람이 하지만 처리는 하나님께서 하신다는 말을 들었습니다. 이에 나폴레옹이 "나는 계획하고 처리도 내가 한다"고 말했습니다. 여러분은 나폴레옹이 계획도 하고 처리도 하였다고 생각합니까? 그는 가서 러시아를 점령하려고 계획하였습니다. 러시아 군대를 분쇄하려고 계획하였습니다. 그렇지만 그가 어떻게 다시 돌아왔습니까? 그는 거의 혼자서 돌아오다시피 하였습니다. 그의 강력한 군대는 죽고 쇠약해졌으며 굶주림 때문에 거의 서로를 잡아먹다시피 하였습니다. 사람이 계획을 하지만 처리는 하나님이 하십니다. 섭리는 바다처럼 사람이 조종할 수 없습니다. 오직 하나님만이 통제하실 수 있습니다. 사람이 하나님의 섭리에 맞서도록 해 보십시오. 그러면 섭리가 그를 깔아뭉갤 것입니다.

6. 그 다음에, 하나님의 섭리는 난해합니다.

여러분은 본문에서 이 사실을 발견할 것입니다. "그 바퀴의 모양과 그 구조는 녹주석같이 보이는데 그 넷은 똑같은 모양을 가지고 있으며 그들의 모양과 구조는 바퀴 안에 바퀴가 있는 것 같으며." 나는 방금 하나님의 섭리는 난해하다고 말했습니다. 요셉이 두 아들을 데리고 야곱의 임종의 자리로 왔을 때 야곱이 그 아들들에게 복을 빌려고 손을 내밀어 오른손은 둘째 아들의 머리에, 왼손은 장자의 머리에 얹었습니다. 그러자 요셉이 "그리 마옵소서 이는 장자이니이다"(창 48:18) 하고 말했습니다. 이에 야곱이 "나도 안다 내 아들아 나도 안다"고 하였습니다. 그리고 방식을 바꾸려 하지 않고 그대로 팔을 엇갈린 채 축복하였습니다. 하나님께서는 보통 팔을 엇갈리게 해서 자기 자녀들에게 복을 베푸십니다. 우리는 "나에게 그렇게 하지 마십시오" 하고 말하지만 하나님께서는 "내 아들아, 그렇게 해야 한다. 그래야 네게 복이 있다. 그러니 '팔을 풀어 주세요'라고 하지 마라. 다른 무엇보다 그것이 네게 복을 주는 방식이기 때문이다. 나는 네게 지극히 큰 복을 주고 싶고, 그래서 팔을 엇갈리게 한 것이다"라고 말씀하십니다. 하나님의 섭리는 참으로 난해합니다. 여러분은 언제나 섭리를 꿰뚫어 보고 싶지 않습니까? 장담하건대, 여러분은 결코 섭리를 꿰뚫어 보지 못할 것입니다. 여러분은 그렇게 볼 만한 눈이 없습니다.

여러분은 고통스런 하나님의 섭리가 여러분에게 얼마나 큰 유익을 가져다주는지 보고 싶어 합니다. 여러분은 그 점을 믿어야 합니다. 여러분은 섭리가 어떻게 여러분 영혼에 유익을 가져다줄 수 있는지 알고 싶어 합니다. 여러분은 그 점을 믿어야 합니다. 하나님을 신뢰함으로써 하나님께 명예를 드리도록 하십시오. 하나님께는 악인들이 끊으려 하지만 끊을 수 없고 의인들이 풀려고 하지만 오직 하나님만이 푸실 수 있는 고르디우스의 매듭(Gordian knots: 프리지아 국왕 고르디우스의 매듭으로 어려운 문제를 상징한다 - 역주)이 많이 있습니다. 우리는 악인들이 성공하는 것을 봅니다. 의인들은 내팽개쳐지는 동안에 악인들은 번영하고 그들의 힘은 강력합니다. "왜 이렇습니까?" 하고 우리는 묻습니다. 바퀴들 안에 바퀴들이 있습니다. 여러분은 악을 행하는 자들이 경건한 사람들보다 더 성공한다고 해서 조바심을 내지 마십시오. 정당한 권리가 있는 것처럼 보이는 민족은 짓밟히고 포악한 민족이 승리를 거둘 수가 있습니다. 이것을 보고 "왜 이렇지?" 하고 묻지 마십시오. 여러분이 저기 하늘에 올라가면 그때 그 이유를 알게 될 것입니다. 가브리엘조차 감히 하려고 하지 않는 일, 곧 섭리의 이유를 묻는 일을 하지 않도록 하십시오. 하나님께서 결코 대답을 주시지 않을 것이기 때문입니다.

7. 다음으로, 하나님의 섭리는 언제나 옳습니다.

나는 이 점에 대해서 여러분을 오래 붙들어 둘 생각이 없습니다. 에스겔 선지자가 바퀴들을 보고서 "그들이 갈 때에는 돌이키지 아니하고 가더라"(겔 1:17)고 바르게 말합니다. 이 바퀴들은 언제나 똑바로 갔고 오른쪽이나 왼쪽으로 방향을 틀지 않았습니다. 하나님의 섭리는 그렇습니다. 사람은 여러 가지 계획을 세웁니다. 사람은 "이 망대를 세워야겠다"고 말하고, 망대를 절반쯤 세웁니다. 그런데 일을 하다 보니 망대 세우는 일을 끝낼 수 없었습니다. 그래서 그는 망대를 허물어 버리고 그보다 작은 기초 위에 다시 망대를 세우지 않으면 안 됩니다. 하나님은 결코 그렇게 일하시지 않습니다. 하나님은 시작할 때 계획이 있고, 그 계획을 성취하십니다. 하나님은 기초를 놓으시고 또 건물을 세우는 일을 끝까지 마무리하십니다. 하나님께서 자신의 뜻을 바꾸신다고 말하는 사람들이 있습니다. 그런 사람들은 하나님이 도대체 어떤 분이신지 모르는 것입니다. 하나님께서 어떻게 변하실 수 있습니까? 하나님이 변하신다면, 좋은 상태에서 더 나쁜 상태로 변하거나 나쁜 상태에서 더 좋은 상태로 변할 수밖에 없을 것입니다. 그런데 하나님께서 나쁜 상태에서 더 좋은 상태로 변할 수 있다면 하나님은 지금 완벽하지 않은 것입니다. 그리고 만일 하나님께서 현재의 모습에서 더 나쁜 상태로 변할 수 있다면 그때는 완벽하지 않을 것이고, 그러면 그는 하나님이 될 수가 없을 것입니다. 하나님은 변하실 수 없습니다. 하나님께서 자신의 뜻을 조금이라도 바꾸거나 옮기는 것은 있을 수 없는 일입니다. 하나님이 능력이 없기 때문에 변할 수 있습니까? 하나님은 이 지구를 산으로 에워싸거나 산들을 바다에 집어넣으실 수 있습니다. 하나님께서 인내심이 충분치 않아서 변하실 수 있습니까? 자신의 뜻에서 결코 벗어나지 않으시는 하나님께서 그렇게 하시겠습니까? 하나님께서 실수를 하였기 때문에 변할 수 있습니까? 지존하신 하나님 여호와께서 그 전능하신 마음에 오류를 품으실 수 있겠습니까? "실수하는 것은 인간적입니다." 하나님께는 전체 계획이 계속 진행하여 완성되고, 하나님께서 정하신 것은 이루어질 것입니다. 하나님의 계획은 운명의 쇠 바위에 쓰여 있어서 변경될 수 없습니다. 하나님께서 바퀴를 굴리시니 바퀴가 계속해서 나아갑니다. 수많은 군대가 바퀴를 멈추려고 길을 막아서도 바퀴는 계속해서 나아갑니다. "그들이 갈 때에는 돌이키지 아니하고 가며."

나는 여러분 가운데 어떤 사람들처럼 위안을 주지 못하는 복음을 믿을 수 없습니다. 즉, 하나님께서 오늘은 여러분을 사랑하시다가 내일은 미워하신다고, 여러분이 어느 날은 하나님의 자녀이다가 다음 날은 마귀의 자녀가 된다고 믿을 수 없습니다. 나는 그런 복음을 믿을 수 없습니다. 내가 이교도라면 그런 생각을 금방 믿을 수 있을 것입니다. 그것은 내가 진흙의 우상을 만들 수 있고, 어떤 모양이든지 내가 원하는 대로 변경하거나 바꿀 수 있기 때문입니다. 그러나 일단 하나님이 "전에도 계셨고 이제도 계시고 장차 오실"(계 4:8) 분이라는 것을 믿는다면 나는 하나님께서 변하실 수 없다는 것을 압니다. 나는 믿음의 항구성과 소망의 견고함을 느끼는데, 이것은 죽을 인생의 염려와 시련이 깨트릴 수 없는 것입니다. 하나님께서는 자신이 택하신 자기 백성을 버리시지 않을 것입니다.

8. 또 한 가지 생각해 볼 점은, 하나님의 섭리는 놀랍다는 것입니다.

나는 이 점을 오래 생각하지 않고 다만 여러분에게 본문이 그와 같이 이야기한다는 사실을 말씀드립니다. "그 둘레는 높고 무서우며 그 네 둘레로 돌아가면서 눈이 가득하며." 배에 부딪히는 파도마다 그를 쓸어가서 고향에 더욱더 가까이 가게 한다는 것을 아는 사람조차, 즉 일어나는 바람 한 점마다 돛을 가득 채우고 배를 밀어 잉글랜드 해안가로 보낸다는 것을 아는 사람조차, 다시 말해 모든 일이 자신을 위해 작용하고 있다는 것을 아는 사람조차, 그런 사실을 알고 있는 사람조차도 하나님의 섭리는 놀랍다고 말하지 않을 수 없습니다. 그것은 참으로 대단한 사상입니다. 그 사실을 생각하면 깜짝 놀라게 됩니다! 하나님께서 일어나는 모든 것 가운데서 일하고 계시다는 것은 나를 압도하는 생각입니다! 사람들의 죄, 우리 인류의 악함, 민족들의 죄악, 왕들의 불의, 전쟁의 잔인함, 끔찍한 역병의 재앙, 이 모든 것들이 신비한 방식으로 하나님의 뜻을 이루고 있는 것입니다! 나는 이 점을 설명할 수 없습니다. 인간의 의지와 자유로운 행위가 어떻게 하나님의 주권과 확실한 뜻과 결합되는지 여러분에게 말해 줄 수 없습니다. 이것은 아담 이래로 지적인 검투사들이 서로 싸워왔던 문제였습니다. 사람들 가운데 더러는 "사람은 자기 하고 싶은 대로 행한다"고 말했습니다. 그런가 하면 더러는 "하나님께서는 자기 원하시는 대로 행하신다"고 말했습니다. 어떤 의미에서는 두 말이 다 맞습니다. 그렇지만 그 두 가지 사실이 어디에서 만나는지 설명해 줄 수 있는 두뇌나 총명을 가진 사람은 없습니다. 우리는 그 일이 어떻게 이루어지는지 알 수 없습니다. 나는 어느 거리를 지나서 집으로 가는지에 대해서는 내가 원하는 대로 할 뿐입니다. 그렇지만 어떤 길이든지 길을 지나가지 않고는 집에 갈 수가 없습니다.

존 뉴턴(John Newton)은 세인트 메리 울노스 예배당(St. Mary Woolnoth)으로 갈 수 있는 길이 두 군데 있었는데, 그가 선택하는 길에 대해서는 하나님의 섭리가 자신을 지도하였다고 말하곤 하였습니다. 지난 주 안식일에 내가 어떤 거리를 내려갔는데, 내가 왜 그리로 갔는지 모르겠습니다. 그때 나에게 말을 걸고 싶어 하는 젊은이가 있었습니다. 나는 그것이 내가 그 젊은이를 만나도록 하려는 하나님의 섭리였다고 말씀드립니다. 거기에는 하나님의 섭리가 있었습니다. 그러나 또 거기에는 내 선택이 있었습니다. 어떻게 그런 일이 이루어지는지는 말씀드릴 수 없습니다. 나는 그것을 이해할 수 없습니다.

나는 햇살 속에서 춤추는 먼지 알갱이 하나하나가 조금이라도 하나님의 뜻과 다르게 원자를 움직이게 하지 못한다고 믿습니다. 증기선(蒸氣船)에 부딪히는 물보라의 방울마다 하늘을 도는 태양과 마찬가지로 제 궤도를 따라 움직이도록 정해지고, 키질 하는 사람의 손에서 날리는 겨도 제 진로를 따라 움직이는 별들만큼이나 확실하게 조종되며, 진딧물이 장미 봉오리 위를 기어 다니는 것도 파괴적인 역병의 진행만큼이나 분명하게 하나님에 의해 결정되고, 포플러 나무에서 시든 잎이 떨어지는 것도 눈사태가 구르는 것만큼이나 전적으로 하나님의 뜻에 의해 정해지는 것입니다. 하나님을 믿는 사람은 이 진리를 믿어야 합니다. 이것과 무신론 사이에 중간 지점은 없습니다. 만사를 자기의 기뻐하시는 선한 뜻을 따라 경영하시는 전능하신 하나님이 계시거나 아니면 전혀 신이 없는 것 사이에 중간 지대는 없습니다. 자기가 원하는 대로 행할 수 없는 신, 곧 자신의 뜻이 좌절되는 신은 신이 아니고 신일 수가 없습니다. 나는 그런 신을 믿을 수 없습니다.

9. 끝으로 생각해 볼 점은, 섭리에는 충만한 지혜가 있다는 것입니다.

여러분은 18절 후반부에서 이 사실을 볼 것입니다. "그 네 둘레로 돌아가면서 눈이 가득하며." 오늘 아침 여러분은 "우리 목사는 운명론자야"라고 말할 것입니다. 하지만 여러분의 목사는 결코 그런 사람이 아닙니다. 또 어떤 사람은 말할 것입니다. "아! 우리 목사는 운명을 믿는구나." 그는 전혀 운명을 믿지 않습니다. 운명이 무엇입니까? 운명이란 이것입니다. 현재 존재하는 것은 무엇이든지 그대로 존재할 수밖에 없다는 것입니다. 그러나 이것과 섭리는 다릅니다. 섭리는 하나님께서 정하시는 것은 반드시 그대로 된다는 것입니다. 그러나 하나님의 지혜는 무엇이든지 아무런 목적 없이 정하는 법이 없습니다. 이 세상의 모든 것은 어떤 한 가지 큰 목적을 이루도록 작용하고 있습니다. 운명은 그렇게 말하지 않습니다. 운명은 그저 일이 그대로 될 수밖에 없다고 말합니다. 섭리는 하나님께서 바퀴들을 굴려 앞으로 나아가게 하신다고 말합니다. 무엇이든지 잘못 되려고 하면 하나님께서 그것을 바로잡으십니다. 무엇이든지 실패하려고 하면 하나님께서 손을 뻗어 고치십니다. 일은 결국 마찬가지로 귀결됩니다. 그러나 그 목적에 있어서는 다른 점이 있습니다. 운명과 섭리의 차이는 눈이 좋은 사람과 맹인의 차이만큼 큽니다. 운명은 맹목적인 것입니다. 운명은 산 아래 있는 마을들을 덮쳐서 수많은 목숨을 앗아가는 눈사태입니다. 섭리는 눈사태가 아닙니다. 섭리는 넘실거리며 잔물결 치는 강물과 같습니다. 처음에는 산 옆에 흐르는 실개천 같다가 그 다음에는 조금 더 커진 개울물이 되고, 그 다음에는 더욱 커져서 영원한 사랑의 큰 바다로 들어가는, 인류의 선을 위해 작용하는 강물과 같습니다. 섭리의 교리는 존재하는 것은 반드시 그대로 될 수밖에 없다는 것이 아닙니다. 그보다는 존재하는 것은 합력해서 인류의 선을, 특별히 하나님의 택하신 백성들의 선을 이룬다는 것입니다. 에스겔 선지자가 본 바퀴들은 눈이 가득하였습니다. 그 바퀴들은 눈이 먼 바퀴들이 아니었습니다.

섭리의 활동에는 지극히 큰 지혜가 있다는 이 생각을 다루고 설교를 끝내겠습니다. 여러분은 최근에 큰 곤경에 빠졌는데, 왜 여러분에게 그런 일이 일어났는지 알 수 없었습니다. 다음에 여러분이 또 곤경에 처하면 이렇게 말해야 합니다. "섭리의 바퀴들은 눈이 가득해. 나는 눈이 두 개밖에 없지만 하나님의 바퀴는 눈이 가득해. 하나님은 모든 것을 보실 수 있어. 나는 한 번에 한 가지밖에 볼 수 없어. 지금은 상황이 내게 좋게 보이지만 내일은 어떻게 될지 몰라. 나는 지금 이 식물이 어떤지 알지만, 내일은 어떻게 변할지 알지 못해. 이 풀이 어떤 꽃을 피울지 몰라. 이 고통이 지금은 독이 가득한 카사바나무 뿌리 같아서 곧 나를 죽일 것 같지만 하나님은 그 뿌리를 오븐에 넣으실 수 있고, 그러면 모든 독이 증발하여서 내가 먹고 살 수 있는 음식이 될 거야. 나의 이 근심거리는 나를 파괴시킬 것처럼 보여. 그러나 하나님은 거기에서 파괴적인 모든 힘을 제거하실 수 있어. 그러면 그것은 내 영혼을 위한 양식이 될 거야."

골짜기 아래에서 신음하는, 시련 받는 여러분, 마음을 높이 들고 눈물을 닦으십시오. 손을 가슴에 얹고, 심하게 두근거리는 심장을 가라앉히십시오. 불쌍한 여러분, 손에 든 비참함의 잔을 내던지십시오. 여러분은 정죄 받지 않았습니다. 여러분은 사죄 받은 그리스도인입니다. 하나님께서 "하나님을 사랑하는 자 곧 그의 뜻대로 부르심을 입은 자들에게는 모든 것이 합력하여 선을 이루느니라"(롬 8:28)고 말씀하셨음을 기억하시기 바랍니다. 나는 여러분의 마음을 고난에 대해 철석같이 단단하게 만들고 싶습니다! 우리는 고난의 바람을 견디지 못합니다. 우리는 이내 낙담하고 상심합니다. 성공하고 있을 때 우리는 거인이 됩니다. 그래서 삼손이 한 것처럼 할 수 있다고 생각합니다. 근심과 걱정의 두 기둥을 붙잡아 무너뜨릴 수 있다고 생각합니다. 그러나 일단 누군가 우리에게 블레셋 사람이 우리 위에 있다고 말하면, 우리는 아무 힘을 쓰지 못합니다.

믿음이 있는 사람은 스토아학파 철학자보다 낫습니다. 저 유명한 스토아학파 철학자가 시련을 견뎠는데, 그것은 그래야 한다고 믿었기 때문입니다. 그러나 그리스도인이 시련을 견디는 것은 그것이 자신의 선을 위해 작용하고 있다고 믿기 때문입니다. 그러니 시련이 오거나 질병이 오거나 혹은 역병이 올 때는 웃음 짓는 얼굴로 그것을 바라보며 이렇게 이야기합시다.

> "하나님을 자기 피난처로 삼은 자는
> 지극히 안전한 거처를 얻으리니
> 하루 종일 하나님의 그늘 아래 걷고
> 밤에는 머리를 편히 쉴 것이네."

여러분은 이 사실을 방패삼아 시련의 가시들을 막아내십시오. 이 사실을 슬픔의 모든 바람을 막아내는 높은 반석으로 삼으십시오. 아멘.

제
2
장

여호와의 입에서 나오는 메시지

"인자야 내가 너를 이스라엘 족속의 파수꾼으로 세웠으니 너는 내 입의 말을 듣고 나를 대신하여 그들을 깨우치라." — 겔 3:17

대부분의 지역에서 교회의 사계절은 자연의 사계절과 반대입니다. 교회의 겨울철은 대체로 교인들이 들판에서 바쁘게 지낼 때나 여름 휴양지에 가서 쉴 때 찾아옵니다. 그리고 영혼들을 거두어들이는 교회의 추수기는 겨울철, 그러니까 긴 저녁 시간에 사람들이 함께 모일 수 있고, 기도와 설교를 위한 특별 집회를 가질 수 있을 때 옵니다. 바로 지금처럼 가을의 안개가 내리기 시작하고 낮이 현저하게 짧아지고 있을 때 우리는 시기를 알리는 표시들에 주의하고, 풍성한 수확을 위해 낫을 갈기 시작해야 합니다. 왕들이 전투하러 나갈 때가 오고 있으니 우리는 군대를 소집해야 합니다. 우리가 사람들을 쉽게 모을 수 있고 희망을 가지고 그들의 회심을 위하여 일할 수 있는 철이 이제 당도하였으니, 그 일을 위해 분발하는 것이 마땅합니다. 친구 여러분, 나는 이런 계절이 올 때마다 모든 그리스도인들이 그런 계절을 맞이할 준비가 충분히 되어 있기를 간절히 바라고, 또 우리가 어떻게 해서든지 몇 사람을 구원할 수만 있다면 모든 기회를 최대한 이용하고 희망적인 모든 경우를 철저히 활용하기를 간절히 바랍니다. 지금은 우리가 주 예수 그리스도께 영광을 돌려드리고 또 그리스도의 사랑에 정복당한 사람들의 마음속에 그리스도께서 높임을 받으실 수 있도록 모든 능력을 사용해야 할 때입니다.

우리는 모두 이 은혜로운 사역에 이바지하기를 바랄 것입니다. 물론 그리스도의 교회에는 언제나 특별한 파수꾼이 있고, 앞으로도 있을 것입니다. 하나님께서는 백성들에게 경고하는 일을 위하여 택하신 사람들을 따로 구별하십니다. 이들이 해야 하는 한 가지 본무는 백성들이 들으려고 하든지 아니면 멀리 하려고 하든지 상관없이 목소리를 아끼지 않고 큰 소리로 외치는 것입니다. 하나님께서 우리에게 그런 사람들을 주시는 것에 감사하고, 그들을 더 많이 보내주시라고 간구합시다. 우리는 에스겔 같은 사람들, 곧 하나님께서 "인자야 내가 너를 파수꾼으로 세웠노라"(겔 3:17)고 말씀하실 사람들이 지금도 있다고 믿습니다. 그러나 사랑하는 여러분, 진(陣)이 절박한 위험에 처해 있을 때는 사람마다 모두 파수꾼이 되어야 합니다. 특별한 파수꾼들이 자기 위치를 지키고 순찰 구역을 돌아다니며 마치 모든 것이 자기에게 달려 있는 것처럼 배나 주의해서 활동해야 하지만, 군대의 나머지 모든 사람들도 보초를 서고, 밤낮으로 망을 보는 일을 도와야 합니다.

형제 여러분, 내가 생각할 때, 만일 주님께서 여러분의 눈을 열어주셨다면 여러분은 선견자가 된 것이고, 여러분이 선견자가 되어 볼 수 있을 때는 또한 파수꾼이 되어서 하나님의 교회의 선을 위해, 그리고 영혼들의 구원을 위해 지켜보도록 해야 합니다. 우리나라가 침공을 당한다면, 하나님께서 그런 일이 결코 일어나지 않게 하시기를 바랍니다만, 아무튼 우리나라가 침공을 당한다면 우리는 나라를 지키는 일을 군인들에게만 맡길 수 없을 것입니다. 아니, 사람마다 손에 잡히는 대로 무기를 들고 맹렬히 휘둘러 침략자를 우리의 하얀 해안 절벽에서 내쫓을 것입니다. 감히 말하건대, 심지어 여자들도 모두 그렇게 할 것이고 나이 많고 점잖은 부인들도 여전사가 될 것입니다. 우리의 따뜻한 가정이 참으로 소중하기 때문에, 우리 중 아무도 우리의 사랑하는 이 섬을 지키는 일에 면제해 달라고 부탁하지 않을 것입니다. 영혼을 구원하는 일에서도 바로 그와 같이 구원받은 사람은 누구나 그 일에 동참하기를 간절히 바랍니다. 우리가 죄인들을 죽도록 내버려 둘 수 있겠습니까? 우리의 가족들이 지옥으로 내려가도록 내버려 둘 수 있겠습니까? 그럴 수 없습니다. 우리의 기도와 눈물과 간곡한 호소가 그들을 구원할 수 있다면, 그렇게 내버려 둘 수는 없는 일입니다. 예수 그리스도께서는 크신 사랑으로 죄인들을 구원하기 위해 죽으셨습니다. 주님은 영광스런 그 은혜의 행위를 인하여 영광을 받으셔야 합니다. 그런데 우리가 주님의 이름이 진흙탕 속에서 뒹굴도록 내버려 둘 수 있습니까? 주님께서 사람들의 마음속에서 멸시 받고 거절 받게 두어야 하겠습니까? 우리 식구들까지도 주님의 온유한 통치를 거절하도록 두어야 하겠습니까? 그럴 수 없습니다. 우리의 증언이 주님을 명예롭게 하는데 도움이 될 수 있다면, 우리의 간절한 호소로 말미암아 주님이 어떤 사람의 마음속에서 보좌에 오르실 수 있다면, 그렇게 할 수 없습니다.

그리스도의 전투가 육체의 힘을 요구하는 그런 싸움이 아니고 대단한 지적 능력을 필요로 하는 싸움이 아니라는 것을 생각할 때 기쁩니다. 파수꾼으로 임명받은 사람조차도 그저 백성들을 경계시키는 일만 하면 되는 것입니다. 그는 웅변으로 백성들을 매혹시키지 않아도 되고, 새로운 연설로 압도하지 않아도 됩니다. 그냥 백성들에게 경고하기만 하면 됩니다. 그 일을 위해서는 아주 평범한 말을 사용하는 것으로도 충분할 수 있습니다. 사람들이 자기 교회 목사는 웅변에 뛰어나고 시적이어야 한다고 생각하는 것은 이 시대의 심각한 오해임이 확실합니다. 그 목적이 죄인에게 장차 올 진노를 피하라고 경고하는 것이라면 무엇 때문에 그처럼 깜짝 놀랄 만한 능력을 자랑해야 합니까? 나는 목회를 하는 우리 형제들이 자신들의 참된 본무를 잊어버리고 주님께서 자기를 보내어 경고하라고 하신 사람들을 현혹시키려고 애쓰고 있는 것이 아닌가 걱정입니다. 어떤 사람이 잠들어 있어서 그를 깨워야 한다면, 나는 노래를 불러서 그를 깨우려고 멋진 테너 목소리를 기를 필요가 없습니다. 그가 깨어날 때까지 아주 크고 분명한 목소리로 그를 부르기만 하면 됩니다. 나는 주님의 일이 여러분 주위에 있는 사람들에게 경고하는 것인 이상, 그리스도인 여러분 모두가 주님의 그 일에 동참할 수 있다는 것이 기쁩니다. 여러분은 세상을 놀라게 하는 연설을 할 필요가 없습니다. 그러니 그런 능력이 없는 것을 유감으로 생각할 필요가 없습니다. 그런 능력이 없어도 여러분은 사람들에게 하나님으로부터 받은 경고를 전달할 수 있습니다. 여러분은 우선 자녀들부터 경고할 수 있습니다. 여러분의 이웃들에게 경고할 수 있고, 여러분이 속한 사회와 같은 연령층의 사람들에게 경고할 수 있습니다. 여러분에게 오는 모든 사람에게 여러분의 방식대로 경고할 수 있습니다. 그냥 그들에게 위험에 대해서 말하고 피할 길을 알려주기만 하면 됩니다. 형제 여러분, 지식이 부족하고 말을 더듬거릴지라도 우리는 경고할 수 있고, 또 할 것입니다.

나는 오늘 아침 그리스도 안에서 믿는 자들인 여러분 모두가 사람들이 멸망에 이르지 않도록 하기 위해 그들에게 경고하는, 반드시 필요하고 중대한 이 일에 동참하기를 간절히 바란다는 전제 하에 여러분에게 설교하려고 합니다. 그것이 사실이라고 믿을 수 없는 일입니까? 내가 볼 때, 이 주님의 일에 동참하는 것만큼 살 만한 가치가 있는 일은 달리 없다고 생각합니다. 하나님께서 우리로 말미암아 영광을 받게 되시지 않는 한, 슬픔과 노고의 이 땅에 우리가 잠시라도 머무를 가치가 없을 것입니다. 하나님의 은혜로운 목적들을 성취하는 것 외에 어떤 것도 우리가 천국으로부터 유배되어 와서 사는 이 생활을 보상할 수가 없습니다. 세상적인 목적만으로는 불멸의 영혼을 만족시킬 수 없습니다. 우리가 인도 제국을 손에 얻을 수 있다 한들, 부가 무엇입니까? 우리가 명성의 나팔을 불게 하여 자신의 업적을 크게 돋보이게 할 수 있다 한들, 명예가 무엇입니까? 사람이 해 아래서 추구할 만한 것 가운데 하나님의 영광을 위하는 것 말고는 아무것도 없습니다. 하나님은 사람들의 회심으로 말미암아 가장 크게 영광을 얻으십니다. 형제 여러분, 여러분은 그 사실을 믿습니다. 그러므로 여러분은 보잘것없는 어린아이 한 명을 그리스도께 데려오는 것에 불과한 일일지라도 그 일에 참여할 뜻이 있습니다. 그러므로 나는 하나님께서 내 말에 복을 베풀어 주시기를 바라면서 확신을 가지고 여러분에게 말씀드립니다. 그렇게 해서 우리가 잘 준비해온 새로운 싸움을 시작하여 많은 사람들이 우리가 이제까지 얻었던 그 어떤 것보다도 큰 성공을 거둘 수 있게 되기를 바랍니다.

사람들에게 경고하는 일로써 하나님을 섬길 수 있는 자격은 무엇입니까? 에스겔은 그 자격이 있었습니다. 우리가 하나님을 더 잘 섬길 수 있고 주변 사람들에게 파수꾼으로 활동할 수 있게 만드는 에스겔에 대한 하나님의 말씀에서 무엇을 배울 수 있습니까? 오늘 아침 나는 다음 세 가지 사실에 대해서 말씀드리겠습니다. 첫째로, 귀를 훈련하는 것에 대해, 둘째로, 혀를 교육하는 것에 대해, 셋째로, 실천해야 할 본문의 교훈에 대해 말씀드리겠습니다. 성령님께서 이 전체 주제가 우리에게 복이 되게 해 주시기를 바랍니다.

1. 우리가 정말로 주님께 유용하고 쓸모 있는 사람이 되려면 귀를 훈련해야 합니다.

본문을 읽어 봅시다. "인자야 내가 너를 이스라엘 족속의 파수꾼으로 세웠으니 너는 내 입의 말을 듣고." 여러분이 혀를 길들이려면 듣는 일부터 잘 해야 합니다. 먼저 순종하는 것을 배우지 못한 사람은 명령하는 일에 적합하지 않다는 것은 누구나 아는 사실이고, 무엇보다 배우는 데서 즐거움을 얻지 못한 사람은 가르칠 자격이 없는 것이 확실합니다. 여러분이 사도가 되어 나가서 주님의 이름으로 말할 수 있으려면 먼저 제자가 되어 주님의 발 앞에 앉아야 합니다. 말을 잘 할 수 있으려면 우리는 귀를 훈련해야 하고, 특별히 다른 사람들에게 경고하려면 우리 자신이 경고의 목소리를 들어야 합니다. 본문은 "너는 내 입의 말을 들으라"고 말합니다. 이 말이 무슨 의미입니까?

나는 이 말을, 첫째로, 만일 우리가 유용한 사람이 되려면 귀를 훈련하여서 하나님의 말씀만 듣도록 해야 한다는 뜻으로 받아들입니다. 우리는 하나님의 말씀을 복음으로 받아들이고, 나아가서 그것을 복음으로 선포해야 합니다. 나는 최근에 다음과 같은 취지의 말을 아주 많이 들었습니다. 그것은 진보된 사상이라는 이 계몽된 시대의 균(菌)들 가운데 하나입니다. 그것이 주장하는 바는 이것입니다. "성경의 권위에 호소하지 않고 사람들의 마음과 양심의 결정에 호소하는 가르침에 대한 요구가 날마다 더 거세어지고 있다. 우리의 종교 교사들은 사람들이 자신의 내적 의식에서 수집한 진리를 의지해야 하고, 자신들의 교훈을 생각이 깊고 철학에 능통한 사람들의 경험에서 끌어낸 논거들로써 뒷받침해야 한다. 언제까지나 한 책을 참고하고, 어떤 주장들을 낡아 빠진 책의 진부한 발언으로써 입증하려고 하는 것은 때에 맞지 않는 일이다." 이것은 사람들이 좋아하는 생각입니다. 이 생각이 옳다고 믿는 사람들은 계속해서 그런 식으로 생각을 밀고 나가고, 자기 좋은 대로 공상할 수 있습니다. 그리고 그들의 고안물을 가치가 있는 것으로 생각하는 사람들은 그들의 말에 귀를 기울일 수 있습니다. 틀림없이 그들은 스스로 아주 만족할 것이고, 자기들을 작은 당파의 교황으로 우러러 보는 사람들을 잠시 즐겁게 할 것입니다. 심지어 사람들은 그들을 작은 신으로까지 예배할 수가 있습니다. 자기 속에서 진리를 창조하고 만들어 내는 사람은 거의 신이나 다름없는 것이 확실하기 때문입니다.

형제 여러분, 우리는 이 역병 같은 파리들을 날려 보낼 수 있습니다. 이 골치 아픈 문제가 크지만, 오래 가지 않을 것입니다. 하찮은 이 모든 것이 끝날 때가 올 것입니다. 사람의 상상과 추론은 나무이고 건초이며 그루터기입니다. 이런 것들을 불사를 날이 옵니다. 허영심이 강한 죽을 인생들은 영원한 증언을 뿌리치고 두서없이 중얼거리는 말을 받아들이려고 합니다. 이것이 어리석은 그들의 방식입니다. 이 시대에 필요한 교훈은 이 성경책으로부터 나와야 한다는 것이 더욱더 분명해지고, 또 그 교훈은 매일 이 성경책에 의해 조사를 받아야 한다고 나는 확신합니다. 교사들이여, 여러분이 권위를 갖기 원한다면 모든 것을 "여호와께서 이같이 말씀하시니라"는 말씀으로써 확증해야 합니다. 우리가 할 일은 계시와 생사를 함께하고 다음과 같이 선언하는 것입니다. "우리는 여러분의 상상, 그리고 여러분이 만들어 낸 꿈과 공상, 일시적인 생각들에 조금도 관심이 없다. 우리는 여러분에게 하나님께서 말씀하셨다는 사실을 선포하고, 또 하나님께서 말씀하셨기 때문에 여러분이 하나님이 말씀하신 것을 받아들여야 한다고 말한다."

모든 주장 대신에 "여호와께서 이같이 말씀하셨느니라"는 이 말씀이 섭니다. 하나님을 믿으십시오. 하나님은 거짓말을 하실 수 없기 때문입니다. 우리는 여러분에게 하나님의 권위에 근거해서 받은 것을 말하는 것입니다. 그래서 여러분에게 우리의 증언을 받아들여야 한다고 주장하는데, 이는 그것이 우리의 말이기 때문이 아니라 그것이 신적 권위의 지지를 받고, 사실은 하나님 말씀의 메아리이기 때문입니다. 오직 이 방식으로 말할 때에만 우리가 성공할 것을 기대할 수 있습니다. 이 밖의 다른 어떤 기반을 의지할 때 우리는 실패를 자초하게 되고, 실패할 수밖에 없습니다. 형제 여러분, 여러분은 "내 신앙은 내 개인의 의견이기 때문에 그것을 널리 퍼트리고 싶다"고 말합니까? 그런 식으로 접근한다면 여러분은 단 한 사람도 얻지 못할 것입니다. 여러분이 성공할 것이라고 어떻게 기대할 수 있겠습니까? 여러분이 하나님의 진리를 떠나서 자신의 의견을 가지고 다른 사람에게 경고하는 것은 그 사람에게 아무 소용이 없을 것입니다. 왜냐하면 여러분의 견해가 그 사람의 견해만큼 좋으면 그 사람의 견해도 여러분의 견해만큼 좋을 것이고, 또 두 견해 가운데 어느 것도 더 낫지 못하기 때문입니다.

형제 여러분, 여러분은 "신앙은 사물에 대한 내 견해라고 생각한다"고 말합니까? 아, 그렇다면 사물에 대한 여러분의 견해나 내 견해, 다른 모든 사람의 견해는 별 가치가 없습니다. 사람들의 생각에 변화를 일으키는 데 그런 것은 아무 쓸모가 없습니다. 밑바닥에 여러분의 이름이나 내 이름이 쓰여 있는 견해는 기록하지 않아도 좋습니다. 우리의 이름이 대체 무엇입니까? 우리의 견해라는 것이 무엇입니까? 형제 여러분, 그런 것은 아무것도 아닙니다. 만일 여러분이 사람들의 마음과 양심과 운명에 영향을 끼치도록 말하려고 한다면 하나님의 입에서 받은 것을 하나님께서 친히 하신 말씀으로 그대로 전해야 합니다. 거기에 가치가 있고, 거기에 변치 않음, 곧 확실함이 있습니다. 그 말씀은 최고의 위엄과 함께 나아가며, 그 말씀을 감히 거절하는 자는 누구에게든지 화가 따릅니다. 그러므로 그 말씀에는 능력이 있습니다. 그것이 정말로 하나님의 말씀이라면, 여러분이 그 말씀을 충실하게 전하지 않을 때 여러분에게 화가 있고, 여러분의 청중들이 그 말씀을 공손하게 받지 않을 때 그들에게 화가 있을 것입니다. 만약 우리가 사람들을 경계시키고 영혼들을 구원하는 일에 쓸모 있으려면 기억해야 할 가장 첫 번째 사실은 우리가 가르치려고 하는 것이 바로 하나님의 말씀이라는 충만한 확신과 생각을 가져야 한다는 것입니다. "너는 내 입의 말을 듣고"(겔 33:7). 우리는 들은 말씀이 신적 권위라는 황제의 옷을 입은 것이라고 생각해야 합니다. 우리가 그 말씀을 전하려고 하는 것은 그것이 신조에 의해 인정된 교리이기 때문이 아니고, 그것이 우리가 속한 사회의 교리이기 때문도 아니라 그것이 살아 계신 하나님의 확실한 말씀이기 때문입니다. 바로 여기에 권세가 있습니다. 완고한 마음들이 느끼지 않을 수 없고, 귀신들도 그 앞에서 떠는 권세가 있습니다. 만일 여러분이 사람들의 말 오만 마디 가운데 하나님의 말씀을 내려놓으면, 그 말씀은 마치 양 무리 가운데 있는 사자처럼 사람들의 말을 갈기갈기 찢을 것이고, 그 말씀이 어디서 와서 어디로 가는지를 그 본래의 힘을 통해서 증명할 것입니다.

둘째로, 우리가 귀를 훈련하려고 한다면 말씀을 신적 권위가 있는 것으로 받아야 할 뿐만 아니라 또한 하나님의 말씀이 무엇인지 알아야 합니다. 사랑하는 여러분, 영혼을 구원하는 일을 시작하려고 하는 사람들 가운데는 먼저 그리스도를 아는 일부터 시작해야 할 사람들이 많습니다. "너희는 온 천하에 다니며 만민에게 복음을 전파하라"(막 16:15)는 말씀은 얼마 동안 예수님과 함께 지냈고 예수님을 배운 사람들에게 하신 것입니다. 다른 사람들에게는 세례 받은 후에 먼저 배워야 하고, 적당한 때가 되면 그들도 나가서 민족들을 가르쳐야 한다고 규정되었습니다. 나는 사람이 배우는 일에만 마음을 써서 도무지 다른 사람들에게 말하거나 가르치려고 하지 않는 것을 좋아하지 않지만, 사람이 어떻게 해서든지 교사가 되고 싶은 간절한 열망에 보냄을 받기도 전에 달려가고 다른 사람들을 자신이 거의 알지도 못하는 구주께로 인도하려고 하는 것도 좋아하지 않습니다. 형제 여러분, 자신을 부어주려고 하기 전에 먼저 채우십시오. 그렇지 않으면 여러분을 붓는다고 해도 여러분에게서 나올 것이 별로 없을 것입니다. 주님에게서 떡과 생선을 받아먹으십시오. 그렇지 않으면 여러분이 사람들에게 나누어 줄 것이 없을 것입니다. 무엇보다 여러분은 자신이 무엇을 말해야 하는지를 알아야 합니다. 그렇지 않고 어떻게 여러분이 하나님을 위해 말할 수 있겠습니까? 메신저가 빨리 달리고 여정의 마지막까지 숨을 헐떡이며 와서, 내가 주인을 대신해서 할 말이 무언가 있는데 그게 무엇인지 모르겠다고 말한다면 그 사람은 애쓴 보람도 없이 비웃음을 당할 것입니다. 그가 아무것도 가져가지 않았기 때문에 빨리 달린 것이 아무 소용이 없습니다. 그는 자신이 가져가야 할 소식을 알 때까지 기다렸어야 합니다. 형제 여러분, 하나님의 입에서 나오는 말씀을 듣고, 그 다음에 그것을 하나님의 이름으로 전하십시오.

그러면 우리는 어떻게 해야 하겠습니까? 제발 진리의 원천으로 가고, 전해 들은 진리로 만족하지 마십시오. 샘 근원으로 가서 거기에서 물을 마시십시오. 샘에서 흘러나온 개울물은 언제나 인간의 실수로 진흙탕이 되어왔기 때문입니다. 우리는 하나님의 말씀을 순결하게 보존하고 싶지만 우리의 연약함을 생각하지 않을 수 없습니다. 그러니 인간의 오류가 섞이지 않은 깨끗한 샘으로 가십시오. 영감된 이 책을 자세히 살피고 이 책이 가르치는 모든 것을 알고자 하십시오. 이는 향유 그릇에 빠진 파리처럼 작은 오류가 좋은 교훈에 큰 해악을 끼칠 수 있기 때문입니다. 어떤 한 진리를 태만히 하는 것조차도 사람의 유용함에 아주 큰 손해를 끼칠 수가 있습니다. 우리는 어떤 교회들이 복을 받을 것으로 기대하지만 그 교회들이 어떤 점들에서 심각한 오류가 있는 한, 하나님께서 그 교회들에 복을 베푸시지 않습니다. 하나님께서 교회의 증언 가운데 맞는 부분은 복을 주시겠지만, 다른 부분은 하나님의 복 주시는 일에 방해가 됩니다. 기독교가 예전에 그랬던 것과 다르게 지금 아주 빠르게 퍼지지 않는 한 가지 이유는 아마 이 점일 것입니다. 즉, 그것은 대부분의 교단들에서 기독교가 인간의 전통이나 의견과 너무 뒤섞여 있기 때문이고, 또한 의심스런 점들이 하나님의 뜻에 맞는지 맞지 않는지 알아보기 위해 기꺼이 조사하려는 태도가 없기 때문입니다. 교회는 진리와 하나가 되면 그 스스로 하나가 될 것입니다. 우리 모두가 한 주님, 한 믿음, 한 세례를 고수한다면 그토록 많은 분파가 생기는 일은 결코 일어나지 않을 것입니다. 교회 안에 해마다 아무렇지 않은 듯이 묵인되고 넘어가는 슬픈 혼합이 있습니다. 누구든지 그 점에 대해 정직하게 털어놓고 이야기하면 그는 곧바로 편협하고 무정하다는 비난을 받습니다. 이런 일들이 있는 한, 복을 받지 못할 것입니다.

사랑하는 형제 여러분, 여러분이 매우 유용한 사람이 되고 싶으면 성경의 교리 앞에 머리를 숙이십시오. 성경이 가르치는 것을 모두 알려고 하되, 특별히 구원에 관한 중요한 점들을 알려고 힘쓰고, 모든 일에서 그리스도의 뜻에 복종하도록 하십시오. 다른 사람들에게 더도 덜도 말고 주님이 여러분에게 말씀하시는 것 그대로 이야기하기를 바라십시오. 여러분은 일생 동안 선조들의 교의나 교파의 법령을 따르기보다는 계시된 순결한 진리를 따르려고 힘쓰십시오. 우리가 하나님 말씀에서 발견하는 대로 예수님 안에서 순결하고 단순한 진리가 우리의 규칙과 지침이 되어야 합니다. 이것이 우리가 성공으로 나아가는데 크게 도움이 될 것입니다. 이것이 아주 실제적인 의견으로 보이지 않지만 사실은 그렇지 않습니다. 성령께서는 먼저 우리에게 진리를 주어 이해할 수 있도록 하시고, 그 다음에 우리가 그것을 다른 사람들에게 전할 수 있는 은혜를 주십니다. 그러니 여러분의 귀를 아주 깨끗이 씻어서 하나님의 말씀을 하나님의 말씀으로 듣도록 하고, 하나님의 말씀이 실제로 가르친 바를 철저히 알도록 하겠다고 단단히 결심하십시오. 이렇게 하면 여러분이 하나님의 입으로서 사람들에게 말하는 법을 배울 것입니다.

영혼을 구원하는 사람에게 있어서 중요한 것은 하나님의 입에서 나오는 하나님의 진리를 듣는 것이라고 믿습니다. 내가 무슨 뜻으로 이 말을 하는 것입니까? 전해들은 메시지는 약하게 전달될 수밖에 없다는 말입니다. 어떤 형제는 다른 누군가가 자기에게 말해준 이야기를 그대로 되풀이합니다! 그런 이야기는 여러 사람을 거쳐 가면서 아주 냉랭하게 전달됩니다. 그 사실을 처음 본 사람은 훨씬 더 생생하고 힘 있게 말했습니다. 형제 여러분, 여러분이 해야 할 일은 하나님께서 성령님을 통하여 여러분에게 친히 말씀하신 대로 메시지를 전달하는 것입니다. 에스겔이 어떻게 예언하도록 준비되었는지 봅시다. 그는 이렇게 말합니다. "여호와께서 권능으로 거기서 내게 임하시고 또 내게 이르시되 일어나 들로 나아가라 내가 거기서 너와 말하리라"(3:22). 그렇습니다. 우리는 홀로 하나님께 가서 하나님께서 말씀하시려는 것을 들어야 합니다. 그렇게 해야만 우리는 다른 사람들에게 하나님의 입 노릇을 적절히 할 수가 있습니다. 여러분은 그리스도께서 사람을 유용하게 만드시는 방식을 알고 싶습니까? 마가복음 3:13-15을 찾아 읽어봅시다. "예수께서 또 산에 오르사 자기가 원하는 자들을 부르시니 나아온지라 이에 열둘을 세우셨으니 이는 자기와 함께 있게 하시고 또 보내사 전도도 하며 귀신을 내쫓는 권능도 가지게 하려 하심이러라." 여러분은 그 순서가 보입니까? 예수님께서 그들을 자기에게로 부르십니다. 여러분은 먼저 직접 그리스도께 가기 전에는 영혼을 구원하는 일을 꿈꾸어서는 안 됩니다. 그 다음 순서를 읽어 봅시다. "이는 자기와 함께 있게 하시고." 여러분이 먼저 그리스도와 함께 지내기 전에는 가서 사람들에게 그리스도를 가르치거나 사람들을 그리스도께 데려올 수 없습니다. 그리스도와 교제하는 것이 봉사를 위해 훈련하는 것입니다. 주님과 함께 거하는 것이 여러분의 대학이 되어야 하고, 다른 사람들을 가르치기 위한 준비 교실이 되어야 합니다. 교제 후에 일이 옵니다. "예수께서 보내사 전도도 하며 귀신을 내쫓는 권능도 가지게 하려 하심이러라." 이 과정을 보면, 그리스도를 위하여 권능을 받을 사람은 먼저 그리스도와 함께 있어야 합니다. 그는 기적을 행하시는 크신 하나님과 함께 지내지 않고서는 기적을 행할 수 없습니다.

"너는 내 입의 말을 듣고." 이 성경책에는 하나님의 말씀이 있습니다. 거기에는 무한한 위엄이 있습니다! 나는 이 하나님의 책에서 글자 하나하나를 읽을 때 그 글자를 받아 적게 하신 그 영원한 지성에 예배하지 않을 수 없습니다. 그러나 성경의 이 구절이 성령의 거룩한 불길에 의해 이 책에서 뛰어나와 내 마음속에 들어올 때, 그 구절은 말로 다할 수 없이 강력하게 나타납니다. 내가 마음의 귀로 하나님께서 이 본문을 말씀하시는 것을 들을 때, 그 구절에서 엄청난 힘을 느끼게 됩니다. 나는 성경을 무릎에 놓고 앉아서 속으로 이렇게 말합니다. "내 앞에 놓여 있는 이 책은 보통 책이 아니야. 여기에는 영감(靈感)이 있는데, 밀턴이나 셰익스피어의 영감이 아니라 하나님의 영감이 있어. 이것은 영원자의 언어야. 마치 내가 불타고 있는 시내산을 보는 것 같고, 빽빽한 구름 가운데서 나팔 소리와 같고 강한 우렛소리와 같은 목소리로 '여호와께서 이같이 말씀하시느니라'고 말씀하시는 것을 듣는 것처럼 생생한 영원자의 말이야." 이렇게 생각할 때 우리는 하나님의 말씀을 듣고 그것을 다른 사람들에게 전하는 바른 마음가짐을 갖는 것입니다. 우리는 복음의 위엄을 느껴야 하고 복음의 힘을 알아야 합니다. 그렇지 않으면 사람들에게 바르게 경고할 수 없을 것입니다. 형제 여러분, 이 책은 바로 여러분 영혼에 전하시는 하나님의 말씀이므로 여러분이 가르치고자 하는 사람들에게 이 말씀을 깊은 공경심과 거룩한 두려움을 가지고 전하도록 조심하시기 바랍니다. 이 말씀이 여러분에게 말씀하시는 하나님의 목소리입니까? 이 말씀이 여러분의 가슴에 와 닿게 이야기할 때 다른 어떤 것도 줄 수 없는 감동이 없습니까? 나는 성경 말씀이 다른 어떤 것도 줄 수 없는 깊은 감동을 준다고 고백합니다. 이 성경 말씀은 다른 어디에도 비할 수 없는 방식으로 나를 들어올리기도 하고 내팽개치기도 하며 산산이 부수기도 하고 세우기도 합니다. 하나님의 말씀은 다윗의 손가락이 그의 하프 줄을 아주 자유롭게 다루는 것보다 더 강력하게 나를 지배합니다. 하나님의 말씀이 여러분에게도 그렇지 않습니까? 여러분은 계속해서 하나님의 말씀이 여러분의 마음과 양심에 미치는 영향력을 느끼는 것만큼 힘 있게 다른 사람들에게 말을 할 것입니다.

하나님께서 입으로 새로 말씀하시는 진리를 듣는다는 것은 지극히 놀라운 일입니다. 어떤 사람들은 내 말의 의미를 모를 것이지만 여러분 가운데는 알아듣는 사람들이 있을 것입니다. 성령께서는 오래된 본문 말씀을 새로운 빛으로 우리에게 보여주시고 새로운 힘으로 우리에게 적용하시는 방식이 있습니다. 이것은 우리에게 참으로 필요한 일입니다.

"너는 내 입의 말을 들으라." 교사 여러분, 나는 오늘 오후 여러분이 주일학교 반에 들어가기 전에 이렇게 기도하시기를 바랍니다. "선하신 주님, 제가 아이들에게 해야 할 말을 듣게 하여 주옵소서. 주님께 친히 듣는 것처럼 그 말씀을 제 영혼이 듣게 하여 주옵소서. 저는 이제 아이들을 경계시키고 가르치고 주님께로 이끌려고 합니다. 어떻게 해야 하는지 보여주옵소서. 주님, 하나님의 말씀을 제게 말씀하시옵소서. 제가 주님의 음성을 듣게 하여 주옵소서. 그리고 제가 주님의 입에서 직접 나오는 메시지를 들었을 때는, 보통 때와는 전혀 다르게 아이들에게 생생하게 말씀을 전하게 하여 주옵소서." 형제 여러분, 영으로 하나님 아버지와 그 아들 예수 그리스도와 함께 계속 교제하도록 하십시오. 그러면 여러분이 하나님께서 복 주실 따뜻하고 애정 어린 훈계로 사람들을 경계시킬 것입니다. 전해들은 메시지를 전하는 일은 이제 그만두고, 하나님의 생생한 계시로서 하나님의 말씀을 전하도록 합시다.

그 다음에, 귀를 잘 훈련하기 위해서는 우리가 전하는 진리의 힘을 느껴야 합니다. 에스겔은 두루마리를 먹어야 했습니다. 그가 두루마리의 내용을 백성들에게 알릴 수 있으려면 먼저 그 두루마리가 그의 속에 들어가야 합니다. 그와 같이 우리도 복음을 효과적으로 선포할 수 있으려면 먼저 복음의 힘과 능력을 느껴야 합니다. 여러분이 죄에 대해서, 곧 죄의 악함에 대해서 이제 이야기하려고 합니까? 여러분 자신이 죄의 악함을 알고 있습니까? 여러분이 한때 눈물로 땅을 적셨던 그 회개의 자리로 다시 돌아가서 어린아이들이나 성인들에게 죄에 대해 그 심정으로 이야기하십시오. 여러분이 죄사함에 대해서 이야기하려고 합니까? 여러분은 죄사함의 달콤함을 알고 있습니까? 처음에 여러분이 주님의 보혈이 흐르는 것을 보았던 곳으로 가서 여러분의 죄책의 짐이 벗겨지는 것을 다시금 느껴 보십시오. 그러면 죄사함에 대해서 아주 기쁘게 말할 것입니다. 성령의 능력에 대해서 말하려고 합니까? 여러분은 성령의 소생시키고 빛을 비추며 위로하고 거룩하게 하시는 영향력을 느껴보았습니까? 느껴보았다면 여러분이 느끼신 대로 성령의 능력에 대해 효과적으로 말할 수 있을 것입니다. 여러분이 알지도 못하는 그리스도를 전한다면, 그것은 어설픈 일일 것입니다. 여러분이 먹어본 적이 없는 떡에 대해서나 마셔본 적이 없는 생수에 대해서, 느껴본 적이 없는 기쁨에 대해서 말한다는 것은 끔찍한 일입니다. 수고하는 농부가 먼저 열매를 얻는 법입니다. 집에 가서 주님께 여러분을 가르쳐 주시라고 구하십시오. 여러분은 먼저 주님의 발 앞에 앉아 배우기 전에는 주님의 심부름을 가지 마십시오. 이는 하나님께서 자기에게 배우지 않은 사람들에게 이같이 말씀하시기 때문입니다. "네가 어찌하여 내 율례를 전하느냐? 먼저 와서 내 입의 말을 들으라. 그 다음에 사람들에게 내게서 들은 경고를 전해라." 이만큼 말했으면 귀를 훈련하는 방법에 대해서 충분히 설명했다고 생각합니다.

2. 둘째로, 혀를 교육해야 합니다.

이것은 사실 귀를 훈련시키는 일의 목표입니다. 무슨 목적으로 혀를 교육해야 합니까? 말씀드리자면, 첫째로, 불쾌한 메시지를 전달할 수 있기 위해서입니다. 누구든지 좋은 소식을 말하는 데는 재빠릅니다. 적어도 그 일은 그렇게 해야 합니다 그렇지 않으면 어디에서 인간성을 찾아볼 수 있겠습니까? 나는 여러분에게 좋은 일들에 대한 좋은 소식을 말하는 것이 아주 기쁩니다. 그러나 다른 사람들에게 유익을 끼치고자 하는 사람은 기꺼이 기분 나쁜 일들도 말해야 합니다. 형제자매 여러분, 여러분은 아무 관심이 없는 사람들을 만났을 때 그들이 싫어할 수도 있을 진리를 그들에게 말할 준비가 되어 있습니까? 그리고 그들이 정신을 차렸을 때 여러분은 그들의 거짓 피난처를 하나님의 이름으로 쳐서 산산이 부수고, 그들이 아주 좋아하는 잘못된 생각들을 분명하게 이야기해 주고 그들에게 유일한 구원의 길을 가르쳐 줄 뜻이 있습니까? 여러분과 내가 사람들의 입에 꿀처럼 달콤하기를 원한다면 우리는 유용한 사람이 될 수 없습니다. 여러분은 말하는 여러분의 마음을 상하게 하고 또 듣는 사람들의 마음도 상하게 할 것을 사람들에게 기꺼이 이야기하겠습니까? 그렇게 하지 못한다면 여러분은 주님을 섬기는데 적합하지 못합니다. 여러분은 비록 거절당하게 될지라도 기꺼이 가서 하나님을 대신해서 말해야 합니다. 7절을 봅시다. 거기에서 하나님은 이렇게 말씀하십니다. "이스라엘 족속은 네 말을 듣고자 아니하리니 이는 내 말을 듣고자 아니함이니라." 사람들이 주님을 거절한다면 그들이 종을 받아들이겠습니까? 그들은 돌을 들어 여러분이 사랑하는 주님께 던졌고 마침내는 그를 십자가에 못 박았습니다. 그런 그들이 여러분의 말에는 귀를 기울일 것이라고 생각하십니까? 친구 여러분, 하나님께서 여러분에게 복을 베푸신다면 여러분은 아무도 여러분의 말을 믿지 않을지라도 기꺼이 하나님을 위해서 증언해야 합니다. 그렇게 하는 가운데서 여러분이 자신의 영혼을 구원할 것이기 때문입니다. 여러분 모두, 다른 사람들의 피에 대해 책임을 지게 되는 이 위험을 조심하십시오. 여러분 가운데 어떤 분들은 그 위험을 완전히 잊어버리지 않았습니까? 여러분의 옷자락에 피가 있습니다! 여러분은 그 얼룩이 보이십니까? 여러분 가운데 자녀들에게 그리스도에 대하여 한 마디도 하지 않은 사람들에게 말합니다. 여러분 옷에 영혼의 핏방울들이 여기저기 크게 묻어 있습니다. 영혼의 피는 몸의 피보다 더 나쁩니다. 그런데 여러분은 그 피로 온통 얼룩져 있습니다. 여러분은 그 얼룩들이 보이지 않습니까? 제발 그 얼룩들을 씻어내십시오. 그들을 경계시키는 것이 아무 소용이 없다고, 그들이 여러분을 비웃을 것이라고 여러분은 말합니다. 그러나 여러분이 그렇게 한다면 핏자국을 없앨 수 있을 것입니다. 사람들의 핏값이 여러분에게 요구되지 않을 것입니다. 그러므로 여러분이 유용한 사람이 되고 싶다면 "나는 사람들에게 경고하였고 그래서 내 마음은 깨끗해"라고 느끼기 위해서 기꺼이 불쾌한 의무들을 이행하도록 하십시오.

다음으로, 여러분은 혀가 여러분이 직접 들은 대로 진리를 말할 수 있도록 교육하기를 바랍니다. 여러분도 알다시피, 말하는 데는 여러 가지 방식이 있습니다. 나는 일전에 학생들에게 이야기하면서 말하는 것의 차이점들을 설명하고 있었습니다. 나는 이렇게 말했습니다. "여러분이 내가 여기 앉아 있는 동안 내 얼굴 표정을 보고 내가 여러분에게 말하려고 일어섰을 때 몹시 화난 상태에 있는 것을 알았다고 생각해 봅시다. 그러면 여러분은 이렇게 말할 것입니다. '자, 알겠어. 저 사람 표정을 보면 그가 우리에게 화를 퍼부으리라는 것을 알 수 있어.'" 바로 그와 같이 사람이 설교하거나 다른 사람에게 경고할 때, 어떤 것이 오리라는 것을 생생하게 느끼도록 전해야 합니다. 다른 사람들에게 설교하거나 경고하는 사람은 감정이 충만해야 하는데, 화난 감정이 아니라 거룩한 열정으로 충만해야 합니다. 말하자면 그를 일깨우고, 사람들로 하여금 그가 아주 진지한 마음으로 성구와 말씀을 전하는데 그냥 입으로만 전하는 것이 아니라 가장 깊은 마음으로부터 말하고 있다는 것을 느끼게 만드는 거룩한 열정으로 충만해야 하는 것입니다. 자, 우리가 주 예수님을 직접 만나고 주님의 임재를 경험한 상태에서 주님에 대해서 말한다면 그때 전하는 말은 아주 놀라운 힘을 발휘할 것입니다.

나는 예수님과 함께 살아온 어머니라면 딸에게 이렇게 말할 것 같습니다. "얘야, 예수님을 사랑하는 것이 얼마나 기쁜지, 나는 정말로 네가 그 기쁨을 알았으면 좋겠구나. 예수님은 너무도 위대하고 선하신 분이어서 엄마의 사랑스런 어린 딸은 절대로 예수님을 잊어서는 안 될 거야." 나는 이런 장면을 충분히 상상할 수 있을 것이라고 생각합니다. 즉, 한 아버지가 주 예수님을 만났고 성령님께서 하나님의 진리를 자기에게 보내셨다는 것을 느꼈습니다. 그러면 틀림없이 그는 어린 아들과 단 둘이 있을 때는 아이의 귀와 마음을 사로잡을 만큼 깊고 진지하고 애정 어린 태도로 아들에게 간곡히 이야기할 것입니다. 어린 아들은 아버지에게 그동안 어떤 일이 일어났는지 모릅니다. 아무튼 아버지는 너무도 진지하고 아주 정색하며 말을 합니다. 그러나 어린 아들이 알지 못하는 점은 아버지가 주님께서 친히 하시는 말씀을 들었고, 그래서 그 자신이 주님의 목소리를 그대로 되풀이하여 말하고 있는 것입니다.

마음에 생생하게 다가온 사실들은 말하는 사람에게 큰 영향력을 발휘합니다. 죄인의 망한 모습을 볼 때 그것은 사람의 마음을 건드립니다. 예수께서 십자가에 못 박히신 모습을 보면 그것은 사람의 말에 영향을 끼칩니다. 만약 내가, 불길이 타오르는 가운데 한 불쌍한 여성이 창문에 매달려 있고 그녀를 구출할 만한 장치가 없는 것을 보고서 떨고 있는 사람들 가운데서 이제 막 빠져나와서 마을 사람들에게 비상구 쪽으로 가보라고 열심히 권해야 하는 처지에 있다면, 나는 온 힘을 다해서 소리칠 것입니다. 그런 광경을 처음 본 사람은 누구나 힘을 다해 소리칠 것이고, 그 불쌍한 여성이 불 가운데서 죽을 것이라고 생각하면 그의 온 마음이 뜨겁게 타오를 것입니다. 여러분도 그렇지 않겠습니까? 여러분이 하나님과 이야기하고서 새 힘을 얻어 나올 때 바로 그와 같습니다. 진리를 생생하게 깨닫고, 경외심이 생기며, 여러분 가슴에 거룩한 열심과 신성한 열정이 불타오릅니다. 여러분이 하나님에게서 멀리 떨어져 지낸다면 복음의 가치를 느끼지 못하고 사람들 영혼의 중요함도 느끼지 못합니다. 모든 진리들 가운데 지극히 중요한 진리들도 사람들이 그것을 더 이상 사실로 인식하지 않을 때는 힘을 상실합니다. 그러나 우리가 다시 그 진리들로부터 실제적인 영향을 받게 되면 진리는 힘을 회복합니다. 예수님의 사랑의 목소리가 지금도 여러분의 귀에 울리고 있다면, 여러분은 깊은 경외심에서 우러나온 엄숙함으로 온 영혼을 입으로 쏟아내고, 사람들에게 간곡히 이야기함으로 사람들이 하나님께 복종하고 그의 큰 구원을 받아들이고 싶게 이야기합니다. 귀에 주님의 메시지가 왱왱 울리고 있으면 혀가 말하지 않을 수 없습니다.

우리 각 사람은 메시지를 하나님에게서 받은 대로 전달하기 위해서 혀를 훈련할 필요가 있습니다. 나는 하나님께서 진리를 아는 모든 그리스도인에게 그 진리를 다른 사람들에게 말하는 임무를 주셨고, 속에 생수가 있는 사람은 누구나 그 생수를 흘려보낼 수 있는 권위를 받았다고 믿습니다. 이는 하나님의 말씀에 “그 배에서 생수의 강이 흘러나오리라”(요 7:38)고 기록되었기 때문입니다. 형제 여러분, 여러분은 자신의 소명을 보아야 합니다. 여러분이 모두 목회자들처럼 성경을 해석하는 일에 부름받지 않을 수 있습니다. 그러나 장차 올 진노에 대해서 어떤 수단을 사용하여 사람들에게 경고하고 그들을 그리스도께로 인도하는 일에는 모두 부름을 받았습니다. 나는 여러분이 죄인들을 경계시킬 때 하나님께서 여러분 뒤에 계시다는 것을 느끼기 바랍니다. 사람들을 경계시키는 일에서 하나님이 여러분에게 맡기신 것을 떠나서는 영혼을 위해 기도하지 말고 영혼을 위해 울지도 말며, 사람의 귀에 거룩한 진리를 하나라도 들려주지 말고 경고나 충고의 말을 한 마디도 하지 마십시오. 하나님께서 자신의 진리를 인정하실 것이므로 진리를 부끄러워하지 마십시오. 사람들의 마음이 철석같이 단단하다면 여러분의 얼굴을 철석같이 단단하게 만드십시오. 사람들이 죄 짓는 것을 부끄러워하지 않는다면 여러분은 그들을 경계시키는 일을 부끄러워하지 마십시오. 사람들이 자신의 불신앙을 부끄러워하지 않는다면 여러분은 하나님의 증거에 대한 믿음을 부끄러워하지 마십시오. 하늘의 군대가 여러분 편에 있으므로 낙담하지 마십시오. 여러분이 믿음으로 들으면 생물들의 날개가 부딪치는 소리와 바퀴들의 소리와 크게 달려가는 소리를 들을 수 있습니다. 이는 파수꾼이 백성들을 경계시키러 움직일 때 온 하늘이 분주하기(겔 3:13) 때문입니다. 하나님께서 여러분 뒤에 계시다면 담대히 말하고, 잠잠하지 말고 힘 있게 증언하십시오.

하나님께서 에스겔에게 백성들이 그가 말을 하지 못하도록 만들 것이라고 말씀하시는데, 실제로 그런 경우가 아주 많습니다. 흔히 설교자는 한 번 실패를 하면 좀처럼 말을 하지 못합니다. "너 인자야 보라 무리가 네 위에 줄을 놓아 너를 동여매리니 네가 그들 가운데에서 나오지 못할 것이라"(3:25). 여기서 27절의 말씀은 아주 중요한 구절입니다. "그러나 내가 너와 말할 때에 네 입을 열리니 너는 그들에게 이르기를 주 여호와의 말씀이 이러하시다 하라 들을 자는 들을 것이요 듣기 싫은 자는 듣지 아니하리니 그들은 반역하는 족속임이니라." 하나님께서 말하도록 열어놓으신 입을 잠잠하게 할 수 있는 사람은 없습니다.

이후로는 우리가 천국에 이르기 전에 이 땅에서 책임 맡은 영혼들이 있고, 우리가 그들의 피에 깨끗하다고 느낄 수 있기를 바랍니다. 여러분 가운데 각 사람이 씨를 뿌릴 자기만의 작은 땅이 있습니다. 그러니 여러분은 그 땅을 쓸모없게 버려두지 않겠다고 결심해야 합니다. 사랑하는 동료 목사 여러분, 여러분은 이제 곧 본향으로 부름을 받을 것입니다. 그러므로 때가 낮인 동안에 일하십시오. 여러분을 이 일로 인도해야 하는 나는 곧 부름을 받아 갈 수가 있습니다. 나는 그렇게 느낍니다. 그것은 우리 각 사람에게 그대로 적용된다고 생각합니다. 우리뿐 아니라 저 불쌍한 영혼들도 죽어가고 있고 영원히 내려가고 있으니, 우리가 열심을 냅시다. 하나님께서 우리가 그들을 구원하는 일을 도와주시기를 바랍니다. 우리는 먼저 울도록 합시다. 왜냐하면 우는 것이 우리의 자연적인 생활의 시작이었듯이 더 고귀한 생활에서도 가장 적합한 시작일 수가 있기 때문입니다. 우리는 하나님께 부르짖읍시다. 기회가 오나 주의하여 살핍시다. 그리고 어떻게 해서든지 사람들을 구원할 수 있다면, 기회가 올 때는 그 기회를 이용하도록 합시다. 우리는 더 이상 인생을 낭비할 수 없습니다. 인생을 낭비할 생각을 감히 할 수 있겠습니까? 정말로 "세상의 모든 것이 무대이고 남녀를 막론하고 모든 사람이 연기자에 불과하다"는 것이 사실이라면, 우리는 인간의 어리석은 역사를 지속할 수 없습니다. 나는 그런 주장을 믿지 않습니다. 그리고 만일 그것이 사실이라면 나는 그 사실을 바꿀 것입니다. 우리는 무대를 뒤집어엎고 가면을 찢어버리고 진실하게 삽시다. 우리가 하나님의 재판정에 이르게 되면 알게 되겠지만, "인생은 현실이고 인생은 진지합니다"(시인 롱펠로우의 '인생 찬가'에 나오는 구절 - 역주). 마지막 큰 날에 이르러서 보면 인생이 참으로 현실적인 것임을 알게 될 것입니다. 자, 우리의 귀와 혀를 훈련시켜 주시기를 구합시다. 이제 주님을 섬기려고 할 때 다른 사람들을 경계시키는 일부터 합시다.

3. 셋째로, 본문의 교훈을 실천하는 것에 대해 설명하고서 오늘 아침 설교를 마치겠습니다.

나는 여러분 가운데 아직 회심하지 않은 분들에게 말하고 싶습니다. 사실은 내가 주님을 실제로 뵈었다고 믿지만, 아무튼 마치 내가 이제 막 주님을 뵙고 나온 것처럼 그분들에게 말하고 싶습니다. 내가 이제 여러분에게 전하려고 하는 것을 이제 방금 주님께서 말씀하시는 것을 들은 것처럼 말하고 싶습니다. 여러분도 내가 그렇게 생각한다는 것을 알고 들으시기 바랍니다. 하나님께서 여러분에게 믿음을 주시기 바랍니다.

이 자리에 참석한 친구 여러분, 나는 여러분의 타고난 성품이 얼마나 뛰어나든지 간에, 여러분이 어떤 종교적 훈련을 받았든지 간에 상관없이 여러분 모두가 거듭나야 한다는 것을 말하지 않을 수 없습니다. 여러분은 내가 여러분에게 "거듭나야 하겠다"(요 3:7)고 말하는 것을 들었습니다. 그런데 나는 그 말을 예수께서 어느 날 저녁 유대인의 지도자 가운데 한 사람, 곧 성품이 순전하고 훌륭한 평판을 지녔고 학식이 깊은 사람의 방문을 받았을 때 말씀하셨던 것처럼 말하고 싶습니다. 그와 단 둘이 앉으셨을 때 우리 주님은 그를 아주 친절하게 대하셨지만, 그러나 또한 아주 엄숙하게 "네가 거듭나야 하겠다"고 말씀하셨습니다. 그렇습니다. 젊은이 여러분, 여러분에게는 아주 훌륭한 점이 많고, 거룩한 진리에 대해 많은 것을 압니다. 그러나 "여러분은 거듭나야 합니다." 주님은 "해야 한다"는 말을 강조하려고 하셨습니다. "네가 거듭나야 하겠다." 예수께서는 절대적으로 필요한 것 이상을 우리에게 요구하려고 하시지 않았고, 우리를 천국에 들여보내지 못하게 하는 경향이 있는 것은 단 한 음절도 말씀하려고 하시지 않았습니다. 주님께서 "네가 해야 하겠다"고 말씀하시면 우리는 그렇게 해야 합니다. 나는 여러분이 그 필요성을 인정하기 바랍니다.

다음으로, 나는 여러분을 우물에서 사마리아 여인과 말씀하신 예수님께 데려가고 싶습니다. 여러분은 예수님께서 그녀를 가르치실 때 그 얼굴에 떠오른 미소를 볼 수 있습니다. 나는 여러분이 예수께서 이 말씀을 하시는 것을 지금 듣기를 바랍니다. "하나님은 영이시니 예배하는 자가 영과 진리로 예배할지니라"(요 4:24). 친구 여러분, 나는 이 세상에서 종교의 어떤 외적 형태도 여러분이 영적인 사람이 되지 않는 한 여러분에게 아무 가치가 없다는 것을 말씀드리고 싶습니다. 여러분은 거듭남으로써 영적인 마음과 영적인 본성을 지녀야 하고, 그 다음에 영적인 방식으로 하나님을 예배해야 합니다. 단지 외형적인 것에 지나지 않는 종교는 하나님의 눈에 아무것도 아니기 때문입니다. 나는 그 사실에 대해서 여러분에게 경고하고 싶은 마음이 있지만, 그보다는 여러분이 주님께서 "아버지께 참되게 예배하는 자들은 영과 진리로 예배할 때가 오나니 아버지께서는 자기에게 이렇게 예배하는 자들을 찾으시느니라"(4:23)고 말씀하시는 것을 듣기를 더 바랍니다. 여러분은 주님의 이 말씀을 믿지 않습니까? 성령께서 여러분에게 영과 진리로 예배하는 법을 가르쳐 주시기를 구하십시오.

이제 주님의 말씀에 다시 한 번 귀를 기울이시기 바랍니다. 주님은 지금 유대인들에게 이야기하시면서 이 말씀을 하시는 것입니다. 주님의 말씀을 정확하게 번역해서 말씀드리겠습니다. "너희가 성경을 살피는데, 이는 성경에서 영생을 얻을 줄로 생각하기 때문이다. 그런데 성경은 내게 대하여 증언하는 것이다. 그러나 너희는 영생을 얻기 위해 내게 오지 않는다"(요 5:39,40). 나는 여러분이 성경을 읽는 것이 기쁩니다. 그런데 여러분은 어떻게 매일 정해진 분량만큼 성경을 읽고 나서는 그렇게 편안한 마음을 갖게 됩니까? 여러분은 성경을 읽기만 하면 구원 얻을 것으로 생각합니까? 그렇다면, 슬프지만 여러분은 잘못 생각하고 있는 것입니다. 여러분은 거기에서 한 걸음 더 나아가야 합니다. 여러분은 무엇보다 그리스도 예수님께로 가야 합니다. 오늘 아침 여러분이 믿음으로 예수님께 가면 좋겠습니다. 여러분은 이 진리가 어렵다고 생각합니까? 그렇게 생각하지 않으리라고 믿습니다. 이것은 예수님의 교훈이고, 나는 예수께서 바로 내 영혼에 말씀하시는 것을 들었기 때문입니다. 여러분은 바로 예수님께로 가야 합니다. 그렇지 않으면 성경이 여러분에게 아무 유익을 주지 못할 것입니다. 성경은 그리스도를 가리키는 안내 표지판입니다. 안내 표지판 옆에 앉는 것은 결코 도움이 되지 못합니다. 그보다는 표지판을 보고 서둘러 가서 바로 주님을 찾아야 합니다.

다시 한 번 주님의 말씀을 들어봅시다. 주님은 유대인들에게 이같이 말씀하십니다. "너희가 만일 내가 그인 줄 믿지 아니하면 너희 죄 가운데서 죽으리라"(8:24). 여러분이 내가 어려운 얘기를 한다고 말하리라는 것을 압니다. 어쩌면 내가 어려운 얘기를 하는 것인지도 모릅니다. 그러나 그것을 엄한 마음으로 말하는 것은 아닙니다. 우리 주님은 언제나 마음이 부드러우십니다. 그래서 사람 가운데 아무도 이분처럼 말한 사람은 없었고, 주님은 말하기 어려운 것이 있을 때는 말하면서 우셨는데, 사람은 그렇게 하지 못하였습니다. 주님께서 다음과 같이 선언하시는 말씀을 들어보십시오. "너희가 만일 내가 그인 줄 믿지 아니하면 너희 죄 가운데서 죽으리라." "너희 죄 가운데서 죽으리라." 여러분은 이 말이 무슨 뜻인지 압니까? 차꼬를 차고서 죽는 것, 도랑에 빠져서 죽는 것, 교수대에 매달려 죽는 것, 이런 것들은 자기 죄 가운데서 죽는 것에 비하면 아무것도 아닙니다.

나는 이 외에도 우리 주님께서 말씀하시는 몇 가지 점들을 말씀드리지 않을 수 없는데, 이는 오늘날 훌륭한 신(新) 신학자들이 그런 점들을 말하기를 좋아하지 않기 때문입니다. 나는 예수님께서 내 마음속에서 말씀하시는 것을 들었기 때문에, 그 점들을 여러분에게 경계시키지 않으면 안 됩니다. 주님은 곡식 가운데 가라지가 자라고 있고, 천사들이 "가라지를 단으로 묶어 불사를"(마 13:30, 개역개정은 "가라지는 거두어 불사르게 단으로 묶고" - 역주) 날이 올 것이라고 말씀하십니다. 이것이 주님께서 불경건한 자들의 운명을 처리하시는 방식입니다. 여러분은 어떻게 현대 신학자들이 야유하는 목소리로 "무시무시한 말이군. 이런 끔찍한 표현들은 단테와 밀턴, 그리고 옛날 저술가들에게서 빌려 온 것이야" 하고 말하는지 들어보십시오. 그렇지 않습니다. 단테, 밀턴, 옛날 저술가들은 그때에는 존재하지도 않았습니다. 예수께서는 친히 이렇게 말씀하십니다. "인자가 그 천사들을 보내리니 그들이 그 나라에서 모든 넘어지게 하는 것과 또 불법을 행하는 자들을 거두어 내어 풀무 불에 던져 넣으리니 거기서 울며 이를 갈게 되리라"(13:41,42). 여러분 가운데 어떤 분들은 회개하지 않으면 그런 운명에 처해

질 것입니다. 그리스도인들 가운데서 자라고 복음을 들으며 그리스도인과 아주 흡사해 보일지라도, 여러분은 곡식 가운데서 따로 분리되어 불 속에 던져질 것입니다.

여러분 가운데 어떤 분들은 부유해서 아주 많은 것을 누립니다. 나는 여러분에게 예수께서 날마다 호화롭게 살았지만 자신의 영혼을 돌보지 않은 사람에 대해 말씀하신 것을 말하지 않을 수 없습니다. 예수께서 이같이 말씀하셨습니다. "부자도 죽어 장사되매 그가 음부에서 고통중에 눈을 들어 멀리 아브라함과 그의 품에 있는 나사로를 보고 불러 이르되 아버지 아브라함이여 나를 긍휼히 여기사 나사로를 보내어 그 손가락 끝에 물을 찍어 내 혀를 서늘하게 하소서 내가 이 불꽃 가운데서 괴로워하나이다"(눅 16:22-24).

나의 주님, 나의 다정한 주님, 피 흘리시고 죽으신 내 주님, 죄인들을 받으시는 사람이신 주님, 그분께서 바로 그같이 말씀하셨습니다. 나는 할 수 있다면 주님만큼 부드럽게 말할 것입니다. 그러나 이 세상의 위안거리들은 있지만 그리스도 밖에 있는 여러분 부자들에게 이것이 여러분에게 일어날 일이라고 확실하게 말씀드리고 싶습니다. 이것은 잠시 동안 벌어질 일이 아니라 영원히 지속될 일입니다. 주님의 가르침에 따를 때 여러분은 결코 이 고통을 피할 수 없을 것입니다. 주님께서 말씀하시기를, 그 사이에 큰 구렁텅이가 있어서 사람들이 거기에서 이리 오려고 해도 올 수 없다고 하십니다. 그러니 내가 주님의 입에서 나오는 말씀으로 여러분을 경계시키고자 할 때 그것을 교훈으로 삼기를 바랍니다.

이 땅에서 주님이 행하신 마지막 일은 이것이었습니다. 주님은 자기를 그처럼 악하게 대했던 이 세상을 발끝으로 딛고 서서 주위에 새로운 제자들을 모으셨습니다. 예수께서 사람들이 보는 가운데서 올리어 가시기 전에 애정 어린 목소리로 사람들에게 말씀하셨습니다. "너희는 온 천하에 다니며 만민에게 복음을 전파하라"(막 16:15). 그들은 눈과 귀를 활짝 열고 서서 주님께서 자기들에게 어떻게 복음을 전하게 하려고 하시는지 알고자 하였습니다. 주님은 "믿고 세례를 받는 사람은 구원을 얻을 것이요 믿지 않는 사람은 정죄를 받으리라"고 말씀하셨습니다. 주님께서 그렇게 말씀하셨습니까? 그렇습니다. 구름이 예수님을 받아 그들의 눈에 보이지 않게 되기 직전에, 예수께서 말씀하셨습니다. "믿지 않는 사람은 정죄를 받으리라." 그 말씀을 하신 분이 바로 주님이셨습니다. 예수께서 그같이 말씀하셨을 때 표정이 어떠했을지 볼 수 있었다면 좋았을 것입니다. 주님께서 사실상 "믿지 않을 사람들이 있을 것인데, 너희는 그들에게 '믿지 않는 사람은 정죄를 받으리라'고 분명하게 말해야 한다"고 말씀하셨을 때, 분명한 고통이 주님의 마음에 스쳐간 것이 눈에 나타났습니다.

여러분, 나는 여러분 모두에게 이 점을 분명하게 경고합니다. 내가 그리스도를 믿는 신자가 아니라면 나는 정죄 받을 것입니다. 그리고 여러분이 신자가 아니라면 여러분도 정죄 받을 것입니다. 제발 여러분은 그처럼 두려운 위험을 무릅쓰지 않기 바랍니다. 지금 예수님을 믿으십시오. 그러면 여러분이 구원 받을 것입니다. "믿고 세례를 받는 사람은 구원을 얻을 것이요," 또 "아들을 믿는 자에게는 영생이 있느니라"(요 3:36)라고 말하는 사람은 내가 아니라 주님이시기 때문입니다. 나는 주님께서 나에게 이 말로 여러분을 즐겁게 하기 위해서 말을 아주 멋지게 포장해서 전하기를 바라셨다고 생각하지 않습니다. 그리고 나는 지금까지 그렇게 해 본 적이 없습니다. 나는 지금까지 주님의 말씀을 내가 알고 있는 대로 최선을 다해서 정직하게 말했습니다. 주님께서 나의 과실들을 걸러내어 던져버리고 주님의 것은 모두 여러분과 내 마음속에서 영생에 이르도록 살아남게 하여 주시기를 바랍니다. 아멘.

제
3
장

남겨졌는지라!

"내가 남겨졌는지라"(개역개정은 '내가 홀로 있었는지라')
— 겔 9:8

전 장(章)에 기록된 에스겔의 환상은 유다 집의 가증한 것들을 밝히 드러냈습니다. 이어서 이 장에 나오는 환상은 여호와 하나님께서 범죄한 이 민족에게 가져오신 두려운 징벌, 곧 예루살렘에서 시작되는 징벌을 보여줍니다.

에스겔은 살육하는 자들이 무기를 들고 나오는 것을 보았습니다. 그 살육하는 자들이 죽이는 일을 성전 문에서부터 시작하였다고 기록하는데, 그는 그들이 큰 거리들을 따라 가면서 작은 길 하나도 빼먹지 않고 뒤져가며 이마에 서기관의 먹물 표시가 없는 사람은 모조리 다 죽이는 것을 보았습니다. 그만 홀로 남았습니다. 여호와의 선지자인 그 자신만이 대대적인 살육에서 죽음을 면했습니다. 시체들이 그의 발 앞에 엎드러졌고 핏덩이가 얼룩진 시신들이 온통 주변에 널려 있을 때 "내가 남겨졌다"고 말했습니다. 그는 죽은 자들 가운데서 살아서 홀로 섰습니다. 그가 믿음 없는 자들 가운데 신실한 자로 발견되었기 때문입니다. 그가 온 세상이 멸망하는 가운데서 살아남았는데, 이는 온 세상이 타락한 가운데서 하나님을 섬겼기 때문입니다.

에스겔의 환상 가운데 이 문장을 따로 떼어 우리 자신에게 적용해 보겠습니다. 우리가 "내가 남겨졌는지라"는 이 문장을 거듭거듭 읽다 보면 아주 자연스럽게 이 문장이 우리에게 과거를 돌아보게 만들고, 또 곧바로 미래를 바라보게 만든다는 생각이 듭니다. 그런가 하면 이 문장이 회개하지 않는 사람들에게는 그와 전혀 반대되는 모습을 보게 만든다는 생각이 듭니다.

1. 형제 여러분, 우리는 무엇보다 여기서 진지하게 과거를 돌아보게 하는 애처로운 반성을 봅니다.

"내가 남겨졌는지라." 여러분 가운데 많은 분들은 아팠던 때, 곧 콜레라가 거리를 휩쓸었던 때를 기억할 것입니다. 여러분은 역병이 창궐하던 그 시절을 잊어버릴 수 있을지 모르지만 나는 잊을 수가 없습니다. 그때 나는 목회자로서 본분을 지키기 위해 공포에 사로잡힌 집들을 계속해서 돌아다니며 죽어가고 있는 사람들과 죽은 사람들을 보았습니다. 내가 처음에 이 수도에 와서 살아 있는 사람들을 축복하기보다는 죽은 자들을 매장하는 일에 여념이 없던 때 목격한 슬픈 장면들 가운데 어떤 것들은 내 어린 마음에 인상 깊게 박혀서 언제까지나 남아 있을 것입니다. 여러분 가운데 어떤 분들은 콜레라를 한 철만 겪은 것이 아니라 여러 번 겪었습니다. 여러분은 아마도 열병이 이 도시의 많은 사람들을 넘어뜨렸고, 또 역병과 그 밖의 무서운 질병들이 사람들의 화살통에 든 화살들을 다 비워버리고 그 화살들 하나하나가 여러분 친구들 가운데 어떤 이의 가슴에 박히던 때도 그 자리에 있었을 것입니다. 그럼에도 불구하고 여러분은 살아남았습니다. 여러분은 무덤들 사이로 다녔지만 실족하여 무덤 속으로 들어가지 않았습니다. 맹렬하고 치명적인 질병들이 여러분의 길에 숨어 있었지만 여러분을 삼키도록 허락받지는 못했습니다. 사망의 탄알들이 여러분 귓가를 쌩 하고 지나갔지만 여러분은 살아서 섰습니다. 사망의 탄알이 여러분의 심장을 맞추라는 명령서를 갖고 있지 않았기 때문입니다.

여러분 가운데 어떤 분들은 50년, 60년, 70년의 세월을 돌아볼 수 있습니다. 벗겨지고 머리칼이 하얗게 센 머리가 여러분이 더 이상 인생의 전투에서 신참이 아니라는 사실을 말해줍니다. 여러분이 군대에서 쓸모없게 되지는 않았다고 할지라도 이제는 고참병이 되었습니다. 여러분은 이제 곧 은퇴를 하고 갑주를 벗고 다른 사람들에게 자리를 넘겨줄 것입니다. 형제 여러분, 이제 노란 마른 잎이 된 여러분, 과거를 돌아보십시오. 죽음이 여러분 주위의 많은 사람들을 환호하며 맞이하는 것을 오랜 세월 보아 왔던 것을 기억하고, "내가 남겨졌다"고 생각하십시오. 그리고 좀 더 젊은 나도, 정맥 속에서 피가 여전히 힘 있게 뛰는 나도 수많은 사람들이 내 주위에서 엎어지던 위험한 시기들을 기억할 수 있습니다. 그렇지만 나는 하나님의 집에서 아주 힘 있게 "내가 남겨졌다"고 말할 수 있습니다. 다른 많은 사람들이 죽을 때 크신 하나님께서 보존해 주신 것입니다. 죽음의 파도가 나를 세차게 덮쳤을 때 보호받아 생명의 반석에 서게 되었고, 물보라를 흠뻑 맞았고 온 몸에 질병과 고통이 엄습했지만 그럼에도 불구하고 나는 지금 살아 있습니다. 여전히 살아서 바쁘게 움직이는 사람들과 뒤섞여 지냅니다.

자, 그러면 이와 같은 회고는 무엇을 생각나게 합니까? 우리 각 사람은 틀림없이 이런 질문들을 하게 되지 않습니까? 나는 무엇 때문에 목숨을 잃지 않았는가? 왜 나는 남겨졌는가? 그때 여러분 가운데 많은 사람들이 허물과 죄로 죽었고, 바로 지금도 여러분 가운데 어떤 사람들은 허물과 죄로 죽어 있습니다! 여러분이 열매를 많이 맺어서 목숨을 잃지 않은 것이 아닙니다. 여러분은 고모라의 포도밭에 내놓은 것이 없기 때문입니다. 하나님께서 칼을 멈추신 것이 여러분에게 선한 것이 있기 때문이 아닌 것은 확실합니다. 행동으로 나타나지는 않았다고 할지라도 여러분 성향 속에 있는 허다히 많은 악들이 여러분의 즉결 처형을 당연히 요구하였을 것입니다. 그런데 여러분이 살아남았습니다. 여러분에게 왜 그렇게 되었느냐고 묻겠습니다. 그것은 언젠가 자비가 여러분을 찾아오도록 하기 위해서였습니까? 언젠가 은혜가 여러분의 영혼을 새롭게 하도록 하기 위해서였습니까? 여러분은 그것이 실제로 그렇다는 것을 발견하였습니까? 주권적인 은혜가 여러분을 정복하고 여러분의 편견을 무너뜨리며 여러분의 얼음 같은 가슴을 녹이고 돌 같은 의지를 산산조각 냈습니까? 죄인이여, 여러분이 남겨졌던 때 돌아보고 말해 보십시오. 여러분의 목숨이 보존된 것은 여러분이 큰 구원으로 구원받도록 하기 위해서였습니까?

여러분이 그 질문에 "예"라고 말할 수 없다면 나는 여러분에게 그 문제가 아직도 그렇게 될 수 없는 것인지 묻겠습니다. 여러분, 여러분이 아직도 하나님의 원수이고 하나님에 대해서 외인이며 악한 행실로 하나님에게서 멀리 떨어져 있는 동안에 왜 하나님께서 그렇게 오랫동안 여러분의 목숨을 살려두셨습니까? 금방이라도 불에 탈 것 같은 나무처럼 시들고 마른 죄인이여, 혹은 반대로, 이 가능성을 있는 그대로 말하는 것이 몹시 두렵지만, 하나님께서 여러분을 살려두신 것이, 여러분의 날을 연장하신 것이 여러분의 악한 성향을 발전시키기 위해서였습니까? 여러분이 멸망에 이르도록 좀 더 충분히 자라고, 끔찍한 불의의 한

계를 다 채워서 지옥에 내려가도록 하기 위해서였습니까? 그럴 수 있습니까? 이렇게 하나님께서 목숨을 살려주신 순간들을 죄를 더 지음으로써 망치겠습니까? 아니면 그 시간들을 회개와 기도에 바치겠습니까? 여러분의 마지막 죄가 영원한 어둠 속으로 지기 전에 여러분이 주님을 바라보겠습니까? 그렇게 할 뜻이 있다면, 여러분은 자신이 남겨진 것에 대해서 영원히 하나님께 감사하는 것이 마땅합니다. 이는 여러분이 죄인들의 구주이신 분을 찾아 만나도록 하기 위해 남겨졌기 때문입니다.

지금 내 설교를 듣고 있는 여러분 가운데 그리스도인이면서 또한 지금까지 남겨진 사람들이 많이 있습니까? 여러분보다 나은 성도들이 죽어 세상의 인연과 동료 인간들을 떠났을 때, 여러분보다 더 빛나는 별들이 밤에 흐려졌을 때, 여러분은 여전히 깜박거리는 보잘것없는 광선으로 빛을 비추도록 허락을 받았습니까? 크신 하나님, 왜 그렇게 하셨습니까? 왜 내가 지금 남겨져 있는 것입니까? 내 자신에게 그 질문을 해보겠습니다. 주님이시여, 나를 그토록 오랫동안 살려두실 때에는 주께서 내게 시키실 어떤 일이 있는 것이 아닙니까? 내가 아직은 깨닫고 있지 못하지만 주께서 머지않아 내게 알려서 실행하게 하실 어떤 목적이 있는 것이 아닙니까? 그 목적을 위해서 내게 은혜와 힘을 주시고 얼마 동안 더 내 목숨을 살려주시는 것이 아닙니까? 내가 죽지 않거나 적어도 죽음의 모든 화살로부터 보호를 받는 것은 내 일이 아직 완성되지 않았기 때문입니까? 벽돌들의 총수가 아직 다 채워지지 않았기 때문에 내 인생의 연수가 연장되는 것입니까? 그렇다면 주께서 내게 하라고 하실 일을 보여주십시오. 내가 이렇게 남겨졌으니, 내 자신이 어떤 목적을 위해서 남겨진 사람, 특별한 목적을 위해 따로 바쳐진 사람이라고 느끼도록 도와주옵소서. 그렇지 않았다면 나는 오래전에 구더기의 밥이 되었고 내 몸은 부스러져 어머니인 대지에게로 돌아갔을 것입니다. 그리스도인 여러분, 여러분은 언제나 이 질문을 자신에게 하십시오. 특별히 여러분이 보통 이상의 병과 죽을 수밖에 없는 처지에서 보존되었을 때 이 질문을 스스로에게 물으십시오. 내가 남겨졌다면 왜 남겨진 것입니까? 왜 내가 하늘로 데려감을 당하지 않았습니까? 왜 내가 안식에 들어가지 않은 것입니까? 주 하나님, 주께서 내게 시키시고자 하는 일을 보여주시고, 그 일을 행할 은혜와 힘을 주옵소서.

회고하는 일을 잠시 바꾸어, 우리의 목숨을 살려주시는 하나님의 자비를 또 다른 관점에서 한번 봅시다. "내가 남겨졌는지라." 이 자리에 참석한 분들 가운데 내가 그 인생을 잘 알고 있는 어떤 분들은 "내가 남겨졌는지라" 하고 말할 수 있고, 그것도 아주 힘주어 말할 수 있을 것입니다. 여러분은 믿음이 없는 부모에게서 태어났습니다. 여러분이 아주 어릴 적에 들은 것으로 기억할 수 있는 말은 천하고 신성모독적인 것이었습니다. 너무도 불쾌하여서 다시 입에 담을 수 없는 말이었습니다. 여러분이 돌아보면, 갓 태어난 여러분의 어린 폐가 받아들인 최초의 숨은 더러운 공기, 그것은 곧 악과 죄와 불의 공기였다는 것을 알 수 있습니다. 여러분이 자랐고, 여러분과 함께 여러분의 형제자매도 나란히 자랐습니다. 여러분은 집안을 죄로 가득 채웠고, 계속해서 함께 어린 시절의 죄들을 범했으며 악한 습관들을 길들이도록 서로 부추겼습니다. 이렇게 해서 여러분은 자라 성인이 되었고, 그 다음에는 혈족 관계의 유대에서뿐 아니라 부정한 행위들의 연대에서도 다 같이 한 무리가 되었습니다. 여러분의 수가 불어났습니다. 새로운 식구를 받아들인 것입니다. 여러분의 집안 패거리들이 늘어남에 따라 여러분 행실의 악명도 높아졌습니다. 여러분은 다 같이 공모해서 안식일을 어겼습니다. 함께 계획을 궁리하였고 함께 못된 행실들을 저질렀습니다. 언제나 주일 초대장을 받곤 했는데, 초대장을 보고 경건을 멸시하며 비웃었던 때를 기억할 수 있을 것입니다. 여러분은 오랜 동지 가운데 여러 사람이 어떻게 죽었는지 기억합니다. 여러분은 그들을 따라 그들의 무덤에까지 갔습니다. 흥겹게 떠드는 일을 잠시 멈추었지만, 이내 다시 즐거운 생활로 돌아갔습니다. 그 다음에는 불신앙이 목구멍까지 차오른 누이가 죽었습니다. 그 후에는 형제 중 한 사람이 데려감을 당했습니다. 그는 죽을 때 아무 소망이 없었습니다. 그의 앞에는 모든 것이 어두웠고 절망이었습니다. 죄인이여, 이렇게 여러분은 여러분의 모든 친구들보다 오래 살았습니다. 여러분이 지옥으로 가고 싶다면 사람들에 의해 밟혀 다져진 길을 따라 가야 합니다. 여러분이 지나온 길을 돌아볼 때 그것은 피로 얼룩진 길입니다. 이는 여러분이 돌아볼 때 여러분 앞에 있었던 모든 사람들이 기쁨의 빛이라곤 전혀 없이 음울한 어둠 가운데서 먼 본향으로 갔다는 것을 알 수 있기 때문입니다.

그런데 자, 죄인이여, 여러분이 남겨졌습니다. 감사하게도 여러분은 이렇게 말할 수 있을 것입니다. "그렇습니다. 나만 홀로 남겨진 것은 아니지만 나는 지금 여기 기도의 집에 있습니다. 내가 내 마음을 잘 알지만, 옛날 생활을 다시 그대로 사는 것만큼 내가 미워하는 일은 없습니다. 내가 지금 여기 있지만, 내가 과연 여기 있을 것이라고는 전혀 생각하지 못했습니다. 나는 이미 죽은 사람들을 돌아볼 때 정말로 슬픕니다. 그러나 그들의 죽음을 애통해하지만 내가 지금 지옥에서 고통을 받지 않고 지금 여기에 있는 것에 대해 하나님께 감사드립니다. 그렇습니다. 여기에 있을 뿐만 아니라 또한 내가 어느 날 그리스도의 얼굴을 볼 것이고, 많은 사람들이 불타는 가운데서 그리스도의 의로 옷 입고 그리스도의 사랑으로 보존되어 설 것이라는 소망이 있어서 감사드립니다."

여러분이 남겨졌습니다. 그렇다면 어떻게 얘기해야 합니까? 여러분이 자랑해야 하겠습니까? 그럴 수 없습니다. 오히려 배나 겸손하십시오! 여러분이 스스로 영광을 취해야 하겠습니까? 그럴 수 없습니다. 풍성하고 과분한 값없는 은혜에 영광을 돌려야 합니다. 그러면 여러분은 다른 모든 사람들보다 낫게 무엇을 해야 하겠습니까? 여러분은 그리스도를 섬기겠다고 배나 더 맹세해야 할 것입니다. 그동안 여러분이 친구들은 모두 떠나고 혼자 남아서까지 물불을 가리지 않고 마귀를 섬겼으니, 이제는 하나님의 은혜로 여러분은 온 세상이 그리스도를 멸시할지라도 그를 따르고, 모든 신자가 변절자가 될지라도 끝까지 버티겠다고 맹세하기를 바랍니다. 마침내 사람들이 여러분에 대해 이렇게 말하기까지 끝까지 버티겠다고 맹세하기 바랍니다. "그가 남겨졌다. 그의 친구들이 죽었을 때 그가 죄 가운데 홀로 섰고, 그 다음에는 그의 친구들이 그를 떠났을 때 그리스도 안에서 홀로 섰다." 이와 같이 여러분이 사람들로부터 "그가 남겨졌다"는 말을 들어야 할 것입니다.

이 사실은 또 다른 점을 돌아보게 만듭니다. 우리 가운데 어떤 분들은 참으로 특별한 섭리에 의해 위험에서 보호를 받았고 우리의 연약한 몸도 보존되었습니다! 여러분 가운데는 젊은 날을 돌아볼 때, 친척들 중에 세상에 남아 있기보다는 무덤 속에 있고, 이 땅 위에 있기보다는 땅 아래 있는 사람들이 훨씬 더 많이 생각날 만큼의 나이에 이르기까지 남겨진 분들이 있습니다. 잠잘 때 여러분은 죽은 사람이나 다름없습니다. 그럴지라도 여러분은 남겨져 있습니다. 인생을 지나오면서 어린 시절에 수많은 위험 가운데서 보존되었고, 그 다음에는 청년 시절에 보호를 받았으며 미숙한 시기의 여울목과 유사(流砂)를 안전하게 빠져나오고, 성인 때의 암초와 모래톱을 안전하게 벗어났고, 지금도 여전히 이 세상에 있습니다. 70년 세월 동안 계속해서 죽음에 노출되었지만, 그럼에도 불구하고 여러분은 거의 80세에 이르기까지 보존된 것입니다. 사랑하는 형제 여러분, 여러분은 남겨졌습니다. 그런데 여러분이 왜 남겨졌다고 생각합니까? 왜 다른 형제들과 자매들은 모두 세상을 떠났습니까? 왜 여러분의 오랜 동창들의 수가 점차 줄어들었습니까? 여러분은 젊은 날에 여러분의 친구였는데 지금까지 살아 있는 사람을 한 명도 기억할 수가 없습니다. 여러분이 어떤 지역에 그토록 오랫동안 살았는데, 상점 문마다 새로운 이름이 붙어 있고 거리에서 새로운 얼굴을 보며 일찍이 젊은 날에 보았던 모든 것이 다 새롭게 변한 것이 어찌된 일입니까? 왜 여러분은 목숨을 잃지 않은 것입니까? 여러분은 아직까지 회심하지 않은 남자입니까? 여러분은 아직까지 회심하지 않은 여자입니까? 여러분이 무슨 목적을 위해 지금까지 목숨이 보존된 것입니까? 여러분이 십일 시에 구원받도록 하기 위해서입니까? 하나님께서 그런 일이 일어나게 해주시기를 바랍니다! 아니면 여러분이 계속해서 죄를 지었어도 목숨이 보존된 것이, 자주 경고를 받았지만 그 모든 경고를 무시하였기 때문에 가장 악한 죄인으로 지옥에 가도록 하기 위함입니까? 이것 때문에 목숨이 보존된 것입니까? 아니면 머지않아 구원받도록 하기 위해 보존된 것입니까?

여러분이 그리스도인입니까? 그리스도인이라면 "왜 여러분이 남겨졌느냐?"는 이 문제에 답하는 것이 어렵지 않습니다. 잉글랜드에서 가장 궁벽한 곳에 사는 한 나이든 부인이 있다고 합시다. 오늘 밤 그 부인이 지내는 다락방에 촛불이 꺼졌고 초를 또 한 자루 살 돈이 없어 어두운 가운데 앉아 있다고 생각해 봅시다. 그런 경우에 하나님께서 그녀에게 시키실 어떤 일이 있지 않다면 그녀가 단 일 분도 천국 밖에서 지내게 하실 것이라고 나는 생각하지 않습니다. 저기 수염이 희끗희끗한 분이 있는데, 저분이 이 땅에서 해야 할 일이 없다면 여전히 이 세상에서 목숨이 보존될 것이라고 생각하지 않습니다. 나이든 여러분, 그 점을 분명히 말하십시오. 확실하게 말하십시오. 여러분을 지금까지 지켜온 주님의 보존하신 은혜에 대해 이야기하십시오. 여러분의 자녀에게, 자녀의 자녀들에게 여러분이 신뢰해 온 분이 얼마나 놀라운 하나님이신지를 이야기해 주십시오. 백발의 원로로 일어서서 하나님께서 어떻게 여섯 가지 고난에서 여러분을 구원하셨고, 일곱 가지 환난에서 아무 악도 여러분을 해치지 못하게 하셨는지를 말하고, 다음 세대들에게 하나님의 말씀은 참되고 하나님의 약속은 이루어지지 않는 법이 없다는 것을 신실하게 증언하십시오. 여러분의 지팡이를 의지하고, 죽기 전에 가족들에게 "너희의 하나님 여호와께서 말씀하신 모든 선한 말씀이 하나도 틀리지 아니하고 다 너희에게 응하였느니라"(수 23:14)고 말하십시오. 여러분이 원숙한 나이에 이름에 따라 하나님의 사랑을 즐겁게 증언하시기 바랍니다. 여러분은 나이가 점점 더 들어감에 따라 하나님의 뜻의 변치 않으심, 하나님의 맹세의 진실하심, 주님의 피의 귀함, 주님을 믿는 모든 자들의 구원의 확실함을 점점 더 알아가고 점점 더 굳게 확신하도록 하십시오. 그러면 우리는 여러분이 과연 높고 고귀한 목적을 위해 목숨이 보존되었음을 알 것입니다. 여러분은 감사의 눈물을 흘리며 "내가 남겨졌습니다" 하고 말할 것이고, 우리는 기쁨의 미소를 지으며 그 말을 들을 것입니다.

시간이 허락된다면, 과거를 돌아보는 이 회고에 대해서 충분히 설명하는 것이 좋겠지만, 그렇지 못하니 이 회고를 철저히 살펴보기보다는 그냥 제안하는 것으로 그칠 수밖에 없겠습니다.

2. 그러므로 나는 서둘러 여러분에게 과거를 회고해 보라고 말씀드립니다.

여러분과 나는 얼마 있지 않으면 이 세상을 떠나 다른 세상으로 갈 것입니다. 말하자면 이생은 나룻배에 지나지 않습니다. 우리는 지금 나룻배에 실어 날라지고 있고, 머지않아 진짜 해안, 곧 진짜 뭍에 도달할 것입니다. 여기 이 세상에는 본질적인 것은 아무것도 없기 때문입니다! 다음 세계에 들어갈 때 우리는 의로운 자와 불의한 자가 모두 부활할 것이라고 생각해야 하고, 그 엄숙한 날에 이 지구 표면에 거주하는 모든 사람들이 한 자리에 모아지게 될 것을 생각해야 합니다. 그리고 일찍이 고난을 받으셨던 분이 올 것인데, 세상을 의로 심판하고 사람들을 공평으로 판단하기 위해 오실 것입니다. 어린 아기로 오셨던 분이 무한하신 하나님으로 오실 것입니다. 배내옷에 감싸였던 분이 금띠로 허리를 두르고 무지개 화관을 쓰고 폭풍의 옷을 입고서 오실 것입니다. 그 앞에서 우리가 이루 헤아릴 수 없는 큰 무리로 모여 설 것이고, 땅은 골짜기의 가장 밑바닥부터 산꼭대기에 이르기까지 영광을 얻을 것이며, 바다의 파도는 그 물살 밑에서 잠들었던 사람들의 견고한 발판이 될 것입니다. 그때 모든 눈이 그를 볼 것이고 모든 귀가 열려 그의 음성을 들을 것이며 모든 마음은 엄숙한 두려움과 무서운 불안에 사로잡혀 모든 날들 가운데 가장 위대한 날, 날들 가운데 최고의 날에 벌어지는 그 일, 곧 모든 시대가 마감되고 하나님의 섭리가 완성되는 것을 지켜볼 것입니다.

구주께서 장중하고 화려한 행렬 가운데 오시고, 그의 천사들이 주님과 함께 옵니다. 여러분은 구주께서 이렇게 외치시는 소리를 듣습니다. "가라지는 거두어 불사르게 단으로 묶어라"(마 13:30). 추수하는 자들이 어떻게 불의 날개를 타고 오는지 보십시오! 어떻게 그들이 하나님의 인내의 맷돌에 오랫동안 깔려 있었지만 마침내 날카롭게 갈린 낫을 쥐는지 보십시오. 여러분은 추수하는 자들이 가까이 오는 것이 보입니까? 그들이 저기에서 낫으로 한 민족을 베어 넘어뜨리고 있습니다. 천한 우상 숭배자들이 방금 전에 고꾸라졌고, 저쪽에서 하나님을 모독하는 한 식구들이 추수하는 자들의 발에 밟혀 뭉개졌습니다. 저기에서 추수하는 자들이 한 무리의 술고래들을 맹렬히 타오르는 불에 던지려고 어깨에 메고 가는 것을 보십시오. 또 다른 곳에서 뚜쟁이들, 간음하는 자들, 행실이 나쁜 사람들, 그런 유의 사람들이 결코 끊을 수 없는 거대한 다발에 단단히 묶여 있는 것을 보십시오. 그리고 그들이 불 속에 던져지고 말로 다 표현할 수 없는 지옥의 고통 가운데서 타오르는 것을 보십시오. 그때 내가 살아남을 것입니까? 크신 하나님, 그때 내가 오직 주님의 의에 감싸여서, 즉 법정에서 나의 재판장으로 앉아 계시는 분의 의에 감싸여 설 것입니까? 악인들이 "바위들아, 우리를 가리라. 산들아 우리 위에 떨어져라"(계 6:16 참조) 하고 외칠 때, 나는 주님을 응시할 수 있겠습니까? 이 눈을 위로 쳐들고, 감히 보좌에 앉아 계시는 분의 얼굴을 바라볼 수 있겠습니까? 온 세상이 공포와 낙담 가운데 있을 때 나는 요동하지 않고 조용히 서 있을 수 있겠습니까? 내가 성도들의 옳은 행실인 깨끗한 세마포(계 19:8)로 옷 입은 경건한 무리들, 곧 이 충격적인 사건을 기다리고 악인들이 파멸에 던져지는 것을 보지만 자신은 안전하다는 것을 아는 경건한 무리들의 수 가운데 들어가게 될 것입니까?

나는 그처럼 될 것입니까? 아니면 다발로 묶여서 불에 타고, 바람 앞의 겨처럼 하나님의 콧김에 영원히 날려 가버리겠습니까? 여러분은 반드시 이 둘 중에 어느 한쪽이 될 것입니다. 어떤 것이 여러분의 운명이 되겠습니까? 나는 이 문제에 대답할 수 있는가? 나는 대답할 수 있는가? 할 수 있습니다. 나는 지금 그렇다고 말할 수 있습니다. 바로 이 장(章)에 내 자신을 판단하는 법을 가르쳐 주는 것이 있기 때문입니다. 목숨이 보존된 사람들은 이마에 표시가 있습니다. 그들은 표시뿐 아니라 평판도 지니고 있습니다. 그들의 평판은 그들이 악인들의 혐오스러운 모든 것들을 인해서 탄식하며 부르짖는다는 것입니다. 내가 죄를 미워한다면, 그리고 다른 사람들이 죄를 사랑하기 때문에 탄식한다면, 다시 말해 내 자신이 연약함으로 인해 죄를 범하는 것 때문에 부르짖는다면, 내 자신의 죄와 다른 사람들의 죄가 내 심령에 끊임없는 슬픔과 괴로움을 일으키는 원인이 된다면, 장차 올 세상에서 슬픔과 탄식이 멀리 달아날 것이기 때문에 탄식하지도 부르짖지도 않을 사람들의 표시와 증거가 내게 있는 것입니다.

오늘 내 이마에 핏자국이 있는가? 자, 내 영혼아, 너는 오직 예수 그리스도만을 신뢰하는가? 믿음의 열매로서 너는 너를 구원하신 예수님뿐만 아니라 아직까지 구원받지 못한 사람들도 사랑하는 법을 믿음으로 배웠는가? 핏자국이 밖에 있는 동안 나는 속으로 탄식하며 부르짖는가? 형제자매 여러분, 내가 여러분에게 묻는 이 질문에 여러분이 직접 대답해 보십시오. 나는 땅이 비틀거리고 하늘의 기둥들이 파괴되어 반드시 흔들릴 것 때문에 여러분에게 대답하라고 요구합니다. 재판장의 보좌 앞에 설 그룹과 스랍들 때문에, 빽빽한 어둠에 빛을 비추고 해를 놀라게 만들며 달을 핏빛으로 변하게 할 타는 듯한 번개 때문에 여러분에게 묻습니다. 그 혀가 불 같고 불의 칼 같은 분 때문에, 여러분을 재판하고 심문하여 여러분의 마음을 읽고 여러분의 태도들을 밝혀 영원한 운명을 선언할 분 때문에 여러분에게 요구합니다. 나는 죽음의 확실함 때문에, 심판의 확실함 때문에, 하늘의 영광스러움 때문에, 지옥의 엄숙함 때문에 여러분에게 간절히 바라고 애원하며 명령하고 부탁합니다. 이제 여러분이 스스로 이렇게 물어보십시오. "나는 남겨질 것인가? 나는 그리스도를 믿는가? 나는 거듭났는가? 내게 새 마음과 새 영이 있는가? 그렇지 않으면 나는 지금도 과거와 똑같은 존재인가? 즉, 지금도 여전히 하나님의 원수요 그리스도를 멸시하는 자로, 율법에 의해 저주를 받고 복음에서 쫓겨났으며 하나님도 없고 소망도 없으며 이스라엘 나라에 대해 외인(外人)인가?"

나는 아무리 열심히 말해도 원하는 만큼 충분히 여러분에게 전하지 못하겠습니다. 나는 이 질문으로써 여러분 마음속 가장 밑바닥에 있는 생각을 흔들어 놓고 싶습니다. 죄인이여, 하나님께서 키질을 하여 곡식에서 겨를 골라낼 때 그대는 어떻게 되겠습니까? 그때 여러분의 운명은 어떻게 되겠습니까? 저쪽 통로에 서 계시는 분, 그대의 운명은 어떻게 되겠습니까? 저쪽에 사람들 틈바구니에 끼여 있는 분, 주님께서 오실 때, 아무것도 주님의 눈을 피할 수 없을 그때, 그대의 운명은 어떻게 되겠습니까? 자, 여러분은 주님의 목소리를 알아듣겠습니까? 말해 보십시오. 여러분은 주께서 우레 같은 목소리로 "저주를 받은 자들아 나를 떠나라"(마 25:41)고 하실 때, 여러분의 마음의 줄들이 딱 하고 끊어지겠습니까? 아니면 여러분의 운명이 행복하겠습니까? 다시 말해, 주님께서 "내 아버지께 복 받을 자들이여 나아와 창세로부터 너희를 위하여 예비된 나라를 상속받으라"(25:34)고 말씀하시는 것을 듣는, 말로 다 표현할 수 없는 지복으로 인해 내내 황홀해하는 운명이 되겠습니까? 본문에 앞날에 대한 전망이 나오니, 여러분은 그것을 보시기 바랍니다. 죽음의 좁은 시내 건너편을 응시하며 "내가 남겨질 것인가?" 하고 물어보시기 바랍니다.

"나의 의로우신 재판장이신 주께서 오시어
주의 구속받은 백성들을 본향으로 데려가실 때
내가 그들 가운데 서 있을 것인가?
아무 쓸모없는 벌레 같은 내가
때로 죽기를 두려워하는 내가
주의 오른편에 설 수 있을 것인가?

내가 주의 구속받은 백성들 가운데 지극히 악할지라도
그들 가운데 하나로 헤아림을 입고
주의 은혜로운 발 앞에 엎드리면 좋겠네.
그런데 내 마음을 찌르는 생각이 있으니
주께서 그들을 불러내실 때
내 이름이 빠지면 어떻게 될 것인가?

막아 주소서, 주의 은혜로 그 일을 막아 주소서.
사랑하는 주님, 주께서 내 은신처가 되소서.
오늘 주께서 용납하시는 날에
나의 의심 많은 두려움을 가라앉히는 그 목소리를,
주의 사유하는 목소리를 듣게 하소서!
내가 넘어지지 않게 하여 주소서."

3. 이제 이와 전혀 반대되는 모습을 살펴봅시다.

나는 이 모습이 "내가 남겨졌는지라"라는 본문 말씀에서 넌지시 암시된다고 생각합니다. 그때는 우리가 지금까지 말했던 의미로 남겨지지 않고 그와는 달리 두려운 방식으로 남겨질 사람들이 있을 것입니다. 그들은 자비에 의해서 남겨지지만 희망을 잃고 친구들에게도 버림을 받은 채 가차 없는 진노에 희생될 것이고, 진노하시는 하나님의 갑작스럽고 무한한 엄격함과 공의에 직면할 것입니다. 그들은 심판에서 면제되지 않을 것입니다. 이는 칼이 그들을 찾아낼 것이기 때문입니다. 다시 말해 하나님의 복수가 그들의 심장에까지 미칠 것입니다. 나뭇더미로 쌓아올린, 연기 많은 불길이 갑자기 삼킬 것이고, 거기에서 그들을 구해낼 길은 없습니다.

죄인이여, 여러분은 남겨질 것입니다. 그때는 여러분이 지금 꽉 껴안고 있는 좋아하는 모든 즐거움들이 여러분을 두고 떠날 것입니다. 지금 여러분의 마음을 완고하게 하는 교만이 여러분을 두고 떠날 것입니다. 그때는 여러분이 아주 낮아질 것입니다. 지금은 죽음의 화살들도 물리치는 것처럼 보이는 강철 같은 몸이 여러분을 떠날 것입니다. 여러분을 죄 짓도록 유혹하고 죄악 가운데 무감각해지도록 꾀는 여러분의 친구들이 여러분을 떠날 것입니다. 마지막 때에 여러분을 돕겠다고 약속하는 사람들이 떠날 것입니다. 그렇게 약속하던 사람들 자신이 도울 사람이 필요하고, 강한 자들이 실패할 것입니다. 그때는 여러분의 유쾌한 공상과, 성경의 진리들을 조롱하고 거룩한 의식들에 대해 농담하는 즐거운 재치가 떠날 것입니다. 그때는 활기찬 모든 희망과 모든 상상의 기쁨이 여러분을 떠날 것입니다. 여러분은 다정한 천사, 곧 정죄 받아 지옥에 가도록 되어 있는 사람들을 제외하고는 아무도 버리지 않는 희망이 여러분을 남겨두고 떠날 것입니다.

때로 여러분에게 애원하시던 성령님께서 여러분을 떠나실 것입니다. 지금까지 그토록 자주 복음을 전해 주셨던 예수 그리스도께서 여러분을 두고 떠나실 것입니다. 하나님 아버지께서 여러분을 두고 떠나실 것입니다. 하나님께서 여러분에 대해 동정의 눈을 감으실 것입니다. 여러분에 대해 더 이상 동정심이 일어나지 않을 것이고, 하나님의 마음이 여러분의 부르짖음에 관심을 보이지 않을 것입니다. 여러분이 남겨질 것입니다. 그러나 다시 한번 말하지만 여러분이 위험에서 헤어 나온 자로서 남겨지는 것이 아닙니다. 왜냐하면 땅이 입을 벌려 악인들을 삼킬 때 여러분의 발밑에서 입을 벌려 여러분도 삼킬 것이기 때문입니다. 맹렬한 천둥번개가 밑바닥이 없는 지옥으로 떨어지는 영을 추적할 때 바로 여러분을 쫓고 여러분에게 미치며 여러분을 맞출 것입니다. 하나님께서 악인들을 갈기갈기 찢고 그들을 구원할 자가 아무도 없을 때, 여러분도 갈기갈기 찢을 것입니다. 하나님께서 여러분에게 태워버리는 불같이 되실 것이고, 여러분의 양심은 쓸개즙으로 가득할 것이며 여러분의 마음은 쓴맛에 취하고, 여러분의 이는 마치 자갈을 씹은 것처럼 부러질 것이며, 여러분의 희망은 강력한 천둥번개를 맞아 깨지고, 여러분의 모든 기쁨은 하나님의 숨결에 시들고 사라질 것입니다.

경솔한 죄인이여, 미친 죄인이여, 지금 파멸을 향하여 달려가고 있는 여러분이여, 왜 이렇게 어리석게 구는 것입니까? 여러분이 그보다 값싸게 즐길 수 있는 방법들이 있습니다. 머리를 벽에 박으십시오. 다윗처럼 수염에 침을 흘리십시오. 그렇게 할지언정 죄가 양심에 물들지 않게 하십시오. 여러분이 그리스도에 대한 멸시가 목에 맷돌처럼 달린 채로 영원히 바다 속에 던져지지 않게 하십시오. 제발 지혜롭게 처신하십시오. 주여, 이 죄인을 지혜롭게 하소서. 잠시 동안 그의 미친 짓을 잠재워 주옵소서. 그가 정신을 차리고 이성의 목소리를 듣게 하여 주옵소서. 조용히 양심의 소리를 듣게 하여 주옵소서. 그가 고분고분하게 성경의 음성을 듣게 하여 주옵소서. "만군의 여호와가 이같이 말하노니 너희는 너희의 행위를 살필지니라"(학 1:5). "이스라엘아 네 하나님 만나기를 준비하라"(암 4:12). "너는 네 집에 유언하라 네가 죽고 살지 못하리라"(사 38:1). "주 예수를 믿으라 그리하면 네가 구원을 받으리라"(행 16:31).

나는 오늘 밤 특별히 어떤 분들에게 메시지를 전해야 할 필요를 아주 강하게 느낍니다. 이 설교가 회심한 사람들이 아주 대다수를 이루는 회중에게는 적절치 않다고 생각하실 분들이 있을 수 있습니다. 그렇지만 이 자리에는 믿음이 없는 사람들도 아주 많이 있습니다! 여러분 가운데 많은 분들은 재미있는 이야기를 들으러 혹은 여러분이 괴짜라고 생각하는 사람의 이상하고 엉뚱한 이야기를 들으러 여기에 왔다는 것을 압니다. 좋습니다. 그는 괴짜입니다. 그리고 죽을 때까지 괴짜이기를 바랍니다. 그러나 그것은 단지 그가 영혼을 구원하는 것을 간절히 바라고 그 일에 열심이라는 점에서 괴짜일 뿐입니다!

불쌍한 죄인 여러분, 여러분에게 복이 될 것이라면 내가 말하지 못할 이상한 이야기는 없습니다! 여러분에게 유익할 수 있으리라고 생각되기만 한다면 그것이 아무리 내게 좋지 않았던 일을 생각나게 할지라도 내가 말하지 못할 이상한 이야기는 없습니다. 나는 사람들에게 멋진 연설가로 기억되고 싶은 마음이 없습니다. 세련된 말을 쓰는 사람들은 궁전에 있을지 모릅니다. 나는 여러분에게 말할 때 사람에 대해서는 아무에게도 책임을 해명할 의무가 없고 오직 하나님께 대해서만 마지막 큰 날에 계산서를 드려야 할 사람으로서 이야기합니다. 제발 여러분은 여기서 나가 내 말을 들으면서 느꼈을 이런저런 말투에 대해서 말하지 마십시오.

이 한 가지만 생각하시기 바랍니다. "내가 남겨질 것인가? 내가 구원받을 것인가? 하늘로 들어 올리어져서 그리스도와 함께 지낼 것인가? 아니면 영원히 지옥에 던져질 것인가?" 이 사실들을 깊이 생각하십시오. 심각하게 생각하십시오. "내게 오는 자는 내가 결코 내쫓지 아니하리라"(요 6:37)고 말씀하시는 목소리를 들으십시오. "오라 우리가 서로 변론하자 너희의 죄가 주홍 같을지라도 눈과 같이 희어질 것이요 진홍 같이 붉을지라도 양털 같이 희게 되리라"(사 1:18)고 타이르시는 목소리에 주의하십시오. 그렇게 하지 않으면 악인들이 심판을 받을 때 어떻게 여러분이 살아남을 수 있겠습니까? 그렇게 하지 않으면 하나님의 진노의 폭풍우가 사납게 날뛸 때 어떻게 여러분이 피난처를 만날 수 있겠습니까? 그렇게 하지 않으면 어떻게 여러분이 모든 날 마지막에 의인들의 자리에 설 수 있겠습니까?

제 4 장

악과 그 치료책

"이스라엘과 유다 족속의 죄악이 심히 중하니라." — 겔 9:9
"그 아들 예수의 피가 우리를 모든 죄에서 깨끗하게 하실 것이요." — 요일 1:7

나는 오늘 아침 두 본문, 곧 "이스라엘과 유다 족속의 죄악이 심히 중하니라" 그리고 "그 아들 예수의 피가 우리를 모든 죄에서 깨끗하게 하실 것이요"라는 말씀을 가지고 설교할 것인데, 이것은 악과 그 치료책에 대한 말씀입니다.

우리는 복음의 진리들을 느끼지 않고서는 복음에 대해서 아무것도 배울 수 없습니다. 복음을 시험하고 조사하며 증명하기 전에는, 그렇게 해서 복음의 능력이 우리에게 작용하기 전에는 복음의 어떤 한 가지 진리도 제대로 알거나 배우지 못합니다. 한 박물학자에 대해서 들은 이야기가 있습니다. 그는 자신이 새의 자연사(自然史)에 관해서는 아주 똑똑하다고 생각하였지만 그가 배운 것은 전부 서재에서 알았을 뿐이고 새가 공중에 날아가거나 높은 가지에 앉아 있는 것을 본 적조차 없었습니다. 그는 스스로 똑똑하다고 생각하였지만 바보에 지나지 않았을 뿐입니다. 이 사람처럼 자신을 위대한 신학자로 생각하는 사람들이 있습니다. 그들은 심지어 신학박사 학위를 받을 수 있기라도 하는 체할지 모르겠습니다. 그렇지만 우리가 문제의 근본에 손을 대고 그들에게 자신이 말하는 일들 가운데 어느 것 하나라도 보거나 느낀 적이 있는지 물어본다면, 그들은 이렇게 말하지 않을 수 없을 것입니다. "아니요, 나는 이런 사실들을 문자로 알지 영으로 알지는 않아요. 이것들을 이론으로 알지 의식하고 경험한 것은 아니에요." 그저 다른 사람들이 관찰한 사실들을 공부하기만 한 학생에 지나지 않았던 그 박물학자가 아무것도 몰랐듯이 신앙인인 체하지만 신앙 교리의 깊이와 능력을 경험하지 못하였거나 마음에 교리들의 영향력을 전혀 느끼지 못한 사람은 사실 아무것도 모르고, 아는 체하는 것은 모두 겉만 번지르르한 무지에 지나지 않는 것입니다. 머리로 배울 수 있는 과학적 지식들이 있습니다. 그러나 십자가에 못 박히신 그리스도에 대한 지식은 마음으로만 배울 수 있습니다.

나는 이 점을 설교의 서론으로 말씀드렸습니다. 이는 내가 오늘 아침에 생각하려고 하는 두 진리가 가슴에 깊이 와 닿는다면, 설교가 끝나기 전에 우리 각 사람이 그 점을 생각할 수밖에 없을 것이기 때문입니다. 첫 번째 진리는 우리 죄의 심각함입니다. 아무도 실제로 느끼기 전에는 죄의 심각성을 알 수 없습니다. 하나님의 율법이 우리에게 두렵게 말할 때 양심에 느끼는 죄에 대한 유죄판결을 제외하고는 죄를 판단할 수 있는 척도가 없기 때문입니다. 그리스도의 피의 귀중함과 우리를 씻는 그 피의 효용에 대해서 말하자면, 우리 자신이 씻음을 받고 하나님의 아들 예수 그리스도의 피가 우리의 모든 죄를 씻었다는 것을 증명하기 전에는 거기에 대해서 아무것도 알 수가 없습니다.

1. 그러면 에스겔 9:9에 있는 첫 번째 교리부터 생각해보겠습니다.

"이스라엘과 유다 족속의 죄악이 심히 중하니라." 여기에는 모든 사람이 배워야 하되, 그리스도인이 되려면 먼저 경험을 통해서 배워야 하는 중요한 두 가지 교훈이 있습니다. 첫째로, 사람은 누구나 죄가 심히 중한 악이라는 것을 배워야 합니다. 둘째로, 사람은 그리스도의 피가 심히 귀중한 것이고, 그래서 씻음을 받기 위해 그 피로 나오는 자들을 온전히 구원할 수 있다는 사실도 배워야 합니다. 하나님이여, 우리 가운데 전에 그 사실을 몰랐던 사람들에게 무한하신 성령께서 큰 지혜로 그 사실을 가르쳐 주옵소서!

사람들 가운데는 복음이 어쨌든 죄에 대한 하나님의 가혹함을 완화시키기 위해 고안된 것이라고 생각하는 이들이 있습니다. 아, 얼마나 잘못된 생각입니까! 다른 어디에도 복음에서만큼 죄에 대해 가혹하게 정죄하는 곳은 없습니다. 여러분은 시내산에 가서 천둥이 우르르 하고 울리는 소리를 들어보십시오. 산에서 번개가 무섭게 번쩍이는 것을 보십시오. 그러면 마침내 여러분도 모세처럼 심히 두려워하고 떨며, 죄는 끔찍한 것임에 틀림이 없다. 그렇지 않았다면 거룩하신 분이 이 같이 지극히 두려운 모습으로 임하시지 않았다고 소리치며 떠날 것입니다. 그러나 그 후에 여러분은 골고다로 가보십시오. 거기에서는 번개를 보지 못하고 우렛소리도 전혀 듣지 못할 것입니다. 그 대신에 여러분은 죽어가는 하나님의 신음소리를 들을 것입니다. "성육신하신 하나님께서 온 힘을 다해야 견딜 수 있는 모든 것을" 감당하신 분의 찡그린 얼굴과 고통을 볼 것입니다. 그때 여러분은 이렇게 말할 것입니다. "자, 내가 전혀 두려워하지도 떨지도 않지만 죄를 속하기 위해 저와 같이 큰 희생이 필요한 것을 보니 죄가 말로 다할 수 없이 중한 것임에 틀림없다는 것을 알겠다."

죄인들이여, 여러분이 복음으로 오면 죄에 대해 변명거리를 얻을 것이라고 생각한다면, 길을 잘못 생각한 것입니다. 모세는 여러분을 죄로 고발하고, 여러분에게 아무 핑곗거리가 없다고 말합니다. 그러나 복음에 대해서 말하자면, 복음은 여러분에게서 모든 덮개를 치워버리고, 여러분의 죄를 가릴 외투 하나 남겨놓지 않습니다. 복음은 여러분이 지존하신 하나님께 고의로 죄를 지었다고, 다시 말해 여러분은 지금까지 하나님께 대해 지은 모든 죄악에 대해 내놓을 수 있는 변명거리가 전혀 없다고 말합니다. 복음은 어쨌든 여러분의 죄를 덮어 가리는 일을 하지 않고 여러분이 연약한 피조물이므로 죄를 지을 수밖에 없다는 말을 전혀 하지 않고 오히려 여러분의 본성이 지극히 연약하다고 고발하고 연약한 본성 자체가 무엇보다 가장 저주스런 죄라고 말합니다. 여러분이 변명거리들을 찾는다면 차라리 모세의 얼굴을 보는 것이 낫습니다. 모세의 얼굴이 율법의 지극히 두려운 위엄으로 가려 있긴 하지만, 그래도 복음의 얼굴을 보는 것보다 낫습니다. 자기 죄를 가리고자 하는 사람에게는 복음의 얼굴이 훨씬 더 두렵기 때문입니다.

복음은 사람에게 율법의 요구들이 조금이라도 느슨해질 것이라는 희망을 전혀 주지 않습니다. 어떤 사람들은 구약 시대에 하나님께서 사람에게 큰일들을 요구하셨다고, 말하자면 하나님께서 사람에게 감당하기 괴로운 무거운 짐을 지워주셨다고 생각합니다. 또 그들은 그리스도께서 이 세상에 오신 것은 사람들의 어깨에 좀 더 가벼운 율법, 곧 사람들이 좀 더 쉽게 복종할 수 있는 것, 다시 말해 사람들이 좀 더 쉽게 지킬 수 있고, 어길지라도 그들에게 그처럼 두려운 위협을 가하지 않을 율법을 지워주기 위해서라고 생각합니다. 그렇지 않습니다. 복음이 이 세상에 온 것은 율법을 완화시키기 위해서가 아닙니다. 천지는 없어질지라도 율법은 일점일획도 없어지지 않을 것입니다. 하나님은 율법에서 죄인에게 말씀하신 것을 복음에서도 그대로 이야기하십니다. 하나님께서 "범죄하는 그 영혼은 죽을지라"(겔 18:20)고 말씀하시면, 복음의 증거는 율법의 증거와 어긋나지 않습니다. 하나님께서 신성한 법을 깨트리는 자는 반드시 형벌 받을 것이라고 선언하신다면 복음도 피에는 피로 눈에는 눈으로, 이에는 이로 갚을 것을 요구하며 율법의 요구들을 조금도 경감시키지 않으며, 바로 율법만큼이나 엄하고 두려울 정도로 공의롭습니다.

여러분은 이 말을 듣고 그리스도께서는 확실히 율법을 완화시켰다고 말하겠습니까? 그렇다면 여러분은 그리스도의 사명을 알지 못하는 것입니다. 그리스도께서 친히 하신 말씀이 무엇입니까? 하나님은 율법에서 "간음하지 말지니라"고 하셨습니다. 그리스도께서 그 율법을 완화시키셨습니까? 그렇지 않습니다. 주님은 "나는 너희에게 이르노니 음욕을 품고 여자를 보는 자마다 마음에 이미 간음하였느니라"(마 5:28)고 말씀하십니다. 그것은 율법을 완화시키시는 것이 아닙니다. 말하자면 그것은 하나님의 공의라는 무서운 칼날을 갈아 전보다 훨씬 더 날카롭게 하는 것입니다. 그리스도께서는 용광로의 불을 꺼트리신 것이 아닙니다. 오히려 불을 일곱 배나 더 뜨겁게 가열하셨습니다. 그리스도께서 오시기 전에는 죄가 대수롭지 않게 보였지만 그리스도께서 오시자 죄가 심히 죄스럽게 되었고, 죄의 지극히 가증스러움이 분명하게 드러났습니다.

그런데 어떤 사람은 복음이 우리 죄의 심각성을 어느 정도 제거하는 것이 확실하다고 이야기합니다. 복음이 죄에 대한 처벌을 완화시킨다는 것입니다. 아, 그렇지 않습니다. 여러분은 모세에게 부탁해 보십시오. 그에게 강단에서 서서 여러분에게 말씀을 전해달라고 해 보십시오. 모세는 "범죄하는 그 영혼은 죽을지라"고 말합니다. 그의 설교는 무섭기 짝이 없습니다. 그가 강단에서 내려오고, 이제는 사랑스런 얼굴을 한 예수 그리스도께서 오십니다. 주님은 죄의 형벌에 대해 무엇이라고 말씀하십니까? 아, 여러분, 그리스도만큼 지옥의 불에 대해 무섭게 말씀을 전한 설교자는 없었습니다. 우리 주 예수 그리스도는 지극히 사랑이 풍성하셨지만 또한 지극히 정직하셨습니다. 예수께서 타락한 자들의 형벌에 대해서 말씀하셨을 때, 사람들이 "그 사람이 말하는 것처럼 말한 사람은 이때까지 없었나이다"(요 7:46) 하고 말하였습니다. 이처럼 두려운 표현을 쓴 선지자가 있었습니까? "그는 쭉정이는 꺼지지 않는 불에 태우시리라"(마 3:12). "그들은 영벌에 들어가리라"(25:46). "거기에서는 구더기도 죽지 않고 불도 꺼지지 아니하느니라"(막 9:48). 예수께서 여러분에게 죄의 형벌에 대해서 그리고 죄악의 결과에 대해서 말씀하실 때 그의 발 앞에 서 보십시오. 그러면 여러분은 모세가 설교를 했었더라면, 그리고 시내산이 배경에 있으면서 설교의 결론을 내리게 되었더라면 여러분이 떨었을 것보다 주님 앞에서 훨씬 더 떨지 모릅니다. 그렇습니다. 형제 여러분, 그리스도의 복음은 죄를 그다지 중요하지 않게 만드는데 결코 도움이 되지 않습니다. 오늘 그리스도의 사역자가 그리스도에 대해 선포하는 것은 옛적에 에스겔이 말한 것과 같습니다. "이스라엘과 유다 족속의 죄악이 심히 중하니라."

이제 잠시 마음과 양심을 다루어 보도록 하겠습니다. 형제 여러분, 이 자리에 이 진리를 한 번도 느껴 본 적이 없는 사람들이 있습니다. 여러분 가운데는 이 진리를 들으면 놀라서 뒷걸음치는 사람들이 많습니다. 여러분은 집에 가면 나를 어둡고 끔찍한 것들을 생각하기 좋아하는 사람으로 이야기할 것입니다. 여러분은 속으로 이렇게 말합니다. "나는 죄의 교리를 받아들일 수 없고 받아들이지도 않겠어. 나는 자신이 연약한 피조물이라는 것을 알아. 나는 살면서 큰 잘못들을 많이 범했어. 그 사실을 인정하겠지만 그것이 내 본성이야. 그러므로 나는 어쩔 수 없어. 나는 강단 앞에 소환되어 책망 받고 죄인 가운데 괴수로 정죄 받지 않겠어. 내가 죄인일 수는 있어. 다른 모든 사람과 함께 나도 그 사실은 인정해. 그러나 사람들이 내 죄를 아주 심한 것으로 묘사하려고 한다면, 그렇게 생각하지는 않아. 그런 교리는 거부해."

친구 여러분, 여러분이 그렇게 말하는 것을 듣고 내가 놀랄 것이라고 생각합니까? 나는 여러분이 누구인지 압니다. 아직까지 하나님의 은혜가 여러분의 영혼에 접촉하지 않았기 때문에 여러분이 이렇게 얘기하는 것입니다. 내가 처음 시작하면서 말한 그 교리에 대한 증거가 여기에 나옵니다. 여러분이 이 진리를 알지 못하는 것은 이 진리를 느껴본 적이 없기 때문입니다. 진정으로 거듭난 하나님의 모든 자녀가 느끼듯이 여러분도 이 진리를 느꼈다면 이렇게 말할 것입니다. "저 사람은 죄의 공포를 있는 그대로 말할 수가 없구나. 그 공포를 알 수 있으려면 먼저 느껴야 하는데. 그 공포를 느낀다면 두려움이 너무도 커서 제대로 말도 할 수 없을 거야."

자, 잠시 여러분과 이야기해보도록 하겠습니다. 여러분은 작다고 생각할지 몰라도 여러분의 죄는 큽니다. 형제 여러분, 나는 지금 여러분의 죄가 내 죄보다 크다고 주장하려는 것이 아님을 기억하시기 바랍니다. 나는 지금 여러분에게 말씀드리고, 또 내 자신에게도 너의 죄는 크다고 말하는 것입니다. 나와 함께 다음 몇 가지 사실들을 생각해 보십시오. 그러면 아마도 여러분은 여러분의 죄에 대해서 더 잘 이해하게 될 것입니다. 하나님의 말씀에 따르면, 한 범죄가 영혼을 충분히 파멸시킬 수 있다는 것을 생각할 때, 한 가지 죄가 참으로 중한 것입니다. 한 범죄가 온 인류를 멸망시켰다는 점을 기억하시기 바랍니다. 아담은 금하신 열매를 먹었을 뿐입니다. 그런데 그 한 범죄가 에덴 동산을 결딴내었고, 우리 모두를 저주의 상속자로 만들었으며 땅이 가시와 찔레를 내도록 만들었습니다. 그러나 한 범죄가 영혼을 죽일 수 있다고 말할 수 있습니까? 단 한 가지 죄가 지옥문을 열고 범죄한 자들을 그 속에 영원히 가두며, 하나님께서는 자비를 거두시고 그 영혼을 면전에서 영원히 쫓아내시는 일이 있을 수 있습니까?

친구 여러분, 죄가 얼마나 경솔하고 오만한 것인지 잠시 다시 한번 생각해 봅시다. 자, 만물 안에 만물을 채우시는 하나님이 계십니다. 그분은 무한한 창조주이십니다. 하나님께서 나를 만드십니다. 나는 하나님 보시기에 살아있는 듯이 움직이는 먼지 알갱이보다 나을 것이 없습니다. 그런데 살아있는 듯하지만 단 하루밖에 못가는 먼지 알갱이에 불과한 내가 건방지고 무분별하게 하나님의 뜻에 대항하여 내 뜻을 앞세웁니다! 내가 하늘의 무한히 크신 왕에게 감히 싸우자고 선포하는 것입니다. 그것은 너무도 뻔뻔스럽고 지독하게 교만한 일입니다. 그래서 양심이 하늘의 빛을 받아 죄를 볼 때 보잘것없는 사람의 눈에도 죄가 실로 크게 보인다는 것은 당연한 일입니다.

그런데 만일 우리가 죄의 특징인 배은망덕을 생각해 보기만 해도 여러분과 나의 죄가 참으로 크게 보인다는 점을 다시 한번 생각해 보십시오. 여호와 우리 하나님께서는 우리를 어린 시절부터 오늘까지 먹여 기르셨습니다. 숨을 우리 코에 불어넣으셨고 우리 영혼이 살도록 보존하셨습니다. 하나님은 땅을 자비로 옷 입히셨고 우리가 이 아름다운 들판을 걸어 다니도록 허락하셨습니다. 하나님께서 우리에게 먹을 빵을 주시고 입을 옷을 주셨으며 참으로 귀한 자비들을 베푸셨는데, 이런 것들을 우리에게서 거두어가시기 전에는 그 충분한 가치를 우리는 알지 못합니다. 그런데도 여러분과 나는 하나님의 모든 율법을 의도적으로 그리고 제멋대로 깨트리는 일을 계속해 왔습니다. 우리는 하나님의 뜻을 거역하였습니다. 어떤 일이 하나님의 뜻이라는 것을 충분히 알았는데, 우리는 아는 즉시 그 뜻과 반대 방향으로 달려갔습니다. 우리의 은밀한 죄들을 하나님의 자비에 비추어 본다면, 우리의 범죄를 하나님의 은혜와 나란히 놓아본다면, 우리 각 사람은 자신의 죄가 실로 중하다고 말하지 않을 수 없을 것입니다!

내가 지금 하나님의 말씀이 큰 죄가 있다고 정죄하는 사람들에 대해서만 이야기하고 있는 것이 아님을 주의하시기 바랍니다. 물론 나는 술고래, 뚜쟁이, 간음하는 사람, 도둑이 큰 죄인들이라는 것을 주저하지 않고 말합니다. 우리는 그들의 죄가 심히 중하다고 서슴없이 말해야 합니다. 그들의 죄는 인간 도덕의 한계와 우리 시민 정부의 법의 한계마저도 넘어서는 것이기 때문입니다. 그러나 나는 오늘 지금까지 지극히 도덕적이었던 분들, 즉 외적인 태도가 지극히 바람직한 분들, 안식일을 지켜왔고 겉으로 볼 때 자주 하나님의 집에 와서 예배드렸던 분들에게 말씀드리고 있는 것입니다. 여러분의 죄와 나의 죄는 심히 중합니다. 그 죄들이 외적인 눈으로 볼 때는 사소한 것에 지나지 않습니다. 그러나 우리가 그 죄들의 내부를 철저히 조사하여 그 죄악, 곧 소름끼치는 그 음험함을 본다면 그 죄들이 심히 중하다고 말하지 않을 수 없습니다.

다시 말하지만, 이것은 경험하기 전에는 아무도 제대로 알고 받을 수 없는 교리입니다. 청중 여러분, 여러분은 이 교리, 곧 "나의 죄가 심히 중하다"는 이 사실이 맞다고 느껴본 적이 있습니까? 병은 무서운 것입니다. 병에 고통이 따를 때, 다시 말해 약한 몸이 극단적인 고통을 겪으므로 영이 우리 속에서 낙담하고 마치 질그릇 조각처럼 말라버릴 때 특별히 더 그렇습니다. 그러나 나는 오늘 이 자리에서 아무리 괴로운 병이라도 죄의 악을 깨닫는 것만큼 고통스러운 병은 없다고 증언합니다. 나는 아주 지긋지긋한 고통을 7년 동안 겪었습니다. 그런데 죄의 두려운 면들을 무섭게 발견하는 것보다 차라리 그 지긋지긋한 병을 다시 겪는 것이 낫습니다. 여러분 가운데는 내 말뜻을 이해할 분들이 있을 것입니다. 형제 여러분, 그런 분들은 나와 똑같은 경험을 하였기 때문입니다.

언젠가 한번 여러분은 관능적인 욕구들을 가지고 놀고 있었고 죄를 가지고 장난치고 있었습니다. 하나님께서 여러분의 눈을 열어 죄가 심히 죄스럽다는 것을 보게 하기를 기뻐하셨습니다. 여러분은 그 상태의 공포를 기억합니다. 그것은 소름끼치는 모든 것들이 한데 모여 무시무시하기 짝이 없는 광경을 보여주는 것 같았습니다. 여러분이 전에는 죄악을 사랑했지만 이제는 몹시 싫어합니다. 여러분 자신을 싫어합니다. 전에는 자신의 죄를 쉽게 제거할 수 있을 것으로 생각했습니다. 죄는 회개로 금방 씻어 내거나 생활을 개선함으로 없앨 수 있는 문제라고 생각했습니다. 그러나 이제는 죄가 걱정스럽게 보였고, 여러분이 이 모든 죄악을 범한 것이 틀림없다는 것을 알았습니다. 그래서 사는 것이 여러분에게 저주처럼 보였습니다. 죽음 뒤에 비참한 것이 없었다면, 만약에 여러분이 불타는 철사 줄로 여러분을 끊임없이 채찍질할 것처럼 보이는 양심의 채찍질에서 벗어날 수만 있었다면 죽음이 여러분에게 최고의 복이었을 것입니다. 여러분 가운데 어떤 분들은 아마도 이것을 아주 조금밖에 경험하지 못했을지 모릅니다. 하나님께서는 은혜로우시게도 불과 한두 시간 만에 여러분을 구원하기를 기뻐하셨던 것입니다. 그러나 여러분은 그 시간이 마치 수 년 간의 고통이 압축적으로 몰려드는 것처럼 여겨지는 시간이었다고 고백하지 않을 수 없을 것입니다. 나는 하나님의 큰 자비는 알지 못한 채 내 죄의 심각성을 느끼는 슬픈 생활을 3,4년 동안 보냈습니다. 나는 이 세상보다 더 무거운 것을 어깨에 짊어지고 세상을 지나가야 했고, 산이 두더지가 파놓은 흙 두둑보다 높은 만큼 다른 모든 슬픔을 한참 뛰어넘는 슬픔을 견디지 않을 수 없었습니다. 나는 오늘날에 와서 종종 궁금하게 생각하는 것이 있습니다. 그것은 내가 자신의 죄가 크다는 것을 깨달았을 때 느낀 그 끔찍한 고통에도 불구하고 어떻게 내가 손으로 자신을 갈기갈기 찢지 않을 수 있었을까 하는 것입니다. 그렇지만 터놓고 아주 솔직하게 말할 때 나는 이 자리에 참석한 여러분 가운데 어느 누구보다 더 큰 죄인은 아니었습니다. 그러나 마음의 죄들이 폭로되고 입술과 혀의 죄들이 드러났을 때 나는 알았습니다. 내가 그처럼 두려운 학교에서 이 끔찍한 교훈, 곧 "이스라엘과 유다 족속의 죄악이 심히 중하니라"는 교훈을 다시 배울 필요가 없다는 것을 말입니다. 이것이 이 설교의 첫 번째 부분입니다.

2. 어떤 사람은 "글쎄, 그 말에는 아무런 위로가 없어요. 사람을 미치게 만들지는 않는다 할지라도 절망시키기에 충분해요"라고 말합니다.

친구 여러분, 본문의 의도가 바로 그런 것입니다. 내가 여러분을 절망시킬 수 있다면, 내 설교가 여러분의 자기 의를 포기하게 만들고 스스로 구원할 생각을 단념하게 만든다면, 더없이 기쁠 것입니다.

그래서 이제 우리는 그 무서운 본문을 뒤로 하고 두 번째 본문, 곧 요한일서 1장 7절의 "그 아들 예수의 피가 우리를 모든 죄에서 깨끗하게 하실 것이요"라는 말씀을 보겠습니다. 흑암이 있는데, 여기에 주 예수 그리스도께서 서 계십니다. 예수께서 그 흑암을 어떻게 처리하려고 하십니까? 예수께서 가셔서 흑암에게 "이것은 큰 악이 아니다. 이 흑암은 작은 반점에 불과하다"고 말씀하시겠습니까? 그렇지 않습니다. 주님은 흑암을 보고 이렇게 말씀하십니다. "이것은 무서운 흑암이다. 생생하게 느낄 수 있는 어둠이다. 이것은 심히 큰 악이다." 그러면 예수께서는 이 흑암을 덮어 가리려고 하십니까? 핑계라는 외투를 짜서 죄를 감싸려고 하십니까? 그렇지 않습니다. 죄를 가리는 덮개가 무엇이든지 간에 주님은 그 덮개를 치우시고, 진리의 성령이 오시면 그가 세상에게 죄를 깨닫게 하고 죄인의 양심을 폭로하시며 그 상처를 철저히 조사하실 것이라고 말씀하십니다. 그 다음에는 주께서 무슨 일을 행하실 것입니까? 주께서는 그저 변명을 하거나 어떤 식으로든 죄를 가볍게 이야기하는 체 하시지 않고, 그보다 훨씬 더 나은 일을 하실 것입니다. 예수께서는 죄인을 온전히 구원할 수 있는 자기 피의 능력과 공효에 의해 죄를 모두 씻어내고 완전히 없애려고 하실 것입니다. 복음은 사람의 죄를 하찮게 만드는데 있지 않습니다. 그리스도인들이 평안을 얻는 길은 자신들의 죄가 하찮아지기까지 줄어들고 오그라드는 것을 보는 것이 아닙니다. 오히려 그 반대입니다. 그리스도인들은 무엇보다 먼저 자신들의 죄가 더 커지는 것을 봅니다. 그리고 그 후에 자신들의 죄가 동이 서에서 먼 것 같이 완전히 사라지는 것을 봄으로써 평안을 얻습니다.

자, 내가 첫 번째 본문에 대해 한 말을 염두에 두고서, 두 번째 본문의 위대함과 아름다움에 잠시 주의를 기울이시기를 바랍니다. 여기서 "그 아들 예수의 피가 우리를 모든 죄에서 깨끗하게 하실 것이요"라는 말씀에 주의하십시오. 잠시 "모든"이라는 단어에 대해서 생각해 보겠습니다. 우리의 죄는 큽니다. 죄 하나하나가 큽니다. 우리의 생각에 다른 것들보다 더 크게 보이는 죄들이 있습니다. 얌전한 사람이라면 입에 담을 수 없는 죄들이 있습니다. 나는 오늘 아침 강단에서 인간 본성이 고안해낸 죄들에서 인간 본성의 타락을 설명하는 일을 잘 해낼 수 있을지 모르겠습니다. 인간의 발명의 재주가 새로운 죄들을 고안해내는 일에 힘을 다 써버린 것처럼 보이는 것이 놀랍습니다. 더 이상 새로운 죄를 고안해낼 수 있는 가능성이 없는 것은 확실합니다. 그러나 만약에 그런 가능성이 있다면 사람은 머지않아 새로운 죄를 고안해낼 것입니다. 사람은 지극히 교활하고, 자신을 파괴시키는 수단을 찾는 일에나 자신의 창조주께 손해를 끼치려고 하는 일에나 모두 지혜가 아주 출중하기 때문입니다. 타락한 발명의 재주가 악마적으로까지 발휘되는 것을 보여주는 죄들이 있습니다. 그 죄들 가운데는 말하기 부끄럽고 생각하는 것조차 수치스러운 것들이 있습니다. 그러나 여기서는 "예수의 피가 우리를 모든 죄에서 깨끗하게 하실 것이라"는 점에 주의하도록 합시다. 사람이 말할 수 없는 죄들이 있을 수 있지만 그리스도의 피가 깨끗하게 할 수 없는 죄는 없습니다. 아무리 불경스런 신성모독이라도, 아무리 짐승 같은 정욕이라도, 도둑질과 강도질에 아무리 깊이 들어 있는 탐욕이라도, 아무리 함부로 날뛰며 하나님의 계명을 어긴 일이라도, 이 모든 죄가 예수 그리스도의 피로 말미암아 용서받을 수 있고 깨끗이 씻음 받을 수 있습니다.

사람들의 죄가 시간처럼 길지라도, 길고 긴 인간의 모든 죄목들 가운데서 용서받을 수 없는 죄는 단 한 가지 밖에 없습니다. 그것은 속에 자비를 갈구하는 열망이 있다면 아무 죄인도 범하지 않는 죄입니다. 그 죄를 일단 범하면, 영혼이 완고해지고 무감각하고 시들어서, 그 후에는 하나님과 화목하기를 전혀 바라지 않게 되기 때문입니다. 떨고 있는 죄인이여, 그러므로 나는 그대에게 분명히 말합니다. 그대의 죄가 아무리 클지라도, 그대가 죄의 목록에 나오는 모든 죄를 범했을지라도, 여러분이 다른 모든 사람들보다 아무리 많은 죄를 범했을지라도, 여러분이 죄의 어두운 경주에서 바울이나 막달라 마리아 같은 사람들, 지극히 가증한 죄인들보다 훨씬 더 앞섰을지라도 그리스도의 피가 이제 여러분의 죄를 깨끗이 없앨 수 있습니다. 잘 들으시기 바랍니다! 나는 여러분의 죄가 하찮다고 말하지 않습니다. 여러분의 죄는 심히 중합니다. 그러나 나는 그리스도의 피가 여러분의 죄보다 훨씬 더 고귀하다고 말하는 것입니다. 여러분의 죄가 크지만 그리스도의 피는 훨씬 더 큽니다. 여러분의 죄는 큰 산과 같지만 그리스도의 피는 노아의 홍수와 같습니다. 이 피가 이십 규빗(9미터) 이상 차올라서 산꼭대기와 같이 높은 여러분의 죄를 다 덮을 것입니다.

"모든"이라는 단어를 또 다른 의미에서 생각해 봅시다. 즉, 이 단어가 모든 종류의 죄를 고려할 뿐만 아니라 죄의 전체 덩어리를 가리키는 것으로 생각해 봅시다. 여러분, 머리가 희끗희끗한 죄인이여, 이리 오십시오. 여러분의 경우에는 "모든"이라는 이 단어가 무엇을 가리키는 것으로 이해해야 하겠습니까? 여러분이 젊은 날에 지은 무시무시한 죄의 짐을 가져와 보십시오. 그 죄들은 아직도 여러분 뼛속에 있고, 때로 여러분의 비틀거리는 무릎이 여러분 어릴 적의 죄악들을 증언합니다. 그러나 이 모든 죄를 그리스도께서 없애실 수 있습니다. 이제 여러분이 좀 더 나이들어서 지은 죄들을 가져와 보십시오. 가정 안에서 지은 죄들, 사업상의 실패들, 여러분이 마음의 생각으로 범한 모든 잘못과 과실들을 가져와 보십시오. 그 모든 죄들을 이리로 가져오십시오. 그 다음에 몸이 약해서 떠는 나이든 시기의 죄악들을 거기에 보태십시오. 여기에 얼마나 큰 덩어리가 있습니까! 무시무시하게 큰 죄 덩어리입니다! 악취가 나는 그 덩어리를 휘저어 보십시오. 그런데 그러기 전에 먼저 손가락으로 여러분의 코를 쥐십시오. 여러분이 살아있는 예민한 양심을 가진 사람이라면 그 악취를 견딜 수 없을 것이기 때문입니다. 여러분이 일기장에 여러분의 모든 행위를 기록하였다면 그 일기장을 끝까지 읽을 수 있겠습니까? 읽을 수 없을 것입니다. 여러분이 아무리 순수한 사람이라고 할지라도, 여러분의 생각들을 기록할 수 있었고 이제 그 생각들을 읽을 수 있다면, 그 생각들을 보고서 자신이 얼마나 마귀 같았으면 속으로 그런 생각들을 할 수 있었을까 하고 아주 깜짝 놀라게 될 것입니다. 하지만 그 모든 죄들을 여기에 갖다 놓으십시오. 이 모든 죄들을 그리스도의 피가 깨끗이 없앨 수 있습니다.

아니, 그리스도의 피는 그 이상의 일을 합니다. 오늘 아침에 함께 모인 여러분들은 이리 와서 하나님의 말씀을 들어보십시오. 여러분은 온갖 계층의 남자들과 또 온갖 연령층과 신분의 여자들로 이 자리에 왔습니다. 여러분의 모든 죄를 다 합친다면 그것이 얼마나 큰 덩어리가 되겠습니까? 사람의 모든 죄가 산처럼 크고 영원처럼 광대하며 꼭대기가 천사장의 보좌처럼 높다면 인간이 그 전체를 관찰할 수 있겠습니까? 하지만 그 아들 예수 그리스도의 피가 모든 죄를 깨끗이 씻을 수 있다는 것을 기억하시기 바랍니다. 그 피를 우리 양심에 바르기만 하십시오. 그러면 우리의 모든 죄가 제거되고 영원히 사라집니다. 모든 죄가 하나도 남지 않고 단 하나의 얼룩도 남지 않고 사라집니다. 모든 죄가 이스라엘의 원수들처럼 제거됩니다. 모두가 홍해에 빠져 죽어서 단 한 명도 남지 않고 모조리 사라져서 그들을 기억조차 할 수 없게 됩니다. "예수 그리스도의 피가 모든 죄에서 깨끗하게 하실 것이요."

그 다음에 또 한 가지 말씀드릴 것이 있습니다. 이 피를 칭찬할 때 우리는 한 가지 특징을 더 언급해야 합니다. 이 자리에 계신 여러분 가운데 이렇게 말할 사람들이 있습니다. "내가 죽을 때는 이것이 내 희망이 될 것입니다. 곧, 내 임종의 마지막 시간에 그리스도의 피가 내 죄를 없애리라는 것입니다. 장차 그리스도의 피가 인생의 허물들을 씻고 제거하며 깨끗이 하리라는 생각이 지금 나의 위안입니다." 하지만 잘 들으십시오! 본문은 그렇게 말하지 않습니다. 본문은 장차 그리스도의 피가 깨끗하게 하리라고 말하지 않습니다. 그것이 맞는 말이긴 하지만 본문은 그 이상의 것을 말합니다. "예수 그리스도의 피가 모든 죄에서 깨끗하게 한다"고 말합니다. 즉, 지금 깨끗하게 한다는 것입니다. 사람이 지금 용서받을 수 있다는 것이 가능한 일입니까? 창기가 하나님의 책에서 자신의 모든 죄를 지금 지울 수 있습니까? 그녀가 그 사실을 알 수 있습니까? 죄인 가운데 괴수인 내가 모든 죄를 씻음 받을 수 있고, 또 그 사실을 알 수 있습니까? 내가 모든 죄에서 씻음을 받았기 때문에 하나님의 보좌 앞에서 거룩한 피조물로 받아들여져 선다는 것을 알 수 있습니까? 그렇습니다. 이 사실을 세상에 널리 말하십시오. 그리스도의 피가 마지막 임종의 순간에 여러분을 죄에서 씻을 뿐만 아니라 바로 지금 여러분을 죄에서 씻을 수 있다는 것을 말입니다. 이 사실에 대해서 바로 이곳에서 자기 자리에서 일어나 다음과 같이 노래할 수 있는 증인들이 수없이 많다는 것을 또한 아시기 바랍니다.

> "구주님이 나를 하나님과 화목시키셨다는 것을
> 알고서 거룩한 확신을 가지고서
> 내 구주님의 보혈이 흐르는 것을 보는 것이
> 얼마나 즐거운 일인지 모릅니다."

여러분이 지금 여러분의 모든 죄를 지워 없애버릴 수 있다면 무엇을 내놓지 않겠습니까? 지금 여러분의 죄가 깨끗이 씻어진다고 하면 자신을 드려 영원히 하나님의 종이 되려고 하지 않겠습니까? 아, 그렇다면 여러분은 마음속으로 "이 자비를 얻으려면 무슨 일을 해야 할까?" 하고 말하지 마십시오. 여러분의 길에 조금이라도 무슨 곤경이 있는 것처럼 생각하지 마십시오. 여러분이 그리스도께 가서 죄 씻음을 받기 전에 어떤 어려운 일을 해야 할 것으로 생각하지 마십시오. 사랑하는 여러분! 자신이 죄인이라는 것을 아는 사람에게는 그리스도와 그 사람 사이에 아무런 장벽이 없습니다. 자, 여러분, 골고다 십자가에 달리신 그분께 지금 오십시오! 지금 와서 씻음을 받으십시오.

그런데 여러분이 온다는 것은 무슨 의미입니까? 나는 이런 뜻으로 말씀드린 것입니다. 즉, 여러분이 와서 그리스도를 신뢰하라는 것입니다. 그러면 죄 씻음을 받을 것입니다. 어떤 사람은 "그리스도를 믿는다는 것은 그리스도께서 나를 위해 죽으셨음을 믿는 것이라"고 말합니다. 그것은 믿음에 대한 만족할 만한 정의는 아닙니다. 알미니우스주의자는 그리스도께서 모든 사람을 위해 죽으셨다고 믿습니다. 그러므로 그는 그리스도께서 자기를 위해 죽으셨다는 것을 틀림없이 믿을 것입니다. 그런데 그 점을 믿는다고 해서 그가 구원을 얻지는 못할 것입니다. 왜냐하면 그가 여전히 회심하지 않은 사람으로 있으면서 그 점을 믿기 때문입니다. 그리스도를 믿는다는 것은 그리스도를 신뢰하는 것입니다. 내가 그리스도를 믿는 방식은 내 자신이 느끼는 대로 말하는 것 외에는 달리 어떻게 말해야 할지 모르겠습니다. 아무튼 내가 그리스도를 믿는 방식은 단순하게 말해서 이런 것입니다. 나는 "그리스도 예수께서 죄인을 구원하시려고 세상에 임하셨다"(딤전 1:15)고 기록되었다는 것을 압니다. 나는 예수께서 오셔서 구원하실 자들을 반드시 구원하실 것을 굳게 믿습니다. 내 스스로에게 묻는 질문은 "내가 예수께서 구원하기 위해 오셨다고 선언하는 사람들의 수에 들어갈 수 있는가?"라는 것뿐입니다. 나는 죄인인가? 이 말을 칭찬의 뜻으로 말할 사람은 아무도 없습니다. 그러나 나는 정말로 마음속 깊이 양심의 가책을 느낍니다. 나는 양심의 가책을 받고 죄를 깨달으며 유죄판결을 받습니까? 그렇습니다. 내가 그렇게 느낀다는 것을 압니다. 내가 실제로 어떤 사람이든지 간에, 알고 있는 한 가지는 내가 죄인이라는 것입니다. 죄를 범했고, 스스로 죄가 있다는 것을 알며 많은 경우에 그 죄 때문에 비참한 죄인이라는 것입니다. 이때 성경은 이렇게 말합니다. "미쁘다 모든 사람이 받을 만한 이 말이여 그리스도 예수께서 죄인을 구원하시려고 세상에 임하셨다."

"여러분의 믿음의 눈이 희미할 때는
흥하든 망하든 예수님을 의지하십시오.
그의 발 앞에 무릎을 꿇으십시오.
그러면 이스라엘의 하나님이 여러분의 평안이 될 것입니다."

나는 주께서 나를 위해 드리신 그 피 흘린 제사를 전적으로 의지하겠습니다. 나는 기도, 행실, 느낌, 눈물, 설교, 생각, 성경 읽기를 의지하지 않겠습니다. 그 모든 것을 결코 의지하지 않겠습니다. 나는 선한 행실을 행하기를 바라지만, 내 선한 행실을 조금도 의지하지 않을 것입니다.

"빈손 들고 앞에 가 십자가를 붙드네."

그리고 그리스도 안에 구원하는 능력이 있다면 나는 구원을 받은 것입니다. 그리스도께서 뻗으시는 영원한 팔이 있다면, 그리고 십자가에 달리신 구주께서 "만물 위에 계셔서 세세에 찬양을 받으실 하나님"(롬 9:5)이시라면, 구주님의 피가 여전히 하나님의 보좌 앞에 속죄제로서 전시되어 있다면, 하나님의 보좌가 부서지지 않는 한, 하나님의 공의의 기둥이 무너지지 않는 한, 나는 멸망할 수 없습니다.

자, 죄인이여, 그러면 여러분은 오늘 아침에 어떻게 해야 하겠습니까? 여러분의 죄가 크다고 느낀다면 피로 드리는 이 제사를 온전히 의지하십시오. 어떤 사람은 말합니다. "아, 안 돼요. 나는 아직 충분히 느끼지 못했습니다." 여러분의 느낌이 그리스도는 아닙니다. "아니에요. 나는 충분히 기도하지 못했습니다." 여러분의 기도가 그리스도는 아니고, 여러분을 구원할 수도 없습니다. "안 됩니다. 나는 아직 충분히 회개하지 못했어요." 그리스도의 자리에 회개가 들어선다면 회개가 여러분을 망하게 할 수 있습니다.

오늘 아침 다시 말씀드리지만, 여러분이 생각해야 하는 것은 이것뿐입니다. 자신을 타락하고 망한 죄인이라고 느끼느냐 하는 것입니다. 그렇게 느낀다면 그리스도께서 죄인들을 구원하시고 안식할 수 있게 하신다는 사실을 의지하기만 하십시오. 뭐라고요! 여러분은 그렇게 할 수 없다고요? 하나님께서 여러분이 그렇게 할 수 있게 해주시기를 바랍니다. 흥하든 망하든 그 사실을 의지하는 믿음을 여러분에게 주시기를 바랍니다. 여러분은 말합니다. "아, 안 됩니다. 나는 너무나 큰 죄인이어서 그렇게 할 수 없습니다." 아닙니다. 여러분은 할 수 있습니다. 하나님께서는 지금까지 예수님으로 말미암는 구원을 구한 죄인을 한 번도 물리치신 적이 없습니다. 죄인이 때로 주님께서 자기를 거절하신 것처럼 생각될지라도 그런 일은 한 번도 일어난 적이 없습니다.

오십시오. 식탁 밑에 빵 부스러기가 있습니다. 여러분이 개나 다름없는 사람이라고 할지라도 와서 그 빵 부스러기를 주워 먹으십시오. 개라도 그것을 주워 먹는 것은 큰 특전이고, 주님께서 값없이 주시는 작은 부스러기라도 여러분에게는 큰 자비입니다. 와서 주워 먹으십시오. 그리스도께서 여러분을 물리치지 않으실 것입니다. 여러분이 지금까지 살았던 어떤 죄인보다 더 큰 죄인이라고 할지라도 오직 주님을 의지하기만 하십시오. 그러면 하나님께서 하나님이시라면, 이 성경이 하나님의 진리의 책이라면 여러분은 망할 수 없습니다. 주님께서 이제 우리 각 사람이 다시 그리스도께 와서 그의 이름에 영광을 돌리도록 도와주시기를 바랍니다.

제
5
장

젊은 청년 남녀들을 위한 설교

"인자야 이스라엘 족속의 말이 그가 보는 묵시는 여러 날 후의 일이라 그가 멀리 있는 때에 대하여 예언하였다 하느니라."
— 겔 12:27

여러분은 영광스런 주님께서 황송하게도 사람들에게 자기의 종들을 보내어 구원의 길을 전하신다면 모든 인류가 기쁘게 그 메시지를 들을 것이라고 생각할 것입니다. 우리는 당연히 사람들이 즉시 떼 지어 서둘러 달려와 한 마디도 놓치지 않고 듣고 이 하늘의 명령에 즉각 순종할 것이라고 추측할 것입니다. 그러나 슬프게도 일은 그렇지 않았습니다. 그렇게 되기에는 하나님에 대한 사람의 반항은 너무도 깊고 너무도 완강했습니다. 그래서 옛적에 선지자들은 "우리가 전한 것을 누가 믿었느냐?"(사 53:1) 하고 외치지 않을 수 없었습니다. 그리고 그 후에 하나님의 종들은 자기 선조들처럼 성령을 거역하는 목이 곧은 세대를 마주하였습니다. 사람들은 하나님의 사랑의 메시지를 거절하는 핑계를 대는 일에 대단한 재능을 보입니다. 구원을 추구하는 일이 아니라 구원을 거절하는 이유를 대는 일에 놀라운 재주를 보입니다. 은혜를 회피하고 자신의 파멸을 확실히 하는 일에 솜씨가 좋습니다. 그들은 순전히 그들의 가슴속에 숨어 있는 치명적인 죄들을 죽이기 위해 만드신 예수 그리스도의 복음의 화살들을 막기 위해 이 방패를 들었다가 저 방패를 들었다가 합니다. 본문에 언급된 이 악한 주장은 에스겔의 시대부터 오늘날에 이르기까지 제시되어 왔고, 수많은 경우에 사탄의 목적을 이루는데 도움이 되었습니다. 사람들은 이 주장을 내세워 지옥에 들어가는 일을 미루어왔습니다. 사람들은 주 예수께서 십자가 위에서 이루신 큰 속죄에 대해 듣고 주님 안에 있는 영생을 붙잡으라는 명령을 들으면 복음에 대해서 "그가 보는 묵시는 여러 날 후의 일이라 그가 멀리 있는 때에 대하여 예언하였다"고 말합니다. 말하자면, 사람들은 내가 이야기하는 문제들이 당면한 중요한 일들이 아니고, 따라서 미루어도 안전할 수 있는 것처럼 생각하는 것입니다.

종교는 죽어가는 연약한 사람들과 쇠약한 노인들을 위해서 필요하고, 건강한 사람들에게는 필요 없다고 생각합니다. 그들은 "모든 것을 갖추었으니 혼인 잔치에 오소서"(마 22:4)라는 우리의 절박한 초대를 듣고는 이렇게 답변합니다. "종교는 우리를 영원에 들어가도록 하기 위한 것인데, 우리는 아직 거기에서 멀리 있고, 지금 인생의 한창 때에 있다. 처량하게 죽음을 맞을 준비를 하기에는 아직 시간이 충분하다. 여러분의 종교는 지하 감옥과 구더기의 냄새가 난다. 할 수 있는 동안은 즐겁게 삽시다. 우리가 인생을 조금 더 즐기고 난 후에 혹은 사업이 안정되게 자리를 잡은 후에 혹은 은퇴하여 저축한 돈으로 살아갈 수 있게 된 때는 좀 더 심각한 문제들을 생각할 여유가 있을 것이다. 종교는 생명이 쇠퇴하고 있는 때, 곧 가을의 노랗게 시든 잎을 위한 것이지, 새들이 짝을 짓고 앵초 꽃들이 다시 돌아온 한 해를 맞이하여 미소를 짓는 봄이 시작되는 시기에는 맞지 않는다. 당신은 여러 날 후의 일과 멀리 있는 때에 대하여 예언하고 있다."

젊은 사람들 가운데 실제로 이렇게 말한 사람은 거의 없을 것입니다. 그렇지만 그것이 많은 사람들의 속생각이고, 이런 생각을 갖고 있기에 그들은 "오늘 너희가 그의 음성을 듣거든 너희 마음을 완고하게 하지 말라"(히 3:15)고 말씀하시는 성령의 권고를 거부합니다. 그들은 회심의 날을 미루는데, 마치 그날이 사나운 비바람이 몰아치는 두려운 날인 것처럼 자꾸 미룹니다. 그러나 사실은 그렇지 않습니다. 그날은 지극히 평온하고 밝은, 영혼이 천국과 결혼하는 날입니다.

회심하지 않은 사람은 모두 이 점을 기억해야 합니다. 하나님께서는 그가 죽어가는 구주님의 사랑의 목소리를 듣지 않기 위해 무슨 핑계를 대는지 다 아신다는 것입니다. 여러분이 그것을 속으로만 말하고 밖으로 표현하지 않았을 수 있습니다. 여러분은 자신의 양심이 너무 놀랄까봐 감히 그렇게 말할 생각을 하지 않을 수도 있습니다. 그러나 하나님은 그 모든 것을 아십니다. 하나님은 여러분이 대는 핑계들이 허울뿐이고 어리석으며 악한 것을 아십니다. 하나님은 여러분의 허울뿐인 말에 속지 않으시고 지연을 위한 변명임을 금방 알아차리십니다. 여러분은 우리 주님의 비유들을 기억하시기 바랍니다. 주님께서 한 달란트 받은 사람이 자기는 주인이 엄한 사람인 줄로 생각하였다고 말했을 때, 그의 말을 그대로 받아서 직접 그를 정죄하신 사실에 주의하시기 바랍니다. 그 다음에 초대 받은 손님들이 농사일과 새로 산 물건을 핑계로 대었을 때, 그들의 말이 전혀 중요하게 다루어지지 않고 "그 사람들은 하나도 내 잔치를 맛보지 못하리라"(눅 14:24)는 선고가 내려졌다는 점에 주의하시기 바랍니다. 하나님은 여러분이 내세우는 지연을 위한 핑계들이 부질없는 것임을 아십니다. 여러분 스스로도 그 핑계에 대해 미덥지 못하게 생각하고 그것을 진지하게 고려하여 끝까지 고수할 생각이 없다는 것을 아십니다.

여러분이 스스로를 속여서 자신의 핑계에 대해 양심을 편안하게 만들기는 참으로 어려운 일입니다. 그보다는 여러분은 마음속으로는 자신의 거짓말에 대해 부끄럽게 생각합니다. 이 시간 내가 할 일은 성령의 도우심을 받아 여러분의 양심을 다루고, 회심을 지연시키는 여러분의 핑계를 정당한 것으로 인정할 수 없음을 좀 더 철저히 여러분에게 납득시키는 것입니다. 이는 복음이 여러분에게 현재 요구하는 바들이 있고, 여러분은 "그가 보는 묵시는 여러 날 후의 일이라 그가 멀리 있는 때에 대하여 예언하였다"고 말해서는 안 되기 때문입니다.

내가 여러분에게 전하는 이 메시지가 주로 미래의 상태와 관계가 있는 것이라고 하더라도 여러분이 그같이 말해서는 안 됩니다.

1. 첫째로, 그날은 멀지 않고, 지금과 여러분이 미룰 수 있는 시간 사이의 간격이 그리 크지 않기 때문입니다.

여러분이 70년 동안 목숨을 보존한다고 생각해 봅시다. 젊은 청년 여러분, 숱한 겨울의 눈이 여러분의 머리를 하얗게 덮을 때까지 죄 가운데 있는 여러분을 하나님께서 여전히 살려두신다고 생각해 보십시오. 젊은 처녀 여러분, 이마에 주름이 생기기 전에는 여러분의 지금 이 젊은 얼굴이 죽음을 비켜갈 것이라고 생각해 보십시오. 그렇지만 여러분의 인생은 참으로 짧을 것입니다! 아마도 여러분은 70년을 긴 기간이라고 생각할 것입니다. 그러나 70세에 이른 사람들은 과거를 돌아보고서 자신의 나이가 한 뼘밖에 안 된다고 말할 것입니다. 40살밖에 안 된 나도 이제는 한 해 한 해가 갈수록 더 빨리 지나가는 것을 느낍니다. 한 주, 한 달이 눈 깜짝할 사이에 지나갑니다. 사람이 나이가 들수록 인생은 더 짧아지는 것 같습니다. 나는 야곱이 "내 나이가 얼마 못 되나 험악한 세월을 보내었나이다"(창 47:9) 하고 말한 것이 이상하지 않습니다. 이는 그가 아주 나이 많은 사람으로서 이야기하는 것이기 때문입니다. 사람은 주위 환경에 비할 때 인생이 짧습니다. 사람은 별똥별이 수 세기 동안 그대로 존재해 온 저 하늘을 번쩍하고 지나가듯이 잠깐 사이에 이 세상에 들어왔다가 나갑니다. 흐를 때 졸졸거리는 시냇물 소리를 들어보십시오. 명상적인 사람이라면 시내가 이렇게 노래하는 것을 들을 것입니다.

"사람들은 오기도 하고 가기도 하지만
나는 언제나 계속 흐른다."

오백 년 동안 비바람과 싸워 온 저 장엄한 상수리나무를 보십시오. 그 그늘 밑에서 기대고 있는 사람이 얼마나 조그만 어린 아기처럼 보입니까! 수 세기 동안 폭풍우를 견뎌 온 저 거대한 바위 옆에 서 보십시오. 여러분은 자신이 하루살이 벌레처럼 여겨질 것입니다. 오늘 밤 이 자리에 자신의 어린 시절을 회상하면 바로 엊그제 같이 느껴지는 70세 노인들이 있습니다. 그분들에게 물어보십시오. 그러면 그분들은 자신의 인생이 눈 한 번 깜박한 것처럼 순식간에 지나갔다고, 꿈처럼 혹은 번개의 섬광처럼 지나갔다고 말할 것입니다.

"인생이 무엇인가? 그것은 금방 사라지는
수증기에 지나지 않는다."

그러므로 "이것은 멀리 있는 때에 대한 일들이라"고 말하지 마십시오. 설사 내가 여러분이 인간이 존재하는 전 역사만큼 오래 살 수 있다고 보장한다고 할지라도, 그것은 한 뼘의 길이밖에 되지 않기 때문입니다.

그러나 이런 생각을 할 때 결코 잊어서는 안 될 점이 있습니다. 즉, 우리 가운데 아무도 자기는 어쨌든 70세까지 살 것이라고 확신을 가지고 장담할 수 없다는 것입니다. 우리가 70세까지 살 수 있고, 아직도 힘이 있어서 조심조심 살아서 80세에 이를 수도 있습니다. 그러나 자기는 틀림없이 80세까지 살 것이라고 장담할 수 있는 사람은 아무도 없습니다. 우리들 대부분은 그 나이가 되기 훨씬 전에 세상을 떠날 것이 확실합니다. 아니, 우리는 그 시간의 절반이라도 살 것이라고 장담할 수 없습니다. 청년 남녀 여러분, 여러분은 자신이 중년이 되도록 살 것이라고 장담할 수 없습니다. 내가 말을 조심해야 하겠습니다! 내가 지금 무슨 말을 하고 있는 것입니까? 여러분은 금년을 다 보내고 새해의 종소리를 들을 수 있을지 확실히 알 수 없습니다. 그렇습니다. 내일이 가까이 다가올지라도 여러분은 내일을 맞이할 것이라고 자랑해서는 안 됩니다. 내일이 오지 않을 수도 있기 때문입니다. 혹은 내일이 온다고 해도 여러분에게 무엇을 가져다줄지, 관이나 수의를 가져다줄지 알 수 없기 때문입니다. 그렇습니다. 바로 오늘 밤, 여러분이 눈을 감고 베개에 머리를 편히 뉘일 때, 여러분이 그 친숙한 방을 다시 볼 것이라고 혹은 방에서 나가 일상의 일을 계속 할 것이라고 너무 확신하지 마십시오. 여러분의 평안을 위협하는 일들은 멀리 있는 문제들이 아닌 것이 분명합니다. 인생의 덧없음 때문에 그런 문제들이 바로 이 시간에 반드시 해결해야 할 일이 되는 것입니다. 여러분은 무덤에서 멀리 있지 않습니다. 이 설교를 시작했을 때보다는 무덤에 더 가까이 간 것입니다. 여러분 가운데는 스스로 생각하는 것보다 훨씬 더 무덤 가까이에 있는 분들이 있습니다.

어떤 분들에게는 이 생각이 아주 생생하게 와 닿을 것입니다. 그분들은 직업상 매일 조금만 실수하면 곧 무덤으로 갈 수 있는 많은 위험에 노출되어 있습니다. 여러분은 신문을 볼 때마다 "중대한 사고" 혹은 "갑작스런 죽음"이라는 단어를 만날 수밖에 없지 않습니까? 여행에는 많은 위험이 따르고, 심지어 길 하나 건너는 것조차도 위험합니다. 사람들이 집에서 죽기도 하고, 정당한 직업 활동을 하는 중에 많은 사람들이 죽음을 만납니다. 배를 타고 바다로 나가는 사람들이나 탄광에서 땅 밑으로 내려가는 사람들에게 이것은 정말로 맞는 말입니다! 그러나 사실 죽음으로부터 안전한 직업은 아무것도 없습니다. 칼뿐 아니라 바늘도 사람을 죽일 수 있습니다. 피부병이나 화상(火傷), 낙상(落傷)도 역병이나 전투만큼 아주 쉽게 우리의 생명을 끝낼 수 있습니다. 여러분은 직업상 사다리를 올라가야 합니까? 그것이 전혀 위험하지 않은 일이라고 하지만 발을 헛디뎌 떨어져서 다시는 일어나지 못한 사람의 이야기를 듣지 못했습니까? 여러분은 건축 중인 건물의 자재 더미들 가운데서 일합니다. 위에서 돌이 떨어져 노동자들이 압사했다는 말을 듣지 못했습니까?

> "위험들이 온 땅에 빽빽이 둘러서서
> 우리를 무덤으로 밀쳐버리려 하고
> 사나운 질병들이 우리 주위에서
> 죽을 인생들을 서둘러 본향으로 보내려고 기다립니다."

모든 일을 위생적인 법칙을 따라 행함에도 불구하고 열병은 사라지지 않고 있고, 도살업자가 소를 죽이듯이 순간적으로 사람을 쳐서 땅에 엎어뜨리는 치명적인 뇌졸중이 드물게 발생하는 일이 아닙니다. 죽음이 이미 여러분의 옛날 친구들 가운데 많은 사람을 데려갔습니다. 여러분은 발라클라바(Balaclava: 크림 전쟁의 옛 싸움터)에서 진격하고 있는 군인처럼 말을 타고 삶의 전쟁터에 뛰어들었습니다. 여러분은 이 전투에서 신참내기이지만, 벌써 주변에서 말안장에 앉아 있던 사람들이 사라진 것을 보았습니다. 여러분은 그 자리에서 살아남았지만 죽음이 여러분을 스쳐 지나가며 살갗을 벗겼습니다. 파멸의 화살이 여러분 귓가를 윙 하고 지나가 다른 표적을 맞추었습니다. 여러분이 파멸의 화살로부터 목숨을 보존한 것이 기이하다고 생각해보지 않았습니까? 우리 교인들 가운데는 몸이 허약한 분들이 있습니다. 나는 이 땅의 아주 아름다운 많은 딸들이 뺨에 폐병의 표시가 있는 것을 보면 마음이 아픕니다. 얼굴에 나타난 타는 듯한 붉은 빛과 눈의 기이한 광채를 아주 잘 알고 있습니다. 이것들은 생명을 땔감으로 타오르고 곧 다 연소시킬 불이 타오르고 있다는 표시들입니다.

청년 남녀 여러분, 여러분 가운데 많은 사람들은 중년에 이를 때까지 계속 허우적거리지만 그 나이까지 거의 살 수 없습니다. 그들은 30이나 40세 이상으로 살 수 없기 때문입니다. 나는 여러분 가운데 어떤 분들은 여기 예배당까지 걸어오면서도 체력이 떨어지고 기진맥진하게 만드는 심한 피로감을 느끼지 않았을까 걱정이 됩니다. 그런데 어떻게 여러분은 우리가 죽을 준비를 하는 것에 대해 여러분에게 말할 때 우리가 지금 멀리 있는 일들에 관해 말한다고 할 수 있습니까? 나는 여러분이 이 경고들을 듣고 결심하기를 간절히 바랍니다. 나는 여러분에게 쓸데없는 경종을 울리는 일은 결코 하지 않습니다. 그런데 내가 쓸데없는 말을 하는 것입니까? 나는 여러분을 정말로 사랑하기 때문에 까닭 없이 여러분을 괴롭히는 일은 없습니다. 그런데 이렇게 말할 충분한 이유가 없겠습니까? 자, 나는 아주 깊은 애정을 가지고 내 말에 답해보라고 여러분을 다그치는 것입니다. 여러분 자신을 생각해 보면 여러분에 대한 내 염려가 잘못된 것이 아니라는 것을 알지 않습니까? 여러분은 당장에 구주님의 부르심을 진심으로 받아들이고 구주님의 간청에 복종해야 하지 않습니까? 시간은 짧습니다. 날아가는 순간을 붙잡고, 복을 받도록 서두르십시오.

여러분이 사고와 열병과 갑작스런 죽음을 피해야 한다는 것을 안다고 할지라도, 우리가 너무도 자주 잊어버리는 중대한 사건, 곧 자비를 받을 수 있는 여러분의 날을 갑작스럽게 끝내버릴 수 있는 중대한 사건이 있다는 것을 다시 한 번 기억하시기 바랍니다. 여러분은 골고다 언덕에서 십자가에 달려 죽고 무덤에 뉘었다는 나사렛 예수에 대해서 들어본 적이 없습니까? 그가 제 삼일에 다시 일어났고, 제자들과 잠시 함께 시간을 보낸 후에 그들을 데리고 감람산 꼭대기로 가서 거기서 제자들이 보는 앞에서 하늘로 올라갔고 그들이 보지 못하도록 구름이 그를 가렸다는 사실을 여러분은 아십니까? "너희 가운데서 하늘로 올리어 지신 이 예수는 하늘로 가심을 본 그대로 오시리라"(행 1:11)고 한 천사들의 말을 잊어버렸습니까? 예수께서는 틀림없이 세상을 심판하기 위해 두 번째 또 오실 것입니다. 그 날과 시간에 대해서는 아무도 모릅니다. 하나님의 천사들도 모릅니다. 예수께서 믿지 않는 세상에는 밤에 도둑이 오는 것처럼 오실 것입니다. 노아가 방주에 들어가던 날까지 사람들이 먹고 마시고 장가들고 시집가고 있으면서 홍수가 나서 그들을 다 멸하기까지 깨닫지 못하였던 것처럼(마 24:38,39) 사람들은 먹고 마시고 장가들고 시집가는 일을 할 것입니다.

어떤 순간에, 우리는 그때가 언제인지 알 수 없습니다. 어쩌면 내가 이 말을 마치고 다음 말을 하기 전일 수도 있습니다. 아무튼 어떤 순간에 인간이 더 이상 크게 낼 수 없는 목소리보다 훨씬 더 큰 소리가 세상의 교통 소음을 뚫고 바다의 으르렁거리는 소리보다 더 크게 들릴 것입니다. 나팔 소리와 같은 소리가 인자의 날이 왔음을 알릴 것입니다. "보라 신랑이로다 맞으러 나오라"(25:6)는 소리가 온 교회에 울려 퍼질 것입니다. 그리고 세상에 대해서는 "볼지어다 그가 구름을 타고 오시리라 각 사람의 눈이 그를 보겠고 그를 찌른 자들도 볼 것이요"(계 1:7)라는 음성이 낭랑하게 울려 퍼질 것입니다. 예수께서 오늘 밤에 오실 수도 있습니다. 예수께서 오늘 밤에 오실지라도 여러분은 내가 지금 멀리 있는 때의 일들에 대해서 이야기하고 있다고 말하겠습니까? 예수께서 "보라 내가 속히 오리라!"(22:12)고 말씀하시지 않았습니까? 그리고 그리스도의 교회는 지금까지 "아멘 주 예수여 오시옵소서"(22:20) 하고 말해오지 않았습니까? 그리스도께서 지체하시는 것이 우리에게는 오랜 시간이 될 수 있지만 하나님께는 잠깐일 것입니다. 우리는 주님께서 하늘로부터 오시기를 서서 매일 매시간 기다려야 합니다. 나는 제발 여러분이 주님께서 더디 오신다고 말하지 않기를 바랍니다. 그것은 심하게 매를 맞은 악한 종(마 24:51)의 말이었기 때문입니다. 그것은 마지막 날에 조롱하는 자들이 하는 얘기입니다. 그들은 "주께서 강림하신다는 약속이 어디 있느냐?"(벧후 3:4)고 말합니다. 여러분은 여러분의 차꼬가 더 단단하게 조이지 않도록 조롱하는 사람들이 되지 마십시오. 그보다는 확실한 예언의 목소리와 "보라 내가 속히 오리라"(계 22:12)는 하나님의 말씀에 귀를 기울이십시오. "이러므로 너희도 준비하고 있으라 생각하지 않은 때에 인자가 오리라"(마 24:44).

자, 설사 복음 메시지가 저 세상의 삶과만 관계된 것이라고 할지라도 사람들이 "그가 보는 묵시는 여러 날 후의 일이라 그가 멀리 있는 때에 대하여 예언하였다"고 말하는 것이 지혜로운 처사가 아니라는 것은 아주 분명합니다.

2. 둘째로, 나는 우리의 메시지가 사실 현재를 다룬다는 점을 상기시키지 않을 수 없습니다.

복음이 주는 복들은 무덤 너머의 생활만큼이나 이 현재 생활과도 관계가 있습니다. 첫째로, 생각해 보면 내가 청년 남녀 여러분에게 간청하도록 보냄을 받았으며, 애정 어린 마음으로 여러분에게 이 시간 여러분이 하나님에 대해 부당하고 불친절하게 행동하고 있다는 사실을 깨우쳐 주도록 보냄을 받았기 때문입니다. 하나님께서 여러분을 지으셨는데, 여러분은 하나님을 섬기지 않습니다. 하나님께서 여러분을 지금까지 살리셨는데 여러분은 하나님께 순종하지 않습니다. 복음의 말씀을 여러분에게 보내셨는데 여러분은 그 말씀을 받지 않았습니다. 하나님께서 그의 독생자를 보내셨는데, 여러분은 그를 멸시하였습니다. 이 불의를 여러분이 현재 행하고 있는 것입니다. 그 점에 대해 우리가 여러분에게 호소하는 바는 어떤 이유에서든지 그런 행동을 끝내야 한다는 것입니다. 성령님께서 여러분이 그 일을 끝내도록 도와주시기를 바랍니다! 내가 아무에게든지 부당한 행동을 하였다고 느끼고, 그래서 어떻게 해서든지 그 일을 바로잡고 싶은 마음이 든다면 나는 내일까지 기다리지 않고 당장 그에게 보상을 하고 싶어 할 것입니다. 그렇습니다. 내가 어떤 가난한 과부에게 도움을 주는 일을 잊어버렸을 때에도 나는 스스로를 책망하고 신경을 써서 그 문제를 해결하기 전까지는 마음이 편치 않을 것입니다. 여러분도 같은 심정을 느끼지 않습니까? 여러분은 일부러 다른 사람에게 해를 끼치거나 그에게 마땅히 행해야 할 의무를 소홀히 하겠습니까? 여러분이 그렇게 하지 않을 줄 확신합니다. 그렇다면 어떻게 여러분이 그처럼 태연히 하나님께 불의를 행하며, 사람들의 영혼을 사랑하시는 분을 무자비하게 대하고, 성령님의 애정 어린 호소에 반대할 수 있습니까? 여러분은 이사야서 1장의 말씀이 참으로 인상적이라는 것을 기억하실 것입니다! 사람들이 참으로 부드러운 마음을 가졌다면 그 말씀을 읽을 때 마음이 찢어질 것입니다. 그 말씀을 읽어 보십시오. "하늘이여 들으라 땅이여 귀를 기울이라 여호와께서 말씀하시기를 내가 자식을 양육하였거늘 그들이 나를 거역하였도다 소는 그 임자를 알고 나귀는 그 주인의 구유를 알건마는 이스라엘은 알지 못하고 나의 백성은 깨닫지 못하는도다 하셨도다"(사 1:2,3). 이것은 자기의 창조주에 대한 사람의 불친절함에 대해 하나님께서 탄식하시는 소리입니다!

훌륭한 젊은이 여러분, 정직한 젊은이 여러분, 여러분은 이 점에서 양심에 거리끼는 것이 아무것도 없습니까? "사람이 어찌 하나님의 것을 도둑질하겠느냐?"(말 3:8). 여러분은 고용주의 것을 도둑질하려고 하지 않을 것입니다. 여러분은 자신이 다른 사람에 대해 착실하지 않거나 정직하지 않은 사람으로 평가받고 싶지 않을 것입니다. 그런데 여러분은 여러분의 하나님, 여러분의 하나님, 바로 여러분의 하나님을 그의 모든 선하심에도 불구하고 그처럼 비열하게 대하려고 합니까? 예수께서 "그 중에 어떤 일로 나를 돌로 치려 하느냐?"(요 10:32)고 말씀하셨듯이 여호와께서 이렇게 말씀하십니다. "내가 너를 지었다. 지금까지 네 코에 숨을 불어넣어 주었고, 네 평생 동안 너를 먹여 살렸다. 그런데 이 모든 선한 일들 가운데 어떤 일 때문에 네가 나 없이 살며, 심지어 내 이름에 욕설을 퍼붓고 손을 높이 들고 내 신성한 법을 어겨 죄를 짓느냐?" 여러분은 이처럼 무법하기 이를 데 없는 인생행로를 고집하는 것이 옳은 일이라고 생각할 수 있습니까? 계속해서 하나님을 부당하게 대하고 비길 데 없는 그의 사랑을 슬프게 만드는 것이 옳은 일일 수 있습니까? 제발 부탁하건대, 더 이상 하나님을 노여우시게 하지 마십시오. 여러분이 양심적으로 돌아볼 때, 자신이 그동안 하나님을 부당하게 대하였다는 것을 알고, 죄사함과 마음의 변화를 얻기 위해 하나님께 오십시오. 성령님께서 이 호소를 하나님의 사랑을 받는 남녀 청년들이 느낄 수 있게 해 주시기를 바랍니다!

다시 말하지만, 내 메시지는 현재와 관련이 있습니다. 나는 여러분이 지금 여러분의 최상의 친구, 곧 그의 사랑 덕분에 여러분이 모든 것을 누리고 있는 분과 적대 관계에 있다는 사실을 애정을 가지고 말씀드릴 것입니다. 여러분은 그를 슬프시게 하였고, 까닭 없이 그의 원수가 되어 있습니다. 여러분은 이 점을 생각할 때 아무렇지도 않습니까? 내가 아는 한 여자 아이가 어떤 잘못을 행했습니다. 아이의 아버지가 아이에게 그 점을 말하고, 마침내 그 벌로 아이에게 슬픈 목소리로 이렇게 말했습니다. "오늘 밤은 네게 입맞춤을 할 수 없겠구나. 너 때문에 아빠 마음이 아주 많이 슬퍼서 말이야." 그 말에 아이의 마음이 슬퍼졌습니다. 비록 아이를 한 대도 때리지 않았지만 딸아이는 사랑하는 아버지의 얼굴에서 슬픔을 보았고, 그것이 견딜 수가 없었습니다. 아이는 아빠에게 입맞춤을 해달라고 간청하며 울었고, 또 용서해달라고 빌었습니다. 아이에게 입맞춤을 하지 않고 자러 가도록 아이를 보낸 것은 지혜로운 일이었다고 생각이 됩니다. 아이가 아주 크게 잘못하였기 때문입니다. 하지만 울고 있는 아이는 도무지 잠을 잘 수 없었습니다. 엄마가 아이의 방으로 갔을 때 아이가 자주 흐느끼고 한숨을 쉬는 소리를 들었습니다. 아이는 슬픔에 잠긴 목소리로 이렇게 말하였습니다. "저는 정말 정말 못되었어요. 하지만 저를 용서해 주세요. 사랑하는 아빠가 저에게 입맞춤을 하게 해 주세요." 아이는 아빠를 사랑했습니다. 그래서 자신이 아빠를 슬프게 했다는 생각을 도무지 견딜 수 없었습니다.

하나님의 자비를 받은 자녀 여러분, 영들의 아버지 하나님의 자녀로 잘못을 행하고 있는 여러분, 여러분은 사랑하는 아버지 하나님과 영원히 반목하는 상태로 사는 것을 견딜 수 있겠습니까? "하나님께서 나를 용서하실까?" 하고 여러분은 말합니다. 여러분은 무엇 때문에 그런 질문을 합니까? 하나님께서 얼마나 선하신 분인지 몰라서 그렇습니까? 하나님께서 자신을 방탕한 아들을 맞이하여 목을 안고 그에게 입을 맞추는 분으로 묘사하시지 않았습니까? 자녀가 아버지에게 오기 전에 아버지가 자녀에게로 달려갔습니다. 아버지는 어떻게 해서든지 용서하려는 마음이 간절하였습니다. 그래서 아들이 아직 멀리 있을 때 아버지가 그를 보고 불쌍히 여기고 달려갔습니다. 내가 지금 멀리 있는 때의 일들에 대해서 이야기하고 있다고 말하지 마십시오. 그렇지 않습니다. 나는 지금 오늘 밤 여러분에게 일어날 수 있는 일에 대해서 말하고 있는 것입니다. 즉, 여러분이 더 이상 한 시간도 하나님의 원수로 남아 있지 않고, 회개하는 하나님의 사랑하시는 자녀가 되어 다정한 하나님 아버지의 품으로 달려갈 수 있는 일에 대해서 이야기하고 있는 것입니다.

그러나 나는 여러분에게 이것보다도 훨씬 더 많이 이야기하지 않으면 안 되는 것이 있는데, 그것은 여러분이 오늘 밤 위험에 처해 있다는 사실입니다. 하나님에 대한 여러분의 태도 때문에, 그리고 여러분이 여전히 하나님과 반목하고 있기 때문에 하나님께서 반드시 여러분을 공의로 대하시고 여러분의 범죄에 대해 형벌하실 것입니다. 하나님은 공의로우신 하나님입니다. 죄 하나하나가 다 그의 책에 기록됩니다. 책에 기록된 죄들은 하나님의 심판 날에 일어나서 여러분을 고소할 것입니다. 여러분이 현재 처해 있는 위험은 여러분이 이 순간 지옥으로 내려가고 있을지도 모른다는 것입니다. 그리고 이 회중석에 앉아 있지만 죽으면 순식간에 여러분의 창조주 앞에 나타나서 죄에 대해 정당한 보응을 받게 될 수도 있다는 것입니다. 나는 주 예수 그리스도를 믿는 자들에게는 모든 죄에 대한 즉각적인 사죄가 있다는 것을 말해주러 왔습니다. 여러분이 예수님을 믿는다면 여러분의 많은 죄가 다 용서받는다는 사실을 말해주러 왔습니다.

여러분은 주 예수께서 자기를 믿는 모든 자들의 죄를 친히 담당하시고 그들을 대신해서 그들의 죄에 합당한 형벌을 겪으셨다는 이야기를 모르십니까? 여러분은 그 이야기를 많이 들었습니다. 그리스도는 우리의 대속물이셨습니다. 그리스도께서 의로운 자로서 불의한 자를 대신하여 죽으신 것은 우리를 하나님께로 데려가시기 위함이었습니다. 주께서 우리를 위하여 자기 목숨을 내어놓으신 것은 "그를 믿는 자마다 영생을 얻게 하려 하심이었습니다"(요 3:15). 그런데 여러분은 그처럼 큰 값을 치르고 구입하였지만 전혀 값을 받지 않고 선물로 주시는 이 구원을 거절하려고 합니까? 그 구원을 지금 이 자리에서 받아들이지 않으려고 합니까? 여러분은 자신의 죄 짐을 질 수 있습니까? 여러분은 영원한 형벌의 위험 속에 단 한 시간이라도 태연히 있겠습니까? 여러분은 지금 현재 상태로 지옥의 아가리 속으로 미끄러져 들어갈 수 있겠습니까? 하나님의 인내가 영원히 지속되지 않는다는 것을 기억하시기 바랍니다. 지금까지 여러분은 충분히 오랫동안 하나님을 노여우시게 하였습니다. 모든 사물이 여러분에게 넌더리를 냅니다. 여러분이 발을 딛고 서 있는 땅 자체가 표면에 죄인을 두고 있다는 모욕감에 신음하고 있습니다. 여러분이 하나님의 원수인 한, 들판의 돌들이 여러분에게 항의하고 모든 피조물이 여러분을 위협합니다. 여러분이 당장에 쓰러져 멸망하지 않는 것이 기이한 일입니다. 이 이유 때문에 나는 여러분이 지금 사죄를 받고 지금 하나님의 진노에서 해방되도록 만들고 싶습니다. 그 위험이 가까이 왔으니, 주께서 여러분을 그같이 구원해 주시기를 바랍니다. 여러분은 이렇게 말합니까? "그런데 사죄를 지금 당장에 받을 수 있다고요? 예수 그리스도께서 현재의 구주이십니까? 나는 죽게 되었을 때 어쩌면 구주를 만날 수 있거나 아니면 오랫동안 구도의 생활을 한 후에야 자비를 받을 희망을 얻을지 모르겠다고 생각했습니다." 그렇지 않습니다. 값없이 주시는 은혜는 죄와 비참함으로부터 즉각적인 구원을 선언합니다. 지금 이 순간 예수님을 보는 자는 누구든지 죄를 용서받을 것입니다. 주 예수님을 믿는 순간, 즉시 죄인은 더 이상 지옥 불의 위험에 처하게 되지 않을 것입니다. 사람이 믿음의 눈으로 예수 그리스도를 바라보는 순간 그는 장차 올 진노로부터 구원받습니다. 내가 여러분에게 설교하는 것이 바로 이 현재의 구원이며, 또한 현재의 구원이 주는 현재의 위로입니다.

이 밖의 많은 이유들 때문에 이 중요한 문제가 매우 절박해지는 것 같습니다. 그 많은 이유들 가운데 이점이 있습니다. 즉, 여러분 마음에 병, 곧 죄의 병이 있다는 것이고, 그 병은 즉각적인 치료가 필요하다는 것입니다. 나는 사람들이 몸에서 처음 질병을 발견하면 자기는 병이 더 충분히 악화될 때까지 기다렸다가 그 다음에 의사에게 도움을 청할 것이라고 말하는 것을 들어보지 못했습니다. 우리 대부분은 당장에 병을 조사해 보려고 할 만큼 분별력이 있습니다. 젊은이 여러분, 여러분은 마음속에 무서운 질병이 있습니다. 여러분은 지금 치료받고 싶지 않습니까? 여러분이 예수님을 믿는다면 예수님은 당장에 여러분을 고쳐주실 수 있습니다. 그런데 여러분은 온전해지는 것을 주저하겠습니까? 여러분의 치명적인 죄를 사랑합니까? 소름끼치는 죄가 여러분에게 그토록 소중합니까? 여러분이 당장에 구원해 주시라고 부르짖으면 좋겠습니다. 그러면 예수께서 여러분의 부르짖음을 들으실 것입니다. 성령께서 여러분에게 임하여 여러분을 깨끗하게 하시고 여러분에게 새 마음과 의로운 영을 주시고, 이제부터 영원히 여러분을 온전하게 하실 것입니다. 그런데 여러분은 그처럼 큰 복 받기를 미루고 싶어 할 수 있겠습니까? 확실히 병자는 아무리 빨리 치료를 받아도 때가 너무 이른 법은 없습니다.

내가 여러분에게 전하는 복음은 현재의 복도 여러분에게 가져다줄 것입니다. 지금 사죄 받고 의롭다하심을 받는 것 외에도 복음은 여러분에게 현재의 중생과 양자됨, 성화, 하나님께 나아감, 그리고 믿음으로 말미암아 현재 받는 평안과 고난의 때의 도움을 줄 것입니다. 그래서 복음은 이 세상에서도 여러분을 배나 행복하게 만들 것입니다. 복음은 여러분의 길에 지혜가 되고 여러분의 투쟁에 힘이 되며 여러분의 슬픔에 위로가 될 것입니다. 나는 비참하게 죽을지라도 여전히 그리스도인이 되기를 바랄 것입니다. 내세가 없다고 할지라도, 그런 가정은 도무지 견딜 수 없는 것이지만, 아무튼 내세가 없다고 할지라도 여전히 나는 내 사랑하는 주 예수님을 위해 그리고 예수님과 함께 살 것입니다. 발람이 의인의 죽음을 선택하였는데, 나도 의인의 죽음을 죽기를 바랍니다. 그러나 나는 그에 못지않게 의인의 삶을 살기를 바랍니다. 왜냐하면 마음에 하나님의 사랑을 받는 것, 하나님과 화목하는 것, 어린아이 같은 신뢰로 하늘 아버지께 이야기하는 것이 현세에서 누리는 세상보다 값진 기쁨과 위로이기 때문입니다.

젊은이 여러분, 여러분에게 복음을 전할 때 나는 내세뿐 아니라 지금 이 세상에도 좋은 것을 전하는 것입니다. 여러분이 예수님을 믿으면 지금 이 자리에서 구원을 받고, 하나님의 변함없는 은혜를 누릴 것입니다. 그래서 여러분이 가서 이제부터는 다른 사람들이 사는 것처럼 살지 않고 하나님의 택하신 자로서, 즉 특별한 사랑을 받고 특별한 복을 받아 부하게 된 자로서 여러분이 예수께서 계시는 곳에 거하기 위해 데려감을 당하기 전까지 매일 기뻐하게 될 것이기 때문입니다. 현재의 구원이 주님께서 여러분에게 전하시는 메시지의 취지입니다. 그러므로 이 묵시가 여러 날 후의 일이고 멀리 있는 때에 대한 예언이라고 하는 것은 사실이 아니고 완전히 틀린 말입니다. 내가 여러분에게 지금 믿으라고 하는 간청이 일리 있는 말이지 않습니까? 그렇다면 내 말을 들으십시오. 여러분은 이 주장들에 답변할 수 있습니까? 답변할 수 없다면 제발 믿는 일을 미루지 마십시오. 다시 한번 나는 성령님께서 여러분이 즉각적인 결심을 하도록 인도하여 주시기를 간구하고 싶습니다.

3. 셋째로, 나는 복음이 미래와 관계가 있다는 것을 부인하지 않고 기꺼이 인정할 것입니다.

복음이 순전히 멀리 있는 때에 대한 계시만은 아니지만, 그래도 복음은 장차 올 일들에 대한 영광스런 희망과 밝은 전망으로 가득 차 있습니다. 예수 그리스도의 복음은 젊은이의 인생 전체와 관계가 있습니다. 여러분이 예수 그리스도를 받아들인다면 단지 오늘 밤만 예수님을 모시게 되는 것이 아닙니다. 여러분이 예수님을 받아들일 수 있게 만드는 믿음은 지금부터 영원히 여러분의 전 존재에 영향을 미칠 것입니다. 사랑하는 젊은이 여러분, 여러분이 아직 젊은 동안에 구원받는다면, 신앙이 죄의 중요한 예방책임을 발견할 것입니다. 우리가 지금까지 소돔의 타락으로 더럽혀지지 않았고, 우리 뼈가 실제적인 악 때문에 부러지지 않았다는 것은 참으로 큰 복입니다. 죄악의 생활에서 구원받은 많은 사람들이 영적인 생활을 하는 데는 불구자가 될 것입니다! 악의 소용돌이에서 끄집어내지는 것이 크게 감사할 이유가 되지만, 지금까지 악에 빠지지 않도록 보존되어 온 것이 더 감사할 일입니다. 우리가 아직 세상의 타락으로 더럽혀지지 않았고 지나친 방종에 떨어지지 않은 동안에 하나님의 은혜가 우리에게 임한다면 배나 잘된 일입니다. 방탕한 습관 때문에 몸이 상하고 방종으로 인해 마음이 타락하기 전에, 마음이 새롭게 되는 것은 무엇보다 중요한 일입니다. 예방이 치료보다 나은데, 은혜가 그 두 가지를 제공합니다. 감사하게도 여러분은 아직 젊습니다. 그러니 여러분은 하나님의 말씀에 따라 자신의 행실에 주의함으로써 행실을 깨끗하게 할 수 있는 은혜를 지금 받을 수 있기를 간절히 기도하십시오.

은혜는 예방책으로서뿐 아니라 보존하는 수단으로서도 작용할 것입니다. 하나님께서 여러분 속에 심으시는 선한 것이 여러분을 지킬 것입니다. 나는 이 시간에 여러분에게 일시적인 구원을 전할 필요가 없는 것이 감사합니다. 내가 젊었을 때 복음에서 매료를 느꼈던 점은 죄를 짓지 않도록 보호하는 복음의 능력이었습니다. 나는 학창 시절에 나보다 나이가 별로 많지 않지만 착하다고 칭찬을 많이 들은 친구들 가운데 어떤 이들은 고향을 떠나서는 슬프게도 죄인들이 되는 것을 보았습니다. 나는 그 친구들이 도제가 되기 위해 런던으로 가거나 큰 기관에서 자리를 잡고 났을 때 그들의 악한 행실에 대한 이야기를 듣곤 하였습니다. 그래서 나는 스스로에게 이렇게 말했습니다. "아버지의 집을 떠나면 나도 시험을 받을 것이다. 나도 그 친구들과 같은 마음을 가졌고, 사실 나는 전에 그 친구들만큼 착하지도 않았어. 그래서 틀림없이 나도 그들처럼 죄에 빠질 거야." 나는 그 생각을 할 때 무서웠습니다. 나는 어머니가 방탕한 아들 때문에 눈물을 흘리거나 아들의 방탕 때문에 아버지의 마음이 상하게 될 것을 생각하면 견딜 수 없었습니다. 그 생각을 견딜 수 없었습니다. 주 예수 그리스도를 믿는 자는 누구든지 구원받을 것이라는 말을 들었을 때, 나는 믿는 사람은 죄 짓는 데서 구원받는다고 알아들었습니다. 그래서 나는 죄 짓는 데서 나를 보호하기 위해 예수님을 붙잡았고, 예수께서는 실제로 나를 죄 짓는 데서 보호하셨습니다. 나는 그리스도께 나라는 사람을 맡겼고, 그리스도께서는 오늘까지 나를 보호하셨으며 앞으로도 나를 버리시지 않을 것이라 믿습니다.

젊은 남자들 여러분, 나는 여러분에게 예수 그리스도를 믿는 믿음의 형태로 인격 보험을 들기를 추천합니다. 젊은 여자들 여러분, 정숙한 여러분의 뺨이 부끄러운 행실로 붉어질 필요가 없기를 바랍니다. 몸을 더럽히는 큰 죄 때문에 순결한 느낌을 잃지 않기를 바랍니다. 그러나 주님께서 여러분을 지키시지 않으면 그렇게 될 수 있다는 사실을 기억하시기 바랍니다. 나는 여러분에게 그리스도 예수를 믿는 믿음의 복된 보존 능력을 추천합니다. 그리스도 예수를 믿는 이 믿음이 여러분 안에 거하고 머무르시며 평생 동안 여러분을 성결하게 하실 성령님을 여러분에게 확보해 줄 것입니다. 내 말을 듣는 사람들 가운데는 악을 생각만 해도 몸서리를 치는 분들이 있다는 것을 압니다. 그리스도인 부모에게 교육을 받았고 지극히 거룩한 영향력 하에서 자랐기 때문에 그런 분들은 부모의 이름의 명예를 실추시키는 행동을 하기보다는 차라리 죽으려고 할 것입니다. 나는 여러분이 그렇게 하리라는 것을 압니다. 그러나 여러분은 그런 자신의 마음을 신뢰해서는 안 됩니다. 여러분의 본성이 새로워지지 않으면 여러분도 다른 사람들처럼 나빠질 수가 있고 그들보다 더 악해질 수가 있습니다. 그리고 오직 예수 그리스도만이 성령의 능력으로 여러분의 본성을 새롭게 하실 수가 있습니다. 그리스도를 믿는 자는 누구든지 사망에서 생명으로 옮겨졌습니다. 그는 더 이상 죄 가운데 살지 않고, 마지막 날까지 거룩하게 보존될 것입니다.

젊은이 여러분, 하나님께서 내가 기도하는 대로 오늘 밤 여러분의 마음을 변화시키기를 기뻐하신다면 여러분은 장래를 맞이할 준비를 하게 될 것입니다. 여러분은 아직 인생의 전투에 완전히 뛰어들지 않았습니다. 여러분에게는 나아가야 할 길이 있고 선택해야 할 직업이 있습니다. 젊은 처녀 여러분, 여러분은 아직까지 부모님의 날개 아래 있습니다. 여러분에게는 머지않아 이루어야 하는 가정적인 관계가 있습니다. 자, 여러분이 마음을 예수님께 드린다면 평생의 일과 봉사를 위해 아주 잘 준비하는 것이라고 생각하기 바랍니다. 젊은이 여러분, 여러분은 큰 기관에 들어가기에 적합한 사람이 될 것입니다. 마음에 하나님의 은혜가 있으면 여러분은 그곳에서 복이 될 것입니다. 이 악한 도시에서 온갖 덫에 둘러싸여 있을지라도, 이상한 여자가 여러분의 귀한 생명을 사냥하려 해도 헛수고가 될 것입니다. 그밖의 악들이 여러분을 타락시킬 수 없을 것입니다. 젊은 처녀 여러분, 여러분은 인생의 동반자로 그저 멋만 부리는 어리석은 사람을 택하지 않고 여러분처럼 하나님을 사랑하고 그와 함께 한다면 행복하고 거룩한 날들을 보낼 것이라고 기대할 수 있는 사람을 택하는 지혜를 얻게 될 것입니다. 여러분이 그리스도를 마음에 모신다면 결코 쇠하지 않을 기쁨과 즐거움의 자원들을 여러분 속에 둔 것입니다. 그러면 시련과 고통 가운데서라도 여러분에게 기쁨과 위로와 위안을 공급할 생명수 샘이 여러분 속에 있게 될 것입니다. 여러분은 장차 무엇이 오든 맞이할 수 있는 준비를 하게 될 것입니다.

젊은 그리스도인은 하나님께서 그를 황제나 종 가운데 어느 자리로 부르시든 그 자리에 적합한 사람입니다. 여러분이 모범적인 군주나 모범적인 종이 될 만한 최상의 재목을 찾는다면 하나님의 자녀 가운데서 발견할 것입니다. 하나님의 자녀인 사람은 흔히 가난의 원인이 되는 방종과 게으름의 악에서 구원받을 것이기 때문에 완전한 궁핍에 빠지는 일은 좀처럼 없다는 점에 주의하시기 바랍니다. 그런가 하면 하나님의 자녀는 군주가 되는 일도 좀처럼 없을 것입니다. 왜냐하면 하나님께서 자기 자녀들을 그처럼 위험한 자리에 앉도록 높이신 일이 거의 없었기 때문입니다.

젊은이 여러분, 여러분의 마음이 하나님과 바른 관계에 있다면 어떤 미래든지 맞이할 수 있을 것입니다. 여러분에 대해서 생각하고 또 하나님께서 여러분을 어떻게 만드실 수 있는지를 생각할 때 나는 여러분에 대해 사랑뿐 아니라 깊은 존경심도 느낀다는 것을 알기 바랍니다. 나는 우리 가운데 노인에 대한 공경심이 부족할 사람은 아무도 없을 것이라 생각합니다. 나이가 들었다는 것은 명예로운 일이고, 따라서 존경받고 공경을 받아야 할 일입니다. 그렇지만 나는 여러분의 젊음에 경의를 표하고 싶은 마음을 느끼는 때가 종종 있습니다. 한 유명한 교사는 교실에 들어갈 때는 언제든지 모자를 벗어 학생들에게 예의를 표하였습니다. 이는 그가 말한 대로 이 학생들 가운데 누가 나중에 시인이 되고 주교가 되며 대법관이나 총리가 될지 몰랐기 때문입니다. 젊은 청년 남녀들을 볼 때 나도 그와 똑같은 심정을 느낍니다. 그들이 어떤 사람이 될지 알지 못하기 때문입니다.

오늘 밤 내 설교를 듣고 있는 사람들 가운데 리빙스턴 같은 사람이 있을 수 있고 모펫 같은 사람이 있을 수 있습니다. 나는 오늘 밤 존 하워드(John Howard)나 윌버포스(Wilberforce) 같은 사람에게 설교하고 있는지도 모릅니다. 지금 내 설교를 듣는 분들 가운데 저드슨 부인(Mrs. Judson: 버마 선교사 부인)이나 엘리자베스 프라이(Elizabeth Fry: 사회 개혁가) 같은 사람이 있을 수 있습니다. 내 설교를 듣는 사람들 가운데는 하나님께서 불을 붙여 큰 등불이 되어 오랫동안 사람의 아들들에게 복을 주고, 후에는 별처럼 영원히 빛날 이들이 있을 수 있습니다. 그러나 여러분에게 불이 붙여지지 않는다면 빛을 비출 수 없습니다. 하나님께서 먼저 여러분에게 복을 주시지 않는 한 여러분은 사람들에게 복을 베풀 수 없습니다. 거듭나지 않으면 여러분은 쓸모없습니다. 거듭난다면 여러분은 남에게 유용한 존재가 되기 위해 태어난 것입니다. 그러나 거듭나지 않았다면 여러분은 유용함을 잃을 것입니다.

나는 여기 계신 모든 분이 유명하게 되기를 바란다는 뜻을 은근히 말할 생각이 없습니다. 그것은 바람직한 일도 아닙니다. 그러나 내가 정말로 알고 있는 한 가지는 이것입니다. 즉, 마음을 예수님께 드리는 사람은 모두가 하나님의 교회와 세상에 매우 유용하고 반드시 필요한 존재가 될 것이며, 이들이 없으면 이 세상은 은혜를 베푸는 사람을 갖지 못하게 되고, 하늘의 무리도 이들이 그 대열에 가담하지 않는 한 불완전할 것입니다. 구속받은 영혼의 가치가 얼마나 큰지! 젊은 인생이 얼마나 귀중한지! 나는 내 몸을 수천 개로 증식시켜서, 이 자리에 있는 젊은이가 이 예배당을 나갈 때 돌아다니며 그들의 손을 일일이 잡고서 이렇게 말할 수 있으면 좋겠습니다. "그대의 삶이 귀중하고 그대 자신을 거룩한 일에 사용할 수 있으며, 그대가 선을 행할 수 있고 하나님께 영광을 가져다 드릴 수 있으니, 죄 사함과 은혜를 먼 미래의 일로 생각하지 마세요. 지금, 바로 지금 그것들을 붙잡으세요. 그러면 죄 사함과 은혜가 여러분이 여러분 세대에 유익을 끼치고 명예롭게 무덤에 내려갈 수 있게 하는 큰 능력이 될 것입니다."

하나님께서 내 목숨을 살려주신다면, 내가 늙었을 때 오늘 내 설교를 듣고 있는 여러분 가운데 나보다 스무 살은 젊은 사람들을 둘러보고 이렇게 말할 수 있기를 바랍니다. "전에 집사와 장로로 봉사했던 사람들은 아주 나이가 많이 들었거나 천국으로 갔습니다. 내가 40세였을 때 나와 함께 있었던 하나님의 사랑하시던 사람들은 떠났습니다. 그러나 1874년 3월 어느 날 밤에 내 설교를 들었던 분들이 그 자리를 대신하게 되었습니다. 주일학교에서 반을 맡아 가르치고, 가난한 사람들을 위한 다양한 단체를 관리하던 사랑하는 자매님들이 세상을 떠나므로 우리는 무덤까지 자매들을 따라가 슬퍼하였습니다. 그러나 이제 그 자매들의 딸들이 그들의 자리를 채우게 되었습니다."

나는 우리 교회에서 존경을 받던 분들의 이름이 결코 우리 가운데서 사라지지 않기를 바랍니다. 아버지들이 그 자녀들을 통해서 다시 살기를 바랍니다. 내 아들들 가운데 한 사람이 이 강단을 이어 받는다면 아주 크게 기쁜 일이겠지만, 그런 영광을 얻지 못할 수도 있습니다. 그러나 적어도 나는 내 아들들이 이 교회에 있으면서 자기 아버지의 하나님을 섬기고, 그들이 여러분 가운데서 평생을 보낸 그 아버지를 인하여 여러분으로부터 애정 어린 존중을 받을 수 있기를 바랍니다. 교회의 존경하는 모든 형제들의 자녀들이 우리 교회에 다니기를 기도합니다. 그렇습니다. 대를 이어서 그들의 자녀가 우리 교회에 있기를 바랍니다. 그래서 이들을 두고 "이들은 옛 줄기에서 나온 사람들이다. 이들이 부모의 이름을 유지하고 있다"는 말을 할 수 있기를 바랍니다. 나는 모든 교회에 지극히 큰 이 복, 곧 여러분이 이 온 세상에서 군주로 만들 수도 있는 자녀들이 아버지를 대신해서 뒤를 잇는 복이 임하기를 바랍니다.

내 나이에 있는 형제 여러분, 우리는 머지않아 죽을 것입니다. 하나님께서 우리가 자기 자리를 지키다가 죽게해 주시기를 바랍니다. 기수(旗手)가 쓰러지면 그는 마지막으로 깃발을 가슴에 끌어안을 것입니다. 깃발이 그에게는 생명보다 소중하기 때문입니다. 그러나 형제 여러분, 용기를 내십시오. 우리의 아들들이 이 신성한 전투를 강력하게 추진하고, 오래된 선한 대의를 계속 수행하여 승리로 이끌 것입니다. 사랑하는 자녀들이여, 여러분은 이에 대해 무어라고 말합니까? 여러분의 마음이 "아멘"이라고 말하지 않습니까? 젊은이들이여, 여러분은 우리가 세상을 떠날 때 핏자국이 있는 깃발을 집어 들지 않겠습니까? 경건한 부모의 아들딸들이여, 여러분은 아버지의 하나님을 버리겠습니까? 우리가 사랑하는 분을 여러분은 멸시하겠습니까? 여러분은 우리에게 모든 것의 모든 것이 되셨던 그리스도에게 등을 돌리겠습니까? 아닙니다. 그럴 수는 없습니다. 기운을 내십시오. 아브라함, 이삭이 여러분의 뒤를 이을 것이고, 야곱이 일어나 여러분의 하나님을 섬길 것입니다. 야곱은 살아서 아들 요셉을 보고, 심지어 에브라임과 므낫세에게 축복하기까지 합니다. 이와 같이 대대로 하나님을 찬송하는 일이 있을 것입니다.

지금까지는 이생에 관해 말씀드렸습니다. 사랑하는 젊은 친구 여러분, 이제는 여러분이 마음을 그리스도께 드렸다면 인생의 끝에 관해 두려워할 필요가 없다는 점을 말씀드리겠습니다. 여러분은 희망을 가지고 인생의 종말을 내다볼 수 있습니다. 인생의 끝이 올 것입니다. 감사하게도 인생의 끝이 올 것입니다! 여러분은 엘리야처럼 불 병거를 타고 하늘에 올라갈 수 있기를 바란 적이 없습니까? 불 병거가 나를 위해서 온다면 나는 누워서 침상에서 죽는 것보다 불 병거를 타는 것이 더 무서울 것이라는 점을 생각하기 전에는 한때 그러기를 바랐습니다. 이제는 불 병거를 타기보다는 그냥 죽는 것을 더 원하는데, 이는 주 안에서 죽는 것이 우리의 영광스런 머리이신 그리스도의 모습을 더 닮는 것이기 때문입니다. 죽음을 면하고자 하는 바람에는 아무 기쁨이 없는 것을 봅니다. 예수께서 죽으셨으니 나도 죽을 것입니다. 사랑하는 주님의 얼굴에 죽음의 인장이 찍혔습니다. 그러니 내 얼굴에도 그 인장을 받겠습니다. 주께서 오실 때 몸이 변화될 사람들은 부활에 대해 말할 수 없겠지만, 나는 말할 수 있도록 죽음의 인장을 받겠습니다. 여러분은 떠나서 그리스도와 함께 있는 것을 두려워할 필요가 없습니다. 그것이 훨씬 더 좋은 일입니다.

젊은이 여러분, 여러분이 젊어서 죽든지 나이 들어 죽든지 간에 예수님을 믿고 있다면 요단강 둑에 앉아 노래를 부를 것입니다. 우리 친구들이 지난밤에 노래했듯이 "요단강 건너는 것을 걱정하지 마십시오." 이별의 노래가 달콤할 것입니다. 그 영광을 보십시오! 그 영광을 보십시오! 나는 그 영광을 묘사하려고 하지 않겠습니다. 누가 묘사할 수 있겠습니까? 심판이 임하지만 여러분은 그것 때문에 떨지 않을 것입니다. 여러분은 오른편에 설 것이고, 그리스도께서 위하여 죽으신 자들을 아무도 정죄할 수 없기 때문입니다. 지구상에 대화재가 일어날 것이고, 뜨거운 열에 원소들이 풀어질 것입니다. 그러나 여러분은 떨지 않을 것입니다. 여러분은 주와 함께 공중에 끌어올려져서 영원히 주와 함께 거할 것이기 때문입니다. 지옥이 불의한 자들을 삼키고, 불의한 자들은 무저갱으로 내려갈 것입니다. 그러나 여러분은 그 점에 대해서 두려워하지 않을 것인데, 이는 여러분이 그리스도의 보혈로 구속받았기 때문입니다. 천년왕국의 영광, 그리스도와 함께 하는 통치, 사망과 지옥을 이김, 하나님께서 모든 것의 모든 것이 되실 때 나라를 하나님, 곧 성부 하나님께 바치는 것, 무한한 영광으로 빛나는 영원, 이 모든 것이 여러분의 것이 될 것입니다. 여러분이 이 영광에 이르기 위해 지옥을 통과해 가야 한다면, 그것은 값을 치를 만한 가치가 있는 일일 것입니다! 그러나 여러분은 그런 일을 전혀 할 필요가 없습니다. 여러분은 예수님을 믿기만 하면 됩니다. 그리고 믿음 자체도 주께서 친히 주시는 은혜로운 선물입니다. "땅의 모든 끝이여 나를 보고 구원을 받으라"(사 45:22, 개역개정은 "땅의 모든 끝이여 내게로 돌이켜 구원을 받으라" - 역주). 이것이 복음입니다.

보라! 보라! 보라! 그냥 보기만 하면 됩니다. 눈이 흐린 영혼이여, 무지 때문에 거의 볼 수 없는 여러분, 보십시오! 눈물이 가득 고인 여러분, 보십시오! 눈앞에 지옥이 보이는 여러분, 보십시오! 파멸의 아가리 속으로 가라앉고 있는 여러분, 보십시오! 땅의 끝이여, 죄에서 아주 멀리 가버린 사람들이여, 이 자리에 그런 분이 있다면, 보십시오! 죄악에 깊이 빠진 여러분, 보십시오! 여러분이 보아야 할 분은 바로 십자가에 달린 예수님입니다. 그렇습니다. 하나님 우편에 계신 예수님, 곧 높이 되셔서 성부 하나님 우편에 계신 십자가에 못 박히신 인자이십니다. 그를 보고 구원받으십시오. 그는 하나님이시고, 그 외에는 달리 하나님이 없습니다.

하나님께서 여러분이 바로 지금 예수님을 보게 해주시기를 바랍니다. 아멘.

제
6
장
—

잘 개지 않은 회를 칠한 담

—

"이렇게 칠 것은 그들이 내 백성을 유혹하여 평강이 없으나 평강이 있다 함이라 어떤 사람이 담을 쌓을 때에 그들이 회칠을 하는도다 그러므로 너는 회칠하는 자에게 이르기를 그것이 무너지리라 폭우가 내리며 큰 우박덩이가 떨어지며 폭풍이 몰아치리니 그 담이 무너진즉 어떤 사람이 너희에게 말하기를 그것에 칠한 회가 어디 있느냐 하지 아니하겠느냐?" — 겔 13:10-12

에스겔은 예루살렘 백성들에게 위기의식을 불러일으키기 위해 보냄을 받았습니다. 이 과업은 그 자체로 매우 어려운 일이었습니다. 이는 그가 육신적으로 편안하게 졸고 있는 백성들을 상대해야 했기 때문입니다. 또한 그때 남녀를 막론하고 스스로 예언하는 체하는 천박한 사람들이 많이 일어나서 백성들 가운데 큰 영향력을 행사하였다는 사실 때문에 어려움이 더욱 커졌습니다. 그들은 선지자의 말을 흉내냈습니다. 거짓말을 가지고 나왔고 거짓말 앞에 "여호와께서 말씀하셨다"는 엄숙한 말을 붙여서 마치 자기가 만군의 여호와로부터 명령을 받은 체하였습니다. 이렇게 예루살렘 백성들은 두려움을 예언하는 에스겔과 "평강이 있다, 평강이 있다"고 말하는 선지자인 체하는 사람들 가운데 누구를 믿어야 할지 알지 못하였습니다. 백성들의 악한 마음은 언제나 거짓 선지자들 편으로 기울었습니다. 이는 거짓 선지자들이 주로 그들에게 아첨하는 말을 했고, 백성들은 한 조각 떡을 위하여 자기들이 바라는 대로 예언하는 거짓 선생들을 많이 두었기 때문입니다. 에스겔이 자신의 수고가 망쳐지는 것을 보고, 또 자기가 그토록 사랑하는 사람들이 태생이 천한 삯군들에게 완전히 속는 것을 보았을 때, 에스겔이 그의 속에서 피가 끓는 것을 종종 느꼈으리라고 여러분은 충분히 짐작할 수 있을 것입니다. 에스겔은 오늘날 사람들이 우리에게 말하듯이 메시지를 전하기만 하고 나머지 일은 그냥 내버려두는 그런 사람이 아니었습니다. 속이는 자들에게로 몸을 돌이켜 아주 맹렬하게 그들을 공격하였습니다. 이는 그들이 양가죽을 쓰고서 양 무리를 삼키는 늑대라는 것을 알았기 때문입니다.

자, 오늘날 우리는 다소 그와 비슷한 환경에 처해 있습니다. 하나님을 섬기는 하나님의 참된 종은 회심하지 않은 사람들에게 감히 순조로운 일들을 예언할 생각을 하지 않습니다. 그는 하나님께로 돌이키는 사람에게는 기쁜 소식을 전하는 자입니다. 그러나 회개하지 않는 자들과 예수 그리스도를 믿지 않는 자들에 대해서는 "하나님의 엄중한 말씀"을 전합니다. 그는 하나님과 소원한 상태에 있는 사람들에게는 괴로운 소식을 전합니다. 이 사람들에게 심판과 맹렬한 진노를 두려운 마음으로 보도록 경고합니다. 에스겔은 그들 앞에 영원한 파멸이 놓여 있는 것을 보고 하나님의 복수하시는 날을 공포합니다. 이런 슬픈 경고를 두려워하지 않고 담대하게 전한다는 것은 쉬운 일이 아닙니다. 사람들에게 그 경고를 받도록 만드는 것이 성령의 능력을 떠나서는 불가능한 일입니다. 사람들은 현재의 쾌락과 방종을 사랑합니다. 그래서 쾌락과 방종을 누려야 할 때 하나님의 복수하시는 날에 대한 이야기를 듣기 싫어합니다. 사람들이 즐거운 웃음소리를 좋아하는 때에 왜 장례식 조종을 울리는 것입니까? 그러나 이것이 전부가 아닙니다.

얀네와 얌브레가 모세를 대항하였듯이 거짓 선지자들이 우리에게 대항하기 때문입니다. 이 시간에도 우리를 반대하는 사람들이 있는데, 그들은 사람들에게 언제나 순조로운 일들만 이야기합니다. 세상에는 항상 이렇게 말하는 사람들이 아주 큰 무리를 이루고 있습니다. "그렇게 되지 않을 거야. 당신은 죄를 지어도 쾌락을 누릴 거야. 불순종해도 안식을 누릴 거야. 당신이 그리스도의 복음을 거절해도 결국에는 잘 될 거야." 이렇게 말하는 사람들의 머리에는 마귀, 곧 속이는 자들의 괴수가 앉아 있습니다. 사실 이것은 우리를 때려눕히도록 허락받은 사탄의 사자들이 시끄럽게 떠들어대는 선언입니다. 하나님 말씀을 전하는 사람에게는 지금도 이런 선지자의 용기가 필요합니다. 우리가 웨슬리처럼 이렇게 말할 수 있으면 좋겠습니다.

"내 생명, 내 피를 여기에 내놓습니다.
주님의 진리를 위해서 그것이 쓰일 수 있다면.
주여, 주님의 주권적인 뜻을 이루소서!
주의 뜻이 이루어질 것입니다, 주의 이름이 경배를 받을 것입니다!

능력의 하나님이시여, 내게 힘을 주소서!
바람이 불고 천둥이 울리게 하소서.
그럴지라도 나는 신실한 증언을 할 것입니다.
이것은 변치 않는 사실입니다. 나는 주님으로 말미암아
모든 것을 할 수 있습니다."

오늘 밤 나는 최근에 어떤 사람들에게서 들은 것 때문에 속아서 거짓 평안에 들어갔거나 순전히 자신의 바람 때문에 거짓된 안심에 이르렀을 수 있는 사람에게 이야기할 것입니다. 그런 바람 때문에 사람들이 여전히 죄 가운데 살면서 자신들에게 평안이 있다는 거짓 희망을 품게 됩니다. 나의 보잘것없는 능력이 위로부터 내리는 능력으로 말미암아 힘을 얻기를 바랍니다.

서론을 이야기하는데 여러분의 시간을 빼앗지 않고 나는 곧바로 본문에 대해서 이야기하겠습니다.

1. 여러분은 본문이 어떤 담에 대해서 이야기하고 있는 것을 볼 것입니다.

지극히 불경건한 사람들이 아주 오만하게 계속해서 죄를 지으면서도 자기들의 죄를 가릴 방어물을 얻을 수 있다면 아주 기뻐한다는 것은 주목할 만한 사실입니다. 이 예루살렘 사람들은 그것이 얼마나 부서지기 쉬운가 하는 것은 상관없이 뒤에 숨을 수 있는 담을 얻을 수 있었을 때 아주 만족스러워 하였습니다. 어떤 사람들은 아주 포악한 죄인들이어서 뻔뻔스런 얼굴로 대담하게 죄를 짓고 죄에 대한 핑계조차 대려고 하지 않지만 천 명 가운데 구백 구십 명은 죄에 대한 변명이나 일종의 희망, 혹은 위험할 때 도망가서 숨을 수 있는 피난처를 찾기 바랍니다. 사람들은 양심과 하나님의 경고로부터 숨을 수 있는 이런저런 담을 주위에서 찾습니다. 나는 이것이 누구에게서든지 양심이 완전히 죽지 않았기 때문이라고 생각합니다. 어떤 사람들에게서는 양심이 완전히 마비되고 죽어버려서 어떤 것에도 잘 반응하지 않는 것처럼 보입니다. 그래서 양심이 말을 할 때는 지극히 작은 목소리밖에 내지 못하고 마땅히 사람들의 마음에 울려야 하는 대로 우레 같은 목소리를 전혀 내지 못합니다. 여러분은 모든 사람에게서 현미경으로 보아야 겨우 발견할 수 있는 보잘것없는 그 양심의 잔재라도 달랠 필요가 있습니다. 그래서 사람들은 아무리 뻔뻔스런 거짓말이라고 해도 거짓말을 해서 자신들이 계속 죄를 지을 수 있는 핑곗거리를 만들어 낼 수 있다면 기뻐하는 것입니다. 사람들에게 죄 가운데서 평안을 누리고 그리스도 밖에서 안전을 얻는다는 다정한 노래를 불러 보십시오. 그러면 사람들이 하늘에 닿을 듯이 큰 소리로 여러분의 이름을 외칠 것입니다. 여러분의 주장은 언제든지 사람들에게 환영을 받을 것이고, 듣는 사람마다 즐거이 받아들일 것입니다.

사람들이 런던에서 숨을 수 있는 가장 큰 담은 아마도 하나님의 진리 같은 것에 대해 철저히 무관심하는 태도일 것입니다. 빵과 치즈와 옷에 대한 질문이 모든 계층의 사람들에게 그날의 가장 중요한 문제입니다. "무엇을 먹을까 무엇을 마실까 무엇을 입을까?"(마 6:31). 사람이 자기 일에 정성을 다하면, 다른 어떤 근심을 할 필요가 있습니까? 일하는 사람이 가서 열심히 일하여 하루 품삯을 받으면, 그가 장차 올 세상과 무슨 상관이 있겠습니까? 장사꾼이 어음을 막아 파산 법정에 서지 않는다면, 그가 하늘의 법정에 대해 두려워할 것이 있겠습니까? 죽고 또 죽은 자들 가운데서 다시 일어나는 일로 골치 썩을 필요가 있습니까? 인류 가운데 많은 수가 종교를 그냥 용인하고 종교에 관심을 보이고 존중하기도 하지만 종교의 실재나 능력을 아는 일에는 돼지보다 나을 것이 없습니다. 이 거대한 도시의 거리들로 빽빽하게 몰려드는 이 많은 무리를 보고 내 말에 대답해 보십시오.

그들의 대다수가 요단강 바닥의 돌들처럼 영적인 일들에 대해서는 무감각하고 죽어 있지 않습니까? 그들이 천국이나 지옥에 대해 도대체 무슨 신경을 씁니까? 예수님의 보혈이나 성령님의 능력에 대해 조금이라도 관심을 갖습니까? 그들에게는 누가 지옥에 내려가고 있는지 혹은 누가 그리스도의 보혈에 관심이 있는지 하는 것보다, 어떤 경주마가 더비 경마(the Derby)에서 우승하였는지 혹은 어떤 경마 도박꾼이 돈을 벌었는지 하는 것이 훨씬 더 중요한 문제입니다. 오페라에 나오는 어떤 어리석은 무용수에 대한 이야기, 새로운 발명품, 마술의 새로운 묘기, 완전히 새로운 어떤 것, 세상은 이런 것에 열광합니다. 그러나 해와 달보다 오래 지속되고 저기 푸른 하늘이 마치 두루마리처럼 말려 사라질 때에도 견고히 서 있는 것들, 지극히 중요한 이런 일들을 우리 시대의 지혜자인 체하는 사람들은 하찮은 것으로 생각합니다. 그들은 하나님의 영원한 진리를 마치 돼지가 진주를 밟듯이 짓밟고, 세상의 거품에 지나지 않는 것들을 마치 인간이 추구해야 할 전부인 것처럼 얻으려고 미친 듯이 좇아갑니다. 이것이 많은 사람들이 그 뒤에 숨는 담입니다. "이것은 사실 문제가 되지 않아. 마지막에는 일이 다 잘 될 거야. 그 일에 대해 왜 그렇게 야단법석을 떠는 거지? 사람은 자기 일에 신경 쓰고 주어진 상황을 그대로 받아들이면 되는 거야." 슬프고 슬픈 일입니다! 한 세대 사람들이 먹고 마시고 장가들고 시집가고 있으면서 노아의 홍수에 대해서 혹은 곧 자기들 모두를 깨끗이 쓸어버릴 대홍수에 대해서 한 번도 들어보지 못했습니까? 지난 금요일에 내린 큰 우박과 폭풍우에 사람들은 잠시 안절부절못하였지만, 번개가 더 이상 치지 않자 다시 스포츠에 빠져들었습니다.

그러나 많은 사람들이 완전히 어리석고 정신을 못 차리고 맹목적이며 짐승처럼 되어서 그냥 이런 상태로 지내는 것은 아닙니다. 그들은 어느 정도 영적 두려움 때문에 떨고, 물질적인 점들이 충족된다고 해서 잠잠하지만은 않는 마음이 있습니다. 울고 있는 아이 같은 그들의 양심의 소리가 들릴 것입니다. 그들의 양심은 말거머리처럼 항상 "다오, 다오" 하고 소리치며, 잠잠히 있으려 하지 않습니다. 그 다음에 누가 옵니까? 이런 마음을 잠재우는 사탄의 기름 부음 받은 자는 누구입니까? 깜짝 놀라는 마음을 근절시키려고 하는 자가 누구입니까? 저기 사제가 많은 사람이 뒤에서 아주 만족스럽게 쉬고 있는 의식(儀式)이라는 담을 가리키고 있는 것을 보십시오. 여러분은 세례를 받고 그리스도인이 되었습니까? 세례식이 복되다고 합니다. 그런데 세례식은 마호메트가 언제나 실행했던 것만큼이나 미신적인 일입니다. 그것은 종소리를 울리며 세례를 주는 것이나 힌두교에서 과부를 불 태워 죽이는 것만큼이나 하나님 말씀에서 아무런 근거가 없는 일입니다. 그런데 이것이 영혼을 구원하는 일이고, 세례를 받는 자녀들을 중생시킨다고 하는데, 이 헛된 어릿광대 극(劇), 이 불쾌한 조롱거리, 대부(代父) 대모(代母)가 되는 일, 이것은 전혀 하나님의 규례가 아니고 로마 교황의 고안물에 지나지 않습니다. 세례 중생론(baptismal regeneration: 세례가 구원에 필수이며, 구원이 세례의 행위와 밀접하게 결부되어 있다는 주장 – 역주)이라는 담 뒤에서 많은 사람들이 일시적인 안식을 얻습니다. 그 다음에 견진 성사가 오는데, 이것도 바보 같은 의식(儀式)입니다. 이 의식 역시 성경적 근거가 전혀 없고 처음부터 끝까지 터무니없는 생각이고 거짓입니다. 그 다음에 사제들이 "성체 성사"라고 부르는 것이 있습니다. 이것은 구원받은 사람들에게 정당하게 시행하면, 복된 의식입니다. 그러나 사람 뱃속에 들어갈 뿐인 빵과 포도주를 통해서 은혜가 마음에 전달될 수 있다는 생각으로 구원받지 않은 사람들에게 시행한다면, 그것은 성례의 무서운 왜곡입니다. 마치 영적인 것을 육적인 것으로 감쌀 수 있고, 찬송 받으실 성부 하나님의 무한한 은혜가 빵 굽는 사람이 오븐에서 굽는 케이크나 포도즙 틀에서 포도를 밟아 흘러나오는 포도주에 의해 우리에게 전달될 수 있는 것처럼 생각하는 것입니다. 그런데 천주교인들 말고 우리 개신교인들 가운데 세례식과 견진 성사, 성찬, 그리고 어쩌면 마지막에 사제가 시행하는 장례 미사가 모든 일을 다 잘 되게 만들 것이라고 생각하고 그 같이 말하는 사람들이 참으로 많습니다. 하나님께서 "분향은 내가 가증히 여기는 바요……너희의 월삭과 정한 절기를 싫어하느니라"(사 1:13,14)고 말씀하시지 않았습니까? 마음으로 은혜를 받는 것과 상관이 없는 외적인 의식들을 하나님께서 견디지 못하겠다고 분명히 말씀하십니다.

외적인 의식들은 아무리 멋진 것이라 할지라도 의롭게 행하고 사는 것에 비할 때 아무것도 아닙니다. 하나님 앞에서 거룩하게 행하는 것, 이것이 하나님께서 받으실 만한 것입니다. 하나님께서 받으시는 것은 눈에 보이는 것이 아니고 상징적인 것도, 외적인 것도 아니라 내적인 것, 영적인 것, 곧 마음의 예배입니다. 여러분은 가서 옷을 찢지 말고 마음을 찢으십시오. 빵 굽는 사람이 만든 빵을 구할 것이 아니라 하늘로부터 내려온 빵을 구하십시오! 자신의 행위를 생각하지 말고 그리스도를 생각하며, 돌과 쇠로 된 보이는 제단에 가까이 가지 말고 그리스도께 가까이 가십시오. 여기 하늘 아래 있는 제사장인 체하는 자들 앞에서 엎드리지 말고 하늘에 계신 대제사장 앞에 엎드리십시오! 꼬치꼬치 캐묻는 고해신부에게 고백하지 말고 주님께 고백하십시오! 지금 잉글랜드에서 국교회의 이름과 재가와 권위 아래 강요되는 이 성찬론(sacramental theory, 聖餐論), 이것은 담입니다. 곧, 많은 사람들이 그 뒤에 숨으려고 하지만 내 주 하나님이 살아계시는 한, 주께서 오시는 날에 깨끗이 쓸어버려 흔적조차 남지 않을 기울어지는 담, 흔들거리는 담입니다. 주께서 오셔서 세상을 의로 심판하시는 날에 "우리는 주 앞에서 먹고 마셨나이다"(눅 13:26)라고 말하는 사람들에게는 화가 있을 것입니다. 주 앞에서 먹고 마셨으니, 어떻다는 것입니까? 하나님께서 어디서 그런 것을 여러분에게 요구하셨습니까? 이 백성을 속인 사람들에게는 화가 칠 배나 있을 것입니다. 그들의 심판은 중하고, 지체하지 않을 것입니다.

사랑하는 친구 여러분, 여러분 가운데는 이 성찬론에 관심을 갖는 사람은 거의 없을 것입니다. 여러분은 바보가 아니니, 그런 이론을 비웃으십시오. 그런데 여러분은 다른 담, 곧 자기 의라는 담을 세우고 있는지 모릅니다. 이것이 훨씬 더 인기가 있는 담입니다. 얼마나 많은 사람들이 스스로 담을 쌓고, 자신의 행위로써 하나님과 자기 사이에 방어물을 세울 나무와 건초와 그루터기를 모아 왔는지 모릅니다. 그들은 규칙적으로 꼬박꼬박 기도를 드립니다. 거의 변함없이 성경을 읽습니다. 한 번도 빠짐없이 예배당에 출석합니다. 그들은 아무에게 아무 빚도 지지 않고, 구제 헌금을 냅니다. 하나님의 교회에서 행하는 일은 무엇이든지 거기에 기금을 내놓습니다. 그리고 이런 것이 그들의 신용입니다. 그들은 이 일도 하고 저 일도 하고 또 저 일도 하였습니다. 그들은 옛적의 바리새인들처럼 일주일에 두 번 금식하였고 모든 소유물의 십일조를 냈습니다. 여전히 자기 의가 살아 있으니, 이 위대한 옛 책이 자기 의에 대해서 큰 소리로 비난하는 것이 다 허사입니다. 사람들이 자신을 구원하지 못하고 저주할 뿐인 율법의 행위로 의롭다함을 얻으려고 고집스럽게 노력하려고 하니, 하나님께서 율법의 행위로 의롭다함을 얻을 육체가 없다고 선언하는 것이 허사입니다.

이 성경책은 우리가 믿음으로 의롭다함을 얻고, 반드시 그리스도의 의로 말미암아 구원받는다고 선언합니다. 성경의 위대한 가르침은 "주 예수 그리스도를 믿으라 그리하면 네가 구원을 받으리라"(행 16:31)는 것입니다. 그러나 이 모든 사실에도 불구하고 사람은 자기 길을 고집하며 강제로 천국에 이르는 길을 내고, 심지어 불타오르는 가파른 시내산마저 올라가겠다고 하고, 하나님께서 불가능하다고 밝히신 일, 곧 하나님께서 그의 사랑하시는 아들의 인격과 사역을 통해 놓으신 기초 외에 다른 기초를 놓겠다고 공언합니다. 청중 여러분, 여러분이 자신의 선한 행실 뒤에 숨으려고 한다면 나는 여러분이 그 미망에서 구원받기를 기도하고, 여러분이 거기에서 아무런 피난처를 발견하지 못하기를 기도합니다.

그리스도만이 여러분을 구원하실 수 있기 때문입니다. 그 담은 무너질 것입니다. 여러분이 원하는 대로 담에 회칠을 할지라도 무너질 것입니다. 그 담은 반드시 무너질 것입니다. 그 담은 멸망하는 죄인에게 전혀 피난처가 되지 못합니다.

> "사람들이 고안해내는 의가 다 무엇입니까?
> 천국을 얻기에는 너무나 비천한 조건이 아니고 무엇입니까?
> 그런데 그리스도께서는 교만한 자에게 보좌를 팔기 위해
> 하늘에서 몸을 굽히시느니 차라리 자기 보좌를 버리실 것입니다."

2. 둘째로, 사람이 숨을 담을 세우려고 할 때마다 자발적으로 도우려고 하는 사람들을 언제든지 만납니다.

사람이 하나님께서 놓으신 기초 위에 세우려고 애를 쓰면 큰 무리가 일어나서 반대를 하지만, 사람이 자신의 건축물을 세우기 시작할 때는 언제든지 무리들이 와서 그를 돕습니다. 거짓된 안전이라는 흙담을 세우는 반역적인 사람을 도우려 하는 이들이 얼마나 많은지 모릅니다! 예를 들면, 즐겁고 편한 사람이 있으면, 얼마나 많은 사람들이 그 사람이 계속해서 편하게 지내도록 도와주려고 합니까? 어떤 사람이 말합니다. "그의 말이 맞아." 그런가 하면 또 다른 사람은 말합니다. "너는 좋은 친구야." 두 사람 모두 친구가 되어 그의 낯을 세워주려고 합니다. 어떤 사람은 말합니다. "아, 청교도 친구들 가운데 누가 네 양심을 괴롭혀 왔다고 해서 염려하지 마라!" "그 사람의 말을 듣지 말라"고 또 어떤 사람은 말합니다. 이렇게 사람들은 그가 담에 회칠하는 것을 도와줍니다. 담이 마치 반질반질한 돌로 세워진 것처럼 산뜻하고 튼튼하게 보일 때까지 담에 회칠을 하는 것을 도와줍니다.

이 사람들이 모이면, 여러분은 그들이 하는 말을 듣고 이 세상에서 그들만이 지혜로운 사람이고, 종교와 내세를 신중하게 고려하는 사람들은 확실히 미쳤거나 불합리한 광신에 영향을 받았다고 정말로 믿을 것입니다. 어쩌다 그들이 교육 받은 사람이라도 된다면 그들이 자기가 전혀 알지 못하는 문제들에 어떻게 그렇게 조예가 깊은지 놀라울 따름입니다. 허풍 떨기 좋아하는 사람들에 대해서 말하자면, 그들은 식료 잡화상이 물건을 싸듯이 우리 모두의 무게를 재고 우리의 동기들을 몇 꾸러미로 나누어 싸는 일을 어떻게 그렇게 잘 하는지 모르겠습

니다! 나는 스스로 속아서 지혜로운 체하지만 자기들이 기대고 앉아있는 의자만큼이나 종교에 대해 무지하면서 청교도들을 아주 오만하게 공격하며 언제나 저 세상에 대해서 이야기하는 "저 위선자들"이라고 하며 비웃는 사람들을 때때로 만났습니다. 그들의 지성이 포도주나 맥주를 마셔 혼란스러워지면 질수록 그만큼 더 그들은 자기가 영원한 사실들에 대해 판단을 내릴 수 있다고 생각하는 것을 볼 수 있습니다. 사실, 반쯤 취한 사람은 자신은 절대 오류가 없다고 생각하기 일쑤입니다. 반면에 하나님이 계시다고 믿고, 또 하나님을 사랑하고 섬기기를 바라며 또 다른 세상이 있고 그 세상에 들어갈 준비를 하는 사람들은 아주 숙맥이거나 아니면 경건을 이익의 재료로 삼으려고 하는 꾀바른 사람으로 간주합니다. 나는 그런 판단을 결코 받아들이지 않고 장차 임할 심판에 호소합니다. 한편으로 우리는 어떤 사람이 일단 담을 세웠을 때는 사람들이 어떻게 모두 한 결같이 어리석게도 담에 회칠하는 것을 도우며, 모든 친구들이 몰려와서 칭찬으로 그를 돕고, 바벨탑을 세우는 일에 서로 경쟁하는지를 잘 압니다.

청교도들을 비웃는 또 다른 무리는 큰 소리로 떠벌리며 이렇게 말합니다. "그래, 성도들이 부도덕하기 때문에 당신이 하나님과 거룩한 진리를 계속해서 무시하는 것은 아주 잘하는 일이야. 예전에 아무개가 한 일을 알고 있는데, 그 사람은 집사였어. 또 열심 씨의 언행이 일치하지 않는 일들을 알고 있는데, 그 사람은 교구 목사야." 그들이 신자들의 한두 가지 모순된 행동들을 붙잡으면 어떻게 그것으로 자기들의 담에 열심히 회칠을 하는지 모릅니다! 정말로 그들은 사람들이 빵 먹듯이 하나님 백성들의 죄를 먹습니다. 그 다음에 그들은 함께 모이는 자리에서 말합니다. "이 사람들이 거룩한 진리에 대해서 말하지만 그들은 모두 사기꾼이야. 우리에게 신앙이 깊은 것처럼 말하지만 그들은 이기적인 동기에서 움직여. 속으로는 그들도 우리와 똑같이 나쁜 사람들이야." 이렇게 그들은 다른 사람들에게 욕설을 퍼부음으로써 자기들을 달랩니다. 하이에나와 늑대처럼 이들은 예전에 찬란했던 황무지들 가운데 거하기를 좋아합니다.

이 사람들을 보십시오. 이들은 다른 사람들의 명성을 허물어뜨리고, 그 다음에 그 돌들을 하나씩 차곡차곡 쌓고 자기들이 세운 담 뒤에 숨습니다. 그들에게 이성을 따라 이야기해 보라고 하면 그들도 이 사실을 알 것입니다. 즉, 그들이 정죄를 받아 지옥에 누워 있게 될 때는, 설사 다른 모든 사람이 위선자라고 할지라도 그 사실 때문에 지옥이 그들에게 훨씬 지내기 편한 곳이 되지 않으리라는 것입니다. 다른 사람들이 자기 종교에 모순되게 행동한다고 할지라도, 그 사실이 그들이 종교를 무시한 것에 대한 핑계가 결코 되지 않고 오히려 적어도 그들이 하나님을 찾는 일에 정직해야 한다는 경고가 될 것입니다. 그렇지만 모든 쓰레기는, 특별히 이와 같은 쓰레기는 죄인의 양심이 가망 없는 안식의 희망을 품고 슬그머니 가서 숨는 무너지는 담에 바를 개지 않은 회를 만드는데 기여할 것입니다. 이 불쌍한 사람들은 짚이 없이 벽돌을 만들고, 정말로 헛된 것들로 확신을 구축할 수가 있습니다. 그들에게 참으로 슬픈 일입니다! 속으려고 하는 사람들은 미망에 빠지고 말 것입니다.

회칠하는 사람들은 무신론자의 거리에서 저 "조롱하는 자"의 신호를 보고 떼 지어 몰려듭니다. 그리고 그들은 언제든지 영감과 성경적 신빙성에 대한 의심으로써 모든 담에 두껍게 회칠할 준비가 되어 있습니다. 나탈의 저 주교(the Bishop of Natal: 남아프리카 공화국 나탈에서 활동한 성공회 주교로서, 줄루 족의 종교 개념을 기독교적으로 해석하려고 한 존 윌리엄 콜렌소를 가리킨다 – 역주)가 줄루 족으로부터 우리에게 가져온 한 수레 분량의 저 근사한 반죽하지 않은 회를 보십시오. 그 다음에 〈소론과 비평, Essays and Reviews〉은 회를 나르는 부지런한 일꾼처럼 그와 같은 물자를 무더기로 가져왔습니다. 많은 회의론자들이 이제 하나님께 순종하지 않아도 될 핑곗거리가 있다는 것을 발견하였을 때 좋아서 거의 비명을 지르다시피 하였습니다. 성경의 어떤 수치들이 일치하지 않는 것처럼 보였고 산술적인 셈이 계시와 배치되었기 때문에 하나님께 반역해도 될 이유가 있는 것으로 생각하였습니다.

그 일이 있기 오래 전에 사람들은 바위를 갈아서 시멘트를 만들려고 하였지만 그 일은 성공하지 못했습니다. 이제 그들은 잘게 썬 짚으로 만든 옛날 바벨론 벽돌처럼 오래된 불신앙을 지옥 벽돌공장의 새 제품으로 내놓습니다. 이들이 제기하는 주요 의심들은 새로운 얼굴을 하고 있지만 이백 년 전에 사용되었던 것으로 내용은 그대로입니다. 어떤 사람들은 케케묵은 궤변들을 쌓아두고서 사람의 마음이 막 깨어나려고 할 바로 그때 그 궤변들을 아주 솜씨 발휘해서 그를 다시 잠들게 만들려고 합니다. 사람들은 기회만 있으면 성경적 난제들을 회개치 않는 구실로 삼습니다! 이렇게 말하는 사람이 있었습니까? "나는 어떻게 이스라엘 사람들이 애굽에서 그처럼 빠르게 번성할 수 있었는지 알 수 없어서 예수님을 믿지 않겠어요." 그렇게 말한다면 나는 대답하겠습니다. "어리석은 사람아!

당신이 하나님의 큰 법정 앞에서 심판을 받도록 부름을 받을 때 그 문제가 당신의 운명을 조금이라도 가볍게 만들겠는가? 아니면 당신이 성경에 기록된 모든 것을 파악하지 못하기 때문에 당신에게 있는 빛을 무시하고 죄를 지을 수 있는 이유가 되는가?"

하나님께서는 여러분으로 하여금 하나님의 모든 말씀을 다 이해하게 할 뜻이 없으실 것입니다. 설사 여러분이 모든 비밀을 다 푼다고 할지라도 그 점이 여러분에게 무엇을 개선시켜 주겠습니까? 그렇게 하면 여러분의 마음이 부드러워지겠습니까? 만일 우리의 구원이 성경의 모든 난제들을 푸는 것에 달려 있다면, 우리가 성경을 이해하지 못할 경우에 그것은 우리에게 정당한 변명이 될 수도 있습니다. 그러나 우리의 구원이 주 예수 그리스도를 믿고 하나님의 뜻에 복종하는 것에 달려 있기 때문에 우리의 의심과 난제들이 무엇이든지 간에 우리를 위한 변명은 있을 수가 없습니다. 왜냐하면 분별 있는 사람이라면 마음속에 하나님의 존재에 대한 의심이 없고, 일단 사복음서들을 읽어 본 사람이라면 마음에 그리스도의 신성에 관해 의심이 있을 수 없기 때문입니다. 그리스도께 와서 살라는 하나님의 명령을 듣고도 와서 살지 않는다면, 여러분은 담을 잘 개지 않은 회반죽으로 칠하고 있는 것일 수가 있습니다. 하나님께서 그의 공의의 사자들을 풀어서 무방비 상태에 있는 여러분의 머리를 치게 하시는 날에 그 담은 무너질 것입니다.

의식(儀式)들을 가지고 담을 세운다면, 얼마나 많은 사람들이 바쁘게 그 담에 회칠을 할지 모릅니다! 요즘 출판사로부터 엄청나게 많은 책들이 쏟아져 나오고 있는데, 역량 있는 책들도 나오고 있습니다. 그런데 그 책들 모두, 구원은 특별한 직원이 시행하는 어떤 기계적인 과정과 연결되어 있으며, 외적인 모든 행위와 상관이 없는 영적인 일이 아니라고 설명하고 있습니다! 여러분이 구원은 형식과 의식들에 의해 얻는 것이라는 허구를 받아들이기로 한다면, 기초를 놓기만 하면 됩니다. 그러면 여러분에게 칭찬의 말을 하고 박수갈채를 보내며 잘 개지 않은 회반죽으로 담을 칠하는 것을 좋아할 사람들이 많이 있을 것입니다. 사제들은 전통으로부터 가져온 주장들과 선조들로부터 인용한 글들로써 여러분을 공격할 것입니다. 그들의 지지자들은 여러분의 열심과 분별을 부드러운 말로 덧칠할 것입니다. 거짓말은 아무리 약한 것이라도 그 지지자들의 교묘한 솜씨에 의해 뱀처럼 배에 들어가 옛 뱀이 우리 어머니 하와를 속였듯이 사람들을 속입니다.

이 주제를 더 이상 다루지는 않겠습니다. 여러분이 이런 담을 세우고자 한다면 그 담에 회칠하는 것을 도울 사람들은 아주 많을 것입니다.

3. 둘째로, 하나님의 말씀은 이 담이 그대로 서 있지 못할 것이라고 밝히 말합니다.

"그것이 무너지리라 폭우가 내리며 큰 우박덩이가 떨어지며 폭풍이 몰아치리니 그 담이 무너지리라." 여러분은 지난 주 금요일에 이 말씀의 실례를 경험하였습니다. 먼저 엄청난 비가 왔습니다. 그 다음에는 거대한 우박들이 마구 쏟아졌고 무시무시한 바람이 지면을 휩쓸었습니다. 에스겔이 말하는 담은 동양에서 볼 수 있는 흙담들 중의 하나입니다. 그것은 잘 개지 않은, 말하자면 우리 잉글랜드에서 사용하는 털 모양의 철사 대신에 동양 사람들이 사용하는 짚을 잘 섞지 않은, 좋지 않은 회로 칠한 담입니다. 그래서 비가 오면 그런 담은 전체가 물렁물렁해지고 흙이 풀어져 씻겨 내려갑니다. 머지않아 그처럼 큰 홍수가 와서 인간의 모든 희망을 시험할 것입니다. 그런 비가 어떤 사람들에게 오면, 그들은 영적 시련기에 들어가게 됩니다.

이 세상에서 이런 시험을 겪는 것은 복된 일입니다. 비록 그 시련이 아주 혹독할지라도, 그리고 시련 속에서 옳은 것과 그른 것이 뒤죽박죽 섞여 있는 것처럼 보일지라도, 그 시련이 결국 복된 결과에 이를 수 있기 때문입니다. 만일 여러분이 그 점에 대해서 한번 의심해 본 적이 없다면 나는 여러분의 신앙을 의미있게 보지 않을 것입니다. 만일 여러분이 정신 구조의 모든 뼈와 근육이 뒤틀리는 것처럼 마음이 크게 요동하는 일을 경험하지 못했다면 철저하게 잘 믿는 자리에는 이르지 못할 것입니다. 이런 시련의 때가 오면, 잘 개지 않은 반죽으로 칠한 모든 담은 그 위에 내리는 폭우와 우박 때문에 회가 다 씻겨 내려갈 것입니다. 그러나 그 수고한 노력이 그대로 남아 있는 사람은 복이 있을 것입니다.

그 시험이 이렇게 오지 않으면, 보통 죽을 때 올 것입니다. 얼마나 많은 사람들이 죽을 때에야 비로소 과거에 자기를 기쁘게 하였던 일들을 보고서 깜짝 놀랐는지 모릅니다! 그들에게 기쁨거리였던 것들이 어떻게 비참한 것으로 변하였고, 한때 천사와 같았던 그들의 희망이 가면을 벗어던지고 그들 앞에 마귀처럼 서서 파멸로 오라고 손짓하였는지 모릅니다! 사람들이 스스로를 부자라고 생각했지만, 저 구두쇠 영감이 꿈에서 금을 쥐면 녹아서 공중으로 사라지듯이 그들의 영적인 부가 모두 사라져버렸습니다. 그들은 자기가 구원을 받았고 천국에 가까이 있다고 여겼습니다. 그런데 보십시오! 그들의 배는 무서운 암초에 걸려 산산이 부서졌고, 그들은 바로 항구 가까이 와서 내팽개쳐졌습니다. 여러분, 여러분이 예수님을 믿지 않는다면, 마음으로 한 번도 죄에 대해서 회개한 적이 없다면, 피 흘리신 주님을 굳게 붙잡지 않았다면, 죽음이 여러분을 궁지에 빠트릴 것이라고 말씀드리겠습니다. 요단강의 거품이 이는 큰 물결은 여러분을 속이지 않을 것입니다. 죽음은 여러분의 귀에 즐거운 선율을 연주하지 않을 것이고 매혹적인 노래를 부르지 않을 것입니다. 죽음이라는 해골은 여러분에게 정직하게 말할 것입니다. 가면을 벗기고 거울을 들어 여러분이 고약한 냄새나는 위선자임을 보게 만들 것입니다. 여러분이 지금까지 그리스도 외에 다른 무엇을 의지해 왔다면 죽음이 여러분을 떨게 만들 것입니다.

그런데 죽음이 그런 일을 하지 않는다면, 왜냐하면 어떤 사람들은 양처럼 순하게 죽고 무덤에 편하게 놓이는 일이 있기 때문입니다. 그러나 벌레가 그들의 살을 먹을 것입니다. 아무튼 죽음이 그런 일을 하지 않는다면, 심판이 그 일을 할 것입니다. 영혼이 몸을 떠나는 그 순간에 모든 사람들에게 임하는 심판이 있습니다! 아, 하나님을 멸시하는 여러분, 여러분의 벌거벗은 영혼이 공의의 저울에 달려 벌벌 떨고, 하나님께서 최종적으로 여러분을 달아 운명을 영원히 결정하시는 바로 그 순간에는 하나님의 진리를 다르게 생각할 것입니다. 그때는 옳으냐 그르냐 하는 것이 어린아이의 장난이 아니라는 것을 알게 될 것입니다. 여러분이 잠시 고통을 겪은 후에는 두려운 나팔 소리가 울립니다. 하늘과 땅이 듣기를 기다리는 나팔 소리가 울립니다. 그때는 무덤이 자기의 죽은 자들을 내놓고, 죽음과 음부가 자기들 안에 갇혀 있는 죽은 자들을 내놓습니다. 그때는 여러분의 영혼이 한때 그 안에 살면서 죄 짓다가 죽은 그 몸으로 다시 돌아옵니다. 슬프지만, 그 두려운 시간에 여러분의 확신은 허망하게 됩니다!

여러분, 그때는 만세 반석 위에 세워지지 않은 담들은 여러분에게 아무 도움이 되지 않을 것입니다. 그때는 여러분이 자신의 선한 행실을 버리고, 의식들을 버리고 도망칠 것이고, 여러분이 한때 위로를 얻었던 모든 방종과 불신앙을 버리고 도망칠 것입니다. 여러분이 그런 것들로부터 도망칠 수 있을지 모르지만, 보좌에 앉아 계시는 분으로부터는 도망칠 수 없습니다. 그분의 손으로부터 천둥 번개가 번쩍이고, 그분의 하늘에서 큰 우박이 떨어질 것입니다. 그러면 정죄 받아 절망하는 여러분은 심연의 맨 밑바닥으로 내려가지 않을 수 없습니다. 이것이 하나님의 말씀입니다. 이것이 하나님의 진리입니다. 이 말씀을 거부하지 마십시오! 이 말씀을 받아들이십시오! 복음이 제공하는 피난처로 달려가십시오. 성령께서 여러분을 영원히 구원하시기를 바랍니다.

이제 더 이상 여러분을 붙들어 두지 않고 마지막 요점을 말씀드리겠습니다.

4. 본문 말씀에 따르면, 우리가 마지막에 망했다는 것을 알게 된다면 일찍이 친구들의 거짓 도움을 받아들였다는 것이 우리에게 영원한 치욕이 될 것입니다.

"그 담이 무너진즉 어떤 사람이 너희에게 말하기를 그것에 칠한 회가 어디 있느냐 하지 아니하겠느냐?" 누가 이 말을 하겠습니까? 어둠과 영원한 밤 그늘의 땅에 버려진 영혼을 잠시만 생각해 보십시오! 그는 그 땅에서 자기와 비슷한 영혼들과 함께 거하면서 그 귀에 이같이 말하는 목소리를 듣습니다. "네가 담에 칠한 회가 어디 있느냐?" 그 목소리가 많은 사람의 입에서 나올 수 있습니다. 그 소리가 예수님의 입에서 나올 수 있습니다. "나는 네게 '내게로 와서 살라'고 말하였으나 너는 오려고 하지 않았다. 너는 네게 제시하는 피난처를 거절하였다. 너는 네 자신의 행실을 택하고 네 스스로 고안해낸 의식들을 의지하였는데, 네가 담에 칠한 회가 이제 어디 있느냐? 너의 선한 행실과 기도가 이제 어디 있느냐? 망한 영혼이여, 너는 내 피를 받으려 하지 않았는데, 이제 너의 선한 행실과 자기 의가 어디 있느냐? 너는 와서 나만을 의지하려고 하지 않았는데, 너의 세례식과 견진 성사와 네 모든 고안물들이 어디 있느냐? 이제 네가 아무 희망도 없이 버려졌으니, 그것들을 어떻게 생각하느냐? 네가 담에 칠한 회가 어디 있느냐?"

나는 그런 목소리가 여러분에게 유일한 구원의 길을 정직하게 가리켰을 수 있는 신실한 목사나 그 밖의 그리스도인 일꾼에게서 나올 수 있다고 생각합니다. 여러분은 고통의 전당(殿堂)에 오늘 밤 여러분에게 하나님 말씀을 전한 이 목소리가 울려 퍼지는 것을 들을 것입니다. 여러분이 망하는 자리에 이른다면, 내가 지금 말하는 바로 이 어조를 기억할 것입니다. 나는 여러분에게 그리스도를 믿지 않으면 망할 것이라고 말했습니다. 그런데 여러분은 다른 데서 구원을 찾으려고 하였습니다. 그래서 여러분은 그때 내가 여러분에게 "네가 담에 칠한 회가 어디 있느냐?"고 말하는 것을 들을 것입니다.

여러분 젊은 처녀들 가운데 어떤 사람들은 여러분을 그리스도에게로 데려오려고 애쓴 어머니, 여러분이 다정한 그 목소리를 가볍게 여긴 사랑하는 어머니의 목소리를 들을 수 있습니다. 여러분 가운데 어떤 사람들은 아버지의 목소리를 들을 것입니다. 여러분은 아버지의 간절한 경고를 무시하였습니다. 복음의 울타리 안에서 자란 각 사람은 여러분의 유익을 위하여 애쓴 하나님의 종들로부터 나오는 목소리를 들을 것입니다. "결국 너의 희망은 어디 있느냐? 너의 미망과 네가 의지한 거짓된 것들은 어디 있느냐? 네가 담에 칠한 회가 어디 있느냐?"

그리고 전혀 다른 어조의 또 다른 목소리가 들릴 것입니다. 끔찍한 쉰 목소리, 악의와 소름끼치는 웃음소리가 가득한 목소리가 들릴 것입니다. 그 목소리가 말할 것입니다. "네가 담에 칠한 회가 어디 있느냐?" 여러분은 그것이 일찍이 여러분을 속였던 자, 곧 타락한 영, 마귀의 목소리라는 것을 알 것입니다. 아, 그가 얼마나 기뻐할지, 얼마나 여러분을 조롱할지 모르겠습니다. 그가 여러분을 십자가에서 끌어내어 십자가에 못 박힌 예수 상으로 인도했을 때, 여러분을 유혹하여 그리스도에게서 끌어내어 교구 사제에게로 인도하였을 때, 여러분을 부추겨 성경에서 끌어내어 사람들의 전통으로 인도했을 때, 그가 여러분을 유혹하여 하늘의 사자로부터 끌어내어 이 세상 쾌락과 부질없는 것들로 자신을 더럽히게 만들었을 때 말입니다. 이 땅에서 여러분을 속였던 자가 내세에서는 여러분을 괴롭히는 자가 되어 이렇게 말할 것입니다. "예배당에 다닌 것, 세례식, 영성체 받은 것, 성경 읽은 것, 이제 이런 것들이 어디 있느냐? 네 마음은 하나님 보시기에 나보다 낫지 않아. 너도 나처럼 저주를 받았어." 제발 여러분의 거짓된 희망의 담이 무너지고 사탄의 악의의 화살이 여러분을 꿰뚫지 않도록 도망쳐 목숨을 보존하십시오.

빛 한 줄기 뚫고 들어가지 못할 짙은 어둠과 무서운 암흑 가운데서 여러분이 예전에 알았던 또 다른 목소리가 들릴 것입니다. 아마도 남편이 이렇게 말할 아내의 목소리를 들을 것입니다. "당신이 담에 칠한 회가 어디 있어요? 당신은 나를 하나님의 집에 가지 못하게 했어요. 당신은 내 신앙을 웃음거리로 치부했어요. 내가 결혼하지 않은 처녀 때는 여러 면에서 하나님의 일들에 마음을 썼어요. 당신은 나의 환심을 사고 유혹해서 내 아버지의 하나님을 떠나게 만들었어요. 그 다음에는 나의 기도와 안식일 예배를 비웃었어요. 그동안 당신은 나를 비웃어 고통에 빠트렸지만 이제 다시는 내 신앙을 비웃을 수 없어요."

그때가 되면 이 사람이 저 사람을 욕하고 친구가 친구를 욕할 것입니다. 함께 마구잡이로 죄를 지었던 사람들이 쓰디쓴 기억들로 서로 마음을 상하게 하고 야유를 퍼부을 것입니다. 한 사람이 말합니다. "아, 네가 나를 술집에 데려갔어. 나는 목공 가게에서 일하기 위해 시골에서 갓 올라온 청년이었어. 네가 나에게 그 죄 많은 클럽을 소개했고, 네가 말한 대로 나의 바보 같은 생각을 비웃었어. 그런데 이제 네가 담에 칠한 회가 어디 있니? 톰 페인(Tom Paine)은 문제를 전부 알고 있고, 성경에는 진리가 없다는 것을 너는 둘 곱하기 둘은 넷이 된다는 것만큼 아주 쉽게 증명할 수 있다고 말했어. 그런데 이제 네가 담에 칠한 회가 어디 있니? 불타오르는 이 침상에 누워 있는 내 목을 시원하게 축여줄 찬 물 한 방울만이라도 얻어다 주라! 큰 목소리로 온 좌석을 와 하고 웃기던 너 조롱하던 자여, 이제 이리 와서 떨리는 이 가슴을 진정시켜 다오. 네가 담에 칠한 회가 어디 있니?"

망한 자들이 서로 비난하고, 울며 이를 가는 일이 많이 일어날 것인데, 이것이 그들의 운명입니다. 아마도 이것이 그 부자가 자기 형제들은 이 고통스러운 곳에 오게 하고 싶지 않았던 이유일 것입니다. 속인 자와 속은 자들이 만나서 지내는 것만큼 끔찍한 일은 없습니다! 유혹한 사람과 그의 희생자들, 사제와 그를 따른 얼간이들, 악한 자들과 그들의 제자들, 불신자와 그의 추종자들이 만나서 지내는 것만큼 끔찍한 일은 없습니다! 빨갛게 타는 재를 모아두면 열이 높아지듯이 죄인들을 모아두면 서로의 비참함을 가중시킬 것입니다. "불사르게 단으로 묶으라"(마 13:30)는 것은 정말로 두려운 판결입니다. 청중 여러분, 스스로 파멸을 부추기지 마십시오. 여러분의 거짓된 피난처가 영원히 수치와 웃음거리가 되기 전에 경고를 받고 피하십시오.

그 다음에, 끝으로, 여러분이 결코 달아날 수 없는 여러분의 양심, 죽지 않는 구더기와 같고 결코 꺼지지 않는 후회의 불을 지피는 불길과 같은 여러분의 양심이 여러분에게 "네가 담에 칠한 회가 어디 있느냐?"고 말할 것입니다. 죄책감을 느끼는 양심만큼 사람을 괴롭힐 수 있는 것은 없습니다. 양심은 후각이 예민한 영국산 경찰견처럼 냉혹한 얼굴로 그의 뒤를 바싹 따라갑니다. 여러분은 마치 사냥감을 쫓으며 짖는 소리와 같은 양심의 소리를 잠재울 수 없고, 그 사나움을 가라앉힐 수도 없습니다. 영원히 마음에 병이 드는 것입니다! 영원히 낙담한 사람이 되는 것입니다! 영원히 스스로 고발하고 스스로 정죄하는 것입니다! 사람들이 그런 운명을 두려워할 만큼 지혜로워졌으면 좋겠습니다. 회심하지 않은 친구 여러분, 제발 영적인 자살을 감행하지 마십시오! 자신의 영혼을 죽이지 마십시오! 스스로 정죄하여 절망과 후회에 떨어지지 말고, 하나님의 선하신 은혜로 말미암아 하나님께로 돌이키고 살도록 하십시오.

나는 훌륭한 여러분 가운데 여기에 정기적으로 오지만 회심하지 않는 분들을 염려스럽게 생각합니다. 어쩌면 여러분은 자신이 그리스도인이 아닌데 그리스도인으로 생각하거나 심지어 그리스도인이라고 공언하지만 여러분 속에 하나님의 생명이 없을 수 있습니다. 여러분은 속지 마십시오. 우리 교회 교인들은 속지 않도록 조심하십시오. 그렇습니다. 나는 다른 사람들에게 설교하는 자로서 내 자신에게 너는 네 자신이 버림받지 않도록 조심하라고 말합니다! 형제 여러분, 우리는 이 점을 올바르게 알고 있어야 합니다. 여기에서 어떤 의심도 있어서는 안 됩니다. 이 문제가 영원과 관련이 있고 불멸의 영혼과 관계가 있으므로 우리는 이 점에서 일을 확실히 해야 합니다. 무너지기 쉬운 이 담들을 버리십시오. 거짓된 모든 확신을 버리고, 그리스도께서 놓으신 기초로 와서 그 위에 담을 세우고 이렇게 말하십시오.

> "그리스도시여, 주는 내가 원하는 전부이십니다.
> 주 안에서 나는 모든 것 이상을 발견합니다."

우리가 거기에 담을 세운다면, 잘 세우게 될 것입니다. 그러나 거기가 아닌 다른 어디에 세운다면 큰 우박덩이와 폭우와 철저한 파멸이 우리에게 덮칠 것입니다. 여러분이 이 사실을 기억하는 동안, 하나님께서 여러분이 파멸을 피하도록 도와주시기를 바랍니다.

제
7
장

잘못된 생각을 쫓아버림

"비록 노아, 다니엘, 욥이 거기에 있을지라도 나의 삶을 두고 맹세하노니 그들도 자녀는 건지지 못하고 자기의 공의로 자기의 생명만 건지리라 주 여호와의 말씀이니라." — 겔 14:20

우리는 이 장의 첫 절에서 이스라엘의 어떤 장로들이 이 선지자에게 와서 그 앞에 앉았다는 말을 듣습니다. 여러분은 이 장로들이 누구였는지 혹은 그들이 어디에서 왔는지 물을 필요가 없습니다. 이는 그들이 유다와 예루살렘에 남겨진 유대인들이 보낸 대표단이 아닌 것이 분명하기 때문입니다. 그들은 그발 강가에 거주하던 자들 가운데서 온 유명한 개인들이었습니다. 선지자가 여호와의 말씀을 듣고 그들에게 말한 답변을 볼 때, 우리는 그들이 여호와의 선지자에게 묻기 위해서 왔다고 짐작합니다. 또 적어도 그들의 묻는 태도의 어떤 점에 대해서 무섭게 비난한 사실을 볼 때도 그 점을 생각할 수 있습니다. 이 사람들은 노골적인 위선자들이었습니다. 이 앞 장(章)에서 허탄한 것과 거짓된 점괘를 보고, 또 여호와께서 자신들을 보내시지도 않았는데도 "여호와께서 말씀하셨다"고 말한 것으로 판명난 거짓 선지자들의 추종자들이었습니다. 그들이 왔습니다. 장로들이라는 이 사람들이 여호와의 참된 선지자를 만나려고 왔습니다.

그들이 용건을 말하기도 전에 여호와의 말씀이 임하여 그들의 품성을 실물 사진처럼 생생하게 묘사합니다. "이 사람들이 자기 우상을 마음에 들이며 죄악의 걸림돌을 자기 앞에 두었으니 그들이 내게 묻기를 내가 조금인들 용납하랴."

마음에 우상을 품고 있는 자들이 하나님의 율법을 무시하면서도 마치 하나님의 뜻을 알려는 양 살아계신 하나님의 뜻을 묻는 것은 지극히 모욕적인 조소였습니다. 그들이 가슴에 품고 있었고 에스겔을 찾아가 보도록 만들었던 생각은 이것이었습니다. 에스겔이 이 땅과 이 땅 거민들의 악함을 폭로함에도 불구하고, 하나님께서 아브라함의 기도를 들으실 때 소돔 성에 남아 있는 소수의 의인들을 인해서 그 성에 인정을 베풀려고 하셨듯이 그 성을 보존하는 것이 여전히 하나님의 자비에 일치하는 일이 아니겠는가 하는 것이었습니다. 여러분이 알고 있듯이 그 대답은 확실하게 "아니라"는 것이었습니다. 레위기 26장에 대한 언급과 땅을 황폐하게 하는 혹독한 네 가지 재앙은 거듭거듭 반복되는 이 항의와 연결되어 있습니다. "비록 노아, 다니엘, 욥이 거기에 있을지라도 나의 삶을 두고 맹세하노니 그들도 자녀는 건지지 못하고 자기의 공의로 자기의 생명만 건지리라 주 여호와의 말씀이니라."

자, 오늘 밤 내 설교의 주목적은 하나님의 도덕적 통치에서 나타나는 명백한 이 한 가지 특징을 주장하고 설명하며 실행하는 것입니다. 하나님의 심판의 모든 절차에서 각 개인이 책임을 진다는 이 원칙은 결코 완화될 수 없습니다. 그러므로 개인 자신의 경건이 필요합니다. 다시 말해, 사람들은 그 스스로가 기도해야 하는 일이 절대로 필요합니다. 각 사람은 그 자신이 회개해야 하고, 그 자신이 믿어야 하며, 각 사람은 성령님의 효과적인 활동에 의해 자신이 직접 거듭나는 일이 절대로 필요한 것입니다. 이 문제들에서는 다른 사람이 대신하는 일은 결코 있을 수 없습니다. 신앙에서 대부(代父), 대모(代母)를 두는 것은 악한 미신입니다. 대부나 대모를 두는 것은 사람들의 마음을 타락시키고, 하나님에 대한 예배를 더럽힙니다. 그런 미신들은 영원히 없애버려야 합니다. 여러분이 하나님을 사랑하고 여러분 자신의 영혼과 다른 사람들의 영혼을 사랑하기 때문에, 어린아이를 위해서든 성인을 위해서든 그의 대부나 대모가 되기보다는 차라리 죽으라고 말하겠습니다. 그것은 죄이고 조롱이며 높으신 하나님 앞에서 행하는 불법입니다. 사람마다 자기 영혼에 주의해야 합니다. "각각 자기의 일을 살피라……각각 자기의 짐을 질 것이라"(갈 6:4,5). 우리 각 사람은 그리스도의 심판대 앞에서 자신에 대해서 변명해야 합니다.

만족할 만한 직함이나 그럴 듯한 이유 없이 위로를 얻으려고 하는 다양한 술책이나 계획들 가운데 어떤 사람들이 택하는 아이디어, 곧 친구들의 의가 자기에게 어느 정도 유용할 수 있다는 생각은 매우 해롭습니다. 그들은 매우 경건한 사람들의 자녀입니다. 그들은 말합니다. "우리는 절대로 망할 수가 없어." 그들은 이름이 알려져 있고, 기독교 사회에서 훌륭한 인물로 기억되는 사람들과 관계가 있습니다. 그들은 가정 예배를 철저히 드리는 집에서 나고 자랐습니다. 아기 때부터 경건한 분위기 가운데 자라고 양육되었습니다. 뒷골목 빈민가에서 살며, 성인이 되어서는 방탕하고 제멋대로 굴며 타락하고 부정직하게 생활하는 사람들은 틀림없이 망할 것이라고 그들은 쉽게 믿습니다. 그러나 지금까지 도덕적인 생활을 해왔고 외적인 종교 의식을 지킨 사람들이 버려지는 일은 있을 수 없다고 생각합니다. 그들은 자신들에게 남과 다르게 고려할 점이 있다는 주장을 받아들이지 않는 것은 부당한 일에 가깝다고 생각합니다. 그들이 많이 이야기하지는 않지만, 속으로는 자기 집안의 경건과 부모님의 성실함이 자신들을 책무로부터 보호해 주는데 도움이 될 것이라는 생각에 우쭐해합니다. 그런가 하면 자기 기만에 있어서 좀 더 밝은 특징을 보이는 사람들, 곧 본인은 전혀 기도하지 않지만 자신의 사랑하는 사람들이 자기를 위해 기도할 것이라는 희망을 품고 있는 사람들이 있습니다. 그들은 어려운 처지에 떨어지면 어머니의 기도가 자기들에게 틀림없이 응답될 것이라는, 혹은 아내의 간구가 자기들에게 복을 가져다 줄 것이라는 믿음을 의지합니다. 그 생각을 말로 표현하지는 않습니다.

나는 그들이 말로 표현했으면 좋겠습니다. 만일 사람들이 그런 생각을 글로 옮긴다면 그것을 인정하고 싶어 하지 않을 것이기 때문입니다. 그들의 생각이 어리석다는 것이 너무도 분명히 드러날 것입니다. 그들은 자기들이 그토록 자주 기도했기 때문에 조만간에 틀림없이 자기들에게 복이 올 것이라고 막연하게 생각합니다. 그들은 일어나서 하나님의 자비를 구하려 하지 않고, 사죄와 평안의 약속을 얻기 위해 죄를 그치고 그리스도를 붙잡으려고 하지도 않습니다. 그보다는 선한 사람들의 기도에 대한 응답으로 신비한 어떤 일이 조만간에 자기들에게 일어날 것이라고 헛된 꿈을 꿉니다. 사실 그들 가운데는 자신은 하나님께 기도하지 않으면서 경건한 사람들이 기도해 주기를 간절히 바라는 사람들이 있습니다. 본문은 이런 거짓된 피난처에 숨은 사람이 누구든지 그에 대해 엄하게 책망합니다. 나는 경보를 울려 사람들을 은신처에서 몰아내고 싶습니다. 하나님께서 말씀을 효력 있게 하여 이 목적을 이룰 수 있게 하시면 좋겠습니다! "비록 노아, 다니엘, 욥이 거기에 있을지라도 나의 삶을 두고 맹세하노니 그들도 자녀는 건지지 못하고 자기의 공의로 자기의 생명만 건지리라 주 여호와의 말씀이니라."

경건에 큰 능력이 있다는 것과 경건한 사람들의 도고는 사람들에게 풍성한 복을 가져다주는 큰 힘이 있다는 사실을 부인할 수 없습니다. 여러분이 그리스도인 친구들에게 기도를 부탁하는 것은 아주 옳은 일입니다. 사도 바울조차도 "형제들아 너희는 우리를 위하여 기도하라"(살후 3:1)고 하였습니다. 여러분이 하나님의 종들에게서 그들이 여러분을 위해 기도하는 것보다 더 좋은 은혜를 구할 수는 없습니다. 그러나 어떤 환경들은 경건한 자들의 기도를 완전히 무력화시킬 수 있습니다. 그러한 환경이 예레미야 시대에 이스라엘과 유다 왕국의 당면한 처지였습니다. 백성들이 하나님께서 모세와 사무엘이 자기 앞에서 그들을 위하여 기도할지라도 듣지 않겠다고 말씀하신 우상 숭배와 온갖 악들을 계속 심하게 행하였습니다. 하나님께서 예레미야에게 더 이상 울며 기도하지 않는 것이 낫겠다고 말씀하셨습니다. 하나님께서 예레미야가 그 백성을 위하여 기도하는 것을 듣지 않으려고 하셨기 때문입니다.

그런데 여기서 에스겔을 통해 하나님은 노아, 다니엘, 욥 같이 참으로 훌륭한 삼인조가 함께 기도할지라도 그 기도를 듣지 않겠다고 공언하십니다. 그런데 지금이 바로 그와 같습니다. 사람들이 계속해서 죄를 짓는다면, 그들이 복음을 듣고서 거절한다면, 고집스럽게 복음을 거부한다면, 양심을 질식시킨다면, 자기 속에서 들리는 목소리를 억누른다면, 그들이 어떻게 해서든지 자신들의 정욕을 만족시키고, 회개하여 하나님께로 돌이키려고 하지 않는다면, 그렇다면 친구들의 미덕이 그들의 죄를 보상하기보다는 오히려 악화시키고, 친구들의 기도는 완전히 수포로 돌아가고 아무 효과가 없을 것입니다. 이 두려운 선고를 들으면 아무것도 그들에게 도움이 되지 못할 것입니다. 그들은 반드시 망합니다. 그들은 개인적으로 그리스도를 믿지 않았고 그리스도를 자신의 중보자로 영접하지 않았습니다. 그러므로 그들은 반드시 망합니다. 그들은 유일한 구원의 길을 거부함으로써 마지막 남은 희망의 흔적을 날려버렸습니다. 그러므로 그들은 반드시 망합니다. 비록 그들이 성도의 가문에서 나왔고 그들의 정맥 속에 신자의 피가 흐를지라도 반드시 망합니다. 비록 그들에게 대대로 전해진 견실한 신앙의 전통이 있을지라도, 비록 거룩한 조상들로부터 그들에게 전해진 가문의 명성이 조금도 더럽혀지지 않았을지라도, 그들이 그리스도를 거부하면 반드시 망합니다. 비록 거룩한 찬송가가 자장가로 불리는 곳에서 태어나고 자라고 돌봄을 받았을지라도 그들이 마음을 그리스도께 드리지 않고 우상을 마음에 품는다면 반드시 망합니다. 자신의 죄악을 머리에 이고서 비참하게 망합니다. 이스마엘이 아브라함의 아들이 아니었습니까? 그럼에도 불구하고 그는 언약에 들어오지 않았습니다. 에서가 이삭의 아들이 아니었습니까? 그런데도 그는 유업을 얻지 못했습니다. 태생, 피, 가문이 이 문제에서는 아무 소용이 없습니다.

이와 같이 두 가지 명제가 있습니다. 하나님의 도우심을 따라, 이 두 명제를 여러분 앞에 분명하게 설명하도록 하겠습니다. 첫째로, 지극히 경건한 사람들의 의가 믿음이 없는 자들의 구원에 아무 쓸모가 없다는 것입니다. 둘째로, 사람들이 불신앙을 고집한다면 아무리 위대한 도고자들의 기도도 그들의 구원에 아무 쓸모가 없다는 것입니다.

1. 첫째로, 지극히 경건한 사람들의 의가 믿음이 없는 자들의 구원에 아무 쓸모가 없다는 것입니다.

나는 이 사실을 증명해야 하는데, 먼저 여러분에게 본문을 여러분 스스로 읽어보라고 부탁함으로써 증명해 보도록 하겠습니다. 여러분은 하나님의 분노가 어떻게 맹렬하게 불타오르며 하나님의 말씀이 지존하신 이의 입으로부터 어떻게 천둥번개처럼 맹렬하게 발하여지는지 주의하십시오. 여기서 진술은 분명하고, 가정(假定)은 놀랍습니다. 그러나 무엇보다 하늘의 계시를 확정하는 맹세는 우리를 두렵게 만듭니다. 일어날 것 같지 않은 동시발생은 그 진술에 극도의 긴장감을 불러일으키고 언어를 더할 수 없이 강조하는 것 같습니다. 사실, 우리는 노아, 다니엘, 욥이 예루살렘에 있어서 덕을 합친다고 하더라도 그것이 그들 자신 외에는 아무도 구원하지 못한다는 말을 듣는 것입니다. 나는 이 그림이 선견자의 상상력 속에서 틀림없이 번쩍하고 나타났을 때와 같이 여러분이 그 그림을 인식할 수 있도록 도울 수 있으면 좋겠습니다. 동시대인들이 아니었고, 지상에서 살 때는 시간적으로 서로 수 세기의 간격이 있었고 각기 다른 나라에서 살았던 이 세 성도가 지극히 위급한 시기에 함께 만납니다. 그 시대의 거룩한 연대기를 보면, 노아, 다니엘, 욥보다 더 유명한 이름이 없었고 그들보다 더 찬란하게 빛나는 별도 없었습니다. 그런데 그들이 모두 동정심을 보이며, 마음이 하나가 되고 제단 앞에 엎드려 한 목소리로 기도를 합니다. 여러분은 망하게 된 이 성의 비참한 거주자들을 흘끗 한 번 볼 수 있다면, 극도의 긴장 속에서 보고 들으며,

먼 땅에서 괴롭게 생활하고 있는 이 포로들의 운명을 생각할 것입니다. 그러니 이 세 성도의 자비를 구하는 열정적인 간청을 하나님께서 얼마나 기꺼이 들으시겠습니까? 머지않아 보좌로부터 평결이 내려집니다. 그들은 자기 의로써 자신을 구원합니다. 그 성도들 가운데 아무도 자신의 간구로 자기 아들이나 딸을 구원하지 못합니다. 냉혹한 판결이 선고될 때 사람들의 큰 통곡소리가 터져 나올 것입니다! 그러나 내 귀에 가장 오랫동안 남아 있는 메아리는 "나의 삶을 두고 맹세하노니"라는 두려운 이 말씀입니다.

그 다음에, 나는 여러분에게 이 하나님의 사람들의 초상화를 좀 더 면밀히 살펴보라고 말씀드립니다. 이들은 피고들을 위한 변호인단으로 섰는데, 모든 변론에도 불구하고 소송에서 완전히 패하였기 때문에 사람들이 아주 깜짝 놀랐을 것입니다. 노아는 경건한 두려움의 탁월한 본보기이고, "여호와를 경외하는 것이 지혜의 근본이요"(잠 9:10)라는 말씀의 모범입니다. 그것은 아브라함이 믿음의 본보기이고 믿는 자들의 조상이었던 것과 똑같습니다. 경외심에서 노아는 자기 가정을 위해 방주를 지었습니다. 주변의 많은 사람들의 조롱에 아랑곳하지 않고 그는 마른 땅 위에 거대한 배를 지었습니다. 그는 의를 전하는 설교자가 되었고, 사람들이 그의 설교를 들었을지라도 회심한 사람이 거의 없었지만 120년 동안 계속해서 의를 전하였고, 하나님께서 자기에게 명령하신 바를 순종하여 믿지 않는 자들을 경고하는 증언을 하였습니다. 우리는 이 인류의 두 번째 조상보다 나은 사람을 거의 찾을 수가 없습니다.

다음으로, 다니엘이 언급되는 것을 봅니다. 그는 에스겔이 이 책을 쓰던 때에 살아 있었습니다. 생각건대, 나이가 30세쯤 되는 젊은이였을 것입니다. 그가 말하자면 노아와 욥, 즉 옛날 세계의 두 인물들 가운데 끼여있는 것은 아주 특이한 일입니다. 에스겔은 성령의 감동을 받아 역사에서 성인(聖人)으로 추앙받는 사람들과 함께 그를 묶습니다. 그는 하나님의 사랑을 크게 받은 자였고, 틀림없이 그의 동시대인들에게서도 아주 좋은 평가를 받았을 것입니다. 다니엘이 이 출중한 삼인조 성도 가운데 한 자리를 차지하는 데는 훌륭한 사람의 일반적인 표준을 뛰어넘는 신뢰할 만한 미덕과 성품의 고귀함이 없어서는 안 될 것입니다. 여러분이 다니엘에 대해서 생각할 때는 그의 젊은 시절, 곧 그가 왕의 음식물로 자기를 더럽히려고 하지 않았던 때를 생각하게 되고, 또 그가 좀 더 나이가 들어서 기도하기를 끝까지 포기하지 않았던 때, 곧 그 나라 법령에 의해 히브리 하나님께 기도하는 자는 사형 처벌을 받게 되었음에도 불구하고 전에 하던 대로 예루살렘을 향하여 창문을 열어놓고 기도하던 것을 생각하게 됩니다. 그는 참으로 용감한 사람의 본보기입니다! 다니엘에게는 위엄이 있습니다. 그는 구약 시대의 요한입니다. 그는 밧모 섬의 택함 받은 자처럼 하나님에 대한 이상을 본 선지자였습니다. 이러한 사람에게서 구체적으로 나타난 특성들의 결합은 여러분이 연구해 볼 만한 가치가 있는 것입니다. 그는 임무에 대한 의식이 아주 특출 나서 여러 왕들에게 존경을 받았습니다! 그는 습관뿐 아니라 양심도 매우 정결한 사람이어서 만왕의 왕께서 그에게 통치의 비밀들을 계시하십니다! 다니엘 같은 사람은 없습니다. 그런데 하나님께서는 "비록 노아, 다니엘, 욥, 이 세 사람이 거기에 있을지라도 그들은 자기의 공의로 자기의 생명만 건지리라"(겔 14:14) 고 말씀하십니다.

이 삼인조를 완성하기 위해 욥이 있습니다. 우리는 그가 온전하고 정직하였다는 확실한 증언이 있습니다. 사탄도 그의 성품에 대해 허물을 찾을 수 없었습니다. 그런데도 그는 욥의 순전한 성품에 대해 악한 동기가 있는 것처럼 은근히 악의적인 말을 하였습니다. "욥이 어찌 까닭 없이 하나님을 경외하리이까 주께서 그와 그의 집과 그의 모든 소유물을 울타리로 두르심 때문이 아니니이까 주께서 그의 손으로 하는 바를 복되게 하사 그의 소유물이 땅에 넘치게 하셨음이니이다 이제 주의 손을 펴서 그의 모든 소유물을 치소서 그리하시면 틀림없이 주를 향하여 욕하지 않겠나이까"(욥 1:9-11). 여러분은 욥이 하나님을 욕하지 않고 오히려 하나님을 찬송한 것을 압니다. 가난의 똥 더미 위에 있을 때에도, 온몸에 물집이 잡히고 고통으로 몸부림칠 때도 그는 불평하는 마음을 믿음으로 이겼습니다. 확실히 욥은 탁월한 사람의 본보기입니다. "너희가 욥의 인내를 들었고"(약 5:11). "내 종 욥"(욥 1:8)은 전능하신 하나님이 그에게 주신 명예로운 명칭이었습니다. 뿐만 아니라 하나님은 그를 칭찬하셨고, 시련이 끝난 뒤에는 배로 축복하셨습니다.

이 세 사람 가운데 어느 한 사람이 우리를 위해 변호하게 한다면, 우리는 그가 상황을 아주 유리하게 만들 것이라고 생각합니다. 이 사람들 가운데 어느 한 사람을 우리 이웃이나 형제 혹은 아버지로 둔다면, 이 사람에게서 저 사람에게로 의가 옮겨질 수 있다면 노아나 다니엘 혹은 욥의 날개 아래 보호를 받을 수 있을 것으로 생각합니다. 그러나 여기서 하나님은 이 세 사람이 전부 합할지라도 그들이 자기 아들이나 딸을 구원하지 못한다고 단언하십니다. 친구 여러분, 그렇게는 안 됩니다. "여러분이 거듭나야 합니다." 여러분 각 사람이 스스로 의로워야 합니다. 그렇지 않으면 여러분이 이 사람들을 모두 법정에 변호인으로 세운다고 할지라도 그들이 공의의 진행을 막을 수 없고, 아무리 하찮은 은총이라도 여러분을 대신해서 얻을 수 없을 것입니다. 본문은 그 점을 분명하게 말합니다. "비록 노아, 다니엘, 욥이 거기에 있을지라도 나의 삶을 두고 맹세하노니 그들도 자녀는 건지지 못하고 자기의 공의로 자기의 생명만 건지리라 주 여호와의 말씀이니라."

이 진리는 이생의 일들에 관해 섭리의 과정을 지켜보면 더 입증될 수 있습니다. 친구와 부모의 공로가 그들의 친척이나 자녀의 구원을 책임질 수 있다면, 우리는 의인의 "아들이나 딸"이 자신의 범죄에 대한 처벌에서 보호받을 수 있다고 기대해야 할 것입니다. 그러나 사실은 그렇지 않다는 증거가 우리에게 있습니다. 여러분에게 성경적인 예들을 들어보겠습니다. 모세는 하나님의 온 집에서 종으로 충성하였습니다. 그에게는 형 아론이 있었는데, 아론은 모세만큼 위대하지는 않았지만 그럼에도 매우 거룩한 인물이었습니다. 경건한 부모의 자녀들인 여러분, 들어보십시오. 아론은 두 아들이 있었습니다. 아버지의 직위가 그들에게 지워져, 그들이 지존하신 하나님의 제사장이 되었습니다. 그러나 그들이 어떻게 되었는지 여러분도 알지 않습니까? 포도주를 너무 많이 마셨습니다. 슬프게도 그것은 참으로 무서운 덫입니다! 그들이 다른 불을 가지고 하나님의 성소에 들어갔고, 비록 나답과 아비후, 그들이 아론의 아들들이었지만 하나님의 불이 그들을 태워버렸습니다. 그러면 아론은 그들에 대해서 뭐라고 말했습니까? 우리는 "아론이 잠잠하니라"(레 10:3)는 말씀을 읽습니다. 그는 아무 말도 할 수 없었습니다. 하나님 앞에서 머리를 숙이지 않으면 안 되었습니다. 그는 일이 그렇게 되어야 마땅하다는 것을 알았습니다. 하나님의 대제사장의 자녀라도 성소를 더럽히면 여호와의 불이 나와 그를 살라야 마땅하다는 것을 알았습니다. 이렇게 해서 여러분은 아론이 자기 아들들을 보호할 수 없고 여호와의 진노의 날에 그들을 구원할 수 없었다는 것을 봅니다.

마찬가지로 슬픈 또 한 가지 예를 들어보겠습니다. 다윗에게 총애하는 아들이 있었습니다. 그 아들이 아버지의 무서운 적이 되었고, 공공연하게 반란을 일으켜 아버지의 왕위를 찬탈하려고 하였습니다. 그런데 전쟁의 소용돌이 가운데서도 왕은 자기 아들을 어떻게 해서든 보호하려고 하였습니다. 다윗은 장군들에게 "삼가 누구든지 젊은 압살롬을 해하지 말라"(삼하 18:12)고 말했습니다. 여러분은 압살롬이 싸움을 피해 도망하였지만 결국 헛수고가 된 것을 압니다. 정당한 보응이 그에게 덮친 것입니다. 그가 자랑하던 머리털이 상수리나무의 낮은 가지에 걸려 거기에 매달렸습니다. 그 다음에 다윗이 "내 아들 압살롬아 내 아들 내 아들 압살롬아 차라리 내가 너를 대신하여 죽었더면!"(18:33) 하고 부르짖을 때 여러분은 다윗의 의가 그의 아들 압살롬을 이생에서도 구원할 수 없었다는 것을 봅니다.

여러분이 다른 증거들을 원한다면 가룟 유다의 예를 제시하겠습니다. 유다의 경우는 관계의 문제가 아니라 교제의 문제에서 생각해 볼 수 있는 적절한 예입니다. 유다는 하나님의 교회의 열한 방백과 교제하였습니다. 내가 사도들을 이렇게 부르는 것은 그들이 자기 보좌에 올라갔기 때문입니다. 아니, 그뿐 아니라 그는 주님과도 교제하였고, 우리 구주님과 한 접시에서 빵을 찍어 먹었습니다. 그렇지만 여러분도 알다시피, 열한 사도들의 의가 유다를 보호하지 못하였습니다. 그리고 그가 예수님을 믿지 않았기 때문에 주님의 의가 그를 보호하지 못했습니다. 그래서 이 사람은 자기 죄악으로 인해 멸망하였습니다.

나는 지금까지 성경에서 이끌어낸 이 예들을 제시하였습니다. 내 자신의 기억을 들춘다면, 아버지의 의가 아들을 보호하지 못한다는 것을 보여주는 비참한 증거들을 많이 제시할 수 있을 것입니다. 나는 이 자리에 계신 분들 가운데 자기 아들에게서 그것이 사실이라는 슬픈 증거를 보는 분들의 여리고 아픈 마음을 건드리게 될까 조심스럽습니다. 나는 아들이 감옥에 간 복음 설교자를 보았습니다. 내가 알기로 그 사람은 그리스도의 사역자였는데, 그의 아들은 앞장서서 불신앙의 행위를 저질렀고 너무도 더럽고 불경스러워서 이 자리에서 차마 입에 올릴 수 없는 일들의 주동자였습니다. 경건한 많은 부모들의 자녀가 이 세상에서 스스로 거지신세에 떨어지고 수치와 질병을 당하며 죽음을 자초하였습니다. 이것이 슬픈 일이지만 사실이 그렇습니다. 어쩌면 가정에 큰 결함이 있었을 수 있습니다. 나는 그것이 무엇인지 알 수 없지만 하나님은 아십니다. 우리가 볼 때, 그냥 경건한 정도가 아니라 매우 경건한 사람들이 그들의 경건에도 불구하고 이런 불행한 운명, 곧 그의 아들딸들이 아주 전력을 다해 불의한 일들을 행하는 것을 보았습니다. 하나님께서 여러분을 그런 슬픔에서 구해 주시기를 바랍니다.

그런데 이런 사실들은 계속 반복하여 일어나면서 아무리 경건한 사람의 의(義)도 자기 아들이나 딸에게 아무 소용이 없다는 것을 보여줍니다.

내가 증거를 더 제시할 필요가 있겠습니까? 공의의 저울은 한결같은 손에 의해 균형을 이루어야 합니다. 불공평은 있을 수 없는 일입니다. 하나님은 사람의 외모를 보지 않습니다(행 10:34). 그렇지 않다면 하나님의 뜻에 대해 개인적인 순종을 할 필요가 없을 것입니다. 그렇지 않다면, 어머니의 경건이나 그리스도인으로서 아버지의 품성을 자신의 무관심이나 불경스런 언행을 상계(相計)할 수 있는 근거로 제시할 면허 받은 난봉꾼들이 많이 있을 것입니다. 마치 그들은 자기 부모가 경건하기 때문에 자기 하고 싶은 대로 살 수 있는 특별 면허를 받은 것처럼 행동할 것입니다. 여러분은 그렇게 할 수 있다면 하겠습니까? 나는 못하겠습니다. 그것은 지극히 위험한 일입니다. 감사하게도 하나님의 공의는 어떤 악에도 책임을 면제시켜 주지 않았습니다. 사람이 신 포도를 먹으면 이가 실 것입니다. 돈 씀씀이가 헤픈 사람은 자기가 걸어 온 길을 후회할 것이고, 비록 자기 아버지가 지성소에서 일할 만큼 덕이 높은 사람일지라도 빌어먹고 살 것입니다. 사람이 더러운 정욕을 충족시키면, 그의 아버지가 더할 수 없이 은혜로운 사람이라고 할지라도 그는 그로 인해 몸에 고통을 겪을 것입니다. 사람이 불에 손가락을 넣으면 그는 불에 델 것입니다. 사람이 위험한 때 큰물에 뛰어들면 빠져 죽을 것입니다. 여러분은 그가 아주 훌륭한 사람의 자녀였다는 사실을 생각하고 괴로워할 수가 있습니다. 그러나 자연의 법칙을 가볍게 다루어서는 안 되는 것입니다. 여러분이 자연의 법칙에 거슬러 행동한다면 자연의 법칙도 여러분을 거슬러 작용할 것입니다.

본인 의사와 상관없이 처하게 된 환경에 지나지 않는 관계를 종교와 혼동해서는 안 됩니다. 한 사람의 의가 다른 사람의 무모한 행동을 벌충할 수 있다는 것은 터무니없는 망상입니다. 내가 하나님의 여종의 아들이라면 어떻겠습니까? 그럴지라도 나는 감히 그런 생각을 할 수 없습니다. 내 부친이 복음 설교자라면 어떻겠습니까? 내 증조부가 복음 설교자라면 어떻겠습니까? 감사하게도 내 부친과 증조부는 그런 은혜를 받았습니다. 그러나 그 사실에서 내가 무엇인가 기대할 수 있는 것은 아무것도 없습니다. 내가 생각할 때, 이 세상에서 가장 하찮은 자랑은 조상에 대한 자랑입니다. 어떻게 세상에서 사람이 자기 마음대로 할 수 없는 우연 때문에 스스로에게 공로를 돌릴 수 있습니까? 그것은 하나님의 섭리의 문제임에 틀림없습니다. 사람이 하나님의 섭리에 따른 혜택을 받았다면, 그것을 인정해야 하는데 왜 마치 받지 않은 것처럼 자랑을 하는 것입니까? 은혜가 가계(家系)와 함께 온다고 생각하는 것은, 요한이 믿는 자들에 대해 "이는 혈통으로나 육정으로나 사람의 뜻으로 나지 아니하고 오직 하나님께로부터 난 자들이니라"(요 1:13)고 말했을 때 성령께서 요한을 통해 선언하신 바와 정반대가 되는 생각입니다. 반드시 성령으로 태어나는 일이 있어야 합니다. 그렇지 않으면 첫 출생이 우리에게 아무 유익이 없을 것입니다. 여러분이 처음에 아무리 유복하게 태어났을지라도 반드시 거듭나야 합니다.

한 사람의 의가 다른 사람의 불의를 너그러이 봐주는 구실이 될 수 있다고 할지라도 책임의 큰 원칙은 파기될 수 없을 것입니다. 기독교 사회 안에서 태어난 여러분과 나는 우리가 받은 빛에 대해 책임이 있습니다. 우리가 죄를 짓는다면 다른 사람들처럼 그렇게 가볍게 죄를 지을 수 있는 것이 아닙니다. 어떤 사람이 부모의 거룩한 본보기를 어기고 죄를 짓는다면 그는 악한 환경 가운데서 자란 사람이 지은 것보다 일곱 배나 더 악한 죄를 짓는 것입니다. 경건한 가정에서 태어났으면서도 선한 길을 떠나고 거룩한 교훈을 어기며 구주를 거절하는 사람은 확실히 작은 죄인이 아니고 큰 죄인입니다. 무릇 많이 받은 자에게는 많이 요구할 것이요(눅 12:48)라는 이것이 성경의 원칙입니다. 나는 경건한 부모의 자녀들인 여러분에게 매일 이렇게 말하지 않을 수 없습니다. 여러분이 넘어진다면, 특별한 은혜로 높은 위치를 차지하고 있었다는 사실 때문에 다른 사람들보다 훨씬 더 무섭게 넘어질 것입니다. 우리는 여러분과 같은 사람들에게 이렇게 말합니다. "화 있을진저 고라신아 화 있을진저 벳새다야 화 있을진저 가버나움아 너희가 본 그리스도의 기사를 다른 사람들이 보았다면 그들이 벌써 베옷을 입고 재에 앉아 회개하였을 것이다. 너희가 회개치 않으면 너희에게 화가 있을 것이다!" 이것이 하나님 말씀의 가르침입니다. 한 개인의 선함이 다른 사람의 악함을 상쇄할 수 있다는 가정은 아주 악하다고 말할 수 없다고 할지라도 아주 헛소리에 지나지 않습니다.

친구 여러분, 이 주장이 고통스럽긴 하지만 이것을 조금 더 다루지 않을 수 없습니다. 선한 사람들의 의가 장차 올 세상의 공포로부터 그들의 친척들을 구원하는데 아무 효력이 없었습니다. 그 예들이 자연스럽게 기억 속에 떠오릅니다. 처음부터 시작해 봅시다. 가인이 있습니다. 그의 동생이 누구입니까? 아벨입니다. 아벨은 하나님께서 받으실 만한 믿음을 가진 사람입니다. 그러면 아벨이 가인을 구원합니까? 그렇지 않습니다. 그는 "악한 자에게 속하여 그 아우를 죽였으니 어떤 이유로 죽였습니까? 자기의 행위는 악하고 그의 아우의 행위는 의로웠기 때문입니다"(요일 3:12). 가인이여, 오늘 밤 그대는 어디에 있습니까? 그대는 지금 이 자리에 앉아 있습니까? 그대는 지금 하나님과 함께 있는 그대의 동생 아벨이 어떻게 해서든지 그대에게 복을 줄 수 있을 것이라고 생각합니까? 그런 일은 절대로 없을 것입니다. 그 망상을 버리십시오. 역사의 첫 장이 그 생각에 이의를 제기합니다. 아담에게 태어난 첫 두 아들들은 각기 다른 방향으로 세상을 떠났습니다. 그 다음에, 이스마엘을 생각해 봅시다. 그의 아버지이며 믿는 자들의 조상인 아브라함은 "이스마엘이나 하나님 앞에 살기를 원하나이다!"(창 17:18) 하고 말했습니다. 그런데 이스마엘은 약속의 자녀들에게 속한 복을 유업으로 받지 못하는 본성적인 자녀들의 표본적인 인물이 됩니다.

야곱과 같은 집안에서 태어난 에서를 봅시다. 그는 경건한 아버지의 자녀였지만 우리는 에서가 불경스런 사람이었다는 기록을 읽습니다. 거룩한 이삭의 경건이 에서를 구원하지 못합니다. 홉니와 비느하스를 봅시다. 그들이 직책은 하나님의 제사장이었지만 성품으로는 벨리알의 아들들이었습니다. 전적으로 책임이 있는 그들의 아버지 엘리는 하나님을 경외하는 사람이었지만, 그의 아들들은 자기 죄 가운데서 죽었고, 어떤 희생과 제물로도 그들의 죄를 씻을 수 없었습니다. 여호람을 봅시다. 그의 아버지 여호사밧은 정말로 경건한 사람이었습니다. 그런데 슬프게도 그는 옆으로 빗나가 아합을 친하게 여기고 아들을 이세벨이라는 여자의 딸과 결혼시켰습니다. 아, 얼마나 많은 젊은이가 그와 같이 위험한 결혼으로 인해 망하고 마는지 모릅니다! 많은 젊은이들이 돈을 위해서, 사업을 위해서 혹은 사회적 지위를 위해서 불신자들과 혼인합니다. 여러분 가운데는 부당한 멍에를 메는 것을 복음의 교훈이 금한다는 것을 알면서도 보기 좋은 결혼 상대를 마련해 주기 위해 딸들을 마귀에게 파는 사람들이 있습니다. 나는 하나님의 명령을 이렇게 깨트리는 일을 은근히 장려하는 그리스도인들을 부끄럽게 생각합니다. 이 세상에서는 그런 결혼에 드리워지는 그림자가 있고, 장차 올 세상에서 여러분은 그 결합을 감추고 싶어 할 것입니다. 여호람의 생애는 악하였습니다. 그의 죽음은 고통스러웠고 너무 일렀습니다. 그의 마지막은 희망이 없었습니다. 그런데 그는 여호와 보시기에 의를 행한 여호사밧의 아들이었습니다.

사람들이 경건한 조상들이 자기를 도울 수 있을 것이라는 생각을 참으로 집요하게 붙든다는 사실이, 우리 주님께서 지옥에서 눈을 들어 "아버지 아브라함이여"(눅 16:24) 하고 부르짖은 부자에 대해 이야기하는 비유에서 나타납니다. 그는 고통의 자리에서도 아브라함의 후예로서 동정과 구원을 얻으려고 하였습니다. 그러나 그 구실로써 혀를 서늘하게 해줄 물 한 방울 얻지 못했습니다. 제발 여러분은 이 교훈을 받아들이기 바랍니다. 여러분이 누구의 자손이냐 하는 것은 중요하지 않습니다. 여러분이 누구의 자손이라는 사실이 여러분에게 지옥의 고통을 완화시켜 주지 못합니다. 여러분 자신에게 믿음이 없고 마음이 새로워진 일이 없다면, 여러분이 노아, 다니엘, 욥을 자기편으로 삼았을지라도 "주 여호와께서 말씀하시기를 나의 삶을 두고 맹세하노니 그들도 자녀는 건지지 못하고 자기의 공의로 자기의 생명만 건지리라"고 하셨습니다.

이제 두 번째 진술을 다루게 되었습니다.

2. 사람들이 불신앙을 고집한다면 아무리 위대한 중보자들의 기도도 아무 쓸모가 없습니다.

나는 여러분 가운데 아무도 내 말을 듣고 낙담하여 부모님이나 자녀, 친구를 위하여 기도하는 것을 단념하는 일이 절대 없기를 바랍니다. 우리는 그들을 위하여 기도하는 일을 절대로 그치지 맙시다. 그러나 이 자리에 있는 사람 가운데 누구든지 편안하게 앉아서 "아내가 나를 위해 기도해, 우리 어머니가 나를 위해 기도해, 내 자녀들이 나를 위해 기도해. 어쨌든 다 잘 될 거야. 내 편에서 회개나 기도가 없어도 그들의 기도만 있으면 충분할 거야"라고 말한다면, 나는 그의 어깨를 붙잡고 귀에 이 말을 속삭이고 싶습니다. "노아, 다니엘, 욥이 당신을 위해 기도할지라도 그들은 자기 영혼만 구원할 수 있을 것입니다." 노아는 확실히 기도의 사람이었습니다. 그런데도 방주에 들어간 사람들을 제외하고 노아의 기도로 구원받은 사람은 단 한 사람도 없었습니다. 하나님께서 하나님의 백성인 우리에게 구하는 모든 것을 주시려고 할지라도 만일 여러분이 그리스도를 믿으려고 하지 않는다면 우리는 하나님께 여러분을 구원해 주시라고 구하지 않을 것입니다. 만일 여러분이 마음에 우상을 품고 정욕이라는 장애물을 계속해서 눈앞에 둔다면 우리는 여러분이 복음에 어긋나게 구원받을 수 있도록 여러분을 위해 기도할 수 없고, 기도할 생각도 하지 않습니다.

다니엘은 기도에 능한 사람이었습니다. 그러나 그의 모든 기도로도 이스라엘 백성들을 그들이 끝까지 붙들고 있는 어리석은 행위의 치명적인 결과로부터 구원할 수 없었습니다. 예루살렘은 다니엘의 기도에도 불구하고 파괴되었고, 이 거룩한 선지자가 시온의 번영을 간구하였음에도 불구하고 유대인들은 온 나라에 흩어졌습니다. 우리는 하나님의 뜻에 맞게 기도할 수 있을 뿐입니다. 우리는 여러분이 하나님께서 친히 정하신 방법대로 구원받기를 기도해야 합니다. 하나님께 여러분을 위해 방법을 바꿔주시라고 말씀드릴 수 없습니다.

욥이 친구들을 위해 기도하였고 친구들이 사죄를 받았습니다. 그러나 그 일이 희생 제사 없이 된 것이 아니라는 사실을 유념하기 바랍니다. 친구들을 위한 욥의 기도가 들으심을 얻기 전에 친구들이 수송아지 일곱과 수양 일곱을 가져와서 자신들을 위하여 번제로 드려야 했습니다. 여러분이 자신을 위해서 희생 제물을 가져오려고 한다면, 여러분이 그리스도를 여러분의 희생 제물로 드리려고 한다면, 우리도 여러분과 함께 기도할 것이고, 여러분은 복을 받을 것입니다. 그들이 아무 희생 제물을 드리지 않았다면 욥의 기도가 그들에게 소용이 없었을 것입니다.

여러분은 분명하게 여러분 자신의 믿음으로 예수님을 믿어야 합니다. 지상에 있는 전 교회가 계속해서 한 가지 기도를 드리며 대대로 그 기도를 드릴지라도 그 기도가 믿지 않는 사람을 한 사람도 구원할 수 없습니다. 그가 계속 불신앙의 상태로 있는 한, 하나님의 진노가 그 위에 머물러 있습니다. 여러분이 사실은 그렇지 않다는 거짓된 희망을 품는다면 이내 깊은 절망에 떨어질 것입니다.

모세는 참으로 기도의 사람이었습니다. 그는 하나님께서 "나를 막지 말라 내가 그들을 멸하리라"(신 9:14) 하고 소리치시기까지 하나님의 손을 붙잡았습니다. 모세는 그의 하나님 여호와께 간절히 기도하였고, 들으심을 얻었습니다. 그러나 그런 모세조차도 그가 애굽에서 이끌어낸 세대에 대해 선고된 판결을 바꾸지 못하였습니다. 여호수아와 갈렙을 제외하고 그들의 시체가 모두 광야에서 엎드러졌습니다. 이 의로운 두 사람은 그들 자신을 제외하고 단 한 사람도 구원하지 못하였습니다. 모세의 모든 중보 기도도 믿음 없는 세대를 구원하지 못하였습니다. 이들 세 사람은 믿었기 때문에 다 죽지 않았습니다.

사무엘에 대해서 이야기하자면, 여러분은 사무엘이 하나님께서 버리신 사울을 위해 얼마나 슬퍼했는지 기억할 것입니다. 하나님께서 그에게 "내가 이미 사울을 버렸거늘 네가 그를 위하여 언제까지 슬퍼하겠느냐?"(삼상 16:1) 하고 말씀하실 정도였습니다. 사무엘은 슬퍼하는 일을 그치고 가서 다윗에게 기름을 부어야 했습니다. 이 경건한 선지자의 기도도 불순종하는 왕을 구원할 수 없었습니다.

이 점을 알고서 여러분 가운데 누구든지 다른 사람들의 기도를 헛되이 의지하려는 생각을 버리고 여러분 자신이 직접 기도하고, 직접 그리스도를 보았으면 좋겠습니다. 부모의 기도는 자녀가 뻔뻔스런 태도를 취하는 슬픈 구실입니다. 성도와 성도가 합심하여 기도하면 거기에 큰 능력이 따릅니다. 그러나 우리가 위하여 기도하는 영혼이 모든 속박을 떨쳐버리고 죄에 더 깊이 뛰어들려고만 할 때, 그것은 참으로 힘든 싸움이 됩니다. 사랑하는 친구 여러분, 경건한 사람들의 기도를 다 합친다고 할지라도 그것이 하나님 나라의 원칙을 바꿀 수 없다는 점을 기억하시기 바랍니다. 그러면 하나님 나라의 원칙이 무엇입니까? 그 원칙들 중의 한 가지는 이것입니다. "너희가 돌이켜 어린아이들과 같이 되지 아니하면 결단코 천국에 들어가지 못하리라"(마 18:3). 노아, 다니엘, 욥, 모세, 사무엘 그리고 예레미야, 이 여섯 사람이 하나님께서 어떤 사람을 위로부터 거듭나고 성령으로 새롭게 되는 일 없이 천국에 갈 수 있게 해주시라고 기도한다고 생각해 봅시다. 그들의 기도가 조금이라도 소용이 있겠습니까? 여러분은 그들이 구한다고 해서 천국의 헌법이 바뀔 것이라고 생각합니까? 그렇지 않습니다. 하나님의 뜻은 사람들의 일시적인 생각에 영향을 받지 않습니다.

천국의 또 다른 규칙이 여기 있습니다. "믿고 세례를 받는 사람은 구원을 얻을 것이요 믿지 않는 사람은 정죄를 받으리라"(막 16:16). 자, 노아와 욥과 다니엘이 모두 이 규칙을 폐지하고 대신에 죽을 인생들의 변덕에 좀 더 맞는 결의안을 세워주시라고 기도한다면, 여러분은 그 간청이 허락될 것이라고 생각하십니까? 하나님께 대한 우리의 부르짖음이 하나님의 정하신 규칙에 대한 불평이 되어서는 안 되는 것이 확실합니다. 우리의 청원은 하나님의 말씀에 순종하는 것이 되어야 하고, 하나님의 지혜를 거스르는 것이 되어서는 안 됩니다. 하나님께서는 사람들이 고집을 피운다고 해서 하나님 나라의 규칙을 바꾸시지 않을 것입니다. 메대와 바사의 법처럼 하나님의 정하신 법도 결코 바꿀 수 없습니다. 하나님의 정하신 법은 영원히 굳게 서고, 여전히 불신앙 가운데 있는 사람들을 천국에서 영원히 쫓아낼 것입니다.

여러분, 그렇게 해서는 안 됩니다. 만일 여러분이 하나님과 화목하지 않으면 하나님과 교제할 수 없습니다. 여러분이 하나님 나라를 유업으로 받을 자가 되지 않는다면 그 유업을 누릴 수 없습니다. 먼저 그런 사람이 되지 않고는 천국의 분위기에서 숨을 쉴 수 없습니다. 거룩함이 없이는 아무도 하나님을 볼 수 없기 때문입니다. 여러분이 예수 그리스도를 믿지 않는다면 죄 가운데서 죽을 수밖에 없습니다.

경건한 사람들의 기도를 다 합친다고 해도 그것이 죄의 성격을 바꿀 수 없고, 계속해 죄를 짓는 자들은 반드시 망한다는 것을 여러분은 기억해야 합니다. 불에 손을 집어넣으려고 하는 사람이 불에 손을 데이지 않도록 하기 위해 우리가 기도회를 모인다고 한다면, 그것이 조금이라도 소용이 있겠습니까? 수영을 할 줄 모르는 사람이 고집스럽게 강에 뛰어들려고 한다면 내가 여러분 모두에게 하나님께서 그의 생명을 보존해 주시도록 기도해달라고 구하는 것이 무슨 소용이 있습니까? 어떤 사람이 청산(靑酸)액이 든 병을 입에 대고 마신다면, 그 치명적인 독극물이 그의 생명을 파괴하고 있을 때 우리가 함께 모여서 그의 목숨이 보존될 수 있기를 기도하는 것이 무슨 소용이 있습니까?

어떤 사람이 단도를 자기 심장에 박으면, 하나님께서 그 시인(알렉산더 포프를 가리킴 – 역주)이 말한 대로 "하늘 아래 첫 번째 법칙"인 질서를 뒤집기를 기뻐하시지 않는 한, 그는 반드시 죽습니다. 구원의 길이 있습니다. 그것은 "예수 그리스도를 믿고 살라"는 것입니다. 친구 여러분, 여러분은 그 길을 얻고자 하십니까? 여러분은 지금 어디에 있습니까? 여러분은 그 자리에 앉아서 "나는 아내의 기도 때문에 구원받을 거야"라고 말할 만큼 어리석습니까? 아내의 기도는 오히려 여러분의 멸망을 확정할 것입니다. 그 기도가 심판 때 일어나서 여러분에게 불리한 증언을 할 것입니다. 여러분을 위해 그토록 많은 기도가 드려졌다는 것은 여러분이 아주 애정 어린 권고를 받고 간청을 받았다는 것을 의미합니다. 여러분은 "내 영혼을 돌보는 이도 없나이다"(시 142:4)라고 말할 수 없을 것입니다. 더 이상 회개할 수 없을 때 어머니의 기도가 여러분의 귓가에 울리면서 후회막급한 심정을 불러일으킬 것입니다. 자신을 향한 어머니의 눈물과 번민을 회상하는 것만큼 망한 사람의 부르짖음을 더욱 비통하게 만드는 것은 없을 것입니다. 여러분은 꼭 이 사실을 기억하도록 하십시오. 죄는 불입니다. 그래서 반드시 사람을 불태웁니다. 죄는 지옥입니다. 그러므로 죄는 계속해서 죄를 짓는 사람을 반드시 고통스럽게 합니다. 죄를 도울 수 있는 것은 아무것도 없습니다. 여러분이 죄에서 나오지 않는다면 우리가 아무리 많이 기도할지라도 여러분을 파멸에서 이끌어낼 수 없습니다. 여러분이 우리 주 예수 그리스도로 말미암는 사죄를 얻지 못한다면 여러분은 반드시 처벌을 받을 수밖에 없습니다.

그 다음에, 현재 상태가 그대로 지속되는 한, 선한 사람들의 기도가 영원한 미래의 상태를 바꿀 수 없습니다. 정신이 온전한 사람이라면 누구나 이 사실을 명백히 알 것입니다. 화려한 궁전과 징역형을 치러야 하는 감옥은 희미하게나마 천국과 지옥을 보여주는 그림입니다. 천국은 어떤 곳입니까? 어린 양의 피로 씻어 온전케 된 영들이 거하는 곳입니다. 그곳에 들어갈 수 있는 권리를 어떻게 얻을 수 있습니까? 거기에 들어가려면 없어서는 안 되는 자격들이 있습니다. 거부할 수 없는 자격들이 있습니다. 우리는 영국 국민으로서 여왕 폐하에게 청원할 권리가 있습니다. 그렇지만 우리가 많은 사람의 서명을 받아서 여왕 폐하께 강도에게 빅토리아 훈장을 수여해 주시기를 구한다면, 그런 청원이 무슨 효력을 발휘하겠습니까? 혹은 하나님께서 자기의 충성스런 나라들 가운데 반역자를 받아들이실 것이라고 생각할 수가 있겠습니까? 그런 일은 있을 수 없습니다. 죄를 지으려고 하는 자에게는 반드시 고통이 따른다는 이것 외에 지옥에 다른 무슨 의미나 목적이 있겠습니까? 하나님을 미워하는 자는 반드시 비참하게 됩니다. "선하게 사는 것이 행복한 것"이며 악하게 살면 조만간에 비참해지게 되어 있다는 것만큼 불변의 법칙은 없습니다. 반드시 그렇게 됩니다. 그러므로 여러분이 죄 씻음을 받아 하늘에 들어가기에 합당한 자가 되도록 직접 그리스도께 오는 것 외에 다른 사람들의 기도를 의지하지 않도록 하십시오.

어쩌면 여러분은 이렇게 말할지 모릅니다. "목사님, 나는 기도가 내 속에 상응하는 변화 없이도 환경에 변화를 일으키는데 충분할 것이라고는 생각하지 않았어요. 그러나 어쨌든 기도에 의해서 내가 믿고 회개하지 않을 수 없게 된다고 생각했어요." 믿고 회개하지 않을 수 없게 된다고요? 여러분, 강요에서 나오는 회개와 믿음이 대체 어떤 것이겠습니까? "천국에 가는 것이 내 마음에는 맞지 않지만 그래도 나는 천국에 가기를 바란다"고 말하는 사람은 그 마음이 진실하지 않은 것이 확실합니다. 여러분은 자신의 의지와는 다르게 어쩔 수 없이 죄를 미워하게 됩니까? 그렇다면 그것은 이상한 일입니다. 여러분은 자신이 원하지도 않는데 의를 사랑하게 되는 일이 있습니까? 나는 아버지들이 자기 딸이 아무개와 결혼해야 한다는 말을 들어왔습니다. 나는 그분들에게 딸이 전혀 호감을 갖지 않는 사람을 사랑하게 만들어 보라고 말씀드립니다. 그렇게 할 수 없습니다. 이 문제들은 아주 민감해서 억지로 할 수 있는 일이 아닙니다. 그렇게 할 수 없습니다. 성령께서도 원치 않는 사람들에게 힘을 사용해서 강제로 무슨 일을 시키시지 않습니다. 성령님은 자유의지를 그대로 용인하면서 자기 일을 행하시는 능력이 있습니다. 이 자유의지를 이용해서 사람의 마음을 부드럽게 바꾸시고, 복된 논의와 조명을 통해 변화시키기도 하십니다. 성령께서는 총명에 빛을 비추심으로써 의지를 통제하십니다. 그러나 여러분의 귀를 잡아당겨서 천국에 들어가게 하는 것은 정말로 할 수 없는 일입니다. 술 취한 여인이 들것에 실려서 경찰서로 가는 것을 보듯이, 여러분을 끈으로 묶어서 천국으로 데려갈 수는 없습니다. 지금까지 여러분은 일이 그렇게 될 것이라고 생각했습니까? 여러분은 자신이 애쓰지 않을지라도 어떻게든 천상의 수술을 받아 마취된 채로 영광에 들어가게 될 것이라는 터무니없는 생각을 한 적이 있습니까? 그런 일은 없을 것입니다. 이 성경책을 찾아서 보십시오.

방탕한 아들이 어떻게 아버지 집에 갔습니까? 그의 아버지가 그를 마취시켜 인사불성이 되게 한 다음에 끈으로 묶어서 집으로 데려갔습니까? 전혀 그렇지 않습니다. 첫째로 그는 배가 고팠습니다. 그래서 돼지가 먹는 쥐엄 열매로 배를 채우려고 하였지만 채울 수가 없었습니다. 그는 더욱더 굶주리게 되었고, 그때가 되어서 "내가 일어나 아버지께 가자"(눅 15:18)고 말했습니다. 그리고 아버지에게 갔습니다. 그렇습니다. 그것은 모두 은혜로 된 일이었습니다. 그렇지만 일어나서 아버지에게 간 것은 바로 그였습니다. 이것이 모두 영원한 사랑으로 된 일이었지만, 돼지를 떠나 자기 고향으로 향한 것은 그였습니다. 이것은 무한한 동정에서 나온 일이었지만 그가 생각하였고, 그가 가려고 마음먹은 것입니다. 더 나아가 아버지 집으로 간 것은 그였습니다. 그가 이 모든 일을 하였습니다. 그 다음에 그가 멀리 있을 때 아버지가 그를 맞이하였습니다.

자, 내 말을 믿으십시오. 내가 언제나 값없고 풍성한 주권적인 은혜를 마음을 다해 설교하지만, 하나님께서 우리를 나무토막이나 대리석 덩어리처럼 다루고, 마치 우리에게 아무 생명이나 의지, 지성이 없는 것처럼 우리를 쪼개거나 깎는다고 생각한 적이 없고, 그렇게 말할 생각이 전혀 없습니다. 그렇지 않습니다. 바보들이나 그렇게 생각합니다. 여러분은 말도 못하고 부림을 당하는 가축이 아니라 사람입니다. 여러분은 말과 노새와 고양이가 구원받듯이 구원받지 않고, 생각할 줄 아는 사람으로서 구원받을 것입니다. 여러분이 구원받으려면 생각해야 하고, 죄를 미워해야 하며 그리스도를 믿어야 합니다. 그렇게 하지 않는다면 여러분은 망할 것입니다. 여러분이 구주님을 믿고 죄를 미워하며 하나님의 뜻에 순종하는 일이 있지 않고서는 지금까지 아무리 많은 기도를 드렸을지라도 그 기도가 여러분을 구원하는데 아무 효력이 없을 것입니다.

친구 여러분, 이 사실을 믿습니까? 이 많은 회중 가운데 이런 충고를 특별히 더 주의해서 들어야 할 사람이 한두 사람밖에 없을 수 있습니다. 그러나 하나님 말씀이 있는 조용한 곳에는 여러분을 위한 향긋한 풀이 많이 있기 때문에 나는 양 아흔아홉 마리를 광야에 두고, 이 방향에서 길을 잃은 몇 마리 양을 찾으러 가야겠다고 생각했습니다. 나는 길 잃은 양인 여러분을 찾고 싶은 마음이 간절합니다. 찬송 받으실 성령께서 여러분에게 죄를 깨닫게 하시고 여러분으로 하여금 이렇게 말하도록 인도하여 주시면 좋겠습니다. 즉, 내가 정말로 어리석게 굴었다고, 내가 마땅히 다른 목적을 위해 사용했어야 하는 특전을 잘못 의지해 왔다고, 그래서 이제 하나님을 찾고, 거룩한 복음에 순종하고 예수님을 믿겠다고 말하게 해주시면 좋겠습니다.

여러분이 얻을 수 있는 의, 곧 여러분의 죄를 가릴 수 있는 예수 그리스도의 의가 있다는 점을 기억하십시오. 노아와 다니엘, 욥은 여러분을 구원할 수 없지만 예수님은 하실 수 있습니다. 여러분을 위하여 들으심을 얻을 수 있는 중보 기도가 있습니다. 곧 살아계시고 일찍이 죽었으나 지금은 사람들을 위하여 간구하시고 자기를 힘입어 하나님께 나아가는 자들을 온전히 구원하실(히 7:25) 수 있는 분의 중보 기도입니다. 이 분을 의지하여 하나님께 나아가십시오. 그의 중보 기도는 여러분을 위한 것이며, 여러분의 활력이 될 것입니다. 그의 의는 여러분의 의이고, 따라서 여러분의 죄를 가릴 것입니다. 하나님께서 구속주로 인하여 이 의를 여러분에게 주시기 바랍니다. 아멘. 아멘.

제
8
장
—

에스겔서의 버려진 아이

—

"아무도 너를 돌보아 이 중에 한 가지라도 네게 행하여 너를 불쌍히 여긴 자가 없었으므로 네가 나던 날에 네 몸이 천하게 여겨져 네가 들에 버려졌느니라 내가 네 곁으로 지나갈 때에 네가 피투성이가 되어 발짓하는 것을 보고 네게 이르기를 너는 피투성이라도 살아 있으라 다시 이르기를 너는 피투성이라도 살아 있으라 하고." — 겔 16:5-6

의심할 여지없이 여기서는 하나님께서 이스라엘 백성이 애굽에서 수효가 많아지기 시작할 때를 묘사하고 있으며, 그들이 바로에게 극심한 박해를 받고 있음을 보여줍니다. 바로는 그들이 멸망하도록 남자 아이들을 강물에 던져 넣으라고 명령했습니다. 모든 사람에게 천하게 여겨진 바 되어, 들에 버려져서 들짐승에게, 혹은 배고픔으로 죽을 수밖에 없는 아이의 모습을 하나님께서 굽어보시고, 약속의 땅으로 인도하기 위해 애굽에서 이스라엘 백성들을 불러내실 때, 이스라엘의 모습은 어린아이의 모습과 흡사했습니다. 모든 탁월한 신학자들과 주석가들은, 이 구절이 인간의 자연적인 모습을 매우 적절하고 중요하게 묘사하고 있으며, 거룩한 자비 가운데서 하나님이, 천하게 여겨져 버려진 죄인을 관대히 용서해 주시며, 또한 성령의 능력으로 하여금 '살아 있으라'고 하시는 방법이 잘 묘사되어 있다고 그들의 견해를 일치시켰습니다.

여하튼 이 아침에 이 문제에 대해 생각해 봅시다. 전제가 없다면 아무것도 필요하지 않습니다. 그래서 첫째, 본문에서 나타난 인간의 비참한 상태를 생각해 봅시다. 그러고 난 후, 왜 하나님께서 이 비참한 처지의 아이에게 자비를 베푸시는지 그 원인을 또한 생각해 봅시다. 그리고 세 번째로는, 하나님의 명령을 들음으로, 이 불행한 인간이 버려진 상태에서 구원받는 것을 생각해 봅시다. "네게 이르기를 살아 있으라 다시 이르기를 살아 있으라."

1. 맨 먼저, 인간의 비참한 상태를 살펴봅시다.

본문은 죽음에 노출되어 있는 어린아이의 모습을 우리에게 보여줍니다. 삶과 건강에 필요한 모든 조건이 이 아이로부터 떠나 있습니다. 무심한 부모들은 어린아이를 광야에 내다 버리고 관심도 없습니다. 하나님을 믿지 않는 나라 중에는 기형아들을 숲속이나 광야에 내다 버려서 죽도록 하는 야만적인 풍습이 남아 있습니다. 고대 스파르타에는 약하게 태어난 아이는 타이게투스(Tygetus) 산꼭대기에 내버려서 죽도록 하는 엄한 법률이 있었습니다. 이 당시에는 이런 기괴한 잔인성이 가득 찬 암흑의 장소가 이 땅에 많이 있었습니다. 유대인들은 이런 죄를 짓지는 않았으나, 이웃 나라에서는 여전히 행해지고 있었습니다. 더군다나 애굽에 대한 추억과, 나일 강의 악어 가운데 있는 그들의 위대한 율법 수여자와, 왕의 명령에 의해 살해당한 모든 남자 아이들에게 이 비유는 매우 적절하게 전달됩니다.

1) 우리는 첫눈에, 초기의 멸망이 있음을 지적할 수 있습니다. 파멸당한 것은 어린아이였습니다. 이 어린아이가 비참한 상황에 처해 있다는 것이 얼마나 슬픕니까? 어린아이가 이러한 처지에 처해 있습니다. 어린아이는 태어나자마자 기쁨을 맛본 것이 아니라 철저하게 고통과 슬픔을 알았습니다. 오, 아름다운 꽃이여! 얼마나 빨리 피었다 지는가! 오, 떠오르는 태양이여! 그대의 아침 여명이 얼마나 빨리 어둠 속으로 사라져 버리는가! 이처럼 두렵고 빠른 파멸이 우리 각자에게도 닥쳤습니다.

교만한 사람들은 이 교리를 반대합니다. 그러나 성경은, 사람은 "죄악 중에서 출생하였고 악독이 가득하도다"라고 말씀합니다. 우리는 아담이 흠 없이 저주 없이 악한 성품 없이 에덴 동산에 들어간 것처럼 이 땅에 태어나지는 않았습니다. 그러나 보십시오! 한 사람의 범죄로 인해 우리 모두는 죄인이 되었으며, 그의 절망적인 파멸로 인하여 우리의 피는 오염되었으며, 우리의 본성은 타락하였습니다. 태어나자마자 우리는 길을 잃었으며, 거짓말을 하며, 태어날 때부터 우리는 하나님의 율법의 저주 아래 있습니다. 저는 이 교리를 옹호하는 것도 아니며, 반대하고자 하는 것도 아니고, 이 교리에 대해 논쟁하고자 하는 것도 아닙니다. 저는 단순히 하나님께서 자기의 종 다윗의 입을 통해서 자신을 계시하셨으며, 역시 사도 바울의 입을 통해 충분하게 계시하였음을 말씀드리고 싶습니다.

하나님께서 인간을 긍휼히 여기는 마음을 갖고 계시다는 것을 제외하고는, 인간은 버려졌으며, 태어날 때부터 천하게 여겨진 바 되었습니다. 후회하거나 멸망하기 위해 이 세상에 태어나지 않았으나 이미 인간은 파멸당했으며, 원죄가 모태 속에서 인간을 사로잡고 있기 때문에, 인간은 망하거나 죽기 위해 버려진 아이와 마찬가지입니다.

전적 부패나 원죄 교리보다 더 인간을 비참하게 하는 것은 없을 것입니다. 원죄론은 복음을 싫어하는 모든 사람의 공격 대상이 되었으나, 원죄론은 반드시 언급되어야 하며, 그리스도를 높이는 사람들에 의해 구체적으로 정당함을 입증받고 있습니다. 왜냐하면 그리스도의 위대하고 영광스러운 구원은 파멸의 절망 속에서 우리를 구속하시는 것이기 때문입니다.

인간은 자기의 공로를 의지하여 스스로 구원할 수 없기 때문에 인간의 본성과 성질의 탁월함을 자랑하지 못합니다. 그러므로 인간은 반역자의 아들이며, 흉악범의 자녀입니다! 권리 박탈에 대한 선고가 여러분의 아버지 집에 내려졌습니다. 인간은 율법과 저주 아래 태어났으므로 첫 호흡을 시작하는 그 순간부터 하나님의 의로우신 분노를 싫어합니다. 죄의 유전이여, 슬프도다! 비참한 슬픔의 상태여! 타락의 파멸이 얼마나 깊은지! 그러나 우리는 은혜에 빚진 자 되었으며, 멸망에서 벗어나 영광의 자리까지 올라갈 수 있습니다.

2) 다음으로 본문이 가르치는 것은 인간의 철저한 무능입니다. 전적으로 무능한 존재가 어린아이입니다. 스스로 무엇을 할 수 있겠습니까? 이 어린아이는 몇 년이 지난 후에야 손발을 움직여 피난처를 찾을 수 있을 것입니다. 이 아이가 확실히 알아들을 수 있는 말을 한다면, 지나가는 사람에게 그가 필요한 것을 말할 것입니다. 그러나 아직은 핏덩이입니다. 말을 할 수도 없습니다. 이 아이는 고통을 느낄 뿐입니다. 그러나 무엇 때문에 고통을 겪어야 하는지 충분히 알지 못합니다. 어린아이는 무지합니다. 비록 아픔과 무지를 의식할지라도 미발달된 지

능은 불운을 표현하지도 못하며, 그 치료법을 말할 수도 없습니다. 비록 이 아이가 주위를 둘러보아 그를 도울 것이 그곳에 있다고 할지라도, 이 아이는 자기에게 제공된 도움을 이용할 능력이 없습니다.

어린아이는 무기력하며, 스스로 어떻게 할 수도 없고, 완전히 무력합니다. 할 수 있는 것이 있다 할지라도, 다른 사람의 손에 의해서만 모든 것이 가능합니다. 도예가의 물레틀 위에 놓여진 흙더미처럼, 들판에 버려진 어린아이는 스스로 어떻게 할 수가 없습니다.

이것이 인간의 본성입니다. 인간은 결코 자신을 회복할 수가 없습니다. 바울 사도는 "죽었노라" "허물과 죄로 죽었노라"고 말씀합니다. 무덤 속에 있는 죽은 자들이 자기의 부활을 위하여 무엇을 할 수 있습니까? 벌레가 생명의 어머니가 될 수 있습니까? 타락이 불멸의 아버지가 될 수 있습니까? 아닙니다. 죽음의 무디고 냉랭한 귀는 생명이 없고, 속이 빈 두개골은 청각이 없기 때문에 하나님의 나팔 소리를 들을 수 없습니다. 만일 무덤이 열린다면, 하나님의 손이 관을 부수고, 썩은 시체를 들어 올릴 것입니다. 만일 부활이 있다면, 부활은 하나님께로부터 나오며, 하나님만이 하실 수 있습니다.

여러분, 태초에 틀림없이 이런 기적이 있었습니다. 저는 이 교리의 창시자가 아니라, 단순히 하나님께서 계시하신 것을 선포하는 사람일 따름입니다. 여러분은 태어날 때부터 모두 버려진 바 되었으며, 그러므로 여러분은 가장 필사적인 노력으로도 여러분 자신을 구원할 수가 없습니다. 설상가상으로 본성상 구원받고자 하는 소망도 없고, 또 노력도 하지 않거나, 혹은 그렇게 하려는 소원도 없습니다. 여러분은 하나님을 증오합니다. 이것은 날카로운 비난입니다. 이것은 사실입니다.

설령 하나님께서 여러분이 그렇게 느끼도록 하실지도 모릅니다. 그러므로 다시 말하노니, 여러분은 하나님을 미워합니다. 천성적으로 여러분은 헛된 것을 사랑하며, 하나님의 진리를 사랑하지 않습니다. 여러분은 죄를 사랑하므로, 죄로부터 구원받기를 원하지 않습니다. 여러분은 거룩함을 택하지 않았으며, 하나님의 계명을 혐오하였습니다. 여러분의 본성은 악하므로, 스스로 선을 행하는 것보다 구스 인이 그의 피부를 변하게 하는 것, 표범이 그의 반점을 변하게 하는 것이 오히려 쉽습니다.

그러나 주의하십시오. 이것은 우리의 교만을 부숴 버릴지도 모르는 생각이며, 갈대처럼 우리의 머리를 허공에 뜨게 할지도 모르는 생각입니다. 이러한 무능은 우리 자신의 죄 때문입니다. 이것은 죄 많음에 대한 징계가 아니라, 우리가 악하게 되었으므로 우리 스스로를 선하게 할 수 없다는 죄의 괴롭힘입니다. 그래서 인간의 본성은 태어날 때부터 부패하고 계속 죄를 지을 수밖에 없는 절망적인 악을 지니고 있습니다. 범죄는 우리의 본성이 되었습니다. 물이 위에서 아래로 흐르듯 죄짓는 것은 인간에게 자연스러운 것이 되었습니다.

"악이 난무하는 곳에는
최소한의 자제도 있을 수 없네
오직 강한 하나님의 권능만이
영혼의 흐름을 바꿀 수 있네."

여러분은 할 수 없습니다. 여러분은 버려진 아이처럼 무능력합니다. 여러분은 완전하고 철저하게 무기력합니다.

3) 세 번째 불행 역시 명백합니다. 즉, 우리에게 전혀 친구가 없다는 것입니다. "너를 돌아보아 이 중에 한 가지라도 행하여 너를 불쌍히 여긴 자가 없었느니라." 만일 하나님께서 간섭하시지 않으신다면, 우리에게는 우리를 위해 무엇인가 해줄 수 있는 친구가 천국에서나 땅에서나 전혀 없을 것입니다.

자상한 부모님이 여러분을 돌보아 주신다는 것을 감사하십시오. 그러나 부모님은 자기 아이의 본성을 변화시키거나 그의 자손의 죄를 정결하게 할 수 없습니다. 여러분을 위하여 눈물로 그리스도께 간구하는 사역자가 있다는 것을 감사하십시오. 그러나 가장 헌신적인 전도자라 할지라도 여러분의 영혼을 소생시킬 수는 없습니다. 하나님의 우레의 아들도 죽은 자를 소생시킬 수는 없습니다.

천사들이 여러분의 회심을 갈망하고 있다는 것을 생각해 봅시다. 여러분이 구원받는다면 천사들은 기쁨으로 날갯짓하며 하늘에서 즐겁게 안식하지만, 그러나 천사의 능력으로도 죄로 인해 죽은 여러분을 무덤에서 끌어 낼 수는 없습니다. 스랍과 그룹 모두를 합친다 할지라도 아담의 죄로 인해 파멸한 여러분을 구원할 수는 없습니다. 여러분 자신은 파멸로 인도되었습니다. 여러분의 친척들은 여러분을 위해 울거나 애통할지도 모릅니다. 그러나 어떠한 애통도 여러분의 죄를 속죄할 수 없습니다. 어떤 사람의 눈물도 여러분의 죄악을 정결하게 할 수 없습니다. 어떤 그리스도인의 열심도 여러분을 의로 덧입힐 수 없습니다. 어떤 열정적인 사랑도 여러분의 본성을 거룩하게 할 수 없습니다. 처음부터 친구도 없고 무능력하고 파멸된 피조물이 바로 인간입니다. 시내 산이 우리에게 소리를 지르고, 율법이 우리를 저주하고, 공의가 그 칼날을 드러내고, 거룩함이 격앙되고, 진리가 파멸되었습니다. 여러분, 우리가 어디로 피할 수 있겠습니까? 오, 하나님이여! 당신만이 우리의 피난처이십니다.

4) 나아가서 본문은 인간이 본래부터 버려진 슬픈 존재라는 것을 우리에게 보여줍니다. 밤에는 추위가 몰아치고, 낮에는 햇볕이 내리쬐어 누구든지 지나가기를 좋아하지 않는 광야와, 야수가 먹이를 찾아다니는 곳에 버려진 것이 인간의 운명입니다. 발가벗겨져서, 무기도 없고, 스스로 어떻게 할 수도 없이, 자기를 게걸스럽게 파멸시키려는 모든 방법 앞에 노출되어 있습니다. 어느 누구도 인간이 본래부터 게으름과 술 취함과 욕망과 교만과 불신앙과, 두루 다니며 삼킬 자를 찾는 사자에게 노출되어 있다는 사실을 거의 알지 못합니다. 오, 주 하나님! 당신 혼자만이, 죄 많은 사람을 찾아 헤매는 무서운 위험을 알고 계십니다. 그에게 어떤 불행이 닥칠지, 어떤 범죄가 그를 괴롭힐는지, 어떤 어리석은 행위가 그를 따라다닐는지 당신만이 아십니다.

하나님만이 가득 찬 죄를 아시므로, 그분의 무한하신 마음만이, 회심하지 않는 사람의 길에서 죽음을 부르는 뱀처럼 감춰어진 수많은 무서운 유혹들을 붙잡을 수 있습니다.

죽음이 바로 여러분의 뒤편에 있습니다. 여러분은 스스로 아무것도 할 수 없습니다. 지옥이 여러분에게 아우성치고 있습니다. 죄가 여러분을 삼키려고 기다리고 있습니다. 여러분에게는 친구도 없으며, 적들만 주위에 가득 차 있습니다. 여러분을 멸망시키려는 자는 강하게 무장하고 있으며, 여러분은 그들에게 저항할 아무런 힘도 없습니다. 여러분은 호랑이 굴에 들어간, 스스로 아무것도 할 수 없는 어린아이에 불과합니다. 죄를 짓게 하는 악마의 눈동자에 넋을 잃고서, 악마의 마력에 마비되어, 멸망시키는 자에게 좋은 먹이가 되어 있는 것입니다.

5) 이 어린아이는 노출된 상태에 있을 뿐만 아니라 천하게 여겨진 바 되었습니다. "네 몸이 천하게 여겨져 버려졌느니라." 이 장면은 넌더리 날 정도로 처참한 모습은 아니지만, 이 아이는 아름답지 않았기 때문에 완전히 천하게 여겨진 바 되

었습니다. 이것이 인간의 타고난 모습입니다. 다만 이 사실을 인간이 믿지 않을 뿐입니다. 사람은 자기가 솔로몬의 휘장처럼 아름답다고 우쭐댑니다. 그러나 인간은 게달의 장막처럼 검을 뿐입니다. 우리는 자신을 천사처럼 여기지만, 악마에 더 가깝습니다. 우리가 천사처럼 될 때 우리 속에 있는 악마는 신음합니다. 저는 이것을 믿고 있습니다. 성령 하나님께서 인간에게 자기의 견해를 나타내실 때, 그분은 완전히 천하게 여겨진 바 됩니다.

옛날 추기경들이 때때로 성자로 불리었을 때, 한 추기경이 풀밭을 지나가는데 어떤 목동이 손잡이가 구부러진 지팡이에 기대어 울고 있는 것을 보았습니다. 그는 멈추어 서서 그 목동에게 왜 우는지 물어 보았습니다. 그 목동은 대답 대신 땅 밑을 가리켰는데, 그곳에는 두꺼비 한 마리가 있었습니다. 그 목동은 말하기를, "저는 하나님께서 저를 내 발 밑에 있는 이 징그러운 두꺼비보다 말할 수 없이 뛰어나게 창조하신 것을 생각하며 울고 있습니다. 그러나 이 징그러운 두꺼비가 저보다 낫다고 생각합니다. 왜냐하면 이 두꺼비는 결코 죄를 짓지 않기 때문입니다."

추기경은 이야기를 모두 들은 후 자기의 길을 가면서 "진실로 이 어리석고 무식한 사람이 진리를 깨달아 나보다 먼저 하나님의 나라에 들어갔구나"라고 하였습니다. 독사나 두꺼비가 인간에게 징그러운 것보다 인간이 하나님께 더 징그러울 수밖에 없습니다. 혹 교만의 장막이 그의 눈에서 걷히면 진리의 눈으로 자신을 살필 수 있습니다. 인간에게 있는 하나님의 형상은 완전히 사라졌습니다. 그래서 우리는 아름다움 대신에 주검을, 영광 대신에 수치를, 건강 대신에 썩음을, 하늘 대신에 지옥을 소유하게 되었습니다.

6) 이 어린아이가 노출되어 있는 확실한 멸망의 여건을 살펴보면서 이 두려운 장면을 끝내고자 합니다. 이 멸망의 여건들은, 만일 은혜로 인간이 보호되지 않는다면, 모든 사람을 파멸시킬 것입니다. 이것은 인간이 천하게 여겨진 바 되었거나 아니 되었거나 하는 문제가 아닙니다. 사람이 지옥의 화염 속으로 들어가느냐 마느냐 하는 것은 문제가 아닙니다. 하나님께서 구원해 주시지 않는다면 인간은 반드시 멸망할 수밖에 없습니다. 하나님의 강한 팔이 간섭하지 않는다면 우리 모두는 영원성을 잃어버릴 수밖에 없습니다. 스스로 아무것도 할 수 없는 이 어린아이를 양육할 사람은 아무도 없습니다. 버려졌습니다. 버려졌습니다! 버려졌습니다! 여러분은 죽은 사람을 위해 진혼곡을 부릅니다. 그러나 영원하신

분께서 개입하시지 않는다면, 어떤 도움도 소망도 있을 수 없습니다.

사랑하는 성도 여러분, 여러분도 생각하시겠지만 이 강력한 언어는, 여러분이 회심하지 않았다면, 여러분 자신의 경우에 해당될 때만 그렇게 느껴질 것입니다. 저는 특별한 인물을 선택하거나 포학한 죄인을 비난하는 것이 아닙니다. 창녀나 도둑이나 살인자를 묘사하는 것도 아닙니다. 죄인으로 태어나 중생하지 않은 모든 사람에 대해 이야기하는 것입니다. 아첨의 말은 하지 않습니다. 하나님의 사역자가 사람에게 아첨한다는 것은 어울리지 않습니다. 우리는 진리를 솔직하게 증거해야 합니다.

여러분이 도덕적이고 관용적이라면, 여러분의 태도에서 겸손한 박애 정신이 나타납니다. 이런 선한 특성은 친척이나 친구들에게 호감을 줍니다. 그러나 본래부터 여러분은 천한 것 중의 천한 것보다 낫지 않습니다. 여러분의 본성은 스스로 모든 가증한 것들을 나타냅니다. 자기 국가의 이익을 위해 자기 나라에서 추방당한 사람들처럼 여러분의 마음은 어둡습니다. 국외로 추방하는 것은 사회의 배려이며 억제책이므로 지켜져야 합니다. 여러분은 저들처럼 버림받았고 멸망당했습니다.

저는 제가 여러분 가운데 그리스도께 피난처를 구하지 않은 많은 사람들에게 이야기하고 있다는 것을 알고 있습니다. 그러나 그런 분들은 자기 자신과는 대단히 좋은 관계를 맺고 있습니다. 왜냐하면 다른 사람들과 비교해 볼 때 여러분은 흠이 없기 때문입니다. 마음을 살피시는 살아 계신 하나님께 여러분을 환원코자 합니다.

이 아침에 타락한 자신의 모습을 둘러보십시오. 만일 그대로 살다가 죽는다면 여러분이 받을 유업은 전혀 없으며, 지옥불만 있을 뿐입니다. 하나님은 감사하게도 여러분을 이 비참한 운명에서 건지셨습니다. 그리고 죄악과 하나님의 분노를 두려워하도록 하셨습니다.

노아가 사람들에게 방주로 피난하지 않으면 죽을 수밖에 없다고 말했을 때, 의심할 바 없이 그는 당시에 사랑이 많은 자로 인정받았습니다. 그러나 이 진정한 사랑 때문에 그는 그들에게 경고하였습니다. 그리스도 안에서 피난처를 찾지 못한다면 여러분은 반드시 멸망하고 맙니다. 여러분의 신분은 매우 치명적인 상태이며, 버려졌고, 멸망 받고, 스스로 아무것도 할 수 없는 죄인인 것입니다. 하나님의 구원의 계획으로 피난하지 않으면 완전히 버려지고 맙니다. 아합 왕은 말하기를, "그(미가야)는 내게 대하여 길한 일은 예언하지 아니하고 흉한 일만 예언합니다"라고 했습니다. 그러나 아합 왕은 미가야의 정직함과 담대함이 여호와께로부터 나온 줄을 나중에 알았습니다. 그러는 동안 거짓 선지자들이 꾸민 순조로운 일들은 구렁텅이로 빠지고 말았습니다.

나는 여러분이 이 일을 마음에 새기기를 거듭 간청합니다. 도움이나 능력이 없이 멸망한 영혼, 스스로 망한 자들, 망할 준비가 된 자들은 버려졌으며, 여러분은 아직도 알지 못하는 죄악에 내던져져 있으며, 노출되어 있습니다. 그러므로 하나님께서 여러분을 구원하지 않으신다면, 지옥으로 갈 수밖에 없습니다. 하나님의 전능의 손길 아래 겸손해지십시오. 그러면 하나님께서 적절한 시기에 여러분을 높이실 것입니다.

상한 심령으로 하나님 앞에 여러분의 죄를 고백하십시오. 회개의 눈물로 그분 앞에 애통하십시오. 그러면 하나님은 선택한 백성을 멸망의 구렁텅이에서 구원하시고 양육하시며, 택하신 백성을 지옥에서 구원하십니다. 그러므로 슬프지만 인간의 멸망에 대한 이야기를 되풀이했습니다. 하나님께서 우리를 끝까지 복 주시기를 기원합니다.

2. 이제는 하나님께서 은혜를 베푸시는 동기를 살펴보고자 합니다.

형제들이여, 이 어린아이가 버려졌을 때, 우리 앞에는 매우 어려운 문제가 놓여 있습니다. 왜냐하면 어린아이가 천하게 여겨진 바 됨과 몸이 핏덩이라는 사실은, 이 어린아이에게 하나님으로부터 귀히 여김을 받을 만한 가치가 있으리라는 희망을 갖지 못하게 하기 때문입니다. 사람들로 하여금 가치 없는 것에 마음을 두도록 하는 몇 가지 동기에 대해 생각해 보기로 하겠습니다.

1) 첫째는 궁핍입니다. 어떤 사람은 궁핍에 대해 강합니다. 즉, 저들은 그것이 자기들의 명예를 유지하기 위해 필요하다고 느낍니다. 그래서 저들은 사람들에게 강하고 자존심이 있어 보입니다. 인간의 본성에는 인간으로 하여금 궁핍을 추구하도록 만드는 궁핍이 있습니다. 그는 그 속에서 인정받기 위해 기꺼이 참습니다. 상당수의 사람이 요청받을 때 거절할 수 없는 위치에 있습니다. 그러나 어떠한 궁핍도 지존자에게 영향을 주지 못합니다. 가장 근본적인 이유는 다른 이유와는 완전히 별개입니다. 하나님은 자발적으로 행동하십니다. 사람들은 "기꺼이 하겠습니다" "기꺼이 하겠습니다"라고 말할 수 있지만, 그러나 이 말은 전

적으로 하나님만이 하실 수 있습니다. 그러므로 이 말을 할 때에는 항상 숨을 죽여야 합니다. 왜냐하면 하나님의 주권적인 명령은 인간과 마찰을 일으킬 수 있기 때문입니다. 그러나 하나님은 어떠한 결핍도 느끼지 않으십니다. 어떤 훌륭한 왕이 그분을 능가하겠습니까? 누가 지존자의 모사를 명령하겠습니까? 누가 자리에 앉아서 그분께 충고와 경고를 하며, 누가 그분더러 자기 뜻에 따라 행하라고 할 수 있습니까?

하나님은 스스로를 행복하게 하시거나 영광을 증대하기 위해 어떤 것도 필요하지 않습니다. 천사들의 찬양은 하나님께 충분하지 않습니다. 천사들의 찬양조차도 하나님의 두려운 눈길에는 아무런 소용이 없습니다. 하나님의 기쁨은 자신 안에서만 찾을 수 있습니다. 하나님은 자신의 무한한 본성 내에서 충분한 기쁨을 누리십니다. 하나님은 자신 바깥으로 나가실 필요가 전혀 없으십니다. 왜냐하면 하나님은 만물에 충만하시며 만물 가운데 계시기 때문입니다. 만일 하나님의 뜻이 멸망할 수밖에 없는 인간과 아무런 상관이 없다면 하나님은 그렇게 하실 것이며, 그리고 인간은 "하나님, 무엇하십니까?"라고 반문할 수 없습니다. 하나님은 인간을 구원하실 때 어떤 도덕적·육체적·영적 강제성을 요구하지 않습니다.

하나님은 자신의 뜻대로 인간에 대한 구속과 구원을 이루어 가십니다. 오, 영혼이여! 하나님은 당신을 구하기 위하여 어떠한 제한도 받지 않으십니다. 사람은 버려졌고, 전능자 하나님께서 그들을 구원할 아무런 이유가 없었습니다. 만일 이유가 있다면, 그것은 하나님의 선하신 기쁨을 따라서 하나님의 은혜의 영광스러움이 찬양받기 위해서입니다.

2) 이 어린아이의 출생이나 가문에, 지나가는 사람을 움직일 만한 것이 전혀 없습니다. 본문 앞절을 보겠습니다. "네 근본과 난 땅은 가나안이요 네 아버지는 아모리 사람이요 네 어머니는 헷 사람이라." 두 족속은 다 저주받은 민족입니다. 함정에 빠질 때 그 구멍을 잘 살펴보십시오. 여러분과 제가 태어났을 때 하나님께서 우리를 불쌍히 여기실 하등의 이유가 없었습니다. 왕들과 왕자들과 정치가들은 자신들의 족보를 자랑하지만 하나님께서는 이런 족보나 조상의 영광이 아무것도 아님을 아십니다. 오히려 하나님은 그들을 죽음 속에 버려 두시며, 큰 나무를 자르시고 작은 나무를 번창시키십니다. 하나님은 왕자들에게 모욕을 주시며, 사랑에 구별을 두지 않으십니다.

타락한 인간의 본성 속에서 무엇이 나오며, 우리 가운데 하나님의 마음을 움직일 만한 것이 무엇이 있겠습니까? 아무것도 없습니다. 젊은이들이여, 여러분의 아버지가 경건해서가 아니라, 하나님께서 자발적으로 여러분을 구원하셨습니다. 여러분의 어머니가 귀족 출신이기 때문이 아니라, 전능자 하나님께서 자기의 팔을 여러분에게로 뻗치신 것입니다. 여러분은 죄중에 잉태되었으며, 태어날 때부터 타락하였습니다. 그러므로 하나님의 마음을 움직일 아무것도 여러분에게는 없습니다.

3) 이 어린아이에게 예쁜 데라고는 전혀 없습니다. 그래서 천하게 여겨진 바 되었습니다. 사람들은 종종 아름다움에 매혹당합니다. 의심할 바 없이 바로의 딸은 모세가 잘생겼기 때문에 양자로 삼았습니다. 아하수에로 왕도 에스더의 아름다움으로 인해 그녀를 왕비로 선택하였습니다. 세상에서는 인간적인 아름다움으로 인해 찬양받는 경우가 많이 있습니다. 그러나 하나님은 사람들이 보는 것처럼 사람을 보시지 않으십니다. "온 머리는 병들었고 온 마음은 피곤하였으며 발바닥에서 머리까지 성한 곳이 없이 상한 것과 터진 것과 새로 맞은 흔적뿐이어늘." 우리는 죄인일 뿐만 아니라 죄 그 자체입니다. 어떻게 완전히 거룩하신 하나님의 사랑과 관심이 죄를 사랑할 수 있겠습니까? 다른 피조물들이 인간을 부러워할 여러 가지 조건들이 있을 수 있습니다. 그러나 타락하여 저주받고 경건하지 못한 인간에게는 부러워할 만한 점이 전혀 없습니다. 그럼에도 불구하고 하나님은 우리를 존경받도록 하실 수 있습니다. 영적으로 가르침을 받는 여러분, 저와 함께 노래를 부릅시다.

> "우리 가운데 칭찬받을 만한 것이 무엇이 있으며
> 창조주를 무엇으로 기쁘시게 할 수 있을까?
> 아버지여, 우리는 영원히 찬양할 뿐이오니,
> 그것이 당신 보시기에 선하기 때문입니다."

자, 죄인 된 여러분 자신을 한번 돌이켜 보십시오. 여러분은 아름답지 못하기 때문에 하나님께서 여러분을 사랑할 만한 것이 전혀 없습니다. 벌레 같은 인간이 무엇으로 전능자 하나님을 기쁘시게 할 수 있겠습니까? 하늘도 하나님 앞에서는 깨끗하지 않습니다. 하나님은 천사들에게 그들의 어리석음을 꾸짖습니다. 하물며 인간에게 어떤 아름다움이 있겠습니까? 다만 벌레 같을 뿐입니다. 인간의 후손에게 어떤 아름다움이 있겠습니까? 짓이겨진 개구리와 같을 뿐입니다. 하나님께서 자기의 사랑을 자극시킬 만한 아름다움을 여러분에게 요구하신다고 생각하지 마십시오. 하나님은, 비록 여러분 안에 있는 자신의 형상이 파괴되었음에도 불구하고 여러분을 사랑하시며, 자신의 아름다움으로 여러분이 아름답게 될 때까지 사랑하십니다.

4) 나아가서 이 어린아이의 출생과 아름다움에 대한 필요성이나 동기를 찾지 못했습니다. 이 어린아이가 어떠한 부탁을 한 것도 찾아볼 수 없습니다. 지나가는 사람에게 구원해 주도록 간청한 것 같지도 않습니다. 왜냐하면 아직 그런 말을 한 흔적이 없기 때문입니다. 비록 죄인들이 기도하지만, 죄인들이 기도할 때는 이미 하나님께서 그를 구원하시기 시작할 때이지, 죄인의 기도가 결코 구원의 이유가 되지는 않습니다. 왜냐하면 인간이 먼저 하나님을 찾을 수 없고, 하나님이 인간을 먼저 찾으셨으며, 인간이 하나님께로 돌아오기 전에 하나님께서 먼저 인간의 영혼 안에서 선한 일을 시작하셨기 때문입니다. 어떤 경우에는 이것이 매우 특별하게 증명됩니다.

옛날 작가들이 잘 인용하는 산 사람의 경우를 말하겠습니다. 어떤 사람이 흉악한 범죄를 저지르고 숲속으로 들어가 자살하기 위하여 밧줄을 나무에 매달고 그 밧줄에 목을 맸습니다. 그 순간 지나가는 사람이 소리를 듣고는 다가와서 그를 설득했습니다. 행인의 말을 듣고 그는 다시 살기로 작정하였습니다. 막 자살하려고 하는, 죄악의 절정에 다다른 이 사람에게 어떤 준비나 예비적 과정이 필요합니까? 그것은 확실히 은혜입니다.

휫필드(Whitfield)의 이야기 가운데 한두 가지 예를 말씀드리겠습니다. 휫필드가 설교하는 곳에 어떤 사람이 왔습니다. 그는 휫필드에게 돌을 던지기 위해서 왔지만, 휫필드의 설교를 듣고 난 후 회심하여 그리스도를 믿게 되었습니다. 그곳에 하나님의 은혜를 헤아릴 수 있는 어떤 것이 있습니까? 지존자의 주권적인 은혜를 마음에 품거나 찬성하거나 장려하는 어떤 것이 그곳에 있습니까? 아닙니다. 오히려 그들에게는 하나님 뒤에서 외칠 수 있었던 어떤 것이 전혀 없습니다. 하나님은 하나님을 찾지 않는 자에게 찾은 바 되셨으며, 백성이 아닌 자들을 백성이라고 부르셨으며, 사랑하지 않는 자를 사랑하는 자라고 하셨습니다.

어떤 사람들은 죄인이 먼저 발을 내디딘다고 생각합니다. 그러나 우리는 더 잘 알고 있습니다. 만일 그가 그렇다면 가톨릭교회의 성 데니스(St. Dennis)의 기적을 일으키는 것과 마찬가지입니다. 성 데니스는 머리가 잘려졌는데, 잘려진 머리를 손에 들고서 2천 마일을 걸었습니다. 어떤 재치 있는 사람은 성 데니스가 2천 마일을 걷는 동안 어떤 기적도 행하지 않았다고 비꼬았습니다. 모든 어려움은 첫걸음에 달려 있습니다. 그러므로 만일 사람이 첫발을 잘 내딛기만 한다면, 그가 하늘나라로 가는 모든 방법을 얻는 것은 어렵지 않습니다. 왜냐하면 죽은 영혼을 살리며, 완악한 심령을 부드럽게 하며, 북방의 빙산을 녹이며, 교만한 마음을 꺾는 모든 기적은 그의 첫발에 놓여 있기 때문입니다. 이것은 쉬운 일인 동시에 어려운 일입니다. 만일 사람이 그렇게 할 수 있다면 그는 무엇이든 할 수 있습니다.

그러나 하나님께서 인간을 구원하시기 위하여 내려다보실 때, 그것은 그가 하나님께 울부짖기 때문이 아닙니다. 오히려 저들은 구원의 사역이 시작되기 전에는 그렇게 되지 못하며, 울부짖지도 못합니다. 그들은 하나님의 마음을 감동시킬 수 있는 간절한 애원을 스스로 할 수 없으며, 가능하지도 않습니다. 오히려 그들은 하나님의 자비를 혐오합니다. 그들은 자신에게 임한 은혜로부터 달아나며, 복음이 증거될 때 도리어 거부합니다. 그들은 참 생명이신 그리스도께 갈 수가 없으며, 지존자를 고의적으로 사악하게 배반합니다. 그러므로 하나님께서 강한 팔로 그들을 그리스도께로 인도하시지 않는다면, 그들은 결단코 구원받을 수 없습니다. 오, 은혜여! 오, 은혜여! 그대의 영역은 얼마나 넓은가! 인간의 타락과 죄를 기꺼이 받으시는 당신은 얼마나 영광스러운지요! 당신은 사역을 시작하시고 실천하시고 끝내실 때 당신의 권능의 영광을 나타내셨습니다.

5) 형제들이여, 그렇지만 지나가는 사람들이 이 어린아이에게 동정을 베풀지 않는 것은 나중에 어떤 도움이 기대되기 때문입니다. 보시는 바와 같이 이 어린아이는 잘 양육되고 호화스럽게 옷을 입고 아름답게 꾸며집니다. 결국 에스겔 16장을 읽게 되면, 하나님을 떠났던 자가 하나님의 사랑을 얻게 됨을 알 수 있습니다. 하나님은 이것을 미리 알고 계셨습니다. 그래서 뛰어나지도 않은 어린아이를 사랑하셨습니다. 하나님은 우리 가운데 조금도 선한 것이 없음에도 불구하고 사랑해 주시며, 여러분과 제가 구원받은 후에도 여전히 하나님께 반역하는 것을 알고 계십니다. 하나님은 우리가 배반할 것을 알고 계십니다. 하나님은 여러분이 전도자가 될 것을 미리 아시고 사랑하신 것이 아닙니다. 여러분이 전도지를

나누어 주는 사람이 될 것을 아시고 사랑하신 것이 아닙니다. 여러분이 신실한 주일 학교 선생이 될 것을 아시고 사랑하신 것이 아닙니다. 하나님은 여러분이 현재 모습대로 될 줄 아시고 사랑하셨습니다. 여러분은 지난 주일의 본문인 "내가 이같이 우매 무지함으로 주 앞에 짐승이오나 내가 항상 주와 함께 하니"(시 73:22-23)를 시험 삼아 암송해도 괜찮습니다.

왜 이 어린아이가 복을 받고, 왜 하나님이 사람을 구원하시는지 아무런 동기가 없습니다. 오늘 이 아침 내가 말할 수 없는 것을 말하기 원하는지는 잘 모르겠으나, 술집에서 범죄자처럼 술 마시는 사람과, 흉악범과, 얼굴에 마치 범인인 것같이 씌어 있는 사람과, 아직 자기는 죄를 짓지 않았다고 교만하게 말하는 사람들을 여러분에게 보여 주고 싶습니다. 마음에 끊임없이 일어나는 유혹과 배반하고자 하는 마음과 은혜를 모르는 불쌍한 인간들이여! 하나님의 자비의 대상이 되지 못하여 내던져진 사람처럼 불쌍하게 보이는 사람을 생각해 봅시다. 온 우주가 "없이하소서 없이하소서 그는 살 가치가 없나이다"라고 외치는 사람에 대해 생각해 봅시다. 그러면 하나님의 주권적인 은혜를 보여 드리겠습니다. "내가 그를 아끼리라. 그는 죽을 수밖에 없으나 아끼리라. 내 뜻대로 그를 아끼리라. 내가 아낄 만한 것이 그 안에 없으나 그를 아끼리라. 그리하여 내가 영원무궁하도록 왕이며 하나님이며 자비의 주님이심을 알게 하리라."

"왜 하나님께서 이 버려진 아이를 아끼시는가"라는 질문에 대한 유일한 대답은 "내가 긍휼히 여길 자를 긍휼히 여기고 불쌍히 여길 자를 불쌍히 여기리라 하셨으니 그런즉 원하는 자로 말미암음도 아니요 달음박질하는 자로 말미암음도 아니요 오직 긍휼히 여기시는 하나님으로 말미암음이니라"(롬 9:15-16)입니다. 이 아침, 여호와께 얼마나 찬양을 돌렸는지요! 내 영혼이 여호와께만 찬양을 돌립니다. 여호와는 영원무궁하도록 왕이십니다. 할렐루야! 죄인과 성도 여러분, 하나님께 머리를 숙이십시오. 하나님을 만왕의 왕과 주님으로 찬양하십시오. 하나님께서 어리석은 인간에게 말씀하십니다. "이 사람아 네가 뉘기에 감히 하나님을 힐문하느냐 지음을 받은 물건이 지은 자에게 어찌 나를 이렇게 만들었느냐 말하겠느뇨." 하나님의 공의를 비난하지 마십시오. 그렇지 않으면 여러분을 치셔서 공의를 깨닫게 하십니다. 하나님의 긍휼을 간절히 바라십시오. 그러나 하나님께 아무것도 주장할 수 없는 자처럼 간절히 애원하십시오. 자기의 뜻대로 긍휼을 허락해 주시는 분임을 아는 그대로 하나님께 긍휼을 간구하십시오.

오늘 이 아침, 여러분이 하나님의 손길 가운데 있는가 살펴보십시오. 독 안에 든 쥐처럼 여러분은 하나님 안에 있습니다. 하나님은 자기의 뜻대로 여러분을 구원하시거나 파멸시킵니다. 여러분은 마음이 편안합니까? 아니면 하나님을 조롱합니까? 혹은 여러분 자신만을 영화롭게 합니까? 그러나 그렇게 하기보다는 완전히 하나님의 지배하에 있는 피조물로서 하나님의 권위에 복종하십시오. 그리고 머리를 숙이고 부르짖기를 "하나님이여 불쌍히 여기소서. 나는 죄인이로소이다! 당신의 뜻과 영광을 위하여 나를 구원하소서. 당신의 긍휼의 크심과 당신의 주권을 나타내시옵소서"라고 말하십시오.

우리는 피조물에게서 구원받을 만한 아무 동기도 발견하지 못했습니다. 그러므로 더 이상 찾지 말고, 긍휼의 근원이 하나님 자신께만 있다는 것을 믿으십시오. 그렇지 않으면 욥처럼 하나님의 책망을 듣습니다. "네가 바다의 샘에 들어갔었느냐 깊은 물 밑으로 걸어 다녀 보았느냐"(욥 38:16).

3. 이제는 하나님의 자비하신 명령을 생각해 봅시다. "네게 이르기를 살아 있으라."

첫째로, 하나님의 이 명령이 얼마나 엄숙한가에 주의해야 합니다. "네가 피투성이가 되어 발짓하는 것을 보고 네게 이르기를 너는 피투성이라도 살아 있으라 다시 이르기를 너는 피투성이라도 살아 있으라." 흑암이 땅에 가득할 때, 전능자 하나님께서 이르시되 "빛이 있으라" 하시매 빛이 있었습니다. 숭고한 것은 단순합니다. 미사여구가 필요 없이 장엄합니다. 하나님께서 말씀하시자 그렇게 되었습니다. 본문에서 볼 때 인간이 알 수 있는 것은 죄밖에 없으며, 기대할 것은 하나님의 분노뿐입니다. 그러나 하나님은 그냥 지나쳐 가십니다. 하나님께서 세상을 돌아보실 때, 천천만만의 천사들이 하나님의 명령으로 더할 나위 없이 장엄하게 정렬해 있습니다. 하나님께서 세상을 살피실 때, 꺼린 바 되어 피투성이가 된 어린아이가 있었습니다. 그래서 걸음을 멈추시고 말씀하시기를 "살아 있으라"고 하셨습니다. 어느 누가 감히 한마디로 생사를 주관할 수 있겠습니까? 오직 하나님뿐이십니다.

형제들이여, 우리가 전한 말이 우리가 고백하는 것처럼 보잘것없지만, 하나님께서 사역자를 통해 말씀하실 때 웅변의 은혜는 비록 적지만, 하늘 위에서나 아래에서나 복음보다 더 거룩한 것은 아무것도 없습니다. 하나님께서 말씀하실 때, 비록 배우지 못하여 무식한 사람에 의해 그 말씀이 전해질지라도, 하나님께서 복음을 통해 죄인에게 "살아 있으라"고 말씀하실 때, 하늘 보좌 앞에 엎드린 천사들조차도 이보다 더 거룩한 말씀을 들을 수 없습니다. 그리하여 죽을 수밖에 없는 죄인에게 말씀하시기를 "살아 있으라"고 하십니다.

반면에 이 명령은 엄숙할 뿐만 아니라 다양합니다. 하나님께서 "살아 있으라"고 말씀하실 때 이 말씀은 다양한 뜻을 내포하고 있습니다. 여기 재판관이 판결한 삶이 있습니다. 죄인은 유죄 판결을 받아 당장에라도 사형당할 수밖에 없습니다. 그의 목은 단두대 위에 놓여 있고 칼날은 햇빛에 번쩍입니다. 그러나 전능자 하나님께서 말씀하시기를 "살아 있으라"고 하십니다. 그래서 그는 단두대에서 용서받아 풀려났습니다. 사형 집행도 연기되었을 뿐만 아니라 집행 유예가 되었습니다. 그는 죄를 용서받고 영원히 살도록 되었습니다.

게다가 이 삶은 영적인 것입니다. 사람은 전혀 하나님을 알지 못합니다. 그의 눈은 그리스도를 볼 수 없으며, 그의 귀는 그리스도의 음성을 듣지 못합니다. 여호와께서 이르시되 "살아 있으라"고 하십니다. 그래서 그에게 영적인 삶이 주어졌습니다. 허물과 죄로 죽었던 우리가 되살아났습니다. 이 삶은 영광스러운 것이며, 완전한 영적 삶입니다. "네게 이르기를 살아 있으라"고 하십니다. 이 말씀은 어둠의 그늘에 앉아서 죽기를 기다리는 모든 사람들에게 밀어 닥칩니다. 그래서 그들은 "네게 이르기를 살아 있으라"고 하시는 주님의 음성을 듣습니다. 이 목소리는 부활의 날에 천사가 "살아 있으라"고 말하는 것과 동일하며, 그때에 모든 영혼들은 하나님의 영광 안에서 복 받기 위하여 하늘로 올라갈 것입니다. 이것은 "네게 이르기를 살아 있으라"고 하시는 똑같은 권능의 음성입니다.

이 항거할 수 없는 목소리에 귀를 기울이십시오. 하나님께서 죄인에게 "살아 있으라"고 말씀하실 때, 지옥에 있는 모든 귀신들은 그 사람을 무덤에 붙잡아 둘 수가 없습니다. 만일 하나님께서 오늘 이 자리에서 어떤 훼방자에게 "살아 있으라"고 말씀하신다면, 그 훼방자는 믿는 성도가 될 것입니다. 다소 사람 사울은 살아 계신 하나님의 성도들을 체포하기 위해 다메섹으로 가고 있었습니다. 그러나 어떤 강한 손이 그의 말고삐를 잡고서 그를 땅바닥에 내동댕이쳤습니다. 그러나 이렇게 해도 사울은 멈추지 않았습니다. 그는 피에 굶주린 채 다메섹으로 가기 위해 땅에서 일어났습니다. 그러나 하나님의 은혜가 임한 것을 보지 않았습니까? 하늘로부터 소리가 있고, 홀연히 빛이 그를 비추자 사울은 외쳤습니다.

"주여 누구시니이까?" 그런 후 삼일 만에 사울은 세례를 받았습니다. 그는 전도자가 되었습니다. 바울이라 불리는 사울은 만군의 여호와 앞에서 하나님의 말씀을 전하는 뛰어난 사역자가 되었습니다. 주님은 오늘날에도 이와 같은 일을 하십니다. 구원하시는 능력은 오직 주님께만 있습니다.

"하나님의 팔이 행하신 것을 말하라,
죽음을 이기신 것을
그분의 사랑하는 성호를 찬양하라
존귀하신 어린 양."

우리가 다시 주의해야 할 것은 이것으로 모든 것이 충분하다는 것입니다. 위대하신 하나님, "살아 있으라"고 하시지 않았습니까? 그런데 왜 사람은 죽습니까? 사람 안에는 생명이 없으나, 살아 있으라고 명령하시는 음성 안에는 생명이 있습니다. "죽은 지가 나흘이 되었으매 벌써 냄새가 나는" 사람에게 "살아 있으라"고 아버지께서 말씀하셨습니다. 인간의 부패가 아니라 "나오라"고 부르시는 음성 가운데 권능이 있습니다.

우리가 죄인들에게 전도할 때, 그들에게 예수 그리스도를 믿으라고 말할 때, 그들에게 어떤 힘이 있기 때문이라고 생각하지 마십시오. 아닙니다. 우리가 하나님의 이름으로 "믿으시오"라고 말할 때, 그 권능은 우리의 입술을 통해 지존자께서 말씀하시는 것입니다. 만일 사역자가 하나님의 성령으로 충만하지 않다면 그의 사역은 헛된 것입니다. 그러나 내가 생각하는 것처럼 사역자가 하나님의 성령으로 충만한 사람이라면, 그리고 당분간 하나님께서 인간에게 말씀하시는 그 입이라면, 스스로 아무것도 할 수 없는 죄인들에게 복음이 전파될 때 성령이 함께 하셔서 그 복음에 능력이 나타납니다.

주님의 이름으로 오늘 여러분께 외칩니다. "하나님께서 이르시되 주 예수 그리스도를 믿으라 그러면 살리라." 십자가에 달려 피 흘리신 주님만을 신뢰하십시오. 그러면 여러분은 구원받습니다. 예수님의 보혈의 공로와 그분의 영광스러운 의를 의지하십시오. 하늘 보좌 앞에서 행하시는 중보의 능력을 믿으십시오. 그러면 타락한 상태에도 불구하고 여러분은 이 아침에 영원히 구원을 얻을 것입니다.

이 명령을 다시 한 번 반복하여 말씀드림으로써 설교를 맺고자 합니다. 이 명령은 값없이 주시는 은혜의 명령입니다. 저는 이 명령을 여러 번 반복하여 말하고 싶습니다. 이 어린아이에게는 아무것도 없습니다. 그래서 천하게 여겨진 바 되었습니다. 그러므로 조금도 존중받을 것이 없고, 전적으로 무능력합니다. 이 아이에게는 스스로 구원할 것이 아무것도 없었습니다. 이 어린아이는 유치합니다. 스스로 간청할 수 있는 것이 아무것도 없습니다. 그러나 하나님은 은혜로 말씀하시기를 "살아 있으라", 값없이 어떤 보수도 없이, 어떤 간청이 없어도 하나님은 말씀하시기를 "살아 있으라"고 하십니다. 오직 하나님께서는 죄인을 구원하시며, 찬양받으시기 위하여 값없이 은혜를 허락해 주십니다. 확실히 어떤 사람은 이에 만족하지 않을지 모르지만 매우 적절한 주제입니다. 그러므로 교만한 바리새인들은 뒤로 돌아서고 말았습니다.

어떤 사람은 "이것은 매우 칼빈주의적인 교리입니다"라고 말합니다. 친애하는 형제들이여, 이 교리가 무엇이든지간에 저는 관심을 갖지 않겠습니다. 그러나 제가 아는 것은, 이것이 하나님의 말씀으로 씌어졌다는 것입니다. 저는 알미니우스주의자라는 딱지가 붙을 정도로 설교해서, 선동주의자라는 비난을 받았습니다. 저는 제가 믿는 것이 성경에 있다는 것과, 제가 믿는 것이 진리라는 것을 여러분에게 말씀드리고 싶습니다. 그러므로 이 진리가 고귀하든지 혹은 비천하든지 저에게는 아무런 상관이 없습니다. 이것이 진리입니까? 교만한 바리새인들은 "아니요"라고 말합니다. 그들은 "왜 우리가 행한 일에 보상이 없습니까? 확실히 우리는 어떤 일을 하였습니다. 인내로써 선행을 베풀었습니다. 이것으로 많은 것을 즐길 수 있지 않습니까?"라고 말합니다. 이렇게 생각하신다면 그들은 은혜 아래 있지 않고 율법 아래 있는 것입니다. 아직도 복음의 기초를 배우지 못했을 뿐만 아니라, 자신이 행한 공로로 성도가 되고자 할 뿐입니다. 만일 다른 관점에서 만물을 살펴보지 못한다면, 여러분은 버려질 것입니다.

그러나 저는 이 교리는, 오늘 이 아침 이곳에서 유죄 선고를 받은 사람에게 합당하다고 생각합니다. 그 사람은 자신의 판결문을 기록하였습니다. 그리고 말하기를 "저는 멸망 받아 마땅합니다. 오, 주님! 당신께 드릴 것이 아무것도 없습니다. 저는 온유하지도 않습니다. 제가 원하고자 하는 필요성도 느끼지 못합니다. 주님, 저는 허탄하며, 사악함과 죄로 가득 차 있습니다. 당신 앞에 내놓을 것이 아무것도 없습니다. 오로지 당신의 분노와 불쾌감만 일으킬 뿐입니다. 위대하신 하나님, 당신께서 저를 구원하시지 않는다 할지라도 저는 당신을 비난할 자격조차 없습니다. 저에게는 아무것도 없습니다. 그러나 당신께서 말씀하시기를 '주 예수 그리스도를 믿는 자는 영생을 얻으리라'고 하셨습니다. 주님, 저는 감히 당신을 믿고자 합니다. 당신께서 진리라면 저를 구원하소서"라고 합니다.

가엾은 영혼이여, 불쌍한 영혼이여, 이 교회를 나갈 때 당신은 마음과 발이 가뿐하게 이 집을 나갈 수 있습니다. 왜냐하면 하나님께서 말씀하시기를 "네 죄가 많으나 용서하노라"고 하셨기 때문입니다. 하나님의 이름으로 여러분에게 무죄를 선언합니다. 그리스도께 나아와서 주 예수를 신뢰하십시오. 하나님의 책에 여러분에 대한 선고 기록이 이제는 남아 있지 않습니다. 여러분은 이제 더 이상 죽은 몸이 아니라 살아있는 몸이 되었습니다. 더 이상 죄인이 아닙니다. 하나님으로부터 사랑받는 자가 되었습니다. 더 이상 천하게 여겨진 바 되지 않고, 아름답게 되었습니다. 그리스도의 의로 덧입혀졌으며, 살아 계신 하나님의 성령으로 충만하게 되었습니다.

그리스도인이 된 여러분께 말씀드립니다. 이 하나님의 은혜를 위해 행동하시며, 여러분의 감사함을 하나님께 나타내십시오. 값없이 주시는 하나님의 은혜처럼 사람으로 하여금 그리스도를 위하여 열심히 일하게 하는 것은 아무것도 없습니다. 값없이 주시는 은혜의 교리를 믿으면서도 여전히 게으른 사람은 불공평 속에 있는 진리를 이해해야 합니다. 왜냐하면 이것처럼 그렇게 활기 있게, 그렇게 자발적으로 만드는 원리는 없기 때문입니다.

> "하나님의 사랑을 받았으니
> 당신을 위해 사랑으로 나를 태웁니다.
> 머지 않아 당신께서 정하신 시간이 오면
> 제게 주어진 시간을 당신께 바치옵니다."

마지막으로, 성도 여러분, 어떤 흉악한 죄인이라도 포기하지 마십시오. 자기는 절대 구원받지 못한다고 생각하지 마십시오. 엄숙하게 여러분께 권면합니다. 하나님은 사람에게서 아무것도 기대하지 않으십니다. 단지 자신의 뜻의 깊은 경륜에 의하여 죄인들을 구원하십니다. 여러분이 만난 모든 사람을 기도로써 하나님 앞에 데리고 오고, 모든 사람에게 간청하고, 모든 사람들에게 그리스도를 증거하십시오. 모든 사람에게 그리스도는 능히 구원하실 수 있다는 것을 말하십시오. 그리스도의 능력은 언제나 같으시며, 그분의 팔은 짧아지지도 않으셨으며, 그분의 귀는 어둡지도 않으십니다. 이 복된 소식을 증거하는 것은 인간의 의지로 되는 것이 아니며, 혈통으로도 되지 아니하며, 가문으로도 되지 않습니다. 다만 하나님의 전능하신 능력에 의하여 오늘 이 아침 우리 주 예수 그리스도를 통하여 이루어지는 것입니다.

제
9
장

특권을 받은 사람

"내가 물로 네 피를 씻어 없애고 네게 기름을 바르고 수놓은 옷을 입히고 물돼지 가죽신을 신기고 가는 베로 두르고 모시로 덧입히고 패물을 채우고 팔고리를 손목에 끼우고 목걸이를 목에 걸고 코고리를 코에 달고 귀고리를 귀에 달고 화려한 왕관을 머리에 씌웠나니 이와 같이 네가 금, 은으로 장식하고 가는 베와 모시와 수놓은 것을 입으며 또 고운 밀가루와 꿀과 기름을 먹음으로 극히 곱고 형통하여 왕후의 지위에 올랐느니라 네 화려함으로 말미암아 네 명성이 이방인 중에 퍼졌음은 내가 네게 입힌 영화로 네 화려함이 온전함이라 나 주 여호와의 말이니라." — 겔 16:9-14.

이스라엘 민족의 뿌리는 원래 한 사람이었습니다. 그의 가족과 하인들이 가나안 평원 곳곳을 유랑하는 작은 베두인 부족을 형성했습니다. 하나님께서 아브라함을 구별하여 선택하셨는데, 그는 혈통에 있어서 다른 사람들과 별 다를 바 없는 사람이었습니다. 하나님께서는 그와 그의 후손을 통해서 땅의 모든 민족들이 복을 받을 것이라고 선언하셨습니다. 이 부족의 수가 다소 늘었을 때 하나님께서는 그들이 애굽에서 바로의 발밑에 힘없이 짓밟히고 아무 대가도 받지 못하는 노동으로 혹독한 고생을 하고 있으면서도 공사 감독들의 학대에 분개할 기백도 없는 노예 계층으로 지내는 것을 보셨습니다. 하나님께서 그들을 애굽에서 이끌어내고 광야를 통과하게 하시며 그들 앞에 있는 강한 민족들을 몰아내고 지극히 비옥한 땅에 정착하도록 하셨습니다. 그 땅에서 그들의 수가 놀라울 정도로 불어났고, 아주 부유해지고 큰 능력을 받아 작은 이스라엘 왕국이 땅의 열방들 가운데서 유명해졌으며, 솔로몬 시대에는 그의 왕권이 아주 광범위하게 존중을 받았습니다. 세상의 민족들은 어떻게 그처럼 작은 군주국이 그토록 부유하고 강대하게 되었는지 기이하게 여겼습니다

이스라엘이 이와 같이 큰 복들을 받은 것은 전적으로 여호와의 은혜로 말미암은 것이었습니다. 하나님께서는 아브라함의 자손에게 은총을 베푸셨고, 다른 사람들에게는 자신을 계시하시지 않고 아브라함의 자손들에게 계시하셨으며 그들을 자기 백성으로 택하시고 그의 율법의 관리자로 삼으셨습니다. 그들 가운데서 하나님에 대한 예배가 지켜졌고, 그들이 하나님께 충성하는 동안은 행복하고 번영하는 백성으로 지냈습니다. 이들의 명성은 다시스와 섬들에게까지 전파되었고, 이스라엘의 법과 정치는 시바 여왕이 통치하는 나라들처럼 먼 나라들에게까지도 존경과 감탄을 자아내게 하였습니다. 이 민족의 아름다움은 전적으로 하나님께서 그들을 위해 행하신 일에 있었습니다. 이 민족의 아름다움은 여호와께서 그들에게 입혀주신 것입니다. 이스라엘은 부유하고 똑똑하며 자유로운 나라였습니다. 자기 하나님께 계속해서 충성하는 한, 전체적으로 순전하고 행복한 나라였습니다.

오늘 아침 내가 할 일은 이 민족에 대한 것이 아니라 우리 자신에 대한 것입니다. 우리의 묵상이 유익하려면 반드시 자신에게 직접 적용되어야 합니다. 과거의 민족들을 비난하는 것은 정말로 무익한 일입니다. 우리 스스로를 판단하면 유익할 수가 있습니다. 나는 하나님의 자녀들인 여러분에게 말씀드리겠습니다. 하나님은 우리를 위해 큰일들을 행하셨고, 우리는 그 일들을 기뻐합니다. 하나님께서 이스라엘을 위하여 행하신 모든 것은 하나님께서 구속하신 그의 사랑하시는 자들을 위하여 행하신 일의 예표와 그림자에 지나지 않았습니다. 하나님은 그의 사람들을 지면의 모든 사람들과 구별하셨습니다. 하나님의 아들들인 여러분, 나는 여러분이 자기 백성에게 내리신 하나님의 하사품들을 깊이 생각해 보기 바랍니다. 그 다음에 잠깐 동안 그 생각에서 몇 가지 의견들을 이끌어내기 바랍니다.

1. 우리 각 사람은 이 예배당에서 하나님 앞에 앉아 하나님의 인자를 회고하고, 그의 놀라운 하사품들을 생각해 봅시다.

그 하사품들은 하나님의 은혜의 복된 원천으로부터 우리에게 온 것입니다. 여러분의 묵상을 돕기 위해서 나는 하나님의 인자가 여러분에게 효과적으로 임했을 때, 그리고 여러분 양심에 작용한 하나님의 인자의 능력을 경험하였을 때 여러분이 어디에 있었는지 생각해 보라고 말씀드립니다. 여러분은 다른 사람들과 마찬가지로 죄를 사랑하는 사람이었고, 의와 구원을 바라는 마음이 전혀 없었습니다. 여러분은 죄를 지어왔고 계속 죄를 짓고 있었으며 거기에서 기쁨을 발견하였습니다. 더럽고 타락했으며 정죄를 받아 언제든지 멸망할 수 있는 사람이었습니다. 에스겔이 묘사한 갓난아기처럼 여러분은 피가 더럽혀져서 버림을 받았습니다. 여러분은 스스로 깨끗하게 할 능력이 없었고, 여러분이 깨끗이 씻음을 받도록 도울 아무 친구도 발견할 수 없었습니다. 여러분은 역겹고 또한 무력했습니다. 역겨움이 있었다면 반드시 영원한 파멸이 따랐겠듯이 여러분의 무력함은 영원한 안전에 대한 모든 희망을 여러분에게서 앗아갔습니다. 여러분 가운데 대놓고 죄에 뛰어든 사람들이 있고, 그런가 하면 공공연히 죄를 짓는 일은 하지 않았지만 마음속에 더러운 새들의 우리가 있는 사람들이 있습니다. 우리의 과거 생활은 들여다볼 만한 것이 되지 못합니다. 회심 전의 우리의 상태는 부끄러워할 만한 것입니다. 우리는 자신의 과거를 깊이 뉘우치며 회개해야 합니다.

그러나 여호와께서는 창세전부터 계속해서 우리를 응시하셨습니다. 하나님께서는 우리가 먼저 아담의 타락으로 인해, 그리고 후에는 우리 자신의 실질적인 악으로 인해 멸망하는 것을 보셨을 때, 관심의 눈길을 거두시지 않았고 우리를 향한 마음도 바뀌시지 않았습니다. 오히려 하나님은 우리를 사랑하셨고, 여전히 사랑하셨으며 우리 속에 사랑할 만한 것이 아무것도 없고 하나님께 만족감을 불러일으킬 것도 전혀 없으며 하나님의 자비심이 일어날 만하게 할 것도 전혀 없을 때 우리를 사랑하셨습니다. 우리의 죄는 우리의 비참함보다 훨씬 더 강력한 힘이어서, 비록 우리의 비참함 때문에 여호와께서 우리를 불쌍히 여기게 되셨을지라도 우리의 죄를 보면 하나님께서 반드시 우리를 미워하시게 되었습니다. 그래서 하나님의 사랑은 우리 속에 있는 어떤 것에 의해서도 일어나지 않은, 전적으로 까닭 없는 것이었습니다. 그 사랑은 하나님의 무한한 선하심이라는 신비한 원천으로부터 스스로 일어난 것이었습니다. 하나님을 찬송합시다. 우리가 망했을 때, 영원히 망했을 때 주권적인 자비가 개입한 것입니다.

본문에서 설명된 순서대로 받은 은총의 목록들을 생각해 봅시다. 이 선지자에 따르면, 하나님의 은총의 첫 선물들 가운데 하나는 씻는 것이었습니다. "내가 물로 네 피를 씻어 없애고." 자, "임마누엘의 정맥에서 흘러나온 피로 가득 고인 샘"에 잠긴 여러분, 그때 여러분이 씻음을 받되 철저히 씻음 받았던 것을 기억하고 이렇게 큰 소리로 노래하십시오.

"바로 우리 하나님의 자비로부터
우리의 모든 소망이 시작되도다.
바로 이 물과 피로 말미암아
우리 영혼이 죄 씻음을 받는도다."

바울 사도는 "그러나 너희가 씻음을 받았느니라"(고전 6:11, 개역개정에는 "그러나"가 번역되지 않았음 – 역주)고 말합니다. "그러나"라는 이 말이 얼마나 복되고, 거기에 얼마나 중대한 의미가 담겨 있는지 모릅니다. 사도는 "너희 중에 이와 같은 자들이 있더니"라고 하며 성도들 가운데 어떤 사람들이 있었는지 아주 두렵게 묘사하였습니다. 그리고 그 묘사 끄트머리에 마치 씻음을 받으면 우리에게 어떤 더러움이 있었든지 간에 모두 제거된 것처럼 "그러나 너희가 씻음을 받았느니라"는 말을 집어넣습니다. 사랑하는 여러분, 우리가 처음으로 씻음 받았던 때를 기억해 보십시오. 여러분이 예수 그리스도를 믿고 구원받았다는 것을 느꼈던 시간을 떠올려 보십시오. 그 시간에 얼마나 큰 기쁨이 몰려왔습니까! 여러분이 사랑하시는 하나님께 받아들여졌다는 사실을 성령님께서 여러분 마음에 확증하셨습니다. 여러분은 죄 사함의 결과로 지각을 뛰어넘는 하나님과의 평안을 누렸습니다. 그 복된 날을 기억하고 감사하십시오! 그러나 나는 여러분이 씻음을 받았다는 사실을 오늘 아침 다시 생각하기 바랍니다. 여러분은 지금 하나님 보시기에 흠 없는 신자와 같습니다. "그 아들 예수의 피가 우리를 모든 죄에서 깨끗하게 하시기"(요일 1:7) 때문입니다. 여러분이 씻음 받은 것을 잊어버려도 되는 과거의 일로 여기지 마십시오. 여러분은 지금 이 시간 예수님의 피로 말미암아 하나님 보시기에 "온 몸이 깨끗합니다"(요 13:10). 하나님의 책에 기록되어 신자를 고소하고 있는 죄는 없습니다. "그리스도께서 죽으셨으니 누가 정죄하리요?"(롬 8:34). 아, 완전한 칭의(稱義)여! 내가 어떻게 해야 그대를 충분히 높이 평가할 수 있을까? 아, 완전한 사죄(赦罪)여! 내가 그대를 무엇에 비길 수 있을까? 이 두 가지 사실이 합쳐지면 세상에서 사람들 가운데 가장 슬프고 괴로운 사람들에게까지도 천국을 만들어주기에 충분합니다. "내가 물로 씻어 없애고." 이 점에서 우리는 두 번 씻음을 받았다고 말할 수 있습니다. 첫 번째는 죄책을 제거하는 피로 씻음을 받았고, 그 다음에는 성령의 강력한 능력으로 말미암아 우리가 죄의 더러움과 세력에서 씻음을 받았습니다. 그래서 우리는 하나님 앞에서 이중의 의미로 깨끗합니다. "내가 물로 네 피를 씻어 없애고." 여러분의 타락은 사라졌지만 여러분의 옛 본성은 제거되지 않았습니다. 이 본성도 오래지 않아 제거될 것입니다. 그러나 여러분의 옛 죄책은 완전히 사라졌습니다. 현재 여러분의 유죄 선고는 완전히 지워졌습니다.

"주님의 귀한 손이 그대를 위해 찔렸도다.
주님의 보증으로 그대는 자유롭고
주님의 흰 옷을 입음으로
거룩하신 자처럼 거룩하도다.

아, 은혜의 높고 깊음이여!
한낮의 광휘로 빛나며
신성한 기록들이 보여주니
죄인들이 검으나 또한 아름답도다."

20년 전의 죄들은 예수님의 보혈의 홍해 물결 아래 수장되었습니다. 어제의 죄들도 같은 운명을 당하였고 오늘의 죄도 마찬가지입니다. "내가 네 피를 씻어 없애고." 자, 신자 여러분, 오늘 아침 여러분이 완전히 씻음을 받았다는 의식을 마귀가 빼앗아 가지 못하게 하십시오. 여러분이 과거에 어떤 사람이었는지 생각해 보십시오. 그러나 동시에 지금 여러분이 과거와는 다른 사람이라는 것을 기억하십시오. "이전 것은 지나갔으니 새 것이 되었도다"(고후 5:17). 예수 그리스도께서는 말씀하셨습니다. "내가 구름 같은 네 죄를, 빽빽한 구름 같은 네 죄악을 없이하였노라"(사 44:22). 나는 예수께서 그렇게 말씀하셨다고 말하는 것입니다. 성령께서 여러분 마음에 증언하심으로써 그렇게 말씀하셨다고 말하는 것입니다. 여러분은 다시 십자가로 와서 쳐다보십시오. 여러분이 주님의 귀한 상처들, 곧 흠 없는 완전의 샘들을 볼 때, "내가 물로 네 피를 씻어 없앴노라"고 기록되어 있으니 기뻐하십시오.

그 다음에 감사할 일은 기름을 바르는 것입니다. 본문에서 "내가 네게 기름을 발랐다"는 말씀을 잘 보시기 바랍니다. 사람이 씻음을 받으면 바로 하나님을 섬기기에 적합하게 됩니다. 용서받은 죄인이 갖는 첫 번째 천성들 가운데 한 가지는 자기를 용서하신 하나님의 집에서 종이 되는 것입니다. 시편 51편에서 다윗이 하는 말을 들어보십시오. "내가 범죄자에게 주의 도를 가르치리니 죄인들이 주께 돌아오리이다"(51:13). 사람이 죄 사함을 받으면 다른 사람들에게 진리를 전하고 싶어 하게 됩니다. 그러나 우리가 하나님을 섬길 수 있으려면 먼저 섬길 수 있도록 기름 부음을 받아야 합니다. 하나님께서는 성전에 기름 부음을 받지 않은 제사장을 두시지 않을 것입니다. 그런데 성령님은 사죄 받은 사람 하나하나에게 기름을 부으시는 분입니다. 나는 여러분을 위해 더욱더 많이 기름 부음 받기를 바라지만, 이 기름 부음이 설교자인 내게만 주어지는 것이 아닙니다. 여러분 모두가 이 기름 부음을 받게 되어 있습니다. "너희는 거룩하신 자에게서 기름 부음을 받았느니라"(요일 2:20). 여러분은 눈에 안약을 발랐는데, 이는 여러분이 하나님과의 교제의 신비를 보고 알 수 있도록 하기 위함입니다. 여러분이 손에 기름을 발랐는데, 이는 여러분이 하나님과 함께 하는 일꾼이 되도록 하기 위함이고, 여러분이 마음과 몸과 영혼에 기름 부음을 받은 것은 여러분 전체가 내주하시는 성령의 충만함을 받아 지극히 거룩한 목적에 쓰이도록 하기 위함입니다. 하나님께서 주의 자녀들이 이 기름 부음을 더욱더 느끼게 해 주시기를 기도합니다. 우리는 사제들만의 전유물인 어떤 기술이 있다고 믿지 않습니다. 사람들 가운데 어떤 계층이 거룩한 일들에서 자기 형제들의 대리인으로 봉사하도록 따로 구별되었다는 것을 믿지 않습니다. 성도인 여러분 모두가 다같이 하나님께 왕 같은 제사장들입니다. 본성상 여러분은 하나님의 은혜가 없었더라면 지옥에 있었을 죄인들이지만, 이제는 하나님께 제사장이 되어 그의 보좌 앞에서 봉사하게 되었습니다. 하나님의 은혜가 없었다면 여러분의 영원한 운명은 게헨나의 불꽃 속에 있었을 것입니다. 그러나 오늘 여러분의 고유한 위치는 주권적인 은혜가 여러분에게 수여한 권리들로 말미암아 휘장 속, 곧 뛰어난 영광이 광채를 비추는 그곳에 있습니다. "내가 물로 씻어 없애고 네게 기름을 바르고."

그리스도 안에서 형제 된 여러분, 나는 여러분이 지금 이 특권들을 깨닫기를 바랍니다. 내가 깨끗이 씻음에 대해서 이야기했듯이 이제 다시 한번 말씀드립니다. 사탄이 여러분에게 기름 부음을 신화라고 생각하게 하거나 기름 부음이 바로 지금 이 시간에 여러분에게 속한 것이 아니라고 생각하게 만들지 마십시오. 하나님의 복의 실재와 현재적 성격은 결코 잊어서는 안 되는 중요한 점입니다. 오늘 여러분은 의롭다함을 받은 상태에 있습니다. 하나님께서 여러분을 그의 사랑하시는 아들 안에서 보시므로 여러분은 하나님 보시기에 한 점 흠이 없는 존재입니다. 여러분은 예수님 안에 서 있으므로 티나 주름 잡힌 것이나 이런 것들이 없습니다. 그 다음에 지금 이 시간 여러분은 성령님으로 말미암아 기름 부음을 받은 제사장입니다. 사탄이 여러분에게 여러분이 제사장으로 부름 받지 않았고 제사장이 될 자격도 없다고 말하게 내버려 두지 마십시오. 여러분은 하나님의 자녀로서 정말로 성령님을 받았기 때문입니다. 여러분은 기도할 때 기름 부음 받은 제사장으로서 무릎을 꿇으십시오. 오늘 오후에 주일학교 반을 가르치러 가든지 혹은 노방 전도를 하러 가든지 어떤 형태의 봉사를 하러 가든지 간에, 여러분은 주님을 위하여 기름 부음을 받은 자로서, 주님이 여러분에게 하라고 정해주신 그 일을 하기 위해 기름 부음을 받은 자로서 가십시오. 씻음 받은 죄인으로서 씻음의 이중적인 복을 기뻐하고, 기름 부음 받은 자로서 여호와 여러분의 하나님을 기뻐하시기 바랍니다!

사랑하는 형제 여러분, 우리 하늘 아버지께서는 일단 자비를 아낌없이 베풀기 시작하실 때는 어디에서든지 베푸십니다. 하나님은 인자에 풍성하십니다. 그러므로 나는 여러분이 그 다음에 나오는 언약의 자비에 주의를 기울이시기 바랍니다. 이 구절에서 성령께서는 하나님이 자기 백성에게 입히기를 기뻐하신 화려한 의상을 설명하기 위해 인간의 비유적 표현을 있는 대로 다 사용하신 것처럼 보입니다. 네 가지 묘사 방식이 사용됩니다. 첫째로, "내가 네게 수놓은 옷을 입혔다"고 말합니다. 이것은 이스라엘의 솜씨가 뛰어난 여인들이 바느질로 만든 제품이었는데, 아주 우아하고 세련된 작품이었습니다. 제사장들의 옷처럼 영광과 아름다움을 나타내기 위한 옷은 오랫동안 바느질에 숙련된 사람들이 만들었습니다. 하나님께서 자기 백성을 수놓은 옷으로 입히신다는 말씀을 읽을 때, 여기서 나는 다음과 같은 점을 배웁니다. 즉, 하나님께서 자기 백성을 감싸 보호하시는 의를 생각하고 고심하며 애써서 정교하게 만든 작품이라는 것입니다. 단순히 노력해서 만들기만 한 것이 아닙니다(우리 주 예수 그리스도께서 아주 애쓰셨고, 헤라클레스처럼 분투 노력하셨지만). 생각 없이 그저 대충 아무렇게나 만든 것이 아니라는 말입니다. 이것은 망치를 가지고 만든 것이 아니라 아름답고 정교한 손으로 바늘을 가지고 만든 것입니다. 죄인을 의롭다 하는 방식에 하나님의 지혜가 발휘되었습니다. 불의한 자들을 의롭게 하고 부정한 자들을 그리스도 예수 안에서 하나님의 의가 되게 하는 방법들에 여호와의 위대한 생각들이 동원되었습니다. 자수 한 땀 한 땀마다 생각이 요구되고, 바느질 동작 하나하나에 관심과 열망이 깃들어 있습니다. 그와 같이 은혜 언약의 모든 부분에 하나님의 생각이 풍성하게 발휘되었습니다.

칭의의 방식에서 하나님의 모든 속성들이 얼마나 찬란하게 나타나는지 보십시오! 그리스도께서 우리를 덮는데 쓰신 옷에서 하나님의 속성들 가운데 어떤 속성이 가장 잘 나타나는지 말할 수 없습니다. 거기에는 하나님의 공의가 있습니다. 왜냐하면 하나님의 공의가 예수님의 희생에서 율법이 요구하는 모든 것을 받기 때문입니다. 하나님의 자비도 마찬가지로 명백하게 나타나는데, 이는 하나님께서 불법과 불의와 죄를 너그럽게 봐주시기 때문입니다. 하나님께서 구주님을 치시기도 하지만, 여기에는 구주님을 떠받치는 능력이 나타납니다. 죄에 대하여 끓어오르는 하나님의 진노가 있습니다. 무엇보다 아름다운 보석처럼 찬란히 빛나는 하나님의 사랑이 있습니다. 이것은 수놓은 옷입니다. 한 땀 한 땀이 정교하게 꼰 실과 지혜로운 계획으로 이루어진, 진기하고 우아한 작품입니다. 천사들이 그 옷을 보았는데, 일찍이 그처럼 아름답게 수놓은 옷은 보지 못했습니다. 여러분과 나는 그 옷을 주목해서 보고, 그것이 비길 데 없는 작품인 것을 알고 자랑합니다. 천국에서 그 옷을 한 올 한 올, 한 땀 한 땀 조사해 보고서 우리는 새로운 찬송을 쏟아내며 이렇게 말할 것입니다. "지극히 은혜로우신 하나님이여, 실로 주님은 수놓은 옷으로 우리를 입히셨습니다! 호화롭기 그지없는 옷입니다!" 하나님께서 자기 백성에게 입히신 의의 옷에는 어떤 솜씨와 지혜와 능력과 은혜가 들어있습니까? 하나님의 자녀여, 그대는 오늘 바로 그런 옷을 입고 있는 것입니다. 야곱이 요셉을 그의 형제들보다 사랑하기 때문에 그에게 채색 옷을 입혔다면, 여러분의 하늘 아버지께서 여러분을 그토록 사랑하시니 어떤 옷을 입힐지 한번 생각해 보십시오. 하나님께서 여러분을 천사들보다 사랑하시고 천사장들보다도 사랑하시기 때문에 오늘 여러분에게 수놓은 옷을 입히신 것입니다. 하나님께서 천사와 천사장들 가운데 어느 누구에게도 "내가 네게 수놓은 옷을 입혔느니라"고 말씀하신 적이 없습니다.

"이 하늘의 의복은 세상 군주들이 입는 것보다
말할 수 없이 더 뛰어나도다!
그 옷의 장식들은 얼마나 멋지게 빛나는지!
그 의복은 얼마나 깨끗한지!

내 영혼아, 크고 거룩하신 삼위 하나님으로 인하여
네가 기이하게 성장을 하였도다!
주님의 모든 능력에 합당한
지극히 아름다운 찬송을 드리라."

그 다음 생각을 살펴봅시다. "물돼지 가죽신을 신기고." 이렇게 아주 오랜 시간이 지난 시대에서는, 여기서 언급하는 짐승이 무엇인지 알 수가 없습니다. 우리가 물돼지라고 부르는 동물이 아닌 것은 확실합니다. 생각건대, 광야에서 많이 발견되는 짐승으로 아마도 피부에 얼룩얼룩한 점이 있었을 것입니다. 그래서 이것은 후에 진홍빛으로 물들여 가죽으로 사용되었습니다. 그것이 무엇이었든지 간에 물돼지 가죽이 광야에서 언약궤와 장막의 덮개로 사용되었습니다. 이런 짐승의 표피로 만든 가죽은 아주 부드럽고 질이 좋으며 내구성이 매우 튼튼했을 것으로 생각됩니다. 따라서 이 구절의 의미는 바로 이런 것입니다. "나는 네게 구할 수 있는 것 가운데 가장 좋은 신을 신겼다."

우리는 대체로 유대 여자들이 아주 정교하게 다듬고 진홍빛으로 물들인 가죽으로 만든 신을 신었다는 것을 압니다. 물론 이런 신을 신는 것은 우아하고 화려하게 보이기 위한 것입니다. 이 사실을 언급하는 것은 하나님께서 유대인들에게 베풀어주신 부와 화려함을 보여주기 위해서입니다. 나는 오늘 이 용어를 영적으로 사용하고, 여러분에게 하나님 백성들의 부에 주목하라고 말씀드립니다. 또한 하나님께서 우리에게 주신 의의 내구성에도 주의하시기 바랍니다. 우리는 찔레와 가시가 많은 광야를 지나가야 합니다. 따라서 우리 신발은 그 광야를 지나가기에 적합합니다. 우리 예수님께서 그저 보여주기만 하라고 우리에게 수놓은 옷을 주신 것이 아닙니다. 주님은 천성으로 가는 순례 여행의 닳아 해어짐과 고생을 견딜 옷을 마련해 주신 것입니다. 주님은 우리에게 아주 적합한 신을 신겨주셨습니다. 때로 주님은 우리에게 네 신은 철과 놋이 될 것이고 네가 사는 날을 따라서 능력이 있을 것이라(신 33:25, 개역개정에서는 "네 신은"을 "네 문빗장은"으로 번역함 – 역주)고 말씀하십니다. 바울은 우리에게 평안의 복음이 준비한 것으로 신을 신으라(엡 6:15)고 하는데, 이제 여기 본문에서는 "내가 네게 물돼지 가죽신을 신겼다"고 말합니다. 신자 여러분, 여러분은 여러분이 상상할 수 있는 것 가운데 최고의 은혜, 최고의 의, 최고의 도움을 받았는데, 이는 여러분을 마침내 하나님의 오른편으로 안전하게 데려가기 위함입니다. 예수님의 의는 아주 능력이 있어서 여러분이 노년에 이르기까지 광야를 지나갈 수 있도록 하고, 그럴지라도 그 의는 영원한 의이기 때문에 닳아 해어지지 않을 것입니다.

"나이가 들어 사람의 피부가 상해도
이 흠 없는 옷은 똑같네.
세월도 그 화려한 색깔을 바랠 수 없으니
그리스도의 옷은 항상 새것이라."

그 다음에 이 비유적 표현은 다시 바뀝니다.

본문은 "내가 네게 가는 베로 둘렀다"고 말합니다. 잠시 멈추어 모든 신자 여러분에게 말씀드립니다. 지금 믿음을 발휘해서 여러분이 이 시간에 이 수놓은 옷을 입고 바로 지금 이 신을 신는다고 생각해 보십시오. 은혜 언약이 여러분에게 가져다주는 이 선물들을 믿고, 하나님에게서 나와 여러분에게 지혜와 의와 거룩함과 구속함이 되신 예수 그리스도를 의지하십시오. 다시 "내가 네게 가는 베로 둘렀다"는 말씀을 생각해 보겠습니다. 가는 베는 하나님께서 우리에게 주시는 의의 정결함을 나타내기 위한 것입니다. 가는 베, 곧 가늘고 하얗고 아름다운 베는 제사장들만 입는 아주 비싼 최고급 직물이었습니다. 하나님의 자녀 여러분, 하나님이 보실 때 여러분은 지금 이 순간 믿음으로 말미암는 하나님의 의가 있습니다. 그 의는 참으로 정결해서 하나님조차도 거기에서 아무 흠을 보시지 못합니다. 그 의는 너무 귀해서 하늘과 땅을 팔지라도 값으로 사서 입을 수 없는 옷입니다. 여러분은 오늘 제사장처럼 옷을 입은 것입니다. 여러분은 예수 그리스도로 말미암아 하나님이 받으실 만한 기도와 찬송을 드리는 제사장입니다. 자, 이 점을 잊어버리지 마십시오. 마치 내가 그저 시나 허구를 이야기하고 있는 것처럼 생각하지 마십시오. 그렇지 않습니다. 나는 있는 그대로의 사실, 곧 아주 진실하고 확실히 믿을 수 있는 사실을 말하는 것입니다. 여러분은 지금 이 순간 제사장의 옷을 입고 있습니다. 여러분은 하나님으로 말미암아 제사장과 왕이 되었기 때문입니다.

그 다음에 마지막 비유적 표현은 "내가 네게 비단으로 덧입혔다"(개역개정은 "모시로 덧입히고" - 역주)는 것입니다. 우리는 이 선지자가 여기서 언급하는 것이 무엇인지 거의 알지 못합니다. 비단은 선지자의 시대에 사용되지 않았던 것으로 보이기 때문입니다. 생각하건대, 그것은 현대의 비단과 비슷한 직물이었을 것입니다. 이것은 왕족이 쓰는 부드럽고 고운 천으로 왕궁 외에서는 좀처럼 볼 수 없는 것이었습니다. "내가 네게 비단으로 덧입혔다." 이것은 성도들이 그리스도의 옷을 입고 나타날 때 보이는 성도들의 빛나는 모습을 표현할 수 있습니다. 천사는 틀림없이 빛나는 모습일 것이라고 생각합니다. 여러분이 천사들을 보면 눈이 부시겠지만 천사가 여러분이 그리스도의 의를 입고 서 있는 모습을 보고 놀라는 것에 비하면 그 절반에도 미치지 못할 것입니다. 나는 사람들이 천사들을 보고 하나님을 감탄한다는 글은 읽지 못하지만 믿는 모든 자들을 보고 예수 그리스도에 대해 감탄한다는 글은 많이 봅니다. 장차 신자의 영광은 참으로 대단하여서 천상의 광채에 익숙한 천사들조차도 구속받은 자들이 그리스도의 의로 옷 입은 모습을 볼 때 놀랄 것입니다. 여러분은 여호와 우리의 공의(렘 23:6)라는 이 단어를 말하기만 하십시오. 구속주의 공로를 옷 입기만 하십시오. 여러분에게 말씀드리는데, 하늘에서 하나님의 보좌 앞에 선 조신(朝臣)들 가운데 여러분만큼 호화로운 옷을 입은 존재들은 없을 것입니다.

> "구주의 옷을 입었으니
> 여러분은 거룩하신 자처럼 거룩합니다."

이렇게 솜씨와 관심, 내구성, 효용, 정결, 제사장직, 우아함 그리고 왕의 위엄을 나타내는 이 네 가지 표현에는 지극히 귀중한 사상이 무더기로 들어 있습니다. 우리가 그 사상을 잘 이해하기 위해 늘 정신을 차리면 좋겠습니다. 그처럼 큰 사랑을 베풀어 주신 것을 인해서 우리는 마땅히 선하신 하나님께 얼마나 깊은 감사를 드려야 하겠습니까!

그러나 이것이 전부가 아닙니다. 우리를 씻고 우리에게 기름을 바르시며 옷을 입히시는 분이 그 다음에는 우리를 장식하십니다. 여러분은 여기서 다시 성령께서 하나님이 자기 백성들을 꾸미신 장식들을 설명하기 위해 어떤 표현을 쓸지 고심하시는 것처럼 보인다는 점에 유의하십시오. 나는 이 장식들이 성령의 은혜들, 곧 중생한 사람에게서 나타나는 성령의 열매들을 나타낸다고 봅니다. 나는 그 점을 생각하기 위해 여러분을 쓸데없이 붙들어 두지 않겠습니다. 다만 여러분이 성경을 펴고서 그 하나하나를 찾아보시기 바랍니다.

"나는 팔고리를 손목에 끼우고." 신자가 구원을 받으면 일꾼이 됩니다. 그가 믿음과 사랑의 팔고리를 손목에 차고 일하면, 참으로 멋진 일꾼이 됩니다! 그리스도인이여, 여러분은 이 명예가 있습니다. 여러분은 하나님을 의지하고서 하나님을 위해 일합니다. 오직 사심 없는 애정에서 나온 동기로 하나님을 사랑하며 하나님을 위하여 일합니다. 여러분은 손목에 이런 팔고리들을 차고 있습니다.

"목걸이를 목에 걸고." 한때 고개를 숙이려 하지 않았던 뻣뻣한 목, 곧 오만하고 완고한 철 힘줄 같은 반역하는 목이 하나님 앞에서 고개를 숙이고 그리스도의 쉬운 멍에를 맬 때, 이것이 온유하고 조용한 심령이라는 장식품이 아니고 무엇이겠습니까? 하나님께서 겸손한 감사의 마음이라는 많은 고리들로 만든 이 금 목걸이, 곧 온유하고 조용한 심령을 받은 자들은 복이 있습니다. 이것도 하나님께서 신자에게 주신 것입니다. 여러분이 목걸이를 잃었다면 슬퍼하십시오. 이것은 확실히 하나님의 선물들 중의 하나입니다. 그래서 하나님의 사랑을 받는 자의 한 사람으로서 이 선지자가 여러분에게 이것을 말한 것입니다.

그 다음에 선지자는 이마에 장식하는 보석에 대해서 이야기합니다. 혹은 어떤 사람들은 그 보석을 "코고리"라고 읽는데, 이는 코에 커다란 금 고리나 활 모양의 장식을 차는 것이 동양 여인들에게는 흔한 일이었기 때문입니다. 혹은 본문이 이마 쪽의 머리에 매달려 흔들거리는 보석을 가리킬 수도 있습니다. 자, 신자가 올바른 상태에 있을 때는 신자에게는 모두 이 보석이 있습니다. 이마에 장식하는 이 보석은 자기 주님을 공공연히 고백함을 가리키고 거룩한 담대함을 가리키며, 온유하지만 사람을 두려워하지 않고 자신을 위하여 해명하는 양심을 가리킵니다. 그리스도를 위하여 사자 굴에서 사자의 수염을 잡아 뽑을 수 있고, 예수님을 위해서라면 위험을 무릅쓰고 고생을 마다하지 않을 수 있는 불굴의 용기를 표시합니다. 이마에 장식하는 이 보석을 아무튼 우리 가운데 어떤 이들에게 주셨습니다. 우리가 언제나 이 보석을 차고 있을 수 있기를 바랍니다. 이것은 그리스도인들이 사람들 앞에서 차고 다니는 가장 빛나는 장식품들 가운데 하나입니다. 다른 장식품으로 이 보석을 돋보이게 할 때, 그리스도인이 마음으로 찰 수 있는 것은 아주 귀중한 보석입니다. 장식품의 목록이 아직 끝나지 않았습니다.

"귀고리를 귀에 달고." 내가 이제 여러분에게 보여줄 이 두 가지보다 귀한 귀고리는 없습니다. "내 양은 내 음성을 들으며 나는 그들을 알며 그들은 나를 따르느니라"(요 10:27). 이것이야말로 온 세상에서 구하여 찰 귀고리 가운데 가장 좋은 것입니다. "내 양은 내 음성을 들으며." 하나님은 자기 백성들에게 분별의 귀고리를 주셨습니다. "타인의 음성은 알지 못하는 고로 타인을 따르지 아니하고 도리어 도망하느니라"(10:5). 애정의 귀고리, 이 귀고리가 있기에 그들은 예수님의 음성을 듣고 그 목소리를 알고 즉시 일어나 즐거이 그를 따릅니다. 그렇습니다. 이런 것들이 그리스도인의 장식품들입니다.

그 다음에 "화려한 왕관을 머리에 씌웠나니"라는 말이 나옵니다. 하나님은 도중에 멈추려고 하시지 않습니다. 자기 백성들에게 최고 중의 최고, 가장 좋은 모든 것을 씌워 주시려고 합니다. 하나님은 그들의 발을 물돼지 가죽신으로 신기려 하고, 머리는 아름다운 왕관을 씌우시려 합니다. 자, 구원의 상속자인 여러분은 오늘 하나님의 군주들 가운데 한 사람입니다. 여러분이 지금 매우 가난할 수 있고 아주 낙심해 있을 수 있으며, 싸워야 할 온갖 근심거리가 있을 수 있습니다. 그러나 여러분은 군주 가문의 명부에 이름이 적혀 있습니다. 진정한 천상의 귀족에 속한 사람입니다. 여러분이 예수 그리스도를 믿는 신자라면 어떤 사람이어도 좋습니다. 여러분은 기사 작위를 받지 않았고 남작이 되지도 않았고 귀족도 아닙니다. 그러나 여러분은 실제로 왕가에 들어간 것입니다. 여러분은 왕입니다. 그래서 예수 그리스도와 함께 영원히 다스리실 것입니다. "이기는 그에게는 내가 내 보좌에 함께 앉게 하여 주기를 내가 이기고 아버지 보좌에 함께 앉은 것과 같이 하리라"(계 3:21).

그리스도인 여러분, 여러분의 작위를 보십시오. 나는 여러분을 우쭐대도록 할 말은 아무것도 없습니다. 그러나 여러분이 주님을 기뻐하고 주께서 여러분에게 베푸신 자비들을 즐거워하도록 하기 위해서는 할 이야기가 많습니다. 여러분이 영적인 분별력이 있다면 여러분이 바랄 수 있는 것 가운데 벌써 갖지 않은 것은 아무것도 없습니다. 상상력이 한껏 기지개를 펴고 아침 날개를 타고 모든 개념의 끝까지 날아갈지라도 하나님께서 자기를 사랑하는 자를 위하여 준비하신 것은 다 둘러볼 수 없고 꿈에도 생각할 수 없습니다. 오직 성령님만이 여러분에게 이 자비의 깊은 것들과 이 인자의 보물들, 이 산 같은 자비, 작은 산 같은 이 유향을 계시하실 수 있습니다. 여러분은 사실상 더할 수 없는 행복으로 부하고, 천지를 가득 채울 만큼 부합니다. 왜냐하면 언약이 여러분에게 줄 수 있는 모든 것이 "얼마든지 그리스도 안에서 예가 되고 우리로 말미암아 하나님께 영광을 돌리게 되는 약속들"(고후 1:20)에 의해 오늘 여러분의 것이기 때문입니다. 나는 이와 같은 주제에 대해 이야기하는 것이 서툽니다. 지금까지 할 수 있는 대로 여러분을 부추겨 하나님의 선하심이라는 이 강으로 들어오게 하려고 애썼지만, 여러분을 겨우 발목 깊이까지밖에 데려오지 못했습니다. 성령님께서 여러분을 훨씬 더 깊은 데로 데려가실 수 있을 것입니다. 여러분이 지금까지 받은 모든 자비는 장차 올 것의 겨우 시작에 지나지 않기 때문입니다. 우리가 방금 다음과 같이 찬송하였는데, 잘 노래하였습니다.

"내가 아직까지 맛보지 못한
그 모든 은혜를 인하여 하나님께 영광을 돌리네."

장차 임할 은혜, 그것이 은혜의 더 큰 부분입니다. 현재는 좋습니다. 참으로 좋습니다! 그러나 미래는 더 좋습니다. 훨씬 더 좋습니다! 모든 것 가운데 가장 좋은 것이 저 강 건너에 있습니다. 우리의 포도주는 잔치 끝 무렵에 가면 맛이 떨어지지만 주님께서는 마지막까지 최상의 포도주를 간직해 두셨습니다. 죄와 고난이 들어와서 결코 평화를 깨트리지 못할 곳에서 영원하신 왕의 식탁에 앉아 하나님의 복된 사랑의 포도주를 마시는 기쁨이 어떻겠습니까? 형제 여러분, 여러분의 날이 올 것입니다. 원수들이 여러분의 발아래 있을 것이고, 사탄이 그 발아래서 짓밟힐 것입니다. 그리고 여러분은 "슬픔과 죄의 세상에서 멀리 떨어져 영원히 하나님과 함께" 거하며 하나님께서 그동안 행하신 일과, 또 그의 사랑하시는 사람들을 위해 행하기로 영원히 작정하신 일을 알게 될 것입니다.

지금까지 나는 생각할 자료를 여러분 앞에 이만큼 제시하였습니다.

2. 이제 나는 여기에서 두세 가지 생각을 끌어내고 싶습니다.

첫째는 이것입니다. 즉, 오늘 오후 주님 앞에서 조용히 앉아 이 구절을 읽고 문장 하나하나를 읽어 갈 때 마음에 일어나는 정서를 표현하자면 이렇게 말할 수 있을 것입니다. "그런데 나는 도대체 누구인가? 그리고 내 아버지의 집은 무엇이기에 주께서 나를 여기까지 데려오셨는가? 어째서 이런 일이 내게 일어났는가? 주여, 왜 저입니까? 왜 저입니까?" 하나님의 자비를 가볍게 여기십시오. 그러면 여러분이 하나님의 자비를 받아도 놀라지 않을 것입니다. 하나님의 자비를 정당하게 평가해 보십시오. 그러면 여러분은 자신처럼 무가치한 존재가 그처럼 기이한 은혜를 받는다는 사실에 놀라서 울고 놀라서 사랑하며 놀라서 찬미할 것입니다.

나는 이 점에 대해 오래 생각하지 않겠습니다. 이것은 내가 강단에서 이야기하기보다는 여러분이 골방에서 생각하기에 적합한 것입니다. 다음으로 생각할 점은 이것입니다. 이처럼 놀라운 은혜들을 받은 것에 대해 우리가 하나님께 돌려드린 보답은 얼마나 초라한 것입니까! 세상에는 흙이 어찌나 비옥한지, 어떤 작가의 말을 인용하자면 여러분이 괭이로 슬쩍 간질이기만 해도 온갖 열매를 마구 쏟아내며 웃는 땅이 있습니다. 그런가 하면 여러분이 쟁기질을 하고, 또 하고, 또 하며 비료를 주고 온갖 기술을 다 사용해도 결국에는 겨우 한 줌밖에 곡식을 내놓지 않는 땅도 있습니다. 그런데 바로 우리가 이런 땅과 같은 것이 틀림없습니다. 하나님께서는 우리를 위해 큰일들을 행하셨는데 우리가 하나님을 위해 행한 일은 거의 없습니다.

나는 어느 날 알프스 산중턱에서 반짝이는 돌을 하나 주었습니다. 자세히 보니, 도로 보수를 위해 깨트린 돌무더기 전체가 내가 주은 것과 같았고, 그 돌들 속에 반짝이는 금 조각들이 있었습니다. 누구나 그 돌에 금이 들어 있는 것을 볼 수 있었습니다. 나는 지질학자에게 그 돌들에 금이 들어 있는 것이 아니냐고 물었습니다. 맞았습니다. 깨트려 도로를 보수하는데 쓴 돌들 속에는 금이 있었습니다. 그런데 왜 거기에서 금을 추출하지 않는 것입니까? 금의 양이 너무 적어서 추출하는 비용을 감당할 수 없었기 때문이었습니다. 정말로 바로 이것이 우리의 모습입니다. 우리 속에 선한 것이 조금 있을지라도 그것은 양이 너무 적고 또 아주 단단한 석영에 박혀 있어서, 우리 안에 있는 결과들을 하나님께서 우리를 향해 쏟으시는 노력에 비할 때, 이렇게 말할 수 있다면, 하나님의 은혜라는 거대한 기계가 동력을 낭비하는 것처럼 보이는 것입니다. 나는 하나님의 은혜의 활동에는 하나도 낭비가 없다는 것을 압니다. 하나님께서 결국은 수단이 결과에 적합하였을 뿐이라는 것을 보여주실 것입니다. 그렇지만 지금 우리가 생각해 볼 수 있는 한에서 생각해 봅시다. 그리스도께서 피 같은 땀방울을 흘리신 것을 생각해 보십시오. 그러고 나서 그리스도께서 올라가 자신을 바쳐 십자가의 죽음을 죽으신 것을 생각해 보십시오. 성육신하신 하나님께서 사람들의 죄를 위해 죽으셨습니다! 그런데 그 결과가 무엇입니까? 부자인 교인이 한 사람 있는데, 기부금 모집 때 500원짜리 동전 하나 냅니다. 여러분은 그처럼 거만하던 사람이 순식간에 그처럼 우스꽝스런 사람으로 변하는 것을 본 적이 있습니까? 실제로 그런 일이 있습니다. 예, 그렇습니다. 그 다음에는 최고의 경우를 들어봅시다. 우리 가운데 가장 나은 사람을 생각해 봅시다. 여러분은 내가 그런 식으로 말하는 것을 듣고 웃습니다. 그렇지만 하나님께서 친히 이 땅에 오셔서 피 흘리고 죽으셨고, 지극히 성실한 사람이 그 결과라고 생각해 보십시오. 그럼에도 거기에는 낙차(落差)가 있습니다. 하나님께서 행하신 일과 우리 가운데 지극히 성실한 사람이 하나님을 위해 할 수 있는 것 사이에는 너무도 큰 낙차가 존재합니다. 이것은 슬퍼하고 한탄할 일입니다. 이는, 우리가 하나님께 지고 있는 빚이 너무 커서 우리가 있는 힘을 아침, 점심, 저녁으로 모두 바쳐 주님을 섬기는데 쓰고, 50년 동안 그렇게 살다가 마지막에는 화형대에서 사라진다고 해도 하나님의 무한한 사랑에 응당 돌려드려야 하는 것에 비하면 아무것도 아니기 때문입니다.

나는 이제 여러분이 이런 점들보다 더 슬픈 사실을 생각해 보도록 하겠습니다. 그것은 이 놀라운 자비에 비추어 볼 때 우리의 죄가 참으로 천하기 짝이 없다는 사실입니다. 나는 찢어지게 가난한 어떤 사람에 대한 이야기를 읽은 적이 있습니다. 그 사람이 한 그리스도인에게 도움을 받았습니다. 한두 번이 아니라 거듭거듭 도움을 받았지만 관리들이 나와서 개신교도를 찾고 있을 때 현상금을 받을 욕심으로 그 그리스도인을 알려준 사람은 항상 그의 식탁에서 먹었고 그의 구제로 도움을 받았던 바로 그 이웃이었습니다. 사람이 그처럼 은혜를 많이 받고도 배반자가 된다는 것은 짐승 같은 일이었습니다. 그럴지라도 그것은 이웃 사람의 경우에 불과하였습니다. 신자 여러분, 여러분의 경우는 더 악합니다. 여러분은 친구 이상인 사람이기 때문입니다. 여러분은 하나님의 자녀라고 공언하고 그리스도와 연합되어 있다고 합니다. 그런데도 여러분은 지금까지 예수님을 배반해 왔습니다! 내 마음의 달콤한 주님이시여, 내 영혼의 왕이시여, 주님은 보혈로 나를 주님의 것으로 인치셨습니다. 그런데 내가 어리석게도 다른 아름다운 것들에 눈을 돌리다니! 가짜들, 짙은 화장을 한 이세벨 같은 사람들, 내가 이런 것들을 아름답다고 불렀습니까? 이렇게 헛된 즐거움을 찾아 헤매고 세상적인 기쁨을 추구하며 세상적인 사랑에 몰두한 채 주님께서 그냥 가시도록 내버려두는 나는 참으로 천하기 그지없습니다.

어린 양이 어디로 가든지 따라가는 순수한 영혼들이여, 여러분은 우리 가운데 어떤 이들이 그랬듯이 영적 순결을 잃고 방황하는 일이 없기를 바랍니다. 여전히 주님과 함께 있는 것을 기뻐하고, 아름다운 유실수 정원에서 그리고 방향을 뿌린 침상에서 주님의 얼굴을 보고 헤스본 바드랍빔 문 곁에 있는 연못(아 7:4)과 같은 그 눈을 본 여러분, 그의 모습에 넋이 나간 여러분, 계속해서 그의 옷자락을 붙잡고 항상 그의 곁에 있으며 세상의 유혹에 넘어가 주님을 떠나는 일이 없도록 하십시오. 그런데 우리는 어떻게 할 생각입니까? 우리가 베드로처럼 주님을 부인하였을지라도 역시 베드로처럼 "주님 모든 것을 아시오매 내가 주님을 사랑하는 줄을 주님께서 아시나이다"(요 21:17) 하고 말할 수 있습니다.

예수님, 우리의 말을 믿지 마십시오. 그렇지만 오늘 아침 우리의 행동은 믿어 주십시오. 우리의 좋지 못한 태도 때문에 우리를 흘겨보지 마십시오. 과거를 잊어버리고 우리를 다시금 주님의 품에 안아 주십시오. 우리의 허다한 죄를 주님의 보혈에 던져 넣으시고, 우리를 값없이 은혜로 용서하여 주옵소서. 주님의 사랑의 불길이 우리 마음속에서 다시금 타오르게 하소서. 우리의 마음도 따뜻해지고 다시는 차가워지지 않을 때까지 타오르게 하소서. 우리를 십자가에 묶어 주시고 제단의 뿔에까지 줄로 단단히 묶어서 우리가 생애 모든 날 동안 충만한 교제와 즐거운 봉사와 순종 가운데 주님의 것이 될 수 있게 하여 주옵소서.

자, 사랑하는 여러분, 내가 말한 것을 실행한다면, 실제적인 결과는 지극히 복될 것입니다. 단도직입적으로 말해서, 우리 가운데 누구든지 오늘 아침 그리스도를 위해서 할 수 있는 것이 무엇인지 묻고 싶습니다. 여러분 가운데 어떤 사람들은 이렇게 말할 것입니다. "예수님께 내가 돈 주고 산 사탕수수 줄기와 제물의 기름진 것을 드릴 것입니다. 내가 주님을 위해 말은 할 수 없지만 주님께 아낌없이 내놓겠습니다. 주님을 사랑한다는 것을 주님께 보여드리겠습니다. 거룩한 부녀들처럼 나는 물질로 주님을 섬기겠습니다." 그런가 하면 이렇게 말하는 사람들도 있을 것입니다. "나는 그렇게 할 수 없지만, 오늘 주님을 위해서 좋은 말을 하겠습니다. 학교에 가서 혹은 거리나 기도회 혹은 성경공부 반에 가서 누군가에게 그의 영혼에 관해 이야기하겠어요. 내가 주님을 아름답게 그릴 수만 있다면, 그래서 한 사람이라도 주님께 매혹된다면 주님께서 내가 하려고 애쓰는 것을 받아주실 것이라고 생각합니다."

자, 오늘 여러분이 그리스도를 위해 무엇인가를 하겠다는 그런 결심을 하십시오. "안타깝게도 나는 말을 할 줄 모르고, 그럴 기회도 없을 것입니다. 하지만 나는 골방에 들어가서 그리스도를 위해서 하나님께 말씀드리겠습니다. 하나님께서 나와 교회와 주님의 모든 대의와 나라에 복을 주시지 않는 한 가시도록 하지 않겠습니다." 사랑하는 여러분, 그리스도께서는 그 선물이 대체 무엇이든지간에 여러분 마음에서 나오는 것은 무엇이든지 받으실 것입니다. 여러분의 마음에서 나오는 것이라면, 그것이 다른 사람들에게는 아무리 미약하고 불충분하며 무가치한 것일지라도 주님께는 값지고 아름다울 것입니다. 여러분은 모든 것을 하나님께 빚지고 있습니다. 여러분은 주님께 무엇을 드릴 것입니까? 여러분은 다른 사람들보다 주님을 위해 무엇을 더하겠습니까? 무엇을 얻기 위해서나 보상을 바라서가 아니라 주님께서 여러분을 사랑하셨기 때문에 여러분이 주님을 사랑하고 그 보답으로 주님을 섬기십시오. 하나님께서 여러분이 즉각적인 답변을, 받으실 만한 답변을 내도록 해 주시기 바랍니다. 그래서 하나님께서 예수님을 인해서 그 답을 받게 되기를 바랍니다. 나는 오늘 아침 여러분 모두가 이러한 자비를 받았으면 좋겠습니다. 여러분 가운데 이 자비를 받지 못한 분들이 있습니다. 감사한 점은 문이 아직 닫히지 않았다는 것입니다. "아들을 믿는 자에게는 영생이 있느니라"(요 3:36). 예수님을 믿으십시오. 그러면 구원을 받을 것입니다.

"벌거벗은 채로 와서 하나님이 준비하신 옷으로
여러분의 영혼을 입히십시오.
하나님의 아들의 수고로 만들고
그의 피로 물들인.

크신 하나님이여, 주님의 사랑의 보화는
영원히 내 것이옵니다.
어찌할 수 없는 우리의 비참함이 깊고
우리의 죄가 무한히 많을지라도.

복음의 은혜의 복된 문은
밤낮으로 활짝 열려 있습니다.
주님이여, 우리가 공급품을 찾아 왔으니
우리를 빈손으로 쫓아내지 마소서."

제
10
장

놀라서 입을 닫음

"내가 네게 내 언약을 세워 내가 여호와인 줄 네가 알게 하리니 이는 내가 네 모든 행한 일을 용서한 후에 네가 기억하고 놀라고 부끄러워서 다시는 입을 열지 못하게 하려 함이니라 주 여호와의 말씀이니라." — 겔 16:62,63

이 에스겔 16장은 참으로 놀라운 말씀입니다! 목사라면 이 장(章)을 공적으로 읽기가 어려울 것입니다. 틀림없이 이 장에 나오는 은유들을 일반 회중에게 설명하고 싶지 않을 것이고 그렇게 해야 하는 것도 아닙니다. 개인적으로 이 장을 읽는 것과, 성령을 의지하여 이 장을 여러분에게 읽어주고 그래서 여러분이 이 장의 의미가 단지 이스라엘 사람들을 묘사하는 것이 아니라 많은 부분이 바로 여러분 자신을 설명하는 것임을 보고 느끼게 되는 것은 전혀 다른 문제입니다. 정말로 이것은 잘 배운다면 결코 잊지 못할 교훈입니다. 우리에게 죄를 깨닫게 하는 것은 성령님의 일입니다. 성령께서 이 같은 장(章)을 취하여 우리의 역량에 맞게 한 절 한 절 읽어가며 우리에게 각 절에 들어 있는 쓴 풀을 먹이시고, 이스라엘 백성이 섬긴 금송아지와 같은 우상들을 깨트려 빻았는데 마치 그렇게 깨트리고 빻은 우리의 우상들의 가루를 넣은 물을 우리가 마시는 것처럼 느끼게 하실 때, 그 물을 한 모금 한 모금 마실 때마다 잇사이에 왕 모래가 끼는 것처럼 느끼게 하실 때, 그것은 기꺼이 받을 만한 교훈이고, 평생에 우리 곁에 따라다닐 교훈이 될 것입니다.

이 장에는 아주 놀라운 사실이 두 가지 있습니다. 그 둘 중 어느 것이 더 놀라운 것인지는 말하기 어렵습니다. 첫째는 이스라엘의 죄가 엄청나다는 사실입니다. 하나님께서는 상상할 수 있는 가장 강한 언어로 그 죄에 대해 말씀하십니다. 소돔과 고모라가 그들의 가증한 행위 때문에 멸망당했는데, 유다의 죄가 소돔과 고모라의 죄보다 큰 것으로 묘사하십니다. 하나님은 유다의 타락을 결혼 서약을 잊어버리고 많은 정부(情夫)와 엄청난 죄를 지으며 추잡스럽기 이를 데 없는 짓을 행하는 여인의 음란함에 비유합니다. 이렇게 하나님은 죄를 하나님께 대한 마음의 사랑과 지존하신 분께 대한 영혼의 순결을 어기는 것으로 크게 저주받을 일로 말씀하십니다. 이 장(章)에서 설명된 대로 죄는 정말로 놀라운 일입니다! 또 한 가지 놀라운 것은 하나님의 은혜입니다. 하나님께서 처음 이스라엘을 만나셨을 때 이스라엘은 포대기에 싸지 않고 씻지도 않은 채 핏덩이로 버려진 갓난아기 같았습니다. 아주 더럽기 짝이 없는 아기를 안고 "살아 있으라"고 말하고 깨끗이 씻기고 옷을 입혔으며 귀에 보석을 달아주었습니다. 그런데 이 아기가 나이가 들자 하나님을 떠났습니다. 하나님의 자비들을 하나님을 노여우시게 하는 기회로 삼았고, 하나님의 복들을 죄를 짓는 도구로 삼았습니다. 하나님께서는 자신을 이스라엘의 죄를 거듭거듭 용서하시는 분으로 묘사합니다. 그런데도 이스라엘은 새로운 죄들을 고안해내고 그러는 동안 내내 그의 누이들인 소돔과 사마리아를 깔보며 자신이 그들보다 훨씬 뛰어난 것으로 여기지만 그들보다 더 악하게 행동하고 하나님을 반역하는 죄에 더욱더 깊이 들어갑니다. 그렇지만 하나님의 자비가 이스라엘의 뒤를 좇으며 하나님의 사랑이 여전히 그들의 뒤를 따릅니다. 하나님은 다음과 같은 말씀으로 이 장(章)이 하나님의 자비의 절정을 나타낸다는 것을 보여줍니다. "그러나 내가 너의 어렸을 때에 너와 세운 언약을 기억하고 너와 영원한 언약을 세우리라 내가 네게 내 언약을 세워 내가 여호와인 줄 네가 알게 하리니 이는 내가 네 모든 행한 일을 용서한 후에 네가 기억하고 놀라고 부끄러워서 다시는 입을 열지 못하게 하려 함이니라 주 여호와의 말씀이니라"(겔 16:60,62,63).

여러분이 배울 수 있다면, 이 두 단어가 여러분에게 지극히 깊고 실제적인 지혜, 곧 죄와 은혜를 가르쳐 줄 것입니다. 일찍이 한 분 외에는 이 둘 중 어느 것이든 그 깊이를 재어본 사람은 없었습니다. 그분은 그것들을 잴 때 피 같은 땀방울을 흘리셨고 죽음에 이르기까지 영혼을 쏟으셨습니다. 조지 허버트(George

Herbert)는 다음과 같이 재미있게 노래합니다.

"철학자들은 산들의 높이를 쟀고
바다와 국가와 왕들의 깊이를 쟀습니다.
지팡이를 짚고 하늘까지 걸어갔고 샘들을 찾아냈습니다.
그러나 그보다 잴 만한 가치가 더 있으나
잴 사람이 거의 없는 광대한 것 두 가지가 있으니, 곧 죄와 사랑이라."

우리의 사랑하는, 고난 받으신 주 예수 그리스도만이 이 두 가지를 완전히 아십니다. 우리가 함께 이야기하는 동안 이 이중의 비밀 속으로 조금 더 들어갈 수 있도록 도움을 받기를 바랍니다.

내가 여러분에게 첫 번째로 해보라고 할 일은 이것입니다. 하나님의 은혜로 말미암아 모든 신자들이 들어가게 된 상태에 대해서 생각해 봅시다. 하나님이 우리에 대해 마음이 누그러지셨습니다. "내가 네 모든 행한 일을 용서하였노라 주 여호와의 말씀이니라." 그 다음에, 둘째로 이렇게 해서 모든 신자들이 나누어 받은 지식을 생각해 봅시다. 신자들은 언약을 알고, 주님을 알며 자기 자신을 압니다. 그들은 옛날 일을 기억하고 놀랍니다. 끝으로, 세 번째이지만 중요한 점으로, 이제부터 영원히 모든 신자들에게 일어날 침묵에 대해 생각해 봅시다. "내가 네 모든 행한 일을 용서한 후에 네가 부끄러워서 다시는 입을 열지 못하게 하려 함이니라."

1. 첫째로, 주 예수 그리스도 안에서 모든 신자가 하나님의 자비의 주권적인 행위로 말미암아 들어가게 된 복된 상태에 대해 생각해 봅시다.

신자는 하나님께 "내가 네 모든 행한 일을 용서하였노라"는 말씀을 들을 수 있을 만큼 놀라운 상태에 들어갔습니다. 여기서 사죄와 용서를 설명하는 히브리 단어는 어떤 물건을 덮되, 그 물건에 딱 달라붙는 것을 가지고 덮는다는 것을 의미합니다. 쉽게 제거할 수 있는 마른 먼지나 잎으로 덮는 것이 아니라 감춘 물건을 다시 쉽게 볼 수 없게 아교나 역청으로 칠하는 것입니다. 바로 이 단어가 노아의 방주와 관련해서 사용됩니다. "너는 역청을 그 안팎에 칠하라"(창 6:14). 두꺼운 판자들을 모두 역청으로 칠해야 했습니다. 그 판자들에 살짝 색을 입힐 수 있는 얇은 페인트로 칠하지 않고, 판자들을 덮어버릴 두꺼운 역청으로 칠했습니다. 나무 본바탕에 들러붙고 스며들어 판자를 완전히 감싸는 끈끈한 물질로 칠했습니다. 하나님께서 우리 죄를 용서하실 때는 방주의 두꺼운 판자들을 안팎으로 역청을 칠했던 것처럼 완전하게 우리를 감싸십니다. 즉, 우리의 죄를 제대로 덮고 숨겨서 하나님의 눈에 띄지 않게 하셨다는 것입니다.

하나님의 자녀 여러분, 나는 여러분이 잠시 이 점을, 곧 하나님께서 여러분의 죄가 가려졌기 때문에 여러분에 대해 용서하신다는 점을 생각하기 바랍니다. 여러분의 모든 죄가 가려졌습니다. 그렇습니다. 죄가 모두 사라진 것입니다. 하나님과 관련해서 여러분의 죄는 더 이상 존재하지 않습니다. 하나님께서는 여러분의 모든 죄를 여러분의 대속물이신 예수 그리스도께 지우셨고, 그리스도께서는 그 죄를 지고 죄에 대한 형벌을 받으셨습니다. 아니, 죄 자체를 가져가셨습니다. 그리스도께서는 여러분의 속죄양으로서 여러분의 죄를 지고 가셨습니다. 망각의 황무지에 여러분의 죄를 버리신 것입니다. 깊은 바다에 던져버리신 것입니다. 자신의 무덤에 여러분의 죄를 묻으셨습니다. 성경이 무엇이라고 말합니까? "그가 허물을 그치며 죄를 끝내셨다"(단 9:24). 위대한 말씀입니다! 죄를 끝내셨다고 했습니다. 죄를 끝내는 일이 있다면, 죄가 끝이 난 것입니다. 죄가 사라져 버린 것입니다. 하나님의 믿는 자녀 여러분, 오늘 이 은혜로운 말씀이 여러분에게 성취되었습니다. "여호와의 말씀이니라 그 날 그 때에는 이스라엘의 죄악을 찾을지라도 없겠고 유다의 죄를 찾을지라도 찾아내지 못하리니 이는 내가 남긴 자를 용서할 것임이라"(렘 50:20). 예수님을 믿음으로 말미암아 여러분의 허물이 모두 동이 서에서 먼 것 같이 여러분에게서 멀리 제거됩니다. 깊음이 여러분의 죄를 덮어 하나도 남지 않았습니다. 주님께서 우리가 행한 모든 일에 대해 용서하셔서 다툴 근거가 전혀 남지 않습니다.

신자 여러분, 하나님께서 여러분을 용서하십니다. 여러분의 죄가 가려졌기 때문입니다. 여러분의 죄가 전부 완전히 치워졌습니다. 여러분이 예수 그리스도를 믿었기 때문에 여러분의 죄가 희미하게라도 보이지 않게 되었고 찾을지라도 그림자도 보이지 않게 되었습니다. 하나님께서는 여러분의 죄를 더 이상 영원히 보지 않으십니다. 그리스도께서는 단지 죄의 결과들 가운데 일부만을 치워버리시고, 그리스도께서 개입하시지 않았다면 일시에 쏟아졌을지도 모르는 더욱 맹렬한 심판들 가운데 일부만을 제거하신 것이 아닙니다. 그보다 죄에 대한 형벌로 오는 모든 결과를 완전히 제거하신 것입니다. 죄를 아주 확실하게 덮어버리신 것입니다. 하나님께서 맹렬한 분노를 돌이키셨습니다. 그래서 여러분은 이렇게 말할 수 있습니다. "여호와여 주께서 전에는 내게 노하셨사오나 이제는 주의 진노가 돌아섰고 또 주께서 나를 안위하시오니 내가 주께 감사하겠나이다 할 것이니라"(사 12:1). 여러분이 어린 시절 이후로 지금까지 범한 그 많은 죄들, 무수한 죄들이 모두 구름이 흩어지듯 사라지고, 여러분이 다른 많은 죄들보다 더 후회스럽게 생각하는 한 가지 검은 죄는 빽빽한 구름이 사라지듯 제거되었습니다. 여러분을 완전히 지배하고 꼼짝 못 하게 속박해버린 것처럼 보일 만큼 습관이 되어버린, 반복해서 짓는 한 가지 죄, 그 죄도 큰 대속물이신 그리스도의 무덤 속에서 죽었습니다. 그 모든 죄들이 다 사라졌습니다. 원수가 하나도 남지 않았습니다. 그리스도의 무덤에 죄들이 다 묻혀서 다시는 살아나지 않습니다. 이 죽은 것들 가운데 단 하나도 살아나지 못할 것입니다. 그들을 처단한 죽음의 효력이 영원하기 때문입니다. 죄들이 무덤에서 일어나 여러분에게 소리칠 수 없습니다. 해와 달이 있는 한, 아니 하나님께서 계시는 한, 죄들 중 어느 하나도 그렇게 하지 못할 것입니다. 하나님께서 "다시는 네 죄를 언급하여 너를 고발하지 않으리라"고 말씀하시기 때문입니다. "누가 능히 하나님께서 택하신 자들을 고발하리요?"(롬 8:33). 이 사실을 생각하면 신성한 즐거움이 있습니다! 하나님은 하나님의 백성들에 대하여 그들이 한 모든 일을 용서하십니다. 그들의 죄가 더 이상 존재하지 않기 때문에 완전히 용서하십니다.

이것은 이따금씩 맞는 말이 아니라 언제나 사실입니다. 이것은 우리가 그 사실을 의식하고 즐거워하는 행복한 순간만이 아니라 또한 그 사실을 의식하든 하지 못하든 간에 언제나 사실입니다. 신자의 지위는 신자가 자신의 지위를 인식하는 것에 달려 있지 않습니다. 신자가 자기 죄는 보지만 사유하심을 보지 못하는 때가 있습니다. 하지만 신자는 그 모든 일에 용서를 받았습니다. 스스로를 정죄하는 동안에도 그 모든 일에 용서받은 것입니다. 이스라엘 사람들이 집 안에 있었을 때 자기 집 문설주에 뿌려진 피를 볼 수 있었습니까? 어떻게 볼 수 있었습니까? 그들이 집 안에서 식탁에 앉아 있는 동안에 문 밖에 뿌려진 피를 어떤 이상한 과정을 통해서 볼 수 있었겠습니까? 그렇지 않습니다. 그들을 구원한 것은 그들이 피를 보았다는 사실에 있지 않았습니다. 여러분이 출애굽기를 보면 하나님께서 "내가 피를 볼 때에 너희를 넘어가리라"(12:13)고 말씀하시는 것을 알 수 있습니다. 하나님은 언제나 그 피를 보셨습니다. 이것이 이 문제에서 중요한 점이었습니다. 그래서 죽음의 천사가 진노의 심부름을 맡아 날아갈 때 볼 수 있는 곳에 피를 뿌렸습니다. 내 자신이 그리스도의 피를 볼 수 없을 때에도 내 하나님은 그 피를 보실 수 있으니, 감사합시다. 내가 언제나 믿음의 행위로 주 예수님을 보았다면 나는 구원을 받았습니다. 내가 지금 예수님을 의지하고 있다면 나는 용서를 받은 것입니다. 내 믿음의 눈이 흐릿하고 내 자신이 무가치하다는 의식이 너무 강해서 그리스도 안에서 누리는 안식을 느끼지 못할 때, 그럴지라도 나의 지위는 바뀌지 않고 나의 안전은 영향을 받지 않습니다. 주님께서 나를 용서하셨다는 사실은 일점일획이라도 바뀌지 않습니다. 언제든지, 즉 빛 가운데 있을 때만이 아니라 어둠 가운데 있을 때에도, 의기가 양양할 때뿐 아니라 기가 꺾였을 때에도 주님은 자기 백성을 용서하십니다.

나는 주님의 백성들이 이 사실을 더 충분히 파악하고 더 온전히 그 능력 가운데 살았으면 좋겠습니다. 하나님께서 우리에게 그 은혜를 베풀어 주시기를 바랍니다! 내 영혼아, 비록 네가 죄 많고 무가치하지만 너와 네 하나님 사이에는 결코 깨어지지 않을 평화가 확립되어 있도다. 결코 침해되지 않을 동맹이 수립되어 있습니다. 하나님은 우리에 대해 평안한 생각을 갖고 계십니다. 그 단어가 그런 뜻을 의미하지 않습니까? "내가 마음이 평안해졌을 때"(개역개정은 "내가 용서한 후에" - 역주). "내가 네게 대하여 마음이 평안해졌을 때." 하나님은 자기 자녀들에 대해서 평안 외에는 아무것도 생각하지 않습니다. 하나님은 "평안하다, 평안하다"고 말씀하십니다. 하나님은 평안의 하나님이십니다. 평안은 성령의 열매이고, 하나님의 아들의 이름이 바로 평안입니다. 주님께서 우리를 데리고 가시는 천국이 영원한 평안입니다. 그리고 바로 지금도 모든 지각에 뛰어난 하나님의 평강이 예수 그리스도로 말미암아 우리의 마음과 생각을 지킵니다(빌 4:7). 신자는 기쁨으로 나가고 평안과 함께 인도를 받습니다. 신자의 마음과 생각과 양심은 하나님께 대한 평안으로 충만합니다. 내 영혼과 하나님 사이에는 오직 평안만 있습니다. 이것이 얼마나 즐거운 생각인지 모릅니다! 그리스도인이여, 이 생각을 굳게 붙잡고, 마음으로 크게 기뻐하십시오.

이 모든 사실이 본문에서 입이 벌어질 만한 죄들을 범한 백성에 관해 기록되었다는 점을 기억하시기 바랍니다. 나는 하나님께서 이 장(章)에서 이스라엘에 관해 말씀하신 것을 일일이 다 설명할 수 없다고 이미 말씀드린 바 있습니다.

그렇게 하는 것이 적절치 않은 일일 것입니다. 나는 사람이 누구든지 자기 속에서 본 모든 악을 다른 사람에게 이야기해야 한다고 생각하지 않습니다. 우리는 다른 그리스도인들에게 자신을 무가치하게 여긴다는 점을 말하는 때가 있습니다. 그러나 덕을 세운다는 목적으로 항시 그 이야기를 하지는 않습니다. 때로는 내가 내 자신에 대해서 하는 말을 들은 형제가 내 말을 믿지 않는 일도 있었습니다. 그는 나를 똑바로 보고서 말했습니다. "형제는 건강이 안 좋은 것 같군요. 형제가 그처럼 기운이 없는 것을 보니 유감입니다." 정말 나는 사실을 말했을 뿐입니다. 내가 느끼는 무가치함을 그에게 절반도 말하지 않았습니다. 그 친구는 내가 느끼는 쓴 쑥과 쓸개즙을 알지 못했습니다. 그렇다고 그가 내 잔을 마시기를 바랄 수도 없었습니다. 그런데 바로 그 형제가 자신의 실패와 허물과 죄에 대해서 이야기하려고 내게 왔습니다. 그때는 내가 놀랄 차례였습니다. 나는 그를 보고 말했습니다. "아이고! 나는 형제의 반만큼이라도 선하고, 주님을 섬기는 일에 반만큼이라도 충실했으면 좋겠습니다."

사람은 누구나 자기의 짐을 져야 합니다. 내 친구는 하나님 앞에서 내가 느끼는 부끄러움을 알지 못하고, 나는 내 친구가 스스로 보고 느끼는 것에 비해 그에게서 무가치함을 전혀 보지 못합니다. 우리는 이웃들에게 자신에 대해서 느끼는 바를 모두 말할 필요가 없습니다. 우리가 자신에 대해서 느끼는 바를 모두 이야기한다면 이 장에 나오는 이상의 것을 말할 수 있을 것입니다. 그러나 형제 여러분, 산 사람치고 자신의 죄나 생각을 너무 과장한 나머지 자신을 실제보다 천하게 만든 사람은 없습니다. 이 하늘 아래 사는 사람치고 죄의 실상만큼 죄의식이 깊은 사람은 아무도 없습니다. 내가 구도자들과 이야기하면서 그들이 죄의식으로 너무 힘들어 할 때 내가 그들에게 해 줄 말은 "당신이 지금 말하고 있는 것은 어디까지나 다 사실입니다"라는 것뿐임을 발견합니다. 그러면 그들은 말합니다. "아, 목사님은 모릅니다." 그러면 나는 말합니다. "그래요, 나는 모릅니다. 하지만 당신도 모릅니다. 당신은 스스로 생각하는 것보다 열 배나 더 나쁩니다." "아, 목사님, 나는 내 자신이 완전히 망했다고 느낍니다." "그래요. 당신은 완전히 망했습니다. 당신은 지금 그 사실을 느끼고 있는 것뿐입니다." "그런데 나는 절망할 수밖에 없는 것처럼 느껴집니다." "당신은 절망하게 되어 있습니다. 당신이 자신을 본다면 자신에 대해 절망할 것밖에 없기 때문입니다."

초신자가 죄의식 때문에 괴롭다는 말을 시작할 때는 그의 말을 막지 마십시오. 만일 그가 죄를 무서운 말로 묘사하면 계속 이야기하도록 내버려 두십시오. 그가 죄를 혐오하면 할수록 그만큼 더 좋기 때문입니다. 떨며 회개하는 사람은 진실에 가까이 있는 것입니다. 그의 죄는 정말로 크고 끔찍하기 때문입니다. 여러분이 그를 작은 죄인인 것처럼 말한다면 다음에는 그에게 작은 구주, 작은 그리스도, 작은 복음을 제시할 것입니다. 그래서는 안 됩니다. 그가 계속해서 그런 죄의식을 갖도록 해야 합니다. 그에게 무한한 속죄를 전하고 용서하실 뜻과 능력이 있는 하나님을 소개하는 것이 여러분의 특권인 한, 그가 더욱더 죄의식을 느끼게 해주시기를 하나님께 기도하고 싶을 정도입니다. 그에게 하나님께서 의인을 구원하시기 위해 혹은 회개할 죄가 없는 사람들을 회개하도록 부르시기 위해서 그의 아들을 세상에 보내신 것이 아니라고 말해 주시기 바랍니다. 구속의 전 계획이 무한한 악을 다루기 때문에 그만큼 장엄하고, 구속의 전 계획이 다루는 악이 모든 생각을 뛰어넘을 만큼 무시무시하기 때문에 그 계획이 웅대하게 만들어집니다. 사람이 죄를 말할 수 없이 무서운 것으로 느낀다면 그만큼 더 좋습니다. 죄를 하찮게 생각하려고 하지 마십시오. 죄를 부끄럽게 생각하고 겸손하십시오. 그러면 그리스도께서 영광을 받으시기 때문입니다. 죄가 크다는 사실은 구속 제사의 위대함을 계시하고, 질병의 무서운 성격은 병을 깨끗이 없애실 수 있는 위대한 의사의 무한한 솜씨를 밝히 드러냅니다.

하나님의 자녀 여러분, 죄에 응당 따르는 하나님의 진노에서 여러분이 완전히 구원받은 사실을 감사하고 평온한 마음으로 다시 기억해 보십시오. 하나님은 이와 같이 말할 수 없이 가증스럽고 끔찍하며 무섭게 묘사되는 여러분의 모든 죄에 대해 여러분을 용서하십니다. 여러분이 이제 죄에 대해서 어떤 개념을 갖게 되었든지 간에, 그것이 정말로 아주 놀라운 것일 수도 있습니다. 그러나 죄를 무섭게 생각하게 되었을지라도 하나님은 여러분의 죄에 대해 여러분을 용서하십니다. 죄에 대한 여러분의 개념이 진리에서 한참 미치지 못할 수 있지만 하나님은 그의 사랑하시는 아들 안에서 여러분을 용서하십니다. 나는 죄에 대한 하나님의 생각은 어떠한지 궁금합니다. 하나님께서 이 장에서는 죄에 대한 하나님의 생각을 거의 비치지 않으셨습니다. 하지만 하나님께서 그의 사랑하시는 아들을 십자가에 다셨을 때, 죄는 정말로 괴물이라고 선언하셨습니다. 하나님께서 자신의 피조물들을 죄에서 구원하시기 위해 친히 죽음의 고통을 받으셨을 때, 죄의 폭풍우가 치는 바다의 파도와 큰 물결이 일제히 성육신하신 하나님을 덮쳤을 때, 그 하나님께서 "나의 하나님 나의 하나님 어찌하여 나를 버리셨나이까?"(마 27:46) 하고 말씀하셨을 때, 죄에 대한 하나님의 생각이 참으로 두려운 것이었음에 틀림없습니다! 그러나 하나님께서는 죄를 실제보다 더 악하게 생각하시지 않았습니다. 하나님께서는 진실을 생각하셨을 뿐입니다. 그것은 죄를 사실대로 보시는 것이고, 예수께서 나무에서 죄를 담당하셨을 때 죄를 있는 그대로 느끼신 것처럼 생각하시는 것입니다. 예수께서는 죄를 사실대로 아시고서 모든 죄를 제거하셨고 오늘 우리에 대하여 용서하시는 것입니다.

자, 사랑하는 자녀 여러분, 여러분의 아버지의 품에 안기십시오. 하나님께서 여러분을 용서하십니다. 방황하는 여러분, 돌아오십시오. 집으로 오십시오. 크고 영광스런 하나님, 죄를 몹시 노여워하시고 악한 모든 것에 대해서 끓는 가마솥처럼 분노하시는 분께서 그럼에도 용서하시되, 우리 주 예수 그리스도로 말미암아 불경건하고 죄 많은 자들까지도 완전히 용서하십니다. 그래서 여러분이 불경건한 자들을 위하여 죽으신 분을 믿고 죄인들을 위하여 희생 제물이 되신 분을 의지할 때, 여러분은 주님께서 여러분에 대해 용서하시고 다 잘 되었다는 것을 느낄 것입니다. 우리의 찬송 받으실 분이 서 계십니다. 하나님께서 우리가 그 사실을 기뻐하도록 도와주시기를 바랍니다.

2. 둘째로, 이제는 우리가 이 평화로운 지위에 이르는 과정에서 배운 바를 살펴봅시다.

우리가 배운 것은 세 가지입니다. 나는 그리스도인들이 그 세 가지를 배웠기를 바라지만, 모든 그리스도인이 다 그 세 가지 사실을 분명하게 발견하였다고 말하는 것은 아닙니다. 하지만 이 중요한 점들을 철저히 배운 그리스도인들이 있다는 것을 압니다.

첫째로, 우리는 언약으로 말미암는 구원을 배웠습니다. "내가 네게 내 언약을 세우리라." "언약"이라는 단어를 발음할 줄 아는 사람은 신학자가 되기에 충분합니다. 언약으로 말미암은 구원! 그 생각은 매력적입니다. 우리가 언약으로 인해 망했기 때문입니다. 조상 아담은 우리를 위하여 나타났고, 옛 행위 언약에서 우리를 대표하였습니다. 아담이 그 언약을 지키면 그와 그의 모든 후손이 복을 받을 것입니다. 그런데 슬프게도, 우리의 기초는 너무 약했습니다. 우리의 첫 조상은 그 언약의 책임을 감당할 수 없었습니다. 그러므로 아담이 넘어졌고, 그의 안에서 우리도 모두 넘어져 치명적인 피해를 입었습니다. "이것이 공정한 일이었습니까?" 하고 묻는 사람들이 있었습니다. 그것이 여러분이 빠져나갈 구멍이라고 생각해서 그렇게 질문하지 말기 바랍니다. 마귀들은 타락할 때 각자가 스스로 타락했습니다. 그래서 그들은 다시 일어날 수 없었습니다. 그러나 우리는 또 다른 사람과 맺은 언약 안에서 또 다른 사람이 넘어짐으로 넘어졌습니다. 그러므로 우리를 다시 원상태로 회복할 길이 있었습니다. 우리가 대표자에 의해 죄를 지었기 때문에 또한 대표자에 의해 율법을 만족시킬 수 있었습니다. 두 번째 언약의 머리에 의해 사람이 구속받을 수 있습니다. 그러므로 예수 그리스도께서 두 번째 아담으로 오시고, 하나님께서 그와 언약을 맺으십니다. 그 언약은 이와 같습니다. "그가 죄의 형벌을 담당하신다면, 그가 율법을 지키신다면 그 안에 있는 사람들이 다 모든 죄에서 구원받고, 이 둘째 아담의 의가 그에게 전가되어 마치 그가 의인인 것처럼 사랑을 받고 복을 받을 것이다."

아, 비길 데 없는 사랑의 신비여! 여러분은 이 신비를 배운 적이 있습니까? 최근에 회심한 젊은이 여러분들 가운데 이 언약의 교리를 배운 사람들이 있습니까? 여러분은 하나님께서 그리스도를 그의 백성들을 위한 언약자, 곧 그 백성들의 지도자와 사령관으로 삼으셨기 때문에 그리스도 안에 있고 또 그리스도 안에서 받아들여진다는 것이 무엇인지 알았습니까? 여러분은 우리 주님의 완전한 구속과 그의 완전한 의 아래 편안히 누워 이렇게 말한 적이 있습니까? "그리스도께서 나의 아담이시고 나는 그의 안에 있으니, 그의 완전한 구속과 의가 내 것이다. 하나님께서 지금 나를 구원하시는 것은 나 때문도 내가 행한 일 때문도 아니고, 나의 언약의 보증이신 그리스도와 그의 행하신 일 때문이다. 나는 그리스도로 말미암아 구원을 받았다. 나는 그리스도 안에 서 있다."

이 언약을 이해하는 사람은 거기에서 위로가 가득한 어떤 것을 배웠습니다. 그것은 자신이 깨트릴 수 없는 언약이라는 것을 알기 때문입니다. 그 언약은 자신이 개인적으로 맺은 것이 아니고, 우리의 큰 대속물이자 보증이신 그리스도 예수께서 그를 대표하여 맺으신 것이었기 때문입니다. 그리스도께서는 이 언약을 깨트리지 않으셨고, 그리스도만이 그렇게 하실 수 있었습니다. 그리스도께서 그 언약을 지키셨고, 그러므로 그 약속은 모든 후손에게 확실한 것입니다. 그것은 "만사에 구비하고 견고하게 하신"(삼하 23:5) 언약, 곧 하나님께서 결코 외면하시지 않을 언약입니다. 하나님께서는 "내 언약을 깨뜨리지 아니하고 내 입술에서 낸 것은 변하지 아니하리로다"(시 89:34)고 말씀하십니다. 하나님께서는 자신보다 더 큰 이가 없기 때문에 자신을 두고 맹세하시되, 하나님이 거짓말하실 수 없는 변치 않는 두 가지 사실을 두고 맹세하셨는데, 이는 이 약속의 상속자들에게 확고한 위로를 주시기 위함이었습니다.

어떤 형제들은 우리가 이렇게 신자의 특권과 안전에 대해 이야기하는 것을 들을 때 두려워 떱니다. 하지만 우리는 그 점을 말하지 않을 수 없습니다. 이삭은 집에서 살며 장자 상속권을 누립니다. 그리고 이스마엘과 그의 어머니가 노예 신분을 좋아한다면, 그 신분으로 함께 지내야 할 것입니다. 그럼에도 불구하고 성경은 무엇이라고 말합니까? "이 여종과 그 아들을 내쫓으라 이 종의 아들은 내 아들 이삭과 함께 기업을 얻지 못하리라"(창 21:10). 약속으로 말미암아 유업을 받는 사람들에 대해서 말하자면, 그들의 이름은 이삭의 이름이 그러했듯이 웃는 자입니다. 그들은 자신이 진정한 상속자이기 때문에 기뻐할 것입니다. 그들은 이삭 안에서 영원히 그 후손이라고 불리기 때문에 쫓겨나지 않을 것입니다. 여호와께서 그렇게 말씀하시니, 일이 그대로 될 것입니다. 이 은혜 언약을 배우는 것은 복된 일입니다.

우리가 하나님과 화목하게 되는 복된 상태에 이르는 과정에서 배운 다음 사실은 여호와는 과연 하나님이시라는 교훈입니다. 이 엄숙한 말씀을 읽어 보십시오. "내가 여호와인 줄 네게 알게 하리라"(호 2:20, 개역개정은 "네가 여호와를 알리라" - 역주). 우리가 하나님께서 하나님인 줄 알게 되는 방식으로 구원을 받는 것이 바르게 배우는 것입니다. 나는 이것이 교회 전체에 걸쳐 정말로 잘 알지 못하는 교훈들 가운데 하나라고 믿습니다. 세상에서는 그 사실을 사람들이 전혀 알지 못합니다. 하나님께서 하나님이시라는 것은 말하기는 쉬워도 알기는 어려운 사실입니다. 나는 하나님께서 내게 하나님을 알게 하셨을 때 그 사실을 배웠고, 또 하나님께서 나를 가르치시고 하나님 앞에서 낮추셨을 때 여러 가지 면으로 그 사실을 더욱더 배웠습니다. 나는 하나님의 공의를 배웠습니다. 사람들이 죄에 대한 영원한 형벌이 부당하다고 말하는 것을 듣는다면, 나는 양심적으로 말해서 그런 말에 전혀 공감하지 못했습니다. 만일 내가 하나님의 위치로 올려질 수 있다면 무엇보다 먼저 해야 할 첫 번째 일은 내 자신이 그동안 저질렀고 지금도 저지르고 있는 그런 죄에 대해 영원히 정죄하는 일일 것이라고 생각합니다. 나는 그렇게 느낍니다. 내 마음을 살폈을 때 나는 하나님께서 불경건한 모든 자들에 대해서 "불법을 행하는 자들아 내게서 떠나가라"(마 7:23)고 선언하시는 그 판결을 내 마음에 대해 선언하지 않을 수 없었습니다. 나는 악에 대한 하나님의 모든 고발에 대해 마음속으로 "아멘"이라고 말하지 않을 수 없었습니다. 이렇게 하나님은 공명정대하신 분이고, 지금까지 내가 안 하나님의 위대한 속성들 가운데 공의라는 속성을 지니신 분이라는 것을 내 자신의 양심을 통해서 배웠습니다.

나는 또 하나님의 주권도 배우게 되었습니다. 만약 하나님께서 나를 제외하고 세상의 모든 사람을 구원하신다고 할지라도 나는 하나님을 비난할 수 없다고 생각한 때가 기억납니다. 나는 주님의 발 앞에 와서 "내게는 아무 권리가 없고 어떤 주장도 할 수 없습니다" 하고 말할 수밖에 없다는 것을 느꼈습니다. 나는 자신이 하나님의 피조물이라거나 하나님의 종이라는 사실과 같은 어떤 것에 호소하려는 마음을 일절 접고, 내 죄 때문에 피조물로서 모든 권리를 상실하였다고 느꼈고, 내 자신을 전적으로 하나님의 처분에 맡기고, 하나님께 받을 자격이 없는 은혜를 베풀어 주시기를 간구하였습니다. 내 귀는 "나는 은혜 베풀 자에게 은혜를 베풀고 긍휼히 여길 자에게 긍휼을 베푸느니라"(출 33:19)는 두려운 선언조차 아름답게 들었습니다. 그런데 이 교리를 많은 사람들이 알지 못하는 것 같습니다. 사람들은 와서 이 교리를 배우려고 하지 않습니다. 사람들은 굴욕을 당하거나 그처럼 낮게 허리를 굽힐 수 없습니다. "사람은 고귀한 피조물이야. 그러므로 그의 권리들을 반드시 생각해야 해." "하나님은 모든 사람을 똑같이 대하셔야 해." 많은 사람들이 이렇게 교만하게 거들먹거리며 큰소리를 칩니다. 내 생각에는 이런 말들은 벌 받을 소리로 여겨집니다. 그런데 이렇게 말하는 사람들이 스스로를 그리스도인이라고 하고, 목사들도 그들을 그리스도인이라고 부릅니다. 나는 여호와가 하나님이시며, 자기가 기뻐하시는 대로 은혜를 베푸신다는 것을 압니다. 하나님께서는 은규(銀圭)를 내밀고 "내가 너를 용서하였다"고 말씀하시기 전에 이 사실을 내게 가르쳐 주셨습니다.

아, 우리가 하나님의 능력을 알아야 할 필요가 얼마나 많은지 모릅니다. 자연인들도 폭풍우에서 하나님의 능력을 어느 정도 봅니다. 하지만 어떤 사람도 하나님께서 사람의 죄를 정복하실 때만큼 마음의 눈으로 하나님의 능력을 볼 수 있는 경우는 없습니다. 그는 자기 죄를 보았고, 마른 잎이 폭풍과 싸워 이길 수 없듯이 자신이 죄와 싸워 이길 수 없다는 것을 느꼈습니다. 그런데 갑자기 하나님께서 갑작스럽게 맹렬히 날뛰는 죄를 멈추게 하시고 그 사람을 구원하셨습니다. 그래서 그는 이렇게 말했습니다. "이제 나는 여호와께서 하나님이신 줄 안다. 하나님 외에 누가 나를 위해 이런 일을 하실 수 있었겠는가? 주님 외에 누가 오만한 내 열정을 제어하고, 내 목에서 쇠 멍에를 깨트려 벗길 수 있었겠는가?" 바로 그때 이 사람은 여호와의 전능하심을 느꼈습니다.

우리는 무엇보다 "하나님은 사랑이심이라"(요일 4:8)는 귀한 말씀을 배웁니다. 그러나 여러분이 죄의식 때문에 정말로 무너지고 자신의 죄가 가장 뜨거운 지옥의 형벌을 받아 마땅하다는 것을 느끼기 전에는 그 사실을 이해하지 못합니다. 그때 여러분은 하나님께서 이렇게 말씀하시는 것을 듣습니다. "그렇지만 나를 위하여 내가 너를 용서하였다. 내 아들 예수 그리스도로 말미암아 내가 네게서 이 모든 죄를 제거했다. 이후로는 영원히 네게 죄를 언급하지 않을 것이다." 그러자 여러분은 하나님을 쳐다보며 이렇게 말합니다. "사랑이십니다! 내가 주께 대하여 귀로 듣기만 하였사오나 이제는 눈으로 주를 뵈옵습니다!"(욥 42:5). 놀라운 사랑입니다! 비할 데 없이 놀라운 사랑입니다! 참으로 놀라운 사랑입니다! 사람은 이 점을 이야기할 때마다 조용한 곳으로 가서 하나님 앞에서 말없이 눈물을 흘리며 하나님께서 용서하시되, 그처럼 값없이 그처럼 충분하게 그처럼 완전하게 용서하신다는 사실을 생각하고 싶은 마음이 들지 않을 수 없습니다. 여러분이 하나님을 알고 싶다면, 하나님을 쳐다보며 눈물을 흘리며 그를 볼 때 예수 그리스도라는 분을 통해 하나님을 보아야 합니다. 그리스도 안에서 여러분은 자신이 하나님의 진노밖에 받을 것이 없는 반역자로 십자가에 못 박힌 것을 봅니다. 그 다음에 그리스도 안에서 여러분은 하나님이 만물보다 높이 되셔서 자비를 베푸시는 것을 보는데, 이는 사람에게 상 받을 만한 자격이 있기 때문이 아니고 심지어 사람의 기도나 눈물 혹은 사람 안에 있는 선한 것 때문이 아니라 순전히 하나님께서 그렇게 하기 원하시기 때문에, 곧 허물과 불법과 죄를 너그럽게 봐주시는 데서 하나님의 엄청난 은혜의 위엄을 나타내시고자 하기 때문입니다.

우리의 구원과 관련 있는 세 번째 교훈은 이것입니다. 즉, "네가 기억하고 놀라게 하려 한다"는 것입니다. 우리가 직접 배운 것입니다. 그런데 이것이 기분 좋은 일은 아닙니다. 기억하고 놀라게 되는 일을 좋아할 사람이 누가 있겠습니까? 여러분 가운데 훌륭한 어떤 분들은 인생 전체를 돌아볼지라도 전혀 놀라지 않는 사람들이 있습니다. 여러분이 놀라야 할 이유가 있습니까? 자랑할 뛰어난 점들이 그처럼 많으니 놀랄 이유가 있겠습니까? 그러나 하나님께서 여러분을 용서하신다면 여러분은 기억하고 놀랄 것입니다. 그래서 여러분이 그처럼 놓치기 싫어하는 자기만족으로부터는 선한 것이 일체 나올 수 없습니다. 여러분이 용서받는 일이 있다면 여러분은 놀랄 것입니다. 여러분은 자신의 죄에 대해 어떤 변명도 찾아낼 수 없다는 것에 놀랄 것입니다. 찾아낼 수 있었다면 여러분은 스무 가지가 넘는 변명거리들을 찾아내고 그 중에서 어떤 것을 골랐을 것입니다. 그런데 주님께서 여러분을 용서하셨으니 변명거리를 찾을 수 없습니다. 그리고 그 오래된 여러분의 변명들, 곧 한때 여러분이 자신의 벌거벗은 것을 덮어줄 것이라고 믿었던 여러분의 무화과 잎들을 발견하면 여러분은 그 변명들을 멸시하고, 그처럼 천박한 것들을 일찍이 보지 못한 것처럼 생각합니다. 여러분은 대체 자신이 그런 변명을 궁리해냈다는 것을 생각하고 배나 놀랄 것입니다. 여러분은 자신이 그런 변명들에 합당한 이유가 있다고 믿을 만큼, 다시 말해 죄를 악화시키는 것을 언제나 죄를 낫게 만드는 것으로 볼 만큼 어리석은 사람일 수 있었다는 것을 생각하고 배나 놀랄 것입니다. 여러분은 이제 자신이 어떻게 지난 모든 날 동안 죄와 불신앙 가운데 살 수 있었는지를 생각하고 놀랍니다.

나는 훨씬 전에 예수 그리스도를 믿지 않은 것을 생각하고 아주 깜짝 놀랐습니다. 그리스도를 믿는 것, 그것이 전부였습니까? 나는 지금까지 특별한 어떤 것을 행하기 위해, 특별한 어떤 것을 느끼기 위해, 특별한 어떤 존재가 되기 위해 온 세상을 돌아다녔습니다. 그런데 일은 이렇게 되었습니다. 나는 아무것도 아니고, 그리스도께서 모든 것이 되셨고, 그렇게 해서 나는 구원받게 되었습니다. 나는 구원을 선물로 값없이 그냥 받게 되었습니다. 나는 놀랐습니다. 전에는 "내가 믿을 수 없다는 것을 하나님은 아십니다" 하고 완고하게 말했지만, 하나님께서 나를 용서하신 후에는 계속해서 불신앙 가운데 남아있어야 하는 변명거리를 생각해낼 수 없었습니다. 용서받기 전에는 변명거리들이 무수히 많았습니다. 그러나 하나님께서 자비로 나를 용서하신 후에는 변명거리들이 모두 사라졌습니다. 여러분은 다음 두 가지 사실, 곧 여러분 자신의 생활과 하나님의 성품을 똑바로 바라본 적이 있습니까? 즉, 하나님 앞에 있는 여러분과 여러분 앞에 있는 하나님을 바라본 적이 있습니까? 여러분은 그 두 가지를 다 볼 수는 없다고 느끼지 않았습니까? 여러분은 놀랐습니다. 그 두 가지를 이해할 수 없었기 때문입니다.

여러분은 이렇게 이야기하곤 했습니다. "아, 그 죄는 내가 그렇게 자란 결과였어. 그것은 내가 나쁜 본을 보고 자랐기 때문이야." 혹은 "아, 그때는 내가 실수했어"라고 얘기하여 곤란한 상황을 그럭저럭 넘어갔습니다. 그런데 이제 여러분이 구원을 받고 보니, 여러분의 행동이 모두 잘못이고 큰 실수이며 해악이라는 것을, 모두가 아주 끔찍하고 나쁜 것이었음을 알게 됩니다. 여러분은 놀라고 무슨 말을 해야 할지 모릅니다. 변명할 수가 없습니다. 사람이 너무도 놀라서 더 이상 자기에 대해 변명할 수 없고 예수 그리스도께서 자신을 대신해서 말씀해 주시도록 맡길 때, 말하자면 너무 놀라서 자신이 할 수 있는 일이라곤 가만히 앉아서 그처럼 뜻밖의 자비를 베풀어주신 것을 인해서 하나님께 감탄하고 놀라며 경배하고 사랑하며 찬미하고 찬송하는 것뿐일 때, 그것은 참으로 복된 일입니다.

"어찌하여 나는 주의 음성을 듣고
방이 있는 곳에 들어갔나이까?
수많은 사람들은 불쌍한 선택을 하여
오기보다는 차라리 굶어죽는데."

왜 하나님은 나를 사랑하셨습니까? 왜 하나님은 그토록 오랫동안 나에 대해 참으셨습니까? 왜 저를 다정하게 인도하여 주의 통치에 굴복하도록 하셨습니까? 왜 저의 눈을 열어 주셨습니까? 왜 나는 다른 사람들이 그러듯이 고집스럽게 계속해서 보지 못하는 상태로 남아 있지 않은 것입니까? 전에는 내가 그 점을 설명할 수 있을 것이라고 생각했는데, 지금은 그렇게 생각하지 않습니다. 그것은 답을 찾을 수 있는 범위를 넘어서는 문제이기 때문입니다. "하나님이여, 제가 놀랐습니다. 제가 제 죄 때문에 놀라듯이 바로 그 사랑 때문에 놀랍니다. 저는 어찌할 바를 모르겠고, 당혹스럽고 깜짝 놀랐습니다." "네가 기억하고 놀라게 하려 함이니라"는 말씀이 이렇게 해서 성취가 됩니다.

형제자매 여러분, 나는 하나님께서 여러분을 데려와 자신을 알도록 하셨을 때는 여러분에게 이 세 가지 사실을 가르쳐 주셨을 것이라고 믿습니다. 즉, 여러분이 언약 안에 서 있다는 사실과, 그 언약의 하나님으로서 자신의 영광을 가르쳐 주셨고, 또 하나님께서 여러분의 죄와 하나님의 자비를 보여주심으로써 여러분을 아주 놀라게 하시듯이 여러분이 아무것도 아닌 것보다 못한 존재라는 사실을 가르쳐 주셨을 것입니다.

3. 끝으로, 신자들에게 영원히 일어나는 침묵에 대해서 생각해 봅시다.

"네가 기억하고 놀라고 부끄러워서 다시는 입을 열지 못하게 하려 함이니라." 사람의 입을 채우려면 많은 것이 필요하고, 사람의 입을 닫는 데도 거의 그만큼의 많은 것이 필요합니다. 어떤 사람들의 입은 교회 관리인이 한 삽 가득 옥토를 퍼줄 때까지는 다물어지지 않을 것입니다. 이는 그들의 탐욕은 만족할 줄 모르고, 세상 절반도 그들에게는 충분하지 않을 것이기 때문입니다. 어떤 사람들의 입은 관 뚜껑으로 닫지 않고서는 결코 다물어지지 않을 것입니다. 그들의 표어는 "사는 동안은 자랑하겠다"는 것입니다. 그리고 실제로 그렇게 할 것입니다. 자랑하는 것이 그들에게는 뼛속 깊이 배어 있고, 그래서 그들 속에서 자연스럽게 나올 것입니다. 자랑할 것이 아무것도 없는데도 그들은 숨 쉬는 한, 자랑할 것입니다. 그러나 하나님께서 사람을 구원하실 때는 자기를 높이는 사람의 습관을 아주 효과적으로 끝내십니다. 그래서 그는 더 이상 자신을 자랑하는 일에 입을 열지 않을 것입니다. 하나님께서는 사람이 자신이 현재 어떤 사람이고, 과거에 어떤 사람이었으며, 장차 어떤 사람이 될 것이라고 생각하는 것에 관해 자랑을 일체 하지 못하도록 그를 막으십니다.

만일 여러분이 누군가가 자신이 아주 멋지게 살아왔고 정말로 훌륭한 사람이었다고 이야기하는 것을 듣는다면, 하나님께서 그에 대해 용서하시지 않았다고 확신할 수 있을 것입니다. 이렇게 소리치는 사람이 있습니다. "하지만 우리의 도덕이라는 것이 대단하지 않습니까? 생각이 건전하고 의로운 사람들에 대해서는 좋게 이야기할 것이 많지 않습니까?" 그런 사람이 있다면, 하나님께서 그에 대해 용서하시지 않았다는 것을 여러분은 알 수 있습니다. 만일 하나님께서 그를 용서하셨다면 그는 더 이상 자신의 도덕에 대해서 떠벌리지 않을 것이기 때문입니다. 다른 사람들이 자신의 외적인 죄들에 대해서 부끄러워하듯이 그는 자신의 도덕을 부끄러워할 것입니다. 이는 자신의 도덕이 기껏해야 형편없이 불완전한 것임을 알 것이기 때문입니다. 본성적으로 무지한 사람들이 볼 때, 우리의 도덕은 매우 훌륭합니다. 하지만 우리의 도덕을 현미경에 가져가서 하나님께서 보시듯이 보면 소위 이 도덕이라는 것이 얼마나 끔찍하게 부도덕한 것인지 모릅니다.

여러분이 표면 밑을 보기 시작하면, 어떤 사람이 겉으로 드러나는 죄를 짓기를 삼간 것이 그가 잘못을 저지르기를 좋아하지 않았기 때문이 아니라 조금은 지나치게 영리해서 자신의 이익에 손해를 보고 싶지 않았기 때문이라는 것을 알게 됩니다. 그는 저속한 죄에 빠질 만큼 어리석은 사람이 아니었던 것입니다. 말하자면 그의 이기심이 그를 구원한 것입니다. 여러분이 도덕을 들여다보면, 도덕의 많은 부분이 그 조사를 견디지 못할 것입니다. 도덕은 부패한 물건에서 자라는 이끼와 버섯류처럼 매우 예쁩니다. 여러분이 그것이 어디에서 자란 것인지를 알기 전까지는 매우 예쁘게 보입니다. 자신이 지금까지 도덕적이고 죄가 없었다고 믿는 사람이 자신이 그동안 그렇게 죄 없이 살았다고 생각한 이유들을 보고 자신을 살펴보기 시작하면, 흔히 그는 자신의 그 모든 순결 이면에 교만, 자기 과대평가, 자기 추구, 하나님께 대한 무관심, 온갖 혐오스러운 것이 가득 있었다는 것을 발견할 것입니다. 하나님께서 그에게 이 모든 사실을 보여주고, 그가 자신을 혐오할 때까지 그를 시궁창에 던져 넣으시고, 그 다음에 하나님께서 그에 대해 용서하실 때까지 그리스도의 보혈로 그를 깨끗이 씻으시면 그는 다시는 그 문제에 관해 입을 열지 않을 것입니다.

이런 식으로 깨끗함을 받은 사람은 다시는 입을 열어 하나님의 주권에 불평하지 않을 것입니다. 도덕적 행위자들의 권리에 관해 이야기하고 하나님께서 왕의 대권을 발휘한다는 생각에 대해 욕을 퍼붓는 것이 어떤 사람들에게는 아주 멋지게 보입니다. 그들은 자신이 칼빈주의자가 될 만큼 어리석지 않다는 것을 보여주기 위해 거의 신성모독에 가까운 발언을 하기 좋아합니다. 영적인 멋쟁이는 자신이 하나님께 죄를 지었고, 구원을 받는다면 그것은 순전히 하나님의 은혜에서 나온 것이라는 성경의 교리를 들을 때, 그는 너무 멋쟁이여서 그런 진리를 믿을 수가 없습니다. 그는 범죄자로 천국에 들어가고 싶지 않고 죄수처럼 사면 받기를 원치 않습니다. 그는 좀 더 멋진 복음을 듣고 싶어 합니다.

자, 하나님께서 그 사람을 용서하시면 여러분은 그에게서 그런 말이 다시 또 나오는 것을 듣지 못할 것입니다. 그는 이렇게 말할 것입니다. "아, 아닙니다. 하나님은 영원히 사시고, 왕이 되실 것입니다." 그는 다른 누구보다도 하나님께서 절대자시라는 말을 듣기 좋아하는 사람이 됩니다. 그는 하나님께서 참으로 은혜로우시고 강하시며 진실로 선하시다는 것을 압니다. 그는 "이 사람아 네가 누구이기에 감히 하나님께 반문하느냐?"(롬 9:20)라는 바울의 말이 귀뿐 아니라 마음에서도 울리는 것을 들었습니다. 이에 그는 이렇게 답변하였습니다. "제가 감히 대답할 수 없습니다. 저는 아무것도 아닌 것보다 못한 존재이기 때문입니다. 제가 감히 답변할 수 있다고 할지라도 저는 하지 않겠습니다. 제가 하나님을 사랑하고 하나님의 이름을 찬송하기 때문입니다." 그 사람의 귀에 항상 들리는 지극히 아름다운 선율 가운데 하나는 "여호와께서 다스리시는도다"(시 93:1)는 것입니다. 그는 여호와께서 다스리신다는 사실을 생각하기 좋아합니다. 그에게 하나님의 통치를 제한하고 하나님의 절대적인 권위를 축소할 수 있는 능력이 있다고 할지라도, 그렇게 하지 않을 것입니다. 그는 하나님께서 영원히 왕으로 계시며, 영원히 세상에서 홍수 때에 여호와로 좌정하시기를(시 29:10) 바랍니다. 그래서 그 문제에서 사람의 입은 영원히 다물어집니다.

사랑하는 친구 여러분, 이와 같이 이 구원의 방식은 또한 사람이 어떤 점에 대해서든지 하나님께 투덜거리고 불평하지 못하도록 입을 막습니다. 구원받은 사람은 이렇게 말하기 때문입니다. "하나님께서 나를 용서하셨으니 하나님께서 원하시는 대로 내게 행하시옵소서." 우리의 교만한 육신은 자기를 높여 하나님의 뜻을 거스르고 이렇게 말합니다. "네가 돈이 있었다면 선한 일을 그처럼 많이 할 수 있었을 것인데 언제나 가난하게 지내야 한다는 것은 어려운 일이다. 네가 큰 능력이 있다면 하나님을 아주 많이 사랑하기 때문에 아주 열심을 내었을 것이고 그리스도의 교회에서 선두에 서서 일했을 것을 하나님께서 아실 텐데 네게 그처럼 재능이 없다는 것은 견디기 힘든 일이다."

사랑하는 친구 여러분, 하지만 우리가 은혜로 용서받을 때는 일절 그런 이야기를 하지 않습니다. 그보다는 이렇게 말합니다. "그렇지 않습니다. 주님, 저는 참으로 무가치한 자여서 만일 주님께서 은혜를 베푸셔서 저를 하나님의 집에서 문지기로 삼으실지라도 저는 감사할 것입니다. 만일 제가 마지막 날에 천국 문 안으로 들어가 하나님의 자녀들 가운데 가장 비천한 자로 거기에 앉도록 허락을 받을지라도 저는 하나님의 크신 사랑에 영원히 감사하고 하나님의 은혜로운 이름을 찬송할 것입니다. 저는 하나님께 아무 불평을 하지 않습니다. 저는 하나님께 아무런 요구도 하지 않습니다. '나의 원대로 마시옵고 아버지의 원대로 하옵소서'(마 26:39). 만일 제가 병상에서 하나님을 영화롭게 할 수 있다면 저는 하나님의 영광을 위해서 병상에 누워 기침을 하겠습니다. 제가 작은 흙집에 살면서 하나님을 영화롭게 할 수 있다면 하나님의 영광을 위해 그곳에 거하며 일주일에 한두 푼으로 겨우 먹고 살겠습니다. 제가 누더기를 걸치거나 구빈원에서 살며 하나님께 명예를 돌려드릴 수 있다면 그렇게 살겠습니다. 그렇습니다. 죽을 때 제가 극빈자로 장례를 치르는 것이 하나님께 영광을 돌리게 된다면 그렇게 하겠습니다. 저는 오늘 이후로 주님께 속했습니다. 저는 그렇게 용서를 받고 하나님의 전능하신 은혜에 이루 다 말할 수 없는 빚을 진 큰 죄인이므로 더 이상 입을 열어 흠을 잡는 일을 할 수 없습니다. 하나님은 저를 참으로 사랑을 가지고 다정하게 대해주셨기 때문입니다." 사랑하는 친구 여러분, 여러분에게 이런 심령이 임하기를 바랍니다.

나는 여러분 모두가 우리 가운데 어떤 분들처럼 하나님의 은혜와 사랑을 맛보았을 것이라고 믿고 싶습니다. 하지만 나는 여러분에게 아첨하는 말은 하지 않겠습니다. 여러분 가운데 많은 분들이 이 문제를 전혀 모르는 것이 아닌가 걱정입니다. 이 문제를 안다면 이 자리에 계시는 분들 가운데 아직까지 하나님과 화목하지 못한 분은 모두 우리가 자신의 죄 많음에 대해 느끼는 바를 이야기하는 것을 듣고 싶어 할 것입니다. 이는 죄인 한 사람이 통과하는 곳에서는 다른 죄인도 통과할 여지가 있기 때문입니다. 교도소 문이 있는데 그 문이 부서져서 죄수 하나가 나간다면, 그 교도소에 있는 또 다른 죄수도 얼마든지 "나도 도망해야겠다"고 말할 수 있습니다.

우리가 모두 노아의 방주 안에 있는 짐승이라고 생각해 봅시다. 그러면 우리는 대부분의 화가들이 그 장면을 묘사하려고 할 때 그렸던 경사진 마루를 지나가지 않고서는 방주에서 땅으로 내려갈 수 없을 것입니다. 자, 우리는 그 다리로 내려가야 합니다. 여러분은 무섭습니까? 양들과 토끼들이여, 여러분은 밟고 가는 발판이 여러분을 받쳐주지 못할까봐 두렵습니까? 그렇다면 들어보십시오. 나는 코끼리입니다. 나는 방주에서 나와 그 다리로 내려왔습니다. 그러니 나보다 작은 여러분도 모두 건너올 수 있습니다. 그 다리는 산토끼와 집토끼, 소와 양을 충분히 받쳐줄 힘이 있습니다. 코끼리가 그 다리를 건너왔기 때문입니다. 그 길을 무겁고 큰 그 짐승이 밟고 내려왔습니다. 그러니 여러분이 어떤 사람이든지 간에 그 길이 여러분에게 충분할 것입니다.

주 예수 그리스도께서 나를 구원하셨으므로 나는 한 가지 결론을 내렸습니다. 즉, 그것은 나보다 구원하기 어려운 사람을 만날 수 없으리라는 것입니다. 일찍이 내가 어렸을 때 날이 아주 어두웠고 그래서 내가 나가기 무서워하자 누군가가 내게 이렇게 말했습니다. "뭐가 무섭저? 너보다 못생긴 것은 만나지 않을 거야." 내 영적 상태에 관해서는 정말로 그것은 맞는 말입니다. 나보다 흉하게 생긴 사람을 만나지 못할 것입니다. 이 자리에 정말로 크고 시커멓고 보기 흉한 죄인이 있다면, 죄인이여, 여러분은 본래의 내 과거 모습보다 추하지 않습니다. 그런데도 주 예수 그리스도께서 나를 사랑하셨습니다. 그러니 주님께서 여러분도 사랑하시지 않을 이유가 있겠습니까?

예수 그리스도는 전지하시고, 따라서 예수께서 보실 수 없는 것이 있다고 말하는 것은 큰일이지만 나는 감히 예수 그리스도께서 내 안에 사랑할 만한 것을 전혀 보실 수 없다고 말씀드립니다. 만약 주님께서 여러분에게서 선한 것을 전혀 보실 수 없다면 어떻게 하겠습니까? 그렇다면 우리는 한 짝으로 있는 것입니다. 그럴지라도 나는 예수께서 나를 사랑하신다는 것을 아는데, 왜 여러분을 사랑하시지 않겠습니까? 예수께서 나를 사랑하신다는 것을 압니다. 주님의 이름을 찬송합시다. 나는 주님께서 지금 나를 사랑하신다는 것을 압니다. 그리고 나도 주님을 사랑합니다. 예수께서 내 안에 사랑할 만한 것이 아무것도 없는데 나를 사랑하셨다면, 여러분에게 사랑할 만한 것이 아무것도 없을지라도 왜 여러분을 사랑하시지 않겠습니까? 그 추한 얼굴을 사랑스런 구주님께로 돌리고 주님을 의지하십시오. 내가 그 점을 즐겁게 이야기하니까 여러분이 웃습니다만, 나는 그 점을 여러분 마음에 집어넣고 싶습니다.

나는 두려워 떠는 불쌍한 죄인이 있다면, 그가 이렇게 말하기를 바랍니다. "그 점을 생각해 보겠습니다. 내 자신이 추한 죄인이라고 생각했지만 그리스도께 가서 그를 의지하겠습니다." 그렇게 한다면 여러분은 결코 후회하지 않을 것이고, 영원히 하나님께 감사할 것이며, 나도 그럴 것입니다. 그리고 우리가 천국에 이르러 그 점에 관해서 이야기할 때 이렇게 말할 것입니다. "자, 다 왔다. 한 쌍의 끔찍한 죄인들인 우리가 예수 그리스도께 왔고 그리스도께서 우리를 받아 주셨으니, 주님의 이름을 찬미하자. 우리가 사는 동안 영원히 주님을 찬송하자." 틀림없이 그렇게 말할 것입니다. 여러분은 그렇게 할 것이라고 확신하지 못합니까? 하나님께서 여러분에게 복 주시기를 바랍니다.

제
11
장

하나님의 파괴와 보호

"들의 모든 나무가 나 여호와는 높은 나무를 낮추고 낮은 나무를 높이며 푸른 나무를 말리고 마른 나무를 무성하게 하는 줄 알리라 나 여호와는 말하고 이루느니라 하라." — 겔 17:24

여러분은 상상으로 거슬러 올라가, 시간이 없던 때, 곧 옛적부터 항상 계신 이(단 7:22)밖에 안 계시던 때로 날아갈 수 있습니까? 하나님께서 홀로 거하셨던 때, 이 둥근 세계와 거기에 있는 모든 것들이 아직 하나님의 손에서 나오지 않았던 때, 해가 아직 힘 있게 타오르지 않고 별들이 아직 밝게 빛나지 않던 때로 신속히 거슬러 올라갈 수 있습니까? 천사들이 없었던 때, 그룹과 스랍들이 아직 태어나지 않았던 때로 거슬러 올라갈 수 있습니까? 천사들보다 오래된 피조물들이 있다면, 그런 피조물들도 아직 하나도 조성되지 않았던 때로 거슬러 올라갈 수 있습니까? 여러분이 상상의 날개를 펴서 과거로 아주 멀리 날아가 오직 하나님밖에 생각할 수 없는 때, 아무 피조물도, 아무 노래도, 아무 날갯짓도 없고 다른 어떤 존재가 없이 오직 하나님만 계시는 때로 날아갈 수 있습니까? 그렇다면 그때는 실로 하나님의 경쟁자가 아무도 없었습니다. 그때는 아무도 하나님과 다툴 수 없었습니다. 하나님 외에는 아무도 없었기 때문입니다. 이때는 능력과 영광과 명예와 위엄이 모두 하나님께로 모아졌습니다. 그러니 우리가 그때는 하나님께서 그의 종들이 하나님의 기뻐하시는 바를 행하는 지금보다 영광이 덜하였다고 믿을 이유가 전혀 없습니다. 하나님께서 천체들을 잇달아 창조하시어 우주에 뿌리시고 두 손으로 별들을 하늘에 흩으셨습니다. 하나님은 불안정한 보좌에 앉지 않으셨습니다. 하나님의 권세를 도울 아무도 필요치 않으셨습니다. 하나님은 찬양이라는 소득을 하나님께 가져올 무엇인가가 전혀 필요치 않으셨습니다. 하나님의 완전한 충분성 때문에 하나님께는 부족이라는 것이 있을 수 없었습니다. 그 다음에, 할 수 있다면 여러분은 하나님이 창조하실 때 품으신 영원한 목적을 생각해 보십시오. 하나님은 그 목적을 마음으로 정하십니다. 거룩한 동기 말고 어떤 것이 이 신성한 건축가를 움직이게 만들 수 있었겠습니까? 그 동기는 무엇이었겠습니까? 하나님은 자신의 완전성을 나타내시기 위해 창조하십니다. 하나님은 말하자면 자신의 형상을 따라 피조물을 지으시는데, 이는 그들 속에 사시기 위함이고, 하나님께서 스스로 깊이 느끼는 기쁨과 즐거움, 만족을 다른 피조물들에게 나타내시기 위함입니다. 하나님께서 고려하셨던 목적은 하나님의 자신의 영광이었음에 틀림없다고 나는 확신합니다.

하나님께서는 사람의 아들들에게, 천사들에게, 하나님께서 지으신 피조물들에게 자신의 영광을 드러내고자 하셨는데, 이는 그의 이런 피조물들이 하나님의 영광을 깊이 생각하고 하나님을 찬송하도록 하시기 위함이었습니다. 형제 여러분, 여러분은 죄가 세상에 들어왔다는 사실을 모르지 않습니다. 하나님을 찬양하는 시편처럼 균형이 잡혔고, 하나님께서 자신의 성품을 계시하신 책처럼 방대하고 총망라한 이 피조계, 한때 지극히 아름다웠던 이 피조계가 훼손되어 더러워졌다는 것을 여러분은 압니다. 하나님의 영원한 목적에 대립하는 본능이 생겨났고, 그 목적에 대항하는 관심사가 일어났습니다. 인간의 뜻이 하나님의 뜻에 저항하였습니다. 인간의 이익이 하나님의 명예와 대립됩니다. 인간의 꾀가 하나님의 지혜와 대립합니다. 하와가 금하신 열매를 먹었고 아담도 함께 그 열매를 먹었습니다. 이후로 사람은 하나님의 적이 되었습니다. 마치 전에 사탄이 찬송 받으실 유일한 군주에게 반역하여 그 권위를 찬탈하였던 것과 똑같이 말입니다. 사탄이 타락한 때부터 하나님의 목적은 하나님께 대항하여 일어선 모든 것을 분쇄하는 것이었습니다. 그날부터 지금까지, 어떤 사물이 아무리 크고 아무리 고귀하며 아무리 탁월한 것처럼 보일지라도 그것이 하나님 안에 서서 하나님을 위하지 않는다면 그것을 무너뜨리는 것이 하나님의 원칙이었습니다. 그렇습니다. 하나님께서 보신 곳이 어디든지 간에, 어떤 사물이 아무리 천하고 낮고 겉보기에 볼품이 없었을지라도 하나님 안에 서서 하나님을 위한다면 그것을 높이는 것이 하나님의 변함없는 원칙이었습니다. 혹은 비천한 자들을 높이심으로써 교만한 자들을 멸시할 수 있다면 하나님은 그렇게 하여 주권적인 지배력을 행사하고 자신이 기뻐하는 대로 사람들을 대할 수 있는 절대적인 자신의 권한을 돋보이게 하실 것입니다.

내가 노래를 짓는 위대한 가수들처럼 가사를 자유롭게 쓸 수 있다면, 혹은 내게 천사의 목소리가 있어서 이 고귀하고 장엄한 주제를 늘쩍지근한 산문으로 이야기하지 않고 찬송가로 표현할 수 있다면 좋겠습니다. 그렇게 할 수 있다고 할지라도 나는 비교할 수 없는 이 구상의 그 장대한 높이를 다 표현할 수는 없습니다. 이 사실을 생각할 때마다 두려움과 함께 감탄을 금치 못합니다. 즉, 영원하신 하나님께서 그에게 대항하여 일어나는 모든 것을 막으신다는 것입니다. 다시 말해, 큰 자들을 그 자리에서 내려뜨리고 군주들의 머리에서 왕관을 벗기며, 귀족들을 낮추시고 부한 자들의 고운 베옷과 자주색 옷을 진창에서 밟으며 지혜자들의 지혜를 멸시하며 철학자의 의복을 벗기고 제사장의 옷을 찢으시며, 거짓된 주장을 자랑하거나 하나님의 규범적이고 변경할 수 없는 신성한 주권을 무시한 채 명성을 가로채는 모든 것을 멸시하신다는 것입니다. 하나님과 상관없이 혹은 하나님과 상반되게 위대하다거나 선하다고 하는 주장에는 능력도 영속성도 근거도 가치도 없습니다. 내 생각은 너무 왜소하고 내 언어는 너무 미약해서 이 장엄한 주제를 다 담아낼 수 없습니다. 이 주제의 진실성 때문에 이 주제를 추천하게 되고, 이 주제의 유용성 때문에 이 주제의 가치가 높아집니다. 이 주제는 사람의 마음을 하나님 앞에 엎드리게 만들고, 이 점을 우리에게 납득시킵니다. 즉, 그때에만, 다시 말해 우리가 자신의 생각을 비울 때에만 하나님의 충만으로 충만해지고 하나님의 생명으로 살며 하나님의 지혜로 지혜로워지고 하나님의 영광으로 영광스러워지기에 적합하게 된다는 것입니다.

그런데 나는 이 시간에 좀 더 실제적인 교훈을 설교할 것입니다. 이 고귀한 주제에 필요했을 수 있는 것보다 수수한 단어를 사용할 것입니다. 나는 엄청나게 큰 면적을 차지하는 큰 숲이 보이는 것 같습니다. 나무들이 각각 다르게 성장하고 나이도 각각 다릅니다. 나무들 가운데는 아주 높은 것들이 있습니다. 여기에 키가 우뚝 솟은 히말라야 삼목이 있고, 저쪽에는 황새들이 큰 전나무들 가운데 둥지를 틀었습니다. 폭풍우를 비웃는 단단한 떡갈나무가 있고, 그런가 하면 사나운 비바람에도 뒤틀리지 않을 느릅나무들이 있습니다. 이 나무들이 어떻게 서로 경쟁하는지 보십시오! 그런가 하면 키가 좀 더 낮은 나무들이 있습니다. 그 가운데는 많이 열리지는 않지만 열매를 맺는 나무들이 있습니다. 포도나무처럼 덩굴이 땅을 기어가는 나무들이 있습니다. 이런 것들은 아주 컴컴한 곳에 있어 좀처럼 눈에 띄지 않습니다. 이곳은 모든 나라의 나무들을 볼 수 있는 이상한 숲입니다. 꽃과 열매가 많이 달린 푸른 잎이 무성한 싱싱한 나무들이 있고, 여기저기 잎이 드문드문 있는, 시들고 말라 죽은 나무들도 있습니다. 때는 날이 서늘한 저녁입니다. 아름다운 에덴동산을 방문하였던 여호와 하나님께서 오셔서 이 숲을 거니실 것입니다. 짙은 그늘 사이로 깊은 오솔길을 따라 전능하신 하나님이 나타나십니다. 하나님께서 오십니다. 어떻게 내가 하나님을 봅니까? 하나님께서 손에 도끼를 들고서 도끼가 예리하다는 것을 보여주기 위해 손가락으로 도끼의 날을 훑습니까? 도끼를 휘두르는 팔은 강합니다.

하나님께서 일단 너를 겨냥하여 그 도끼를 높이 드신다면, 히말라야 삼목들이여, 소리를 지르라. 이 나무꾼이 지금 무엇을 하려는 것입니까? 잠깐, 이 나무꾼이 말하는 것을 들어봅시다. 너희 들판의 나무들이여, 여호와 앞에 잠잠하여라. 우리가 하나님이 말씀하시는 것을 다 듣기 전에는 손뼉을 치지 마라. "들의 모든 나무가 나 여호와는 높은 나무를 낮추고"라고 했습니다. 너희 높이 솟은 히말라야 삼목들이여, 조심하라! "낮은 나무를 높이며"라고 했습니다. 너희 낮은 포도나무들이여, 용기를 내라! "푸른 나무를 말리고"라고 했습니다. 푸른 잎이 무성한 너희 느릅나무들이여, 소리 내어 울라. "마른 나무를 무성하게 하는 줄 알리라"고 했습니다. 너희 시든 가지들이여, 희망을 가져라! "나 여호와는 말하고 이루느니라." 나무들은 여호와 앞에서 잠잠해야 합니다. 여호와께서 오셔서 그들을 심판하시되 엄하게 심판하시기 때문입니다. 내 눈 앞에 그 숲이 있습니다. 나무 같은 사람들이 환상 속에서 내게 보입니다. 빽빽이 모여서 내 목소리를 듣고 있는 이 사람들을 응시하면서, 이 크신 나무꾼이 여러분에게 하시는 말씀을 해석해 드리도록 하겠습니다.

주목할 만한 점들이 네 가지 있는데, 차례로 말씀드리겠습니다. 하나님께서 이 상징들을 신성하게 하셔서 우리에게 유익이 되게 하시고, 우리의 눈을 만지고 우리의 마음을 가르치셔서 여호와께서 이 숲의 나무들에게 말씀하시는 바를 우리가 바르게 이해하도록 해 주시기를 바랍니다.

1. "주 여호와께서 이같이 말씀하시되 들의 모든 나무가 나 여호와는 높은 나무를 낮추게 하는 줄 알리라."

역사를 대충 훑어보십시오. 그러면 키가 거인 같고 두께가 거대한 모든 것, 곧 인간의 생각에 위대하게 보여서 세상의 명성을 움켜쥐려고 한 것은 무엇이든지 하나님의 화살이 관통하는 목표가 되었고, 시들게 하는 마름병의 표적이 되었다는 것을 알 것입니다. 세계적인 왕국을 세운다는 대단한 생각이 사람의 마음에 번쩍 하고 스쳐갔습니다. 사람은 그 꼭대기가 하늘에 닿을 탑을 세우려고 하였습니다. 하나님께서 이 멋진 계획을 어떻게 처리하셨습니까? 하나님은 "내가 바벨에 내려가서 그들이 말한 대로 되는지 보리라"고 말씀하셨습니다. 그때 하나님은 사람들의 혀를 만져 그들의 언어를 혼잡하게 만드셨고 사람들의 상상하는 바들을 흩어버리셨습니다. 이렇게 하나님은 그들을 비웃으셨고, 그들이 대대로 웃음거리가 되게 하셨습니다.

그 다음에 애굽이라는 강대국이 일어났습니다. 바로가 말했습니다. "나는 성문이 수백 개나 되고 놋 전차가 무수한 테베의 주가 아니냐? 내게는 무수한 기병대가 있지 않느냐? 나와 같은 자 누가 있는가? 내가 말하면 열방이 떤다." 이 왕이 마음을 완고하게 하였을 때, 만왕의 왕이신 여호와께서 어떻게 친히 바로와 그의 군대로부터 명예를 얻으셨습니까? "주께서 바람을 일으키시매 바다가 그들을 덮으니 그들이 거센 물에 납 같이 잠겼나이다 너희는 여호와를 찬송하라 그는 높고 영화로우심이요 말과 그 탄 자를 바다에 던지셨음이로다!"(출 15:10,21).

얼마 후에는 바벨론이 여왕을 자처하였습니다. 지상의 화려한 이 수도, 유프라테스의 이 큰 도시는 "내가 영영히 여주인이 되리라"(사 47:7) 하고 말했습니다. "나는 홀로 앉은 자요 결단코 애통함을 당하지 아니하리라"(계 18:7). 자, 그녀는 진홍색 옷으로 빼입고 비단으로 성장을 합니다. 그녀가 일어설 때는 지상의 모든 나라들이 잠잠하고, 그녀의 명령하는 목소리가 나갈 때는 속삭이는 소리 하나 들리지 않습니다. 그러나 아시리아의 딸이여, 어디 있는가? 너는 지금 어디 있는가? 갈대아의 딸이여, 한때 네 이마에 둘렀고 네 머리를 장식했던 그 왕관이 어디 있는가? 가서 쓰레기 더미를 보고 황량한 돌 더미를 보십시오. 올빼미와 뱀이 다시는 복구될 수 없는 폐허에서 자기 친구를 부르는 소리들을 들어 보십시오! 아침의 아들 루시퍼여, 네가 어떻게 하늘에서 떨어졌는가! 이렇게 하나님께서는 오만하고 거만한 모든 것, 곧 하나님께서 주셨음을 인정하지 않고 감히 스스로 위대하다고 주장하거나 하나님께서 대리로 세우시는 권위가 아닌 다른 권위를 취하려고 하는 모든 것을 오른손으로 박살내십니다.

나는 이 가락을 더 길게 다룰 수도 있습니다. 여러분에게 로마에 대해서, 그 여왕의 온갖 자랑에 대해서 이야기하고, 로마의 쇠퇴해가는 매력을 지적하며 로마의 쇠퇴와 타락에 대해서 이야기할 수도 있습니다. 나는 여러분에게 산헤립과 그의 모든 군대가 엎드러진 것을 상기시키거나 사람들의 거처에서 쫓겨나 짐승들과 함께 지낸 느부갓네살의 이야기를 할 수도 있습니다. 또 이들보다 작은 왕들, 곧 이스라엘 왕들이 심히 낮아지되 군주로 보좌에 앉았던 이들이 지하 감옥에서 노예들 가운데 앉아 한탄하기까지 낮아졌다는 것을 설명할 수도 있습니다. 예를 더 많이 들면 들수록 역사의 전반적인 이 흐름을 확증하고 여호와, 곧 만군의 하나님께서는 높은 나무는 베어버리고 스스로를 높이는 피조물은 굴복시키며 아무 육체도 하나님 앞에서 자랑하지 못하게 하신다는 사실을 예증할 뿐입니다. 이것이 하나님의 통치 법칙입니다.

그러면 여기서 이 법칙이 우리와 어떤 관계가 있는가 하는 문제가 발생합니다. 확실히 이 법칙에 따르면 교만으로 마음이 높아졌거나 자만으로 우쭐해진 사람들에게는 슬픈 전망이 예상됩니다. 여러분 가운데 자신의 가문을 귀족으로 만들어 준 유명한 사람들을 길게 늘어놓으며 자랑하는 사람이 있습니까? 다른 사람들은 기껏해야 일반 점토로 만들어진 것에 비해 마치 자기들은 도자기로 만들어진 것처럼 세상은 자기들이 밟고 다니기에 별로 좋지 않은 것처럼 생각하는 사람들이 있습니다. 그들은 공중(公衆)을 비천한 대중으로 낮춰 보고, 일반 대중을 "민중"과 "하층민"으로 이야기합니다. 그런 사람은 자신의 소중한 자아를 만족시키기 위하여 어릿광대 노릇을 하고, 자신의 생각을 아주 애지중지하며 자기에게 속한 것은 무엇이든지, 다른 사람이 그의 집이든 말이든, 샘에서 떠온 물이든 포도주 저장실에서 가져온 포도주든 간에 그것이 사랑이나 돈을 위하여 획득할 수 있는 어떤 것보다 낫다고 거만하게 주장할 것입니다. 열등한 사람들은 그의 재치를 보고 모두 웃도록 합시다. 그에게 도도한 목례를 받을 사람들은 모두 그의 신념에 경의를 표하도록 합시다. 그는 홀로 고고한 가운데 아무 경쟁자가 없다고 인정할 것입니다. 자, 그대는 어떤 점에서 정말로 탁월한 점이 있다는 것을 압니까? 그대는 모든 사람들에게 하나님께서 그대보다 더 싫어하는 성향을 지닌 사람이 있으면 말해보라고 당당하게 말할 수 있을 것입니다. 하나님께서 싫어하시는 일곱 가지 가운데 그대의 순서가 제일 앞에 있습니다. 그 잠언의 말씀이 있는 한, 거짓말쟁이도 살인자도 악에 있어서는 그대보다 뛰어나다고 주장할 수 없습니다. 머지않아 전능자의 발꿈치가 그대의 교만한 머리를 치실 것입니다. 전능자께서 그대를 내던지실 것이니 다시는 그대가 교만한 표정을 짓지 못할 것입니다. 이는 하나님께서 모든 영광의 교만을 꺾고 땅의 모든 탁월함을 멸시하려고 하셨기 때문입니다.

자신의 가문이 더 높은 계급에 속해 있고 자기 집안이 다른 사람들보다 엄청나게 부자라고 꿈꾸는 사람의 생각이 아주 기괴하다고는 할 수 없을지라도 무지한 것처럼, 사람의 마음과 판단과 의견에는 오만한 것이 또한 있습니다. 인간성이 어떤 사람들에게는 우상입니다. 저기에 스스로를 유명한 인물로 여기는 사람이 보입니다. 그는 인간 본성의 전적 타락을 믿지 않습니다. 그 자신이 판단할 때 온 머리가 병들었고 온 마음이 무기력해졌다는 진술은 신화입니다. 혹은 그 진술이 겁 많은 유대인에게는 적용될지 몰라도 자기같이 정통신앙을 가진 그리스도인에게는 정당한 고발이 아니라고 생각합니다. 아닙니다. 그럴 수가 없습니다. 그는 지금까지 율법을 지켰습니다. 자신은 모든 일에 비난 받을 점이 없다고 생각합니다. 그는 잘못을 한 적이 없습니다. 따라서 하나님께서 우리에게 하시는 말씀 앞에서 겸손해하지 않을 것입니다. 그런 사람의 생각에는 우리가 전하는 복음이 창기와 도둑과 술주정뱅이들에게는 아주 좋지만, 의인들에게는 아무 소용이 없습니다. 왜냐하면 의인들은 회개가 필요 없는 사람들 가운데 이미 자기 이름을 기록해 놓았기 때문입니다. 따라서 행동이 훌륭하고 성정이 온후하며 기질이 관대한 사람들에게는 값없는 구원을 말하는 것이 시간 낭비가 될 것입니다.

남녀 여러분, 이렇게 생각하는 한, 여러분이 어떤 사람이든지 간에 하나님께서 여러분을 낮추실 것입니다. 여러분을 부끄럽게 하실 것입니다. 지금 도끼가 나무뿌리에 놓여 있습니다. 그대의 선함은 하나님의 선하심이 아니고, 그대의 의는 그리스도의 의가 아닙니다. 그러므로 그것은 좀에 먹혀 사라져버릴 것입니다. 혹은 저기에 노동자인 친구가 있는데, 이렇게 말합니다. "글쎄, 나는 누구 못지않게 열심히 일합니다. 나도 할 수 있는 대로 자녀들을 양육하고, 교회로부터 아무것도 받지 않습니다. 실직을 한 가난한 사람을 보면 내가 남에게 돈을 줄 만큼 넉넉하지는 않지만 적은 돈이라도 언제나 그에게 줍니다. 이런 내가 천국에 가지 못한다면 옳다고 말할 수 있습니까?" 하나님께서 여러분이 그런 자랑을 하지 못하게 만드실 것입니다. 하나님은 이렇게 높은 나무들은 다 넘어뜨리실 것이기 때문입니다.

자기 의를 쥐고 있는 여러분, 여러분이 부하든 가난하든 간에 똑같은 말씀이 여러분 모두에게 적용될 것입니다. 여러분이 군주에게서 태어났든지 아니면 가난뱅이의 자녀로 태어났든지 상관없이 교만은 누구든지 그 마음속에 자리를 잡고 주제 넘는 마음은 어떤 환경이든지 이용할 것입니다. 어쩌면 지금 내 설교를 듣는 사람들 가운데는 이렇게 말하는 분들이 있을지 모릅니다. "나는 참된 정통 교회의 교인이에요. 세례를 받았고, 아주 바른 방식을 따라 견진성사도 받았어요. 또 적절한 때에 모두 성찬을 받았습니다. 내게 성례를 행한 목사님은 정식으로 성직 임명을 받았어요. 우리 예배당 건물은 정말로 멋있습니다! 또 교인들은 얼마나 점잖은지 몰라요! 음악은 참으로 매력적입니다! 여러분 교회의 거칠고 조야한 선율들은 그 느낌을 전혀 표현하지 못해요. 우리 교회 오르간은 기계적으로 완벽해요. 또 아주 뛰어난 솜씨로 연주됩니다. 우리 교회 찬양대원들은 자기 성부(聲部)를 경건하게 연주해요. 우리 교회에서는 연도(litany, 連禱)를 애절한 어조로 드립니다. 우리는 이 일을 바르게 하고 있어요. 나는 보편 교회에 속한 지교회의 교인이기 때문에 내 자신이 영생의 상속자라고 생각해요."

여보세요, 그대는 한껏 높아진 그 상상에 곧 떨어져 비틀거릴 것입니다. 그대가 살고 있는 것만큼이나 확실하게 하나님께서 그대를 내던지실 것입니다. 정통 신앙을 가지고 있다는 자랑이나 종교적 예식들을 지킨다는 자랑도 우리가 하나님의 심판을 견딜 수 있게 해주지 못할 것입니다. 주님은 십자가를 믿고 예수 그리스도의 완성하신 사역과 의를 의지하는 것이 아닌, 모든 자랑과 확신에 단호하게 반대하십니다.

그러면 또 다른 계층은 더 낫습니까? 우리 친구 가운데는 이렇게 말하는 사람이 있습니다. "자, 자, 나는 정말로 형식과 예식을 믿지 않습니다. 하지만 나는 항상 모든 것을 판단하고 평가합니다." 그는 자신을 독립적인 사상가로 여깁니다. 그는 어떤 선례에도 얽매이지 않고 어떤 신조에도 속박되지 않습니다. 자신의 판단 외에는 어떤 판단도 받아들일 수 없다고 생각합니다. 자신의 양심 외에는 어떤 지배자도 인정하지 않고 스스로 규정하는 것 외에는 어떤 의무도 인정하지 않습니다. 지혜에 대해서는 자신의 개인적인 판단으로 인정한 것이 아니면 무엇이든지 대수롭지 않게 봅니다. 또한 그는 성경의 영감을 의심하고, 성경의 어떤 부분들의 신빙성에 대해서도 의심합니다. 그는 그리스도의 신성에 대해서, 그리고 은혜의 교리에 대해서도 조금 의심합니다. 그는 자신이 매우 똑똑하다고 말하지만 매우 경솔한 태도를 보입니다. 자기주장을 강하게 하면서, 하나님의 말씀과 하나님의 뜻을 무시하며 선지자와 사도들을 별로 존경하지 않습니다.

자, 형제여! 하나님께서 여러분을 반대하십니다. 여러분이 아주 지혜로워서 하나님의 지혜보다 자신을 더 높인다면 하나님께서 머지않아 여러분을 바보로 만드실 것입니다. 세상이 여러분의 어리석음을 볼 것입니다. 흠잡기 좋아하는 질문자여, 분명히 말하지만 하나님께서 그대를 넘어뜨리실 것입니다. 성공한 장사꾼은 이렇게 큰소리칩니다. "쯧쯧쯧, 정말로 나는 이런 것들은 하나도 믿지 않아. 내가 생각하는 최고의 일은 자신의 이익을 위해 척척 앞으로 나아가는 거야. 내 말뜻은 자신의 지혜를 이용하고 자신의 이익을 챙긴 사람들처럼 돈을 절약하고 부자가 되며 세상에서 출세한다는 거야."

이것이 많은 사람들의 종교입니다. 그들의 신조는 하나님은 스스로를 돕는 자들을 도우신다는 것입니다. 그들의 생각에 최고의 지혜는 이 세상에 정성을 들이는 것이고, 장차 올 세상에 대해서 최상의 정책은 무시해버리는 것입니다. 하나님의 법들에 대해 그들은 전혀 주의하지 않습니다. 하나님을 의지할 필요성을 전혀 느끼지 못하는 것이 분명합니다. 튼튼한 두 팔과 명석한 두뇌가 있으면 세상에서 성공할 수 있다고 확신합니다. 여러분은 성공할까요? 아니라고 말씀드립니다. 왜냐하면 하나님께서 여러분을 반대하시기 때문입니다. 하나님께서 여러분을 거꾸러트리실 것입니다. 여러분이 팔다리와 폐의 힘을 의지하든 혹은 두뇌의 힘이나 아니면 노련한 솜씨나 치밀한 계획을 의지하든 간에 하나님께서 머지않아 여러분을 티끌과 나란히 눕게 만드실 것입니다. 자기의 창조주에 맞서서 자신을 높이는 사람은 유감스런 모험을 하는 것임을 알게 될 것입니다. 재난과 끊임없는 혼란이 피할 수 없는 여러분의 운명입니다.

2. 그 다음에, 하나님께서는 "나 여호와는 낮은 나무를 높이리라"고 말씀하십니다.

특별히 위로가 필요한 사람들에게 여기 위로의 말씀이 있습니다. 여러분은 토굴 감옥에 있었던 요셉과, 애굽에 있었던 이스라엘, 엘가나의 집에 있던 한나를 기억합니다. 또 사무엘이 다윗을 못보고 지나칠 뻔했던 것을 기억하고, 산헤립이 히스기야를 책망했던 일을 기억합니다. 이 예들이 모두 하나님께서 낮은 나무를 높이신 경우들이 아닙니까? 이 예들은 주의 깊게 연구할 만한 가치가 충분하지만 그것을 상세히 설명할 시간이 없습니다. 그보다는 이제 이 낮은 나무들이 여기 우리 가운데 어디에 있는지 묻겠습니다. 이 낮은 나무들은 누구입니까? 낮은 나무들은 심령이 가난한 사람들, 곧 자신보다 다른 이들을 더 낫게 생각하는 사람들입니다. 이들은 자신들의 이름을 높은 데 새기기보다는 자진해서 낮은 데 새기려는 사람들입니다. 자기에게는 자랑할 것이 아무것도 없고 떠벌릴 것이 전혀 없다고 생각하기 때문입니다. 이들은 회개하는 사람들입니다. 세리와 함께 멀리 서서 "하나님이여 불쌍히 여기소서 나는 죄인이로소이다"(눅 18:13) 하고 말하는 사람들입니다. 무엇이든지 바르게 행하기 위해 자신의 연약함을 아는 여러분, 자신의 무가치함을 알고 따라서 하나님께서 자신의 기도를 듣지 않으실까 두려워하는 여러분, 죄의식 때문에 허리를 낮게 구부리고 하나님의 영광이 거하는 곳을 감히 쳐다보지 못하는 여러분, 여러분이 바로 낮은 나무들이고, 하나님께서 높이시는 자들입니다. 하나님의 말씀에 두려워 떠는 여러분도 낮은 나무들입니다. 여러분은 이 위협하는 말씀을 볼 때 그 말씀이 여러분에게 시행되지 않을까 두려워합니다. 그 약속을 들을 때 그것이 여러분에게 해당될 수 있으리라고 감히 생각하지 못합니다. 여러분은 낮은 나무들입니다. 하나님께서 여러분을 높이실 것입니다.

자신의 무지를 알고 기꺼이 배우려고 하는 여러분, 어린아이처럼 겸손하여 언제든지 예수님의 발 앞에 앉는 여러분, 마음이 산산이 찢겨서 지극히 적은 자비라도 자신에게 과분하다고 여기고 하나님께서 주시고자 하는 것은 무엇이든지 기꺼이 받으려고 하는 여러분은 낮은 나무입니다. 그리고 멸시받는 여러분, 곧 어둠 가운데 걸으며 아무 빛도 보지 못하는 여러분, 그리스도를 인하여 비방을 받고 저지르지도 않은 범죄로 비난을 받는 여러분, 세상은 여러분을 평가할 가치도 없다고 생각하지만 사실은 세상이 여러분을 감당하지 못하는 것입니다. 바로 그런 여러분이 낮은 나무들이고, 하나님께서 여러분을 높이실 것입니다. 하나님께서 우리에게 하나님의 능하신 손 아래에서 겸손해지는 은혜를 주시기 바랍니다. 여러분 가운데 걸핏 하면 절망하는 사람이 있습니까? 마음이 아주 낮아져서 자신을 기껏해야 가시덤불에나 비유하는 그런 사람은 낮은 나무입니다. 그런데 하나님은 덤불 안에 거하십니다. 여러분은 하나님께서 다른 모든 사람들에게는 자비를 베푸실지라도 여러분의 죄는 지극히 악하고 여러분의 성향은 매우 타락하였으며 선한 것은 무엇이든지 여러분의 본성적 기질에 맞지 않기 때문에 여러분을 틀림없이 제외시킬 것이라고 생각할 수 있습니다. 하나님을 찬미합시다! 하나님께서 낮은 나무를 높이십니다. 이 목소리가 지금 겸손하고 두려워하는 상심한 영혼에게 미칠 수 있다면, 비록 그 사람이 이 말씀이 너무 좋아서 사실일 리가 없다고 말할지라도 나는 하나님의 이름으로 이것이 여러분에게 전하시는 하나님의 메시지라고 확실히 말씀드립니다. 기뻐하십시오. 예, 여러분의 하나님을 찬송하십시오. 이는 하나님께서 가난한 자들을 거름더미에서 높이시고, 반면에 교만한 자들은 그들의 화려한 자리에서, 그들의 권좌에서 내던지실 것이기 때문입니다.

3. 하나님께서는 또한 "푸른 나무를 말리겠다"고 선언하셨습니다.

이 푸른 나무가 높이 솟았든지 낮든지, 그것은 중요하지 않습니다. 그 나무가 본래 푸르다면 하나님께서 그 나무를 베어버리실 것입니다. 잘 들으시기 바랍니다. 사람은 하늘만큼 높아질 수 있습니다. 그를 높이시는 분이 하나님이시라면 그는 설 것입니다. 그러나 그가 피조물의 힘과 피조물의 공로, 피조물의 영광을 가지고 높아진다면 하나님께서 그를 거꾸러트리실 것입니다. 만일 사람이 그저 아주 비천하고 약하며 초라해서 지푸라기만큼도 가치 없는 불쌍한 존재라면, 우수한 점이 없어서 낮아질 수가 있습니다. 그것이 하나님께서 복 주시는 겸손한 심령이 아닙니다. 마찬가지로 사람이 하나님의 생명수 강가에 심겨서 아주 건강하기 때문에 푸를 수가 있습니다. 그러나 시편 기자가 말하는 푸른 월계수와 같은 사람들이 있습니다. 자기 땅에서 자라고 은혜에 의해 이식된 적이 없는, 세상적인 번영이라는 신록으로 푸르고, 언제나 세상 것들에서 기쁨을 취하는 나무들이 있습니다.

그들은 하나님께서 말리실 나무들입니다. 내가 아는 많은 사람들이 바로 이런 나무입니다! 그들은 자신들을 하나님의 백성이라고 하며 이렇게 말합니다. "자, 나는 내 영원한 상태에 대해서 조금도 걱정하지 않아요. 조금이라도 의심하거나 두려워할 이유를 보지 못해요. 양심의 찔리는 바가 전혀 없어요." 이 푸른 나무는 "내 잎은 결코 시들지 않고 내 증거들은 항상 빛난다"고 자랑합니다. "그들은 변하지 아니하며 하나님을 경외하지 아니함이니이다"(시 55:19). "그들은 이 그릇에서 저 그릇으로 옮기지 않았습니다"(렘 48:11). 그들은 아무 염려가 없고 확신 있게 행합니다. 그들은 오만하게 말하고, 자신의 약점 때문에 괴로워하고 자기 죄 때문에 슬퍼하는 하나님의 백성들을 보고 비웃습니다. 어쩌면 그들은 자기는 아무런 악이 없고 잘못을 범하지 않는다고 항의하는 데까지 나아갈지 모릅니다. 혹은 이렇게 말할 것입니다. "나는 나쁜 습관들을 극복하였고 젊었을 때의 어리석음과 분별없는 태도를 고쳤다. 만일 내게 어떤 결점들이 있다면 그것은 사람들에게 본래 있는 것들뿐이다. 그리고 그런 것은 내게 아무런 문제가 되지 않는다." 그는 심지어 이런 식으로 욕하는 것을 예사롭게 할 것입니다. "나는 어떻게 하나님의 백성이라고 하는 사람들이 그렇게 할 수 있는지 도무지 이해가 안 돼."

그는 참으로 복 받은 경건한 위선자입니다. 그래서 그는 자신의 죄는 너그럽게 용서한 후에 다른 사람들의 관습은 비난합니다. 여기에서 그는 자기 성품의 고결함을 보여주는 증거로 판단의 엄격함을 내세웁니다. 그는 의복의 옷 술을 길게 만듭니다. 그래서 훌륭한 사람들이 어떻게 자기 것에 비해 짧은 옷 술을 달고 다니는지 도무지 이해할 수가 없습니다. 그는 경문(經文)을 넓게 만들어 차고 다닙니다. 그래서 경건한 사람이 자기보다 작은 경문을 차고 다닌다는 것을 상상할 수 없습니다. 그는 거리 모퉁이에서 1시간 반 동안 기도합니다. 그래서 골방에서 10분 동안 기도하는 사람을 결코 경건하다고 생각할 수 없습니다. 그는 나팔을 불고 나서 가난한 사람들에게 1페니 반을 줍니다. 그래서 사람들이 신앙을 위해 10파운드나 100파운드를 내놓는 것을 이해할 수 없습니다. 그 사람들은 틀림없이 돈을 바라는 목적이 있을 것이라고 생각합니다. 그는 어쩌면 서서 이렇게 말할 수도 있습니다. "여러분이 사람이 마땅히 어떠해야 하는지, 그리스도인은 어떠해야 하는지, 그리스도인의 태도와 행위와 대화가 어떠해야 하는지 알고 싶으면 나를 보시오."

자신을 완전의 표본으로 생각하는 이 사람을 보십시오. 여러분은 이처럼 푸른 나무들을 본 적이 없습니까? 나는 만나 보았습니다. 이 사람들은 두려움 없이 먹고, 까닭 없이 조롱합니다. 그들은 바울이 "내가 내 몸을 쳐 복종하게 함은 내가 남에게 전파한 후에 자신이 도리어 버림을 당할까 두려워함이로다"(고전

9:27)라고 말했을 때 품은 염려를 비웃습니다. 그들은 그런 두려움은 궁극적 견인이라는 교리에 맞지 않는다고 생각합니다. 그런데 그들은 이 점에서 잘못 생각한 것입니다. 참된 신자는 견딜 것이지만, 그럼에도 불구하고 자신이 과연 참된 신자인지 의심할 수 있기 때문에 끝까지 견디지 못할까봐 매우 두려워하게 된다는 것을 우리는 알 수 있습니다. 이 푸른 나무는 미래에 관해 전혀 걱정하지 않습니다. 그에게는 모든 것이 정상입니다. 그는 잔잔해 보이는 바다에서 시작했습니다. 그래서 건너편에 다다를 때까지 바다가 잔잔할 것이라고 믿습니다. 인간의 약함에 대해서는 아무것도 알지 못합니다. 그는 하나님의 자녀들이 "이 사망의 몸에서 누가 우리를 건져내랴?"(롬 7:24) 하고 외치는 소리를 듣고 충격을 받는 것 같습니다.

신자라고 하면서 자신의 깊은 경험을 자랑하는 사람도 이 푸른 나무와 같은 자입니다. 그는 젊은 그리스도인들을 보면 눈살을 찌푸립니다. 그는 젊은이들을 좋아하지 않습니다. 그 정도가 아닙니다. 그는 교회에 젊은이들이 많기를 바라지 않습니다. 젊은 사람들이 교회의 질을 떨어트리고 교회의 영적인 분위기를 해칠 수 있다고 생각하기 때문입니다. 교리에 관한 한, 그는 아주 박식한 사람입니다. "그는 머리카락 하나 차이의 서쪽과 남서쪽도 구별할 정도입니다." 그는 요점들을 다 이해하지 못하는 사람을 보면 즉시 혹평을 합니다. 그는 성경이 계시하는 것 이상으로 압니다. 성경을 능가하였습니다. 자신의 표준에 미달하는 사람들을 멸시합니다. 강한 사람들 가운데 하나인 그는 하나님의 백성들 중 가난한 사람들, 온유한 사람들, 병약한 사람들을 양쪽으로 밀어내고 그들에게 조금도 휴식을 주려고 하지 않습니다. 사람은 아직까지 자기 것이라고 자랑할 만한 것이 아무것도 없었습니다. 하나님께서는 그런데도 자랑하는 자는 반드시 시들게 하겠다고 말씀하셨습니다. 여러분은 인생을 에메랄드처럼 푸르게 사십시오. 머지않아 그 인생이 3월의 먼지처럼 갈색으로 변할 것입니다. 여러분은 스스로에게서 수액과 자양분을 취합니다. 거미집, 그것이 얼마나 빨리 바람에 날려 가버리고 맙니까! 그렇게 되는 것이 당연한 것은 거미줄이 거미 자신의 내장에서 나오기 때문입니다. 자신에게서 나오고, 자기를 의지해서 살며, 자기에게 매달려 있고 자기를 먹고 살찌는 모든 것은 그것이 아무리 푸를지라도 진실로, 진실로 말라버릴 것입니다.

4. 마지막으로, 하나님께서는 "마른 나무를 무성하게 하십니다."

현재의 상태를 보면 동정하게 되지만 앞날을 생각할 때 축하하지 않을 수 없는 마른 나무들이 있습니다. 나는 의심을 부추기는 말은 한 마디도 하고 싶지 않지만 의혹을 품은 사람들에게는 용기를 북돋우기 위해서 하고 싶은 얘기는 많습니다. 하나님의 백성들 가운데 마른 나무에 비유할 수 있는 사람들이 얼마나 많은지 모릅니다! 그들은 즐거움이 거의 없습니다. 그들은 충만한 확신에 이르지 못했습니다. "내 사랑하는 자는 내게 속하였고 나는 그에게 속하였도다"(아 2:16)라고 말하기를 두려워합니다. 매일 밤 잠자리에 들기 전에 죄의식이 너무 심해서 거의 잠을 잘 수 없습니다. 그들은 자신을 너무 약하게 생각해서 다른 사람들이 아무렇지도 않게 생각하고 가는 곳에 감히 갈 생각을 하지 못합니다. 위험을 무릅쓰고 시험에 직면하기를 꺼려합니다. 때로 그들은 자신의 약함을 너무 의식하는 바람에 마땅히 해야 하는 대로 힘을 쓰지 못합니다. 이런 데서 그들의 의기소침, 우울함, 슬픔이 생깁니다.

그들은 자신이 교회에 아무 쓸모가 없다고 생각합니다. 자기가 세례 받은 것이 실수가 아닌가, 자기가 하나님의 백성들에게 가입한 것에 대해 비난을 받아야 하는 것이 아닌가 하고 생각할 정도입니다. 그들은 "아, 내가 양이라면 온 양 무리 가운데 가장 병약한 양입니다" 하고 말합니다. 내가 약속의 상속자라면 이처럼 죄의 공격을 받을 수가 있는가? 아니면 이처럼 마음속의 타락에 젖어들어 철저히 마르고 시들 수가 있는가? 그들은 기도하기 위해 골방에 들어가지만 거의 한 마디도 할 수가 없습니다. 그들은 신자들의 집회에 참석합니다. 입으로 찬송을 부를지라도 마음은 원하는 대로 부르지 못합니다. 그들은 집으로 가면서 이렇게 말하는 때도 있습니다. "다른 사람들이 가는 곳에 가지만 도통 위로를 얻지 못해. 내가 정말로 하나님의 백성이라면 이럴 수가 있나? 내가 그리스도를 믿는다면 이렇게 활기가 없을 수 있나?"

형제 여러분, 여러분이 그렇게 바짝 말랐다는 것이 여러분 스스로에게서 나온 생각이라면 나는 여러분에게 아무 위로도 드리지 못합니다. 그러나 성령께서 여러분을 인도하여 자신의 연약함과 아무것도 아님, 그리고 죽은 상태를 보게 만든 것이라면, 여러분이 이런 생각을 하게 된 것이 기쁩니다. 하나님께서 마른 나무를 무성하게 하실 것이기 때문입니다. 우리는 약한 그때가 강한 것입니다. 인간이라는 피조물에 속한 모든 것에는 하나님께서 사형집행 영장을 발부하셨습니다. 본성적으로 지어진 것은 모두 처리해야 합니다. 악한 본성뿐 아니라 선한 본성도 버려야 합니다. 여러분의 악뿐 아니라 덕도, 여러분의 죄뿐 아니라 미점도 버려야 합니다. 여러분이 이 모든 것을 하나님의 자리에 놓으려고 하는 한, 그것들은 경멸하고 싫어해야 합니다. 여러분은 마치 이런 것들이 똥이고 쓰레기인 것처럼 "치워버려, 치워버려" 하고 소리쳐야 합니다. 우리에게 희망을 줄 수 있는 것은 그리스도의 피뿐이고, 우리에게 생명을 가져다줄 수 있는 것은 성령님의 활동뿐입니다. 이 자리에 섭시다. 그러면 안전할 것입니다. 마른 나무는 하나님의 은혜로 무성하게 될 것입니다. 푸른 나무는 하늘의 이슬을 받지 못해 말라버릴 것입니다. 낮은 나무는 농부에게 키움을 받아 하늘에 닿기까지 자랄 것입니다. 심판의 도끼에 찍힌 높은 나무는 영원히 파멸의 평지에 길게 누워 있을 것입니다.

나는 마지막 큰 날이 눈에 보이는 것 같습니다. 이보다 더 큰 숲이 있습니다. 이것은 그 숲의 한 모퉁이에 지나지 않습니다. 그 숲이 바다와 육지에 걸쳐 펼쳐 있고, 산과 골짜기에 펼쳐 있는 것이 보입니다. 이것은 사람들의 숲입니다. 이 숲에는 바리새인들이 서 있고, 스스로를 의롭다고 여기는 사람들, 폭군들, 오만한 독재자들, 심오한 지성을 지닌 도도한 사람들, 하나님의 통치에 의문을 제기한 사람들, "신은 없다"고 하며 신의 존재를 부인한 무신론자들이 있습니다. 나는 그처럼 높이까지 솟아올랐고, 그처럼 많은 칭찬을 받은 높은 나무들을 봅니다. 그런가 하면 이 숲에는 나사렛 예수께서 신분이 낮았기 때문에 낮게 지내는 것에 만족해하는 낮은 나무들도 있습니다. 이런 사람들을 제자로 둔 예수께서는 지상에서 가장 당당한 승리의 날에도 나귀를 타고 오셨습니다. 그리고 나는 이제 나팔이 훨씬 더 크고 길게 울리는 것을 듣습니다. 거대한 인간 숲의 오솔길들 사이로 이 소리가 넓고 분명하게 울립니다. "쳐라! 쳐라! 쳐라! 높은 나무들은 모두 쓰러트려라!" 아, 와르르 하고 무너지는 거대한 소리가 들립니다!

하나님께서는 위대한 왕들을 치고 유명한 왕들을 죽이셨습니다. 하나님의 자비는 영원히 지속되기 때문입니다. 하나님은 치십니다. 뭐라고요! 와르르 하고 무너지는 소리가 또 들린다고요? 정통파적인 관행을 신뢰한 정통파 교인들과 스스로 의롭다고 믿은 남녀들이 넘어집니다. 저기에서는 철학에 능통한 무신론자가, 여기에서는 냉소적인 회의론자가 넘어집니다. 저기에서는 오만한 박해자가, 또 저기에서는 화려하게 차려입은 사제와 허세부리는 의식주의자가 고꾸라집니다. 그들을 모으라. 옛적에 하나님이 정하신 도벳에 그들을 함께 쌓으라. 떡갈나무 위에 백향목을 쌓고, 전나무 위에 느릅나무를 함께 쌓으라. 그들을 겹쳐 쌓아 올려라.

지옥의 불길처럼 여호와의 숨을 이 거대한 장작더미에 부십시오. 그것은 거대한 화장용(火葬用) 장작더미입니다. 죄의 시체가 누워 있고, 죄의 살아있는 배우자가 바로 그 장작더미에 희생으로 바쳐지기 위해 옵니다. 그 배우자의 이름은 교만입니다. 그녀가 옵니다. 그 둘이 껴안습니다. 큰 불법과 악한 상상, 이 둘이 함께 눕고, 불길이 일어납니다. 이제 사방에 송진 투성이인 백향목들이 불길을 뿜어내고 불꽃이 하늘로 올라가며, 그 불길은 하나님의 보좌에까지 올라갑니다. 그러는 동안 내게는 수많은 목소리가 이렇게 노래하는 것이 들립니다. "할렐루야! 할렐루야! 할렐루야! 주께서 큰 음녀, 곧 교만을 심판하셨도다. 주께서 이 음녀를 불타는데 내어주셨도다!"

그런데 여러분은 어떻습니까? 이 큰 불에 장작단이 될 여러분은 어떻습니까? 이 불길에 땔감이 될, 교만한 사람의 아들들인 여러분은 어떻습니까? 돌이키십시오, 돌이키십시오! 그리스도께 달려가십시오. 그러면 여러분은 심판 때 서서 함께 이 찬송을 부를 것입니다. "할렐루야! 할렐루야! 할렐루야!" "그런즉 군왕들아 너희는 지혜를 얻으며 세상의 재판관들아 너희는 교훈을 받을지어다 여호와를 경외함으로 섬기고 떨며 즐거워할지어다 그의 아들에게 입맞추라 그렇지 아니하면 진노하심으로 너희가 길에서 망하리니 그의 진노가 급하심이라 여호와께 피하는 모든 사람은 다 복이 있도다"(시 2:10-12).

우리 모두가 이 세상에서 교만한 자들 가운데가 아니라 겸손한 자들 가운데 있기를 바랍니다. 그리고 장차는 여호와께서 혐오하시는 자들 가운데서 멸망받지 않고, 복 있는 자들 가운데로 거두어지기를 바랍니다!

제
12
장
—

간청과 격려

—

"주 여호와의 말씀이니라 내가 어찌 악인이 죽는 것을 조금인들 기뻐하랴 그가 돌이켜 그 길에서 떠나 사는 것을 어찌 기뻐하지 아니하겠느냐?" — 겔 18:23
"주 여호와의 말씀이니라 죽을 자가 죽는 것도 내가 기뻐하지 아니하노니 너희는 스스로 돌이키고 살지니라" — 겔 18:32
"주 여호와의 말씀이니라 나의 삶을 두고 맹세하노니 나는 악인이 죽는 것을 기뻐하지 아니하고 악인이 그의 길에서 돌이켜 떠나 사는 것을 기뻐하노라 이스라엘 족속아 돌이키고 돌이키라 너희 악한 길에서 떠나라 어찌 죽고자 하느냐 하셨다 하라" — 겔 33:11

인간의 마음을 철저하게 장악한 죄는 성채를 점령한 자가 필시 성에서 쫓겨나지 않기 위해 신속히 성벽의 깨진 곳을 보수하고 성벽을 강화하듯이 영혼 속에 자기 기반을 굳힙니다. 죄가 계속해서 영혼을 장악하고 사람이 하나님께로 돌이키지 못하도록 막기 위해 고안해낸 가장 교활한 계책들 가운데는 하나님의 성품을 틀리게 설명하여 지존하신 하나님의 명예를 훼손하는 것입니다. 티끌이 잠시 눈을 못보게 만들 듯이 죄는 죄인이 하나님을 바로 보지 못하게 만듭니다. "마음이 청결한 자는 복이 있나니 그들이 하나님을 볼 것임이요"(마 5:8). 그러나 악인들은 자기가 하나님이라고 생각하는 것을 볼 뿐입니다. 그런데 슬프게도 그것은 전혀 하나님을 닮지 않은 상(像)입니다! 예를 들면, 악인들은 하나님은 무자비하다고 말합니다. 그러나 하나님은 자비를 기뻐하십니다. 비유에 나오는 불성실한 종은 하나님께서 무자비하다고 아주 굳게 믿었습니다. 그래서 아주 단정적으로 말했습니다. "당신은 굳은 사람인 줄을 내가 알았나이다"(마 25:24). 하지만 하나님의 본성은 빛이 어둠과 반대되는 만큼이나 억압하고 가혹하게 대하는 것과 반대됩니다.

사람들이 일단 이 그릇된 신(神) 개념을 마음에 받아들이면 마음이 완고해집니다. 하나님께로 돌이키는 것이 쓸데없다고 생각하여 더 굳은 결심으로 계속해서 죄를 짓습니다. 그들은 하나님이 무자비한 분이라고 생각하거나 아니면 우리의 기도에 관심이 없다고 혹은 우리의 기도를 들을지라도 호의적인 답변을 조금도 주실 것 같지 않다고 생각합니다. 사람들은 막연히 이렇게 생각합니다. 죄를 범한 자들과 비참한 자들이 하나님께 부르짖을 때에 하나님께서 그들의 소리에 귀를 기울이지 않으실 것이라고, 그들의 기도는 하나님께서 들으실 만큼 선하지 않다고, 하나님께서는 자기 피조물에게 너무나 많은 것을 기대하시기 때문에 피조물들이 하나님을 기쁘시게 할 만큼 기도도 할 수 없다고, 사실 하나님은 우리와 싸우려고 하시고, 우리에게서 모든 것을 끌어내기 위해 철저히 혹사시키려고 하는 엄한 주인이라고 생각합니다. 사람들은 자신들이 용서하는데 더디기 때문에 하나님께서 자기들 죄와 같은 죄를 용서하시리라는 것은 도무지 있을 수 없는 일이라고 생각합니다. 사람들은 자기들이 가난한 자들이나 넘어진 자들에게 호의적인 미소를 보이려 하지 않기 때문에 하나님께서 무가치한 자들에게 은총을 베푸실 것이라고 생각하지 않습니다. 이렇게 사람들은 지존하신 하나님을 틀리게 이야기합니다. 왕들 가운데 최고의 왕을 폭군으로 만듭니다. 최고의 친구를 원수로 간주합니다. 그 이름이 바로 사랑이신 분을 증오의 화신으로 봅니다.

이것이 사람들의 회개를 막으려는 사탄의 지극히 해로운 계책들 가운데 한 가지입니다. 옛적에 전염병이 돌 때 사람들이 집 문을 닫아 잠그고 문에 붉은 십자가를 표시하였고, 이렇게 해서 그 집 사람들을 죽음으로부터 막았듯이 마귀가 사람의 문에다 "희망 없음"이라는 말을 씁니다. 그러면 약한 영혼들은 죽기로 결심하고, 의사가 들어오려는 것을 거부합니다. 사람이 하나님께서 자신을 결코 용서하시지 않을 것이라고 믿고 절망 가운데 죄를 짓는 사람만큼 거리낌 없이 죄를 범하는 경우는 없습니다. "자비는 없다"는 표어를 내세운 공격은 보통 지독한 방어를 불러일으킵니다. 사면(赦免)에 대한 희망이 없는 해적은 피 흘리는 행위에 개의치 않게 됩니다. 실제로 옛적에 많은 강도들이 어린 양을 훔치고 교수형을 당하는 것이나 큰 양을 훔치고 교수형을 당하는 것이나 다 마찬가지라고 생각했기 때문에 양심의 가책 없이 살인을 저지르는 데까지 나갔습니다. 사람이 정당한 방식으로는 자기에게 아무 희망이 없다고 느끼면 그는 부당한 방법으로써 자기가 원하는 바를 얻으려고 마음먹습니다. 하나님을 기쁘시게 할 수 없다면 하다못해 자신을 기쁘게 하려고 합니다. 사람이 지옥에 갈 수밖에 없다면, 그는 할 수 있는 대로 최대한 길에서 즐겁게 지내려고 합니다. 사람들이 그것을 표현하는 대로, 그는 "장렬하게 죽으려고" 합니다. 이 모든 것이 잘못된 신관(神觀)에서 나옵니다. 여러분은 죄와 거짓이 비슷하게 보이지 않습니까? 이 둘은 쌍둥이 형제입니다. 거룩함은 진리이고, 죄는 거짓말이며 거짓의 어머니입니다. 죄는 거짓을 낳고 거짓은 죄를 키웁니다. 거짓은 특별히 이런 식으로, 곧 사랑의 하나님을 중상함으로써 죄를 옹호합니다. 하나님은 언제든지 용서할 준비가 되어 있으신 하나님이시고, 좀처럼 용서하려고 하시지 않는 완고한 분이 결코 아닙니다. 왜 사람들이 자신의 잘못을 고백하고 자비를 구하려고 하지 않습니까? 하나님은 사람들의 비참함을 좋아하시는 분이 아닙니다. 왜 사람들이 하나님을 그처럼 나쁘게 생각합니까? 하나님의 귀는 슬픈 부르짖음에 둔하지 않고, 하나님의 마음은 가난을 동정하는데 더디지 않습니다. 오히려 "여호와께서 기다리시나니 이는 너희에게 은혜를 베풀려 하심이요"(사 30:18). 하나님은 자비를 베풀기 기뻐하십니다. 사람들이 왜 하나님에게서 도망하려고 합니까? 하나님은 측량할 수 없는 사랑이시고, 변함없고 무한하며 영원한 사랑이십니다.

> "주와 같이 용서하시는 하나님이 어디 있고
> 그처럼 풍성하고 값없는 은혜를 베푸시는 하나님이 어디 있는가?"

그리스도의 사역자들인 우리가 할 일 가운데는 죄가 하나님의 선하심을 훼손하는데 사용하는 거짓에 대항하여 하나님의 인자를 증언하는 것도 있습니다. 나는 오늘 아침 그 일을 하려고 하는데, 여러분 가운데 죄를 깨달은 자들이 오늘 하나님의 자비, 곧 하나님께서 그의 아들 예수 그리스도 안에서 계시하신 그 놀라운 자비를 신뢰할 수 있기를 바라며 아주 성실하게 그 일을 하려고 합니다.

나는 이번 주에 깊은 상처를 입은 사람들이 보내온 여러 통의 편지에서 많은 감동을 받았습니다. 하나님께서는 우리 가운데 죄의식이라는 검을 가지고 일하십니다. 나는 이 편지들을 받고 아주 큰 기쁨을 느꼈습니다. 편지를 쓴 당사자들에게는 이 편지들이 고통스럽겠지만 내게는 매우 희망적입니다. 나는 어떤 사람들이 거의 절망 가까이에 있고 또 계속해서 그 상태 가운데 있는 것이 안타깝습니다. 하지만 무엇이든지 무관심보다는 낫습니다. 나는 사람들이 율법의 감옥에 갇혀 있는 것을 보는 것은 안타깝지 않습니다. 그들이 곧 그 감옥에서 나와 그리스도 안에 있는 믿음의 충만한 자유에 들어올 것이라고 기대하기 때문입니다. 솔직히 말씀드려서, 나는 이런 구식의 설득 방식들을 더 좋아합니다. 내 생각에는 이런 방식이 현대의 피상적인 방법들보다 더 훌륭하고 더 견실한 신자들을 일으킨다고 봅니다. 나는 성령께서 그런 기초들을 뒤집어엎고 무너뜨리며 파내어서 여러분을 깨끗이 정리된 대지처럼 만들어 여러분 위에 하나님을 예배하는 성전을 지으시려고 하는 것을 보게 되어 기쁩니다. 나는 하나님께서 이렇게 죄를 깨달은 사람들을 값없는 은혜의 교리를 지키는 전사들로, 슬퍼하는 하나님의 백성들의 위로자로, 하나님 나라의 헌신된 종들로 세워주시기를 얼마나 간절히 기도하는지 모릅니다! 나는 이렇게 깊이 갈아 젖힌 심토(心土)에서 많은 수확을 거두려고 합니다! 하나님께서 하나님을 위하여 많은 수확을 허락하여 주시기 바랍니다!

나는 내게 편지를 보내온 몇몇 분들에게서 그들의 주된 생각이 틀린 것을 볼 수 있었습니다. 그들은 그릇된 신개념에 빠져 있었습니다. 하나님은 실제로 선하시고 은혜로우신 하나님인데, 그들은 하나님을 그렇게 생각하지 않았습니다. 이 잘못된 생각을 바로잡고 싶습니다. 슬퍼하는 여러분, 내 말을 잘 들으시기 바랍니다. 여러분에게 있는 그대로의 진실만을 말씀드리려고 합니다. 여러분을 위로하기 위해 하나님을 잘못 전하는 일은 절대로 없을 것입니다! 욥은 친구들에게 "너희가 하나님을 속임을 말하려느냐?"(욥 13:7) 하고 물었습니다. 이 질문에 대한 내 대답은 "아니다"는 것입니다. 나는 하나님에 관해 거짓이라고 믿는 바를 말하지 않을 것입니다. 비록 악한 자가 그 거짓으로 온 인류를 구원할 수 있다는 미끼를 제공한다고 할지라도 그렇게 하지 않을 것입니다. 나는 어떤 부흥집회들에서 사람들을 격려하기 위해 여러 가지 점에서 진리를 형편없이 깎아

내리는 것을 보았습니다. 그러나 그런 터무니없는 궤변은 결국 완전한 실패로 끝납니다. 진리를 억압하면서 제시하는 위로는 무익한 정도가 아니라 악한 것입니다. 죄인들에게 영구한 위로는 하나님의 확실한 진리로부터 와야 합니다. 그렇지 않으면 사람들에게 정말로 위로가 필요한 날에, 영혼이 몸을 떠나듯이 희망이 사람들을 떠날 것입니다. 그러므로 나는 내가 종으로 섬기는 찬송 받으실 하나님께 대해 진리를 단순하게 말할 것입니다. 나는 여러분이 하나님의 무한한 사랑을 비방하는 일을 더 이상 지속하지 말기를 간절히 바랍니다.

자신의 죄를 느끼면서도 용서하시는 하나님을 감히 신뢰하지 못하는 여러분, 나는 여러분이 하나님을 배우고 하나님을 바르게 알기를 기도합니다. 그때에야 "주의 이름을 아는 자는 주를 의지하리이다"(시 9:10)는 말씀이 여러분에게 성취될 것이기 때문입니다. 성령께서 지금 아주 밝은 빛으로 오심으로 여러분이 하나님의 빛 안에서 하나님을 볼 수 있게 해주시기를 구합니다! 내 생각을 말씀드리자면, 나는 내 의무가 오직 이 성령님으로부터만 수행할 힘을 얻을 수 있는 것이라고 생각합니다. 크리소스톰은 우리의 책무가 너무도 큰 것을 알기에 도대체 어떤 목사가 구원받을 수 있을지 염려하곤 하였습니다. 나는 그의 생각에 전적으로 동의합니다. 내가 사람들의 영혼을 충성스럽게 섬길 수 있도록 나를 위해서 기도해 주시기 바랍니다.

본문 각각에서 여호와는 자신이 악인들의 죽음을 결코 기뻐하시지 않는다는 것을 명백히 밝히십니다. 그리고 본문 다음에 나오는 각각의 구절에서는 그 진술이 더욱 강력해집니다. 하나님께서는 이 진술을 먼저 질문의 형태로 제시하십니다. 하나님께서는 마치 그런 일이 자신의 탓이라도 되는 양 깜짝 놀라시는 것처럼 사람들의 이성에 호소하여 "내가 어찌 악인이 죽는 것을 조금인들 기뻐하랴 그가 돌이켜 그 길에서 떠나 사는 것을 어찌 기뻐하지 아니하겠느냐?" 하고 물으십니다. 여러분, 정말로 여러분은 하나님께서 여러분의 파멸을 바라신다고 생각할 수 있습니까? 여러분이 그런 중상을 믿을 만큼 정신 착란의 상태에 빠질 수가 있겠습니까? 그런 이론이 단 일 분이라도 이치에 닿는 것으로 여길 수 있겠습니까? 반역하는 무수한 사람들에 대한 하나님의 선하심에도 불구하고, 여러분은 하나님께서 사람들이 죄인이 되고 결국 사람들이 자기 죄악으로 멸망하는 것을 기뻐하실 수 있다는 그처럼 무지한 생각이 여러분 마음 곁에 오래 머물게 할 수 있습니까? 여러분은 선하신 하나님은 사람들이 죄 짓는 것을 보고 슬퍼하시며, 더 나은 마음을 지닌 사람들을 보시면 기뻐하실 것이고, 끝까지 회개치 않는 완고한 사람들을 처벌하시는 것이 하나님께는 슬픈 일이라는 것을 상식적으로 알아야 합니다. 하나님은 아주 애처로운 목소리로 "너희는 내가 미워하는 이 가증한 일을 행하지 말라"(렘 44:4)고 소리치십니다. 하나님은 여기서 사람들이 사랑의 하나님께서 사람들이 자기 죄 때문에 멸망하는 것을 조금이라도 기뻐할 수 있다고 생각할 만큼 하나님을 터무니없이 비방한다는 것을 놀라서 묻는 질문 형식으로 표현합니다.

그런데 다음으로 두 번째 본문에서 하나님은 명확한 주장을 하십니다. 인간의 마음을 아시기에 하나님은 질문 한 가지로 이 문제를 끝내기에 충분치 않으리라는 것을 내다보셨습니다. 이는 사람이 "하나님은 그 질문을 하기만 하셨지 그 반대 명제에 대해서 분명하고 확실한 진술을 내놓지 않으셨어"라고 말하곤 하였기 때문입니다. 하나님은 두 번째 본문에서 우리에게 다음과 같이 명확하고 확실하게 말씀하십니다. "주 여호와의 말씀이니라 죽을 자가 죽는 것도 내가 기뻐하지 아니하노니 너희는 스스로 돌이키고 살지니라." 여호와께서 말씀하시면, 그의 말을 믿어야 합니다. 여호와는 거짓말하실 수 없는 하나님이시기 때문입니다. 우리는 하나님의 이 말씀이 믿을 만하다는 것을 압니다. 이 말씀은 하나님께 부름 받았다는 것을 우리가 도무지 의심하지 않는 영감 받은 선지자가 우리에게 전하는 것입니다. 그렇다면 우리는 그 말씀을 진심으로 믿읍시다. 내가 이것을 내 자신의 견해로 진술한다면 여러분은 그것을 믿는 것에 대해 마음에 내키는 대로 할 수 있습니다. 그러나 하나님께서 이것을 말씀하시기 때문에, 나는 하나님의 피조물인 여러분 모두에게 여러분의 창조주를 믿으라고 요구하고, 또 이 진술에 다시는 의문을 제기하지 말라고 주장합니다. "왕의 말은 권능이 있나니"(전 8:4). 다시 말해, 나는 기꺼이 죄인을 구원하시려는 하나님의 뜻에 대해 더 이상 왈가왈부하는 모든 논쟁을 잠잠케 만드시는 권능이 있다고 믿습니다.

그런데도 하나님께서 인간의 파멸을 기뻐하신다는 이 기이하고 무시무시한 가정을 영원히 끝내버리려는 것처럼 세 번째 본문은 영원하신 하나님의 엄숙한 맹세로써 그 진리를 확인합니다. 하나님께서 하늘을 향하여 손을 들고 맹세하십니다. 하나님께는 하나님 자신 외에 친히 맹세할 더 큰 대상이 있을 수 없습니다. 하나님은 자신의 성전을 두고 맹세하실 수 없고, 성전에 있는 보좌를 두고, 혹은 천사들이나 하나님 밖에 있는 어떤 것을 두고 맹세하실 수 없습니다. 그래서 하나님 자신의 삶을 두고 맹세하십니다. 영원히 사시는 여호와께서 이렇게 말씀하십니다. "주 여호와의 말씀이니라 나의 삶을 두고 맹세하노니 나는 악인이 죽는 것을 기뻐하지 아니하고 악인이 그의 길에서 돌이켜 떠나 사는 것을 기뻐하노라." 하나님의 이 맹세를 감히 의심하려고 하는 사람은 오만하고 뻔뻔한 죄를 짓게 될 것입니다. 나는 여러분 가운데 아무도 이 죄로 고발하고 싶지 않습니다. 하나님께서 맹세를 저버리시겠습니까? 나는 그런 일을 넌지시 말한 것만으로도 두렵고 떨립니다. 그런데 여러분이 하나님께서 친히 하신 맹세를 믿지 않는다면 여러분은 하나님을 거짓말쟁이로 만들 뿐만 아니라 하나님께서 자신의 삶을 두고 말씀하시는 맹세의 가치를 부인한 것이 됩니다. 하나님께서 이렇게 확언하시는 것은 사실임에 틀림없습니다. 그러므로 우리는 그 앞에 머리를 숙이고 거기에 대해 의심을 품지 맙시다. 하나님께서 사람들에게 확신을 주기 위해 친히 맹세하실 때, 감히 하나님의 진실성을 의심하려고 하는 사람들은 호흡하는 모든 자들 가운데 가장 파렴치한 자들임에 틀림없습니다. 멀리서 들리는 우렛소리와 같은 여호와의 장엄한 목소리를 들읍시다. "주 여호와의 말씀이니라 나의 삶을 두고 맹세하노니 나는 악인이 죽는 것을 기뻐하지 아니하고 악인이 그의 길에서 돌이켜 떠나 사는 것을 기뻐하노라."

나는 여러분에게 이같이 질문과 주장과 엄숙한 맹세로 제시된 이 발언을 진지하게 고려해 보기를 권합니다.

1. 첫째로, 하나님은 죄인의 죽음을 결코 기뻐하시지 않는다는 주장을 살펴봅시다.

나는 여기에서 제시되는 이 끔찍한 비방에 답변해야 한다는 것이 부끄럽습니다. 하지만 그것은 많은 사람이 품고 있는 의심입니다. 사람은 하나님께서 자기를 구원하기를 원치 않으시는 두려운 분이고, 자기를 용서하시기를 바라지 않고 자기에게 은혜 베풀기를 원치 않으시는 분이라고 막연히 생각하기 때문에, 하나님께 와서 하나님을 믿으려고 하지 않습니다. 그는 하나님이 영혼이 망하는 것을 아주 기뻐하시는 것이 아닌가 하고 의심합니다. 그것은 있을 수 없는 일입니다. 그런 거짓은 논박할 필요도 없습니다. 하나님은 맹세코 그 반대라고 말씀하십니다. 거짓은 연기처럼 사라집니다. 나는 아직도 그 거짓말에 치명적인 영향을 받고 있는 여러분을 구원할 수 있는 증거들을 제시하도록 하겠습니다.

첫째로, 사람들 가운데서 하나님의 심판으로 일어나는 일들이 극히 적다는 사실을 생각해 봅시다. 걸핏하면 하나님의 형벌이라고 이야기하는 사람들이 있지만, 그들은 잘못 생각하는 것입니다. 극장이 불에 타거나 안식일에 배가 뒤집힌다면 그들은 "보라, 천벌이다!" 하고 외칩니다. 그런데 예배당과 기도처가 불타고, 선교사들이 주님의 일을 하다가 물에 빠져 죽는 일이 발생합니다. 일어나는 모든 일을 심판으로 간주하는 것은 잘못된 생각입니다. 그렇게 할 경우에, 여러분은 욥의 친구들이 범한 잘못에 빠져서 죄 없는 사람들을 정죄할 것입니다. 사실 개인들에 대한 하나님의 섭리의 행동들 가운데서 명백하게 심판이라고 단언할 수 있는 것은 거의 없습니다. 하나님의 심판이라고 할 수 있는 일들이 있습니다. 그러나 사람들이 그 뻔뻔함과 불경한 언사로 하나님을 노여우시게 하는 그 태도를 생각할 때, 이 세상에서 하나님의 심판으로 일어나는 일들은 놀라울 정도로 드뭅니다. 바로의 군대가 홍해에 빠져 죽었을 때 그것은 심판이었습니다. 고라와 다단과 아비람이 산 채로 구덩이에 빠졌을 때 그것은 심판이었습니다. 그 후에도 하나님의 교회에 형벌하시는 일들이 있었습니다. 아나니아와 삽비라가 성령께 거짓말한 죄로 죽었을 때, 그리고 마술사 엘루마가 바울 사도를 대적한 탓으로 눈이 멀게 되었을 때였습니다. 그럴지라도 이런 일들은 극히 적습니다. 이후에도 하나님의 심판이라고 믿을 만한 예들은 매우 드뭅니다. "심판은 그에게 낯선 일이라"고 하나님께서 친히 말씀하시지 않습니까?

하나님께서 자기 백성들 가운데서는 아버지로서 징계하시는 심판의 일을 끊임없이 행하십니다. 그러나 바깥세계는 너그러운 자비의 통치를 받습니다. 지금은 하나님께서 오래 참으시는 시대입니다. 하나님께서 악인들의 죽는 것을 조금이라도 기뻐하셨다면, 지금 이 자리에 있는 여러분 가운데 어떤 분들은 오래 전에 지옥으로 내려갔을 것입니다. 하지만 하나님께서는 여러분을 여러분의 죄대로 처리하시지 않았고 여러분의 죄악을 따라 보응하시지도 않으셨습니다. 하나님께서 거짓말한 것에 대해 심판을 행하기로 하신다면 지금 이 자리에 계시는 분들 가운데 얼마나 많은 분들이 이 시간에 불타는 못 속에서 자기 운명을 맞았을지 모릅니다! 안식일을 어긴 것에 대해 심판이 상시로 행해졌다면 이 런던 시는 진즉에 소돔과 고모라처럼 파괴되었을 것입니다. 하지만 하나님께서는 진노의 날까지 심판을 미루십니다. 잠시 동안 사람의 완고를 보고도 못 본 체하십니다. 지금은 심판의 때가 아니고 인내와 희망의 때이므로 그렇습니다. 이 세상에서 불경건한 자들에 대한 명백한 심판의 일들이 극히 적다는 사실이 하나님께서 죄인들을 멸하기를 결코 기뻐하시지 않는다는 것을 입증합니다.

그 다음에, 둘째로, 심판의 날이 오기 전에 하나님께서 오래 참으신다는 사실이 하나님이 정말로 사람들의 죽는 것을 기뻐하시지 않는다는 것을 증명합니다. 하나님은 70년 동안 내내 죄 범한 많은 사람들의 목숨을 살려주시고, 그들의 악한 태도를 참으시는데, 이에 대해 우리는 애정 어린 감사를 표해야 마땅합니다. 사람들이 어려서는 어리석게 행하고 성인이 되어서는 의도적으로 잘못을 범하고 나이가 들어서도 완고하게 행합니다. 그런데도 하나님은 여전히 참으십니다! 여러분 가운데는 오랫동안 복음을 들어왔음에도 지금까지 그리스도를 거부한 사람들이 있습니다. 복음이 여러분에 대해 소리칠 때 여러분은 자신의 양심을 억눌렀고, 하나님의 성령을 멸시하였습니다. 여러분은 빛을 받고도 반항하였고 더욱더 큰 죄를 지었지만 하나님은 여러분을 때려눕히시지 않았습니다. 하나님이 여러분이 죽는 것을 기뻐하셨다면 여러분을 그토록 오랫동안 살도록 내버려두셨겠습니까? 여러분은 열매 없는 무화과나무가 그랬듯이 2년이나 3년 땅을 허비한 것이 아니라 40년 혹은 60년 동안 하나님의 포도원에 열매 없이 지냈습니다. 그런데도 하나님은 여러분의 목숨을 살려두십니다! 이 모든 것을 넘어서 버린 이들이 있습니다. 그들은 공공연한 불신앙으로, 하나님과 그의 아들과 그의 백성들에 대해 터무니없이 비방하는 말을 하여 하나님을 노여우시게 하였습니다. 그들은 하나님의 눈을 찌르려고 하였습니다. 하나님의 사랑하시는 자의 얼굴에 침을 뱉었고, 그의 백성들을 괴롭힘으로 하나님을 박해하였습니다. 그런데도 하나님은 그들을 즉각 죽이지 않으셨습니다. 그렇게 하셨어도 하나님은 정당하셨을 것입니다. 여러분은 하나님의 칼이 그 칼집에서 떠는 소리를 듣지 못했습니까? 자비가 그 칼을 도로 밀어 넣으며 "너 하나님의 칼이여, 쉬며 조용히 있어라"고 간청하지 않았다면 벌써 칼이 칼집에서 튀어나왔을 것입니다. 여러분이 애정 어린 복음의 초대를 받는 것은 순전히 하나님의 동정이 그치지 않기 때문입니다. 순전히 하나님의 무한한 인내 때문에 여전히 은혜가 인간의 죄와 불신앙과 씨름합니다. 그러니 우리 각 사람은 이렇게 외칩시다.

"주여, 내가 아직 살아 있되
고통 가운데 있지 않고 지옥에도 있지 않나이다!

주의 선하신 영께서는 지금도
죄인들 가운데 괴수인 자와 함께 거하시며 씨름하나이까?
이 점을 말하십시오, 죄인들에게 말하십시오.
내가, 내가 지옥 밖에 있다고!"

그 다음에, 우주의 도덕적 통치자이신 하나님의 성품의 온전함을 기억하시기 바랍니다. 하나님은 만민의 재판장이십니다. 그러므로 반드시 의를 행하셔야 합니다. 재판석에 앉은 어떤 재판장이 범죄자들을 처벌하기를 즐기는 사람이라면, 그는 즉시 해임되어야 합니다. 그는 그 직무에 전혀 맞지 않는 사람이라는 것이 분명하게 드러날 것이기 때문입니다. 교수형에 처하거나 투옥시키는 것을 즐기는 사람은 재판장 제프리스(Judge Jeffreys: 제임스 2세에 저항해 일으킨 1685년 6월 반란 관련자들에 대해 '피의 재판'이라는 불리는 잔혹한 재판을 주도적으로 진행한 인물 – 역주)와 그 밖의 괴물들의 더러운 종자일 것입니다. 이런 자들은 우리의 재판석에서 영원히 추방해야 한다고 믿습니다. 그러나 어떤 재판장이 사형선고를 내릴 때마다 눈물을 흘렸다는 말을 들으면, 그 사람이 집에 돌아와서는 자기가 내릴 수밖에 없었던 판결로 인해 어떤 사람이 일생 추방된 것을 기억하고 저녁 내내 우울하고 슬프게 앉아 있었다는 말을 듣는다면, 나는 "그래요, 바로 그런 사람이 재판장이 되어야 해요"라고 말할 것입니다. 처벌하기를 싫어하는 마음은 재판장에게 반드시 필요한 것입니다.

하나님이 바로 그런 분이십니다. 하나님은 죄를 기뻐하시지 않고 죄의 결과인 형벌도 기뻐하시지 않습니다. 하나님은 죄를 미워하시고 죄의 결과도 미워하십니다. 그래서 다른 모든 것이 실패했을 때에야 비로소 마지막으로 와서 사람들을 무겁게 치십니다. 죄인에게 유죄판결을 내려야 하고, 그렇게 하지 않으면 사회의 기초들이 무너지려고 할 때, 그때 하나님께서 두려운 판결을 내리시지만, 그때에도 정말로 마지못해서 하고, "내가 어찌 너를 놓겠느냐?"(호 11:8) 하고 외치십니다. 만민의 재판장이신 하나님은 본문에서 영광스런 판사석에서 내려와 여러분에게 좀 더 친숙한 얼굴을 보여주시는 것 같습니다. 사실 하나님은 이렇게 소리치시는 것 같습니다. "내가 지금까지 재판을 해왔고, 유죄판결을 내려왔으며 죄인들을 처벌해 왔다. 그러나 나는 살면서 이 모든 일이 전혀 즐겁지 않다. 내 기쁨은 사람들이 내게로 돌이키고 살 때 생긴다."

여러분의 불신앙을 바로잡기 위해 다른 점들을 더 생각해 볼 필요가 있다면 나는 악한 행실에서 돌이키는 사람들을 구원하는데 나타나는 하나님의 활동의 은혜로움에 대해 언급하겠습니다. 지존하신 하나님께서 죄인의 회개를 일으키는데 쏟으신 노력, 회개를 즉각 받아들이시는 기민함, 돌아온 탕자들에게 보이신 풍성한 사랑, 이 모든 것이 하나님께서 악인들의 죽음을 전혀 기뻐하시지 않고 오히려 그들이 구원받기를 기뻐하신다는 것을 보여주는 명백한 증거들입니다. 악인들의 죽음을 막기 위해 하나님은 모든 세계가 있기도 전에 구원의 계획을 고안하셨습니다. 하나님의 구원 계획을 받아들이는 사람들은 하나님께서 악인들을 위해 그의 사랑하시는 아들을, 사실 하나님 자신을 대속물로 제공하셨다는 것을 발견합니다. 그 아들 안에서 하나님이 죄에 응당 따르는 형벌을 친히 담당하셨고, 이렇게 해서 율법이 엄숙하게 지켜지고 하나님의 공의가 옹호된다는 것을 발견합니다. 하나님께서 나무에 달리시고 거기서 생명인 피를 흘리셨는데, 이는 하나님께서 의로우시고 또한 예수 믿는 자도 의롭게 하시기 위함이었습니다. 이 사실이 하나님이 죄인을 구원하기를 기뻐하신다는 것을 입증하지 않습니까? 성령께서 마음을 새롭게 하고 마음에서 돌을 제거하여 사람들의 마음이 부드럽게 되어 회개하도록 하기 위해 오십니다. 이 사실에서 하나님이 구원하기를 기뻐하신다는 것을 볼 수 있지 않습니까? 하나님의 모든 자원들이 죄에서 돌이키는 사람들의 구원을 위해서 자연히 일어나는 기쁨과 함께 나갑니다. 그렇습니다. 그 자원들은 사람들이 돌아서기 전에, 그들이 돌아설 수 있도록 나가서 그들을 돌이킵니다. 하나님은 심지어 하나님을 찾지 않은 자들에게 발견되고, 하나님의 은혜를 구하지 않은 자들에게 은혜를 베푸십니다. 마치 하나님은 자신이 사람의 죽는 것을 기뻐한다는 비난을 받는 것에 분개하기라도 하신 것처럼 죄인들의 세상이 지옥에 내려가도록 내버려두시기보다는 차라리 자신이 십자가에서 죽는 것을 택하셨습니다. 사람들이 살기를 바라시는 하나님의 마음을 증명하기 위해 하나님의 아들이 이 형편없는 땅에서 30년 이상을 사람들 가운데서 사람으로 지내셨습니다. 그리고 그의 성령께서는 이 모든 세기 동안 사람들 가운데 거하시며 은혜를 모르고 죄를 범하는 사람들의 모든 도발을 참으셨습니다. 하나님께서는 자신이 사람들을 멸망시키는 이가 아니라 사람들을 보존하시는 이라는 것을 수많은 방법을 통해서 입증하셨습니다. "하나님은 우리에게 구원의 하나님이시라"(시 68:20). "구원은 여호와께 있나이다"(3:8).

이와 같이 나는 사람들에 대한 하나님의 처사를 변호하고 싶습니다. 사람들이 자신의 인생에 대해 재판을 받게 되어 있을 때, 그들의 친구들이 할 수 있다면 감옥에 갇혀 있는 그들에게 와서 이렇게 말할 것입니다. "네가 지독하게 엄한 아무개 재판장에게 재판을 받지 않고 재판석에 있는 사람들 가운데 제일 인정이 많은 재판장 앞에서 재판을 받게 되어 있다는 것이 네게는 정말 희망적인 일이야." 많은 죄수가 그런 소식을 들었을 때 즉시 기운을 차렸습니다. 하나님을 믿으려 하지 않는 불쌍한 죄인이여, 나는 여러분을 책망하고 여러분에게 사랑이 오늘 심판의 보좌에 재판장으로 체화(體化)되어 앉아 있으며, 여러분이 죄에서 돌이키지 않는다면 여러분을 정죄해야 하고 또 정죄하실 분이 그럼에도 불구하고 그렇게 정죄하는 것을 결코 기뻐하지 않으며 처형의 도끼를 들기 싫어하신다는 사실을 상기시킴으로 희망을 갖도록 하겠습니다. 여러분은 하나님께로 돌이켜 살지 않겠습니까? 이런 하나님의 불쌍히 여기심을 생각할 때 여러분은 하나님 앞에서 완전히 항복하고 은혜를 찾을 마음이 들지 않습니까?

2. 둘째로, 사람들이 하나님 앞에서 악한 행실에서 돌이켜야 하고 그렇지 않으면 반드시 죽는다는 것 외에 다른 대안은 없습니다.

"나는 악인이 죽는 것을 기뻐하지 아니하고 악인이 그의 길에서 돌이켜 떠나 사는 것을 기뻐하노라." 이것은 양자택일의 문제입니다. 돌이키지 않으면 불에 타 죽습니다. 하나님께서는 사람들에 대한 지극한 사랑이 있음에도 이 외에 세 번째 안을 찾을 수 없습니다. 사람들이 계속 죄를 지으면서도 구원받을 수 있는 일이란 없습니다. 죄가 반드시 죽든지 아니면 죄인이 반드시 죽습니다.

먼저 여러분은 이 사실을 알아야 합니다. 하나님께서 사람들이 자기 행실에서 돌이킨다는 이 조건 위에서 사람들에게 자비를 선포하실 때, 이 선포가 순전히 은혜에서 나온 것임을 알아야 합니다. 순전히 정의의 문제로 생각할 때, 회개가 자비를 가져오는 것이 아닙니다. 살인자가 자기 행위를 뉘우친다고 해서 사면을 받습니까? 도둑이 마침내 자기가 정직하지 못한 것을 유감스럽게 생각하게 된다고 해서 감옥에 가는 것을 면합니까? 회개가 이미 저질러진 악에 대해 어떤 보상도 제공하지 못합니다. 악은 여전히 남아 있으므로 처벌이 시행되어야 합니다. 그러므로 내가 "돌이키고 돌이키라 너희 악한 길에서 떠나라"(겔 33:11)고 말할 수 있는 것은 하나님의 은혜 때문입니다. 그렇게 말하는 이면에는 큰 희생 제물이 있기 때문입니다. 회개가 하나님께 받으실 만한 것이 되는 것은 완전히 충분한 구속 때문입니다. 하나님의 아들이 피 흘리고 죽으셨고, 이로써 죄를 속하셨습니다. 이제 하나님의 아들은 높이 되셔서 회개와 죄 사함을 주십니다. 오늘 하나님의 말씀은 이것입니다. "회개하고 복음을 믿으라"(막 1:15). "만일 우리가 우리 죄를 자백하면 그는 미쁘시고 의로우사 우리 죄를 사하시며 우리를 모든 불의에서 깨끗하게 하실 것이요"(요일 1:9). 이것은 회개의 여지를 전혀 주지 않는 율법에 따르는 문제가 아닙니다. 이것은 순전히 은혜의 문제입니다. 하나님께서 여러분을 구원하시는 것은 여러분이 죄에서 돌이키는데 무슨 공로가 있기 때문이 아닙니다. 하나님은 자비를 베풀 자에게 자비를 베푸시기 때문이고, 악한 길에서 돌이키는 자를 모두 구원하기로 정하셨기 때문입니다.

그 다음에, 사람들이 회개치 않으면 반드시 처벌되는데, 이는 도덕적 통치의 목적이 있기 때문입니다. 사람들의 세상에 일어날 수 있는 최악의 일은 하나님께서 이렇게 말하는 일일 것입니다. "이제 내 법을 철회한다. 나는 덕에 보상하지 않고 악을 처벌하지도 않겠다. 너희 좋아하는 대로 해라." 그러면 이 세상은 그야말로 지옥이 될 것입니다. 사람들 가운데서 시민 정부의 가장 큰 적은 보편적 구원, 다시 말해 마음과 생활의 변화가 없는 구원을 전파하는 사람입니다. 이런 교사들은 국가적 질서를 흔드는 위험한 존재입니다. 그들은 국가의 기초를 제거합니다. 그들은 사실상 이렇게 말하고 있는 것입니다. "그냥 당신 하고 싶은 대로 하라. 잠시 동안 여러분에게 약간의 차이가 발생할 수 있지만, 그것은 금방 끝날 것이다. 악인도 성인도 다 같이 천국에 들어갈 것이다." 이런 얘기는 저주받을 주장입니다! 나는 이보다 약하게 말할 수 없습니다. 도대체 정부가 있어야 한다면, 죄를 처벌하지 않고 지나가서는 안 됩니다. 부정직한 자들을 너그럽게 대하는 것은 그들에게 해를 입는 사람들에 대한 학대입니다. 살인자를 처벌하지 않는 것은 죄 없는 사람을 죽이는 일입니다. 하나님께서 거룩하게 산 사람들에게 보상하는 것과 똑같이 타락한 자들에게도 보상하려고 하신다는 것이 입증될 수 있다면, 그것은 하늘과 땅에 모두 악한 날입니다. 그러면 기초가 사라질 것이고, 의인들이 할 일이 무엇이 있겠습니까? 공명정대하지 않은 신은 형편없는 우주의 통치자가 될 것입니다.

그렇습니다. 여러분, 죄는 반드시 처벌됩니다. 여러분은 죄에서 돌이켜야 합니다. 그렇지 않으면 반드시 죽습니다. 죄는 그 자체로 형벌이기 때문입니다.

내가 꺼지지 않는 불과 죽지 않는 구더기에 대해서 말할 때, 사람들은 문자 그대로 그런 것들을 말한다고 생각합니다. 그러나 사실 이런 것들은 비유입니다. 그런 것들보다 더 끔찍한 어떤 것을 나타내는 비유적 표현들입니다. 불은 영혼 속에서 반역의 정신이 맹렬히 타오르는 것입니다. 구더기는 결코 죽지 않는 양심의 고문입니다. 죄는 지옥입니다. 불순종하는 마음속에는 비참한 세계가 들어있습니다. 하나님께서 우리를 아주 옳게 지으셨기 때문에 우리는 오랫동안 악을 행하면서 행복할 수 없습니다. 정도를 벗어나게 되면 우리는 결국에는 반드시 비참하게 됩니다. 우리가 그릇되면 될수록, 또 그릇된 길에서 계속해서 오랫동안 지내면 지낼수록, 그만큼 더 확실하게 우리는 영원에 걸쳐서 자신에게 슬픔을 쌓고 있는 것입니다. 거룩함과 의는 행복을 산출하지만, 불법과 죄악은 결코 변할 수 없는 필연적인 성격에 의해 시련과 고통을 일으킵니다. 그렇게 될 수밖에 없습니다. 하나님의 전능하심도 회개하지 않는 죄인을 행복하게 만들 수 없습니다. 여러분은 죄에서 돌이켜야 합니다. 그렇지 않으면 비참한데 이르게 됩니다. 여러분은 죄를 포기해야 합니다. 그렇지 않으면 더없이 행복한 영원에 대한 모든 희망을 포기해야 합니다. 여러분이 죄와 자아와 이혼하기 전에는 그리스도와 천국과 결혼할 수 없습니다.

사람의 양심이 정말로 정직하다면 나는 모든 사람의 양심이 이 점을 증언한다고 믿습니다. 요즘 유산에 대해서 매우 관심을 보이는 양심들이 있습니다. 그런 양심은 호기심은 있을지언정 진실한 양심은 전혀 아닙니다. 나는 사람들이 비뚤어진 정책을 일부러 따라서 행하는 것을 봅니다. 그러면서도 그들은 진실과 거룩함에 대해서 이야기합니다. 그렇지만 교만과 불신앙의 섞은 포도주로 취하지 않은 양심은 누구나 사람에게 이같이 말할 것입니다. 즉, 사람이 악을 행할 때 자신이 찬성 받을 것으로 기대할 수 없고, 선을 행하기를 소홀히 한다면 마치 자신이 선을 행해온 것과 같은 보상을 받을 것으로 기대할 수 없다고, 말하자면 사실 사물의 성격상 죄에는 반드시 형벌이 따른다고 말입니다. 양심은 그만한 정도로 이야기하고, 악인들의 죽는 것을 기뻐하시지 않는 하나님께서는 친히 여러분에게 이같이 말씀하십니다. 여러분은 회개해야 하고 그렇지 않으면 반드시 죽는다고 하십니다. 여러분이 계속해서 악하게 행하면 반드시 망할 것입니다. 죄에서 반드시 돌이켜야 합니다. 그렇지 않으면 지존하신 하나님께서 여러분을 결코 호의적으로 보실 수 없습니다. 여러분은 이 말을 알아듣겠습니까? 여러분이 이 말을 마음속에 받아들여서 여러분 속에 회개를 일으키도록 하면 좋겠습니다!

3. 이제 즐거운 세 번째 요점, 곧 하나님은 사람들이 죄에서 돌이키는 것을 기뻐하신다는 점을 살펴봅시다.

본문 구절을 다시 한 번 읽어보십시오. "주 여호와의 말씀이니라 나의 삶을 두고 맹세하노니 나는 악인이 죽는 것을 기뻐하지 아니하고 악인이 그의 길에서 돌이켜 떠나 사는 것을 기뻐하노라." 신성한 기쁨들 가운데 최고의 기쁨은 죄인이 악에서 떠나는 것을 보는 기쁨입니다. 하나님은 사람들이 지금까지 무심하게 지내다가 갑자기 자신의 행동을 반성해 보고 하나님 앞에서 자기 상태를 깊이 생각할 때 하나님에 대해 처음으로 갖는 생각들을 기뻐하십니다. 하나님께서는 여러분이 전에는 거칠고 생각 없이 살았지만 마침내 영원에 대해 묵상하고 죄의 미래와 심판에 대해 깊이 생각할 때 여러분을 기쁘게 보십니다. 여러분이 "너희는 여호와를 만날 만한 때에 찾으라 가까이 계실 때에 그를 부르라"(사 55:6)는 초청의 말씀에 귀를 기울일 때, 하나님은 여러분이 주의하여 듣는 것을 기쁘게 지켜보십니다. 여러분이 "죄를 지은 것이 후회스러워. 내가 그 죄를 짓지 않았더라면 좋을 텐데!" 하고 느끼기 시작할 때, 하나님께서 여러분의 한숨을 들으십니다. 여러분의 마음이 죄에 넌더리를 내고 악을 싫어하며 그래서 비록 악에서 벗어날 수는 없을지라도 할 수만 있다면 벗어나려고 할 때, 하나님은 여러분을 동정하시는 눈길로 내려다보십니다.

하나님의 선하신 은혜로 여러분 마음속에 새로운 의지, 곧 복종하고 믿으려는 의지가 일어날 때, 아버지 하나님께서도 미소를 지으십니다. 하나님께서 여러분 속에서 하나님의 전(殿)과 품을 갈망하여 신음하고 탄식하는 소리를 들으실 때, 여러분은 하나님을 볼 수 없지만 하나님께서는 벽 뒤에서 여러분의 소리를 듣고 계십니다. 하나님의 손이 몰래 여러분의 눈물을 하나님의 병에 담고 계시고, 하나님의 마음은 여러분에 대해 동정심을 느끼고 계십니다. "여호와는 자기를 경외하는 자들과 그의 인자하심을 바라는 자들을 기뻐하시는도다"(시 147:11).

마지막에 예로 든 사람을 주의하여 보기 바랍니다. 그에게는 희망이 거의 없습니다. 그러나 하나님은 그를 기뻐하십니다. 선한 행실이 희미하게 밖에 보이지 않을 때, 하나님은 파수꾼이 여명의 처음 비치는 빛을 기뻐하는 것처럼 그 행실을 기뻐하십니다. 아니, 파수꾼이 아침을 기뻐하는 것보다 더 기뻐하십니다. 마침내 여러분이 기도하며 "하나님이여 불쌍히 여기소서 나는 죄인이로소이다"(눅 18:13) 하고 외치기 시작할 때, 하나님은 매우 기뻐하십니다. 이렇게 말하는 데서 여러분이 정신을 차리고 하나님께로 오고 있다는 확실한 표시를 보시기 때문입니다. 하나님의 영은 "그가 기도하는 중이니라"(행 9:11)고 말씀하시며 이것을 좋은 표지로 여기십니다. 여러분이 진심으로 죄를 버릴 때 하나님은 여러분이 그렇게 하는 것을 기쁘게 보십니다. 하나님께서 얼마나 기뻐하시는지 그의 거룩한 천사들도 하나님의 기쁨을 눈치챕니다.

나는 하나님께서 옛 습관들과 악한 행실에서 달아나려고 애쓰는 사람들의 고투를 지켜보신다고 확신합니다. 여러분이 악한 생각들을 이겨내려고 노력할 때, 하루를 끝내고 앉아서 여러분이 기대했던 것과 다르게 하루를 잘 지내지 못했기 때문에 그날의 실패를 두고 한탄할 때, 하나님은 여러분의 바람과 탄식을 눈여겨보십니다. 마치 어머니가 어린 자녀가 걷기 시작할 때 애정 어린 눈길로 지켜보며 아이가 이 의자에서 저 의자로 아장아장 걷는 것을 보며 미소를 짓고 손가락을 뻗어 아이가 걷는 것을 도와주듯이, 하나님께서도 여러분이 초기에 거룩함을 추구하려고 하고 어떻게 해서든지 죄를 이기기를 갈망하며 타락의 속박에서 벗어나기를 바라서 탄식하고 울부짖는 것을 기쁘게 여기십니다. 하나님께서 "내가 에브라임에게 걸음을 가르치고 내 팔로 안았도다"(호 11:3)라고 말씀하시는데, 지금 바로 그런 방식으로 여러분을 가르치고 계시는 것입니다.

하나님을 가장 기쁘시게 하는 것이 무엇인지 말씀드리겠습니다. 그것은 여러분이 하나님의 아들에게 와서 이렇게 말하는 것입니다. "주여, 누군가가 제게 아무 희망이 없다고 말을 하지만 저는 그 목소리를 믿지 않습니다. 저는 주님의 말씀에서 주께서는 자기에게 오는 자를 아무도 내쫓지 않는다는 말씀을 읽습니다. 그래서 자, 제가 갑니다! 저는 지금까지 있었던 죄인들 가운데 가장 큰 죄인입니다. 하지만 주여, 저는 주님의 약속을 믿습니다. 저는 마귀만큼이나 무가치한 자입니다. 하지만 주여, 주는 가치 있음을 바라지 않으시고 오직 어린아이 같은 신뢰를 요구하십니다. 저를 버리지 말아주세요. 제가 주님을 믿습니다."

"믿음이 없이는 하나님을 기쁘시게 하지 못하지만"(히 11:6) 죄에서 돌이키는 불쌍한 죄인의 마음에서 처음으로 생겨난 겨자 씨 한 알만한 믿음을 보는 것이 하나님께 신성한 기쁨을 드립니다. 계속해서 자신을 정죄하는 여러분, 나는 여러분이 이 점을 생각하기 바랍니다! 여러분이 자책으로 가득한 편지들을 써 보낼 때 여러분은 나를 기쁘게 합니다. 여러분이 나를 기쁘게 한다면 하나님은 훨씬 더 기쁘게 할 것이라고 확신합니다. 하나님은 내가 아무리 애를 써서 따라가려고 하고 겸손히 본받으려고 해도 따라갈 수 없을 만큼 나보다 훨씬 더 동정심이 많으신 분입니다. 나는 오늘 아침 여러분으로 하여금 내 주님을 믿고 그런 끔찍한 의심과 두려움들을 끝장내게 할 수 있기를 간절히 바랍니다!

> "교묘한 의심과 추론들은
> 예수와 함께 십자가에 못 박으십시오."

하나님이 제시하시는 매우 설득력 있는 논거는 피 흘려 죽으시는 하나님의 아들입니다. 죄인 가운데 괴수인 여러분, 하나님께로 돌이키십시오. 여러분이 돌이키는 것을 하나님께서 기뻐하실 것입니다! 죄에 대한 그런 모든 후회, 거룩함을 추구하는 바람, 특별히 그리스도를 신뢰함, 하나님의 자비를 의지함, 이 모든 것이 다 하나님의 작품입니다. 성령께서 이런 것들을 여러분 영혼 속에 집어넣지 않으셨다면, 이런 일들이 결코 일어나지 않았을 것입니다. 아름다운 꽃이 지저분한 곳에서 자라는 것을 본다면, 나는 정원사가 언젠가 거기에 있으면서 씨를 뿌렸다고 결론짓지 않을 수 없습니다. 그처럼 여러분이 기도하고 의지하며 믿기 시작하는 것을 볼 때 나는 속으로 이렇게 말하지 않을 수 없습니다. "저 사람에게 하나님이 계셔. 성령께서 거기에서 일하셨어. 그렇지 않으면 희미하게라도 믿고 미약하게라도 의지하는 일이 있을 수 없었을 거야." 그러므로 기운을 내십시오. 여러분은 지금 은혜로우신 하나님께 가까이 가고 있는 것입니다.

남은 생애 동안 여러분이 계속해서 죄와 싸울 때, 자신을 예수님께 드릴 때, 막달라 마리아처럼 눈물로 주님의 발을 씻고 머리털로 닦을 때, 마리아처럼 향유 옥합을 깨트리고 향유를 주님의 머리에 부을 때, 하나님께서는 예수님을 인하여 여러분을 크게 기뻐하십니다. 하나님은 지옥의 신음소리와 울부짖음을 결코 기뻐하시지 않고 죄인들의 회개를 기뻐하십니다. 게헨나의 불이 하나님께 아무런 즐거움을 주지 못하고, 통회하는 자들이 자기 가슴을 치고 신자들이 물기 어린 눈으로 그리스도를 바라보는 것이 하나님께는 더할 나위 없이 아름다운 모습입니다. 일이 틀림없이 그렇고, 그것이 틀림없는 사실이라고 하나님은 단언하십니다. 더 이상 쓸데없는 의론을 하지 말고, 믿어 영생에 이르십시오.

이같이 하나님은 사람들이 하나님께로 돌이키는 것을 기뻐하십니다.

4. 그래서 끝으로, 하나님은 돌이키라고 권하고 한 가지 주장을 덧붙이십니다.

"이스라엘 족속아 돌이키고 돌이키라 너희 악한 길에서 떠나라 어찌 죽고자 하느냐?" 하나님은 자신의 불쌍한 피조물이 하나님에게서 돌아서서 우상을 향하고 죄악적인 쾌락들을 바라보며 멸망의 도성을 향하여 서 있는 것을 보십니다. 하나님께서 그에게 무엇이라고 말씀하십니까? "돌이키라!"고 하십니다. 이것은 매우 분명한 지시이지 않습니까? "돌이키라" 혹은 "뒤로 돌아라!" 그것이 전부입니다. 어떤 사람은 말합니다. "나는 고통과 번민을 많이 느껴야 될 줄로 생각했어요." 나는 여러분이 그렇게 생각한다고 해도 이상하게 여기지 않습니다. 그러나 하나님이 말씀하시는 것은 "돌이키라"는 것뿐입니다. 여러분은 지금 잘못된 길을 보고 있습니다. "돌이켜서" 바른 길을 보라는 것입니다. 그렇게 돌이키는 것이 참된 회개입니다. 참된 회개는 반드시 변화된 마음에서, 변화된 바람에서, 변화된 의지에서 나옵니다. 하나님은 "돌이키라"고 말씀하십니다. 여러분이 이 말을 알아듣고 기도하기를 바랍니다!

하나님께서 이 말을 현재 시제로 말씀하신다는 것에 주의하시기 바랍니다. "돌이키라, 돌이키라." 내일이 아니라 지금 돌이키라고 하십니다. 내일 구원받을 사람은 아무도 없습니다. 구원받는 사람은 모두 오늘 구원받습니다. "보라 지금은 은혜 받을 만한 때요"(고후 6:2). "돌이키라." 나는 여러분을 능히 돌이키게 하실 하나님의 무한한 자비를 의지하여 여러분이 모든 악에서, 모든 자기 과신에서 하나님께로 돌이키기를 간절히 기도합니다. 하나님께로 돌이키는 것이 아니라면 어떤 돌이킴도 가치가 없습니다. 하나님께서 여러분을 돌이키신다면 여러분은 하나님께로 돌이켜 오직 하나님만을 신뢰하고 하나님을 섬기고 두려워할 것입니다.

"돌이키고 돌이키라." 자, 하나님은 돌이키라는 말을 두 번에 걸쳐서 말씀하십니다. 하나님은 여러분의 유익을 위해서 이렇게 지시를 거듭해서 말씀하시는 것임에 틀림없습니다. 내 하인이 강을 건너고 있는데, 그가 곧 깊은 데 빠질 큰 위험에 처해 있는 것을 보고 있다고 생각해 봅시다. 그래서 내가 큰 소리로 그에게 "멈춰! 멈춰! 조금만 더 가면 빠져죽을 거야. 돌아서! 돌아서!" 하고 외친다고 생각해 봅시다. 이것을 보고 "스펄전 목사님은 그 사람이 빠져 죽으면 기뻐하겠군요"라고 말할 사람이 있겠습니까? 그렇게 말한다면 그것은 지독하게 냉소적인 말일 것입니다. 내가 하인에게 돌이켜서 목숨을 구하라고 열심히 권하고 있는데, 그것을 두고 그런 식으로 말하는 사람은 지독한 거짓말쟁이가 틀림없습니다! 하나님께서 우리가 죽는 것을 피하기를 정말로 바라지 않고서 우리에게 그처럼 피하라고 간절하게 권하시겠습니까? 그렇지 않다고 생각합니다. 하나님께서 "돌이키고 돌이키라 어찌 죽고자 하느냐?" 하고 비할 데 없이 간절한 말로 권하시는 것을 볼 때, 죄인마다 하나님께서 자기가 죽는 것을 결코 기뻐하시지 않는다는 것을 확실히 알 수 있을 것입니다. 여기에는 옛날 신학자들이 종종 반복이라고 부르던 것이 있는데, 이렇게 "돌이키고 돌이키라"는 말로 거듭 간청하는 것은 내적 번민을 나타낸다고 하였습니다. 하나님은 한 번 말씀하실 때마다 더욱 힘주어서 말씀하시는 것입니다. 여러분은 이 하나님의 권유를 듣지 않겠습니까?

그 다음에 하나님께서는 사람들에게 그들이 죽어야 할 이유를 찾아보라고 요구하시며 말을 마칩니다. 사람이 돌이키라는 하나님의 말씀을 듣지 않고 죽으려면, 사람을 죽게 만들 만한 중요한 이유가 있어야 합니다. "어찌 죽고자 하느냐?" 이것은 영원한 죽음과 관련해서 생각할 때 답변할 수 없는 질문입니다. 하나님의 임재와 그의 권능의 영광을 떠나 영원히 멸망하는 데서 무슨 바랄 만한 것이 있습니까? 여러분의 영혼이 멸망하는데서 무슨 이익을 얻을 수 있습니까? 떠나서 영원한 형벌에 들어가는데서 무슨 유익을 얻을 수 있습니까? 구더기가 죽지 않고 불도 꺼지지 않는 지옥에 던져지는 데서 바라고 희망을 가질 수 있는 것이 있습니까? 여러분, 이치에 맞지 않는 생각을 하지 마십시오! 이 큰 구원을 등한히 하지 마십시오. 여러분이 죄 가운데 죽는 것만큼 세상에서 두려운 일은 결단코 없을 것입니다. 여러분은 왜 죄 가운데서 죽으려고 합니까? 파멸되기를 바라십니까? 왜 여러분은 바위투성이 해안가로 가까이 가며 파멸의 위험을 무릅씁니까? 독이 든 죄의 진미들이 하찮은 현세의 쾌락 때문에 달게 느껴진다고 해서 그 진미들을 먹으려고 합니까? 결국에는 쓰디쓴 쓸개즙이 여러분의 창자를 채울 것입니다.

나는 듣기 좋은 말을 하는 사람이 아닙니다. 그렇게 할 생각이 없습니다. 나는 여러분을 사랑하고, 그래서 어떻게 해서든지 여러분을 설득해서 하나님께로 돌이키려고 하기 때문입니다. 언제나 해를 따라 돌아가는 꽃이 있습니다. 여러분이 바로 그렇게 하나님께로 돌이키기를 바랍니다! 왜 하나님을 외면합니까? "왜?"라는 말은 간단하지만, 거기에 답변하려면 얼마나 힘이 드는지 모르는 말입니다! 왜 여러분은 계속해서 죄를 범합니까? 왜 주님을 믿지 않습니까? 왜 하나님을 노여우시게 하려고 합니까? 왜 죽으려고 합니까? 돌아서서 이렇게 말하십시오. "하나님이여, 저는 영원히 망하는 것을 견딜 수 없습니다. 그러므로 계속해서 죄를 지으며 살 수 없습니다. 주의 풍성한 은혜로 나를 도와주소서!"

여러분이 주 예수님을 믿으면 좋겠습니다! 예수님과 그의 완성하신 사역을 믿으십시오. 그러면 모든 것이 잘 될 것입니다. 여러분이 "그 점에 대해서 기도하겠다"고 말씀하셨습니까? 그보다는 즉시 믿는 것이 낫습니다. 먼저 믿은 다음에 여러분이 원하는 대로 기도하십시오. 믿지 않는 기도가 무슨 유익이 있겠습니까? "예배 후에 경건한 사람과 이야기하겠다"고 말합니까? 나는 여러분에게 먼저 예수님을 믿으라고 말씀드립니다. 예수님을 믿고 집에 가십시오. "나는 상담실에 들어가고 싶습니다"고 말합니까? 들어가고 싶으면 들어가십시오. 그러나 나는 인기 있는 미신적 관행에 영합하고 싶은 마음이 없습니다. 나는 그 상담실에서 사람들이 마음이 뜨거워져 거짓 확신에 빠지지 않나 걱정입니다. 상담실에서 회심한 것으로 알려진 사람들 가운데 정말로 회심한 것으로 판명된 사람은 거의 없습니다

한 발자국이라도 움직이기 전에 여러분이 지금 있는 바로 그 자리에서 바로 하나님께 가십시오! 하나님의 이름으로 여러분에게 명령합니다. 주 예수 그리스도를 믿으십시오. "믿고 세례를 받는 사람은 구원을 얻을 것이요 믿지 않는 사람은 정죄를 받을 것이기"(막 16:16) 때문입니다.

제
13
장

—

언약의 줄

—

"능한 손과 편 팔로 분노를 쏟아 너희를 여러 나라에서 나오게 하며 너희의 흩어진 여러 지방에서 모아내고 너희를 인도하여 여러 나라 광야에 이르러 거기에서 너희를 대면하여 심판하되 내가 애굽 땅 광야에서 너희 조상들을 심판한 것 같이 너희를 심판하리라 주 여호와의 말씀이니라 내가 너희를 막대기 아래로 지나가게 하며 언약의 줄로 매려니와 너희 가운데에서 반역하는 자와 내게 범죄하는 자를 모두 제하여 버릴지라 그들을 그 머물러 살던 땅에서는 나오게 하여도 이스라엘 땅에는 들어가지 못하게 하리니 너희가 나는 여호와인 줄을 알리라." — 겔 20:34-38

이 인상적인 발언은 저 유명한 선견자 에스겔이 온 땅에 흩어진 이스라엘 백성들이 자기 민족성을 잊기 시작했을 때 한 것입니다. 이스라엘 백성들은 자신들의 고유한 특성을 숨기고 자기 민족이 바벨론 사람이나 갈대아 사람들 가운데로 스며들어 이교도처럼 되기 위해서는 자기 민족성을 잊는 것이 최대한 신중하고 지혜로운 처사라고 생각하였습니다. 옛적에 자기 백성을 택하신 하나님께서는 이제 일이 그렇게 되도록 내버려 두려고 하시지 않았습니다. 그리고 이처럼 인상적인 말씀과 함께 개입하셨습니다. "너희가 스스로 이르기를 우리가 이방인 곧 여러 나라 족속 같이 되어서 목석을 경배하리라 하거니와 너희 마음에

품은 것을 결코 이루지 못하리라"(겔 20:32). 여호와께서는 그들을 한 백성으로 삼으셨다고, 그들을 한 백성으로 세우려고 하셨다고 말씀하십니다. 그들이 그것을 기뻐하든지 않든지 간에 하나님은 그들을 놓아주려고 하시지 않았습니다. 하나님은 그들에 관해 엄숙한 맹세를 하셨습니다. "주 여호와의 말씀이니라 내가 나의 삶을 두고 맹세하노니 내가 능한 손과 편 팔로 분노를 쏟아 너희를 반드시 다스릴지라." 옛적에 하나님께서 그들이 애굽 사람들이 되도록 내버려 두시지 않은 것과 마찬가지로 바벨론 사람들이 되게도 하시지 않을 것입니다.

내가 본문으로 택한 이 구절을 아주 바르게 본다면 죄를 범한 이스라엘에 대해 두려운 심판을 위협하는 말씀으로 간주할 수 있을 것입니다. 그것은 마치 하나님께서 이렇게 말씀하신 것과 같습니다. "이스라엘 집에 속한 너희들은 내가 내 영적인 백성의 전형으로 삼은 자들인데, 너희는 내 것이 될 것이다. 만일 너희가 나를 떠나 방황한다면 특별한 징계로 너희를 사람들의 눈에 띄도록 할 것이다. 그러므로 이제 나는 특별한 징계를 내리겠다고 너희를 으른다. 너희가 이방인들과 섞이려고 한다면 내가 이방인들에게 보였던 것과 같이 아주 가혹하게 너희를 다룰 것이다. 너희 죄가 더 크고, 너희 특권이 더 큰 만큼 너희 징계도 더 클 것이다. 내가 지상 모든 민족들 가운데서 오직 너희만을 알았으니, 너희 죄악을 인해 너희를 벌할 것이다."

친구 여러분, 자신이 하나님의 백성들 가운데 속했다고 공언하는 것은 두려운 일입니다. 자신이 정말로 하나님의 백성에 속했다면 그것은 큰 특권의 문제입니다. 그러나 그것이 거짓말이라면 그것은 일곱 배의 심판이 따르는 무서운 일입니다. 하나님께서는 스스로 하나님의 백성이라고 하는 자들을 다른 사람들과 구별되게 하실 것이고, 하나님 백성들 가운데 섞여 있으면서 진정으로 그들에게 속하지 않은 사람들을 아주 혹심하게 다루시므로, 그에 관해 듣는 사람들의 귀가 얼얼할 것입니다. 지극히 가혹한 처사가 변절한 신앙고백자들을 덮칠 것입니다. 그러므로 그들은 자기들이 무슨 일을 하고 있는 것인지 아는 것이 좋습니다.

여러분은 기독교 신앙을 가볍게 다룰 수 없습니다. 반역자가 되어서 조용히 빠져나갈 수가 없습니다. 여러분은 멸망의 자식이라고 낙인찍힐 것이고, 유다처럼 차라리 태어나지 않은 것이 더 나았을 사람으로 알려질 것입니다. 실제로 갖고 있지 않으면서 기독교 신앙을 가졌다고 공언하는 것은 그것을 입는 자에게 결국은 불타는 망토가 될 것입니다. 이 구절의 이야기의 흐름이 그와 같습니다. 그러나 또한 행간을 읽고 구절들을 아주 주의 깊게 생각해 보면 또 다른 해석이 나옵니다. 하나님께서 구별 짓는 심판을 보이시지 않는다면 구별 짓는 은혜를 나타내실 것입니다. 나는 이 구절 전체를 하나님께서 자기 은혜의 영광을 찬미하게 하기 위해 자신의 택한 백성들에게 나타내는 특별한 은혜, 그 백성들이 받을 특별한 은혜를 설명하는 것으로 사용하려고 하는데, 그렇게 할지라도 이 구절을 곡해하는 것이 되지 않을 것입니다. 나는 심판을 으르는 이 검은 구름 속에서 무한한 자비의 밝은 빛, 곧 사랑의 광명을 봅니다. 은혜의 황금 실이 심판을 으르는 이 행들 사이를 지나갑니다. 하나님께서 자기 백성들 가운데 반역자들을 제거하시겠다고 말씀하시기 때문입니다. 그러나 하나님께서 자기 백성의 남은 자들에게 말씀하실 때는 처음부터 하나님의 어조는 은혜롭습니다. 하나님께서 엄숙하게 심판을 말씀하시지만, 이 심판은 자비를 베푸시기 위한 준비 단계입니다.

하나님은 이 선지자를 통해서 남은 자들에게 구원에 효과적으로 작용하도록 뒤섞인 자비와 심판에 관해 설교하십니다. 인자가 하나님의 진노 밑에 있고 또 하나님의 진노를 덮고 있습니다. 하나님은 미소를 짓기 위해 찡그린 얼굴을 하십니다. 하나님께서는 자기의 택하신 백성들을 안전하게 다룰 수 있기 위해 엄하게 대하시고, 그들이 살 수 있도록 하기 위해 그들을 죽이며, 치료하는 위로의 포도주와 기름을 붓기 위해 양심의 가책이라는 화살로 그들을 꿰뚫으십니다.

본문의 중심 부분은 이것입니다. "내가 너희를 언약의 줄로 매려니와." 이 말이 무슨 뜻인지 간단히 설명할 것입니다. 우리의 둘째 주제는 하나님께서 사람들을 언약의 줄로 묶을 때 종종 그들에게 행하시는 방법들을 다룰 것입니다. 하나님께서는 자기에게 데려오기로 결심하는 자들을 의의 두려운 일들에 의해 구원하십니다. 이 문제에 대해서 말하고 나면 세 번째 요점은 그처럼 가혹한 방식으로 인도하는데서 보이는 하나님의 엄격함과 그들을 언약의 끈으로 묶는 데서 나타나는 하나님의 사랑, 이 모든 일의 궁극적 계획이 될 것입니다. 그 계획은 "너희가 나는 여호와인 줄을 알리라"는 것입니다. 심판과 자비 모두 사람들이 자기들을 이렇게 대하시는 분이 과연 살아계신 하나님이시라는 것을 마음속 깊이 알게 하기 위한 것입니다.

1. 그러면 첫째로, 사람들을 언약의 줄로 매는 것의 의미를 살펴봅시다.

우리가 이 구절을 은혜의 활동을 가리키는 것으로 이해한다면, 그것은 사람들이 자신이 어떤 언약 아래 있는지 알게 될 것이라는 의미입니다. 사랑하는 여러분, 우리 모두에게 이것만큼 중요한 질문은 없을 것입니다. 우리가 어떤 언약 아래 살고 있습니까? 우리가 율법 아래 있습니까, 아니면 은혜 아래 있습니까? 우리는 창조되었다는 바로 그 사실 때문에 우리의 창조주를 사랑하고 섬겨야 하는 계약 아래 있는 것입니다. 이것은 행위 언약의 한 형태입니다. 하나님을 섬기는 데서 우리는 행복을 찾았어야 합니다. 그런데 하나님을 반역함으로써 슬픔을 맛보았습니다. 이렇게 사물의 본성과 결부되어 있는 언약은 그 자체에 보상과 형벌에 대한 강제력이 있었습니다. 처음부터 이 언약의 기초가 놓일 때, 언어로 엄격하게 정의되지 않았습니다.

하지만 하나님은 우리의 첫 언약의 수장인 아담 안에서 우리를 대하실 때 말로 언약을 제시하셨습니다. 아담은 특별한 어떤 나무의 열매를 먹지 말라는 금령을 받았습니다. 그가 그 열매를 먹는 날에는 반드시 죽을 것이라는 경고도 받았습니다. 이 언약은 금세 깨어졌습니다. 사람은 계속해서 영광 가운데 있지 못하였습니다. 아담 안에서 우리 모든 인류가 그 언약을 어겼고 높은 신분에서 떨어졌습니다. 거기에서 우리는 본성적으로 행위 언약 아래 정죄를 받고 누워 있습니다. 그 언약이 율법의 십계명으로 선언되므로 그 언약은 정결한 만큼 또한 두렵습니다. 십계명은 거룩하고 의롭고 선합니다. 하지만 우리는 끊임없이 그 계명을 어깁니다. 온전한 이 율법을 우리 모두가 어겼습니다. 어떤 사람들은 터무니없고 고의적인 반역의 행위들로써 이 법을 어겼습니다. 그리고 우리 모두는 마음과 의지로 율법을 범했습니다. 사슬의 고리 하나를 깨트린 사람은 사슬 전체를 깨트린 것입니다. 계명 하나를 범하는 자는 율법 전체를 범하는 것입니다. 율법은 하나이고 분리할 수 없기 때문입니다.

율법 아래 있으면서 자신의 행실로 구원받기를 기대하는 여러분, 여러분이 어디에 있는지 보시기 바랍니다. 율법의 행위에 속한 많은 사람들은 저주 아래 있습니다. "누구든지 율법 책에 기록된 대로 모든 일을 항상 행하지 아니하는 자는 저주 아래에 있기"(갈 3:10) 때문입니다. 여러분에게 무슨 미점이 있을 수 있고, 또 사람들 보기에 미점이 많이 있을 수 있습니다. 그러나 여러분이 행위 언약 아래 있다면 여러분의 아름다움은 부패한 것이 되고 맙니다. "이를 행하라 그러면 살리라"(눅 10:28)는 말씀은, 여러분이 행하지 못하였으므로, 이제 여러분에게는 약속이 되지 못합니다. 오히려 그 말씀은 여러분의 위법 때문에 여러분에게 저주가 됩니다.

그런데 더 나은 또 다른 언약이 있습니다. 이것은 전혀 행위에 속한 언약이 아니고, 값없고 풍성하며 주권적인 은혜에 속한 언약입니다. 이 언약은 옛적에 우리의 더 나은 언약의 머리인 두 번째 아담, 그리스도와 맺은 것입니다. 이 언약의 취지는 이런 것이었습니다. 즉, 그리스도께서 아버지 하나님의 뜻을 순종하되, 지존하신 하나님의 뜻을 적극적으로나 수동적으로나 모두 행하고 견디실 것이며, 그렇게 하는 가운데 아버지께서 그에게 주신 자들을 구원하시리라는 것입니다. 허다히 많은 사람들이 그리스도의 완전한 순종의 대가를 물려받습니다. 이는 그들이 하나님께 택하심을 받고 주 예수님을 자기의 대표로 모심으로 주께서 율법을 성취하신 것을 의지해서 살게 되기 때문입니다. 이제 각 사람에게 묻는 중요한 질문은 내가 이 새 언약, 곧 은혜와 평안의 언약, "만사에 구비하고 견고하게 하신"(삼하 23:5) 언약 아래 있느냐 하는 것입니다. 여러분이 이 질문에 답변을 하면 그 질문에 답변할 수 있을 것입니다. 여러분은 그리스도 예수 안에 있습니까? 여러분은 예수님만을 전적으로 의지하고 있습니까? 그렇다면 이 점에 주목하십시오. 여호와께서는 그의 종 이사야를 통해서 이렇게 말씀하셨습니다. "내가 그를 세워 백성의 언약 빛이 되게 하였다"(사 42:6. 개역개정은 "내가 너를 세워 백성의 언약이 되게 하였다" - 역주).

여러분에게 그리스도가 있으면 여러분은 은혜 언약 안에 있습니다. 여러분이 그리스도를 신뢰하고 있다면 하나님께서 여러분과 만사에 구비하고 견고하게 하신 영원한 언약을 맺으신 것입니다. 이 언약에 관해서 나는 이제 예레미야 32장과 에스겔 36장, 두 군데를 읽겠습니다. 다음과 같은 언약의 약속들을 생각해 봅시다. "또 새 영을 너희 속에 두고 새 마음을 너희에게 줄 것이라"(겔 36:26). "또 내가 그들에게 복을 주기 위하여 그들을 떠나지 아니하리라 하는 영원한 언약을 그들에게 세우고 나를 경외함을 그들의 마음에 두어 나를 떠나지 않게 하리라"(렘 32:40). 그처럼 견고한 언약 아래 있는 것이 얼마나 복된 일인지요! 이 말씀이 목적하는 바는 이것입니다. 즉, 하나님께서는 자기 백성을 율법 아래에서 이끌어 내어 은혜 언약 아래 두려는 것입니다. 아직 그들이 그것에 관해 아무 관심이 없을지라도 하나님은 그들이 그들의 언약의 머리이신 그리스도와 함께 은혜 언약 안에 서 있다는 것을 알고 깨닫게 하실 것입니다. 내적 활동의 추진력에 의해 그들이 이 하나님의 선물을 받아들이고 "언약의 줄에" 매이게 될 것입니다.

둘째로, 그들은 이 언약이 자기를 하나님께 묶는 것을 보게 될 것입니다. 여러분이 이 언약 안에 있다면 여러분은 하나님께 속해 있고, 따라서 하나님이 여러분을 자기 것으로 삼으실 것입니다. 이는 그리스도께서 헛되이 피를 흘리시지 않을 것이고, 소유하지 못할 자를 위해 속전을 바치시지 않을 것이기 때문입니다. 그리스도께서는 자신이 강한 자의 손에서 빼앗은 전리품을 남에게 주시지 않을 것이고, 하나님 아버지께서는 그리스도에게 자기 영혼의 수고한 것을 보고 만족히 여기게 하실 것입니다. 여러분이 그 언약 안에 있다면 영원히 주님께 속한 것이며, 따라서 여러분이 여러분 자신의 것이 되거나 마귀의 것이 되는 일은 결코 없을 것입니다. 여러분은 " 그가 기르시는 백성이며 그의 손이 돌보시는 양"(시 95:7)입니다. 하나님은 여러분을 자기 눈동자처럼 보호하시고 왕관의 보석처럼 보존하실 것입니다. 여러분이 언약 안에 있다면 하나님에게 묶여 있는 것입니다. 여러분은 그 언약을 깨트리고 싶습니까? 여러분은 이 사랑의 언약이 여러분에게 지우는 엄숙한 의무들에서 벗어나고 싶습니까? 이 언약은 비록 행위에 속하지는 않지만 행위 언약이 내놓을 수 있는 것보다 더 많은 행위들을 일으킵니다. 은혜로 구원을 받았으므로, "죄가 너희를 주장하지 못할" 것입니다. "이는 너희가 법 아래에 있지 아니하고 은혜 아래에 있기"(롬 6:14) 때문입니다. 은혜와 은혜에서 나오는 감사의 마음이 상급에 대한 기대가 내놓을 수 있는 것보다 더 견고한 끈을 만들어 영혼이 곁길로 나가지 못하도록 붙들어 줍니다. 그 끈은 지옥에 대한 두려움보다 더 견고합니다. 강력한 은혜여, 그대는 우리가 결코 벗어나고 싶어 하지 않는 사랑의 줄로 우리를 묶습니다. 우리는 하나님의 백성들이고 하나님은 우리의 하나님이십니다. 하나님께서 우리를 붙드시고 우리가 하나님을 붙듭니다. 하나님은 우리의 남편이시고 우리의 마음은 하나님과 결합되어 있습니다. 이 언약의 줄이 우리를 거룩하신 삼위 하나님과 묶고, 어떤 것도 이 신성한 연합을 깨트리지 못할 것입니다.

셋째로, 이 언약의 줄에 매인다는 것은 또한 이 언약의 징계를 받게 된다는 것을 의미합니다. 하나님과 맺은 은혜 언약 안에 있는 자들은 하나님께서 아들을 대하듯이 자기들을 대하신다는 것을 알게 됩니다. 하나님께서 그들을 사랑하시므로 그들이 다음의 말씀이 사실이라는 것을 알게 될 것입니다. "무릇 내가 사랑하는 자를 책망하여 징계하노라"(계 3:19). 하나님께서는 "만일 그들이 내 언약을 깨트리면 내가 사람의 매로 징계하리라"(삼하 7:14)고 말씀하십니다. 또 "내가 땅의 모든 족속 가운데 너희만을 알았나니 그러므로 내가 너희 모든 죄악을 너희에게 보응하리라"(암 3:2)고 하십니다. 여러분이 하나님과 언약을 맺고 작은 문제들에서라도 곁길로 가면 여호와께서 질투하시는 하나님이시라는 것을 금방 알게 될 것입니다. 여러분이 하나님께 사랑스런 존재라면 하나님께서는 죄가 여러분에게 쓰게 만드실 것입니다. 다른 사람들이 하듯이 여러분이 그냥 죄를 짓도록 내버려 두시지 않을 것입니다. 염소는 방황을 해도 무사할 수 있지만 양은 그렇지 않습니다. 하나님께서 불경건한 자들에 대해서는 심판을 심판의 날까지 유보하시지만, 하나님의 집에서는 심판이 지금부터 시작됩니다. 키가 하나님의 손에 있습니다. 하나님은 다른 곳은 그렇게 안 하실지라도 자기 타작마당은 철저하게 깨끗이 치우실 것입니다. 여러분이 하나님과 맺은 언약 안에 있으면서 그냥 죄를 범하며 지낼 수는 없습니다. 하나님께서 "그가 우상과 연합하였으니 버려 두라"(호 4:17)고 말씀하시는 것은 바로 버림받은 자들에게나 하시는 것이기 때문입니다. 하나님 백성들의 표지는 그들이 죄를 범하면 상심이 되고, 방황을 하면 등에 채찍을 맞는다는 것입니다. 낙담, 병, 사별, 손해, 심지어 세상적인 죽음이 택하신 자들에게 그들을 사탄의 권세에서 구원하기 위한 하나님의 징계로 임할 수가 있습니다. 자, 이렇게 하나님께서 자기 백성들에게 그들의 언약적 위치를 알게 하시고, 그 언약의 줄이 어떻게 자기를 하나님께 매는지 보며, 또 이 언약으로 인해 자기들이 하나님께서 인류의 대다수에게는 행하지 않고 오직 "그를 가까이 하는 백성"(시 148:14)에게만 행하시는 거룩한 징계를 받는다는 것을 알게 하시는 것이 하나님의 계획입니다.

넷째로, 이렇게 언약의 줄에 매이는 것은 확실히 하나님의 백성들이 언약의 속박에 따른다는 것을 의미합니다. 사람들이 종종 노래하는 다음의 가사를 인용하는 것만큼 내 말뜻을 잘 표현할 수 있는 방법은 없는 것 같습니다.

"날마다 하나님의 은혜에
큰 빚을 지지 않을 수 없으니
주여, 그 은혜가 족쇄처럼

내 방황하는 마음을 주님께 묶게 하소서."

도대체 은혜가 족쇄가 될 수 있습니까? 그렇습니다. 은혜는 모든 족쇄들 가운데 가장 복된 족쇄입니다. 은혜는 우리를 단단히 붙들면서도 우리의 자유를 침해하지 않기 때문입니다. 은혜는 바로 마음을 자발적인 속박으로 묶습니다. 이것이 언약의 줄입니다. 어떤 사람은 말합니다. "아, 나는 어떤 속박에도 묶이고 싶지 않아." 그렇다면, 필시 당신은 완고함의 사슬에 묶여 있을 것입니다. 은혜 안에서 여러분은 끈에 매여 있지만 속박되어 있지는 않습니다. 나는 결혼의 끈에 매여 있지만 아무런 속박을 느끼지 않습니다. 오히려 그처럼 매이는 것이 즐거움입니다. 사랑의 끈과 사람의 줄은 찰과상을 일으키지 않습니다. 은혜의 끈은 우리를 우리가 무엇보다 사랑하는 분, 곧 우리 영혼의 지극히 사랑스런 신랑과 연합시키는 결혼의 끈입니다. 우리 언약의 머리를 쳐다보며 모든 일에 그에게 순종하는 것이 우리의 기쁨입니다. 이 끈은 우리에게, 하면 해가 될 것을 하지 못하도록 막아줍니다. 하나님께 죄를 범하지 않도록 우리를 제지합니다. 우리는 이 끈에서 풀려나기를 바라기보다는 그리스도와 함께 십자가에 달리고 손과 발이 못 박혀서 거듭나지 않은 본성의 변덕스러운 욕구를 따를 수 없게 됨으로써 이 끈을 아주 엄중하게 실감하기를 바랍니다.

우리가 전혀 죄를 지을 수 없으면 좋겠습니다! 강철 벨트로 묶이듯이 우리가 거룩함에 묶이면 좋겠습니다. 나는 여러분 가운데 많은 분들이 언약 관계의 이 복된 억제를 느끼고, 그래서 요셉처럼 "내가 어찌 이 큰 악을 행하여 하나님께 죄를 지으리이까?"(창 39:9) 하고 외칠 수 있기를 바랍니다. 그리스도의 사랑은 우리를 억제하기도 하고 강요하기도 합니다. 이것은 우리가 생각할 때, 한 사람이 모든 사람을 대신하여 죽었은즉 모든 사람이 죽은 것이고 또 그리스도께서 모든 사람을 대신하여 죽으심은 살아 있는 자들로 하여금 다시는 그들 자신을 위하여 살지 않고 오직 그들을 대신하여 죽었다가 다시 살아나신 이를 위하여 살게 하려는 것이기(고후 5:14,15) 때문입니다. 이 언약의 복된 끈이여! 언약의 쉬운 멍에를 메고 언약의 부드러운 규 앞에 엎드리는 것은 복된 일입니다! 마음이 하나님의 사랑에 완전히 사로잡힐 때만큼 자유로운 경우는 없습니다. 의지의 참된 자유는 죄로부터 자유로워지는 것입니다. 주님, 저는 진실로 주님의 종입니다. 주께서 내 속박을 푸셨습니다. 이제 나는 이 제물을 끈으로 제단 뿔에 묶어 주시라고 소리칩니다.

마지막으로, 하지만 언약의 줄에 매인다는 것은 또한 언약의 보호를 의미합니다. "내가 너희를 언약의 줄로 맬 것이라"는 말씀은 내가 너희를 보증이자 보증인이신 주 예수님께 묶을 것이고, 그러면 주께서 너희를 영원히 지키시리라는 의미임에 틀림없습니다. 이 언약은 영원한 소금 언약입니다. 그래서 우리는 이렇게 노래합니다.

> "이 끈은 끊어지지 않을 것입니다.
> 비록 세상의 오래된 기둥들이 무너질지라도
> 우리의 견고한 기초는 흔들리지 않을 것입니다.
> 우리는 지금 예수님과 하나이기 때문에."

우리는 언제까지나 예수님과 하나가 될 것입니다. 아무도 우리를 떼어놓지 못할 것이기 때문입니다. 그것은 우리 영혼이 여호와 우리 하나님의 영과 함께 생명 싸개로 묶여 있다고 말하는 복된 말씀 때문입니다. 바로 이것이 언약이 우리를 위해 행한 바입니다. 다시 말해, 언약이 우리를 그리스도와 온전히 하나가 되게 하였고 그리스도 안에서 영원하신 아버지 하나님과도 온전히 하나가 되게 한 것입니다. 그래서 "결코 너를 떠나지 아니하시며 버리지 아니하시리라"(신 31:6)고 기록되었습니다. 영원한 끈으로 묶였으니 누가 우리를 그리스도 예수 우리 주 안에 있는 하나님의 사랑에서 끊을 수 있겠습니까? 이 귀한 진리에 대해 더 오래 생각할 수는 없지만, 그처럼 언약의 줄에 매이는 것이 말로 다할 수 없는 특전인 것은 확실합니다. 여러분 가운데 많은 분들이 언약의 줄에 매이는 것이 무엇을 의미하는지 경험으로 알 것이라고 믿습니다.

이 문제에 문외한이었던 사람들이 오늘 아침 이 문제를 명확히 설명하기 시작할 수 있기를 간절히 기도합니다. 하나님께서 구원하시려고 하는 여러분, 나는 하나님이 행위 언약에는 구원이 없기 때문에 여러분을 행위 언약 아래서 나오고 싶어 하는 상태에 이르게 하셨다고 믿습니다. 여러분은 자신과 같이 무가치한 피조물을 구원할 수 있는 것은 오직 은혜뿐임에 틀림없다고 생각합니다. 여러분은 아직까지 영적 진리를 볼 수 없을지라도, 그리스도 예수 안에 있는 하나님의 무한한 인자와 오래 참으심에서 희망의 근거를 갈망하고 찾고 있습니다.

기운을 내십시오. 나는 이제 하나님께서 언약의 줄로 매는 많은 사람들을 대하시는 방식에 관해 이야기하려고 합니다.

2. 둘째로, 언약의 줄에 매이는 사람들의 경험에 대해서 생각해 봅시다.

내가 틀리지 않기를 바랍니다. 나는 많은 사람들이 매우 단순하고 순한 방법에 의해 이 언약의 줄에 매인다고 믿습니다. 성령의 부드러운 이끄심에 즐겁게 복종하는 사람들이 특별히 더 그렇다고 믿습니다. 아주 어렸을 때 마음의 작은 두려움이나 고통 때문에 예수님께로 가는 사람들이 있습니다. 그런 사람들은 그 점에 매우 감사해야 합니다. 여러분이 그리스도께 오기만 한다면 여러분이 어떻게 오는지는 전혀 상관이 없습니다. 아버지 하나님께서 여러분을 이끄시지 않았다면 여러분이 결코 올 수 없을 것이기 때문입니다. 하나님께서 여러분을 이끄셨다면 여러분을 오게 하시는 방법에 아무 착오가 없습니다. 여러분이 제지하시는 은혜로 말미암아 죄 짓는데서 보호를 받았기 때문에 죄의 쓴 맛을 조금밖에 맛보지 못했다면 그 점을 문제 있다고 생각하지 마십시오. 여러분이 그동안 어둠의 암흑 가운데 앉아 탄식하며 지내지 않았을지라도, 지금 여러분이 큰 빛을 보고 있다면 그것으로 충분합니다. 하나님께서는 그의 자녀들 가운데 많은 사람들을 아침 일찍 자기에게로 데려오십니다. 아주 일찍 데려오심으로 그들은 오랫동안 하나님을 섬기는 복된 날을 누리고, 적의 진영에서 오래 지낸 데서 생기는 부러진 뼈를 전혀 모릅니다.

에스겔이 이야기하는 대상인 이 이스라엘 사람들은 죄를 짓는 일에 아주 멀리까지 갔습니다. 갈 수 있는 대로 최대한 멀리 갔습니다. 그들은 하나님께 대하여 약속을 어겼고 생활이 악하였으며 반역하는 마음을 품었습니다. 이와 같이 행하는 많은 사람들을 하나님께서는 사랑으로 아주 혹독하게 대하십니다. 그들을 칼로 치시는데, 그렇게 해야만 그들의 죄를 없이할 수 있기 때문입니다. 그와 같은 은혜의 과정들에 대해서 이제 이야기하겠습니다.

먼저 여러분은 본문에서 나와 함께 34절을 보시겠습니까? 하나님께서 자기 백성으로 택하셨는데 그 택하심을 무시하고 스스로 자기들은 다른 나라 사람들과 같이 목석의 신들을 섬기고 싶다고 말한 백성들이 있었습니다. 하나님께서 은밀한 목적으로 택하신 사람들 가운데 많은 이들이 속으로 이렇게 말합니다. "나는 저 종교적인 사람들과 어울리지 않을 거야. 위선자, 감리교도 혹은 장로교인이라는 소리를 듣지 않을 거야." 그들은 그리스도를 인해서 조롱받는 것을 끔찍이 싫어합니다. 이들은 현재 다수와 같은 무리로 취급받는 것에 완전히 만족합니다. 따라서 다른 사람들과 구별 짓는 은혜가 그들에게는 전혀 매력적이지 않습니다. 그렇다면 하나님께서 그런 사람들을 언약의 줄로 맬 뜻이 있다면 그들을 어떻게 대하실지 들어보시기 바랍니다.

첫째로, 하나님은 그들을 현재의 친구들에게서 나오도록 만드실 것입니다. "내가 능한 손과 편 팔로 분노를 쏟아 너희를 여러 나라에서 나오게 하며 흩어진 여러 지방에서 모아내고 너희를 인도하리라." 여러분은 현재 정착지를 떠날 마음이 없지만 당장에 거기에서 나올 것이고, 자신이 이전 동료들 사이에서 반점이 있는 새와 같은 것을 느낄 것입니다. 하나님은 여러분이 현재 여러분에게 기쁨을 주는 오락거리들을 싫어하게 만드실 것입니다. 물고기 미끼를 물려고 서둘러가듯이 현재 여러분이 뒤따라가는 육신의 정욕들이 여러분에게 혐오스럽게 느껴질 것입니다. 자신의 옛 죄들에서 지독한 죽음과 부패를 발견하고서 사람이 썩어가는 시체를 외면하듯이 옛 죄들에서 돌아설 것입니다. 하나님은 자신이 알고 있는 여러 가지 방법을 통해서 이 일을 아주 쉽게 이루실 수 있습니다. 여러분의 옛 친구들은 여러분을 그리워할 것입니다. 그러나 더 중요한 것은, 여러분이 자기들에게 돌아오는 것을 그들이 바라지 않으리라는 것입니다. 여러분이 아주 불쌍한 존재여서 그들은 여러분과 떨어지게 된 것을 기쁘게 여길 것입니다. 상처를 입은 수사슴은 멀쩡한 다른 사슴들이 자기를 거칠게 뿔로 밀치기 때문에 숲속 깊은 데로 들어가 혼자 피를 흘리며 죽습니다. 여러분도 그와 같이 될 것입니다. 여러분은 믿지 않는 자들에게 괴롭히는 말을 듣기보다는 차라리 혼자 있기를 택할 것입니다. 하나님께서 여러분을 택하셨고 여러분은 죄를 택하였다면 하나님은 강한 손과 편 팔로 여러분을 다루어 악에 쏟으시는 하나님의 분노를 알게 하실 것입니다. 여러분에 대한 하나님의 사랑은 여러분의 죄에 대해 분노를 발하시는 데서 나타날 것입니다. 여러분은 하나님을 매일 악인들에 대해 분노하시는 분으로 생각하게 될 것입니다. 하나님이 실제로 그런 분이시기 때문입니다. 여러분은 귓가에 "사람이 회개하지 아니하면 그가 그의 칼을 가심이여 그의 활을 이미 당기어 예비하셨도다"(시 7:12)라는 선고가 울리는 소리를 들을 것입니다. 더 중요한 것은, 여러분이 이 말씀을 읽을 뿐만 아니라 또한 이 보복의 화살이 여러분에게 깊이 꽂히는 것을 느껴서 마침내 죄 짓는데서 도망하기를 간절히 바라는 데까지 이르게 된다는 것입니다. 이스라엘 백성들이 애굽에서 얼마 동안은 그곳에 거하기를 좋아했습니다. 그러면서 애굽의 신들을 예배하기 시작했습니다. 그러자 즉시 하나님은 바로의 마음에 그들을 학대할 생각을 집어넣으셨습니다. 바로는 이스라엘 백성들을 아주 혹독하게 대했고, 그들은 지푸라기 없이 벽돌을 만들어야 했습니다. 마침내 노역이 감당할 수 없는 정도에 이르렀고 그들은 자기의 하나님 여호와께 부르짖었습니다. 여러분이 하나님의 자녀라면 하나님께서 여러분에게도 그와 같이 하실 것입니다. 세상이라는 애굽에서 여러분이 나와야 할 것이기 때문입니다. 여러분은 애굽의 파와 마늘과 양파의 맛이 입에 맞고 그것을 좋아할 수 있습니다. 그렇지만 여러분이 지금 좋아하는 것을 싫어하게 되고 현재 무시하는 하늘의 만나를 간절히 바라게 될 것입니다. 주 예수님께서 자기 양 떼를 찾으시고 그들을 다른 무리들에서 떼어놓으실 것입니다.

그 다음에, 하나님께서 이스라엘 백성을 고통과 외로움에 들어가게 하실 것이라고 말씀하신 점을 살펴봅시다. "내가 너희를 인도하여 사람들의 광야에 이르게 하리라"(겔 20:35, 개역개정은 "너희를 인도하여 여러 나라 광야에 이르게 하리라" - 역주). 죄의 황무지처럼 거하는 사람이 없는 광야로 인도하신다는 것이 아니었습니다. 그보다는 "내가 너희를 인도하여 사람들의 광야에 이르게 하리라"고 말씀하셨습니다. 이것은 정말로 끔찍한 광야입니다. 이는 여러분이 군중들 가운데 걸으면서도 철저히 혼자이기 때문입니다. 여러분은 큰 회중과 어울리면서도 여러분의 비밀을 이해할 수 있는 사람은 아무도 없다고 느낍니다. 여기 앉아 있으면서 이 거대한 모임 속에 자신과 같은 사람이 하나도 없다고 느끼는 것은 참으로 비참한 일입니다. 여러분은 기쁨의 물이 한 방울도 흐르지 않고 희망의 흔적을 찾아볼 수 없는 짐승이 울부짖는 광야에 들어왔습니다. 이제 여러분의 기쁨과 현기증 나는 즐거움은 어디에 있습니까? 죄악을 함께 짓던 친구들은 이제 어디에 있습니까? 하나님은 유쾌한 속물을 낙담하여 홀로 지내는 사람으로 쉽게 만드실 수 있습니다. 나는 하나님께서 교만한 젊은이들을 손대시는 것을 보았습니다. 그러자 그들은 마음에 깊은 부끄러움을 느꼈고 그래서 어린아이들처럼 앉아서 기꺼이 하나님 나라의 길을 배우게 되었습니다.

목이 뻣뻣하고 마음이 완고한 죄인들이여, 하나님의 전능한 사랑이 나가면 하나님께서는 이내 돌 같이 단단한 여러분의 마음을 살처럼 부드럽게 만드실 것이고, 그러면 여러분이 그동안 주님을 슬프시게 한 것 때문에 걸핏하면 울면서 지내게 될 것입니다. 이 자리에 계시는 많은 분들이 자신이 그런 상태에 있었던 때를 기억할 수 있을 것입니다. 설교가 광야같이 여겨지던 때가 있었습니다. 그들은 가서 하나님의 말씀이 전파되는 것을 듣고 또 회심하는 사람들을 보지만 자신들은 아무런 변화가 없었습니다. 성경 자체가 광야 같았습니다. 그때는 성경을 읽어도 아무런 위로를 얻지 못했습니다. 성경이 그들에게 크게 호통 치는 것 같았습니다. 거대한 화기(火器)들이 그들의 양심에 발포하였습니다. 그들은 그리스도인 친구들에게 갔고 때로는 믿지 않는 친구들에게도 갔습니다. 그러나 둘 중의 어느 쪽으로부터도 도움을 받을 수 없었습니다. 아무도 그를 이해하지 못하였습니다. 그들도 자신을 이해하지 못하였습니다. "그들이 광야 사막 길에서 방황하며 거주할 성읍을 찾지 못하였도다"(시 107:4). 바벨론에 있던 유대인들처럼 그들은 앉아서 울었습니다. 바로 그때 이 말씀이 그들에게서 성취된 것입니다. "내가 너희를 인도하여 사람들의 광야에 이르게 하리라." 이것이 하나님께서 사람들을 자기에게로 데려오시는 방법입니다. 하나님께서 그들을 뿌리까지 캐시는 것은 그들을 옮겨서 하나님의 동산에 있는 강가에 심기 위함입니다.

그 다음 부분을 읽어봅시다. 하나님께서 그 다음에 뭐라고 하십니까? "내가 거기서 너희를 대면하여 간청하리라"(개역개정은 "내가 너희를 대면하여 심판하리라" - 역주). 형제 여러분, 이 말이 무슨 의미인지 경험으로 아는 여러분은 나를 도와주어야 합니다. 이것은 말로 설명할 수 없기 때문입니다. 범죄한 양심이 하나님을 아주 확실히 깨달아서 어디에도 하나님이 충만히 계시다는 것을 알고, 그래서 불쌍한 죄인이 서로 얼굴을 마주 볼 때, 실로 두렵고 떨리는 시간이 옵니다. 하나님께서 용서받지 못한 죄인과 대면하여 서서 그에게 간청하신다는 것은 지극히 엄숙한 일입니다. 여러분은 그 점을 알겠습니까? 그때 죄인은 욥처럼 이렇게 부르짖을 것입니다. "내가 주께 대하여 귀로 듣기만 하였사오나 이제는 눈으로 주를 뵈옵나이다 그러므로 내가 스스로 거두어들이고 티끌과 재 가운데에서 회개하나이다"(욥 42:5,6). 하나님께서 사람들의 마음에 하나님에 대한 공포를 일으키고 맞붙어서 사람들을 다루신다면, 사람들의 아름다움은 좀에 먹히듯이 사라지고 맙니다. 어설픈 설교자가 종종 사람들의 교만한 마음을 다루려고 해보았지만 그들의 마음에 손을 댈 수 없었습니다. 그러나 하나님께서 그의 성령으로 말미암아 속박의 영으로 오셔서 얼굴을 마주하고 사람들에게 간청하시기 시작하면, 그들은 즉시 티끌 속에 엎드립니다. 그들은 하나님께서 그들의 양심에 제시하는 수많은 죄들 가운데 한 가지에 대해서도 어떻게 답변해야 할 줄 모릅니다. 하나님께서 측량줄을 따라 판단하시고 다림줄에 맞추어 의를 판단하시면, 우박이 죄인들이 만들어 놓은 거짓 피난처들을 순식간에 쓸어가 버립니다. 내가 유죄 판결을 받았을 때 내 죄에 대해 핑곗거리를 하나라도 찾으면 구원받을 수 있다고 할지라도 나는 그 핑곗거리 하나도 찾을 수 없었습니다. 내게는 아무 핑곗거리가 없었습니다. 나는 내가 죄를 범한 것을 알았고, 그때 그 자리에서 지옥에 보내지지 않은 것이 이상하였습니다. 일단 하나님께서 "대면하여" 내게 말씀하셨을 때, 즉시 내가 죄인인 것을 인정할 수밖에 없었습니다.

더 나아가 하나님은 광야에서 이스라엘의 조상들에게 하셨듯이 그들에게도 간청할 것이라고 말씀하십니다. 하나님은 그 일을 어떻게 하셨습니까? 정말로 아주 무시무시하게 행하셨습니다. 어떤 사람들이 하나님과 모세에게 대항하였습니다. 하나님께서 "백성의 수령들을 잡아 태양을 향하여 여호와 앞에 목매어 달라"(민 25:4)고 말씀하셨습니다. 또 다른 때 어떤 사람들이 아론에게 반항하였을 때 땅이 입을 열어 그들을 삼켰습니다. 고라와 다단과 아비람은 산 채로 구덩이에 빠졌습니다. 한 번은 하나님께서 백성들 가운데 불 뱀을 보내심으로써 그들에게 간청하셨고, 많은 사람들이 뱀에 물려 죽었습니다. 또 한 번은 역병으로 많은 사람들이 죽었습니다. 하나님께서는 이렇게 무서운 일들을 통해 간청함으로써 이스라엘 백성들을 아주 납작 엎드리게 만드셨습니다! 모세가 중보자로서 갈라진 틈 사이에 서지 않았더라면, 아론이 신실한 대제사장으로서 중재하지 않았더라면, 이스라엘 백성은 완전히 사라져버렸습니다. 정말로 하나님은 이 두려운 일들을 통해서 의로 그들에게 간청하신 것입니다.

사랑하는 여러분, 마음이 상하여 듣고 있는 여러분, 여러분은 지금 이 단계를 지나가고 있습니까? 하나님께서 지금 그런 방식으로 여러분에게 간청하고 계십니까? 하나님께서 여러분에게 잇따라 징벌을 행하십니까? 하나님의 으르는 말씀이 마치 우렛소리처럼 계속 이어집니까? 여러분의 위안거리들을 모두 태워 없애버리셨습니까? 여러분의 확신을 모조리 태워 시들게 하셨습니까? 여러분이 거의 죽기까지 낮아졌습니까? 이렇게 소리칩니까? "내 마음이 뼈를 깎는 고통을 겪느니 차라리 숨이 막히는 것을 택하리이다. 주의 손이 주야로 나를 누르시오니 내 진액이 빠져서 여름 가뭄에 마름 같이 되었나이다"(욥 7:15; 시 32:3). 정말로 여러분 혼자서 그렇게 두려운 경험을 하는 것이 아닙니다. 하나님의 사랑하시는 자녀들 가운데 많은 이들이 이 사망의 음침한 골짜기를 지나갔고, 언약의 줄에 매여서 이 길을 지나갔습니다. 하나님께서 우리를 그렇게 다루시는 것을 좋아하시는 것이 아닙니다. 우리가 그런 일을 즐거이 받지 않을지라도 지혜로운 아버지처럼 하나님은 매를 아끼는 바람에 자녀를 망치는 일을 하시지 않으려는 것입니다. 자기 과신은 반드시 없애야 합니다. 육체를 신뢰하는 것은 반드시 제거해야 하고, 자기 의는 죽여야 합니다. 하나님께서 여러분이 달콤하게 여기는 것들을 쓰디쓰게 만들고, 또 여러분의 빛을 어둠으로 만들어 여러분이 자신의 길을 완전히 단념하고 기꺼이 주권적인 은혜를 의지하여 구원받으려는 마음을 갖게 하실 것입니다.

그 다음에 하나님은 무슨 일을 하십니까? 자, 하나님은 "내가 너희를 막대기 아래로 지나가게 하리라"고 말씀하십니다. 이렇게 막대기 아래로 지나간다는 것이 무슨 뜻입니까? 나는 목자가 양들을 셀 필요가 있을 때 양들의 모습을 종종 보았습니다. 목자는 양들이 반쯤 열린 문으로 지나가게 하면서 양들의 수를 셉니다. 양들은 한꺼번에 몰려서 지나가려고 하였습니다. 그러면 목자가 길을 막고, 양들이 하나씩 지나갈 때 지팡이로 양들을 건드리면서 수를 셉니다. 하나님은 자신의 택하신 백성들이 좁은 곳, 즉 한 번에 한 사람씩밖에 지나가지 못하는 좁은 문을 지나가게 하십니다. 그리고 그때 하나님은 그들의 수를 세면서 그들이 개별적으로 자신에 대해 설명하도록 하십니다. 여러분은 그동안 수많은 사람들 사이에 숨어 있었습니다. 그러나 이제 여러분은 독립된 개인으로 나타날 것이고, 하나님의 막대기 아래로 지나가면서 하나님의 양 무리 가운데 하나로 헤아림을 받을 것입니다. 목자가 양들의 수를 셀 때 양들이 자기들이 이제 모두 죽으러 갈 것으로 생각해서 놀라듯이, 어쩌면 여러분은 무서워할 수도 있습니다. 그러나 거기에는 당황하게 만들기보다는 위안을 주려는 여지가 훨씬 더 많습니다. 하나님은 세어서 수에 포함시키는 것을 소중히 여기시기 때문입니다. 하나님께서 여러분에게 특별한 징계를 보내신다면 그것은 여러분이 장차 알게 될 여러분에 대한 특별한 은혜의 계획이 있기 때문입니다.

그 다음에는 이 점에 주목해 봅시다. 목자가 자기 양의 수를 셈으로써 소유물에 대한 자신의 권리를 밝히고 주장하시듯이 하나님께서도 우리의 마음을 일깨워 자신의 존재를 느끼게 하실 때는 우리가 자신의 것이 아니고 값으로 사신 바 되었음을 깨닫게 하시는 것입니다. 우리가 자신이 자기 것이 아니라는 것을 알 때, 그것은 참으로 복된 지식입니다. 바로 거기에 우리를 위한 지극히 찬란한 희망이 있기 때문입니다. 내가 내 자신의 것이었다면 나는 이미 망하고 말았을 것입니다. 내가 망하지 않은 것은 바로 내가 주님의 것이기 때문입니다. 이는 주님께서 아버지의 선물, 즉 주께서 값 주고 사신 것을 잃어버리시지 않을 것이기 때문입니다. 예수께서 "내가 그들에게 영생을 주노니 영원히 멸망하지 아니할 것이요 또 그들을 내 손에서 빼앗을 자가 없느니라"(요 10:28)고 말씀하시듯이, 주님의 양들은 믿음으로 말미암아 하나님의 권능에 의해 구원에 이르도록 보호를 받습니다. 이것이 막대기 아래로 지나가는 것입니다. 다시 말해 하나씩 수를 세어 오직 하나님께만 속한 것으로 간주되는 것입니다.

또한 우리는 통치자의 막대기 아래 서게 됩니다. 옛적에 막대기는 왕이 흔히 사용하는 규(圭)였습니다. 사람이 그리스도의 통치를 받게 될 때 그것은 참으로 복된 일입니다. 사람이 이렇게 소리칠 때 그것은 참으로 복된 일입니다.

> "정복하는 주권적인 은혜로 말미암아 내가 굴복하니
> 누가 그 매력을 거부할 수 있겠는가?
> 뒤쫓아 오는 진노로 말미암아 내가
> 구주님의 품에 뛰어든다."

"내가 너를 막대기 아래로 데려올 것이라." 다시 말해, 이 말씀은 내가 너를 내 법과 말씀에 기꺼이 순종하도록 만들겠다는 뜻입니다.

이것은 또한 징계의 막대기도 의미합니다. "하나님께 징계 받는 자에게는 복이 있도다"(욥 5:17). 고통 받는 사람들은 역경을 당해서 그로 말미암아 낙담하기보다는 역경을 기뻐하도록 합시다. 이는 "주께서 그 사랑하시는 자를 징계하시고 그가 받아들이시는 아들마다 채찍질하시기"(히 12:6) 때문입니다.

> "슬픔의 길, 오직 그 길만이
> 슬픔을 모르는 땅으로 인도합니다."

"내가 너를 막대기 아래로 데려올 것이라."

자, 내가 그동안 묘사해온 경험이 이 자리에 계시는 어떤 분에게 해당되는 것입니까? 틀림없이 그러리라 믿습니다. 이 하나님의 말씀을 읽는 많은 사람들은 "이것이 바로 정확히 내가 처해 있는 형편이야. '하나님이 나를 죽이려고 하시는 것이 확실해'라고 말했는데, 만약 이것이 하나님께서 나를 언약의 줄에 매려고 데려오시는 방법이라면 항상 하나님의 이름을 찬송하겠어."라고 외치면서 기뻐 뛸 것입니다. 성령께서 나의 이 말을 희망을 품고 있는 모든 죄수들에게 적용해 주시기를 구합니다!

3. 시간이 부족해서 이 모든 일의 궁극적 계획에 대해서 살펴보고 마쳐야 하겠습니다.

이렇게 하나님의 백성을 데려와 언약의 줄에 매는 것에는 큰 계획이 있습니다. 첫 번째 계획은, 본문에 명백히 나오는 대로, 그들을 하나님께 묶으려는 것입니다. 하나님께서 자신을 우리에게 알리실 때 고통스런 경험이 없었다면 틀림없이 우리는 오래전에 곁길로 나아가 영원히 하나님을 떠났을 것입니다. 더 나은 수확은 내세에서 오는데, 씨를 뿌리기 전에 더 깊게 쟁기질한 데서 나옵니다. 나는 자신에 관한 지독한 죄의식의 흔적들을 오늘날까지 지니고 있습니다. 이 흔적들이 내가 죄를 만지작거리지 못하게 막습니다. 그리스도께 왔을 때 내 영혼은 완전히 발가벗겨져 있었습니다. 내 자신의 의나 장점은 내게 한 조각도 남아 있지 않았습니다. 나는 거지보다도 비참하였습니다. 나는 너무도 빈곤하였고, 그래서 심지어 어떻게 구걸해야 할지도 몰랐습니다. 내가 볼 때 우리 형제들 가운데 어떤 이들은 늘 좋은 외투를 입고 그리스도께 오는데, 주께서 은혜로 주신 옷 아래 항상 그 외투를 걸치고 다니는 것 같습니다. "은혜"를 말할 때마다 말을 더듬는 사람들이 너무나 많습니다. 그러나 사람이 겸손이라는 쓴 쑥으로 입을 닦고 나면 은혜를 발음하기가 좋아집니다. 확실히 그는 "은혜"라고 말할 수 있으며, 또 아주 힘주어 발음할 수 있습니다. 누군가가 내게 "당신은 구원받은 사람이에요. 주님께서 당신의 죄를 제거했어요. 하지만 당신의 구원은 본래 착한 성향의 결과예요"라고 말했다면, 나는 대놓고 그를 거짓말쟁이라고 부름으로써 그 반대라는 것을 보여주었어야 한다고 생각합니다. 그런 거짓말을 들었다면 나는 화가 났을 것입니다. 오직 은혜만이 나를 다르게 만들었고 그리스도 예수를 믿는 믿음으로 말미암아 나를 구원하셨습니다. 나는 여기서 조금이라도 더 나아갈 수 없습니다. 매우 영리하고 교양 있는 형제들은 자기가 원하는 대로 갈 수 있겠지만, 나는 은혜의 교리가 있는 곳에 있을 것입니다. 교만한 인간 지성의 행진은 마귀와 함께 끝이 날 것입니다. 그러나 나는 값없는 은혜와 함께 시작한 곳에 진심으로 계속해서 거하지 않을 수 없습니다. 여기 외에 다른 어디에도 나를 위한 빛이나 위로는 단 한 줄기도 없습니다. 만세 반석이신 그리스도시여, 나는 주님께 있을 때 안전합니다! 한 번이라도 이 기초를 떠나면 나는 유사(流砂)에 빠지고 맙니다. 우리가 하나님께로 가는 데서 겪는 고통스런 많은 경험들은 우리를 언약의 줄에 매어서 우리가 다시는 언약에서 떠나지 않게 하려는 것입니다. 우리가 지금까지 그처럼 혹독한 훈련과 책망을 받았기 때문에 은혜에서 나오는 것이 아닌 다른 어떤 구원은 생각만 해도 싫어하게 되는 것입니다.

하나님의 다음 계획은, 하나님께서 자기 백성을 세상에서 완전히 떼어놓으려는 것입니다. "너희 가운데에서 반역하는 자와 내게 범죄하는 자를 모두 제하여 버릴지라." 하나님께서 자신의 종들에게 고통스러운 경험을 통해서 죄의 악한 열매들을 알게 하시면 그들은 더 이상 그 금하신 열매를 갈망하지 않게 됩니다. 어떤 사람은 말합니다. "아, 당신은 엄격한 사람이군요." 사실 죄에 관한 한 나는 엄격합니다. 한 남자 아이가 이웃집 마당으로 넘어 들어가 익지 않은 자두를 훔쳤습니다. 자두를 먹고 나서 몹시 앓게 되어 아이는 목숨을 구하기 위해 맛이 지독한 약을 몇 그릇이나 마시지 않으면 안 되었습니다. 아이가 좀 나았을 때 학교 친구 아이들이 그에게 "우리, 가서 자두 훔치자"고 말했습니다. 아이에게는 친구들이 자기를 놀리는 것처럼 보였습니다. 친구들의 말에 아이가 아주 엄격하지 않겠습니까? 아이는 익지 않은 자두가 가져다 준 복통과 고통을 기억하고, 더 이상은 자두를 먹지 않으려고 할 것입니다. 불에 덴 아이는 불을 무서워합니다. 이와 같이 하나님은 그의 백성들에게 악이 그들에게 가져다줄 것을 아주 고통스럽게 경험하게 함으로써 그들을 죄에서 데리고나오는 일을 종종 행하십니다. 죄의 현재 결과가 그런 것이라면 그들은 자기가 죄 때문에 심판과 정죄를 받을 때 죄가 자기들에게 무엇을 가져다줄 지를 헤아리기 시작합니다.

그 다음에, 주께서 이렇게 자기 백성을 징계하시는 것은 그들을 약속의 땅으로 들여보내시기 위함입니다. 본문이 반역하는 자들은 이스라엘 땅에 들어가지 못할 것이라고 말하지만, 여기에는 하나님의 명령에 순종하는 자들은 약속과 평화의 땅에 들어가리라는 뜻이 함축되어 있습니다. 우리가 믿음으로 들어가는 약속의 땅을 인해서 하나님을 찬미합시다! 참으로 영광스런 주제입니다! 한 주일 내내 이 주제에 대해서 설교할 수 있으면 좋겠습니다. 여러분이 시내 광야, 곧 행위 언약을 떠날 때, 약속의 땅 곧 은혜 언약에 들어갑니다. 그때 여러분은 하나님의 귀한 약속들에 호소하고, 하나님 은혜의 부요함을 깨닫고 기뻐하게 됩니다. 그때는 정말로 "땅에 거하여 정녕히 먹을 것입니다"(시 37:3 난하주). 그러나 사람이 먼저 자기 신뢰와 자기 자랑을 모두 버리기 전에는 하나님의 약속을 신뢰하고 살지 못합니다. 하나님께서 우리 자아에 죽음의 도장을 찍고 우리는 육체에 대한 모든 신뢰에 멸망이 쓰여 있는 것을 보고 나면, 그때서야 우리는 결코 보상으로 얻을 수 없는 것을 선물로 기쁘게 받아들입니다. 인간 공로의 땅 어디에도 빵 한 조각 남지 않을 때, 은혜 언약의 식탁이 차려집니다. 광야에 넌더리를 내고 자기 행실에서 아무 안식을 찾을 수 없는 사람들만큼 은혜의 땅에 즐겁게 들어갈 사람은 없습니다. 가나안에 이르는 길이 광야를 지나가듯이 언약에 이르는 길도 종종 쓰디쓴 경험을 통과하게 되어 있습니다. 젖과 꿀이 흐르는 땅이 짐승들이 우는 광야 때문에 한결 더 아름다웠던 것처럼 은혜도 자아의 철저한 실패 때문에 그만큼 더 귀한 것입니다.

끝으로, 이 모든 것 가운데 큰 목적은 우리로 여호와를 알도록 하는 것입니다. 내가 신자라고 하는 사람들 가운데 많은 이들이 하나님을 모르는 것이 아닌가 걱정스럽다고 말할 때 생각 없이 말하는 것이 아닙니다. 다시 말해서 참된 하나님을 믿고 산다고 말하는 많은 사람들이 에스겔이 알고 있는 여호와 하나님을 모른다는 것입니다. 아브라함과 이삭과 야곱의 하나님 여호와는 바로 우리 주 예수 그리스도의 아버지 하나님이십니다. 그는 19세기의 신이 아닙니다. 이 세대는 자기 신을 만들었습니다. 다곤이나 바알이 참된 하나님이 아니듯이 현대 사상 학파의 나약한 신은 참된 하나님이 아닙니다. 나는 그 신을 알지 못하고 숭배하지도 않습니다. 그러나 여호와는 참 하나님이십니다. 그는 사랑의 하나님이십니다. 그러나 또한 공의로 옷 입고 계십니다. 그는 용서의 하나님이십니다. 그러나 또한 구속의 하나님이십니다. 그는 하늘의 하나님이십니다. 그러나 또한 악인들을 지옥으로 내려 보내시는 하나님이십니다. 물론 나를 사람들은 가혹하고 편협하며 고집불통이라고 생각합니다. 그렇지만 이 하나님이 영원히 우리의 하나님이십니다. 여호와께는 변하는 일이 없었습니다. 하나님은 그리스도 예수 안에서 자신을 더욱 분명하게 계시하셨습니다. 그러나 그분은 구약에 나오는 바로 그 하나님이시고, 우리는 바로 그런 분을 예배하는 것입니다. 사람이 죄 때문에 상심이 되고 마음속에서 번민이 뜨거운 숯덩이처럼 타는 것을 느끼게 되었을 때, 하나님께서 그를 과녁으로 세우시고 그의 생명을 빨아 마시는 화살들로 그를 쏘셨을 때, 후에 그가 구원을 받고 무한한 사랑의 찬란한 빛이 그에게 비쳤을 때, 그때서야 그는 여호와를 압니다. 하나님께서 회개하는 사람을 그리스도 예수 안에 있는 안전과 위로와 즐거움과 기쁨의 장소로 데려오셨을 때, 그때에야 그는 여호와를 압니다. 상심하고 통회하는 사람이 구원의 날에 이 완전하신 하나님을 봅니다. 그는 하나님의 능력과 지혜와 공의와 은혜 가운데 어느 것을 가장 흠모하고 칭송해야 할지 모릅니다. 우리는 하나님의 언약의 줄에 매일 때 하나님 안에 있는 모든 것을 사랑합니다. 하나님께서 슬퍼하고 있는 많은 사람들에게 이 말씀을 복되게 써 주시기를 바랍니다! 아멘.

제
14
장

향기

"내가 너희를 향기로 받으리라." — 겔 20:41

하나님은 자기 백성의 죄를 끊임없이 지켜보십니다. 모세의 눈이 흐려지지 않았듯이 하나님의 눈도 택하신 자기 백성들의 죄를 보는 일에 흐려지지 않습니다. 우리는 이 장과 성경의 그 밖의 많은 곳에서 발견되는 백성들의 죄가 반복해서 발생하는 데서 이 사실을 배울 수 있습니다. 하나님은 하늘에서 내려다보시며 그들의 방황, 완고한 마음, 고집스러움, 하나님의 규례와 명령을 매일 끊임없이 어기는 것을 보십니다. 하나님께서 자비를 베푸시는 것은 하나님의 기억이 흐릿하기 때문이 아니라 다른 이유 때문입니다. 하나님은 사람의 죄를 아시고, 다른 사람들의 죄를 미워하시는 것만큼이나 자기 백성들의 죄도 미워하십니다. 아니, 하나님께서 보실 때 다른 것들보다 더 악한 죄가 있다면 그것은 바로 하나님의 택하신 백성들의 죄입니다. 이렇게 지극히 엄격한 판단에도 불구하고, 또 하나님께서는 틀림없이 우리 가운데 어느 누구보다도 죄의 악함을 훨씬 더 분명하게 보실지라도 하나님은 따로 구별하시는 이들을 값없이 용서하십니다. 하나님은 그들의 죄를 등 뒤로 던지고 그들의 죄악을 기억하시지 않습니다. 하나님은 구름같이 많은 그들의 죄를 지우시고 빽빽한 구름 같은 그들의 죄악을 없애 버리십니다. 하나님께서 징계하는 시간이 있지만 또한 복을 베푸시는 때도 있습니다. 하나님은 자기 백성을 괴롭히시지만 마음으로부터 괴롭히시는 것이 아닙니다. 하나님께서 은혜롭게 자기 백성들을 대하실 때, 그때는 바람 날개를 타고 날아가시는 것 같습니다. 이는 하나님께서 마음을 다해 달려와서 자기의 택하신 자들에게 은총과 사랑을 아주 진심으로 풍성하게 나타내 보이시기 때문입니다. 사람들은 이 장에서 묘사된 자들은 하나님께 받아들여질 수 없었을 것이라고 생각했을 것입니다. 그들은 아주 철저하게 더러워졌고 아주 많은 시련을 겪은 후에는 도무지 구제할 수 없는 상태가 되어버려서 사람들은 이 장이 복수(復讐)의 우렛소리로 끝이 나고, 악 때문에 그들을 정죄하고 지존하신 하나님의 면전에서 쫓아내는 두려운 목소리로 끝이 날 것으로 생각했을 것입니다. 그런데 오히려 이 장은 자비로 끝이 납니다. 나팔소리가 더 이상 커지지 않고, 하프의 아름다운 소리가 부드러운 선율을 따라 연주됩니다. 우레와 번개가 그쳤고 폭풍이 지나갔습니다. 그리고 고요한 가운데 작고 세미한 목소리가 애정 어린 아버지 하나님의 마음에서 나오는 무한한 용서를 선포합니다.

본문은 기름진 것으로 가득합니다. 제대로 평가할 수 있는 사람들에게는 그 풍미가 틀림없이 아주 달콤할 것입니다. 나는 그 풍미를 두 가지 점에 비추어서 생각해볼 것입니다. 첫째로, 우리에게는 하나님의 백성들을 향기와 함께 받으실 것이라는 약속이 있습니다. 죄인들을 그리스도의 공로로 말미암아 받으시는 것입니다. "내가 너희를 향기로 받으리라." 내가 너희를 달리는 받을 수 없고 그렇게 받을 것이라는 말씀입니다. 그 다음에 둘째로(이 점이 문맥과 더 일치합니다), 우리는 우리의 제물을 받으실 것이라고 확신합니다. "내가 너희를 향기로 받으리라." 내가 너희를 사랑하고 받을 뿐만 아니라 너희 예배와 봉사도 받으시겠다는 말씀입니다. 너희의 향기, 곧 너희가 일찍이 우상들에게 바쳤던 바로 그것을 내게 예물로 가져올 것이다, 내가 너희를 받아들였고 그래서 너희가 나와 화목하게 되면 내가 너희의 선한 행실과 기도와 찬송도 받을 것이라고 말씀하시는 것입니다.

1. 첫째로, 은혜의 근본적인 증거가 있기 때문에 하나님은 주 예수 그리스도의 향기로 말미암아 하나님의 백성들을 받으십니다.

우리의 큰 구속자 그리스도의 공로가 지존하신 하나님의 코에는 향기입니다. 우리가 그리스도의 능동적인 의에 대해서 말하든 수동적인 의에 대해서 말하든 간에, 거기에는 똑같이 짙은 향기가 있습니다. 그리스도께서 하나님의 율법을 명예롭게 하고 또 모든 교훈을 그의 순전한 인성을 통해 보석처럼 표현한 그의 능동적인 생활의 공로가 그처럼 향기로웠습니다. 주님께서 굶주림과 목마름, 추위와 헐벗음을 불평 없이 견디시고, 또 끊임없이 깊어지는 슬픔을 견디시다가 마침내 겟세마네에서 피 같은 굵은 땀방울을 흘리시고 채찍질하는 자들에게 등을 내주고 수염을 잡아 뽑는 자에게 뺨을 내주시며 손을 벌려 못에 박히고 잔인한 십자가에 단단히 묶여서 우리를 대신하여 하나님의 진노를 감당하려고 우리로서는 알 수 없는 고뇌를 받아들이셨을 때, 그리스도의 수동적인 순종의 공로 또한 그처럼 향기로웠습니다. 이 두 가지 사실이 지존하신 하나님 앞에 향기가 됩니다. 그리스도의 행하심과 죽으심, 곧 그리스도의 대속의 고난과 순종을 인해서 무한히 공의로우신 여호와 하나님께서 그리스도의 향기로 말미암아 우리를 받아들이십니다.

구약에서 언급되는 향기가 많이 있습니다. 첫 번째로 언급되는 것은 노아의 제물입니다. 여기서 암시되고 있는 단어가 거기에서 사용됩니다. 노아는 방주에서 나오자마자 정결한 짐승을 제물로 드렸습니다. 그에 대해 "여호와께서 그 향기를 받으셨다"(창 8:21)고 말합니다. 노아가 언약을 받았는데, 그 언약은 그와 지면에 있는 모든 피조물과 맺은 것으로서, 다시는 홍수가 땅을 멸하지 않으리라는 것이었습니다. 이 언약은 얼마간 그 향기의 결과로 받은 것이었습니다. 마찬가지로 우리 주 예수 그리스도로 말미암아 하나님의 택하신 후손과 맺은 언약이 있습니다. 그리스도는 하나님께서 그를 우리의 복되신 대속물이자 대표자로 여기시고 기뻐하시기 때문에 우리에게 향기입니다.

나는 오늘 아침 여러분이 특별히 교훈적인 한 가지 비유적 표현에만 주의를 기울이게 하고 싶습니다. "향기"라는 이 말은 일반적으로 종교 예배에서 사용된 향(香)을 암시하고, 또 출애굽기 30장에서 그에 대한 설명이 나오는, 유대인의 장막에서 사용된 향을 특별히 암시하는 것처럼 보입니다. 주 예수님의 아름다운 공로를 여러분이 더욱 향기롭게 이해할 수 있도록 하기 위해 여러분에게 출애굽기 30장을 보자고 말씀드립니다. 거기에서 그 거룩한 향이 그리스도의 공로의 특성들과 우수함을 분명히 보여주는 몇 가지 점들을 말씀드리도록 하겠습니다. 34절 이하에서 다음과 같은 말씀을 볼 것입니다. "여호와께서 모세에게 이르시되 너는 소합향과 나감향과 풍자향의 향품을 가져다가 그 향품을 유향에 섞되 각기 같은 분량으로 하고 그것으로 향을 만들되 향 만드는 법대로 만들고 그것에 소금을 쳐서 성결하게 하고 그 향 얼마를 곱게 찧어 내가 너와 만날 회막

안 증거궤 앞에 두라 이 향은 너희에게 지극히 거룩하니라 네가 여호와를 위하여 만들 향은 거룩한 것이니 너희를 위하여는 그 방법대로 만들지 말라 냄새를 맡으려고 이같은 것을 만드는 모든 자는 그 백성 중에서 끊어지리라"(30:34-38).

자, 여러분은 이 향이 하나님께 향기로웠다는 것을 봅니다. 주 예수 그리스도의 공로도 그와 같이 하나님께 향기롭습니다. 무한히 그리고 홀로 거룩하신 영이신 하나님은 거룩함을 기뻐하시고, 진실하신 영이시므로 진실하지 않은 것은 무엇이든지 받아들이실 수 없습니다. 지극히 공의로우면서도 사랑이 많으신 하나님께서는 예수 그리스도라는 분에게서 모든 면에서 공의를 만족시키고 또 하나님의 사랑의 선의에서 나온 은혜를 보여주는 속죄를 발견하십니다. 이 속죄가 하나님께는 말로 다할 수 없이 귀하고, 또 거룩한 모든 피조물들에게는 이루 다 칭송할 수 없을 만큼 감탄스러운 것입니다. 하나님은 자기의 사랑하는 아들을 생각할 때마다 언제든지 아들의 성품을 보고 또 그의 고난을 보면서 큰 기쁨을 느끼십니다. 여러분과 내가 하나님께 배웠다면 그리스도의 인격과 사역에서 말로 다할 수 없는 무한한 기쁨을 틀림없이 발견할 것입니다. 그런데 슬프게도 우리는 회화(繪畫)를 이해하는 교양이 없이 명화를 보는 일반 사람들과 같습니다. 그래서 전체의 아름다움을 감지할 줄 모르고, 채색의 풍부함과 모든 붓 터치의 놀랄 만한 솜씨를 알지 못합니다. 여호와 외에 누가 거룩함을 알겠습니까? 혹은 주님 외에 누가 공의와 진리를 완전히 이해할 수 있겠습니까? 그러므로 하나님은 자신의 사랑하는 아들에게서 구현된 공의와 사랑의 걸작, 진리와 거룩함의 비교할 수 없는 걸작을 보실 때 무한한 만족을 느끼십니다. 우리는 이것을 믿음으로 이해하기 위해 끊임없이 조금씩 노력하고 있는 것입니다.

내가 편안한 개념을 사용할 수 있다면, 좀 더 세련된 사람에게는 역겨울 수 있는 조악한 향에 어떤 사람은 기분이 상쾌해질 수가 있습니다. 교양 있는 사람은 까다롭게 이 향과 저 향을 구분할 수가 있어서 아주 세련되고 우아한 것에만 만족할 수 있게 됩니다.

본문의 은유를 고수할 때, 여호와 우리 하나님은 지극히 거룩하고 공의롭고 진실하셔서 인류의 조악한 덕들, 우리가 가져올 수 있는 것 가운데 아무리 좋은 것도 하나님께는 역겨울 수가 있습니다. 그러나 하나님께서 그의 사랑하시는 아들을 보실 때는 그의 복되신 성품이라는 신성한 캔디에 매우 진귀한 달콤함이 있고, 하나님은 그 달콤함을 즐기십니다. 그 향기가 하나님께는 달콤합니다. 우리는 그리스도를 사랑합니다. 그의 성품을 생각할 때 그를 기뻐합니다. 우리는 마음속 깊은 데서 그리스도에게는 흠을 찾을 수 있는 것이 아무것도 없고 모든 것이 감탄하고 찬미할 것뿐입니다. 그러나 지극히 거룩하신 하나님은 훨씬 더 큰 만족을 느끼십니다. 구주님의 공로가 하나님께는 참으로 달콤한 향기입니다. 그 달콤함을 우리는 알려고 해도 다 알 수가 없습니다. 성전에서 피우는 향이 달콤한 것은 이 사실을 나타내기 위한 것이었습니다. 그러나 그 향은 한 가지 향긋한 약품에서 나온 결과물이 아니라 여러 가지를 섞은 데서 나오는 것이었습니다.

여기서 네 가지 향품이 언급되는 것을 봅니다. 탈무드에서는 향품이 열한 가지였다고 말합니다. 우리는 향품이 열한 가지였는지 아닌지 모릅니다. 성경에서 말하는 대로 향품이 네 가지 있었다고 믿는 것으로 만족합니다. 그 다음에 많은 성분들이 한데 섞이고 혼합되어서 이 비길 데 없는 향의 뛰어난 한 가지 향기가 만들어집니다. 형제 여러분, 바로 이것이 예수 그리스도께 그대로 적용되는 것이 확실합니다. 우리가 다른 사람들의 성품에 대해서 생각한다면 그 성품이 아무리 뛰어나다고 할지라도 한 가지 점이나 혹은 두 가지 점에서 뛰어날 뿐입니다. 그러나 구주님을 생각해 보면 모든 미덕이 그에게 그대로 간직되어 있음을 발견할 것입니다. 다른 사람들은 별이지만 그리스도는 별자리이십니다. 아니, 그리스도는 별들이 모여서 찬란한 은하수를 이루고 있는 우주 전체이십니다. 다른 사람들은 보석이지만 그리스도는 모든 보석이 반짝이고 있는 왕관이십니다. 다른 사람들은 그림의 한 부분밖에 완성하지 못합니다. 그래서 배경이 그대로 남아있거나 아니면 전경(前景)에 거칠게 붓칠을 한 것이 있습니다. 하지만 주님은 그림 전체를 완성하십니다. 아무리 작은 부분도 남겨두고 지나가는 데가 없습니다. 주님의 성품은 완전하고 비할 데가 없습니다.

베드로를 볼 때 나는 그의 용기에 감탄합니다. 바울을 보면 하나님의 대의를 위한 그의 열심과 헌신에 놀랍니다. 요한을 보면 그의 태도의 다정함과 온유함이 눈에 띕니다. 그러나 구주님을 보면 나는 한 가지 특별한 어떤 덕에 마음이 끌린다기보다는 전체의 독특한 결합에 마음이 끌립니다. 모든 종류의 향품이 있습니다. 즉, 소합향과 나감향과 풍자향과 유향이 있습니다. 다양한 향료들이 결합되어서 하나의 완전한 향품이 만들어지는 것입니다. 이 향신료들의 정확한 비율을 통해서 우리에게 예표되듯이 구주님의 성품의 완벽한 균형은 훨씬 더 주목할 만한 것입니다. 여러분은 그 향신료들이 무게를 똑같이 해야 되는 것을 봅니다. 그것은 그리스도에게서도 그대로 적용됩니다. 완전히 균형을 이룬 성품을 갖는다는 것은 어려운 일입니다. 여러분이 어떤 사람들에게서 불굴의 에너지를 보지만 동시에 그에게서 섬세하고 다정한 모습을 볼 수는 없습니다. 그런가 하면 또 어떤 사람들에게서 매우 다정한 성품을 보지만, 그 성품이 나약함을 보완할 단호함이 부족하기 때문에 유약한 것이 되고 맙니다. 여러분 가운데 엘리야를 닮고 싶어 하는 사람이 있습니까? 그는 참으로 강직하고 당당한 인물입니다. 그러나 그의 불 같은 용기를 부드럽게 할 온유함이 너무도 부족해서 그에게 많이 감탄하는 만큼 그를 사랑할 수는 없습니다. 나는 모세에 대해서 여자에게서 난 사람들 가운데 그보다 큰 자는 없었다고, 다시 말해 우리의 위대한 선지자 그리스도와 함께 부르는 노래, 곧 하나님과 어린 양 예수의 종 모세의 노래에서 자신의 이름을 높일 수 있는 사람은 그 외에는 없다고 감히 말할 수 있지만, 그런 모세를 볼 때도 거의 성품이 대부분의 면에서 아름답게 균형을 이루고 있지만 여러분은 구주님에게서 빛나는 겸손하고 사랑스런 성품은 이 히브리 입법자에게서도 볼 수 없습니다.

형제 여러분, 구주님의 성품에는 모든 선하심이 지극히 완전한 상태로 있습니다. 그에게는 은혜와 진리가 충만합니다. 오늘날 주님을 가리켜 얘기할 때 마치 주께서 그저 자비심의 화신(化身)인 것처럼 말하는 사람들이 있습니다. 그렇지 않습니다. 메시야처럼 죄에 대해 그처럼 분개하여 큰 소리로 호통 친 사람은 없습니다. "그는 금을 연단하는 자의 불과 표백하는 자의 잿물과 같을 것이라. 그는 손에 키를 들고 자기의 타작마당을 정하게 하시리라"(말 3:2; 마 3:12). 주님께서 시험받는 제자를 위해 그의 믿음이 약해지지 않도록 애정을 가지고 기도하시지만 또한 주님은 두려울 정도로 엄하게 곡식 더미를 키질을 하여 겨는 꺼지지 않는 불에 넣으십니다. 우리는 그리스도께서 마음이 온유하고 겸손하시다고 말합니다. 주님은 그러셨습니다. 주님은 부러진 갈대도 꺾지 않으시고 꺼져가는 심지도 끄지 않으셨습니다. 그러나 주님의 온유하심은 주님의 용기에 의해, 또 위선에 대해서는 "화 있을진저 외식하는 서기관들과 바리새인들이여, 어리석은 맹인들이여, 뱀들아 독사의 새끼들아 너희가 어떻게 지옥의 판결을 피하겠느냐?"(마 23:13,17,33) 하고 공공연히 비난하는 담대함에 의해 균형이 맞추어졌습니다. 어떤 저자들이 그리스도께 대해 묘사하듯이, 이것은 소심한 남자의 말이 아닙니다. 주님은 남자이셨습니다. 철저히 남자이셨습니다. 하나님 같은 사람이셨습니다. 여성처럼 온유하시지만 전쟁의 날에 싸우는 용사처럼 단호하셨습니다. 그의 성품은 균형이 잡혀 있었습니다. 이 덕과 저 덕을 나란히 겸비하셨습니다. 하나님 안에서 모든 속성이 원만하게 있어서 공의가 자비를 가리지 않고 또 자비가 공의를 가리지 않으며 공의가 신실함을 가리지 않듯이, 여러분은 그리스도의 성품에서 탁월한 모든 것들을 봅니다. 즉, "무엇에든지 참되며 무엇에든지 경건하며 무엇에든지 옳으며 무엇에든지 정결하며 무엇에든지 사랑 받을 만하며 무엇에든지 칭찬 받을 만하며 무슨 덕이 있든지 무슨 기림이 있든지"(빌 4:8) 이 모든 것들을 봅니다. 그러나 이것들 가운데 어떤 것도 다른 것을 가리지 않습니다. 이것들 각각이 그리고 모두 다 찬란하게 빛을 발합니다.

다시 향에 대한 이야기로 돌아가서, 나는 여러분이 이 향의 모든 성분들이 매우 순도 높은 것이었음을 주목하기 바랍니다. 즉, 순수한 유향이었습니다. 출애굽기 30장 35절에서는 향이 "성결하다"고 하였고 36절에서는 "지극히 거룩하다"고 하였습니다. 이와 같이 그리스도의 모든 덕은 최고 형태의 덕들입니다. 그리스도의 사랑은 말로만 하는 사랑이 아니라 행동으로 보이는 사랑이었습니다. 그리스도의 신실함은 비판하고 흠을 잡는 신실함이 아니고, 항상 사랑하는 친구의 신실함이었습니다. 구속주의 성품에서 어느 것이 되었든지 한 가지 특성을 뽑아보십시오. 그러면 여러분은 주님이 어떤 인물이든 간에 그 덕의 가장 대표적인 사람보다 그 면에서 뛰어나시다는 것을 발견할 것입니다.

하나님을 믿는 믿음을 가지고 이야기해 봅시다. 나는 우리가 그리스도의 믿음을 아무리 크게 칭송한다고 할지라도 충분히 다 칭송할 수 있다고 생각하지 않습니다. 그리스도의 믿음은 결코 흔들리지 않습니다. 다윗이 믿음을 아주 풍부하게 묘사하는데, 그리스도는 큰 통곡과 눈물 가운데서도 여전히 하나님을 신뢰하고 의지하며 "내 하나님이여 내 하나님이여"라고 하나님의 이름을 부르고, "이스라엘의 찬송 중에 계시는 주여 주는 거룩하시니이다"(시 22:1,3) 하고 외치며 경배합니다. 그리스도의 믿음은 그처럼 견고합니다! 여러분이 아브라함의 믿음을 예수님의 믿음과 나란히 놓아보며, 비록 아브라함이 믿는 자들의 조상이었지만 여기저기에서 이 족장의 실패를 보게 됩니다. 그러나 예수님의 믿음은 견고하고 흔들리지 않았습니다. 딱 한 번 예수께서 "내 아버지여 만일 할 만하시거든 이 잔을 내게서 지나가게 하옵소서"(마 26:39)라고 말씀하셨을 때 믿음이 비틀거리는 것처럼 보였습니다. 하지만 주님의 믿음은 결코 실패하지 않았습니다. 예수께서 "그러나 나의 원대로 마시옵고 아버지의 원대로 하옵소서"라고, 즉 "아버지의 뜻이 이루어지이다"(마 6:10)라고 말씀하셨을 때만큼 주님의 확고부동함이 뚜렷이 나타난 때는 없습니다. 지극히 순전한 순종을 바치는 가운데 믿음을 발휘한 것이 아니었습니까? 이 외에 다른 어떤 덕이든지 생각해 보십시오(나는 오늘 아침에 그렇게 할 시간이 없고 또 그렇게 해야 할 필요도 없습니다). 여러분이 어떤 덕을 묵상하든지 간에 그리스도께서 그 점에서 뛰어나시다는 것을 알 것입니다. 그리스도의 금은 오빌의 금입니다. 그리스도의 보석은 최고급입니다. 주님의 밀은 가장 고운 밀이고, 주님의 기름은 가장 질 좋은 기름입니다. 그리스도께서 자신을 제단에 드릴 때, 옛적에 이스라엘이 하나님께 가져오곤 하던 마른 수소와 같은 것이 아니라 자신의 완전한 모든 부분을 힘을 다해 살진 것으로 지존하신 하나님께 드리셨습니다. 그 향의 모든 성분이 순전하였듯이, 그리스도의 공로의 모든 부분이 순전하였습니다.

여러분은 또한 거룩한 향을 만드는 데서 양이 정해지지 않았다는 것을 볼 것입니다. 성전 예배의 다른 부분들에서는 양이 정해졌습니다. 예를 들면, 출애굽기 30:23 이하를 보면 관유를 만드는데 각 성분의 양이 나옵니다. 그러나 여기서는 그것이 어떤 향이든지 간에 정해진 양이 없습니다. 관유를 만들되 상등 향품으로 오백 세겔만큼, 또 다른 향품으로 이백오십 세겔만큼 만들었습니다. 그러나 이 향은 제한 없이 만들도록 하였는데, 이것은 마치 그리스도의 공로는 한계가 없다는 것을 나타내려는 것처럼 보입니다. 이 귀한 향유 옥합이 십자가에서 깨졌을 때, 그 향기가 얼마나 멀리까지 퍼졌는지 아는 사람이 누가 있습니까? 그 향은 땅 끝까지 향기를 피워서 하나님이 이 땅을 참으실 수 있었습니다. 이 향이 모든 피조물에게 소금처럼 작용하여서 모든 피조물이 망하지 않을 수 있었고, 그 달콤한 향기는 하늘로 올라갔습니다. 천사들은 그 향기를 알고 자기들의 하프를 다시 조율하였고, 하나님께서는 그 향기를 맡으시고 온화한 미소로 인류를 바라보셨습니다.

"구주 하나님께서 사랑하고 죽으신
저 십자가의 경이롭고 달콤한 일들이여!
내 영혼이 지극히 고귀한 생명을

구주님의 상처와 피 흘리는 옆구리에서 이끌어내는도다."

예수님의 공로에는 끝이 없습니다. 여러분 망한 죄인들이여, 예수님의 공로가 여러분에게는 소용이 없다고 생각할 필요가 없습니다. 여러분의 죄가 아무리 클지라도, 그 고약한 냄새가 구주님의 완전한 공로의 향기로 말미암아 깨끗이 제거될 것입니다. 비록 여러분의 죄가 헤아릴 수 없을 정도로 많아서 피의 보복자와 같은 신속한 증인들이 고함을 치며 끝까지 여러분을 따라올 수밖에 없을지라도, 하나님은 사람의 죄보다 당신의 사랑하시는 아들을 더 크게 보시고 죄인의 과실뿐 아니라 구주님의 공로도 보십니다. 하나님의 아들이 사람의 죄보다 크고 구주님의 공로가 사람의 과실보다 큽니다. 그래서 하나님은 허물과 부정과 죄를 지나치시고, 자기 백성의 허물을 기억하시지 않습니다. 이는 그리스도 예수 안에서 하나님의 자비가 영원히 지속되기 때문입니다. 하나님의 자비는 정해진 양이 없습니다.

여러분이 지루하게 느끼지 않기를 바랍니다. 이 점은 내가 볼 때 풍부한 지하수와 같습니다. 이 향으로 말미암아 모든 것이 하나님께 특별히 거룩한 것, 지극히 거룩한 것이 되었다고 말하는 점을 살펴보겠습니다. 그리스도께서 생사를 완전히 하나님께 바치셨다는 것은 매우 주목할 만한 사실입니다. 여러분은 구주님의 행동에서 언제나 목적이 변하지 않는 것을 볼 수 있습니다. 어린아이에 불과했을 때 주님은 "내가 내 아버지의 일에 관계하여야 될 줄을 알지 못하셨나이까?"(눅 2:49 난하주) 하고 말씀하셨습니다. 마지막까지 주님은 여전히 아버지의 집에 대한 열심에 불타오르셨습니다. 주님은 평판을 생각하지 않으셨습니다. 예수 그리스도께서 사람들이 자기에 대해서 어떻게 생각하느냐에 대해서 거의 신경을 쓰시지 않은 것은 정말 놀라운 일입니다. 그리스도께서 사람들이 자기에 대해 이런저런 그릇된 인상을 갖지 않도록 하기 위해 아주 많은 일들을 하셨다고 생각하는 사람들이 있었습니다. 예를 들면 이런 것입니다. 예수께서 부활 후에 어떻게 해서든지 자신이 사기꾼이 아니라는 것을 분명히 밝히려고 하셨다는 것입니다. 나는 예수님의 마음속에 그런 동기가 한 번도 일어나지 않았다고 생각합니다. 주님은 지극히 순전하시고 어린아이 같으셔서 자기 본연의 모습대로 행동하셨지, 곡해를 받지 않으려고 부단히 애쓰시지 않았고, 적 때문에 행동을 조심하시지도 않았습니다. 주님의 성품은 너무 솔직하고 주님의 행동은 너무도 꾸밈이 없어서 계속해서 자신의 허점을 메우거나 갈라진 틈을 막을 것을 허용하지 않았습니다. 주님은 그렇게 하시지 않았습니다! 주님의 생애는 한 점 얼룩이 없이 깨끗하였습니다. 주님의 온 마음은 이 한 가지 일, 곧 사람의 구원을 통해 하나님을 영화롭게 하는 것에 쏠려 있었습니다. 주님은 가는 길에 던져진 금 사과 때문에 잠시라도 잘못 생각하는 일이 없었습니다. 사람들은 예수님을 왕으로 삼으려고 하였습니다. 그러나 주님은 너무도 큰 왕이어서 세상 면류관을 쓰려고 몸을 굽히시지 않았습니다. 시험이 그의 마음을 끌지 못하였듯이 시련과 고난도 주님을 막지 못하였습니다. 강한 궁수가 쏜 화살처럼 주님은 자기 존재의 위대한 목적, 곧 하나님께서 그에게 하라고 맡기신 일을 성취하는 것을 향해 빠른 속도로 곧장 날아갔습니다. "나는 받을 세례가 있으니 그것이 이루어지기까지 나의 답답함이 어떠하겠느냐?"(눅 12:50). 예수님은 예루살렘을 향해서 올라가셨습니다. 하늘을 우러러 보고 "다 이루었다"고 말씀하시기까지 얼굴을 돌리지 않으셨습니다. 그러고 나서 죽으셨습니다. 그리스도의 공로는 하나님께 순전하게 바쳐진, 지극히 거룩한 것입니다. 이기적인 것이나 세상적인 것이 전혀 없고 모든 것이 신성합니다.

이 향에 대해서는 거의 말하지 않았는데, 모든 성분들을 한데 모았으니 물론 이 향은 혼합된 것입니다. 이 향은 제조 기술에 따라 아주 조심해서 혼합해야 했습니다. 구주님의 생애를 저술하는 데에는 중요한 기술, 즉 놀라운 솜씨가 있는 것이 확실합니다. 주님의 생애를 기록하는 데는 놀랄 만한 솜씨가 있습니다. 복음서들의 신빙성을 부인한 사람들은 종종 그들에게 제기된 문제에 답변을 해야 합니다. 네 가지 이야기가 기록되었으니, 이 이야기들을 거짓이라고 믿는 누군가가 자연스럽게 다섯 번째 이야기를 꾸며내려고 할 것입니까? 누군가가 다른 네 가지 이야기만큼이나 꾸며낸 것이긴 하지만 일관성이 있고 마음에 들 만한 새로운 것도 있는 또 다른 이야기를 쓰고 싶어 하겠습니까? 나는 아무라도 새로운 기적을 만들어 보고 전설 같은 이야기를 써보라고 말하고 싶습니다. 사람들은 종이에 글을 쓰는 것이 기적을 일으키는 것만큼이나 불가능한 일이라는 것을 발견할 것입니다. 구주님의 기적에는 그 진정성을 보여주는 특성과 요점들이 있습니다. 따라서 그런 기적들을 설명하거나 상상하는 것은 불가능한 일이었습니다. 지금 시간 여유가 있다면 내 말의 요점을 쉽게 증명할 수 있겠지만, 그럴 필요가 없겠습니다. 구주님의 생애에는 비길 데 없는 시작과 끝이 있습니다.

행하지 않은 일에는 행한 일만큼이나 그리스도께 속한 특징을 보여주는 것이 있습니다. 여러분이 구주님의 초기 생애를 담고 있다고 주장하는 가짜 복음들, 곧 원시복음들은 읽어보았다면 이 터무니없고 우스꽝스러우며 상식을 벗어난 저술이 구주님의 생애와 결코 조화를 이룰 수 없다는 것을 알 것입니다. 복음서에 기록되지 않은 것도 기록된 것만큼이나 놀라운 것이라고 말씀드립니다. 주님의 전 생애는 제조자의 혼합물인 것입니다.

그런데 향을 혼합할 때는 향을 모두 부수고 빻아야 했던 것으로 보입니다. 우리 성경에서는 "그 향 얼마를 곱게 찧어라"(출 30:36)고 나와 있습니다. "얼마"라는 말을 보십시오. 그것을 어떻게 했습니까? "그 향을 찧어라." "그 가운데 일부"가 아니라 "그 전부를 찧어라"고 하였습니다. "그 향 얼마를 곱게 찧어라." 자, 구주님의 생애 전체는 자신을 아주 곱게 빻는 과정이었습니다. 주님은 슬픔으로 시작하고 고뇌로 마치십니다. "여우도 굴이 있고 공중의 새도 집이 있지만"(눅 9:58) 주님은 머리 뉘일 곳이 없습니다. 마침내 주님은 몸을 가릴 누더기 하나 없어서 벌거벗은 몸으로 십자가에 수치스럽게 매달립니다. 주님께서 어린 아기로서 놓였던 구유를 빌리셨던 것과 똑같이 무덤조차도 빌리셨습니다. 그리스도 생애 전체의 향기로움은 그리스도께서 겪으시게 되어 있는 지극한 슬픔에 의해 분명히 나타납니다. 누구든지 그가 시련을 받기 전에는 그리스도의 은혜의 향기로움에 관해 조금이라도 아는지 의문입니다. 나는 배들이 실론 근처를 지나갈 때 계피나무 숲의 향내를 맡을 수 있다는 말을 듣습니다.

"향긋한 미풍이
실론 섬에 부드럽게 분다 한들 어떠랴."

그러나 항해자들은 그 향내는 오직 시(詩)에서만 맡을 수 있고, 여러분은 거기에서 그 냄새를 맡지 못한다고 말합니다. 사실 계피나무는 냄새가 나지 않고, 그래서 우리가 그 나무숲을 온통 헤매고 다닐지라도 그 나무들이 향기롭다는 것을 전혀 알지 못할 수 있다고 합니다. 그러나 계피나무를 가져다가 갈기 시작하고, 부수기 시작하고 무엇보다 태우기 시작하면 그때서야 여러분은 그 향기를 맡을 수 있습니다. 그와 같이 훌륭한 사람의 선함은 행복하고 즐거운 날에 알 수 있기보다는 슬프고 괴로운 때에 알 수 있습니다. 우리에게서 향기를 끌어내려면 우리를 절구에 넣고 공이로 찧어야 합니다. 구주님의 전 생애는 인간의 분노라는 무거운 망치에, 그리고 마침내는 죄에 대한 하나님의 진노의 망치로 무섭게 맞는 것이었습니다. 그때 향기가 나왔습니다. 그러나 이 향은 불에 탈 때 하나님께 지극히 향기로웠습니다. 이 향을 제단 위에 있는 불타는 숯에 넣었을 때, 그때 향기가 올라갔습니다. 사랑하는 여러분, 이와 같이 그리스도의 귀하심은 그리스도께서 겟세마네와 가바다 그리고 골고다에서 뜨거운 숯 위에 놓일 때 최대로 또 최고로 나타나는 것을 볼 수 있습니다. 하지만 그 이야기를 다시 말할 필요는 없을 것입니다. 사랑하는 마음을 가진 여러분들은 이미 그 이야기를 잘 알고 있습니다. 다정한 영혼을 지닌 여러분들은 십자가에 이르는 고난의 길을 따라가며 또 슬픔과 고통의 시간을 지나며 내내 울었습니다. 지극히 거룩하신 구주님께서 인간 죄악의 고약한 냄새를 제거하기 위해 자신을 온전한 번제로 하나님께 드렸을 때 그것이 틀림없이 지극히 향기로운 냄새였으리라는 것을 여러분은 압니다.

나는 이렇게 해서 전체를 대충 훑어보았습니다. 앞으로 보겠지만 네 가지 향품에 대해 무슨 말을 하기 위해 멈추지 않을 것입니다. 어떤 구절을 영적인 의미로 해석하는 것은 아주 쉬운 일입니다. 특별히 더 까다로운 구절은 더욱 그렇습니다. 그런 구절에 대해서는 여러분이 원하는 대로 터무니없는 말도 할 수 있기 때문입니다. 하지만 나는 그동안 그렇게 하지 않았습니다. 나는 소합향(蘇合香)이 몰약 나무에서 자르지 않고도 떨어지는, 그래서 매우 귀하게 여겨진 몰약 형태였던 것으로 보인다는 이 점 외에 그 향품들에 대해서 더 이야기할 것이 있다고 생각하지 않습니다. 그리스도께서 자신을 주고 아무도 그에게서 빼앗아가지 못하는 자기 목숨을 내놓으셨다는 점에서 볼 수 있는 그리스도의 고난의 자발성 때문에 확실히 그의 고난이 우리에게나 하나님에게나 모두 특별히 기쁜 것이 됩니다. 나감향에 대해서는 많은 논쟁이 있습니다. 이 단어는 또 다른 추출물을 나타내는 것으로 보입니다. 구주님의 피는 그의 몸에서, 그의 슬픔은 그의 영혼에서 놀랍게 추출된 것입니다. 풍자향은 매우 쓴 약이었던 것으로 보입니다. 그래서 주석가들은 이것은 달콤한 향으로 쓰일 수 없었을 것이라고 생각하였습니다. 나는 다르게 생각합니다. 지독하게 맛이 쓴 많은 약들이 불에 태우면 때로 매우 향기로운 냄새를 피우고, 맛이 아주 달콤한 꿀이 불에 닿으면 시큼해진다는 것은 잘 알려진 사실입니다. 지독하게 쓴 풍자향은 일부러 그렇게 만들었다면 매우 중요한 의미를 지닐 것이라고 생각합니다. 그렇게 쓰게 만들어진 풍자향은 주님 자신의 입맛에는 지독하게 쓴 고통이지만 지존하신 하나님께는 이 쓴 것들이 달콤한 향기가 될 것이기 때문입니다. 여러분이 잘 알고 있는 유향은 쓴맛이 정말로 강합니다. 그러나 뜨거운 쇠막대기나 불타는 숯에 떨어트리면 굉장히 향기로운 냄새가 납니다. 유향과 같은 종류들이 많이 있었습니다. 매우 드물고 귀하게 여겨진 종류가 한 가지 있었는데, 여기서 말하는 순전한 유향이 그런 종류였던 것으로 보입니다. 이 향들이 각각 어떤 것이었든지 혹은 어떤 것이 아니었든지 간에 그것이 하나님께서 자신만 사용하시고 사람이 어떤 목적으로도 사용해서는 안 되는 혼합물이었다는 것은 확실합니다. 하나님께서 우리에게 "내가 너희를 향기로 받으리라"(겔 20:41)고 말씀하시는 귀하신 구속자의 거룩한 공로, 비길 데 없는 완전함, 그의 고난의 성격의 초월적인 영광들을 설명하는 것은 하나님만이 하실 수 있는 일이었습니다.

다음으로 넘어가기 전에 두세 가지 실제적인 이야기를 하겠습니다. 여러분은 이 향이 필요하다고 느끼십니까? 여러분 스스로 하나님께 받아들여질 수 있다고 생각하십니까? 우리가 방금 읽은 데서 나온 "미워한다"(20:43, "스스로 미워하리라")는 단어는 우리가 죄 많은 자신에 대해서 느껴야 하는 바라고 생각합니다. 여러분 가운데는 성화에 있어서 많이 성숙한 사람들이 있을 수 있습니다. 그들은 어쩌면 자신들이 이룬 진보를 인해서 스스로를 높게 생각하고 기뻐할지 모릅니다. 그런데 솔직히 말씀드리자면, 내가 하나님의 생명에 대해 조금이라도 안다면 자신을 전보다 그리스도께 더 많이 드린다고 생각하는 한, 내 자신이 너무 무가치해서 그렇게 드린다는 말을 할 수 없다는 것을 느낍니다. 무엇이든지 내 자신의 것이라고 생각하여 드릴 수 있는 것이 하나도 없다는 것이 현재 내 마음을 압도하고 있는 생각입니다. 이 생각은 내 마음을 꺾어 비탄에 잠기게 하고, 그리스도께서 이런 자에게까지 손을 대신다는 것을 생각할 때 때때로 놀라게 만들며, 그렇지만 동시에 이 모든 악을 내다보신 하나님께서 그럼에도 불구하고 나를 보실 수 있다면 나를 버리시지 않을 것이라고 기대하게도 만듭니다. 형제 여러분, 여러분은 이 향기로 드려지지 않는 한 여러분이 하나님께 받아들여질 수 없다고 느끼지 않습니까?

자, 여러분이 이 점을 느낀다면 다음에는 이 향기를 소중히 여기겠습니까? 그 향기를 극진한 말로 찬미하겠습니까? 여러분이 구속주의 공로와 덕을 이야기할 때 아무리 칭송하더라도 과장할 수 없습니다. 그리스도를 소중히 여기십시오. 그의 생명을 높이 평가하십시오. 성 베르나르(St. Bernard)처럼 여러분은 이렇게 말할 수 있습니다.

> "예수, 그분을 생각만 해도
> 내 마음은 향기로 가득 차네."

형제 여러분, 귀중함이 부족한 우리를 채우시는 그리스도께는 참으로 놀라운 귀중함이 있습니다! 우리의 악취를 제거하는 그리스도의 향기는 참으로 달콤합니다! 우리의 죄 같이 더러운 것을 제거하는 그리스도의 피는 참으로 놀라운 세척력이 있습니다! 그처럼 하나님께서 받으실 수 없는 피조물들을 사랑하시는 자 안에서 받아들여지게 만드는 그리스도의 의에는 참으로 놀라운 영광이 있습니다! 여러분이 그 향기를 소중히 여길 만큼 생각이 발전했다면 그 다음에 여러분에게 드릴 권고는 그 향기 없이 하나님께 나오지 말라는 것입니다. 출애굽기의 구절들로 다시 돌아가서 보면, 여호와께서 36절에서 다음과 같이 말씀하시는 것을 알 것입니다. "그 향 얼마를 곱게 찧어 내가 너와 만날 회막 안 증거궤 앞에 두라." 그 귀한 향이 없이 하나님을 만나려고 하지 마십시오. 그런 일은 생각도 하지 마십시오. 사도가 "우리 하나님은 소멸하는 불이심이라"(히 12:29)고 말하기 때문입니다. 하나님께서 우리를 불사르시지 않도록 하나님께 이 향을 태워 드리십시오.

나답과 아비후가 제단에 다른 불을 드렸을 때 그들을 죽이신 것 같이 우리의 죄 때문에 우리를 치시지 않도록 하나님께 그리스도의 공로를 가져갑시다. 그러므로 기도하러 섰을 때 여러분이 다시금 예수의 피를 드리고 있다고 느낀다면 참으로 복된 일입니다! 여러분이 드리는 이 향기 때문에 여러분의 찬송이 올라가 받아들여진다고 느끼면 찬송이 말할 수 없이 기쁜 일이 됩니다! 아, 이 구속의 십자가 그늘 아래 살면 좋겠습니다! 형제 여러분, 이 삶은 우리가 아무리 경험해도 부족한 것입니다. 내 영혼이 골고다를 떠나 방황했던 사실을 슬프지만 고백하지 않을 수 없습니다. 주님께서 그의 피를 쏟은 뿔 달린 제단에 우리를 묶어주시기를 바랍니다. 우리가 다시는 이 복된 곳을 떠날 생각을 하지 않기 바랍니다! 이 향기로운 공로를 의지하지 않고서 하나님을 만나려고 하지 마십시오.

친구 여러분, 여러분이 일단 하나님의 용납하심을 받았으면 그 점을 의심하지 않도록 주의하기 바랍니다. 그리스도가 없으면 하나님이 여러분을 받아들이실 수 없습니다. 그러나 여러분이 일단 그리스도의 공로를 얻었을 때는 여러분을 안 받아들일 수 없습니다. 여러분의 모든 의심과 두려움과 죄에도 불구하고, 여호와의 은혜로우신 눈은 여러분을 보면서 화를 내시지 않을 것입니다. 하나님은 전지하신 분이기 때문에 여러분의 죄를 보고 인지하실지라도 그리스도를 통해서 보시고, 그러면 여러분에게서 아무런 죄도 보지 않으십니다. 하나님은 다음과 같은 찬송의 기도를 들어주시기 때문입니다.

"그를 보시고, 그 다음에 죄인을 보시는데
예수님의 상처를 통해서 나를 보십니다."

여러분을 언제나 그리스도 안에서 받으시고 언제나 그리스도 안에서 복을 베푸시고 여러분을 사랑하십니다. 그리스도 안에서 여러분은 언제나 아버지의 마음에 사랑스런 존재입니다. 그러므로 소리 높여 노래하십시오. 여러분이 구주님의 공로라는 향이 청옥 보좌 앞에서 항상 올라가는 것을 볼 때 여러분의 찬송의 향기도 올라가게 하십시오.

"일찍이 죽임을 당하신 어린 양께
영원히 찬송을 드리세.
구원과 영광과 기쁨이
영원히 그의 머리에 있도다."

2. 문맥에서 볼 때, 본문의 의미는 여호와께서 자기 백성들을 받으셨을 때는 그들의 제물도 받으시리라는 것입니다.

하나님은 자기 백성들을 사랑으로 받으실 뿐만 아니라 그들이 하나님을 위하여 행하는 모든 것도 받으실 것입니다. 사람 자체를 받아들이기 전에는 그가 아무리 훌륭한 일을 했어도 그의 행실을 받아들일 수가 없는 것입니다. 그의 행실은 부정한 샘에서 나왔고, 따라서 틀림없이 더럽습니다. 그 다음에, 하나님과 화목하지 않은 사람은 하나님께 아무것도 드리지 못합니다. 그가 하나님께 무엇을 드리는 것처럼 보일 수 있지만, 그에게는 그의 모든 행위를 이기적으로 만드는 악한 동기가 항상 있습니다. 그로 인해서 얻는 무엇이 있거나 그로 인해서 피하려고 하는 불행이 있습니다. 그러므로 그는 순수한 동기에서 하나님을 섬기는 것이 아닙니다. 그러나 사람이 자신이 하나님의 아들의 죽으심으로 말미암아 구원을 받았고 하나님과 화해하게 되었다는 것을 알게 되자마자 하나님은 그의 하나님이 되고, 그래서 그는 하나님을 자기 하나님으로 예배하고 진심으로 예물을 지존하신 하나님께 드리게 됩니다. 이런 예물들은 하나님이 받으십니다. 우리가 하나님께 드리는 이런 것들은 하나님께서 정하신 그런 것임에 틀림없습니다. 좋은 냄새 나는 향은 계피와 육계와 창포 같은 것으로 만들어서는 안 되고, 소합향과 나감향과 풍자향과 유향으로 만들어야 합니다. 많은 사람들이 진심으로 하나님을 섬깁니다. 그런데 하나님의 정하신 방법을 따라 하나님을 섬기는 것이 없기 때문에 그들의 봉사가 받아들여질 수 없습니다. 하나님께서 우리에게 법령집을 주셨으니, 우리는 그 법령집을 따릅시다. 우리는 가톨릭교도가 하듯이 하나님 앞에 미신적인 행위나 공덕(功德) 행위를 가지고 가지 말고, 하나님께서 명령하신 것을 가져갑시다. 순종이 제사보다 낫고, 듣는 것이 숫양의 기름보다 낫기(삼상 15:22) 때문입니다. 우리는 공상이나 미신을 따르는 생활을 하거나 스스로 고안해낸 생각을 따르는 생활을 하지 말고 순종의 생활을 합시다. 기도, 찬송, 헌신, 구제, 거룩한 생활은 모두 하나님께서 정하신 것들입니다. 우리는 이 향기들을 부지런히 섞도록 합시다.

우리가 우리의 행실이 받아들여지기를 바란다면 우리는 하나님 앞에 모든 덕들을 얼마간 가져와야 합니다. 그런데 우리가 가져가는 것은 모두 풍자향이 되어서는 안 되고 모두 소합향이 되어서도 안 됩니다. 공손함은 조금도 없이 순전히 대담무쌍한 용기만 있어서는 안 되고, 믿음의 숭고함은 없이 애정의 단순함만 있어서는 안 됩니다. 자기 부인이 다소 있어야 하지만 순전히 자기 부인만 있어서는 안 됩니다. 엄숙함도 유쾌함으로 누그러져야 합니다. 이 복된 혼합물을 만들기 위해서는 모든 형태의 덕이 얼마간 있어야 합니다. 모든 활동을 얼마간 가져가야 합니다. 찬송이 없이 기도만 가져가서는 안 되고 기도 없이 행실만 가져가거나 영적 은사 없이 정신적인 힘만 혹은 거룩함이 없이 은사만 가져가서는 안 됩니다. 섞은 것, 곧 전체를 혼합한 것을 하나님 앞에 가져가야 합니다. 우리는 능력들을 모두 얼마간 가져가야 합니다. 순전히 지성만 가져가거나 마음만 가져가서는 안 됩니다. 판단과 이해 속에 지성을 얼마간 가져가야 하고, 열심과 기쁨 속에 마음을 얼마간 가져가야 합니다. 그리고 몸의 지체들이 그리스도의 지체들이기 때문에 몸도 얼마간 가져가야 하지만 영혼을 많이 가져가야 합니다. 영혼의 봉사가 봉사의 핵심이기 때문입니다. 우리는 하나님께서 새롭게 하시고 자신을 위하여 거룩하게 하신 모든 능력들 가운데서 나오는 장점들을 혼합한 것을 하나님께 가져가야 합니다. 성령 하나님께서 은혜를 베푸시어 우리로 하여금 이 점에서 그리스도를 닮을 수 있게 하신다면, 우리가 어떤 면에서 부족하지만 하나님의 사람으로서 모든 선한 일을 위하여서는 철저히 구비해야 하는 모든 미점들을 얼마간 가질 수 있다면 비할 데 없이 기쁜 일입니다.

우리는 무엇보다 작은 것들에 크게 주의를 기울여야 합니다. "너는 그 향 얼마를 곱게 찧어라." 우리가 그리스도께 거룩한 생활을 가져가려면 교회의 의무들뿐 아니라 가정의 의무들에도 마음을 써야 합니다. 우리는 주인이 집안일을 돌보듯이 종으로서 우리의 봉사에 주의를 기울여야 합니다. 우리는 개인의 기도에 주의해야 하고 마음의 은밀한 열망들에 조심해야 합니다. 오래 기도할 뿐 아니라 뜨거운 열정으로 소리치며 기도하는 일도 있어야 합니다. 찬송하는 것뿐 아니라 감사하는 마음도 있어야 합니다. 우리가 곱게 찧은 생활을 하나님께 가져올 수 있고, 그래서 성령님이 작은 일들에서도 우리가 자발적으로 하나님의 기쁘신 뜻대로 행하도록 우리 안에서 일하신다는 것이 나타날 수 있으면 좋겠습니다.

우리는 이 향을 사람을 위해서 만들지 않고 또 사람이 쓰지 않도록 주의해야 합니다. 오직 사람의 시선을 받기 위해 사는 생활은 그것이 아무리 선할지라도 불행한 것입니다. 하나님을 위하고 그리스도를 위하는 삶, 사람이 볼 수 있는 것보다 더 높은 동기를 인하여, 사람이 줄 수 있는 것보다 더 고귀한 상급을 위하여 사는 삶은 복된 것입니다. 형제자매 여러분, 하나님을 위하여 거룩하게 사는 것은 위대한 일입니다. 여러분이 자신을 위하여 살고 있지 않고 또 여러분의 나라를 위해서도, 다른 사람들을 위해서도 살고 있지 않으며, 그보다는 지극히 높으신 하나님을 위하여 살고 있다고 진심으로 생각하는 것은 중요한 일입니다. 이것은 여러분이 하나님의 것임을 나타내는 표시들로서 여러분이 몸과 마음에 지니기를 바라는 것입니다.

여러분이나 나나 모두 기도와 찬송에 있어서, 주는 일과 일상적인 생활에서 성령의 충만한 향기가 강하게 풍길 생활을 하기 바랍니다. 그 향기는 우리의 생활을 꽃밭을 거니는 것처럼 만들 수 있고, 우리를 온갖 귀한 과일들이 저장되어 있고 온갖 달콤한 향이 비축되어 있는 왕의 보고처럼 만들 수 있습니다! "하지만 그래도 결함들이 아주 많을 거야" 하고 여러분은 말할 것입니다. 그렇습니다. 결함들이 많을 것입니다. "내가 최선을 다했을 때에도 더러운 것이 많이 있을 수 있어." 아, 그렇습니다. 아무리 훌륭한 사람들이라고 하더라도 기껏해야 사람에 지나지 않습니다. 그런데 "내가 너희를 향기로 받으리라"는 말이 아주 달콤하게 들립니다. 하나님께서 여러분을 받아들이실 때는 여러분이 하나님을 위하여 행하는 일도 받으십니다. 하나님은 여러분을 더 이상 그저 타락한 사람으로 보시지 않고 성령님에 의해 새로워진 사람으로 보십니다. 하나님은 여러분을 영광을 나타낼 그릇으로 간주하시고 여러분에게 이 향기로운 것들을 집어넣으시며, 여러분 안에서 그것들을 보시고 사랑하십니다. 나는 기도가 엉망이라는 것을 압니다. 하지만 그것은 하나님의 사랑하시는 자녀의 기도입니다. 그러므로 우리가 "아바 아버지"라고 부르는 분께서 그 기도를 받아들이십니다. 나는 우리 찬송에 들을 만한 음악이 거의 없다는 것을 압니다. 그러나 그것은 하나님을 사랑하는 마음으로 부르는 찬송입니다. 그래서 하나님은 거기에서 불협화음을 듣지 않으십니다.

나는 여러분이 교회와 교회의 가난한 이들에게 내놓는 헌금이 아주 보잘것없을 수밖에 없다는 것을 압니다. 여러분의 헌금은 아마도 가난한 과부가 내놓는 정도일 것입니다. 겨우 푼돈에 지나지 않을 것입니다. 하지만 여러분의 푼돈이 연보궤에 들어갈 때 예수께서 연보궤를 마주보고 앉아계시며 여러분의 헌금이 떨어질 때 아름다운 소리가 나는 것을 들으십니다. 나는 여러분이 자신의 생활이 너무 한심해서 매일 한탄한다는 것을 압니다. 그러나 여러분은 그런 생활 가운데서 여전히 하나님을 섬기고 더 잘 섬기기를 간절히 바랍니다. 그래서 여러분의 사랑이 하나님의 책에 기록되고, 하나님께서 자신의 보석을 만드시는 날에 여러분이 그의 보석이 될 것이며 여러분의 행실도 그의 보석이 되리라는 것을 압니다. 이는 여러분이 예수님 안에서 일어날 때 여러분의 행실이 여러분을 따라 하늘로 올라가고, 냉수 한 그릇에 대한 보상도 은혜로 확실히 받을 것이기 때문입니다. 그리고 주님의 즐거움에 참여하는 일이 그리스도 예수 안에 있는 은혜, 곧 하나님께서 여러분을 받아들이신 그 은혜에 따라 여러분에게 부여될 것입니다.

그리스도 안의 친구 여러분, 여러분은 그런 향기가 되기를 바라십시오. 여러분의 삶이 정말로 지존하신 하나님께 향기가 되도록 하는 것을 큰 꿈으로 삼으십시오. 깨지지 않은 향유 옥합이 되는 것으로 만족하지 마십시오. 여러분은 "사막의 공중에 쓸데없이 향기를 낭비하는" 꽃이 되려고 하거나 한적한 동굴에 숨겨진 "지극히 순수한 빛깔의 보석"이 되려고 하지 마십시오. 무슨 일인가 하려고 애쓰고, 그리스도를 섬기려고 노력하십시오. 하나님께서 섭리로 여러분이 어느 곳에 처하게 되든지 간에 그곳에서 하나님께 그리스도의 향기가 되기를 기도하십시오.

여러분이 그와 같은 향기라면 그 사실을 인해서 기뻐하십시오. 여러분의 이름이 하늘에 기록된 것을 기뻐하십시오. 사람들이 그리스도를 인해서 거짓으로 여러분에게 온갖 악한 말을 할지라도 상관없지 않습니까? 여러분이 예수님을 위해서 고난 받은 고귀한 많은 사람들 중의 하나로 헤아림을 입은 것을 인해서 기뻐하십시오. 여러분이 전투에서 말을 타고 앞장서 나가는 기사가 아니라 할지라도 그 뒤를 따르는 향사(esquire, 鄕士: 기사 바로 밑의 신분 – 역주)로서 기꺼이 전투에 참가하여 하나님께서 여러분에게 배정하실 수 있는 타격을 견딜 수 있다는 것에 감사하십시오. 사람의 평가에 대해서는 신경을 쓰지 마십시오. 여러분이 거룩하다고 해서 비방을 면하지 못한다는 것을 기억하시기 바랍니다. 아무리 바르게 행한다고 하더라도 지독한 비방에서 보호를 받지 못한다는 것은 확실합니다.

여러분의 생활이 지존하신 하나님의 보좌 밑에서 나오는 수정의 강물처럼 깨끗하다고 할지라도 그 물을 더럽히고 발로 구정물을 일으키는 사람들이 있을 것입니다. 거짓된 혀여, 너는 로뎀 나무의 숯, 곧 뜨거운 숯불에 델 것이다! 신자 여러분, 여러분은 그 혀를 염려하지 마십시오. 비록 혀가 면도날처럼 날카로울지라도, 비록 그 베는 상처마다 독사의 독에 쏘이는 것 같을지라도 참으십시오! 참으십시오! 여러분의 향이 사람의 인정을 받기 위해서 만들어진 것이 아니라 지존하신 하나님을 위해서 만들어진 것임을 알아야 합니다. 여러분의 향은 하나님을 위한 것입니다. 오직 하나님만을 위한 것입니다. 사람이 그 냄새를 맡지 못하거나 그 진가를 인정하지 않을지라도 그것이 무슨 상관이 있겠습니까! 내 진주를 돼지 앞에 던지지 않는 것이 합당한 일이겠지만, 어쩌다 보니 돼지들이 짓밟을 수 있는 곳에 내 진주가 떨어졌을지라도 돼지는 자기 본성대로 행하겠지만 내 진주는 돼지의 발에 밟힌다고 해도 상하지 않습니다. 진흙탕에서 밟힐 때도 그것은 진주입니다. 하나님의 눈은 그 모든 상황에도 불구하고 알아보고 끄집어 내실 진주입니다.

친구 여러분, 여러분의 행실이 주 예수님으로 말미암아 여러분 자신과 함께 받아들여지게 되었으니 주 예수님을 날마다 찬송하십시오. 여러분이 무엇이든지 옳고 선하고 순결한 일을 행하였을 때는 그것을 가져와 주님의 발 앞에 놓으십시오. 거룩한 열심으로 수고하고 여러분이 추수한 밭의 주인인 보아스와 같은 주님의 창고에 곡식 단을 가져다 쌓는 여러분, 이리 오십시오. 보석들을 발견하고 인간 죄의 깊은 심연에 뛰어 들어가 그 보석들을 건져 올려서 여러분이 뛰어 들어간 바다의 주인이신 솔로몬과 같은 주님의 발 앞에 내놓는 여러분, 이리 오십시오. "땅과 거기에 충만한 것과 세계와 그 가운데에 사는 자들은 다 여호와의 것이로다"(시 24:1). 특별히 우리는 피 뿌림을 입은 자들입니다. 하나님께 받으실 만한 제사를 드리는 제사장으로 임명된, 하나님의 택하신 거룩한 무리들입니다. 우리를 값 주고 사신 그 사랑을 찬송합시다. 우리를 구속하신 그 피를 찬송합시다. 우리를 기르시는 그 능력을, 우리에게 미소를 짓는 그 은혜를, 우리를 떠받치는 그 팔을 찬송합시다. 우리를 영접하시고 큰 상급을 주실 수 있고 또 주시려고 하며, 머지않아 영접하며 주실 온전하신 구속주를 찬송합시다.

우리 모두 예수님의 이름을 사랑하므로, 예수님과 그의 공로를 보고 가서 우리 인격을 통해 사람들에게 주님을 새롭게 보여줄 수 있기를 바랍니다. 주님께서 오늘 아침 주님의 이름을 위하여 드리는 이 예물을 받아주시기 바랍니다. 아멘.

제
15
장

네 사공이 너를 인도하여 큰물에 이르게 함이여

"네 사공이 너를 인도하여 큰물에 이르게 함이여." — 겔 27:26

이것은 선지자가 두로에 관하여 한 말이었습니다. 두로는 동양의 모든 무역이 서양으로 쏟아져 나가는 거대한 상업 도시였습니다. 갈대아인들이 팔레스타인을 공격했을 때 두로는 예루살렘의 멸망을 보고 크게 기뻐하였습니다. "아하 만민의 문이 깨졌도다. 그가 황폐하였으니 내가 충만함을 얻으리라"(겔 26:2)고 말하였습니다. 그것은 잔인하고 이기적인 기쁨이었습니다. 잠시 후에 바다에 있던 이 도시가 압제자에게 심한 학대를 받게 되었습니다. 그것은 여호와께서 이같이 말씀하셨기 때문입니다. "내가 왕들 중의 왕 곧 바벨론의 느부갓네살 왕을 북쪽에서 두로에 데려오리라. 그가 공성퇴를 가지고 네 성을 치며 도끼로 망대를 찍을 것이라"(겔 26:7,9). 이 성은 느부갓네살 아래에서 13년 동안 포위 공격을 당했습니다. 선지자가 "네 사공이 너를 인도하여 큰물에 이르게 하였도다"고 말한 것이 바로 이 재난에 관한 것이었습니다. 두로의 거상(巨商)들이 국사를 마음대로 주물러서 두로 사람들을 절망적인 곤경에 빠트린 것입니다. 그들은 두로 사람들을 부추겨서 느부갓네살 대왕에게 끝까지 저항하도록 만들었습니다. 두로 사람들은 머지않아 자신들이 도무지 감당할 수 없는 강대국을 대항하여 싸우고 있다는 것을 알았습니다. 그들의 정책이 틀렸던 것입니다. 두로를 노를 저어 움직이는 군함 가운데 하나에 비유하면서 선지자는 “네 사공이 너를 인도하여 큰물에 이르게 하였도다”고 단언합니다.

두로의 모든 영광과 고통은 이제 끝이 났습니다. “두로와 같이 바다 가운데에서 적막한 자 누구인고?”(27:32). 역사의 이 페이지는 오래전에 넘어갔고, 그 후로 다른 도시들과 제국들의 흥망성쇠가 이어졌습니다. 그러나 이 예언의 말씀은 지금도 힘이 넘칩니다. 오늘날 우리 시대의 많은 사람들에게 우리는 에스겔처럼 “네 사공이 너를 인도하여 큰물에 이르게 하였도다”고 말할 수 있을 것입니다.

1. 무엇보다 이 말씀은 이제 막 자기 죄의 결과를 맛보기 시작하는 죄인들에게 그대로 적용될 수 있습니다.

자신의 길을 선택하고 자기 꾀를 따른 믿음 없는 사람들이 이제 마침내 죄인의 길이 힘들다는 것을 발견하기 시작한 것입니다. 죄인들이 인생의 찬란한 아침 시간에는 벌을 받지 않은 채 갈 수가 있습니다. 그러나 낮이 지나고 그늘이 지며 그들의 길이 어두워집니다. 나는 영원한 지옥의 불길의 불똥들이 자기에게 떨어지기 시작했기 때문에 하나님께서 결국에는 죄를 벌하실 것이고 자기는 피할 수 없다는 것을 아주 확실히 알고 있는 사람을 많이 봅니다. 그들은 고통의 곡식 단을 가슴에 끝없이 가득 채울 그 두려운 추수의 첫 이삭을 이제 거두기 시작하고 있는 것입니다. 육신으로 죄 짓는 사람들은 그들의 악의 결과가 자신들의 몸에 끔찍하게 나타나는 것을 보고 느낍니다. 많은 사람이 젊었을 때 범한 죄의 결과를 뼛속 깊이 지니고 삽니다. 우리 주변에는 방탕한 생활로 인해 처하게 된 상태 때문에 자신이 차라리 태어나지 않았기를 바라는 사람들이 많습니다. 처음에는 입맛에 달콤한 화려한 즐거움처럼 보였던 죄가 이제는 그들 속에서 썩게 하는 독으로 변하여 불처럼 그들의 살을 파먹고 그들의 영혼을 다 태워버립니다. 정욕이 그들의 수로 안내인이었습니다. 쾌락이라는 마녀가 그들을 유인해냈습니다. 이제 그들은 암초에 부딪혀 산산조각 난 난파선입니다. 낙담해 있고 부끄러워하며 알 수 없는 공포에 시달리며 희망을 가질 수도 없는 그들은 살지도 죽지도 못합니다. 그들은 앞을 내다보고 깜짝 놀랍니다. 그들의 뒤에 어둠이 있고 주위가 밤이라면 앞에는 그들의 죄와 허물 때문에 열 배나 짙은 암흑이 있기 때문입니다. 죄로 인생을 낭비한 죄인이여, “네 사공이 너를 인도하여 큰물에 이르게 하였도다."

어떤 죄인들은 자기 잘못의 결과가 주변 환경에서 나타나는 것을 느끼기 시작합니다. 그들은 술과 부정직과 악습 때문에 재산을 잃고 가난해졌습니다. 상당한 재산가가 더러운 하숙방에서 하층민들 가운데 최하층민들 무리와 섞여 지낼 수밖에 없습니다. 지적 직업을 위해 교육을 받았고 학문적인 용어를 능숙하게 말하는 사람이 자신의 뛰어난 지식을 구걸하고 속이는데 사용하며, 그러면서도 역겨운 누더기를 걸치고 있습니다. 이 세상에서도 죄는 자기 종들에게 보수를 넉넉히 주지 않습니다. 술 취함과 게으름은 사람에게 누더기를 입힙니다. 이런 것들이 죄가 주는 옷입니다. 타락한 사람들을 찾는 수고로운 일을 하며 사는 경건한 사람들은 그저 비유로 하는 말이 아니라 사실 그대로 정말 방탕한 사람, 재산을 방탕한 생활에 탕진해버리고 이제는 할 수만 있으면 돼지들이 먹는 쥐엄 열매로 배를 채우고자 하지만 아무도 주지 않는 사람들의 무서운 이야기로 종종 우리의 마음을 괴롭게 합니다. 건강을 상한 많은 죄인이 이 집에서 크신 아버지 하나님께로 돌아가는 길을 찾았습니다. 이 예배 시간에 그런 일이 일어나면 좋겠습니다!

모두 죄의 결과로 온 병과 가난에 몹시 시달리는 그대는 이 시간 매우 딱한 처지에 있습니다. "네 사공이 너를 인도하여 큰물에 이르게 하였도다." 그대는 젊은 날에 그리스도를 그대의 인도자로 모시려 하지 않았습니다. 그대는 너무 교만해서 그대 아버지의 하나님, 곧 그대 어머니의 주님을 영접하려고 하지 않았습니다. 그대는 꼭 자기 마음대로 해야 하고 자기 욕망을 따라야 한다고 우깁니다. 여러분 열정의 필사적인 잡아당김이 여러분을 깊은 물속에 끌어들였습니다. 여러분은 자존심을 세우며 "나는 엄마가 하라는 대로 하지 않겠어"라고 말합니다. 하지만 여러분은 지금 여러분에게 전혀 어머니 같은 존재가 아니고 오히려 파괴자인 존재에게 철끈으로 단단히 묶여 있는 포로입니다. 여러분은 배를 해적 사공들에게 넘겨주었고, 이제 그들이 여러분을 어디로 데려왔는지 봅니다! 여러분 주변의 바다는 어둡고 사나운 비바람이 칩니다. 항구는 멀리 있습니다. 여러분이 할 수 있고 또 여러분이 하기를 바라는 한 가지는 다른 사람들에게 여러분이 있는 위험한 자리에 오지 말라고 경고하는 것입니다 건강이 상하고 재산을 잃었지만 그래도 인간의 도리를 지키시기 바랍니다. 여러분이 아주 비참한 처지에 있을 때, 아직 자신의 악한 길을 알지 못한 젊은이들을 불러서 그들에게 여러분이 갔던 길을 피하라고 권고하십시오. 여러분이 본보기가 될 수 없다면 나는 여러분을 경고로 사용하겠습니다. "악인은 피차 손을 잡을지라도 벌을 면하지 못할 것이라"(잠 11:21). 여러분이 바로 그 증거입니다. "네 사공이 너를 인도하여 큰물에 이르게 하였도다."

아직은 외적인 섭리에 의해 괴로움을 겪지 않았지만 죄 때문에 양심이 찔리는 것을 느끼기 시작하는 사람들이 있습니다. 이것이 그들에게 유익하게 사용될 것이라고 믿습니다. 나는 하나님께서 그들에 대해 선한 의도를 갖고 계셔서 양심의 법정에서 그들을 정죄하고 계시는데, 이는 그들이 마지막 큰 날에 믿음이 없는 세상과 함께 심판을 받고 정죄당하지 않도록 하시기 위함이라고 생각합니다. 하나님의 눈에는 전에는 편하게 죄를 지었지만 이제 과거를 돌아보며 심히 근심하는 사람들이 많이 보입니다. 요동하는 바다처럼 그들은 쉴 수가 없습니다. 그들의 기억이 이전 죄들의 진창과 오물을 끊임없이 밀어 올립니다. 그들에게는 밤이고 낮이고 평안이 없습니다. 그들은 자기가 틀림없이 죽는다는 것을 압니다. 장차 올 심판에 대해서도 이미 들었습니다. 최후의 심판의 나팔 소리가 귀에 울리고 있어서 밤에 잘 수 없고 낮에도 쉴 수가 없습니다. 사나운 비바람이 서둘러 오고 있습니다. 검은 구름 덩어리가 머리 위에 걸려 있습니다. 멀리서 우렛소리가 우르릉하고 들리며, 번개가 하늘에서 번쩍입니다. 죄가 항상 그들 앞에 있습니다. 유쾌한 친구들은 그들을 이해하지 못합니다. 그들이 한때는 어느 누구 못지않게 거칠었기 때문입니다. 사람들은 그들이 악기를 연주해도 음악을 듣지 못하고 잔치를 베풀어도 즐길 줄 모르고 춤을 추어도 기뻐하지 않는 것을 보고 왜 그러는지 궁금해합니다. 사람들은 이 근심하는 사람에게 들리는 이 목소리를 알지 못합니다. "네 사공이 너를 인도하여 큰물에 이르게 하였도다."

여러분, 이제 여러분은 여러분의 죄가 여러분을 사방으로 둘러싸고 가둔 곳에 이르렀습니다. 그 죄들은 마치 죽은 사람들처럼 마음에서 완전히 잊힌 것으로 보였었습니다. 그런데 그 죄들이 다시 일어났고, 죄들이 일어나자 여러분이 고꾸라졌습니다. 러시아 초원 지대에서 사람이 아주 빠르게 덤비는 굶주린 늑대 무리에서 도망하려고 애쓰듯이, 여러분은 자신의 죄에서 도망치려고 애쓰고 있습니다. 하지만 모든 것이 헛수고입니다. 여러분은 뒤에서 늑대들이 끈질기게 쫓아오면서 울부짖는 소리를 듣습니다. 여러분이 무엇을 할 수 있겠습니까? 20년 전의 죄들이 여러분을 덮칩니다! 젊은 시절의 뜨거운 피로 지은 격렬한 죄들이 당시에는 전혀 해롭게 보이지 않았습니다. 그 죄들이 이제는 여러분이 도무지 피하여 숨을 수 없는 귀신들입니다. 무엇을 내주어야 그 죄들을 잊을 수 있겠습니까? 그러나 내준다 한들 그 죄들을 잊을 수 없을 것입니다. 여러분을 삼키려고 하는 자들이 여러분 가까이에 있습니다. 그들의 뜨거운 숨소리가 여러분에게 다가오고 있습니다! 그들의 이가 여러분의 살에 박힙니다! 그들이 여러분의 피를 맛봅니다! 참으로 여러분은 인생을 불쌍하게 살아서 그런 두려움에 먹히고 말았습니다. 많은 그리스도인이 아주 힘 있게 유용한 활동을 하고 있는 시점에 여러분은 지쳐버렸고 거의 죽게 생겼으며 지옥 가까이에 있습니다. 여러분의 죄들이 여러분을 따라오고 있고, 곧 여러분을 따라잡을 것입니다. 이제 어떻게 하겠습니까? 비단 돛을 달고 선체(船體)에 페인트칠을 한 화려한 배여, 그대는 지금 어디에 있습니까? "네 사공이 너를 인도하여 큰물에 이르게 하였도다."

내가 이 말을 하는 동안 잘 들으십시오. 내 말이 귀에 거슬리겠지만 순전히 여러분을 사랑하는 마음에서 드리는 말씀입니다. 내 말을 잘 듣고, 여러분의 현재 슬픔을 교훈으로 삼기 바랍니다.

그 물이 오늘 크다면 오래지 않아 그 물이 어떻게 되겠습니까? 지금 여러분이 죄의 삯을 감당할 수 없다면 그 죗값을 완전히 치를 때는 어떻게 하겠습니까? "네가 요단 강 물이 넘칠 때에는 어찌하겠느냐?"(렘 12:5). 죄가 여러분의 이마에서 끈적끈적한 땀을 닦으면서 여러분에게 몇 번만 숨을 헐떡이면 여러분이 영원으로 들어갈 것이라고 말할 때는 어떻게 하겠습니까? 여러분, 그 물이 지금 아무리 클지라도 마지막에 어떻게 커질 것에 비하면 아무것도 아닙니다! 여러분은 지금은 그저 보병들과 함께 달리고 있을 뿐입니다. 그럼에도 불구하고 보병들이 여러분을 지치게 만듭니다. 그러니 여러분이 말과 경쟁할 때 어떻게 하겠습니까? 하나님께서 말을 타고 바다를 지나가실 때, 무더기 같은 큰물을 지나가실 때, 여러분은 어떻게 되겠습니까? 여러분의 처지가 가엾습니다. 나는 마음으로 여러분에 대해서 웁니다. "네 사공이 너를 인도하여 큰물에 이르게 하였도다."

시의적절한 이 지혜를 배우시기 바랍니다. 여러분의 사공들은 조용한 물로 데려가지 않았습니다. 여러분에게 기쁨의 항구를 찾아주지 못했습니다. 그들을 계속해서 여러분의 사공으로 써야 하겠습니까? 여러분에게 조금이라도 의식이 남아 있다면 혹은 여러분 자신을 조금이라도 동정한다면 여러분의 영혼에 이 한 가지 일을 하십시오. 여러분을 파멸시키고 있는 그들에게 소리쳐 항의하십시오. 이제 이렇게 말하십시오. "나는 더 이상 이 사공들을 쓰지 않겠다. 하나님께서 나를 도우실 것이니 키를 돌려라." 여러분의 결심이 그러하고, 그래서 위대한 키잡이께서 오셔서 여러분을 도우신다면, 여러분이 다시는 그 저주받은 잔을 마시지 않을 것이고, 여러분을 유혹하여 현재의 비참한 상태에 빠트린 친구를 피할 것입니다. 내가 여러분에게 "목숨을 위해 피하라! 뒤를 보지 말라!"고 소리치는 말을 들으십시오. 여러분이 이 기회를 놓치면 어쩌면 다시는 도망갈 기회를 얻지 못하고 이제부터는 더욱더 악한 데로 떠내려가다가 마침내 최악의 상황에 이를 수 있기 때문입니다. "여러분의 사공이 여러분을 인도하여 큰물에 이르게 하였으니" 더 이상 그들을 상대하지 마십시오. 성령께서 여러분이 노를 부수고 사공들을 바다에 던지도록 도와주시기를 바랍니다!

그 사공들이 노를 저어 여러분을 폭풍우 치는 바다로 데려가기는 했지만 노를 저어 여러분을 거기서 끌어내지는 못한다는 점을 기억하시기 바랍니다. 여러분이 계속해서 죄를 지어서는 아무런 안식을 얻을 수 없고 도무지 의지할 데가 없는 현재 상태에서 자신을 구할 수도 없습니다. 여러분, 하나님께 간절히 부르짖으십시오. 하나님께서 여러분의 소리를 들으실 것입니다. 하나님께서는 그의 사랑하시는 아들을 통해서 여러분에게 구원의 길을 계시하셨습니다. 여러분의 모든 희망이 거기에 있습니다. 바람을 멈추게 하고 여러분의 배를 즉시 평온한 데로 데리고 가실 수 있는 예수님에 대해서 들어보지 못했습니까? 여러분에게 생명이 있는 한, 그리스도께 여러분을 위한 희망이 있습니다. 여러분이 아직 고통 가운데 있지 않고 아직 지옥에 들어가지 않았습니다. 그리스도의 선한 영께서는 지금도 죄인들 가운데 괴수와 씨름하십니다. 그러므로 비록 오늘은 해가 졌지만 여러분이 오늘 밤이 지나가기 전에 자신의 영혼을 주님의 손에 맡기시기를 기도합니다.

영원한 멸망이라는 절박한 위험 속에서 전능하신 하나님께 구원해 주시라고 소리치십시오. 하나님께서 손을 뻗어 여러분을 파멸에서 구원하실 것입니다. 절망하지 마십시오. 구주가 계십니다. 위대한 분이 계십니다. 그가 망한 사람을 찾아 구원하기 위해 여기에 오셨습니다. 구원하기에 능하신 그분을 믿으십시오. 나는 여러분이 망하는 것을 두려워하기 때문에 여러분에게 이 큰 구원을 믿으라고 간청하는 것입니다. 이렇게 외치십시오.

"제 영혼을 사랑하는 예수시여,
제가 당신의 품으로 달려갑니다.
물이 더욱더 가까이에서 굽이칠 때
사나운 비바람이 여전히 맹렬할 때!
내 구주시여, 나를 숨겨주소서, 숨겨주소서
인생의 폭풍이 지나갈 때까지
천국으로 안전하게 인도하시고
마침내 내 영혼을 영접하여 주소서."

내가 비록 보잘것없이 말했지만, 주님께서 내 말에 복을 주시어 이 예배당 안에 있는 회심하지 않은 모든 사람에게 효력 있게 해 주시기를 바랍니다.

둘째로 내게는 또 다른 배가 보이는 것 같습니다. 그 배는 이 세상의 검댕이 묻어 시커멓지 않습니다. 강력한 군주의 호화로운 유람선을 닮았습니다. 그럼에도 불구하고 사공들은 그 배를 이끌고 큰물에 들어갔습니다.

2. 이 배는 고통 가운데 들어간 자기 의를 나타냅니다.

자신은 구원이 필요 없다고 생각하거나 아니면 자기가 스스로를 구원할 수 있다고 분별없이 믿는 사람들이 많습니다. 그들은 자신의 천성적인 선함이나 인정 많은 행동들, 충실한 외적인 신앙생활, 이 전부로나 혹은 일부로 자신의 구원을 확보할 수 있다고 생각합니다. 그들은 복음을 들으러 가고 성례에 참석하며 교회 활동을 위해 헌금하는 등의 일을 통해서 자신들이 바라는 천국에 확실히 들어갈 것이라고 생각합니다. 이 배는 썩 잘 만든 배입니다. 이 배는 에스겔이 두로를 묘사하기 위해 비유한 배와 비슷합니다. "스닐의 잣나무로 네 판자를 만들었음이여 너를 위하여 레바논의 백향목을 가져다 돛대를 만들었도다 바산의 상수리나무로 네 노를 만들었음이여 깃딤 섬 황양목에 상아로 꾸며 갑판을 만들었도다 애굽의 수 놓은 가는 베로 돛을 만들어 깃발을 삼았음이여 엘리사 섬의 청색 자색 베로 차일을 만들었도다"(겔 27:5-7). 자기 의가 나타내 보일 수 있는 호사스런 과시에는 끝이 없습니다.

그렇지만 이 화려한 배에는 험난한 항해가 정해졌습니다. 친구 여러분, 슬프게도 여러분의 사공들이 여러분을 인도하여 큰물에 이르게 하였습니다. 나는 여러분에게 앞에 놓인 험난한 여행을 생각하게 하고 싶습니다. 여러분에게 자신의 선한 행실을 의지하여 스스로 노를 저어 저 죄의 바다 건너 영광의 항구로 가보라고 말씀드립니다. 여러분은 문제에 손을 대기 전에 그 비용을 계산해보는 것이 좋습니다. 하나님의 법에 순종한 것으로써 구원을 받으려고 한다면 여러분의 순종이 절대적으로 완전해야 한다는 것을 여러분은 알지 못합니까? 계명을 단 하나라도 어기면, 다른 모든 계명은 빈틈없이 지킬지라도 율법을 어긴 것이고 그 진로는 내리막길로 향합니다. 여러분에게 사슬이 있는데 고리 하나가 부서지면 그 사슬은 더 이상 소용이 없습니다. "다른 고리들은 다 튼튼하다"고 말하는 것은 무익한 일입니다. 광부는 위태로운 고리가 들어 있는 사슬에 목숨을 걸려고 하지 않을 것입니다. 사슬 전체의 힘은 그 가운데 가장 강한 부분으로 측정해서는 안 되고 가장 약한 부분으로 측정해야 합니다.

친구 여러분, 여러분은 하나님의 율법을 완전하게 지킬 수 있다고 생각합니까? 결코 부족하거나 비틀거리지 않을 순종에 의한 구원을 얻으려고 한다면 사공들이 여러분을 얼마나 큰물로 데려가려고 하는지 생각해 보아야 합니다. 여러분은 하나님께서 우리를 위해 그의 아들 예수 그리스도를 죽도록 내어주신 것은 우리로 그의 은혜로 말미암아 구원받도록 하기 위함이라는 것을 성경에서 봅니다. 여러분은 예수님이라는 이 선물이 없어도 되었다고 생각합니까? 사람들이 자신의 공로로 스스로를 구원할 수 있다면 우리 주 예수 그리스도께서 드리신 큰 제사가 필요 없었을 것입니다. 사람 자신에 의한 구원이 가능하다면 골고다는 하나님의 명성에 오점이나 다름없습니다. 반드시 필요하지도 않은데 자신의 아들을 죽음에 처하게 했다는 것이 사람들이 크신 아버지 하나님께 퍼부을 수 있는 가장 지독한 비난이었습니다! 여러분이 영광스런 하나님의 아들의 생명을 요구하는 일을 하려고 한다면 확실히 아주 기이한 일을 행하려고 하는 것입니다. 친구 여러분, 그것은 큰물입니다. 부서지기 쉬운 여러분의 배에는 도저히 감당할 수 없는 큰물입니다.

자, 여러분, 여러분은 지금까지 자신의 의를 신뢰하였습니다. 여러분은 죄를 지은 적이 없습니까? 오늘 하루만이라도 시간을 다 쪼개서 생각해 봅시다. 악한 생각이나 그릇된 욕망 혹은 부정한 상상이 매 시간을 더럽히지 않았습니까? 여러분은 몰인정하고 진실치 못한 혹은 교만한 말, 벌 받을 만한 말을 한 적이 없습니까? 여러분은 어릴 때부터 여러분의 창조주 앞에 자신이 절대적으로 완전했다고 주장합니까? 여러분이 그런 자랑을 한다면 놋 이마를 가지고 있는 것이 틀림없습니다. 하나님께서 여러분에게 뭐라고 말씀하십니까? "선을 행하고 전혀 죄를 범하지 아니하는 의인은 세상에 없느니라"(전 7:20). "우리는 다 양 같아서 그릇 행하여 각기 제 길로 갔도다"(사 53:6). "만일 우리가 죄가 없다고 말하면 스스로 속이고 또 진리가 우리 속에 있지 아니할 것이요"(요일 1:8). 친구 여러분, 진실로 "여러분의 사공이 여러분을 인도하여 큰물에 이르게 한 것입니다." 여러분이 자신의 행위로 구원을 받으려고 한다면 여러분이 어디에 있는지 보십시오! 어느 날엔가 여러분이 발을 헛디뎌 넘어질 수 있습니다. 그러면 여러분의 지난 모든 생활은 어떻게 됩니까? 왜냐하면 "만일 의인이 그 공의를 떠나 죄악을 행할 때는 그가 그동안 행한 모든 의는 전혀 언급되지 않고 그가 범한 허물로, 그가 지은 죄로 죽을 것이기"(겔 18:26) 때문입니다. 이것이 여러분이 하나님 앞에 서는 방식이라면 그것은 정말로 형편없는 지위입니다. 여러분은 자신이 한 시간 동안 안전할 것이라고 정말로 확신할 수 있습니까?

자, 친구 여러분, 여러분은 지금까지 충분히 행했고 충분히 느꼈으며 충분히 기도했고 구제금도 충분히 냈으며 기도회나 예배에 충분히 시간을 냈다고 확신할 수 있습니까? 바로 지금 일이 잘 되고 있다고 확신할 수 있습니까? 여러분이 사제를 믿는다면, 여러분에게 세례를 주고 견진성사를 베푼 그가 사도직을 계승했다고 확신할 수 있습니까? 여러분에게 성례를 시행한 그가 제대로 성직수임을 받았다고 확신할 수 있습니까? 여러분이 누워 있을 때 수많은 질문이 여러분을 따라다니며 괴롭힐 것입니다! 여러분은 스스로에게 이것이나 저것, 또 다른 것을 물어야 할 것입니다. 일을 시작하는 여러분의 현재 방식이 과연 옳은지 여러분은 확신할 수 없습니다.

자기 의를 내세우는 종교는 안전을 제시하지 못합니다. 믿음의 평온함도 주지 못하니, 하물며 충만한 확신에서 오는 휴식은 더더군다나 줄 수 없습니다. "네 사공이 너를 인도하여 큰물에 이르게 하였도다." 불확실함에는 불신이 따르고, 두려움의 바람은 의심의 큰 파도를 일으킵니다. 여러분은 끊임없이 죽도록 일을 해야 하지만 이룬 것이 없을 것입니다. 여러분의 생활은 끊임없이 다람쥐 쳇바퀴 돌리는 것과 같은 것이고 한 발자국도 앞으로 나아가지 못할 것입니다. 여러분은 자신의 행위로 천국에 이르기를 바라는 것보다는 말라빠진 낙엽을 타고 대서양을 건너려고 하는 편이 낫습니다. 여러분, 여러분은 선한 행위가 없습니다. 선한 행위를 할 수도 없습니다. 여러분의 동기가 더러워졌고, 더러워진 동기는 여러분의 모든 행위를 오염시킵니다. 자기 구원이 여러분의 목적입니다. 그러므로 여러분은 자신을 섬기지 하나님을 섬기지 않습니다. 동기가 행위의 핵심입니다. 자, 덕을 덕답게 만드는 중요한 동기가 이기적인 마음에는 없습니다. 하나님께 받아들여지려면 사랑의 동기가 필요한데, 여러분은 사랑의 동기에 대해서 아무것도 아는 게 없습니다. 지금까지로 봐서는 여러분의 모든 노동은 전혀 즐겁지 않은 노역에서 나옵니다. 그것은 노예의 임금을 보고 하는 노예의 노동입니다. 여러분은 노예의 삯을 받을 것입니다. 여러분은 죄인이고, 따라서 모든 것을 행한 후에는 삯으로 죽음밖에 받지 못할 것입니다. "네 사공이 너를 인도하여 큰물에 이르게 하였도다."

내가 바로 그 무시무시한 바다에 이르렀던 때가 생각납니다. 나는 젊었을 때 내가 다른 청년들만큼은 선하다고 때때로 생각하였습니다. 어쩌면 실제로 그랬을 것입니다. 다른 애들보다 더 심한 악에 빠지지는 않았기 때문입니다. 누군가가 도덕적인 생활로 구원받는다면 나도 구원받을 수 있겠다고 생각했습니다. 아, 그런데 하나님께서 내 본성의 휘장을 거두셨고 내 마음의 상태가 실제로 어떤지 보았을 때, 나는 다르게 말하지 않을 수 없었습니다. 그동안 어둠 가운데서 내 마음의 지하실에 수도 없이 내려가 보았습니다. 그곳은 아주 아름답게 보였습니다. 그런데 성령께서 지하실 덧문을 걷어 올려 빛이 들어오게 하셨을 때, 거기에서 얼마나 역겹고 혐오스러운 것들을 보았는지 모릅니다! 내 삶은 더 이상 그동안 생각해왔던 것처럼 멋지게 보이지 않았습니다. 아닙니다! 아름답게 보였던 것이 부패한 것으로 변했습니다. 사람이 그의 영혼 속에 흘러드는 하나님의 빛을 받기만 하십시오. 그러면 그 빛이 그에게 죄에 대하여, 의에 대하여, 장차 올 심판에 대하여 책망할 것이고, 어떤 형태의 자기 신뢰든지 다 그에게는 지극히 혐오스런 죄악으로 보일 것입니다. 공로로 천국에 들어가는 것에 대해 말하고 또 자신이 전혀 더럽지 않은 체하며 예수의 피에 옷을 씻는 일이 없이 영화롭게 된 영들 가운데 들어가는 것에 대해 말하는 비참한 이 반역자의 교만보다 큰 악이 어디 있겠습니까. 그의 교만은 타락한 천사 루시퍼의 교만이나 다름없습니다. 그는 자신을 찬송함으로써 주님께 무례한 짓을 하기 위해 영원하신 왕의 궁정에 들어가도록 허락받을 것이라고 생각합니까? 다른 사람들은 풍성하고 값없는 주권적인 은혜로 말미암아 거기에 오고 그래서 떨 듯이 기뻐하며 전능한 사랑을 기뻐하는데, 그는 자신의 뛰어남을 떠벌리기 위해 그 복된 바닷가에 이를 수 있겠습니까? 분명히 말씀드리지만, 여러분이 자기 의라는 배를 타고 출항했다면 노를 힘 있게 젓는 여러분의 사공들이 아무리 힘이 세고 또 그래서 파도를 헤치고 배를 저어갈지라도 바다 건너편에서 "네 사공이 너를 인도하여 큰물에 이르게 함이여 동풍이 바다 한가운데에서 너를 무찔렀도다" 하고 외치는 목소리를 듣는 날이 올 것입니다. 이 항해는 여러분이 감당하기에 너무 큽니다. 파멸이 확실합니다. 하나님께서 여러분에게 그 시도를 피하는 은혜를 주시기를 바랍니다! 자신의 행위를 붙잡는데서 도망하여 그리스도의 행위를 붙잡도록 하십시오. 하나님께서 사랑하신 곳에 신뢰를 두십시오. 즉, 주 예수님을 신뢰하십시오. 그때 여러분은 정말로 선한 행위를 할 것입니다. 그러나 그 행위들은 여러분을 싣고 가는 배가 아니라 여러분이 가져가는 화물이 될 것입니다. 그때는 여러분의 선한 행위는 이기적인 동기에서 이루어지는 것이 아니라 감사의 동기에서 행해질 것입니다. 그때서야 비로소 여러분이 참된 미덕, 곧 하나님에 대한 사랑에 근거한 미덕을 실행할 수 있게 될 것입니다. 여러분이 죄에서 구원을 받고 그리스도의 의 안에서 안전할 때, 그때 여러분은 각 신자가 애정으로 마음이 따뜻해질 때 하듯이 이렇게 말할 것입니다.

> "내 하나님께 사랑을 받았으니 나도 하나님께 대해
> 뜨거운 사랑으로 불타오르네.
> 창세전에 하나님께 택하심을 받았으니
> 이제는 그 보답으로 내가 하나님을 선택하네."

이렇게 해서 우리는 고통스러운 궁지에 빠진 화려한 두 배를 보았습니다. 또 그 위험을 피할 수 있게 하는 조언들에 귀를 기울였습니다. 하나님께서 하찮은 내 말에 복을 베풀어 주시기 바랍니다!

3. 자, 이제 세 번째 경우, 곧 잘못 생각하여 곤경에 처한 사람에 대해서 아주 간단히 생각해 봅시다.

나는 자랑으로 여기는 자신의 지성을 의지하고서 강한 호기심에 끌려 바다로 나간 많은 사람에게 "네 사공이 너를 인도하여 큰물에 이르게 하였도다"고 말할 수 있을 것입니다. 사려 깊은 사람에게 안전한 진로는 하나님을 신뢰하고 성경을 틀림없는 진리로 받아들이는 것뿐입니다. 우리의 정박지가 있습니다. 사람의 마음은 모두가 고정적인 장소를 필요로 합니다. 우리는 어딘가에 절대 확실한 것이 있어야 합니다. 내게 절대 확실한 지침은 성경입니다. 이 외에 다른 어떤 정박지를 나는 알지 못합니다. 하나님의 아들, 곧 그리스도 예수라는 분 안에서 하나님이 사람에게 보여주신 계시가 사람들에게 유일한 희망입니다. 하나님이 세우신 구세주에 대한 신적인 증언이 있는 주님의 말씀이 우리의 신탁이고 우리의 사정을 호소하는 법정입니다.

그런데 이 사실을 참지 못하는 사람들이 있습니다. 나는 무엇보다 그들이 그리스도의 가르침에 복종하지 않고 자신의 지성과 판단에 의지해서 스스로 인도받아 가겠다고 결심할 때 큰물에 들어가기 시작한다고 생각합니다. 스스로 자신의 길잡이가 되겠다고 주장하는 것은 교만하고 위험한 일입니다. 여러분이 예수님의 발 앞에 앉기를 거절하고 스스로 선생의 자리를 취할 때 아주 큰 책임을 떠맡고 있는 것입니다. 여러분이 자신의 지혜와 기지, 의지에 기대려고 한다면 거칠고 바위투성이이며 귀신들이 우글거리는 산길을 택하는 것입니다. 여러분은 뛰어난 지혜를 의지하는데서 오는 달콤한 평안을 누릴 가능성을 내팽개치는 것입니다. 사실 믿음의 기쁨, 곧 겸손한 자가 받는 마음의 즐거운 안식을 놓치는 것입니다. 단순하게 그리스도를 신뢰하는 것이 내게는 위로가 솟구치는 샘입니다. 하나님께서 말씀하시기 때문에 믿는 것이 내 마음에 안식이 됩니다. 나는 의심들을 하나님께 맡기고 일일이 따지지 않고 하나님의 말씀을 받아들이지 않고서는 안식 가운데 살 수 없었습니다.

지혜롭고 생각이 깊은 여러분, 여러분에게 곧 어떤 일이 닥치지 않습니까? 아마도 여러분은 또 다른 사람의 지성에 지배될 것입니다. 더 위대한 사람의 그림자가 될 것입니다. 아무의 인도도 받지 않으려고 하는 사람은 보통 자신보다 더 어리석은 사람이나 혹은 악한 사람의 지도를 받습니다. 나는 두 경우를 모두 보았습니다. 능력이 출중한 사람이, 다른 사람에게는 심오한 신비주의자처럼 보였지만 실상은 거의 바보나 다름없는 사람의 발 앞에 엎드리는 것을 보았습니다. 또 속을 헤아리기 어려운 야심만만하고 뻔뻔스럽기 그지없는 사람이 자기보다 유능한 사람 위에 군림하며 그를 위협하여 복종시키는 것도 보았습니다. 그는 마음대로 하겠다고 맹세하고 그렇게 하기 위해 오랫동안 지녔던 모든 신앙들을 버리고 어리석은 거짓말로 스스로를 속박하였습니다. 그는 아버지와 함께 집에 머물며 유산을 즐거이 물려받으려고 하지 않았습니다. 자유를 갈망하였기 때문입니다. 하지만 슬프게도 오래지 않아 주인이 그를 들판으로 보내어 돼지를 치게 하였습니다. 그는 단순한 진리를 믿지 못하였습니다. 그런데 이제 기괴한 미신 아래 신음합니다.

> "공의로운 법, 곧 하늘의 판단을 들어라!
> 진리를 미워하는 자는 거짓의 괴뢰가 될 것이라.
> 마지막까지 속는 자,
> 지옥처럼 강한 미망이 그를 단단히 묶을 것이라."

그 사람은 오래된 교리가 어렵다는 이유로 포기하고서 열 배나 더 어려운 새 교리를 받아들였습니다. 그는 쉽사리 믿으려고 하지 않았지만 지금은 백 배나 더 쉽게 믿습니다. 창조에 대해서 믿기 주저하면서 진화론은 믿으려고 합니다. 예수님을 믿는 것은 어렵게 생각하였지만 이제 불가지론은 틀림없이 받아들일 것입니다. 불신앙의 곤경들은 신앙의 곤경보다 열 배나 더 큽니다. 성령께서 가르치시는 것을 모두 받아들이려면 우리는 믿음을 크게 발휘할 필요가 있습니다. 그러나 한번 성령님의 충실한 말씀을 믿으십시오. 그러면 여러분은 생명의 길을 찾은 것입니다. 이렇게 하지 않는다면 여러분은 쉽게 믿는 목구멍을 계속 넓혀서 결코 마음을 채울 수 없는 바람에 지나지 않는 것을 항상 쉽게 받아들이게 될 것입니다. 불신앙은 여러분에게 있을법하지 않은 일에서 불가능한 일로 가라고 외칩니다. 불신앙은 사치에서 로맨스로, 로맨스에서 헛소리로 가라고 소리칩니다.

나는 노골적으로 믿음의 정박지를 떠나 현대 사상을 가지고 장난친 사람들에게 그들이 큰 손실을 모르고 있는 것이 아닌지 묻고 싶습니다. 믿음이 사라지면 영적인 능력도 신속히 사라집니다. 새로운 사상들이 사람을 취하게는 만들어도 부양하지는 못합니다. 속죄에 대한 오래된 믿음이 흔들리면 하나님께 가까이 나아가는 일이 사라집니다. 끊임없는 논쟁의 시끄러운 소리에 평화의 비둘기가 놀라게 되면 신성한 교제의 즐거움이 사라집니다. 나는 현대 사상의 주창자들이 설교할 때 아주 예쁘게 말한다는 말을 들었습니다. 그렇게 하는 것은 그들이 영리한 사람들이기 때문입니다. 하지만 그들이 설교하는 말을 들을 때 즐겁다는 느낌은 없습니다. 그들은 자기들이 전하는 것을 가지고 먹고 살지 않습니다. 그들의 얼굴에는 그들이 선포하는 교리에 반한 사람들에게서 볼 수 있는 밝은 빛이 없습니다. 그들의 가르침이 작은 기쁨이라도 일으킬 수 있다면, 여러분은 그들에게서 그 빛을 볼 수 있을 것입니다. 그들은 연회에 아름다움을 더하기 위해 옷을 차려입은 사자(使者)가 아니라 수술하기 위해 모인 외과의사입니다. 그들에게 즐거움이 없는 것은 당연한 일입니다. 즐거워할 일이 없기 때문입니다. 사람이 고기 한 점 붙어 있지 않고 골수도 없는 뼈를 받는다면 누가 미소를 짓겠습니까? 사람이 화려한 뚜껑을 들었는데 그 밑에 아무것도 없다면 기뻐할 사람이 누가 있겠습니까?

현대 사상의 교의들에는 쥐덫의 미끼로 쓸 만한 정신적인 고기가 충분하지 않습니다. 영혼에 필요한 음식도 전혀 없습니다. 그처럼 작은 식량으로는 개미라도 굶어죽을 것입니다. 거기에는 속죄가 없고 중생도 없으며 영원한 사랑도, 언약도 없습니다. 거기에 생각할 만한 가치 있는 것이 뭐가 있겠습니까? "사람들이 내 주님을 옮겨다가 어디 두었는지 내가 알지 못함이니이다"(요 20:13). 그들은 빛과 생명과 사랑, 값없는 은혜의 자유를 가져가버렸고, 그 대신에 우리에게 며칠도 안 되어 부서질 예쁜 장난감들밖에 주지 않았습니다. 여러분, 여러분이 한창 건강할 때 뛰어난 지식인들의 거품 같은 사상을 즐기는 것은 좋습니다. 하지만 영혼이 큰물에서 수고하지 않으면 안 되고 실질적인 도움이 필요할 때가 올 것입니다. 사람이 영원을 직면하게 될 때, 그는 조금도 의심하지 않을 확실한 것들이 필요합니다.

나는 한창 때 몸과 마음이 견딜 수 없이 괴로울 때 누워서 의도적으로 죽음을 들여다보았습니다. 분명히 말씀드리지만, 속죄 제사 외에는 아무것도 마음을 만족시키지 못할 것입니다. 인간의 죄를 위한 대속물이신 예수님을 분명하게 보는 것 외에는 아무것도 하늘을 맑게 하지 못할 것입니다. 그처럼 힘든 시간에 만사에 구비하고 견고하게 하신(삼하 23:5) 언약 외에, 하나님의 신실하심에 근거한 약속 외에, 죄 많고 무가치한 사람들에게 하나님께서 주권적으로 주시는 은혜 외에 나를 위로할 수 있는 것은 아무것도 없습니다. 여러분은 이보다 가벼운 것들로 만족할 수 있을지 모르나 나는 이런 것들이 있어야 합니다. 이런 것들보다 못한 것으로는 안 됩니다. 전능한 능력과 변치 않음으로 뒷받침되는 은혜만이 내 마음을 낙심치 않게 만들 것입니다. 그 외에는 다른 어떤 것으로도 안 됩니다. 그러나 여러분이 오래된 복음을 버린다면, 새 이론을 찾아 이리저리 전전한다면, 얼마 있지 않아 곧 여러분은 지극히 비참한 상태에 들어갈 것입니다. 나는 사람들이 처음에는 성도의 모든 교제를 버리더니 그 다음에는 하나님 말씀에 대한 모든 믿음을 버리는 것을 보았습니다. 그 후에 그들은 세상 사람들의 일반적인 쾌락에 빠졌고, 그래서 계속 떠돌아다니더니 결국 조롱하는 자들과 술주정뱅이, 행실이 부정한 자들이 제공하는 썩은 고기를 받아먹는데 이르렀습니다. 오래된 진리의 길에서 조금만 벗어나려고 했었는데 너무도 멀리 길을 벗어나 가버린 사람들이 얼마나 많은지 모릅니다!

호기심 많은 친구 여러분, 정말로 "여러분의 사공들이 여러분을 인도하여 큰물에 이르게 하였습니다." 나는 여러분을 따라갈 생각이 없습니다. 여러분이 너무 똑똑하니 나는 그냥 바보로 있겠습니다. 여러분과 반대인 사람이 되고 싶기 때문입니다. 나는 기꺼이 약하게 지내겠습니다. 여러분의 강한 마음이 여러분에게 별 유익을 가져다주지 못하고 있기 때문입니다. 나는 어느 때든지 내 영혼의 영원한 희망을 어떤 이론이나 내 두뇌의 활동에 두지 않을 것입니다. 나는 좀 더 견고한 기초가 필요합니다. 바로 이 책에 계시된 진리에, 곧 성경의 분명하고 확실한 진리들에 조금의 의심도 없이 지금과 영원히 내 영혼의 목숨을 겁니다. 나는 머지않아 여러분의 사공이 여러분을 큰물로 데려가지 않도록 여러분도 바로 그같이 하기를 간절히 권합니다.

나는 아무것도 모른다고 말할 수밖에 없다는 것이 내게는 큰물에 들어가는 것처럼 보입니다. 나와 함께 길을 걷던 사람이 힘주어 말했습니다. "나는 목사님처럼 믿지 않습니다. 나는 불가지론자입니다." 그래서 나는 그에게 말했습니다. "아, 그렇군요. 그런데 불가지론자(Agnostic)라는 그 말이 그리스어이지요? 라틴어로는 그것이 무식한 사람(ignoramus)인 것으로 생각하는데요." 그는 그 말을 아주 싫어했습니다. 하지만 나는 그가 쓴 말을 그리스어에서 라틴어로 번역해준 것뿐이었습니다. 여러분이 아무것도 모른다는 것을 고백하고 또 자신의 무지를 자랑할 만큼 둔감하다는 것을 보여주는 여러분의 철학을 의지할 때 이런 기이한 물에 들어가는 것입니다.

우리 가운데 예수님을 믿는 사람들에 대해서 말하자면, 우리는 어떤 것을 알고 믿었습니다. 이는 거짓말하실 수 없는 분에게 영원한 진리들을 배웠기 때문입니다. 우리 주님께서는 걸핏하면 "그럴 수도 있고" 혹은 "그렇지 않을 수도 있다"는 말을 하시는 법이 없었습니다. 그보다 권위 있는 태도를 보이셨고 "내가 진실로 진실로 너희에게 이르노니"(요 5:24)라는 말로 확언하셨습니다. 천지는 없어질지라도, 주께서 우리를 가르치신 말씀은 일점일획도 우리 영혼의 강령이 되기를 그치는 일은 없을 것입니다. 우리는 이 확신에서 안전함을 느낍니다. 그러나 이 확신을 버리면 이내 요동하는 물에 빠지고 말 것입니다.

이제 나는 다른 것들만큼이나 통탄스러운, 어쩌면 더 통탄스러운 또 다른 시각을 잠시 생각해 보겠습니다.

4. 온통 자기 생각에 사로잡혀 믿음을 떠난 사람들을 보십시오.

여러분의 주 하나님을 떠나 방황하는 이여, "여러분의 사공들이 여러분을 인도하여 큰물에 이르게 하였습니다." 나는 본문의 말씀이 무서울 정도로 그대로 들어맞는 사람들을 보고 그들과 이야기도 해 보았습니다. 오늘 밤 이 자리에는 만일 내가 이 강단에 세울 수 있고, 또 그 자신도 말할 용기가 있다면 자신이 하나님을 떠남으로써 자초한 말할 수 없이 비참한 상태에 대한 이야기를 털어놓을 수 있는 사람들이 있습니다.

저쪽에 앉아 있는 여성을 보십시오. 그녀는 한때 큰 전리품을 만난 사람처럼 복음을 기뻐했습니다. 30년 전의 일입니다. 그때는 그녀가 진리를 알았고 사랑했습니다. 그녀를 그리스도에게로 인도한 목사에게 기쁨을 주는 사람이었습니다. 성실하고 열심이 있었고 헌신적이었기 때문입니다. 수년 동안 은혜롭게 행한 뒤에 시험이 왔습니다. 그녀는 마음이 냉랭해졌고 불행했으며 얼이 빠졌습니다. 길을 잘못 들었고 비참해졌으며 술에서 위안을 찾았습니다. 타락한 후로 오랜 시간이 지나갔고 그녀는 고통과 비참함, 죄에 빠졌습니다. 그런 것을 일일이 설명하지 않겠습니다. 그녀는 그저 몰락한 사람이 되고 말았습니다. 죽음이 빤히 그녀의 얼굴을 쳐다보았습니다. 그녀가 우리에게 돌아와서 말했습니다. "죽기 전에 저를 교회에 받아주세요. 어쨌든 제가 마음속에서 하나님의 생명을 잃지는 않았으니까요. 아, 하지만 나는 탈선을 하였고, 그 날 이후로 슬픔이 나를 쫓아다녔어요. 나를 교회에 다시 받아주세요. 제가 은혜로 하나님께 돌아왔으니까요." 여러분은 그녀를 보고서 이렇게 말했습니다. "거친 날씨에 기진맥진한 불쌍한 배여! 그대의 사공이 그대를 인도하여 큰물에 이르게 한 때는 그대에게 불행한 날이었습니다."

여러분은 이런 일이 어떻게 시작되는지 압니다. 무엇보다 먼저 하나님과의 거룩하고 즐거운 동행이 사라집니다. 여러분은 아침부터 밤까지 기뻐서 노래를 부르곤 하였습니다. 에녹처럼 하나님과 동행하였기 때문입니다. 그런데 슬프게도 그 음악이 끝이 났습니다. 그것이 그리 큰 문제가 아닌 것처럼 보였습니다. 그저 뛸 듯이 기쁜 즐거움이 사라진 것뿐이었습니다. 그런데 사실 그것은 큰 문제였습니다. 그 이상의 의미를 지닌 일이었습니다.

그 다음에 은혜의 수단들에 대한 흥미를 잃었습니다. 예배는 지루하였고 설교는 갈수록 따분하였습니다. 기도회는 참석할 만한 가치가 없었고 주중의 밤 집회는 별로 가고 싶은 마음이 들지 않았습니다. 개인 기도를 소홀히 하였고 성경을 읽지도 않았습니다. 종교의 형식들을 좋아하지도 않으면서 오랫동안 유지하였습니다. 그러나 거기에는 생명도 능력도 없었습니다. 그 후에는 형제들에 대해서 트집을 잡고 자매들과 말다툼을 하며 끊임없이 이것저것에 대해 흠을 잡았습니다. 마음에 드는 것이 아무것도 없었습니다. 마음이 떠다니고 있었습니다. 그래서 배에 탄 사람이 해안이 움직이고 있다고 생각하는 것처럼 교회와 세상이 사실은 보이는 것과 다르다고 생각하였습니다. 다른 사람들의 잘못과 거짓을 보는 체하면서 자신의 일탈에 대해서는 눈을 감으려고 하는 사람들이 얼마나 많은지 모릅니다!

그 다음에는 그리스도인 친구들을 싫어하게 됩니다. 믿는 사람들은 너무 진부하고 따분하였습니다. "더 빛나는" 어떤 것을 좋아하는 마음 때문에 그들은 견실한 대화를 멀리하였습니다. 이따금 그들은 정숙한 곳으로 보기에 의심스럽고 비신앙적인 것이 확실한 곳에 출입하였습니다. 시온의 노래가 아닌 다른 노래들을 즐기기 시작했고 성경에서 나오지 않은 가르침들에 귀를 기울였습니다. 그러는 동안 내내 마음속에는 불안이 있었고, 더 나은 것들을 바라는 영혼의 갈망이 있었습니다. 때때로 그는 자신이 바닷가에서 멀리 떨어져서 위험한 곳을 떠다니고 있다는 것을 느꼈습니다. 자신이 조류에 떠밀려 어디로 갈지 몰라 불안하였고, 새로운 키잡이 밑에서 안전하게 항해할 것이라고 생각하지 않았습니다. 그때 불길한 어느 날 앞에 암초가 나타났습니다. 그동안은 배가 쉽게 조종하여 피하였던 암초였습니다. 그런데 이때는 조류와 바람이 배를 그리로 몰고 갔습니다. 그는 미처 제대로 알기도 전에 파멸하고 말았습니다. 비유를 그만두고 사실대로 말하자면, 그는 한때 미워했던 죄를 이제는 가지고 논 것입니다. 그는 굴복할 마음이 없었습니다. 그러나 조금 양보하였고 이내 욕망의 노예가 되었습니다. 성찬상에 앉았던 그가 이제는 술에 취해 있었습니다. 그리스도를 믿는 사람들하고만 교제하던 자매가 이제는 매우 의심스러운 모임에 드나들었습니다.

마침내 거기에서 한 걸음 더 나아갔습니다. 이제는 공공연히 죄를 범했고, 파멸이 뒤따랐습니다. 그 죄인이 얼마나 오랫동안 죄 가운데 지낼지 나는 모릅니다. 다윗이 얼마나 오랫동안 회개하지 않고 지냈는지 이야기할 필요가 없습니다. 아, 그가 죄에 빠지지 않았더라면 좋았을 것입니다! 아, 다윗이 그 날에 침대에서 빈둥거리다가 겨우 저녁 무렵에나 일어나 그를 더러운 죄로 곤두박질치게 만들 그 광경을 보지 않았더라면 좋았을 것입니다! 형제자매 여러분, 여러분이 그리스도에게서 조금 멀어지기 시작할 때 자신이 그리스도를 떠나 얼마나 멀리 갈지 알지 못하고, 또 얼마나 빨리 끔찍한 죄들을 범하게 될지도 알지 못합니다. 오늘 밤 이 자리에는 한때 복음전도자였던 사람 혹은 열심 있는 주일학교 선생이었던 사람, 하나님의 뜻을 행하는데 헌신적이었던 여성들이 있을 수 있습니다. 그런데 슬프게도 지금은 그들이 교회의 교제에서 떨어져나갔고 이스라엘 나라 밖의 사람이며 성도들의 교제에서 내쫓긴 사람들입니다!

친구 여러분, "여러분의 사공들이 여러분을 인도하여 큰물에 이르게 한 것입니다." 여러분의 배의 주인이신 분, 여러분을 위하여 피를 흘리신 분이 오시면 좋겠습니다! 그분이 여러분의 배에 오르셔서 키를 잡고 오늘 밤 그의 전능한 은혜로 크게 한 번 노를 저어 여러분을 되돌리고 여러분이 평안의 항구로 향하도록 해 주시면 좋겠습니다! 여러분이 "그가 나를 다시 받아주실까?" 하고 묻습니까? 주님의 음성을 들어보십시오. 주께서 여러분에게 이같이 말씀하십니다. "여호와의 말씀이니라 배역한 자식들아 돌아오라 나는 너희 남편임이라"(렘 3:14). 이 말씀을 가지고 즉시 하나님께 오십시오. 하나님은 언제든지 여러분을 영접하실 준비가 되어 있기 때문입니다. 우물쭈물 망설이지 마십시오. 마음으로 타락한 자여, 자신의 길을 고집하고 나가기 전에 돌아오십시오. 돌아와서 "내 영혼아 네 평안함으로 돌아갈지어다"(시 116:7)라고 말하십시오.

여러분이 하나님의 자녀라면 죄 가운데 있어서는 결코 행복하지 못하리라는 것을 생각하십시오. 여러분은 망가져서 세상과 육신과 마귀를 위해 살았습니다. 그런데 여러분이 거듭나는 날에 여러분에게 지극히 중요한 원리, 곧 결코 죽지 않고 죽은 세상에 그냥 만족하며 살 수 없는 원리가 여러분 속에 심겨졌습니다. 정말로 여러분이 하나님의 가족에 속해 있다면 여러분은 돌아오지 않을 수 없을 것입니다. 비록 방탕한 자식이라도 여러분은 여전히 하나님의 자녀입니다. 모든 뼈가 부러지면서라도 여러분은 돌아오지 않을 수 없을 것입니다. 여러분의 남편이 되신 하나님은 결혼의 약속을 잊지 않으셨습니다. 여러분은 그분을 버렸고 많은 정부를 두어 몸을 더럽혔지만 그럼에도 불구하고 "하나님은 이혼하는 것을 미워하노라"(말 2:16)고 기록되었습니다. 하나님은 이혼을 견디실 수 없습니다. 하나님의 전능한 사랑이 여러분을 되돌리게 하실 것입니다. 하나님은 여러분을 포기하실 수 없고 포기하실 마음도 없습니다.

예레미야서와 에스겔서에 나오는 잊기 어려운 그 구절들을 읽어보십시오. 여기에서 성령께서는 오늘 밤 내가 감히 사용할 생각을 하지 못한 직유를 사용하시고, 간음한 영혼들 가운데 지극히 타락하여 더러운 자들에게, 결혼의 계약이 아직도 유효하기 때문에 그리고 하나님께서 그들을 포기하려고 하시지 않고 그들을 계속해 죄를 짓도록 내버려 두려고 하시지 않기 때문에 그들의 첫 남편에게 돌아오라고 명령하십니다. "네 사공이 너를 인도하여 큰물에 이르게 하였도다." 조타수가 여러분을 항구로 인도하여 들이기를 바랍니다! 돌아오십시오. 돌아오십시오. 나는 본문의 말씀과 이 말씀이 적용되는 사람들을 모든 은혜의 하나님께 맡깁니다. 하나님께서 여러분 모두에게 복을 베풀어 주시기를 바랍니다! 아멘.

제
16
장
—

멍에가 꺾인 후에 여호와께서 나타나심

—

"내가 그들의 멍에의 나무를 꺾은 후에 내가 여호와인 줄을 그들이 알리라." — 겔 34:27

모든 사람이 하나님께서 여호와이신 것을 모릅니까? 사람들은 마땅히 그 사실을 알아야 합니다. 자연의 작품들 가운데서 하나님을 분명히 알 수 있기 때문입니다. 계시가 전혀 없는 곳에서도 하늘과 땅, 바다, 그리고 결실기를 가져오며 사람의 마음을 음식과 기쁨으로 채우는 비, 이 모든 것이 지존하신 하나님을 선포합니다. 그러나 사람은 지혜로 하나님을 알지 못합니다. 사람은 해보다 더 밝은 증거에 대해 눈을 감고 보지 않습니다. 그리고 의도적으로 눈을 감고서 나무나 돌 혹은 금이나 은의 우상을 세우고 그 앞에 절하며 그것을 자기 신(神)이라고 부릅니다. 열방의 죄는 이것입니다. 즉, 그들이 썩지 않는 하나님의 영광을 썩어질 사람과 새와 네 발 가진 짐승과 기는 것들과 같은 형상으로 만든 것입니다.

그런데 이 땅에서는, 다시 말해 복음의 가르침이 그처럼 많이 전해지는 이 땅, 펼쳐진 성경과 개신교 강단을 자랑하는 이 땅에서는 모든 사람이 하나님을 알지 않습니까? 아, 슬프게도 그렇지 않습니다. 하나님에 대해서 들었고 또 하나님을 믿는다고 말은 하지만 하나님을 개인적으로 알지 못하고 본문의 의미대로 하나님이 여호와이신 줄 알지 못하는 사람들이 많습니다. 친구 여러분, 하나님을 개인적으로 알지 않고서는 하나님을 알 수 없습니다. 또 하나님께서 우리 마음에 자신을 계시하시지 않고서는 개인적으로 하나님을 알 수 없습니다. 여러분이 원하는 대로 얼마든지 성경을 읽을 수 있고 원하는 대로 얼마든지 오래 설교를 들을 수 있습니다. 그러나 여러분이 마음으로 성령님을 만나기 전에는 하나님을 알지 못하고 알 수도 없습니다. 여러분은 하나님에 대해 소문을 들어서 압니다. 그러나 거기에서 더 높은 데로 나아가지 않는 한, 들어서 알았다고 하는 것은 작은 문제입니다.

우리가 그리스도인이라고 쉽게 단정지어서는 안 되는 사람들이 너무 많지 않나 생각이 됩니다. 왜냐하면 그런 사람들이 요즘 신앙 고백의 일반적인 흐름에 따를 때 그리스도인이라면 행할 것으로 생각되는 외적인 일들을 모두 행하지만, 그럼에도 불구하고 하나님과의 영적인 교제를 통해 진정으로 하나님을 알지는 못하기 때문입니다. 그들의 믿음은 이성 위에 서 있습니다. 논증에 근거해 있고, 지성에 호소합니다. 그러나 그들의 믿음이 개인적으로 하나님을 친숙히 아는데 이른 적은 없습니다. 그들에게는 여호와가 논리적인 추상 개념이지 사랑하는 분이 아닙니다. 혹시 어쩌면 그보다 더 나쁜 것일지도 모릅니다. 하나님에 대한 그들의 믿음은 흥분이나 연상(聯想), 좋아하는 설교자의 웅변이나 그런 것에 근거해 있을지도 모릅니다. 이런 경우에 그들은 하나님을 마땅히 알아야 할 대로 알지 못하는 것입니다.

그래서 잠시 후에 또 다른 신, 곧 아브라함과 이삭과 야곱의 하나님이 아닌 다른 신이 전파되면 그들은 참되신 하나님을 떠나서 거짓 신에게로 갑니다. 세상적인 지혜가 판을 치는 오늘날에 사람들은 새로운 신을 세웠습니다. 이 신은 모세와 아론의 영광스러운 하나님, 이스라엘 조상들과 선지자들의 하나님보다 더 나약하고 고분고분한 신입니다. 살아계신 유일한 참 하나님을 알지 못하는 사람들은 이 새로운 신을 따르는데, 이 신은 인도 사람들이 갠지스 강 옆에서 진흙 신들을 만드는 것과 똑같이 이 현대 신학자들이 서재에서 만들어 새로 세운 것입니다. 그들은 이 새 신 앞에 절하고, 아브라함과 이삭과 야곱의 하나님 여호와에 대해 반대의 목소리를 높이는데, 마치 자기들이 하나님을 판단해서 더 이상 하나님으로 간주하지 않을 수 있는 것처럼 말을 합니다. 그들이 "구약의 엄격한 신"에 대해서 이야기하고 "모세와 이사야의 문명화된 견해들"에 대해서 이야기하는 것을 들으면 놀라지 않을 수 없습니다. 우리는 자신의 길을 모세에게 알리셨고 자기 행사를 이스라엘 자손에게 알리신 하나님을 진심으로 사랑합니다. 우리는 하나님 외에는 다른 어떤 것도 원하지 않습니다.

하나님을 아는 사람들은 하나님께서 여전히 모든 면에서 변치 않는, "나는 스스로 있는 자니라"이신 것을 압니다. 우리는 우리 주 예수 그리스도의 하나님, 곧 영광의 아버지께서 바란 광야에서 자신을 계시하시고 시내 산에서 우렛소리와 함께 강림하신 바로 그 하나님이시라는 것을 압니다. 예수 그리스도 안에서 자신을 나타내시는 하나님은 전에 우리 조상들과 선지자들에게 말씀하신 그 하나님이십니다. 그분은 한 분 영광스런 여호와 하나님이시기 때문입니다. 자, 형제 여러분, 여러분이 일단 참되신 하나님을 알았다면 이 새 신들을 따라갈 염려는 없습니다. 여러분이 경험을 통해 지존하신 하나님과 교제하였고 하나님의 능력을 느끼고 그의 영광을 보았다면, 하나님께서 여러분에게 가르쳐 주셨고, 또 성령께서 철필로 하듯이 여러분 영혼에 새기고 다이아몬드의 뾰족한 끝으로 기록하신 일들을 굳게 붙잡고 있을 것입니다.

본문을 보면 하나님의 친 백성들이 하나님을 알게 되는 과정이 있다는 것을 알 수 있습니다. 하나님께서 그들의 멍에의 끈을 끊으실 때 이 과정이 일어납니다. 그때서야 그들이 여호와가 하나님이신 줄 알게 됩니다. 그러므로 하나님께서 먼저 지혜로운 목적을 위하여 자신의 택하신 자들이 속박에 들어가도록 허락하셔야 한다는 것이 분명합니다. 그들은 속박되어야 합니다. 그렇지 않으면 그들이 멍에를 메려고 하지 않을 것이고 하나님께서 그 멍에를 깨트리실 기회가 없을 것입니다. 나는 속박이 좋은 것이라고 말하지 않습니다. 속박은 애통하게 생각할 일입니다. 일찍이 아우구스티누스가 죄로 인해 하나님의 은혜가 놀랍게 나타나는 여지가 발생한 것을 보고서 "복된 잘못이여!" 하고 소리쳤듯이 나도 감히 이렇게 말해봅니다. "복된 속박이여, 이 속박으로 인해 우리 하나님께서 오셔서 자기 자녀들을 자유롭게 만드시고, 또 이렇게 자녀들의 멍에의 끈을 끊음으로써 바로 하나님이 여호와이심을 그들에게 가르쳐 주시는도다."

우리를 가르칠 수 있는 유일한 분이신 성령의 도우심을 받아 멍에의 끈을 끊는 이 과정을 설명하도록 하겠습니다. 이 과정에 의해 해방된 자들은 여호와께서 하나님이심을 압니다.

여기서 생각할 점이 두 가지 있습니다. 첫째는, 하나님께서 자기 백성의 멍에의 끈을 끊으신다는 것입니다. 둘째는, 그때 하나님의 백성들이 하나님께서 여호와이신 것을 안다는 것입니다.

1. 첫째로, 하나님의 백성들이 어려운 때 메는 멍에가 많고, 하나님께서 이 멍에의 끈을 끊으십니다.

여러분은 처음으로 멘 멍에를 잊을 수 없는데, 그것이 어떤 멍에인지 여러분은 알았습니다. 그것은 철 멍에였습니다. 그러나 여러분은 그 멍에를 오랫동안 메었지만 그것이 멍에인 줄 몰랐습니다. 하나님의 생명의 불꽃이 여러분 가슴속에 떨어졌고, 그때부터 여러분은 죄의 멍에, 곧 율법 아래 정죄 받은 죄책의 멍에가 여러분의 목에 단단히 채워져 있다는 것을 인식하기 시작했습니다. 내가 느낀 대로 여러분도 느꼈다면 그것은 정말로 혹독한 속박이고 영혼까지 파고든 차꼬였습니다. 나는 어떤 사람들이 이 멍에를 메었을 때 자신들이 사람이 되어 죄를 많이 짓고 혐오스러워서 하나님의 진노를 받느니 차라리 하나님께서 자신들을 개구리나 두꺼비, 뱀 혹은 그와 같은 것으로 만들어 주시는 것이 낫겠다고 느끼는 심정을 충분히 이해할 수 있습니다. 죄인이 된다는 것은 두려운 일입니다. 그 두려움을 충분히 인식하게 되면 영혼은 거의 지옥의 상태에 빠지게 됩니다. 전갈의 침이나 사자의 이빨 혹은 철사 채찍들이 이런 생각들보다 더 날카롭고 고통스러울 수 있겠습니까? "나는 지금까지 죄를 지었고 그 죄를 원상태로 돌릴 수 없다. 나는 하나님을 노여우시게 하였고 노여우시게 한 내 행위에 대한 죗값을 치를 수가 없다. 나는 그의 진노를 당해 마땅하고, 그 진노를 내게 쏟으시지 말아야 할 아무런 핑계를 댈 수 없다."

세상을 어깨에 짊어졌다고 하는 신화에 나오는 아틀라스가 진 짐도 자기 죄악을 깨달은 양심이 진 짐만큼 무겁지는 않았습니다. 죄에 대한 양심의 가책에 대해서 이야기하는 것은 쉬운 일입니다. 그러나 양심의 가책을 느끼는 것은 전혀 다른 문제입니다. 양심의 가책을 느낀다는 것은 영혼이 톱날에 켜이고, 철써레에 갈리며, 영혼이 벽돌 굽는 가마를 지나가는 것입니다. 양심으로 느끼는 죄는 밤낮으로 여러분을 따라다니며 도무지 잠들지 못하게 만들어서, 여러분이 사느니 차라리 목매어 죽는 것을 택하고 싶은 마음이 들 정도까지 여러분을 괴롭히는 망령입니다. 그렇다고 해서 양심의 가책이 모든 경우에 다 똑같이 무섭다고 말하는 것은 아닙니다. 그러나 어떤 사람들은 이 멍에를 훨씬 더 무겁게 느겼습니다. 하나님의 백성들이라면 모두가, 하나님께서 그들을 다루기 시작하실 때는 그 괴로운 속박에 다소간에 굴복하게 된다고 믿습니다. 하나님께서 그 멍에를 꺾으시는 시간은 복됩니다. 하나님만이 그 멍에를 제거하실 수 있습니다. 하나님은 멍에를 아주 효과적으로 제거하십니다. 그때 우리는 하나님이 우리를 종의 집에서 이끌어 내신 여호와 우리 하나님이심을 압니다. 영혼을 죄의 속박에서 해방하는 것은 하나님만이 하실 수 있는 일입니다. 그러므로 죄 범한 영혼을 해방하시는 하나님의 손을 영원히 찬송합시다.

사람이 죄를 깨닫고 나면 그 다음으로 두 번째 멍에를 의식하기 시작합니다. 기질과 환경에 따라 다소 차이가 있고, 경우에 따라서도 차이가 있지만, 우리는 본성적인 타락과 타고난 죄의 멍에가 있음을 느낍니다. 그리스도인이 되는 순간부터 내적인 전쟁이 시작됩니다. 옛 자아는 그리스도 예수 안의 새로운 피조물인 침입자를 용인하려고 하지 않습니다. 그 결과 싸움이 일어납니다. 회심한 사람에게서 어떤 죄들은 깨끗이 제거되어 그 죄들이 좀처럼 그에게 시험거리가 되지 않을 것입니다. 그 가운데서 특히 어떤 악한 습관들에 완전히 젖어 있던 사람들이 다시는 그런 일에 시험을 받지 않았습니다. 그러나 육신이 또 다른 방향에서 기회를 잡아 반역하였습니다. 내가 아는 어떤 사람은 회심 후에 과거에는 전혀 몰랐던 새로운 죄를 범하고 싶은 시험을 받았고, 그 시험이 그에게는 괴로운 멍에였습니다. 전에는 자기 마음속에 있으리라는 것을 알지 못한 열정이 깨어났고, 그는 점점 더 자기를 옭아매는 그물망을 보았습니다. 그때 죄를 미워하는 마음을 짓누르는 압박 때문에 소리쳤습니다. 신자가 회심 전에 죄에 깊이 빠졌다면 그는 종종 옛 죄와 습관과 정욕에 대한 기억 때문에 생기는 죄에 대한 힘든 싸움을 겪을 것입니다. 여러분이 뱀을 쫓아낼 수 있지만 뱀의 악취는 그대로 남아 있을 수가 있습니다. 뱀이 숨어 있던 자리에서 악취를 깨끗이 제거하려면 성령의 성결하게 하는 능력이 필요합니다. 사자가 수풀 속에 오랫동안 자리를 잡고 있었다면 사냥꾼들이 사자를 추적하여 쫓아낼 수 있습니다. 그러나 거기에 굴이 있기 때문에 전혀 생각지 않은 때에 사자 새끼들이 나올 가능성이 충분히 있습니다. 사람의 마음속에 있는 악도 그와 같습니다. 오래된 포도주 통은 거기에 담겨 있던 포도주 냄새가 납니다. 그 냄새를 깨끗하게 하려면 통을 끓는 물로 많이 씻어낼 필요가 있습니다. 여러분이 통에 깨끗한 물을 부어넣을지라도 당장에는 전에 담아두었던 술 맛이 날 것입니다. 우리의 작은 싸움들은 끝이 없는 것처럼 보입니다. 원주민들은 마음 편하게 지내지 않고 계속해서 조용히 있으려고도 하지 않습니다. 그들은 기회를 엿보고 있다가 때가 되면 다시 들고 일어섭니다. 여러분은 죄가 자기 안에서 완전히 죽었다고 생각할지 모릅니다. 그러나 죄는 여러분이 자랑하는 동안에 웃고 있다가 오래지 않아 여러분으로 하여금 자신이 너무도 쉽게 속았다는 것을 알고 울게 만들 것입니다.

어떤 그리스도인이 시험을 만났는데, 그 시험에 조금도 굴복하지 않았지만 그 때문에 기쁨을 잃고 목에 멍에를 메는 것을 보았습니다. 시험이 옵니다. 그리스도인은 시험을 싫어합니다. 그러나 시험은 옵니다. 그가 하나님께 가서 기도하여 시험을 물리치지만, 시험은 옵니다. 걸음을 내디딜 때마다 한 걸음 한 걸음 주의하지만, 그때도 시험이 옵니다. 시험은 그림자처럼 그를 따라다니는 것처럼 보입니다. 그는 시험을 떨쳐버리기 위해서는 땅 끝까지라도 가려고 합니다. 그러나 거기에도 시험이 있습니다. 시험이 그가 내딛는 발걸음마다 따라다닙니다. 무릎을 꿇고 기도하지만 그때도 시험이 옵니다. 시험은 마치 스코틀랜드 사람들의 옛날이야기와 같습니다. 스코틀랜드 사람들의 집에는 작은 도깨비들이 있었다는 것입니다. 그래서 그들이 도깨비들을 떼어놓으려고 이사를 해야겠다고 마음먹었는데, 이사할 때 큰 우유 통에서 시끄러운 소리가 들려서 보니 장난치기 좋아하는 그 도깨비들이 그 속에서 함께 가고 있었다는 것입니다. 그와 같이 그리스도인이 시험을 피하기 위해 이사하고 자리를 옮기고 애쓰는 것을 보았지만, 거기에도 시험이 있었습니다. 그의 삶의 이 골칫거리가 뼛속에 박힌 칼처럼 매일의 고뇌로 그를 심장까지 찔렀습니다. 어떤 하나님의 백성들에게는 죄에 대한 시험이 한 해 동안 내내 그를 괴롭히는 멍에로 작용하였습니다. 그들은 죄에 대한 공포 때문에 등골이 오싹해져서 하나님께 소리쳤습니다. 그럼에도 불구하고 악에 대한 생각이 도무지 거부할 수 없을 것처럼 그에게 떠올랐습니다.

번연(Bunyan)은 그의 책 『죄인의 괴수에게 넘치는 은혜』(*Grace Abounding to the Chief of Sinners*)에서 자신이 그리스도를 파는 생각에 몹시 시달렸으며, "그리스도를 팔아라! 그리스도를 팔아라! 그리스도를 팔아라! 그리스도를 팔아라!"는 말이 어떻게 끊임없이 귀에 울리는 것 같은지 마침내 자기도 모르게 "그리스도께서 원하시면 가시라고 해"라는 말을 했거나 아니면 생각했던 것 같다고 말하였습니다. 그러자 마귀가 그에게 의기양양해하며 "너는 그리스도를 팔았다"라고 말했다는 것입니다. 사탄은 수만 번도 더 그를 거짓으로 고소하였기 때문입니다. 정직한 존 번연은 그런 일은 전혀 하지 않았습니다. 그러나 그는 자기가 무엇을 말하는지 혹은 생각하는지 거의 알지 못하는 시험 때문에 아주 괴로워하고 어찌할 바를 몰랐습니다. 거품 마님(Madame Bubble)이 불쌍한 순례자를 유혹할 때는 그녀를 떨쳐내기가 여간 어려운 것이 아닙니다. 그녀의 유혹은 무릎을 꿇고 기도해야만 겨우 물리칠 수가 있습니다. 그때조차도 그녀의 유혹은 우리에게 무서운 힘을 발휘합니다. 여러분이 모두 이런 일을 아는 것은 아닙니다.

여러분이 모두 알기를 바라지도 않습니다. 하지만 여러분이 내가 지금 이야기하는 것을 경험하고 있다면 나는 여러분에게 하나님이 이 멍에도 꺾으실 수 있고 그 멍에의 끈들을 하나하나 다 끊으실 수 있다는 점을 기억하라고 말씀드리고 싶습니다. 그 구원은 매우 즐겁습니다. 그 구원이 올 때 "내가 그들의 멍에의 나무를 꺾은 후에 내가 여호와인 줄을 그들이 알리라"는 본문의 말씀이 풍부하게 성취되는 것입니다.

하나님의 백성들이 아주 흔히 져 온 또 다른 멍에는 끊임없는 불신앙의 경향이라는 멍에입니다. 불신앙은 우리 모두 속에 있습니다. 불신앙은 인류의 대표적인 죄입니다. 온갖 죄악의 근본 뿌리가 되는 근원적인 죄입니다. 하나님께서 우리를 충만한 확신에 이르게 하실 때는 언제든지 하나님을 찬송합시다. 그러나 하나님의 백성들 가운데는 환경이 조금만 바뀌어도 그것을 아주 예민하게 의식하고 초조해하기 시작하는 사람들이 있습니다. 작은 걱정거리들에도 그들은 신경이 예민해집니다. 영적 상태를 보면 그들은 매 시간 위태로운 상태에 있는 것처럼 보입니다. 그들이 스스로가 영적인 상태에 있다는 것을 알 수 있는 증거가, 그들이 올바르게 행하기를 바라고 죄를 피하려고 하며 하나님을 간절히 바란다는 것뿐인 경우가 많습니다. 그들은 믿기 때문에 많이 기쁘다거나 큰 평안을 누린다고 말할 수 없고 그런 것을 기대할 수도 없습니다. 그들의 믿음이 너무나 약하기 때문입니다. 사람들은 그들이 너무 침울해하고 슬퍼하기 때문에 그들을 "흥을 깨는 사람들"이라고 부릅니다. 사실 그들은 자신의 믿음을 별로 신뢰하지 않고, 그래서 다른 사람들을 자기 신앙으로 끌어들이기보다는 오히려 가까이 접근하지 못하도록 막는 허수아비처럼 행동합니다. 하나님 백성들 가운데는 마치 선사 시대의 혈거인(穴居人)이나 동굴 주거인의 자손인 것처럼 그늘에서 태어나 그늘에서 살며, 죽기 전에 산 채로 매장되는 것을 좋아하는 것 같은 사람들이 있습니다. 이런 마음의 습관은 폐기처분해야 합니다. 그 습관에 빠지는 사람은 결코 그 일을 가볍게 생각해서는 안 됩니다.

그러나 친구 여러분, 우리는 다른 사람들에 대해서 엄격해서는 안 되고 다른 사람들을 비난해서도 안 됩니다. 반대로 그들이 매우 무거운 멍에를 지고 있고, 그 짐 때문에 그들의 마음이 찌부러지고 기쁨이 그들에게서 다 빠져나간다는 것을 알아야 합니다. 그리스도와의 관계에 대해서 아무도 의심할 수 없고 그리스도인으로서 일관성이 확실하며 기도를 많이 하고 하나님 말씀을 사랑하며 예수 그리스도를 어린아이처럼 단순하게 신뢰한다는 것을 본인 외에 모두가 분명히 알 수 있는 많은 사람이 그럼에도 불구하고 자신의 상태에 대한 걱정 때문에 무거운 심정으로 지냅니다. 그들의 얼굴이 다른 사람들에게는 빛이 납니다. 그러나 정작 본인은 그 빛을 누리지 못합니다. 그들에 대해 의심하는 사람은 아무도 없습니다. 그러나 그들은 자신에 대해 온갖 의심을 품고 있습니다. 하나님께서 이러한 형제자매들을 그들의 감옥에서 끌어내 주시기를 바랍니다. 그러면 하나님께서 그들의 멍에의 끈을 끊었을 때 하나님이 여호와이신 것을 그들이 알 것입니다.

또 큰 근심으로 인한 멍에를 지고 있는 그리스도인들도 있습니다. 우리는 함께 모이면 즐겁고 행복하게 보입니다. 그러나 우리와 함께 회중석에 앉아 있는 저 사람이 어떤 짐을 지고 있는지 모릅니다. 오늘과 같은 목요일 밤 집회에는 하루 종일 곤란한 상황 가운데 지내던 이 도시의 상인들이 많다는 것을 나는 압니다. 그들은 일을 당해서 어찌해야 할 줄 모르다가 "자, 그냥 하나님의 집으로 달려가야겠다. 하나님께서 내게 말씀하실 지도 모르는데, 그것을 들어야겠다" 하고 말하고 여기로 온 것입니다. 어찌해야 할 줄 모르는 하나님의 자녀의 마음에 달콤한 약속이 분명하게 와 닿았고, 그래서 그가 주님께서 자기 종을 통해 자기에게 메시지를 전하셨다고 느끼며 이 자리를 떠나는 일이 수도 없이 일어났습니다. 나는 어떤 주부가 그와 같은 상태로 하나님의 집에 올라온 것을 알았습니다. 한 아이는 아프고 또 한 아이는 그녀를 지치게 만들고 있습니다. 아마도 남편은 그리스도인 아내의 여린 마음을 슬프게 하고 있을 것입니다. 가정사는 엉망진창입니다. 그러나 그녀가 하나님 앞에 앉았을 때 위로의 계시로부터 말씀이 들려왔습니다. 한나는 더 이상 슬퍼하지 않았습니다.

우리 형제자매들 가운데는 항상 십자가를 지고 다니는 사람들이 있습니다. 그들이 사업에서 어떤 일을 겪는지, 몸에 어떤 고통이 있는지, 가정사에서 어떤 일을 겪는지 안다면 우리는 기회가 있는 대로 자주 그들에게 위로의 말을 전할 것입니다. 그러나 지금 우리가 모르기 때문에 그들은 주목을 받지 못하고 있고, 그래서 그리스도인에게 동정도 거의 받지 못합니다. 사랑하는 형제 여러분, 여러분은 오랫동안 아주 무거운 멍에를 지고 다녀야 했을 수 있습니다. 그러나 하나님께서 여러분의 멍에의 나무를 꺾으실 때 여러분은 하나님이 여호와이심을 알 것입니다. 시련이 내게 큰 복이었다고 나는 증언할 수 있습니다. 내가 고난에 처하지 않았다면 많은 것을 배웠을지 잘 모르겠습니다. 하지만 작은 고난으로 괴로움을 당했기 때문에 내가 고침을 받았다는 것을 압니다. 나는 이것이 주님의 식구들 대부분에게 적용되는 일이 아닌가 생각됩니다. 하나님은 받으시는 아들마다 징계하여 가르치십니다. 그러나 여러분이 몹시 당혹스럽고 곤란한 처지에 있으면서 거기에서 나올 길을 보지 못하고 사실 스스로 거기서 빠져나올 수도 없었을 때, 하나님께서 친히 나타나 여러분의 멍에의 나무를 꺾으셨을 때 여러분은 여호와께서 하나님이심을 알았습니다. 하나님의 놀라운 은혜를 찬송하고 그의 구원하시는 사랑을 찬미하였습니다.

그런데 여기서 여러 가지 다양한 멍에를 다 언급할 시간은 없습니다. 하지만 하나님의 백성들이 메는 많은 멍에들을 그들 스스로 꺾을 수 없다는 점은 이야기하겠습니다. 죄인이 죄의 멍에를 지게 되면 스스로 그 멍에를 벗을 수 없습니다. 그가 멍에를 세게 잡아당기고 또 잡아당길 수 있지만 자꾸 살갗을 문질러 벗겨지게만 할 뿐 멍에는 더 단단하게 그를 조입니다. 대갈못으로 박아 고정시킨 죄의 차꼬는 떨어낼 수 있는 것이 아닙니다. 에티오피아인이 그의 피부를, 표범이 그의 반점을 변하게 할 수 있습니까? 할 수 있다면 악에 익숙한 그도 하나님의 은혜와 상관없이 스스로 선을 행하는 것을 배울 수 있을 것입니다(렘 13:23). 낙담의 멍에, 그리고 아주 많은 경우에 일시적인 근심의 멍에가 너무 크게 다가와서 사람은 그런 것들을 깨끗이 잊을 수가 없습니다. "가만히 서서 여호와께서 행하시는 구원을 보라"(출 14:13)는 말씀이 때로는 여러분이 곤경 가운데 처해 있는 사람에게 줄 수 있는 최상의 조언입니다. 그는 물에 빠진 사람과 같습니다. 허우적거리면 허우적거릴수록 그만큼 더 빨리 가라앉습니다. 하나님은 종종 의도적으로 자기 백성들을 피조물의 끝에 이르는 곳에, 육신적인 모든 희망이 사라지는 곳에, 사방을 둘러보아도 여러분의 지친 눈을 기쁘게 해줄 빛 한 줄기 보이지 않는 곳에 집어넣으시고, 베들레헴의 별이 갑자기 떠올라 아침을 알릴 때까지 그곳에 두십니다.

친구 여러분, 멍에가 매우 많고 또 그 멍에들 가운데 어떤 것들은 너무 단단해서 우리가 꺾을 수 없는 것들도 있지만 하나님께서 자기 백성들에게서 아주 쉽게 제거할 수 없는 멍에는 없다는 것을 기억할 필요가 있습니다. 죄의 멍에를 제거하기 위해 하나님은 예수님의 사죄하시는 피를 가까이 가져오시는데, 그러면 우리의 무거운 짐이 사라집니다. 우리를 지배하는 죄의 세력에 대해서 우리는 어린 양의 피로 말미암아 그 세력을 이깁니다. 매일의 걱정거리에 대해서 우리는 우리를 돌보시는 하나님께 걱정거리를 맡깁니다. 우리의 낙담에 대해서 우리는 주께서 "너희는 마음에 근심하지 말라 하나님을 믿으니 또 나를 믿으라"(요 14:1)고 말씀하시는 것을 들었습니다. 하나님께는 능치 못한 일이 하나도 없습니다. 그러므로 친구 여러분, 이 순간 여러분이 처한 곤경을 하늘에 계신 여러분의 아버지 하나님과 여러분 자신 외에는 아무도 모를지라도 하나님께서 원하시면 그 곤경을 당장에 제거하실 수 있다고 확실히 말씀드립니다. 하나님은 거지를 거름더미에서 들어 군주들 가운데 앉게 하십니다. 하나님은 사슬에 묶인 자들을 풀어주십니다. "너희가 양 우리에 누울 때에는 그 날개를 은으로 입히고 그 깃을 황금으로 입힌 비둘기 같도다"(시 68:13). 옛적에 하나님의 성도들 가운데 한 사람은 자신의 경험을 이런 말로 적었습니다. "내가 깊은 곳에서 주께 부르짖었나이다"(시 130:1). 그의 경험은 포로 된 자들로서 하나님을 신뢰하는 모든 사람의 경험입니다. 너무 어두워서 하나님이 당장에 빛을 비추어 밝게 할 수 없는 상태란 없습니다. 너무 절망적이어서 하나님이 즉시 해결할 수 없는 경우란 없습니다. 여러분은 이 사실을 믿습니까? 그렇다고 확신합니까? 그 사실을 믿기만 하면 거기에서 위로를 얻을 수 있을 것입니다.

또 한 가지 생각이 떠오릅니다. 그것은 이것입니다. 하나님께서 여러분의 멍에의 나무를 꺾으시리라고 기대할 수 있다는 것입니다. 하나님께서 멍에를 꺾으실 수 있고 우리가 그의 백성이라면 하나님이 여러분의 멍에를 꺾으시리라고 기대할 수 있습니다. 우리 자녀들은 아버지에게서 많은 것을 기대합니다. 여러분은 친구나 친척들이 종종 여러분이 줄 수 있는 것보다 훨씬 더 많은 것을 여러분에게 기대한다는 것을 발견할 것이라고 생각합니다. 그러나 하나님에 대해서는 아무도 너무 큰 것을 기대해서 하나님이 주실 수 없는 것이란 없습니다. "나의 영혼아 잠잠히 하나님만 바라라 무릇 나의 소망이 그로부터 나오는도다"(시 62:5).

여러분의 자녀가 병이 났고 여러분이 아이를 고칠 수 있다면, 아이가 여러분이 자기를 고쳐 줄 것이라고 기대하는 것이 분별없는 일이 아니라는 것을 여러분은 압니다. 자녀가 감당할 수 없는 짐을 지고 있고 아버지로서 여러분이 그 짐을 벗겨줄 수 있다면, 아이가 여러분이 그렇게 해줄 것이라고 생각하는 것은 자연스러운 기대입니다. 그러므로 압박당하는 여러분, 압박에서 풀려나기를 기대하십시오. 죄의 속박 아래 있는 포로들이여, 여러분이 죄를 예속이라고 느끼기 때문에 여러분은 하나님의 죄수들, 희망이 있는 죄수들입니다. 죄책감을 아주 깊이 느끼고 자신에 대해 깊은 절망을 느낀 여러분, 하나님께서 여러분을 자유롭게 해주실 것이라고 기대하십시오. 왜냐하면 만일 하나님께서 여러분을 망하게 하려고 마음먹으셨다면 여러분이 자신의 죄를 감당하도록 내버려두고 전혀 관심을 보이시지 않고 또 여러분에게 죄를 깨닫게 하시지도 않았을 것이기 때문입니다. 하나님께서 여러분에게 두 지옥을 맛보게, 곧 여기 이 세상에서 지옥을 한번 맛보고 또 내세에서도 지옥을 맛보게 하실 이유가 무엇이 있겠습니까? 그렇지 않습니다.

하나님은 지금 여러분을 판단하고 계십니다. 여러분이 최후의 심판 때 정죄 받지 않도록 하기 위해 지금 여러분의 양심에 법정을 열어 여러분을 정죄하고 계시는 것입니다. 하나님께서 지금 여러분이 자신에 대해 불리한 선고를 내리도록 하시는데, 그것은 여러분이 자신이 죄인임을 고백하도록 하려는 것이고, 그 다음에는 하나님께서 하나님의 넘치는 은혜로 말미암아 여러분에게 사죄를 베푸시도록 하기 위함입니다. 그리스도인 여러분, 하나님께서 지금 여러분을 낮추고 계시고, 여러분의 옷을 벗기며 여러분을 진흙탕에 집어던지시고 거리의 티끌처럼 작게 빻고 계시는 것입니다. 이렇게 함으로써 여러분이 자신이 아무것도 아닌 것을 알고 또 하나님의 은혜의 광채와 하나님의 능력의 충족함을 더욱 충분히 알게 하시려는 것입니다. 이 점을 알면, 시련이 올 때 우리는 믿음으로 시련을 기뻐하며 이렇게 말할 수가 있습니다. "하나님께서 보내시는 사랑의 표지를 가져다주려고 하나님 아버지의 검은 말이 집 문 앞에 왔구나." "우리가 환난 중에도 즐거워하나니 이는 환난은 인내를, 인내는 연단을, 연단은 소망을 이루는 줄 앎이로다"(롬 5:3,4). 땅이여, 그대를 꽃밭으로 만들 삽을 환영하라! 영혼이여, 무한한 자비로 말미암아 여러분으로 하여금 하나님을 위하여 열매를 맺게 할 고난을 환영하라. 여러분은 하나님께서 여러분 멍에의 나무를 꺾으신 후에 여호와께서 하나님이신 줄 알 것입니다. 여러분은 하나님께서 그렇게 해 주실 것이라고 기대할 수 있습니다. 첫 번째 제목, 곧 하나님께서 자기 백성의 멍에를 꺾으신다는 사실에 대해서는 이만큼 하기로 하겠습니다.

2. 둘째로, 하나님께서 이 일을 행하시면 사람들이 하나님이 여호와이심을 알게 됩니다.

이제 개인적인 경험을 생각해 봅시다. 사랑하는 여러분, 우리가 죄의 속박으로부터 큰 구원을 받을 때 하나님의 속성들이 나타나는 것을 보기 시작합니다. 여러분은 모두 하나님께서 매우 강하시다고 믿습니다. 이는 여러분이 우렛소리 가운데서 하나님의 음성을 듣고 사나운 비바람 속에서 하나님의 힘을 보았기 때문입니다. 그러나 여러분이 정말로 깊은 곤경에 빠졌고 하나님께서 강한 손과 편 팔로 여러분을 곤경에서 이끌어 내신 뒤에는 이렇게 말했습니다. "이제야 하나님의 능력을 알겠다. 하나님의 손이 아니고서는 아무도 그 짐을 벗길 수 없는데, 하나님께서 그 일을 하셨다." 여러분이 모두 이 점에서 나와 같은 생각을 가질 수 있을 것이라고 생각하지 않습니다. 그러나 큰물에서 일을 해 온 여러분은 바다에서 하나님의 활동과 기사를 보았습니다. 누가 여러분에게 여러분이 구원받을 것이라고 말을 했다면 여러분이 "불가능해! 불가능해!"라고 말하였을 때들이 있었습니다. 그런데 여러분이 구원을 받았고 그래서 이렇게 소리쳤습니다. "이는 하나님의 권능이다(출 8:19). 이스라엘에 하나님이 계신 줄 이제야 알겠다(삼상 17:46). 이는 아무도 할 수 없고 하나님의 천사들도 할 수 없었을 일을 하나님이 나를 위해서 행하셨기 때문이다." 여러분은 하나님의 능력이 여러분에게 너무 가까이 다가오는 것을 느꼈고 그래서 야곱처럼 "두렵도다 이곳이여!"(창 28:17) 하고 말했습니다. 하나님께서 여러분을 깊은 근심에서 들어올리기 위해 여러분 같이 무가치한 자에게 그처럼 놀라운 능력을 베푸시는 것을 생각할 때 여러분은 두려움에 압도되었습니다.

여러분은 또한 지혜라는 속성을 놀라울 정도로 생생하게 보았습니다. 여러분은 모든 것이 엉클어져 있는 상태에 있었습니다. 여러분은 최선을 다했지만 상황은 더욱 악화되었습니다. 사람들에게 조언을 구하였지만 조언은 여러분을 혼란스럽게만 만들었습니다. 여러분은 사방팔방을 둘러보았습니다. 그러나 보면 볼수록 그만큼 더 희망이 보이지 않았습니다. 그때 갑자기 하나님께서 손가락을 내미신 것 같았고, 모든 매듭이 풀렸습니다. "내가 고르지 아니한 곳을 평탄하게 하며 험한 곳을 평지로 만들 것이요"(사 40:4)라는 하나님의 말씀이 성취되었습니다. 여러분이 스킬라(Scylla: 메시나 해협의 이탈리아쪽 해안의 큰 바위)와 카리브디스(Charybdis: 시칠리아 섬 앞바다의 위험한 소용돌이) 사이를 안전하게 통과했을 때 이 거룩한 키잡이를 찬미하였고 그의 틀림없는 지혜에 깜짝 놀랐습니다. 그때 여러분은 그분을 "유일하게 지혜로우신 하나님"이라고 불렀고, 하나님께서 아주 풍부한 지혜와 사려분별로써 여러분을 대하셨다는 것을 알았습니다. 뒤돌아볼 때 여러분이 걸어온 길이 자비로 빛났고, 그래서 여러분은 이렇게 말했습니다. "내가 지금까지 인도받아 걸어온 이 길은 참으로 복되다! 감사하게도 나는 늘 이 길로 왔다! 그것은 지금까지 내가 걸어온 길 중의 최상의 길이다. 영혼을 지극히 풍성하게 해주는 길이다. 그동안 내게 참으로 놀라운 지혜를 보여주셨다! 내게 큰 근심거리가 있었지만, 그 근심거리가 천 배나 더 악한 근심에서 나를 구원해 주었다. 나는 지금까지 큰 실패자였다. 그렇지만 지금은 큰 실패자가 아니라 큰 승리자이다. 이 일이 어떻게 일어나는지 아무도 내게 말해 줄 수 없었고, 어떤 과정에 의해서 내가 해방될 수 있는지 말해주지 못하였다. 그러나 이제 나는 하나님이 지극히 지혜로우시고 그 계획이 놀라우신 분임을 안다. 하나님의 이름을 찬미합시다."

트집쟁이가 여러분에게 대꾸하였다면, "나는 섭리를 믿지 않아. 그것은 아주 허튼 소리이고 터무니없는 생각이야!"라고 하였을 것입니다. 여러분이 그런 사람에 대해 큰 인내심을 발휘하였겠지만 나만큼은 아닐 것입니다. 그것은 아주 하찮은 일입니다. 나는 어저께 이야기를 나누었던 훌륭한 노인과 같은 생각입니다. 그는 이렇게 말했습니다. "나는 거의 매일 성경을 읽습니다. 약 50년 동안 이 성경을 읽으며 시험해 보았고 하나님에 대한 믿음으로 살았습니다. 자유사상가들의 헛소리는 나를 괴롭히지 못합니다. 나는 그보다 더 나은 것을 알고 있습니다. 나는 그들의 헛소리에 관해 결코 논쟁하지 않습니다. 나는 지금까지 오래된 교리들을 의지해서 살았고, 그 교리들이 진리임을 압니다."

내가 그의 말을 인용할 때, 여러분은 그가 다소 강하게 말한다고 생각할 것입니다. 하지만 나는 그 노인과 생각이 똑같습니다. 그 사람들이 나를 하나님 백성의 일들에서 나타나는 하나님의 압도적인 임재와 직접적인 간섭을 의심하도록 설득하려고 한다면 헛수고입니다. 차라리 그들이 내게 아버지가 없었다고 하거나 어머니가 없었다고 하는 것이, 또 내 부모님이 나에게 다정하게 대하지 않았다고 말하는 것이 나을 것입니다. 나는 내가 정말로 무엇을 아는지 압니다. 내가 아는 것은 이것입니다. 즉, 하나님은 모든 면에서 친절하시고, 하나님의 섭리는 그의 기도하는 백성들을 위해 끊임없이 개입한다는 것입니다. 의혹을 품는 지식인들이 섭리를 볼 수 없다면, 그들은 구체적인 섭리를 구하지 않았을 것이고 그런 섭리가 그들에게 허락되지도 않았을 것입니다. 그들에게 하나님이 없고 섭리도 없다면 당연히 그들은 자기들이 모르는 것에 대해 증언할 수 없습니다. 그런 분들은 집에 가서 하나님께 가르쳐주시라고 기도하기 바랍니다. 우리는 하나님께서 우리를 위해 나타나신다는 것을 압니다. 그러므로 기도하기를 단념해서는 안 됩니다. 우리는 이 세상과 천국 사이에서 그 주제에 대해 훨씬 더 개인적인 증거를 모을 수 있을 것이라고 기대합니다. 이는 우리가 하나님께서 우리를 위해 나타나실 어두운 고난의 때를 다시 겪을 것이고, 하나님께서 우리 목의 멍에를 꺾으심으로써 하나님이 여호와이심을 알게 될 것이기 때문입니다.

하나님의 사랑은 우리를 구원하시는 일에서 분명하게 계시됩니다. 여러분은 기쁨의 눈물을 글썽이며 앉아서 속으로 "여호와는 참으로 놀라운 하나님이시다! 아, 하나님은 정말로 놀라운 하나님이시다!" 하고 말하지 않았습니까? 여러분은 특정한 경우마다 하나님께서 여러분에게 베푸신 은혜를 증언하기 위해 온 세상을 내려다볼 수 있는 높은 강단에 올라가기를 바라기까지 하지 않았습니까? 내 발이 거의 빗나가고 내 걸음이 거의 실족할 뻔하였습니다. 큰 곤경에 처하였습니다. 갇혀서 꼼짝할 수 없었습니다. 나는 어떻게 해야 할 줄 알지 못하였습니다. 내 죄 때문에 하나님을 슬프시게 했고 하나님을 떠나 방황하였습니다. 나는 하나님을 잊어버렸을지라도 하나님은 나를 잊지 않으셨습니다. 나는 의심이 많았지만 하나님은 신실하셨습니다. 나는 어리석었지만 하나님은 지혜로우셨습니다. 하나님은 나를 넓은 곳에 세우셨습니다. 그러므로 나는 입을 크게 벌리고 많은 증인들 앞에서 하나님의 이름을 좋게 말하지 않을 수 없습니다. 여러분 가운데는 하나님께서 여러분에게 어떠한 사랑을 나타내셨는지 결코 말하지 못할 사람들이 있다는 것을 압니다. 저 시인(조셉 애디슨[Joseph Addison]을 가리킴)은 다음과 같은 말로 진리를 말했습니다.

"아, 주님을 절반만큼 찬송하기에도

영원은 너무 짧습니다."

형제자매 여러분, 우리는 하나님을 찬송하는 일을 결코 끝내지 못할 것입니다. 찬송할 소재가 부족해서 이 영원한 음악을 끝낼까봐 두려워할 일은 없습니다. 우리에게 베푸신 하나님의 선하심과 은혜와 사랑은 아무리 조사해도 끝이 없고 정말로 무한하기 때문입니다. 우리 멍에의 나무가 갑자기 꺾였을 때 우리는 그 길이와 넓이가 무한한 하나님의 사랑을 분명히 보았고 또 여호와를 알았습니다.

하나님의 속성들 각각에 대해 이렇게 말할 수 있지만 여기서는 다른 주제를 다루도록 하겠습니다. 그 주제는 이것입니다. 우리 멍에의 나무가 갑자기 꺾였을 때, 그것은 흔히 기도의 응답으로 이루어지는 일입니다. 그 자유가 기도에 대한 응답으로 왔기 때문에 우리가 "이제야 내가 여호와를 알겠다"고 소리친 것입니다. 여러분이 어떤 일에 관해 스무 번씩 하나님께 갔다면(아니, 스무 번은 아무것도 아닐 것입니다), 여러분이 밤에 잠을 이루지 못하고 무거운 짐 때문에 눈물을 흘리며 괴로워하면서 부르짖었다면, 여러분이 마당을 거닐거나 거리를 가면서 내내 마음속으로 온갖 근거를 내세우며 "내 아버지 하나님, 나를 구원하소서!" 하고 부르짖었다면, 하나님께서 여러분을 구원하러 오실 것을 알았습니다. 그리고 그 구원이 왔을 때, 여러분은 여호와를 알았습니다. 응답된 기도가 하나님의 계심을 볼 수 있는 창문이고, 하나님의 신실하심을 보여주는 증명이며, 하나님의 임재를 나타내는 증거입니다. 거기에서 여러분은 하나님이 계심을 알고, 하나님께서 부지런히 자기를 찾는 자들에게 상 주시는 분임을 압니다.

다시 말하지만, 이렇게 우리는 또 다른 이유에서 하나님을 압니다. 즉, 자기 백성의 멍에를 꺾으실 때 종종 하나님의 특별한 손을 보게 된다는 것입니다. 섭리를 주의 깊게 살피는 사람들은 하나님께서 작은 일들을 특히 잘 다루시는 것을 보고 종종 놀랍니다. 예를 들면, 시간을 잘 다루십니다. 즉, 시간을 정확히 맞추십니다. 하나님은 절대로 자신의 정하신 시간보다 앞서는 일이 없고 늦는 일도 없습니다. 하나님은 시간에 정확히 맞추어 자비를 베푸십니다. 하나님의 자비가 조금 일찍 도착했다면 잘못 사용되었을 수 있고, 조금 늦게 도착했다면 우리 마음이 낙담이 되고, 풀이 자라고 있는 동안에 군마가 굶어 죽었을 수도 있습니다. 바로 이런 것입니다. 마귀가 창을 집어 드는 순간 영원자의 손이 방패를 드시므로 마귀의 창이 빗나간 것입니다. 하나님께서 시간을 정확히 지키시는 일은 아주 놀랍습니다. 그동안 여러분은 그것을 보았습니다. 틀림없이 보았을 것이라고 확신합니다. 여러분은 보통 때 다른 길로 다니는데 어느 날 우연히 어떤 길로 가다가 친구를 만났습니다. 그런데 바로 그 친구가 여러분이 꼭 만나야 할 사람이었던 것입니다. 내가 각별히 노력했지만 그처럼 큰 실수를 한 것에 대해 자신을 한탄하고 따라서 반 시간을 낭비하였습니다. 내가 누구보다도 만나고 싶은 사람을 보았는데, 처음에는 내가 찾아가서 물어보려고 했던 사람이 바로 그라는 것을 생각지 못했었습니다. 그는 내가 알고 싶어 하던 것을 정확하게 말해주었습니다. 내가 원래 의도했던 길에서 벗어났지만 나는 바른 길을 가고 있었던 것입니다. 사람의 일이 종종 그렇습니다. 여러분도 그렇다는 것을 알 것입니다. 그래서 여러분은 손을 들고 이렇게 말하지 않을 수 없을 것입니다. "이제 나도 하나님을 압니다. 시간, 장소, 환경, 말, 사소한 작은 일들, 하나님께서 그동안 이 모든 것에 관여하셨습니다."

나는 오늘 사랑하는 한 자매에게 이렇게 말했습니다. "하나님을 찬송합시다. 우리의 크신 하나님이 큰 고난 가운데서 우리를 사랑하시니, 그를 찬송합시다." 그랬더니 그 자매가 이렇게 대답하였습니다. "그리고 하나님은 아무것도 너무 작다고 무시하시는 것이 없으니, 그의 이름을 찬송합시다." 오늘 밤 나도 그와 같이 말합니다. 우리의 작은 멍에들을 꺾으시고, 지극히 작지만 효과적인 수단을 사용하여 큰 멍에들을 제거하신 일을 인해서 하나님의 이름을 찬송합시다. 우리들 대부분은 아주 가볍게 건드리는 것이지만 거기에 그처럼 전능한 능력을 발휘하시는 하나님의 솜씨에 탄복합니다. 애굽의 술사들이 물을 피로 변하게 하였고 혹은 변하게 하는 체하였습니다. 그들은 개구리들을 내놓았습니다. 그러나 일단 아론이 티끌로 작은 생명체를 만들기 시작하였을 때 그들은 그 기사에 대응하는 가짜를 만들어 내지 못하고 "이는 하나님의 권능이니이다"(출 8:19) 하고 말했습니다. 흔히 하나님은 작지만 놀라운 일들을 통해서 자기 백성들의 마음속에 자신을 아주 분명하게 계시하십니다. 그러면 그들은 우레와 강한 바람 속에서보다는 작고 세미한 음성 가운데서 하나님의 뜻을 더 많이 듣습니다.

친구 여러분, 여러분이 크고 특별한 구원을 경험하였다면 나처럼 종종 하나님의 임재를 생생하게 느낄 것입니다. 나는 많은 사람들이 함께 모여서 즐기고 있는 때에는 식탁에서 하나님의 임재를 마땅히 느껴야 하는 대로 느끼지 못하는 경우가 종종 있지 않은가 걱정입니다. 하지만 내가 중요한 때에 식탁에서 하나님의 임재를 느꼈던 일이 생각납니다. 고아원 건축을 위해서 지불해야 할 돈이 아주 많이 필요했었습니다. 나는 리젠트 파크(Regent's Park)에서 친구들과 함께 있었는데, 한 형제의 집에서 저녁 식사를 하고 있었습니다. 그 자리에서 나는 곧 지불해야 할 대금을 충당하려면 2천 파운드 정도가 부족하다고 말했습니다. 그런데 이것이 하나님의 일이기 때문에, 또 기도에 대한 응답으로 필요를 공급해 주실 것이기 때문에 하나님께서 반드시 그 돈을 은혜로 주실 것을 믿는다고 하였습니다. 우리는 그러한 기도가 응답받을 것이라고 너무 확실하게 말하는 것은 다소 무모한 것이 아니냐는 문제로 토론을 벌이고 있었습니다. 우리가 한창 토론을 벌이고 있을 때 태버너클 교회에서 내게 보낸 전보가 왔었는데, "모르는 사람이 전화를 해서 고아원 건립을 위해 2천 파운드 수표를 맡겼습니다"라고 적혀 있었습니다. 나는 거기에 모인 친구들에게 전보의 내용을 읽어주었습니다. 그들은 크게 놀라고 또 감사하는 마음을 표현하였습니다. 지금은 하나님께 가 있는 절친한 친구 브록 박사(Dr. Brock)는 "우리 다 같이 나이프와 포크를 내려놓고 하나님의 이름을 찬양합시다" 하고 말했습니다. 그는 일어서서 기도에 응답하시는 분께 아주 놀라울 정도로 솔직한 심정을 털어놓고 진심으로 감사를 드렸습니다. 우리 모두 진심으로 그 기도에 마음을 같이하였습니다. 하나님께서 그 자리에 계셨습니다. 우리는 마치 그 자리가 성찬을시행하는 장소라도 되는 것처럼 하나님의 임재를 강하게 느꼈습니다. 주님께서 우리에게 아주 가까이 오셨기 때문이었습니다.

만약 누군가가 바로 그때 "여러분도 알다시피, 이것은 우연의 일치야. 동시발생일 뿐이야"라고 말했다면 우리는 틀림없이 웃었을 것입니다. 적어도 나 자신은 이렇게 말했을 것입니다. "이것은 매우 복된 동시발생입니다. 나는 그 일이 계속해서 동시에 일어날 것이라고 생각합니다. 왜냐하면 그 일은 정말로 약속과 일치하고 또 하나님을 믿는 내 믿음과도 일치하기 때문입니다." 마귀는 자기의 추종자들에게 그런 확신을 주지 못합니다. 말씀드리자면 나는 기도하였고 하나님께서 내 기도를 들으셨습니다. 만일 그것이 우연의 일치에 불과하다면 그 일이 나한테는 수백 번, 수천 번도 더 일어났습니다. 사랑하는 여러분, 여러분에게도 그런 일이 일어났을 것이라고 생각합니다. 그러니 우리는 불신자가 뻔뻔스런 이론을 가지고 설명하는 사실에 속아서는 안 됩니다.

우리는 담대히 이렇게 말할 수 있습니다. "이제 나는 하나님을 압니다. 하나님이 기도에 응답하여 내 멍에의 나무를 꺾으셨고, 하나님께서 가까이 계시는 것을 느꼈기 때문입니다." 그렇습니다. 우리는 종종 찬양의 말을 뱉지 않을 수 없을 만큼 하나님께서 우리에게 가까이 계심을 느낍니다. 이스라엘 사람들이 애굽에서 있으면서 지푸라기도 없이 벽돌을 만들고 남자 아이들이 무자비한 압제자에게 죽는 것을 보았을 때 어떻게 했는지 보십시오. 그들이 한밤중에 애굽에서 나왔을 때 그들에게는 행복하고 행복한 시간이었습니다. 이스라엘 백성이 홍해를 건넌 후에 바로와 그의 병거들이 모두 홍해 한가운데서 빠져 죽었고, 그래서 적들이 바닷가에 죽어 있는 것을 보고서 미리암이 소고를 잡고 이스라엘의 모든 딸들이 나가서 "너희는 여호와를 찬송하라 그는 높고 영화로우심이요 말과 그 탄 자를 바다에 던지셨음이로다"(출 15:21)라고 노래한 것이 여러분은 이상합니까?

"부인, 조용히 하십시오. 철학자들은 하나님은 '존재의 총합'이라는 것을 발견하였고, 또 신은 인격이 없으며 따라서 고정된 물질의 법칙에 손을 대지 않는다는 것을 발견하였습니다. 부인은 하나님이 자신의 행위와 활동으로 애굽 사람들을 물에 빠져 죽게 한 것이라고 믿어서는 안 됩니다. 그것은 바로 그 장소에서 이따금 일어나는 특이한 자연 현상이었던 것입니다. 부인은 이 애굽 사람들을 물 밑으로 가라앉게 만든 불가사의한 중력의 법칙에 놀라는 것이 마땅합니다." 지나치게 똑똑한 어떤 바보가 이스라엘 여인들에게 이와 같이 쓸데없는 말을 하였을지도 모릅니다. 그러면 이스라엘 여인들이 그를 어떻게 생각하였겠습니까? 미리암이 그 말을 들었다면 뭐라고 하였겠습니까?

현대의 철학자들은 모든 기적들에 대해서 교묘하게 변명하여 발뺌을 합니다. 콜렌소(Colenso: 영국 성공회 주교로서 〈모세 오경과 여호수아서 비평〉의 저자 – 역주)는 출애굽기의 전체 이야기를 비유로 설명하여 흔적도 없이 사라지게 만듭니다. 모세가 그의 말을 들었다면 감독으로서 그에게 뭐라고 말했겠습니까? 어깨는 채찍질을 당해서 아직도 불그스름하고 얼굴에는 벽돌가루가 여전히 묻어 있는 가운데 그 기적 앞에서 자신들이 노예로 지내며 혹독한 생활을 했는데 지금은 해방되었다는 것을 알고, 영원하신 여호와 외에는 아무도 자기들을 해방시킬 수 없다는 것을 알기에 야곱의 아들들은 애굽인들과 함께 그 철학자들을 홍해에 던져버렸을 것입니다. 나도 그들이 던져지기를 바라는데, 그들은 오늘날 우리 가운데 아무 소용이 없기 때문입니다. 무한한 자비 때문에 그 피조물들이 살아있는 것입니다. 우리는 그들이 비평하는 하나님을 자랑하기를 그치지 않아야 할 것입니다. "내가 그들의 멍에의 나무를 꺾은 후에 내가 여호와인 줄을 그들이 알리라."

사랑하는 여러분, 여러분이 개인적으로 하나님을 알지 못한다면 하나님에 관해 이야기하지 말고 하나님을 아는 체하지도 마십시오. 그러나 여러분이 정말로 하나님을 안다면 확신을 가지고 이야기한다고 해서 독단적인 사람이라는 소리를 듣는 것을 두려워하지 마십시오. 요한의 서신들을 읽어 보십시오. 거기 보면 이 사랑받던 제자가 안다는 그 말을 얼마나 반복해서 쓰는지 알게 될 것입니다. 그는, 우리가 안다, 우리가 안다, 우리가 안다고 말합니다. 이 단어는 아마도 이 짧은 편지에 40번 정도 나올 것입니다. 여러분이 정말로 무엇을 아는지 아십시오. 그리고 그것을 알 때는 그 말에서 물러나지 말고, 오히려 "내가 그들의 멍에의 나무를 꺾은 후에 내가 여호와인 줄을 그들이 알리라"는 본문 말씀이 여러분의 경험에서 이루어지도록 하십시오. 여러분이 죄를 용서받았다면, 끔찍한 구덩이와 진흙탕에서 건져냄을 받았다면, "하나님을 두려워하는 가운데서 거룩함을 온전히 이루기"(고후 7:1) 위해 혹은 그 목적을 위해 여러분이 죄의 세력에서 구원받았다면, 기도에 대한 응답으로 섭리 가운데 복을 받고 사자의 입에서 건짐을 받는 것처럼 여러 번 구원을 받았다면, 이렇게 말하십시오. "여호와가 살아계시니 나의 반석을 찬송하고(시 18:46) 그를 믿는 믿음으로 행하겠다. 다른 사람들은 자기들이 하고 싶은 대로 말하고, 자기들이 원하는 대로 의심하도록 내버려두자. 나의 영혼은 주를 가까이 따를 것이니 주의 오른손이 나를 붙드심이라"(63:8).

이제 이 주제를 끝내면서, 여러분 각 사람의 멍에가 꺾이기를 기도합니다. 그때, 오직 그때에만 여러분이 여호와를 알 것이기 때문입니다. 하나님께서 항상 여러분에게 복을 주시기 바랍니다. 아멘.

제
17
장

여호와의 양 무리에게로 부르심

"그들이 내가 여호와 그들의 하나님이며 그들과 함께 있는 줄을 알고 그들 곧 이스라엘 족속이 내 백성인 줄 알리라 주 여호와의 말씀이라 내 양 곧 내 초장의 양 너희는 사람이요 나는 너희 하나님이라 주 여호와의 말씀이니라." — 겔 34:30,31

오늘 아침 설교는 하나님의 양 무리에 대한 것입니다. 그래서 이 설교는 이 자리에 모인 사람들 가운데 특별히 하나님의 양 무리에 해당되는 사람들에게 직접적으로 말하게 될 것입니다. 하나님께서 최근에 우리에게 아주 가까이 오셨습니다. 많은 형제자매들이 지난 며칠 동안에 잠들었기 때문입니다. 거의 그들 모두가 한창 때의 사람들이었습니다. 그들이 한창 때에 곡식 단으로 거두어진 것입니다. 그런가 하면 어떤 분들은 떠날 때가 임박한 것이 분명합니다. 몸이 더 쇠약해지고 힘이 없기 때문입니다. 선한 목자장께서 여러 사람을 품으로 데려가시고 우리에게서 데려가실 때, 우리 남은 사람들은 거룩한 공경심을 가지고 하나님의 임재를 인식해야 마땅합니다. 우리가 서 있는 땅이 거룩하고, 지금이 살면서 더욱더 헌신하기에 적합한 때임을 알도록 합시다. 우리의 날수를 계산하고 지혜롭게 생각하도록 합시다. 우리가 살면서 인생이 참으로 짧다는 것을 보지 못한다면 정말로 어리석은 존재임에 틀림없습니다! 하나님께서 형제들을 본향으로 부르고 계실 때 우리가 각성하지 못한다면, 우리는 정말로 게으름뱅이임에 틀림없습니다. 우리는 이 땅에서 지내는 날을 두려움으로 보내며 하나님의 날이 오기를 바라고 속히 오기를 고대합시다.

이것이 내가 오늘 말씀드리고 싶은 특별한 주제입니다. 하나님께서는 오랫동안 이곳에서 큰 자비로 교회를 자기에게 불러 모으셨습니다. 하나님은 백성들을 늘리셨고 그들의 기쁨이 증가하게 하셨고, 우리는 하나님 앞에서 추수하는 기쁨으로 기뻐하였습니다. 우리의 통일성을 훼손하거나 우리의 성공을 막는 어떤 일도 일어나지 않았습니다. 이는 하나님이 그동안 우리와 함께 하셨기 때문입니다. 구원받는 많은 사람들이 우리에게 더하여졌고, 우리는 힘 있게 나아갔고 우리 일을 이루지 못한 것이 없었습니다. 그러나 모든 인간의 경향은 타락하는 것입니다. 세상은 아래로 끌어당기는 영향력이 있습니다. 우리 자신은 세상에 속한 하찮은 피조물이어서 모두 그 영향력에 아주 쉽게 굴복하고 맙니다. 우리는 한동안 잘 달리지만 점점 더 지치고 속도를 늦춥니다. 걷는 속도가 느린 사람들에게 둘러싸여 있으면 우리도 그만큼 더 쉽게 그리고 알지 못하는 사이에 그렇게 됩니다. 우리는 자신이 필요 이상으로 빨리 달리고 있다고 생각하고, 많은 사람에게 뒤지지 않거나 그들보다 조금이라도 앞서 있다면 아주 잘하고 있다고 생각하는 경향이 있습니다. 우리가 이 악한 생각에 동조한다면, 그러기가 무섭게 우리는 뒤쪽에 처져서 꾸물거릴 것입니다! 성령께서 빌라델비아 교회에게 하신 말씀은 이것이었습니다. "네가 가진 것을 굳게 잡아 아무도 네 면류관을 빼앗지 못하게 하라"(계 3:11). 그처럼 잘 행해서 면류관을 얻었다는 것은 큰 일입니다. 그런데 그 면류관을 굳게 지키는 것은 더 큰 일입니다. 세상 사람들은 재산을 모으려면 많은 지혜와 근면이 필요하다고 말합니다. 그러나 재산을 모았을 때 그 재산을 지키는 것은 훨씬 더 어려운 일입니다.

나는 그것이 영적인 일에서도 마찬가지라고 생각합니다. 교회가 하나님께 속한 생활과 하나님의 일에서 성공하는 것은 아주 어려운 일입니다. 그러나 계속해서 그 상태를 유지하는 것, 이것은 정말로 대단한 일이고 큰 수고입니다. 그러므로 우리는 하나님께 교회로서 계속 하나님의 진리를 굳게 붙들고, 서로 연합하여 하나님을 영화롭게 하는 일에 열심을 내며 영혼들을 구원하는 일에 부지런하게 해주시기를 기도하게 됩니다. 우리 교회가 쇠퇴한다면 그것은 큰 재난이 될 것입니다. 우리가 붙들고 있는 인기 없는 이 진리들을 위해서 주님께 우리 교회가 계속해서 언제까지나 아주 유용하게 쓰일 수 있게 해주시라고 매일 기도해야 할 것입니다.

사랑하는 형제자매 여러분, 나는 오늘 아침 그 목적을 위해 여러분에게 말씀드리고 싶습니다. 내가 우리 형제자매들을 너무 중시하는 바람에 자칫 내 설교가 우리 교회 중심적인 것처럼 보이게 된다면 처음 오신 분들에게는 양해해 주시라고 말씀드리지 않을 수 없겠습니다. 나는 그 모든 위험을 무릅쓰고서라도 여러분에게 제시해야 하는 반드시 필요한 진리를 말씀드릴 수밖에 없습니다.

내 생각에, 오늘은 기쁜 소식을 전하는 날입니다. 하나님께서 우리가 기쁘게 들을 큰 일들을 우리를 위해 행하셨습니다. 하나님의 거룩한 이름을 자랑합시다. 하나님께 합당하게 행하여 하나님을 기쁘시게 하고, 그래서 계속하여 하나님의 은혜를 누리도록 합시다. 지존하신 하나님이 계속해서 우리에게 손을 뻗도록 하시고, 그렇게 해서 타락한 사람을 향한 우리 주 예수 그리스도의 은혜를 더욱더 볼 수 있도록 합시다.

이제 본문을 보시기 바랍니다. 본문이 선언하기보다는 시사하는 바가 무엇인지 살펴보겠습니다.

1. 첫째로, 그것은 하나님에 대한 우리의 신앙고백입니다.

본문을 읽어 봅시다. "그들이 내가 여호와 그들의 하나님인 줄을 알리라." 그렇다면 이 말씀에는 우리가 여호와께서 우리 하나님이심을 인정한다는 것이 함축되어 있습니다. 우리 교회의 교인으로 가입한 많은 사람들이 여호와께서 살아계신 유일한 참 하나님이시라고 공언하였습니다. 하나님께서는 근래에 우리에게 자신을 성부, 성자, 성령 하나님으로 계시하셨고, 우리는 삼위일체 하나님을 영원히 우리 하나님으로 진실하게 받아들였습니다. 과거에는 다른 주(主)들이 우리를 지배하였지만, 이제 우리는 자신을 전적으로 하나님께 드립니다. 아브라함의 하나님, 이삭의 하나님, 야곱의 하나님이 오늘날까지 신자들의 하나님이신 것입니다. 오늘날에는 세상적으로 지혜로운 자들이 다른 신을 세웠지만 우리는 하나님 외에 다른 어떤 신도 두기를 원치 않습니다. 그들의 신은 공의가 없고 의도 없는 신입니다. 그 신은 죄를 가볍게 여기고 대체로 온갖 즐거운 것들만 추구하려고 합니다. 이 유약한 신이 일찍이 아폴로나 비너스에게 부여되었던 위치를 차지하고 있지만, 그 신들만큼이나 거짓된 것은 마찬가지입니다. 우리 하나님에게서는 어떤 한 속성이 다른 속성을 가리는 일이 없습니다. 하나님은 모든 미점들이 완전하게 구비되어 있습니다. 모세가 우리 하나님에 관하여 "여호와는 노하기를 더디하시고 인자가 많아 죄악과 허물을 사하시나 형벌 받을 자는 결단코 사하지 아니하시리라"(민 14:18), "이 하나님은 영원히 우리 하나님이시니 그가 우리를 죽을 때까지 인도하시리로다"(시 48:14)라고 말하였습니다.

우리가 두 번째로 고백한 내용은 이것입니다. 즉, 우리는 하나님의 백성이라는 것입니다. "그들 곧 이스라엘 족속이 내 백성인 줄 알리라 주 여호와의 말씀이라." 이 고백은 첫 번째 신앙고백에 포함되어 있지만, 그 점은 언제나 생각해도 충분치 않습니다. 신자인 우리는 하나님의 모든 백성들과 함께 하나님의 봉사를 위해 구별되었고 하나님의 영광을 나타내도록 성별된 사람들입니다. 우리는 하나님께서 우리를 자신을 위한 특별한 백성이 되도록 선택하셨다고 믿습니다. 주님이 "그리스도께서 교회를 사랑하시고 그 교회를 위하여 자신을 주셨다"(엡 5:25)는 말씀에 따라 우리를 사람들 가운데 구속하셨음을 믿습니다. 하나님의 정하신 뜻을 따라 우리가 양자되어 하나님의 권속이 되었고, 한때 다른 사람들처럼 진노의 후사였던 우리 같은 사람들이 살아계신 하나님의 자녀로 인정받았다는 것을 믿습니다. 성령님이 우리에게 역사하셔서 우리가 어둠에서 빛으로, 죄와 사탄의 권세에서 하나님께로 돌이켰기 때문에 우리는 하나님의 백성들입니다. 그래서 우리는 이 노래를 부릅니다. "내 사랑하는 자는 내게 속하였고 나는 그에게 속하였도다"(아 2:16). 우리는 이 주장이 "너희는 너희 자신의 것이 아니라 값으로 산 것이 되었다"(고전 6:20,21)는 우리의 구속에 근거해 있다는 것을 인정합니다. 다 같이 구속받은 몸과 마음으로 하나님을 영화롭게 하는 것이 우리에게 합당한 예배입니다. 우리의 차꼬가 풀렸습니다. 우리는 더 이상 사람들의 종이 아닙니다. 이제 우리는 새로운 속박 아래 있습니다. 이제 우리는 살아계신 하나님의 종이기 때문입니다. 우리의 신뢰와 기쁨과 영광은 여호와께 있습니다. 우리 각 사람이 "여호와가 나의 모든 구원과 나의 모든 소원이시라"(삼하 23:5)고 말할 수 있습니다. 하나님을 섬기는 것 자체가 상급인 것입니다. 하나님과 함께 거하는 것이 천국입니다. 형제 여러분, 그렇지 않습니까? 여러분이 손을 들어 하나님께 맹세했으니 돌아갈 수 없지 않습니까? 여러분은 "내가 그들 가운데 거하며 두루 행하여 나는 그들의 하나님이 되고 그들은 나의 백성이 되리라"(고후 6:16)는 약속을 깨닫기 원하십니까?

그 다음에, 우리는 또한 우리의 임마누엘, 곧 우리와 함께 하시는 하나님을 즐거이 신뢰함을 고백하고 인정하였습니다. 하나님의 이 성호가 본문에 있다는 것이 내게는 흥미로운 일입니다. 영어 본문을 주의해서 보면, 그 단어가 바로 본문의 첫 문장에 나오는 것을 알 수 있을 것입니다. "내가 여호와 그들의 하나님이며 그들과 함께 있는 줄을"(that I the Lord their God am with them). 여기서 고딕체로 쓰인 "am"을 빼면, "그들과 함께 하시는 하나님"("God with them")이라는 말이 됩니다. 이것은 바로 "우리와 함께 하시는 하나님"이라는 말이 아니고 무엇이겠습니까? 오늘 우리는 주 예수 그리스도를 믿는데, 이 그리스도께서 바로 우리와 함께 하시는 하나님이십니다. 하나님께서 사람들 가운데 내려오셨고, 사람의 본성을 취하셨습니다. 그래서 주 예수 그리스도는 항상 찬송 받으실 한 분으로 계시는 하나님이시자 사람이십니다. 그러므로 그리스도는 우리와 아주 흡사한 분이십니다. 그렇습니다. 우리와 거의 같은 동류이십니다. 우리는 그리스도를 "우리와 함께 하시는 하나님," 곧 우리의 형제요 친구이시며 남편으로 여기고 기뻐합니다. 그리스도께서 그러하시다는 것을 알지 않았습니까? 우리가 주님의 옷의 가장자리를 만져서 온전케 된 바로 그날부터 우리 영혼과 그리스도 사이에 거룩한 친밀함이 있지 않았습니까?

형제 여러분, 우리는 옛적에 요한 사도가 그랬던 것처럼 주님의 품에 머리를 기대고 거룩한 안식을 누렸습니다. 그렇습니다. 여러분 가운데 어떤 분들은 시므온의 본을 따라 행하였습니다. 하나님의 그리스도를 품에 안고 이렇게 말한 것입니다. "주재여 이제는 말씀하신 대로 종을 평안히 놓아 주시는도다"(눅 2:29). 그리스도 예수로 말미암아 우리는 하나님을 저기 하늘에 계신 분으로 믿을 뿐만 아니라 또한 성령님으로 말미암아 여기 사람들 가운데 거하시며 우리의 마음을 움직이고 우리의 생활을 다스리며 우리의 총명에 빛을 비추시고 우리의 감정을 거룩하게 하며 우리의 전체를 하나님께 거룩하게 드리게 하는 분으로 믿습니다. 그렇지 않습니까? 여러분은 그와 같이 고백합니다.

이것은 매우 큰 신앙고백입니다. 우리는 이 고백에서 뒷걸음치려고 해서는 안 됩니다. 우리가 이 신앙고백을 다음의 세 가지 성격으로 받아들일 때, 곧 이 하나님이 우리 하나님이시고, 우리는 그의 백성이며, 하나님의 아들 예수 그리스도로 말미암아 하나님께서 친히 "우리와 함께 하시는 하나님"이신 것으로 받아들일 때, 그것은 매우 엄숙한 공언이고, 우리에게 고귀한 생활을 하도록 요구하는 고백입니다. 이 신앙고백을 지키고 그에 합당하게 행하는 사람들은 복이 있습니다. 그 고백이 혈과 육에서 나오지 않고 하나님에게서 나왔기 때문입니다.

여호와는 우리의 하나님이십니다. 하나님은 사람들이 그 앞에 무릎을 꿇는 이런저런 형태의 우상들을 섬기는 로마가톨릭교회와 의식주의를 반대하십니다. 여호와가 우리 하나님이십니다. 하늘의 군대나 동정녀 마리아, 십자가에 못 박힌 예수상, 혹은 눈에 보이는 어떤 것도 우리 하나님이 아닙니다. 여러분의 조상들이 알지 못했던 "현대 사상"이라는 새로운 신들이 우리 하나님이 아니라 여호와께서 우리 하나님이십니다. 우리 믿음은 신약의 자비에서 빛을 얻듯이 구약의 위엄에서도 빛을 얻습니다. "신은 없다"는 불신앙의 외침에 반대하여 우리는 말합니다. 여호와는 우리 하나님이십니다. 우리는 인격적인 하나님을 믿고 하나님께서 우리의 기도를 들으신다고 믿습니다. 우리는 하나님의 백성입니다. 그러므로 우리는 하나님께 부탁할 수 있습니다. 하나님께서 우리에게 아주 가까이 오셨습니다. 그래서 우리는 하나님의 아들 예수 그리스도로 말미암아 하나님과 즐거운 교제를 나눕니다. 이것이 우리가 고백하는 바입니다. 우리는 이보다 못하게 말할 생각이 없고 이 이상으로 말할 수도 없을 것입니다.

그처럼 엄숙한 신앙고백은 그것을 뒷받침하는 증거가 있어야 합니다. 우리는 그 증거를 어디에서 찾을 수 있겠습니까?

2. 두 번째 설교 주제는 하나님에게서 오는 우리의 증거입니다.

"그들이 내가 여호와 그들의 하나님이며 그들과 함께 있는 줄을 알고 그들 곧 이스라엘 족속이 내 백성인 줄 알리라 주 여호와의 말씀이라." 하나님께서 우리 가운데서 일하시면 우리의 적들까지도 "여호와 삼마," 즉 여호와께서 거기 계시다(겔 48:35)고 말할 것입니다. 나무는 그 열매로 알아봅니다. 이 원칙은 하나님 자신에게도 그대로 적용됩니다. 하나님은 하나님께서 행하시는 일들에 의해 우리 가운데 알려지십니다. 하나님은 은혜의 행위들을 통해서 자기 백성들에게 자신의 임재를 나타내십니다. 나는 여러분이 이 장(章)을 다시 훑어보고서 하나님의 교회로서 우리에게 여호와의 임재의 표지가 있는지를 보기 바랍니다. 이 표지에 의해 우리가 하나님의 백성이라는 것이 입증될 것입니다.

첫 번째 표지는 흩어진 자들을 그러모으는 것입니다. 11절을 봅시다. "주 여호와께서 이같이 말씀하셨느니라 나 곧 내가 내 양을 찾고 찾되 목자가 양 가운데에 있는 날에 양이 흩어졌으면 그 떼를 찾는 것 같이 내가 내 양을 찾을 것이라." 나는 우리 가운데서 조금 전까지만 해도 그리스도를 떠나 멀리 방황하고 있던 많은 사람들이 찾은 바 되고 구원받았다고 증언하지 않을 수 없습니다. 나는 교회에 가입하기를 원하는 사람들이 있을 것이라고 알릴 때마다 많은 사람이 교회 앞으로 나오는 것을 보게 되어 기쁩니다. 그들은 자기 보금자리로 날아가는 비둘기처럼 나옵니다. 그들은 자신이 회심하였다는 기쁜 소식을 내게 말합니다. 내 심장이 기뻐 뛰게 만드는 소식을 말입니다. 하나님께서는, 복음을 전혀 몰랐고, 그래서 마치 복음이 하늘에서 번쩍이는 번개처럼 임한 사람들을 부르십니다. 그런가 하면 복음 진리를 알았지만 무시하고 몇 년이고 복음을 외면한 사람들을 부르시기도 합니다. 하나님은 은혜로 마음의 완고함과 무관심을 제거하십니다. 하나님께서 친히 목소리로 부르시고 그러면 그들이 하나님께로 옵니다. 바로 이 시간에도 우리 가운데서 많은 회심이 일어나고 있습니다. 단지 내 설교를 듣고서만 회심하는 사람이 나오는 것이 아닙니다. 그밖에 학교에서, 선교회에서, 거리 전도를 통해서, 전도지 배포를 통해서, 온갖 노력을 통해서도 회심이 일어납니다. 내가 갓 회심한 많은 사람들과 이야기해 보면 그 가운데 많은 수는 이 강단에서 전한 내 설교를 듣고 예수 그리스도께 온 것이 아니라 여러분, 바로 영혼을 구하는 일에 전념한 형제자매들에 의해 그리스도께 왔다는 것을 종종 발견하였습니다. 나는 한 사람에 불과하고 여러분은 많습니다. 나 한 사람보다는 여러분 5천 명이 주님께 맺어드리는 열매가 틀림없이 더 많을 것입니다. 그동안 나는 여러분 모두가 유용한 사람이 되기를 바랐고, 이것을 위해 기도해왔습니다. 하나님께서 여러분을 배가시켜 주시기를 바라고, 여러분 한 사람 한 사람을 영적 부모로 만들어 주셔서 솔로몬의 이 노래를 여러분에게 적용할 수 있게 해 주시기를 바랍니다. "네 이는 목욕하고 나오는 암양 떼 같으니 쌍태를 가졌으며 새끼 없는 것은 하나도 없구나"(아 6:6). 우리 주님께서 "너희가 열매를 많이 맺으면 내 아버지께서 영광을 받으실 것이요"(요 15:8)라고 말씀하셨는데, 여러분은 주님의 이 말씀을 잊지 못할 것입니다. 회심은 주님의 직접적인 임재의 확실한 표지입니다. 나는 하나님께서 오늘 아침 여러분이 회심함으로 하나님께서 우리와 함께 계시다는 표지를 주시기 기도합니다. 상한 심령이여! 떨고 있는 불쌍한 영혼이여, 예수께 오십시오. 회개하는 사람이여, "내가 상심한 자들을 고치리라"(시 147:3)는 약속에 호소하십시오. 방황하는 사람이여, 십자가를 보고 사십시오. 하나님은 자기 양을 찾겠다고 약속하셨고 우리 가운데서 그 약속을 이루셨습니다. 그러므로 하나님은 우리와 함께 계십니다. 내가 이 자리에 서서 "형제 여러분, 하나님께 돌아오는 사람이 아무도 없습니다. 회개하고 믿는 사람이 아무도 없습니다" 하고 말할 수밖에 없다면, 그때는 우리가 며칠 동안 금식을 해야 할지 모릅니다. 하나님의 영광이 우리를 떠났기 때문에 우리 각 사람이 울어야 할지 모릅니다. 그러나 하나님은 우리를 떠나시지 않았습니다. 아직까지는 이 거룩한 성소에서 "여기를 떠나자"(요 14:31)고 하는 두려운 말을 들은 사람이 아무도 없습니다. 하나님께서 여전히 은혜의 기적을 베푸시기 위해 손을 뻗고 계시니, 하나님의 이름을 찬송합시다.

하나님의 임재를 보여주는 두 번째 표지는 양 떼를 먹이시는 것입니다. 성령께서는 이 점을 매우 강조하시는 것처럼 보입니다. 하나님께서 15절에서 "내가 친히 내 양의 목자가 되어 그것들을 누워 있게 할지라. 그것들이 그 곳에 있는 좋은 우리에 누워 있으며 이스라엘 산에서 살진 꼴을 먹으리라"(겔 34:15,14). 우리는 이 말씀이 사실이라는 것을 발견하지 못했습니까? 우리의 안식일이 거룩한 잔치가 아니었습니까? 그리스도께서 친히 우리에게 잔치를 베풀어 대접하시지 않았습니까? 우리가 성찬 상에서 더할 수 없이 큰 기쁨을 맛보지 않았습니까? 우리가 안식일이 끝나갈 무렵에 서로에게 이야기할 때, "주님이 오늘도 우리와 함께 하셨다"는 인사가 여러분 가운데 어떤 분들이 늘 하던 말이 아닙니까? 여러분은 엿새 동안 안식일이고 하루만 일하는 날이었으면 좋겠다고 말하기도 했습니다. 나는 여러분 가운데 많은 분들이 아주 기뻐하며 하나님 말씀을 먹고 살아왔다는 것을 압니다. 그 은혜를 귀하게 여기십시오. 그 은혜는 사람에게서 오지 않고 하나님의 귀한 선물이기 때문입니다. 양들을 돌보며 먹이를 주지 않는 교회들이 있습니다. 사람들이 복음을 원하는데 복음을 주지 않기 때문에 안식일이 주중에서 가장 피곤한 날인 곳이 있습니다. 하나님의 성도들은 철학 체계나 반(半) 이성적인 사색이라는 껍질을 먹고 살 수 없습니다. 절반은 아스돗에 속해 있고 또 절반은 예루살렘에 속해 있는 설교는 시온의 거민에게 맞지 않습니다. 그에게는 낯선 말입니다. 앞으로 누가 이 양 떼의 목사가 되든지 간에 하나님께서 그들이 복음을 기쁘게 여기고 맛있게 느끼며 마음에 힘을 얻게 해 주시기를 바랍니다.

선한 목자이신 하나님의 임재를 보여주는 세 번째 표지는 병든 자들을 고쳐 주시는 것입니다. 나는 지금 영적으로 병든 사람을 말하는 것입니다. "그 잃어버린 자를 내가 찾으며 쫓기는 자를 내가 돌아오게 하며 상한 자를 내가 싸매 주며 병든 자를 내가 강하게 하리라"(겔 34:16)는 이 약속이 있기 때문입니다. 잘못에 깊이 빠진 사람을 원래대로 회복하는 것은 아주 즐거운 일입니다. 최근에 나는 전에 생활의 부주의함 때문에 혹은 새로운 견해들에 빠져서 우리에게서 떠나갔던 여러 형제자매를 받아들였습니다. 우리와 한 식구가 되기 위해서 오는 이 사람들 가운데 한동안 보지 못했던 친숙한 얼굴들이 있어서 기쁩니다. 예수님이 계시는 곳에서 살았던 사람들은 자신들이 그 사회로 돌아갈 때까지 마음이 편치 못합니다. 그들은 이렇게 말합니다. "나는 전에 함께 모였던 우리 형제들에게 돌아갈 거야. 그때가 지금보다 나았어." 하나님의 임재가 방황하는 사람들에게 주문처럼 작용합니다. 그러면 그들은 하나님의 명령을 받고 서둘러 돌아갑니다. 회개하며 돌아온 사람이 자신의 마음이 어떻게 냉랭해졌고, 어떻게 세상 것들에서 만족을 얻으려고 했는지 이야기를 듣는 것은 즐거운 일입니다. 또 그가 어떻게 이렇게 돌아와서 앞으로는 더욱더 하나님을 굳게 믿고 더욱 겸손히 하나님을 의지하겠다고 결심하게 되었는지 이야기하는 것을 듣는 것은 기분 좋은 일입니다. 우리에게 임한 많은 은혜로 인해 시든 많은 가지들이 다시 봉오리를 맺기 시작하였습니다. "그가 내 영혼을 소생시키시고 자기 이름을 위하여 의의 길로 인도하시는도다"(시 23:3). 오늘 아침 이 자리에 한때 신자들 가운데서 지내며 하나님 안에서 행복하였으나 잠시 동안 하나님을 떠나 살면서 신자의 뜨거운 사랑을 잃어버린 분들이 있다면, 나는 그분들에게 속히 돌아오라고 간청합니다. 형제여, 돌아오십시오! 자매여, 돌아오십시오! 우리는 열렬한 기쁨으로 여러분을 환영할 것입니다. 양을 한 마리 잃어버린 사람이 아흔아홉 마리 양을 들에 두고 가서 양을 찾고 또 찾은 다음에는 길을 잃지 않은 아흔아홉 마리 양보다 더 기뻐하였듯이 우리도 그러할 것입니다. 어떤 교회든지 믿음을 잃은 사람을 다시 받아주지 않는다면 나는 거기에 하나님이 계시지 않는다고 결론지을 것입니다. 믿음을 잃은 사람들이 돌아올 때 우리는 하나님의 임재를 보여주는 이 증거를 인해서 기뻐합니다. 우리 구원의 하나님께서 쫓겨난 하나님의 백성들을 집으로 데려오는 방법들을 고안해내신 것입니다. 그러므로 하나님이 여전히 우리 가운데 계시는 것입니다. 하나님의 황송한 사랑에 찬송을 돌립시다!

교회에서 하나님의 임재를 보여주는 네 번째 증거는 주 예수 그리스도께서 크게 높임을 받으실 때입니다. "내가 한 목자를 그들 위에 세워 먹이게 하리니 그가 그들을 먹이고 그들의 목자가 될지라 나 여호와는 그들의 하나님이 되고 내 종 다윗은 그들 중에 왕이 되리라 나 여호와의 말이니라"(겔 34:23,24). 형제 여러분, 만일 우리가 그리스도의 이름을 위하여 모이지 않는다면 우리의 모임은 하나님의 교회가 되지 못할 것입니다. 우리 가운데서 나오는 증거가 예수님과 그의 보혈, 하나님의 나라, 그의 오심에 대한 것이 아니라면 우리는 하나님이 우리와 함께 계시지 않았다고 알아야 할지 모릅니다. 왜냐하면 우리가 그리스도를 알 때에만 하나님께서 우리와 함께 계실 것이기 때문입니다. 여러분이 하나님의 아들의 영광스러운 인격과 완성하신 사역을 믿지 않고 다른 어떤 것을 믿는다면 여러분의 믿음은 가치 없는 믿음인 것입니다. 내가 여러분이 그동안 받았던 것과 다른 복음을 전한다면 나는 저주받은 사람이고 하나님의 종이 아닐 것입니다. 여러분이 힘을 다해 사람들을 예수님에게로 인도하기보다는 어떤 종파나 단체로 인도하려고 한다면, 또 예수님을 설명하기보다는 어떤 특정한 사상을 설명하려고 한다면, 나는 하나님이 우리와 함께 계시지 않는다고 확신할지 모릅니다. 그러나 이 문제에서 우리는 깨끗합니다. 우리에게는 그리스도가 전부이시기 때문입니다. 여러분이 예수님을 사랑하지 않습니까? 성부, 성자, 성령, 삼위일체의 거룩한 이름으로 세례를 받은 여러분, 여러분의 마음에 호소합니다.

> "하나님의 이름이 여러분의 경청하는 귀에
> 여전히 아름다운 음악으로 들리지 않습니까?
> 여러분의 마음이 구주님의 음성을 들을 때
> 즐거움으로 뛰지 않습니까?"

주일이 그리스도 없이 지나간다면 그날이 여러분에게는 안식일이 아니지 않겠습니까? 슬프게도 여러분은 부활하신 분을 그분의 부활의 날에 보지 못할 것입니다. 우리가 함께 모이는데, 거기에 주님에 관한 설교가 없고 주님의 이름의 향기가 없다면 여러분이 실망해서 떠나지 않겠습니까? 주님은 우리 희망의 처음이자 마지막이며, 우리 믿음의 창시자이자 완성자이시고, 천만인들 가운데 우두머리이시며 지극히 사랑스러우신 분입니다. 우리가 그렇게 느끼는 꼭 그만큼 하나님이 우리와 함께 계십니다. 하나님은 하나님의 아들을 명예롭게 하고 하나님 나라를 전진시키려고 애쓰는 자들을 결코 잊지 않으실 것입니다.

예수님은 우리의 왕이십니다. 주님의 권위는 우리에게 최고의 권위입니다. 교황도 주교도 교회회의도 우리에 대해 법률을 제정할 수 없습니다. 예수께서 우리의 왕이십니다. 예수께서 정말로 우리를 충성스러운 신하로 거느리시는 왕이시라면 여호와 우리 하나님께서 우리와 함께 계시고, 우리는 하나님의 백성들인 것입니다. 예수께서 계시는 곳에 신성의 충만이 육체로 거하시는 것입니다(골 2:9). 예수님을 믿는 자는 영생이 있듯이 그는 살아계신 하나님과도 교제를 갖습니다. 이것이 여호와는 우리 하나님이시고 우리는 그의 백성이라는 우리의 신앙고백이 거짓이 아님을 보여주는 표지로서 우리에게 있는지 여러분 스스로 판단해야 할 것입니다.

하나님께서 자기 백성과 함께 하시는 임재를 보여주는 또 다른 증거는 그들의 마음에 충만한 평안에서 찾을 수 있습니다. "내가 또 그들과 화평의 언약을 맺고 악한 짐승을 그 땅에서 그치게 하리니 그들이 빈 들에 평안히 거하며 수풀 가운데에서 잘지라"(34:25). 여러분 가운데 많은 분들이 이 깊은 평안, 곧 모든 지각에 뛰어난 하나님의 평강(빌 4:7)을 깨닫고, 그래서 모든 두려움에서 벗어나고 극심한 가난과 시련 가운데서도 기뻐하지 않습니까? 여러분의 수가 워낙 많기 때문에 나는 여러분이 건강한 동안에는 여러분과 개인적으로 많은 대화를 나눌 수가 없습니다. 하지만 병중에 있거나 임종 시에 이른 많은 형제자매들과 이야기하지 않을 수 없는 슬픈 특권이 있습니다. 하지만 나의 한결 같은 경험은 지극히 기쁜 것입니다. 내가 기억하는 한, 이렇게 말할 수 없는 예외적인 경우를 한 번도 생각할 수 없습니다. 우리 교인들은 죽을 때가 다가오면 평안을, 깊은 평안을 나타내 보입니다. 그리고 많은 경우에 거기에 기쁨이 섞여 있습니다. 거룩한 기쁨이 섞여 있습니다. 병자의 방을 떠날 때 "나는 주님과 함께 죽으러 가겠습니다"라는 말을 거듭거듭 했습니다. 몸이 쇠약하고 필시 온 몸에 고통이 있을 것인데도, 우리 교인들은 각 사람이 다 "나는 나의 대속자가 살아 계시다는 것을 압니다"(욥 19:25)라고 말했습니다. 그들은 거룩한 진리들을 의심하기보다는 차라리 자기 존재를 의심하였고 영원을 들여다보기를 두려워하기보다는 차라리 잠자리에 드는 것을 두려워하였습니다. 그들은 떠나서 그리스도와 함께 있기를 간절히 바랐기 때문입니다. 웨슬리는 "우리 교인들은 죽는 것이 복되다"고 말했습니다. 나도 그와 같이 말할 수 있습니다. 그들은 복된 부활에 대한 지극히 확실한 희망을 품고 떠나갑니다. 얼마 전에 나와는 전혀 다른 교훈을 가르치는 한 사람이 자기는 여러분과 같은 교인들하고는 도무지 어떻게 일을 해볼 수 없다고 심하게 불평하였습니다. 일단 우리의 교리에 영향을 받은 사람들은 그 안에 자리를 잡고 살아서 거기서 구해낼 수 없기 때문이라는 것입니다. 자신이 우리 견해들에 대해서는 어떻게 해볼 도리가 없는 것은 사람들이 거기에 완전히 빠지게 되어 그들에게 우리 견해들을 단념시킬 수가 없다고 하였습니다. 그 점에 대해 하나님께 감사합시다. 사람이 일단 살아계신 하나님을 알고 그의 영원하신 사랑을 마음으로 느끼게 해 보십시오. 그러면 지옥의 마귀들이 모두 동원되어도 그가 자기 영혼에 생명과 같은 그 진리를 포기하도록 만들 수 없습니다. 그 마음에 새겨진 진리를 반대하는 주장은 아무 쓸모가 없습니다. 궤변이 우리를 설득해서 의식을 잃게 만들지는 못합니다. 하나님의 진리는 우리 마음에 날인되어 있습니다. 그래서 우리가 그 진리를 부인한다는 것은 있을 수 없는 일입니다. 악한 짐승들이 이 땅에서 그친다는 이 점이 나는 정말로 좋습니다. 은혜의 교리가 사람들 가운데서 불타오르면 의혹을 품는 사람들과 이단자들이 싫어하며 이곳을 떠납니다. "거기에는 사자가 없고 사나운 짐승이 그리로 올라가지 아니할 것이라"(사 35:9). 목자장이 양 무리 가운데 계시면 늑대들이 양 떼를 피합니다. 영원히 그럴 수 있을 것입니다. 그것은 하나님께서 자기 백성들과 함께 계시며 마음에 깊은 평안을 주시고 하나님의 일들에 대해 견고한 안식을 주신다는 확실한 증거입니다. 우리에게는 이런 표지들이 있고, 여기서 더 이상 언급할 수 없는 그 밖의 많은 표지들도 있는데, 그것들은 여러분이 이 장 전체를 읽어보고 스스로 판단해 보시기 바랍니다.

나는 여러분에게 조금이라도 아첨하는 말을 하고 싶지 않습니다. 그보다는 성령님께 배우기를 바라면서 내가 본 것을 증언하기를 진심으로 바라고, 그래서 사실에 의해 정당화할 수 있는 것 외에는 말하지 않으려고 합니다. 나는 "만군의 여호와께서 우리와 함께 하시도다"(시 46:11)라고 말할 수 있고, 실제로 그렇게 말합니다. 그러면 어떻게 됩니까? 그러면 내가 생각할 때, 다른 모든 교회의 교인들도 마찬가지이겠지만, 자신이 어떻게 생활하고 행하는지에 매우 주의하는 것이 우리 교회의 모든 교인에게 합당한 일이라고 봅니다. 하나님이 우리와 함께 하신다면 매일 교회에서 진행되는 훈련이 있다는 것을 기억하시기 바랍니다. 교회가 자체적으로 시행할 수 있는 훈련이 있을 뿐만 아니라 하나님께서 섭리 가운데 행하시는 훈련도 있습니다. "손에 키를 들고 자기의 타작마당을 정하게 하시리라"(마 3:12). 선량한 사람들이 하나님의 일을 방해한다면 그들은 믿지 않는 자들처럼 다루어져서 계속해서 악한 길을 가도록 방치되지 않습니다. 그들을 악한 길에서 끄집어내고 그들에게서 악한 영향력을 끄집어내십니다. 이보다 훨씬 더 심한 일도 있습니다. 많은 사람들이 진리의 훼방꾼이 되거나 죄에 빠질 때 죽음에 의해 제거된다는 것을 나는 믿습니다. 바울 사도는 고린도 교인들에게 "이 때문에(개역개정은 '그러므로') 너희 중에 약한 자와 병든 자가 많고 잠자는 자도 적지 아니하니라"(고전 11:30)고 말하였습니다. 이렇게 신자들은 세상과 함께 죄 정함을 받지 않도록 주님께 징계를 받습니다. 하나님께서는 자신의 친 자녀가 하나님의 집의 법을 어길 때 그를 징계하지 않은 채 지나가려고 하시지 않습니다. 여러분 가운데 하나님의 자녀인 사람들이 부주의하게 행하고 있다면, 여러분의 옷이 세상의 얼룩으로 더럽혀져 있다면, 여러분이 부정한 대화로 주님의 이름을 더럽히고 있다면, 주님께서 여러분과 동행하며 즐거운 교제를 나누시지 않을 것입니다. 바울 사도가 말하였습니다. "내가 여러 번 너희에게 말하였거니와 이제도 눈물을 흘리며 말하노니 여러 사람들이 그리스도의 십자가의 원수로 행하느니라"(빌 3:18). 이런 사람들은 교회 안에 있으나 그리스도의 원수들이었습니다. 하나님의 백성이라고 하는 사람들이 자기의 신앙고백에 맞게 행동하지 않는다면 그들만큼 하나님의 일을 방해할 수 있는 사람은 없습니다. 사랑하는 여러분, 내가 설교를 시작하면서 규정했던 원칙에 합당한 생활을 하려면 지금 우리에게 있는 것보다 더 큰 능력이 필요할 것입니다. 우리가 하나님 가까이에서 걷고 우리의 행위가 그리스도의 복음에 합당하게 되려면 우리에게 성령님이 충만히 임할 필요가 있을 것입니다.

이 외에도, 하나님이 우리와 함께 하신다면 지금이 많은 활동을 해야 할 시간인 것으로 보입니다. 일기가 사나운 날에는 우리가 아주 힘들게 노를 저어도 별로 효과를 보지 못합니다. 배가 조류를 거슬러 조금도 나아가지 못하기 때문입니다. 그러나 지금은 순풍이 불고 있으니 돛을 활짝 폅시다. "돛을 모두 펴고 거품을 헤치며 나아가십시오." 지금은 선원에게 기쁜 시간입니다. 그는 이 시간을 이용해야 합니다. 우리가 할 수 있는 일이 더 있다면, 잊고 있었지만 다시 살릴 수 있는 일이 있다면, 더 큰 열정과 더 뜨거운 열심을 낼 수 있다면, 하나님의 이름으로 그 일을 시작합시다. "여호와의 사자의 말씀에 메로스를 저주하라 너희가 거듭거듭 그 주민들을 저주할 것은 그들이 와서 여호와를 돕지 아니하며 여호와를 도와 용사를 치지 아니함이니라 하시도다"(삿 5:23). 옛적에 선고되었던 이 저주가 여러분에게 임하지 않도록 하나님을 섬기는 일에 조금이라도 힘을 아끼지 않도록 합시다. 지금은 좋은 소식을 전하는 날입니다. 그러니 우리가 가만히 앉아 있는다면 잘하는 일이 아닙니다. 하나님의 종들인 여러분, 여러분의 활동을 통해 하나님이 여러분 가운데 계심을 입증하시기 바랍니다.

그 다음에, 우리는 더욱 뜨겁게 기도합시다. 우리가 그토록 지속적으로 시행하는 기도회만큼 내 마음을 위로하는 것은 없습니다. 목요일에 설교 전에 갖는 작은 기도회도 그동안 많이 성장하였습니다. 그 시간에 우리는 하나님과 즐거운 교제를 나눕니다. 월요일 밤 집회에 대해서 말하자면, 주님으로부터 받는 복이 참으로 놀랍습니다! 몇백 명이 기도하던 것이 이제 몇천 명으로 수가 불어나고 있는데, 그 사람들을 보는 것만으로도 나는 기쁩니다. 그렇게 많은 사람이 항상 기도하러 오리라고 거의 기대하지 못했었습니다. 여러분이 가정에서 기도하고 식구들과 함께 기도하며 골방에서 기도하는 일이 계속해서 점점 많아지기를 바랍니다. 교회가 언제든지 쓰임받을 준비를 하고 있다면 주님께서 교회와 함께 무슨 일을 못하시겠습니까? 주님께는 모든 일이 가능합니다. 또 믿는 자에게는 모든 일이 가능합니다. 하나님은 보통 자기 백성들에게 "구하여도 받지 못함은 정욕으로 쓰려고 잘못 구하기 때문이라"(약 4:3)고 말씀하십니다. 그러나 모든 심정을 쏟아 부어 기도할 때, 그때는 하나님이 거기 계십니다. 우리는 깨끗한 마음으로 뜨겁게 서로를 사랑합니다. 그러므로 그리스도 예수 안에서 우리의 완전한 통일성을 훼손할 수 있는 것은 모두 제거합시다. 그렇게 사랑할 때에야 우리가 하나님을 우리 하나님으로 모셨고, 우리는 하나님의 백성이며, 하나님이 우리와 함께 계시고, 하나님의 영광이 우리 가운데 거하신다는 증거를 항상 풍성히 지닐 것이기 때문입니다. 지금까지 이렇게 해서 이 문제가 여러분 마음에 깊이 새겨지도록 힘썼습니다. 하나님께서 이 권고에 복을 주시기 바랍니다.

3. 오늘 아침 이 설교의 가장 흥미로운 부분은 하나님께서 우리를 묘사하신 말씀에 있습니다.

하나님은 자신의 교회를 어떻게 설명하십니까? 본문의 마지막 절을 읽어봅시다. "내 양 곧 내 초장의 양 너희는 사람이요 나는 너희 하나님이라 주 여호와의 말씀이니라."

첫째로, 이 묘사에서 하나님은 자기 교회를 그의 양이라고 부르십니다. 양은 목자의 보물이고, 그의 살아있는 재산입니다. 또한 양은 목자의 걱정거리이고 끊임없는 근심거리입니다. 목자에게 그가 가장 소중히 여기는 것이 무엇이냐고 물어보면 그는 당연히 자기 양이라고 대답합니다. 그에게 가장 걱정하는 것이 무엇이냐고 물어보면 그는 이렇게 대답합니다. "나는 이 내 양들 외에는 아무 근심거리가 없어요. 이 양들 때문에 더위 속에서 낮을 보내고 습하고 추운 밤을 보냅니다." 하나님께서 여기에 있는 자기 백성들을 내려다보시며 "너희는 내 양이다"라고 말씀하신다는 것을 한 번 생각만 해 보십시오. 그리스도인들 가운데는 혼자서 외롭게 천국에 가려고 하는 사람들이 있습니다. 그런데 하나님은 신자들을 곰이나 사자 혹은 혼자서 떠돌아다니는 동물들에 비유하시지 않습니다. 그리스도께 속한 자들은 함께 모이기를 좋아한다는 이 점에서 양입니다. 양은 무리를 지어서 가는데, 하나님의 백성들도 그와 같습니다. 하나님께서는 그의 백성들을 한 무리로서 가장 사랑하십니다.

> "하나님께서 야곱의 장막들을 좋아하시지만
> 그래도 시온에 거하기를 기뻐하십니다."

그리스도는 자기 양을 위해 목숨을 내어놓는 선한 목자이십니다. 주님은 자기 백성들을 양 무리처럼 안고 지키며 보호하십니다. 그러므로 참된 교회는 매우 귀한 존재입니다. 교회는 단지 어떤 목적을 위해 단결한 인간 집단이 아닙니다. 교회는 하나님께서 친히 이루셨고, 또 주무시지 않고 항상 지켜보시는 공동체입니다. 교회는 주님이 돌보시는 양 무리입니다. 그래서 하늘과 땅의 구석구석을 뒤져서라도 자기 양을 찾으시고, 그들에게 여물을 주셨을 것입니다. 이 양 무리는 아주 잘 보전이 됩니다. 그래서 마지막에 선한 목자께서 "아버지께서 내게 주신 자 중에서 하나도 잃지 아니하였사옵나이다"(요 18:9) 하고 말씀하실 것입니다.

그 다음에, "내 초장의 양"이라는 말이 덧붙여진 것을 살펴봅시다. 여기에는 다른 사상이 있습니다. 이 묘사는 하나님의 백성들이 이밖의 일들에서 독특할 뿐만 아니라 그들을 기르시는 점에서도 독특하다는 것을 보여줍니다. 여러분은 그 사람의 영혼이 무엇을 먹고 사는지를 보아서 하나님의 자녀인지 알 수 있습니다. 신자라고 하는 많은 사람들이 죽을 인생의 것이라고 하더라도 솜씨 있게 제시하기만 하면 그것을 먹을 수가 있습니다. "아무개 목사가 설교하는 것 들어 봤어?" "아니, 듣지 못했어. 그런데 내가 듣기로는 그 목사가 진리에서 떠났다는 군." 그러면 사람들은 말합니다. "하지만 그는 굉장히 똑똑한 사람이야." 어떤 사람이 똑똑하기만 하면 사람들 대부분은 그가 가져오는 것은 무엇이든지 곧 위로 하늘에서나 아래로 땅에서 혹은 땅 아래 물속에서 무엇을 가져오든지 받아들이려고 합니다. 그 사람이 자기 견해를 유창하고 멋지게 전할 수만 있으면, 그것은 대부분의 사람들에게 문제가 되지 않습니다. 그런 사람은 그리스도의 양이 아닙니다. 그들에게는 신자의 분별력이 없기 때문입니다. "내 양은 내 음성을 들으며 나는 그들을 알며 그들은 나를 따르느니라. 타인의 음성은 알지 못하는 고로 타인을 따르지 아니하고 도리어 도망하느니라"(요 10:27,5). 나는 한 형제가 양이 목자의 옷을 보고서만 목자를 알아본다는 생각이 틀렸음을 어떻게 증명했는지 이야기하는 것을 들은 기억이 납니다. 팔레스타인에 있을 때 그는 한 목자에게 부탁해서 그의 옷을 입을 수 있었습니다. 목자의 옷을 입고서 그가 양을 부르기 시작했지만 양은 한 마리도 오지 않았고 어린 양조차도 오려고 하지 않았습니다. 그 양 무리 가운데 가장 어리숙한 양도 그가 목자가 아니라는 것을 알 만큼 분별력이 있었고, 가장 어린 양조차도 낯선 사람의 음성에 전혀 관심을 보이지 않은 채 멀리 떨어져 있었습니다. 그가 목이 쉴 때까지 불렀어도 양들은 오려고 하지 않았습니다. 이렇게 하나님의 백성은 자기 하나님을 압니다. 하나님께서 자기들에게 주시는 음식이 어떤 것인지 압니다. 그들은 진리와 거짓말을 구별할 줄 압니다. 사람들은 거짓말을 아주 예쁘게 포장하여 제시하여서, 할 수만 있으면 택하신 자들이라도 속이려고 합니다. 그러나 "할 수만 있으면"이라는 조건이 하나님의 초장의 택하신 양 무리를 지킵니다. 하나님의 양들은 독 당근을 먹지 않을 것이고 독이 든 곡식을 먹지 않을 것입니다. 그들은 깨끗한 여물만 먹을 것입니다. 여물이 선한 목자의 손에서 오는 것이라는 사실이 분명하면 분명할수록 그 여물은 그만큼 더 그들에게 좋은 것입니다.

매우 특이한 일인데, 여기서 "내 양 곧 내 초장의 양 너희는 사람이요"라는 말이 덧붙여져 있습니다. 독자가 하나님께서 정말로 양에 대해서 말씀하고 계셨다고 생각하지 않도록 이 말을 집어넣었다고 말하는 주석가들이 있습니다. 그런 일은 있을 수 없습니다. 이성적인 사람이라면 아무도 그렇게 잘못 생각할 만큼 어리석을 수 없을 것이기 때문입니다. 이 단어는 훨씬 더 고귀한 목적을 위해서 사용된 것입니다. "너희는 사람이요." 즉, 하나님은 자신이 영원한 사랑으로 사랑하신 우리가 어떤 사람인지 아시는 것입니다. 우리는 천사들이 아니라 아담 같은 자들입니다. 여러분이 하나님의 교회에 들어와서 천사들 가운데 있기를 기대한다면 크게 잘못 생각하는 것입니다. 또 형제들이 여러분을 받아들이면서 자기들이 부지중에 천사를 받아들이는 것인지 모른다고 기대한다면, 그들도 잘못 생각하는 것입니다. 우리는 어리석은 기대 때문에 터무니없는 실수를 합니다. 우리는 함께 지내보아도 형제자매들이 천사들이라는 것을 발견하지 못할 것입니다. 그들은 사람들일 뿐이기 때문입니다. 그들은 또한 타락한 사람들이고, 타락한 본성의 흔적들을 지니고 있습니다. 그들 가운데 가장 훌륭한 사람이라고 하더라도 길 잃은 양처럼 곁길로 갔습니다. 그들은 사람입니다. 말하자면 사람일 뿐입니다. 아무리 훌륭한 사람도 기껏해야 사람에 지나지 않기 때문입니다. 예전에 어떤 사람이 내가 이런 말을 한 것에 대해서 대놓고 비난하는 편지를 써 보냈습니다. 그의 편지를 보고서 내릴 수 있는 결론은, 그 친구가 자신을 사람 이상의 어떤 존재로 생각하였다는 것입니다. 나는 그의 판단에 동의하지 못하였고, 그가 사실 사람 이상의 어떤 존재가 아니라 오히려 사람보다 못한 것이 아닌가 하고 생각하였습니다. 그의 편지에서 나타난 신랄한 태도를 보고서 그가 고상하기보다는 인간적인 사람이라고 생각하였습니다. 내가 지금까지 보아온 최고의 사람들도 결국 사람에 지나지 않았습니다. 대체로 사람들이 훌륭하면 훌륭할수록 그들은 그만큼 더 기꺼이 자신의 결점을 고백합니다. 어떤 사람들은 자부심을 가지고 측정하면 키가 크지만 지혜의 표준에 맞추어 보면 작습니다. 하나님의 백성들은 사람에 불과합니다. 그렇지만 그들은 사람이지 금수가 아닙니다. 인간의 탈을 쓴 사람들 가운데는 금수나 다름이 없는 사람들이 많습니다. 그러나 성도들은 온유하고 동정적이며 친절합니다. 하나님의 백성들은 진실한 사람들입니다. 성령께서 그들 안에 계실 때 그들은 사내답게 행동합니다. 그들은 전투의 선봉에 섭니다. "너희는 사람이요." 이것은 어떤 의미에서 나쁜 말이고 또 다른 의미에서는 좋은 말입니다. 하나님께서는 좋은 의미에서 우리를 사람으로 만드십니다. 그래서 우리는 겸손하면서도 용감하게 행동함으로써 나쁜 의미에서 "사람"의 약점들을 뛰어넘을 수 있습니다.

그러나 하나님께서는 그 다음에 "나는 너희 하나님이라"는 이 복된 확언을 덧분이십니다. 하나님은 사람이 아니십니다. 그래서 거짓말을 하시지 않습니다. 사람의 아들이 아니십니다. 그래서 후회하시는 일이 없습니다. 나는 하나님을 찾는 불쌍한 영혼이 "아, 나는 너무나 무가치한 자입니다" 하고 말하는 소리를 듣습니다. 바로 그렇습니다. 하나님은 그 사실을 아십니다. 하나님은 여러분이 사람이라고 말씀하십니다. 그러나 주님은 무가치한 분이 아닙니다. 그는 명예와 하나님의 능력을 받을 만한 분입니다. 그는 우리의 하나님이시기 때문입니다. 어떤 사람은 말합니다. "아, 나는 내 자신이 너무 연약한 것 같아." 바로 그렇습니다. 여러분은 사람입니다. 그러나 주님은 여러분의 하나님이십니다. 여러분의 힘은 그에게 있습니다. "하지만 나는 너무 잘 변합니다." 바로 그렇습니다. 여러분이 사람이기 때문입니다. 그러나 주님은 말씀하십니다. "나 여호와는 변하지 아니하나니 그러므로 야곱의 자손들아 너희가 소멸되지 아니하느니라"(말 3:6). "하지만 나는 너무 믿음이 없습니다." 바로 그렇습니다. 여러분이 사람이기 때문입니다. 사람은 변덕스럽고 부서지기 쉽습니다. 하지만 하나님은 변하시지 않습니다. 그분은 똑같으시고 그의 연대는 끝이 없습니다. 약속들을 지키라고 여러분에게 줄지라도 그 약속들을 결코 지키지 못할 것입니다. 여러분이 사람이기 때문입니다. 여러분의 구원이 여러분의 공로에 달려 있다면 여러분은 망할 것입니다. 여러분이 사람이기 때문입니다. 언약 전체가, 그리고 구원의 모든 무게가 하나님께 있기 때문에, 바로 여기에 우리의 기쁨이 있습니다. "나는 너희 하나님이라 주 여호와의 말씀이니라."

이제 드릴 말씀이 두 가지가 있습니다. 하나는 불쌍한 죄인에게 드리는 말씀입니다. 그는 이렇게 말합니다. "저는 그리스도 예수 안에서 하나님께 가는 것이 두렵습니다." 하나님께 가기를 두려워하지 마십시오. 하나님은 여러분이 어떤 존재인지 아시기 때문입니다. "아, 하지만 저는 너무 천합니다." 하나님은 여러분이 얼마나 천한 사람인지 아십니다. "하지만 저는 정말로 못된 존재입니다." 하나님께서 그것도 아십니다. 그 때문에 하나님께서 구주님을 보내신 것입니다. 여러분이 파멸하지 않았다면 여러분을 찾으실 구주님이 필요 없었을 것입니다. 떨고 있는 불쌍한 죄인이여, 여러분의 현재 모습 그대로 예수님께 오십시오. 이 말씀을 듣고 주님께로 가십시오. "내 양 곧 내 초장의 양 너희는 사람이요." 여러분은 가난하고 무력하고 나약하며 죄를 범하는 무가치한 사람들입니다. 하지만 여러분의 하나님은 자비가 충만하십니다. 하나님의 사랑의 생각은 하늘이 땅보다 높음같이 여러분의 생각보다 높으십니다. 이제 와서 그와 변론하십시오. 하나님이 여러분의 허물을 빽빽한 구름 같이, 여러분의 죄를 안개 같이 없이하셨으니 여러분은 "주와 같은 신이 어디 있으리이까?"(미 7:18)라고 노래할 것입니다.

또 한 가지는 여러분 가운데 교회의 교인이 되어야 하는 분들에게 드리는 말씀입니다. 여러분은 하나님을 알고 사랑하지만 아직까지 하나님을 고백하지 않았습니다. 여러분은 "내가 좀 나아졌다는 생각이 들 때 교회에 가입하겠다"고 말합니다. 언제 그렇게 느낄 것 같습니까? 여러분이 지금은 1년 전보다 조금이라도 더 나아졌습니까? 여러분이 얼마나 더 나아져야 하나님께 순종할 생각입니까? 나는 온도계 같은 것을 매달아 두고 싶습니다. 그래서 여러분이 한계점에 이르렀을 때 나올 수 있도록 하고 싶습니다. 하나님의 명령에 순종하여 하나님의 교회에 가입하십시오. 여러분은 완전해지기를 바라고, 그래서 완전한 사람들과 한 무리가 되고 싶습니까? 그렇다면 우리 교회에는 오지 마십시오. 우리 가운데 세상의 훌륭한 사람들이 많이 있긴 하지만 완전한 교인이 있다고 장담할 수 없기 때문입니다. 예전에 우리에게 완전한 형제들이 있었습니다. 그러나 그들은 자신들이 자랑하던 완전이라는 것이 참으로 형편없는 것임을 우리에게 보여준 후에 자기들 원하는 곳으로 갔습니다. 일꾼들의 머릿속에 그런 오만한 생각이 들어가면 그들은 쓸모없고 또 사랑도 없는 사람이 됩니다. 내가 이런 말 하는 것이 유감스럽지만 우리는 불완전한 사람들의 집단입니다.

그러나 여러분이 주님을 사랑하고 주님의 명령에 순종할 준비가 되어 있다면 우리는 아주 기쁘게 여러분을 받아들일 것입니다. 그것이 우리가 요구하는 전부입니다. 여러분은 완전한 교회에 가입하기 원하십니까? 그러면 여러분은 죽어야 합니다. 그렇지 않으면 완전한 교회에 가입할 수 없을 것입니다. 그리고 여러분이 완전한 교회에 가입하게 된다면 여러분이 그 교회에 들어간 후에는 그 교회가 완전한 교회가 되지 못할 것입니다. 여러분은 그 생각을 버리고, 그냥 하나님께서 하나님의 교회에 관하여 말씀하시는 것을 그냥 믿으십시오. "내 양 곧 내 초장의 양 너희는 사람이요." 그러니 우리와 함께 갑시다. 우리가 여러분을 도와드릴 것입니다. 어떤 사람은 "나는 무서워요"라고 말합니다. 이것이 남자다운 태도입니까? 이런 겁쟁이들에게 "너희는 사람이요"라는 말을 할 수 있습니까? 우리가 확실히 여러분에게는 이 말의 좋은 면을 이야기할 수는 없을 것입니다. 그러나 우리와 함께 갑시다. 여러분이 예수께서 그리스도이시라고 믿는다면 그리스도를 고백하십시오.

복음의 메시지는 이것입니다. "믿고 세례를 받는 사람은 구원을 얻을 것이요"(막 16:16). 믿음과 세례가 여기서는 매우 밀접하게 붙어 있습니다. 그러니 그 둘을 분리해서는 안 됩니다. "믿고 입으로 그리스도를 고백하는 사람은 구원을 받을 것입니다"(롬 10:10). 그리스도의 명령은 한 가지도 소홀히 해서는 안 됩니다. 당장 여러분의 믿음을 고백하십시오. 여러분은 "거기에 도움이 될 만한 것이 아무것도 없다"고 말합니다. 이기적인 불쌍한 인간이여, 그래서 여러분은 위험에서 자신을 보호하기 위한 것이 아니면 아무것도 하지 않을 것입니다. 여러분이 구원받은 사람이라면 그런 비천한 생각을 혐오하여 이렇게 말할 것입니다. "자, 나는 사랑 때문에 주님의 이름을 지니고 있어요. 주님께서 믿는 자기 백성들에게 무슨 명령을 내리시든지 나는 언제든지 순종할 준비가 되어 있어요."

> "물속이든지 불속이든지 예수께서 인도하시면
> 그가 가시는 곳을 따라갈 것입니다.
> 땅과 지옥이 훼방하여도
> '나를 막지 말라'고 소리칠 것입니다."

하나님께서 여러분에게 그렇게 할 수 있는 복을 베풀어 주시기 바랍니다. 아멘.

제 18 장

부드러운 마음

"내가 너희 육신에서 굳은 마음을 제거하고 부드러운 마음을 줄 것이라." — 겔 36:26

속에서부터 활동을 시작하고 먼저 마음에 작용하는 것이 우리의 거룩한 종교의 특징입니다. 바리새인의 종교와 같은 다른 종교들은 우선 외적인 형식과 의식들부터 시작합니다. 아마도 밖에서부터 시작하여 안으로 작용하기를 바라셨을 것입니다. 하지만 과정이 결코 그렇게 끝나지 않습니다. 컵과 접시의 겉은 깨끗해져도 그 안은 여전히 전과 마찬가지로 온통 더러운 채로 그대로 있기 때문입니다. 모든 사람들에 관해서 "네가 거듭나야 하겠다"(요 3:7)는 이것만큼 확실한 진리는 없습니다. 사람의 본성에 전체적으로 근본적인 변화가 일어나야 합니다. 그렇지 않으면 하나님이 계시는 곳에 사람은 결코 올 수 없습니다. 복음은 이점에서 뒤로 물러나지 않고 오히려 그 선언을 강조합니다. 성령께서는 인간 본성을 좀 더 낫게 개선하려고 시도하지 않고 타락한 인간 본성을 근절시키며 우리가 새로운 피조물이 되어야 한다고, 전능하신 하나님의 초자연적인 활동에 의해 그렇게 되어야 한다고 선언하십니다. 성경은 이 문제들을 조심스럽게 말하지 않고, 어떤 사람들은 본성적으로 다른 사람들보다 나을 수 있고 그들의 미점을 향상시키면 마침내 하나님께서 받아들이실 만큼 선해질 수 있다고 말하지도 않습니다. 전혀 그렇게 말하지 않습니다. 성경은 모든 사람에 대해 "너희가 돌이켜 어린아이들과 같이 되지 아니하면 결단코 천국에 들어가지 못하리라"(마

18:3)고 선언합니다. 참된 종교는 마음부터 다루기 시작합니다. 마음이 인간을 지배하는 힘입니다. 여러분은 사람의 지성을 계몽할 수 있고, 또 지금까지 그 일을 많이 해왔습니다. 그러나 마음이 잘못되어 있는 한, 지성을 계몽시키는 일은 사람으로 하여금 더 큰 책임을 지고 죄를 짓게 만들 뿐입니다. 그는 선이 선이라는 것을 알지만 악을 택합니다. 그는 빛을 보지만 어둠을 사랑하고, 그의 마음이 하나님에게서 멀어져 있기 때문에 진리를 버립니다. 마음이 새로워진다면 오래지 않아 판단력도 새롭게 변할 것입니다. 그러나 마음이 잘못되어 있는 한, 감정이 의지를 지배하고 사람의 성품이 악을 향하도록 만듭니다. 사람이 악을 좋아하면 그는 악인입니다. 사람이 하나님을 미워하면 그는 하나님의 원수입니다. 겉으로 뭐라고 고백하든지, 어떤 지식을 갖고 있든지, 겉으로 어떤 선한 특징들을 보이든지 간에 그는 하나님의 원수입니다. "대저 그 마음의 생각이 어떠하면 그 위인도 그러하니라"(잠 23:7). 하나님께서 우리 본성에 주신 기능과 능력들 가운데 어떤 것보다도 마음이 그 사람의 본모습에 가깝습니다. 마음은 우리 본성이라는 작은 동산에 있는 하와이며, 악한 열매를 먼저 따먹는 것이 바로 이 하와이고, 아담이 하와를 따랐듯이 지성이 감정을 따르지만, 그래도 선이나 악을 행할 수 있는 가장 중요한 능력은 감정에 있다고 말할 수 있을 것입니다. 마음이 은혜로 새롭게 되면 인간에게서 가장 훌륭한 부분입니다. 그러나 새롭게 되지 않으면 가장 악한 부분입니다. 이솝의 주인이 이솝에게 시장에서 제일 좋은 것들로만 잔칫상에 올리라고 지시를 했더니, 이솝이 혀밖에 가져오지 않았습니다. 그러자 주인이 다음 날에는 시장에서 제일 나쁜 것들만 사오라고 시켰더니 이번에도 혀밖에 가져오지 않았습니다. 나는 혀를 마음으로 바꾸어서 이 이야기를 바로잡거나 영적으로 표현해보고 싶습니다. 세상에서 새롭게 된 마음만큼 좋은 것이 없고, 거듭나지 않은 마음만큼 나쁜 것은 없기 때문입니다.

마음을 새롭게 해 주시리라는 것이 중요한 언약의 약속입니다. 그리고 마음이 새롭게 되는 구체적인 형태는 마음이 살아있고 따뜻하며 예민하고 부드럽게 되는 것입니다. 마음이 본래는 돌같이 딱딱합니다. 그래서 하나님의 은혜의 작용으로 말미암아 부드러운 마음이 되어야 합니다. 그러므로 우리는 중생과 회심의 결과를 주로 부드러운 마음이 생긴 데서 찾을 수 있을 것입니다. 부드러움, 곧 억세고 완고하며 차갑고 딱딱한 것에 반대되는 부드러움이 사람의 성품에서 볼 수 있는 가장 은혜로운 표지들 가운데 하나입니다. 하나님께서 마음에 돌같이 딱딱함이나 생명이 없는 무감각 대신에 살갗이 연함이나 생생한 민감성을 주신 경우를 볼 때 우리는 실제적인 은혜의 활동이 있고 하나님께서 그 사람 속에 생명의 원천을 이루는 경건을 일으키셨다고 결론지을 수 있을 것입니다. 나는 이제 이 부드러움에 대해서 이야기하려고 합니다. "너희 육신에서 굳은 마음을 제거하고 부드러운 마음을 줄 것이라."

1. 우리가 첫 번째로 살펴볼 것은, 여기서 말하는 부드러움이 중생하지 않은 사람들에게는 없다는 것입니다.

중생하지 않은 사람들도 흔히 타고난 감수성이 있습니다. 회심하지 않은 사람들 가운데는 마치 어머니가 어린 자녀들을 대하듯이, 아버지가 자식들을 대하듯이, 친구가 친구를 대하듯이 마음이 아주 부드러운 사람들이 있습니다. 우리가 인간 본성에서 이와 같이 선한 것에 대해 조금이라도 잘못 말해서는 안 됩니다. 그러나 그것은 영적으로 부드러운 마음과는 전혀 다릅니다. 소심함 때문에 생기는 여린 마음을 갖고 있는 사람들이 있습니다. 그런 여린 마음 때문에 때로 그들이 선을 행하고자 하는데, 그것은 그들이 선을 사랑해서가 아니라 친구들에게 쉽게 끌려가기 때문입니다. 그래서 그들은 우연히 나쁜 조언자들을 만나면 그만큼 쉽게 악을 행하는 데로 기울어질 것입니다. 그들은 스스로 가지고 있는 원칙이 없고 근본 뿌리도 없습니다. 마음이 여렸고 그래서 악한 조언자들의 말을 듣고 자신을 해치는 길로 따라간 르호보암에게 바로 이런 부드러움이 있었습니다. 이처럼 나약한 부드러움에 대해서는 맞서 싸워야 합니다. 우리는 마음속에 끈질긴 근성, 확고부동함, 굳은 결심 같은 것을 지녀야 할 필요가 있기 때문입니다. 남자다움을 잃게 만들고 다른 사람들에게 조종당하는 꼭두각시로 만드는 그런 유약함은 큰 악이기 때문입니다.

주로 법의 공포와 두려움에서 생기는 부드러움도 있는데, 이것은 본문에서 묘사되는 복음적인 부드러움이나 구원에 이르게 하는 부드러움과는 다릅니다. 이와 비슷하지만 가짜인 부드러움을 보이는 사람들도 있는 것을 나는 압니다. 그들은 설교를 들을 때 그 가짜 부드러운 마음 때문에 흥분을 합니다. 장차 올 세상에 대한 이야기를 들으면, 곧 미래의 휘장이 들추어질 때 그들은 잠시 감동을 받습니다. 그러나 그들의 미덕은 곧 사라집니다. 그들은 조금 전에 그들에게 감동 주었던 것을 다음 순간에는 잊어버립니다. 금방 뜨거워지고 금방 식습니다. 바람처럼 변덕스럽습니다. 그것은 바람직한 부드러움이 되지 못합니다. 그런 것은 아침 이슬처럼, 이른 아침의 이슬처럼 쉽게 사라지는 미덕입니다.

모든 사람의 마음이 다 똑같이 완고한 것은 아니지만, 거듭나지 않은 모든 사람들에게는 내가 이제 이야기하려고 하는 진정한 영적 부드러움이 없습니다. 예를 들면, 모든 사람에게는 천성적으로 돌같이 단단한 마음이 있습니다. 우리는 이 세상에 완전하게 태어나지 않습니다. 그래서 죄를 만나면 우리는 마땅히 무서워하고 피해야 하는데, 그러지 않고 오히려 친절하게 맞아들입니다. 자녀들의 처음 행동들을 지켜보는 사람들은 아이들의 죄에 대해서 강한 반감을 느끼거나 그들의 행동을 보고 두려움을 느끼지 못했을 것입니다. 어린아이가 얼마나 일찍부터 제멋대로 고집을 피우고 작은 거짓말들을 하는지 모릅니다. 선지자가 "우리는 나면서부터 곁길로 나아가 거짓을 말하는도다"(시 58:3)라고 말한 대로입니다. 우리 어린아이들을 위한 시를 쓴 시인(윌리엄 쿠퍼를 가리킴 – 역주)이 다음과 같이 말했을 때 그의 생각은 옳았습니다.

> "진실로, 너희가 어리지만
> 어리디 어린 그 가슴 속에 돌이 있네.
> 너희가 저지른 절반쯤 죄에 해당되는 것들이
> 너희 마음에서 안식을 앗아갈 것이라."

본래 사람의 마음은 맷돌 아래짝과 같습니다. 그리고 그 단단함은 세상과 접촉함에 따라 더욱더 굳어집니다. 경건한 가정에서 이제 막 세상에 나온 청년은 한동안 믿지 않는 무리들 가운데서 지내며 방탕한 사람들과 불경한 사람들의 행실을 보아 온 사람의 절반만큼도 마음이 단단하지 않습니다. 관습은 우리에게 강한 영향력을 발휘합니다. 다른 사람들이 죄를 범해도 벌을 받지 않는 것을 보면 머지않아 (하나님의 은혜가 막지 않으면) 우리는 그런 일들이 우리 부모님과 보호자들이 가르친 것만큼 그렇게 아주 나쁜 것일 리가 없다고 생각하게 됩니다. 죄와 친숙해지면 그런 일을 경멸하는 심정이 자라지 못하고, 오히려 그런 일을 금하는 법을 다소 경멸하게 되는 일이 종종 있습니다. 우리는 술주정뱅이의 번뜩이는 눈을 보고 즐겁게 떠들어대는 그의 소리를 듣고서 그 속에 즐거움이 있다고 생각합니다. 혹은 사람들이 자기들 죄의 즐거움과 정욕의 달콤함에 대해서 이야기하는 것을 들을 때, 하나님의 섭리와 은혜로 억제되지 않으면 한때 혐오스럽게 여겼던 그런 일들을 우리도 가볍게 생각하기가 쉽습니다. 이 세상은 마음을 돌같이 굳게 하는 샘입니다. 이 세상에 속한 사람들은 모두 그 샘에서 흐르는 물속에서 돌같이 굳어지고 있고, 세월이 갈수록 더욱더 단단하게 굳어집니다.

그 다음에, 사람들은 자신들의 죄 때문에 스스로 굳어집니다. 사람이 죄를 지을 때마다 그가 다시 죄를 짓는 일은 그만큼 더 쉬워집니다. 구르는 돌처럼 죄는 추진력을 얻고 속도가 더 빨라집니다. 죄를 한 번 짓는 사람은 다시 죄를 범하고 싶은 강한 경향이 생깁니다. 거의 필연적으로 연속해서 죄를 짓게 만드는 죄들이 있습니다. 예를 들면, 거짓말하는 사람은 처음 거짓말을 숨기기 위해 두 번째 거짓말을 하지 않을 수 없다고 생각합니다. 육신에 뿌리박고 있는 어떤 죄들은 죄에 대한 강한 열망을 일으킵니다. 그래서 육신은 다시 욕망이 충족되기를 갈망하고, 자신의 열정을 제어할 수 없는 사람들은 이렇게 해서 큰 힘을 지닌 그 열정들에 의해 쓸려가 버리고 맙니다. 노동이 손을 딱딱하게 만들 듯이 죄는 마음을 무감각하게 만들고, 죄를 지을 때마다 돌 같은 마음은 더욱더 철석같이 단단해집니다.

또한, 거듭나지 않은 사람에게는 주변의 모든 상황이 곡해되어 같은 결과를 내놓을 것입니다. 예를 들면, 사람이 성공한다면, 장기간의 성공만큼 마음을 더욱더 딱딱하게 만드는 것은 없습니다. 믿지 않는 사람 가운데 일생 동안 계속해서 성공한 사람을 찾아보십시오. 그러면 거의 틀림없이 그는 당장이라도 하나님께 "여호와가 누구이기에 내가 그의 목소리를 듣겠느냐?"(출 5:2)고 말할 사람일 것입니다. 많은 경우에 교만은 배부른 데서 생깁니다. 그 사람이 가난이 무엇인지 알았다면, 아마도 하나님 앞에서 겸손해졌을 것입니다. 그러나 지금 그는 자신의 광대한 토지와 많은 재산을 자랑하고, 느부갓네살처럼 "이 큰 바벨론은 내가 건설하였도다"(단 4:30) 하고 말합니다. 병 한 번 걸리지 않고 오랫동안 아주 건강하게 지내는 것도 위험한 일입니다. 이것도 사람의 마음을 완고하게 만듭니다. 거의 죽을 지경에까지 이르게 하는 병은 종종 마음을 찢는데 이르도록 거룩하게 사용됩니다. 그러나 오랫동안 아무 고통 없이 지내는 것은 악인들에게는 결코 하나님에게서 오는 복이 되지 못합니다. 나는 그것만큼 믿지 않는 자에게 큰 저주로 판명날 수 있는 것을 거의 보지 못합니다. 전혀 징계를 받지 않았다!

그렇다면 여러분은 하나님의 자녀가 아닙니다. 죄를 즐기도록 버려졌다! 그렇다면 하나님께서 무서운 미래가 여러분을 기다리고 있는 것을 아시기 때문에 여러분이 이 세상이 누릴 수 있는 쾌락을 누리게 하시려는 것이 틀림없습니다. 유복하게 잘 지내고 있는 여러분, 정신 차리십시오. 여러분은 지금 큰 위험 가운데 있습니다. 마음의 완고함이 거의 필연적으로 여러분에게 올 것입니다. 여러분은 젊었을 때부터 편안하고 이 그릇에서 저 그릇으로 옮겨지지도 않았습니다(렘 48:11). 그러므로 여러분의 냄새가 여러분 속에 그대로 남아 있습니다. 그 냄새는 교만과 육신적인 안심입니다.

이와 반대 상태의 상황도 죄로 말미암아 같은 결과를 일으킬 것입니다. 고통은 그로 인해 부드러워지지 못하는 사람들의 마음을 딱딱하게 만듭니다. 바다에서 폭풍우를 많이 겪은 사람들이 있습니다. 그들이 전에는 두려워하였는데 이제는 떨지 않습니다. 돛대를 베어버려야 하고 배가 곧 가라앉게 생겼으면 그들은 폭풍우에 맞서서 저주를 하고 욕설을 퍼붓곤 하였습니다. 아주 될 대로 되라는 식이 되어버린 것입니다. 많은 사고와 무서운 질병을 면한 사람들, 열병이라는 뜨거운 용광로 입구를 아무 해를 입지 않고 지나갔거나 혹은 콜레라로 곧 죽을 지경에서 일어난 사람들은 어떤 것에도 마음이 움직이지 않는 완고한 사람이 되는 일이 정말로 많습니다. 불이 녹이지 못하는 단단한 마음을 고통이 쇠를 벼리듯이 더욱 단단하게 벼립니다. 슬프게도, "너희가 어찌하여 매를 더 맞으려고 패역을 거듭하느냐?"(사 1:5)는 말을 들을 수 있는 사람들이 얼마나 많은지 모릅니다. 그들은 옛적의 아하스 왕을 닮았습니다. 아하스 왕은 고통을 당하면 당할수록 더욱더 범죄한 사람이었고, 그에 대하여 성령께서 이같이 기록하였습니다. "(이 아하스 왕이 곤고할 때에 더욱 여호와께 범죄하였으니) 아하스 왕이 이러하니라"(대하 28:22, 개역개정은 "이 아하스 왕이 곤고할 때에 더욱 여호와께 범죄하여"까지만 번역하고 뒷부분은 생략하였음 – 역주). 이것은 정말로 바로의 완고함에 필적할 만한 고집입니다. 하나님께서는 그의 마음을 녹여 회개에 이르게 했어야 마땅한 심판을 통해 그를 완고하게 하셨습니다.

참으로 슬프게도, 나는 여기에 이 말을 덧붙이지 않을 수 없습니다. 즉, 거룩한 영향력이 들어오면 그것이 마음을 완고하게 하는 이 과정을 마무리짓고 훨씬 악화시키리라는 것입니다. 복음은 복음을 거절하는 사람들에게 그 마음을 지극히 완고하게 만드는 힘을 발휘합니다. 해가 하늘에서 밀랍에 빛을 비추면 밀랍을 부드럽게 만듭니다. 그러나 또한 해가 진흙에 빛을 비추면 진흙을 단단하게 만듭니다. 복음의 빛이 듣는 사람들에게 빛을 비추면 그 빛이 사람들의 마음을 녹여 회개에 이르게 하든지 아니면 그들의 마음을 더욱 완고하게 만듭니다. 여러분은 복음을 듣고서 아무 영향도 받지 않고 지나갈 수 없습니다. 여러분 가운데 어떤 분들은 이 건물이 세워진 이래로 이곳에 참석하였습니다. 그런데 여러분이 그로 인해 더 나은 상태에 있지 않다면 여러분은 지금 더 악한 상태에 있는 것이 확실합니다. 복음이 여러분에게 생명으로부터 생명에 이르는 냄새가 아니라면 사망으로부터 사망에 이르는 냄새(고후 2:16)가 될 것입니다. 마음이 완고한 죄인들 가운데 복음으로 완고해진 죄인이 가장 완고한 사람 가운데 하나입니다.

그 다음에, 중생하지 않은 사람이 그리스도인의 신앙 고백을 하려고 한다면, 아마도 이것이 마귀의 일을 완성하는 가장 빠르고 확실한 과정이 될 수 있을 것입니다. 어떤 사람이 은밀한 죄를 짓고 있으면서 성도들과 한 무리가 되려고 할 만큼 뻔뻔스러울 수 있다면, 그가 자신이 천하기 짝이 없는 욕망을 여전히 충족시키고 있다는 것을 알면서도 계속해서 성찬상에 나오려고 한다면, 또한 그가 자신이 하나님의 은혜를 전혀 모른다는 것을 알면서도 뻔뻔스럽게 자신이 하나님의 자녀라고 자랑한다면, 그런 사람이야말로 사탄이 유다로 만들 수 있는 재료인 것입니다. 마귀 자신도 먼저 거짓 사도를 얻어야 유다 같은 사람을 만들 수 있습니다. 여러분이 사람들 가운데 가장 나쁜 사람을 만나려고 하면 위선적인 신앙 고백자들 가운데서 찾아야 합니다. 한 가지 덧붙이자면, 여러분이 마음이 거짓된 목사를 찾을 수 있다면 그런 일에 가장 훌륭한 성과를 거둘 수 있다고 말하지 않을 수 없습니다. 하나님의 동산에서는 차지하고 있는 위치가 높으면 높을수록 그만큼 더 잡초로 분류되기가 쉽습니다. 사람들 가운데 가장 마음이 완고한 사람은 사회를 해치는 죄를 짓고 감옥에 들어간 사람들이 아닙니다. 많은 경우에 작은 친절을 베푼다면 이 야만인들의 마음은 녹을 것입니다. 모든 사람들 가운데 가장 악한 사람은 자신이 힘을 다해 악하게 죄를 짓고 있다는 것을 알면서도 스스로 하나님의 백성이라고 고백하는, 사람의 탈을 쓴 마귀 같은 자들입니다. 기독교적 신앙 고백이라는 덮개로 악한 생활을 가리는 것이 영원한 형벌의 한 표시입니다.

하지만 어떤 영역에 있는 사람들을 보더라도, 부드러운 마음은 거듭나지 않은 사람에게서는 찾을 수 없다는 이것은 여전히 사실입니다.

2. 참된 부드러움이 발견되는 곳은 어디서든지 그것은 새 언약의 특별한 선물입니다.

부드러운 마음은 주권적인 은혜가 주는 혜택입니다. 그것은 언제나 하나님의 능력의 활동 결과입니다. 돌 같은 마음이 우연한 일로, 혹은 단지 섭리에 의해서 혹은 사람의 설득에 의해서 부드러운 마음으로 변하는 일은 없었습니다. 여러분이 완고한 마음을 설득하여 부드러운 마음이 되게 하기보다는 차라리 바위와 오랫동안 논쟁을 벌이는 것이 나을지 모릅니다. 그런 변화는 사람 자신의 활동으로 일어나지 않습니다. 돌이 어떻게 스스로 부드러운 살을 만들어내겠습니까? "사람이 위에서 나지 아니하면 하나님의 나라를 볼 수 없느니라"(요 3:3)는 성경 말씀에 따를 때, 사람을 초월하는 능력이 사람에게 작용해야 합니다. 성령께서 본성을 바꾸셔야 합니다. 그렇지 않으면 돌 같은 마음이 부드러운 마음이 되지 않을 것입니다.

성령께서 사람에 대해 일하시는 최초의 활동들이 이렇게 마음을 부드럽게 하는 경향이 있다는 점을 주목하시기 바랍니다. 성령께서 사람에게 오실 때는 그에게 죄를 깨닫게 하시고, 그렇게 하여 그 마음을 부드럽게 하시는 일이 많기 때문입니다. 죄를 깨달은 사람은 더 이상 죄를 보고 웃지 않고, 죄로 인한 하나님의 진노를 멸시하지 않습니다. 성령께서 양심의 가책이라는 화살을 영혼에 쏘면, 마음이 피를 흘리기 시작하고, 그 사람은 전에는 알지 못했던 느낌과 감정을 알게 됩니다. 여러분 가운데는 성령의 이 최초 활동을 마음으로 아는 분들이 있으리라고 믿습니다. 성령님께서 여러분에게 죄의식을 느끼기 시작하도록 만드셨습니다. 여러분이 분노하시는 하나님 앞에서 떨고 장차 올 진노를 두려워하게 만드셨습니다. 이 같은 은혜의 초기 활동으로 말미암아 이미 여러분은 전과 다르게 민감하게 되었고, 성령의 활동이 계속될수록 그만큼 더 여러분의 마음이 부드러워질 것입니다.

사람이 정말로 구원을 받고 예수 그리스도로 말미암아 평안을 얻게 되면, 구원을 얻었다는 중요한 한 가지 표지가, 마음이 부드러워지는 것입니다. 십자가야말로 참으로 마음을 부드럽게 만드는 곳입니다! 처음으로 주님을 볼 때 우리는 웁니다. 우리는 주님을 보고 삽니다. 그러나 또한 우리는 주님을 보고 우리가 주님을 찌른 것을 슬퍼합니다. 자기 죄 때문에 고난을 받고 피 흘리시는 주님을 보고서 마음이 녹지 않을 수 있는 사람이 누가 있겠습니까? 돌 같은 마음은 십자가를 만질 수 없습니다. 예수께서 사랑의 표정으로 한 번 보시기만 하면 우리는 마음이 녹습니다. 일찍이 베드로가 마음이 녹아 회개의 눈물을 쏟아냈던 것처럼 말입니다. 주님의 음성을 듣기만 하면 우리는 "그가 말할 때에 내 혼이 나갔구나"(아 5:6) 하고 외칠 것입니다. 구주께서 우리를 사랑하시고 우리를 위해 자신을 주셨다는 사실을 한 번 알 수만 있다면 쇠 같은 마음도 충분히 녹을 것입니다.

죄의 자각과 회심을 일으키는 성령의 이러한 최초의 활동들이 마음을 부드럽게 하는 데로 나가듯이, 이 점은 그 이후에 일어나는 하나님의 모든 활동들에도 적용됩니다. 복음의 전체 취지는 부드러운 마음을 일으키는 것입니다. 나는 약속이나 교리, 복음과 관련된 사실 가운데 신자의 마음을 완고하게 만드는 것이 있는지 생각할 수 없습니다. 여러분은 그런 것을 생각할 수 있습니까? 여러분이 아는 모든 것과 하나님께서 구원에 관하여 계시하신 모든 것을 숙고해 보면, 여러분을 완고하고 고집스럽게 만드는 것은 전혀 없고 모두가 여러분의 마음을 부드럽고 민감하게 만드는 것뿐임을 알게 될 것입니다. 구원은 순전히 하나님의 주권적인 은혜에서 나오는 것임을 생각하면 좋겠습니다! 이 사실은 참으로 우리를 겸손하게 만들고, 티끌 가운데 눕게 만듭니다. 피조물로서 사람의 권리라든가 사람의 요구 사항, 하나님이 마땅히 하셔야 할 일에 관해서 더 이상 말하지 않을 것입니다. 우리는 죄를 고백하고 하나님은 원하시는 대로 행하실 수 있다는 것을 알게 되고, 이렇게 해서 하나님 앞에서 마음이 부드러워집니다. 대속자를 믿는 믿음으로 말미암지 않고는 사죄가 없다는 것을 알면 좋겠습니다. 하나님께서는 죄를 처벌하셔야 하고 또 처벌하시리라는 것을 알면 좋겠습니다. 이 사실을 알면 우리는 죄가 결코 하찮은 것이 아님을 알게 되고, 죄를 큰 악으로 알고 싫어하게 되고 그래서 다시 또 죄를 짓지 않도록 조심하게 됩니다. 우리의 모든 도움이 예수 그리스도로 말미암아서 온 것임을 읽을 때, 우리의 모든 자기 과신이 근본적으로 제거되고 우리가 보좌 앞에서 납작 엎드리게 됩니다. 시간이 있다면 모든 진리와 교리와 약속들을 되짚어 보는 것도 좋을 것입니다. 그런 것들이 작용하는 곳은 어디든지 그런 것의 정당한 효과는 마음을 부드럽게 하는 것임을 증명할 수 있을 것이라고 생각합니다.

그리스도의 모든 은혜가 그와 같습니다. 기독교의 모든 미덕들은 마음의 따뜻함과 부드러움을 증진시킵니다. 여러분은 하나님에 대한 열심이 있습니까? 나는 여러분이 죄 짓는 것을 두려워하고 옷이 정욕으로 얼룩지는 것을 싫어하리라는 것을 압니다. 여러분은 하나님의 징계를 참습니까? 인내는 마음의 부드러움이 매우 다정한 형태로 나타난 것에 지나지 않습니다. 여러분은 사랑이 많습니까? 그렇다면 여러분에게 부드러운 면이 많다는 것을 확실히 알 수 있습니다. 마음이 돌 같은 정도에 비례해서 마음에 애정이 그만큼 부족하기 때문입니다. 거룩한 미덕에 속하는 것들 모두가 부드러운 마음과 긴밀한 관계가 있습니다. 여기서 또 말하고 싶은 것은 이것입니다. 즉, 사람이 부드러우면 부드러울수록 그만큼 더 깊은 은혜를 받게 되고, 사람이 완고하고 무심하면 할수록 그만큼 올바른 모습에서 더 멀어지게 된다는 것입니다. 신자라고 하면서 마음이 무정한 사람은 그가 정말로 하나님의 자녀라면 연약하고 다시 죄에 빠질 상태에 처해 있는 것이 틀림없으며, 그의 무감각함이 그에게 큰 짐과 슬픔이 되리라는 것을 확실히 알 필요가 있습니다. 모든 은혜는 마음을 부드럽게 하는 경향이 있으며, 하나님의 생명의 전체 흐름은 그 방향으로 진행합니다. 마음이 부드럽지 않으면 여러분이 신앙에서 튼튼해질 수 없습니다. 여러분이 자녀입니까? 자녀가 자기 부모에 대해 무관심하고 교만하며 완고하고 무정하다면 좋은 아이일 수 있겠습니까? 여러분이 종입니까? 주인의 평판에 민감하고 어떻게 해서든지 주인의 명령을 이행하려고 하는 사람 말고 누가 선한 종입니까? 여러분이 군사입니까? 좋은 군사라고 하면서 자기 지휘관의 명예를 손상시키지 않으려고 애쓰는 일이 없고 또 어떻게 해서든지 군법을 어기지 않으려고 조심하지도 않는 사람이 어디 있겠습니까? 반드시 부드러운 마음이 있어야 합니다. 그것이 가장 중요한 점입니다. 단단한 금속이 녹지 않는 한, 그것을 틀에 부어 유용하고 아름다운 모양을 만들 수 없습니다. 주 예수께서는 차가운 밀랍에 자신의 인을 찍으려고 하시지 않습니다. 주님은 돌 같은 마음이 아니라 부드러운 마음에 자기 형상을 새기십니다. 부드러운 양심은 온전한 그리스도인의 성품에서 가장 중요한 요소입니다. 부드러운 양심이 없는 곳에는 하나님의 생명과 활동도 없습니다.

3. 이 부드러운 마음을 받게 되면 그것이 여러 면에서 눈에 띈다는 점을 생각해 봅시다.

부드러운 마음을 받은 사람은 두려움을 쉽게 느끼게 됩니다. 그는 거룩하신 하나님께서 자기에게 화를 내신다는 것을 생각하고 떱니다. 아주 많은 사람이 그러듯이 무턱대고 지옥과 영원에 대해 이의를 제기하는 일을 더 이상 하지 않습니다. 그보다는 "나의 마음은 주를 경외하고 내가 또 주의 심판을 두려워하나이다"(시 119:161,120)라고 말합니다. 그는 더 이상 하나님이 너무 엄격하시다고 주장하지 않고, 하나님께서 심판하실 때 공의로우시고 정죄하실 때 순전하시다고 인정합니다. 새로워진 마음은 다른 사람들이 하찮은 죄라고 부르는 것을 두려워하고 마치 뱀을 피하듯이 그런 죄들에서 도망합니다. 거듭난 사람은 죄의 포도주에는 한 방울 한 방울마다 죽음이 들어 있는 것을 압니다. 그래서 그것을 조금이라도 맛보려고 하지 않고 아무리 왕의 진미처럼 보일지라도 죄는 단 한 입이라도 맛보려고 하지 않을 것입니다. 그는 하나님의 거룩하심을 알고 하나님의 공의를 인식할 만큼 살아 있기 때문에 하나님을 두려워하고 죄 짓기를 무서워합니다. 돌 같은 마음은 이를 알지 못하고 두려워하지도 않습니다. 그래서 사망 가운데 거합니다. 나는 두려워하는 사람에 대해서는 전혀 걱정을 하지 않지만 전혀 떨지 않는 사람에 대해서는 몹시 불안하게 생각합니다.

스스로 매우 확신 있다고 생각하지만 내가 볼 때는 사실 주제넘게 그런 태도를 취하는 것이 아닌가 하고 염려가 되는 자신만만한 그리스도인들이 있는데, 그들이 자신에 대해서 급작스럽게 몰려드는 두려움을 느낄 수 있고 또 느끼게 되기를 바라는 때가 종종 있습니다. 내가 지금 말하는 그런 두려움은 사람의 성품에 거룩한 소금의 역할을 합니다. 두려움과 떠는 것이 아주 뛰어난 성도에게도 합당한 것입니다. "하나님은 거룩한 자의 모임 가운데에서 매우 무서워할 이시니이다"(시 89:7). "여호와를 경외함으로 섬기고 떨며 즐거워할지어다"(시 2:11). "두렵고 떨림으로 너희 구원을 이루라"(빌 2:12). 내가 하나님의 진실하심을 의심하는 생각들에 대해서는 모두 크게 한탄하지만 우리 자신에 관한 의심에 대해서도 마찬가지로 반대하는 것은 아닙니다. 거룩한 근심이라는 것이 있기 때문입니다. 나는 여러분에게 그것을 가볍게 여기지 말 것을 요구합니다. 저 시인(윌리엄 쿠퍼를 가리킴 – 역주)의 시구(詩句)를 생각해 보십시오.

> "자신의 상태를 한 번도 의심하지 않은 사람,
> 그는, 어쩌면, 너무 늦었는지 모른다."

자기반성은 종종 거룩한 두려움과 마음을 깊이 살피는 일을 떠올리게 합니다. 또 자기반성은 우리 속에 있는 아주 많은 죄를 드러내어서 우리가 가서 무릎을 꿇고 울며 간구하고 도움과 사죄를 바라며 부르짖게 만들 것입니다. 두려워할 줄 모르고 사는 것은 죄 가운데 사는 것입니다. 신자임을 보여주는 한 가지 표지는 그가 하나님에 대한 두려움을 갖고 사는 것입니다. 이런 의미에서 "항상 경외하는 자는 복됩니다"(잠 28:14).

그 다음에, 부드러운 마음은 빛을 받은 양심에 따라 결정을 할 만큼 예민해집니다. 은혜로 변화된 마음은 하나님에 대한 자신의 행동들을 평가하기 시작합니다. 그리고 이 결론에 이릅니다. "나는 그동안 내 창조주요 은혜 베푸시는 하나님께 부당하게 행동하였다. 하나님께서는 내게 지극히 선하게 행하셨고, 나는 주님의 손에서 무한한 은혜를 받았다. 그런데 나는 은혜를 모르고 하나님을 잊었다. 하나님에 대한 이야기를 들었을 때 하나님을 무시하였다. 그동안 나는 선하시고 은혜로우신 나의 창조주를 위해서 살지 않고 내 자신을 위해서 살았다." 깨어난 양심은 매일 재판을 엽니다. 그리고 부드러운 마음은 양심의 선고를 듣고 존중합니다. 믿지 않는 사람에게도 양심이 있지만 그 양심은 잠자고 있어서 그를 깨우기 위해서는 그의 귀에 대고 대포를 쏠 필요가 있습니다. 그렇게 해서 돌 같은 마음이 깨어나도록 해야 합니다. 우리는 이렇게 기도합시다.

> "하나님이여, 내 양심을
> 눈동자처럼 민감하게 만들어 주옵소서.
> 죄가 가까이 올 때 내 영혼을 깨워주시고
> 항상 깨어 있게 하여 주소서."

그리스도인은 하나님에 대해, 구주님의 사랑에 대해, 내주하시는 성령님의 감화에 대해 죄를 짓는 것을 두렵게 느낍니다. 그래서 그는 형벌을 두려워하기 때문만이 아니라 바로 죄에 의해 상처를 입기 때문에도 죄에서 뒷걸음칩니다. 연기가 눈에 맵듯이, 가시가 살에 아프듯이, 쓸개즙이 입에 쓰듯이 죄가 부드러운 마음에 그러합니다.

그 다음에, 새로운 마음, 부드러운 마음은 하나님의 사랑을 민감하게 느끼게 됩니다. 골고다 이야기를 읽는 사람마다 눈물을 홍수처럼 쏟지 않는다는 것이 세상에서 가장 기이한 일이 아닙니까? 하나님의 아들이 땅의 수치와 고난을 받기 위해 하늘의 존귀를 버리셨을 때 보이신 것과 같은 지극히 감동적인 사랑이 있었습니까? 상사병에 걸린 처녀의 어리석은 이야기나 세 권 분량의 연애 이야기의 참말 같지 않은 줄거리는 읽는 사람들을 펑펑 울게 만들 것입니다. 그런데 이 위대한 이야기, 세 번에 걸쳐 전해지는 이 놀라운 사랑의 비극과, 그 이야기를 담고 있는 책은 읽기에 너무도 재미없다고 여겨 선반에 치워지는 경우가 흔합니다. 이 책이 우리 모두에 관한 것이고, 그 책이 없으면 우리는 망하고 그 책이 있으면 우리가 거의 하나님과 가깝게 될 정도로 존귀하게 되는데도, 죽으시기까지 보여주신 그리스도의 이 사랑을 무시합니다. 마음이 돌 같은 한, 어떻게 상황이 달라질 수 있겠습니까? 마음이 부드럽게 되면, 하나님의 사랑이 그에게 영향을 끼쳐 그를 겸손하게 만들고, 그를 녹이며 그에게 구애하고, 그의 애정을 얻으며, 그를 사로잡고 매혹시키며 그에게 뜨거운 감사의 마음을 일으키고 천국을 가까이 맛보도록 이끕니다.

하나님의 사랑은 새로워진 마음에 감사를 잘 느끼는 성정을 일으킵니다. "예수께서 나를 위해 이 모든 일을 하셨다고요? 그렇다면 내가 주님을 위해 무슨 일을 할 수 있습니까? 주님께서 자기 피로 나를 사셨다고요? 그렇다면 나는 내 자신의 것이나 세상 것이 아니라 주님의 것입니다. 나를 구원하기 위해 죽으신 주님을 위해 내가 무슨 일을 할 수 있습니까?" 새로워진 마음은 그리스도의 사랑이 자기를 강권하는 것을 느끼고 이렇게 판단합니다. "한 사람이 모든 사람을 대신하여 죽었은즉 모든 사람이 죽은 것이라 그가 모든 사람을 대신하여 죽으심은 살아 있는 자들로 하여금 다시는 그들 자신을 위하여 살지 않고 오직 그들을 대신하여 죽었다가 다시 살아나신 이를 위하여 살게 하려 함이라"(고후 5:14,15).

또한 새로워진 마음은 이제부터는 거룩한 슬픔에 대해서도 민감하게 느낍니다. 잘못을 범했을 때는 주님을 슬프시게 한 것 때문에 그 마음이 스스로를 책망하고 슬퍼합니다. 죄를 지었을 때는 그 마음이 스스로를 징벌합니다.

그 다음에, 새로운 마음은 그리스도인이 느끼는 기쁨, 믿지 않는 자들은 영원히 모를 수밖에 없는 기쁨을 민감하게 느끼게 됩니다. 새롭게 된 마음은 주님의 발소리를 듣고 노래하며, 그리스도의 사랑이 널리 퍼질 때는 아무리 귀한 향유도 그 절반만큼도 달콤하지 않습니다. 우리가 사랑하시는 주님 안에서 받아들여졌음을 분명히 알 때 흥분과 기쁨을 경험합니다! 우리가 십자가에 못 박히신

분과 교제를 나눌 때 큰 잔치를 맛봅니다! 우리가 열린 진주 문을 들여다보고 우리의 영원한 거처와 금 면류관, 승리의 종려나무를 볼 때 말할 수 없는 희열을 느낍니다. 중생으로 말미암아 우리는 헤아릴 수 없이 충만한 기쁨을 누릴 수 있게 되고, 모든 능력과 기능은 기쁨으로 떨 만큼 활발하게 깨어납니다. 마음이 예수님과 깊은 교제에 빠지게 되면 온 몸에 행복감이 넘치는 것 같습니다.

또 우리는 다른 사람들에 대해 동정심을 잘 느끼게 됩니다. 여러분이 다른 사람들도 여러분의 신앙을 갖기를 바라지 않는다면 나는 여러분의 신앙을 아무것도 아닌 것으로 간주할 것입니다. 여러분이 어떤 사람이 저주받는 것을 생각해도 아무런 느낌이 없을 수 있다면, 여러분이 그렇게 되지 않을까 두렵습니다. 여러분이 무지한 자들, 완고한 자들, 반역하는 자들을 보면서 그들의 멸망을 아무렇지도 않은 듯이 생각할 수 있다면, 여러분은 하나님의 자녀가 아닙니다. 하나님의 가족의 장자이신 여러분의 구주께서는 예루살렘을 보고 우셨습니다. 그런데 여러분은 눈물이 안 납니까? 그렇다면 여러분은 주님이 가장으로 계시는 가족의 식구는 아닙니다.

> "그리스도께서 죄인들을 보고 우셨는데
> 우리가 눈물 한 방울 안 흘릴 수가 있는가?
> 사람마다 주님의 슬픔에 공감하는 눈물을
> 흘려야 마땅하다."

돌 같은 마음은 이렇게 말합니다. "사람들이 자기가 가고 싶은 대로 가도록 두세요. 내가 형제를 지키는 자입니까?" 그러나 부드러운 마음은 이렇게 말합니다. "주님, 제가 어떻게 해서든지 몇 사람을 구원하도록 도와주십시오. 제가 죄인들을 그들의 잘못된 길에서 돌이키게 한다면 기쁠 것입니다."

모든 그리스도인이 마땅히 그래야 하듯이 이렇게 마음이 아주 부드럽게 되면 신자는 하나님의 일들을 잘 받아들이게 됩니다. 나는 육안으로는 거의 식별할 수 없는 먼지만한 알갱이에도 영향을 받을 만큼 지극히 예민하게 사물의 무게를 재는 도구를 본 적이 있습니다. 눈에 보이지 않는 티끌이 저울의 눈금을 움직였습니다. 우리는 무게를 재는 다양한 기계들이 있습니다. 어떤 기계들은 매우 투박해서 1온스의 무게에는 눈금이 거의 움직이지 않습니다. 그런가 하면 어떤 기계들은 지극히 작은 알갱이가 떨어질지라도 눈금이 진동을 합니다. 신자의 마음이 바로 이와 같아야 합니다. 그리스도인의 마음은, 무엇이 닿으면 선원이 범포를 줄이듯이 잎사귀를 오므리는 예민한 식물을 닮아야 합니다. 혹은 약간만 스쳐도 고통을 느끼는 사람의 살에 난 상처 같아야 합니다. 영적으로 예민하다는 것은 생명이 충만한 것이고, 무감각하다는 것은 죽은 것입니다. 지극히 미세한 성령의 움직임도 느낀다는 것은 높은 영성을 지녔다는 표시입니다. 나는 마음이 움직이려면 거대한 굴림대가 필요한 그레이트 이스턴(The Great Eastern)호 같은 육중한 배가 되기를 원치 않습니다. 그보다는 지극히 작은 잔물결에도 오르락내리락 하는 낚시꾼의 찌와 같기를 바랍니다. 이렇게 될 때 성령께서 내 자원하는 마음에 영향을 끼치십니다. 나는 다른 나무들은 영향을 받지 않는 미풍에도 떠는 포플러 나무 잎처럼 성령의 활동을 아주 잘 느끼는 사람이 되기를 바랍니다. 우리는 마음을 써서 하나님의 뜻을 행하도록 해야 합니다. 그러면 우리를 억지로 순종하게 만들려는 채찍과 고삐가 필요 없을 것입니다. 그런데 나는 신자라고 하면서 성경에서 가르치는 확실한 의무를 잘 알고 있으면서 이렇게 말하는 사람들을 보았습니다. "글쎄, 그것이 성경적인 것이라고는 생각하지만, 나는 그것이 우리 마음에 인상 깊게 다가오는 것이 필요하고, 섭리적인 환경을 보고서 우리의 길을 판단할 필요가 있다고 봅니다." 이것은 불순종의 정신으로, 크게 비난받아야 마땅한 것입니다. 하나님의 말씀이 우리의 지침인 것이지 인상이나 환경이 우리의 안내자가 아닙니다. 새롭게 된 마음은 하나님의 뜻을 아는 것으로 충분할 것입니다. 그러면 우리에게서 순종이 일어날 것입니다. 반면에 무엇이든지 하나님의 말씀에서 금하는 일이거나 잘못된 것임이 분명하다면 어떤 것도 우리가 그 일을 계속하는 것을 정당화할 수 없습니다. 우리는 즉시 그 일을 버려야 합니다. 이 시대에 크게 부족한 점은 계시된 진리와 하나님의 뜻을 잘 받아들이는 태도입니다. 이 땅에는 뚜렷한 세 계층의 사람들이 모여 있는 교회가 있습니다. 이 세 계층의 사람들은 모두 자기들이 영국 국교회 기도서 전체를 믿는다고 공언합니다. 그런데 그들이 그렇게 믿는다고 하는 것은 완전히 불가능한 일입니다. 이 세 부류들은 서로 간에 일치하는 점이 하나도 없고 그래서 서로 간에 끊임없이 싸우기 때문입니다. 그런데도 그들 각 사람은 그 모든 것을 진심으로 받아들입니다. 그 기도서 자체가 자기 모순적이기 때문에 어떤 사람도, 천사도, 마귀도 그 모든 것을 믿을 수 없는데도, 그들은 그 모든 것을 받아들입니다. 하지만 이 사실은 언어를 가지고 놀도록 훈련받은 나긋나긋한 양심들에는 대수롭지 않은 것입니다. 이 교회의 어떤 성직자들은 자신들의 지위가 의심스럽다는 것을 알면서도 교회를 떠나면 자신이 아무 쓸모없게 될 수 있다는 것을 구실로 그 자리에 그대로 눌러 앉아 있습니다. 이런 생각이 그리스도인으로서 정당한 것입니까? 우리가 안절부절못하는 곳에 그대로 눌러 앉아 있으면서 거짓으로 유용한 체해야 하겠습니까? 결코 그럴 수 없습니다. 우리의 행동 규칙은 하나님의 뜻입니다. 오직 그것뿐입니다.

나는 우리 가운데 스코틀랜드 언약도와 같은 사람들이 나오는 것을 꼭 보고 싶습니다. 그들은 예수님의 지극히 작은 말씀을 위해서 감연히 죽으려고 하였고, 그리스도의 면류관의 지극히 작은 보석을 위해 기꺼이 피를 뿌리려고 하였습니다. 그러나 이 시대에는 관대해야 합니다. 우리 가운데 누구든지 큰 소리로 하나님을 변호한다면 그는 곧바로 관용이 부족하다는 이유로 비난을 받습니다. 하지만 우리로 하여금 모든 위험을 무릅쓰고 큰 소리로 그렇게 외치게 만드는 사람들에게는 그렇게 하는 것이 큰 자비입니다. 우리는 죽어가는 사람들에게, 그리고 장차 올 세대에 대해 동정심이 있습니다. 나는 시세에 영합하는 자들이 지지하는 치명적인 잘못을 보고 잠잠히 있을 수가 없습니다. 복음 사역자들이 하나님의 말씀을 왜곡하고 진리를 가지고 장난하는 본보기를 보인다면, 다음 세대에 가면 이 나라의 도덕이 어떻게 되겠습니까?

형제 여러분, 복음을 전하는 우리는 하나님을 위해서, 우리의 직무를 위해서, 하나님의 백성들을 위해서 순전한 진리의 최고 표준을 따라야 합니다. 우리는 중대한 선언들을 애매하게 말할 수 없습니다. 마지막 큰 날에 우리 주님께 그 선언들에 대해 책임을 져야 할 것이기 때문입니다. 우리가 다른 사람들을 가르치려면 우리 자신이 아무런 의심이 없어야 합니다. 결코 굽히지 않고 진리를 말해야 합니다. 믿음을 배반하느니 차라리 죽는 것이 낫고, 부정직하거나 애매하게 말하는 것을 묵인하느니 차라리 죽는 것이 낫습니다. 우리 자신이 생각이 흔들린다면 하나님의 군대를 이끌고 오류와 거짓에 맞서 싸워 승리로 이끌지 못할 것입니다. 진리를 향하는 마음의 부드러움이 얼마나 중요한지 모릅니다! 설사 꼼꼼한 태도 때문에 맹렬한 교파심이 다시 일어난다고 할지라도, 영혼을 망하게 하는 이 시대의 아데미 여신인 사람을 속이는 관용보다 우리는 그 꼼꼼한 정신을 훨씬 더 바라야 할 것입니다. 평이한 말로 하자면, 이 시대의 유행하는 관용이란 하나님이 무엇을 말씀하셨느냐 하는 것은 조금도 중요하지 않다는 것을 의미할 뿐입니다. 우리가 자체적으로 학문 체계를 만들고 계시의 불편한 부분들은 모두 한쪽에 처박아 두는 것에 서로 동의하자는 것일 뿐입니다. 우리가 하나님의 영지(領地) 밖에 있는 동료 인간들에게 관용을 베풀자는 것입니다. 주변의 모든 사람들을 즐겁게 만든다면 하나님의 명예는 상관없지 않느냐는 것입니다. 이런 풍조에도 불구하고 민감한 마음은 믿음을 지킬 것이고, 하나님을 노여우시게 하기보다는 차라리 모든 사람들의 비난을 감수할 것입니다. 우리는 하나님에 대해 부드러운 마음을 가져야 합니다. 우리가 비난하는 잘못을 저지르는 사람들에게 옛적에 엘리야가 지닌 단호하고 엄한 태도를 보이되, 요한이 지닌 사랑의 정신을 품고서 그같이 대하면 좋겠습니다. 여호와께서 이 땅의 왕이 되셔야 하고, 우상들은 철저히 부숴 없애야 합니다.

동일한 주제에 대해 몇 가지 점을 상고하고 설교를 마치도록 하겠습니다.

4. 우리는 마음의 부드러움을 매우 소중히 여기고 부지런히 길러야 합니다.

여러분 가운데는 처음으로 죄 때문에 괴로워하는 분들이 있을 수 있습니다. 그런 분들이 있다면 기쁜 일입니다. 여러분 가운데 어떤 분들은 더 이상 옛날처럼 명랑하고 낙천적으로 지내지 못합니다. 이제는 생각이 깊어지고, 생각이 많아진 것과 더불어 슬픈 마음도 생깁니다. 여러분은 오늘 아침 여기에 와서 하나님께 평안을 주시라고 기도했지만 아직 얻지 못했습니다. 하나님께서 여러분의 소원을 들어주시기를 기도합니다. 그러나 그 평안이 하나님의 평안, 곧 예수 그리스도로 말미암아 오는 평안이 아니라면 여러분은 결코 평안을 얻을 수 없습니다. 나는 여러분이 이렇게 결심하기를 바랍니다. "내가 하나님의 안식으로 안식하기 전에는, 곧 하나님의 사랑하시는 아들 안에서 안식하기 전에는 결코 쉬지 않겠다." 사랑하는 여러분, 하나님의 방법으로 하지 않고는 영혼의 경종과 양심의 가책, 죄를 없애려고 하지 마십시오. 여러분이 자신을 치료하도록 허락할지라도 결코 여러분의 상처를 고치지 못할 아무 쓸모 없는 의사들이 있습니다. 그런 자들을 용납하지 마십시오. 그들은 상처를 얇게 덮고 여러분의 영혼을 앗아갈 궤양은 그대로 남겨두기만 할 것이기 때문입니다. 하나님께 여러분의 목사가 여러분에게 충실하게 해 주시라고, 그가 랜싯을 사용하고 상처를 열어 교만한 육신을 제거할 수 있게 해 주시라고 구하십시오. 그렇습니다. 여러분이 아침

하는 말을 듣고서 낫지도 않았는데 나았다고 생각하지 않고 철저히 자신을 정밀 조사하게 해 주시기를 성령님께 구하십시오. 치료 받으러 주님께 가십시오. 그 외의 다른 모든 치료는 가치 없습니다. 여러분은 이렇게 말하십시오. "주여, 내 안에서 그 일을 확실히 행하소서. 주께서 나를 구원하소서. 온전히 구원하소서. 나를 자신이나 다른 사람을 의지하는 데서 구원하여 주소서. 내가 하나님과 하나님의 사랑하시는 아들만을 의지하게 하여 주소서." 여러분의 본래 상태를 잊게 만들 오락거리에 빠지지 마십시오. 춤추고 빈둥거리며 지내느라 무관심해지는 일이 없도록 조심하십시오. 어떻게 해서든지 이렇게 멍이 들고 뼈가 부러지는 일을 통해서 여러분이 무서운 죄의 책임을 훨씬 더 분명하게 의식할 수 있도록 하십시오. 여러분이 자신을 혐오하기 전에는 주님을 소중하게 생각하지 못할 것입니다. 여러분이 자신의 붉은 죄를 부끄러워하기 전에는 주님의 피를 사랑하지 못할 것입니다. 여러분이 자신을 망하고 타락한 불쌍한 죄인으로 보기 전에는 예수께서 결코 여러분에게 구주가 되시지 못할 것입니다. 예수님께 가서 그를 의지하십시오. 예수님에 대해 완고한 마음을 갖지 마십시오.

다음으로, 하나님의 자녀 여러분에게 말씀드립니다. 마음의 부드러움을 더욱더 기르십시오. 그리스도인 여러분에게 말씀드리고 싶습니다. 여러분을 영적인 일들에 무감각하게 만들거나, 다른 사람들에 대한 태도에서 단정치 못하게 만들거나, 혹은 하나님께 대해 경솔하게 만들 것은 무엇이든지 믿지 마십시오. 나는 우리가 믿는다고 고백하는 진리들 가운데 어떤 것을 아주 그릇되게 생각하고 있어서 죄 가운데 있으면서 편하게 지내고 있는 것이 아닌가 하는 걱정이 있습니다. 나는 자신에 대해 완전히 만족하고 있는 형제를 볼 때마다 그 사람이 염려가 됩니다. 나는 그 사람이 하나님께서 그에게서 보시는 죄를 보지 못한다는 것을 압니다. 그렇지 않다면 그는 자랑하기보다는 자신에 대해서 한탄할 것입니다. 나는 사람들이 거룩함의 높은 표준을 추어올리는 것을 들으면 기쁩니다. 표준은 높으면 높을수록 좋습니다. 그러나 누구든지 자신은 그 표준에 도달하였다고 말한다면 나는 그를 부끄럽게 생각하고 그에 대해 몹시 걱정할 것입니다. 그는 성화의 사닥다리 오르기를 다시 시작해야 할 필요가 있습니다. 그는 아직까지 그 사다리의 첫 계단도 밟지 못하였기 때문입니다. 성화의 시작은 겸손이기 때문입니다. 매우 겸손하십시오. 아주 낮게 엎드리십시오. 여러분이 본래부터 죄인이라는 사실을 더욱더 생각하십시오. 매일 더욱 진심으로 회개하십시오. 나는 여러분 모두 앞에 확실히 말씀드립니다. 사람이 서 있어야 할 최상의 자리는 십자가를 끌어안고 이렇게 말하는 것입니다.

> "나는 죄인 가운데 괴수이나
> 예수께서 나를 위해 죽으셨도다."

나는 아무것도 아니고 그리스도께서 모든 것이십니다. 내 안에 역겨운 것이 이루 말할 수 없이 많지만 사랑하시는 자 안에서 나를 받아주셨습니다.

매일 우리는 생명이 없고 능력도 없는, 판에 박힌 신앙생활에 떨어질까 염려합니다. 우리는 진정한 기쁨이나 찬양하는 마음이 없이 찬송을 부를 수 있습니다. 진심이나 열정이 없이 기도할 수 있습니다. 성경을 읽지만 성경의 진리들을 양식으로 먹지 않을 수 있습니다. 우리는 성경의 교훈들을 알지만 마음에 그 영향을 받지 않을 수 있습니다. 이렇게 되지 않도록 기도하십시오. 정말로, 아무 생명이 없는 신앙에 떨어지지 않도록 기도하십시오. 나는 내 영혼이 아주 생기가 넘치고 마치 살갗이 벗겨지고 그 위에 딱딱한 피부가 생기지 않은 것처럼 하나님에 대해 민감해져서 모든 진리와 모든 약속, 하나님의 모든 말씀을 내가 강렬하고 예리하며 즉각적으로 느낄 수 있게 되었으면 좋겠습니다. 나는 신자인 여러분들이 이렇게 되기를 힘쓰시기 바랍니다. 우리 주님께서 얼마나 마음이 부드러우셨는지 기억하십시오. 주님의 마음에는 돌 같은 것이 전혀 없었습니다. 여러분이 주님처럼 마음이 부드럽게 되기를 바랍니다. 그렇게 되면 여러분은 하나님께서 그의 영원하신 성령으로 말미암아 여러분을 빚어내려고 하시는 모습이 될 것입니다. 여러분은 죄에 대한 생각에서 마음이 완고해지는 것을 두려워하십시오. 그리스도를 생각하는 일에 마음이 냉랭해지는 것을 무서워하십시오. 다른 사람들을 생각하는 일에 무정하게 되는 것을 두려워하십시오. 하나님 앞에 기도할 때 이 약속을 들어 호소하십시오. "내가 너희 육신에서 굳은 마음을 제거하고 부드러운 마음을 줄 것이라." 하나님께서 하나님의 진리를 위하여, 하나님의 이름을 위하여 그 약속을 여러분에게 이루어주실 것입니다. 아멘.

제
19
장
—

언약의 복들

—

"또 새 영을 너희 속에 두고 새 마음을 너희에게 주되 너희 육신에서 굳은 마음을 제거하고 부드러운 마음을 줄 것이며 또 내 영을 너희 속에 두어 너희로 내 율례를 행하게 하리니 너희가 내 규례를 지켜 행할지라." — 겔 36:26,27

루터가 목사의 경험이야말로 그의 서고에 있는 책들 가운데 최고의 책이라고 말했는데, 옳은 말입니다. 나도 그렇게 믿습니다. 하나님께서는 흔히 그의 종들을 어떤 특별한 마음 상태를 통해서 인도하시는데, 이는 그들 자신의 유익을 위해서라기보다는 후에 그들이 섬길 사람들을 위해서 그렇게 하십니다. 얼마 전까지만 해도 나는 신앙이 차갑고 활기가 없게 되었을 때 내 마음을 들여다보면 내가 하나님의 은혜를 받은 사람이라고 편하게 확신할 만한 근거가 아무것도 없다고 느꼈습니다. 하늘에 계신 크신 아버지 하나님에 대한 내 느낌은, 내가 판단할 수 있는 한, 어린 자녀의 느낌은 아니었습니다. 그의 구속을 인하여 예수 그리스도를 향해 품었던 내 사랑은 거의 소멸된 것 같았습니다. 십자가의 이야기를 생각해도 아무런 감정이 없었고, 주님의 영원한 사랑의 역사를 떠올려도 감사한 마음이 들지 않았습니다. 내 마음은 때때로 미풍이 불 때마다 잔물결이 이는 수정 호수와 같았는데, 이제는 그렇지 않았습니다. 북쪽 바다처럼 끝없는 겨울이 맹위를 떨치는 바람에 마음이 완고해서 쇠처럼 단단해졌습니다. 무한한 은혜를 보여주는 장엄한 진리들이 내 마음을 흔들지 못하였습니다. 나는 잠시 낙심하였습니다. 그러나 잠시 동안만 그랬을 뿐입니다. 갑자기 이 생각이 내 마음에 번쩍하고 스쳤기 때문입니다. "성령께서는 네가 구하고 있는 그 모든 감정을 네 마음에 일으키실 수 있어. 네가 느끼고 싶어 하는 모든 욕구들, 하나님의 은혜에서 나온 것임을 보여주는 눈물, 감동, 열망을 네 속에 일으키실 수 있어." 이 진리를 깨닫게 되자 나의 무감각하고 차가운 마음이 순식간에 사라지고 경배하는 사랑이 마음에 가득 찼습니다.

그때 나는 주님께서 우리의 본성 같이 거친 재료를 다루시고, 우리처럼 막돼먹은 영혼들, 천박한 지성들, 세상적인 생각들을 애써서 설득하신다는 것이 참으로 황송스럽다고 생각하였습니다. 그때 나는 하나님께서 그 자리에서 내게 영적인 생명을 느끼게 해 주실 수 있으셨을 뿐만 아니라 또한 모든 위험을 물리치고 그 생명을 유지시키고 모든 결점을 넘어서서 온전케 하시고 나를 하나님의 영원한 나라와 영광으로 안전하게 데려가실 수 있다는 것을 믿음으로 깨달았습니다. 그리스도의 십자가를 생각하고 성령님을 믿자 내 마음에 기도하고 싶은 심정이 일어났고, 믿는 가운데서 내게 기쁨과 평안이 다시 풍성하게 되살아났습니다.

그때 나는 속으로 이렇게 생각하였습니다. 나와 비슷한 경우에 처한 사람들이 있을 수 있고, 또 특별히 하나님을 찾는 사람들 가운데는 자신이 영원한 안식을 얻으려면 먼저 자기 안에 어떤 일이 일어나야 한다고 생각하는데 그런 일이 도무지 일어날 수 없을 것 같아 절망하고, 자신만을 보고서 모든 희망을 포기하고 자기는 진주 문 안에 들어갈 수 없다고 결론 내리는 사람들이 있을 수 있다는 생각을 하였습니다. 그런데 만일 내가 그들에게 "성령도 우리의 연약함을 도우신다"(롬 8:26)는 것을 알려준다면, 예수 그리스도께서 하늘로 가신 덕분에 우리에게 남겨 주신 것은, 우리 안에 선한 모든 일을 행하실 수 있고, 우리로 하여금 주님의 선하시고 기뻐하시는 뜻을 행할 마음도 일으키시고 행하게도 하시는 전능하신 성령님이시라는 것을 알려준다면, 그 점을 생각하고 그들의 마음이 용기를 얻고 우리 안에서 모든 일을 역사하시는 분을 조용한 확신을 가지고 바라볼 수 있게 될 것이라고 생각했습니다.

본문은 에스겔이 우리에게 제시하는 은혜 언약을 매우 기쁘게 표현하는 부분입니다. 나는 잠시 여러분에게 이 은혜 언약을 받는 사람들을 생각해 보라고 말씀드립니다. 이 은혜 언약의 초기 형태는 아브라함에게 주어졌습니다. 에스겔서에서 바로 그 언약이 반복되고 확장되거나 설명되는 것입니다. 이 언약과 아브라함에게 제시된 그 언약은 동일한 개인들에 관한 것입니다. 그 다음에 우리는 이 언약이 아브라함의 육신적 후손과 맺은 것이 아니라는 점을 기억하도록 합시다. 만약 그랬다면 이 언약은 이삭의 계보뿐 아니라 이스마엘의 계보에서도 이어졌을 것입니다. 그러나 그 언약은 이스마엘과 이루어지지 않았습니다. 성경이 "이 여종과 그 아들을 내쫓으라 이 종의 아들은 내 아들 이삭과 함께 기업을 얻지 못하리라"(창 21:10)고 말하고 있기 때문입니다. 은혜 언약은 이스마엘처럼 육신을 따라 난 자녀들과 맺어지지 않았고, 이삭처럼 육신의 힘으로 낳지 않고 약속을 따라 난 자들과 맺어졌습니다. 아브라함에 대해서 그가 죽은 자나 다름없다고 하였고, 사라에 대해서는 아이를 낳을 수 없게 된 지가 오래 되었다고 하였기 때문입니다. 그러나 웃음의 아들, 기쁨의 자녀, 약속의 상속자인 이삭은 자연의 힘을 따라 태어나지 않고 하나님의 능력에 따라 태어났습니다. 이삭은 분명히 행위의 사람을 예표하지 않고 믿음의 사람을 예표합니다. 행위의 사람은 육신을 따라 태어납니다. 그는 스스로를 개혁하였고 최선을 다했으며, 계속해서 최선을 다합니다. 그는 자신의 힘을 의지하는 자녀이고, 인간의 능력의 결과이며 율법 아래 있는 사람입니다. 그는 율법으로 자신을 구원하려고 하며, 따라서 그는 여종 하갈의 아들이고, 속박 아래 있습니다. 그의 운명은 "이 여종의 아들을 내쫓으라 이 종의 아들은 내 아들 이삭과 함께 기업을 얻지 못하리라"는 말씀에서 알 수 있습니다.

그러나 믿음의 사람은 초자연적으로 믿음을 받았습니다. 성령께서 그의 안에 믿음을 일으키셨습니다. 믿음은 피조물의 능력으로 빚어낸 열매가 아닙니다. 그것은 하나님의 선물입니다. 믿음은 약속의 산물입니다. 믿음은 믿음의 사람에게 기쁨과 웃음을 가져다줍니다. 믿음은 그의 속에 기쁨을 일으키는 샘입니다. 그러므로 믿음의 사람이 약속의 상속자이고 또 언약을 함께 받는 자입니다. 이는 그가 하나님께서 죽은 자들 가운데서 일으키신 예수님을 믿기 때문입니다. 거룩한 아브라함처럼 하나님의 은혜를 의지하고 하나님을 믿는 사람, 그는 믿음이 있는 사람이고, 따라서 믿음의 조상 아브라함의 후손 가운데 하나입니다.

그러므로 오늘 아침 예수 그리스도를 믿는 사람은 누구나 본문의 모든 말씀이 자기에게 해당되고 자기에게 이루어질 것임을 확실히 압니다. 나는 불쌍한 많은 죄인이 이렇게 말할 수 있기를 간절히 기도합니다. "내게 의로운 행위가 없지만 나는 예수 그리스도를 믿습니다. 이제 와서 골고다에서 드려진 피 흘린 제사를 의지하고, 예수 그리스도로 말미암아 곧 단순하게 그를 의지함으로 하나님의 자비를 겸손히 받습니다." 비록 약하고 버둥거리는 믿음일지라도 아무튼 하나님을 믿는 모든 자는 내가 이제 설명하려고 하는 이 귀한 약속을 유산으로 받고, 아무도 그에게서 이 약속을 빼앗을 수 없습니다.

본문의 주요한 약속은 성령의 내주하심입니다. 그러나 본문은 다음의 세 부분으로 나뉘는 것을 볼 수 있습니다. 첫째로, 본문에는 성령의 내주하심을 준비시켜 주시겠다는 확실한 약속이 들어 있습니다. 둘째로, 성령의 내주하심에 대한 분명한 약속이 들어 있고, 셋째로, 성령의 내주하심으로부터 나오는 복된 결과들이 나옵니다

여기서 우리는 하나님의 모든 언약 백성들, 달리 말하자면 모든 신자들에 대한 약속을 봅니다.

1. 첫째로, 그것은 성령의 내주하심을 준비시켜 주시겠다는 약속입니다.

"내가 또 새 영을 너희 속에 두고 새 마음을 너희에게 주되 너희 육신에서 굳은 마음을 제거하고 부드러운 마음을 줄 것이라." 이 약속은 견과들이 많이 달린 송이이거나 금 사과가 많이 열린 가지와 같습니다. 이 약속은 에스겔서에 나오는 그룹들처럼 얼굴이 넷이 달려 있고, 네 얼굴 모두 구원의 상속자들에게 미소를 짓고 있습니다. 이 약속은 새 예루살렘처럼 정사각형입니다. 네 배로 생각할 만한, 네 배의 가치가 있는 보물입니다.

네 가지 복 가운데 첫 번째 복은 새 마음이라는 선물입니다. "내가 또 새 마음을 너희에게 줄 것이라"(개역개정에서는 이 구절이 본문의 뒷부분에 나옴 - 역주). 성령님은 옛 마음에 거하실 수 없습니다. 옛 마음은 선한 것은 하나도 없고 하나님께 대한 적의만 가득한 더러운 곳입니다. 성령께서 우리 본성에 행하시는 첫 번째 일은 오래된 집을 허물고 새 집을 지어서, 그의 거룩한 영적 본성에 맞게 우리 안에 거하실 수 있도록 하시는 것입니다. 새 마음이 절대로 필요합니다. 따라서 우리는 거듭나야 합니다. 그렇지 않으면 진리의 영께서 우리 안에 거하실 수 없습니다.

이 은혜의 내적 사역이 어디에서 시작하는지 유의하십시오. 인간 본성을 개선하려는 사람들의 모든 시도는 밖에서부터 시작합니다. 그들의 이론은 밖에서

부터 시작하는 일이 더 깊어지면 마침내 속에 있는 것에까지 영향을 미치게 된다는 것입니다. 그들은 자기들이 사람을 더 큰 악에서 해방시킬 것이라고 공언하며, 개혁이 더 진행되면 사람이 더 큰 영향력을 받아 지성과 마음이 고상해질 것이라고 믿습니다. 그들의 처방은 속의 질병을 위해 외용 연고를 쓰는 것이고, 심장의 피를 멈추기 위해서 피부에 붕대를 감는 것입니다. 그들은 모두 형편없는 의사들일 뿐입니다. 그들의 치료약은 인간 본성의 깊은 질병을 근절하지 못합니다.

하나님께서 사람들을 대하시는 방식은 그와 반대입니다. 하나님은 속에서부터 시작하시고 점차 밖으로 활동을 펴나가십니다. 사람에게서 질병의 표시를 보고 증상은 다루되 그 해악의 뿌리는 보지 못하는 사람은 돌팔이 의사일 뿐입니다. 돌팔이 의사는 불쾌한 징후들을 강한 독약을 써서 억제하려고 할 수가 있고, 그렇게 하다가 사람을 죽일 수 있는 일이 얼마든지 가능합니다. 그러나 지혜로운 의사는 질병의 근원을 살피고, 만일 병의 핵심을 다룰 수 있다면 증상들은 원상태로 돌아갈 때까지 내버려 둡니다. 여러분의 시계가 고장이 난다면, 수리공은 시계의 은 케이스를 깨끗이 닦거나 겉에서 먼지를 털어내는 것으로 충분히 고쳤다고 생각하지 않습니다. 그는 시계의 속을 들여다보고서 이 톱니바퀴가 부서졌고, 저 바퀴가 어긋났거나 큰 태엽을 새로 교체할 필요가 있다는 것을 발견합니다. 그는 처음에 시계의 바늘들을 정확히 맞추는 것에는 별로 관심이 없습니다. 시간을 맞추는 속의 장치들을 고치면 자연스럽게 외부 장치들도 정확한 시간을 표시하게 된다는 것을 알기 때문입니다.

게으른 입법부 때문에 아주 오랫동안 악덕 공장주들에게 오염되어 이제는 유독한 하수구가 되어버린 이 도시의 개울들을 보십시오. 우리가 이 개울들을 깨끗이 청소하려고 한다면, 생석회나 그밖의 화학 약품들을 개울에 조금 뿌리는 것은 별로 소용이 없습니다. 유일한 해결책은 오염을 막는 것뿐입니다. 공장들에게 우리 모두에게 해를 끼치지 말고, 그들의 쓸모없는 물건들을 다른 방식으로 제거하라고 요구하는 것입니다. 상식적으로 생각할 때, 우리는 오염의 근본 원인을 찾아내고 원천적으로 그 문제를 다루어야 합니다. 바로 그것이 하나님께서 죄인을 구원할 때 하시는 일입니다. 하나님은 죄의 발단에서 시작하시고, 죄인의 마음을 다루십니다.

형제 여러분, 이것은 참으로 어려운 일입니다. "내가 또 새 마음을 너희에게 줄 것이라." 만일 "내가 새 옷을 너희에게 줄 것이라"고 말씀하셨다면, 우리 가운데 많은 사람이 그 혜택을 사람들에게 베풀었을 것입니다. "내가 새 언어를 너희에게 가르칠 것이라"고 말씀하셨다면, 이 일도 조금만 솜씨를 갖추면 사람들에게 시행할 수 있었을 것입니다. 그 약속이 "내가 새 습관을 너희에게 일으킬 것이라"는 것이었다면, 이 일도 우리가 따라서 해보려고 시도했을 것이고 아마 성공했을 것입니다. 습관은 길들일 수 있는 것이기 때문입니다. 그러나 새 마음을 주는 것, 이것은 인간의 능력과 지혜로 할 수 없는 일입니다. 얀네와 얌브레가 애굽에서 어떤 기적들을 흉내 냈습니다. 그들이 "자기들의 요술로 그와 같이 행하였습니다"(출 7:22). 참된 종교에는 사람들이 가짜로 만들어낼 수 있는 것이 많습니다. 그러나 애굽에서 요술사들이 좌절하는 때에 이르자 "이는 하나님의 권능이니이다"(출 8:19) 하고 고백하였습니다. 그와 같이 우리 본성의 거듭나고, 마음이 새롭게 되는 일에서는 오직 하나님만 보입니다. 다른 사람에게 새 마음을 줄 수 있는 체할 사람이 누가 있겠습니까?

자랑하는 자여, 가서 중력의 법칙을 중지시켜 보라. 천둥번개를 물러나게 하며, 태양이라는 전차를 뒤로 가게 만들고, 대서양을 변하여 불 못이 되게 해보라. 그렇게 할 수 있으면, 그 다음에 가서 사람의 마음의 본성을 변하게 해보라. 하나님만이 그 일을 하십니다. 하나님만이 놀라운 일을 행하실 수 있기 때문입니다. 이 마음이야말로 우리 본성에서 가장 강력한 부분입니다. 마음은 지성까지도 크게 영향을 끼칩니다. 그래서 만일 마음이 더럽혀지면 모든 지적 기능들이 그 균형을 잃을 것입니다. 그러므로 하나님은 마음에서 시작하시며, 사람이 하나님과 경쟁할 수 없고 하나님을 도울 수도 없는 일을 거기에서 시작하십니다. 하나님께서 그 일을 하셔야 합니다. 새롭게 하는 일이 마음의 변화에서부터 시작되어야 한다면 사람을 지으신 바로 그 하나님께서 사람들을 새롭게 하셔야 합니다. 하나님을 찬송합시다. 하나님은 전능하셔서 우리에게 새 마음을 주실 수 있고, 하나님은 지혜로우셔서 우리를 새롭게 하실 수 있으며, 하나님은 정결하셔서 우리를 깨끗하게 하실 수 있고, 하나님은 자비가 풍성하셔서 우리를 참으실 수 있습니다. 잘 들으십시오. 하나님은 우리에게 "새 마음"을 주십니다. 옛 마음을 만져서 고치시는 것이 아닙니다. 옛 마음을 조금 깨끗하게 씻고 개선하는 것이 아닙니다. 새 생활을 시작하는 새 마음을 주시는 것입니다. 새 영감을 받고 새로운 음식을 먹으며, 새로운 행복을 열망하고 새로운 행동을 수행하는 새 마음, 곧 사실 의가 거하는 새 하늘과 새 땅의 거주자인 새 마음을 주시는 것입니다.

형제 여러분, 이 문장을 다시 한 번 읽어드리겠습니다. "내가 또 새 마음을 너희에게 줄 것이라." 나는 여러분에게 이 말의 어조에 주의를 기울이라고 말씀드리고 싶습니다. "내가 줄 것이라"고 말씀합니다. 다시 한 번 말씀드리지만 "내가 줄 것이라"고 말씀합니다. 여호와의 자아(自我)는 장엄합니다. "~ 한다면 내가 하리라"거나 "아마도 내가 할 것이라" 혹은 "어떤 조건이 되면 할 것이라"고 하시지 않고 "내가 줄 것이라"고 말씀하십니다. 하나님다운 어조로 말씀하십니다. 그것은 왕의 언어입니다. 옛적에 "빛이 있으라"고 말씀하시니 빛이 있었던 분이 하신 바로 그 말씀입니다. 말씀으로 세상을 창조하신 분께서 이제 그와 동일한 장엄한 음성으로 새로운 은혜의 세상을 말씀으로 창조하시는 것입니다.

이제 두 번째 복을 생각해 봅시다. "내가 새 영을 너희 속에 둘 것이라." 어쩌면 이 구절은 전자의 복에 대한 해석이라고 설명할 수도 있을 것입니다. 새 마음과 새 영이 같은 사실을 나타내기 위해 쓰인 것일 수가 있습니다. 그러나 나는 그 이상의 의미가 있다고 생각합니다. "새 영." 이 용어는 지극히 중요한 새로운 원칙이 사람들에게 심겼다는 것을 암시하지 않습니까? 나는 그동안 종종 여러분에게 자연적인 사람은 정확하고 엄격하게 말해서 혼과 몸의 복합체일 뿐이라고 설명하였습니다. 첫 사람 아담은 산 영이 되었습니다. 첫 사람 아담의 형상을 지닌 자로서 우리는 몸과 혼에 지나지 않습니다. 중생에는 단지 기존에 있었던 것을 개정하는 이상의 일이 행해진다는 것이 우리의 믿음입니다. 신생(新生)에서 세 번째이자 더 고상한 원리가 사람에게 주입되고 심겨집니다. 즉, 영이 사람에게 생기는 것입니다. 두 번째 아담이 살려주는 영이 되셨듯이, 신생에서 우리는 두 번째 아담인 예수 그리스도의 형상으로 변화됩니다. 우리 본성에 세 번째이자 더 고귀한 원리를 심고 주입하며 집어넣는 것을 우리는 거듭남이라고 믿습니다. 이 점에서 볼 때, 새 영을 그 속에 받을 모든 후손에게는 본문의 말씀이 은혜 언약의 절대적이고 무조건적인 약속으로 간주될 수 있을 것입니다. 그러나 우리가 어떤 사람들이 보는 방식대로 그것을 본다면, 우리는 이 구절을 이런 식으로 읽게 될 것입니다. 즉, 사람의 본성의 지배적인 영이 변하게 되리라고 읽을 것입니다. 하나님이 없는 사람들, 곧 그리스도를 믿지 않는 사람들에게서 지배적인 힘을 발휘하는 영은 반역하는 종의 영, 곧 자아라는 영입니다. 자연적인 모든 사람의 주요 동기는 자기 자신입니다. 종교에서조차 그는 자아를 추구할 뿐입니다. 그가 기도와 설교에 주의를 기울인다면 그것은 그 자신이 구원받을 수 있기 위함입니다. 그가 하나님을 두려워하고 하나님의 법의 공포를 두려워한다면 그것은 자기의 이익을 위해서입니다. 그가 하나님의 영광, 하나님의 명예나 하나님의 권리를 염려해서가 아닙니다. 전혀 그런 것이 아닙니다. 반항적인 종이 자기 주인의 재산에 관심이 없듯이 그는 하나님에 대해 관심이 없습니다. 멍에를 메지만 멍에 아래서 투덜거립니다. 할 수 있다면 멍에를 아주 기쁘게 벗으려고 할 것입니다. 그는 자기 주인의 법을 어기고 자신의 이기적인 뜻을 이루고 있을 때에만 행복합니다. 그러나 하나님의 영이 우리에게 임하시어 우리의 영을 성령께서 거하시기에 적합한 곳으로 만드실 때, 종의 영을 제거하시고 우리에게 자녀의 영을 주십니다. 그리고 그 순간부터 하나님을 섬기는 일이 다르게 됩니다. 우리가 이제 하나님을 섬기는 것은 채찍이 무서워서가 아닙니다. 그보다는 더 고귀한 동기가 우리를 움직이기 때문입니다. 감사하는 마음이 우리를 하나님의 봉사에 묶고 사랑이 순종하는 발에 날개를 답니다. 이제 하나님을 더 이상 폭군으로 생각하지 않고 지혜롭고 사랑이 많으신 부모님으로 생각합니다. 하나님께서 우리에게 무슨 일을 하시든지 우리는 하나님의 지혜와 선하심을 기뻐합니다. 우리는 더 이상 하나님을 의심과 두려움으로 바라보지 않고 확신과 기쁨으로 대합니다. 우리는 더 이상 "내가 주의 앞에서 어디로 피하리이까?"(시 139:7) 하고 묻지 않습니다. 그보다는 하나님께 가까이 나가기를 바라고 슬픔 가운데서도 "내가 어찌하면 하나님을 발견하고 그의 처소에 나아가랴"(욥 23:3) 하고 외칩니다. 종의 미움과 두려움이 변하여 아들의 애정 어린 복종으로 변한다는 것은 정말로 혁명적인 일입니다. 이것이 은혜 언약의 귀한 특전들 가운데 하나입니다. 사랑하는 여러분, 나는 여러분 가운데 많은 분들이 이미 이 특전을 받았다고 믿고, 또 아직 받지 못한 분들 가운데는 이 특전을 추구할 분들이 있을 것이라고 생각합니다. 그분들이 예수님을 믿었다면 새 영, 곧 아들의 영이 그들의 특전입니다. 그분들이 지금 아들의 영을 받지 않았다면 현 상태를 만족하게 생각해서는 안 됩니다.

본문의 세 번째이자 그 이상의 복은 돌 같은 마음을 제거하는 것입니다. "내가 너희 육신에서 굳은 마음을 제거할 것이라." 나는 하나님께서 아무 사람의 몸에서 악한 마음을 당장에 제거하신다고 생각하지 않습니다. 악한 마음은 이스라엘 백성이 가나안 땅에 들어갔을 때 거기에 있던 가나안 사람들처럼 남아서 우리와 싸우며 우리를 시험합니다. 그러나 하나님은 돌 같은 마음은 즉시 제거하십니다. 돌 같은 마음은 굳은 마음입니다. 어떤 것이 돌을 치는 순간 돌은 그 타격에 반발합니다. 굳은 마음은 복음을 들으면 즉시 다시 복음을 던져버립니다. 복음에 감동을 받지 않고 영향을 받지 않습니다. 여러분이 설교 자체에 확신이 있다고 할지라도, 굳은 마음에 대고 복음을 전하기보다는 차라리 벽에 깃털을 던져 벽을 뚫으려고 하는 것이 나을 것입니다. 하나님의 능력만이 깃털 같은 복음이 돌 같은 마음을 뚫을 수 있게 만듭니다. 하나님은 그 일을 하실 수 있지만, 그것은 자연스럽게 이루어질 수 있는 일이 아닙니다. 본성적인 마음은 뚫을 수 있는 마음이 아닙니다. 여러분이 표면에 생채기를 낼 수는 있지만 그 속에 들어가 내부의 핵심에 도달할 수는 없습니다. 우리 각 사람이 본래 얼마나 단단한 마음을 갖고 있는지 모릅니다. 죽음이 우리를 찾아오기 전에는, 빛이 돌을 뚫고 들어가 비출 수 없듯이 진리가 우리 속에 들어오지 못합니다. 돌 같은 마음은 느낌이 없습니다. 그러므로 여러분은 그 마음에 아무런 영향을 끼칠 수 없습니다. 돌 같은 마음은 고통을 느끼지 못하고 숨을 쉬지 못하며 한숨을 쉬지도 못합니다. 죽어 있기 때문에 돌 같은 마음인 것입니다. 그 마음에 타박상을 입혀 보십시오. 살을 시커멓게 멍들게 만들 것도 돌에는 아무 영향을 미치지 못합니다. 그 마음을 베어보십시오. 생살에 고통을 일으킬 그 상처가 그 단단한 덩어리에는 아무런 소동도 일으키지 못할 것입니다. 골고다의 사랑의 이야기를 들어도 따뜻해지지 않고 차갑고 무감각한 것, 우리의 마음이 본래 그런 것입니다. 사랑하는 여러분, 하나님께서 여러분을 상대하시지 않는 한, 여러분 각 사람의 마음이 모두 그와 같습니다. 그냥 돌덩어리에 지나지 않습니다. 물론 나는 지금 문자적으로 말하는 것이 아니라 영적으로 말하는 것입니다. 하지만 내가 말하는 것은 엄숙한 사실입니다. 하나님께서 "내가 굳은 마음을 제거할 것이라"고 말씀하십니다. 심장에서 돌을 제거하려면 참으로 대단한 수술이 벌어집니다. 하물며 돌 같은 마음을 제거하고 대신에 부드러운 마음을 일으키려면 얼마나 놀라운 일이 벌어지겠습니까!

자꾸 반복하는 것처럼 보이겠지만, 나는 다시 한 번 여러분에게 하나님께서 참으로 왕답게 말씀하신다는 것을 주목해 보라고 말씀드리고 싶습니다. 하나님은 "아마도 내가 할 것이라"고 말씀하시지 않습니다. "네가 원한다면 내가 할 것이라"고 말씀하시지 않습니다. 하나님은 "내가 할 것이라"고 말씀하십니다. 그 점을 이렇게 멋지게 말씀하십니다. "내가 너희 육신에서 굳은 마음을 제거할 것이라." 하나님의 전능하심이 그 일을 이룰 수 있습니다. 그동안 우리는 굳은 마음을 부드럽게 할 수 있는 방법들에 대해서 많이 들었지만, 그런 것들은 모두 하나도 소용이 없습니다. 나는 어머니의 눈물과 아버지의 흰 머리에 대해서, 죽어가는 자녀와 폐병에 걸린 자매들에 대해서 이야기하기를 좋아하는 목사들이 있는 것을 압니다. 이런 것들이 모두 합당한 화제들이라고 믿습니다. 그렇지만 마음이 순전히 자연적인 감정에 의해서 돌 같이 굳은 데서 살 같이 부드럽게 바뀌는 일은 결코 없습니다. 여러분이 어떤 사람으로 하여금 죽은 자녀에 대해서 혹은 죽은 아내에 대해서 눈이 빨갛게 되기까지 울게 만들 수는 있지만 그의 마음은 그 모든 일로 인해서 어두워질 뿐입니다. 사람들의 마음은 웅변적으로 혹은 수사학적으로 자연적인 감정에 호소하는 것과는 전혀 다른 힘에 의해 변화됩니다. 나는 그런 호소가 효과를 발휘하는 영역이 있다는 것을 얼마든지 인정합니다. 그러나 마음을 새롭게 하기 위해서는 자연적인 감정보다 훨씬 더 효과적인 어떤 것이 필요합니다. 하나님 말씀에 "내가 너희 육신에서 굳은 마음을 제거할 것이라"고 기록되어 있습니다. 거기에 문제의 비밀이 있습니다.

성령께서 내주하시도록 마음을 준비시키겠다는 네 번째 약속은 이것입니다. "내가 너희에게 부드러운 마음을 줄 것이라." 여기서 부드러운 마음이란 감수성이 예민한 마음, 민감한 마음을 의미합니다. 다시 말해, 느낄 수 있고, 감동을 받아 부끄러움을 느끼고 회개하며 죄를 싫어하고 바라고 추구하며 헐떡이며 하나님을 갈망하는 마음을 뜻합니다. 여린 마음, 곧 수천 번을 쳐야 겨우 움직이는 마음이 아니라 살갗이 벗겨진 살처럼 무엇이 살짝만 닿아도 금방 느끼는 마음, 성령께서 하나님의 자녀들 안에 일으키시는 마음은 그런 것입니다. 그것은 가르침을 잘 듣는 마음, 기꺼이 하나님의 뜻에 따라 지도를 받고 그에 의해 인격이 형성되며 통치를 받으려는 마음입니다. 사무엘처럼 "여호와여 말씀하옵소서 주의 종이 듣겠나이다"(삼상 3:9) 하고 소리치는 마음이고, 언제든지 틀의 모양대로 빚어질 수 있고, 거룩한 손아래에서 유연하며 하늘의 본보기를 어떻게 해서든지 따르려고 하는 순종적인 마음입니다. 이것이 영혼에서 일어나는 은혜의 초기 활동입니다. 사람이 복음을 효력 있게 듣고 하나님의 영이 사람에게 임하면, 그리스도께서 사람들을 해방시킬 때 사용하시는 그 자유를 경험하기 훨씬 전에,

곧바로 그에게는 더 이상 돌 같은 마음이 없습니다. "그리스도는 나의 것이라"고 말할 수 있기 훨씬 전에, 그는 진리 아래서 마음이 부드럽게 되고 감수성이 예민하게 됩니다. 그렇게 되는 것은 큰 자비입니다. 그것은 마음이 하나님의 말씀을 듣고 떠는 곳에서, 다시 말해 그리스도께로 가려는 간절한 소원이 있고 그래서 사람이 더 이상 허풍을 떠는 반역자가 아니라 아버지에게 돌아와 "아버지 내가 하늘과 아버지께 죄를 지었나이다"(눅 15:21) 하고 부르짖고 싶어 하는 떠는 자녀가 되는 경우에 효과적으로 진행될 일이 시작되었다는 복된 표시입니다.

사랑하는 여러분, 여기서는 여러분 가운데 어떤 분들에게 주의의 말씀을 덧붙이는 것이 합당합니다. 천성적인 부드러움을 하나님께서 주시는 부드러운 마음으로 혼동하지 마십시오. 본래 감수성이 매우 예민한 사람들이 많습니다. 여자들 가운데 많이 있고 남자들 가운데서도 더러 있습니다. 이 특성 때문에 그들은 비난을 받기보다는 칭찬을 받습니다. 하지만 그들은 이것을 은혜의 작용으로 혼동해서는 안 됩니다. 남의 말을 잘 듣는 사람은 부드럽지만 그것이 부드러운 마음은 아닙니다. 천성적인 부드러움이 은혜에서 나온 감수성은 아닙니다. 신앙적인 면에서 예민한 사람이 다른 일들에서도 마찬가지로 예민한 경우가 종종 있습니다. 여러분이 그들에게 선한 일을 위해 영향을 미칠 수 있는 반면에 다른 사람들도 마찬가지로 그들에게 악한 일에 영향을 미칠 수가 있습니다. 그들은 단지 주변 사람들이 그런 경향이 있기 때문에 신앙생활을 하는 것일 뿐입니다. 다른 영향을 받는다면 그들은 완전히 신앙이 없지는 않는다 할지라도 의심이 많을 것입니다. 가정에서 배운 습관들이 그 마음을 억제하지 않았다면 그들은 다른 사람들이 추구하는 쾌락을 사랑하였을 것입니다. 그들의 마음이 아직 새롭게 되지 않았기 때문입니다. 단순한 종교적 감수성이 은혜는 아닙니다. 그것은 천성일 뿐입니다. 어떤 사람들에게는 감수성이 아주 예민하다는 것이 시험거리가 될까봐 걱정입니다. 나는 쉽게 흥분하는 사람들에 대해서 언제나 좋게 생각하는 것은 아닙니다. 그들은 아주 빨리 차가워지기 때문입니다. 어떤 사람들은 천연고무와 같습니다. 그래서 여러분이 그들에게 손가락을 댈 때마다 그들에게 흔적이 남습니다. 하지만 그것은 시간 낭비입니다. 여러분이 그들에게 손을 떼는 순간 그들은 옛 모습으로 다시 돌아가기 때문입니다.

한번은 어떤 도시에 설교를 하고 있었습니다. 내가 한창 설교를 하고 있는 중에 매우 훌륭하지만 세속적인 사람이 회중 가운데서 나갔습니다. 그 주간에 내게 세 번째로 설교를 듣다가 나간 것입니다. 그를 따라 밖으로 나간 사람이 그에게 왜 자리를 뜨는지 물었습니다. 그는 더 이상 설교를 듣고 앉아 있을 수 없었다고 솔직하게 말하였습니다. 그러면서 이유를 말하였습니다. "내가 이 설교를 끝까지 들었다면 틀림없이 신자가 되었을 겁니다. 나는 거의 그렇게 될 뻔 했어요." 그러고 나서 이 말을 덧붙였습니다. "그동안 나는 이 목사님 밑에서 천연고무 인형 같았어요. 하지만 이분이 떠나면 나는 다시 옛날 모습으로 돌아갈 겁니다." 그런 사람이 아주 많습니다. 그들은 천성적으로 아주 온화하고 양식이 있으며 성실합니다. 그래서 복음 설교가 그들에게 영향을 끼치고, 그들도 그 영향력을 느낍니다. 하지만 슬프게도 그로 인해 구원받을 만큼은 아닙니다. 그러니 여러분은 천성이라는 금박을 은혜의 확실한 금인 것처럼 혼동하지 않도록 조심하십시오. 설교자가 하나님의 은혜의 도움을 받아 복음 망치를 휘두르고 복음 망치가 힘 있게 단단한 돌덩어리를 내리칠 때, 돌이 아주 순식간에 산산조각 나고, 마음을 깨트리는 아주 놀라운 일이 행해집니다. 그때 하나님께서 오셔서 그의 전능하신 은혜로 부드러운 마음을 주십니다. 바로 이것이 우리가 원하는 변화입니다. 곧 돌 같은 마음을 제거하고 부드러운 마음을 주시는 것입니다.

이 네 가지 약속을 다시 한 번 읽어 봅시다. 이 네 가지 약속이 지금 이렇게 말하고 있을 수 있는, 떨고 있는 불쌍한 영혼에 이르기를 바랍니다. "나는 회개하고 싶은데 할 수 없습니다. 느끼고 싶은데 느낄 수가 없습니다. 내 마음은 너무 악하고 완고하며 차갑습니다. 그리스도를 믿을 수 있지만 내 본성을 변화시킬 수는 없습니다." 불쌍한 사람이여, 그대는 본성을 변화시킬 필요가 없습니다. 여러분을 대신해서 그 일을 하실 수 있는 분이 계시기 때문입니다. 여러분이 지금 십자가에 달리신 그리스도를 바라보고 모든 희망을 그에게 건다면 이 약속들이 모두 하나님께서 여러분에게 주시는 절대적인 약속들인 것입니다. "또 새 영을 너희 속에 두고 새 마음을 너희에게 주되 너희 육신에서 굳은 마음을 제거하고 부드러운 마음을 줄 것이라."

2. 시간이 지나가고 있으니 이제는 두 번째로 성령의 내주하심에 대해서 생각해 봅시다.

성령께서 이렇게 거처를 마련하신 후에는 와서 새롭게 된 마음속에 거하십니다. 여러분은 본문의 말씀 한 마디 한 마디에 주의를 기울이시기 바랍니다.

첫째로, 하나님께서 "내가 내 영을 너희 속에 둘 것이라"고 말씀하시는 점을 살펴봅시다. 하나님께서 "성령의 영향력이 너희 속에 임할 것이라"고 말씀하시지 않고, "내가 내 영을 너희 속에 둘 것이라"고 말씀하시는 점에 유의해야 합니다. 하나님께서 친히, 곧 영원하신 성령께서 몸소 새롭게 된 마음속에 거하신다는 것이 말 그대로 사실입니다. 다시 한 번 말하지만, 하나님께서 "내가 성령의 은혜를 줄 것이라, 성령의 활동을 줄 것이라"고 하시지 않고 "내가 내 영을 너희 속에 둘 것이라"고 말씀하셨습니다. 참으로 순전히 부드러운 마음으로, 순전히 새로운 마음과 의로운 정신으로 사시는 분이 바로 성령님이십니다. 여러분은 이 점을 이해할 수 있습니까? 이 사실이 단순하기는 하지만 해 아래서 가장 기이한 사실들 가운데 하나입니다. 성육신 하신 하나님은 신비입니다. 말씀이 육신이 되어 우리 가운데 거하셨습니다. 또 한 가지 신비가 여기 있는데, 곧 하나님께서 하나님의 모든 자녀 안에 거하신다는 것입니다. 하나님께서 우리 안에 거하시고 우리가 하나님 안에 거합니다. 성령의 내주하심의 신비는 성육신의 신비만큼이나 크고, 하나님께서 그만큼 자기를 낮추신 행동입니다. 나는 그리스도께서 죄인들과 함께 지내시는 것을 보면 놀랍습니다. 그런데 성령께서 죄인들 안에 거하시는 것을 볼 때도 마찬가지로 놀랍습니다. 우주라도 그에게는 큰 전이 되지 못하는 하나님, 그 앞에서는 하늘도 깨끗하지 못한 영원히 찬송 받으실 성령께서 말씀하십니다. "무릇 마음이 가난하고 심령에 통회하며 내 말을 듣고 떠는 자 그 사람은 내가 돌볼 것이라"(사 66:2). 성령께서 우리 안에 내주하신다는 것은 그의 영향력을 발휘하시고 그의 은사들을 주시며 그의 은혜들을 베푸신다는 것을 함축합니다. 그뿐 아니라 성령의 신령한 모든 직무를 발휘하신다는 것을 의미합니다. 성령님은 거하시는 곳에서 선생으로, 빛을 비추시는 분으로, 위로자로, 창조자로, 힘을 돋우는 분으로, 보존하시는 분으로 활동하시기 때문입니다. 성령께서는 자신의 거처로 삼으시는 모든 사람에게 자신의 뜻을 따라 이 모든 직무들을 행하실 것입니다.

여러분이 주의를 기울일 만한 본문에 나오는 작은 단어를 하나 살펴봅시다. "내가 내 영을 너희 속에 둘 것이라." 하나님께서 죄인의 마음을 새롭게 하실 때 모든 죄인의 마음에 거하시는 분은 천사들의 영이 아니고 선한 사람들의 영도 아니라 바로 하나님 자신의 영이십니다. "내 영." 그리고 이 단어가 이 영이 우리 주 예수 그리스도 안에 한량없이 거하셨던 바로 그 영이시라는 사실을 암시할 수도 있을 것입니다. 우리는 그리스도께 부어진 그 기름이 우리에게 부어지고, 그리스도의 가지에 내린 그 이슬이 우리의 가지를 기운 나게 하며, 그리스도의 가슴 속에서 타오른 거룩한 불이 우리 가슴에서도 타오른다는 사실에서 그리스도와 일치된 경험을 갖습니다.

"너희 속에"라는 말도 주의 깊게 살펴봅시다. "내가 내 영을 '너희 속에' 둘 것이라." 우리가 믿음으로 성경을 읽을 때 하나님의 영에 가까이 가게 되는 것에 대해 하나님께 감사합니다. 이는 하나님께서 성경을 쓰셨고, 따라서 성경 말씀 안에 하나님의 마음이 담겨 있기 때문입니다. 하지만 우리에게는 이보다 더 큰 특전이 있습니다. 우리가 설교를 듣거나 어떤 형태든지 기독교적 가르침을 받을 때 성령께서 우리에게 작용하시면 성령님이 우리와 함께 계시다는 것을 느끼게 되는 것에 대해 하나님께 감사드립니다. 그러나 우리에게는 이보다 더 풍성한 특전이 있습니다. "내가 내 영을 둘 것인데", 너희와 함께 두거나 너희 곁에 두지 않고 책 속이나 어떤 신탁 속에 혹은 성전이나 여러분의 동료들 중의 어떤 사람에게 두시지 않고 "내가 내 영을 너희 속에" 곧 너희 영혼에, 새롭게 된 너희 마음에 "둘 것이라"고 하셨습니다. 이것은 놀라운 일입니다. 아우구스티누스는 하나님에게 오는 다양한 영광과 구속으로 말미암아 사람들에게 생기는 은혜들을 생각할 때 아담의 타락이 없었다면 이런 것들이 하나도 계시될 수 없었을 것을 생각하고서 "복된 허물이여!" 하고 외쳤습니다. 나도 아주 조심스럽게 똑같은 말을 합니다. 죄가 많은 곳에 은혜는 훨씬 더 풍성하였습니다. 죄가 사람을 티끌 속에 눕게 만들고 사람을 마귀처럼 만들었지만 또한 그럼으로써 자비가 개입할 수 있는 기회를 제공하였고, 인간성을 전보다 더 고귀한 위치로 끌어올렸습니다. 에덴동산에 있던 사람이 그리스도 안에 있는 사람과 비교할 때 어떠하였습니까? 에덴동산에서는 사람이 온전히 아름다웠지만 예수님 안에서는 최고의 광채를 지닙니다. 성령께서 그의 속에 계시기 때문입니다. 아담 안에서 사람이 산 영이 되었지만 그리스도 예수 안에서는 살려주는 영의 존귀와 위엄을 갖추는 데까지 높아졌습니다.

형제 여러분, 성령께서는 들어가시는 곳에서 모든 것을 자기에게 복종시키실 수가 있습니다. 언약궤가 블레셋의 신전에 왔을 때 다곤 신이 엎드러졌습니다. 성령께서 영혼에 들어가시면 죄가 엎드러지고 부서집니다. 우리는 성령께서 우리 속에 계시면 어떤 죄도 군림하도록 용납하시지 않으실 것을 알고 안심할 수 있습니다. 성령께서는 우리의 찌꺼기를 태워버리는 소멸하는 영이시고, 우리의 어둠을 쫓아버리는 빛의 영이십니다. 성령께서 마음을 성전으로 삼으실 때는 성전을 더럽히는 파는 자들과 사는 자들을 채찍질하여 내쫓으실 것입니다. 성령님은 단지 속을 깨끗이 치우시는 분일 뿐만 아니라 보호하시는 분이기도 합니다. 밖으로부터 우리를 공격하는 시험으로부터 성령님은 우리 영혼에 정복할 수 없는 요새가 되어 우리를 어떤 공격에도 무너지지 않게 만드십니다. 불충한 죄들이 우리 속에 숨어 있지만 하나님의 전지하신 눈은 숨어 있는 모든 악을 알아보십니다. 그리고 우리 본성의 어둡고 은밀한 곳에 숨어 있는 모든 죄를 끌어내십니다.

이와 같이 우리 안에 거하시는 분에 대해 우리는 두려워할 필요가 없습니다. 오히려 그분으로 말미암아 우리의 보잘것없는 이 마음이 하나님이 온전하신 것 같이 온전하게 되고, 그의 내주하심으로 말미암아 우리의 본성은 빛 가운데 있는 성도들의 기업을 받기에 온전히 합당하게 될 것입니다. 참으로 놀라운 복들이 여기에 있고, 또 이 모든 복들이 또 아주 위엄 있는 어조로 약속이 됩니다! "내가 내 영을 너희 속에 둘 것이라." 얼마나 단정적인 어조입니까! 얼마나 확고한 어조입니까! 그런데 사람들이 성령을 받으려고 하지 않는다면 어떻게 합니까? 사람들이 성령님과 싸운다면 어떻게 합니까? 사람들의 자유 의지가 사람을 지배한다면 어떻게 합니까?

참으로 터무니없는 생각입니다! 하나님께서 "내가 할 것이라"고 말씀하실 때는 달리 가정할 것이 아무것도 없습니다. 하나님께서 혼돈에게 말씀하시면 혼돈이 질서가 됩니다. 그러니 "혼돈이 질서 잡히기를 거절한다면 어떻게 합니까?"라는 말은 하지 마십시오. 여호와께서 어둠에게 말씀하시면 어둠은 빛이 됩니다. 그러니 "하지만 어둠이 거부하면 어떻게 합니까?"라는 말은 하지 마십시오. 무엇이 하나님의 명령을 거부할 수 있겠습니까? 하나님께서 전능하신 능력으로 오실 때, 누가 하나님의 행동을 막거나 하나님께 "뭐 하십니까?" 하고 말할 수 있겠습니까? 성령께서 주권적인 은혜로 오셔서 사람들의 마음을 다루실 때, 성령님은 사람들의 의지를 침해하지 않으면서 그의 거룩한 목적을 이루실 능력이 있고, 또 그 목적을 이루어 하나님의 은혜의 영광을 찬미하도록 만드실 것입니다.

3. 끝으로, 여러분에게 이 모든 것으로부터 나오는 복된 결과들을 잠시 생각해 보라고 말씀드리지 않을 수 없습니다.

내주하시는 성령께서는 자신이 그 안에 거하며 다스리시는 모든 사람을 하나님의 길에 순종하도록 인도하십니다. 나는 은혜의 활동이 안에서부터 시작하지만 안에서 끝나지 않는다고 말씀드렸습니다. 이 언약의 약속 전체를 미처 다 생각하기도 전에 우리는 생활의 변화가 확실히 일어나리라는 것을, 즉 일과 행실에서 분명한 변화가 일어나리라는 것을 발견할 것입니다. "너희가 내 규례를 지켜 행할지라." 우리는 행위부터 시작하지는 않으나 행위로 나아갑니다. 믿음은 먼저 복을 받고, 그 다음에 거룩한 행실을 내놓습니다. 우리는 결과가 원인을 대신하게 하려고 하지 않습니다. 그러나 또한 결과는 원인의 뒤를 따른다는 것도 확실히 압니다.

이제 본문에 나오는 약속을 살펴봅시다. "너희가 내 규례를 지켜 행할지라." 성령을 받은 영혼은 활동적이 됩니다. 그 영혼은 행합니다. 큰 세력에 의해 끌려다니는 것처럼 수동적이지 않습니다. 그 영혼은 성령께서 그 안에서 "자기의 기쁘신 뜻을 위하여 소원을 두고 행하게 하시기"(빌 2:13) 때문에 행합니다. 활동하는 경건이 없는 사람은 자기가 도대체 은혜를 받은 사람인가 하고 걱정할 수 있습니다. 내가 그저 받기만 하고 열매를 내놓은 적이 없다면 내가 "저주함에 가까운" 땅이 아닌가 하고 걱정할 수가 있습니다. 내가 하나님께서 복을 베푸신 땅이라면 하나님께 수확물을 내놓을 것이기 때문입니다. 성령께서 우리로 행하게 만드시지만, 그러나 또한 우리 자신이 행합니다. 하나님께서 우리 안에서 일하여 행하도록 하시지만 행하는 것은 실제로 우리 자신입니다. 하나님께서 회개하시는 것이 아니고 하나님께서 믿으시는 것이 아닙니다. 하나님은 회개하실 것이 아무것도 없고 믿으실 것이 아무것도 없습니다. 성령께서 우리를 대신해서 일을 수행하시는 것이 아닙니다. 성령의 인도를 받아 우리가 직접 이 일들을 행하는 것입니다. 우리가 회개하고 우리가 믿습니다. 우리가 선한 일을 하는데, 성령께서 우리가 그렇게 하도록 만드시기 때문입니다. 자원하여 하나님과 함께 행하는 것은 성령의 내주하심의 기분 좋은 결과입니다.

성령께서는 우리를 인도하여 거룩한 습관을 들이도록 만드십니다. "내가 너희로 내 율례를 행하게 할 것이라"는 표현을 보면 그것을 알 수 있습니다. 이 표현은 우리에게 때로 잠깐 뛰어가는 것이나 한두 걸음 껑충 뛰고 그 다음에는 드러눕는 것을 묘사하지 않고 계속해서 꾸준히 걸어가는 것을 묘사합니다. 단순한 흥분은 순간적인 열심과 일시적인 행실을 일으킬 수 있지만 지속적인 거룩함은 성령의 열매입니다.

다음으로, 이 약속이 함축하고 있는 즐거움을 살펴봅시다. "내가 너희로 내 율례를 행하게 할 것이라." 수고하는 사람처럼 행하는 것이 아니라 편하게 걸어가는 사람처럼 행하게 하시겠다는 것입니다. 신자는 이삭이 저녁 무렵에 들판을 거니는 것을 즐겁게 느꼈듯이 하나님의 율례를 따라 행하는 것이 즐겁다는 것을 압니다. 우리는 괴로운 노예의 신분으로 땀 흘리며 일하는 종이 아니라 기쁨으로 섬기는 자녀들입니다. 하나님의 계명은 무거운 것이 아닙니다. 하나님의 멍에는 쉽고 하나님의 짐은 가볍습니다.

이 약속은 또한 거룩한 인내를 함축하고 있습니다. 이 약속의 말씀에는 계속해서 거룩함을 추구한다는 의미가 들어 있습니다. 시작하는 것은 작은 문제이나 마지막까지 견디는 것은 지극히 어려운 일입니다.

본문은 우리에게 완전한 순종을 약속합니다. "내가 너희로 내 율례를 행하게 하리니 너희가 내 규례를 지켜 행할지라." 그리스도인은 하나님께 순종합니다. 그는 십계명의 첫 번째 돌판에 주의합니다. 또 그는 사람에 대해 정당하게 행동합니다. 즉, 두 번째 돌판을 무시하지 않는 것입니다. 신자는 율례와 규례를 다 같이 소중하게 여깁니다. 우리는 하나님께 한쪽으로 치우친 불충분한 순종을 드릴 생각이 없습니다. 성령께서는 우리를 하나님에 대하여 경건하게 만드실 때 사람에 대해서는 정직하게 만드십니다.

성령께서는 또한 마음속에 의에 대한 거룩한 관심을 일으키십니다. "내가 너희로 내 규례를 지켜 행하게 할 것이라." 즉, 순종하는데 꼼꼼하도록 하고, 하나님의 뜻을 찾는데 정확하고 신중하며 자원하도록 하며 하나님의 뜻에 세세한 모든 부분까지 주의하도록 하시겠다는 것입니다. 그 안에 성령이 거하는 사람은 하나님의 명령이 아니라 사람의 전통을 따르지 않도록 주의합니다. 그는 중요한 교회회의들의 결정이나 교황의 법령들에 주의를 기울이지 않습니다. 그는 오직 주님의 뜻만을 찾습니다. 그의 양심은 다른 어디에서도 무릎을 꿇지 않고 오직 하나님 앞에서 공경심을 가지고 겸손하게 무릎을 꿇습니다. 우리를 하나님의 제단에 묶으신 분께서 다른 모든 끈들은 풀어버리셨습니다. 그래서 우리는 사람들의 전통과 사제들의 규례들을 하찮게 여길 수 있습니다. 새롭게 된 마음은 하나님께, 오직 하나님께만 순종을 바칩니다. 그러한 순종을 바칩니다.

이제 본문은 우리를 지극히 즐거운 절정으로 데려왔습니다. 본문은 새로워진 마음에서부터 시작하였고 정결한 생활에서 끝이 납니다. 돌 같은 마음을 제거하고 부드러운 마음을 주는 것에서부터 시작하였습니다. 이제 본문은 우리에게 생생한 성품과 매일의 실행에서 그대로 나타나는 그리스도인의 생활을 제시합니다. 이 점을 인해서 하나님께 감사드립시다! 여러분, 만일 여러분이 이 약속을 받은 사람이라면 나와 함께 이 감사를 드릴 것입니다. 여러분이 아직 마음이 새롭게 되지 않았다면 나는 여러분에게 이 좋은 것들이 없는 곳에서 그것들을 찾으러 돌아다니지 말라고 말씀드립니다. 십자가 아래에서 여러분은 마음의 변화를 발견할 것입니다. 예수님의 못 박힌 손과 발에서 핏방울이 떨어지는 곳에 구원이 있습니다. 성령께서 여러분에게 의로운 영을 주시고, 또 그 결과로 정결한 생활도 주실 것입니다. 자신의 노력을 의지하지 마십시오. 자신의 마음속에 있는 똥 더미를 긁어모으려고 하지 마십시오. 귀하신 주님의 피로 말미암아 성령님을 의지하십시오.

이제 설교를 끝마치겠습니다. 이 모든 사실은 하나님을 배나 영광스럽게 합니다. 사람이 하나님의 규례를 따라 행한다는 사실이 하나님을 영화롭게 합니다. 그러한 순종이 하나님의 능력의 결과라는 사실은 하나님을 훨씬 더 영화롭게 합니다. 외적인 생활이 하나님께 영광을 돌려드립니다. 그러나 그러한 생활을 일으키는 마음의 영적이고 은혜로운 활동은 하나님께 훨씬 더 풍성한 영광을 돌려드립니다.

이 사실이 하나님을 배나 영광스럽게 하는 한편, 사람의 마음을 더할 수 없이 고귀하게 만듭니다. 거룩해진다는 것은 고귀함의 표지를 받는 것입니다. 성령의 내주하심으로 말미암아 거룩해진다는 것, 이에 대해서 우리가 무슨 말을 할 수 있겠습니까! 가난하기 짝이 없는 농부를 여기로 데려와 보십시오. 여러분이 원한다면 노동과 세월로 주름지고 야윈 노부인을 데려와 보십시오. 그 부인이 전혀 배움이 없는 사람이어도 좋습니다. 그러나 그 부인에게 그리스도를 믿는 믿음이 있고, 따라서 성령께서 그녀 안에 거하신다는 사실만을 내게 알려주십시오. 그렇다면 나는 어떤 황제와 왕보다도 그 부인을 공경할 것입니다. 왕관을 쓴 이 사람들은 유혈 참극을 벌이고 왕위에 오른 사람들이 아니고 무엇입니까? 하지만 이 노부인은 예수님의 의로 높여진 사람입니다. 그들의 왕조는 결국

단명하고 말지만, 이 부인은 하늘의 왕의 혈통에 속해 있습니다. 그 부인은 속에 하나님을 모시고 있습니다. 그리스도께서는 지금 그녀를 지극한 복 가운데로 받아들이기 위해 기다리고 계십니다. 그녀가 없으면 하늘의 거민들이 완전해지지 못할 것이고, 하나님의 목적이 성취되지 못할 것입니다. 따라서 그녀는 지극히 고귀한 존재입니다. 눈에 보이는 대로 판단하지 말고 하나님의 마음을 따라서 판단하십시오. 구원받은 죄인들을 귀하게 여기십시오. 또한 성령님께 영광을 돌리십시오. 경외심을 가지고 겸손히 성령님께 말씀드리십시오. 성령님의 이름을 함부로 부르지 마십시오. 성령님께 불경스런 말을 하지 않도록 조심하십시오. 성령님께 함께 해 주시기를 공손히 구하십시오. 성령님의 선물을 기뻐하고 성령님을 사랑하며, 그를 소멸하지 마십시오. 성령님과 싸우지 말고 성령님의 권세에 복종하십시오. 성령님께서 여러분 안에 거하시고, 여러분이 영원히 성령님과 함께 지내기에 합당한 사람으로 만들어 주시기를 바랍니다. 아멘.

제
20
장

값없는 은혜

"주 여호와의 말씀이니라 내가 이렇게 행함은 너희를 위함이 아닌 줄을 너희가 알리라 이스라엘 족속아 너희 행위로 말미암아 부끄러워하고 한탄할지어다." — 겔 36:32

사람에게는 타고 났고, 또 계속해서 행동으로 나타나는 죄가 두 가지 있습니다. 하나는 자기 신뢰이고 다른 하나는 자만입니다. 아무리 훌륭한 사람이라도 첫 번째 잘못을 범하지 않기가 정말로 어렵습니다. 아무리 거룩한 그리스도인도, 그리스도의 복음을 아무리 잘 아는 사람도 하나님의 능력을, 오직 하나님의 능력만을 의지하기보다는 끊임없이 피조물의 능력을 의지하려는 경향이 있습니다. 성경은 우리에게 결코 잊어서는 안 되는 것, 곧 구원은 처음부터 끝까지 하나님의 일이고 사람에게 속한 일도 아니고 사람이 할 수 있는 일도 아니라는 것을 거듭거듭 상기시키지 않으면 안 됩니다. 그런데 이 오래된 잘못, 곧 우리가 스스로를 구원해야 한다든지 혹은 우리가 구원의 문제에서 무슨 일인가 해야 한다는 이 잘못된 생각은 언제나 일어납니다. 그리고 우리 자신도 끊임없이 이 생각에 시험을 받아 여호와 우리 하나님의 능력을 단순하게 믿는 데서 빗나가려고 하는 것을 압니다. 사실, 아브라함조차도 자신의 힘을 믿는 이 큰 잘못에서 자유롭지 못하였습니다. 하나님께서 아브라함에게 아들을 주시겠다고, 즉 약속의 자녀인 이삭을 주시겠다고 약속하셨습니다. 아브라함은 그 약속을 믿었습니다. 그러나 마지막에 가서는 기다리다가 지쳐서 하갈을 아내로 취하는 인간적인 방편을 채택하였습니다. 그는 이스마엘이 틀림없이 하나님의 약속을 성취할 것이라고 생각하였습니다. 그러나 이스마엘은 그 약속을 성취하도록 돕기보다는 아브라함의 마음에 슬픔을 가져다주었습니다. 하나님께서 이스마엘이 이삭과 함께 거하지 못하도록 하셨기 때문입니다. 성경은 "이 여종과 그 아들을 내쫓으라 이 종의 아들은 내 아들 이삭과 함께 기업을 얻지 못하리라"(창 21:10)고 기록하였습니다. 자, 우리는 구원의 문제에서 하나님께서 자신의 약속을 이루시는데 시간이 오래 걸린다고 생각하는 경향이 있습니다. 그래서 우리는 스스로 무슨 일인가를 시작하는데, 무슨 일을 합니까? 우리는 수렁에 더 깊이 빠지고, 장래의 근심과 골칫거리를 스스로 쌓아올립니다. 우리는 아브라함이 이스마엘을 내보내는 일 때문에 근심하였다는 것을 읽지 않습니까? 아, 많은 그리스도인이 자신이 은혜의 하나님을 도울 계획으로 행한 그런 일들 때문에 근심하였습니다. 사랑하는 여러분, 우리는 살다 보면 전능하신 하나님을 도우려 하고 전지하신 분을 가르치려는 어리석은 일을 하려고 하는 때가 너무 많다는 것을 발견할 것입니다. 우리를 성화(聖化)하는 일에 은혜만을 의지하기보다는 하나님의 일을 이룰 것이라고 생각하는 철학적인 규칙과 원리를 채용하기도 합니다. 하지만 하나님의 일을 망치기만 할 것입니다. 그래서 스스로 슬픔을 초래할 것입니다. 그러나 그렇게 하지 않고 모든 일에서 도움과 힘과 은혜와 구조를 위해 구원의 하나님을 바라보면 우리의 일은 진행되어 우리에게 기쁨과 위로를 주고 하나님의 영광을 나타낼 것입니다. 그 잘못은 갖고 태어난 것이고, 언제나 우리와 함께 있을 것입니다. 그러므로 본문의 말씀이 그 잘못을 해결하는 수단으로 제시됩니다. 구원이 하나님께 속하였다는 사실이 본문에서는 다르게 진술됩니다. "내가 이렇게 행함은 너희를 인함이 아닌 줄을 너희가 알리라"(개역개정에서는 "너희를 인함이"를 "너희를 위함이"로 번역하고 있음 – 역주). 하나님은 우리가 한 일이나 할 수 있는 일에 관해서는 아무것도 말씀하시지 않습니다. 이전의 모든 구절과 이후의 모든 구절이 다 하나님께서 행하시는 일에 대해 말합니다. "내가 너희를 여러 나라 가운데에서 인도하여 낼 것이라." "내가 맑은 물을 너희에게 뿌릴 것이라." "내가 새 마음을 너희에게 줄 것이라." "내가 내 영을 너희 속에 둘 것이라." 이 모든 일이 다 하나님에게서 나왔습니다. 그러므로 다시 한 번 이 교훈을 생각하고, 우리가 자신의 능력과 힘을 의지하려는 생각을 다 버립시다.

사람이 저지르기가 매우 쉬운 다른 과오는 자신의 공로를 의지하는 것입니다. 사람은 아무에게도 의가 없지만, 공로라고 생각하는 것을 의지하려는 성향은 모든 사람에게 다 있습니다. 참으로 기이한 일이긴 하지만 아주 악하기 그지없는 사람들도 스스로 미덕이라고 생각하고 의지하는 것이 있습니다. 여러분은 아주 내놓다시피 한 주정뱅이가 자신은 불경한 욕을 하지 않는다고 자랑하는 것을 볼 것입니다. 세상에서 다른 아무 미덕이 없는 사람들이 스스로 미덕이라고 생각하는 것, 즉, 자신들에게 아무 미덕이 없다고 고백한다는 사실을 자랑하는 것을 봅니다. 그들은 자신이 아주 비열하다는 것을 솔직히 털어놓을 만큼 정직하다고 혹은 뻔뻔스럽다고 해서 스스로를 아주 훌륭한 사람이라고 생각합니다. 어떻게든지 해서 사람의 마음은 인간의 공로를 붙잡고 늘어집니다. 그리고 언제까지든지 붙들고 있으려고 합니다. 그래서 여러분이 사람이 의지할 수 있을 것으로 생각되는 것을 모두 치워버리면 사람의 마음은 순식간에 스스로에게서 신뢰할 만한 다른 근거를 만들어냅니다. 인간의 본성은 자신의 공로에 관한 한 거미와 같습니다. 자신을 지지하는 버팀목을 자기 창자 안에 지니고 있고, 영원히 계속해서 실을 자아낼 것처럼 보입니다. 여러분이 한쪽에 있는 거미집을 털어내면 거미는 금방 다른 곳에 또 거미집을 짓습니다. 여러분이 거미줄을 한 쪽 걷어내면 그 거미줄이 여러분 손가락에 들러붙고, 다른 손으로 거미줄을 털어내려고 하면 거미줄이 그 손에도 들러붙는 것을 발견할 것입니다. 거미줄은 제거하기가 어렵습니다. 인간 본성은 언제든지 거미집을 자아내고, 거짓된 신뢰의 기초에 자신을 묶을 준비가 되어 있습니다.

내가 오늘 아침 이야기하려고 하는 것은 모든 인간의 공로를 부인하는 것입니다. 따라서 이 자리에 계신 아주 많은 분들이 내 말을 불쾌하게 여길 것이라고 생각합니다. 이제 나는 혈과 육에게는 쓸개즙과 식초와 같은 교훈을 설교하려고 합니다. 이 교훈이 의로운 도덕가들은 이를 갈게 만들고 다른 사람들은 나가서 내가 도덕률폐기론자라고 떠들게 만들 것입니다. 그러나 이 교훈으로 인해서 다른 사람들이 마음으로 이 영광스러운 진리를 따르고 하나님의 능력과 은혜에 자신을 맡기는 일이 생긴다면, 그런 결과에 대해서 나는 별로 유감스럽게 생각하지 않을 것입니다. 하나님은 우리가 하나님께 모든 영광을 돌릴 준비가 되기 전에는 우리를 구원하시지 않을 것입니다.

첫째로, 나는 본문에 들어 있는 교훈을 자세히 설명할 것입니다. 둘째로는, 이 교훈의 힘과 진실함을 설명할 것입니다. 그리고 세 번째로, 성령님께 본문에서 이끌어낼 수 있는 실제적이고 유용한 교훈들을 적용시켜 주시기를 구할 것입니다.

1. 본문의 말씀을 자세히 설명하도록 하겠습니다.

"주 여호와의 말씀이니라 내가 이렇게 행함은 너희를 인함이 아닌 줄을 너희가 알리라." 인간의 구원을 위한 동기는 사람의 성품이나 조건에서 찾을 수 있지 않고 하나님의 가슴에서 찾을 수 있습니다. 두 종족이 하나님께 반란을 일으켰습니다. 한 종족은 천사이고, 다른 한 종족은 인간입니다. 천사들 가운데 한 무리가 지존하신 하나님께 반역하였을 때 공의가 신속히 그들을 제압하였습니다. 그들은 별이 총총한 하늘의 영역에서 쫓겨났습니다. 그래서 그 이후부터는 하나님의 진노의 큰 날까지 어둠 가운데서만 지내게 되었습니다. 그들에게는 아무런 자비가 베풀어지지 않았고 그들을 위해 어떤 희생 제사도 드려지지 않았습니다. 그들은 영원한 고통의 구덩이에 영원히 넘겨져서 희망도 없고 자비도 받지 못하였습니다. 지능의 서열에서 한참 열등한 인간 종족도 죄를 지었습니다. 아주 지독한 죄를 지었다고 나는 생각합니다. 하여튼 우리가 지금까지 들어온 인간의 죄들을 다 합해서 제대로 평가한다면 마귀의 죄들이라도 인간의 죄보다 훨씬 더 악하다고 말할 수 있을지 모르겠습니다. 그러나 천사들을 무한한 공의로 신속히 처리하여 그들이 지옥의 불 가운데서 자기 죄에 대해 영원히 벌을 받도록 하신 하나님께서 사람에 대해서는 너그럽게 보기를 기뻐하셨습니다.

여기에서 대규모의 선택이 있었습니다. 하나님께서 사람은 선택하시고 타락한 천사들은 버리셨습니다. 그렇게 하신 이유는 무엇이었습니까? 하나님의 마음속에 있는 그 이유는 우리가 알지 못하고, 혹시 알았다고 할지라도 이해할 수 없는 불가사의한 것이었습니다. 여러분과 내가 어느 쪽을 살려야 할지 선택을 하게 되었다면, 아마도 우리는 타락한 천사들이 구원을 받아야 한다고 선택했을 것이라고 생각합니다. 천사들은 아주 빛나는 존재들이 아닙니까? 천사들은 아주 대단한 지적인 능력을 갖고 있지 않습니까? 천사들이 구속을 받았다면, 내가 생각할 때 벌레 같은 우리를 구원하신 것보다 하나님을 더 영화롭게 하지 않았겠습니까? 빛나는 존재들, 곧 아침의 아들 루시퍼와 그의 종자로 활동했던 별들, 그들이 그리스도의 구속의 보혈로 씻음을 받았다면, 그들이 주권적인 자비로 구원을 받았다면, 그들이 지존하신 하나님, 영원하신 하나님께 얼마나 대단한 노래를 올려드렸겠습니까! 그러나 자기 원하시는 대로 자기 백성들을 대하시고 자신의 일들에 대해 아무 설명도 하시지 않는 하나님, 토기장이가 자기 점토를 다루듯이 자기의 피조물을 다루시는 하나님께서 천사들의 본성을 취하시지 않고 아브라함의 후손의 본성을 취하시고 사람들을 자비의 그릇으로 택하셨습니다. 이 사실은 우리가 압니다. 그러나 그렇게 하신 이유는 무엇입니까? 그 이유가 사람에게 있지 않은 것은 확실합니다. "내가 이렇게 행함은 너희를 인함이 아닌 줄을 너희가 알리라 이스라엘 족속아 너희 행위로 말미암아 부끄러워하고 한탄할지어다."

여기에 이의를 말하는 사람은 거의 없습니다. 하나님께서 사람들을 선택하셨고 타락한 천사들을 선택하시지 않았다는 점에 대해서 말할지라도 아무도 거기에 트집을 잡는 사람이 없는 것을 봅니다. 사람마다 자기가 칼빈주의에 따르면 망한 사람이라는 것을 느끼기 전에는 칼빈주의를 좋다고 인정합니다. 그러나 칼빈주의가 그의 뼈와 살을 건드리기 시작하면 그는 칼빈주의에 강하게 항의합니다. 자, 우리는 여기서 한 걸음 더 나가야 합니다. 이 사람은 구원을 받고 다른 사람은 구원을 받지 못하는 유일한 이유는 결코 구원받은 사람에게 있지 않고 하나님의 마음에 있습니다. 오늘 복음이 여러분에게는 전해지고 멀리 있는 이교도에게는 전해지지 않는 이유는 인종으로서 우리가 이교도보다 우수하기 때문이 아닙니다. 우리가 하나님의 손에서 더 보상을 받을 가치가 있기 때문이 아닙니다. 하나님께서 잉글랜드를 택하시고 외적인 은혜를 주신 것은 잉글랜드 민족이 우수하기 때문이 아니고 전적으로 하나님의 자비와 사랑 때문입니다. 우리가 다른 어떤 민족보다 더 많이 복음 전파를 듣게 되는 이유가 우리에게 있지 않습니다. 오늘 우리 가운데 복음을 받아들이고 복음에 의해 변화되며 빛과 영원의 상속자가 된 사람들이 있습니다. 그런가 하면 여전히 진노의 상속자로 남아 있는 사람들도 있습니다. 그러나 우리는 취함을 입고 다른 사람들은 버려져야 하는 이유가 우리에게 있지 않습니다.

"우리 안에는 존중할 만하거나
창조주를 기쁘시게 할 만한 것이 아무것도 없었습니다.
'바로 그렇습니다. 아버지여! 다만 그렇게 하는 것이 아버지의 눈에
선하게 보였기 때문입니다' 하고 우리는 노래하지 않을 수 없습니다."

이제 드디어 이 교훈을 살펴봅시다. 우리는 성경에서 다음의 사실을 배웁니다. 즉, 이 세상이 창조되기 훨씬 전에 하나님께서는 창조하시려고 하는 모든 피조물을 미리 알고 보셨습니다. 그리고 그때 인류가 죄에 빠져 하나님의 진노를 받을 것을 미리 아시고 독자적인 생각으로 인류 가운데 헤아릴 수 없이 많은 사람들을 자신의 자녀로 삼아 천국에 데려오시기로 작정하셨습니다. 그리고 나머지 인류에 대해서는 그들이 응분의 벌을 받도록 내버려 두셨다는 것입니다. 그런데 선택이라는 큰 결정에 있어서 하나님께서 자비의 그릇들을 선택하신 이유는 오직 하나님께서 그렇게 하시고자 하였기 때문이라는 것 외에 아무것도 없었던 것이 틀림없습니다. 그 자비의 그릇들 가운데 어느 누구에게도 하나님께서 그들을 택하시게 만들 만한 것이 아무것도 없었습니다. 우리 모두 다 같이 타락하였습니다. 타락으로 말미암아 모두 망하였습니다. 조금이라도 하나님의 자비를 받을 권리를 주장할 수 있는 사람은 아무도 없었습니다. 사실 모든 사람이 마땅히 하나님의 지극히 두려운 보복을 받을 만합니다. 하나님께서 누군가를 택하시거나 자기의 모든 백성을 택하신 일은 그들 속에 있는 어떤 점과 관련해서 생각하는 한, 아무 이유가 없었습니다. 그것은 하나님의 주권적인 뜻의 결과였습니다. 그 일에 관해서 하나님의 택함받은 자들은 아무것도 한 것이 없었고 할 수도 없었으며, 하려고 생각조차 하지 못하였습니다. "내가 이렇게 행함은 너희를 인함이 아닌 줄을 너희가 알리라 이스라엘 족속아!" 하고 성경이 말하고 있기 때문입니다.

이 선택의 결과로 때가 되어 그리스도께서 이 세상에 오셨고 아버지 하나님께서 택하신 모든 사람들을 자기 피를 값으로 주고 사셨습니다. 자, 그러니 여러분은 그리스도의 십자가로 오고 이 교훈을 마음에 간직하십시오. 그리스도께서 자기 생명을 자기 양들을 위한 대속물로 주신 이유는 오직 그리스도께서 자기 백성을 사랑하셨기 때문입니다. 그의 백성들에게는 그리스도께서 그들을 위하여 죽으시도록 만들 만한 것이 아무것도 없었습니다. 나는 오늘 아침 이리로 오면서, 만일 누군가가 우리에 대한 하나님의 사랑이 우리 안에 있는 어떤 것 때문이라고 생각한다면, 그것은 마치 사람이 대양의 원천을 찾으려고 우물 속을 들여다보는 것이고 알프스 산을 찾으려고 개미집을 파내는 것과 같은 일이라고 생각하였습니다. 하나님의 사랑은 지극히 광대하고 끝이 없고 무한하여서 여러분은 그 사랑이 우리 안에 있는 어떤 것 때문에 일어났을 것이라고 한 순간도 생각할 수 없습니다. 우리 안에 있는 작은 선이, 사실 우리에게는 선이 없습니다. 선한 것이 전혀 없습니다. 그런데 우리 안에 작은 선이 있다고 할지라도, 그 작은 선이 하나님께서 자기 백성에게 보이시는 그 무한하고 깊이를 헤아릴 수 없고 끝이 없으며 높이를 헤아릴 수 없는 그 사랑을 일으킬 수 없었습니다. 공로를 들먹이는 여러분, 십자가 아래 서십시오. 자신의 선한 행위를 자랑하는 여러분, 이 질문에 대답해 보십시오. 여러분은 생명과 영광의 주님께서 여러분의 공로 때문에 하늘에서 내려와 사람과 같이 되셨고 죽는 데까지 나아가실 수 있었다고 생각합니까? 하나님의 무한하신 사랑이 아니라 여러분의 공로라는 보잘것없고 무딘 창에 찔려 그 거룩한 몸이 피를 흘릴 수 있겠습니까? 여러분은 참으로 하찮은 여러분의 공로가 우리의 구속자를 십자가에 못 박고 그의 어깨를 숙여 세상 죄라는 거대한 짐을 지게 만들 만큼 효험이 있다고 생각합니까? 그런 생각은 도무지 할 수 없습니다. 여러분이 사실이라고 생각하는 것에 비할 때 그 결과는 너무도 커서 여러분의 논리는 당장에 무너지고 맙니다. 산호충이 많이 모여서 오랜 세월 동안 활동하면 바위를 만들 수 있다는 것은 여러분이 생각할 수 있는 일입니다. 그러나 만일 인류의 공로라는 것이 있다면, 인류의 공로를 다 쌓아 놓는다고 할지라도 그것이 영원하신 하나님을 그 위엄의 보좌에서 내려와 십자가의 죽음을 죽으시게 할 수 있었다고는 도무지 생각할 수 없는 일입니다. 그것은 생각이 깊은 사람이라면 누구나 불가능한 일이라는 것을 아주 분명히 알 수 있는 일입니다. 그런 일은 있을 수 없습니다. 십자가로부터 이 소리가 들립니다. "내가 이렇게 행함은 너희를 인함이 아닌 줄을 너희가 알리라 이스라엘 족속아."

다음으로, 그리스도의 죽으심 후에는 성령의 활동이 옵니다. 아버지 하나님께서 선택하시고 성자 하나님께서 구속하신 사람들을 때가 되면 성령께서 "어두운 데서 불러내어 그의 기이한 빛"에(벧전 2:9) 들어가게 하십니다. 성령의 부르심은 우리 안에 있는 공로와 전혀 상관이 없습니다. 오늘 성령께서 이 회중 가운데서 백 명을 불러내시고 그들을 죄의 상태에서 이끌어내어 의의 상태로 들어가게 하신다면, 여러분이 그들을 다 흩어서 여러분 앞으로 지나가도록 해보십시오. 그리고 여러분이 그들의 마음을 읽을 수 있다면 이렇게 말하지 않을 수 없을 것입니다. "성령께서 반드시 이 사람들에게 영향을 끼치셨어야 할 이유를 전혀 보지 못합니다. 이처럼 큰 은혜를 받을 수 있게 했을 만한 것을 아무것도 보지 못합니다. 성령의 활동과 감화를 이 사람들 안에서 일으키게 할 수 있을 만한 것을 전혀 보지 못합니다."

자, 여러분, 들어보십시오. 사람들은 본래 죄 가운데서 죽었다고 합니다. 성령께서 살리신다면, 그것은 죽은 사람들 안에 있는 어떤 능력이나 그들에게 있는 어떤 공로 때문일 수가 없습니다. 왜냐하면 사람들은 죽어서 죄의 무덤 속에서 부패하고 썩었기 때문입니다. 그렇다면 성령께서 "나와서 살아라"고 말씀하신다면, 그것은 마른 뼈 속에 있는 어떤 것 때문에 그렇게 말씀하시는 것이 아닙니다. 그것은 우리 안에 있는 어떤 이유 때문이 아니라 하나님 자신의 뜻 가운데 있는 어떤 이유 때문인 것이 틀림없습니다. 그러므로 형제자매 여러분, 여러분은 우리 모두가 같은 평면 위에 서 있다는 이 점을 아시기 바랍니다. 우리 가운데 아무도 자신이 하나님의 마음에 들게 할 수 있는 것이 없습니다. 따라서 성령께서 우리 마음속에서 활동하여 우리를 구원에 이르게 하기로 선택하실 것이라면 성령께서는 틀림없이 자신의 더할 수 없이 큰 사랑에 마음이 움직여 그 일을 하실 것입니다. 이는 성령께서 본래 우리 안에 있는 어떤 선한 의지나 선한 소원 혹은 선한 행실에 감동을 받아 그 일을 하실 수가 없기 때문입니다.

조금만 더 생각해 봅시다. 여기까지 효력이 있는 이 진리는 지금까지 내내 효력이 있습니다. 하나님의 백성들이 은혜로 부르심을 받은 후에는 그리스도 예수 안에서 보전됩니다. 그들은 "구원을 얻기 위하여 믿음으로 말미암아 하나님의 능력으로 보호하심을 받습니다"(벧전 1:5). 그들이 죄를 지어 영원한 기업에서 멀어지도록 내버려지지 않고, 시험이 올 때는 거기에 맞설 만한 힘을 받습니다. 그리고 죄로 인해 더러워지면 그들은 다시 씻음을 받고 새롭게 됩니다. 그런데 하나님께서 자기 백성을 보호하시는 이유는 하나님께서 그들을 자기 백성으로 삼으신 바로 그 이유, 곧 하나님 자신의 값없는 주권적인 이유라는 점에 유의하시기 바랍니다. 형제 여러분, 여러분이 시험을 받을 때에 거기에서 구원을 받았다면 잠시 멈추고 여러분이 자신을 인해서 구원받은 것이 아님을 기억하십시오. 여러분에게는 그 구원을 받을 만한 가치 있는 것이 아무것도 없었습니다. 여러분이 궁핍할 때 먹을 것과 필요한 것을 공급받았다면 그것은 여러분이 하나님의 종노릇을 충실히 하였기 때문이 아닙니다. 그것은 순전히, 전적으로 하나님의 자비 때문이었습니다. 하나님께서 여러분을 위하여 행하시는 것은 무엇이든지 여러분이 하나님을 위하여 행하는 것에 마음이 움직여서 하시는 것이 아닙니다. 하나님께서 여러분에게 복을 베푸시려는 동기는 전적으로 하나님의 깊은 마음속에 있습니다. 하나님께서 그의 백성을 지키실 것이니 하나님께 감사합시다.

> "죽음도 지옥도 하나님의 사랑하시는 자들을
> 하나님의 품에서 빼앗지 못할 것이네.
> 사랑하시는 하나님의 소중한 품에
> 그들이 영원히 안식할 것이네."

그런데 왜 그렇습니까? 그들이 거룩하기 때문입니까? 그들이 선한 행실로 하나님을 섬기기 때문입니까? 그렇지 않습니다. 다만 하나님께서 주권적인 은혜로 그들을 사랑하셨고 지금도 사랑하시며 또 영원히 사랑하실 것이기 때문입니다.

이제 본문에 대한 설명을 마무리짓도록 하겠습니다. 이 사실은 천국에서도 효력이 있을 것입니다. 피로 값 주고 사신 바 되었고 또 피로 씻음을 받은 하나님의 모든 자녀가 흰 옷을 입고 금으로 포장된 길을 걷는 날이 올 것입니다. 우리의 손은 즉시 종려나무 가지를 들 것이고 우리의 귀는 천상의 아름다운 곡조를 듣고 기뻐할 것이며, 우리 눈은 하나님의 영광의 황홀한 광경들을 볼 것입니다. 그러나 하나님께서 우리를 천국에 이르게 하실 유일한 이유는 우리가 그 복을 받을 만하였기 때문이 아니라 순전히 하나님 자신의 사랑 때문이라는 사실에 유의해야 합니다. 우리는 믿음의 싸움을 싸워야 합니다. 그러나 승리를 얻는 것은 우리가 싸우기 때문이 아닙니다. 우리가 일해야 하지만 그 날 마지막에 받는 삯은 빚이 아니라 은혜의 삯입니다. 우리는 하나님의 상급의 보상을 기대하면서 이 세상에서 하나님을 영화롭게 해야 합니다. 그러나 그 보상은 여러분이 받을 만한 일을 하였기 때문에 합법적인 근거에 주시는 것이 아닙니다. 그 보상은 순전히 하나님께서 우리를 사랑하셨기 때문에 주시는 것입니다. 우리에게는 그 보상을 받을 만한 이유가 하나도 없었기 때문입니다. 여러분과 내가 천국에 들어가면 그때 우리 각 사람이 부를 노래는 이것입니다. "영광을 우리에게 돌리지 마옵소서 우리에게 돌리지 마옵소서 오직 주의 이름에만 영광을 돌리소서"(시 115:1). 이것은 사실일 것입니다. 이것이 단순히 감사를 과장되게 표현하는 것이 아닐 것입니다. 이것은 사실일 것입니다. 우리는 이렇게 노래하지 않을 수 없을 것입니다. 이 외에 다른 어떤 것을 노래할 수 없을 것이기 때문입니다. 우리는 자신이 한 것이 아무것도 없고 또 자신이 아무것도 아니었으며, 하나님께서 그 모든 것을 행하셨음을 알게 될 것입니다. 그리고 우리 안에는 하나님께 그 일을 행하시도록 동기 부여를 할 만한 것이 아무것도 없고, 하나님의 동기는 하나님 자신에게만 있다는 것을 느끼게 될 것입니다. 그러므로 모든 영광을 영원히 하나님께만 돌리게 될 것입니다.

자, 나는 이것이 본문의 의미라고 생각합니다. 이 점이 대다수의 사람들에게, 심지어 오늘날 그리스도인이라고 하는 사람들 가운데 대다수에게는 불쾌한 얘기입니다. 이것은 소금을 많이 쳐야 하는 교훈입니다. 그렇지 않으면 이것을 받을 사람이 거의 없을 것입니다. 이 교훈은 그들에게 아주 맛이 없는 것입니다. 그러나 "사람은 다 거짓되되 오직 하나님은 참되시다 할지어다"(롬 3:4)라는 말씀은 여전히 유효합니다. 우리는 하나님의 진리를 전파해야 하고, 이 사실을 선포해야 합니다. 구원은 "사람에게서 나오지 않고 사람으로 말미암아 되지도 않으며 혈통으로나 육정으로 나지 아니하며"(요 1:13) 하나님의 주권적인 뜻에서, 오직 그 뜻에서만 나옵니다.

2. 이제 둘째로, 나는 본문 말씀을 예를 들어 설명하고 강조할 것입니다.

사람의 성품에 대해서 잠깐 생각해 봅시다. 사람의 성품을 생각해 보면 우리 마음이 겸손해질 것입니다. 사람의 성품은 이 진리가 옳다는 것을 증명하는 데 도움이 될 것입니다. 한 가지 예를 들어보겠습니다. 나는 범죄자로서 사람을 생각해보려고 합니다. 사람은 하나님 보시기에 범죄자인 것이 확실합니다. 내가 사람을 범죄자라고 한다고 해서 명예를 훼손하는 일이 되지 않을 것입니다. 중대한 범인이 마침내 죄가 밝혀져 뉴게이트(Newgate: 런던 서문에 있던 유명한 감옥으로 1902년 폐쇄됨 – 역주)에 갇혔다고 생각해 봅시다. 그는 대역죄와 살인, 반란, 온갖 부정을 저질렀습니다. 그는 국가의 모든 법을 다 어겼습니다. 도처에서 국민들이 소리칩니다. "이 사람은 죽여야 한다. 그를 법의 엄격함을 보여주는 본보기로 삼지 않는다면 법이 지켜질 수 없다. 칼을 공연히 차고 있지 않는 사람은 이때에 칼이 피 맛을 보게 해야 한다. 이 사람은 죽어야 한다. 그는 그렇게 당해도 싸다." 여러분은 그의 성품을 자세히 살펴보십시오. 명예를 회복할 만한 특징을 하나도 찾아볼 수 없을 것입니다. 그는 상습범입니다. 그는 아주 오랫동안 부정을 저질러 왔기 때문에 여러분은 이렇게 말하지 않을 수 없습니다. "이 사람의 경우는 절망적이다. 그의 범죄는 너무 악해서 우리가 그를 위해 변명의 말을 할 수가 없고, 해서도 안 될 것이다. 약삭빠른 궤변가라도 이 파렴치한 악한에 대해서는 무슨 핑곗거리를 고안해내거나 탄원할 수 있는 기대를 가질 수 없을 것이다. 그는 죽여야 한다!"

자, 생사여탈의 권한을 쥐고 있는 여왕 폐하께서 이 사람을 죽이지 않고 그의 목숨을 살려주기로 결정한다면, 여러분은 여왕 폐하의 마음을 움직여 이 사람을 살려두게 만들 수 있는 이유는 오직 여왕 폐하의 사랑뿐이고, 그의 동정심뿐임에 틀림없다는 것이 대낮처럼 분명하게 보이지 않습니까? 이미 앞에서 생각한 대로, 그 사람의 성품에는 자비를 구할 수 있을 만한 것이 아무것도 없고, 그 반대로 그의 성품 전체가 죄에 대해 앙갚음을 해줄 것을 큰 소리로 외치고 있기 때문입니다. 우리가 좋아하든 하지 않든 간에, 바로 이것이 우리 자신에 관한 진실입니다. 바로 이것이 하나님 앞에서 우리의 성품이고 위치입니다. 여러분, 여러분은 이 말이 듣기 싫고 불쾌해서 홱 돌아설 수도 있습니다. 그러나 이 자리에는 자신의 경험에 비추어 볼 때 이 말이 정말로 사실이라고 느끼는 분들이 있습니다. 그래서 그분들은 이 교훈을 온 신경을 기울여 들을 것입니다. 이것이 그들이 구원받을 수 있는 유일한 길이기 때문입니다.

여러분, 어쩌면 양심이 오늘 아침 여러분에게 여러분이 지금까지 너무도 가증스러운 죄를 범해왔기 때문에 여러분의 성품에는 희망의 빗줄기 하나도 들어갈 구멍이 없다고 말하고 있는지 모릅니다. 여러분은 그동안의 죄에 또 이 큰 죄를 더하였습니다. 즉, 여러분은 지존하신 하나님께 제멋대로 악하게 반항한 것입니다. 여러분이 죄의 목록에 나오는 모든 죄를 범하지 않았다면 그것은 하나님께서 섭리로 여러분의 손을 막으셨기 때문입니다. 여러분의 마음은 그 모든 죄를 범하고도 남을 만큼 검었습니다. 여러분은 자신의 악한 생각과 욕망이 더 이상 나아갈 수 없을 만큼 인간 죄악의 극치에까지 다다랐다는 것을 압니다. 죄가 여러분을 이기고 여러분의 머리를 넘어갔습니다.

여러분, 하나님께서 여러분을 구원하실 수 있는 유일한 근거는 하나님 자신의 사랑입니다. 하나님은 여러분이 구원받을 만하다는 점을 보아서는 여러분을 구원하실 수 없습니다. 여러분의 죄에 대해 댈 수 있는 핑곗거리가 없기 때문입니다. 주님의 귀하신 이름을 찬송합시다. 하나님께서 여러분 안에 있는 어떤 것도 의지하지 않고 자신의 주권적인 사랑과 무한한 은혜를 기초로 여러분을 구원하실 수 있는 이 길을 고안해내셨습니다.

나는 여러분이 뉴게이트로 돌아가서 이 범인을 다시 한 번 생각해 보시기 바랍니다. 이제 이 범인이 감옥에서 여왕 폐하의 방문을 받는다고 생각해 봅시다. 여왕 폐하가 그에게 가서 말합니다. "반역자, 역적, 살인자여, 내가 너를 마음으로 동정한다. 너는 동정받을 만한 가치가 없다. 하지만 나는 오늘 네게 네가 회개한다면 내게서 자비를 얻을 것이라고 말해 주러 왔다." 그런데 이 사람이 벌떡 일어나서 여왕 폐하에게 저주를 퍼붓는다고 생각해 봅시다. 이 자비의 천사에게 대놓고 악담을 하고 그 얼굴에 침을 뱉으며 벌 받을 소리를 하고 거침없이 저주를 퍼붓는다고 생각해 봅시다. 여왕 폐하는 그 자리를 물러나 갔습니다. 그러나 여왕은 동정심이 참으로 커서 다음 날 사자를 보내고 그 후로도 몇 날, 몇 주, 몇 달, 몇 해 동안 계속해서 사자들을 보냅니다. 그리고 사자들은 와서 말합니다. "네가 회개하면 너는 자비를 얻을 것이다. 그것은 네가 자비를 받을 만한 가치가 있어서가 아니라 여왕 폐하께서 동정심이 많으시기 때문이고, 너그러우신 마음으로 너의 구원을 원하시기 때문이다. 회개하겠느냐?" 그런데 이 사람이 그 사자에게 악담을 퍼붓고 귀를 막고 그의 전언을 듣지 않고 그에게 침을 뱉으며 자기는 그의 말에 아무 관심이 없다고 말한다고 생각해 보십시오. 아니면 이보다 조금 나은 경우를 생각해 봅시다. 그가 의자에 앉아 몸을 돌리며 이렇게 말한다고 생각해 봅시다. "나는 내가 교수형을 당하든지 않든지 관심이 없소. 다른 사람들과 운명을 같이할 거요. 나는 당신 얘기를 듣지 않겠소." 이보다 더 나쁜 경우를 생각해 봅시다. 그가 자리에서 일어나 이미 정죄받은 모든 죄들에 다시 빠지고 그의 목을 교수대의 밧줄에 걸리게 만든 바로 그 죄들에 다시 뛰어드는 것입니다.

자, 여왕 폐하께서 그와 같은 자에게 인정을 베풀려고 한다면 어떤 조건에서 그렇게 할 수 있겠습니까? 여러분은 이렇게 말할 것입니다. "여왕이 사랑에서 하지 않는 한 그렇게 할 수 없습니다. 그에게 어떤 공로가 있어서 인정을 베푸는 일은 있을 수 없습니다. 그처럼 짐승 같은 자는 죽어야 마땅하기 때문입니다." 그런데 여러분과 나는 본래 이와 같은 자가 아니고 무엇입니까? 회심하지 않은 여러분, 이것이 바로 여러분의 모습이 아니고 무엇이겠습니까? 하나님께서 친히 여러분의 양심을 찾아가시지 않았습니까? 하나님께서 여러분에게 이같이 말씀하시지 않았습니까? "죄인이여! 오라 우리가 서로 변론하자 너희의 죄가 진홍 같이 붉을지라도 양털 같이 희게 되리라"(사 1:18). 그런데 여러분은 어떻게 했습니까? 여러분은 귀를 틀어막고 양심의 소리를 듣지 않았습니다. 하나님께 악담을 퍼붓고 욕을 하였으며 하나님의 거룩한 이름을 모독하고 하나님의 말씀을 멸시하고 하나님의 사역자들에게 욕을 퍼부었습니다. 오늘 다시 하나님의 종이 눈물을 머금고 여러분에게 왔습니다. 그가 전하는 메시지는 이것입니다. "주 예수 그리스도를 믿으라 그리하면 네가 구원을 받으리라. 주 여호와의 말씀이니라 죽을 자가 죽는 것도 내가 기뻐하지 아니하노니 너희는 스스로 돌이키고 살지니라"(행 16:31; 사 18:32). 그러니 여러분은 어떻게 할 생각입니까? 여러분에게 맡겨두면, 여러분은 그 메시지를 비웃고 무시할 것입니다. 그 메시지는 우편 행낭을 멘 사람이 쏜 화살처럼 여러분을 스치고 지날 것입니다. 여러분은 나가서 전처럼 다시 하나님을 멸시할 것입니다.

그렇다면 하나님께서 여러분을 구원하시려고 한다면, 그런 일이 당신 때문에 일어날 수는 없습니다. 그것은 하나님의 무한한 사랑 때문에 된 일임에 틀림없습니다. 그 일은 다른 어떤 이유로 일어날 수 없습니다. 여러분은 그리스도를 거절하였고 그리스도의 복음을 멸시하며 예수님의 피를 짓밟았고 구원받기를 거부하였기 때문입니다. 하나님께서 지금 여러분을 구원하신다면, 그것은 값없는 은혜, 오직 값없는 은혜뿐임이 틀림없습니다.

뉴게이트에 갇혀 있는 이 죄인에 대해 조금 더 그려보도록 하겠습니다. 죄에 죄를 더하고 자신에 대한 자비를 거부한 것에 만족하지 않고 이 비열한 사람은 다른 사람들이 감금되어 있는 교도소 방들을 부지런히 돌아다니며 그들도 마음을 완고하게 하여 여왕 폐하의 자비를 거부하도록 부추깁니다. 그는 자기에게 동조하는 사람을 거의 찾을 수 없습니다. 하지만 그는 마음속의 불경스러운 말로 자신을 더럽히기 시작합니다. 그는 자기에게 인정을 베푸는 폐하에게 모욕적인 말을 하고, 다른 사람들도 자기처럼 천하게 만들려고 애씁니다. 자, 공의가 무엇이라고 말하겠습니까? 이 사람이 자기 죄 때문에 죽지 않는다고 할지라도 그는 다른 사람들을 위해서 죽어야 합니다. 그가 용서를 받는다면, 그가 그의 안에 있는 어떤 이유 때문에 용서받을 수 없다는 것은 지극히 명백한 사실이 아닙니까? 그것은 여왕 폐하의 억누를 수 없는 동정심 때문인 것이 틀림없습니다. 이제 여기 계시는 여러분을 보십시오. 이것이 이 자리에 참석한 어떤 분들에게 해당되는 이야기가 아닙니까? 여러분 스스로 죄를 지을 뿐만 아니라 또한 다른 사람들을 죄짓도록 인도합니다. 나는 하나님께서 처음으로 나를 당신에게로 부르셨을 때, 내가 다른 사람들을 시험에 빠지게 만들었다는 이것이 내게 재앙이자 고민거리 중의 하나였음을 압니다. 이 자리에 다른 사람들에게 하나님의 이름을 대며 욕하도록 가르친 분들이 없습니까? 이 자리에 자녀들의 영혼을 망하게 만드는 일을 도운 아버지들이 없습니까? 여러분 가운데 치명적인 유퍼스 나무(Upas tree: 채취한 수액이 독화살 만드는데 쓰임 – 역주)와 같은 사람들이 없습니까? 여러분은 가지를 길게 뻗고, 모든 잎사귀에서 그 밑에 오는 사람들에게 독을 떨어트립니다. 이 자리에 정숙한 사람들을 유혹하고, 경건해 보이는 사람들을 나쁜 길로 인도하며, 그리고 어쩌면 마음이 아주 완악해서 그런 일을 자랑하기까지 하는 사람들은 없습니까? 스스로 벌 받는 것도 모자라 여러분은 다른 사람들도 지옥으로 데려가려고 애쓰고 있습니다. 하나님과 반목하고 있는 것도 충분하지 않다고 생각하여 여러분은 사탄을 흉내 내어 다른 사람들도 함께 끌고 가려고 합니다. 여러분, 이것이 여러분의 경우가 아닙니까? 여러분의 마음이 솔직히 그렇다고 말하지 않습니까? 여러분의 뺨에 눈물이 흐르지 않습니까? 그렇다면 이것이 틀림없는 사실이라는 점을 기억하십시오. 하나님께서 여러분을 구원하신다면 그것은 하나님이 그렇게 하기를 원하시기 때문임에 틀림없습니다. 여러분에게 있는 선한 어떤 것 때문에 그런 일이 있을 수는 없습니다. 여러분은 죽어 마땅한 사람이기 때문입니다. 하나님께서 여러분에게 자비를 베푸신다면 그것은 주권적인 사랑이요 주권적인 은혜임에 틀림없습니다.

한 가지 예만 더 들겠습니다. 그러면 본문의 의미를 충분히 명백하게 설명할 수 있을 것이라 생각합니다. 거기에는 검은 색과 더 짙은 검은 색 사이의 차이가 있다기보다는 완전히 흰 색과 검은 색의 차이가 있다고 할 수 있습니다. 사람은 누구나 그 차이를 알 수 있습니다. 거기에는 사람과 마귀 사이의 차이가 있다기보다는 하나님과 사람 사이의 차이가 있습니다. 마귀는 더 짙은 검은 색에 지나지 않습니다. 우리의 죄와 사탄의 죄 사이에 큰 차이가 있을 수 있지만 그럴지라도 하나님의 완전하심과 사람의 결함 사이의 차이만큼 크지는 않습니다. 아프리카 어딘가에 살아 있는 악마의 종족이 있는데, 반드시 그들을 덮칠 다가오는 하나님의 진노로부터 그들을 구원할 수 있는 힘이 여러분과 내게 있다고 잠시 한 번 생각해 봅시다. 여러분이나 내가 거기에 가서 그 악마들을 구하기 위해 죽는다면 우리가 무슨 동기에서 그렇게 할 수 있겠습니까? 우리가 마귀의 성품을 알고 있기 때문에 우리로 그렇게 하도록 만들 수 있는 동기는 분명 사랑밖에 없습니다. 다른 어떤 동기가 있을 수 없습니다. 우리가 이런 악마들을 기꺼이 맞아들일 수 있는 것은 순전히 우리에게 그처럼 넓은 마음이 있다는 이유밖에 없습니다. 자, 여기에는 사람과 마귀 사이의 차이가 있다기보다는 하나님과 사람 사이의 차이가 있는 것입니다. 사람이 마귀를 구원하도록 만들 수 있는 유일한 동기가 사람의 사랑밖에 없는 것이 틀림없다면, 하나님께서 사람을 구원하도록 만드실 수 있는 유일한 동기는 하나님 자신의 사랑밖에 없다는 것이 누구나 인정할 수밖에 없는 당연한 추론이 아닙니까? 어쨌든 그 이유가 설득력이 없다고 할지라도 다음의 사실은 분명합니다. "주 여호와의 말씀이니라 내가 이렇게 행함은 너희를 인함이 아닌 줄을 너희가 알리라." 하나님은 우리가 타락하였고 악하고 불의하며 하나님의 진노를 받아 마땅한 존재임을 아십니다. 하나님께서 우리를 구원하신다면 그것은 하나님께서 그렇게 하시도록 이끄는 깊이를 헤아릴 수 없는 하나님의 무한한 사랑인 것입니다. 우리 안에 있는 그 어떤 것도 아닙니다.

3. 자, 이렇게 해서 지금까지 이 교훈을 설명하였으니, 이제는 이 교훈의 매우 진지한 실제적 적용을 생각해 봅시다.

성령 하나님께서 내가 여러분의 마음을 잘 다룰 수 있도록 도와주시기를 바랍니다! 첫째로, 이 교훈은 사실이기 때문에 그리스도인은 참으로 겸손해야 마땅합니다. 여러분이 구원을 받을지라도 그 일과 관련해서 여러분은 아무것도 한 일이 없습니다. 하나님이 그 일을 하셨습니다. 여러분이 구원을 받을지라도 여러분은 구원을 받을 만한 가치가 없었습니다. 여러분이 받은 것은 여러분에게는 전혀 받을 자격이 없는 과분한 자비입니다. 때때로 나는 타락한 사람들이 자기를 도와준 사람에게 감사하는 것을 보았을 때 기뻤습니다. 대피소를 방문했던 생각이 납니다. 거기에 오랫동안 죄에 빠져 생활했던 불쌍한 처녀가 있었습니다. 그녀는 전도 단체가 와서 자기를 알아보고 친절하게 말을 걸어주며 기독교 목사가 자기 영혼의 유익을 위해 애를 태우는 것을 보고서 마음이 무너졌습니다. 하나님의 사람이 자기에게 관심을 가져야 할 이유가 무엇이 있겠습니까? 그녀는 아주 천하게 살았습니다. 그런데 어떻게 그리스도인이 자기에게 말을 걸 수 있단 말입니까? 아, 그렇다면 그 생각이 우리 마음에서는 얼마나 더 일어나야 하겠습니까? 하나님이여, 나는 그동안 하나님께 반역하며 살았는데, 하나님께서 나를, 무가치한 나를 사랑하셨습니다! 어떻게 이런 일이 있을 수 있습니까? 나는 교만한 마음으로 우쭐할 수 없고, 말할 수 없는 감사의 심정으로 하나님 앞에 엎드리지 않을 수 없습니다.

사랑하는 형제 여러분, 여러분과 내가 받은 그 자비는 우리에게 받을 자격이 없는 것일 뿐만 아니라 또한 우리가 구하지도 않은 것입니다. 여러분이 자비를 구한 것이 사실이지만 그러기 전에 먼저 자비가 여러분을 찾은 것입니다. 여러분이 기도한 것이 사실이지만 그러기 전에 먼저 값없는 은혜가 여러분이 기도하도록 만든 것입니다. 하나님이 없었다면 그리스도가 없었다면, 값없는 은혜가 여러분을 구원하지 않았다면 여러분은 오늘까지 마음이 완고한 상태로 있었을 것입니다. 그런데 여러분이 자랑할 수 있습니까? 이런 표현을 쓸 수 있다면, 여러분에게 억지로 떠안긴 자비를 자랑할 수 있습니까? 여러분의 의지가 주권적인 은혜에 의해 변하기 전에는 여러분이 받기를 원치 않았던 은혜를 자랑할 수 있습니까? 다시 한 번 생각해 보십시오. 여러분에게 있는 모든 자비는 한때 여러분이 거부하였던 것입니다. 그리스도께서 여러분과 교제하십니다. 주님의 교제를 인해 우쭐해 하지 마십시오. 주님께서 문을 두드리셨으나 여러분이 거절한 때가 있었다는 것을 잊지 마십시오. 주님께서 문에 오셔서 말씀하셨습니다. "나의 완전한 자야 문을 열어 다오 내 머리에는 이슬이, 내 머리털에는 밤이슬이 가득하였다"(아 5:2). 여러분은 주님의 면전에서 문을 닫고 주님을 들여보내려고 하지 않았습니다. 여러분이 한때 주님을 거절한 것을 기억한다면 여러분이 갖고 있는 것을 자랑하지 마십시오. 하나님께서 사랑의 팔로 여러분을 안으십니까? 이전에 여러분이 하나님께 반항의 손을 들었던 것을 기억하십시오. 여러분의 이름이 하나님의 책에 기록되어 있습니까? 하나님의 책이 여러분의 수중에 있었다면 여러분의 구원이 담긴 몇 줄을 지워버렸을 때가 있었습니다. 이 모든 사실을 생각하면 우리가 아주 깊은 부끄러움에 고개를 숙이지 않을 수 없는데, 우리가 교만한 마음으로 악한 머리를 꼿꼿이 들 수 있겠습니까? 이것이 우리가 배워야 할 한 가지 교훈입니다. 이제 다른 교훈을 배우도록 합시다.

이 교훈은 사실입니다. 그러므로 이것은 아주 크게 감사해야 하는 주제입니다. 어제 본문에 대해 묵상하였을 때 얻은 효과는 말할 수 없는 기쁨이었습니다. 아, 내가 다른 어떤 조건으로 구원받을 수 있었을까에 대해 생각해 보았습니다. 내 자신의 과거 상태를 돌아보았습니다. 나는 자신이 신앙적으로 훈련을 받고 교육도 받았지만 그 모든 것에 반감을 품었다는 것을 알았습니다. 나를 위해 흘린 어머니의 눈물이 헛되지 않았고 아버지의 권고가 내게 쓸데없지 않았다는 것을 알았습니다. 그렇지만 내가 은혜로 구원받았다는 것을 발견하였고, 그래서 이렇게 말하지 않을 수 없었습니다. "주님, 구원이 은혜로 말미암아 된 것에 감사드립니다. 구원이 공로에 의해서 이루어졌다면 나는 결코 구원받지 못했습니다. 주님께서 내 안에 선한 것이 나올 때까지 기다리셨다면 주님은 내가 절망적인 지옥의 파멸에 떨어지기까지 기다리셨을 것입니다. 주님께서 사람에게 먼저 선한 것을 넣어주시기 전에는 사람에게 선한 것이 결코 없을 것이기 때문입니다." 그때 즉각적으로 이런 생각이 들었습니다. "아, 어떻게 내가 저 불쌍한 죄인에게 가서 그 사실을 전할 수 있을까!" 아, 내가 할 수 없지만 일단 해보겠습니다.

죄인이여! 그대는 자신을 자랑할 만한 것이 아무것도 없기 때문에 그리스도께 감히 올 수 없다고 말합니다. 주님은 여러분에게 자랑할 만한 것을 원하시지 않습니다. 여러분에게 자랑할 만한 것이 있다면 주님은 여러분을 구원하시지 않을 것입니다. 주님은 "내가 이렇게 행함은 너희를 인함이 아니라"고 말씀하십니다. 귀걸이를 달고 보석으로 치장하며 얼굴을 씻고 은금으로 꾸미고 그리스도께 가서 이렇게 말하십시오. "주여, 저를 구원하소서. 제가 얼굴을 씻고 옷을 입고 왔으니, 저를 구원하소서!" 주님께서 말씀하실 것입니다. "너는 물러가라! 내가 이렇게 행함은 너를 인함이 아니라." 여러분은 다시 주님께 가서 이렇게 말해 보십시오. "주님, 제가 밧줄을 목에 걸고 허리에 베옷을 걸쳤습니다. 제가 얼마나 후회하는지, 제가 얼마나 제 결핍을 느끼는지 보십시오. 이제 저를 구원하소서!" 그러면 주님께서 이렇게 말씀하십니다. "아니다. 나는 너의 눈부신 옷 때문에 너를 구원하려고 하지 않았는데, 지금은 너의 누더기 때문에 너를 구원하지도 않을 것이다. 나는 네게 있는 아무것도 보지 않고 너를 구원할 것이다. 내가 정말로 너를 구원한다면 그것은 네가 느끼는 무엇 때문이 아니라 내 안에 있는 것 때문일 것이다. 물러가거라!"

그러나 오늘 여러분이 그리스도께 가서 이렇게 말해 보십시오. "주 예수님, 내가 구원받아야 마땅한 이유는 이 세상에 단 한 가지도 없습니다. 그 이유는 하늘에 있습니다. 주님, 저는 어떤 청원도 낼 수 없습니다. 저는 망해야 마땅한 자입니다. 저는 제 모든 죄에 대해 아무 핑계를 댈 수 없고 어떤 변명도 내놓을 수 없습니다. 주님, 저는 망해야 마땅한 자입니다. 제 안에는 제가 구원받아야 할 이유가 아무것도 없습니다. 주님께서 저를 구원하신다고 할지라도 결국 저는 보잘것없는 그리스도인밖에 되지 못할 것입니다. 저는 저의 장래 행실이 주님께 명예가 되지 못할까봐 걱정입니다. 제 행실이 주님께 명예가 될 수 있기를 바라지만, 주님께서 은혜로 제 행실을 선하게 만드셔야 합니다. 그렇지 않으면 제 행실은 여전히 나쁠 것입니다. 그러나 주님, 제가 가져올 것이 아무것도 없고 내 자신을 위해 말씀드릴 것도 하나 없지만 이것은 말씀드립니다. 즉, 주께서 죄인들을 구원하기 위해 이 세상에 오셨다는 것을 들었습니다. 주여, 저를 구원하소서! '저는 죄인 가운데 괴수입니다.' 솔직히 말씀드리자면 저는 제가 마땅히 알아야 할 대로 다 이 사실을 알지 못하고, 마땅히 슬퍼해야 할 대로 다 슬퍼하지 못합니다. 저는 주님께서 저를 기쁘게 보시게 할 만한 회개를 하지 못하고, 저를 기쁘게 여기시게 할 만한 믿음도 없습니다. 저는 마땅히 믿어야 할 대로 주님의 약속을 온전히 믿지 못하기 때문입니다. 그러나 저는 본문의 말씀을 붙듭니다. 주여, 주께서는 저를 인해서 이 일을 하시지 않을 것이라고 말씀하셨습니다. 주님께서 그렇게 말씀해 주신 것이 감사합니다. 주님께서 저를 인해서는 그 일을 하실 수 없었습니다. 제게는 주께서 그 일을 하셔야 할 이유가 아무것도 없기 때문입니다. 주님, 저는 주께서 그 은혜로운 약속을 지켜 주시기를 주장합니다. '하나님이여 불쌍히 여기소서 나는 죄인이로소이다'"(눅 18:13).

아, 여러분, 이 교리가 여러분 가운데 있는 어떤 분들에게는 적합한 것이 아닙니까? 이것은 사람을 참으로 겸손하게 만드는 교리이지 않습니까? 교회를 꾸준히 다녔고 기도회에도 아주 열심히 참석한 여러분, 안식일을 한 번도 어기지 않았고 하나님의 이름을 대며 욕하지도 않았으며 잘못된 일은 하나도 행하지 않은 여러분, 이 교리가 여러분에게 해당되지 않지 않습니까? 여러분은 이 교리는 창기와 술주정뱅이, 욕하는 사람들에게나 전해야 아주 어울리고, 우리같이 훌륭한 사람들에게는 적합하지 않을 것이라고 말합니다. 아, 여러분이 제시하는 본문은 이 말씀일 것입니다. "내가 의인을 부르러 온 것이 아니요 죄인을 불러 회개시키러 왔노라"(눅 5:32). 그런데 여러분은 "건강합니다." 예, 여러분은 건강한 사람입니다. "건강한 자에게는 의사가 쓸 데 없고 병든 자에게라야 쓸 데 있느니라"(5:31). 그러니 여러분은 가십시오. 그리스도께서는 여러분 같은 사람들을 구원하기 위해 오시지 않았습니다. 여러분은 스스로를 구원할 수 있다고 생각합니다. 그렇게 하십시오. 그리고 그렇게 하다가 멸망하십시오. 그러나 나는 창기에게 해당되는 이 복음이 나에게 해당되고, 다소의 사울을 구원한 그 값없는 은혜가 나를 구원해야 하고, 그렇지 않으면 나는 구원을 받지 못한다는 것을 압니다. 자, 우리 모두 함께 갑시다. 우리 모두 죄인입니다. 어떤 사람은 조금 더 죄를 지었고 또 어떤 사람들은 조금 덜 죄를 지었습니다. 그러나 우리 모두 절망적인 죄인들입니다. 우리 다 같이 하나님의 자비의 발 앞에 갑시다. 우리가 감히 쳐다보지 못할지라도 티끌 가운데 엎드려서 크게 탄식하며 다시 한 번 말합시다. "주님 예수께서 죽으셨으니 우리를 불쌍히 여기소서."

"아무 변명 하지 않고 제 모습 이대로 갑니다.
주의 보혈 나를 위해 흘리셨고
주께로 오라고 명령하시니
하나님의 어린 양이시여, 제가 갑니다. 제가 갑니다."

죄인이여, 이제 오십시오. 여러분께 권하니, 지금 오십시오. 여러분에게 간절히 청하니, 지금 오십시오. 살아계신 하나님의 영이시여, 지금 저들을 이끌어 주소서! 연약하기 짝이 없는 이 말을 쓰셔서 영혼들을 그리스도께로 이끌어 주시기 바랍니다. 여러분은 또다시 내 주님을 거절하시겠습니까? 여러분은 다시 한 번 마음을 완고하게 먹고 이 집을 나가시겠습니까? 여러분이 오늘 마음속에 일어난 이런 느낌을 이후에는 갖지 못할 수가 있습니다. 자, 와서 주님의 자비를 받으십시오. 기꺼이 목을 숙여 주님의 멍에를 메십시오. 그러면 여러분이 나가서 주님의 신실한 사랑을 맛볼 것이고, 마지막에는 하늘에서 구속받은 자들의 노래를 부를 것입니다. "우리를 사랑하사 그의 피로 우리 죄를 씻으신 그에게 영광과 능력이 세세토록 있기를 원하노라 아멘"(계 1:5,6).

"크고 영원하신 예수시여,
주는 높고 강한 평강의 왕이십니다.
주님의 기사들이 주의 은혜로운 큰 일들에서
아주 찬란히 빛납니다.

주의 귀한 복음은 조건들을 비웃고
공기처럼 값없는 구원을 속삭이며
죄책과 모든 절망을 좌절시키고
승리를 거둔 자비를 내쉴 뿐입니다.

복음의 장엄함이여,
복음은 죄 씻는 보혈을 아름답게 전합니다.
구주님의 동정심을 보여주고
하나님의 애정 어린 마음도 보여줍니다.
영원한 사랑을 이야기하고
지극히 풍성한 은혜를 소리 높여 전하며
생명과 사죄와
온전한 구속과 영원한 평안만을 이야기할 뿐입니다."

제
21
장
—

여호와께 구하라

—

"주 여호와께서 이같이 말씀하셨느니라 그래도 이스라엘 족속이 이같이 자기들에게 이루어 주기를 내게 구하여야 할지라 내가 그들의 수효를 양 떼 같이 많아지게 하되 제사 드릴 양 떼 곧 예루살렘이 정한 절기의 양 무리 같이 황폐한 성읍을 사람의 떼로 채우리라 그리한즉 그들이 나를 여호와인 줄 알리라 하셨느니라." — 겔 36:37,38

수가 늘어나는 것은 아주 고대로부터 복으로 간주된 일입니다. 인간에게 선언된 최초의 축복이 바로 이 복이었습니다. 창세기 첫 장에서 이 말씀을 읽기 때문입니다. "하나님이 그들에게 복을 주시며 하나님이 그들에게 이르시되 생육하고 번성하여 땅에 충만하라"(1:28). 하나님께서 그의 종 노아를 받아들이시고 그와 언약을 맺으실 때 다시 한번 이 복이 선언되었습니다. 우리는 창세기 9장에서 이 말씀을 읽습니다. "하나님이 노아와 그 아들들에게 복을 주시며 그들에게 이르시되 생육하고 번성하여 땅에 충만하라"(9:1). 또한 이 복은 믿음 있는 아브라함에게 약속된 복의 중요한 부분을 구성하였습니다. 창세기 22:17과 그 밖의 여러 곳에서 우리는 그러한 취지의 말씀들을 읽습니다. "내가 네게 큰 복을 주고 네 씨가 크게 번성하여 하늘의 별과 같고 바닷가의 모래와 같게 하리니 네 씨가 그 대적의 성문을 차지하리라." 이것은 하나님의 택하신 백성들의 복이었습니다. 바로의 온갖 악의도 꺾을 수 없었던 복이었습니다. 이스라엘 백성은 학대를 받으면 받을수록 그만큼 더 번성하였기 때문입니다. 다윗은 시편 107편에서 같은 표현을 사용합니다. "여호와께서 또 복을 주사 그들이 크게 번성하게 하시도다"(107:38). 이렇게 가족과 민족의 수가 늘어나는 것이 고대로부터 하나님의 은총의 표시로 간주되었던 것이 확실합니다.

영적인 의미에서 이것은 하나님의 교회의 복입니다. 교회에 성령의 능력이 임하면 교회가 도처에서 수가 불어납니다. 거대한 인구 가운데 있는 교회가 수가 늘어나지 않고 있거나 심지어 더 줄어들면, 아무도 그러한 상태를 하나님의 복의 표시로 보지 못할 것입니다. 만일 그것을 복이라고 한다면 그것은 확실히 새로운 축복이 될 것입니다. 첫 번째 복, 곧 오순절의 복은 그 결과로 결국 하루에 교회에 삼천 명이 더하여졌고, 후에는 이 말씀을 보기 때문입니다. "주께서 구원 받는 사람을 날마다 더하게 하시니라"(행 2:47). 우리는 사도행전에서 이러한 말씀을 읽습니다. "교회가 주를 경외함과 성령의 위로로 진행하여 수가 더 많아지니라"(9:31). 이와 같이 주께서 자기 백성들과 함께 계셨던 초대교회 시절 이래로 하나님 백성들의 수가 늘어났고, 그 자녀들이 풀밭에 있는 것처럼, 물가에 있는 버드나무처럼 무성하게 일어났습니다. 하나님의 백성들이 "수가 줄어들고 낮추어졌을"(시 107:39) 때가 있었는데, 그것은 그들이 진리를 떠나거나 첫 사랑을 잃었기 때문이었습니다. 복음 증거의 명료함이 희미해졌고, 영성은 쇠퇴하였으며 성령님이 무시당하였습니다. 하나님께서도 활동을 중지하셨고, 그러자 교회가 쇠하여져서 마침내는 겨우 살았다는 이름만 유지하는 상태에 이르게 되었습니다. 그러나 하나님께서 교회에 돌아오시자 곧바로 교회는 자식을 많이 낳은 어머니가 되었고, 그 자녀들은 "이곳이 내게 좁으니 넓혀서 내가 거주하게 하라"(사 49:20)고 소리쳤습니다. 주님께서 복음이 능력 있게 전파되도록 하시자 회심자들이 이슬방울들처럼, 바닷가 모래처럼 헤아릴 수 없이 많아졌습니다. 교회로서 우리가 마음을 다해 구해야 하는 복들 가운데 하나가 계속해서 수가 늘어나는 것임이 분명합니다. 하나님의 교회 전체는 영적인 후손이 매일 불어나기를 구해야 합니다.

본문에 그 약속이 있지만, 그 약속에 이 조건이 붙어 있습니다. "이스라엘 족속이 이같이 자기들에게 이루어 주기를 내게 구하여야 할지라 내가 그들의 수효를 양 떼 같이 많아지게 하리라." 진실한 그리스도인이라면 누구나 교회가 늘어나는 것을 보기 원합니다. 하여튼, 나는 스스로 그리스도인이라고 생각하면서 그런 바람이 전혀 없는 사람을 딱하게 여기지 않을 수 없습니다. "온 땅에 그의 영광이 충만할지어다"(시 72:19)라는 것은 하나님의 모든 자녀의 자연스런 열망입니다. 누구든지 자기가 하나님의 자녀라는 생각을 확실히 가졌으면서도 하나님의 영광이 많은 사람들의 회심으로 말미암아 나타나는 것을 보고 싶어 하지 않는다면, 나는 그의 마음과 지식의 상태를 딱하게 여깁니다. 나는 우리 모두가 선교사의 마음이 있다고 믿습니다. 우리 모두는 하나님의 나라가 도래하고, 시온에서 회심자들이 많아지는 것을 간절히 보고자 합니다. 그러나 하나님께서는 우리의 소원을 허락하시는 일에 우리가 그 일을 위해 기도해야 한다는 조건을 다셨습니다. 우리는 호소하고 구해야 합니다. 그렇지 않으면 수가 늘어나도록 허락해 주시지 않을 것입니다.

왜 하나님께서는 기도를 복을 받는데 필요한 준비 행위로 삼으셨습니까? 하나님께서는 우리 영혼에 큰 자비를 베푸실 때 그렇게 하셨습니다. 하나님은 기도를 많이 하는 것이 우리에게 참으로 유익하다는 것을 아십니다. 하나님은 우리가 하나님께 가까이 가는 것을 쉬운 일로 만드십니다. 하나님은 우리에게 시은좌로 가까이 갈 수 있는 많은 이유들을 제공해 주시고, 자주 청원할 근거로 사용할 수 있는 용건들을 주십니다. 사람이 어떤 집의 문을 두드릴 때, 할 일이 있는 것은 좋은 일입니다. 그러면 사람이 대담하게 문을 두드릴 수 있기 때문입니다. 문지기가 문을 열고 "무슨 일로 여기에 왔습니까?" 하고 물으면 우리는 "중요한 용건이 있어서 왔습니다" 하고 대답할 수가 있습니다. 하나님은 자기 백성들과 교제하기를 좋아하시기 때문에 그들에게 하나님께 오지 않으면 안 되는 용건들을 주시는 데 마음을 쓰십니다. 우리는 자비의 문에서 질문을 받을 것인데, "여기서 뭐하느냐?"는 엄한 질문을 받을 것을 무서워할 필요가 없습니다. 우리에게는 기도할 이유가 언제나 있기 때문입니다. 우리가 시은좌에서 약속을 들어 호소하기 전에는 약속이 우리에게 허락되지 않기 때문에 정말로 모든 약속은 기도의 이유가 되기 때문입니다.

더욱이 내가 이렇게 말할 수 있다면, 하나님께서 우리에게 복을 받기 위해 간청하게 함으로써 기도하지 않을 수 없게 만드셨는데, 이는 우리에게 자비를 베푸시는 처사입니다. 우리는 기도해야 합니다. 기도하지 않으면 복을 받지 못합니다. 그러므로 우리는 필요한 것들이 생기면 시은좌로 가게 됩니다. 은혜를 별로 받지 못하고 또 매우 현세적이어서 당장에 기도에 확실한 즐거움을 거의 느끼지 못할 수 있을지라도 우리는 기도해야 합니다. 절박한 필요로부터 거룩한 충동이 우리에게 일어납니다. 그때 우리는 하나님께서 우리에게 하나님께 갈 이유들을 주시는 것에 대해서, 우리에게 그 점을 아주 강조해서 하나님께 가까이 가지 않을 수 없게 되는 것에 대해서 감사합니다. 교회가 늘어나야 하겠다는 바람, 이미 앞에서 말하였듯이, 하나님의 모든 자녀의 가슴에 있는 그 바람을 우리가 간절하고 효력 있는 기도를 하도록 부추기는 강력한 추진력으로 삼읍시다. 우리가 이렇게 해서 기도를 하게 되면 교회가 크게 늘어날 것이기 때문입니다.

이것이 오늘 아침 설교의 목적입니다. 은혜와 간구의 영이시여, 우리에게 임하시어 우리가 기도의 영에 흠뻑 젖도록 하여 주옵소서. 본문에 대해서 다음 몇 가지를 말하겠습니다. 첫째로 생각할 것은 이것입니다. 왜 우리는 본문이 말하는 그 질문을 깨달아야 합니까? "이같이 자기들에게 이루어 주기를 내게 구하여야 할지라." 다음에 생각할 점은 이것입니다. 이러한 의무를 어떻게 수행해야 합니까? 본문의 말씀이 우리에게 지침을 제공해 줄 것입니다. 셋째로, 생각할 점입니다. 그리스도인이 하나님의 손에 복을 구하는 일에 형제들과 함께 하는 의무에서 면제될 수 있는 어떤 근거가 있습니까?

1. 왜 우리는 여호와의 손에 이것을 구하는 의무를 깨달아야 합니까?

내가 이 점을 묻는 것은 여러분 가운데 많은 분들에게 기도의 필요성에 대한 교훈이 필요하다고 생각하기 때문이 아닙니다. 그보다는 이 점을 기억하게 함으로써 여러분의 순전한 마음을 일깨우는 것이 좋겠다고 생각하기 때문입니다. 내가 여러분에게 제시할 첫 번째 이유는 이것입니다. 즉, 하나님의 손에 구하도록 허락을 받는 것이 대단한 특전이라는 것입니다. 여러분이 이 예언서 20장 3절을 읽어 보면 이 사실을 아주 생생하게 볼 수 있을 것입니다. "인자야 이스라엘 장로들에게 말하여 이르라 주 여호와께서 이렇게 말씀하셨느니라 너희가 내게 물으려고 왔느냐 내가 나의 목숨을 걸고 맹세하거니와 너희가 내게 묻기를 내가 용납하지 아니하리라 주 여호와의 말씀이니라." 31절도 봅시다. "너희가 또 너희 아들을 화제로 삼아 불 가운데로 지나게 하며 오늘까지 너희 자신을 우상들로 말미암아 더럽히느냐 이스라엘 족속아 너희가 내게 묻기를 내가 용납하겠느냐 주 여호와의 말씀이니라 내가 나의 삶을 두고 맹세하노니 너희가 내게 묻기를 내가 용납하지 아니하리라."

하나님을 뵙는 것을 거부당하는 일은 참으로 심각한 저주입니다! 하나님께서 기도의 문을 닫아버리고 이렇게 선언하시면 그것은 참으로 두려운 형벌입니다. "너희가 내게 묻기를 내가 용납하지 아니하리라 너희가 손을 펼 때에 내가 내 눈을 너희에게서 가리고 너희가 많이 기도할지라도 내가 듣지 아니하리라"(겔 20:3; 사 1:15). 사람들이 그런 죄의 상태, 곧 고의로 하나님에게서 멀어지고 하나님의 명령에 불순종하므로 하나님께서 "너희가 내게 묻기를 내가 용납하지 아니하리라"고 말씀하시는 그런 상태에 빠질 수가 있습니다. 내가 여기 서서 다음과 같이 말하는 것이 나의 고통스러운 의무라고 잠시 생각해 봅시다. "형제자매 여러분, 우리가 기도하는 것은 쓸데없는 일입니다. 시은좌가 폐지되었습니다. 하나님이 진노하셔서 중보자에게 그의 직무를 중단하라고 명령하시고, 간구를 더 이상 듣지 않겠다고 하셨습니다."

하나님의 백성들의 기도를 듣지 않겠다고 하신 것이 정말로 사실이라면, 그것은 고통으로 양손을 쥐어틀며 눈뿐 아니라 마음으로도 참으로 비통하게 울 일입니다! 에스겔이 하나님께서 이제 그의 백성들에게서 그 저주를 거두셨고, 비록 전에 "너희가 내게 묻기를 내가 용납하지 아니하리라"고 말하였지만 이제는 은혜 언약 아래서 백성들의 죄를 용서하셨으며 "주 여호와께서 이같이 말씀하셨느니라 그래도 이스라엘 족속이 이같이 자기들에게 이루어 주기를 내게 구하여야 할지라"고 자비롭게 선언하셨음을 말하도록 명령받았을 때, 그것은 선한 일을 위한 분명한 징조였습니다. 여러분이 기도하지 말라는 명령을 받는다면 공포를 느끼겠지만, 나는 여러분에게 할 수 있는 동안에는 기도의 특권을 사용하라고 말씀드립니다. 대여섯 명밖에 안 되는 사람들만 하나님께 직접 말씀드릴 수 있도록 허락을 받았다면 여러분은 그 사람들을 얼마나 공경하겠습니까! 선택된 소수의 사람들만 따로 구별되어 그들만 믿음으로 구할 수 있고, 그들에게만 "무엇이든지 원하는 대로 구하라 그리하면 이루리라"(요 15:7)는 약속이 이루어지게 되어 있다면 여러분은 그들의 고귀한 특권을 얼마나 부러워하겠습니까! 여러분이 하나님의 백성이라면, 이 시간 이후로 여러분은 모두 왕 같은 제사장이고 시은좌는 모든 신자에게 열려 있으므로, 여러분이 자신의 장자 상속권을 멸시하지 않도록 조심하십시오. 여러분 각 사람에게 이 약속이 주어졌습니다. "찾는 이는 찾아낼 것이요 두드리는 이에게는 열릴 것이니라"(마 7:8). 그렇다면 우리가 하나님께서 주시는 이 특권을 다시 사용해야 하는 이유는 이것으로 충분하지 않습니까?

둘째로, 기도는 큰 특전일 뿐 아니라 또한 성령님의 귀한 선물로 보아야 합니다. 기도의 영이 있는 곳은 어디든지 성령께서 친히 마음에 그 영을 일으키시는 것입니다. 본문에서 "이같이 자기들에게 이루어 주기를 내게 구하여야 할지라"고 말할 때, 그것은 사람들이 구해야 할 약속입니다. 사람들이 기도하게 되는 것은 언약의 약속과 언약의 은혜 덕분입니다. 이는 여호와께서 "내가 다윗의 집과 예루살렘 주민에게 은총과 간구하는 심령을 부어 주리라"(슥 12:10)고 약속하셨기 때문입니다. 지각이 있는 하나님의 모든 자녀는 참된 기도란 "사람 안에 있는 하나님의 생기가 그것이 나온 데로 돌아가는 것임"을 압니다. 그 생기는 먼저 하나님에게서 나오고 그 다음에는 하나님께로 돌아갑니다. 성령께서는 하나님의 뜻이 무엇인지 알고, 그래서 하나님의 뜻을 우리 마음에 쓰십니다. 이와 같이 신자의 소원은 하나님의 정하신 뜻이 전사(轉寫)된 것입니다. 이래서 기도가 효력이 있는 것입니다. 형제 여러분, 마음을 같이하여 진심으로 열심히 여호와께 구하는 것이 언약의 선물이고 성령의 활동이라면 우리는 그것을 무시하지 않고 오히려 열심히 구할 것입니다. 우리가 기도하는 마음을 어느 정도 얻으면, 그 마음을 길러야 하고 더 풍성하게 자라도록 애써야 합니다. 우리는 언약의 선물들을 얻기를 언제나 간절히 바라야 합니다. 언약의 선물들이야말로 "가장 좋은 선물들"이기 때문입니다. 그 언약을 인치고, 그 언약이 모든 자손에게 확실히 이루어지도록 만든 것이 무슨 피였는지 생각하십시오. 언약이 성도들에게 남기는 유업을 생각할 때 그것이 구주님의 심장의 피를 희생하여 얻은 것이라는 점을 느끼지 않을 수 없습니다. 여러분은 어떤 사람들의 습관처럼 함께 모여 기도하기를 그치지 말고 은밀히 시은좌 앞에 나아가는 일을 소홀히 하지 말며, 하나님께 구하는 일을 게을리하지 마십시오. 간구는 언약의 선물이므로 하늘의 상속자라면 아무도 무시해서는 안 되기 때문입니다.

이것이 설득력 있는 두 가지 주장이고, 여기에 또 한 가지가 있습니다. 세 번째로, 우리가 기도해야 하는 것은 기도가 복을 얻는데 필요한 활동이기 때문입니다. 하나님의 교회는 그 수가 늘어야 합니다. 그러나 이 점을 알아야 합니다. "주 여호와께서 이같이 말씀하셨느니라 그래도 이같이 자기들에게 이루어 주기를 내게 구하여야 할지라." 모든 약속의 밑에는 사실상 이 말씀이 기록되어 있다는 것을 기억해야 합니다. 하나님께서 "내가 이것을 혹은 저것을 행하리라"고 말씀하시지만 그것은 "이것을 이루어 주기를 하나님께 구할 것이라"는 뜻으로 말씀하시는 것입니다. 우리가 많은 것을 구하지 않고도 은혜로 받는 것은 분명합니다. 그러나 하나님 나라의 원칙은 "구하는 이가 받는다"(마 7:8)는 것입니다. 이 원칙은 하나님 나라 왕 자신에게도 적용됩니다. 하나님께서 당신의 아들에게 "내게 구하라 내가 이방 나라를 네 유업으로 주리니 네 소유가 땅 끝까지 이르리로다"(시 2:8)라고 말씀하십니다. 그러므로 형제 여러분, 나는 여러분에게 주님께 많이 구하라고 권하지 않을 수 없습니다. 무수한 복이 기도의 활동에 달려 있기 때문입니다. 이런 복들이 오지 않는다고 잠시 생각해 봅시다. 본문에서 말하는 이 구체적인 복이 매달 보류된다고 생각해 봅시다. 열심 있는 그리스도인은 모두 아주 당혹스러워 하게 될 것입니다. 교인 수가 전혀 불지 않습니다. 우리가 성찬상에 나가지만, 성찬에 참여하는 교인의 수가 늘었다는 보고가 없습니다. 교회 집회를 계속 유지할 필요가 없습니다. 신앙 고백을 하는 소리가 더 이상 들리지 않고, 회심자들이 앞으로 나와서 하나님의 사랑의 능력을 이야기하는 일이 없기 때문입니다. 그와 같은 침체의 상태가 우리에게 달마다 계속된다고 생각해 봅시다! 그렇게 되지 말라는 법이 있습니까? 그동안 다른 많은 교회들이 그런 상태에 빠졌습니다. 하나님의 나이 든 자녀들이 하나씩 잇따라 하늘로 갔기 때문에 교회 명부에 빈 곳이 생길 것입니다. 그런데 그 빈자리를 채울 사람이 없고, 세례를 받아 죽은 자들을 대신할 사람이 없으며, 하나님의 군대에서 경건한 백성이 빠진 그 자리에 설 사람이 없습니다. 이 눈으로는 그런 재앙을 보지 않기를 바랍니다. 그런 밤이 임하기 전에 이 입이 하늘에 있는 찬양대 가운데서 노래할 수 있기를 바랍니다. 그런 일이 일어날 때는 언제든지 하나님의 영광이 이미 떠났기 때문에 이 기도의 집 맨 앞에 "이가봇"이라고 쓰는 것이 잘하는 일일 것입니다. 이 시간까지 우리는 하나님께서 수가 늘어나지 않은 채 버려두신 적이 없기 때문에 탄식하며 부르짖지 않아도 되었습니다. 그러나 이 복이 거두어진다고 그저 잠깐 한번 생각해 봅시다. 여러분이 그렇게 하기 원한다면 기도를 억제함으로써 복이 거두어지게 만들 수 있습니다. 심장이 뜨거운 많은 사람들로부터 계속해서 하나님께로 올라가는 부르짖음을 잠시 동안 그치게 해 보십시오. 그것은 복도 그쳤다는 표시가 될 것입니다. 이렇게 하나님께 구하는 일이 있는 한에는, 우리는 하나님께서 지금까지 해 오신 대로 하실 것이라고, 즉 우리의 수효를 양 떼 같이 많아지게 하실 것이라고 기대할 수 있습니다. 그러므로 복이 구하는 일에 달려 있기 때문에 여러분은 열심히 구하십시오.

다음으로, 우리는 이렇게 구하는 것이 다른 무엇보다 수지가 맞는 일이기 때문에 많이 구해야 합니다. 본문의 말씀을 봅시다. "그래도 이스라엘 족속이 이같이 자기들에게 이루어 주기를 내게 구하여야 할지라 내가 그들의 수효를 양 떼 같이 많아지게 하리라." 이것은 군중을 묘사하는 아름다운 개념입니다. 아마도 여러분은 엄청난 무리, 곧 생명체가 한곳에 떼 지어 모여 있는 것을 본 적이 있을 것입니다. 교회의 증가가 그와 같을 것입니다. 그 다음에 그 복을 더하기 위해 이 말이 덧붙여집니다. "제사 드릴 양 떼 곧 예루살렘이 정한 절기의 양 무리 같이." 이 표현이 유대인의 생각에 많은 수의 개념을 전달하였습니다. 오순절과 유월절, 장막절의 큰 세 절기에 이스라엘 백성들은 아주 많은 수의 제물을 드리는 일에 익숙하였습니다. 그러므로 양과 어린 양들을 엄청나게 많이 예루살렘으로 끌고 왔는데, 성경을 제쳐놓고 요세푸스와 그 밖의 사람들이 기록한 숫자를 언급하고 싶지 않습니다. 우리는 솔로몬이 드린 제물이 "양이 십이만 마리"(대하 7:5)이고, 히스기야 시대에는 하루에 드린 제물이 양이 일만 칠천 마리(대하 30:24)라는 기록을 봅니다. 그러므로 우리는 그처럼 많은 떼를 위해 엄청나게 많은 우리들이 필요할 것이기 때문에 주님의 날에는 베데스다 연못가에 양 시장이 설 수밖에 없다는 것을 생각할 수 있습니다. 그때 예루살렘의 모습을 이사야의 다음과 같은 말로 묘사할 수 있을 것입니다. "게달의 양 무리는 다 네게로 모일 것이요 느바욧의 숫양은 네게 공급되고 내 제단에 올라 기꺼이 받음이 되리라"(사 60:7).

이제 하나님은 이같이 말씀하십니다. 내가 너희 수효를 많게 하되 샤론과 갈멜의 양 떼 같이 많게 할 뿐만 아니라 또한 양들이 큰 절기들에 이스라엘 각 지역에서 수백씩, 수천씩 함께 예루살렘에 오는 양 떼같이 많게 할 것이다. 그때 여러분이 "저 구름 같이, 비둘기들이 그 보금자리로 날아가는 것 같이 날아오는 자들이 누구냐?"(60:8) 하고 물을 것입니다. 하나님께서 그 백성을 셀 수 없이 많게 하실 것입니다. 이 약속에는 또 한 가지 아름다운 사실이 있습니다. 즉, 큰 절기들에 예루살렘으로 가져온 양들은 수를 헤아릴 수 없이 많았을 뿐만 아니라 또한 그 양들은 이스라엘에서 가장 좋은 것들이었습니다. 흠이 있는 짐승은 하나님께 드릴 수 없었기 때문입니다. 제사장들은 유월절 양과 제사에 쓸 양들은 특별히 주의해서 골랐습니다. 그 양들은 양 무리 가운데서 가장 좋은 것들이었습니다. 팔레스타인의 모든 양 떼 가운데 가장 좋은 양들이었습니다. 하나님께서 교회의 수효를 많게 하시되 제사 드릴 양 떼, 곧 예루살렘이 정한 절기의 양 무리 같이 많게 하신다는 것은 참으로 감사한 일입니다! 그뿐 아니라 이 양들은 양 무리 가운데 가장 좋은 것들이었을 뿐만 아니라 또한 제물로 드리기 위해 예루살렘으로 데려온 것이기 때문에 모두 하나님께 바쳐진 것들이었습니다. 헌신적인 많은 교인들, 즉 그저 명목상으로만 교인이 아니라 자기 몸을 하나님께 산 제사로 바치는 사람들, 몸과 혼과 영을 예수님의 발 앞에 놓고 "다윗의 아들이여 우리와 우리에게 있는 모든 것이 당신에게 속하였나이다"(대상 12:18 참고) 하고 말하는 사람들을 많이 받는 교회는 참으로 복됩니다.

그러면 이렇게 구하여서 무엇을 얻을 수 있는지 봅시다. "이같이 자기들에게 이루어 주기를 내게 구하여야 할지라." 여기서 말하는 "이같이"는 무엇입니까? 그것은 하나님께서 우리에게 헤아릴 수 없이 많은 백성들, 가장 훌륭한 사람들, 하나님의 택하신 자들을 주실 것이고, 그들이 모두 하나님께 헌신하게 되리라는 것입니다. 그들은 하나님 말씀에 의해서 먼저 주님께 자신을 드리고 후에 우리에게 줄 것입니다. 이것을 기도로 구하여서 얻는 것입니다. 주님, 우리가 더 기도하려고 하지 않으니, 얼마나 어리석은 자들입니까! 주님의 교회는 여러 회(會)들과 부서들이 있습니다. 교회가 어쩌면 주님보다 이런 것들을 더 중시하였는지 모릅니다. 그러나 주님은 우리의 전쟁 도끼이고 전쟁 무기이십니다. 주님은 백성들의 수효를 많게 하실 수 있고 기쁨을 크게 하실 수 있습니다. 주님은 교회의 화살 통에 영적 자녀들을 가득 채우고, 그렇게 해서 교회를 복되게 하실 수 있습니다. "나의 영혼아, 잠잠히 하나님만 바라라 무릇 나의 소망이 그로부터 나오는도다"(시 62:5). "여호와는 용사시니 여호와는 그의 이름이시로다"(출 15:3). "그의 오른손과 거룩한 팔로 자기를 위하여 구원을 베푸셨음이로다"(시 98:1). 그러므로 이스라엘 족속이여, 여호와께 구하십시오. 무한한 복이 올 것입니다.

이미 앞에서 설명하였듯이 기도의 결과들은 하나님을 크게 영화롭게 할 만큼 중요한 것들이어서 이 자리에서 새삼스럽게 우리가 기도해야 할 필요성을 길게 말할 필요는 없을 것이라고 생각합니다. 본문의 마지막 문장을 한번 읽어보십시오. 그 문장은 중요합니다. "그들이 나를 여호와인 줄 알리라." 교회에 철저히 헌신한 최상의 사람들의 수효가 크게 늘어날 때, 교회는 이스라엘에 하나님이 계시다는 것을 다시금 알게 됩니다. 세상도 눈을 크게 뜨고 놀라서 바라보고 어쨌든 기도에는 대단한 어떤 것이 있음을 인정하게 됩니다. 하나님의 나라가 기도의 응답으로 크게 번성하면, 회의론자들의 주장에 답변하고 불경건한 자들의 추잡한 말들을 잠재우는 놀라운 능력이 두루 퍼질 것입니다. 사람들이 "이는 하나님의 권능이니이다"(출 8:19) 하고 말할 것입니다. 휫필드와 웨슬리가 처음에 복된 복음을 전하기 시작했을 때 사람들은 아주 지독한 말로 그들을 조롱하였습니다. 그들은 광신자요 열광주의자이고 이 땅의 평화를 어지럽게 하는 자였습니다! 그들은 세상에서 생각할 수 있는 가장 악한 자들이었습니다! 그러나 주님께서 그들에게 능력을 주셔서 그들을 지지하는 사람들이 수만 명씩 늘어나게 하시자 세상은 즉시 어조를 바꾸었고, 전에 멸시했던 사람들을 두려워하고 어려워하였습니다. 이 점은 지금도 마찬가지입니다.

우리가 기도하지 않는다면, 우리 마음이 점점 더 냉랭해지고 그래서 복이 거두어들여진다면, 그때는 세상적으로 똑똑한 사람들이 "그것은 마지막 남은 청교도들이 선언한, 시대에 뒤진 낡은 교리야. 사라지고 있는 교리야" 하고 말하기 시작합니다. 그러나 하나님께서 우리에게 복을 베푸시고 많은 무리가 함께 모이며 교회가 이 땅에서 점점 힘을 얻어가는 것을 보면 곧바로 그들이 교회를 좋아하지는 않지만 존중하지 않을 수 없게 됩니다. 주님께서 교회인 여러분이 기도하도록 부추기고 이 땅의 모든 교회들과 함께 기도하도록 분발시켜 주시면 좋겠습니다. 이렇게 하면 기도가 적의 광대뼈를 치고 주님의 원수들을 잠잠케 만들 것입니다. 멸시하는 자인 저 불신앙과 의식주의인 저 창기를 당황하게 만들 것이고, 회의론과 미신으로 하여금 예수님의 오래된 위대한 진리에 여전히 여호와 하나님의 전능하심이 있다는 사실을 인정하게 만들 것입니다.

2. 둘째로, 이 의무를 어떻게 이행해야 하느냐는 문제에 대해 답을 하도록 하겠습니다.

첫째로, 이 의무는 교회 전체가 이행해야 합니다. 이제 성경으로 돌아가서 본문을 다시 한번 읽어 봅시다. "이같이 자기들에게 이루어 주기를 내게 구하여야 할지라." 목사들이 구해야 합니까? 장로들이 구해야 합니까? 항상 기도하러 오는 소수의 훌륭한 신자들이 구해야 합니까? 자, 주의해서 보십시오! "이스라엘 족속이" 구해야 한다고 합니다. 그 일은 하나님의 백성 전체 무리가 구해야 하는 것입니다. 하나님 백성의 수효가 크게 늘어나기 위해서는 전원 일치의 기도가 있어야 합니다. 즉, 이스라엘 온 족속이 드리는 기도가 있어야 합니다. 한 사람도 예외 없이 모든 사람이 기도에 가담해야 합니다. 두세 사람이 함께 모일 때 평안의 응답이 있을 것이고, 한 사람의 기도도 효력이 있습니다. 그러나 이스라엘 족속, 곧 신자들 전체가 함께 기도한다면 그때는 성도들이 예루살렘이 정한 절기의 양 무리 같이 수효가 많아지는 것을 볼 것입니다. 이스라엘 온 족속이 기도할 때에야 비로소 그렇게 될 것입니다. 이스라엘이 아이 성에서 패했을 때, 그들이 패한 이유들 가운데 하나가 아간의 장막에 가증한 물건이 있었기 때문이었습니다. 그러나 또 다른 패배의 원인은 그들이 "모든 백성을 그리로 보내어 수고롭게 하지 마소서"(수 7:3) 하고 말한 점이었습니다. 아이 성을 탈취하기 위해 백성의 일부만 갔고, 나머지는 편하게 누워 있었습니다. 구속받은 자 전체가 해야 할 일을 소수의 사람들이 남아서 하는 동안에는 언제나 하나님의 교회는 불행한 시기를 거칠 것입니다. 아이 성을 점령하려면 이스라엘 온 족속이 포위 공격해야 합니다. 큰 승리를 얻으려고 한다면 살아계신 하나님의 군대 모두가 무릎을 꿇고 다 같이 하나님께 간청해야 합니다.

다음으로, 하나님께 성공적으로 구하는 방법은 교회가 직접 그 문제에 관여하는 것입니다. "주 여호와께서 이같이 말씀하셨느니라 그래도 이스라엘 족속이 이 같이 자기들에게 이루어 주기를 내게 구하여야 할지라." 교인들이 사람들의 회심이 자신에게 직접 관련된 일이라고 느낄 때, 주일학교 교사들이 교인들의 수효를 많게 하는 것이 자신들을 위한 중요한 일이라고 생각할 때, 그리스도인 일꾼마다 자신이 영혼을 구원하는 일에 직접적인 관련이 있다고 느낄 때, 주님의 일이 대규모로 이루어질 것입니다. 형제 여러분, 우리가 불쌍한 죄인들의 사정을 이해하고 마음으로 "저 영혼들이 구원받지 못하면 내가 낙심할 수밖에 없다"고 외칠 때, 그때 우리는 틀림없이 성공할 수 있습니다. 죄인이 회개하려고 하지 않으면 그에 대해 슬퍼합시다. 하나님께 가서 그의 죄에 대해 말씀드리고 마치 그들이 우리 자신인 것처럼 그들에 대해 슬퍼합시다. 사람들이 믿으려고 하지 않으면 믿음으로 그들을 하나님 앞으로 데려가서 그들에 대한 하나님의 약속을 들어 호소합시다. 우리가 그들로 기도하게 만들 수 없다면, 그들을 대신해서 기도하고 그들을 위해 기도합시다. 그러면 우리의 회개에 응답하여 그들이 회개하게 되고, 우리의 믿음에 대한 응답으로 그들이 믿는데 이르며, 우리의 기도에 답하여 그들이 기도할 마음을 갖게 될 것입니다. 하나님은 자신이 그 일을 하실 것이지만 우리가 개인적으로 관심을 갖고 그 일을 하려고 힘쓰게 만드시고, 그렇게 해서 우리 영혼이 하나님의 대의에 열심을 내도록 하실 것이라고 말씀하십니다.

셋째로, 하나님을 의지하는 교회의 기도에 그 복이 임할 것입니다. 그 점이 어떻게 진술되는지 봅시다. "주 여호와께서 이같이 말씀하셨느니라 그래도 이스라엘 족속이 이같이 자기들에게 이루어 주기를 내게 구하여야 할지라." 말하자면, 그들이 스스로 그 일을 할 수 있을 것으로 생각하지 않고 그 일을 이루어 주실 것을 하나님께 구할 것입니다. 그리스도인들은 신앙부흥운동을 일으키는 것에 대해 말하지 않을 것입니다. 여러분은 신앙부흥운동을 어디에서 일으키려고 합니까? 나는 우리가 전혀 관계를 갖지 않는 것이 좋은 곳 말고는 어디에서든지 일으킬 수 있다고 봅니다. 신앙부흥운동이 일으킬 만한 가치가 있는 것이라면 우리는 그 운동이 계속 일어나도록 해야 합니다. 하나님께 그 일을 우리에게 일으켜 주시라고 구해야 합니다. 아주 흔히 빠지기 쉬운 시험은 유명한 신앙부흥운동가를 찾거나 대단한 설교자를 설득하여 오게 할 수 있는지 묻는 것입니다. 나는 영혼을 구원하는 설교자들을 초청하거나 그 밖의 유용한 계획들을 반대하지 않습니다. 그러나 우리가 주로 해야 할 일은 하나님께 구하는 것입니다. 결국 교인들의 수효를 많게 하실 수 있는 분은 하나님밖에 없기 때문입니다. 우리가 사람들을 많이 모은다고 생각해 봅시다. 그것이 어쨌단 말입니까? 서류로 제시하는 것은 좋은 일입니다. 그러나 그 일이 거기에서 끝난다면 그것이 무슨 유익이 있습니까? 우리가 대규모의 예배를 드리고 사람들이 아주 열광한다고 생각해 봅시다. 그 모든 일이 결국 쓸데없는 공상으로 끝나고, 그러면 하나님께 무슨 영광이 돌아가겠습니까? 오히려 하나님의 이름이 굴욕을 받고 하나님의 교회는 용기를 잃고 특별한 일들을 시도하지도 않게 됩니다. 그러나 거룩한 일이 기도로 시작되고 기도로 계속되며 모든 것이 하나님의 능력에 달려 있다는 것이 명백해질 때, 그럴 때 그 복은 참으로 받을 만한 것입니다. 여러분의 수효를 많게 해주시기를 하나님께 구하십시오. 그러면 여러분의 수효가 늘어날 것입니다. 우리는 스스로 아무것도 할 수 없다는 것을 알고 하나님을 모셔 섬겨야 합니다. 성령님만이 사람들을 회심시킬 수 있는 능력이 있는 것으로 알고 성령님만 바라보아야 합니다. 이렇게 하나님을 의지하는 태도로 기도한다면 넘치도록 응답을 받을 것입니다.

다시 말하지만, 약속된 복을 얻는 방법은 열심이 있고 진취적이고 관찰력이 예리한 교회가 기도를 드리는 것입니다. 여기서 "내게 구하여야 할지라"는 표현이 사용되었는데, 이는 사람들이 생각하고 질문을 해야 하며, 하나님께 따지고 간청해야 한다는 점을 암시합니다. 하나님께 왜 그 복을 주시지 않았는지 여쭙고, 이제는 그 복을 주셔야 할 확실한 이유들을 주장하는 것은 잘하는 일입니다. 우리는 하나님께 그의 약속을 인용하여 말씀드리고, 우리가 복을 받을 자격이 없다는 사실과 우리의 큰 곤경을 말씀드려야 합니다. 그리고 다시 와서 하나님께 여쭙고 구하고 우리의 사정을 호소해야 합니다. 그처럼 간구하는 교회는 틀림없이 복을 얻을 것입니다. 그런 교회는 황폐한 곳을 기억하는 교회임에 틀림없습니다. 본문은 약속에서 그 사실을 언급하고, 기도하는 중에 그 사실을 잊어서는 안 됩니다. "황폐한 성읍을 사람의 떼로 채우리라." 일이 잘 돌아가고 있지 않는 봉사의 부서들을 기억하고 염려하며, 쇠약해지고 있을지 모르는 다른 교회들을 호의적으로 바라보며 성령께서 활동하시지 않는 것처럼 보이는 곳들을 주목하는 교회가 이 약속을 받는 교회입니다. 사랑하는 형제 여러분, 나는 하나님께서 여러분에게 마음이 상하지 않는 죄인들에 대해 슬퍼하는 마음을 주시고 근심하지 않는 사람들에 대해 크게 근심하게 하여 주시기를 기도합니다. 사실 하나님께서 우리 교회의 모든 교인들을 열심히 구하는 자들로 만들어 주시기를 바랍니다. 구원받은 사람들 자신이 열심히 구하는 자들이 될 때, 열심히 구하는 자들을 세상에서 많이 불러올 것입니다. 하나님께 구하는 죄인들을 얻는 방법은 우리가 하나님께 구하는 성도들이 되는 것입니다. 성도들이 하나님께 구할 때, 죄인들이 시온을 바라보며 시온으로 가는 길을 물을 것입니다. 사실, 기도회는 하나님께 구하는 모임이 되어야 합니다. 기도회에서 진실한 신자들은 하나님의 아름다움을 보며 성전에서 하나님께 구합니다.

우리가 기도의 응답으로 복을 얻으려면 믿는 교회가 기도를 드려야 합니다. 우리가 하나님의 약속을 믿었으면 좋겠습니다. 하나님은 "이같이 자기들에게 이루어 주기를 내게 구하여야 할지라"고 말씀하십니다. 그러나 이 약속을 믿지 않고 구하는 자들은 하나님을 조롱하는 것일 뿐입니다. 정말로 기도를 믿는 사람이 얼마나 적은지 모릅니다! 나는 일전에 중국 내지 선교회의 회심자들은 흔치 않은 신앙적 특징을 보였다는 기사를 읽었습니다. 그들은 하나님께서 기도를 들으신다는 것을 배웠을 때 항상 기도하기를 원하였습니다. 그들은 "크신 하나님께서 기도를 들으신다면 우리는 하나님께 많이 구하자"고 말하였습니다. 그러므로 나는 그들이 믿음으로 드린 기도들에 대해 아주 놀랄 만한 응답들을 받아서 선교사는 불신자들에게 그들이 근거 없는 이야기하는 사람들로 보일까봐 그들에 대해서 이야기하기를 조심한다는 것을 이상하게 생각하지 않습니다. 사실 그의 염려는 터무니없는 것이 아닙니다. 왜냐하면 다른 경우들에 기도하는 사람들의 삶의 기록들이 지독하게 의심을 받았기 때문입니다. 헌팅턴(William Huntington)의 책, 「믿음의 은행」(*Bank of Faith*)은 터무니없는 생각의 은행이라고 불렸습니다. 그러나 나는 그가 아주 정직하게 사실들을 기록하였고 거짓말을 전혀 할 수 없는 사람이라고 믿습니다.

사람들이 사무엘 힉(Sammy Hick)에 대한 이야기를 읽으면서 그가 기도로 바람을 불게 한 일을 읽을 때 대부분의 사람들이 의심합니다. 그런데 왜 의심합니까? 교회 집회를 위해서는 빵이 필요하였는데, 밀가루를 구할 수가 없었습니다. 바람이 없이는 방앗간을 돌릴 수 없었기 때문입니다. 힉이 밀 부대를 가지고 방앗간 주인에게 가서 빻아달라고 하였습니다. 방앗간 주인이 "새미, 그런데 바람이 전혀 불지 않네" 하고 말했습니다. 그러자 힉이 말했습니다. "걱정하지 마세요. 아저씨가 밀을 제분기 깔때기에 넣기만 하면 바람이 불 거에요." 밀을 제분기 깔때기에 집어넣었고, 바람이 밀을 간 다음에 그쳤습니다. 사람들은 "아, 그것은 한 광신자의 이야기야" 하고 말합니다. 맞습니다. 그렇지만 그와 같은 일들은 그밖에도 많이 있습니다. 우리 가운데 어떤 이들이 그런 일들이 일어나게 하였습니다.

기도에 대한 응답이 이제는 우리에게 자연법칙에 어긋나는 것으로 보이지 않습니다. 하나님께서 반드시 자신의 약속을 지키시고 자기 백성들의 기도를 들으신다는 것이 우리에게는 모든 자연법칙 가운데 가장 위대한 법칙으로 보입니다. 중력과 그 밖의 법칙들은 일시 정지할 수 있지만 이 법칙은 결코 정지할 수 없습니다. 사람들은 "아, 나는 그 말을 믿을 수 없어"라고 말합니다. 그렇습니다. 여러분은 믿을 수 없습니다. 그래서 여러분의 기도가 들으심을 얻지 못합니다. 여러분은 믿음이 있어야 합니다. 믿음이 없다면 여러분의 기도에 척추와 영혼이 없는 것이기 때문입니다. 강력한 믿음이 있으면 좋겠습니다! 교회가 살아계신 하나님, 곧 이스라엘의 하나님께 대한 믿음의 기도로 나타나는 정말로 활동적인 믿음으로 가득 차는 것을 본다면, 우리는 교회들이 양 떼와 같이 사람들의 수효가 많아지는 것을 보게 될 것입니다.

기도회에 오지 않거나 기도하는 일로 씨름하지 않는 여러분에게 위안이 될 점을 이제 찾아보겠습니다.

3. 사람이 기도의 의무에서 면제될 수 있는 어떤 근거가 있습니까?

이에 대한 답변은 아무 근거가 없다는 것입니다. 여러분은 공통의 인간성이라는 것을 구실로 기도의 의무에서 면제될 수 없습니다. 하나님께서 기도에 응답하여 죄인들을 구원하실 것인데 내가 기도하지 않는다면, 나는 어떤 존재입니까? 영혼들이 죽고 멸망하며 지옥에 떨어지고 있는데, 구원을 위해 정해진 장치는 기도와 하나님 말씀의 설교입니다. 그런데 내가 기도를 하지 않는다면 나는 어떤 사람입니까? 인간의 친절이라는 젖이 내 가슴에서 다 빠져나갔다면 나는 더 이상 사람이 아닌 것입니다. 만일 내가 그렇다면 하나님과 교제에 대해 이야기하는 것은 무익한 일입니다. 부상당한 사람을 동정하지 않고 가난으로 죽어가는 사람의 굶주림을 덜어주려고 하지 않는 사람은 괴물인 것입니다. 그런데 영원한 불 속으로 떨어지고 있는 영혼들을 불쌍히 여기지 않는 그 사람은 어떤 존재입니까? 그 사람이 직접 대답해 보기 바랍니다.

다음으로, 기도를 게을리 해도 되는 구실을 기독교 신앙에서 찾을 수 있습니까? 말씀드리지만, 그 구실을 인간성에서 찾을 수 없는 것과 마찬가지로 기독교 신앙에서도 찾을 수 없습니다. "누구든지 그리스도의 영이 없으면 그리스도의 사람이 아니라"(롬 8:9). 그러면 그리스도의 영은 어떤 것이었습니까? 그리스도께서 예루살렘을 보고 "나는 이 성이 멸망하도록 예정되었기 때문에 버림을 받는 것이라고 믿는다"고 말씀하시고 냉담하게 자기 길을 가셨습니까? 아니요, 그렇게 하시지 않았습니다. 주님은 예정을 믿으셨습니다. 그러나 예정의 진리 때문에 마음이 차갑게 식지 않으셨습니다. 주님은 예루살렘을 보고 울며 이같이 말씀하셨습니다. "예루살렘아 예루살렘아 암탉이 그 새끼를 날개 아래에 모음 같이 내가 네 자녀를 모으려 한 일이 몇 번이더냐 그러나 너희가 원하지 아니하였도다"(마 23:37).

"그리스도께서 죄인을 보고 우셨는데

우리는 눈물 한 방울 흘리지 않을 것입니까?"

하나님께서 기도를 우리 자신뿐 아니라 죄인들에게도 복이 전해지는 경로로 정하셨는데, 우리가 전혀 기도를 하지 않을 것입니까? 그렇다면 우리가 어떻게 자신이 그리스도인이라고 말할 수 있겠습니까? 우리가 하늘을 우러러 보며 하나님께 사람의 아들들에게 복을 내려주시기를 강력히 기도하지 않는다면 어떻게 감히 기독교 신앙을 가졌다고 고백할 수 있겠습니까?

혹시는 그리스도인이 그 마음이 열매를 맺을 수 없는 상태에 있기 때문에 자신의 기도가 아주 큰 영향력이 있다고 느끼지 못한다는 사실에서 구실을 찾을지 모릅니다. 하지만 이것은 전혀 구실이 되지 못하고 오히려 죄를 가중시키는 것입니다. 형제 여러분, 여러분이 기도할 수 없다는 생각이 든다면 여러분은 다른 사람보다 배나 더 기도해야 합니다. 여러분의 마음이 기도하고 싶지 않은 상태에 떨어질 때마다 그 상태를 위험 신호로 여겨야 합니다. 무엇인가가 아주 잘못되었다는 신호로 여겨야 합니다. 그런 때는 기도의 영을 받을 수 있도록 배나 더 하나님께 부르짖어야 합니다.

그리스도인 여러분, 여러분에게 강력히 권합니다. 하나님께 복 주시기를 구하는 기도를 금하지 마십시오. 만일 여러분이 기도를 금한다면 남은 모든 형제를 해치게 될 것입니다. 여러분 몸속에 작은 뼛조각 하나를 집어넣어 보십시오. 그 뼛조각은 먼저 그 조각이 들어 있는 지체를 손상시키고 이어서 몸 전체를 손상시킵니다. 몸속에 있는 그 죽은 물질 때문에 머리부터 발끝까지 몸 전체가 더욱 나빠집니다. 이와 같이 우리 가운데 신자라고 하면서 기도하지 않는 사람이 있다면, 그는 교회 전체를 해치는 사람입니다. 여러분 가운데 어떤 사람들은 군대의 행낭과 같이 군대의 행진과 전투에 방해거리가 됩니다. 우리는 이 땅에서 큰 군대를 이루고 있습니다. 여러분이 모두 강건한 사람들로 전투에 나간다면 우리는 큰 승리를 거둘 것입니다. 그러나 우리는 구급차에 병든 몸을 싣지 않을 수 없고, 목사와 교회 직원들은 병원 신세나 질 무능한 군인들을 돌보는 일에 시간을 절반이나 쓰지 않으면 안 됩니다. 사람들은 "지금 누구를 말하는 겁니까?" 하고 묻습니다. 친구 여러분, 아마도 여러분이 그런 사람일 것입니다. 여러분의 양심이 이 말이 누구를 가리키는지 판단할 것입니다.

자, 확실히 우리는 많이 기도해야 합니다. 결국 우리는 많은 것을 기도에 빚지고 있기 때문입니다. 내 앞서 살았던, 그리스도 안에 있는 분들이 나를 위해서 기도했습니다. 그런데 나는 다른 사람들을 위해서 기도하지 말아야 합니까? 여러분 가운데 어떤 분들은 처녀 때 어머니의 기도에 의해 그리스도에게 왔습니다. 이제 여러분이 자녀들을 위해 기도함으로써 어머니께 받은 빚을 갚지 않겠습니까? 청년 남자 여러분, 여러분은 아버지의 기도에 의해 구주님의 발 앞으로 왔습니다. 이제 여러분보다 어린 사람들도 예수님께 올 수 있도록 그들을 위해 기도하십시오. 그동안 교회의 기도의 보고가 우리를 그리스도의 발 앞에 데려오는 일에 사용되었으니, 이제 우리도 다른 사람들의 회심을 위하여 기도함으로써 이 기도의 보고에 기부를 합시다. 일반적으로 감사하는 마음이 있으면 우리가 이 일에 관심을 쓰지 않을 수 없습니다.

형제 여러분, 만일 여러분이 함께 기도하는 일에 가담하지 않는다면 나는 여러분의 믿음이 튼튼한지 의심할 수밖에 없다는 점을 들어 호소해야 될까 염려가 됩니다. 내가 아는 분들 가운데 믿음이 확고한 사람들이 있습니다. 그런데 그들에게는 이것이 시작이자 끝입니다. 나는 오래전에 모든 점에서 튼튼하였고, 자신들이 너무나 튼튼하였기 때문에 다른 사람들이 구원받든지 못 받든지 전혀 관심이 없었던 몇몇 사람들이 있었던 것을 압니다. 그러한 튼튼함은 속이 빈 튼튼함입니다. 주님께서 우리를 그런 데서 구원하여 주시기를 바랍니다. 올바른 견해를 가졌다는 것이 다른 사람들에 대한 무정한 태도를 핑계하기에는 보잘것없는 변명입니다. 우리가 정통 신앙을 가진 사람이라면, 중생이 성령님의 활동이라고 믿습니다. 그렇다면, 친구 여러분, 우리 가운데서 거듭난 사람들은 다른 사람들을 거듭나게 해 주시기를 성령께 기도해야 한다는 것이 자연스러운 결론입니다. 그것이 전적으로 성령님의 활동이고 우리가 설교자를 의지해서는 안 된다면, 그 거룩한 능력을 베풀어 주시기를 기도해야 합니다. 이렇게 여러분이 하나님의 능력을 구하지 않는다면 여러분의 믿음의 견실함이 어디에 있는 것입니까? 나는 여러분이 사람들이 구원받는 것을 보기를 바랄 것이라고 확신합니다. 그러나 그것이 성령의 활동인데, 여러분이 성령께 그 일을 하시도록 기도하지 않는다면 여러분은 그 교리를 믿지 않는 것이 확실합니다. 그러므로 나는 여러분의 믿음이 견실하다면 여러분에게 더욱 열심히 기도하라고 권하고 싶습니다.

여러분이 "글쎄, 나는 기도의 의무에서 면제될 수 있을 것이라고 생각하는데요"라고 말할지 모릅니다. 그러나 분명히 답하지만 여러분은 면제될 수 없습니다. 어떤 사람은 "저는 굉장히 아픕니다" 하고 말합니다. 아, 그렇다면 여러분은 침대에 누워서 기도할 수 있습니다. 항상 병상에 있는 우리 친구들의 간구에 대한 응답으로 이 태버너클 교회에 내린 복을 우리는 제대로 다 평가할 수 없습니다. 나는 주님께서 야경꾼들을 통해 기도가 계속 드려지도록 하기 위해 교회의 어떤 부분을 따로 떼어놓으신다고 믿습니다. 건강한 여러분과 내가 깊이 잠들어 있을 때, 야경꾼들은 졸지 않고 잠잠히 있지도 않습니다. 그들은 기도를 하든지 찬양을 하든지 하여 경건한 활동으로 그 시간을 거룩하게 만듭니다. 오랫동안 기도로 나를 떠받쳐 오던 그리스도인들이 부름을 받아 영광에 들어간다면 나는 큰 손실을 입는다고 생각합니다. 그 빈자리를 누가 메울 것입니까?

어떤 사람은 "저는 너무 가난합니다" 하고 말합니다. 여러분은 하나님께 기도할 때마다 1실링을 내야 할 필요가 없습니다. 여러분이 아주 가난하다는 것은 문제가 되지 않습니다. 여러분의 기도는 그대로 하나님께 받아들여질 수 있습니다. 다만 여러분이 아주 가난하다면 금전적인 형태로 예물을 드릴 수 없기 때문에 한결 더 기도해야 한다는 점을 기억하시기 바랍니다. 나는 여러분에게 베드로 사도처럼 이렇게 말하고 싶습니다. "은과 금은 내게 없거니와 내게 있는 이것을 여러분에게 줍니다. 주님, 나는 기도를 많이 하는 사람이 되겠습니다."

또 어떤 사람은 말합니다. "아, 하지만 나는 아무 재주가 없어요." 그것은 여러분이 기도하지 않아야 할 이유가 아니라 더욱 기도해야 할 또 다른 이유입니다. 여러분이 재주가 부족해서 교회의 공적 봉사에 기여할 수가 없다면 은밀한 기도와 도고를 통해서 교회가 힘을 얻도록 하고, 그렇게 해서 재주가 많은 강한 자들이 전선에 나서기에 적합할 수 있게 만드는 일에 더욱 열심히 기여해야 하기 때문입니다.

또 사람들은 말합니다. "아, 그런데 저는 이제 막 회심했습니다. 내 자신이 아직 제대로 평안을 얻지 못했어요. 그런데 어떻게 기도할 수 있겠습니까?" 여러분이 그 질문에 답을 얻기 바란다면 시편 51편을 읽어보시기 바랍니다. 다윗은 이렇게 노래를 시작합니다. "하나님이여 주의 많은 긍휼을 따라 내게 은혜를 베푸소서"(51:1). 그렇게 주의 자비를 구하지만 오래 가지 않아서 이렇게 외칩니다. "주의 은택으로 시온에 선을 행하시고 예루살렘 성을 쌓으소서"(51:18). 그는 죄에서 미처 다 씻음을 받기도 전에 자신이 유용하게 쓰이기를 기도하기 시작합니다. "그리하면 내가 범죄자에게 주의 도를 가르치리니 죄인들이 주께 돌아오리이다"(51:13).

이제 막 회심한 여러분, 여러분이야말로 힘 있게 기도할 사람들입니다. 그래서 내 마음 가장 깊숙한 곳에서부터 마치 내 목숨을 위하여 간구하는 것처럼 (사실 이 문제는 내 건강과 연장된 생명을 생각할 때 어떤 사람들이 생각하는 것보다 더 절박한 문제입니다) 나는 여러분이 하나님께 구하기를 간절히 바랍니다. 여러분이 그같이 하기를 구하는 가운데 나는 우리 교회가 오랫동안 부흥하게 해주시기를 간구하고 있는 것이고, 런던의 선을 위해, 온 세상의 유익을 위해 간구하고 있는 것입니다. 형제자매 여러분, 여러분이 주 예수님을 사랑한다면 하나님의 교회의 백성의 수효를 많게 해주시겠다는 이 큰 약속에 대해 하나님께 간절히 구하십시오. 지금 하나님을 시험하여, 하나님께서 여러분에게 복을 쏟아 부으시지 않나 보십시오. 그렇습니다. 하나님께서 여러분에게 사람들을 양 떼 같이 많아지게 하시되, 제사 드릴 양 떼 곧 예루살렘이 정한 절기의 양 무리 같이 많아지게 해주시지 않나 보십시오. 하나님께서 그리스도를 인하여 그의 복을 내려주시기 바랍니다. 아멘.

제
22
장
—

생기야 사방에서부터 와라

—

"또 내게 이르시되 인자야 너는 생기를 향하여 대언하라 생기에게 대언하여 이르기를 주 여호와께서 이같이 말씀하시기를 생기야 사방에서부터 와서 이 죽음을 당한 자에게 불어서 살아나게 하라 하셨다 하라." — 겔 37:9

어떤 주석가들에 따르면 마른 뼈의 골짜기에서 본 이 환상은 세 가지 형태의 부활을 가리킬 수가 있습니다. 성경은 아주 놀라울 정도로 의미가 충만해서 한 가지 해석으로는 좀처럼 그 메시지를 우리에게 다 전달할 수 없습니다. 본문이 들어 있는 장(章)이 바로 그 사실을 제대로 보여주는 좋은 본보기로서 성경의 여러 가지 진리들을 함축해서 나타내는 한 가지 예를 제시합니다.

어떤 사람들은 여기서 죽은 자들의 부활에 대한 비유를 본다고 생각합니다. 확실히 에스겔의 환상은 "나팔 소리가 나매 죽은 자들이 다시 살아날"(고전 15:52) 그 날에 일어날 일을 그리고 있습니다. 뼈들이 아무리 바짝 말랐을지라도 땅의 티끌 속에 잠자는 자들이 다시 일어날 것입니다. 땅에 심기었던 것이 무덤으로부터 일어날 것입니다. 하나님의 자녀들의 경우에 그 몸은 새로운 영광을 입을 것입니다. 그리스도의 말씀대로 이런 일이 일어날 것입니다. "무덤 속에 있는 자가 다 그의 음성을 들을 때가 오나니 선한 일을 행한 자는 생명의 부활로, 악한 일을 행한 자는 심판의 부활로 나오리라"(요 5:28,29).

그런가 하면 어떤 사람들은 여기서 두 떼로 나뉘어서 바벨론에 포로로 끌려간, 거의 망하다시피 된 이스라엘 군대의 부활을 봅니다. 역병과 갈대아인들의 칼이 이 택하신 민족을 끊어버리는 데까지 나갔습니다. 그러나 하나님께서는 심판 중에도 자비를 베푸시고 구름 속에 영원한 언약의 무지개를 다시 나타나게 하심으로써 자기 백성을 회복시키겠다고 약속하셨습니다. 잠시 동안 하나님이 예루살렘에 이스라엘 지파들을 다시 세우셨고 그들이 그리스도의 오심 앞에서 행복한 안식을 누렸을 때 이 약속이 부분적으로 성취되었습니다. 그러나 이스라엘의 완전한 회복은 아직 성취되지 않았습니다. 그 백성은 민족으로서 그들이 그처럼 오랫동안 묻혀 있던 무덤에서 불러 모아져 자기 나라에 설 것이고, 그때 여호와의 말씀이 이루어질 것입니다. "나 여호와가 이 일을 말하고 이룬 줄을 너희가 알리라 여호와의 말씀이니라"(겔 37:14).

또 여기서 문자적인 의미를 넘어서서 영적인 교훈을 보는 사람들이 있습니다. 여기에 믿음 없는 자들이 그들의 영적인 죽음과 부패로부터 회복되는 그림, 즉 죄인들이 그들의 영적으로 죽은 절망적인 상태에서 불려나와 성령의 능력으로 말미암아 살아나게 되는 방식을 보여주는 비유가 있다고 보는데, 바르게 보는 것이라고 생각합니다. 어쨌든 나는 본문을 이 의미로 사용할 것입니다. 나는 지금 예언을 해석하는 것을 목표로 삼고 있지 않고 장차 일어날 일에 큰 관심을 갖고 있지 않기 때문입니다. 나는 여러분을 인도하여 하나님의 깊은 사실들을 알게 하기를 바라지 않습니다. 나는 그저 이 사건을 실제적으로 활용할 수 있는 방법들을 생각하려고 하는 것뿐인데, 그렇게 해서 하나님의 백성들이 마땅한 방식대로 성령님을 대하도록 하고, 또 회개하지 않은 사람들, 곧 이 환상의 골짜기에 나오는 뼈들처럼 죽고 마른 자들 가운데 하나님의 거룩한 능력으로 살게 되는 자들이 있기를 바라며 그들에게 하나님을 찾으라고 권하려는 것입니다.

나는 이번 주에 한 여자 교우에게서 짤막한 편지를 받았는데, 그 교우가 편지에서 지난 목요일 밤에 내가 "너희 자신들이 기름진 것으로 즐거움을 얻으리라"(사 55:2)는 본문을 가지고 설교하는 동안에 자신이 그리스도를 붙잡을 힘을 얻었다고 하는 말에서 더할 수 없이 큰 위로를 받았습니다. 내가 들을 수 있는 세상의 가장 기쁜 소식보다 더 기쁜 소식을 들은 것입니다. 성령께서 먼저 그 안에 생명을 일으키신 모든 자들에게 위로자가 되시는 이 거룩한 성령님에 대해 우리가 말하고 있는 동안에 불쌍한 또 어떤 분들이 그리스도 안에서 마음에 안식을 얻을 수 있으면 좋겠습니다! 성령께서 오셔서 사람들을 살리시고 그 후에 그들에게 기쁨을 충만하게 해 주시기를 바랍니다! 먼저 생명을 주시고 그 다음에 빛을 주시는 것이 성령님의 신성한 직무입니다. 하나님에 대하여 살아나는 것이 구속받은 자들이 가장 먼저 겪는 경험이고, 그 후에 성령님으로 말미암아 하나님을 즐거워하는 일이 옵니다.

앞에서 말하였듯이, 본문을 사용하면서 실제적인 목적을 위하여 첫째로, 나는 본문에 대해 이 이야기를 하려고 합니다.

1. 우리는 성령님이 없으면 아무것도 아닙니다.

형제 여러분, 나는 지금 사람들의 영혼을 사랑하는 여러분에게 말씀드립니다. 이 자리에 계신 여러분 가운데는 동정적인 사랑으로 아주 열심히 복음을 전하고 가르치는 분들이 있다는 것을 압니다. 여러분은 그리스도의 영광을 위해 사람들을 데려와 예수님을 믿게 하려고 합니다. 이렇게 타락하고 죽은 사람들의 영혼을 구원하려고 애쓰는 가운데 여러분은 고귀한 일에 종사하고 있습니다. 그러나 감히 말씀드리지만, 여러분이 내가 충분히 실감한 바를 종종 느꼈으리라는 것입니다. 즉, 여러분이 하려고 하는 일 자체가 전적으로 불가능하다는 사실에 직면하기 전에는 거룩한 봉사에 별로 크게 기여하지 못하였다는 것입니다. 우리는 하나님의 말씀에 따라 일을 시작합니다. 우리는 대언(代言)합니다. 하나님께서 도우시므로 우리가 그 일을 할 수 있습니다. 하나님의 짐이 무겁긴 하지만 대언하라는 명령을 받고, 하나님의 은혜로 그 일도 할 수 있습니다. 하나님의 명령에 따라 마른 뼈들에게 대언하거나 생기에게 대언할 수 있습니다. 우리는 "이 세상이 자기 지혜로 하나님을 알지 못하므로 하나님께서 전도의 미련한 것으로 믿는 자들을 구원하시기를 기뻐하셨다"(고전 1:21)는 것을 알기 때문에 어리석게 보이는 것을 두려워하지 않습니다. 그러나 우리가 하나님의 말씀을 전하며 우리 설교의 결과로 사람들이 구원받되 그들이 구원받은 것을 우리가 알 수 있을 만큼 아주 현저하게 구원받기를 기대할 때, 우리는 갑작스럽게 바위가 많은 해안에 이르러 더 이상 나아갈 수가 없게 됩니다. 사람들이 죽어 있는 것을 발견하고 그들을 살리는 것이 필요한데, 우리는 그들을 살릴 수가 없습니다. 우리가 할 수 있는 일들은 아주 많습니다. 그런 일들은 하나도 남기지 않고 다 행해야 합니다! 그러나 생명을 창조하는 문제를 마주할 때 우리는 그 안을 들여다볼 수 없는 신비한 신앙의 영역에 이른 것입니다. 여호와께서 주권적으로 통치하시는 기적의 영역에 들어선 것입니다. 생명을 주거나 빼앗는 대권은 지존하신 하나님께 있습니다. 사람의 기지와 지혜는 지극히 작은 곤충에게라도 생명을 주는 일에는 완전히 무능력합니다. 우리가 성령님을 떠나서 사람들을 되살리는 일을 위해 아무것도 할 수 없다는 것을 교리적으로 확실히 알며 경험으로도 확실히 압니다. 성령께서 오셔서 생명을 주시지 않으면 우리는 더 이상 숨이 남아있지 않을 만큼 열심히 복음을 전할 수 있지만 어린아이의 영혼을 죄의 무덤에서 일으키거나 단 한 명의 죄인이라도 그리스도의 발 앞으로 데려올 수 없을 것입니다.

그렇다면 우리는 이 사실에 큰 영향을 받지 않을 수 없습니다. 아무것도 할 수 없기 때문에 우리는 가만히 앉아서 아무것도 하지 않고 아무것에도 관심을 갖지 않을 것입니까? "하나님의 영께서 틀림없이 그 일을 하실 것이니까, 나는 팔짱을 끼고서 일이 잘 될 것이라고 낙관할 수 있다"고 말할 것입니까? 사랑하는 여러분, 그렇게 할 수 없습니다. 우리가 마음으로 바라고 다른 사람들을 위해서 기도하는 것은 그들이 구원받도록 하는 것입니다. 그래서 때때로 우리는 그들에게 영생을 가져다줄 수만 있다면 자신이 거의 저주라도 받을 수 있겠다고 생각하였습니다. 우리는 가만히 앉아 있을 수 없습니다. 우리가 어떤 진리를 배우든지 간에 그 진리로 말미암아 게으름에 빠진다면 그것은 하나님의 의도가 아니었다고 믿습니다. 어쨌든 하나님의 진리는 우리를 게으르게 만들지 않았고, 그와 정반대 방향으로 우리를 인도하였습니다. 우리는 물질적인 일들에서와 같이 이 문제에서도 실제적이 되도록 노력합시다.

우리는 바람을 부릴 수 없고 창조할 수도 없습니다. 철학자들의 회의가 전부 모인다고 해도 바람 한 점 일으킬 수 없을 것입니다. 선원은 자기가 사나운 바람을 막을 수 없고 일으킬 수도 없다는 것을 압니다. 그러면 어떻게 합니까? 그는 가만히 앉아 있습니까? 결코 그렇지 않습니다. 그는 각기 다른 크기와 모양의 돛이 있어서 바람이 조금만 불어도 그것을 이용할 수 있게 해 줍니다. 그는 폭풍우가 너무 세서 배가 감당할 수 없을 경우에는 돛을 줄이거나 감는 법을 압니다. 바람의 움직임을 통제할 수는 없지만 하나님이 보내시는 것을 이용할 수는 있습니다. 방앗간 주인은 물의 큰 흐름의 경로를 바꿀 수는 없지만 그 물의 흐름을 이용할 줄은 압니다. 물의 흐름을 이용하여 밀방아를 돌립니다. 중력에는 거의 전능하다고 할 수 있을 만한 힘이 있기 때문에 중력의 법칙에 저항할 수 없지만 그럴지라도 그는 그 법칙을 이용하고 자신의 짐마차에 연결시킵니다. 이와 같이 우리가 전능하신 성령님에게서 나오는 강력한 영향력에 명령할 수 없고, "바람이 임의로 불기"(요 3:8) 때문에 그 영향력을 우리가 원하는 길로 돌릴 수 없지만 그 바람을 이용할 수는 있습니다. 우리는 사람들을 구원할 능력이 없기 때문에 하나님께로 가서 하나님의 능력을 붙잡아야 합니다.

그러면 어떻게 해야 합니까? 영적 죽음을 보고 우리는 그 죽음을 제거할 수 없다는 사실을 알며 오직 성령님만 죽은 영혼들을 되살리실 수 있다는 것을 충분히 알았으면 어떻게 해야 하겠습니까? 이 거룩하신 분에 대해 우리가 적절하게 행동할 수 있는 방법과 수단들이 있습니다. 우리가 취하면 좋을 마음의 태도들이 있고, 이 경우의 본래 상태를 명확하게 이해하는데 따라올 결과들이 있습니다.

첫째로, 이 사실을 알 때, 우리는 자신이 낮아지고 텅 비워지며 자아로부터 끊어져 표류하고 있다는 것을 깊이 느끼지 않을 수 없습니다. 자, 여러분, 여러분은 설교를 연구할 수 있고, 본문의 원문을 조사할 수 있습니다. 본문의 모든 의미를 비평적으로 철저히 분석할 수 있습니다. 여러분은 가서 아주 정확한 표현을 사용하여 본문을 설교할 수도 있습니다. 그러나 그 설교로 영혼을 되살릴 수는 없습니다. 강단에 올라가 예를 들고 설명하며 진리를 힘주어 강조할 수 있습니다. 화려한 수사로 청중들을 매혹시킬 수 있습니다. 여러분은 그들을 넋을 잃게 만들 수도 있습니다. 그러나 여러분의 웅변으로 죽은 자들을 일으킬 수 없습니다. 데모스테네스(Demosthenes: 그리스의 웅변가. 384?-322 B.C. - 역주)가 죽음의 아가리 사이에 한 세기 동안 서 있을 수도 있습니다. 그러나 그나 다른 모든 웅변가들이 무슨 말을 할지라도 그 괴물은 꿈쩍하지 않을 것입니다. 우리의 목소리가 아니라 다른 목소리가 들려야 합니다. 생각이나 설득의 힘이 아닌 다른 힘이 작용해야 합니다. 그렇지 않으면 그 일은 이루어지지 않을 것입니다. 여러분이 단체들을 조직할 수 있고 탁월한 방법들을 강구할 수 있으며 이 방식, 저 방식을 부지런히 시행해 볼 수 있습니다. 그러나 여러분이 모든 일을 다 했을 때, 그 노력 자체만 가지고서는 거기에서 아무것도 나올 수 없습니다. 오직 성령께서 여러분을 사용하여 사람들에게 복을 베푸실 때에만 그들이 여러분을 통해서 복을 받을 것입니다. 여러분의 능력이나 경험이 어떤 것이든 간에, 여러분의 수고에 복을 베푸셔야 하는 분은 성령님이십니다. 그러므로 여러분은 자신이 무엇을 할 수 있다고 자랑하거나 조금이라도 어떤 자신감을 가지고서 이 봉사에 나서려고 하지 마십시오. 그렇게 하지 않으면 여러분은 성령께서 여러분과 함께 혹은 여러분을 통해서 일하시는 것을 방해하는 정신을 가지고 가게 될 것입니다.

형제 여러분, 여러분에게 설교하는 나를 아무렇지 않게 생각하십시오! 여러분이 조금이라도 나를 대단하게 생각한다면 나의 능력은 사라질 것입니다. 여러분이 하나님께 복을 받아 그처럼 많은 사람들에게 복음을 전하는 아무개 목사는 틀림없이 여러분의 친구를 회심시킬 수 있을 것이라고 생각하기 시작한다면, 여러분은 오직 하나님의 아들에게만 속한 것을 사람에게 돌리고 있는 것입니다. 그렇게 한다면 틀림없이 여러분은 마음속에 그처럼 우상숭배적인 생각을 용인함으로써 이 목사나 저 목사에게 심각한 해악을 끼치게 될 것입니다. 우리는 아무것도 아닙니다. 여러분은 아무것도 아닙니다. "이는 힘으로 되지 아니하며 능력으로 되지 아니하고 오직 나의 영으로 되느니라"(슥 4:6)는 말씀은 우리를 티끌 속에 누워 있게 만들고, 모든 능력은 오직 하나님께만 있다는 것을 알기에 스스로 어떤 것을 하는 것에 대해 완전히 절망하게 만드는 메시지입니다. 자신을 완전히 비우고 지극히 약해지며 자신을 전혀 믿지 않고 그래서 주님께서 일하시기를 구하는 것이 우리에게 도움이 될 것입니다.

다음으로, 성령님이 절대적으로 필요하기 때문에, 우리는 일하기 전에, 일하는 중에 그리고 일이 끝난 뒤에 열심히 기도해야 합니다. 자기가 할 수 있는 일을 할지라도 성령의 활동이 없으면 한 영혼도 소생하지 못할 것이라는 것을 알고, 그러면서도 영혼을 구원하려는 간절한 바람이 있는 사람은 기도하지 않고서 강단에 올라갈 생각을 하지 않을 것입니다. 그는 자기가 말하는 문장 하나하나를 하나님께서 도와주시기를 바라며, 수없이 신음하고 부르짖는 일이 없이 설교하려고 하지 않을 것입니다. 설교가 끝났을 때 일이 다 마친 것이 아닙니다. 그의 일이 이제 겨우 시작되었을 뿐입니다. 그의 설교는 본문을 놓고 오랫동안 기도해온 결과에 지나지 않을 것입니다. 그는 하나님께 자기에게 하늘의 기름을 부어주시기를 계속해서 구할 것입니다. 그는 이렇게 기도할 것입니다. "성령님을 내려주셔서 내가 포로된 자들에게 구원을 전할 수 있게 하여 주옵소서. 그렇지 않으면 내 모든 수고에도 불구하고 사람들이 여전히 감옥에 갇혀 있을 것입니다." 사랑하는 여러분, 여러분은 이 교리를 믿기 때문에 설교자가 기도 없이 설교하러 가게 두지 않을 것입니다. 여러분은 성령께서 하나님의 말씀에 복 주시기를 기뻐하시지 않는 한 여러분이 하나님의 집에 참석하는 것이 아주 헛되고 사람들이 함께 모이는 것이 아무 소용이 없다는 것을 알고서 간구로 그를 지지할 것입니다. 이 사실을 생각하면 여러분은 은혜의 보좌 앞에 나가 큰 소리로 울부짖고 눈물을 흘리며 하나님께 죽은 사람들을 소생시켜 주시기를 구하지 않을 수 없을 것입니다. 여러분 가운데 누가 기도 없이 일을 하고 있다면 나는 여러분에게 일을 중단하라고 조언하지 않을 것입니다. 그보다는 기도하기 시작하라고 권하겠습니다. 기도는 여러분에게 단지 형식의 문제가 아니라 여러분의 일에 생명과 같은 것입니다. 항상 기도하는 습관을 지니도록 하십시오. 그래서 여러분이, 성령께서 그의 전능하신 능력으로 일을 효과 있게 해 주시기를 하나님께 구하는 일이 없이 하나님에 대한 봉사를 시작도, 진행도, 끝내지도 않도록 하십시오.

우리가 하나님 앞에서, 그리고 시은좌 앞에서 겸손하게 처신하는 것을 배웠다면 이 진리에서 이미 많은 교훈을 얻은 것입니다.

그러나 우리는 여기서 조금 더 나아가야 합니다. 모든 것이 성령님께 달려 있으므로, 우리는 성령께서 쓰실 수 있는 그런 사람이 되도록 매우 조심해야 합니다. 다른 사람들을 판단해서는 안 됩니다. 여러분은 성령께서 복을 주시지 않을 것이라고 생각할 수 있는 사람들을 만난 적이 있습니까? 사람이 스스로 충족하다면, 성령께서 그에게 크게 복을 주실 수 있겠습니까? 사람이 일상생활에서 일관성이 없다면, 진실함이 없다면, 그 사람의 성품이나 신조가 어떤 것인지 알 수가 없다면, 어제 한 말과 오늘 하는 말이 모순된다면, 허영심이 강하고 자랑하기 좋아한다면, 성령께서 그 사람에게 복을 주실 것 같습니까? 우리 중 누구든지 게으르고 나태하며 제멋대로 행동한다면 그리스도를 영화롭게 하기 위해 일하시는 성령께서 우리와 함께 일하시리라고 기대할 수 없습니다. 우리가 잘난 체하고 오만하며 허세를 부리게 된다면 비둘기처럼 온유하신 성령께서 어떻게 우리와 함께 지내시겠습니까? 우리가 낙담해서 자신이 전하는 것을 거의 믿지 못하거나 전혀 믿지 못하며, 성령의 능력이 우리와 함께 하리라고 기대하지 못한다면 하나님께서 우리에게 복을 주시겠습니까? 친구 여러분, 분명히 말씀드리지만 주님의 쓰심에 합당한 그릇은 반드시 아주 깨끗해야 합니다. 그릇이 금 그릇이나 은그릇일 필요는 없습니다. 그것이 흔한 질그릇에 불과할 수가 있습니다. 그러나 그릇은 반드시 아주 깨끗해야 합니다. 우리 하나님은 불신앙을 용납하시지 않는 하나님이시기 때문입니다. 하나님은, 우리 눈으로 볼 수 없고 심지어 현미경으로도 볼 수 없는 곳에 있는 손가락 자국도 찾아내실 수 있습니다. 하나님은 조금 전까지만 해도 사탄의 입에 닿았던 그릇을 가지고 마시려고 하시지 않습니다. 그동안 우리 자신이 우리를 사용하였다면, 혹은 세상이 우리를 사용하도록 허락하였다면 하나님은 우리를 쓰시지 않을 것입니다. 성령께서 우리를 쓰시기를 기대하는 우리는 얼마나 깨끗해야 하겠습니까! 우리의 일반적인 행실과 대화에서뿐 아니라 개인의 은밀한 생활에서도 얼마나 조심해야 하겠습니까! 이것이 결코 작은 일이 아닙니다. 형제자매 여러분, 약속된 복의 많은 것이 여러분의 주의 깊은 태도에 좌우될 수 있다는 것을 잘 아시기 바랍니다.

다음으로, 우리는 성령님을 의지하고 있으므로, 사람들 가운데 그리스도를 위하여 행하는 모든 일에서 어떻게 해서든지 하나님 말씀을 사용하고 진리를 굳게 붙들도록 애써야 합니다. 하나님의 말씀이 성령의 검입니다. 하나님께서는 나무 무기를 휘두르려고 하시지 않습니다. 하나님은 오직 자신이 직접 만드신 이 참된 예루살렘 검만을 사용하실 것입니다. 그러니 우리는 영감된 이 하나님의 말씀을 귀하게 여깁시다. 우리는 "기록되었으되"라는 검의 공격으로 적들을 물리칠 것입니다. 그리스도께서 그렇게 말씀하셨고, 그와 같이 말씀하시어 사탄을 이기셨습니다. 성령께서도 그와 같이 말씀하십니다. 그러므로 지혜롭게 생각하십시오. 여러분은 자신의 지혜를 의지하지 말고, 여러분이 "여호와께서 이같이 말씀하셨느니라"(겔 22:28)는 말을 덧붙일 수 있는 말씀을 의지하십시오. 우리의 설교가 이와 같은 것이라면, 성령께서는 언제나 우리 설교에 인을 치실 것입니다. 그러나 여러분이 설교를 생각해 냈고 그래서 설교가 여러분 자신의 산물이라면, 여왕 폐하의 관저에 가서 여러분의 창작품을 보여주는 특허장을 받도록 하십시오. 그렇지만 성령님은 그 설교에 전혀 상관하시지 않을 것입니다. 성령께서는 여러분의 "독창적인 지성"에 아무 관심이 없으십니다. 우리 주 예수께서는 독창성은 모두 치워버리고 오직 아버지 하나님의 말씀, 곧 성령께서 주님께 가져다주신 말씀만 전하셨습니다. 예수님은 겟세마네로 가시기 전에 하신 그 유명한 강화(講話)에서 제자들에게 이같이 말씀하셨습니다. "너희가 듣는 말은 내 말이 아니요 나를 보내신 아버지의 말씀이니라"(요 14:24). 우리도 주님을 본받아 자신의 생각을 생각하지 않고 자신의 말을 이야기하지 않으며 하나님께서 우리에게 주실 것을 생각하고 말하도록 합시다. 나는 철학자들의 말을 오만 마디 하기보다는 이 성경 책의 말 다섯 마디를 하겠습니다. 나는 가장 지혜로운 과학자의 편에 서는 지혜로운 사람이 되기보다는 하나님 편에 서는 어리석은 사람이 되겠습니다. 이는 "하나님의 어리석음이 사람보다 지혜롭고 하나님의 약하심이 사람보다 강하기"(고전 1:25) 때문입니다. 여러분은 성령님을 의지하지 않고서는 그리스도를 위하여 일할 수 없습니다. 여러분이 그리스도를 가르치지 않고서는 그리스도를 위해서 가르칠 수 없습니다. 여러분의 말이 여러분의 입술을 통해 사람들에게 가르치는 하나님의 말씀이 되지 않으면 여러분의 말에 아무런 복이 없을 것입니다. 부흥운동이 일어나기를 바란다면 우리는 하나님 말씀에 대한 공경심을 되살려야 합니다. 사람들이 회심하는 것을 보고 싶으면 우리는 설교에 하나님의 말씀을 더 많이 넣어야 합니다. 비록 우리가 하나님의 말씀을 자신의 말로 바꿔서 설명할지라도 우리가 의지하는 것은 여전히 하나님의 말씀이어야 합니다. 사람들에게 은혜를 가져올 능력은 하나님의 말씀에 있기 때문입니다. 우리의 해설이 아무리 정확하다고 할지라도 사람들을 구원하는 것은 하나님의 말씀이지 하나님 말씀에 대한 우리의 해설이 아닙니다. 그렇다면 우리는 하나님께서 우리에게 마련해 주신 무기를 사용함으로써, 이 거룩한 성경의 완전한 영감을 믿음으로써, 그리고 하나님께서 사람들의 머리와 마음에 끼치는 효과로 성경의 영감을 입증하실 것을 기대함으로써 성령님께 영광을 돌리도록 아주 조심합시다.

다시 말하지만, 우리가 성령님이 없으면 아무것도 아니므로, 우리는 일할 때 성령님께 속하지 않은 것은 피해야 합니다. 하나님께서 황송스럽게도 우리를 사용하여 일하게 하실 때 우리는 성령님을 슬프시게 하거나 성령님이 우리를 떠나시게 만들 일을 일절 하지 않도록 조심합시다. 회심의 일이 크게 일어나는 곳에서는 하나님이 다른 어떤 곳에서보다 훨씬 더 불신앙을 용납하시지 않는다고 나는 믿습니다. 하나님께서 우리 교회를 지켜보십니다. 하나님께서 교회의 직원들이나 일꾼들에게서 부정한 것을 보신다면, 하나님의 순전하신 뜻에 어긋나는 관행들이 용인되는 것을 보신다면, 이런 악들이 인지되었는데 눈감아 주고 그래서 더욱 기승을 부리게 된다면, 하나님께서 복을 거두어들이실 것이고, 우리는 더 이상 하나님께 따지지도 못하게 될 것입니다. 어쩌면 하나님께서 여러 면에서 우리 교회보다 훨씬 나쁜 상태에 있는 교회에는 복을 내리실 수 있습니다. 반면에 우리 교회가 하나님의 말씀에 어긋나는 것을 묵인한다면 이미 아주 많은 은혜를 받았음에도 불구하고 우리 교회에서 복을 거두어들이실 수 있습니다. 여왕폐하의 일반 신하는 폐하에 관하여 자신이 결코 담당하지 못할 일들에 관해 말할 수도 있을 것입니다. 그러나 궁정에서 총애 받는 신하는 자신의 처신에 대해서 조심해야 합니다. 그와 같이 우리는 그리스도께 아주 가까이 가서 섬기는 이 거룩한 일에 매우 조심해야 합니다. 우리는 불구덩이에서 타다 남은 나무 동강을 얼른 끄집어내는 일에서 그리스도와 협력하도록 주의해야 합니다. 우리는 그 일을 하는 방법에 유의해야 합니다. 잘못하면 우리가 주님을 슬프시게 할 수 있는 방식과 방법들을 채택하게 될 수 있기 때문입니다. 우리의 방식과 방법들이 주님의 뜻에 맞지 않다는 것을 안 후에도 계속해서 그 길을 고집한다면 성령께서는 자신이 승인하지 않는 그 길을 인정하는 것처럼 보이게 될까봐 우리를 떠나실 것입니다. 그리스도를 위한 것이라도 앞뒤를 가리지 않고 덤벼드는 열심은 도랑으로 뛰어들 수가 있습니다. 우리가 아주 지혜롭다고 생각하는 것이 매우 미련한 것일 수가 있습니다. 우리는 기껏해야 하찮은 "방침"이 개입될 수 있다고 생각하지만 그 작은 것이 전체를 더럽힐 수 있고 하나님께서 견디시지 못할 역겨운 악취를 풍길 수가 있습니다. 여러분에게는 성령님이 계셔야 합니다. 성령이 없이는 여러분은 아무것도 할 수 없습니다. 그러므로 여러분에게서 성령님을 떠나시게 만들 것은 일절 하지 마십시오.

그 다음에, 우리는 성령님의 지극히 온유한 훈계에도 언제든지 순종할 준비가 되어 있어야 합니다. 내가 성령님의 훈계라고 하는 것은 하나님의 말씀에 들어 있는 훈계를 의미합니다. 그리고 두 번째로 그 의미를 생각할 수 있는 것은, 성령님께서 자기 가까이 지내는 사람들에게 주시는 내적 속삭임입니다. 나는 성령께서 지금도 매우 놀랄 만한 방식으로 자기의 택하신 자들에게 말씀하신다고 믿습니다. 세상 사람들이 이 진리를 비웃을 수도 있기 때문에 우리는 이에 대해 거의 말하지 않습니다. 그러나 하나님의 자녀는 성령께서 자기 마음을 움직여 이러이러한 길로 인도하시는 것이 분명히 느껴지는 때가 있다는 것을 압니다. 이러한 하나님의 손길에 매우 주의하십시오. 이런 성령님의 움직임을 느끼지 못하는 사람들이 있습니다. 하지만 그들이 좀 더 온전한 마음으로 하나님을 경외한다면 하나님의 비밀이 그들에게 계시될 수도 있을 것입니다. 바다에 떠 있는 큰 배는 잔물결에는 움직이지 않을 것입니다. 보통으로 치는 파도도 배를 움직이게 하지 못할 것입니다. 그 배는 크고 무겁습니다. 그러나 저기 떠 있는 코르크 마개는 잔물결이 일 때마다 올라갔다가 내려갔다 합니다. 큰 파도가 오면 그 마개는 파도 꼭대기까지 올라가고, 조류가 밀어내는 대로 어디든지 밀려 갈 것입니다. 여러분의 마음이 하나님 앞에서 작아져 쉽게 움직일 수 있도록 하십시오. 그래서 성령의 모든 감화를 인지할 수 있고, 그 감화가 무엇이든지 간에 즉각 순종할 수 있게 하십시오. 성령께서 이러이러한 것을 버리도록 여러분의 마음을 움직이시면 즉각 그 지시에 순종하십시오. 그렇지 않으면 성령님의 임재를 잃어버릴지도 모릅니다. 성령께서 여러분에게 이러이러한 의무를 이행하도록 마음을 다그치실 때는 그 하늘의 환상을 거역하지 마십시오. 여러분이 무릎 꿇고 있을 때 성령께서 기도 중에 여러분에게 방향을 지시하시는 것 같으면 그 방향으로 가십시오. 혹은 성령께서 여러분에게 이러이러한 은혜를 인하여 하나님을 찬송하도록 넌지시 지시하시면 전심으로 하나님께 감사하십시오. 성령님의 지도에 전적으로 복종하십시오. 그리스도의 일꾼들인 여러분, 믿는 마음으로 간절히 하나님의 지혜를 구하십시오. 나는 설교자가 강단에 올라가 성령님께 자기가 할 말을 인도하여 주시기를 기도하고 나서는 주머니에서 꺼낸 원고대로 모든 것을 읽는 것을 보면 이해가 되지 않습니다. 그것은 마치 그가 성령께서 특별히 활동하실 수 있는 길을 막아버리는 것처럼 보입니다. 그래서 어쨌든 그가 그 특정한 시간에 성령님으로부터 얻을 것으로 기대할 수 있는 도움은 기껏해야 원고를 읽는 방법에서밖에 없을 것입니다. 물론 그가 원고를 쓸 때 성령의 인도를 받았을 수 있습니다. 그렇지만 성령님께서 그의 능력을 나타내실 여지는 현저히 부족합니다. 마찬가지로 여러분이 사람들을 어떻게 대할 것인지 그리고 무슨 말을 할 것인지를 마음에 결정할지라도, 말하는 과정에서 여러분이 말하려고 하였던 것을 다 까먹어버리고 그래서 그때 그냥 떠오르는 생각을 말한 것이 오히려 최선의 경우가 되는 일이 종종 일어날 수 있습니다. 여러분이 말하는 것이 적절치 못하다고 생각한 바로 그것을 말했을지라도 지나고 보니 결국 그것이 여러분이 말할 수 있는 최상의 말이 될 수가 있고, 평소에 하지 않던 그 방식이 성령께서 복을 베푸시는 일이 될 수가 있는 것입니다. 그러므로 여러분은 마른 뼈들의 골짜기 앞에서 성령께서 여러분에게 시키시려고 하는 일을 그대로 하여 여러분을 통해 죽은 자들을 일으키실 수 있도록 하십시오.

다시 한번 말씀드립니다. 성령님을 떠나서는 우리가 아무 힘이 없으므로 성령의 능력이 나타나는 움직임 하나하나를 매우 귀중히 여겨야 합니다. 이 골짜기의 환상에 대한 설명에서 에스겔 선지자는 생기가 전혀 없는데도 뼈들이 소리를 내며 움직이고 힘줄과 살이 생기는 사실에 우리가 아주 유의하도록 만듭니다. 성령께서 우리에게 복 주시기를 원한다면 우리는 성령께서 행하시는 일을 모두 주의해서 지켜보아야 합니다. 처음에 느끼는 바람, 처음 느끼는 두려움을 주의하십시오! 교인들에게 일어나는 일 가운데 성령의 활동인 것처럼 보이는 것을 기쁘게 생각하십시오. 여러분이 성령께서 처음 일을 시작하실 때의 움직임들을 귀하게 여기면 성령께서 계속해서 더욱더 일을 하시고, 그래서 마침내 생기를 불어넣어 죽은 사람들이 일어나 하나님의 군대가 되게 하실 것입니다. 여러분이 반쯤 졸고 있는 상태에 있다면 성령께서 오셔서 여러분을 통해 일하실 것을 결코 기대할 수 없습니다. 여러분이 이런 상태에 있다면, 즉 성령께서 회중 가운데 절반만 구원하셨는데도 여러분이 그것을 알지 못하고, 아무도 구원하시지 않았어도 그것에 대해 괴로워하지 않는 상태에 있다면 성령께서 능력을 발휘하실 것을 기대할 수 없습니다. 여러분이 정신을 바짝 차리고 있지 않으면 성령께서 여러분에게 복을 내리시지 않을 것입니다. 성령님은 졸고 있는 사람들을 써서 일하시지 않습니다. 성령께서는 우리 자신이 살아 있게 하기를 좋아하십니다. 그때 우리를 써서 다른 사람들을 살리실 것입니다.

친구 여러분, 이 점을 유의하십시오. 쓸 수 있는 시간이 더 있다면 이 주제의 이 부분에 대해 좀 더 이야기하고 싶습니다. 그러나 우리가 성령님을 떠나서는 아무것도 아니라는 이 첫 번째 중요한 진리에 대해 말했는데, 성령께서 거기에 복을 주신다면, 나로서는 충분히 말한 셈입니다.

2. 둘째로, 이 경우의 에스겔의 행동을 보고서 우리가 성령님을 받는 행동을 배울 수 있습니다.

처음에 에스겔이 마른 뼈들을 보았을 때는 바람도 없고 숨도 없었습니다. 그런데 환상 속에서 여호와의 목소리에 순종하자 숨이 왔고 생명이 따라왔습니다. 그렇다면 우리는 어떻게 행동해야 하겠습니까? 우리가 주목해서 보아야 할 상태를 한두 가지만 간단히 설명하도록 하겠습니다.

성령께서 확실히 우리와 함께 계시면서 우리에게 복 주시기를 바란다면 우리는 들어가서 일해야 하는 무대를 성령의 능력으로 생생하게 인식해야 합니다. 이 경우에 성령께서는 이 선지자를 데리고 가서 뼈들이 가득 차 있는 골짜기에 내려놓았습니다. 이것은 성령께서 쓰시려고 하는 사람은 누구에게나 일어날 일을 전형적으로 보여주는 것일 뿐입니다. 여러분은 빈민굴에 있는 사람들을 구원하고자 하십니까? 그렇다면 여러분은 빈민굴로 들어가야 합니다. 여러분은 죄인들이 죄의식 때문에 마음이 무너지는 것을 보고 싶습니까? 여러분 자신이 죄의식 때문에 상심하게 되어야 합니다. 적어도 그들의 상심한 마음을 가깝게 이해하고 공감할 수 있어야 합니다. 자기가 전혀 알지 못하는 사람들에게 영향력을 행사하려고 할 사람은 아무도 없을 것입니다. 여러분이 어떤 장소에 가본 적이 없다면 그곳에 가는 길을 알지 못합니다. 여러분이 직접 거기에 가보았는데 우연히 길을 잃은 사람을 만난다면 여러분이 그에게 길을 가르쳐 줄 수 있는 적임자인 것입니다. 여러분이 다른 사람들을 난처하게 만드는 곤란한 상황들을 똑같이 겪어보았을 때는 다른 사람들에게 이렇게 말할 수 있습니다. "내가 직접 거기 갔다 왔습니다. 그곳에 대해서는 훤합니다. 하나님께서 복 주시면 여러분을 인도하여 이 미로에서 벗어날 수 있습니다." 친구 여러분, 우리는 죄인들을 더 많이 동정해야 합니다. 여러분이 불에 그슬리는 것을 두려워한다면 불구덩이에서 타다 남은 나무 동강을 끄집어 낼 수 없습니다. 그 일을 하려면 손가락이 벽난로의 창살에 닿아 시커멓게 되는 것을 기꺼이 감수하려고 해야 합니다. 다이아몬드가 시궁창에 떨어졌다면 여러분은 팔꿈치까지 들어가도록 팔을 진창 속에 집어넣어야 합니다. 그렇게 하지 않으면 그 보석을 시궁창에서 꺼낼 것으로 기대할 수 없습니다. 성령께서는 사람에게 복을 베푸실 때 그를 뼈들이 가득한 골짜기 가운데 내려놓으시고 사방으로 널려 있는 뼈들을 지나가게 하십니다. 그렇게 해서 결국 그가 수행해야 할 일이 크고 어렵다는 것을 알도록 하십니다. 다시 말해, 에스겔 선지자가 "본즉 그 골짜기 지면에 뼈가 심히 많고 아주 말랐더라"고 말할 만큼 크고 어려운 것을 충분히 알도록 하십니다.

다음으로, 성령께서 우리와 함께 하시도록 하려면, 우리는 믿음의 힘으로 말해야 합니다. 에스겔에게 믿음이 없었다면 그는 틀림없이 마른 뼈들에게 설교하지 않았을 것입니다. 마른 뼈들은 초라한 회중들이었습니다. 그는 틀림없이 바람에게 설교하지 않았을 것입니다. 바람은 변덕스러운 청중에 지나지 않았을 것이기 때문입니다. 믿음이 발휘되지 않는 한, 바보 아닌 다음에야 누가 이런 식으로 행동하겠습니까? 설교가 초자연적인 활동이 아니라면 그것은 아무 소용이 없는 절차입니다. 성령 하나님께서 우리와 함께 하셔야 합니다. 그렇지 않으면 우리는 가서 스코틀랜드 산꼭대기에 서서 동풍을 보고 소리치는 것이 낫습니다. 성령께서 우리가 사람들의 영혼을 소생시키기 위해 설교하는 진리를 사용하신다는 것을 믿지 않는다면 웅변적으로 전하는 우리의 모든 설교가 아무것도 아닙니다. 우리의 대언하는 일은 믿음의 행위가 되어야 합니다. 노아가 믿음으로 방주를 지었듯이 우리는 믿음으로 설교해야 합니다. 여리고의 성이 믿음에 의해 무너졌듯이 사람들의 마음도 믿음 있는 설교, 즉 믿음이 충만한 설교에 의해 무너지게 되어 있습니다.

이 외에도, 성령께서 우리와 함께 계시도록 하기 원한다면, 우리는 하나님의 명령대로 대언해야 합니다. 대언한다고 할 때 나는 장래의 일들을 예언하는 것을 뜻하지 않습니다. 그냥 우리가 하나님께 받은 메시지를 전하고, 모든 사람들이 들을 수 있도록 그 메시지를 크게 선포하는 것을 말합니다. 여러분은 "이에 내가 명령을 따라 대언하였다"는 말이 거의 똑같이 두 번에 걸쳐 반복되는 것을 볼 것입니다. 하나님께서는 당신이 명하시는 대언에만 복을 주실 것입니다. 그래서 우리는 하나님의 말씀에 어긋나는 것은 피하고 하나님께서 우리에게 선포하라고 주시는 진리만을 말해야 합니다. 요나가 두 번째로 느니웨로 가라는 말을 들었을 때 하나님께 "내가 네게 명한 바를 그들에게 선포하라"(욘 3:2)는 명령을 받았듯이 사람들이 요나의 말을 믿은 것처럼 우리의 말도 믿게 하고 싶다면 우리도 하나님의 명령대로 대언해야 합니다. 우리의 메시지가 우리를 통해 전해지는 하나님의 말씀일 때 사람들이 받아들입니다. 하나님께서는 하늘로부터 내리는 비와 눈에 의해 땅에 임하는 복을 묘사하시면서 "내 입에서 나가는 말도 이와 같으리라"(사 55:11) 하고 말씀하십니다. 우리는 말이 우리 입에서 나가기 전에 그 말을 하나님의 입에서 받았는지 확인하도록 합시다. 그 말을 하나님께 받았다면 사람들이 우리에게서 나가는 말도 받을 것이라고 바라고 기대할 수 있습니다. 하나님의 생기인 성령은 하나님의 말씀과 함께 가고, 오직 하나님 말씀과만 함께 갑니다.

그 다음에, 성령이 우리와 함께 계시도록 하고 싶다면, 우리는 강렬한 소원을 표시해야 합니다. 선지자는 마른 뼈들에게 대언해야 합니다. 그러나 그는 "바람이 불어야만 이 죽은 사람들에게 생기가 전달될 수 있다" 하고 그저 형식적으로 말을 시작하지 않습니다. 아닙니다. 그는 갑자기 탄성을 지르며, 온 마음이 강렬한 소원으로 크게 고조되어서 소리칩니다. "생기야 사방에서부터 와서 이 죽음을 당한 자에게 불어서 살아나게 하라!" 그는 앞에 있는 사람들을 눈과 마음에 담고서 성령님께 아주 간절한 마음으로 와서 그들을 살려주시기를 간구합니다. 여러분들은 대체로 오늘 이 예배에서 다른 사람들의 영혼을 동정하는 사람들이 바로 성령께서 쓰시는 사람들이라는 것을 발견할 것입니다. 아무 소원이 없는 사람은 자기가 열망하는 것을 얻는다고 해도, 그것은 결국 그에게 아무것도 아닌 것이 됩니다.

다음에, 성령의 능력이 우리에게서 더욱 발휘되게 하기를 원한다면, 우리는 하나님의 뜻, 하나님의 능력, 하나님의 활동만을 보아야 합니다. 하나님께서는 성령님이 하나님의 손을 보는 사람들과 함께 나아가도록 하실 것입니다. "내 백성들아 내가 너희 무덤을 열고 너희로 거기에서 나오게 한즉 너희는 내가 여호와인 줄을 알리라 내가 또 내 영을 너희 속에 두어 너희가 살아나게 하고 내가 또 너희를 너희 고국 땅에 두리니 나 여호와가 이 일을 말하고 이룬 줄을 너희가 알리라 여호와의 말씀이니라"(겔 37:13,14). 하나님께서 이루실 것은 내 계획이 아니라 하나님 자신의 계획입니다. 성령님께서 실행하실 것은 내 뜻이 아니라 영원하신 여호와의 뜻입니다. 사람들을 사망에서 생명으로 옮기는 것은 내 능력이나 내 경험 혹은 내 사고 방식이 아닙니다. 그 일을 하실 분은 성령님이시고, 오직 성령님 한 분밖에 없습니다. 우리는 이 사실을 알고 이 정신으로 일을 시작합시다. 그러면 성령 하나님께서 우리와 함께 하실 것입니다.

내가 시간을 다 채우거나 조금 넘기더라도 양해해 주시기 바랍니다. 나는 이제 회심하지 않은 사람들 혹은 자신이 아직도 구원받지 못한 것이 아닌가 하고 걱정이 되는 사람들에게 이야기하고 싶습니다.

3. 그리고 본문을 볼 때, 나는 여러분에게 희망적으로 이야기할 수 있을 것입니다.

아직까지 거룩한 생명으로 살아나지 못했거나 자신이 그런 상태에 있는 것이 아닌가 하고 걱정하는 여러분, 나는 여러분에게 하나님의 말씀을 들으라고 권하겠습니다. 자신이 이 마른 뼈들처럼 죽은 것 같다고 느낄지라도 여러분이 구원받기를 원한다면 자주 하나님의 말씀을 들으십시오. "믿음은 들음에서 나며 들음은 그리스도의 말씀으로 말미암았느니라"(롬 10:17). 여러분이 하나님의 생명을 찾고 싶다면 여러분에게 그런 소원이 있다는 것에 하나님께 감사하고, 그리스도에 대해 많이 이야기하고 영생 얻는 길을 아주 분명하게 설명하는 교회를 자주 방문하십시오. 예배자들 가운데 섞여 두 귀로 들을 때, 여러분은 듣는 것을 기억하고, 듣는 동안 내내 하나님께서 듣는 말씀이 여러분에게 복이 되게 해 주시기를 기도하도록 애쓰십시오. "너희 마른 뼈들아 여호와의 말씀을 들을지어다!"

그 다음에, 나는 여러분에게 성령님으로부터 오는 생명이 절대적으로 필요하다는 점을 깨닫게 하고 싶습니다. 이 사실을 여러분이 원하는 방식으로 표현할 수 있지만, 어떻든 여러분은 거듭나지 않고서는 구원을 받을 수 없습니다. 신생(新生)은 여러분의 힘으로 해결할 수 있는 문제가 아닙니다. 요한복음 3장의 난외주의 번역대로 하자면 "너희는 위로부터 거듭나야 한다"는 것입니다. 여러분이 원하는 대로 하십시오. 그러나 여러분이 생각할 수 있는 모든 종교는 여러분을 구원하지 못할 것입니다. 여러분이 외적인 의식들이나 종교적 관례와 싸울 수 있지만, 성령으로 하지 않고서는 여러분에게 아무 소망이 없습니다. 여러분을 위해서 이루어져야 하는 일이지만 여러분 스스로 할 수 없는 일이 있습니다. 나는 그 진리를 적당히 조절하여 말하지 않고 성경에 있는 그대로 제시할 것입니다. 여러분이 그 진리의 힘을 느끼기 바랍니다.

나는 여러분에게 성령께서 다른 사람들을 위해 행하신 일을 유의하여 보도록 하고 싶습니다. 여러분의 친구들 가운데 거듭난 사람들이 있습니다. 그들은 여러분처럼 스스로 어떻게도 할 수 없는 절망적인 처지에 있었습니다. 그러나 지금은 구원받은 자리에 있습니다. 여러분은 그들이 구원받은 것을 압니다. 그들의 생활이 어떤지 보았기 때문입니다. 그들의 생활을 주의해서 보십시오. 성령께서는 이 사람에게서 행하실 수 있는 일은 저 사람에게서도 행하실 수 있습니다. 다른 사람들에게 나타난 하나님의 은혜가 여러분 자신에게도 위로가 되도록 하십시오. 특별히 망나니 술주정뱅이나 입이 상스럽기 짝이 없는 사람들 혹은 아주 악한 사람들이 성도가 되었다는 말을 들을 때, 그렇게 하시기 바랍니다. 여러분 스스로에게 이렇게 말하십시오. "성령께서 저와 같은 죄인을 성도로 만드실 수 있다면 나도 성도로 만드실 수 있어." 한때 뼈만 앙상한 것처럼 말랐던 사람들에게 살과 힘줄이 생기는 것을 보듯이, 머지않아 여러분에게도 그런 일이 일어날 수 있다고 희망을 갖기 바랍니다.

조금만 더 말씀드리도록 하겠습니다. 나는 여러분이 자신에게서 일어난 일을 주의 깊게 살펴보라고 말씀드리고 싶습니다. 나는 지금 이 자리에 이 설교를 듣고 있는 분들 가운데 이미 현저한 변화를 겪은 분들이 있다고 생각합니다. 여러분은 자신에게 영적 생명이 있다고 말하지 못합니다. 그리고 자신에게 영적 생명이 없는 것이 아닌가 하고 걱정합니다. 여러분이 지금은 과거의 모습이 아닙니다. 여러분은 한때 여러분에게 즐거움이었던 많은 것들을 버렸고, 지금은 여러분이 한때 멸시하였던 많은 것들에서 즐거움을 얻습니다. 그래도 거기에 약간의 희망이 있습니다. 물론 그 일이 마른 뼈에 힘줄이 생기고 힘줄에 살이 생기는 것처럼 거의 불가능하다시피 한 것은 사실입니다. 그렇지만 나는 성령께서 일을 시작하실 때는 일을 완성하시기까지는 그만 두시지 않는다는 것에 주의합니다. 하나님께서는 그처럼 자기 일을 기뻐하시므로 일을 시작하셨으면 끝을 맺으십니다. 욥이 "주께서는 주의 손으로 지으신 것을 기다리시겠나이다"(14:15) 하고 말했는데, 잘 이야기한 것입니다. 자, 하나님께서 여러분을 위해 이미 행하신 일을 보고 나는 격려를 받습니다. 여러분도 거기에서 용기를 얻어 하나님께서 영생을 여러분에게 주실 때까지 더 많은 일을 하시고, 계속해서 은혜로운 활동을 하실 것이라고 희망을 가져야 합니다.

또한, 나는 예수님을 믿는 것이 생명이 있다는 표시라는 점을 말씀드리고 싶습니다. 여러분이 마음으로 그리스도를 의지하고 그리스도께서 여러분을 구원하실 수 있다고 믿을 수 있다면 여러분은 이미 영생이 있는 것입니다. "아들을 믿는 자에게는 영생이 있느니라"(요 3:36). 비록 이것이 처음으로 하는 일일지라도 여러분이 지금 홀로 그리스도를 의지할 수 있다면 믿음이야말로 성령님의 활동을 보여주는 가장 확실한 증거입니다. 여러분은 이미 "사망에서 생명으로 옮겼습니다"(5:24). 여러분이 바람을 볼 수 없는 것과 마찬가지로 성령을 볼 수 없습니다. 그러나 여러분에게 믿음이 있다면 믿음은 성령께서 부는 길에서 돌아가는 복된 바람개비입니다. "예수께서 그리스도이심을 믿는 자마다 하나님께로부터 난 자니라"(요일 5:1). 여러분이 믿는다면 이 사실이 여러분에게 해당됩니다. 그리고 여러분이 전적으로 그리스도를 의지한다면, "그를 믿는 자는 정죄를 받지 아니하는 것이요"(요 3:18)라고 기록된 사실을 기억하시기 바랍니다. 그러므로 기운을 내십시오.

나는 여러분이 어려운 문제들에 대해 토론하는 데로 나아가지 않기를 바랍니다. 어려운 문제들은 아주 많습니다. 마른 뼈들에게 살아나라고 말하는 것은 논리의 법칙으로 판단할 때 전혀 이치에 맞지 않는 일입니다. 내가 죽은 죄인인 여러분에게 그리스도를 믿으라고 말하는 것도 같은 법칙에서 볼 때 결코 도리에 맞지 않는 것처럼 보일 수 있습니다. 그러나 나는 그것을 옳다고 주장할 필요가 없습니다. 내가 하나님의 말씀에서 그것이 내가 충분히 할 수 있는 말이라는 것을 발견한다면, 또 설교자가 이 문제에서 아무런 어려움을 느끼지 않는다면, 여러분이 상관할 바가 없습니다. 어려운 문제가 있습니다. 그러나 여러분은 그 문제와 아무 상관이 없습니다. 어려운 문제들은 도처에 있습니다. 빵이 어떻게 여러분의 몸을 부양하는지, 또 여러분의 몸을 부양하는 빵이 어떻게 여러분의 생명을 연장하는 수단이 될 수 있는지를 설명하는데도 어려운 점이 있습니다. 우리는 물질적인 것이 어떻게 정신적인 것에 영향을 미칠 수 있는지 알지 못합니다. 생명과 관련된 거의 모든 것에 어려운 문제들이 있습니다. 만일 사람이 어려운 문제를 모두 해결하고서 무슨 일을 하려고 한다면 우리는 그의 무덤을 파야 합니다. 만일 여러분이 어려운 문제가 모두 해결되지 않고서는 천국에 가지 않겠다고 한다면 여러분은 지옥에 갈 것입니다. 여러분이 천국에 가면 그런 문제들을 해결할 시간이 충분할 것입니다. 그러나 생명이 예수 그리스도로 말미암아 온다면 우리는 그 생명을 받고, 의심을 키우는 일을 끝내버립시다.

그 다음에, 나는 여러분이 성령 하나님의 찾아오심을 간절히 바라게 하고 싶습니다. 나와 함께 "오소서, 성령님이여, 아주 힘 있게 오소서, 생기야 사방에서부터 와라!" 하고 기도합시다. 바람이 한 군데서만 오지 않고 사방에서 불어 올 것입니다. 온갖 악한 것으로 가득 차 있는 여러분의 마음은 깨어질 필요가 있습니다. 욥의 자녀들이 있었던 욥의 집처럼 무너질 필요가 있습니다. "거친 들에서 큰 바람이 와서 집 네 모퉁이를 치매 그 청년들 위에 무너지니라"(욥 1:19). 천국의 사방에서 바람이 불어와 여러분 죄의 집 네 모퉁이를 쳐서 그 집이 무너지면 좋겠습니다! "생기야 사방에서부터 와라!" 그것은 저 시인이 노래하는 대로입니다.

"생명이 없는 골짜기에
생기여 와서 불어라!
새로 창조하고 다시 모으라!
네가 원하는 곳에 불어서
그 말씀을 돕고
죽음의 권세에 저항하라,
생기여 와서 불어라!"

성령께서 오고자 하시는 대로 오시도록 하십시오. 성령께서 살을 에는 듯이 차가운 북풍으로 오든지 부드럽고 기분 좋은 남풍으로 오든지 성령께서 오고자 하시는 대로 오시도록 합시다. "생기여 사방에서부터 오소서! 오기만 하소서" 하고 말합시다. 성령께서 남아 있는 오 분 동안에 회중석에 있는 여러분에게 예기치 않게 오실 수 있습니다. 여러분은 어쩌면 지금 일찍 기차를 타고 집에 갈 수 있을지 생각하고 있는 중인지도 모릅니다. 여러분이 이 예배당을 떠나기 전에 성령께서 여러분을 붙잡으시고 여러분의 하나님, 여러분의 아버지 하나님의 참된 보장을 받고서 집에 가게 하여 주시기를 바랍니다! 성령님이 매우 힘차게 오실 수 있습니다. 여러분에게는 성령님을 모셔들이지 않게 하려는 것들이 아주 많습니다. 그러나 바람이 아주 맹렬하게 불 때는 바람을 안에 들이지 않게 하기가 어렵습니다. 여러분이 원하면 문의 터진 틈들을 막을 수 있지만 그럼에도 바람은 안으로 들어옵니다. 성령께서도 이와 같으십니다. 성령님은 힘 있게 오십니다. 성령께서는 아주 부드럽게 오실 수도 있습니다. 성령님을 두려워하지 마십시오. 성령께서는 여러분을 그리스도께로 몰아가실 수도 있듯이 여러분을 매혹시켜 그리스도께로 이끄실 수도 있습니다. 성령께서 바로 지금 여러분의 마음에 들어가시기를 바랍니다!

나는 여러분 모두가 이와 같이 살아나는 것을 꼭 보고 싶습니다. 나는 지금 성령께서 여러분 모두에게 임하시기를 마음으로 기도하고 있습니다. 에스겔이 본 것은 골짜기의 마른 뼈들이 일부는 살아나고 나머지는 그대로 있는 모습이 아니었습니다. 모두 다 살아났고 제 발로 서서 아주 큰 군대를 이루는 모습이었습니다. 나는 여러분 모두가 이 예배 시간에 복을 받는 것을 보고 싶습니다. 그렇게 되지 않아야 할 이유가 있습니까? 성령께서 오셔서 우리 한 사람 한 사람을 만져주시면 좋겠습니다!

우리 가운데 많은 사람이 벌써 살아났습니다. 하나님의 이름을 찬양합시다! 여러분은 생명을 더 많이 얻을 수 있습니다. 이는 그리스도께서 오신 것이 여러분으로 생명을 얻게 하시려는 것뿐만 아니라 또한 "더 풍성히 얻게 하시려는"(요 10:10) 것이기 때문입니다. 여러분에게 간절히 부탁합니다. 복되신 성령께서 더 충만히 들어오시도록 하십시오. 이 자리에 있는 죽어 있는 모든 사람이 지금 이 거룩한 생기를 느끼고 살아나기 시작하도록 뜨겁게 기도하십시오. 그러면 나는 지난 목요일처럼 한 사람에 대한 소식을 들을 뿐만 아니라 또한 거룩하신 성령께서 인자하게 임하여 예수께로 인도하신 많은 사람들이 지금 구원을 받았고 영원히 구원받았다는 소식을 듣게 될 것입니다. 하나님이여, 그 일을 허락하여 주옵소서! 아멘.

제
23
장
—

절망을 꾸짖고 은혜를 찬미함

—

"또 내게 이르시되 인자야 이 뼈들은 이스라엘 온 족속이라 그들이 이르기를 우리의 뼈들이 말랐고 우리의 소망이 없어졌으니 우리는 다 멸절되었다 하느니라 그러므로 너는 대언하여 그들에게 이르기를 주 여호와께서 이같이 말씀하시기를 내 백성들아 내가 너희 무덤을 열고 너희로 거기에서 나오게 하고 이스라엘 땅으로 들어가게 하리라 내 백성들아 내가 너희 무덤을 열고 너희로 거기에서 나오게 한즉 너희는 내가 여호와인 줄을 알리라." — 겔 37:11-13

나는 방금 여러분에게 마른 뼈들의 부활에 대한 환상을 읽어드렸습니다. 여러분은 자신이 본문을 이해할 수 있다는 생각을 간직하시기 바랍니다. 이 비유는 매우 적절하고 교훈적이며 또한 인상적입니다. 그러나 이것은 단순한 비유가 아닙니다. 죽은 자들의 부활을 놀랍게 묘사하는 것에 근거한 비유입니다. 이 시기의 이스라엘 자녀들은 부활에 관해서는 거의 아는 것이 없었지만 성령 하나님께서는 부활에 관한 모든 것을 아셨습니다. 그래서 성령께서는 부활을 이스라엘에게 임한 민족적 죽음으로부터 이스라엘을 구원하시는 일을 보여주는 인상적인 그림으로 사용하셨습니다. 그뿐 아니라 또한 우리는 이 죽은 자의 부활에서 하나님의 은혜의 능력으로 소생하여 영적 생명을 얻은 모든 사람들의 마음에 작용하는 은혜의 활동에 대한 생생한 묘사도 볼 수 있습니다. 사람들은 "나를 믿는 자는 죽어도 살겠고 무릇 살아서 나를 믿는 자는 영원히 죽지 아니하리라"(요 11:25,26)는 말씀에 따라 성령님의 소생시키는 생기를 느끼고 살아나기 전에는 본래 죄로 죽어 있습니다.

이러한 은유는 벌집에서 꿀이 떨어지듯이 자연스럽게 흘러나오는 교훈이 있습니다. 따라서 우리가 이 은유에서 배우는 것이 없다면 그것은 우리의 잘못입니다. 하나님의 은혜와 능력에 의한 사람들의 구원은 전체적인 부활만큼이나 크고 놀라운 일입니다. 자연적인 사람 속에 영적 생명을 불어넣는 것은 기적 중의 기적으로서 나사로나 야이로의 딸 혹은 나인 성의 청년을 일으키신 것만큼이나 놀라운 일임에 틀림없습니다. 마지막 나팔소리에 죽은 자들을 일으켜 세우는 것도 죽은 마음이 하나님의 생명을 얻도록 하는 일보다 더 큰 기적이 아닙니다. 그러나 나는 영적 부활에 대해 좀 더 충분히 살펴보기 위해 여러분을 붙들어 둘 생각은 없습니다. 우리의 시간과 정력의 대부분을 쏟아 부어야 할 다른 일이 있기 때문입니다.

여러분이 주의 깊게 살펴본다면 본문이 다음과 같이 나뉘는 것을 알 것입니다. 첫째로, 사실 그대로의 말이 있습니다. "그들이 이르기를 우리의 뼈들이 말랐나이다 하느니라." 둘째로, 본문에는 진실을 벗어나는 틀린 말이 있습니다. "우리의 소망이 없어졌나이다." 하나님은 죄인의 소망입니다. 하나님은 없어지시지 않습니다. 그래서 절망의 말은 정당한 것이 아닙니다. 셋째로, 은혜의 말, 곧 강력한 사랑의 말이 있습니다. "주 여호와께서 이같이 말씀하시기를 내 백성들아 내가 너희 무덤을 열고 너희로 거기에서 나오게 하고 이스라엘 땅으로 들어가게 하리라 내 백성들아 내가 너희 무덤을 열고 너희로 거기에서 나오게 한즉 너희는 내가 여호와인 줄을 알리라."

1. 내가 사실 그대로의 말이라고 부른 엄숙한 고백부터 생각해 봅시다.

"그들이 이르기를 우리의 뼈들이 말랐나이다 하느니라." 사람들이 자신을 아주 나쁘게 말하는 것은 문제가 되지 않습니다. 사람들이 자신에 대해서 무슨 말을 하더라도 사실보다 나쁘게 말할 수는 없기 때문입니다. 나는 죄인치고 자신의 의를 너무 심하게 평가 절하했다는 죄인에 대해서 들어본 적이 없습니다. 죄인으로서는 아무리 회개를 많이 할지라도 다할 수 없는 법이고, 상을 받을 만한 자신의 가치나 영적 능력에 대해서는 아무리 낮게 평가할지라도 사실만큼 낮게 평가할 수는 없습니다. 전도집회의 신앙 간증자가 하나님의 은혜의 능력과 충만함을 평가 절하하거나 사람들이 낙담해서 자신의 구원의 가능성을 의심하는 것은 통탄할 만한 잘못입니다. 그러나 자기 자신에 대해서 평가 절하가 이루어질 때는, 아무리 심하게 자신을 평가 절하한다고 할지라도 지나치는 법이 없고, 거듭나지 않은 상태의 악은 아무리 과장할지라도 지나치는 법이 없습니다. 죄인의 본성적인 상태는 말로 다 설명할 수 없을 만큼 비참합니다. 사실 죄인은 자신의 죄책과 위험한 상태를 알고서 완전히 거꾸러졌을 때조차도 스스로 자신에 대해서 생각하는 것보다 훨씬 악합니다. 나는 루터가 사람이 자신의 죄를 사실 그대로 볼 수 있다면 이성을 잃을 것이라고 말했는데, 그의 말이 백 번 옳다고 생각합니다. 우리가 범죄로 말미암아 떨어진 상태는 이루 말할 수 없이 끔찍합니다.

첫째로, 그들이 자신들을 말랐고 죽었으며 분열된 것으로 묘사한다는 점을 살펴봅시다. 그들은 스스로를 죽었다고 말합니다. 왜냐하면 사람은 자신이 살아 있다고 생각하는 동안에는 자기 뼈가 평지에 뿔뿔이 흩어질 것이라고 생각하지 않기 때문입니다. 이 사람들은 자신의 뼈에 대해서 말하였고, 따라서 자신들을 죽은 것으로 생각한 것입니다. 이와 같이 죄인이 자신에 대해서 영적 생명이 없는 것으로 생각할 수가 있는데, 그것은 과장이 아닙니다. 죄인은 하나님의 생명을 알지 못합니다. 그는 허물과 죄 가운데 죽었기 때문입니다. 바울 사도는 거듭나지 않은 사람들에 대해서 "그들 가운데 있는 무지함과 그들의 마음이 굳어짐으로 말미암아 하나님의 생명에서 떠나 있도다"(엡 4:18)라고 말합니다. 또 우리는 이 말씀을 읽습니다. "그들은 부패하고 그 행실이 가증하니 선을 행하는 자가 없도다"(시 14:1). 사람이 부패해 있으면 그는 이미 죽음 너머의 단계에 가 있는 것이고, 따라서 "자기의 육체를 위하여 심는 자는 육체로부터 썩어질 것을 거두리라"(갈 6:8)고 기록되었듯이, 장차 죄의 완전한 결과를 받을 것입니다. 아, 죄인이여, 여러분은 죽은 자와 같고, 여러분의 상태는 그보다 훨씬 더 나쁩니다. 여러분의 책임과 죄책은 그대로 있으며 의에 대하여 죽어 있는 여러분은 비난받아 마땅하고 그로 인해 형벌을 당할 것이기 때문입니다.

이들은 또한 나뉘어 있었습니다. 이 이스라엘 백성들은 도처에 사방으로 흩어졌습니다. 친구 여러분, 어쩌면 여러분은 호세아 선지자가 말하는 대로 자신이 두 마음을 품었고(호 10:2), 또 부족함이 보였다(단 5:27)고 느낄 것입니다. 여러분은 생각을 모을 수 없고 마음을 집중할 수 없습니다. 여러분은 "사람이 밭 갈아 흙을 부스러뜨림 같이"(시 141:7) 부서져 떨고 있습니다. 여러분은 하나님을 신뢰하는 데 마음을 집중할 수가 없습니다. 여러분의 마음은 선한 것에 무감각하고, 온갖 그릇된 꾀들로 분열되어 있습니다.

여러분이 이 비유를 더 끌고 가면 자신이 마르고 활기가 없으며 무익하고 가망이 없는 존재로 생각될 수도 있습니다. 뼈에서 골수가 모조리 빠져나가면 뼈는 마릅니다. 그때는 뼈가 마치 한 번도 살이 붙은 적이 없거나 살아 있는 몸의 일부분이었던 적이 없는 것처럼 보입니다. 여러분은 자신에게 영적인 갈망이나 욕구 혹은 후회가 없기 때문에 슬퍼하고 있습니까? 여러분은 자신이 느끼지 못하고, 하려는 마음을 먹지 못하며 후회하지 못하고 사랑하지 못하며, 심지어 두려워하지도 못해서 슬퍼합니까? 여러분은 자신에게 선한 것이나 선한 쪽으로 향해 있는 것을 찾을 수 없어서 괴로워합니까? 여러분은 슬픔에 찬 미제레레(miserere)의 기도를 괴로운 숨을 쉬며 부릅니까?

"주의 성도들이 위로를 받고
기도하는 집을 사랑하는 줄 내가 압니다!
내가 때때로 다른 이들이 가는 곳에 가지만
거기에서는 아무 위로를 얻지 못합니다.

내가 듣지만 강철처럼 감각이 없으니
듣는 것이 허사처럼 보입니다.
조금이라도 느끼는 것이 있다면
내가 느끼지 못함을 아는 고통뿐입니다.

가장 바람직한 내 소원은 희미하여 거의 없다시피 하여
나는 어떻게 해서든지 그 소원을 더 얻고 싶습니다!
그러나 '새 힘을 주소서' 하고 소리치지만
나는 전보다 더 연약해지는 것 같습니다."

정말로 여러분은, 햇빛 아래 오랫동안 표백되어서, 생명과 느낌과 힘의 기운이 모조리 빠져나간 마른 뼈와 같습니다. 이것은 사람의 영혼에 대한 매우 슬픈 묘사입니다. 그렇지만 우리 가운데 참으로 많은 사람들이 그 묘사에 동의하지 않을 수 없었습니다. 우리가 하나님도 없고 소망도 없는데, 성령께서 우리에게 죄를 깨닫게 하시는 동안에는 자신이 바로 그런 상태라는 것을 느꼈습니다.

그 다음에, 이 뼈들은 결코 스스로 일어설 수 없었습니다. 사람이 정말로 죽었다면 이제 막 매장되긴 했을지라도 죽은 사람이 스스로 다시 살아났다는 얘기를 우리는 들은 적이 없습니다. 죽은 사람이 조금 수고하여 다시 살아날 수는 없습니다. 이 사람들의 뼈는 생명의 흔적이 없었습니다. 그 살은 솔개와 자칼에게 먹혀 사라졌거나 썩고 미세한 가루가 되어 바람에 흩어져버렸습니다. 이 시체들이 어떻게 스스로 일어설 수 있었겠습니까? 그들에게는 수분이 흔적조차 남아 있지 않았습니다. 그들은 스스로 생기를 보이거나 움직일 수 없었습니다. 그런 것을 기대하는 것 자체가 어리석은 희망이었습니다. 그것이 여러분의 가슴을 파고드는 서글픈 사실입니까? 그 사실을 잊어버리려고 하지 마십시오. 여러분은 지금 진실을 발견하고 있는 중입니다. 여러분이 예수 그리스도를 믿지 않고 있다면 여러분은 이미 죽은 상태에 있는 것입니다. 어떤 사람들의 무익한 말처럼 여러분은 지금 시험 받는 상태에 있는 것이 아닙니다. 여러분의 시험은 끝났습니다. 여러분은 하나님의 아들을 믿지 않았기 때문에 이미 정죄 받은 상태에 있는 것입니다. 성령께서 여러분에 대해 조치를 강구하시기 전까지는 여러분에게 하나님을 향하여 나아가게 만드는 영적인 능력이 없습니다. 하나님의 은혜가 여러분에게 임하지 않는 한, 성령께서 여러분에게 생기를 불어 넣으시지 않는 한, 여러분은 골짜기에 버려져 있을 것입니다. 여러분이 구원을 받는 것은 다른 어떤 기적만큼이나 자연의 일반적인 경로를 벗어나는 일이 될 것입니다. 그 일에 여러분은 아무것도 관여하지 못하므로 자랑할 수 있는 것이 전혀 없습니다. 오직 하나님 홀로 여러분을 구원하셔야 합니다. 그렇지 않으면 여러분이 영원히 멸망하기 때문입니다. 사람이 죄로 말미암아 죽었고, "연약하여"(롬 5:6) 그 손해를 벌충할 수 없다는 것은 사람이 말하기 두렵지만 사실입니다.

이 뼈들 앞에는 불살라지는 것 외에는 아무런 전망이 보이지 않는 것 같았습니다. 골짜기를 청소하는 사람들이 와서 이 뼈들을 보았을 때는 불쾌한 것들로 여기고 모아서 도벳의 불속에 던져 태우곤 하였습니다. 이것이 마른 뼈들에게 남아 있는 유일한 운명입니다. 그리고 영적으로 마른 뼈들처럼 된 사람들에게 기다리고 있는 운명도 그와 같습니다. 여러분 가운데 그동안 성령의 감화를 받아서 자기 앞에 기다리고 있는 것은 심판과 맹렬한 진노밖에 없는 것처럼 느끼는 분이 계십니까? 여러분은 결코 꺼지지 않을 불이 양심에 처음으로 타오르는 것을 느끼기 시작합니까? 여러분이 자신의 상태에 대해서 아무리 우울하게 생각한다고 할지라도 그것은 사실에 비하면 결코 우울한 것이 아닙니다. 죄를 지었다는 사실은 두려운 일입니다. 심판을 받아야 하는 것은 무서운 일입니다. 그런데 훨씬 더 두려운 사실은 지금 그 심판을 받고 있고 "저주를 받은 자들아 나를 떠나 영원한 불에 들어가라"(마 25:1)는 선고가 시행되기만을 기다린다는 것입니다. 여러분이 밤에 잠을 잘 수 없다면, 세상적인 위안거리를 누리는 기쁨을 다 빼앗긴 것처럼 보인다면, 여러분이 스스로를 괴롭히고 자신의 생활을 비참하게 만들기 시작한다면 나는 그것을 이상하게 여기지 않을 것입니다. 사람이 하나님의 진노 아래 있으면서 평온하게 살 수 있다는 것이 불가사의한 일입니다. 사람이 죄를 용서받지 못하고 여호와의 칼이 그를 처형시키기 위해 준비되고 있는데도 얼굴에 웃음을 띠고 이 땅을 걸어 다닐 수 있다는 것이 기이한 일입니다. 죄인이 자기가 살고 있는 위험한 상태와, 자신과 영원한 비참 사이를 막고 있는 허술하기 짝이 없는 장벽을 알았으면 좋겠습니다. 그는 호흡이 끊어지면 자신이 세상을 떠나 희망이 없는 곳으로 간다는 것을 모릅니까? 사람이 자신의 두려운 미래에 대해 슬퍼하고 탄식한다면, 귀에 두려운 소리가 들린다면 그때서야 겨우 이성적으로 행동하는데, 그의 두려움은 엄숙한 진리에 기초한 것입니다.

그 다음에, 이 사람들은 자기들이 치료할 수 있는 수단들로부터 끊어졌다고 느꼈습니다. 그들은 "우리는 다 멸절되었다" 하고 말합니다. 말하자면, 뼈 하나하나가 서로 분리되어 있고, 그래서 전체가 단절되어 있어서 소망과 위로를 전혀 얻을 수 없는 상태입니다. 쫓겨난 이스라엘 백성들은 가나안 땅에서 끊어졌고, 성전에서 끊어졌으며 제사장에게서 단절되었고 제사에서도 단절되었습니다. 하나님께 가까이 나아갈 수 있는 모든 기대에서 끊어졌습니다. 불쌍한 많은 영혼들이 자기들도 끊어진 것처럼 느끼게 되었습니다. 안식일이 그들에게 안식이 되지 못합니다. 기도의 집에 가도 아무런 기쁨을 얻지 못합니다. 복음 설교가 아무런 위로를 주지 못합니다. 성경을 펼치면 페이지마다 위협하는 말씀만 나오고, 하늘에서 다정한 자비의 소나기는 한 방울도 떨어지지 않습니다. 무릎을 꿇어보지만 모든 기도가 무의미하게 흉내나 내는 것처럼 여겨집니다. 그들은 하고 싶은 대로 기도를 할 수가 없습니다. 그들은 신앙 있는 친구들을 만나보지만 그들과의 대화에서 아무것도 얻지 못합니다. 그들은 가서 다른 친구를 만나보지만 자신처럼 그 친구 역시 마른 뼈로 영생에 결코 가까이 가 있지 못하는 것을 봅니다. 이 사람은 스스로가 귀찮은 존재이고, 그 생활은 따분합니다. 어쩌면 여러분은 내가 지금 극단적인 경우를 설명하고 있다고 생각할지 모릅니다. 그러나 나는 지금 나를 바라보고 있는 분들 가운데 내가 묘사하고 있는 그 사람들이 있다는 것을 압니다. 이 비참한 상태에서 구원받은 사람들은 복이 있습니다. 그러나 나는 지금 그 경험을 하고 있는 사람들이 사실은 복된 상태에 있는 것이라고 말하다시피 하였습니다. 자신의 죄를 느끼는 사람들은 더 나은 데로 가는 길에 서 있기 때문입니다. 형제 여러분, 나는 여러분의 곤경이 하나님의 기회가 되기를 바랍니다. 여러분의 뼈가 말랐을 때는 하나님께서 부활과 생명으로 오셔서 이 마른 뼈들을 살리실 것입니다. 여러분이 자비를 얻을 가능성이 전혀 없는 것처럼 보일 때, 모든 것이 가능한 하나님께서 여러분에게 특별한 은혜를 베풀어 하나님의 구원을 기뻐하도록 만드실 것입니다.

이 사람들은 자기들이 완전히 버려진 것처럼 생각하였습니다. 뼈들이 들판에 버려져 바람과 해에 하얗게 바래지게 되고, 아무도 뼈들을 묻지 않아서 납골당의 쓰레기처럼 놓여 있으면, 그들은 십중팔구 멸절되도록 버려진 것이 틀림없기 때문입니다. 나는 어떤 사람들이 자신이 마치 빛으로부터 영원히 쫓겨난 것처럼 느껴져서 이렇게 부르짖었다는 말을 들었습니다. "하나님이 그가 베푸실 은혜를 잊으셨는가, 노하심으로 그가 베푸실 긍휼을 그치셨는가?(시 77:9) 슬퍼하는 자에게 은혜의 보좌 앞으로 가는 길이 막혔는가? 아무것도 쓸모가 없는가? 눈물을 흘리고 부르짖어도 대답을 듣지 못할 것인가?"

그처럼 풀이 죽은 사람들이 속에서 이렇게 속삭이는 소리를 들었습니다. "너에게 베풀어질 자비는 아무것도 없어. 너는 내버린 은(렘 6:30)처럼 버려졌어." 그것은 마음속에 들리는 사탄의 속삭임입니다. 그 소리는 마음을 도려낼 듯이 아프게 들려옵니다. 종종 마귀는 그의 양심을, 고문하는 용건을 가지고 타고 가는 늙은 말(馬)로 이용합니다. 그가 넌지시 하는 말에는 어느 정도 일리가 있습니다. 그리스도를 떠나서는 우리는 버림을 받습니다. 그리스도를 떠나서는 하나님께서 우리를 바라보실 때 진노 가운데 보실 수밖에 없습니다. 속죄하는 피를 떠나서는 우리의 죄가 자비가 들어오는 것을 항의합니다. 우리는 머지않아 확실하게 정죄 받을 것으로 생각하고 자책하며 무기력하게 누워 있습니다. 그 다음에, 여기에 비참한 말(言)이 가득 차 있는데, 슬프게도 그 말들이 사실입니다. 우리는 본래 죄 아래 팔렸고, 마귀에게 포로로 끌려 다니며 우리의 죄악으로 말미암아 끝없는 비참함에 빠지는데, 무지와 악함 때문에 거기에서 벗어나지 못합니다.

이제 나는 오늘 아침 여러분을 성령의 능력으로 깊은 낙담에서 끌어낼 수 있도록 여러분과 함께 씨름하고 싶은 것에 대해 살펴보도록 하겠습니다.

2. 본문에는 "우리의 소망이 없어졌다"는 나쁜 말이 있습니다.

우리의 그릇된 소망이 없어졌다면 그것은 좋은 일입니다. 그러나 참된 소망은 여전히 갖고 있어야 합니다. 아무에게도 소망을 부정해서는 안 됩니다. 누구든지 예수님을 믿으려고 한다면 그는 구원받을 수 있습니다. 옛적에 사람들은 라틴어로 둠 스피로 스페로(Dum spiro spero), 즉 "나는 숨 쉬는 한 희망을 품는다"고 말했습니다. 나는 이 속담을 바꾸어서 둠 스페로 스피로, 즉 "나는 희망하는 한 숨을 쉰다"고 말합니다. 이 문장들을 다소 자유롭게 구성한다면 내 뜻에 잘 맞을 것입니다. "나는 살아 있는 한 희망을 품는다. 그리고 나는 희망을 품는 한 살아 있다." 죄인이여, 여러분의 생명은 희망에 있습니다. 그래서 여러분에게 희망이 있는 한 여러분은 생명이 있는 것입니다. 절망하는 것은 정당하다고 인정할 수 없는 것이고, 죄로 가득하며 그릇되고 이치에 맞지 않을 뿐 아니라 해악으로 가득한 것입니다.

절망은 아무 희망이 없다고 마음으로 선언하는 것인데, 이 절망은 생각이 건강하지 못한 것이라기보다는 마음의 죄입니다. 절망은 진리를 거스르는 죄이고 사랑의 하나님을 크게 노여우시게 하는 죄입니다. 하나님은 "소망의 하나님"이십니다. 따라서 소망이 없는 사람들은 하나님도 없는 것입니다. 죽을 인생으로서는 어떤 사람도 절망으로 죽는 것을 정당한 구실로 삼지 않을 것입니다. 만일 사람이 그렇게 한다면 절망은 자살의 한 형태이고, 고의적인 자기 파괴의 한 형태입니다. 사람은 아무도 절망할 권리가 없습니다. 누구든지 절망하고 있는 한, 그는 올바른 상태에 있을 수 없습니다. 이 점에 대해서만 말씀드리고, 요점을 벗어나지 않도록 하겠습니다.

절망이 하나님께는 큰 모욕입니다. 절망은 하나님의 중요한 속성들에 모욕을 끼치는 일입니다. 첫째로, 절망은 하나님의 진리를 크게 손상시키는 것입니다. 만일 어떤 사람이 "나는 구원받을 수 없어"라고 말한다면 그는 "내게로 돌이켜 구원을 받으라"(사 45:22)는 하나님의 목소리에 반대하는 것입니다. 하나님께서 사람들에게 복음을 보내셨는데, 복음은 사람들에게 기쁜 소식임에 틀림없습니다. 그런데 절망은 사실 그것이 복음이 아니라고, 기쁜 소식이 아니라고 말하는 것입니다. 하나님께서는 은혜의 보좌를 세우셨고, 거기에서 죄인과 만나시겠다고 약속하십니다. 그러나 이 사람은 은혜의 보좌는 없다고 공언합니다. 이는 그가 자기를 위한 은혜가 있을 수 있다는 것을 부정하기 때문입니다. 하나님께서 자비를 베푸시겠다고 밝히 말씀하셨음에도 불구하고 그는 하나님께서 일절 자비를 보이시지 않을 것이 확실하다고 생각하여 사랑하시는 아버지 하나님께 오지 않습니다. 하나님은 다음과 같이 귀한 약속들을 수없이 많이 주셨습니다. "너희의 죄가 주홍 같을지라도 눈과 같이 희어질 것이요 진홍 같이 붉을지라도 양털 같이 희게 되리라"(사 1:18).

절망하는 죄인은 자기는 이 약속을 믿지 않는다고 말합니다. 자기 죄는 너무 붉어서 희게 할 수 없고, 자기 죄의 진홍색은 너무 깊이 배어 있어서 씻어낼 수 없다고 합니다. 이렇게 해서 그는 하나님의 약속을 거짓말로 만듭니다. 이것은 참으로 앞뒤를 가리지 않는 무모한 일입니다 "하나님을 믿지 아니하는 자는 하나님을 거짓말하는 자로 만드나니 이는 하나님께서 그 아들에 대하여 증언하신 증거를 믿지 아니하였음이라"(요일 5:10).

내가 일어서서 위대한 의사이신 하나님께 "주께서 '내가 너를 고칠 수 있다'고 말씀하시지만 그것은 빈 자랑입니다. 내 상처는 고칠 수 없는 것입니다. 크신 하나님, 주께서 '내가 너를 용서할 수 있다'고 말씀하시지만 그것은 틀린 말입니다. 내 죄는 주께서 너그럽게 봐줄 수 있는 것이 아닙니다" 하고 말하는 것은 아주 극악한 죄일 것입니다. 형제 여러분, 여호와 우리 하나님은 자신의 진실하심을 결코 손상시키고 싶어 하시지 않습니다. 하나님의 이름은 "거짓말하실 수 없는 하나님"(민 23:19)이십니다. 그래서 하나님께서 자기 약속을 어기실 것이라고 감히 말하는 사람은 하나님께 지독한 무례를 범한 것입니다. 내가 이 죄의 파렴치함을 설명할 필요는 없을 것입니다. 여러분 스스로 이 불충한 생각에 유죄 판결을 내리도록 하십시오.

절망하는 사람은 하나님의 능력을 모욕하는 것입니다. 사실 그는 하나님께 있지도 않은 능력을 갖고 있는 체한다고 말하는 것입니다. 하나님은 "믿고 세례를 받는 사람은 구원을 얻을 것이요"(막 16:16)라고 말씀하십니다. 절망하는 사람은 그리스도를 믿지 않겠다고 말합니다. 이는 그가 하나님께서 자기를 구원하실 수 있다는 것을 믿지 않기 때문입니다. 그는 자신이 자비를 받을 수 있는 경계를 넘어섰다고 공언합니다. 그래서 항상 자비로우신 하나님께 자기를 구원하실 능력이 없다고 말합니다. 하나님께서는 사람들이 이렇게 자신의 전능하심을 부정하는 것을 기뻐하시지 않습니다. 하나님께서는 이렇게 이스라엘의 거룩하신 분을 제한하는 사람들 때문에 슬퍼하십니다. 하나님의 능력을 제한하려고 하는 사람들은 하나님 영광의 지극히 찬란한 빛을 한 줄기도 들이지 않는 것입니다.

절망은 하나님의 자비에 큰 불명예를 끼치는 것입니다. 여러분은 하나님의 자비가 영원하다는 것을 모르십니까? "여호와라 자비롭고 은혜로우신 하나님이라"(출 34:6)는 것이 하나님을 표현하는 방식들 가운데 하나입니다. 하나님께서 우리에게 자신은 "자비를 기뻐하시니라"(미 7:18, 개역개정은 "인애를 기뻐하시니라" - 역주)고 말씀하시지 않았습니까? 그런데 만일 여러분이 "하나님은 내게 자비를 베푸시지 않을 겁니다. 나는 하나님의 은혜를 받지 못할 만큼 죄를 지었어요. 용서받을 수 있는 가능성을 완전히 벗어나 버렸습니다" 하고 말한다면 여러분은 있는 힘을 다해 사랑의 하나님의 얼굴에 침을 뱉는 것입니다. 여러분이 지금까지 이렇게 생각하였습니까? 그렇다면 여러분이 언제나 이런 식으로 하나님을 괴롭게 하였다는 것을 생각하고 슬퍼하십시오. 이것은 죄 가운데 가장 지독한 죄입니다. 이것은 하나님의 심장에 단도를 겨냥하는 죄입니다. 이 죄는 주님의 손과 발을 찌르는 것입니다. 하나님은 구원할 수 있는 자신의 능력을 자랑하십니다. 하나님께서는 자기 죄를 고백하고 자기를 의지하는 자들을 구원하시겠다고 분명하게 선언하셨습니다. 그런데 우리가 하나님을 의심해야 하겠습니까? 우리가 은혜 받을 소망이 전혀 없다고 말하여 지존하신 하나님의 영광을 완전히 훼손하려고 할 수 있겠습니까? 그런 모욕적인 거짓말을 부끄러워하십시오.

이뿐 아니라 훨씬 더 나쁜 점은, 절망이 마귀를 불러와 그리스도 대신에 그를 왕위에 앉힌다는 것입니다. 절망은 사탄에게 "당신이 하나님의 자비를 이기고 승리하였소. 바로 그리스도를 이겼소"라고 말하는 것입니다. 그리스도께서는 자신이 나타난 것은 마귀의 일을 멸하려 함이라고 말씀하십니다. 그런데 여러분은 일어서 말합니다. "여기 예수가 멸하지 못하는 마귀의 일들이 있다. 나의 죄와 죄악적인 성향이 그것이다." 여러분은 모욕 받으신 그리스도 앞에서 마귀의 깃발을 흔들어댑니다. 그리스도께서는 자기로 말미암아 하나님께 오는 자들을 온전히 구원하실 수 있는데, 사실상 여러분은 그리스도께서 구원하는 능력을 사탄의 파괴시키는 능력의 절반도 가지고 있지 못하다고, 그리스도께서 구원하는 일에 효과를 발휘할 수 있는 것보다 사탄이 사람들을 멸망시키는 일에 더 많이 성공할 수 있다고 말하는 것입니다. 여러분이 다시 바라바를 택하고 예수님을 넘겨주었는데, 이 경우에 바라바가 지옥의 마귀라면 어떻게 하겠습니까? 여러분은 바라바를 믿고 하나님은 믿지 않을 것입니까? 여러분은 거짓의 아비인 마귀가 사람들을 살리기 위해 죽으신 그리스도보다 더 믿을 가치가 있다고 주장할 수 있습니까? 그런데 절망은 이렇게 말하고, 그것도 지극히 무례하게 말합니다. 절망은 예수님보다 바알세불을 택합니다. 지옥의 거짓말을 믿고 천국의 말은 물리치기 때문입니다.

이 문제를 조금 더 이야기하겠습니다. 나는 절망이라는 이 악질적인 죄는 그리스도의 피를 짓밟는다는 것을 아주 엄숙하게 말씀드립니다. 그리스도께서 피를 흘리고 죽으셨습니다. 우리는 예수 그리스도의 피가 우리를 모든 죄에서 깨끗하게 한다는 것을 압니다. 거기에 대한 하나님의 말씀이 있습니다. 그런데 여기 "예수의 피가 나를 죄에서 깨끗하게 할 수 없다"고 말하는 사람이 있습니다. 우리가 이런 행동의 깊은 속을 들여다보면 절망은 속죄를 멸시하고 그 효험을 부정한다는 것을 알 수 있을 것입니다. 우리가 절망하는 사람에게 사죄함이 있다고 말하지만 그는 "그것이 나에게는 해당되지 않아"라고 중얼거립니다. 그에게 예수 그리스도께서 죄를 깨끗하게 하는 샘을 채우기 위해 피를 쏟으셨다고 말하면 그는 이렇게 대답합니다. "그게 사실일 수 있어. 예수께서 다른 모든 사람들은 구원하실 수 있어. 하지만 나는 아니야." 여러분이 이렇게 말할 수 있다면 다른 사람들도 그렇게 말할 수 있습니다. 모든 사람이 여러분과 같은 생각을 갖는다면, 그것은 십자가에 못 박힘은 공허한 쇼이고, 구속주의 속죄는 허식에 지나지 않으며 그리스도는 구원할 능력이 없다고 선언하는 일이나 다름없을 것입니다. 여러분은 구주님을 능력이 없이 구주인 체하는 사람으로 전락시키는 것입니다. 이렇게 해도 벌 받지 않고 지나갈 수 있겠습니까? 그렇게 된다면 나는 헛되이 설교하는 것입니다. 나는 구원할 수 없는 구주를 전하고 깨끗하게 할 수 없는 속죄를 설교하는 것입니다. 여러분이 계속해서 이렇게 하여 하나님을 노여우시게 한다면 하나님께서 이 점에 대해 여러분을 처리하시지 않겠습니까? 어쩌면 여러분은 자신이 그렇게 말하는 것이 매우 겸손한 일이라고 생각할지 모르지만, 그렇지 않습니다. 그것은 지극히 오만하고 뻔뻔스럽기 그지없는 태도입니다. 절망은 사죄하는 능력에 그 영광이 있는 귀하신 구주님을 크게 모욕하는 것입니다. 절망한 유다는 정죄를 받았지만 그리스도를 십자가에 못 박았던 사람들은 베드로의 설교를 듣고 믿고 살게 되었다는 점을 기억하시기 바랍니다. 큰 죄인이지만 믿는 사람들은 자비를 얻을 것입니다. 그러나 죄를 훨씬 덜 범하지만 절망하는 사람들은 비참함을 겪을 것입니다. 하나님께서 절망하는 유다의 죄에서 여러분을 구원하여 주시고, 여러분이 지금 즉시 예수 그리스도를 믿을 수 있게 해 주시기를 바랍니다.

나는 여기서 한 걸음 더 나가야 하겠습니다. 절망에는 성령님께 대해 죄를 짓는 것이 있습니다. 성령께서는 하나님의 약속들 안에서 여러분에게 강심제, 곧 여러분의 영혼을 되살리고 여러분을 죽음에서 회복시킬 강심제를 풍성하게 가져다줍니다. 그런데 여러분은 이 강심제들을 어떻게 합니까? 여러분은 무한하신 지혜로 만들어진 이 놀라운 약이 마치 돌팔이 의사의 가짜 묘약이어서 받을 수 없는 약인 것처럼 그것들을 벽에 집어 던집니다. 내가 볼 때 성령님의 증언을 부인하는 것은, 다시 말해 성경에 영감과 확실성을 부여하시는 분의 증언을 부인하는 것은 매우 두려운 죄입니다. 여러분이 영생을 믿기를 거부할 때 바로 이런 일을 하는 것입니다. 예수께서는 친히 여러분에게 이같이 말씀하셨습니다. "내게 오는 자는 내가 결코 내쫓지 아니하리라"(요 6:37). 그런데 어떻게 여러분은 주께서 여러분을 내쫓으실 것이라고 생각할 수 있습니까? 이사야 선지자는 이렇게 외칩니다. "오호라 너희 모든 목마른 자들아 물로 나아오라 돈 없는 자도 오라 너희는 와서 사 먹되 돈 없이, 값없이 와서 포도주와 젖을 사라"(사 55:1). 그러나 절망은 "나를 위한 포도주와 젖은 없다"고 말합니다. 값없이 은혜를 받을 수 있다는 것을 부정합니다. 절망은 성경 앞에서 사죄가 없고 자비도 없으며 구원도 없다고 공언합니다. 이와 같이 해서 성령의 증언을 부정합니다. 절망하는 사람이여, 여러분이 "사람에게 거짓말한 것이 아니요 하나님께로다"(행 5:4)라는 말을 듣지 않도록 조심하십시오. 절망하는 이 죄는 큰 죄입니다. 여러분이 그 죄에 떨어질 위험이 있거나 이미 그 죄에 사로잡혀 있을지라도 하나님께서 여러분을 구원하여 주시기 바랍니다.

사람이 절망에 빠지게 되면 일반적으로 그에게 하나님과 하나님의 진리와 다투는 습관이 생깁니다. 그가 어떻게 하는지 봅시다. 그는 매우 의기소침해 있습니다. 그가 와서 목사를 봅니다. 목사는 동정하는 마음이 있기 때문에 할 수 있다면 즉시 그를 위로하려고 합니다. 그래서 그에게 복음에 관해 말을 시작합니다. 그 사람은 "하지만" 하고 말하며, 복음을 멀리 내팽개치는 다루기 힘든 문제를 끌어들입니다. 목사가 다시 말합니다. "아, 하지만 하나님은 기도를 들으십니다." 그 사람은 "아니요, 그렇지 않습니다" 하며 기도에 관해 말다툼을 시작하며 기도는 하나님의 정하신 뜻에 맞지 않다는 등의 이야기를 합니다. 그 사람은 개처럼 으르렁거리는데, 자기 뼈를 지키기 위해서가 아니라 마치 자기에게서 좋은 음식을 가져가기를 간절히 바라는 것처럼 그렇게 합니다. 그는 좋은 음식을 원하지 않습니다. 그의 영혼은 온갖 고기를 몹시 싫어합니다. 목사는 그의 경우에 틀림없이 잘 맞을 것이라고 생각하는 귀한 약속을 그에게 제시하지만, 그의 비꼬인 마음은 그 약속을 거부하고 마치 가장 무서운 원수라도 되는 것처럼 그 약속과 싸웁니다. 그것은 자기 경우와 전혀 맞지 않는 약속이고, 거기에는 자기가 이해하지 못하는 말이 있다고 합니다. 그리고 갑자기 태도를 바꾸어 하나님 말씀의 뜻을 모호하게 말하고 그 빛을 가려서 할 수만 있으면 위로를 받지 않으려고 합니다. 하나님의 백성들이 와서 자신들의 경험을 이야기하며 그를 격려하려고 하면 그는 어떻게 해서든지 그들의 경험을 반대하며 듣지 않으려고 합니다. 그것은 그들의 경험은 될 수 있을지 몰라도 자기 경험은 될 수 없다고 합니다. 그들에게는 자비를 얻어야 할 만한 특별한 점이 있고, 마찬가지로 자기에게는 자비를 받을 수 없는 특별한 점이 있다고 합니다. 그에게 소망의 문을 여는 열쇠가 있는데, 안쪽에서 문을 잠그고는 "나는 갇혀서 나갈 수 없어요" 하고 불평합니다. 그런데 문은 그 자신이 잠그고 있는 것입니다. 절망에 빠진 사람들은 성경과 하나님의 종들로부터 오는 것은 무엇이든지 반대하기 때문에 여러분이 그가 틀림없이 반쯤 미쳤다고 생각할 만큼 아주 고약하고 사나운 태도를 때때로 보입니다. 어쩌면 그가 반쯤 미쳤을지 모르지만, 미쳤다는 것이 그에게 책임을 면제해 주지 않습니다. 마지막 날에 미친 것에 대한 책임이 그에게로 돌아갈 것입니다. 그것은 자기가 스스로 초래한 것이고 고집스럽게 그 상태를 지속하였기 때문입니다. 절망은 걸핏하면 다투기 좋아하는 태도를 기르는데, 이것은 어린아이처럼 하나님

나라를 받아들이는 마음과는 정반대입니다!

이보다 더 나쁜 점은, 사람이 절망에 빠지면 어떤 죄든지 지을 수 있게 된다는 사실입니다. "나는 천국에 갈 수 없어. 그래서 나는 자유롭게 살고, 할 수 있는 동안에 모든 쾌락을 누리겠어"라고 말하는 사람들이 많은 것을 보면, 그것을 알 수 있습니다. 나는 그들이 말로 하지는 않을지라도 행동으로 이렇게 말하는 것을 보았습니다. "내게 베풀어질 자비는 없어. 도둑질로 사형을 당할 바에는 새끼 양보다 어미 양을 훔치는 게 나. 나는 지금 하고 있는 것을 철저히 할 거야. 나에게 자비가 베풀어질 가능성이 없으니, 어쨌든 나는 죄의 끝을 볼 거야." 그리고 사탄이 사람을 또 다른 울분을 터트리게 만들 때는 그에게 하나님께서 결코 그를 용서하시지 않을 것이라고 말합니다. 그러면 가엾은 피조물은 반발하는 심정으로 찌무룩하게 앉아서 불평하고 하나님의 엄한 점들을 생각하며, 자기가 태어나지 않았더라면 좋았겠다고 하고, 사내아이가 태어났다고 사람들이 떠들던 날을 저주합니다. 그러면 그의 마음속에 온통 불경한 생각이 가득 차게 될 것입니다. 그래서 그가 갑자기 자살을 하여 확실한 멸망에 뛰어드는 일까지 발생할 수가 있습니다. 얼마나 많은 사람들이 절망에 빠져 칼로 목숨을 끊거나 밧줄에 목을 매거나 물속에 뛰어들었는지 모릅니다!

하지만 나는 이 사실을 압니다. 즉, 사탄이 일단 절망으로 사람의 마음을 채우고, 사람으로 하여금 하나님은 사실이 아니야, 복음은 사실이 아니야, 혹은 적어도 자기에게는 해당되지 않아라고 말하게 만들 수 있다면, 이 원수는 득의양양해서 이렇게 소리칩니다. "나는 그의 몸과 영혼을 얻었어. 이제는 그에게 무슨 짓이든 할 수 있어." 러시아 병사들은 술에 취하기 전에는 전투에 나가려고 하지 않았다고 하는 말이 있는데, 확실히 어떤 사람들은 용서받을 수 없다는 절망감에 취하면 마귀를 위하여 싸우는 용사들이 됩니다. 허망 대장(Captain Pasthope)은 사나운 산적 두목이 되어 지극히 악한 죄들을 지으려고 하고 또 감히 저지릅니다. 나는 온 힘을 다해 여러분에게 외칩니다. 무엇보다 절망을 피하십시오. 여러분의 소망이 끊어졌다고 말하지 마십시오. 아직 여러분을 위한 구원이 있습니다. 하나님은 여러분을 버리시지 않았습니다. 그러니 여러분이 스스로를 버리지 마십시오! 여러분은 무엇을 바라고 있습니까? 하나님께서는 여러분을 고문하는 사람들에게 넘겨주시지 않았습니다. 여러분이 지금 스스로 사형 판결문을 작성하고 있는 것입니다. 여러분은 앉아서 자신이 행복할 수 있으려면 철저히 불행해져야 하고, 안식할 수 있으려면 모든 평안을 빼앗겨야 한다고 생각하는 것 같습니다.

나는 이 문제에 대해 여러분에게 간곡히 권해야 할 것이 더 있습니다. 한 가지 더 말씀드리자면, 절망은 사람을 타락시키되 금수보다 못하게 만든다는 것입니다. 금수는 절망하지 않기 때문입니다. 곤충이 반으로 잘려도 얼마나 살려고 발버둥치는지 보십시오. 하찮은 새를 보십시오. 새 사냥꾼의 그물에서 도망하는 최악의 상태에서도 희망을 버리지 않습니다. 여전히 퍼덕거리며 그물에서 벗어나기 위해 최선을 다합니다. 개미와 벌과 새가 여전히 희망을 갖고 있는데 여러분은 절망합니까? 여러분은 무슨 잘못을 한 개가 주인에게 맞는 것을 본 적이 없습니까? 개는 자기를 때리는 주인의 손을 핥으려고 합니다. 주인에게 용서받기 전에는 행복할 수가 없는 것입니다. 그 보잘것없는 피조물은 주인의 미소를 보기 위해 얼마나 열심히 주인의 얼굴을 봅니까! 여러분은 그동안 징계를 받았고 지금도 징계를 받아 괴로워하고 있습니다. 그런데도 여러분은 하나님께로 돌이키지 않고 하나님의 은혜를 구하지도 않습니다. 여러분은 여러분의 개가 여러분에 대해 생각하는 것보다도 하나님께 대해 바르게 생각하지 못합니다. 여러분은 보잘것없는 개가 여러분에게 하듯이 주님의 발 앞에 엎드려 은혜로운 말씀을 들으려고 하기보다는 크신 하나님께 이렇게 투덜댑니다. "내가 겸손하게 처신하는 것은 아무 소용이 없어요. 희망이 없어요." 여러분은 전능하신 하나님을 비방하고, 예수 그리스도의 이름을 헐뜯습니다. 그렇게 해서 스스로 멸망하는 짐승보다 못한 자리로 내려갑니다.

절망, 이것을 피하십시오. 여러분이 죽음을 피하려고 하듯이 절망을 피하기를 기도합니다. 절망이 모든 은혜의 수단을 여러분에게 아무 소용이 없게 만들 것이기 때문입니다. 여러분이 믿으려고 하지 않으면 확고히 서지 못할 것입니다. 여러분이 절망에 떨어지면 시온의 노래가 여러분에게 민요처럼 들릴 것입니다. 그리고 복음 설교는 율법의 설교나 다름없게 될 것입니다. 어떻게 절망하는 사람들이, 듣지 못하기 때문에 잘 길들일 수 없는 귀머거리 독사처럼 귀를 닫는지 보십시오. 주제가 무엇이든 상관이 없습니다. 그것이 무한한 자비이든, 값없는 용서이든, 영원한 사랑이든 상관없이, 사람이 절망하고 있는 한 그 주제로 그를 더욱 더 비참하게 만들 뿐입니다. 절망적인 사람은 모든 위안을 거절하고 위로 받기를 거부합니다. 그래서 그의 절망 때문에 무슨 음식을 먹든 쓰디쓰고, 무엇을 마실지라도 쓰게 됩니다.

절망은 성경에서 그것을 지지하는 말씀이 하나도 없으니 쓸데없고 악한 것임이 틀림없습니다. 여러분은 말합니다. "아, 하지만 성경에는 어두운 것이 많아요." 그렇다는 것을 나도 압니다. 하지만 오늘 아침은 시간이 없기 때문에 그 예를 하나씩 들어서 그런 것들이 있다고 할지라도 아무도 절망에 빠질 필요는 없다는 것을 설명하지 못하겠습니다. 하지만 성경에 아무리 어두운 면을 보여주는 구절들이라고 할지라도 그 모든 것을 능가하는 구절이 하나 있습니다. 나는 어두운 면을 보여주는 성경 구절들이 어떤 것이든, 그리고 그 구절들이 증언하는 바가 무엇이든 신경 쓰지 않습니다. 나는 그 구절들이 진리를 말하고 있다고 확신하며, 따라서 그 구절들이 하나님의 계시의 다른 부분들과 상반되지 않는다는 것을 압니다. 잘 알려진 구절을 한번 봅시다. "내게 오는 자는 내가 결코 내쫓지 아니하리라"(요 6:37). 여러분이 그리스도께 온다면 어쨌든 쫓겨날 리가 없습니다. "아, 하지만 이런 구절이 있는 데요" 하고 여러분이 말할 수 있습니다. 나는 여러분이 어떤 구절을 제시하든 신경 쓰지 않습니다. 여러분은 그 구절을 오해하고 있는 것입니다. 그러나 이 말씀은 오해할 수가 없습니다. "내게 오는 자는 내가 결코 내쫓지 아니하리라." 그러면 또 여러분이 이렇게 말할지 모릅니다. "아, 하지만 그리스도는 이런 이유 때문에 나를 쫓아낼 거에요." 그 말을 당장 그치십시오. 여러분은 지금 내 주 예수 그리스도의 말씀을 부정하려고 합니까? 그렇게 말한다면 나는 여러분을 용납할 수 없습니다. 여러분은 하나님 아버지를 매우 노여우시게 할 것입니다. "내가 결코 내쫓지 아니하리라." 이 말씀은 어떤 이유로든지, 어떤 환경 하에서든지, 어떤 상태에 있든지 간에 그리스도께서는 자기에게 오는 자를 결코 내쫓지 않으시겠다는 의미입니다. 또 여러분은 이렇게 말합니다. "아, 하지만 내 얘기를 잘 들어보세요." 아니요, 나는 여러분의 얘기를 안 듣겠습니다. 여러분도 자신의 얘기를 듣지 않기를 바랍니다. 여러분은 주님의 말씀을 또 한 번 읽겠는데, 이 말씀을 들어야 합니다. "내게 오는 자는 내가 결코 내쫓지 아니하리라." 여러분이 하나님께서 거짓말하시는 것처럼 생각할 때는 여러분의 말을 들을 수 없습니다. 그것은 용납할 수 없는 죄입니다! 예수께서는 여러분을 내쫓지 않겠다고 말씀하십니다. 예수님은 다시 한 번 외치십니다. "수고하고 무거운 짐 진 자들아 다 내게로 오라 내가 너희를 쉬게 하리라"(마 11:28). 예수께서 정말로 그렇게 말씀하시는 것이 아닙니까? 십자가에 못 박히신 분의 얼굴을 똑바로 바라보십시오. 그의 상처들을 보십시오. 본 후에 “나는 그리스도를 믿지 않아. 그리스도는 내게 거짓말을 하고 있어!”라고 말해 보십시오. 여러분은 뻔뻔스럽게도 그렇게 말할 생각이 있습니까? 그렇게 그리스도의 명예를 훼손하는 말을 할 수 있겠습니까? 분명히 말씀드리지만 이 성경책에는, 사람이 그냥 와서 그리스도를 의지한다면 그에 대한 하나님의 무한한 자비를 조금이라도 의심하게 만들 것은 전혀 없습니다. 예수님을 믿는 영혼이 버림을 받을 수 있다면 하나님은 없는 것입니다. 하나님의 본질적인 요소는 진실이기 때문입니다. 내가 믿은 하나님이 그의 아들 예수님을 믿는 자들을 내쫓으신다면, 나는 무신론자가 됩니다. 모든 사람이 거짓말쟁이가 될지라도 하나님은 진실하신 분입니다. 그렇다면 여러분은 “내게 오는 자는 내가 결코 내쫓지 아니하리라”는 이 복된 말씀에 대해 뭐라고 말하겠습니까?

절망의 경계에 있는, 낙담한 여러분, 잘 들으십시오! 여러분은 값없이 주시는 하나님의 자비에 대해 들어본 적이 없습니까? 하나님께서 주시는 것은 모두가 값없이 은혜로 주시는 것임을 모릅니까? 하나님이 사랑을 베푸시는 근거는 하나님의 사랑이지, 우리 안에 있는 어떤 것도 아닙니다. 하나님께서 영원한 선택을 하셨을 때, 은혜의 선택에 따른 남은 자가 있었습니다. 남은 자를 사랑하기로 정하는 것도, 그 다음에 선택한 자를 사랑하는 것도 모두 값없는 은혜입니다. 그리스도께서 우리를 구속하셨을 때, 값없이 그 일을 하셨습니다. 그리스도께서는 우리 모든 사람을 위하여 값없이 자신을 내어주셨습니다. 죄를 용서하실 때 그리스도께서는 “회개함을 주시려고 높이 되셨습니다”(행 5:31). “회개함과 죄 사함을 주시는” 선물만큼 값없이 주시는 것은 없습니다. 여러분, 정말이지, 복음의 정신은 이것입니다. 즉, 여러분이 즉각적인 용서와 하나님의 용납하심을 받기 위해서 여러분에게 어떤 가치나 공로도 요구되지 않는다는 것입니다. 여러분이 할 일은, 자신이 범죄하였고 그래서 하나님께 대하여 주장할 모든 권리를 잃었다는 진리를 인정하고, 그 다음에는 하나님께서 여러분에게 선언하시는 것, 곧 하나님께서 그리스도 예수 안에서 세상을 자기와 화목시키시고 죄인들에게 그들의 죄를 돌리시지 않는다는 것을 믿는 일뿐입니다. 이 화목의 말씀을 받아들이기만 하십시오. 그러면 여러분은 살아 있는 것만큼 확실하게 구원받은 사람입니다. 여러분이 예수께서 그리스도이심을 믿는 순간, 즉 여러분이 영혼을 전적으로 여러분을 위하여 못 박히신 분의 손에 맡기는 순간, 여러분은 구원받은 사람입니다. 모든 것이 값없는 은혜로 준비되고 주어질 때 하나님께서 여러분을 구원하실 수 있다는 것을 여러분이 의심할 무슨 권리가 있습니까? 분명히 말씀드리지만, 주 예수께서는 여러분과 같은 다른 많은 사람들을 구원하셨습니다. 그대가 창녀입니까? 하나님께서 창기 라합을 구원하시지 않았습니까? 여러분이 아주 큰 악인입니까? 그래도 므낫세보다는 악하지 않을 것입니다. 므낫세는 이사야를 톱으로 켜 반 토막을 내었고 예루살렘 거리를 피로 물들였다는 말을 들은 사람입니다. 그런데도 하나님께서 그를 구원하셨습니다. 여러분이 이제까지 살았던 사람들 가운데 가장 악한 사람일지라도, 주님의 신속한 은혜보다 빨리 달아날 수 없다는 것을 나는 압니다. 바울이 자기를 죄인 가운데 괴수라고 말했지만 자비를 얻었습니다. 이것이 여러분에게 본보기가 될 것입니다.

그 다음에는, 절망 가운데 침울하게 누워 있는 것에 대해 이야기해 봅시다. 여러분은 한숨을 쉽니다. 여러분이 말하는 것에 조심하지 않는다면, 이 절망 가운데 말하는 것이 사실대로 이루어질 것인데, 이는 여러분이 스스로 그렇게 만들기 때문입니다. 어떤 사람이 "나는 죽을 거야. 굶어 죽을 거야" 하고 말하고, 앞에 음식이 놓여 있는데도 먹으려고 하지 않는다면, 나는 혹시라도 그가 굶어 죽을까, 그 말 때문에 죽게 되지 않을까 걱정이 됩니다. 또 어떤 사람이 "나는 목말라 죽을 거야"라고 소리치며, 앞에 물이 한 컵 있는데도 입에 대려고 하지 않는다면, 그가 정말로 목말라 죽지 않을까 걱정입니다. 앞에서 했던 말을 다시 하게 되는데, 그가 자살을 하게 될까봐 걱정입니다. 먹기를 거부하므로 죽는 사람은 칼로 자기 심장을 찌른 사람만큼이나 자살을 감행하는 것입니다. 하나님의 자비를 믿으려고 하지 않는 사람, 그리스도 안에 나타난 하나님의 자비를 받아들이려고 하지 않는 사람은 방탕한 생활에 뛰어들고 온갖 정욕을 만족시키는 것만큼이나 확실하게 영혼의 자살을 감행하는 것입니다. 성령 하나님께서 여러분 가운데 이 크고 통탄스러운 죄에 빠진 사람들을 오늘 아침 그 죄에서 끌어내시면 좋겠습니다.

3. 내가 은혜로운 말씀이라고 부른 하나님의 약속에 대해 생각해 보고 설교를 마치도록 하겠습니다.

근심하는 불쌍한 여러분, 여러분이 이 점에 유의하시기를 바랍니다. 여러분이 다른 것은 다 잊을지라도 본문 가운데서 이 점은 명심하시기 바랍니다. "주 여호와께서 이같이 말씀하시기를 내 백성들아 내가 너희 무덤을 열고 너희로 거기에서 나오게 하리라."

하나님께서는 우리의 입장에서 우리를 만나시고, 우리가 있는 곳에서 우리를 취하여 내신다는 점에 유의하시기 바랍니다. 사람들은 "우리가 마른 뼈와 같습니다" 하고 말했습니다. 이에 하나님께서는 "그렇다. 하지만 내가 너희를 살릴 것이다" 하고 말씀하십니다. 그런데 하나님께서는 사람들이 느끼거나 말한 것을 넘어서까지 가십니다. 그들이 자기가 땅에 묻혔다고 말하지는 않았기 때문입니다. 그들은 묻히지 않았습니다. 그들은 땅에 묻히지 않고 골짜기에 흩어진 뼈와 같았습니다. 하나님은 사람들이 스스로 생각하는 것보다 더 나쁜 상태에 있음을 아십니다. 그래서 하나님은 그들이 자신이 떨어졌다고 생각한 비참한 처지를 회복하고도 남는 풍성한 자비를 베푸십니다. 하나님께서는 "내가 너희 무덤을 열리라"고 말씀하십니다. 이 말씀을 볼 때, 그들은 마지막에 무덤에 있었던 것 같습니다. 그리고 하나님은 여기에 "너희로 거기에서 나오게 하리라"는 말을 덧붙이십니다. 죄인이여, 들으십시오. 여러분은 자신을 아주 비참하게 묘사하였습니다. 그러나 하나님께서는 그것을 사실로 받아들이시고 여러분을 여러분 스스로 묘사하는 대로 대하시거나 아니면 그보다 훨씬 더 나쁜 상태에 있는 것으로 여기고 대하십니다. 하나님은 사람들을 죽은 것으로 간주하실 뿐만 아니라 또한 무덤에 묻혀 있는 것으로, 즉 시체가 무덤에 갇혀 있어서 죽은 사람으로 사람들 마음에서 잊힌 절망적인 경우로 여기십니다. 아, 하나님의 자비여! 하나님의 자비에는 끝이 없습니다.

자, 어떻게 이 말씀이 무대에 또 다른 배우를 불러들임으로써 위로를 가져오는지 살펴봅시다. 여러분은 아무 짝에도 쓸모없고 아무것도 할 수 없는 마른 뼈와 같습니다. 그런데 하나님이 친히 오셔서 "내가 하리라, 내가 하리라"고 말씀하십니다. "내가 하리라!"는 것이 얼마나 위대한 말씀입니까! "내가 너희 무덤을 열고 너희로 거기에서 나오게 하리라." "내가 하리라." 자, 들어보십시오. 하나님께서 여러분을 구원하려고 하신다면 여러분이 구원받지 못할 수가 있습니까? 그 모든 것이 철두철미 은혜에서 나오는 것이라면 여러분이 구원을 받지 못할 수가 있겠습니까? 여러분에게 필요한 공로가 없고, 여러분에게 구원받을 만한 자격을 주는 선함이 없을지라도 구원이 여러분에게 이르지 못하겠습니까? 그리스도께서 경건치 않은 자들을 위하여 죽으셨다면 여러분이 그리스도의 죽음에 참여할 수 없겠습니까? 그리스도께서 죄인들을 구원하기 위해 세상에 오셨다면 왜 여러분을 구원하시지 않겠습니까? 복음이 여러분에게 무엇인가를 요구하는 또 다른 형태의 율법이 아니라면, 구원이 순전히 값없는 주권적인 은혜라면 여러분이 나처럼 구원을 받지 못할 이유가 있겠습니까? 여러분을 구원받지 못하게 내쫓을 무슨 이유가 있겠습니까? 여러분을 내쫓을 수 있는 것이 있다면 그것은 나도 내쫓을 수 있었을 것입니다. 나도 본성상 여러분과 하나도 다를 바 없이 똑같은 존재이기 때문입니다. 그럼에도 내가 자비를 얻었으니 여러분이 자비를 받지 못할 이유가 있겠습니까? 와서 자비를 받으십시오. 주 예수 그리스도를 신뢰하며 자비를 구하는 사람들에게 모두 값없이 자비가 베풀어집니다.

하지만 하나님께서 여기서 자신의 활동의 완전함을 말씀하심으로써 우리를 위로하신다는 점을 생각해 봅시다. 하나님은 그냥 "내가 너희 무덤을 열리라"고만 말씀하시지 않습니다. 그것은 중요한 일입니다. 그러나 그들이 죽어 있다면 무덤을 여는 것이 무슨 소용이 있습니까? 나는 아무 관심이 없는 사람들이 안식일에 우연히 이 예배당에 들르는 것을 보았습니다. 그들은 죄 가운데 완전히 죽었고 매장까지 된 상태였습니다. 여러분은 그들이 복음에 귀를 기울일 것이라고 전혀 생각하지 못했을 것입니다. 그런데 "그를 믿는 자는 정죄를 받지 아니하는 것이요"(요 3:18)와 같은 달콤한 말씀에 그들의 귀에 들렸고, 그래서 그들은 "정말 다정한 말씀이야. 정말로 귀한 말씀이야" 하고 말했습니다. 감사하게도, 무덤이 열리기 시작했습니다! 그러나 그들은 자기 스스로 주님을 붙잡을 수 없다고 생각했습니다. 그때 하나님께서 그들이 손을 펴서 주님의 약속을 붙잡도록 하셨습니다. 일단 약속을 붙잡으면 그들은 결코 놓지 않을 것입니다. 오히려 그들은 이렇게 말했습니다. "하나님께서 나를 사랑하셨어. 하나님이 나를 사랑하셨어. 그 사실에 내 구원을 걸겠어. 나는 하나님을 믿을 거야. 다른 누구도 믿지 않고 오직 하나님만 믿을 거야." 비록 전에는 그들이 마른 뼈들이었지만 이렇게 성령께서 그들을 무덤에서 끌어내셨습니다. 하나님께서 여러분에게도 그와 같이 행하실 것입니다. 여러분이 하나님께서 여기서 말씀하시는 것을 믿는 은혜를 받을 수 있으면 좋겠습니다.

끝으로, 그 약속으로 말미암아 일어나는 느낌을 살펴봅시다. "내 백성들아 내가 너희 무덤을 열고 너희로 거기에서 나오게 한즉 너희는 내가 여호와인 줄을 알리라." 사람은 하나님께서 그를 구원하셨을 때 하나님이 계시다는 놀라운 느낌을 갖습니다. 사람은 자신이 완전히 용서를 받아서 아주 기쁜 마음에 춤추기 시작할 때 여호와께서 하나님이신 것을 압니다. 마음에 가득한 평안을 느낄 때, "하나님이 나의 하나님이시고, 그리스도가 나의 그리스도이시며 천국이 내 것이라"고 말할 수 있을 때, 그는 하나님이 계시다는 증거나 하나님의 능력을 입증하는 논의를 필요로 하지 않습니다. 그는 마음속에 진리에 대한 증거를 가지고 다니므로 다른 사람들에 대해 눈물을 글썽이며 이렇게 말합니다. "이 사실은 틀림없어요. 자비로우신 하나님이 계세요. 내가 자비를 얻었기 때문에 알아요. 죄인들을 위한 피난처가 있어요. 내가 바로 그 피난처로 도망하였거든요. 죄 사함이 있어요. 바로 내가 죄 사함을 받았어요. 안식이 있어요. 내가 그 안식을 누리고 있어요. 천국이 있어요. 내가 마음속에 그 천국의 소리가 울리는 것을 듣기 시작하거든요." 하나님께서 여러분의 무덤을 열고 여러분을 거기에서 나오게 하셨을 때, 그때 여러분은 과연 여호와 하나님이 하나님이신 것을 알 것입니다. 하나님이여, 이 말씀이 괴로워하는 사람들에게 복이 되게 하소서. 아멘.

제
24
장

가르칠 수 있기 위해 배움

"그 사람이 내게 이르되 인자야 내가 네게 보이는 그것을 눈으로 보고 귀로 들으며 네 마음으로 생각할지어다 내가 이것을 네게 보이려고 이리로 데리고 왔나니 너는 본 것을 다 이스라엘 족속에게 전할지어다 하더라." — 겔 40:4

우리는 본문에서 에스겔 자신에 관해 다소 배우는 것이 있습니다. 그는 확실히 위대한 선지자들 가운데 하나였습니다. 그가 본 이상은 그 찬란함과 횟수에 있어서 요한의 이상을 생각나게 합니다. 그런데도 이 뛰어난 선지자는 "인자"라고 불렸습니다. 그는 계속해서 이 이름으로 불립니다. 이 호칭은 그의 예언서 전체를 통해서 거듭거듭 사용됩니다. "인자(Son of man)"라는 이 호칭은 그에게, 선견자, 즉 영감 받은 사람, 이상에 이상을 거듭하여 본 이 선지자도 사람에 불과하다는 것을 생각나게 합니다. 아무리 훌륭한 사람도 기껏해야 사람일 뿐입니다. 힘을 얻어 그룹들을 보고 섭리의 거대한 바퀴를 응시할 수 있게 된 눈도 여전히 인자의 눈에 지나지 않습니다. 이 호칭이 사용된 것은 그에게 겸손을 가르치기 위함이었고, 또 하나님께서 스스로 낮추어 자기에게 오신 것을 생각하도록 하기 위함이었으며, 자신이 다른 사람들보다 나은 것이 없음에도 불구하고 그들 가운데서 택함을 받아 다른 사람들의 눈에는 허락되지 않은 그처럼 놀라운 광경들을 볼 수 있게 되었다는 놀라움과 경이감에 사로잡히도록 하기 위함이었습니다. 이 사실은 우리에게 매우 가능성이 있는 면을 지닙니다. 하나님께서 자신을 "인자"인 사람에게 계시하실 수 있다면 또 다른 사람에게 계시하시지 말라는 법이 있습니까? 하나님께서 인자 가운데 한 사람인 에스겔을 통해서 그처럼 놀랍게 말씀하실 수 있다면 여러분을 통해서 말씀하시지 말라는 법이 있습니까? 나를 통해서 말씀하시지 말라는 법이 있습니까? 우리도 인자이기 때문입니다. 우리는 그런 일을 할 만한 가치가 없고 적합하지도 않습니다. 에스겔도 마찬가지입니다. 그 호칭은 그에게 그의 출신을 생각하게 만듭니다. 그는 여전히 인자들 가운데 한 사람입니다. 하나님께서 자신을 사용하실 수 없다고 생각하는 여러분, 하나님을 섬기기를 바라지만 자신의 하찮음을 깊이 느끼는, 심령이 가난한 여러분, 이 사실에서 큰 위로를 받으십시오. 하나님은 여러분이 구하는 것이나 생각하는 것에 더 넘치도록 여러분에게 베푸실 수 있다는 점을 기억하십시오. 하나님은 여러분이 꿈에도 생각하지 못했던 방법들을 따라 여러분 속에 하나님의 아들을 계시하고 여러분에게 자신을 계시하시며, 또 여러분을 통해 계시하실 수 있습니다. 그리고 어쩌면 바로 지금 겪고 있는 고통스러운 경험이 여러분이 더 높은 곳에 서서 평안한 때 이스라엘 집에게 말할, 여러분으로 말미암아 많은 사람들이 복을 받을 하나님의 이상을 볼 수 있도록 여러분을 준비시키고 있는 것인지도 모릅니다.

이것이 당면한 우리의 주제입니다. 우리는 하나님께서 그의 종들 가운데 어떤 이들에게 허락하시는 자신의 현시(顯示)들에 대해 이야기할 것입니다. 그 다음에 둘째로, 그들이 그러한 하나님의 현시들을 보는 동안 그들에게 지워진 책임에 대해서 이야기할 것입니다. 그 다음에 셋째로, 하나님께서 더 은총을 받은 자신의 백성들에게 이러한 현시들을 보여주시는 목적에 대해서 이야기할 것입니다. 그 목적은 그들이 자기가 보는 모든 것을 선언할 수 있도록 하는 것이고, 이스라엘 온 집이 말하자면 이렇게 은혜를 받은 그들의 눈을 통해서 보고 택함을 받은 이들의 귀를 통해서 들으며 여호와의 말씀을 생각할 수 있도록 하는 것입니다.

1. 첫째로, 하나님의 종들 가운데 어떤 이들이 은혜로 보게 된 하나님의 현시들에 대해서는 말할 것이 별로 없습니다.

주 예수께서는 자기 백성들 가운데 어떤 이들에게는 아주 특별하게 가까이 하십니다. 하나님께서 에스겔에게 가까이 나타나셨습니다. 나는 이 장에 언급된 사람, 즉, 그 모양이 놋 같은 사람은 바로 우리의 거룩하신 주님, 비록 사람이시지만 그 놀라운 인격의 광채에서 모든 사람을 능가하시는 분이라고 생각합니다. 에스겔에 나타나신 분이 바로 우리 주님이셨던 것이 분명합니다. 그리스도께서 죽으시러 이 땅에 오시기 전에 그의 종들에게 다른 방식으로 나타나셨습니다. 주님은 나그네로서 아브라함과 함께 머무셨습니다. 이는 아브라함이 나그네라는 것을 아셨기 때문입니다. 주님이 얍복 강가에서 야곱과 씨름하셨는데, 이는 야곱이 혹독한 시련으로 씨름하고 있었기 때문입니다. 가시덤불이 불타고 있었을 때 모세에게 자신을 계시하신 분이 바로 주님이셨습니다. 여호수아 곁에서 칼을 뽑아들고 있는 사람으로 서 계셨던 분이 바로 이 주님이셨습니다. 주님은 여러 방식과 여러 모양으로 자신이 사람들과 함께 있는 것을 기뻐하심을 보여주셨습니다. 말씀이 실제로 육신으로 나타나셨을 때, 주님은 여기저기에서 자신의 택하신 종들과 친밀한 교제를 나누셨습니다. 주님은 여러분 가운데 누구에게든지 자기를 찾는 자에게 자신을 나타내실 것입니다. 주님의 얼굴의 아름다움을 볼 준비가 되어 있는 사람은 누구에게나 그 아름다움을 드러내실 것입니다. 그리스도께서 자신의 사랑을 나타내 보여주시지 않고서는 주님을 사랑할 수 있는 사람은 아무도 없습니다. 그러나 또한 주님은 하나님의 종들 가운데 하나님 가까이에서 생활하는 사람들에게, 주님께서 불러 특별한 봉사를 맡기시는 사람들에게는 자신의 빛과 영광을 아주 현저하게 나타내 보여주십니다.

이러한 계시는 끊임없이 이어집니다. 나는 사람이 언제나 똑같을 수는 없다고 생각합니다. 요한이 밧모 섬에 얼마나 오랫동안 있었는지 모릅니다. 그러나 요한이 한 번은 "주의 날에 내가 성령에 감동되었다"(계 1:10)고 말했습니다. 요한은 특별히 그 점을 언급합니다. 나는 다니엘이나 에스겔이 밤마다 환상을 보았거나 매일 하나님의 영광을 보았다고 생각하지 않습니다. 인간은 하나님의 계속적인 현시의 끊임없는 긴장을 감당할 수 없습니다. 이런 일들은 앞으로 보겠지만 "천사의 방문처럼 극히 드문" 경우입니다. 항상 계속될 수 있는 교제가 있습니다. 그러나 밀물처럼 밀려드는 압도적인 현시(顯示), 곧 대낮 같은 계시는 끊임없이 지속되지는 않을 것입니다. 에스겔은 하나님의 특별한 현시를 받았고, 그 일이 언제 일어났는지를 우리에게 말해 줍니다. 사람들은 하나님의 얼굴을 보면 기억하지 않을 수 없기 때문입니다. 에스겔은 그 날짜를 알고 기록하였습니다. "우리가 사로잡힌 지 스물다섯째 해, 성이 함락된 후 열넷째 해 첫째 달 열째 날에"(겔 40:1). 천상의 교제를 경험한 날들은 중요해서 기억력이 지속되는 한 기억할 수가 있습니다.

그렇습니다. 이 현시들이 나타난 때가 큰 곤경의 시기였다는 것은 주목할 만한 사실입니다. 25년간의 포로 생활에 틀림없이 하나님의 종들은 마음이 몹시 지쳤을 것입니다. 그러므로 그 발이 놋쇠 같고 마치 풀무 불에 타는 것 같으신 분이 오셔서 자기 백성들에게 자신을 나타내시는데, 풀무에 타는 놋쇠같이 빛나는 모습으로 오시어 그들에게 25년간의 포로 생활 후에 위로의 때를 그들에게 주십니다. 에스겔은 또 그때가 성이 함락된 지 14년, 곧 성이 폐허 무더기가 된 지 14년이 되었다고 말합니다. 그때 하나님이 나타나셨습니다. 사랑하는 여러분, 여러분이 오랫동안 슬퍼해 왔을 때, 밝은 날을 기대할 수 있습니다. 새까만 어둠이 결국은 밝아질 것입니다. 밤이 영원히 지속되지 않습니다. 여러분이 많은 기쁨을 누릴 때는 언제든지 조심하십시오. 그 길에 슬픔이 있습니다. 그러나 여러분이 많은 슬픔을 겪고 있을 때는 희망을 가지십시오. 기쁨이 가까이 오고 있습니다. 그 점을 확실히 믿으십시오. 찬송 받으실 우리 주님은 다른 어떤 곳에서보다 골짜기에서, 그늘에서, 깊은 곳에서 더 자기 백성들에게 자신을 계시하십니다. 하나님은 한밤중에 자기 자녀들에게 자신을 나타내시고, 그의 임재로 어둠을 빛으로 바꾸시는 방법과 기술이 있습니다. 성도들은 아주 건강할 때보다 병상에 있을 때 더 자주 예수님을 뵈었습니다. 그리스도는 스코틀랜드에서 지금보다 주님의 백성들이 히스 풀밭과 언덕들에서 피 흘리던 날에 더 많이 나타나셨습니다. 프랑스에서는 그리스도를 지금보다는 위그노 교도들의 시절에 더 많이 볼 수 있었다고 나는 굳게 믿습니다. 주님의 백성들이 양가죽이나 염소 가죽을 쓰고 떠돌아다니고 궁핍한 가운데 지내며 많은 괴로움을 당할 때 우리 주님께서 그들에게 나타나셨던 것에 비하면, 오늘날 이 땅에서 우리 주님은 거의 나그네가 되신 것이 아닌가 하는 생각이 듭니다. 그때는 우리 주님께서 길모퉁이와 구석 어디서든지 주의 백성들을 만나셨기 때문입니다. 지금 시대가 우울하고 우리 자신은 근심 가운데 있을지라도 사랑하는 우리 주님께서 오셔서 세상에는 그리 아니하시겠지만 우리에게는 자신을 나타내실 것입니다.

이 경우에는 에스겔이 마음이 고양된 상태에 있을 때 이상이 그에게 나타난 것으로 보입니다. 에스겔은 "하나님의 이상 중에 나를 데리고 이스라엘 땅에 이르러

나를 매우 높은 산 위에 내려놓으셨다"(40:2)고 말합니다. 하나님은 다양한 방법들을 쓰셔서 자기 백성들을 죽을 인생의 기쁨이나 슬픔, 염려나 소원으로부터 멀리 들어 올려 영적인 영역으로 들여보내십니다. 그리고 그때, 즉 마음이 보통 때보다 높게 고양되고, 어떤 신성한 과정에 의해서 정신적인 기능들이 감수성이 예민한 상태가 되었을 때, 하나님께서 자신을 우리에게 계시하십니다. 이런 때가 항시 오는 것은 아닙니다. 그러나 그런 때를 만나는 사람들은 복이 있습니다. 산에 홀로 하나님과 있으면서 영적 본성이 육신을 완전히 지배하여 자기가 몸 안에 있는지 몸 밖에 있는지 거의 알지 못하는 지경에 이를 때, 하나님께서 자신을 그들에게 계시하십니다.

하나님께서 이렇게 에스겔을 고양시키셨을 때, 하나님께서 그를 어떤 곳으로 인도하여 가신 것으로 보입니다. 하나님께서 "내가 이것을 네게 보이려고 이리로 데리고 왔다"(40:4)고 말씀하시기 때문입니다. 하나님의 자녀들은 그리스도 안에 있는 하나님의 사랑과 은혜와 자비를 다른 어떤 곳보다 잘 볼 수 있도록 특이한 장소에 이르게 되는 경험을 합니다. 때때로 나는 어떻게 해서 내가 그런 마음 상태에 빠지게 되었는지 알지 못하여 당혹스러웠습니다. 때로는 그 이유를 알아냈고, 많은 경우에는 알지 못하였던 것 같습니다. 내가 어느 안식일에 "나의 하나님 나의 하나님 어찌하여 나를 버리셨나이까?"(마 27:46)라는 본문으로 여러분에게 설교하였던 생각이 납니다. 대체 어떤 목사가 그 본문을 가지고 설교하면서 그 본문이 자신에게 해당되지 않는가 하고 두려워한 사람이 있었다면, 바로 내가 그랬습니다. 나는 설교하는 동안 내내 두려운 어둠을 느꼈습니다. 왜 그렇게 느꼈는지 알 수가 없습니다.

그런데 월요일 밤에 한 사람이 찾아왔습니다. 겉모습을 볼 때 그는 전혀 미친 사람 같지 않았습니다. 그의 눈은 이마에서 곧 튀어나올 것 같았고 그의 얼굴에는 공포가 가득 찼습니다. 그가 방에 나와 단 둘이 있게 되자 말했습니다. "목사님은 저를 자살하려고 한 데서 구해주셨습니다. 저는 하나님께 버림받은 사람입니다. 지난 주일 밤까지 아무도 제 영혼이나 제 생활에 대해서 이야기해 주지 않았습니다." 하나님의 크신 은혜와 무한한 자비로 말미암아 우리는 그 형제를 좀 더 평온한 바다로 인도할 수 있었습니다. 이제는 그 형제가 하나님을 기뻐하며 살 것이라고 믿습니다. 나는 그 형제를 도울 수 있어서 아주 침울하였던 상태를 겨우 끝내게 되어 말할 수 없이 감사하였습니다. 때로는 우리의 경험이 다른 사람들에게 유익이 되고, 때로는 우리 자신에게 유익이 되기도 합니다. 어떤 보석은 검은 벨벳에 놓기 전에는 그 아름다움을 볼 수가 없습니다. 여러분이 그 뒤에 검은 것을 놓을 때 그 보석의 광채를 볼 수가 있습니다. 이와 같이 하나님의 약속들 가운데는 어두운 영혼의 근심과 비교되지 않고서는 지극히 빛나는 그 의미를 알 수 없는 약속들이 있습니다. 신앙 교육은 많은 경우에 흑체 활자체(흰 바탕 테두리에 쓰인 검은 글자) 학습이라고 말할 수 있습니다. 글자는 아주 까맣고 보기도 매우 안 좋지만, 그 글자는 확실히 판독할 수가 있습니다. 여러분이 낮에는 별을 볼 수 없습니다. 해가 완전히 질 때까지 기다려야 합니다. 여러분이 어둠 가운데 있기 전에는 하나님의 많은 약속들을 볼 수 없습니다. 마음이 우울한 가운데 있을 때, 하나님께서 여러분의 마음이 그 자리에 이르도록 허락하시는 것은 여러분이 별처럼 빛나는 약속들을 응시하고, 그 약속들에서 흘러나오는 모든 빛줄기를 소중히 여기도록 하기 위해서일 수 있습니다. 친구 여러분, 이렇게 여러분도 알다시피 하나님께서는 자기 백성들을 그리스도인의 경험 세계에서 언덕과 골짜기, 협곡과 절벽을 따라 이곳저곳으로 인도하시는데, 이 모든 것은 그들의 마음이 고양되어서 하나님의 빛나는 이상을 보고 하나님을 더 잘 알고 더 사랑하며 더 잘 섬길 수 있게 되도록 하기 위한 것입니다.

그러나 하나님의 목적에 영향을 끼칠 수 있는 것은 외적인 환경이 아닙니다. 거기에는 언제나 성령의 움직임이 있어야 합니다. 3절에서 여러분은 "그가 나를 데리시고 거기에 이르시니"라는 말씀을 읽습니다. 여러분이 집에 가면 이 장 전체를 한 번 읽어보십시오. 그러면 이 말이 어떻게 반복되는지 알 수 있습니다. "그가 나를 데리고 안뜰에 들어갔고(40:28) 그가 또 나를 데리고 북문에 이르렀으며(40:35) 나를 데리고" 여기저기로 갔느니라고 합니다. 우리는 하나님께서 우리를 진리로 데려가시지 않으면 마음으로 진리를 배우지 못합니다. 우리는 진리를 들을 수 있습니다. 진리 외에는 어떤 것도 듣지 않도록 주의해야 합니다. 하지만 하나님께서 진리를 마음 깊숙이 가져오셔야 합니다. 진리가 뜨거운 쇠로 지지듯이 우리 속에 강한 인상을 남기기 전에는 어떤 진리도 알 수 없습니다. 어떤 교리들을 우리는 의심할 수 없습니다. 어떤 사람이 내게 새로운 이론을 받아들이도록 설득시키지 못하고서 이렇게 말했습니다. "아, 수술을 하지 않고서는 아무도 목사님의 머리에 새로운 사상을 집어넣을 수 없을 것입니다." 그 새로운 사상이 이 오래된 복음에 어긋나는 것이라면 그 증언은 맞는 말입니다. 내가 설교하는 것들은 내 자신의 일부입니다. 그리고 그것들이 진리인 것을 나는 확실히 압니다. "목사님은 전혀 틀림이 없습니까?" 하고 여러분은 말합니다. 내가 하나님의 말씀에 있는 것을 선언할 때는 그렇습니다. 하나님의 진리를 선언할 때, 나는 내 자신에 대해서가 아니라 하나님의 말씀에 대해서 전혀 오류가 없다고 주장합니다. "사람은 다 거짓되되 오직 하나님은 참되시다 할지어다"(롬 3:4). "이런 것이 우리 견해이고 생각이다"고 말하는 것은 쓸모없을 것입니다. 은혜의 교리들이 사실이 아니라면 나는 망한 사람입니다. 그 교리들이 하나님의 진리가 아니라면 나는 살아야 할 아무 목적이 없습니다. 삶에 아무 기쁨이 없고, 죽을 때도 아무 소망이 없습니다. 하나님께서 여러분을 진리 가운데로 인도해 주시기를 바랍니다. 하나님이 여러분을 진리 가운데로 인도하시면 마귀가 여러분을 진리에서 끌어낼 수 없을 것입니다. 하나님께서 여러분을 진리로 인도하신다면, 손가락으로 쓰듯이 여러분 마음에 진리를 쓰신다면, 여러분은 아주 확실하게 진리를 알 것입니다. 사람들이 이렇게 말할 수 있습니다. "당신의 말은 조리에 닿지 않아요. 어떻게 이 말이 인간 사상의 점진적인 발달과 일치합니까?" 이런 유의 온갖 말을 할 것입니다. 그분들에게 말씀드립니다. "여러분은 가서 여러분이 좋아하는 곡조에 맞춰 바이올린을 켤 수 있습니다. 나에게는 이런 것이 나의 본질적인 부분입니다. 나는 이 교리들을 내 것으로 삼았습니다." 나는 이 교리들을 굳게 붙잡았고, 또 이 교리들이 나를 굳게 붙들었습니다. 나는 이 교리들을 붙잡을 수밖에 없습니다. 나는 값없는 은혜를 믿기로 결심하는 것이 아닙니다. 믿지 않을 수 없기 때문에 믿는 것입니다.

어떤 사람이 칼빈주의 교리를 쥐고 있느냐는 질문을 받고서 "아니요" 하고 대답하였습니다. 그러자 질문한 사람이 "오, 그 말을 들으니 기쁘군요" 하고 말하였습니다. 질문을 받은 사람이 다시 한번 얘기했습니다. "예, 하지만 칼빈주의 교리가 저를 붙잡고 있습니다." 여러분이 진리를 붙잡고 있는 것과 진리가 여러분을 붙잡고 있는 것 사이에는 엄청난 차이가 있습니다. 여러분이 진리에 대해 마음을 다해 "여호와께서 나를 진리 가운데로 인도하셨습니다"라고 말할 수 있지 않는 한, 진리를 바르게 붙들지 못할 것입니다. "그가 나를 이끌고 남으로 가고 또 나를 데리고 안뜰에 들어갔으며 나를 데리고 바깥뜰에 들어가고 또 나를 데리고 성전에 이르렀느니라." 에스겔은 그 모든 사실을 말하였습니다. "네 모든 자녀는 여호와의 교훈을 받을 것이라"(사 54:13). 이런 가르침은 없습니다. 하나님께 배우는 자는 절대 오류가 없는 것을 배우기 때문입니다.

지금까지 나는 하나님께서 자기 백성들 가운데 어떤 사람들에게 허락하시는 하나님의 현시(顯示)들에 대해서 이야기했습니다.

2. 둘째로, 이렇게 은혜로 하나님의 현시를 보는 자들의 책임에 대해서 살펴봅시다.

"그 사람이 내게 이르되 인자야 내가 네게 보이는 그것을 눈으로 보고 귀로 들으며 네 마음으로 생각할지어다." 이것은 주께서 이런 뜻으로 말씀하신 것이 아닙니까? "거룩한 진리를 이해하기 위해 네 모든 감각을 사용하고, 네 모든 기능과 네 모든 지혜를 사용하여라." 성령께서 여러분에게 빛을 허락하실 때 여러분이 보는 것에 주의하십시오. 은혜의 소리가 있을 때 여러분이 듣는 것에 주의하십시오. 거울에 비친 모습을 보고 가서는 자기의 모습을 잊어버리는 사람들처럼 듣고도 쉽게 잊어버리는 사람이 되지 않도록 하십시오. 우리가 하나님의 말씀에 온 마음을 기울인다면 하나님의 말씀을 얼마나 더 잘 이해할 수 있는지 모릅니다. 우리는 자녀들에게 학과목들을 "마음으로" 배우라고 말합니다. 그 표현에 충분한 의미를 집어넣는다면 그것이 하나님의 일들을 배우는 방식입니다. 그 모든 일들을 철저히 배우십시오. 여러분에게 있는 모든 기능을 사용하여 그 사실들을 깊이 명심하십시오. 하나님께서 성령님을 통해 여러분을 도우실 때 여러분이 받은 모든 능력을 사용하여 가장 깊은 의미를 이해하려고 노력하십시오.

첫째로, 주께서는 "눈으로 보라"고 말씀하십니다. 보는 것 말고 눈이 달리 할 무슨 일이 있습니까? 주께서 말씀하시는 뜻은 이것입니다. 네 눈으로 보고, 살피고 조사하라는 것입니다. 진리를 휙 하고 한 번 훑어보고 "예, 진리를 보았습니다" 하고 말하지 마십시오. 안 됩니다. 그렇게 하지 마십시오. 눈으로 보고 마음으로 응시하며 묵상함으로 진리를 붙드십시오. 진리를 보고, 또 보고 들여다보십시오. 천사들에 대해 한 말을 기억하십시오. "천사들도 들여다보기를 원하는 것이니라"(벧전 1:12, 개역개정은 "천사들도 살펴보기를 원하는 것이니라" - 역주). 그냥 "보기를" 원하는 것이 아니라 "들여다보기를" 원하는 것입니다. 그리스도를 바라보면 여러분이 구원을 얻을 것입니다. 그러나 여러분에게 기쁨과 평안과 거룩함과 지극한 행복을 주는 것은 그리스도를 들여다보는 것입니다. 그리스도를 들여다보십시오. 모든 진리를 열중해서 뚫어져라 하고 보십시오. 특별히 아주 중요한 시간에, 즉, 하나님께서 여러분에게 그의 얼굴빛을 정오의 빛처럼 밝게 비추실 때 그렇게 하십시오. 그때는 하나님의 말씀을 배나 열중해서 보십시오.

그 다음에 주께서 이렇게 말씀하십니다. "귀로 들으라." 사람이 이 일 말고 다른 일에 귀를 사용할 수는 없지 않겠습니까? 맞습니다. 귀로 들으십시오. 힘을 다해 잘 들으십시오. 여러분은 마음의 눈으로 그 의미를 조사해야 합니다. 그러나 그뿐 아니라 그 약속이나 교훈을 말씀하신 그 어조도 파악하려고 노력해야 합니다. 정확한 말씀을 마음에 새겨야 합니다. 트집 잡는 사람들은 축자영감설을 이야기하는 것을 어리석다고 말하겠지만, 우리가 축자영감설을 인정하지 않으면 어떤 영감도 없다고 나는 믿습니다. 누군가 여러분에게 "당신 아버지가 말한 것의 의미가 맞다면 그의 말에 대해서는 신경 쓰지 마라"고 말한다면 여러분은 이렇게 답변할 것입니다. "그래요, 하지만 나는 아버지께서 정확히 무엇이라고 말하셨는지 말 한 마디 한 마디를 알고 싶습니다." 법적 문서들에서는 일이 그렇게 된다는 것을 나는 압니다. 여러분이 보는 것은 단지 의미만이 아닙니다. 말 한 마디 한 마디가 모두 정확해야 합니다. 하나님의 말씀은 하나님에게서 나올 때 의미를 감싸고 있는 음절들까지도 완벽한 형태로 왔습니다. 하나님의 말씀에는 오류가 없었습니다. 나는 하나님 말씀을 접할 때는 눈으로 볼 뿐 아니라 귀로도 듣고 싶었습니다. 그 의미를 알고, 그 다음에는 그 의미를 내게 전달해 주는 표현을 사랑하고 싶었습니다. 의미를 전달하는 말에 마음을 많이 쓰지 않는 사람은 말의 의미에도 별로 신경 쓰지 않습니다. 형제 여러분, 하나님께서 그의 말씀으로 자신의 마음을 여러분에게 열어 보여주실 때는 언제든지 아무것도 놓치지 않도록 주의하십시오. 소리 하나, 음절 하나도 놓치지 않도록 하십시오.

하나님은 그 이상의 것을 요구하십니다. "내가 네게 보이는 그것을 네 마음으로 생각할지어다." 이것이 하나님에게서 배우는 방법입니다. 즉, 하나님께서 무슨 말씀을 하시든지 그것이 여러분이 알아야 할 필요가 있는 것이라고 생각하고서 하나님이 말씀하시는 모든 것을 사랑함으로써 배우는 것입니다. 여러분이 온 마음으로 진리를 알게 될 때, 그 진리를 따뜻한 애정으로 감싸십시오. 그래서 그 진리가 호박(琥珀) 속에 들어 있는 파리처럼, 여러분 가슴속에 있는 말처럼 깊이 간직되어 있어서 여러분에게서 빼앗아갈 수 없도록 하십시오. 온 마음을 하나님 말씀에 쏟으십시오. 매일 성경을 아주 많이 읽는 것을 좋아하는 사람들이 있습니다. 나는 그분들에게 그 습관을 버리라고 말하고 싶지 않습니다. 그러나 나는 말하자면 성경을 여러 장 손대기보다는 대여섯 구절을 가지고 하루 종일 깊이 생각하기를 권하고 싶습니다. 성경의 한 구절에 몸을 담그고, 그 구절을 심장에 스며들 때까지 깊이 빨아들일 수 있으면 좋겠습니다! 책을 많이 읽은 사람이 언제나 박식한 것은 아닙니다. 서너 권의 책을 완전히 이해할 때까지 거듭거듭 읽은 사람이 뛰어난 사람입니다. 그는 어떤 것을 알고 있습니다. 그는 사상과 표현을 파악합니다. 그리고 이런 것들로 자신의 인생을 건설해갈 것입니다. 하나님의 말씀을 마음으로 생각하십시오! 그것이야말로 하나님의 말씀을 철저히 알 수 있는 유일한 방법입니다. 여러분의 전 본성을 옷감처럼 그 말씀에 집어넣어 염색이 되도록 하십시오.

하나님께서는 우리에게 하나님이 우리에게 보이실 모든 것에 대해 이와 같이 하라고 명령하십니다. "내가 네게 보이는 그것을 네 마음으로 생각할지어다!" 우리는 하나님의 말씀을 연구하는 일에 편견이 없어야 하고, 하나님의 말씀을 받아들이는 일에 보편적이어야 합니다. 형제자매 여러분, 여러분은 하나님의 성경에서 어디를 읽을지 고민을 많이 합니까? 제발 그 습관을 버리시기 바랍니다. 나는 신자라고 하는 사람들 가운데 성경의 어떤 장들은 읽으려고 하지 않는 이들이 있는 것을 압니다. 지금 여러분이 읽고 싶지 않은 구절을 읽기 전에는 다른 곳으로 넘어가지 마십시오. 그 구절을 좋아하는 법을 배우십시오. 여러분과 성경 사이에 불편한 것이 있다면 잘못된 것은 성경이 아니라 여러분이기 때문입니다. 하나님의 말씀에서 여러분이 "내 생각은 저것과 달라"라고 말할 수 있는 부분이 있을지라도, 성경은 결코 바뀌지 않을 것입니다. 바뀌어야 할 당사자는 여러분입니다. 온전히 주님을 따르도록 하십시오. 그렇게 하려면 소중히 여기는 생각을 바꾸어야 하고, 여러분의 교단적인 관계도 바꾸어야 하는 일이 생길지라도 그렇게 하십시오.

어떤 사람은 말합니다. "우리가 작은 일들에도 그처럼 까다롭게 굴어야 합니까?" 그렇습니다. 충성이 판가름 나는 것은 작은 문제들에서입니다. 사랑으로 순종하는 자녀는 아버지의 말을 들을 때 "이것은 큰 일이고 저것은 작은 일입니다"라는 말을 하지 않습니다. "너희에게 무슨 말씀을 하시든지 그대로 하라"(요 2:5). 작은 의무들을 가볍게 다루는 습관은 이내 큰 문제들에 대해서도 양심이 마비되는 상태로 발전합니다. 사람들은 "아, 우리가 그처럼 까다롭게 굴 필요는 없다"고 말합니다. 아니, 우리는 그처럼 까다롭게 생각해야 합니다. 어떤 사람이

한 청교도에게 "당신은 왜 그렇게 꼼꼼합니까?" 하고 물었습니다. 이에 그 청교도는 "예, 제가 매우 정확한 하나님을 섬기기 때문입니다" 하고 대답하였습니다. "너희의 하나님 여호와는 질투하시는 하나님이시니라"(신 6:15). 이 점을 유의하십시오. 하나님께서는 여러분이 교리에 속한 것이든 교훈에 속한 것이든 아니면 약속에 속한 것이든 간에 하나님의 모든 말씀에 대해 온 마음을 기울이게 하려고 하셨습니다. 하나님께서 우리에게 보게 하시려는 것을 모두 보고, 하나님께서 우리에게 듣게 하시려는 것을 다 들으며, 하나님께서 우리에게 받게 하시려는 것을 모두 마음에 받아들이려고 하고 또 받아들일 수 있게 하는 은혜를 주시면 좋겠습니다.

지금까지 나는 하나님께서 그의 종들 가운데 어떤 사람들에게 허락하시는 하나님의 현시들과 그 종들이 그런 현시들을 받았을 때의 책임에 대해서 살펴보았습니다.

그러면 이 모든 일의 실제적인 목적은 무엇입니까?

3. 셋째로, 하나님께서 자신을 자기 종들에게 나타내시는 이유는 무엇입니까?

그 목적은 이것입니다. "너는 본 것을 다 이스라엘 족속에게 전할지어다." 첫째로, 네 자신이 그것을 보고, 듣고, 마음에 생각한 다음에 그것을 이스라엘 족속에게 전하라는 것입니다. 최근에 나는 어떤 목사가 강단에서 이렇게 말했다는 이야기를 들었습니다. "속죄의 교리, 그것에 대해 많이 들었지만 나는 그것이 무엇인지 도무지 모르겠습니다." 그는 자신이 확실히 알지 못하는 몇 가지 문제들을 풀기 위해 휴가를 얻으려고 합니다. 만일 그가 그 문제들을 금방 해결하지 못한다면 나는 그에게 휴가를 평생 동안 연장하라고 권하겠습니다. 속죄의 교리를 이해하지 못하는 사람은 〈소교리문답, The Shorter Catechism〉을 읽고 하나님께 빛을 비추어 주시기를 기도해야 합니다. 소교리문답은 배우지 못한 젊은 사람들을 위해 쓴 책입니다. 하지만 그 책이 많은 목사들에게도 유익할 수 있습니다. 하나님께서 우리가 정말로 알아야 할 것을 알고, 우리가 보고 듣고 마음으로 생각한 것 외에는 다른 사람들에게 전하지 않도록 하는 은혜를 주시기 바랍니다.

그러나 진리를 보고 듣고 마음으로 생각했다면, 우리는 그 진리를 다른 사람들에게 전해야 합니다. 특별히 그 진리와 관계있는 사람들에게는 더욱 전해야 합니다. 에스겔은 한 성전과 성읍에 대한 형태와 이상을 보았습니다. 그는 이것을 이스라엘 족속에게 말해야 했습니다. 형제 여러분, 여러분은 자신이 말해야 할 대상이 누구인지 알 수 없을 것입니다. 그러나 이것이 여러분에게 지침이 될 수 있습니다. 즉, 여러분이 보고 들은 바를 그것과 관계있는 사람들에게 말하라는 것입니다. 여러분은 마음이 우울했었는데 위로를 받았습니까? 여러분이 그런 상태에 있는 어떤 사람을 만나면 바로 그에게 위안이 되는 사실을 말하십시오. 여러분이 영혼의 큰 싸움을 겪고 있다가 안식을 얻었습니까? 여러분이 만나는 옆 사람이 괴로워하고 있으면, 그에게 그 점을 말하십시오. 그와 비슷한 고투를 겪고 있는 이웃에게 여러분의 싸움을 이야기해 주십시오. 하나님께서 슬픔의 때에 여러분을 구원해 주셨습니까? 여러분이 이웃에서 만나는 슬퍼하는 사람에게 그 사실을 말해 주십시오. 돼지에게 진주를 던지는 것과 같은 일이 있습니다. 조심하지 않고 말을 많이 할 때 그런 일을 쉽게 범할 수가 있습니다. 그러나 여러분이 배고픈 사람들을 만나면 그들에게 빵을 주십시오. 목마른 사람들을 만나면 물을 주십시오. 그들이 하나님의 복을 원할 때는 여러분 영혼에 귀중하였던 것을 이야기해 주십시오.

예, 그렇습니다. 그러나 이것으로 여러분의 의무가 끝난 것은 아닙니다. 하나님께서 우리에게 귀한 말씀을 보여주셨는데, 이는 우리가 그 말씀을 이스라엘 족속에게 전하도록 하기 위함입니다. 이스라엘 족속은 목이 곧은 백성들이었습니다. 에스겔이 그들에게 갔을 때 그들이 에스겔을 버리고 그의 말을 들으려고 하지 않았습니다. 그럼에도 그는 그들에게 가서 하나님의 말씀을 가르쳐야 했습니다. 우리는 이렇게 말해서는 안 됩니다. "나는 그런 사람에게는 그리스도를 전하지 않을 거야. 그는 하나님의 말씀을 듣지 않을 거야." 비록 그가 거절하리라는 것을 알지라도 그를 반대하는 증언으로서 하나님 말씀을 전하십시오.

형제 여러분, 여러분은 가서 씨를 뿌리십시오. 그리고 비유에서 씨 뿌리는 자가 모든 것이 준비된 좋은 땅에 씨를 한 움큼 뿌렸을 뿐만 아니라 가시 떨기 가운데에도 뿌렸고, 심지어는 길가에도 씨를 뿌렸는데 공중의 새들이 그 씨들을 금방 먹어버렸다는 점을 기억하시기 바랍니다. "일곱에게나 여덟에게 나눠 줄지어다"(전 11:2). "너는 아침에 씨를 뿌리고 저녁에도 손을 놓지 말라 이것이 잘 될는지, 저것이 잘 될는지, 혹 둘이 다 잘 될는지 알지 못함이니라"(전 11:6).

여러분은 하나님께서 여러분에게 말씀하시는 것을 가서 전하십시오. 우리가 방금 읽은 것을 떠올려 봅시다. "내가 여러분에게 은밀히 보여주는 것을 여러분이 광명한 데서 말하며, 여러분에게 골방에서 말한 것을 여러분이 집 위에서 전파하십시오"(마 10:27 참조). "그러면 우리가 모두 설교자가 되어야 합니까?" 그렇습니다. 하나님께 배운 사람은 모두가 가르치게 되어 있습니다. "우리 모두 공중 앞에서 설교해야 합니까?" 하고 묻는 사람이 있는데, 나는 그렇게 말하지 않았습니다. 그러나 이런저런 곳에서, 말하자면 여러분이 지금 앉아 있는 회중석에서, 혹은 여러분이 밖에 나갈 때 계단에서 혹은 길가에서, 아니면 내일 아침 가게에서 여러분 모두 예수 그리스도를 위하여 말 한 마디 할 수 있습니다. 그리스도의 귀하신 명예를 위하여 한두 마디라도 넌지시 비추십시오.

어떤 사람은 "나는 무슨 말을 해야 할지 모르겠어요"라고 말합니다. 그렇다면 형제 여러분, 말을 하지 마십시오. 나는 여러분이 무슨 말을 해야 할지 모른다면 아무 말도 하지 말라고 권하고 싶습니다. 그러나 여러분이 눈으로 보고 귀로 들었으며 마음에 받았다면 여러분은 무슨 말을 해야 할지 압니다. 가장 먼저 떠오르는 것이 가장 말하기 좋을 것입니다. 사람들의 마음 상태를 아시는 하나님은 여러분이 그들의 상태에 맞게 이야기하도록 하고, 또 그리스도인으로서 여러분의 경험이 여러분의 빛을 필요로 하는 사람의 경험과 일치하도록 만드시는 법을 아십니다. 가십시오. 하나님께서 여러분과 함께 하십니다.

이 자리에 주님을 본 적이 없는 분들이 있다면, 그분들이 주님을 찾고자 하는 마음이 있다면, 조금이라도 죄의식이 있다면, 그분들이 영원한 빛을 보기 원하는 마음이 있다면, 그분들은 이 은혜로운 말씀을 기억하십시오. "내게 오는 자는 내가 결코 내쫓지 아니하리라"(요 6:37). 또 이 귀한 초대의 말씀을 기억하시기 바랍니다. "수고하고 무거운 짐 진 자들아 다 내게로 오라 내가 너희를 쉬게 하리라"(마 11:28).

성령께서 즉시 여러분이 예수님을 믿도록 인도하시기 바랍니다. 주님의 이름을 영원히 찬송합시다. 아멘.

제
25
장
—

성전의 법, 거룩함

—

"성전의 법은 이러하니라 산 꼭대기 지점의 주위는 지극히 거룩하리라 성전의 법은 이러하니라." — 겔 43:12

나는 에스겔이 본 이상의 직접적인 의미를 깊이 파고들지 않겠습니다. 나는 에스겔이 말하는 집이 살아계신 하나님의 교회를 표상한다고 믿습니다. 여기서 나는 보이는 교회를 보기보다는 그리스도의 거처하시는 곳인 예수 그리스도의 영적이고 신비한 교회를 봅니다. 이 교회가 땅에서는 은혜의 상태 가운데 있고 하늘에서는 충만한 영광 가운데 있습니다. 아래에서 이 교회는 전투하는 거룩한 교회이고, 위에서는 승리하는 거룩한 교회입니다.

이 교회는 땅에서 하나님의 집이라고 정당하게 불릴 수 있는 유일한 곳입니다. 이는 하나님께서 손으로 지은 전에 계시지 않기 때문입니다. 이 건물을 이렇게 말할 수 있습니다. 아무리 훌륭한 건축물도 하나님을 모시기에 적당한 전이 될 수 없습니다. 저 푸른 하늘을 보고, 보석들이 박힌 밤하늘을 보며 항상 반짝이는 넓고 탁 트인 바다를 보십시오. 그리고 사람의 수공물이 이 자연의 전(殿)에 필적할 수 있는지 말해 보십시오. 끝없는 우주 공간을 자세히 보고, 얼마나 놀라운 전이 세워져 있는지 보십시오. 여러분은 무엇으로 무한하신 여호와께 거처를 마련해 드릴 수 있겠다고 생각하십니까? 그런데 황송하게도 하나님께서는 시온을 택하시고 그곳을 자기 거처로 삼고자 하셨습니다. 성도들은 영적인 집, 곧 성령으로 말미암는 하나님의 거처로 지어져갑니다. 하나님께서는 "내가 그들 가운데 거하며 두루 행하리라"(고후 6:16)는 약속대로 자기 백성들 가운데 거하십니다. 그러므로 교회는 크신 성부 하나님의 집이십니다. 이 집에서 하나님은 자기 권속 가운데 거하며 쉬십니다. 하나님께서 "이는 내가 영원히 쉴 곳이라 내가 여기 거주할 것은 이를 원하였음이로다"(시 132:14)라고 말씀하시지 않았습니까? 사람이 자기 집에서 편히 쉬며 즐거움을 얻듯이 하나님께서도 자기를 경외하는 자들 안에서 즐거워하십니다. "그의 터전이 성산에 있음이여 여호와께서 야곱의 모든 거처보다 시온의 문들을 사랑하시는도다"(시 87:1,2).

교회는 하나님의 집입니다. 하나님이 바깥 세상에 하시는 것과 달리 교회에서는 자신을 알리고 나타내시기 때문입니다. "하나님은 유다에 알려지셨으며 그의 이름이 이스라엘에 크시도다"(76:1). 하나님의 백성들은 하나님을 압니다. 모두 하나님께 배우기 때문입니다. 그들 가운데서는 아무도 이웃에게 "여호와를 알라"고 말할 필요가 없습니다. 그들은 가장 어린 사람으로부터 가장 나이든 사람까지 모두 하나님을 자기 아버지로 알기 때문입니다. 교회 안에서 얼마나 아름다운 친교를 누리는지 모릅니다! 크신 아버지 하나님과 그의 자녀들 사이에 얼마나 거룩한 친밀함이 있는지 모릅니다! 하나님께서 참으로 다정하게 자신을 밝히시므로 하나님을 경외하는 자들은 하나님의 비밀을 압니다. 하나님의 성도들은 하나님 가까이에 있는 백성들입니다. 이들은 언제든지 하나님께 나아갈 수 있습니다. 그들이 하나님의 집에 거하는, 하나님의 사랑하시는 친 자녀들이기 때문입니다. 하나님의 교회에 대하여 말할 수 있는 것 가운데 이보다 영광스러운 사실은 없을 것입니다. "하나님이 그 성 중에 계시매 성이 흔들리지 아니할 것이라"(시 46:5). 하나님의 참된 집인 교회 말고 무엇이 이런 말씀을 들을 수 있겠습니까! "너의 하나님 여호와가 너의 가운데에 계시니 그는 구원을 베푸실 전능자이시라 그가 너로 말미암아 기쁨을 이기지 못하시며 너를 잠잠히 사랑하시며 너로 말미암아 즐거이 부르며 기뻐하시리라 하리라"(습 3:17).

교회는 하나님의 집입니다. 그러므로 하나님은 마치 사람이 자기 집에 대해 염려하고 집을 위해 힘을 쏟으며 지혜를 발휘하고 항상 깊이 생각하듯이 교회를 부양하십니다. 하나님은 자기 백성들을 위해 자신을 내어주십니다. 이를 위해 하나님의 아들이 죽으셨고 다시 살아나셨습니다. 이를 위해 하나님께서 천국의 목적들을 조정하십니다. 또 사람의 자녀들 가운데서 일하십니다. 하나님의 백성은 하나님의 몫입니다. 야곱은 하나님의 기업입니다. 그래서 하나님은 자기의 택하신 자들에게 특별한 관심이 있습니다. 하나님께서는 그의 영적인 이 집이 무너지거나 이 집에 위로와 안전과 명예를 가져다주는 것이 부족하도록 내버려두지 않으실 것입니다.

사람이 자기 집에 하듯이 하나님께서 교회에 자기 이름을 두십니다. 교회는 하나님의 집이고, 하나님은 그 집의 주이십니다. 사랑하는 여러분, 하나님의 가족의 한 식구가 되는 것은 사람이 얻을 수 있는 가장 큰 영광입니다. 세상에는 오래된 혈통에, 최고의 권력 계층에 속하는 위대한 가문들이 있습니다. 하지만 하나님의 집안에 비하면 그 가문들이 무엇입니까? 예수의 이름으로 일컬어지는 천지간의 이 유일한 한 가족은 모든 왕가들이 지닌 영광보다 비할 데 없이 뛰어난 참된 영광을 지니고 있습니다. 나는 가장 위대한 황제가 되기보다는 차라리 가장 비천한 성도가 되겠습니다. 모든 성도들에게는 바로 이런 영광이 있습니다.

자, 형제자매 여러분, 여러분과 내가 하나님의 집에 들어가 하나님의 식구가 되는 특권을 얻었다면 우리가 하나님의 집의 법을 아는 것은 반드시 필요한 일입니다. 이것은 우리가 하나님의 집에 들어갈 때 요구되는 일이고, 또 우리가 하나님의 집에 있는 한 마찬가지로 필요한 일입니다. 바울 사도는 디모데에게 이러한 목적으로 편지를 썼습니다. "너로 하여금 하나님의 집에서 어떻게 행하여야 할지를 알게 하려 함이니 이 집은 살아 계신 하나님의 교회니라"(딤전 3:15). 에스겔은 이러한 목적으로 하나님의 보내심을 받아 하나님의 은혜를 바라는 사람들에게 갔습니다. 에스겔은 그들에게 하나님의 집의 형태, 하나님의 집에 들어가고 나오는 것, 하나님의 집의 모든 규례와 법들을 보여주고, 그들 앞에서 그것을 기록해야 했습니다. 이는 그들이 그 전체 형태와 그 모든 규례들을 지키고 실행하도록 하기 위함이었습니다.

하나님의 집은 무법한 곳이 아닙니다. 하나님의 집은 방종이 아니라 자유가 거하는 곳입니다. 하나님의 집에 거하는 사람들은 하나님의 직접적인 임재 안에 있는 것입니다. 우리 하나님은 소멸하는 불이십니다. 그러므로 거룩하신 삼위 하나님과 함께 거하는 사람은 거룩해야 합니다. 하나님은 자기를 가까이 하는 자들 안에서 거룩함을 나타내시려고 합니다. 그러므로 누구든지 하나님의 집에 들어가 무례히 행동하는 자들이 있다면 그들은 심판이 하나님의 집에서 시작되는 것을 발견할 것입니다. "누구든지 하나님의 성전을 더럽히면 하나님이 그 사람을 멸하시리라"(고전 3:17)는 말씀은 참으로 두렵습니다.

자, 그러면 이제 우리는 성전의 법을 알려줄 본문을 아주 주의 깊게 살펴봅시다. 성령께서 우리가 이해하고 그 다음에는 복종하도록 인도해 주시기를 바랍니다.

첫째로, 성전의 법을 상세히 설명하도록 하겠습니다. 둘째로, 우리가 이 법을 지켰는지 반성해보도록 하겠습니다. 셋째로, 이 법의 취지들을 살펴보겠습니다. 넷째로, 이 법을 지키게끔 하는 수단들을 살펴보겠습니다.

1. 첫째로, 하나님의 집의 법을 상세히 설명하도록 하겠습니다.

본문을 주의 깊게 봅시다. 본문은 동일한 말씀으로 시작하고 끝납니다. "성전의 법은 이러하니라 산 꼭대기 지점의 주위는 지극히 거룩하리라 성전의 법은 이러하니라." 이 말씀은 법의 틀을 이루거나 혹은 법의 양쪽 면에서 법을 가리키는 손 노릇을 합니다. "성전의 법은 이러하니라." 왜 이 말씀이 두 번 언급됩니까? 그것은 우리가 아주 고집이 센 학생이어서 모든 것을 적어도 두 번 들어야 할 필요가 있기 때문입니까? 그것은 우리가 아주 무감각하고 둔해서 어떤 것을 거듭 듣지 않으면 그것에 주목하지 않거나 주목해도 잊어버릴 것이 확실하기 때문입니까? 혹은 이 말씀이 성전에 들어가고 나오는 것에 대한 독특한 법 때문에 붙여진 것입니까? 우리는 46장 9절에서 이 말씀을 읽습니다. "그러나 모든 정한 절기에 이 땅 백성이 나 여호와 앞에 나아올 때에는 북문으로 들어와서 경배하는 자는 남문으로 나가고 남문으로 들어오는 자는 북문으로 나갈지라 들어온 문으로 도로 나가지 말고 그 몸이 앞으로 향한 대로 나갈지니라." 예배하는 자가 들어올 때 현관문으로 들어왔습니다. "성전의 법은 이러하니라." 그리고 나갈 때도 그리로 나갔습니다. "성전의 법은 이러하니라." 혹은 이것이 생의 시작에서 성전의 법이고, 또 생의 마지막에서 성전의 법이기 때문입니까? 이것은 초신자들을 위한 성전의 법이고, 이것이 지극히 훌륭한 성도를 위한 성전의 법입니까? 어쨌든 그리스도인 행실의 알파와 오메가가 이 성전의 법에 들어 있습니다. 여러분은 이 법에 순종하는 것 이상으로 나갈 수 없습니다. 사실 여러분은 이 법에 대해 "법이 높아요. 그 법에 도달할 수 없어요"라고 말할지 모릅니다. 여러분이 갈 수 있는 한 멀리 가보십시오. 이것은 우리 가운데 가장 멀리 나간 사람에게도 여전히 성전의 법으로 작용합니다. 하나님의 계명은 지극히 광대하기 때문입니다.

그러면 이 성전의 법은 무엇입니까? 성전에 관한 것은 모두 거룩합니다. 하나님의 교회 안에 있는 것은 모두 정결하고 깨끗하며 옳고 은혜로우며 칭찬할 만하며 거룩한 것임에 틀림없습니다. 하나님의 교회와 관계있는 모든 것은 거룩합니다. 여기에 이 말씀이 있습니다. "산 꼭대기 지점의 주위는 지극히 거룩하리라." 모든 것이 거룩해야 한다는 점에 주목하기 바랍니다. 아니, 모든 것이 지극히 거룩함에 틀림없다는 점에 다시 주목하기 바랍니다. 옛 성전에는 중앙에 지극히 거룩한 작은 방이 하나만 있었습니다. 이곳은 지성소, 곧 거룩한 곳 중의 거룩한 곳이라고 불렸습니다. 그러나 이제 하나님의 교회에서는 모든 방과 현관과 뜰이 지극히 거룩하게 되어 있습니다. 휘장이 쳐진 그 성소가 대제사장 외에는 아무도 들어갈 수 없고 또 대제사장도 일 년에 한 차례만 들어가되 그때도 피 없이는 들어갈 수 없는 곳이었듯이, 즉 그 존엄한 방이 하나님께서 그룹들 사이에서 빛을 비추신 곳이었듯이, 교회 전체는 모든 지체와 봉사에 있어서 그처럼 거룩해야 합니다.

이 성전의 법은 더할 수 없이 거룩한 위치에 이르게 하는 강렬한 것일 뿐만 아니라 또한 지극히 광범위한 것이기도 하다는 점에 유의할 필요가 있습니다. 이는 본문에서 "산 꼭대기 지점의 주위는 지극히 거룩하리라"고 말씀하기 때문입니다. 바깥 뜰, 이방인의 뜰, 담, 담 밖의 산책길, 산비탈, 성전이 세워진 산과 관련 있는 모든 면이 지극히 거룩하게 되어 있었습니다. 이 사실로부터 나는 다음과 같은 점들을 헤아리게 됩니다. 즉, 하나님의 교회에서는 목사들만이 지극히 거룩하게 되어 있는 것이 아니라 일반 교인들도 지극히 거룩하게 되어 있고, 또 성례들만 거룩한 것이 아니라 일반 음식도 거룩하며, 안식일만 거룩한 것이 아니라 일하는 날들도 거룩하고, 예배만 거룩한 것이 아니라 매일의 노동도 거룩하게 되어 있다는 것입니다. 우리의 거룩한 생활을 둘러싸고 있는 모든 것도 신성하게 되어 있습니다. 우리의 신앙과 접하여 있는 세속적인 문제들도 신앙적인 것으로 여겨야 합니다. 우리는 먹든지 마시든지 무엇을 하든지 주 예수의 이름으로 모든 것을 해야 합니다. 대제사장의 의복에 달린 방울들이 "여호와께 성결"한 것이 될 뿐만 아니라 말방울들도 여호와께 성결하게 되어 있습니다(슥 14:20). 우리 부엌의 항아리와 대접들도 제사장들이 지존하신 하나님의 제단에서 봉사할 때 쓰는 금 그릇들처럼 참으로 신성한 것으로 여겨야 합니다. 거룩함이 멀리까지 미쳐서 그리스도인 생활의 모든 영역에 이르러야 합니다. 그리스도인은 "몸과 영과 혼"이 거룩합니다. 그러므로 모든 일에서 자신이 여호와께 구별되었다는 증거를 보여야 합니다. 바울은 평강의 하나님이 우리 전체를 거룩하게 해 주시기를 기도하였습니다. 아멘. 그렇게 되기를 기도합니다.

우리는 이 거룩함이 분명하게 나타나게 되어 있었다는 점을 다시 한번 살펴봅시다. 하나님의 교회는 골짜기에 은거해 있거나 숲속에 숨어 있는 집이 아니라 멀리서도 볼 수 있게 산 꼭대기에 세워진 성전입니다. 성전에 세워진 산 전체가 거룩하였습니다. 분명한 거룩함이 하나님의 교회의 표지가 되어야 합니다. 우리는 이 점에 의해서 구별되는 독특한 백성으로, 다른 민족들 가운데 하나로 간주될 수 없는 홀로 거하는 인종으로 나타나야 합니다. 우리가 사람들의 주목을 받아야 하는데 재능이나 부(富)로 혹은 시끄러운 신앙고백 때문이 아니라 거룩함 때문에 주목을 받아야 합니다. 참된 거룩함은 어떻게든지 사람들이 눈치 채고 주목하게 되어 있습니다. 바이올렛처럼 참된 거룩함은 자신을 감추려고 하지만 그 향 때문에 사람들에게 알려집니다. 별처럼 조심스럽게 반짝이지만 그 빛 때문에 그 존재가 사람들에게 발견됩니다. 은혜는 그 모습을 감춰둘 수 없습니다. 은혜는 세상에 알려지지 않음으로 인해서 적들에게서 모습을 숨기기를 바라지만, 이 거룩한 성은 언제나 산 위에 서 있으므로 감춰질 수 없습니다. 사람들이 우리가 속해 있는 교회에 대해서 말할 때는 언제든지 교회의 거룩함을 인정할 수 있기를 바랍니다! 사람들이 여러분이나 나에 대해서 말할 때는 언제든지 그들이 거짓말을 하지 않는 한 우리에 대해 악하게 말하지 않기를 바랍니다! 세상은 자기가 칭찬하는 동시에 미워하는 것을 어떻게 불러야 할지 모릅니다. 세상은 금방 교회의 존재를 인지하고 그 능력을 인정합니다. 여기서 능력이란 거룩함을 의미하는데, 이것이 하나님의 백성들에게는 영광이자 힘입니다.

거룩함이 무엇입니까? 나는 거룩함이 무엇인지 알지만, 그것을 한두 마디로 정의할 수는 없습니다. 내가 그 의미를 점차 밝히겠지만, 회심하여 믿음을 갖게 된 가난한 아일랜드 청년만큼 그 일을 잘 하지는 못하겠습니다. 이 청년이 선교사에게 "패트릭, 거룩함이 무엇이지?"라는 질문을 받았을 때 그는 이렇게 대답하였습니다. "선교사님, 거룩함은 속을 깨끗하게 유지하는 것입니다." 바로 그렇습니다. 도덕은 겉이 깨끗한 것입니다. 그러나 거룩함은 속이 깨끗한 것입니다. 도덕은 죽은 몸을 깨끗하게 씻어서 깨끗하고 흰 세마포에 누인 것과 같습니다. 거룩함은 완전히 순결한 살아 있는 몸입니다. 사람에게 올바른 것은 도덕이고 하나님께 신성한 것이 거룩함입니다. 하나님의 교회는 선하다는 평판만을 들어서는 안 되고 정말로 순결해야 합니다. 하나님의 교회는 덕이 있다는 이름만 지녀서는 안 되고 그 마음이 하나님 앞에서 의로워야 합니다. 교회는 속이 깨끗해야 합니다. 우리의 생활은 관찰자들이 안을 들여다보아도 비난할 만한 것을 아무것도 찾을 수 없는 것이 되어야 합니다. 우리의 도덕적 정결함이 마치 이불 밑의 먼지를 닦은 걸레와 냄새 나는 것들을 구석 벽장에 던져 넣는 불량한 주부의 모습과 같아서는 안 됩니다. 우리는 저주 받은 것에서 일체 깨끗해야 합니다. 그래서 사람들이 땅을 팔지라도 거기에서 아간의 보물이 숨겨진 것을 발견할 수 없어야 합니다. 하나님은 마음속에서 진실을 보기 원하시며, 숨은 부분에서 우리가 지혜를 알게 하려고 하십니다.

우리는 우리의 유익을 위해 거룩함을 네 가지 사실로 나누어 볼 수 있을 것입니다. 첫 번째는 거룩함의 소극적인 면, 곧 세상으로부터 분리됨을 생각해 볼 수 있을 것입니다. 세상 사람들에게는 도덕이 있을 수 있지만 거룩함은 결코 있을 수가 없습니다. 다른 사람들처럼 본성의 변화를 경험하지 않았고 생명의 변화도 전혀 알지 못하는 사람은 아직 성경적인 거룩함을 알지 못합니다. 참된 모든 성도에게 이르시는 말씀은 "너희는 그들 중에서 나와서 따로 있고 부정한 것을 만지지 말라"(고후 6:17)는 것입니다. 우리가 세상을 따른다면 거룩할 수가 없습니다. 예수께서는 모든 성도들에게 말씀하셨습니다. "내가 세상에 속하지 아니함 같이 그들도 세상에 속하지 아니하였사옵나이다"(요 17:16). 우리가 사람들 가운데서 구속받은 것은 "거룩하고 악이 없고 더러움이 없고 죄인에게서 떠나 계시는"(히 7:26) 우리 구속주를 닮도록 하기 위함입니다. 우리는 수도사 같은 광신을 가지고 장소에서 분리되어 사람들을 피해서는 안 됩니다. 우리 주님께서는 어떤 사람들보다 죄인들과 섞여서 지내셨기 때문입니다. "이 사람이 죄인을 영접하고 음식을 같이 먹는다"(눅 15:2)는 것은 오래전부터 있어온 비난입니다. 그렇지만 우리 주님은 모든 사람이 알 수 있었듯이 죄인들 가운데 한 사람이 아니었습니다. 길 잃은 양과 자신의 잃어버린 양을 찾기 위해 오신 목자이신 구주님 사이의 차이만큼 분명한 것은 없습니다. 행동이나 말, 움직임, 그 모든 것에서 주님이 그가 복 주려고 하신 죄인들과는 다른 사람인 것이 나타났습니다. 우리도 그와 같아야 합니다. 백합화가 가시떨기 가운데 있듯이 우리도 사람들 가운데서 그와 같이 존재해야 합니다. 신자 여러분, 여러분은 여러분이 거하는 사람들과 다릅니까? 여러분은 유대인이 이방인과 다르듯이 여러분 주변 사람들과 다릅니까? 유대인은 자기가 원하는 대로 행동할 수 있습니다. 그는 잉글랜드 사람이나 폴란드 사람, 혹은 독일 사람의 방식으로 살 수 있습니다. 유대인은 복장이나 사업이나 언어에서 자기가 속해서 살고 있는 사람들과 같을 수 있습니다. 그러나 그에게는 그의 조상 야곱의 이미지가 있어서 자신이 이스라엘 사람이라는 것을 숨길 수 없습니다. 그가 기독교로 개종할지라도 자신의 민족성을 상실하지 않습니다. 여러분은 그가 여전히 아브라함의 후손임을 인지할 수 있습니다. 진정한 그리스도인도 그와 같아야 합니다. 그리스도인은 어디에 있든지 무엇을 하든지 사람들이 그가 도처에서 반대를 받는 종파에 속해 있고 보통 사람이 아니라는 것을 알아채야 합니다. 예수님의 모든 제자들에게는 "독특한 백성"(벧전 2:9, 개역개정은 "그의 소유가 된 백성" - 역주)이라는 호칭이 따릅니다. 그들은 이 세상에서 나그네요 거류하는 자요 따돌림을 받는 사람이요 외국인입니다. 왜냐하면 이들은 하나님의 부름을 듣고 나와서 영원히 주님을 위하여 구별되었기 때문입니다. 세상과 분리됨이 없이는 거룩함은 있을 수 없습니다.

다음으로 거룩함은 주로 헌신에서 나옵니다. 성소의 거룩한 것들은 그것들이 하나님께 바쳐진 것이기 때문에 거룩하였습니다. 하나님의 종들과 제사장들 외에는 아무도 거룩한 그릇으로 마시지 못하였습니다. 희생 제물은 오직 제사용 칼로만 잡았고, 여호와께 바친 것만 제단에 올려놓았습니다. 이는 제단이 거룩하였고 제단의 불도 거룩하였기 때문입니다. 우리가 거룩하려면 이와 같아야 합니다. 우리는 여호와께 속해 있어야 합니다. 자신을 하나님께 바쳐서 하나님의 목적을 위해 쓰여야 합니다. 명목상으로만 아니라 정말로, 사실로 우리는 하나님을 위해 살아야 하고 하나님을 위해 일해야 합니다. 바로 그것이 우리 존재의 이유입니다. 우리가 이 목적에 부응하지 못한다면 우리는 살 이유가 없는 것이고, 자연의 얼굴에 묻은 오점이고 공간을 낭비하는 것이며 땅을 괴롭히는 열매 맺지 못하는 나무인 것입니다. 우리는 하나님께 영광을 돌리고 있는 한에만, 창조의 목적과 계획을 이루고 있는 것입니다. 우리는 하나님의 제사장들입니다. 따라서 하나님을 섬기지 않는다면 우리는 거짓으로 신자인 체하는 사람들입니다. 그리스도인으로서 우리는 우리 자신의 것이 아니라 값으로 사신 바 된 자들입니다. 따라서 우리가 마치 우리 자신의 것인 양 산다면 우리 구속주를 속이는 일입니다. 사람이 하나님의 것을 강탈하려고 합니까? 사람이 예수께서 핏값을 치르고 사신 것을 빼앗으려고 합니까? 세상과 육신과 마귀가 하나님께 바쳐진 그릇들을 사용하는 것에 우리가 동의할 수 있습니까? 그와 같이 신성한 것을 더럽히는 행위를 용인할 수 있겠습니까? 그럴 수 없습니다. 우리는 자신이 주님의 것임을 알고, 우리로 하여금 자신을 오직 주님께만 내드리게 만드는 주님의 서약이 우리에게 있다는 점을 알도록 합시다. 이것이 거룩함의 가장 중요한 요소입니다. 성소에 있는 지극히 깨끗한 대접은 그것이 깨끗하기 때문에 거룩한 것이 아니었습니다. 그 대접은 깨끗하게 닦여졌을 뿐 아니라 또한 하나님께 바쳐졌기 때문에 거룩하게 되었습니다. 거룩함은 도덕이나 고상함, 정직, 덕 이상의 것입니다. 여러분은 내게 자신의 관대함, 선함, 신앙적인 의도들에 대해서 말합니다. 이런 것들이 무엇입니까? 여러분은 헌신하였습니까? 여러분이 하나님께 헌신하지 않았다면 거룩함에 대해서 아무것도 모르는 것입니다. 교회는 그리스도께 바쳐졌고, 따라서 교회에 들어오는 사람은 모두 그와 같이 되어야 한다는 이것이 성전의 법입니다. 우리는 하나님을 위해, 하나님의 영광스러운 나라를 위해 살아야 합니다. 그렇지 않으면 우리는 거룩하지 않습니다. 우리가 자신을 조금도 유보하는 것이 없이 온전히 하나님께 드리고, 영원히 그렇게 할 수 있으면 좋겠습니다. 이것이 거룩함에 이르는 길입니다.

그러나 이렇게 할지라도 여러분이 거기에 더하여 하나님의 성품과 뜻에 맞게 살지 않는다면 거룩함의 개념을 완전히 이해하는 것이 못됩니다. 우리가 하나님의 종들이라면 하나님의 명령에 따라야 합니다. 우리는 하나님께서 주이시고 따라서 그에게 복종해야 하기 때문에 주님이 명령하시는 대로 언제든지 행할 준비가 되어 있어야 합니다. 우리는 주 예수님을 본보기로 삼고, 에스겔처럼 "그 형상을 측량해야 한다"(43:10 참조)고 말해야 합니다. 우리를 보내신 분의 뜻을 행하는 것이 우리의 양식이 되어야 합니다. 우리의 법(기준)은 우리의 판단이 아닙니다. 하물며 우리의 공상이 법이 되는 것은 더더욱 있을 수 없는 일입니다. 하나님의 말씀이 우리의 법령집인 것입니다. 우리가 하나님을 닮아가기 위해서는 하나님께 순종해야 합니다. 우리가 물어야 할 질문은 이것입니다. 하나님께서 내게 무슨 일을 시키시려고 하시는가? 혹은 그리스도시라면 이 환경에서 어떻게 하셨을 것인가? 내가 물어야 할 것은 나의 바람이 무엇인가 하는 것이 아니라 이 일에 관해 하나님의 법은 무엇인가라는 것입니다. 나를 기쁘게 할 것이 아니라 하나님을 기쁘시게 할 것입니다. 하나님으로 말미암아 그리스도의 형상으로 거듭났고 하나님의 참된 자녀가 되었으니 우리는 사랑하는 자녀로서 하나님을 본받는 자가 되었으니 모든 일에 머리이신 그에게까지 자라야 합니다. 그럴 때에, 오직 그럴 때에만 우리가 거룩하게 될 것입니다. 그렇다면, 교회의 활동이 아무리 광범위할지라도 교회의 모든 활동 영역이 하나님의 성품에 일치해야 하는 것이 성전의 법이라는 점을 우리는 알아야 합니다. 그리스도를 닮았다는 사실이 각 신자에게서, 모든 신자의 모든 행동에서, 교회 전체에서 그리고 집단으로서 교회의 모든 활동에서 나타나야 합니다.

그러나 나는 거룩함의 개념을 보완하기 위해 영혼과 하나님 사이에 친밀한 교제가 있어야 한다는 이 점을 덧붙이지 않을 수 없습니다. 불가능한 일이지만, 사람이 하나님을 완전히 닮고 하나님께 완전히 헌신할 수 있다고 할지라도, 그가 하나님과의 교제를 전혀 알지 못한다면 거룩함의 개념은 완성되지 못할 것입니다. 성전은 하나님이 그 안에 거하시기 때문에 거룩하게 됩니다. 하나님은 지극히 거룩한 그곳에 아주 특별한 방식으로 들어가셨습니다. 이 점 때문에 그곳이 지성소가 된 것입니다. 바로 그처럼 하나님과의 특별한 교제가 특별한 거룩함을 일으키는 것입니다. 하나님의 임재는 거룩함을 요구하기도 하고 일으키기도 합니다. 따라서 형제자매 여러분, 우리가 거룩하려면 하나님 안에 거해야 하고 또 하나님께서 우리 안에 거하셔야 합니다. 우리가 하나님을 떠나서는 거룩할 수 없습니다. 어떻게 여러분이 거룩할 수 있습니까? 어떻게 우리 교회가 거룩할 수 있습니까? 우리의 모든 섬김에서 하나님께서 우리와 함께 하십니까? 우리가 모든 활동에서 하나님을 인정합니까? 하나님께서 우리 모든 사람의 마음에서 통치하십니까? 예수께서 우리와 함께 거하십니까? 모든 일에서 하나님을 인정하고, 모든 일에서 하나님의 뜻을 따르며 하나님의 목적을 이루어야 하고 또 모든 일에서 하나님을 위하여 다른 모든 사람들로부터 구별되는 이것이 성전의 법을 따르는 것입니다. 이것이 성전의 법입니다.

2. 둘째로, 우리가 이 성전의 법에 따라 반성하자고 말하는 동안 여러분의 도움이 필요합니다.

우리 각 사람은 자신이 이 성전의 법을 면밀히 지켰는지 스스로 물어봅시다. 형제 여러분, 하나님의 교회는 거룩합니다. 하나님의 교회는 거룩하신 하나님께서 거룩한 목적을 위해 거룩한 원칙에 따라 세우십니다. 거룩하신 구주께서 교회를 거룩한 희생 제사로 구속하셨고, 거룩한 봉사를 위해 구별하셨습니다. 교회의 큰 영광은 성령님이십니다. 성령의 영향력과 활동은 모두 거룩합니다. 교회의 법률서는 성경이고, 교회의 무구(武具)는 거룩한 언약이며, 교회의 위로는 거룩한 기도입니다. 교회의 집회는 거룩한 회(會)이고, 교회의 시민은 거룩한 남녀입니다 교회는 거룩한 목적을 위해 존재하고 거룩한 본보기를 따릅니다. 사랑하는 여러분, 여러분은 "여호와께 성결"하게 된 교회의 일원입니까? 내가 앞에서 말한 것을 토대로 스스로에게 물어보십시오. 내가 세상과 분리되어서 살고 있습니까? 사업에서 나와 또 나하고 거래하는 사람들 사이에 차이점이 있습니까? 내 생각이 다른 사람들과 다릅니까? 내 마음의 경향이 세상 사람들과는 다른 방향으로 흘러갑니까? 나는 믿지 않는 자들과 편하게 잘 지냅니까? 아니면 그들의 죄 때문에 괴로움을 겪습니까? 나는 그들 중의 한 사람입니까? 아니면 그들 가운데 반점이 있는 새입니까? 형제 여러분, 여러분이 이런 의미에서 거룩한지 아닌지 자신을 살피고 또 살펴보십시오.

다음으로, 우리 각 사람은 이렇게 물어봅시다. "나는 헌신한 사람인가? 나는 지금 몸과 마음과 영혼으로 하나님을 위하여 살고 있는가? 나는 지금 내 재산과 재능과 시간과 목소리와 혀를 하나님의 영광을 위해 사용하고 있는가? 나는 지금 무엇을 위해 살고 있는가? 나는 지금 하나님을 위하여 사는 체하면서 결국은 사실 자신을 위하여 살고 있는가? 나는 아나니아와 삽비라처럼 모든 것을 드리는 체하면서 값의 얼마를 감추어 두고 있는가?" 설교자도 자신의 마음을 살필 것이고, 여러분 모두도 자신의 마음을 살펴보기를 권합니다.

그 다음에, 이 점을 물읍시다. 나는 지금 거룩하신 하나님의 마음에 맞게 살고 있는가? 나는 지금 그리스도께서 나였더라면 사셨을 그런 식으로 살고 있습니까? 나는 주인으로서, 종으로서, 남편으로서, 아내로서 혹은 자녀로서 하나님께서 친히 내게 하라고 시키시는 대로 하여 "잘 하였도다 착하고 충성된 종아"(마 25:23)라고 말하실 수 있게 행동합니까? 하나님은 질투하시는 하나님이십니다. 나는 지금 하나님께 신중하게 순종하고 있습니까? 하나님께 순종하여 행하고 있지 않다면 나는 무법하게 행동하고 있는 것이며, 성전의 법, 곧 살아계신 하나님의 집의 법을 어기고 있는 것입니다. 우리가 하나님의 궁전에서 왕이신 하나님께 무례한 짓을 행하여 길에서 망하지 않도록 조심해야 하지 않겠습니까?

그 다음에, 나는 하나님과 교제하면서 살고 있습니까? 나는 거룩하다고 하면서 하나님과 나 사이에 담을 쌓고 지낼 수 없습니다. 하나님과 나 사이에 크게 벌어진 틈이 있습니까? 그렇다면 나는 거룩함을 모르는 것입니다. 나는 하나님과 교제하고 있어야 합니다. 그렇지 않다면 나는 지금 위험하고 통탄스러우며 해로운 죄악적인 생활을 하고 있는 것입니다. 형제자매 여러분, 여러분에게 긴급한 질문을 하겠습니다. 여러분은 하나님과 동행하십니까? 여러분은 예수님과 교제하며 지내십니까? 나는 이 문제에 답을 하지 못할 사람들이 있다는 것을 압니다. 나는 신자들이 이렇게 말하는 것을 들었습니다. "목사님이 내게 술 취해서 사는지 혹은 불성실하게 사는지 물으신다면 나는 즉시 '아니요' 하고 대답할 것입니다. 또 내게 도덕적으로 올바르게 살았는지 물으신다면 나는 아주 확실하게 '예'라고 말할 수 있을 것입니다. 하지만 목사님이 '주님과 교제하면서 생활합니까? 평소에 하나님과 교제하면서 지냅니까?' 하고 물으신다면 나는 즉각적으로 답을 할 수 없습니다. 나는 그 점에 약하기 때문입니다."

여러분 가운데는 한 달에 한 번도 하나님의 얼굴을 보지 못하고 하나님의 임재를 거의 느끼지 못하는 사람들이 있지 않습니까? 그들이 하나님께 가까이 가는 것은 드문 일이고, 매일같이 생각하는 일이 아닙니다. 집회 때, 종교적 감흥이 그들을 움직이면 그들은 조금 흥분하지만 그들의 일반적인 온도는 적도보다는 북극에 더 맞습니다. 친구 여러분, 이것은 여러분에게 도움이 되지 못할 것입니다. 나는 여러분이 항상 하나님 가까이에서 지내기를 바랍니다. 아침에 영혼에 비치는 하나님의 빛을 받으며 일어나기 바라고, 여러분이 가사에 몰두하거나 밖에 나가 분주하게 일하는 동안에 주님과 함께 하기를 바랍니다. 나는 종종 여러분이 낮에는 사랑하시는 주님과 은밀한 대화를 나누고 밤에는 주님의 품에 잠드는 것이 참으로 기분 좋게 느끼며 잠자리에 들기를 바랍니다.

형제 여러분, "내가 깰 때에도 여전히 주와 함께 있나이다"(시 139:18)라고 말할 수 있는 것이 얼마나 즐거운 일인지 모릅니다. 꿈이 마음을 어지럽게 하고 처음으로 의식이 드는 순간에 주님을 생각하는 것을 방해할 때 주님을 간절히 사모하는 마음은 그것을 슬픈 일로 여깁니다. 나는 우리가 하나님의 사랑에 둘러싸이고 완전히 구별되고 철저히 거룩하여서 지존하신 하나님의 직접적인 임재 의식을 한순간도 잃지 않았으면 좋겠습니다. 나는 여러분이 오늘 오후 조용한 때에 자기반성을 하는 시간을 갖기를 바랍니다. 거룩함이 하나님의 집에 합당하다는 사실을 기억하는 것이 하나님의 종인 여러분에게 지워진 의무이기 때문입니다. 우리가 하나님의 뜻에 어긋나게 행하면 불행해질 것입니다. "그 형상을 측량하십시오." 성전의 법으로 여러분 자신을 판단하십시오.

3. 셋째로, 이 성전의 법의 취지는 무엇이입니까?

내가 이제 언급할 성전의 법의 취지들은 이런 것입니다. 하나님의 교회가 지극히 거룩해지면 그 결과로 하나님의 지극히 큰 은총을 받게 된다는 것입니다. 거룩한 교회는 그 중심에 하나님을 모시고 있습니다. 하나님의 임재의 결과는 모든 교인들 속에서 나타나는 거룩한 생활입니다. 하나님께서 사람에게 가까이 오시면 무기력과 죽음이 곧 사라지기 때문입니다. 신성한 임재가 거하는 곳에는 영혼의 병이 사라집니다. 여호와께서는 자기가 그 가운데 거하시는 백성들을 치료하십니다. 그래서 그 거민들이 다시는 "내가 아프다"고 말하지 않을 것입니다. 그리고 이 사실은 기쁨을 일으키고 부러진 뼈로 즐거워하게 합니다.

거룩함이 있는 곳에 하나님이 오시고, 거기에 사랑이 있음이 확실합니다. 사랑이 거룩함의 핵심이기 때문입니다. 성령의 열매는 하나님과 사람에 대한 사랑입니다. 이 사랑은 마음의 통일과 형제다운 친절, 동정, 애정을 낳고, 이런 것이 평안과 행복을 가져다줍니다. 진정으로 거룩한 사람들 가운데는 분열이 없고 이단 사상이 없으며 당파로 나뉘는 일이 없이 모두가 그리스도 안에서 하나가 됩니다. 다툼과 싸움이 어디에서 옵니까? 거룩함에서 오지 않고 다스리지 못한 정욕들에서 옵니다. 우리의 천부께서 온전하시듯이 우리가 온전할 때, 하나님께서 사랑하시듯이 우리도 사랑할 것입니다.

물론 이 거룩함으로 말미암아 결국 교회의 모든 활동이 성공하고, 결과적으로 교회가 증가하게 됩니다. 교회의 기도는 뜨겁고, 복을 가져옵니다. 이는 교회의 기도가 예수 그리스도로 말미암아 거룩하고 하나님께서 받으실 만한 것이 되기 때문입니다. 교회는 많이 수고하고 그래서 풍성한 수확을 얻습니다. 하나님께서는 교회의 사랑의 수고를 잊지 않으시기 때문입니다. 하나님께서 그 가운데 계시는 거룩한 교회는 형제간의 통일이 있는 곳입니다. 따라서 교회는 헐몬의 이슬에 젖고, 하나님께서 거기에서 복을 명하시니, 그것은 곧 영생입니다(시 133:3). 이런 상태에 있는 성도들은 천국을 미리 맛보며 일 년 내내 즐거운 축제를 지냅니다. 그들의 시련은 그들을 거룩하게 만들고, 하나님께 감사할 일은 더 늘어납니다. 이렇게 해서 믿음이 크게 성장하고, 소망이 확고해집니다. 이들의 집회에 천사들이 야곱이 본 그 사다리를 타고서 떼 지어 내려오고 또 하나님께로 올라갑니다. 이들은 행복한 사람들입니다! 이들은 그들의 거룩한 하나님 안에서 세 배로 행복한 사람들입니다!

형제 여러분, 우리가 이 거룩한 교회를 보기 바랍니다! 중대한 모든 봉사에서 지극히 거룩한 교회는 “달 같이 아름답고 해 같이 맑고 깃발을 세운 군대 같이 당당할”(아 6:10) 것입니다. 그 안에 교회가 있는 열방들이 교회의 명성을 들을 것입니다. 열방들이 멀리서 와서 교회의 임금 뵙기를 구하고, 그 임금의 영광을 보고 놀랄 것입니다. 이방의 아들들이 와서 그의 발 앞에 엎드릴 것입니다. 교회의 회심자들이 비둘기 떼 같이 많을 것이며, 교회 자신도 이들이 어디에서 왔는지 궁금해 할 것입니다. 거기에는 권태가 없고 패배가 없으며 낙담이 없고 영원한 진리에 대한 의심이 없고 무한한 사랑에 대한 회의가 없을 것입니다. 거룩한 교회는 성령의 능력을 힘입어 확신을 가지고 용감하게 나아가고 영광스럽게 헌신적인 일을 해나갈 것입니다. 그래서 승리에 승리를 거듭해 나갈 것입니다. 하나님의 군대인 여러분, 거룩함의 이 흰 말을 타십시오. 그리스도께서 선봉에 서실 것이고 깨끗하고 흰 세마포를 입은 여러분 모두는 그를 따라가며 이기고 또 이기려 할 것입니다.

반면에, 거룩함이 없는 교회를 생각해 보십시오. 그런 교회에서 무엇이 나오겠습니까? 거룩함이 없이는 아무도 주를 보지 못할 것입니다(히 12:14). 그리고 교회가 주님을 볼 수 없다면, 교회의 상태가 어떤 것입니까? 시온에 가서, 하나님의 집이 한번 더럽혀지면 어떻게 되는지 보십시오. 거룩하고 아름다운 집이 어떻게 황폐해지고 불에 탔는지 잘 보십시오. 어떻게 하나님께서 시온에 대해 진저리를 내시며 원수들에게 명하여 철저히 시온을 무너뜨리고 그 섰던 자리에 소금을 뿌리게 하셨는지 기억하시기 바랍니다. 예루살렘에 떨어진 것과 같은 파멸이 있었습니까? 믿음이 없는 사람들을 우리 형제들 가운데 받아들이고 그들을 너그럽게 봐주고 제멋대로 하도록 내버려 둡시다. 그러면 우리는 곧 하나님의 진노가 뜨겁게 타오르는 것을 볼 것입니다. 우리 자신이 원칙과 실천에 대해 느슨한 태도를 취하고, 헌신과 친교를 그만둔다고 해 봅시다. 이내 어떤 결과가 오겠습니까? 아마도 제일 먼저 질투, 시기, 다툼이 올 것이고, 그 다음에는 불화,

분열, 거짓 교훈, 경쟁, 싸움이 올 것입니다. 어쩌면 그 악이 무기력이나 게으름, 세상적임, 그리스도와 영혼에 대한 사랑의 결핍의 형태로 나타날 수도 있습니다. 머지않아 기도회로 모이는 일들이 줄어들고, 간절한 모든 기도와 헌신적인 생활이 중단될 것입니다. 그 다음에는 회중의 수가 감소하고, 그 다음에는 설교에서 능력의 부족 현상이 일어납니다. 즉, 교리에서 결점이 있거나 아니면 설교자의 열심이 부족하게 됩니다. 그러는 동안에 회심자들이 전혀 나오지 않고 주님께서 찾아오시는 일도 없습니다. 장차 사람들이 이 태버너클 예배당을 지나가면서 "저 큰 집은 뭐지?" 하고 물으면 전에 열심 있는 경건한 무리가 저 집을 지었는데, 그들이 죽자 상황이 바뀌었다는 대답을 듣게 될 것입니다. 지금은 이 예배당이 어떻습니까? 지금은 멋진 오르간이 있고 세련된 설교자가 있습니다. 그러나 많은 사람들이 떠나가 버리고 나면, 여전히 함께 모이는 소수의 사람들은 사회적으로 훌륭하지만 생명이나 열심은 전혀 없는 냉랭한 사람들입니다. 그렇게 되면 이 집은 속담거리가 되고 웃음거리가 되며 온 땅의 멸시받는 대상이 될 것입니다.

나는 이 점을 생각하며 애가 타는 일이 얼마나 많은지 모릅니다. 나는 여러분 가운데 어떤 분들이 믿음 없는 생활을 한다는 말을 들으면 상심이 됩니다. 여러분 가운데 그리스도의 십자가에 불명예를 끼치도록 행하는 사람들이 있지 않나 걱정입니다. 나는 지금 우리가 손가락질하며 "이 사람은 술주정뱅이에요 혹은 이 사람은 행실이 부정(不貞)해요 혹은 이 사람은 불성실해요"라고 말할 수 있는 그런 사람을 이야기하는 것이 아닙니다. 그렇지 않다면 여러분도 잘 알다시피, 여러분은 오랫동안 목숨을 부지하지 못할 것입니다. 여러분의 잘못과 그 잘못을 회개하지 않는 것을 증명하는 데는 한순간도 지체할 필요가 없을 것입니다.

내가 말하고자 하는 사람은 그 죄가 드러나지 않기 때문에 그렇게 다룰 수 없는 사람들입니다. 그들의 죄는 곡식 가운데 자라는 가라지와 같습니다. 그들의 행동이 아직은 밝혀지지 않은 것입니다. 이는 우리가 제비를 뽑아서 이 사람이나 저 사람을 보고 "바로 이 사람이다" 하고 말할 수 없기 때문입니다. 나는 우리 가운데 우리가 전혀 알지 못하고, 아주 예리한 경계의 눈초리에도 들키지 않으면서 그 죄가 나병처럼 이 집을 먹어 들어가 하나님의 거처가 되기에 합당치 못하게 만드는 사람들이 있을까 몹시 두렵습니다. 우리가 아주 심히 타락해서 하나님께서도 "그냥 두라"(마 15:14)고 말씀하실 사람이 되지 않기를 바랍니다. 예루살렘에 있는 성소에서 날개가 움직이는 소리와 "여기를 떠나자"고 말하는 목소리가 들렸을 때, 그것은 두려운 순간이었습니다. 그때는 영광이 이미 떠나 버렸을 것입니다. 슬프고, 슬프고 슬픈 일입니다! 하나님께서 결코 그런 일이 없게 해주시기를 바랍니다!

4. 끝으로, 형제 여러분, 이 법을 지키게끔 하는 수단을 취합시다.

예수께서는 참된 모든 교회를 정결하게 하는 일에 언제나 자신의 방식으로 일하고 계신다고 생각합니다. "그는 손에 키를 들고 자기의 타작 마당을 정하게 하시리라"(마 3:12). 주의 손에 들린 키가 계속해서 움직이는 것을 보십시오. 용해시키는 하나님의 불은 이 세상에 있지 않습니다. 이 세상에서는 금속 찌꺼기에 금이 들어 있지 않습니다. "불은 시온에 있고 여호와의 풀무는 예루살렘에 있느니라"(사 31:9). "여호와께서 자기 백성을 판단하시리라"(신 32:36). 하나님은 신자라고 하는 사람들과 그들의 신앙 고백을 시험하십니다. 나는 지금 교회 교인들에게 심판이 진행되고 있다고 믿습니다. 그런데 어떤 사람들은 이 사실을 거의 모르고 있습니다. 바울은 자기 시대의 어떤 교회에 대해 이렇게 말합니다. 그는 교인들의 모순된 행동들을 보고 이 말을 덧붙입니다. "그러므로 너희 중에 약한 자와 병든 자가 많고 잠자는 자도 적지 아니하니라"(고전 11:30). 왕의 궁정에는 특별한 권한이 적용되고, 집에는 집 밖에 있는 사람들에게는 해당되지 않은 특별한 원칙이 적용됩니다. "내가 땅의 모든 족속 가운데 너희만을 알았나니 그러므로 내가 너희 모든 죄악을 너희에게 보응하리라"(암 3:2)고 기록된 대로, 교인들에게는 교인들만 받는 징계가 있습니다.

우리 주 예수께서는 종종 설교가 겨를 까부르는 큰 키와 같은 역할을 하도록 만드십니다. 그래서 누군가는 화를 내며 가버립니다. 얼마나 감사한 일인지 모릅니다! 그가 자발적으로 떠나지 않고서는 여러분이 강제로 그를 떠나게 할 수는 없었을 것입니다. 이렇게 해서 하나님의 집이 깨끗해지는 것입니다. 성령의 숨이 많은 겨를 날려 보냅니다. 우리 주님께서 평범한 교훈을 전하셨을 때는 겨가 알곡과 붙어 있었습니다. 그러나 예수께서 자기 살을 먹고 피를 마시는 것에 대해서 말씀하시자 생각이 천한 사람들은 불쾌하게 여겨 "다시 그와 함께 다니지 아니하였습니다"(요 6:66). 우리 주께서 귀한 것과 천한 것들을 구별하는 것에 대해 슬퍼하셨습니까? 그렇지 않으셨다고 생각합니다. 주님께서 귀한 것과 천한 것을 구별해야 한다고 생각하셨습니다. 어떤 특정한 진리가 개인에게 예리하게 적용되는 방식으로 전해질 수가 있는데, 아마도 설교자 자신은 어떤 특정한 개인에게 적용하려는 의도로 전한 것은 아니겠지만 하나님께서는 그렇게 사용하실 수가 있습니다. 그래서 예리한 말이 썩은 가지를 잘라냅니다. 이와 같이 하나님의 집을 정결하게 하는 일은 날마다 계속됩니다. 우리는 주님께서 하나님의 집이 강도의 소굴이 되지 않도록 하기 위해 때때로 우리 가운데 오셔서 채찍을 휘둘러 하나님의 집을 청소하실 것이라고 생각할 수 있습니다. 하나님은 질투하시는 하나님이십니다. 그러므로 자기 백성들이 더럽혀지도록 내버려 두려고 하시지 않습니다.

여러분은 아주 큰 교회들이 어떤 시기에 이르러서 요동하는 바다에 빠져서 난파선처럼 파괴되는 것을 본 적이 없습니까? 거기에는 틀림없이 남모르는 이유가 있었을 것입니다. 그때 그 일을 맡은 사람은 결코 참된 교인이 아니었을 것입니다. 교회에 거룩함이 없더니 결국 사랑이 부족하게 되었고, 사랑이 없는 마음들은 이내 핑곗거리만 있으면 다투었습니다. 사랑으로 이 문제를 대하고 온순한 지혜로 다툼을 해결했어야 하는 사람들이 그들 스스로 은혜가 부족하였기 때문에 거칠게 행동하였습니다. 그래서 부싯돌이 철과 부딪히면서 불꽃이 난무하였고 그러다가 불이 일어났습니다. 그 다음에는 교회 전체에 큰 불이 붙었습니다. 공공연히 드러난 해악은 원인이라기보다는 결과였고, 심지어 치료책의 일부로 볼 수도 있습니다. 사실, 돈 바꾸는 자들의 상이 많이 뒤집어졌고 많은 비둘기들이 겁을 먹고 날아가는 것이 보였습니다. 그러나 그 채찍은 성전을 정결하게 하는데 실패하지 않았습니다. 그처럼 깨끗하게 하는 일이 필요 없었다면 얼마나 좋았겠습니까. 교회가 거룩하지 않으면 번성할 수가 없습니다. 하나님은 성전의 법을 어기는 자들을 괴롭히시기 때문입니다.

자, 우리는 이 법이 우리 가운데 존중되는지 주의해서 볼 수 없습니까? 여러분은 이렇게 말합니다. "볼 수 있습니다. 여러분 목사, 장로, 집사님들이 조심하고 성실하도록 주의하십시오. 교회의 문을 잘 지켜서 여러분이 믿음 없는 자들을 받아들이지 않도록 하십시오. 징계하는 일에도 방심하지 말고, 누구든지 부정한 것이 분명히 드러나면 그런 사람들을 쫓아내도록 하십시오." 형제 여러분, 이것이 우리의 바라는 바이고 애쓰는 일입니다. 하지만 결국 우리가 할 수 있는 일이 무엇입니까? 교인 수가 수천 명을 헤아리는 큰 교회에서 소수의 교역자들이 아주 부지런히 일한다고 할지라도 할 수 있는 일이 무엇이겠습니까? 이 일은 여러분 모두가 해야 하는 것입니다. 모든 사람이 각자 자기의 짐을 져야 합니다. 나는 모든 사람이 각자 자기 집 문 앞을 쓸도록 하고 싶습니다. 나는 우리 교인 각 사람이 교회를 정결하게 하는데 마음을 많이 쓰고 자신과 다른 형제들을 지켜봄으로써 어떤 죄도 우리를 괴롭히는 쓴 뿌리가 되어 그로 말미암아 많은 사람이 더럽혀지는 일이 없도록 하기를 기도합니다.

우리는 이 일을 당장에 시작하도록 합시다. 우리가 첫 번째로 해야 할 일이 있습니다. 우리는 과거에 거룩하지 못하였던 점들에 대해 회개합시다. 우리가 그 사실을 알고 부끄러워하기 전에는 죄를 이기지 못할 것입니다. 그래서 여호와께서 에스겔 선지자에게 이렇게 말씀하셨습니다. "인자야 너는 이 성전을 이스라엘 족속에게 보여서 그들이 자기의 죄악을 부끄러워하고 그 형상을 측량하게 하라 만일 그들이 자기들이 행한 모든 일을 부끄러워하거든 너는 이 성전의 제도와 구조를 보이라." 정결함으로 나아가는 첫 번째 단계는 회개입니다. 우리는 머리를 숙이고, 주님 앞에서 거룩한 것들을 어긴 죄, 우리의 개인적인 범죄, 사랑을 어긴 죄, 성전의 법을 위반한 죄에 대해 슬퍼합시다. 가장 부끄러워하지 않는 사람이 아마도 가장 부끄러워해야 할 사람이고, 가장 겸손한 사람이 가장 죄를 덜 범한 사람일 것입니다. 어쨌든 우리는 교회로서 범죄하여 하나님의 영광에 이르지 못하였습니다. 그러므로 정직하게 고백하는 것이 우리의 마땅히 해야 할 바입니다.

자신의 잘못을 인정하였으면, 그 다음에 우리는 이 성전의 법을 부지런히 연구하여 앞으로는 이 법을 어기는 일이 없도록 합시다. 여러분이 성전의 법을 알지 못한다면 그 법을 거의 지킬 수 없을 것입니다. 밤낮으로 그 거룩한 말씀을 살펴보십시오. 이 영감된 책을 여러분의 기준으로 삼으십시오. 여러분의 목사가 뭐라고 하는지 신경 쓰지 말고, 성령께서 여러분에게 말씀하시는 것에 주의하십시오. 성경으로 가서 찾아보십시오. 여러분이 하나님의 집에서 어떻게 행동해야 하는지 알아보십시오. 많이 무릎을 꿇고 주님께 여러분에게 하나님의 마음과 뜻을 가르쳐 주시기를 구하고, 특별히 하나님의 법을 여러분의 마음에 써 주시기를 구하십시오. 하나님의 법이 여러분의 마음에 새겨지지 않고서는 여러분이 그 법을 일생 동안 지킬 수 없기 때문입니다.

여러분이 성전의 법을 연구하였으면, 그 다음에는 정말로 모든 노력을 기울여 그 법을 지키도록 힘쓰십시오. 오늘날 종교는 얼마나 가짜가 많은지 모릅니다. 사람들이 거룩한 것에 대해서 말하는데, 그들이 정말로 거룩함이 무엇인지 압니까? 우리는 헌신에 대해서 이야기하면서도 마치 부와 명성 혹은 쾌락을 추구하는 세상 사람들인 것처럼 살고 있습니다. 어떤 사람들은 모든 것을 하나님께 드린다고 노래하지만, 그들의 헌금은 형편없이 적습니다. 어떤 사람들은 자기들이 전적으로 하나님을 위해 살고 있다고 말합니다. 그러나 그들이 전적으로 자신을 위해서 살았다고 할지라도 그것이 지금까지 그들이 행한 것과 특별한 차이를 내지 못하였을 것입니다. 우리는 진실을 말하도록 합시다. 우리는 믿지 않는 것을 전하지 맙시다. 우리가 마음으로 받아들이지 않는 신조를 믿는 체하지 맙시다. 영원한 사실들을 꼭 붙듭시다. 그 사실들을 붙들고 그 엄청난 무게를 느끼며 그 영향 아래에서 살도록 합시다. 진실하지 않은 것은 거룩하지 않습니다. 거만한 바리새인은 거룩하지 않습니다. 속이 빈 형식주의자는 거룩하지 않습니다. 그러나 진실하게 회개하는 사람, 곧 진실되고 정직하게 거룩함을 추구하는 사람은 이미 어느 정도 거룩한 사람인 것입니다. 여호와여 주의 눈은 진리를 찾습니다(렘 5:3).

그 다음에 우리는 이 거룩함의 문제에 관해서 하나님을 믿는 진실하고 성장하는 믿음을 주시도록 부르짖읍시다. 예수께서 성령으로 말미암아 우리를 거룩하게 만드실 수 있도록 예수님을 믿읍시다. 도무지 피할 수 없는 죄가 있다고 생각하지 말고, 그보다는 어떤 죄든지 이겨야 한다고 생각합시다. 우리 자신의 노력과 분투를 믿지 말고, 그리스도께서 우리를 의롭다 하기 위해 일하시는 것만큼 또한 우리를 거룩하게 하기 위해서도 일하신다는 것을 믿읍시다. 그리스도의 피뿐 아니라 물도 믿음으로 받아들이도록 합시다. 물과 피가 모두 구주님의 찢기신 옆구리에서 흘러나왔기 때문입니다.

그 다음에, 끝으로 우리가 하나님을 위한 뜨거운 열심으로 불이 붙기를 기도합시다. 나는 세상에 차가운 거룩함 같은 것이 있다고 생각하지 않습니다. 수소를 하나님께 바쳐서 제단에게 가져오면 즉시 그 소를 불에 태우듯이, 주님께 헌신한 생활도 모두 그래야 합니다. 우리가 예수 그리스도로 말미암아 하나님께서 받으실 만한 제물이 되려면 불이 붙어야 합니다. 여러분이 교회에서 열심을 제거하면, 교회를 정결하게 하는 가장 중요한 요소 가운데 하나를 없애버린 것입니다. 하나님은 심판하는 영과 소멸하는 영으로(사 4:4) 예루살렘을 청결하게 하시려고 하기 때문입니다. 불과 성령으로 세례 받으면 좋겠습니다. 정련하는 불이 우리 영혼을 철저히 태워서 더러운 것이 전부 태워져서 순 금괴처럼 전적으로 주님의 소유가 될 것입니다.

이렇게 해서 나는 여러분에게 성전의 법에 대해 자세히 설명하였습니다. 성령께서 여러분이 이 법을 끝까지 지킬 수 있게 해 주시기를 바랍니다.

제
26
장
—

헤엄칠 만한 물

—

"헤엄칠 만한 물이요." — 겔 47:5

이 전체 이상(異象)은 다른 의미들이 있긴 하지만 예수 그리스도의 복음이 널리 전파되는 것에 적용될 수 있습니다. 복음 전파는 작은 개울처럼 예루살렘에서 시작되었습니다. 우리 구주께서 소수의 제자들에게 복음을 전하셨으며, 그들 가운데 얼마가 회심을 하고 사도가 되었습니다. 이들이 훨씬 더 많은 수를 회심하게 하는 수단이 되었습니다. 그러나 처음에 그 개울은 매우 얕았습니다. 교회 전체가 다락방 하나에서 모일 수 있었기 때문입니다. 오순절에 수효가 늘어난 뒤에도 교회는 작은 시내에 불과하였습니다. 헤롯은 자기가 그 개울을 건너뛰거나 막을 수 있다고 생각하였습니다. 그러나 그의 박해로 개울이 더 불어났습니다. 이 개울물의 흐름이 더 넓어지고 더 깊어지기가 무섭게 이 개울은 로마 황제들의 주목을 받았고, 그들을 놀라게 하였습니다. 로마 황제들은 이 개울이 아주 거대한 급류가 되어서 자기들을 쓸어버리지 않도록 개울물을 다 없애버려야 할 때가 되었다고 생각하였습니다. 그러나 그 흐름을 그치게 하려는 그들의 시도는 그 큰물이 불어나도록 만들 뿐이었습니다. 그 개울물의 흐름은 전보다 더 강력하고 넓어졌으며, 대대로 계속 불어나서 마침내 온 땅에 물을 대고 열방들에게 큰 은총을 베푸는 거대한 강이 되었습니다. 이 강은 큰 대양이 되기까지 여전히 커지게 되어 있습니다. 이는 "물이 바다를 덮음 같이 여호와를 아는 지식이 세상에 충만할 것이기"(사 11:9) 때문입니다. 베들레헴에서 시작된 작은 일들의 날이 이미 밝아져서 큰일들의 날이 된 것에 우리는 하나님께 감사하고, 이보다 더 큰일들을 볼 것을 믿음으로 바라봅니다.

이 이상은 그리스도인 경험의 성장에도 똑같이 적용될 수 있습니다. 우리가 처음 주님을 알 때, 복음은 우리에게 지극히 귀중한 것입니다. 우리는 복음이 전하는 사죄와, 그로 말미암아 받을 것으로 기대하는 구원을 기뻐합니다. 그러나 우리가 장차 알게 될 것에 비하면 처음 복음을 듣고 아는 지식은 작은 개울과 같습니다. 우리가 은혜를 받아 가면 복음에 대한 경험은 발목까지 올라오는 강물이 됩니다. 우리가 좀 더 배워서 우리의 믿음이 견고해지고 우리의 도덕적인 힘이 더 자라게 됨에 따라 복음에 대한 경험은 더 깊어져 무릎까지 물이 차고 머지않아 허리까지 차오르는 강물이 됩니다. 그리고 더 나아가면 — 어떤 사람들은 이미 여기까지 이르렀을 것이고, 우리 모두가 이 위치에 이를 것이라고 믿습니다 — 그것은 "헤엄칠 만한 물"이 됩니다. 나는 그리스도인이 그 단계에 이를 때 갖는 경험을 보여주는 예로서 본문을 설명하겠습니다.

또한 이 이상(異象)은 복음에 대한 우리의 경험뿐 아니라 복음에 대한 우리의 지식에도 적용될 수 있을 것입니다. 복음이 대체로 처음에는 구약에서 옛 성도들에게 상징과 예표로 대략적으로 계시되었고, 그 다음에는 우리 주님에 의해 가르쳐졌으며 그 다음에 성령의 인도를 받은 사도들에 의해 자세한 내용이 설명되었듯이, 우리 영혼에도 복음에 대한 지식이 한 번에 모든 것이 나타나지는 않습니다. 정오의 충만한 빛이 오기 전에 새벽이 있는 것입니다. 이삭에 충실한 알곡이 맺히기 전에 연한 초록빛 잎사귀가 나옵니다. 그리스도 예수 안에서 장성한 사람이 확신의 노래를 부르기 전에 어린 아기가 회개의 울음을 우는 것입니다. 우리는 아직까지 그리스도의 사랑의 높이와 깊이와 길이와 넓이를 온전히 아는데 이르지 못했을 것입니다. 우리는 복음이 참으로 넓다는 것을 아직 발견하지 못하였고, 지금 알지 못하는 것을 후에는 알게 될 것입니다. 새가 갇혀 있던 알 껍질을 버리듯이 우리는 작아져버린 생각들을 버립니다. 맹인이 눈을 완전히 떴을 때 더 이상 나무가 걸어 다니는 것처럼 보이지 않았듯이 희미한 생각이 사라질 것입니다. 복음에 대한 지식이 유치하면 우리는 복음을 우리의 손바닥 만한 정도로 이해하기를 바라지만, 어른이 되어 어린아이의 일을 버릴 때는 복음에서 "헤엄칠 만한 물"을 발견할 것입니다.

나는 본문에 나오는 이 은유에서 세 가지 사상을 봅니다. 첫째는 풍부함이고, 둘째는 공간이며, 셋째는 신뢰입니다. 여기에 큰물이 있을 뿐만 아니라 또한 "헤엄칠 만한 물"이 있기 때문입니다.

1. 복음에 관한 본문의 첫 번째 사상은 풍부함입니다.

사랑하는 여러분, 하나님께서는 자기의 사랑하시는 아들의 복음 안에 자기 백성들을 위하여 많은 것을 아낌없이 쌓아두셨습니다. 하나님은 양을 한 마리 잡고 한두 사람을 저녁 식사에 초대하신 것이 아닙니다. 소와 가축들을 잡아서 "모든 것을 준비하셨습니다"(눅 14:17). 하나님의 준비는 왕이 베푼 것에 걸맞게 무한합니다. 복음 잔치에는 그처럼 많은 것이 준비되어 있으므로 아무도 음식이 충분치 않을까 염려하여 뒤로 물러날 필요가 없습니다. 그 잔치에서는 아무리 많이 먹는 사람이라도 "나를 위해 차려놓은 것을 다 먹어버렸다"고 말하지 못할 것입니다. 가나의 혼인 잔치에서 포도주가 떨어졌는데, 그때 주님께서 개입하시자 포도주가 충분하고도 남았습니다. 왕이 왕에게 주듯이, 하나님께서는 이 땅의 불쌍한 자들에게, 고통을 받는 자들에게, 즉 죄에 시달리며 하나님의 얼굴을 구하는 자들에게 풍부하게 주셨습니다. 하나님은 바위에서 꿀을 내고 단단한 돌에서 기름을 내어 자기 백성들에게 주십니다. 모세는 이스라엘에 관하여 "소의 엉긴 젖과 양의 젖과 어린 양의 기름과 바산에서 난 숫양과 염소와 지극히 아름다운 밀을 먹이시며 또 포도즙의 붉은 술을 마시게 하셨도다"(신 32:14)라고 하였습니다. 그러나 영적 이스라엘의 음식은 훨씬 더 풍부합니다. 하나님의 자녀는 거룩한 생활을 영위해감에 따라 언약에 따른 준비가 풍성함을 기뻐합니다. 지극히 풍부한 준비로 생각되는 몇 가지를 말씀드리겠습니다.

첫째는, 죄를 없애는 일과, 사랑하시는 자 안에서 우리를 받으시도록 하는 일에 대한 풍성한 준비가 있습니다. 내 죄를 없애기 위해서는 무한한 속죄가 필요하였습니다. 그러므로 나는 죄가 너무도 크기 때문에 하나님의 아들이 죽으셔야 할 필요가 있었다는 것이 놀랍지 않습니다. 그러나 때로 내 영혼이 십자가 밑에 서서 나를 위해 피를 흘리신 분이 누구인지를 생각할 때, 그 값이 너무도 큰 것처럼 느껴졌습니다. 내 죄를 보았을 때는 그 죄를 없애는 것이 불가능하게 생각되었습니다. 그러나 내 구주님을 볼 때는 예수님의 피가 씻어낼 수 없는 죄를 생각하는 것도 마찬가지로 불가능하다고 느껴졌습니다. 찬송 받으실 우리 주님의 고난, 곧 우리 주님께서 몸과 마음과 영혼으로 겪은 고난, 다시 말해 사람들에게 버림받고 하나님께도 버림받으며 주께서 죽기까지 복종하셨을 때 홀로 철저히 버림을 받고 죽으신 고난에는 무한한 공로가 있음에 틀림없습니다. 그리스도께서 인간의 죄를 위해 희생 제물이 되신다는 것은 온 세상이 놀랄 일입니다. 그리스도를 생각하며 우리는 이렇게 말합니다. "하나님이여, 사죄하시는 사랑의 큰물이 여기에 있습니다. '헤엄칠 만한 큰물'이 여기에 있습니다. 확실히 무수한 모든 죄가 속죄되는 보혈의 이 거대한 강물에 깨끗이 쓸려가 버릴 것입니다."

"이 강물은 높이 올라가 산들을 잠기게 하고
한없이 뻗어나가 닿는 데가 없고 경계도 없도다.
우리가 죄를 찾으려고 할지라도
죄를 찾을 수가 없도다."

그런데 놀라운 사실은 우리의 죄를 없애기 위한 준비가 마련되는 동안에 우리에게 의를 전가시키기 위한 준비도 마련된다는 것입니다. 우리는 법을 어겼기 때문에 죄인이었습니다. 하나님께서는 우리가 법을 어긴 형벌을 받는 대속물을 준비하셨습니다. 그런데 하나님은 거기에서 그치지 않으셨습니다. 하나님은 우리를 대신해서 율법을 지키는 대표자를 세우셨습니다. 그래서 우리의 대표자이신 주님은 우리를 씻으신 후에 우리에게 옷을 입히시고, 우리의 죄책을 제거하신 후에는 하나님의 아들 예수 그리스도로 말미암아 공의의 보좌 앞에 적극적으로 우리를 의롭고 칭찬할 만한 자로 세우십니다. 우리는 그리스도의 의를 허리에 두르고 또 그 의를 입고서 무한히 정결한 눈 앞에 깨끗하고 아름답게 섭니다. 이것은 참으로 당당하고 진실로 신성한 의입니다. 모든 얼룩을 지우는 지극히 귀한 피가 있습니다. 비길 데 없는 아름다움을 주는 지극히 영광스러운 의가 있습니다. 이 아름다움은 아담이 완전한 상태에서도 갖지 못한 아름다움입니다. 그의 의는 인간의 의에 지나지 않았기 때문입니다. 그러나 오늘날 하나님의 자녀들은 하나님 자신의 의를 입습니다. 이것은 예수께서 "여호와 우리의 공의"(렘 23:6)라고 일컬음을 받는 그 의입니다. 형제 여러분, 우리가 하나님께서 우리의 칭의를 위해 마련하신 이 특정한 한 가지 사실만 생각해도 "헤엄칠 만한 물"이 여기에 있습니다.

다음에는 하나님께서 우리의 생명과 보호를 위해 쌓아두신 것을 살펴봅시다.

우리의 생명을 위해서는 천사들도 맛보지 못한 하늘로부터 준비된 양식이 있습니다. 조상들이 광야에서 마시지 못한 바위로부터 솟는 물이 있습니다. 하늘의 곡물 창고가 다 비워지거나 천상의 샘이 마를 염려는 전혀 없습니다. 사람들의 수용 능력 때문에 제한될 뿐이지, 만나는 한량없이 준비되어 있었습니다. 우리가 먹는 양식이 그와 같습니다. 곧 무한자이신 그리스도께서는 저울눈으로 달아서 우리에게 겨우 조금만 분배되지 않습니다. 우리 각 사람이 먹을 수 있는 만큼 충분히 그리스도를 받을 수 있습니다. 우리는 그리스도 안에서 결코 제한을 받지 않습니다. 만약 제한을 받는 일이 있다면 우리가 스스로 제한하는 것입니다. 이 오랜 세월 동안 헤아릴 수 없이 많은 성도들에게 자신을 먹이신 후에도 예수님은 예전과 변함없이 충만하고 소중하며 영혼을 만족시키십니다. 아, 신성한 양식이여! 하나님께서 자기 모든 백성들을 위하여 창고에 곡물을 얼마나 많이 비축해 두셨는지 모릅니다! 그리고 하늘의 음료 또한 풍부합니다. 우리가 마실 곳은 생수의 강이고 큰물이며, 영구한 생명수 웅덩이입니다. 우리를 위해 "아래로 깊은 샘"(창 49:25)이 뚫렸기 때문에 우리에게 가뭄이 일어날 수 없습니다.

이제 우리의 보호에 대해 생각해 봅시다. 형제 여러분, 이런 점들을 생각해 보십시오. 즉, 하나님께서 어떻게 그의 능력으로 성도들을 보전하시기 위해 오른팔을 드시는지, 어떻게 성도들의 선을 위해 그의 지혜가 세상의 여기저기를 다니시는지, 어떻게 하나님의 사랑의 심장이 그들에 대한 변치 않는 애정으로 크게 뛰는지, 어떻게 하나님께서 택하신 자들을 보호하기 위해 몸을 굽히시는지 생각해 보십시오. 하나님께서 자신을 병아리들을 품는 암탉에 비유하시고, 또 이렇게 말씀하신 것을 보면 그것을 알 수 있습니다. "그가 너를 그의 깃으로 덮으시리니 네가 그의 날개 아래에 피하리로다 그의 진실함은 방패와 손 방패가 되시리로다"(시 91:4). 하나님, 곧 우리 하나님은 그의 백성들의 생명과 보호가 되십니다. 우리에게 이 이상 필요한 것이 있을 수 없지만, 우리의 불신앙은 필요한 것이 더 있다고 생각할 수도 있습니다. 설사 우리에게 필요한 것이 더 있다고 하더라도 우리에게는 하나님의 모든 섭리가 있지 않습니까? 우리에게 부는 바람이 복을 가져다주지 않습니까? 바닷가에 부서지는 파도가 우리에게 이익을 가져다주지 않습니까? 섭리의 거대한 바퀴가 돌아갈 때 거기에 눈이 가득합니다. 이 눈들은 하나님의 택하신 백성들을 바라봅니다. "하나님을 사랑하는 자들에게는 모든 것이 합력하여 선을 이루느니라"(롬 8:28). 여러분은 보이지 않습니까? 여러분의 눈이 열려 있다면 모든 성도들을 에워싸고 있는 불 말과 불 병거를 볼 것입니다. 인간보다 더 우수한 종족인 보이지 않는 영들은 하나님의 사랑하시는 아들들을 섬기는 종들입니다. 하늘의 모든 군대는 언제든지 우리를 보호할 준비를 하고 있습니다. 테베(Thebes: 옛 이집트의 수도 - 역주)가 무수한 그 거민들을 수많은 문들을 통해서 쏟아냈듯이 필요하다면 새 예루살렘이 무수한 천사들을 쏟아내고, 천사들 하나하나가 칼을 뽑아들고 우리의 적들을 공격하여 완전히 패주시킬 것입니다. 하나님께서는 자기 백성들 가운데 지극히 작은 자 하나라도 멸망하게 버려두시지 않을 것입니다. 형제 여러분, 그 다음에 "헤엄칠 만한 큰물"이 여기 있어서 우리가 양식과 보호에 대해 염려할 필요가 없다는 것을 아시기 바랍니다. 우리의 부족이 크지만 하나님의 공급하심은 더 큽니다. 우리가 매일 만나는 위험들은 아주 많아서 근심을 불러일으키기에 충분합니다. 그러나 하나님의 영원한 보호가 이런 근심들을 당장에 잠재웁니다. 하나님을 찬송합시다. 우리는 약하고 보잘것없는 어린 아기들이지만, 하나님의 품에 누울 때 우리는 하나님의 힘으로 강해지는 것을 느낍니다. 우리가 무일푼의 거지일지라도, 주님의 상에서 먹을 때는 아하수에로 왕의 연회나 솔로몬의 잔치와 우리의 위치를 바꾸지 않을 것입니다. 우리가 아주 하찮은 사람이지만 하나님 안에서 모든 것을 얻는 것이 우리의 지극한 복입니다.

하지만 우리가 이 문제를 더 길게 다룰 필요는 없을 것입니다. 그보다는 우리의 훈련과 완성을 위하여 마련된 준비에 대해서 생각한다면 그와 동일한 넓이와 깊이를 발견하게 되리라는 점에 주목할 필요가 있습니다. 사랑하는 여러분, 하나님은 단지 우리를 계속해서 살게 하고 멸망하는 데서 보호하려고만 하시는 것이 아닙니다. 하나님은 우리를 쓸모 있는 사람으로 만드실 뜻을 가지고 계십니다. 하나님은 중대한 계획들을 고려하고 계십니다. 보잘것없는 점토(粘土)가 처음에 벽돌 제조인을 위해 땅에서 파내졌을 때는, 점토가 어디에 쓰이게 될지 알지 못합니다. 그러나 그 흙이 많은 공정을 거치고, 마침내는 차곡차곡 쌓여서 멋진 집, 대저택을 이룹니다. 구덩이의 이 흙은 왕의 궁전을 짓는데도 쓰일 수 있습니다. 세상의 보잘것없는 것들인 우리가 하나님의 전에서 과연 산돌이 되겠습니까? 어떤 의미에서 우리는 이미 산돌이라고 믿습니다. 그런데 보석의 광채로 빛나는 그 지극한 영광 때문에 죽을 인생들이 감히 쳐다보지 못할 성의 일부로서 과연 우리 각 사람이 그 종류대로 루비와 에메랄드처럼 찬란히 빛이 날 것입니까? 우리가 과연 하늘의 광채의 한 부분이 될 것입니까? 우리가 하나님의 영광을 우리의 분량만큼 드러낼 것입니까? 그렇습니다. 우리는 그렇게 될 것입니다. 그것이 불가능한 일처럼 보이겠지만, 잠시만 생각해 보면 그렇게 될 수 있다고 믿게 될 것입니다. 하나님은 우리에게 내적 생명을 주심으로써 이미 우리를 위해 많은 일을 하셨습니다. 이것은 비할 데 없는 기적입니다. 새 마음과 정직한 영을 지으시는 것은 새로운 세계를 창조하시는 것만큼이나 하나님의 능력이 필요한 일입니다. 그런데 하나님께서 우리를 위해 그 일을 하셨습니다. 더욱이 하나님은 그동안 수많은 위험 가운데서 이 순간까지 우리를 보존하셨고, 은혜로 그 위험들을 우리를 성장시키는데 도움이 되게 하셨습니다. 괴로운 일들이 우리의 영적 성장을 이루는데 기여하도록 만드셨습니다. 나는 대(大) 조각가의 이 연장에 말로 다할 수 없는 많은 빚을 지고 있습니다. 하지만 그 연장은 날카로워서 지금도 그 연장이 그은 날카로운 선들을 느낄 수 있습니다. 그렇지만 우리는 조각가가 손을 멈추시게 하지 맙시다. 조각가가 단단하고 깊게 파지 않는다면 어떻게 그의 작품이 완성되겠습니까? 예리하게 파내는 일을 하지 않는다면, 하나님의 위대한 구상은 결코 성취되지 못하지 않겠습니까? 우리의 성장을 위한 고통을 준비하신 것 외에도, 하나님은 우리를 거룩하게 하기 위해 성경에 하나님의 모든 진리를 마련해 놓으셨습니다. 우리를 정결하게 하시기 위해 우리에게 그리스도의 피를 주셨습니다. 하나님은 우리를 정련하시기 위해 찬송 받으실 영원한 성령을 우리에게 보내주셨고, 또 성령의 부리시는 매개자들로서 우리에게 모든 위안거리들을 공급하셨으며, 거룩한 사람들의 동무로서 그리고 우리를 천국에 들어가도록 교육하기 위해 믿음 없는 생활에 대한 경고로서 우리에게 모든 시련을 보내셨습니다.

다시 반복하지 않을 수 없는데, 하나님은 우리가 본래는 아무것도 아니고 또 “장래에 어떻게 될지는 아직 나타나지 아니하였지만”(요일 3:2) 우리를 쓸모 있게 하시려고 지금 하나님의 지혜와 힘과 세심함과 사랑을 발휘하고 계십니다. 때로 나는 자신의 본성을 생각할 때 내가 위에 있는 황금빛 집 안에서 주님이 쓰시기에 적합한 그릇이 되기가 어려웠으리라는 것을 압니다. 그렇지만 우리를 주님이 쓰시기에 적합한 그릇으로 만드는 일을 시작하신 분이 누구시고, 또 지금도 그 일을 계속 하고 계시는 분이 누구이신지를 생각할 때, 나는 이렇게 결론내릴 수 있습니다. 내가 현재 상태보다 더 악할지라도 주님은 나를 본래 의도하셨던 대로 만드실 수 있다는 것입니다. 그리고 그 일을 성취할 수 있는 주님의 능력을 알기에 나는 자신이 그 거룩한 이상에 완전히 일치하게 변화할 것을 기대하며 마음으로 기뻐합니다. 다시 한번 말하지만, 여기에 "헤엄칠 만한 물"이 있습니다.

형제 여러분, 우리에 대한 하나님의 선하심을 또 다른 면에서 살펴봅시다. 우리에게 위안이 되고 기운을 북돋우는 "헤엄칠 만한 물"이 있습니다. 여러분은 낙망해 있습니까? 여러분이 낙심해 있으리라고 생각하지 않지만, 만일 여러분이 우리 가운데 어떤 이들이 종종 그러듯이 몹시 낙심하게 될지라도 하나님의 약속들로 인해서 강한 의욕을 얻을 것입니다. 나는 성경의 무수한 약속들이 나를 위해 의도적으로 기록되었다고 확신합니다. 여러분은 내 말에 반박하며 "아니요, 성경의 약속들은 나를 위해 기록되었다"고 말할지 모릅니다. 나는 그 문제로 싸우고 싶지 않습니다. 그렇지만 이미 말했듯이 나는 성경의 약속들이 나를 위해 기록되었다고 믿습니다. 왜냐하면 성경의 약속들이 사용된 말까지도 내 경우와 정확하게 일치해서 마치 특별히 내 경우를 염두에 두고 기록된 것처럼 보이기 때문입니다. 틀림없이 다른 신자들도 그와 같이 생각하고, 그처럼 놀라운 성경을 주신 것에 대해 나와 함께 하나님을 찬송할 것입니다. 찬송가 작사가가 다음과 같이 말하는 것은 올바른 말입니다.

> "주께서 여러분, 곧 피난처를 찾아 예수께로 피한 여러분들에게
> 하신 것 이상으로 무엇을 말씀하실 수 있겠습니까?"

엄마만큼 아이를 위로할 수 있는 존재는 없습니다. 엄마는 아이의 상태를 정확히 알고 엄마의 사랑 때문에 엄마가 하는 말은 달콤해집니다. 이것은 다른 누가 흉내 낼 수 없습니다. 하나님의 위로와 같은 위로는 없습니다. 보혜사 성령께서는 영감된 하나님의 말씀에 비할 데 없는 달콤함을 불어넣으십니다. 목사들은 바나바처럼 위로자가 되어야 하지만 아무리 유능한 목사들도 그런 달콤함을 내놓지 못합니다.

형제 여러분, 잠시 우리의 위로와 위안거리들에 대해 생각해 봅시다. 우리는 하나님께서, 곧 변치 않으시는 주님께서 영원한 사랑으로 우리를 사랑하셨다는 이 사실을 위안으로 삼고 있지 않습니까? 지금까지 하나님은 우리를 실망시

키시지 않았습니다. 우리가 필요로 할 때는 모든 좋은 것들을 우리에게 주겠다고 약속하셨고, 그렇게 해오셨습니다. 하나님께서 우리에게 그리스도를 주셨고, 그리스도 안에서 모든 것을 우리에게 주셨다는 이 사실이 우리에게 위안이 되지 않습니까? 하나님께서 우리에게 그의 사랑하시는 아들을 주셨는데, 이제 무엇을 주시지 않겠습니까? 우리가 그리스도께 참으로 소중한 존재이고, 그리스도께 참으로 큰 희생을 치르게 만든 존재이며, 주님 보시기에 참으로 귀한 존재라는 것을 생각합시다. 그런데 주님이 우리를 떠나실 수 있습니까? 우리에게 몰인정하실 수 있습니까? 주님이 지금까지 언제나 곤란할 때 우리를 위해 나타나셨고 위험할 때 우리를 구원하신 점을 생각해 보십시오. 성경책으로 돌아가서 "나 하나님은 변하지 아니하느니라"(말 3:6)는 말씀이 기록된 것을 보고, 장래에 대해 위로를 받고, 모든 것이 잘 될 것이라는 확신을 갖고 계속해서 우리의 길을 걸어갑시다. 그리스도께서 우리에게 가까이 오실 때 입으신 인성은 지극한 기쁨의 원천입니다. 우리의 위로자가 되기 위해 일부러 우리 안에 거하시는 성령의 온유하심과 부드러우심은 우리가 항상 기뻐할 주제들입니다. 사실, 우리가 낙심해 있다면 우리 자신을 나무라야 합니다. "내 영혼아 네가 어찌하여 낙심하며 어찌하여 내 속에서 불안해 하는가 너는 하나님께 소망을 두라 나는 내 하나님을 여전히 찬송하리로다"(시 42:11). 성령의 위로야말로 "헤엄칠 만한 물"입니다.

사랑하는 여러분, 이제 우리는 풍부함에 대해서 생각해 보는 일을 끝내야 하겠습니다. 다만 끝내기 전에 하나님께서 우리를 기쁘고 고귀하게 만드실 목적으로 우리를 위해 행하신 일에 대해서 한 번 생각해 봅시다. 하나님은 우리를 용서하셨을 뿐만 아니라 또한 우리를 하나님의 가족으로 받아들이셨습니다. 그리고 우리를 하나님의 가족 안에 두신 것은 우리가 한때 하나님께서 그러실 것으로 생각하였던 것처럼 우리를 그의 고용된 종으로 삼기 위해서가 아닙니다. 하나님은 우리를 그의 친아들로 삼으셨습니다. 그뿐이 아닙니다. 하나님은 우리를 상속자로 삼으셨습니다. 두 번째 상속자가 아니라 "그리스도와 함께 한 상속자"(롬 8:17)로 삼으셨습니다. 그래서 우리는 종의 위치에서 곧바로 만유의 상속자의 위치에 이르렀습니다. 우리 주님, 곧 항상 찬송 받으실 사랑하는 우리 구주님은 우리를 마치 타다 남은 나무 동강처럼 불 가운데서 끄집어내시는 것으로 만족하시지 않았습니다. 우리를 주님께서 아주 세심하게 살펴야 하는 양으로 만드시는 것에 만족하시지 않았습니다. 하나님은 우리를 불러 그의 배필로 삼으셨고 우리를 주님의 사랑하는 자로 부르십니다. 그렇습니다. 주님은 그 이상의 일을 하셨습니다. 주님은 우리를 불러 그의 몸의 지체로 삼으셨습니다. 그래서 우리는 그의 뼈 중의 뼈이고 그의 살 중의 살입니다. 과연 이와 같은 존귀가 있었습니까? 성경이 빈궁한 자를 거름더미에서 올려 귀족들과 함께 앉게 하시는 일(삼상 2:8)에 대해서 말하지만, 그것이 이 경이(驚異)에는 미치지 못하는 것이 확실합니다. 즉, 하나님께서 땅의 벌레, 곧 지옥에나 가야 마땅한 죄 많고 비참한 인간을 취하여 그리스도 예수와 연합시키시므로 그가 하나님의 아들의 신비한 몸의 일부가 된다는 이 경이에는 미치지 못하는 것입니다. 이것은 놀라운 일입니다. 이 사실을 생각할 때, 나는 여러분을 바닷가로 데려가서 그 깊이를 잴 수 없는 헤엄칠 만한 대양을 보여주었다고 느낍니다. 하나님의 자비의 깊고 깊음이여!

하나님께서 우리에게 주신 이 모든 고귀한 신분에는 불행한 점이 하나도 없습니다. 나는 사회에서 어떤 위치에 이르는 것에는 기쁨보다는 슬픔이 따르기 마련이라고 생각합니다. 왜냐하면 여러분이 고지에 오르면 공기가 더 차가워지고 서리가 더 상존하기 때문입니다. 그러나 하나님이 수여하시는 고귀한 신분들은 모두가 기쁘고 편안하며 신성한 위로를 줍니다. 그래서 우리는 그리스도 안에서 고귀하면 고귀할수록 그만큼 더 기쁩니다. 하나님께서 우리를 아들로 삼으신다면, 아들이라는 우리의 신분은 무거운 짐이 아닙니다. 그것은 사랑의 대상이라는 의미입니다. 하나님이 우리를 상속자로 삼으신다면, 하늘과 땅을 소유한 자로서 말할 수 없는 행복을 느낍니다. 주님께서 우리를 자신의 배필로 삼으신다면 우리의 혼인 관계의 주된 생각은 봉사가 아니라 사랑입니다. 하나님은 우리에게 "바알"이 아닙니다. 우리는 "하나님을 내 남편이라 부를" 것입니다(호 2:16). 하나님이 "주인"이 아니라 "남편"이십니다. 물론 여기에 의무가 있지만, 그 중심에는 사랑이 있습니다. 우리가 그리스도의 몸의 지체가 된다면 그것은 영광이지만, 사실 그보다 훨씬 더 큰 의미를 지닙니다. 우리의 언약의 머리이신 그리스도께 진실로 영원히 연합된다는 것은 말로 다할 수 없는 기쁨인 것입니다.

하나님의 사랑하시는 성도 여러분, 여러분이 아무리 가난할지라도, 여러분이 아무리 낙담해 있을지라도, 여러분이 아무리 중병에 걸려 있을지라도 여러분 앞에는 온 바다처럼 충만한 행복이 있습니다. 여러분이 때로는 쓴 물을 한 방울 맛보지만, 여러분에게는 대서양과 같은 달콤한 바다가 있고, 포도주와 젖이 흐르는 강수가 있습니다. 성경은 "기뻐하라, 기뻐하라"고 하는데, 지극히 합당한 말씀입니다. 결국은 슬퍼해야 할 이유보다 기뻐해야 할 이유가 더 많기 때문입니다.

그 다음에는 저쪽을 보십시오! 저쪽을 보십시오! 요단 저편 임마누엘의 땅에 있는 것을 생각해 봅시다. 이제 잠시 눈을 들어 보십시오. 여러분이 꾸며낸 것처럼 그렇게 넓지 않고, 또 파도도 여러분이 두려워해서 생각하는 것처럼 그렇게 거칠지 않은 그 시내를 보지 마십시오. 좁은 그 사망의 개울 건너편을 보십시오. 여러분은 무엇이 보입니까? 모세가 느보 산에서 본 것은 계시된 영광을 믿음으로 볼 때의 광경에 비하면 아무것도 아닙니다. 우리는 주님을 보고, 주님처럼 될 것이며 영원히 주님과 함께 있을 것입니다. 주님의 영광은 이 땅에서 우리 영혼이 누리는 기쁨이고, 천국에서 누릴 희열이 될 것입니다. 빛나는 신분의 영화롭게 된 이들을 보고 그들의 복된 노래를 들으며 그들과 함께 또 천사들의 합창대와 함께 영원히 이 노래를 부를 때 그 기쁨이 어떠하겠습니까!

> "슬픔과 죄의 세상에서 멀리 떠나
> 영원히 하나님과 함께 있도다."

사랑하는 여러분, 여기에 "헤엄칠 만한 물"이 있습니다! 이곳을 떠나기 전에 믿음으로 우리의 지친 영혼이 이 물에서 목욕하도록 합시다. 주님께서 성령의 능력으로 이 은혜를 주시기를 바랍니다. 그러면 주께서 찬송을 받으실 것입니다.

2. 둘째로, 본문은 우리에게 공간의 개념, 곧 충분함, 여유의 개념을 제공합니다.

"헤엄칠 만한 물." 충분한 여지가 있는 것입니다. 우리의 경험과 지식이 깊어지고 나면 우리는 복음에서 넓은 강물과 개울이 흐르는 곳을 발견하게 된다는 사실을 다음의 몇 가지 면에서 살펴보겠습니다.

첫째로, 생각에 대해서 살펴봅시다. 복음은 너무 좁고 편협하다는 생각을 가진 사람들이 많습니다. 나는 우리 교인들 가운데 많은 수가 아직도 복음을 폭넓게 이해하지 못한 것이 아닌가 하는 걱정이 있습니다. 아니, 나는 그들이 복음 체계에 대해 분명하게 알지 못하는 것처럼 보이는 설교자들 아래 있기 때문에 혹은 그 설교자들이 복음 체계를 분명하게 알지만 제대로 전달하지 못하기 때문에 복음을 포괄적으로 이해하지 못하지 않을까 조금 걱정이 됩니다. 어떤 사람들은 체계의 필요성을 일절 부정합니다. 그러나 어떻든지 우리가 아는 모든 것은 체계적인 형태를 띠기 마련입니다. 우리가 무엇보다 융통성 없는 신조와 모든 진리를 한 집단에 억지로 밀어 넣으려고 하는 시도는 반대해야 하지만, 하나님의 사실들에 대해 믿는 것을 명확히 이해하는 것은 좋은 일입니다. 어떤 사람들은 복음을 아주 명확하게 이해하고 있는데, 그 생각이 매우 좁고 제한적입니다. 성경에 편협한 것은 아무것도 없습니다. 성경은 위대하신 성령님의 감동으로 되었고, 또 사람들에게 중대한 사상들을 주려는 의도로 쓰인 위대하신 하나님의 위대한 책입니다. 이는 성경이 거룩한 사상이 담긴 중요한 주제들에 있어서 "헤엄칠 만한 물"이기 때문입니다.

생각해 볼 한두 가지 주제에 대해서 잠깐만 살펴보면, 여러분은 "헤엄칠 만한 물"을 알게 될 것입니다. 하나님을 성경에 계시된 대로 생각해 보십시오. 성부 하나님은 자신의 뜻에 따라 만물의 운명을 정하십니다. 성부 하나님과 연결되어 있는 진리의 전체 윤곽을 생각해 보십시오. 그 다음에는 언약의 보증이시요, 자기 백성을 위한 대속물이시며 중보자요 선지자요 제사장이며 왕이요 장차 오실 하나님이신, 사람이시요 하나님이신 성자 하나님을 생각해 보십시오. 여러분은 여기에서 생각의 폭이 넓어집니다. 그 다음에 성령님에 대해서 생각해 보십시오. 존 오웬 박사(Dr. John Owen)는 성령의 사역에 대해 방대한 책을 저술하였습니다. 여러분이 책을 수천 권 쓸지라도 이 위대한 주제에 대해서 다 쓸 수 없을 것입니다. 오웬 박사는 창조에 있어서 성령의 사역에 대해, 창조물의 유지에 있어서 성령의 사역에 대해, 영감에 있어서 성령의 사역에 대해, 그리스도의 육신의 몸에 대한 성령의 사역에 대해, 우리 주님의 공생애 사역에 있어서 성령의 사역에 대해, 중생과 조명과 위로에 있어서 성령의 사역에 대해 길게 논합니다.

형제 여러분, "헤엄칠 만한 물"이 여기에 있습니다. 사실, 그 물은 아주 넓어서 내가 그 물의 넓이를 재거나 그 지도를 만들려고 시도조차 할 수 없습니다. 성부, 성자, 성령 삼위일체 하나님으로부터 생각의 줄들을 잡아 보십시오. 그러면 여러분 앞에 무한한 진리가 펼쳐집니다. 젊은이 여러분, 여러분은 "나는 생각을 길러주는 책이 필요해"라는 말을 할 필요가 없습니다. 여러분, 대체 성경만큼 생각을 길러주는 책이 있었습니까? 젊은이 여러분, 여러분은 "나는 주제가 부족해서 생각이 좁아진 것 같아"라는 말을 할 필요가 없습니다. 여러분이 하나님의 일들에 관해 마음으로 조금이라도 무엇을 안다면, 성경의 무한성에 탄복할 것이고 생각할 여지가 빈약하다는 불평을 결코 하지 않을 것입니다. 그 다음에 선택의 교리와, 예정에서 나오는 엄청난 진리들에 대해서 생각해 봅시다. 여러분이 심오한 주제들을 좋아한다면 거기에서 틀림없이 "헤엄칠 만한 물"을 발견할 것입니다. 다만 여러분이 하나님의 자녀가 아니라면 여러분은 그 물이 헤엄칠 만한 물일 뿐 아니라 또한 빠져 죽을 만한 물인 것도 발견할 것입니다. 사람이 이처럼 깊은 물에서는 하나님의 은혜로 헤엄치는 법을 배울 필요가 있기 때문입니다. 그리고 사람이 일단 헤엄치는 법을 알면, 영원한 언약에 뛰어들어 용감하게 헤엄치고 하나님의 깊은 사실들을 파고드는 것은 세상에서 가장 즐거운 일들 가운데 하나입니다.

정반대의 논점으로부터 자연스럽게 떠오르는 주제, 곧 인간의 책임에 대해서 다시 한번 생각해 보고, 그 다음에 선택에 있어서 하나님의 주권의 교리와 같이 성경에서 확실하게 가르치는, 까다롭지만 아주 틀림없는 사실인 주제에 대해서 생각해 봅시다. 이 두 가지 진리를 모두 믿지 않는 사람들이 많이 있습니다. 그러나 여러분이 이 두 진리를 믿지 않으면 한 쪽 눈을 잃고, 또 사실상 한쪽 팔을 잃는 것이나 다름없이 될 것입니다. 이는 그 두 진리를 성경에서 가르치고 있고, 그 진리의 양면이 여러분에게 "헤엄칠 만한 물"을 제공해 주기 때문입니다. 어떤 사람이 이제까지 지구상에 없었던 위대한 지성을 소유했다 할지라도, 그가 뉴턴이나 로크 같은 사람이라고 할지라도, 그런 사람이 앉아서 기도하는 마음으로 성경을 연구할지라도, 묵상할 주제들이 "헤엄칠 만한 물"처럼 아주 무한하다는 것을 발견할 것입니다. 이 점을 더 확대해서 설명할 수 있지만, 그것이 여러분이 앞으로 나아가는데 별로 유익하지 않을 수 있습니다.

형제 여러분, 다음으로 생각할 주제들에 관해서 뿐만 아니라 또한 믿음의 문제들에서도 "헤엄칠 만한 물"이 있습니다. 성경에는 사람이 오랫동안 계속해서 생각하기가 어려운 논제들이 있습니다. 그 논제들은 매우 까다로운 것들입니다. 우리가 그 논제들에 마음을 기울이고 응시한다면, 이해하기도 전에 눈을 감아버릴 수가 있습니다. 우리의 생각을 뛰어넘는 신비들이 있습니다. 나는 하나님께서 이해할 수 없는 부분이 많은 복음을 내게 주신 것에 감사하고, 하나님을 찬송합니다. 만일 내가 계시된 진리를 모두 파악할 수 있다면, 오늘 밤 목회실에서 마귀를 만나면 그가 "네가 그 작은 머리로 그 모든 것을 이해했다니, 그 진리가 하나님에게서 나왔을 리가 없다"고 말할 것이라고 확신합니다. 그러면 그에게 어떻게 답변해야 할지 모를 것이 확실합니다. 그러나 이제 만일 마귀가 나를 만나 조롱하는 투로 "너는 어떻게 이 두 교리를 대등하게 만드는가? 어떻게 이 두 교리를 양립할 수 있게 만드는가?" 하고 묻는다면 그에게 이렇게 대답하겠습니다. "너도 하나님처럼 전지하느냐? 네게는 아무것도 어려운 것이 없느냐?"

하나님의 가르침을 사람의 판단에 맞게 만드는 것은 내 할 일이 아닙니다. 하나님께서 진리를 계시하셨으면 내가 할 일은 그 진리를 믿는 것뿐입니다. 나는 할 수 있는 한 오랫동안 그 진리를 주시할 것입니다. 할 수 있는 데까지 그 진리를 깊이 파고들 것입니다. 그러나 하나님께서 문을 잠그시고 내게 열쇠를 주시지 않을 때는 나는 문을 부수어 열려고 하지 않을 것입니다. 하나님께서 내게 말해 주시지 않는다면, 나는 알려고 하지 않는 것이 지혜라고 생각합니다. 천국에 가는 것은 고르디우스의 매듭(Gordian knots: 프리지아의 국왕 고르디우스의 매듭으로 어려운 문제를 상징함 – 역주)을 푸는데 있는 것이 아닙니다. 여러분이 이성의 깊은 바다에서 빠져나오는 경우에 믿을 것이 있다는 것이 얼마나 기분 좋은 일인지 모릅니다! 나는 성경에 여러분이 판단할 수 없고, 또 이성만을 의지하는 사람에게 설명할 수도 없는 것이 많다는 것에 하나님께 감사드립니다. 또 성경에 그런 사람이 육신의 눈으로는 볼 수 없기 때문에 그것이 무엇을 의미하는지 알 수 없어서 비웃는 것이 있다는 것에 감사드립니다. 더 고귀한 능력으로라야 파악할 수 있는 것이 있다는 것, 영으로, 곧 거듭난 영으로라야 붙잡을 수 있는 것이 있다는 것, 다시 말해 이해하기에 너무 큰 일들이 있을 뿐 아니라 믿기에 너무 큰 일들이 있다는 것을 생각할 때 기쁩니다. 내가 여러분에게 믿음으로 볼 수 있는 광대한 영역을 보여줄 수 있다면 틀림없이 본문의 말씀처럼 여러분은 "실로 '헤엄칠 만한 물'이 있다" 하고 외칠 것입니다.

그 다음에 감사하게도 사상과 믿음에 대해서뿐만 아니라 사랑에 대해서도 "헤엄칠 만한 물"이 있습니다. 어떤 사람들은 복음의 교리들을 북극의 바다처럼 차가운 물로 만듭니다. 그래서 사랑이 그 물에 들어가면 얼어버릴 것입니다. 그러나 성경은 만류(灣流)처럼 깊을 뿐 아니라 따뜻합니다. 그래서 사랑은 그 만류에 뛰어 들어가 거기에서 헤엄치기를 좋아합니다. 성경에 사랑을 위한 여지가 있다는 것을 여러분에게 설명하려고 하면 시간이 부족할 것입니다. 그래서 나는 한 가지 사실에 대해서만 생각하겠습니다.

우리에 대한 그리스도의 사랑을 생각해 봅시다. 그 사랑은 그리스도를 십자가에 못 박히게 만든 사랑이고, 그리스도로 하여금 하늘에서 왕의 특권뿐 아니라 땅에서 그의 평판도 포기하도록 만들었고, 우리를 위해 사람이 아니라 벌레가 되고 사람들에게 멸시를 받으며 백성들의 비난을 받게 만든 사랑입니다. 어떤 작가가 십자가에 못 박히신 그리스도의 고난에 대해 책을 두 권 썼습니다. 그는 책에서 어떻게 해서든지 못에 대해 한 장(章), 해면(海綿)에 대해서 한 장, 가시에 대해서 한 장, 신 포도주에 대해서 한 장을 쓰려고 애썼습니다. 솔직히 말씀드리면, 나는 그의 책을 읽었지만 조금도 기쁘지 않았습니다. 그가 자신이 다루는 것을 너무 지나치게 중시한 것이 아닌가 하는 생각이 들었습니다. 그가 여기저기에서 요점을 지나치게 한 쪽 방향으로 끌어당겨 억지 해석을 하는 것처럼 보이는데, 만일 그가 눈을 좀 더 크게 뜨기만 했더라면 다른 방향으로 훨씬 더 멀리 나갔을 수도 있습니다.

명상적인 사람이 볼 때, 그리스도의 고통에는 보는 사람으로 하여금 "이제 내가 여기서 마음껏 사랑할 수 있겠다"고 느끼게 만드는, 말로 다 표현할 수 없는 사랑의 충만함이 있습니다. 나는 내 인생의 소중한 동반자를 사랑할 수 있습니다. 내 자녀들을 사랑할 수 있습니다. 그리고 이 생각이 떠오릅니다. "나는 이들을 우상으로 만들 수도 있어. 그래서 내가 이들과 내 자신에게 상처를 입힐 수 있어." 그것은 "헤엄칠 만한 물"이 아닙니다. 우리가 지금보다 만 배나 더 주님을 사랑할지라도 그렇게 한다고 해서 계명을 어기는 것이 되지 않을 것입니다. 아니, 오히려 주님을 그렇게 사랑하지 못하는 것이 계명을 어기는 것입니다. 우리가 주님을 더욱 사랑할 수 있으면 좋겠습니다. 주님을 아무리 극진히 사랑할지라도 지나치게 사랑한다고 할 수 있는 경우란 없습니다. 차갑기 짝이 없는 논리조차도 그리스도께 대한 지극히 뜨거운 열광을 정당하다고 말할 수 있습니다. 어떤 사람이 마음은 없고 전부 머리뿐일지라도 그는 본성 전체가 그리스도에 대한 애정으로 불타고 있는 사람들, 때때로 사랑의 충동 때문에 이성의 명령을 잊어버린 것처럼 보이는 사람들이 하듯이 구주님께 대해 이치에 맞게 행동할 수 있을 것입니다. 우리에 대한 그리스도의 사랑은 참으로 "헤엄칠 만한 물"입니다! 그러나 이것은 성부 하나님의 사랑에 대해서도 똑같이 말할 수 있습니다. 그리고 (최근에 한두 번 여러분에게 말씀드린 것으로 생각하는데) 이것은 성령님의 사랑도 그와 같다고 확신합니다. 주 예수께서 오셔서 사람들과 함께 사시는 것이 지극히 은혜로운 일이었지만, 성령께서 사람들 안에 거하시는 것도 마찬가지로 지극히 은혜로운 일이 아닙니까? 나는 그리스도께서 죄인들 가운데 계시는 것에 놀랍니다. 그러나 성령께서 죄인들 안에 거하시는 것에 대해서도 그만큼이나 놀랍게 여깁니다. 아무리 훌륭한 성도들이라도 여전히 죄인이기 때문입니다. 우리 안에 거하시는 것, 우리처럼 보잘것없는 육신 안에 거하시는 것, 이렇게 행하는 것이 순결하고 거룩한 성령님의 사랑입니다. 실로 여기에 "헤엄칠 만한 물"이 있습니다.

그렇지만 또 한 가지 말씀드릴 것이 있습니다. 지금까지 공간이라는 이 사상에 대해서 말하였지만, 아직 다 이야기하지 못하였습니다. 복음의 범위 안에서 모든 능력을 발휘하고 전개할 여지가 여기에 있습니다. 오늘날은 "현대 사상"의 시대입니다. 여러분들이 다 알고 있듯이 사람들은 놀랄 정도로 똑똑해졌고 생각이 너무 자라서 성경을 받아들이지 않게 되었습니다. 불행하게도 어떤 아이들의 머리는 너무 큽니다. 그래서 그것이 뇌가 아니라 뇌에 있는 물이 아닌가 하는 염려가 항시 있습니다. 이 "현대 사상"이라는 것은 단지 뇌에 바람이 든 질병인데, 하나님께서 교회에서 그 질병을 치료하시지 않는다면 뇌가 죽을 수도 있는 질병입니다. 정통 신앙의 범위 안에, 즉 단순한 복음의 범위 안에는 아무리 재능이 뛰어난 사람이라도 모든 능력을 펼칠 만한 충분한 여지가 있습니다. 그 사람이 시(詩)에 있어서 밀턴과 같은 사람이고, 형이상학에서 대가이며 과학에서 일인자라고 할지라도 상관이 없습니다. 만일 그가 시에서 순수하기만 하다면, 형이상학에서 정확하고 과학에서 정직하기만 하다면, 그는 자기 생각의 범위에 필요한 공간이 성경이 제시하는 것보다 더 크지 못하다는 것을 발견할 것입니다. 어떤 사람들은 이단적인 견해를 말하는 사람들을 위대한 지성인으로 생각하였습니다. 형제 여러분, 정말이지 사람들이 여러분을 그렇게 생각하도록 만드는 것은 손쉬운 일입니다. 그러나 그들은 하찮은 사람들입니다. 그것이 이 문제의 결론입니다.

우리는 청교도들의 신학에 만족합니다. 나는 오늘 우리가 청교도 신학 책 한 권을 꺼내 보면, 현대 사상이 내놓은 모든 책들에서보다 청교도 신학 책 한 페이지에서 더 많은 사상과 학식과 성경과 실제적인 가르침을 발견할 것이라고 단언합니다. 그 현대 사상가라고 하는 사람들은 청교도들의 식탁에서 떨어지는 부스러기들만 가져도 부자가 될 것입니다. 그들은 우리에게 결국 새로운 것은 아무것도 주지 못했습니다. 그들이 얼룩덜룩한 풍선을 몇 개 불었는데, 분 사람들이 풍선을 자랑하고 있는 동안에 풍선이 터져 버렸습니다. 사람들이 알 만한 가치가 있는 것 가운데 마음을 개선하고 지식에 도움을 주었거나 사람들을 인생의 전쟁에서 싸울 수 있도록 만든 것에 대해 이 "현대 사상"이 한 기여들 중 기록할 만한 것은 하나도 없었습니다. 반면에 청교도들과 종교개혁자들의 오래된 사상, 그것은 다름 아니라 하나님의 생각을 사람이 머리와 마음으로 다시 생각해 낸 것이라고 내가 믿는 그 오래된 사상은 고통 받는 자들에게 위안을 주고, 약한 자들에게는 힘을 공급해 주며, 사람들의 마음에 하나님의 집에서 그리고 널리 세상에서 바르게 행동하도록 지도하는 일을 끊임없이 하고 있습니다.

성경에는 "헤엄칠 만한 물"이 있습니다. 여러분은 성경에 여러분의 상상력을 받아줄 만한 여지가 없다고 생각해서는 안 됩니다. 상상력이라는 그 사냥개들은 고삐로 제어해야 합니다. 여러분은 이 성경에는 그 사냥개들을 최고 속력으로 달려 지치게 만들 수 있는 것이 충분하다는 것을 발견할 것입니다. 여러분은 성경에는 기억력을 사용할 것이 아무것도 없다고 생각해서는 안 됩니다. 여러분이 이 성경책을 철저히 배우고 그 모든 구절들을 다 알았다고 할지라도 그 이상으로 기억할 것들이 많습니다. 즉, 여러분은 성경의 내적 의미를 기억해야 하고 성경과 여러분 영혼의 대화도 기억해야 합니다. 또 하프 연주의 대가가 하프의 줄을 연주하듯이 성경이 여러분 본성의 줄을 건드려 거기에 잠들어 있을 것으로 생각하지 못했던 음악을 내놓게 했을 때 여러분 영혼에 발휘한 신비한 능력을 기억해야 합니다. 우리가 유순한 태도로 능력을 하나님을 섬기는데 쓰려고만 한다면, 하나님 말씀에서 충분히 사용될 여지를 발견하지 못할 능력은 없습니다. 이 점에서 "헤엄칠 만한 물"이 있습니다.

3. 이제 끝으로, 적어도 내 생각에 본문에는 신뢰의 개념이 있습니다.

나는 그것이 여러분에게 신뢰를 얻을 것이라고 생각합니다. "헤엄칠 만한 물." 나는 정말 수영을 좋아합니다. 바닷가에 살았을 때 어떻게 해서든 수영을 배우려고 하였습니다. 지금쯤에는 수영을 할 수 있었어야 한다고 생각합니다. 그러나 나는 자신 있게 한 번에 두 발을 바닥에서 뗄 수 없었습니다. 나는 욕조에 들어갔습니다. 물의 부력을 조금 느꼈을 때 한 발을 들었습니다. 그리고 다른 발도 들 생각을 거의 했지만, 어쨌든 들지 못했습니다. 나는 결국 물을 믿지 못하였습니다.

본문은 "헤엄칠 만한 물"이라고 말합니다. 수영은 믿음을 설명하는 아주 탁월한 그림입니다. 수영이란 운동에는 사람이 물속에서 뜨는 일이 필요합니다. 여기까지에서 그는 수동적입니다. 물이 그를 뜨게 합니다. 여러분이 수영을 하려면 머리를 물 위로 들고 있어야 합니다. 우리는 몸이 본래 부력이 있다는 말을 듣습니다. 그래서 사람이 물에 가만히 누워 있으면 가라앉지 않지만, 발로 차고 허우적거리면 스스로 가라앉는다고 합니다. 사람이 그리스도를 기대고 눕는 것을, 즉 자신을 전적으로 주님께 맡기는 것을 배울 때, 행동하기를 그치고 수동적이 되어 어떤 선한 행실이나 노력도, 공로도 예수께 가져와 내놓지 않고 위대한 대속물이신 그리스도의 영원한 공로와 완성하신 사역을 의지할 때 믿음의 첫 번째 표시가 나타납니다. 그것이 수동적인 형태의 믿음, 곧 물에 뜨는 믿음입니다. 천상의 강물에서 여러분이 수영을 할 수 있으려면 먼저 물에 떠야 합니다. 하나님께서 이 자리에 있는 모든 죄인에게 예수님을 의지하도록 가르쳐 주시기를 기도합니다. 여러분은 스스로를 구원하기 바랍니까? 그러면 여러분은 물에 빠질 것입니다. 물에 빠져 죽을 것입니다. 여러분이 살아 있는 것만큼 확실하게 물에 빠져 죽을 것입니다. 여러분이 스스로 구원하기를 포기하고 그리스도께서 여러분을 구원하시도록 하겠습니까? 그리스도께서 여러분을 구원하실 수 있다는 것을 믿겠습니까? 주님의 팔에 벌렁 누우십시오. 그러면 여러분이 물에 뜰 것입니다. 그리스도께 항복하고 전적으로 그를 의지하는 영혼은 물에 빠지는 일이 없습니다.

물에 뜨는 것이 반드시 필요한 일이지만 본문이 몸이 뜰 만한 물에 대해서 이야기하지 않습니다. 많은 사람들이 몸이 물에 뜨는 그 단계를 넘어가지 않습니다. 그들은 자기 손이 물 위에 있다고 생각하기 때문에 자신들이 안전하고 모든 것이 잘 되었다고 결론을 내립니다. 반면에 하나님께 제대로 배우는 사람은 물에 뜨는 데서 헤엄치는 데로 나아갑니다. 자, 헤엄치는 것은 적극적인 활동입니다. 그 사람은 헤엄치므로 전진합니다. 그는 앞으로 나아갑니다. 그는 물속에 들어갔다가 올라옵니다. 그는 오른쪽으로 돌고 왼쪽으로 헤엄쳐갑니다. 자기 진로를 따라가고 어디든지 원하는 대로 갑니다. 거룩한 하나님의 말씀과 복음은

"헤엄칠 만한 물"입니다. 여러분은 물에 뜨는 것만 압니다. 여러분 가운데 많은 사람들이 그렇습니다. 여러분은 자신의 구원을 위해서 하나님의 진리 안에서 쉬고 있습니다. 그러나 하늘의 일들에서는 조금도 앞으로 나아가지 않습니다.

사랑하는 여러분, 헤엄칠 만한 물에서 수영하는 법을 배웁시다. 그런 물에서 헤엄치는 법을 배웁시다. 내 말뜻은 하나님 나라의 진흥을 위하는 적극적인 활동에서 하나님을 신뢰하는 법을, 즉 선을 행하려는 노력에서 하나님을 신뢰하는 법을 배우자는 것입니다. 우리의 친구 브리스틀의 조지 뮐러 씨는 얼마나 즐겁게 헤엄을 치는지 모릅니다! 그는 참으로 수영의 대가입니다! 그는 오랜 세월 동안 바닥에서 발을 떼고 지냈습니다. 그는 헤엄칠 때 뒤에 2,500명의 고아들을 끌고 갑니다. 우리는 그가 이 고아들을 하나님의 은혜로 죄의 홍수로부터 구원하여 바닷가로 안전하게 데려가고 있다고 믿습니다.

사랑하는 형제 여러분, 사랑하는 자매 여러분, 여러분도 헤엄칠 수 있지 않겠습니까? "아, 하지만 저는 돈이 없어요." 아, 그대는 헤엄치지 않고 걷고 싶어 하는군요. "하지만 저는 필요한 것에 비해 갖고 있는 재능이 빈약해요." 주님께서 여러분에게 재능과 은혜를 주실 수 없습니까? 그대는 주님을 신뢰하지 않으려고 합니까? 형제 여러분, 그대는 아주 힘들게 수고하는 영역에서 하나님을 섬기도록 부름받았습니까? 그대는 계속 일을 해나갈 수 없습니까? "나는 도와줄 사람이 아무도 없습니다." 알겠습니다. 그대는 순전히 바닥에서만 걸으려고 하는군요. 형제 여러분, 이것은 "헤엄칠 만한 물"입니다. 여러분은 모든 것의 모든 것이 되시는 분의 도움을 제외하고, 도움을 받지 않으면 헤엄칠 수 없습니까? 하늘의 둥근 천장이 어떻게 기둥 없이도 서 있는지 보십시오. 저기 하늘의 횃불들이 어떻게 타는지 보입니까? 누가 저 횃불들에 기름을 공급합니까? 어떻게 저 별들이 제 자리에 붙들어 주는 금 사슬이 없이도 회전하고 있는지 보십시오. 그런데도 저 별들은 깜박거리지 않습니다. 저 별들은 그 꽂는 구멍에서 빠지지 않고 하늘의 둥근 천장은 흔들리지도 않습니다. 성령께서 우리에게 신뢰하도록 가르쳐 주시기를 바랍니다.

하나님께서 우리에게 그리스도를 기대하고 뜨는 수동적인 신뢰뿐만 아니라 물을 다루는 적극적인 신뢰, 곧 물속을 거닐고 물에서 헤엄치며 하나님께서 도우시므로 마음 내키는 대로 물속에 뛰어드는 적극적인 신뢰도 가르쳐 주시기를 바랍니다! 우리는 보이지 않는 하나님을 충분히 신뢰하지 않습니다. 우리는 하나님에게서 태어난 어린 새끼 독수리들로서 해가 있는 데까지 올라갈 수가 있습니다. 그러나 우리는 둥지 옆에서 떨고 있으며 깃털이 나지 않은 날개를 시험해 보려고 하지도 않습니다. 어린 새끼 독수리들이여, 보이지 않는 공기를 신뢰하십시오. 공기를 믿고 높이 날아오르십시오. 공기가 여러분을 받쳐 주므로 여러분은 떨어지지 않을 것입니다. 공기를 더 믿으십시오. 여러분의 날개를 힘껏 뻗으십시오. 공기를 더 의지하십시오. 공기가 여러분을 위로, 위로, 위로 떠받쳐 줄 것입니다. 구름을 지나고 안개를 지나 해에 이르기까지 떠받쳐 줄 것입니다. 가장 많이 신뢰할 수 있는 사람이 가장 높이 오를 것입니다. 하나님을 가장 많이 믿을 수 있는 사람이 가장 많은 것을 얻을 것입니다. 여러분이 무한한 신용 대부라는 하나님의 방식대로 하나님을 대하고 거리낌 없이 하나님을 의지한다면, 여러분을 위해 큰일들이 준비되어 있습니다.

찬송 받으실 주님, 우리에게 "헤엄칠 만한 물"을 주십시오. 그 물이 폭풍우 치는 바다일지라도, 그 물이 불신앙에는 빠져 죽게 하는 물일지라도, 우리의 믿음에는 헤엄칠 수 있는 물이 될 것입니다. 그래서 우리가 천국을 향해 헤엄칠 때 주님을 기뻐하고 "육체를 신뢰하지 아니할"(빌 3:3) 것입니다.

사랑하는 친구 여러분, 하나님께서 여러분을 위해 몇 마디 안 되는 이 말에 복을 베풀어 주시고, 우리 모두를 하나님의 위로로 위로해 주시며, 언제나 우리에게 더욱더 충족하신 하나님이심을 알게 해주시기를 바랍니다. 아멘.

제
27
장
—

현대의 사해와 살아 있는 물

—

"그 바다의 물이 되살아나리라." — 겔 47:8

에스겔은 두려운 폭풍우 속에 싸여 있고 그의 책 전체는 찬란함과 신비로 인해 "수정 같이 두렵습니다"(겔 1:22). 그런데 에스겔은 종종 우리에게 지극히 위안이 되는 이상(異象)들을 보여줍니다. 예를 들면, 하나님께서 이스라엘의 높은 산에 심어서 지극히 크게 자라 온갖 새가 그 가지에 깃들일 연한 백향목 가지를 생각할 때 기뻐하지 않을 사람이 있겠습니까? 현대 사회의 제도들에 어울리는 것이 무엇이든지 간에 우리가 흔들리지 않는 나라를 받았으니, 우리 모두 기쁘지 않습니까? 연한 가지로 시작한 우리 주 예수 그리스도의 나라는 계속해서 자라서 마침내는 "높고 우뚝 솟은 산"에 서 있는 멋진 백향목에 견줄 만큼 될 것입니다. 이것이 말로 다할 수 없는 기쁨이 아닙니까? 아주 기이하기 짝이 없는 다른 이상, 곧 "심히 많고 아주 마른"(겔 37:2) 뼈들이 가득한 골짜기에 대한 이상을 생각해 보십시오. 그 이상이 "이 뼈들이 능히 살 수 있겠느냐?"(37:3)는 불신앙의 질문에 얼마나 놀라운 답변을 주는지 모릅니다! 여호와께서는 아주 분명하게 답변하십니다. "내가 생기를 너희에게 들어가게 하리니 너희가 살아나리라!"(37:5). 그 멋진 백향목을 생각할 때 나는 하나님의 나라가 전진하여 그리스도에게까지 이르는 것이 보이고, 마른 뼈들로 가득한 골짜기를 생각할 때는 내 주변에 있는 무수한 사람들에 대해 위로를 받습니다. 또한 나는 도시의 봉안당을 지나갈 때 생명이 사망을 이길 것이고, 그래서 우리 하나님의 영으로 살아난 지극히 큰 군대가 이 마른 뼈들에서 일어날 것을 기대할 수 있습니다.

우리 앞에 펼쳐져 있는 이 놀랄 만한 이상은 현대의 두려운 상태 때문에 괴로워하는 사람들에게 큰 위안이 됩니다. 우리가 이 시대에 속해 있지 않습니까? 에스겔 선지자는 우리에게 사해(死海)라는 암시적인 이름으로 알 수 있듯이 황량하고 두려운 이 바다를 생각해 보라고 합니다! 이 지역은 가나안 땅에서 공포의 방(The Chamber of Horrors: 본디 런던의 마담 투소[Madame Tussaud] 박물관의 흉악범 납인형 진열실 가리킴 – 역주)이었습니다. 여행자들은 그곳을 황폐하기 이를 데 없는 곳이라고 설명합니다. 깊은 계곡에 놓여 있고 다른 바다보다 421미터가량 낮은 사해는 마치 끝없는 구렁의 입구처럼 땅에서 깊게 움푹 꺼진 것으로 묘사할 수 있습니다. 그 수면에는 역청이 많이 떠다니고 해변에 역청 띠를 두르고 있습니다. 황(黃)의 증기가 많이 발산되고, 해변 기슭에는 뜨거운 유황천들이 있습니다. 짙은 소금물에서 목욕하는 것은 유쾌한 일이 아닙니다. 그 물에 몸을 오래 담그고 나면 자극성이 강한 소금으로 피부가 따끔거리기 때문입니다. 사해 바닷가에 오래 머무는 것은 바람직한 일이 아니고, 여러분을 오래 머물게 할 만한 것도 없습니다. 거기에는 초목이 아주 드물고 새들이 거의 없으며 생물체들을 보기 힘듭니다. 사해는 파멸의 영역입니다. 사해는 소금이 너무 많아서 물고기가 살 수 없습니다. 물고기보다 작은 유기체들이 존재한다는 주장이 있지만, 좀처럼 발견되지 않았습니다.

그러나 반대로 요단강에서 사해로 흘러드는 물고기는 금방 죽고, 떠밀려온 조개류들은 죽은 채로 바닷가에 밀려올라 옵니다. 생명이 있는 것은 어떤 것도 사해의 소금물과 황과 역청을 좋아하지 않습니다. 끈적끈적한 이 호수는 많은 경우에 건강에 위험하고 심지어 생명에도 위험합니다. 최근에 어떤 여행자들이 적합한 때에 안전하게 그 호수를 건넜다고 합니다. 그러나 전에 사해를 항해했던 사람들이 가까스로 돌아와 그 이야기를 하고 나서 얼마 지나지 않아 병에 걸려 죽었습니다.

이 불운한 호수는 가슴속에 어두운 비밀들을 간직하고 있습니다. 호수의 깊은 곳에는 평지의 도시들이 가라앉아 있습니다. 이 도시들이 악행으로 인해 하늘의 진노를 샀고, 불이 소나기처럼 이들에게 내렸는데, 이와 같은 일은 전에도 없었고 후에도 없었습니다. 감추는 것이 더 나았던 죄의 비밀들을 이 소금물이 숨기고 있는 것일 수도 있습니다. 현대의 악은 추잡한 것을 고안해내는데 아주 상상력이 풍부하고, 따라서 고대의 타락한 죄로부터 도움을 받을 필요가 전혀 없기 때문입니다. 이렇게 사해는 지극히 두렵고 황량한 곳입니다. 죽음의 욕조이고 절망의 서식지이며 황폐의 본거지입니다. 이런 점들에서 사해는 우리 타락한 인류를 적절히 묘사하는 그림이고, 악한 자의 품에 누워 있는 온 세상에 대한 올바른 상징입니다. 사람들의 세상은 무시무시한 악들로 저주를 받았습니다. "무릇 땅의 어두운 곳에 포악한 자의 처소가 가득하나이다"(시 74:20). 이 타락한 세상에 사랑의 비밀들은 하나도 없습니다. 그러나 죄의 비밀들, 심판의 비밀들, 하나님의 진노의 비밀들은 많습니다.

이 세상은 거대한 규모의 사해임에 틀림없습니다. 우리가 살고 있는 이 도시도 사해입니다. 이 도시를 "현대판 소돔"이라고 불러야 마땅하지 않습니까? 이 인간 호수의 기슭에 와서 부딪히는 파도마다 기괴한 것들, 곧 섬뜩하고 비인간적이며 짐승 같고 마귀 같은 것들의 잔해를 밀어 올리는 것 같습니다. 이 호수의 어둡고 깊은 곳으로부터 여기저기에 아름다운 섬들, 곧 하나님의 은혜의 밝은 피조물들이 나타납니다. 그러나 이 물이 그 주변으로는 온통 진창과 쓰레기를 밀어 올립니다. 하나님은 지금 새 하늘과 새 땅을 창조하는 일을 하고 계십니다. 그 과정에서 아름다운 것들이 나타납니다. 그러나 오늘까지 새롭게 되지 않은 오래된 이 도시는 아래에서 불타고 있는 지옥의 악취 나는 복제판으로 남아 있습니다. 이 호수의 깊은 곳을 들여다보려고 하였던 사람들은 얼굴에 두려운 빛을 띠고 돌아와서 자기들이 본 것을 말하는 일이 합당하지 않다고 말합니다. 런던은 악과 죄가 끓고 있는 가마솥입니다. 하나님이여, 이 도시가 언제까지 그렇게 지낼 것입니까?

어떤 면에서 사람이 은혜로 새롭게 되기 전에는 모든 사람의 본성이 그와 같습니다. 마음은 만물보다 거짓되고 심히 악해서, 사해로 그 특징을 적절히 나타낼 수 있습니다. 우리가 하나님의 눈으로 사해를 들여다볼 수만 있다면 무엇을 보지 못하겠습니까? 우리가 성령께서 우리 눈에 안약을 바르셨기 때문에 눈물에도 불구하고 사해를 응시하고 사물들을 있는 그대로 보게 되면 말로 다할 수 없는 괴로움을 겪습니다. 인간 본성이란 참으로 끔찍한 것입니다! 휫필드 목사는 사람은 반은 짐승이고 반은 마귀라고 말하곤 하였습니다. 그러나 내 생각에는 하나님께서 두려움의 속박과 율법의 족쇄로 사람을 억제하지 않으신다면 사람은 완전히 짐승 같고 완전히 마귀 같은 존재입니다. 사람을 그냥 내버려 두어 보십시오. 그러면 사람이 어떻게까지 변할지 아무도 알 수 없을 것입니다. 정욕과 탐욕, 학대, 술취함, 거짓과 잔인함, 살인과 같은 온갖 악들이 정글 속의 들짐승처럼 사람 마음속에 숨어 있습니다. 사람은 아무도 자신이 얼마나 악랄해질 수 있는지 알지 못합니다. 사람을 그냥 어떤 환경에 놓기만 하면 그는 마귀처럼 변할 것입니다. 이렇게 세상과 도시와 마음은 하나하나가 다 사해로 상징됩니다. 이런 것들을 깨끗이 청소할 수 있습니까? 이 물을 고칠 수 있습니까? 본문을 볼 때 여호와께서는 "그 바다의 물이 되살아나리라"고 분명하게 말씀하십니다. 우리는 하나님의 약속을 믿고 지금부터 희망을 갖도록 합시다.

형제 여러분, 사랑과 마찬가지로 "모든 것을 믿으며 모든 것을 바라는"(고전 13:7) 믿음을 가질 수 있는 여지가 여기에 있습니다. 여러분 가운데 누구든지 하나님을 영화롭게 할 수 있는 믿음을 발휘하고 싶다면 세상이 죄로부터 구원받을 수 있다는 것을 믿으십시오. 런던이 거룩한 도시가 될 수 있다는 것을 믿으십시오. 여러분의 마음이 성령의 능력으로 그리스도께서 정결하신 것처럼 정결하게 될 수 있음을 믿으십시오. 여러분의 마음 상태가 소망과는 아주 거리가 먼 것처럼 보이는 때에도, 우리를 에워싸고 있는 죄에 걸려 비틀거릴 때에도, 우리는 여전히 주님께서 영원히 통치하실 것이고, 따라서 죄와 사탄이 우리 구속주의 발에 뭉개질 것이라고 믿어야 합니다. 우리는 하나님을 마땅히 믿어야 할 대로 믿읍시다. 하나님의 전능하심을 절대적으로 의지하고, 우리에게 은혜를 베푸시는 목적을 결코 버리지 않으실 그 강력한 뜻을 굳게 신뢰합시다. "그 바다의 물이 되살아나리라." 사해의 모든 소금물과 역청이 거룩한 작용을 막지 못합니다. 런던의 더러운 물은 베들레헴 샘물처럼 달콤해질 것입니다. 전쟁의 만행과 학대는 그칠 것이고, 악의 통치가 끝날 것입니다. 하나님께서 그렇게 하기로 마음먹으셨고 그 일을 이루실 것이기 때문입니다. 이 세상 나라는 우리 주와 그리스도의 나라가 될 것입니다. 런던은 예수님께 바쳐질 것이고, 우리 마음은 전적으로 그리스도의 것이 될 것입니다. "그 바다의 물이 되살아나리라."

에스겔은 이상(異象)에서 그 황량한 죽음의 호수를 고치는 수단을 보았습니다. 그 방법은 간단하지만 효과적이었습니다. 에스겔이 본 것은 복음 전파를 나타냅니다. 하나님의 은혜의 전 체계인 복음에는 성령의 능력이 따랐고, 십자가와 거기에서 나오는 모든 진리들, 구원의 메시지, 믿음의 설교, 하나님의 아들의 구속 활동에 대한 성부 하나님의 증언이 따랐습니다. 이 모든 것이 스스로의 힘으로 이 황량한 세상 속으로 흘러들어가는 강입니다. 그리고 이 강은 지금 바다 물을 되살리려는 뚜렷한 목적을 가지고 아주 끔찍한 죄와 타락 속으로 힘써 들어가고 있습니다. 나는 오늘 아침 신앙이 혹독한 시련을 겪는 이때에 여러분의 믿음을 북돋우고 싶습니다. 기운을 내십시오. 우리가 모두 마시기 싫어하는 물이 깨끗해질 것입니다. "그 바다의 물이 되살아나리라."

1. 첫째로, 여러분의 믿음을 북돋우기 위해 나는 여러분에게 약속을 생각해 보라고 말씀드립니다.

그 약속이 신성한 페이지에 분명하게 기록된 곳이 여러분 앞에 펼쳐져 있습니다. 손가락을 그곳에 대고 있으십시오. 여호와께서 이같이 말씀하십니다. "그 바다의 물이 되살아나리라."

우리는 이 예언의 말씀이 때가 되면 문자 그대로 이루어지리라는 것을 확실히 압니다. 그 약속을 하신 분이 약속을 성취할 수 있는 능력이 있기 때문입니다. 우리와 우리의 모든 약함을 떠나서, 사람과 사람의 모든 악함을 떠나서 이 말씀을 하신 하나님께서 반드시 그 약속을 이루실 것입니다. 하나님은 자신이 무엇을 말하는지 아십니다. 하나님은 깊이 생각하고 말씀하시지, 허풍을 떠는 경솔한 사람들처럼 말씀하시지 않습니다. 또 하나님의 손은 하나님의 입이 약속한 것을 행하는 일을 게을리하지 않습니다. 하나님은 자신의 입으로 한 약속을 실행하기 위해 최고의 능력과 신성을 동원하십니다. 은혜의 약속은 전능하신 하나님의 명령하시는 바입니다. "그 바다의 물이 되살아나리라." "하리라"는 하나님의 한 마디 말씀은 제국의 모든 군대만큼이나 능력이 있습니다. 아니, 우주의 모든 세력만큼이나 능력 있습니다. 하나님께서 "하리라"고 말씀하시므로 그 일은 확실히 이루어집니다. 하나님의 우레와 같은 말씀에 저항할 수 있는 것이 무엇입니까? 누가 하나님의 손을 막으며 하나님의 계획을 좌절시키겠습니까? 불신앙이여, 듣고 다시는 의심하지 말라. "그 바다의 물이 되살아나리라!"

하나님은 이 약속을 철저히 이루실 것입니다. 이 약속은 어느 정도까지만 이루어질 것이 아니라 더 이상 크게 생각할 수 없을 정도로 광범위하게 이루어질 것입니다. 이상(異象)에서 선지자는 사해의 물이 완전히 살아나서 거기에 물고기가 있는 것을 보았습니다. 그렇습니다, 물고기 떼들을 보았습니다. 물고기들이 어찌나 많던지 그물을 던지는 사람들마다 다 할 일이 있어서 어부들이 바다 이

쪽 가에서 저쪽 가까지 늘어섰습니다. 전에는 생명이 일절 없었던 곳에 살아 있는 것들이 말 그대로 큰 바다에서와 같이 떼를 이루어 가득하였습니다. 형제 여러분, 하나님께서 자신이 은혜로 이 세상에 하려고 하시는 일에 대해서 말씀하실 때는 그것을 아주 크게 해석하기 바랍니다. 무한하신 하나님의 은혜에 대해서는 결코 좁은 생각을 하지 마십시오. 우리 주 예수께서 자기 영혼의 수고한 것을 보고 만족히 여기실 때는, 소수의 사람들이 여기저기에서 주님께 모이는 것을 볼 것이 아니라 아무라도 능히 셀 수 없는 큰 무리가 아버지 하나님을 예배하며, 각 사람이 죄에서 구원하신 일을 인하여 하나님의 이름을 영원히 찬송하는 것을 보실 것입니다. 얼마나 많은 무리가 어린 양의 피로 자기 옷을 빨아 깨끗하게 하였는지 모릅니다! 아, 사랑하는 여러분, 하나님께서 런던에 손을 대시면 도시를 완전히 깨끗하게 하실 것입니다. 아우게이아스 왕의 축사처럼 더럽기 짝이 없는 이 도시도 여호와의 성전처럼 거룩해질 것입니다! 하나님은 잔과 접시의 겉을 닦는 일을 하시지 않을 것입니다. 하나님은 높은 곳에서나 움막집에서나 모두 은밀한 죄들을 깨끗이 제거하고, 자기를 위하여 이곳에 제사장의 도시를 세우실 것입니다. 그러한 소망을 인하여 하나님의 이름을 찬송합시다! 여호와 하나님을 찬송합시다. 하나님께서 우리의 마음과 영을 성결하게 하실 것입니다. 은밀한 곳에 진리를 심고, 숨은 곳에서 우리로 지혜를 알게 하실 것입니다!

나는 "그 바다의 물이 되살아나리라"는 이 말씀을 강조하는 것이 좋아서 지금도 손가락으로 짚고 있는데, 하나님은 그 약속을 하실 때, 약속을 이루실 방법에 대해서 우리에게 알려주십니다. 하나님은 복음 전파를 통해서 이 약속을 이루실 것입니다. 내 생각에, 이것은 이 물이 시온 산으로부터 흘러나왔다는 사실을 볼 때 아주 분명합니다. 이 물은 원래 하나님께서 "내가 여기에 영원히 거주하리라"(시 132:14 참조)고 말씀하신 그 고대의 산에서부터 흘러나왔습니다. 치료하는 그 물은 신성한 곳, 즉 시온 산 위에 있는 지성소로부터 흘러나왔습니다. 이 지성소는 하나님의 아들 예수와 그의 교회 안에 하나님의 거하심을 예표합니다. 불어나는 물은 번제단 가까이로 흘렀는데, 선지자의 눈에는 그 물이 성전 동쪽 끝에 있는 닫힌 문 밑에서 흘러나오는 것이 보였습니다. 이상(異象)에서 이 물은 동쪽으로 흘러 사막에 초목들을 일으키고 사해로 흘러들어가는 것으로 보였습니다.

이 사실에서 나는 우리 하나님이 자신의 은혜의 목적을 이루시는데 교회를 사용하시려 한다고 짐작합니다. "온전히 아름다운 시온에서 하나님이 빛을 비추셨도다"(50:2). 나는 하나님께서 복음 전파를 통해서 최종의 승리를 이루려 하신다고 믿습니다. 우리 주님께서 오실 때는 언제든지, 아, 나는 오늘이 그날이었으면 좋겠습니다. 지금만큼 주님이 절실히 필요한 때는 없기 때문입니다! 주님의 재림이 일어날 때는 언제든지, 그것이 하나님의 교회에 불명예가 되지 않을 것입니다. 오히려 하나님 나라 왕을 앞에 모시고 개선하는 것은 교회의 영광이 될 것입니다. 주님께서 친히 나타나심으로 말미암아 교회가 승리를 얻을 것입니다. 우리 주님께서 오기를 지체하신다면, 성령의 놀랄 만한 영향력을 오늘보다 훨씬 더 풍부하게 보내실 것입니다. 그러면 하나님의 교회가 이 땅에서 놀라운 일들을 행할 것이고, 구원으로 인해 주님의 교회가 더욱 빛날 것입니다. 그리스도께서 자신의 군대들을 그의 택하신 도시 가운데 모으실 것입니다. 그러면 주님의 교회가 주님의 찬란한 영광 때문에 모든 사람들의 눈에 영광스럽게 될 것입니다. 여러분은 무기를 버리고 "그리스도께서 오셔서 이 싸움을 싸우셔야 한다"고 말하지 마십시오. 어쩌면 그래야 할 수도 있을 것입니다. 그러나 주님은 자기의 택하신 백성들을 동원해서 이 싸움을 수행하려고 하십니다.

전쟁의 날에 영국 군대의 방진(方陣)처럼 굳게 서는 것이 우리의 할 일입니다. 주님이 오고 계시니 물러서지 마십시오. 주님께서 새로운 방식으로 일하시고, 복음과 하나님의 성도들의 증언 없이 일하실 것이라고 생각하여 복음을 버리지 마십시오. 나는 주 예수께서 오래된 이 전선에서 싸움에 승리하실 것이라고 믿습니다. 주님께서는 "수비대여, 올라가서 공격하라!"고 말씀하실 것입니다. 여러분은 쟁기 날을 쳐서 칼을 만들고, 전지용 낫을 쳐서 창을 만드십시오. 하나님께서 대대로 아말렉과 싸우겠다고 맹세하셨기 때문에 여러분은 살아 있는 한 싸워야 합니다. 여러분이 자기 자리에서 죽을지라도 싸워야 합니다. 그 자리를 버리고 도망쳐서는 안 됩니다. 예수께서 오실 때까지 허리띠를 동이고 주님의 싸움을 싸워야 합니다. 여러분에게 장차 들어갈 안식이 남아 있습니다. 그 안식은 여러분에게 충만한 상급이 될 것입니다. 그러나 여러분이 아직은 그 안식에 이르지 않았습니다. 오늘도 흐르고 있는 하나님의 강물로 인하여 "그 바다의 물이 되살아날" 것입니다.

"그 바다의 물이 되살아나리라"는 이 하나님의 약속이 수단을 필요 없는 것으로 치워버리지 않는다는 사실을 주의해서 보아야 합니다. 오히려 이 약속이 성취

될 때는 매개적인 수단들을 더 많이 불러일으킬 것입니다. 이 물은 사해로 흘러 들어가 그 물을 정결하게 합니다. 그러면 물고기가 불어나기 시작하고, 그때 사람의 역할이 쓸모 있게 됩니다. "이 강가에 어부가 설 것이니 엔게디에서부터 에네글라임까지 그물 치는 곳이 될 것이라"(겔 47:10). 주님께서 치료하는 과정을 통해 물고기를 많게 하시면 어부들도 많아질 것이 확실합니다. 새롭게 되는 날이 주 앞으로부터 이를(행 3:19) 때 우리가 본격적으로 사람 낚는 어부가 될 것입니다. 주님은 추수 때 일꾼들을 해산시키지 않으시듯이 어부들을 한쪽으로 물러나게 하시지 않을 것입니다. 주 예수께서 "나를 따라오라 내가 너희를 사람을 낚는 어부가 되게 하리라"(마 4:19)고 말씀하신 것을 기억하시기 바랍니다. 주님은 주님의 택하신 모든 자가 그물에 들어올 때까지 복음의 그물을 내버리거나 죄와 사망의 바다에서 끌어올리시지 않습니다. 주님께서 사람들에게 복음을 간절히 바라게 만드시는 때는 행복한 시절이 될 것입니다. 그때는 유황 연기가 자욱한 죄의 호수에 누워 있는 더럽고 불쌍한 자들이 싱싱한 물고기들이 되어 어부들을 그물질 하도록 부를 것입니다.

형제 여러분, 여러분 가운데 한 번도 그물을 다루어 본 적이 없는 많은 사람들이 사람들을 낚으라는 거룩한 부르심에 마음이 움직일 것입니다. 자매 여러분, 여러분은 우리와 함께 줄을 잡고 그물을 바닷가로 끌어당기는 일을 도울 것입니다. 게으른 그리스도인 여러분, 이제까지 한 번도 바다에 가서 고기를 잡아 본 적이 없는 여러분이 그때는 일할 마음이 생겨 베드로처럼 "나는 물고기 잡으러 가겠다"(요 21:3)고 말할 것입니다. 선지자는 어부들이 호수 주위를 온통 둘러 서 있는 것을 보았습니다. 그래서 이 호수에 대해 "그물 치는 곳이 될 것이라 그 고기가 각기 종류를 따라 큰 바다의 고기 같이 심히 많을 것이라"(겔 47:10)고 말합니다. 모든 신자가 사람들의 영혼을 낚는 날이 오면 좋겠습니다! 하나님께서 우리에게 이 복된 날을 속히 보내주시기를 바랍니다! 다른 아무것이 없을지라도 우리 앞에 있는 이 약속을 의지하여 그 약속이 성취되는 날을 바라봅시다. "그 바다의 물이 되살아나리라." 즉, 정결하게 되는 일이 널리 일어나고, 하나님의 나라가 올 것입니다. 매일 드리는 우리의 기도가 헛되이 하늘로 올라가지 않을 것입니다. 다시 한 번 이렇게 부르짖읍시다. "뜻이 하늘에서 이루어진 것 같이 땅에서도 이루어지이다. 나라와 권세와 영광이 아버지께 영원히 있사옵나이다 아멘"(마 6:10,13).

2. 지금까지 약속을 생각해 보았으니, 이제는 치료하는 물의 기이함에 대해서 생각해 봅시다.

이 점을 살펴봄으로써 우리는 오늘날 이 악한 세상이라는 사해에도, 이 죄악된 바벨론에도, 이 거짓된 마음에도 치료가 일어날 것을 믿는데 도움을 받을 수 있을 것입니다.

에스겔이 본 이 물은 여러 면에서 기이합니다. 먼저, 이 물이 어디서 왔는지 생각해 보십시오. 이 물은 예루살렘의 한가운데서, 곧 하나님의 보좌가 있는 은밀한 곳에서 솟아났습니다. 이 물이 그처럼 효능이 있는 것은 바로 그 이유 때문이었습니다. 12절은 이 강물의 열매 맺는 능력이 이 점 때문이라고 설명합니다. "그 물이 성소를 통하여 나옴이라." 성소에는 여호와의 보좌가 있었습니다. 여호와께서 사람의 아들들에게 선을 행하려고 마음먹으신 그 은혜로운 결정들의 원천은 하나님의 영원한 주권에 있습니다. 하나님은 긍휼히 여길 자를 긍휼히 여기십니다(롬 9:15). 그래서 하나님은 순전히 주권적인 뜻으로 사해와 같은 이 인간성을 장차 고치겠다고 마음먹으신 것입니다. 하나님은 하나님이시기 때문에, 자기 백성을 구속하실 뜻을 정하고 마음먹으셨습니다. 이 결정과 뜻에 사람들에게 베풀어지는 선의 원천이 있습니다.

이상(異象)에서 이 물은 번제단 곁으로 가까이 흘렀습니다. 이 사실에서 우리는 사람의 아들들에게 베풀어지는 자비의 한 경로는 그리스도의 제사로 말미암는다는 것을 배웁시다. 우리의 큰 대제사장께서 단번에 자신을 드리신 그 제단 곁으로 생명의 강이 흐릅니다. 그리스도께서 죽으셨으므로 세상이 아직도 복을 받아야 합니다. 골고다 언덕에 떨어진 핏방울들이 아직 다 거두어들여지지 않았습니다. 그 핏방울들이 구속하시는 주님의 핏빛 흔적을 이 지구에 넓게 남겼습니다. 그러므로 지구는 주님의 것이 되어야 합니다. 우리 하나님이 그리스도 예수 안에서 속전을 받으셨기 때문에 인류가 완전한 파멸에서 구원받을 것입니다. "그 바다의 물이 되살아나리라"는 이 말씀에 소망이 있습니다.

이 물이 보이지 않게 성전 구역을 가로질러 흘러가지만 성전 문지방 밑에서부터 솟아나왔습니다. 여러분은 이 하나님의 집의 문이 누구인지 압니다. 이분으로 말미암아 우리가 들어가 하나님께 이르고 또 이분으로 말미암아 하나님이 우리에게 복으로 오십니다. 이 물은 우리 주님의 인격과 사역 안에 있는 "아래로 깊은 샘"(창 49:25)에서 솟구쳐 밑으로부터 흘렀습니다. 구원은 하나님의 마음 깊은 곳으로부터 흘러나오지 않고서는 어느 누구에게도 이르지 않습니다. 항상 흐르는 자비의 물은 우리 주 예수 그리스도를 통하여 우리에게 옵니다. 하나님의 이름을 찬송합시다!

이 물이 처음 나타났을 때 선지자는 그 물이 닫힌 문 밑에서부터 졸졸 흘러나오는 것을 보았습니다. 이 사실이 또 다른 해석을 제공합니다. 전(前) 장에 기록된 이상을 보면, 동쪽 문은 닫혀 있었습니다. 그런데 물은 문지방 밑에서 세차게 흘러나왔습니다. 옛적의 유대교는 이방인들에게 문을 닫았지만 복음이 유대교로부터 나와 이방인들에게 이르렀습니다. 이제 이스라엘의 문은 닫혀 있고, 이스라엘의 임금이 오셔서 그 문으로 들어갈 때까지 이를 것입니다. 유대 종족의 거룩한 사람들이 나와서 피로 값 주고 산 구원에 대해서, 믿음으로 말미암은 의에 대해서 말하였습니다. 이방인들이 이들로 말미암아서 예수 그리스도의 얼굴에 나타난 하나님의 영광을 아는 빛을 받았습니다. 이 물은 영원한 목적 안에서 시작되었고, 그리스도의 희생을 통하여 흘러갔으며 그 문이 닫힌 오래된 성전 가운데서 솟아났습니다. 아브라함의 후손으로 말미암아 땅의 모든 족속이 복을 받았습니다. 하나님의 뜻에서 나오고 그리스도의 희생으로 말미암아 이루어지는 일이 헛되게 될 수 없는 것은 확실합니다. 하나님께서 오래된 유대교를 복음으로 싹을 틔우고 꽃을 피우게 하실 수 있다면 무엇을 못하시겠습니까? 이 물이 닫힌 문 밑으로부터 솟구쳐 나와 멸망하는 이방인들인 우리에게로 기쁘게 흘러왔다면, 이 물은 지금도 악한 자들 가운데 가장 악한 자에게까지 흘러갈 수 있습니다.

다음으로, 이 물과 관련된 기이한 일로서 이 물이 어떻게 불어났는가 하는 것을 주의하여 보시기 바랍니다. 이 물이 처음에는 실개천에 불과하였지만 아주 급속히 깊어져서 2킬로미터도 안 가서 헤엄칠 만한 물이 되었습니다. 그렇습니다. 이 물은 아주 깊고 넓어져서 선지자가 표현을 이중으로 하였기 때문에 배로 커진 흐름을 의미하지 않을 수 없었습니다. 물이 너무 깊고 넓어져서 건널 수 없을 만큼 되었습니다. 이 물은 그리로 흘러드는 작은 개울들에 의해 물이 불어나지 않고, 불가사의하게 스스로 불어났습니다. 이상(異象)에서 그 물은 발목 깊이에서 시작하여 무릎까지 올라왔고, 그 다음에는 허리까지 올라왔으며, 그 다음에는 깊이를 헤아릴 수 없을 만큼 큰물이 되었습니다. 이 모든 것을 선지자는 자신이 직접 그 물에 들어가 걸어봄으로써 조사하였습니다. 자, 이 일이 하나님의 능력에 의해 일어났다면, 그리고 이 일이 그처럼 빠르게 일어났다면 이밖에도 기이한 일들을 찾아볼 수 있을 것입니다. "그 바다의 물이 되살아나리라." 즉, 사해가 머지않아 생명으로 충만해질 것입니다. 여러분과 나는 이 물에 들어가 건너보지 않았습니까? 그렇다면 우리는 이 물이 우리에게 어떻게 불어났는지 압니다. 여러분이 작은 은혜를 받아서 기뻐했던 때를 기억하지 않습니까? 그 은혜가 여러분의 발을 씻었고 그래서 여러분의 생활이 정결해져서 기뻐하지 않았습니까? 이 물이 아주 빠르게 여러분의 무릎까지 올라왔고, 그래서 여러분이 기도로 하나님께 영향력을 행사하게 된 것을 기억하지 않습니까? 불과 한두 시간이 안 되어서 여러분이 위로를 받았고 마음속 깊이 기뻐하게 되었습니다. 이는 그 물이 여러분의 허리까지 올라왔기 때문입니다. 여러분이 그리스도께서 여러분의 것이요 여러분의 하나님이며 여러분의 천국이며 여러분의 모든 것이라는 사실을 발견하였을 때, 아주 금방, 아마 24시간도 안 되어 여러분은 천상의 사랑이 넘치는 물에서 헤엄치고 있었을 것입니다. 여러분은 여러분을 위하여 이 모든 일을 행하신 하나님께서 다른 사람들을 위해서도 그 만한 일을 하실 수 있다는 것이 보이지 않습니까? 하나님께서 우리 시대의 사해의 물을 되살리실 수 없겠습니까? 우리는 희망을 갖고 계속해서 일하며 끝까지 하나님을 믿읍시다. 다시 한번 손가락으로 이 약속을 짚어봅시다. "그 바다의 물이 되살아날 것이니" 안심합시다.

이 물이 무엇을 생산하였는지 빨리 살펴봅시다. 그렇지 않으면 해야 할 말이 많은 곳에서 간단하게 이야기할 수밖에 없을 것입니다. 이 물이 흐르기 시작하자 아주 금방 광야에 초목이 자랐습니다. 이 물은 광야로 흘러들어갔고, 요엘이 부르는 대로 아카시아 골짜기(Acacia Vale. 욜 3:18, 개역개정에서는 "싯딤 골짜기" - 역주)로 흘러들어갔습니다. 이내 강의 양쪽 둑에 나무가 자랐고 나무들이 금방 열매를 맺었습니다. 복음은 어디로 가든지 가는 곳마다 생명과 성장을 가져오며, 성장과 함께 열매도 가져옵니다. 그 열매들은 사람의 자양을 위한 것이었습니다. 이 열매들은 낙원의 음식이었는데, 최선의 상태의 사람을 위한 최고의 음식이었습니다. 복음에는 최고의 음식이 들어 있습니다! 복음이 흘러가는 곳은 어디든지 영혼의 기근이 그칩니다. 복음에는 모든 계절과 모든 입맛에 맞는 온갖 열매가 있습니다. 젊은이들을 위한 음식이 있고 노인들을 위한 음식이 있습니다. 약한 자들을 위한 음식이 있고 강한 자들을 위한 음식이 있습니다. 그런가 하면 기쁜 자들을 위한 음식이 있으며 슬퍼하는 자들을 위한 음식도 있습니다. 이 생명나무는 열매를 끊임없이 신속히 그리고 풍성하게 내놓습니다. 이 생명나무 잎사귀에는 신비한 효능이 가득한 약이 들어 있었습니다. 이 잎사귀들은 백성들의 치료를 위한 것이었습니다. 사람들이 어떤 질병으로 고생하든지 간에 이 잎사귀를 따서 몸에 대기만 하면 건강이 회복됩니다. 아, 이 복된 복음은 배로 유익한 효과가 있었습니다. 이는 복음이 우리 영혼에 먹을 것을 주고 또 우리의 질병을 고쳐주었기 때문입니다! 이 물을 갑절의 물이라고 부르는 것이 당연할 수도 있습니다. 여러분은 복음이 이처럼 뛰어나게 유용하다는 것을 모르십니까? 여러분이 복음의 열매를 먹어본 적이 없다면 내가 지금 여러분에게 터무니없는 말을 하고 있는 것처럼 보일 것입니다. 여러분이 병이 들어서 생명나무 잎사귀의 치료하는 효능을 경험하지 못했다면 내가 여러분을 잘못된 생각으로 조롱하는 것처럼 보일 것입니다. 그러나 여러분이 지금까지 줄곧 굶주리고 목말라 있었다면 이 물과 이 열매가 어떤 것인지 압니다. 여러분이 병들어 죽을 지경까지 갔을지라도 하나님의 은혜에서 길르앗의 향유보다 나은 약을 발견하였고, 그 약이 여러분을 온전하게 하였습니다. 복음이 이렇게 생명나무를 자라게 할 수 있다면, 그 바닷물은 되살아날 것입니다. 이 무서운 정욕의 사해가 머지않아 깨끗해질 것이고, 유황 냄새 자욱한 악의 숨이 곧 흩어져 버릴 것이며, 죄라는 죽음이 머지않아 사라지고 거룩한 생명이 들어설 것입니다. 그리고 지금까지 주님의 이름이 더럽혀졌던 곳에서 주님만 홀로 높임을 받으실 것입니다.

또 한 가지 기이한 일로서, 이 물이 어디로 흘러갔는지 살려봅시다. 사람들은 하나님과 어린 양의 보좌에서 나온 수정같이 맑은 이런 물은 하나님의 동산 가운데로 흘러들어갔을 것이라고 생각했을 것입니다. 그런데 우리가 듣는 말은 이것입니다. "이 물이 동쪽으로 향하여 흘러 광야로(개역개정은 '아라바로') 내려가서 바다에 이르리니 이 흘러내리는 물로 그 바다의 물이 되살아나리라." 복음이 광야로 흘러들어간다는 것이 얼마나 감사한 일인지 모릅니다! 우리 조상들이 이 땅의 상수리나무 숲속에서 벌거숭이로 돌아다녔을 때 이 섬이 어떠했었는지 생각해 보십시오. 작은 나뭇가지로 만든 거대한 우상이 세워졌던 때를 생각해 보십시오. 그때 드루이드 사제들이 우상을 둘러서서 그 우상 안에 수백 명의 남녀를 가득 채워 넣은 다음에 모두를 무시무시한 불로 태워버렸는데, 그 동안에 사람들은 곁에 서서 자기와 같은 다른 피조물들이 그들의 민족적 몰록(우상 신)

에게 바쳐지는 것을 보았습니다. 그런 일이 이제는 모두 사라졌습니다. 우상을 만들기 위해 금 낫으로 나무의 잔가지를 자르는 일이나 흉포한 신을 사람들의 피로 달래는 일은 더 이상 없습니다. 선교사가 와서 복음을 전했고, 드루이드 사제들이 이 땅에서 사라졌습니다. 그들이 입법 기관이며 또한 성직자단이었지만 거룩한 진리 앞에는 설 수 없었습니다. 그때는 그들이 대단한 존재들이었지만 지금은 하찮은 사람들입니다. 나는 아직 이 땅에서 어떤 일이 일어날지 모릅니다. 그러나 확실하게 아는 것은 이것입니다. 즉, 복음이 오면 형상들, 우상들, 더러운 것들, 잔인한 것들, 끔찍한 것들은 사라질 수밖에 없다는 것입니다. 하나님은 지금도 복음을 죄인들에게 보내십니다. 그리고 복음은 죄인들을 구원할 것입니다. 우리는 복음을 "예루살렘에서 시작하여"(눅 24:47) 모든 족속에게 전파해야 합니다. 우리에게 이렇게 하라고 명하신 분이 우리가 헛수고하도록 만드시지 않을 것입니다. 생명의 강수가 한때 잉글랜드를 정결하게 하였는데, 다시 한번 이 땅을 깨끗하게 할 것입니다. "그 바다의 물이 되살아나리라."

이 물이 그 끔찍한 바다로 뛰어 들어갔습니다. 여러분이 그 자리에 서 있었다면 이렇게 말했을 것입니다. "안 돼, 이 깨끗한 물을 저 지옥 같은 호수에 낭비하지 마십시오! 이 깨끗한 물이 오염되어 사라지지 않게 해 주세요! 그동안 요단강이 은빛 물을 이 사해에 아낌없이 베풀었습니다. 그리고 사해가 그 모든 물을 다 받았지만 조금도 깨끗해지지 않았어요. 요단강에서는 잘도 돌아다니던 물고기들이 이 지긋지긋한 호수 물에 닿자마자 모조리 죽어 버렸어요. 천상의 강물을 이 끔찍한 복마전(伏魔殿)에 쏟아 붓지 마십시오."

오늘날 많은 사람들이 이렇게 말합니다. "이 끔찍한 악은 건드리지 마세요. 그에 대한 것은 얘기도 듣지 마세요. 들으면 여러분만 더러워집니다. 그 더러운 물은 잊어버리세요. 그 물은 도벳의 지옥불과 같습니다. 끔찍한 그 악의 냄새만 맡아도 여러분은 숨이 막힐 것입니다!"

이렇게 악을 피하는 것은 자연스럽고 안전한 일입니다. 그러나 맑고 귀한 그 물이 그리로 흘러들어가지 않는다면 사해는 어떻게 되겠습니까? 하나님께서 우리 인류를 마귀에게 넘겨주시겠습니까? 하나님께서 그의 교회가 세상에 소금 노릇 하는 것을 포기하도록 하시겠습니까? 나는 그렇지 않다고 생각합니다. 전능한 은혜가 예루살렘에 있는 성전과, 소돔과 고모라가 있었던 땅을 연결하게 되어 있습니다. 다시 말해 은빛 물결이 지존하신 하나님의 보좌와 더러운 사해 사이의 땅을 지나가게 되어 있습니다. 긍휼이 심판을 이기고 의가 죄를 이기게 되어 있습니다. 머지않아 땅에서 이렇게 말하고 하늘에서 이같이 노래할 것입니다. "할렐루야 주 우리 하나님 곧 전능하신 이가 통치하시도다!"(계 19:6). 하나님의 이름을 찬송합시다. 이 생명의 물이 흘러 죄인 가운데 괴수에게 이르렀고, 또 계속해서 영원히 흐를 것입니다! 누가 이 도도한 물을 줄게 할 수 있습니까? 가뭄 때 요단강 물을 다 마셔 버리겠다고 자랑하는 사람도 할 수 없습니다. 누가 그 물길을 다른 데로 돌릴 수 있습니까? 그 물은 사람의 뜻으로 돌릴 수 없습니다. 누가 그 물의 구원하는 힘을 분쇄할 수 있습니까? 사해조차도 이 놀라운 강물의 치유하는 힘에 대항할 수 없습니다. 그 물로 우리를 기쁘게 하는 이 강을 노래하기 시작합시다. "그 바다의 물이 되살아날 것이니" 마음으로 지극한 기쁨의 환호성을 지릅시다.

3. 셋째로, 나는 여러분이 잠시 이 물의 효능에 대해 생각해 보기를 바랍니다.

나는 어떻게 복음이 사람들의 악을 치유하는데 적용되는지를 설명하기 위해 그 비유를 다루는 일을 잠시 중단하겠습니다. 사람들은 "복음이 무슨 일을 합니까?" 하고 묻습니다. 말씀드리지요. 우리는 복음으로 사람들 앞에 죄의 끔찍한 본성을 펼쳐 보입니다. 그렇게 해서 우리는 사람들을 죄에서 떠나도록 인도합니다. 죄가 하나님의 아들을 죽였다는 것을 분명하게 말하지 못하는 사람은 복음을 전하지 못합니다. 십자가는 죄의 비열함과 배은망덕함을 드러내어 죄가 지극히 악한 것으로 보이게 만듭니다. 복음은 사람들에게 하나님의 법의 변하지 않음을 알게 하고, 죄는 바로 그 법을 어기는 것이며 모든 죄가 공의로운 보응을 받으리라는 것을 알게 합니다. 여러분이 하나님의 두려우심을 선포하지 않는다면 그것은 복음을 전하는 것이 아닙니다. 하나님께서 사람들이 알지 못하던 시대에는 눈감아 주셨지만 이제는 어디에서든지 모든 사람들에게 회개하라고 명령하십니다(행 17:30). 죄는 가지고 놀 것이 아니라 바울이 손에서 독사를 떨어버렸듯이 불 속에 떨어버려야 할 치명적인 원수이기 때문입니다. 이 모든 사실이 인간의 죄를 없애는데 이바지합니다.

복음은 사람에게 소망을 줍니다. 그래서 복음은 양심의 가책을 받는 타락한 사람들에게는 중대한 것입니다. 여러분이 지금보다 나은 사람이 될 수 있다고 소망을 갖는 것이 죄에서 도망하는데 큰 도움이 됩니다. 여러분이 지금은 지옥의 마귀 같을지라도 새롭게 되어 하나님의 천사들 같이 될 수 있다고 소망을 품는 것이 하나님께로 돌이키게 하는데 큰 격려가 됩니다. 나의 복음은 내게 세상에서 가장 악한 자에게 가서 소망을 품으라고 말하라고 시킵니다. 나는 사람들 가운데 하나님께서 사랑으로 바라보실 수 없을 만큼 혐오스러운 사람은 없다고 생각합니다. 이 얼마나 놀라운 복음입니까! 소망은 치료의 시작이고 개혁의 첫 글자입니다! 소망이 없는 곳에서는 죄인이 자신의 정욕을 마음껏 풀어주고, 할 수 있는 한 죄를 즐기는 것이 현명한 처사라고 생각합니다. 여러분, 죄 사함이 있다, 뻔뻔스럽기 짝이 없는 악한 죄들에도 죄 사함이 있다는 이것이 실로 여러분에게 복음인 것입니다!

복음은 사람들에게 그리스도를 그들의 구주로 주기 때문에 사람들을 정결하게 합니다. 복음은 사람들을 그들의 구원인 하나님의 아들에게로 데려다 줍니다. 복음은 이렇게 말합니다. "불쌍한 자들이여, 너희는 스스로를 구원할 수 없다! 도움을 준비하신 분이 계시니, 곧 전능하신 분이 여기 계신다! 너희 죄를 없애버리신 분이 여기 계신다. 지극히 어려운 곤경의 때에 너희에게 친구가 되실 분이 여기 계신다. 너희의 뼈 중의 뼈요 너희의 살 중의 살인 분이 계신다. 너희의 무거운 짐을 그분의 발 앞에 갖다놓아라. 그는 너희를 동정하시기 때문이다. 너희의 지도자요 대장인 분이 여기 계신다. 그는 너희를 죄의 속박에서 인도하여 내실 것이다. 자, 갑옷을 입고 죄와 싸워라. 그분이 너희에게 죄를 이길 수 있는 힘을 주실 것이다." 분명히 말씀드리지만, "죄인이여, 너를 위하시는 그리스도가 여기 계신다"고 말하는 복음만큼 기쁜 소식은 없습니다. 무거운 짐을 진, 지치고 수고하는 불쌍한 죄인이여, 그리스도를 여러분의 것으로 삼고, 이 땅과 하늘 사이에서 여러분에게 필요한 모든 것을 받도록 하십시오!

또한 복음은 단지 사람들에게 어떤 진리만을 말하지 않습니다. 복음은 사람들에게 생명과 능력과 은혜를 줍니다. 복음과 함께 사람의 본성을 변화시키는 전능한 능력이 옵니다. 사람의 총명에 손을 대고 거기에 빛을 비추며, 사람의 의지를 변화시키고 사람의 감정을 정결하게 하는 전능한 능력이 함께 옵니다. 이 능력은 성령에게서 나오는 것이고, 또한 성부 하나님과 성자 하나님에게도 영원히 공존하는 것입니다. 이 성령님은 복음과 함께 가시며 부드러운 마음을 주시고 사람들을 거듭나게 하시며 모든 것을 새롭게 창조하십니다. 진리는 단지 말로만 오는 것이 아니라 성령의 능력으로 옵니다. 사해의 이 물은 이런 능력이 따르는 그런 복음에 의해 되살아날 것입니다. 나는 일전에 "우리는 설교자가 더 이상 필요하지 않다. 공급이 수요보다 많다"는 말을 들었습니다. 그러나 복음이 설교자가 더 필요하도록 만듭니다. 복음은 어디로 가든지 스스로 사람들로 하여금 갈망하게 만들고 굶주리게 만듭니다. 인간의 사전 준비로부터 어떤 도움도 받지 않고 스스로 자신의 일을 합니다. 복음은 심지어 그냥 내버려 달라고 요구하지도 않습니다. 사람들이 복음에 함부로 손을 댈지라도 복음은 그 목적을 이룰 것입니다. 복음은 그 자체의 무한한 힘으로 스스로를 보존하고 확대하며 자신의 목적을 이룹니다.

나는 자신의 하찮은 개울과 물을 위하여 이 천상의 강을 버리는 사람들을 보면 놀라지 않을 수 없습니다! 어떤 목사가 최근에 한 가지 사실을 발견하였는데, 그 사실로써 그는 성경에 큰 빛을 비추려고 합니다. 성경이 우리 조상들에게는 깜깜하고 신비한 책이었던 것으로 보입니다. 순교자들이 이 성경을 위해 죽었고 성도들은 이 성경으로 말미암아 위로를 받았을지라도 이 불쌍한 사람들은 19세기에 발견된 사실들을 알지 못하여 어둠 가운데 있었다는 것입니다. 마침내 시간이 이르렀고, 그 시간과 함께 그 사람이 왔습니다. 위대한 천재가 일어났는데, 그가 성경을 밝힐 빛을 발견했다는 것입니다. 우리는 한때 이 노래를 불렀습니다(윌리엄 쿠퍼의 시 – 역주).

"거룩한 페이지에 금빛을 입히는
해처럼 장엄한 영광은
시대마다 빛을 비추어 주는데
아무에게서도 꾸지 않고 주기만 하네."

우리가 곡조를 바꾸고 이 비범한 사람의 공헌을 받아들여야 합니까? 나는 그렇게 생각하지 않습니다. 여러분은 성냥을 들고서 한낮에 해를 똑똑히 보여주려고 마음먹었다고 하는 미친 사람의 얘기를 들어보았습니까? 여러분 가운데 이전에 해를 보지 못한 분은 이리 나와 보십시오! 이 성경이 희미한 물건인데, 여러분이 성냥을 켜면 그것이 무엇인지 똑똑히 보게 될 것이라고 합니다! 형제 여러분, 이 얘기는 아주 어리석기 짝이 없는 것입니다. 과학자든 신학자든 하나님의 빛을 더 밝게 할 수 있는 사람은 아무도 없습니다. 이 성경은 그 자체로 아주 분명합니다. 이 복음은 그 자체로 아주 능력이 있어서 인간의 지혜의 도움이 전혀 필요 없습니다. 진화론에 대한 현대인의 맹목적인 사랑으로 성경이 밝히 해명되는 것이 아니라 어두워질 것입니다. 복음의 강물은 현대의 사상에도 불구하고 자신의 길을 돌파해 나아갈 것입니다. 복음은 누가 반대하든지 간에 이기고 또 이길 것입니다.

고모라와 같은 이 끔찍한 호수를 정결하게 하는 복음의 능력은 이 사실에 있습니다. 즉, 복음은 마음에 손을 대고 감정을 움직이며 본성을 변화시키고 사람 전체를 새롭게 한다는 것입니다. 또한 복음은 사람들을 거룩한 형제애로 묶고, 그들의 아버지 하나님께로 다시 데리고 돌아갑니다. 복음의 급류는, 자신을 다른 형제보다 낫게 여겨 그에게서 멀리 떨어져 서게 만드는 교만을 쓸어가 버립니다. 복음은 큰 사람이 가난한 자들을 짓밟으려고 동원하는 학대를 물에 빠트립니다. 복음의 물결은 흘러가면서 이렇게 말합니다. "너희는 다 형제니라 너희 선생은 하나이니 곧 그리스도시니라"(마 23:8,10). 복음은 이렇게 사람들 사이에서 거룩한 혁명을 일으키고 예수님의 왕권을 회복시킵니다. 하나님께서 이 복음을 보내십니다. 우리에게 보내시고, 런던에 보내시며, 온 세상에 보내십니다. 하나님의 이름을 찬송합시다!

4. 넷째로, 이 물의 교훈을 생각해 보고 설교를 마치도록 하겠습니다.

이 물이 오늘날 우리에게 가르치는 바는 무엇입니까? 내가 생각할 때, 첫번째 교훈은 하나님께서 전혀 예기치 않은 방식으로 일하신다는 것입니다. 사해가 있습니다. 우리는 이 바다를 공포심을 가지고 내려다봅니다. 도대체 이 바다가 살아날 수 있겠습니까? 그처럼 정결하고 거룩한 성전에 문지방 밑으로부터 솟아오르는 샘이 있는데 처음에는 여러분이 손으로 가릴 수 있을 만큼 아주 작은 것이었지만 그 샘으로부터 소돔의 바다라도 완전히 정화시킬 수 있을 만큼 충분한 물이 나올 것이라고는 여러분이나 나나 전혀 생각하지 못했을 것입니다. 하나님은 자신의 일을 어떻게 해야 할지 아십니다. 하나님은 빈약해 보이는 수단을 사용하여 일을 하십니다. "작은 일의 날이라고 멸시하는 자가 누구냐?"(슥 4:10). 예루살렘에 있던 작은 실개천을 주의하여 보십시오. 이 때 사람들의 수는 일백이십 명 가량 되었습니다. 그 시내가 하루 이틀 만에 크게 불어나 "이 날에 신도의 수가 삼천이나 더하더라"(행 2:41)는 기록을 읽을 정도가 되었습니다. 또 다음 날이나 혹은 하루 이틀 뒤에 "남자의 수가 약 오천이나 되었더라"(4:4)라는 말을 들을 정도가 되었습니다. 처음에 작은 수로 시작하였지만 아주 급속하게 증가하였고 지금도 증가하고 있고 계속 증가할 것입니다. 복음은 지나간 세대에 지녔던 힘과 능력을 오늘날도 똑같이 지니고 있습니다. 여러분은 언제나 뜻밖의 것을 기대하십시오. 하나님께서 큰일들을 준비해 두고 계시다고 생각하십시오. 만군의 여호와께서 그동안 여기저기에서 일격을 가하셨습니다. 그러나 여호와께서 그의 능력의 말씀으로 더 큰 일을 행하기 위해 오실 것입니다! 큰 임금이시여, "진리와 온유와 공의를 인하여(개역개정은 '위하여') 왕의 위엄을 세우소서 왕의 오른손이 왕에게 놀라운 일을 가르치리이다!"(시 45:4). 속히 오소서, 우리가 주께 기도합니다.

우리가 또 달리 배워야 할 것이 무엇입니까? 사해를 이 물로 깨끗이 씻어내야 하는데, 우리가 할 수 있는 일이란 무엇보다 기도하는 것뿐입니다. "샘이여, 솟아라!" 하고 기도합시다. 우리 각 사람 가운데서 생수의 강이 흘러나오도록 기도합시다. 하나님께서 훨씬 더 많이 성령으로 일하시기를 기도합시다. 성령께서 이미 우리에게 임하셨습니다. 우리는 성령님을 부어주시기를 구할 필요가 없습니다. 그러나 우리는 성령의 능력을 또 다른 방식으로 깨닫고 싶습니다. 성령의 거룩한 영향력을 경험하고 싶습니다. 우리는 성령님께 기적 같은 물로 우리에게 세례를 베푸시고 그의 앞에서 모든 죄를 깨끗이 쓸어버려 주시기를 구합니다.

우리가 그와 같이 하고 나면 그 다음에 해야 할 일은 무엇입니까? 그러면, 고기 낚는 일을 시작하십시오. 이 물이 어디로 흘러가든지 거기에 물고기가 있을 것입니다. 이 런던에는 지금 물고기가 있습니다. 가서 거리에서 고기를 낚고, 거리 모퉁이에서 고기를 낚으십시오. 여러분이 어디든 문 열고 들어갈 수 있는 작은 방에서 고기를 낚고, 큰 무리가 여러분에게 오려고 한다면 그들 가운데서 고기를 낚으십시오. 이 물에 생명 있는 것들이 떼로 자라고 있습니다. 여러분은 사람 낚는 어부들이 되십시오. 하나님은 오늘 자기 교회에게 "이 성중에 내 백성이 많음이라"(행 18:10)고 말씀하십니다. 낙망하지 마십시오. 하나님은 런던의 모든 교구에 택하신 무리를 두고 계십니다. 이 바다 곁에서 일을 시작하십시오. 엔게디에서부터 에네글라임까지, 곧 하이게이트(Highgate)부터 노우드(Norwood)까지, 스트랫퍼드(Stratford)부터 켄싱턴(Kensington)까지, 즉 이 도시의 이쪽 끝에서 저쪽 끝까지 서십시오. 하나님께서 여러분이 그물 던지는 것을 도와주시기 바랍니다!

특히 우리는 방금 읽은 그런 늪지가 되어서는 안 됩니다. 이 땅의 어떤 지역들은 강과 바다가 범람하였습니다. 범람한 물이 물러갔을 때 그 지역이 오르고 땅이 말랐습니다. 그래서 그 지역은 바다도 아니고 마른 땅도 아니고, 늪지가 되었습니다. 이렇게 되지 않도록 조심하십시오! 지옥 밖에서 가장 혐오스러운 존재는 기독교 신앙이 없는 그리스도인들입니다. 그런 사람들이 많이 있습니다. 그들은 "살았다 하는 이름은 가졌으나 죽은 자"(계 3:1)입니다. 그들은 사람들에 대한 사랑이 없고, 하나님에 대한 사랑도 없으며 그리스도의 영광을 위하는 열심도 없으면서 자신이 그리스도인이라고 말합니다! 신앙고백은 고상하게 하면서 부정한 생활을 하는 사람들을 조심하십시오! 이들은 공작새에서 뽑은 깃털로 자신을 꾸민 갈까마귀들입니다. 언젠가 이들은 장식한 깃털들이 모두 제거될 것입니다. 이들은 살아계신 하나님의 자녀들이 아니고 마귀의 자식들입니다. 이들이 재판장이신 하나님 앞에 불려와 그들의 진짜 혈통이 밝혀질 때, 그들은 산산이 깨어질 것입니다. 큰 임금께서 그와 같이 정하실 것입니다!

여러분과 내가 진정한 하나님의 자녀들이기를 바랍니다! 우리가 이방인도 아니고 유대인도 아니며 그리스도인도 아니고 국외자도 아닌 튀기들 가운데 있지 않기를 바랍니다! 우리는 이 선지자의 이 목소리에 주의합시다. "여호와가 만일 하나님이면 그를 따르고 바알이 만일 하나님이면 그를 따를지니라"(왕상 18:21). 하늘로부터 오는 어떤 복도 국외 중립자들은 구원하지 않을 것입니다. "그 진펄과 개펄은 되살아나지 못하고 소금 땅이 될 것이기"(겔 47:11) 때문입니다. 하나님께서 우리를 그런 저주에서 구원해 주시기를 구합니다! 아멘.

다니엘

제
1
장
—

다니엘 같은 사람이 되기

—

"다니엘은 뜻을 정하여 왕의 음식과 그가 마시는 포도주로 자기를 더럽히지 아니하리라 하고." — 단 1:8

우리 미래의 많은 부분은 우리의 어린 시절에 좌우될 것입니다. 나는 러스킨 씨(Mr. Ruskin)의 견해를 좋아하는데, 그의 글을 그대로 인용할 수는 없지만 다음과 같이 말한 것으로 기억합니다. 그는 이렇게 말합니다. "사람들이 종종 '우리는 젊은이의 생각 없는 태도를 너그러이 봐주어야 한다'고 하지만, 아니요, 그렇게 해서는 안 됩니다. 나는 오히려 할 일을 다 마친 노년의 생각 없는 태도를 봐주어야 한다고 봅니다. 그러나 젊은이의 생각 없는 태도에 대해서는 아무 핑계를 댈 수 없다고 봅니다. 생각을 해야 할 때는 인생의 초기 시절입니다. 젊은 시절만큼 깊은 생각이 절실히 요구되고 또 필요한 시기는 없습니다."

나는 모든 젊은이들이 그렇게 생각하면 좋겠습니다. 젊은이들은 "야생 귀리"를 뿌리겠다고 말합니다. 아, 잠깐만, 젊은 친구 여러분, 여러분이 그런 씨를 뿌리기 전에 생각하십시오. 어떤 수확을 거둘지 생각하십시오. 여러분은 기껏 해봤자 야생 귀리를 거둘 것임을 알고서 씨를 뿌릴 생각을 하십시오. 그 다음에 여러분은 어떻게 씨를 뿌릴지, 또 언제 뿌릴지를 생각하십시오. 씨 뿌리는 것에 대해 생각하지 않는다면 "여러분이 도대체 무엇을 거두겠습니까?" 농부가 생각해야 하는 때가 있다면 쟁기질 하고 씨를 뿌리는 초기 단계임이 확실합니다. 그 때 생각하지 않는다면 그 후에 생각하는 것은 별로 쓸모가 없을 것입니다.

다니엘은 청년이었습니다. 그리고 그는 생각하였습니다. 다니엘이 아주 깊이 생각하여서 중요한 문제에 이르러 결심을 하였는데, 그저 피상적으로 "하겠다"고 결심한 것이 아니라 "뜻을 정하고"(1:8) 자신이 의도적으로 정한 어떤 분명한 목적에 온 마음을 기울였다는 것입니다. 그것이 그의 훌륭한 점이었습니다. 그는 어린 사람이었습니다. 게다가 포로였습니다. 그런 점을 생각할 때, 그가 그런 결심을 한다는 것은 더욱 놀랄 만한 일이었습니다. 그는 아버지의 집에서 무단으로 끌려나와 외국 땅으로 왔습니다. 여러분은 사람들이 하는 말, 곧 로마에 오면 로마법을 따라야 한다는 말을 압니다. 그러나 여기 바벨론에서 바벨론 법을 따르려고 하지 않는 젊은이가 있었습니다. 왕의 궁정에서 왕이 먹는 것을 먹지 않고 왕이 마시는 것을 마시지 않으려고 하는 젊은이가 있었습니다. 자기 나라와 자기 하나님을 잊어버리도록 이름까지 개명당한 포로였습니다. 이름을 바꾼다는 것은, 본문을 읽으면서 말씀드렸듯이 종교를 바꾼다는 의미를 나타내게 하려는 것이었습니다.

그러나 그들은 다니엘의 이름은 바꿀 수 있을지라도 그의 본성을 바꿀 수 없었고, 다니엘도 자신이 옳다고 믿는 것을 포기하려고 하지 않았습니다. 다니엘은 포로였지만 곧고 당당한 정신을 지녔습니다. 그는 예루살렘에 있었을 때뿐 아니라 바벨론에서도 대범하였습니다. 그리고 계속해서 그렇게 지내기로 결심하였습니다. 다니엘은 "뜻을 정하여 왕의 음식과 그가 마시는 포도주로 자기를 더럽히지 아니하리라 하였습니다." 우리 교회에 발을 굳게 딛고 설 줄 아는 청년들이 많으면 좋겠습니다. 지금 발을 어디에 딛고 서야 할지 둘러보고 있는 사람들이 아주 많은데, 그들은 아주 단단한 땅에 발을 디디려 하지 않고 잔디가 덮인 편하고 부드러운 땅에 발을 디디려고 합니다. 관습은 아무것도 아니고 하나님의 말씀이 전부라고 생각하고, 또 그것이 손실을 가져오느냐 이익을 가져오느냐는 것은 문제 삼지 않고 희생이 따르더라도 옳은 것을 행하고 따라간 구식 그리스도인들이 지녔던 근성을 하나님께서 다시 우리에게 주시기를 바랍니다!

다니엘의 남은 생애가 그처럼 빛났던 것은 그가 아직 젊은이였고 포로였으며 학생으로 있는 동안에 자기가 하는 일에 그처럼 결심이 확고하였기 때문이었습니다. 다니엘이 하나님의 은혜로 결심이 굳은 청년이 되지 않았다면 결코 "큰 은총을 받은 사람"(단 10:11)이라고 불리지 않았을 것입니다. 그리고 우리가 방금 읽은 대로, 느부갓네살의 치세 때 확고하게 서지 않았다면 그가 고레스의 치세 때까지 계속해서 왕궁에 머무르지 못했을 것입니다. 여러분은 인생의 아침에서 인생의 저녁을 읽을 것입니다. 여러분의 아침이 어떠한지를 보면 여러분의 저녁이 어떠할지를 판단할 수 있을 것입니다. 하나님께서 이제 인생을 시작하고 있는 여러분을 도와주시기를 구합니다. 하나님이 여러분과 함께 시작하고 또 여러분이 하나님과 함께 시작한다면 여러분의 인생은 행복하고 유용할 것이며, 진정으로 복된 종국을 누릴 것입니다!

나는 지금 다니엘에 관해서 이야기하려고 한다기보다는 오늘날과 같은 시대에 과단성 있는 정신이라는 주제에 대해서 이야기하려고 하는 것입니다. 이 설교의 첫 번째 소제목은 다니엘이 물리친 시험이 있었듯이 우리가 물리쳐야 할 시험들이 있다는 것입니다. 둘째는, 시험을 물리치는 옳은 방법들이 있다는 것입니다. 그리고 셋째로, 우리가 시험과 싸우고 있는 동안에 경험으로써 증명해 보여야 할 중요한 점들이 있다는 것입니다.

1. 물리쳐야 할 시험들이 있습니다.

믿음이 있으면서 시련을 겪지 않은 사람은 아직까지 없었습니다. 하나님을 믿는 믿음이 있는 곳은 어디서든지 그 믿음이 때때로 시험을 받을 것입니다. 시험받는 일은 있을 수밖에 없습니다. 집을 아무리 반석 위에 세울지라도 집에 비가 내리고 큰물이 닥치며 바람에 부딪히는 일이 없을 수 없습니다. 비록 그 집이 무너지지는 않을지라도, 하나님께서 붙들어 주시지 않는다면 집을 무너뜨릴 만한 세력에 시험을 받을 것입니다.

첫째로, 다니엘이 당한 시험들을 봅시다. 다니엘의 경우에 시험들은 매우 그럴 듯해 보였습니다. 그는 매일 왕의 식탁에서 나오는 음식을 먹도록 명령을 받았습니다. 이보다 더 좋은 것을 바랄 수 있었겠습니까? 그는 포도주도 좀 마셔야 했는데, 대체로 그 포도주는 왕의 식탁에서 보내온 것으로 세상에서 최고급 포도주였을 것입니다. 왕자가 먹는 음식을 먹었을 것입니다. 그가 그런 대접에 반대할 이유가 있을 수 있었겠습니까? 그 음식이 자기를 더럽힐 것이라는 사실 말고는 반대할 이유가 전혀 없었습니다. 여러분은 다니엘이 왜 그렇게 생각했는지 이해가 됩니까? 바벨론 사람들이 먹는 음식들에는 돼지고기, 산토끼 고기, 물고기들이 있었는데, 이런 것은 다 부정한 것들이었습니다. 그래서 이 음식들이 왕의 식탁에서 왔을 때 다니엘이 그 음식들을 먹는다면 레위기에 규정된 모세의 법을 어기게 되고, 그렇게 해서 몸을 더럽히게 될 것입니다. 이스라엘 백성이 먹도록 허락된 고기는 정해진 어떤 방식으로 잡아야 했다는 것을 기억하시기 바랍니다. 피를 고기에서 완전히 빼야 했습니다. 피를 먹는 사람은 그로 인해 부정해졌기 때문입니다. 그런데 바벨론 사람들은 짐승을 그런 식으로 잡지 않았습니다. 그래서 율법에 따라 도축하지 않은 고기를 먹었다면 다니엘은 스스로를 더럽히게 되었을 것입니다. 여러분은 유대인들이 오늘날까지 자기들이 먹는 고기를 잡는 일에 관해 얼마나 신경을 쓰는지 압니다. 그뿐이 아닙니다. 보통 느부갓네살 같은 왕은 먹기 전에 음식을 자기 신에게 바쳤습니다. 느부갓네살은 벨 므로닥(Bel-Merodach)을 신으로 여기고 대단히 공경해서 므로닥에게 헌주(獻酒)를 바쳤고, 음식도 일부를 따로 떼어놓았는데 사실상 그것은 우상에게 바치는 것입니다. 그래서 다니엘은 부정한 음식과 우상에게 바친 음식을 먹는다면 자신을 더럽힐 것이라고 생각하였습니다. 그것은 하나님의 율법을 어기는 것이므로 다니엘은 그 음식을 먹지 않으려고 하였던 것입니다.

그러나 그 음식을 그냥 먹게 하려는 시험은 틀림없이 굉장히 강했을 것입니다. 누군가는 이렇게 말했을 것입니다. "아니, 먹고 마시는 것이 뭐가 그렇게 중요해?" 기독교 시대에서는 그것이 아무런 문제가 되지 않을 수 있습니다. 그러나 유대교 시대에서는 사람이 어떤 것을 먹고 마시느냐 하는 것이 대단히 큰 차이를 냈습니다. 또 어떤 사람은 말했을 것입니다. "왜 다니엘은 그렇게 까다롭게 굴어? 여기에는 그동안 왕의 음식을 주저하지 않고 먹은 유대인들이 있어. 여호야김 왕이 매일 왕의 식탁에서 나오는 음식을 받았다는 기록을 보는데, 그는 거기에 전혀 이의를 달지 않았던 것 같아. 그런데 왜 이 젊은 친구는 그렇게 뻣뻣하고 이상하게 행동하며, 다른 사람하고 그렇게 다르게 구는 거야? 아주 사소한 일들에 그렇게 엄격하고 끝까지 고집을 피워봐야 아무 소용이 없어." 이렇게 이 시험은 아주 그럴 듯한 모양을 갖추고 다니엘에게 왔습니다.

그 다음에 그 시험은 명예를 얻는 길처럼 보였습니다. 왕의 고기를 먹고 왕의 포도주를 마시는데 동의하는 것은 바벨론에서 성공하는 길처럼 보였습니다. 사람들은 다니엘에게 이렇게 말했을 것입니다. "왕이 자기 식탁에서 네게 보내는 것에 불만을 갖기 시작한다면 너는 궁전에서 성공하지 못할 것이 분명해. 양심이 예민한 사람은 궁전에 가면 안 돼." 나는 오늘 그렇게 말하지 않습니다. 나는 그렇게 말하는 사람들이 의회 의원이 되어서는 안 된다고 봅니다. 양심이 예민한 사람이 그런 곳에 출입하는 것이 정말로 어려운 일인 것은 틀림없는 사실입니다. 이 같은 양심을 가지고 시작하는 다니엘에 대해, 즉 너무 마음이 여려서 왕의 포도주 한 잔이나 왕의 고기 한 점에도 상처를 받는 다니엘에 대해서 나이 든 자애로운 아버지 같은 사람은 이렇게 말했을 것입니다. "얘야, 그러면 성공하지 못할 거야. 네 신앙이 언제나 너를 방해할 거야. 틀림없이 너는 큰 인물이 되지 못할 거야." 하지만 그렇게 말했다면 그것은 아주 큰 실수가 되었을 것입니다. 왜냐하면 그의 모든 장래를 망칠 것으로 생각되었던 양심적인 태도에도 불구하고 다니엘은 위대한 관원이 되었고 세상에서 성공하였기 때문입니다.

어떤 사람은 다니엘의 귀에 이렇게 속삭였을 것입니다. "그게 이 땅의 법이야. 최고의 권력을 쥔 왕이 네게 그렇게 명령했으니, 너는 매일 고기를 이만큼 먹어야 하고 포도주를 이만큼 마셔야 해." 예, 하지만 그 법이 무엇이든, 그 관습이 무엇이든, 하나님의 종들은 그보다 더 높은 왕을 섬겨야 합니다. 하나님의 종들에게는 "사람보다 하나님께 순종하는 것이 마땅하니라"(행 5:29)는 하나의 원칙과 하나의 관습밖에 없습니다. 그들은 어느 정도까지는 언제나 매우 유순한 신하들입니다. 그러나 하나님의 율법의 문제가 개입될 때는 매우 완강해집니다. 그들은 불에 탈지언정 하나님의 율법에서 돌아설 수 없습니다. 죽을지언정 여호와 자기 하나님의 율법을 부정할 수 없습니다.

다니엘의 경우에 만일 그가 명령받은 대로 행하였다면 그 이후로 구별된 생활을 포기하고 지냈을 것입니다. 그는 만일 계속해서 왕의 호화로운 음식을 먹는다면 자신이 왕과 같은 갈대아 사람으로 간주될 것이라고 생각했습니다. 그래서 하나님의 택하신 후손, 곧 발람이 "이 백성은 홀로 살 것이라 그를 여러 민족 중의 하나로 여기지 않으리로다"(민 23:9)라고 예언한 후손에 속한 자로서 자신의 구별됨을 유지하기 위해 다니엘은 자기에게 제공되는 왕의 음식을 먹으려고 하지 않았습니다. 왕의 음식을 받아먹었다면 그는 갈대아인으로 동화되어 버리고 하나님의 약속을 받은 이스라엘 사람이 되기를 포기해버렸을 것입니다. 이것은 오늘날 그리스도인이 받는 시험입니다. 그리스도인이라고 고백해도 좋다. 다만 세상의 일반 조류를 따라 살라는 것입니다. 자신을 그리스도인이라고 하고 예배당에도 가고 종교 의식을 거행해도 좋다. 다만 네 신앙을 사업에 끌어들이지 말라는 것입니다. 다른 사람들처럼 하라는 것입니다. 이것이 이 시대의 시험입니다. 대부분의 사람들이 생각하듯이 여러분도 생각하라는 것입니다. 대부분의 사람들이 말하듯이 여러분도 말하라는 것이고, 대부분의 그리스도인들이 이야기하듯이 여러분도 이야기하라는 것입니다. 이것이 오늘날 우리 교회들을 파멸시키고 있는 사탄의 시험입니다. 나는 이 시험이 하나님의 사람들에게 얼마나 많은 해악을 끼치고 있는지 다 알지 못합니다. 그러나 다니엘은 그와 같이 하라는 시험을 강하게 받았지만 굴복하려고 하지 않았습니다. 다니엘은 "뜻을 정하여 왕의 음식과 그가 마시는 포도주로 자기를 더럽히지 아니하리라 하였습니다."

자, 믿는 신자로서 우리가 겪는 시험은 무엇입니까?

나는 개인들의 문제를 자세히 알 수는 없습니다. 그러나 나는 오늘 밤 이 자리에 해서는 안 되는 일을 하도록 요구받고 있는 어떤 사람이 있다고 생각해 볼 수 있습니다. 그 사람은 이렇게 말합니다. "만일 그 일을 안 한다면 나는 해고될 것이에요. 다른 사람들도 그렇게 하는 것을 알아요. 나는 그 일을 해야 합니다." 젊은이, 그대에게 다니엘을 보라고 말하고 싶습니다. 다니엘은 뜻을 정하고 왕의 음식을 먹지 않으려고 하였습니다. 일전에 나는 한 남자분과 이야기를 하였습니다. 그는 잉글랜드의 최고 갑부 중의 한 사람의 피신탁인이었고, 지금은 그 갑부가 모든 자녀들에게 남긴 돈을 관리하고 있는 사람이었습니다. 갑부의 자녀들이 자라서 성인이 되었습니다. 그런데도 그들은 여전히 그를 피신탁인으로 삼고 어마어마한 액수의 재산을 관리하는 비용을 그에게 지불하고 있습니다. 나는 그에게 어떻게 그 가족의 절대적인 신임을 얻어서 그들이 모든 재산을 그의 관리와 판단력에 맡길 만한 위치에 이르게 되었는지 물었습니다.

그는 자신이 어린아이에 불과하던 때가 생각난다고 하며 말했습니다. 회사의 사장이 어느 날 그에게 "나 자리에 없다고 말해라"고 하자, 그가 "사장님, 저는 그렇게 말할 수가 없습니다. 그것은 사실이 아니기 때문입니다" 하고 답변했다는 것입니다. 물론 사장은 노발대발하였고, 그에게 도덕관념 따위는 그곳에 가지고 오지 말라고, 그렇지 않으면 인생에서 성공할 수 없을 것이라고 말했습니다. 하지만 사장은 더 이상 그에게 거짓말을 하라고 시키지 않았습니다. 그리고 믿을 만한 서기 일을 해줄 인물이 필요했을 때, 그 젊은이가 발탁되었습니다. 사장은 그가 성실하고 진실한 서기 노릇을 할 것으로 알고 때가 되자 그를 승진시킨 것입니다. 사장은 그 시간 이후로 그를 절대적으로 신뢰하였습니다. 때때로 여러분은 철저하게 올바른 태도를 취하는 것이 성공의 원인이 된다는 것을 발견할 것입니다. 나는 여러분에게 그런 동기에서 정직하라고 권하고 싶지 않습니다. 그렇지만 마귀가 여러분이 정직하게 행동하면 여러분이 망할 것이라고 말하기 때문에 여러분에게 옳은 것을 굳게 붙잡고 항상 진실을 말하며 솔직하라고 권하는 것입니다. 정직이 최선의 정책이라는 것을 여러분이 알게 될 것이기 때문입니다. 진실을 말하는 사람은 누구든지 결국은 그것이 최선임을 발견할 것입니다. 여러분이 교묘히 얼버무려 넘어가고 미봉책을 쓰며 이쪽에 붙었다 저쪽에 붙었다 하면 곤란과 근심 가운데 떨어지게 됩니다. 다니엘이 그랬던 것처럼 솔직하게 이야기하십시오. 하나님께서 여러분이 솔직하게 말할 수 있도록 도와주시기를 바랍니다!

시험은 또 다른 방식으로 그리스도인들에게 옵니다. 어떤 시험은 우리에게 재미난 일들을 동원해서 하나님의 뜻을 이루는 것을 도우라고 부추길 것입니다. 그리스도인들은 아주 의심스러운 곳들에 가보라는 말을 듣습니다. 그리고 때로 이 악은 신앙에까지 유입되어, 오늘 밤 우리 가운데 한 사람이 기도 중에 사람들이 하나님의 집에 연극 무대를 가져다 놓았다고 말하며 걱정할 정도가 되었습니다. 사람들은 정말로 그렇게 하였고, 그렇게 해서 혼돈과 오래된 밤, 곧 태고의 어둠을 다시 불러들였습니다. 하나님께서 다시 한번 "빛이 있으라" 하고 말씀하셔서 이 어둠의 일들을 단번에 깨끗이 쓸어버리시면 좋겠습니다! 나는 이 자리에 계신 모든 그리스도인 여러분에게, 다른 사람들은 이런 일들을 할지라도 다니엘이 뜻을 정하여 왕의 음식이나 왕이 마시는 포도주로 자신을 더럽히지 않으려고 하였듯이 그런 결심을 하라고 말씀드립니다.

그 다음에 또, 지적으로 새로운 것을 좋아하는 시험이 있습니다. 영원히 하나님께 감사해야 할 이 오래되고 오래된 복음과 이 오래되고 오래된 성경책 대신에 사람들은 일반적으로 추측에 지나지 않는 과학을 계시의 자리에 놓으려고 합니다. 하나님의 장엄한 사상들을 사람들의 생각으로 덮으려고 합니다. 나는 많은 목사와 교회들이 이런 시험에 속아 곁길로 가는 것을 봅니다. 다른 아무도 그렇게 말하지 않을지라도 나는 뜻을 정하여 이런 왕의 음식과 왕이 마시는 포도주로 나를 더럽히지 않을 것입니다. 이 시대에는 우리가 방금 부른 찬송을 부를 구식의 신자들이 여전히 필요합니다.

"사람들이 고안해내는 온갖 것들이
불충한 기술로 내 믿음을 공격할 것이나

나는 그런 것들을 헛되고 거짓된 것이라 부르며
복음을 내 심장에 묶을 것이네."

하나님께서 우리에게 이와 같은 다니엘을 많이 보내주시기를 바랍니다!

이 외에도 오늘날에는 전반적으로 생각이 느슨해지는 시험이 있습니다. 그리스도인들이 해서는 안 되는 일을 사람들이 행하고, 심지어 그리스도인들조차 그렇게 행합니다. 그러면서 그들은 다른 그리스도인들의 예를 들거나 "우리는 선조들처럼 그렇게 엄격하지는 않아요"라는 말로 변명합니다. 하나님이 변하셨습니까? "너희의 하나님 여호와는 질투하시는 하나님이시니라"(신 6:15)는 말씀이 없습니까? 하나님께서 자기 백성들이 죄를 짓고 즐기도록 허락하십니까? 우리가 "내가 거룩하니 너희도 거룩할지어다"(벧전 1:16)라는 교훈을 잊을 수 있습니까? 세상과 구별될 필요가 없고, "누구든지 세상을 사랑하면 아버지의 사랑이 그 안에 있지 아니하니라"(요일 2:15)는 말씀이 더 이상 맞지 않습니까? 다음과 같이 말씀하는 구절이 없습니까? "너희는 그들 중에서 나와서 따로 있고 부정한 것을 만지지 말라 내가 너희를 영접하여 너희에게 아버지가 되고 너희는 내게 자녀가 되리라 전능하신 주의 말씀이니라 하셨느니라"(고후 6:17,18). 형제자매 여러분, 전에는 그렇게 하지 않았을지라도 이제는 할 수 있는 대로 모든 것을 단단히 묶으십시오. 폭풍우가 너무 심해서 여러분이 지금은 돛을 다 접고서 갈 필요가 있습니다. 다니엘처럼 여러분이 왕의 음식과 왕이 마시는 포도주로 자신을 더럽히지 않겠다고 분명히 밝히면 좋겠습니다!

나는 이 점을 오래 다룰 수 있을 것입니다. 그러나 여러분에게 일반적인 원칙을 제시하였으니, 그 원칙을 이해하는 것은 스스로 할 수 있을 것입니다. 그리스도인들은 세상이 알지 못하는 먹을 양식이 있습니다. 우리에게는 재창조(re-creation)가 있습니다. 우리는 오락(recreation)을 재창조(re-creation)라고 발음합니다. 창조주께로 가면 창조주께서 우리를 새롭게 하십니다. 우리는 거룩한 기쁨의 밤을 보내고 즐거운 낮을 보냅니다. 왕이 계십니다. 우리는 이 왕의 음식 먹기를 기뻐하고 이 왕이 마시는 포도주를 즐겨 마십니다. 그러나 의심스러운 것들, 곧 이 세상의 것들과 살아계신 하나님을 떠나게 만드는 모든 것에 대해서 우리는 하나님의 은혜로 자신을 더럽히지 않기로 결심한다고 말합니다.

2. 이제 두 번째로, 시험을 물리칠 정당한 방법들이 있다는 점을 살펴보겠습니다.

첫째는, 마음이 확고해야 합니다. "다니엘은 뜻을 정하였습니다." 그는 문제를 자세히 살피고 마음으로 결정하였습니다. 그는 사드락, 메삭, 아벳느고에게 무엇을 구하기 전에 먼저 결심하였습니다. 굳게 결심한 마음을 볼 수 있으면 좋겠습니다! 나침반을 보고 자기가 마땅히 가야 할 길로 배를 조종해 갈 줄 아는 사람을 볼 수 있으면 좋겠습니다! 젊은이 여러분, 하나님께서 자신의 깃발을 돛대에 박고 순풍이 불든지 역풍이 불든지 간에 계속해서 옳은 진로를 가겠다고 결심하는 은혜를 주시기 바랍니다. 다니엘은 마음으로 그 결심을 하였습니다. 하나님의 은혜야말로 마음을 굳게 결심하게 만드는 중대한 요소입니다. 하나님의 은혜가 임하면 사람들의 마음이 아주 확고해지는데, 이는 하나님께서 굳은 결심으로 이익을 얻도록 사람들을 가르치시기 때문입니다.

둘째로, 삶이 다른 사람들의 마음을 끌 수 있어야 합니다. 다니엘은 그 자신의 개인적인 성품에 의해 그 결심을 실행하는데 도움을 받았습니다. 하나님께서는 다니엘이 환관장에게 총애와 친절한 사랑을 받게 하셨습니다. 어떤 사람이 총애를 받고 친절한 사랑을 받게 될 때는 언제든지 그는 훌륭한 사람이고, 그에게 사람의 마음을 끄는 점이 있는 것입니다. 그런 사람에게는 사랑스러운 점이 있습니다. 그렇지 않으면 사랑을 받지 못했을 것입니다. 어떤 사람이 생활 전체는 몰인정하고 인색하며 사랑스럽지 않으면서 "나는 어떤 일들에 대해 굳게 결심했다"고 말하고 그 문제들에 대해 집요하게 싸우는 것은 무익한 일입니다. 좋습니다. 여러분이 원한다면 순교자가 되십시오. 그러나 다른 사람을 괴롭히지는 마십시오. 여러분이 아주 근성 있는 사람이 된다고 하면서 여러분 속에 불순한 것들이 아주 많이 생길 수 있기 때문입니다. 확고부동함이 완고함으로 변하고 결심이 편협함으로 변한 사람들이 있는데, 이런 것들은 피해야 할 일입니다. 양보할 수 있는 것은 다 양보하십시오. 개인적인 변덕과 기벽(奇癖)에 지나지 않는 것들은 다 버리십시오. 그러나 하나님의 일들에 관해서는 반석처럼 굳게 서십시오. 하나님께서는 다니엘이 그를 감독하는 고관에게 은총과 친절한 사랑을 받게 하셨습니다. 다니엘에게는 이 권세 있는 갈대아 사람마저도 탄복할 만한 아량과 솔직함과 고결함이 있었던 것이 틀림없습니다. 사람의 신앙적 결심을 뒷받침해 줄 훌륭한 성품이 있으면 좋겠습니다!

그 다음에, 이의를 제기할 때 예의바르게 해야 한다는 점을 살펴봅시다. 다니엘은 아주 굳게 결심했지만 이의를 제기할 때 매우 예의바른 태도를 취했습니다. 그는 환관장에게 가서 자신이 양심에 가책을 받는 점을 말하였습니다. 자신을 더럽히지 않을 수 있도록 해주기를 부탁하였습니다. 똑같은 일을 달리 할 수 있는 방법은 많습니다. 어떤 사람들은 무슨 일을 하든지 항상 가장 추한 방법을 골라서 합니다. 우리는 옳은 일을 할 때 지혜와 분별력을 구합시다. 확고한 결심을 실행할 때는 예의바른 태도로 해야 합니다. 젊은 다니엘이 그와 같이 하였습니다.

그 다음에, 자기 극복을 추구해야 한다는 점을 생각해 봅시다. 나는 다니엘이 고기를 먹거나 포도주를 마시는데 어떤 장애가 있었다고 생각하지 않습니다. 다니엘서 다른 부분을 보면 그가 고기도 먹고 포도주도 마셨던 것이 분명하기 때문입니다. 그는 신앙적 이유 때문에 왕의 고기와 포도주를 먹는 것에 이의를 제기하며 이렇게 말했습니다. "우상에게 바쳐진 것은 하나도 내 입에 들어가지 않도록 하기 위해 콩 종류와 같은 것들만 먹도록 하겠습니다. 음료는 왕들이 별로 마시지 않는 것을 마시겠습니다. 우상에게 바쳐진 헌주(獻酒)는 일절 마시지 않기 위해 물만 마시도록 하겠습니다." 이렇게 다니엘과 그의 세 친구들은 바벨론 우상들과 관련된 것으로 자신을 더럽히지 않기 위해 다른 누구 못지않게 잘 먹을 수 있었을 호사스러운 음식물을 받지 않고 지냈습니다. 여러분이 철저히 하나님을 위해 살려고 하면 자기를 극복하려고 생각해야 하고, 그런 일에 습관을 들여야 할 것입니다. 악명을 들을 준비를 해야 합니다. 괴팍한 사람이라는 소리를 기꺼이 들으려고 해야 합니다. 친구들을 잃을 준비를 해야 합니다. 여러분을 자신의 피로 값 주고 사신 분 곁에 굳게 서 있을 수 있으려면 무슨 일이든지 감수할 준비를 해야 합니다. 오랜 세월 동안 세상과 지옥의 혹심한 시련을 겪으면서도 정직을 굳게 지키신 분께서 그가 겪은 모든 손실로 말미암아 승리자가 되실 것입니다. 그가 겪은 모든 고난으로 말미암아 영원한 즐거움을 얻으실 것입니다. 그러므로 여러분은 다니엘과 같은 정신을 갖기를 힘쓰십시오.

그 다음에, 시험을 대담하게 실행해야 합니다. 다니엘은 믿음을 가지고 감독하는 자에게 다음과 같이 말하였습니다. "나와 내 세 친구들은 일반적인 음식을 먹고 지내게 하고 다른 아무것도 주지 마십시오. 우리에게 열두 달 동안 계획을 실행할 시간을 달라고 부탁드리는 것이 아닙니다. 짧은 기간 동안 우리를 시험해 보십시오. 하루 이틀 동안 시험해 보시라는 말은 아닙니다. 주께서 원하시는 기간만큼 날을 정해서 우리를 시험해 보십시오. 그리고 정한 기간이 끝났을 때, 우리가 소박한 음식 때문에 그만큼 더 나아지지 않았다면 그 일을 그치겠습니다. 그러나 지금은 우리를 한번 시험해 보아주시지 않겠습니까?" 그리스도인은 기꺼이 시험 받으려고 해야 한다고 봅니다. 그리스도인은 자신의 신앙을 시험해 보아야 합니다. 그리스도인은 "여러분이 원한다면 망치로 힘껏 쳐 보십시오" 하고 말합니다. 여러분은 편안하게 누워서 천국에 이르기를 바랍니까? 언제나 아무에게도 조롱이나 비웃음을 당하지 않고, 런던 시장 취임식 날에 행렬 가운데 말을 타고 가는 것처럼 천국에 가기를 바랍니까? 여러분이 그러기를 바란다면, 그렇게 해서 천국을 얻을 것이라고 생각한다면 아주 크게 잘못 생각하고 있는 것입니다. 하나님께서 여러분에게 용기를 주시기 바라는데, 하나님을 믿는 믿음으로 말미암아 더욱더 주시기 바랍니다. 나는 여러분이 자신의 믿음을 모든 면에서 정당하게 시험해 보기를 바랍니다. 생명의 시험을 실시해 보고 죽음의 시험도 실시해 보기를 바랍니다!

3. 끝으로, 나는 경험으로써 그 정당함을 입증해야 할 점들이 있다는 것을 설명하고 싶습니다.

나는 지금 복음의 오래된 교리들을 굳게 붙들고 또 오래된 방식들을 고수하려고 하며 현대의 시험거리들에 미혹되려고 하지 않는 그리스도인들 여러분에게 말씀드립니다. 자, 여러분이 입증하려고 하는 것이 무엇입니까?

나는 여러분이 이 오래된 신앙이 여러분에게 밝고 즐거운 마음을 준다는 점을 입증해야 한다고 생각합니다. 정말로 나는 때로 다른 사람들이 나를 보듯이 내 자신을 볼 때 웃지 않을 수 없습니다. 어떤 점잖은 분은 내게 대해 설명하기를 "늘 우울하게 앉아 있었다"고 합니다. 내가 그런 줄 전혀 알지 못하였다는 것이 신기한 일입니다. 나를 알고 나와 함께 지내는 여러분, 여러분은 이렇게 내가 "늘 우울하게 앉아 있는 것"을 보았습니까? 내가 인생의 즐거움과 위로를 다 잃어버린 사람처럼 설교합니까? 그렇지 않다고 생각합니다. 하늘 아래서 나보다 더 행복한 사람이 있다고 하더라도 나는 그와 자리를 바꾸지 않을 것입니다. 이는 내가 상황을 현재 내게 주어진 그대로 기꺼이 받아들이고, 그 사람이 나보다 기뻐할 것이 더 많다는 점을 기쁘게 생각하기 때문입니다. 그렇지만 나는 그 사람이 가진 것 가운데 내게 없는 것이 무엇인지 알지 못합니다. 나는 하늘에 하나님을 모시고 있고 땅에서도 하나님을 모시고 있으며, 내 마음은 내가 믿는 것이 진리이고 내가 여러분에게 설교하는 것도 진리라는 굳은 확신이 있으므로 더할 수 없는 만족감으로 충만합니다. 나는 심판대 앞에서 내가 설교한 것에 대해 답변할 준비가 되어 있습니다. 여러분에게 믿으라고 한 것을 나도 믿습니다. 만일 내가 그리스도를 믿는 믿음을 가지고 망한다면 여러분도 망하고, 우리 모두 망할 것이고 같은 운명에 처할 것입니다. 이는 내가 혼자 피하려고 탈 배를 따로 준비해 두고 있지 않기 때문입니다. 나는 이 오래된 배를 고수할 것이고 결코 이 배를 떠나지 않을 것입니다. 이 배는 가라앉지 않고 우리 모두를 바라던 항구로 안전하게 데려갈 것입니다.

사랑하는 친구 여러분, 여러분이 이 진리를 굳게 붙들고 있다면 그 진리로 인해 여러분이 우울해져서는 안 됩니다. 사람들은 "우울한 칼빈주의!"라고 말합니다. 여러분은 "지독하게 우울한 칼빈주의"라는 말을 들어본 적이 없습니까? 칼빈을 생각해 보십시오. 그는 몸 여기저기에 여든세 가지 질병으로 극심한 고통을 겪은 사람입니다. 그렇지만 그의 생애를 보고 그의 주석들과 그 밖의 책들을 읽어보면 그의 위대한 영혼에 충만하였던 깊고 놀라운 평온을 볼 것입니다. 그의 칼빈주의에는 우울한 것이 전혀 없었습니다. 칼빈주의는 그에게 아주 밝고 쾌활하며 힘을 북돋우는 사상이었습니다. 사람들은 우리를 알지 못합니다. 안다면 그렇게 우리를 공격하지 않을 것입니다. 어쩌면 우리를 알지라도 공격할 것인데, 진리의 원수들은 언제든지 거짓말할 준비가 되어 있기 때문입니다.

친구 여러분, 우리가 입증해야 할 또 다른 점은 이 오래된 믿음이 생활의 거룩함을 증진시킨다는 것입니다. "저 사람들은 선한 행실을 비난한다"고 말하는 사람들이 있습니다. 우리가 선한 행실을 비난합니까? 만일 여러분이 선한 행실을 구원을 살 수 있는 값으로 가져온다면 우리는 그 행실들을 비난합니다. "우리의 의는 다 더러운 옷 같습니다"(사 64:6). 누군가가 말하듯이 "더러운 옷은 그래도 낫습니다. 그것이 우리의 의보다 가치가 있기 때문입니다." 나도 그 말에 전적으로 동의합니다. 비록 내가 선한 행실을 신뢰의 근거로 여기는 것에 대해서는 비난할지라도, 하나님의 영광을 위해서는 우리가 선한 행실이 더욱더 많아지기를 바랍니다. 이 사람들이 선한 행실에 관해 말하는 것을 들어보고, 저 사람들이 말하는 것을 들어보십시오. 나는 여러분에게 바라고, 내 자신에게 바랍니다. 우리가 생활에서 지극히 거룩하고 대화가 매우 덕스러워서 원수들까지도 "저들의 교리가 무엇이든지 간에 그들의 생활은 의롭다"는 말을 하지 않을 수 없게 되기를 바랍니다. 우리는 왕의 고기를 먹는 사람들보다 더 살지고 아름답다는 것을 증명해야 합니다. 하나님께서 귀한 믿음을 좋아하지 않는 사람들보다 우리가 더 진실하고 더 경건하다는 것을 증명할 수 있도록 도와주시기 바랍니다!

친구 여러분, 그 다음으로 생각할 것은 이 오래된 믿음이 다른 사람들에게서 많은 사랑을 얻는다는 점을 증명해야 한다는 것입니다. 여러분은 오늘날의 표어가 "휴머니티의 열정"이라는 것을 압니다. "휴머니티의 열정"에 대해 그처럼 부르짖는 교회들이 마치 우리가 사람에 대해서는 잊어버리고 언제나 하나님에 대해서만 이야기하는 것처럼 말하는 것은 이상한 일입니다. 좋습니다. 그러면 유행의 첨단을 걷는 이 교회들 가운데 고아원이 있는 교회가 있습니까? 기독교 사회주의운동에 대해서, 그리고 가난한 자들을 위해 할 일에 대해서 이야기하는 것은 아주 좋은 일입니다. 하지만 여러분은 그동안 무엇을 했습니까? 여러분이 한 일은 주로 수다를 떨었을 뿐이고, 그밖에 한 일은 아무것도 없습니다. 하지만 하나님이 전부라고 아는 신자들이 결국 사람들을 가장 염려하는 이들입니다. 믿지 않는 죄인이 망할 것이라고 아주 굳게 믿는 사람들이 어떻게 해서든지 죄인을 구원받게 하려고 애쓰는 사람들입니다. 그리스도의 보혈을 의지하지 않고서는 구원이 없다고 믿는 사람들이 그리스도께서 그의 영혼의 수고한 것을 보시게 하려고 결심합니다. 구원은 처음부터 끝까지 전적으로 은혜의 일이라고 믿는 사람들이 기회가 있을 때마다 마음과 뜻을 다해 구원을 전파합니다. 하나님께서 마지막 계산서를 작성하실 때, 사람들을 가장 사랑한 이들은 무엇보다 하나님을 가장 사랑한 이들이었다는 것이 밝혀질 것이라고 나는 믿습니다. 여러분이 도움으로, 친절로, 선행으로 그 사실을 증명하십시오. 그래서 사람들이 콩밖에 먹지 않았고 물만 마신 여러분을 보았을 때 왕의 고기를 먹고 왕의 포도주를 마신 모든 자녀들보다 결국 여러분이 더 살지고 아름답게 보인다는 것을 발견할 수 있게 하십시오. 영혼들의 회심을 위하여 끊임없이 수고합시다. 그 일을 넘치도록 합시다.

친구 여러분, 우리가 이 오래된 신앙으로 말미암아 시련을 잘 견딜 수 있다는 것을 증명하도록 합시다. 은혜의 교리를 믿는 사람은 고난을 견딜 수 있는 사람입니다. 예정과 하나님의 주권을 의지하는 사람은 다른 사람 같으면 찌부러질 수도 있는 무거운 짐을 감당하는 사람입니다. 사람이 죽게 될 때, 죽음을 가장 잘 감당할 수 있는 사람이 누구이겠습니까? 자기 의를 신뢰하고 있거나 아니면 카멜레온처럼 주변의 색깔에 따라 끊임없이 변하는 철학을 의지하는 사람이겠습니까? 가장 잘 죽을 수 있는 사람이 누구이겠습니까? 기껏해야 취약하기 짝이 없는 이런 것을 쥐고 있는 여러분이겠습니까? 아니면 자기 하나님을 믿고 성경을 믿으며, 예수 그리스도의 피와 의를 의지하는 사람이겠습니까?

형제 여러분, 끝으로 생각할 점은 이 오래된 신앙을 쥐고 있는 우리가 영적으로 더 건강한 상태에 있다는 것입니다. 모든 덕을 발휘하기 바랍니다! 모든 능력을 남김없이 바치기를 바랍니다! 생애 전체를 하나님과 동행하는 가운데 보내시기를 바랍니다. 그래서 사람들이 우리의 거룩한 종교의 진실됨을 보여주는 증거를 원한다면 우리가 여러분을 앞에 세우고 "은혜가 이들을 어떻게 변화시켰는가 보세요. 은혜의 교리에 대한 믿음이 이들을 지금과 같은 모습으로 변화시켰습니다. 바로 이들이 그들의 믿는 바를 증거해 줍니다" 하고 말할 수 있는 그런 사람이 되십시오. 하나님께서 보잘 것 없는 나의 말이 이 자리에 있는 많은 분들에게 복이 되게 해주시기를 바랍니다. 많은 젊은이들에게 바랍니다.

"용기 있게 나서서 다니엘과 같은 사람이 되고
용기 있게 홀로 서며
용기 있게 굳은 결심을 하고
용기 있게 그 사실을 알릴 수 있기를 바랍니다!"

제
2
장

명부(名簿) 위쪽에 있는 세 이름

"사드락과 메삭과 아벳느고가 왕에게 대답하여 이르되 느부갓네살이여 우리가 이 일에 대하여 왕에게 대답할 필요가 없나이다 왕이여 우리가 섬기는 하나님이 계시다면 우리를 맹렬히 타는 풀무불 가운데에서 능히 건져내시겠고 왕의 손에서도 건져내시리이다 그렇게 하지 아니하실지라도 왕이여 우리가 왕의 신들을 섬기지도 아니하고 왕이 세우신 금 신상에게 절하지도 아니할 줄을 아옵소서." — 단 3:16-18

여러분이 다니엘서 2장을 읽으면 느부갓네살이 하나님 나라에서 그리 멀리 있지 않았다는 생각을 할 것입니다. 그가 꿈 때문에 괴로워했는데, 다니엘이 꿈을 해석해 주었습니다. 그때 느부갓네살 왕이 다니엘에게 이렇게 고백했습니다. "너희 하나님은 참으로 모든 신들의 신이시요 모든 왕의 주재시로다 네가 능히 이 은밀한 것을 나타내었으니 네 하나님은 또 은밀한 것을 나타내시는 이시로다"(2:47). 그는 여호와 유대인들의 하나님이 신들 가운데 가장 위대한 신이시고, 은밀한 일들을 나타내시는 큰 분이시라고 인정하였습니다. 그런데 얼마 되지 않아 우리는 이 사람이 우상을 세우고 우상에게 절하지 않는 사람들을 죽이려고 학대하는 것을 봅니다. 사실 그는 복을 저주로 바꾸었고, 꿈에서 본 신상을 우상의 모형으로 삼아 온 나라가 그 앞에 절하도록 세웠습니다. 이렇게 해서 그는 하나님께서 은혜로 그의 능력과 지혜를 나타내는데 사용하신 것을 자신의 어리석음과 허영을 나타내는 도구로 삼았습니다. 사람의 교만한 마음은 모든 세대에 똑같습니다. 같은 일이 오늘날에도 일어납니다. 여러분은 살면서 사람들이 깊은 감동을 받는 것을 본 적이 없습니까? 그들은 자기 입장을 고집할 수 없었습니다. 진리의 힘에 타격을 받아 쓰러진 것처럼 보였습니다. 여러분은 그들이 다소의 사울처럼 진실한 회심자가 될 것이고, 심지어 믿음의 사도가 될 수도 있다고 거의 확신했습니다. 그런데 잠시 후에 그들은 진리를 잊어버리되 완전히 잊어버리고 마침내 한때 자기가 그 앞에 절하였던 진리를 아주 결심하고 신랄하게 반대하는 사람이 되었습니다. 상당한 규모의 회중을 섬기는 목사라면 모두 틀림없이 그런 사람들을 만났을 것입니다.

하나님과 힘있게 씨름하는 일이 많았던 기도회에서 만났던 한 사람이 생각납니다. 그는 기도회에서 완전히 압도되어 큰 소리로 기도하였고 마음을 다해 자비를 베풀어 주시기를 구하는 것 같았습니다. 그는 기도회를 떠나기 전에 자비를 받았다고 말했습니다. 그런데 다음날 그는 다시는 그런 집회에 가지 않겠다고 밝혔습니다. 자신이 진리에 거의 사로잡혔지만 다시는 그런 모임에 나가지 않겠다고 하였습니다. 나는 그가 결코 진리에 사로잡히지 않은 것이 아닌가 하는 생각이 듭니다. 그가 기도를 위해 모이는, 믿음이 진실한 사람들을 언제나 혹독하게 비판하는 말을 할 수 있었기 때문입니다. 우리는 그 다음에 어떤 일이 벌어질지 압니다. 거의 땅에 올라온 물고기처럼 보이는 어떤 사람들은 땅에 올라왔다가 다시 미끄러져 물에 빠집니다. 틀림없는 속담대로 "개가 그 토하였던 것에 돌아가고 돼지가 씻었다가 더러운 구덩이에 도로 누웠다 하는 말"(벧후 2:22)이 그들에게 일어날 것입니다. 그런 사람들은 우리에게 속하지 않았기 때문에 우리에게서 나갈 것이고, 후의 상태가 처음보다 더 나쁠 것입니다.

이 바벨론의 위대한 왕은 절대 군주였습니다. 그의 뜻이 법이었습니다. 그래서 아무도 감히 그와 논쟁하려고 하지 않았습니다. 활활 타오르는 풀무 불을 앞세우거나 여러분을 산산조각 내고 여러분의 집을 거름무더기로 만들겠다는 위협으로 자신의 주장을 관철시킬 수 있는 독재자와 다투려고 할 사람이 누가 있겠습니까? 자, 그가 자신의 금 신상, 곧 아주 거대한 상(像)을 세우고 자신의 세계적인 통치 영역에 속한 모든 군주와 유력자들을 모아 이 신상 앞에 절하게 하는 일이 벌어질 때, 그렇게 하려고 하지 않는 누군가가 있다는 것이 그에게는 기이한 일처럼 보입니다. 그런데 그를 이긴 유대인들이 세 사람 있었습니다.

일찍이 전에 그들은 그의 궁전의 법을 어기고 부정한 음식을 먹기를 거부하였습니다. 그들은 콩밖에 먹지 않았지만 "열흘 후에 그들의 얼굴이 더욱 아름답고 살이 더욱 윤택하여 왕의 음식을 먹는 다른 소년들보다 더 좋아 보였습니다." 그들은 전에 확고히 서서 옳은 것을 견지하였는데, 이제 더욱 혹독한 시련에 맞서기 위해 더욱 담대하였습니다. 느부갓네살 왕이 직접 그들을 그 땅에서 높였습니다. 그래서 왕은 그들이 당연히 자신의 명령을 시행하고 다른 사람들에게 모범이 될 것으로 기대하였습니다. 그러나 멸시받는 인종인 유대인들의 이 세 사람은 온 세계의 정복자도 이길 수 없었습니다. 그들은 느부갓네살 앞에 서서 하나님과 양심을 위하여 자신들의 주장을 굽히지 않았습니다.

이 고귀한 영웅적인 행위를 생각할 때, 그 이름이 하나님 나라 명사들의 명부 위쪽에 차지하고 있는 이들의 용기와 믿음을 우리도 본받을 수 있기를 바랍니다! 이 장에서 그들의 이름은 마치 용맹한 행위를 이야기하는 노래의 후렴구처럼 열세 번에 걸쳐 나옵니다.

첫째로, 그들이 내놓았을 수도 있는 핑계들에 대해서 생각해 봅시다. 둘째, 그들이 지녔던 확신에 대해서, 셋째로는 그들이 도달한 결심에 대해서 생각해 봅시다.

1. 첫째로, 이 용감한 세 유대인들에 대해서 생각할 때 그들이 내놓았을 수도 있는 핑계들에 대해서 살펴봅시다.

이들은 바로 얼마 전에 다니엘과 그의 세 친구들에 의해 죽음을 모면한 갈대아 사람들에게 고발당했습니다. 어떤 사람들에게 미움을 받는 가장 확실한 방법은 그들에게 은혜를 베푸는 것입니다. 어떤 사람이 "내가 그에게 어떠한 은혜를 베풀었는데 그가 나를 그렇게 미워할 수 있는가?" 하고 말하는 것을 들은 적이 있습니다. 그러나 이 경우에는 사람의 분노가 하나님을 찬미하게 되었습니다. 격노한 군주가 범죄자들을 자기 앞에 불렀습니다. 자기 영토 안에서 누가 자신의 권위에 도전할 수 있다는 것을 거의 믿을 수 없어서 그는 그들 앞에 양자택일의 선택을 분명하게 제시하였습니다. "여기 금 신상이 있다. 너희 세 유대인은 이 신상 앞에 절하라. 절하지 않는다면 맹렬히 타는 풀무불이 있으니 너희를 즉시 거기에 던져 넣을 것이다. 너희 대답이 무엇이냐?"

그들은 속으로 이렇게 말했을 수도 있습니다. '이것은 저항해 보았자 아무 쓸모없는 일이야. 우리는 이 사람과 싸울 수 없어. 우리가 복종할지라도 마지못해

하는 거야. 어쩔 수 없이 복종하는 것이 확실하니까 우리는 별로 비난받지 않을 거야. 사람에게 머리를 벽에 부딪치라고 하거나 목숨을 버리라고 할 수는 없어. 그러니 다른 많은 사람들이 하였듯이 우리도 머리를 숙이고 느부갓네살이 세운 이 신상에 절하자' 그것은 틀린 변명입니다. 그동안 내가 종종 들었던 변명입니다. 사람들은 말합니다. "아, 우리는 살아야 합니다. 목사님도 알잖아요? 우리는 살아야 해요." 정말이지 나는 그렇게 해야 할 필요를 전혀 보지 못합니다. 우리는 죽어야 합니다. 그러나 우리가 살아야 하느냐 마느냐 하는 것은 중요한 많은 문제들에 의해 좌우됩니다. 폭군의 명령에 여러분의 인격을 말살하고 양심을 어기는 것보다는 죽는 것이 무한히 더 나은 일입니다.

그 다음에 또 그들은 이렇게 말했을 수도 있습니다. "우리는 지금 낯선 땅에 와 있어. 우리 지혜자들 가운데 한 사람이 '바벨론에 있을 때는 바벨론 사람들이 하듯이 하라'고 쓰지 않았는가? 물론 우리가 유대 고국에 있다면 그런 일은 생각하지 않을 거야. 우리는 하나님께서 이렇게 말씀하셨다는 것을 기억할 거야. '너는 나 외에는 다른 신들을 네게 두지 말라 너를 위하여 새긴 우상을 만들지 말고 또 위로 하늘에 있는 것이나 아래로 땅에 있는 것이나 땅 아래 물속에 있는 것의 어떤 형상도 만들지 말며 그것들에게 절하지 말며 그것들을 섬기지 말라'(출 20:3-5). 우리가 고국에 있다면 그 법을 지킬 거야. 하지만 우리는 예루살렘에서 수백 킬로미터나 떨어져 있어. 그러니 우리가 이 점을 양보해도 괜찮을 거야." 나는 이렇게 고국에서는 자신을 그리스도인이라고 말하면서 해외에 있을 때는 다르게 행동하는 사람들을 많이 보았습니다. 그들은 정말이지 고국에 있지 않기 때문에 안식일을 지키지 않았고, 자기들이 몰두하는 오락이 합당한지 아닌지도 생각하지 않았습니다! "우리가 잉글랜드에 있다면 이렇게 하지 않을 거야. 하지만 당신도 알다시피 우리는 지금 파리에 있어. 상황이 바뀌었다고" 하고 그들은 말합니다. 상황이 바뀌었습니까? 하나님이 잉글랜드의 하나님이시고 대륙의 하나님은 아니십니까? 하나님께서 우리가 고국에서 할 수 없는 것을 해외에서는 하도록 허락하셨습니까? 그것은 천한 변명이지만 사람들이 흔히 하는 변명입니다.

그들은 또 이렇게 말했을 수도 있습니다. "우리는 공직에 있어." 그들이 바벨론 도를 다스리는 일을 맡은 것을 생각할 때, 자기 개인의 신앙과 그들의 공무를 분리하는 것이 어렵다는 것을 발견하였을 수도 있습니다. 그들은 고위 공무원이었습니다. 도처에서 벌어지는 수많은 부정과 속임수를 위하여 이것이 얼마나 잘 쓰이는 변명인지 모릅니다! 어떤 사람이 교구회의나 지방 의회 혹은 위원회에 뽑히게 됩니다. 그리고 그가 일단 그 위원회의 자리에 앉게 되면 정직을 집에다 놓고 나온 것처럼 보입니다. 항상 그렇다고 말하는 것은 아닙니다. 그러나 유감스럽게도 종종 그랬다고 말하지 않을 수 없습니다. 관리는 관복을 입기가 무섭게 양심이 사라져버렸습니다. 그러나 이 세 사람은 자기들이 바벨론에서 관리가 되었기 때문에 지존하신 하나님께 죄를 지을 수 있다고 생각할 만큼 어리석지 않았습니다. 그들이 자기 군주의 적법한 명령에 순복해야 했다는 것은 맞는 얘기입니다. 그러나 하나님보다 사람에게 순종하는 것이 옳은 일인가 하는 것은 그들의 양심이 아주 쉽게 판단할 수 있었습니다. 그래서 그들은 그런 변명을 하지 않았습니다.

그 다음에, 그들은 성공한 사람들이었습니다. 세상에서 성공하고 있었습니다. 나는 하나님께서 사드락, 메삭, 아벳느고가 성공하고 있기 때문에 그들에게 이 시련을 보내셨다고 믿습니다. 그들은 이렇게 말했을 수도 있습니다. "우리는 기회를 버려서는 안 돼." 그리스도인들에게 닥치는 위험들 가운데 가장 큰 위험은 아마도 쌓이는 부, 곧 번영의 위험일 것입니다. 웨슬리는 때로 기독교가 자멸적인 신앙이 될까봐 걱정하곤 하였습니다. 사람이 그리스도인이 되고 이 세상의 복도 받게 되면, 즉 그가 세상에서 출세하기 시작하면 예전의 위치를 떠납니다. 부가 늘어남에 따라 자기에게 모든 것을 주신 하나님을 잊는 경우가 너무나 비일비재합니다. 여기에는 큰 진리가 들어 있습니다. 성령께서 자기 백성들과 함께 하시지 않으면, 우리는 실로 우리의 신앙이 이렇게 자멸하는 것을 보게 될 수가 있습니다. 이것은 후한 기부와 부단한 도고에 의해 빠지지 않도록 지켜야 하는 위험입니다. 우리가 종종 역경에 처한 그리스도인들을 위해서 기도하는데, 그렇게 하는 것이 옳은 일입니다. 그러나 성공하고 있는 그리스도인들을 위해 기도하는 것이 훨씬 더 필요한 일입니다. 성공하는 그리스도인들은, 마치 한니발의 병사들이 카푸아의 축제(Capuan holidays) 동안 쾌락에 취해 용맹을 잃어버려 멸망하였듯이 갈수록 점점 더 유약해지는 위험이 있습니다. 살면서 낮은 자리에 있을 때는 철저한 그리스도인이었던 많은 사람이 성공했을 때는 아주 지체 높은 사람이 되어서 전에는 존경하는 형제들이었던 사람들과 어울리지 않습니다. 나는 그런 일을 수도 없이 보았습니다. 충격적인 일입니다. 우리가 하나님의 자비를 하나님께 범죄하는 일의 구실로 삼지 않게 해 주시기를 바랍니다! 부자인 여러분이 가난했을 경우보다 죄 지을 자유가 더 있는 것이 아닙니다. 세상에서 출세하는 여러분은 세상의 낮은 자리에 있었을 때보다 부정한 일을 행할 수 있는 권한이 더 있는 것이 아닙니다. 우리는 올바른 일을 행해야 합니다. 그릇된 일을 해서는 안 되며, 다른 사람들이 해서는 안 되는 일을 우리는 할 수 있는 이유로 자신의 사회적 위치나 세상적인 성공을 내세워서는 안 됩니다.

그 다음에, 더 나아가서 그들이 이런 식으로 변명했을 수도 있습니다. 이 신상을 세우는 것은 종교적인 행위가 전혀 아니었습니다. 그것은 상징적인 행위였습니다. 이 신상은 느부갓네살의 권력을 나타내려고 만든 것이고, 따라서 그 앞에 절하는 것은 이 위대한 왕에게 정치적 경의를 표하는 것이었습니다. 그들이 그렇게 해도 잘못된 것이 아닐 수 있지 않습니까? 그들이 이렇게 말했을 수도 있습니다. "우리는 정치적으로 의무가 있습니다." 우리는 사람들이 이런 변명을 내놓는 것을 얼마나 많이 듣는지 모릅니다! 여러분은 어디서든지 옳은 것과 그른 것의 차이를 존중하라는 말을 듣는데, 다만 여러분이 정치 문제에 들어가서 자신의 정당을 시종여일하게 고수하는 것은 예외적이라고 합니다. 그렇게 되면 거기에는 옳은 것과 그른 것이 즉시 사라지고 맙니다. 자신의 지도자에게 충성하는 것, 그것이 중요하다고 합니다. 지도자가 여러분을 어디로 인도하든지 그것은 신경 쓰지 말고, 무조건 그를 따르라고 합니다. 여러분은 심지어 그릇된 일도 그것이 정치적으로 옳기 때문에 행할 수 있다는 말까지 듣습니다. 나는 그런 주장을 혐오합니다! 이 세 사람은 한순간도 그런 악한 생각을 품지 않았습니다. 이 신상이 정치와 관계가 있었다는 것은 사실입니다. 그 신상이 어떤 것과 관계가 있든지 간에 그들은 거기에 절하려고 하지 않았습니다. 하나님께서 이렇게 말씀하셨기 때문입니다. "그것들에게 절하지 말며 그것들을 섬기지 말라"(출 20:5). 이 튼튼한 신자들은 어떠한 구실로도 그와 같은 일을 일절 하려고 하지 않았습니다.

그들이 양심을 무마시키는 연고를 그들의 신앙을 포기하라는 명령이 없다는 사실에서 찾았을 수도 있습니다. 그들이 "우리 하나님을 버리라는 요구를 받지는 않았어"라고 말하며 왕의 명령에 복종하자고 서로 권하였을 수도 있습니다. 그들은, 그 우상을 하나님이라고 믿을 필요가 없고 그 우상에 대한 최소한의 믿음이라도 고백할 필요가 없습니다. 그들이 우상 앞에 절할 때 마음으로는 절하지 않을 수 있고, 서로에게 이것은 마귀이지 하나님이 아니다라고 속삭였을 수 있습니다. 그들은 자기들이 그 음악에 따라 엎드린 것이지 그 우상에게 엎드린 것이 아니라고, 혹은 자기들이 왕의 우상에게 절했다기보다는 왕에게 경의를 표한 것이라는 말로 변명하여 양심을 무마시켰을 수도 있습니다. 사실, 그때는 지우개의 효능이 거의 알려지지 않았기 때문에 그런 일이 좀처럼 일어날 수 없었겠지만 만일 그들의 양심이 오늘날의 지우개처럼 탄력성이 있었다면 그들은 그 우상 앞에 엎드려 절하면서 여호와는 어디에서나 어떤 환경에서도 예배를 받으실 수 있으므로 여호와께 기도하고 있었다고 말했을 수도 있습니다. 자기들은 우상을 보기는 했지만 예배하지 않았고, 오히려 우상의 번쩍이는 금빛을 넘어 서서 영광의 하나님을 생각하였다고 말했을 수도 있습니다. 마음이 타협 쪽으로 기울어져 있으면 사실 무엇이든 변명하는데 이용될 수 있습니다. 특별히 마음에 신앙적 열의가 없는 오늘날에는 만약 거기에 세상적인 이익이 연루되어 있으면 거짓된 행동에 대해 그럴 듯한 이유를 찾는 것이 아주 쉬운 일입니다. 오늘날의 관용은 죄를 덮기 위한 변명들을 허다히 만들어 냅니다.

그러나 왕의 명령에 누구나 다 복종한다는 사실에서 더 강력한 변명거리를 찾았을 수도 있습니다. 그들이 "다른 모든 사람이 그렇게 하고 있다"고 말했을 수 있습니다. 그 아침, 곧 해가 떠오르자 페르시아, 그리스, 바벨론에서 가져온 악기들에서 일제히 음악이 울려 퍼졌을 때, 세상의 음악이 다 한 자리에 모여 소리를 내는 것처럼 보인 그날 아침에, 모든 사람이 절하였습니다. 거기에 유대인들 수천 명이 있었는데, 그들 모두 절하였습니다. 거기에는 새긴 우상을 예배하는 것을 싫어하는 배화교 신자들이 있었는데, 그들 모두 절하였습니다. 그 자리에는 자기들이 숭배하는 자기 신들이 있는 사람들이 있었지만, 그들 모두 느부갓네살의 신상 앞에 절하였습니다. 시험하는 자가 이렇게 말했을 수도 있습니다. "이 시대의 유행에 저항하는 당신들은 참으로 별난 사람들이야. 당신들의 동포들도 절하였는데 당신들은 절하려고 하지 않아. 정말이지, 당신들보다 훌륭한 사람들도 절했는데, 당신들을 하려고 하지 않는다." 그렇습니다. 그들은 절하려고 하지 않습니다. 별난 이 세 사람, 아주 괴짜인 이 사람들은 절하려고 하지 않습니다! 별나게 행동하는 것이 옳은 일일 때를 제외하고, 별나게 구는 것은 어리석은 일입니다. 기이한 행동이 어떤 종류의 악행과 중심이 같지 않은 경우가 아닌 이상 괴짜처럼 행동하는 것은 칭찬할 만한 일이 아닙니다. 모든 사람이 자기 신앙을 버렸음에도 불구하고 이 용감한 사람들은 굴복하려고 하지 않았습니다. 그들은 결코 굴복하려고 하지 않았습니다! 백만 명이 절한다고 할지라도 그 일이 이들과 무슨 상관이 있습니까? 청중 여러분, 여러분에게 용감한 인격을 기르라고 말씀드립니다. 하나님을 섬기는 일은 사람들의 머리 숫자로 판단할 수 없습니다. 여러분은 혼자 가든지 아니면 여럿이 가든지 상관없이 하나님의 뜻이 여러분을 인도하는 대로 그 뜻을 따라가야 합니다.

"용기 있게 나서서 다니엘과 같은 사람이 되고
용기 있게 홀로 서십시오!"

그들은 이렇게 말할 수도 있었습니다. "이것은 한 번뿐이고 시간도 오래 걸리지 않아. 일생에 딱 한 번, 그리고 십 분 정도만 왕을 기쁘게 하면 돼. 이처럼 사소한 행동이 무슨 큰 영향을 끼치지는 않아. 어쨌든 그런 일로 불타는 풀무 불에 뛰어드는 것은 옳지 않아. 우리는 이 전체 일을 아주 큰 농담으로 여기자. 그런 하찮은 일로 목숨을 버리는 것은 어리석은 일이야." 여러분은 오늘날 이런 주장을 듣지 못했습니까? 사람들에게 관대한 이 19세기는 그와 비슷한 느긋한 처세훈들이 많습니다. 한창 때에 많은 사람들이 실패하는데, 그것은 겉으로 볼 때 시련이 너무 적기 때문입니다. 그러나 그들은 하나님을 위하여 싸울 뜻이 있습니다. 그러나 지금은 적절한 시기가 아닙니다. 그들은 기다리며, 좀 더 적절한 경우, 곧 정말로 영웅적인 일을 시도할 수 있을 때를 택할 것입니다. 그들이 그처럼 하찮은 일을 위하여 싸우려고 한다면, 세상은 모기를 걸러내는 그런 행동을 보고 조롱할 것입니다. 그렇게 생각해서 아담이 선악과를 먹고 에서는 팥죽을 먹었습니다. 그런데 저항하지 않은 한 가지 시험이 결국은 일생의 손실을 가져옵니다. 용감한 이 세 사람은 일생 동안에 단 몇 분도 자기 하나님을 부인하려고 하지 않았습니다. 우리도 그들처럼 불굴의 신앙을 지녔으면 좋겠습니다!

그들이 내세울 수 있는 또 한 가지 변명은 이것이었습니다. "우리가 풀무불에 던져져서 행할 수 있는 선보다 살면서 행할 수 있는 선이 더 많습니다. 우리가 산 채로 불에 타면 하나님에 대한 믿음을 신속히 증거할 수 있는 것은 사실입니다. 하지만 우리가 산다면 이룰 수 있는 일이 얼마나 많겠습니까! 여러분도 알다시피 우리 셋은 유대인들이고 고위직에 있습니다. 포로로 잡혀온 불쌍한 유대인들이 많습니다. 우리는 그들을 도울 수 있습니다. 이미 도와왔습니다. 우리의 동포인 하나님의 백성들에게 언제나 공평하게 대했습니다. 우리가 고위직에 오른 것은 선을 행하기 위함이라고 생각합니다. 사실, 여러분이 우리를 고집불통인 사람으로 만들고 우상 앞에 엎드리도록 허락하지 않는다면 우리가 유용하게 일할 수 있는 기회들을 막는 것입니다."

아, 형제 여러분! 이러한 추론에 속는 사람들이 많습니다. 그들은 양심이 그들에게 있어서는 안 된다고 말하는 곳에 그대로 있는 것입니다. 이는 자기가 "영문 밖으로"(히 13:13) 나가 고난을 받음으로써 할 수 있는 것보다 더 유용하게 일할 수 있다고 말하기 때문입니다. 이것은 선을 가져오기 위해 악을 행한다는 것인데, 밝은 빛을 받은 양심이라면 결코 용인할 수 없는 태도입니다. 죄의 행동이 내 유용함을 열 배로 늘어나게 한다고 할지라도 나는 죄를 지을 권한이 없습니다. 그리고 의의 행동이 분명한 나의 유용함을 다 말살시키는 것처럼 보일지라도 나는 의의 행동을 할 것입니다. 하늘이 무너질지라도 옳은 일을 행하고 결과가 어떻게 될지라도 그리스도의 명령을 따르는 것이 여러분과 나의 할 일입니다. "그것은 단단한 음식이라"(히 5:14)고 말합니까? 그렇다면 강한 사람이 되어 그 음식을 먹도록 하십시오.

그들은 또 이렇게 말하였을 수도 있습니다. "사실, 이것은 우리에게 요구할 수 없는 일입니다. 만일 우리에게 여호와의 종교를 후원하기 위해 십일조를 내라고 요구하였다면 우리는 즐거이 냈을 것입니다. 그러나 이렇게 끔찍한 방식으로 우리의 생명을 포기하는 것, 맹렬히 타오르는 풀무불에 던져지는 것은 혈과 육으로는 감당할 수 없는 일입니다." 그렇습니다. 우리 가운데 어떤 사람들은 이런 주장에 답변할 수 없을 것입니다. 아마도 그것은 우리 자신에게도 절박한 문제일 것입니다. 예수께서 자기와 함께 가는 수많은 사람들에게 어떻게 말씀하셨는지 생각해 보십시오. "무릇 내게 오는 자가 자기 부모와 처자와 형제와 자매와 더욱이 자기 목숨까지 미워하지 아니하면 능히 내 제자가 되지 못하고 누구든지 자기 십자가를 지고 나를 따르지 않는 자도 능히 내 제자가 되지 못하리라"(눅 14:26,27). 우리는 그리스도께 자기를 완전히 드리고 이렇게 말해야 합니다. "어떤 희생을 치르더라도 예외를 두지 않겠다. 나는 모든 위험을 무릅쓰겠다. 어린 양 그리스도께서 어디로 가시든지 따르는 도중에 목숨을 잃을지라도 그리스도를 따라가겠다." 이런 심정에 이르지 않는 사람은 그리스도께서 우리에게 요구하시는 위치, 성령께서 우리가 완전히 회심하여 믿음을 갖기 전에 우리 안에서 일하실 위치에 선 것이 아닙니다. 사람들은 "그것 역시 단단한 말"이라고 합니다. 하나님께서 여러분이 이 단단한 말을 여러분 자신에게 적용할 수 있게 해주시기를 바랍니다!

이렇게 해서 나는 이 세 유대인, 곧 사드락, 메삭, 아벳느고가 내세웠을 수도 있을 변명들을 살펴보았습니다.

2. 둘째로, 이들이 지녔던 확신을 칭찬함으로써 우리도 마음을 굳게 다짐하도록 합시다.

그들은 아주 단호하고 분명하게 자신들의 확신을 표현하였습니다. 그들은 매우 분명하고 견고한 믿음이 있었습니다.

첫째로, 그들은 이렇게 말하였습니다. "느부갓네살이여, 우리는 이 일에 대하여 왕에게 대답하는 것을 걱정하지 않나이다"(개역개정은 "우리가 이 일에 대하여 왕에게 대답할 필요가 없나이다" - 역주). 여기에 나오는 "걱정하다"는 단어는 별로 중요하지 않습니다. 이 구절을 다음과 같이 읽어 보십시오. "우리는 왕에게 어떻게 대답해야 할지 별로 걱정하지 않나이다." 그들은 아주 신중하게 답변하였습니다. 그러나 답변의 내용에 관해서는 근심하지 않았습니다. 그것은 그들의 마음을 조금도 괴롭게 만든 문제가 아니었습니다. 그들은 무슨 말을 해야 할지를 알고 있었습니다. 그들은 깊이 생각하지 않았습니다. 주저하지 않았습니다. 그들은 이렇게 말하였습니다. "느부갓네살이여, 우리가 그 점에 대해서는 즉시 대답할 수 있나이다." 그들은 아주 평온하고 침착하여서 그를 왕이라고 부르지 않고 느부갓네살이라고 부르면서 말할 수 있었습니다. 생명이 달린 문제가 대두되었을 때, 사드락과 메삭과 아벳느고는 남자끼리 솔직하게 느부갓네살에게 말한 것입니다. 세 사람은 느부갓네살에게 자기들은 그에게 대답하는데 아무 어려움이 없다고 말했습니다.

둘째로, 그들은 대답하는 것이 자기들의 할 일이 아니라고 생각하였습니다. 이 구절은 개역 성경(The Revised Version)처럼 다음과 같이 읽을 수 있다고 봅니다. "느부갓네살이여, 우리가 이 일에 대하여 왕에게 대답할 필요가 없나이다." 이 말의 뜻은 이것입니다. "우리는 왕에게 대답하지 않겠습니다. 왕은 또 다른 분을 싸움에 끌어들인 것입니다." 본문 앞에 나오는 말을 읽겠습니다. 느부갓네살이 이 세 사람에게 한 말입니다. "능히 너희를 내 손에서 건져낼 신이 누구이겠느냐?" 사실, 사드락과 메삭과 아벳느고는 이렇게 대답한 것입니다. "왕에게 대답할 사람은 우리가 아닙니다. 왕이 하나님께 도전했으니 하나님께서 친히 답변하실 것입니다." 그 말을 용감하게 하였습니다. 그들은 이 문제의 책임을 하나님께 지운 것입니다. 여러분도 그렇게 할 수 있습니다. 여러분이 할 일은 옳은 일을 하는 것뿐입니다. 여러분이 그 일을 감당하도록 하는 것은 하나님이 하실 일입니다. 그 일의 결과에 대해서 여러분이 할 것은 인내로 견디는 것뿐입니다. 그 결과는 하나님이 책임지십니다. 여러분은 옳은 일을 하기만 하면 됩니다. 주 예수 그리스도를 믿고 그에게 복종하며 지존하신 하나님의 명령을 지키십시오. 그 다음에 그로 인해 어떤 결과가 오든지 간에 그것은 여러분의 책임이 아닙니다. 그 책임은 하나님이 지셔야 합니다.

그 다음에 이 세 사람이 하는 말을 주의해서 보십시오. "우리가 섬기는 하나님이 계시다면 우리를 맹렬히 타는 풀무불 가운데에서 능히 건져내시리이다." 하나님이 뜻을 정하시면 바벨론에서 아무리 큰 사람도 자신들을 저 풀무불에 던질 수 없다는 것을 알고서 그들은 전능하신 하나님에 대한 믿음을 공언하였습니다. 하나님께서 그렇게 하실 뜻이 있으면 풀무불이 꺼지고 얼음처럼 차갑게 될 것입니다. 그들은 왕이 화가 머리끝까지 타올랐지만 대놓고 하나님께서 자기들을 그 불에서 구원하실 수 있다고 말합니다. 이들의 하나님은 전능하셨기 때문에 그들은 하나님을 신뢰하였습니다.

또한 그들은 이 말을 덧붙였습니다. "그가 왕의 손에서도 건져내시리이다." 그들은 자신들이 불속에서 타 죽든지 않든지 간에 구원받을 것이라고 확신하였습니다. "우리가 죽는다면 왕의 손에서 벗어날 것입니다. 그러나 우리가 죽지 않을 수도 있는데, 그럴지라도 왕의 손에서 벗어나 살 수 있습니다. 왕께서 '능히 너희를 내 손에서 건져낼 신이 누구이겠느냐?'고 물으셨는데, 말씀드리겠습니다. '왕이여 우리 하나님이 우리를 왕의 손에서 건져내시리이다.'"

자, 사랑하는 친구 여러분, 여러분 가운데 누구든지 그릇된 일을 하도록 시험을 받는, 아주 곤란하고 어려운 처지에 있다면, 그리고 옳은 일을 행하면 마치 여러분이 크게 손해를 입고 고통을 받을 것처럼 보인다면 이 사실을 믿으십시오. 즉, 하나님께서 여러분을 구원하실 수 있다는 것입니다. 하나님은 여러분이 당할 수 있을 것이라고 생각하는 고통을 겪지 않도록 막아주실 수 있습니다.

그리고 하나님께서 그 고통을 막아주시지 않는다면 여러분이 견딜 수 있도록 도와주실 수 있습니다. 금세 하나님은 여러분의 모든 손실을 이익으로 바꾸어주실 수 있고 여러분의 모든 고통이 변하여 행복이 되게 하실 수 있습니다. 하나님은 여러분에게 일어날 수 있는 최악의 일도 여러분이 지금까지 경험하지 못한 최상의 일이 되게 만드실 수 있습니다. 여러분이 하나님을 섬기고 있다면 전능하신 분을 섬기고 있는 것입니다. 이 전능하신 분은 곤경의 때에 여러분을 떠나지 않고 오히려 구원하러 오실 것입니다. 우리 가운데는 바울처럼 이렇게 말할 수 있는 사람들이 많습니다. "우리는 자신을 믿지 않고 오직 죽은 자를 다시 살리시는 하나님을 믿습니다. 우리를 큰 사망에서 우리를 건지셨고 또 건지실 것이며 이후에도 건지실 하나님을 믿습니다"(고후 1:9,10 참조). 하나님께서 과거에 우리를 도우셨고 지금 우리를 돕고 계십니다. 따라서 우리는 하나님이 이후로도 내내 우리를 도우실 것이라고 믿습니다. 여러분이 하나님의 말씀을 그냥 따르고 단순한 믿음으로 옳은 일을 행한다면 하나님께서 여러분도 도우실 것입니다. 우리가 그리스도를 위하여 고난을 받아야 할 때 우리를 돕기 위해 하나님의 섭리가 개입할 것이라고 기대할 만한 정당한 이유가 있다고 생각합니다.

3. 세 번째이자 내가 가장 강조하고 싶은 점으로, 이 세 사람이 이른 결심을 생각해 봅시다.

"그렇게 하지 아니하실지라도," 즉 하나님께서 우리를 구원하시지 않을지라도 "왕이여 우리가 왕의 신들을 섬기지도 아니하고 왕이 세우신 금 신상에게 절하지도 아니할 줄을 아옵소서." 당당한 말입니다! 고귀한 결심입니다! "그렇게 아니하실지라도, 즉 우리가 불 속에 들어가야 한다면 들어갈 것입니다. 그러나 우리는 우상에게 무릎 꿇지 않을 것입니다." 품위 있는 이 유대인들은 그렇게 말할 수 있었습니다.

그들은 자신들의 구원을 전제로 하나님께 충성을 바치지 않았습니다. 그들은 어떤 사람들처럼 이렇게 말하지 않았습니다. "하나님께서 보답을 해 주신다면 하나님을 섬기겠습니다. 이런저런 때에 나를 도와주신다면 하나님을 섬기겠습니다." 아닙니다. 그들은 아무것도 바라지 않고 하나님을 섬기려고 하였습니다. 그들의 사랑은 타산적인 사랑이 아니었습니다. "그렇게 아니하실지라도, 곧 하나님께서 우리를 구원하시지 않을지라도 우리가 산 채로 불에 타는 것이 하나님의 뜻이라면 우리는 하나님의 뜻에 복종합니다. 우리는 하나님의 거룩한 명령을 어기지 않을 것이고, 그 안에 생명이 없고 스스로 설 수도 없는, 느부갓네살 왕이 세운 우상 앞에 절하여 우상 숭배자가 되지도 않겠습니다."

그들은 어떤 희생을 치르더라도 하나님께 순종하기로 결심하였습니다. 나는 그리스도의 어떤 법이 성경적인 것으로 알고 있는 젊은이를 한 사람 알고 있었습니다. 그런데 그가 아는 한, 그 법을 따른다면 그에게 모든 문이 닫힐 것이었습니다. 만일 그가 자신이 마땅히 해야 할 것으로 생각한 대로 주님의 명령과 모범을 따라 담대히 행한다면 모든 것이 망할 것이었습니다. 그런데, 그는 그렇게 했지만 모든 것이 망하지 않았습니다. 그는 그런 일을 수백 번 다시 하지 않을 수 없게 될지라도 그렇게 하려고 하지 않았습니다. 하나님을 위하여 어떤 희생을 하는 데에는 큰 기쁨이 있습니다. 하늘의 보상이 얼마나 큰지 사람들이 거의 순교자를 부러워할 정도입니다. 사람들은 그들의 고난을 동정하기보다는 오히려 자신들도 그런 명예를 얻기를 바라고 그들이 겪었던 그대로 하나님을 위하여 고난받을 도덕적인 용기와 거룩한 정력을 얻기를 간절히 바랍니다. 빛의 땅에서 이 찬란한 무리들 가운데 누가 가장 빛나는 사람입니까? 순교라는 홍옥(紅玉)의 면류관을 쓰는 사람이 선두에 설 것이 틀림없습니다. 왜냐하면 그들은 주님을 위하여 죽기까지 고난을 받았기 때문입니다. 친구 여러분, 우리가 희생을 전혀 계산하지 않고 어린 양 그리스도께서 어디로 인도하시든지 온 마음과 영혼으로 그를 따를 때, 그것은 영광스러운 일입니다!

이 영웅적인 길을 걸어갑시다. 어떤 사람들은 이렇게 말할 것입니다. "그것은 너무 힘들어요. 여러분은 사람들이 하나님을 위하여 죽을 만큼 사랑하기를 기대할 수 없어요." 예, 기대하기 어려울 것입니다. 그러나 우리를 위하여 죽을 만큼 우리를 사랑하신 분이 계셨습니다. 우리를 구원하기 위하여 그렇게 죽으신 것입니다. 그리스도께서 우리를 그처럼 사랑하셨다면 우리도 마땅히 그를 사랑해야 합니다. 어떤 사람은 말합니다. "글쎄, 그것은 불가능하다고 생각해요. 나는 고통을 견딜 수 없을 거예요." 아니, 가능합니다. 많은 사람들이 그 고통을 견뎠기 때문입니다. 다음 날 아침에 화형당하기로 되어 있는 순교자들 가운데 한 사람이 자신을 시험해 볼 생각이 들었습니다. 그래서 그는 교도소 안에 큰 불이 있는 것을 보고 발이 불에 타는 것을 견딜 수 있는지 알아보려고 발을 불속에 집어넣었다가 얼른 뺐다는 이야기가 생각납니다. 그 점에서는 그가 우스꽝스럽게 보였습니다. 그러나 그는 다음 날 아침에 나가 나뭇단에 서서 화형당할 때, 장부처럼 서서 주님을 위하여 용감하게 불에 타 죽었습니다. 사실, 하나님은 그에게 발을 난로 속에 넣어 불에 태우라고 부르시지 않았기 때문에 그가 그 고통을 견디도록 돕지 않으셨습니다. 그러나 하나님께서 그에게 온 몸을 불길에 내주도록 부르셨을 때는 견딜 수 있는 은혜를 받았던 것입니다. 순교 당한 한 여성에 대한 이야기가 있습니다. 그녀는 화형당하기 며칠 전에 아이를 낳았습니다. 아이를 낳을 때 고통이 심하자 여인이 크게 소리를 질렀습니다. 그러자 어떤 사람이 말했습니다. "당신이 이 고통을 참을 수 없으면 화형 당할 때는 어떻게 할 거에요?" 그녀가 대답하였습니다. "지금 당신은 여인에게 임하는 자연의 고통을 보고 있는 것이에요. 내게 이 고통을 견딜 인내심은 충분치 않아요. 하지만 머지않아 당신은 그리스도께서 그의 지체 안에서 고난당하시는 것을 볼 거에요. 그리스도께서 얼마나 큰 인내심을 보이는지, 또 주님께서 내게 얼마나 큰 인내심을 주실지 볼 것이에요." 그녀가 자신을 그리스도께 의탁했을 때 전혀 고통을 느끼지 않는 것처럼 보였다는 것이 그녀에 대한 기록입니다.

여러분의 오늘 모습을 보고서 여러분이 고난을 겪을 때 어떻게 될지를 판단하지 마십시오. 나는 하나님을 진실로 사랑하는 사람들 가운데 지극히 소심한 많은 사람들이 용감하기 짝이 없는 사람이 되고, 반면에 자기가 용감하게 행동할 것이라고 생각하는 사람들이 누구보다 먼저 뒤로 물러가게 될 것이라고 믿습니다. 여러분이 그런 시련을 겪도록 부름을 받지 않을 수 있습니다. 하지만 여러분이 작은 시련들을 견딜 수 없다면 어떻게 큰 시련들을 견딜 수 있겠습니까? 어떤 사람은 "나는 조롱당하는 것이 견딜 수 없습니다" 하고 말합니다. 조롱하는 말에 가시가 있긴 하지만 조롱이 사람의 뼈를 부러트리지는 않습니다. 조롱받는 것에 대해서 말하자면, 사실 나는 때때로 이런 생각을 했습니다. 내 우스꽝스런 머리에 대해 유쾌한 농담이 쏟아질 때면 세상에 비참한 일이 많은데, 내가 조금이라도 사람들을 재미있게 만들 수 있다면 기쁘겠다고 생각했습니다. 비록 그것이 나를 깎아내리는 말일지라도 그로 인해 누군가가 조금 유쾌해질 수 있다면 그것은 크게 슬퍼할 문제가 아니라고 생각했습니다. 여러분이 일터에 들어갈 때 사람들이 여러분을 가리키며 "저기 점잔 빼는 감리교도(광신자를 의미) 오신다" 하고 말하면, 그것이 세상이 기독교에 경의를 표하는 방식이라는 것을 기억하십시오! 기독교에 진정한 것이 있다면 세상은 그 점을 트집 잡고 풍자적으로 묘사함으로써 기독교에 대한 경의를 표시합니다. 그들의 경의 표시를 받아들이도록 하십시오. 그들이 그런 식으로 경의를 표시하기 때문이 아니라 여러분이 그들의 행동을 경의 표시로 해석하기로 마음먹기 때문입니다. 그러면 여러분의 마음이 슬프지 않을 것입니다.

맹렬히 타오르는 풀무 불을 두려워하지 않는 사드락 같은 그대여, 그대는 직장의 어리석은 사람들의 웃음소리에 놀라지 않을 것이 분명합니다. 그런데 슬프게도 이런 하잘것없는 두려움이 모든 관계에 파고듭니다! 나는 아내를 두려워하는 남자들을 보았습니다! 그런데 남편을 무서워하는 여자들은 그보다 수가 적었습니다. 이들은 대체로 그리스도를 위하여 대담하였고 그리스도의 이름을 위하여 고난을 받을 수도 있습니다. 나는 부모를 무서워하는 아이들을 보았고, 그런가 하면 자녀를 무서워하는 불쌍한 부모도 보았습니다! 우리가 피조물인 다른 사람들을 두려워하기 시작하면 그 두려움이 우리를 참으로 보잘것없는 벌레로 만듭니다! 옳은 일을 하고 아무것도 두려워하지 마십시오. 하나님이 여러분을 도우실 것입니다.

우리가 거룩한 이 세 사람의 정신을 얻을 수 있으려면, 먼저 하나님의 임재를 분명하게 인식해야 합니다. 사람이 하나님께서 자기를 보고 계시다고 느낀다면 그는 우상에게 무릎을 꿇지 않을 것이고, 악을 행하지도 않을 것입니다. 하나님이 자기를 보고 계시기 때문입니다. 그는 "보이지 아니하는 자를 보는 것 같이 하여"(히 11:27) 견딜 것입니다. 경건하지 않은 자들의 큰물이 높이 솟아오를지라도 그는 수면 위에 앉아 계시는, 그들보다 더 높으신 하나님을 기억할 것입니다. 하나님의 임재를 생생하게 깨닫는 사람은 그 은밀한 교제로 인하여 정복할 수 없는 사람이 됩니다. 그를 위하는 분은 그를 반대할 수 있는 모든 것보다 크신 분입니다.

> "옳은 것이 옳은 것이고 하나님은 하나님이시므로
> 옳은 것이 그 날에 반드시 승리하므로
> 의심하는 것은 불충이 되고
> 머뭇거리는 것은 죄가 될 것입니다."

그 다음에, 우리는 하나님의 법을 깊이 이해해야 합니다. 나는 이미 율법에 대해서 여러분에게 말씀드렸습니다. "너는 나 외에는 다른 신들을 네게 두지 말라 너를 위하여 새긴 우상을 만들지 말고 또 위로 하늘에 있는 것이나 아래로 땅에 있는 것이나 땅 아래 물속에 있는 것의 어떤 형상도 만들지 말며 그것들에게 절하지 말며 그것들을 섬기지 말라"(출 20:3-5). 동정녀 마리아나 십자가, 십자가에 못 박힌 예수 상(像), 그림, 형상, 보이는 물건, 그 어떤 것도 하나님을 대신하여 공경하거나 예배해서는 안 됩니다. 이 모든 것은 치워버려야 합니다. 그것은 아주 분명한 사실입니다. 그러므로 사드락, 메삭, 아벳느고는 하나님께서 가까이 계시는 것을 느끼고 하나님의 법이 무엇인지 알기 때문에 차라리 죽을지언정 하나님의 법을 감히 어길 생각을 하지 않았습니다.

무엇보다 우리가 계속해서 옳은 일을 하기 위해서는 하나님의 사랑을 깊이 느껴야 합니다. 우리가 하나님의 은혜로 새로운 마음을 얻고 그 마음이 예수 그리스도로 말미암아 하나님에 대한 사랑으로 가득 차기 전에는 하나님께 복종하지 않을 것입니다. 그 다음에, 여러분이 하나님을 사랑하면 이렇게 말할 것입니다. "뭐라고요! 하나님의 자리에 금 신상을 놓는다고요? 그럴 수 없습니다! 많은 무리와 함께 보이지 않는 여호와 대신에 거대한 조상(彫像)을 예배한다고요? 그럴 수 없습니다!" 거룩한 분노가 일어나는 여러분은 마음속에 타오르는 정결한 불길을 꺼트리거나 희미하게 타오르게 하기보다는 풀무 불을 선택할 것입니다.

여러분 가운데 어떤 분들에게는 틀림없이 이것이 매우 하찮은 일처럼 보일 것입니다. 그들은 이렇게 말하기 때문입니다. "나는 종교 형식과 의식들에 별로 관심이 없습니다. 나는 이 땅에 있는 동안에는 즐겁게 지낼 것입니다. 그것이 내가 바라는 전부입니다." 여러분은 거래를 끝냈는데, 유감스런 거래입니다. 이생이 전부라면 사람은 어떻게 살아야 합니까? 나는 여러분에게 뭐라고 말해야 좋을지 모르겠습니다. 어쩌면 가장 지혜로운 일은 "내일 죽을 터이니 먹고 마시자"(고전 15:32)라고 말하는 것일 것입니다. 그러나 또 다른 세상이 있습니다. 내세가 있습니다. 우리가 영생을 얻기 위해 이생을 내던져야 하는 지극히 현명할 때가 있습니다. 우리 주님께서는 종종 청중들에게 이 위대한 진리를 일깨워 주셨습니다. "자기의 생명을 사랑하는 자는 잃어버릴 것이요 이 세상에서 자기의 생명을 미워하는 자는 영생하도록 보전하리라"(요 12:25).

어떤 사람은 이렇게 말합니다. "하지만 이 세 사람이 한 일이 무엇입니까? 그들은 그저 머리를 숙이지 않았다가 맹렬한 풀무불에 던져졌습니다. 그들이 한 일이 무엇입니까?" 그들은 자기 시대, 자기 백성들, 그리고 모든 시대에 영향을 끼쳤습니다. 이 세 사람은 바벨론의 도성과 바벨론 제국 전체에 영향을 끼쳤습니다. 그들은 확실히 느부갓네살 왕에게 영향을 주었습니다. 그들은 다음 시대에 영향을 끼쳤습니다. 그리고 그들이 영원하신 하나님을 위하여, 또 보이는 것을 예배하지 않기 위해 용감하게 싸운 그 영향은 오늘날까지 히브리인들이 이 점을 굳게 지키도록 만들었습니다. 유대인들 전체가 우상 숭배와 같은 것을 모두 깊이 미워하도록 가르침을 받은 것은 주로 이 세 사람을 통해서였습니다. 그들은 이런 사람들과 그들의 뒤를 따른 사람들에 의해 우상을 따라 방황하던 성향을 버리고 살아계시고 참되신 한 분 하나님 여호와께 대한 예배를 굳게 붙들었습니다. 민족으로서 유대인들이 거기에서 더 나아가 우리 주 예수 그리스도를 알면 좋겠습니다! 그렇지만 그들이 아직까지 이 땅에 살면서 한 분 하나님, 곧 예배해야 할 오직 한 분, 천지의 창조주가 계시다는 것을 증언하고 있다는 것은 대단한 일입니다. 그뿐 아니라 이 세 사람의 영향력은 이 청중 가운데 살아 있고, 또 장차 올 수많은 청중들 가운데서도 힘을 발휘할 것입니다. 그들을 생각할 때 여러분의 맥박이 뛰지 않습니까? 여러분 속에서 심장이 뛰지 않습니까? 여러분은 속으로 이렇게 말한 적이 없습니까? "이것은 숭고한 모범이다." 우리도 그 위치에 이를 수 있으면 좋겠습니다! 우리 같은 시대, 곧 무엇이든지 팔고 또 돈 주면 누구든지 살 수 있으며, 플루트, 하프, 나팔, 피아노 등이 사람들에게 온갖 음악을 내놓는 때, 가면을 쓴 수도사들이 성도라도 혹하게 하려는 이때, 무슨 일이 일어나더라도 굴복할 수 없고 하려고 하지도 않는 이 세 유대인처럼 강직한 성품의 사람들이 있으면 좋겠습니다. 땅의 기둥들이 무너질지라도 이 사람들은 똑바로 서서 그들을 강하게 하신 하나님의 위대한 능력으로 온 세상을 어깨에 짊어지려고 할 것입니다. 그들처럼 됩시다.

이 세 사람은 하늘과 땅의 칭찬을 들을 만합니다. 어리석은 사람은 그들을 가리키며 이렇게 말했을 것입니다. "저기 세 바보가 간다. 고위직에 수입도 많고 아내도 있고 가족도 있는 신사들이지. 저들이 그저 모자를 한 번 벗기만 하면 부자로 잘 살 수 있어. 하지만 그렇게 하지 않으면 산 채로 화형당할 거야. 그런데 그렇게 하려고 하지 않으니 산 채로 불타 죽을 거야. 그러니 바보들이지." 그렇습니다. 하지만 하나님의 아들은 그렇게 생각하시지 않았습니다. 성자 하나님은 하늘에서 그들이 느부갓네살 왕에게 그와 같이 말하는 것을 듣고 이렇게 말씀하셨습니다. "참으로 용감한 사람들이다! 내가 하늘에 있는 하나님의 보좌를 떠나 내려가서 그들 곁에 서야겠다." 그리고 눈에 보이지 않게 내려오셨습니다. 불이 거대한 홍보석처럼 빨갛게 빛나고 있을 때, 이 세 신앙고백자들을 맹렬하게 타오르는 풀무불 속에 던져 넣은 군인들이 맹렬한 불길에 타 죽었을 때, 주께서 오셔서 그들 곁에 서셨습니다. 그리고 그 세 사람이 불속에서 걸어 다녔습니다. 그것은 그들이 이전에 한 번도 행하지 못한 지극히 위대한 걸음이었습니다. 타오르는 숯불 위에서 그들 네 사람이 함께 다니며 즐거운 교제를 나누고 있었습니다. 그들은 하나님의 아들의 칭찬과 동정을 얻었습니다. 하나님의 아드님이 오셔서 그들 곁에 서기 위해 하늘을 떠나신 것입니다.

그러므로 그들이 느부갓네살에게 감탄의 말을 들은 것은 지극히 작은 일이었습니다. 교만하기 짝이 없는 제국의 폭군이 하나님의 아드님에 관해 사람들에게 소리쳤습니다. "우리가 결박하여 불 가운데에 던진 자는 세 사람이 아니었느냐?" 신하들이 대답하였습니다. "왕이여 옳소이다." 그러자 왕은 유령을 본 것 같은 두려움으로 얼굴이 하얘져서 말했습니다. "내가 보니 네 사람이 불 가운데로 다니는데 상하지도 아니하였고 그 넷째의 모양은 신들의 아들과 같도다." 그는 그 자리에 서서 두려움에 사로잡혀 이 세 영웅에 대해 감탄하지 않을 수 없었습니다. 오늘날 여러분도 그와 똑같이 할 수 있습니다. 이 세 사람은 여전히 살아 있습니다. 빨갛게 타오르는 숯불 가운데서 그들이 큰 소리로 우리에게 외칩니다. "너희가 주 안에서와 그 힘의 능력으로 강건하여지라"(엡 6:10).

끝맺겠습니다. 우리가 하나님의 종이 되려면 하나님의 아들 예수 그리스도를 믿어야 합니다. 와서 예수 그리스도를 믿으십시오. 그러면 여러분은 구원을 받습니다. 여러분이 진정으로 구원받으면 하나님께 순종하기를 주저하는데서 구원받을 것입니다. 이제부터는 하나님의 법이 여러분의 규칙이 됩니다. 그러면 거룩한 법이 여러분에게 명령하면 여러분은 세상에 가서 이렇게 말할 것입니다. "다른 사람들이 어떻게 할 것인가 묻는 것이 내 할 일이 아닙니다. 다른 사람들을 보고서 행동 방침을 정하는 것이 내 할 일이 아닙니다. 나에게 가장 이익을 많이 가져다 줄 것이 무엇인지 묻는 것이 내 할 일이 아닙니다. 내 할 일은 내 주 하나님을 쳐다보고 주께서 나에게 시키시려 하는 일이 무엇인지 묻는 것입니다. 그리고 나는 어떤 희생을 치르더라도 주께서 시키시는 일을 할 것입니다."

나는 이 설교를 듣고 있는 젊은이들 가운데 참으로 많은 사람들이 나와서 그리스도의 편에 서기 위해 자기 것을 많이 버린 것을 볼 때 놀랍습니다. 나는 많은 젊은이들이 편안한 생활을 원하지 않는다고 믿습니다. 그들은 오히려 힘든 시간을 선택하고 치열한 전투에 뛰어들려고 합니다. 우리 가운데는 고독한 희망을 이끌기 좋아하고 또 두려워하지 않는 용감한 정신들이 여전히 있습니다. 나는 그런 사람들에게 와서 주님을 철저히 그리고 충분히 섬기라고 말합니다. 그러면 그들은 그로 인해 혹독한 시간을 보낼 것입니다. 하지만 그들은 영광과 명예와 영원을 보상으로 받을 것입니다. 형제 여러분, 여러분 자신을, 곧 몸과 혼과 영을 그리스도를 위한 온전한 번제로 드리십시오. 이 세 젊은이는 28절에서 읽는 대로 "그들의 몸을 바쳤습니다." "내가 하나님의 모든 자비하심으로 너희를 권하노니 너희 몸을 하나님이 기뻐하시는 거룩한 산 제물로 드리라 이는 너희가 드릴 영적 예배니라"(롬 12:1). 여러분 마음의 믿음이 하나님의 명령에 진심으로 순종하는 가운데 여러분의 온 몸을 이끌고 가도록 하십시오. 이 노래가 여러분에게 해당되도록 하십시오.

"온전히 기쁘게
나를 주님께 드리네.
철저히 오로지
영원히 주님의 것으로 있겠네.
하나님의 아드님이시여, 주께서 나를 사랑하시니
오직 주님의 것만 되겠네.
주여, 내게 있는 모든 것과 내 자신 전부가
이제부터 주님의 것이 될 것이네!"

하지만 나는 많은 사람에게 헛되이 말하는 것이 아닐까 염려가 됩니다. 돌아서 "이 세상은 나를 위한 세상이야" 하고 말할 사람들에게 말입니다. 만일 여러분이 이 세상을 선택하고 여러분 자신을 위한 안락과 쾌락을 선택한다면 여러분은 애굽의 보화를 선택하고 그리스도의 수욕은 멸시한 것입니다. 그러면 어느 날 여러분이 참으로 끔찍하게도 어리석은 일을 저질렀다는 것을 알게 될 것입니다.

하나님께서 여러분이 그 사실을 빠른 시일 내 발견하고 장차 올 세상에서 깨닫게 되지 않게 해 주시기를 바랍니다! 하나님께서 여러분에게 복을 주시고 여러분을 구원해주시기를 바랍니다! 아멘.

제
3
장

풀무불 속에서 받은 위로

"왕이 또 말하여 이르되 내가 보니 결박되지 아니한 네 사람이 불 가운데로 다니는데 상하지도 아니하였고 그 넷째의 모양은 신들의 아들과 같도다 하고." — 단 3:25

이 거룩한 세 자녀 혹은 용사의 빛나는 담대함과 기이한 구원에 대한 이야기는 충분히 신자들의 마음에, 박해에도 불구하고 또 사지(死地)에서 진리를 견지하는 일에 확고부동한 태도를 불러일으킬 것으로 생각됩니다. 이들은 젊은이들이었습니다. 그러므로 특별히 젊은이들은 종교에서 신앙을 버리지 않고 또 사업에서 정직을 버리지 않는 태도, 곧 양심을 희생하지 않는 그들의 모범을 배워야 합니다. 모든 것을 잃을지라도 정직을 잃지 않도록 하십시오. 다른 모든 것이 사라질지라도 죽을 인생의 가슴을 아름답게 장식할 지극히 귀한 보석으로서 깨끗한 양심을 굳게 지키도록 하십시오. 설교자가 엿새 동안 아침마다 그리스도인이 양심의 명령에 전체적으로 그리고 항상 복종할 필요성을 거듭거듭 강조한 것이 시간 낭비가 아니었습니다. 지금은 불굴의 독립 정신과 엄격한 진리의 고수를 요구하는 시대이기 때문입니다. 지극히 엄격한 정직이 결국 최선의 정책이 될 것인지 아닌지에 대해서 논쟁할 생각이 없습니다. 나는 지금 변덕스러운 정책에 인도를 받는 사람들이 아니라 하나님의 빛이라는 북극성에 의해 인도를 받는 사람들에게 이야기하고 있는 것입니다. 나는 그들에게 만난을 무릅쓰고라도 옳은 것을 따라가라고 권합니다. 여러분이 현재 아무 이점(利點)을 보지 못할 때는 보는 것으로 행하지 말고 믿음으로 행하십시오. 주 예수 그리스도 안에서 사랑을 받는 여러분, 원칙을 지키느라 손실을 겪게 될 때 여러분은 하나님을 신뢰함으로 하나님께 영예를 돌려드리도록 하십시오. 하나님께서 여러분에게 빚진 자가 되실 것인지 아닌지 보십시오! 하나님께서 "경건은 큰 이익이 되고"(딤전 6:6) "먼저 그의 나라와 그의 의를 구하는 자들에게 이 모든 것을 너희에게 더하시리라"(마 6:33)는 자신의 말씀을 이생에서도 증명하시지 않는지 보십시오. 하나님의 섭리 가운데서 여러분이 양심 때문에 손해를 보고 또 계속해서 손해를 보는 것이 사실일지라도, 하나님께서는 거기에 대해 여러분에게 세상의 번영이라는 은으로 답례하시지는 않지만 영적 기쁨이라는 금을 주어 약속을 지키시리라는 것에 주의하기를 바랍니다.

여러분에게 사람의 생명이 그의 소유의 넉넉함에 있지 않다는 것을 기억하라고 말씀드리고 싶습니다. 깨끗한 양심을 갖는 것, 사특하지 아니한 영을 지니는 것, 죄 범하지 않는 마음을 지니는 것은 오빌의 광산이 내놓을 수 있는 것보다 혹은 두로의 무역을 통해서 얻을 수 있는 것보다 더 큰 부입니다. 채소로 저녁을 먹어도 사랑이 있는 것이 외양간에 소가 있으면서 다투는 것보다 낫습니다. 1온스의 마음의 편안함이 1톤의 금보다 가치가 있습니다. 한 방울의 순진함이 바다만큼의 아첨보다 낫습니다. 그리스도인이여, 불에 타 죽게 되면 죽더라도 옳은 길에서 떠나지 마십시오. 죽으면 죽더라도 진리를 부인하지 마십시오. 모든 것을 잃더라도 진리를 사십시오. 온 세상의 보화와 명예를 값으로 치르더라도 진리를 팔지 마십시오. 이는 "사람이 만일 온 천하를 얻고도 자기 목숨을 잃으면 아무 유익이 없기"(막 8:36) 때문입니다.

그러나 오늘 아침 특별히 이 이야기를 언급하는 목적은 이야기 전체를 젊은 그리스도인들에게 자극을 주기 위한 것으로 사용하는 것이 아닙니다. 물론 솔직히 말씀드리자면 그렇게 하고 싶은 마음이 많습니다. 그러나 나는 이 한 구절을 염두에 두고 있습니다. 이 구절에서 놀란 폭군은 방금 전에 풀무불에 던져 넣은 희생자들이 당장에 죽이려고 피운 불길에서 조용히 살아남는 것을 보았습니다. 나는 이 폭군의 외침을 도처에서 고통 받고 있는 그리스도인들에 대한 위로의 말로 사용하고 싶습니다. 그러면 이제 본문의 말씀에 생각을 집중하시기 바랍니다. 성령께서 우리를 가르쳐 주시기를 바랍니다.

1. 우리는 먼저 하나님의 백성들이 종종 서 있는 곳을 주의해서 봅시다.

본문에서 우리는 이 세 사람이 맹렬히 타오르는 풀무불 속에 있는 것을 봅니다. 이것이 문자적으로는 기이한 일일 수 있지만 영적으로는 특별한 일이 아닙니다. 사실, 거기는 성도들이 일상적으로 서는 곳입니다. 옛날 사람들은 불속에서 살았다고 하는 사람에 대한 이야기를 지어냈습니다. 그런데 어떤 것도 꾸며내지 않고, 그리스도인에 대해서 그렇게 말할 수 있습니다. 고대 교회는 자신을 묘사하는데 배를 은유로 즐겨 사용하였습니다. 배가 바다 말고 어디에 있어야 합니까? 바다는 종종 폭풍우로 격랑이 이는 불안정한 영역입니다. 가만히 쉴 수 없는 것이 요동하는 바다입니다. 이와 같이 그리스도인은 죽을 수밖에 없는 이 인생이 평온한 것과는 거리가 멀고 좀처럼 안정되지 않다는 것을 발견합니다. 그리스도인이 시련을 겪고 있지 않은 것이 오히려 이상한 일입니다. 광야에서 방랑하는 사람들에게는 불편과 궁핍이 예외적인 경우가 아니라 자연히 통상적인 경우가 될 것이기 때문입니다. 우리가 하나님의 나라에 들어가려면 "많은 환난을" 겪어야 합니다(행 14:22). 천성(天城)을 향하여 가는 사람의 인생만큼 즐거운 인생은 없습니다. 반면에 천성으로 가는 순례자의 인생만큼 투쟁이 많은 인생도 없습니다. 그리스도인들이 던져져 들어가게 되는 풀무불은 종류가 다양합니다. 아마도 우리는 그런 풀무불을 세 그룹으로 나눌 수 있을 것입니다.

첫째로, 사람들이 지피는 풀무불이 있습니다. 마치 세상에 비참함이 충분치 않은 것처럼, 사람들이 다른 동료 피조물들을 가장 크게 괴롭히는 존재들입니다. 아주 맹렬한 자연력이나 사납기 그지없는 들짐승들, 아주 끔찍한 기근과 역병도 사람에게 사람들만큼 그렇게 무서운 원수 노릇을 하지 않았습니다. 종교적 원한은 언제나 모든 미움 가운데 가장 극렬하고 가장 악마적인 행위들을 부추기며, 그 박해는 죽음만큼 가차 없고 무덤만큼 잔인합니다. 예수를 믿는 신자, 곧 도처에서 비방을 받는 사람들 가운데 하나인 신자는 같은 인간들에게서 오는 박해라는 풀무불에 던져질 것을 알아야 합니다. 우리 주님께서는 이렇게 말씀하셨습니다. "세상이 너희를 미워하면 너희보다 먼저 나를 미워한 줄을 알라 너희가 세상에 속하였으면 세상이 자기의 것을 사랑할 것이나 너희는 세상에 속한 자가 아니요 도리어 내가 너희를 세상에서 택하였기 때문에 세상이 너희를 미워하느니라"(요 15:18,19). 어떤 사람들은 이런 말을 시대에 뒤진 것으로 봅니다. 즉, 사도 시대에만 해당되는 구식의 말이라고 생각합니다. 사실은, 여러분이 사도의 믿음에서 떠나 있는 것입니다. 그렇지 않다면 그 말이 지금도 아주 효력 있게 서 있다는 것을 고통스럽게 발견할 것입니다.

때때로 그리스도인들은 공공연한 박해라는 풀무불의 뜨거운 열기를 느낍니다. 허다히 많은 성도들은 엘리야처럼 불병거를 타고서 하늘에 올라갔습니다. 그들의 거룩한 영은 불길을 타고서 하늘로 올라가는 안전한 길을 발견하였습니다. 왜냐하면 그들이 섬기는 영들의 보호를 받았는데, 하나님께서 이들을 불꽃으로 삼으셨기 때문입니다. 수많은 시온의 귀한 아들들이 지하 감옥에서 말라 죽었거나 산비탈에서 죽임을 당하였으며, 혹은 가난과 궁핍 가운데 죽었습니다. 오늘까지도 잔인한 조롱의 시련을 견디며, 여러 가지 방식으로 십자가를 지고 가는 사람들이 많습니다. 이는 무릇 그리스도 예수 안에서 경건하게 살고자 하는 자는 박해를 받을 것이기(딤후 3:12) 때문입니다.

또 다른 풀무불은 박해라는 풀무불입니다. 애굽의 쇠풀무불에서 이스라엘 자녀들은 벽돌과 회반죽으로 힘든 천역(賤役)을 감당하게 되었습니다. 틀림없이 하나님의 백성들 가운데 많은 수는 노예나 다름없는 위치에 있었을 것입니다. 학대는 전혀 사라지지 않았습니다. 지극히 자유로운 정부 아래에서도 가족의 가장들과 회사의 고용주들이 자기가 싫어하는 사람들에 대해 심한 학대를 자행할 수 있는 가능성은 언제나 있습니다. 뛰어난 많은 사람들이 퇴비에 쓸 지푸라기가 밟히듯이 지금도 밟히고 있는 것이 분명합니다.

그런가 하면 비방이라는 풀무불도 있습니다. 열매들 가운데 가장 잘 익은 것들은 기껏해야 새들에게 쪼아 먹힐 것입니다. 하나님의 형상을 가장 많이 닮은 사람들은 세상에서 가장 많은 멸시를 당할 것입니다. 세상이 여러분에 대해서 좋게 말할 것이라고 기대하지 마십시오. 세상이 여러분의 주님께 결코 좋은 말을 하지 않았기 때문입니다. "제자가 그 선생보다, 또는 종이 그 상전보다 높겠습니까?"(마 10:24 참조). 오해받을 것을 예상하십시오. 그것이 인간의 약점입니다. 사람들이 여러분을 거짓으로 설명할 것임을 아십시오. 그것은 인간의 의도적인 미움입니다. 옛날에 청교도들에게 붙여졌던 오명인 "난동 선동자"(Sower of Sedition)를 표시하는 그 유명한 "S. S."를 우리 교단에 붙이려고 사람들이 아주 많은 노력을 기울이고 있습니다. 이 비방은 아주 오래된 것입니다. 느헤미야 시대에는 "이 예루살렘 성이 옛적에 왕들을 거역하는 폭동을 일으켰다"는 고소가 일어났습니다. 이것은 오늘날 우리 선교사들에 대한 고발이고, 사실 우리 모두에 대한 고발로, 우리가 사람들을 부추겨 난동을 부리도록 하는 사람들과 공범자라는 것입니다.

여러분, 우리가 모든 사람들의 자유를 옹호하는 일에 항상 민첩하고, 자메이카에서든 다른 어디에서든 폭군들에게 아첨하는 것을 별로 좋아하지 않는다는 사실을 우리는 부인하지 않겠습니다. 그에 반하여 우리는 압제당하는 모든 사람을 위하여 의와 심판을 행하실 한 분 하나님이 계시다는 것을 아주 크고 분명한 목소리로 증언합니다. 나는 가난한 사람들을 짓밟는 것을 미워하고 대량 학살을 혐오하는데, 터키 사람들이나 러시아 사람들에게 책임이 있는 학살만큼이나 영국인들이 저지른 학살도 몹시 혐오합니다. 이 견해가 아무리 유행에 뒤떨어진 것일지라도 나는 자유는 모든 사람의 생득권(生得權)이라는 견해를 주장합니다. 즉, 사람은 속박당하지 않고 자유롭게 갈 수 있는 자유뿐만 아니라 인간의 권리들을 행사할 수 있는 자유도 나면서부터 갖고 있다고 믿습니다. 고통 받고 있는 인간은 도움을 받아야 합니다. 그 인간이 검은 피부를 입고 있을지라도 말입니다. 고압적인 자세로 저지르는 부당한 행위는 비난받아야 합니다. 그 희생자들이 심한 멸시를 받는 흑인들일지라도 말입니다. 오랜 세월의 부당 행위로 인해 쌓인 무서운 격정이 결국 그처럼 격렬하고 잔인한 폭동으로 분출하고 말았다는 것은 참으로 슬픈 일입니다.

그러나 우리는 학대는 지혜로운 사람마저도 미치게 만든다는 이 점을 기억해야 합니다. 공의를 시행할 때 우리는 이 소요의 책임을 괴로움에 시달리다가 이렇게 분노를 격정적으로 표출하게 된 교육받지 못한 이 불행한 사람들에게만 지워서는 안 됩니다. 우리는 그에 대한 가장 큰 책임은 이 사람들에게 가혹한 짐을 지우고 그들의 절실한 부르짖음을 듣지 않으며 그들의 정당한 요구를 들어주지 않은, 지위가 있고 부가 있으며 또 교육도 받은 사람들에게 지워야 합니다. 학대 받은 사람들의 적들이 감행한 극악무도한 복수를 보면 나는 이 사과의 말도 거의 할 수가 없을 지경입니다. 그 사실만으로도 그동안 이 흑인들을 압제하였고 이 불행한 희생자들이 거기에 대항하지 않을 수 없게 만든 그 정신이 어떠했는지 충분히 보여줍니다. 그러나 물론 사람들은 그 소요의 원인이 침례교도들에게 있고, 따라서 하나님의 교회가 그 범죄자들을 위한 속죄양이 될 것이라고 여전히 주장할 것입니다. 우리는 자유를 지지하는 사람들입니다. 그러나 우리는 결코 폭동을 가르치지 않았습니다. 우리는 독립과 자유의 씩씩한 원칙들을 주입하려고 노력합니다. 그러나 우리는 그와 함께 사랑하는 예수님의 부드러운 교훈들을 나란히 제시합니다. 그럴지라도 우리는 온갖 비방을 받을 것으로 알고, 그런 비방이 우리에게 떨어질 때 그것을 이상한 일로 여기지 않습니다.

둘째로, 사탄이 크게 세 번 울부짖으면서 바람을 불어 불을 피우는 풀무불이 있습니다. 여러분 가운데는 이미 이 풀무불 가운데 있는 분들도 있습니다. 이 풀무불은 견디기가 힘듭니다. 공중의 권세 잡은 자가 인간의 영들을 단단히 지배하고 있고 또 우리의 약한 부분을 알고 있어서 정확히 우리의 급소를 칠 수 있기 때문입니다. 사탄은 시험이라는 한바탕 바람으로 불을 피워 올립니다. 이 악한 자는 우리를 끊임없이 괴롭히는 죄와 우리의 기질상 약점을 알고 어떻게 하면 우리를 아주 쉽게 화나게 만들 수 있는지를 압니다. 그는 물고기에 맞는 미끼를 던지고 새에 맞는 올가미 놓는 법을 압니다. 때때로 지극히 착실한 그리스도인도 "나는 거의 넘어질 뻔하였고 나의 걸음이 미끄러질 뻔하였나이다"(시 73:2) 하고 부르짖지 않을 수 없을 것입니다. 구주님은 광야에서 이 풀무불을 통과하셨는데, 마귀에게 세 번 시험을 당하셨습니다. 이생이라는 광야에서 하나님의 백성들은 지극히 두려운 시험들을 종종 경험합니다. 그 다음에 마귀는 두 번째로 비난이라는 으르렁거리는 소리를 냅니다. 귀에 대고 이렇게 속삭입니다. "네 죄가 너를 망쳤어! 하나님이 아주 너를 버리셨어! 하나님은 네게 더 이상 은혜를 베풀지 않으실 거야!" 마귀는 우리에게 위선자라고 말하며, 우리의 경험은 망상이었고, 우리의 믿음은 추측에 불과하며 우리의 자랑은 허세를 부리는 자랑이었다고 말합니다. 시험하는 자로서 마귀가 "우리 형제들을 참소하던 자"(계 12:10)의 모습을 취할 때는 우리를 부추겨 범하게 만든 바로 그 죄를 들어 우리를 비난합니다. 울부짖는 이 사자의 공격을 받을 때 은혜로 위로를 받지 못한다면 우리는 거의 즉시 모든 희망을 포기할 것입니다. 그 다음에 마귀는 우리를 불경한 생각들로 괴롭힙니다. 우리에게 슬며시 불경한 생각들이 떠오르게 하는 동안에 하나님을 대적하는 악한 생각들을 입으로 표현하게 하고, 그 다음에는 그 생각들을 우리 마음속에 집어넣어서 마치 그것이 우리 자신의 생각인 것처럼 만듭니다. 마귀는 마귀에게 속한 불경한 생각을 우리 마음속에 심고, 그 다음에는 이런 생각들이 본래 우리 마음속에서 자라는 것들이라고 말합니다. 마귀는 자기에게서 나온 어두운 자식들을 마치 우리 집에서 태어난 우리의 자녀들인 것처럼 우리 문 앞에 갖다 놓습니다. 때때로 이 시험은 감당하기가 정말 힘듭니다. 그때는 하나님과 하나님의 그리스도를 대적하는 악한 말들이 우리 마음속에 스쳐 지나가는데, 이런 말들을 끔찍하게 싫어하지만 그 말을 지워버릴 수가 없습니다.

셋째로, 하나님께서 친히 자기 백성을 위하여 준비하시는 풀무불이 있습니다. 신체적 고통이라는 풀무불이 있습니다. 튼튼하던 사람이 어떻게 그렇게 순식간에 약하게 되어버리는지요! 건강을 누리던 사람이 아주 짧은 시간 안에 슬퍼하고 신음하게 되는데, 단지 허약해서만이 아니라 고통과 번민 때문에 그렇습니다. 고통을 모르는 사람은 고통에 대해서 거의 생각하지 않습니다. 사별이라는 풀무불은 훨씬 더 견디기 어려운 풀무불일 것입니다. 아이가 아프고 아내는 점점 더 쇠약해지며, 남편이 뇌졸중으로 쓰러지고, 별이 하나씩 희미해지듯이 친구가 잇따라 떠나갑니다. 우리는 욥이 부르짖었듯이 이렇게 통렬히 외칩니다. "주는 내게서 사랑하는 자와 친구를 멀리 떠나게 하시며 내가 아는 자를 흑암에 두셨나이다"(시 88:18).

그 다음에는 여기에 더하여 세상적인 손실과 고통이 몰려들어 올 것입니다. 우리를 부자로 만들어 줄 것으로 생각했던 사업이 우리를 가난하게 만듭니다. 우리가 집을 세우면, 섭리가 있는 힘껏 그 집을 무너트립니다. 우리는 돛을 올리고 앞으로 나가려고 하지만 역풍으로 말미암아 가려던 항구에서 더 멀어집니다. "여호와께서 집을 세우지 아니하시면 세우는 자의 수고가 헛되도다"(127:1). 나는 우리 하늘 아버지께서 그의 신비한 섭리 가운데 그의 사랑하시는 자녀들에게 임하게 하시는 이러한 불행들을 더 이상 묘사할 수 없겠습니다. 하지만 확실한 것은 바다의 파도처럼, 빗방울처럼, 사막의 모래처럼, 숲의 잎들처럼 하나님 백성들의 슬픔은 헤아릴 수 없이 많다는 것입니다. 하나님은 뜨거운 불구덩이 속으로 자신의 성도들을 던져 넣으십니다. 하나님께서 그렇게 하시는 것은 그들이 하나님의 지극히 사랑하시는 백성들이기 때문이라는 사실에 주의하시기 바랍니다. 나는 금 세공인이 용광로에 금속 찌끼를 넣는 것을 보지 못합니다. 그렇게 한다면 무슨 이익이 있겠습니까? 그렇게 하는 것은 연료와 수고를 낭비하는 일일 것입니다. 금 세공인은 금이 가득 들어 있는 도가니를 가장 뜨거운 불 한가운데 밀어 넣고 열이 아주 높이 올라갈 때까지 숯을 쌓아올립니다. 여러분 가운데는 불행이 전혀 없는 분들이 있습니다. 여러분은 "찌꺼기 같이 가라앉은"(습 1:12) 모압 사람들 같습니다. 여러분은 하나님께 버림을 받았고 그래서 하나님께서 여러분에게 신경을 쓰시지 않기 때문에 "이 그릇에서 저 그릇으로 옮기지 않은"(렘 48:11) 것입니다. 그러나 순금을 풀무불에 집어넣는 것은 금을 더욱 정련하기 위해서입니다. 은을 풀무불에 일곱 번 넣어 정련하는 것은 그것이 은이기 때문이듯이 성도들이 고난을 받는 것은 그들이 하나님 보시기에 귀하기 때문입니다. 사람들이 철을 제련할 때는 은을 제련하듯이 그처럼 많은 수고를 하지 않을 것입니다. 철은 어느 정도 제련하면 쓸 만하게 되지만, 은은 찌끼가 하나도 남지 않도록 하기 위해서는 배나 정련해야 하기 때문입니다. 사람들은 보통 조약돌을 보석 세공인의 기계로 깎지 않습니다. 그러나 다이아몬드는 날카로운 보석 가공기계로 거듭거듭 깎습니다. 신자도 꼭 그와 같습니다.

문맥을 보면 우리는 때때로 그리스도인들이 매우 특이한 시련을 겪는다는 점을 생각하게 됩니다. 풀무불이 일곱 배나 뜨거워졌습니다. 풀무불이 일단 가동되었을 때 충분히 뜨거웠습니다. 그러나 느부갓네살이 역청과 송진, 온갖 가연성 물질을 집어넣어 풀무불이 더욱 맹렬히 타오르게 하였던 것 같습니다. 정말로 하나님께서 자기 백성을 이렇게 대하시는 것처럼 보이는 때가 있습니다. 그의 백성들을 에워싸고 있는 불길이 너무 심해서 그들은 이렇게 부르짖습니다. "나야말로 고난당한 사람이 확실합니다. 나는 슬픔의 나라에서 다른 모든 사람보다 앞자리를 차지할 수 있습니다." 여러분은 그렇지 않다는 것을 아시기 바랍니다. 왜냐하면 고관들이 왕궁 문에 앉아 머리에 재를 뒤집어썼고, 오늘 여호와의 식탁에서 떡을 먹던 최고의 사람들도 "나를 쓴 것들로 배불리시고 조약돌로 내 이들을 꺾으셨다"(렘 3:15)고 말하지 않을 수 없었기 때문입니다. 이 슬픔의 길은 하나님의 택하신 허다한 백성들이 늘 출입하여 단단히 다져진 길입니다. 그 하나님의 백성들은 그 슬픔의 길이, 오직 그 길만이 자신들을 슬픔이 없는 곳으로 인도한다는 것을 알았습니다.

나는 이 요점에 대한 생각을 끝내기 전에 이 거룩한 용사들이 풀무불에 던져졌을 때 스스로 어떻게 할 수 없는 처지였다는 점을 살펴보고 싶습니다. 그들은 묶인 채 던져졌습니다. 우리 가운데 많은 사람들도 묶인 채 던져져서 자신을 구원하기 위해 손 하나 발 하나 까딱할 수 없었습니다. 그들이 풀무불 한가운데로 떨어졌다고 했습니다. 하나님의 성도들 가운데는 고난이 시작되자마자 거의 졸도하다시피 되는 경우가 종종 있습니다. 그들이 후에는 그 고난을 기뻐할 수 있지만 당장에는 마음이 짓눌리기 때문입니다. 이 세 사람은 묶인 채 풀무불 한 가운데 떨어졌습니다. 큰 곤경에 빠진 것입니다! 그런 곤경에 떨지 않을 사람이 누가 있겠습니까? 우리 가운데서 그런 곤경을 택할 사람은 아무도 없을 것이 확실합니다. 그러나 우리는 선택권이 없습니다. 우리가 다윗처럼 "주께서 나의 기업을 내게 택하여 주시옵소서"(시 16:5 참조)라고 말하였으므로, 하나님께서 우리의 기업을 불꽃 가운데서 주시기로 결정하신다면 정하신 이가 여호와이시니, 하나님께서 선하게 여기시는 대로 하시도록 해야 합니다. 여호와께서 자기 성도들을 두시는 곳이 겉보기에는 죽음에 이를 것 같아도 사실은 안전한 곳입니다. 이것이 하나님의 백성들이 종종 처하는 경우라는 것입니다. 이것이 첫 번째 요점입니다.

2. 이제 두 번째 요점, 곧 그들이 거기에서 잃은 것에 대해 살펴보겠습니다.

본문을 보면, 그들이 중요한 것을 잃었음을 분명히 알 수 있습니다. 사드락, 메삭, 아벳느고가 불속에서 잃어버린 것은 터번이 아니고 외투가 아니며, 바지도 머리카락도 수염도 아닙니다. 그러면 무엇을 잃어버렸습니다. 그들은 불속에서 그들을 묶은 끈을 잃어버렸습니다. 왕이 이렇게 말하는 것을 보지 않습니까? "우리가 결박하여 불 가운데에 던진 자는 세 사람이 아니었느냐 내가 보니 결박되지 아니한 네 사람이 불 가운데로 다니는도다." 불이 그들을 상하게 하지 못하였고 그들을 묶은 줄만 끊어버렸습니다. 이것은 복된 손실입니다! 진정한 그리스도인의 손실은 또 다른 형태의 이익입니다. 사랑하는 여러분, 이 점을 주의 깊게 보시기 바랍니다. 즉, 하나님의 종들 가운데 많은 사람들이 풀무불 가운데 던져지기 전에는 영적인 자유를 충분히 알지 못한다는 것입니다. 많은 하나님의 종들이 끈에 묶이고 차꼬에 채워져 있는데, 불속에 들어가자 그동안 그들을 포로로 묶고 있었던 끈이 불에 타버렸습니다. 정금이 불속에서 찌끼 외에는 아무것도 잃지 않는 것과 같습니다. 철이 불속에서 녹 외에는 아무것도 잃지 않는 것과 같습니다. 그리스도인이 그와 같습니다. 하나님의 백성들이 인간의 미움이라는 불 속에 있을 때 하나님께서 그들을 위하여 풀어 없애버리시는 끈들을 몇 가지 보여드리겠습니다. 때로 하나님은 인간에 대한 두려움의 끈과 사람을 기쁘게 하려는 마음의 끈을 끊어버리십니다. 마르틴 루터도 아마 다른 사람들처럼 자신의 평판을 중시하고 여론을 존중했을 것이고, 그 시대의 학문과 권위에 기꺼이 경의를 표하였을 것입니다. 그 시대의 학문과 권위가 고대 가톨릭교회의 체계에 도움을 주었습니다. 그러나 교황은 이 독일인 골칫거리를 파문시켰습니다. 이제 루터에게는 모든 것이 잘 되었습니다. 그의 갈 길이 앞에 뚜렷하고 분명하게 보입니다! 그는 이후부터 평안을 회유하거나 꿈꾸지 않아도 됩니다. 이제 그를 묶고 있던 끈들이 끊어졌습니다. 그는 교황의 교서를 불태우고 큰 소리로 말합니다. "로마 교황이 마르틴 루터를 파문하지만 나, 마르틴 루터는 로마의 교황을 파문한다. 세상은 나를 미워하고, 우리 사이에 사랑은 없다. 세상이 나를 존중하는 만큼 내가 세상을 존중하기 때문이다. 사투를 벌입시다." 이 사람은 세상이 자기를 밀어내기 전에는 분명히 알지 못하였습니다. 아주 많은 멸시를 당하는 시련을 겪고, 옳은 일을 하는 사람도 마찬가지로 멸시를 받을 수 있다는 생각을 분명히 함으로 그런 멸시에 무디어지는 것은 훌륭한 일입니다. 여러분은 이렇게 말합니다. "내가 진리를 말했다고 해서 왜 이런 대접을 받아야 합니까? 나는 적당히 절충하고 싶었고 굴복하고 싶었습니다. 그러나 이 일을 겪고 나서는 그런 생각을 결코 하지 않았습니다! 주께서 내 끈을 풀어주셨기 때문입니다." 이 경우에 느부갓네살이 하였던 것처럼 사람이 자기가 할 수 있는 가장 악한 일을 저질렀을 때, 사드락, 메삭, 아벳느고는 이렇게 말할 수 있었습니다. "왕이 무슨 일을 더 할 수 있겠는가? 그가 우리를 일곱 배나 더 뜨겁게 한 풀무불 속에 던졌다. 그가 할 수 있는 가장 악한 일을 하였는데, 이제 우리가 무엇을 두려워하겠는가?" 박해가 무섭게 몰아칠 때, 오히려 그 박해가 하나님의 자녀에게 자유를 주는 것은 놀라운 일입니다. 루터만큼 자유롭게 말하는 사람은 없었습니다! 존 녹스만큼 용감하게 말하는 사람은 없었습니다! 존 칼빈만큼 대담하게 설교하는 사람은 없었습니다! 위클리프의 갈빗대 밑에서 뛴 심장만큼 용감한 심장을 가진 사람은 없었습니다! 존 브래드포드(John Bradford)나 휴 래티머(Hugh Latimer)만큼 담대하게 천주교에 대항할 수 있는 사람은 없었습니다! 그러나 하나님 아래서 이들이 언어의 자유와 양심의 자유를 누릴 수 있었던 것은 세상이 이들에게서 세상의 호의에 대한 모든 희망을 빼앗아버렸고 그래서 이들의 끈을 풀어버렸기 때문이었습니다.

다시 말하지만, 사탄이 우리를 풀무불에 집어넣을 때, 종종 그는 우리를 묶은 끈을 끊어버리는 수단 노릇을 합니다. 얼마나 많은 그리스도인들이 기분과 감정의 끈에 묶여 있고, 큰 희생 제물이신 그리스도를 의지하기보다는 자기 안에 있는 어떤 것을 의지하는 끈에 묶여 있는지 모릅니다. 마귀가 고통스런 시험을 가지고 올 때는 큰 소리로 "너는 하나님의 자녀가 아니야" 하고 말합니다. 그때는 어떻게 해야 합니까? 우리는 곧바로 그리스도께 가서 그의 귀한 피가 흐르는 것을 보고, 처음에 그랬던 것과 똑같이 그리스도를 믿습니다. 자, 그러면 기분과 느낌은 어떻게 합니까? 속에서 일어나는 감정은 어떻게 합니까? 우리는 십자가 위에서 완성된 그 사역에 완전히 만족하므로 의심과 두려움의 속박을 더 이상 느끼지 않습니다. 우리는 자신을 의지하여 살지 않고 그리스도를 의지하여 살기 때문에 아무데도 구속받는 데가 없습니다. 맹렬한 시험은 선원을 떠밀어 바위로 올려 보내는 파도와 같을 수 있습니다. 즉, 시험은 우리를 그리스도께 더 가까이 몰아갈 수가 있습니다. 아무에게도 유익을 가져다주지 못하는 바람은 나쁜 바람입니다. 그러나 사탄이 그리스도인에게 아무리 나쁜 바람을 불게 할지라도 그 바람은 그리스도인에게 유익을 줍니다. 그 바람으로 인해 그리스도인이 서둘러 그리스도께 가까이 가기 때문입니다. 시험이 자기 과신의 끈과 기분과 감정에 의지하는 끈을 풀어줄 때, 우리에게 큰 복이 됩니다.

하나님께서 보내시는 고통을 생각할 때, 그 고통들이 우리를 묶고 있는 끈들을 풀어주지 않습니까? 사랑하는 형제 여러분, 의심과 두려움은 우리가 병으로 누워 있을 때보다는 한창 일하고 사업에 몰두하고 있을 때 훨씬 더 많이 일어납니다. 나는 여러분이 그 사실을 어떻게 알게 되었는지 모르지만, "내가 약한 그 때에 강함이라"(고후 12:10)고 하였는데, 정말 그렇습니다. 많은 신자들이 섭리에 의해 날개가 잘리거나 새장에 갇혔을 때 가장 아름다운 노래를 부릅니다. 신자들이 고난에 빠지기 전에는 아무 말이 없고 주님을 향한 마음은 아주 무겁습니다. 그러다가 고난에 들어갈 때 믿음이 되살아나고 소망이 돌아오며 사랑이 타오릅니다. 그들은 불속에서 하나님을 찬송하는 노래를 부릅니다. 사랑하는 친구 여러분, 여러분은 고난이 여러분을 세상에 묶고 있는 끈들을 끊어버리는 것을 종종 경험하지 않았습니까? 하나님께서 자녀를 데려가실 때는 세상에 굳게 묶여 있던 끈이 하나 줄어들고, 천국으로 끌고 가는 끈은 하나 더 생기는 것입니다. 하나님께서는 여러분이 소중히 여기는 것을 제거하심으로써 여러분을 우상 숭배의 끈에서 풀어주신 것입니다. 여러분은 어린 자녀를 더 이상 우상으로 삼을 수가 없습니다. 하나님께서 데려가셨기 때문입니다. 돈을 잃고 사업이 도무지 안 될 때, 우리는 기도회에 더 자주 참석하고 골방에 더 자주 들어가며 성경을 더 많이 읽습니다. 모든 시련으로 말미암아 세상에서 떨어져 나오는 것입니다. 우리에게 모든 일이 잘 되어간다면 틀림없이 우리는 "영혼아, 평안히 쉬자"(눅

12:19)고 말하기 시작할 것입니다. 나무가 흔들리면 새가 둥지에 머물지 못하고 날개를 펴고 날아오를 것입니다. 우리의 세상 근심을 풀어 보내는 고난은 복됩니다! 여러분에게 병상에서 며칠만 아주 고통스럽게 보내도록 해 보십시오. 그러면 여러분은 지금처럼 그렇게 사는 것에 집착하지 않을 것입니다. 여러분은 "떠나게 해 주세요"라고 말하기 시작할 것입니다. 이기적인 마음에서라도 그렇게 되기를 바랄 것입니다. 그러면 여러분은 다윗이 자기 마음과 육체가 살아 계시는 하나님께 부르짖는다고 말했을 때(시 84:2) 의미한 바를 이해할 수 있습니다. 육신이 하나님을 찾아 부르짖도록 만드는 것은 어려운 일입니다. 그러나 여러분이 육신을 꼭 붙들고 있다면, 육신을 고문대에 올려놓고 나사못을 조금 더 조이고 육신을 조금 더 잡아당기면 말 못하는 죽을 운명의 이 육신이 세상을 떠나 고통과 병에서 벗어나기를 부르짖기 시작할 것입니다.

이렇게 해서 나는 여러분에게 시간이 부족하기 때문에 아주 짧게 말씀드렸지만 성도들이 풀무불 속에서 기쁘게 놓아버릴 어떤 것을 잃는다는 점을 설명하였습니다. 즉, 그 세 청년이 결박된 채 풀무불 속에 던져졌지만 타오르는 숯불 가운데서 그들은 자유롭게 되었습니다.

3. 셋째로, 성도들이 거기에서 무엇을 하는지 살펴봅시다.

"내가 보니 결박되지 아니한 네 사람이 불 가운데로 다니는도다." 걸어 다니고 있습니다! 잔물결이 이는 샘들, 얼굴을 붉히는 꽃들, 향기로운 풀, 여기저기에 있는 조용한 나무 그늘과 편안하게 기댈 수 있는 의자가 있는, 가지각색의 풍경을 보여주는 동산들을 즐겁게 보십시오. 거기에서 젊은 남녀가 걸으며 기쁜 목소리로 이야기합니다. 이 아름다운 경치를 보십시오! 그런데 여기를 보십시오! 너무 뜨거워서 쳐다보는 눈을 태워버릴 것같이 보이는 맹렬히 타오르는 풀무불이 있습니다. 마치 늙은 태양신 솔(Sol)이 땅에 집을 세운 것처럼 거기에서 뜨거운 열이 쏟아져 나옵니다. 그런데도 네 사람이 그 속에서 걸어 다닙니다. 그것도 편안히 걸어 다닙니다. 그들이 유황빛 불길 속에서 걸어 다닐 때 큰 기쁨이 있는데, 젊은 남녀가 꽃밭을 걸을 때의 기쁨보다 더 큰 환희가 있습니다. 그들이 걷고 있습니다. 그들이 걸어 다닌다는 것은 기쁨과 편안함과 평안과 휴식을 상징하는 것입니다. 그들은 불안한 유령이 여기저기 날아다니는 것이 아니라 마치 육체에서 벗어나 불길 속을 다니는 영들인 것처럼 걸어 다니고 있습니다. 그러나 그들은 실제로 발로 걸어 다니고 있고, 뜨거운 숯불을 마치 장미꽃들인 것처럼 밟고 다니고, 유황빛 불길을 마치 향기만을 풍기는 것처럼 냄새를 맡고 있습니다. 에녹은 "하나님과 동행하였습니다"(창 5:24). 그것이 그리스도인의 걸음걸이입니다. 그리스도인의 전반적인 걸음걸이입니다. 그리스도인이 때로 뛰기도 하지만 전반적인 걸음걸이는 하나님과 동행하는 것입니다. 즉, 성령으로 행하는 것입니다. 여러분은 이 훌륭한 사람들이 걸음걸이를 빠르게 하지도, 느리게 하지도 않은 것을 압니다. 그들은 평상시에 하던 대로 계속 걸었습니다. 다른 데서와 마찬가지로 마음에 거룩한 평온을 그대로 지녔습니다. 그들이 이처럼 걸었다는 사실은 그들의 자유와 편안함, 즐거움을 보여줄 뿐만 아니라 그들의 힘도 보여줍니다. 그들의 힘이 딱 하고 꺾이지 않았습니다. 그들은 걸어 다녔습니다. 하나님의 백성들은 야곱이 얍복 강에서 그랬듯이 때로 다리를 절뚝거립니다. 신자를 절게 만드는 것은 작은 고난에 불과하다고 생각합니다. 더 큰 시련은 신자를 다시 똑바로 세워줄 것입니다. 개울과 같은 고난은 신자를 거의 뒤집어지게 만들지만, 홍수와 같은 시련은 방주가 뜨듯이 신자를 높이 띄워 천국에 더 가까이 이르도록 할 것입니다. 이들은 전혀 절뚝거리지 않았고, 그냥 걸어 다녔습니다. 불 한가운데서 걸어 다녔습니다.

이제, 이 모든 사실을 설명하기 위해 하나님의 성도들의 전기(傳記)를 살펴봅시다. 「납달리」(*Naphtali*)라는 제목이 붙은 오래된 스코틀랜드 책이 한 권 있습니다. 그 책은 산의 고지대에서 죽음의 위험을 무릅쓰고 산 하나님의 백성들의 전기입니다. 이 「납달리」를 읽어 보면, 여러분은 스코틀랜드 언약도들(the Covenanters)이 스코틀랜드의 늪지와 강기슭, 산중턱에서 죽을 인생이 이 세상에서 더 이상 경험할 수 없는 큰 기쁨을 누렸다는 것을 알게 될 것입니다. 복된, 또 한 권의 오래된 책이 있습니다. 이 책은 한때 교회에서 성경과 나란히 묶여 있곤 하였습니다. 내가 말하는 것은 「폭스의 순교자 열전」(*Foxe's Book of Martyrs*)을 가리킵니다. 가정마다 아이들이 볼 수 있도록 삽화가 그려진 이 책을 한 권씩 가지고 있어야 합니다. 여러분이 이 〈폭스의 순교자 열전〉을 읽으면, 나이든 보너(Bonner: 런던의 주교 - 역주)가 지하 석탄 저장소에서, 그리고 롤라드(Lollard: 위클리프파 교도 - 역주)가 감옥에서 세상 왕들보다 더 큰 기쁨을 누렸다는 것을 분명히 알게 될 것입니다. 이 순교자들은 지옥과 같은 고통을 겪는 동안에 천국과 같은 기쁨을 느꼈습니다. 사무엘이라고 하는 사람은 몇 주 동안 굶주림으로 고통을 받고 있었습니다. 빵과 물이 교대로 제공되었는데, 하루는 서너 번 베어 먹을 만큼의 빵을 주고 물은 전혀 주지 않았으며, 다음 날은 한두 숟가락 정도의 물을 주고 빵은 전혀 주지 않았습니다. 그런 상태로 지낸 지 얼마 되지 않아 그는 더할 수 없이 큰 기쁨 가운데 들어갔습니다. 그는 천사가 자기에게 이렇게 말하는 소리를 들은 것 같았습니다. "사무엘아, 네가 주님을 위해 이렇게 굶주리고 고통을 받았으니, 곧 위에서 주님과 함께 진수성찬을 먹을 것이다. 또한 아래에서 네 영으로 주님과 함께 진수성찬을 먹을 것이다."

하나님의 자녀들 가운데는 주님의 인자를 분명하게 보여주는 경험을 한 사람들이 많습니다. 그렇습니다. 그들은 풀무불 속에서 걸어 다니고 있었습니다. 바울과 실라가 발은 차꼬에 채워져 있고 피가 흐르는 가엾은 등을 빌립보에 있는 로마 지하 감옥의 딱딱하고 축축한 돌바닥에 기대고 있으면서도 찬송을 불렀고, 죄수들이 그들의 찬송 소리를 들은 것을 보십시오. 나는 베드로와 함께 변화산 꼭대기에 있기보다는 차라리 바울과 실라와 함께 지하 감옥에 있겠습니다. 어쨌든 이 거룩한 세 자녀들은 네 번째 사람, 곧 그들의 보혜사이자 친구인 분에게 베드로가 주님께 한 말을 하였을지 모릅니다. "주여 우리가 여기 있는 것이 좋사오니 우리가 여기에 초막 셋을 짓겠습니다(마 17:4). 이 불길을 가지 삼아 지붕을 만들고 거기에 거하겠습니다. 비록 느부갓네살의 풀무불 속이라도 주께서 계시는 곳에 있으면 행복합니다."

4. 넷째로, 이들이 풀무불 속에서 잃지 않은 것에 대해 생각해 봅시다.

본문의 말씀은 "상하지도 아니하였다"(3:25)고 말합니다. 그들은 불 속에서 아무것도 잃지 않았습니다. 우리는 이들에 대해서 첫째로 그들 자신이 상하지 않았다고 말할 수 있습니다. 하나님의 자녀는 풀무불 속에서 그 자신 가운데 보존할 가치가 있는 것은 아무것도 잃지 않습니다. 그는 영원한 영적 생명을 잃지 않습니다. 그는 장점들을 잃지 않습니다. 오히려 그 장점들이 단련되고 더 많아집니다. 그 장점들의 우수함이 풀무불의 빛에 의해 가장 잘 보입니다. 성령께서 그리스도인들에게 주시는 선물들을 맹렬한 불길에 빼앗기지 않습니다. 그리스도인은 불 속에서 옷을 잃지 않습니다. 여러분이 알다시피 그들의 모자와 바지, 외투가 그을리지 않았고, 불에 탄 냄새도 나지 않았습니다. 그리스도인이 그와 같습니다. 그리스도인의 옷은 그리스도께서 친히 생명을 들여 짜고 보혈의 진홍색으로 물들인 황홀할 정도로 아름다운 옷입니다. 그리스도인은 이 옷을 영광스럽고 아름다운 불멸의 외투로 두르고 있습니다.

> "이 흠 없는 옷은 언제나 똑같네.
> 타락한 본성이 오랫동안 스며들어도
> 아무리 시대가 흘러도 그 영광스러운 색깔은 변하지 않네.
> 그리스도의 옷은 언제나 새것이네."

이 옷은 세월에도, 좀에도, 벌레에도, 곰팡이에도 상하지 않듯이 불에도 타지 않습니다. 성도들이 그리스도의 의를 입고 천국에 이를 때 영들이 주위에 모이고 "이들이 누구냐?"(계 7:13)는 질문을 받을 때, 그들이 겪은 박해나 고난의 흔적이 그들에게서 전혀 보이지 않을 것입니다. 그리스도인은 풀무불을 통과할 때 자기 보화를 전혀 잃지 않습니다. 사실, 한 마디로 요약하자면 그는 아무것도 잃지 않습니다. 황후가 크리소스톰에게 추방하겠다고 으름장을 놓았습니다. 이에 크리소스톰은 말했습니다. "황후는 그렇게 할 수 없습니다. 내 조국은 모든 나라에 있기 때문입니다." 황후가 말했습니다. "하지만 네 재산을 몰수하겠다." 크리소스톰이 답변했습니다. "아니요, 황후는 그렇게 할 수 없습니다. 나는 그리스도의 가난한 종입니다. 가진 것이 아무것도 없기 때문입니다." 황후가 말했습니다. "그렇다면, 네 자유를 빼앗겠다." 크리소스톰이 말했습니다. "황후는 그렇게 할 수 없습니다. 철장이 자유로운 영혼을 가둘 수 없기 때문입니다." 황후가 말했습니다. "네 목숨을 빼앗겠다." 크리소스톰이 말했습니다. "어떤 의미에서 황후는 그렇게 할 수 있습니다. 그러나 내게는 황제가 건드릴 수 없는 영원한 생명이 있습니다." 황후는 이 사람을 그냥 내버려 두는 게 낫겠다고 생각했습니다. 자기가 그를 조금도 해칠 수 없다는 것을 알았기 때문입니다.

이와 같이 원수는 하나님의 자녀를 그냥 내버려 두는 것이 낫습니다. 하나님의 백성을 발로 차는 사람은 맨발로 바늘을 차는 것에 지나지 않기 때문입니다. 소몰이 막대기에 맞는 소가 그 막대기를 발로 차면 자기만 다치듯이 살아계신 하나님의 성도들을 건드리는 사람은 다 그와 같이 될 것입니다. 하나님의 성도들은 상하지 않고, 앞으로도 상하지 않을 것입니다. 자, 여러분 가운데 어떤 분들은 이것이 사실이라고 생각하기 힘들 것입니다. 그러나 예수 그리스도를 진심으로 믿는 사람에게는 모두 그것이 사실이 될 것입니다. 형제 여러분, 나는 여러분이 풀무불을 무서워한다는 것을 압니다. 누가 무서워하지 않겠습니까? 그러나 용기, 용기, 용기를 내십시오. 풀무불이 뜨겁게 달구어지도록 허락하시는 주님께서 풀무불 속에서 여러분을 지키실 것입니다. 그러니 당황하지 마십시오! 여러분은 천국에 올라갈 때 이야기할 거리가 있게 살고 싶을 것입니다. 천국에서 잠잠히 있기를 바라지 않을 것입니다. 보좌 앞에서 내놓을 모험담 하나 없이 영광에 이르기를 바라지 않을 것입니다. 자, 여러분은 전쟁을 치르지 않고서 유명해질 수는 없습니다. 싸우지 않고서 정복자가 될 수는 없습니다. 여러분은 지존하신 하나님의 약속과 신실하심을 시험하고 조사해 보지 않고서는 하나님의 영광을 증언할 아무것도 가질 수가 없습니다. 여러분이 고통의 풀무불 속에서가 아니면 어디에서 이런 일을 할 수 있겠습니까? 그러니 용기를 내십시오.

> "불길이 그대를 해치지 못할 것이라, 주께서는 다만
> 그대의 찌끼를 태워버리고 그대의 금을 정련시키려는 것뿐이라."

5. 본문의 마지막이자 아마 가장 중요한 부분은, 풀무불 속에서 누가 그들과 함께 있었는가 하는 점입니다.

네 번째 사람이 있었습니다. 그의 모습이 지극히 빛나고 영광스러워서 이교도인 느부갓네살의 눈도 그에게서 빛나는 초자연적인 광채를 식별할 수 있었습니다. 느부갓네살은 "그 넷째의 모양은 신의 아들과 같도다"(3:25, 개역개정은 "신들의 아들과 같도다" - 역주) 하고 말했습니다. 그리스도께서 어떻게 이교도 군주조차 알아 볼 수 있는 모습을 취하셨는지 알 수 없습니다. 나는 그리스도께서 요한계시록에서 그의 종 요한에게 자신을 나타내 보이셨던, 그와 같이 영광스러운 모습으로 나타나셨다고 생각합니다. 다시 말해, 그리스도께서 불 속에서 다른 세 사람과 함께 거니실 때 느부갓네살조차도 그가 신의 아들과 같다고 말하지 않을 수 없을 만큼 눈이 번뜩이고 걸음걸이가 당당하며 외양이 하나님과 같이 지극히 빛나고 찬란한 모습으로 나타났다고 생각합니다.

사랑하는 여러분, 여러분이 그리스도 예수와 지극히 가깝고 친밀한 교제를 갖고자 하면 풀무불 속으로 들어가야 합니다. 하나님께서 나타나실 때는 언제나 그의 백성들이 전투적인 자세를 취하고 있을 때입니다. 모세가 하나님을 호렙산

에서 보았지만 불타는 떨기나무 가운데 나타나신 모습을 보았습니다. 여호수아도 하나님을 보았지만, 하나님께서 그의 백성들이 여전히 전투하는 백성들임을 보여주시기 위하여 손에 칼을 뽑아든 모습으로 나타나신 것을 보았습니다. 그리고 여기에서 세 성도가 자기들의 구주님을 보았는데, 그리스도께서 풀무불 속에 계시는 것을 보았습니다. 아마 그리스도인이 의지하여 살아갈 수 있는 가장 귀중한 생각은 그리스도께서 자기와 함께 풀무불 속에 계시다는 이 사실일 것입니다. 여러분이 고통 받을 때 그리스도께서도 고통 받으십니다. 신체 중 어떤 부위가 고통을 받으면 머리도 그 고통을 함께 겪는 것입니다. 그와 같이 그리스도의 몸의 지체인 여러분, 여러분이 고통을 겪을 때마다 머리이신 그리스도 예수께서도 함께 고통을 겪으시는 것입니다. 백스터(Baxter)가 말하듯이 "그리스도께서는 자신이 전에 경험하였던 것보다 더 어두운 방으로 우리를 데려가시지 않습니다." 그런데 우리는 이 말을 고쳐서 이렇게 말할 수 있을 것입니다. "그리스도께서는 우리를 아무리 어두운 방으로 데리고 가실지라도 자신이 친히 그 어둠 가운데 계시며 자신의 임재로 그 어둠을 빛으로, 우리의 마음의 기운을 북돋우고 기쁘게 하는 빛으로 만드십니다."

세상 사람들에게는 이 사실이 별로 위로가 되지 못한다는 것을 압니다. 그러나 그들이 이 포도주를 맛보지 않았다면 이 위로의 향기를 판단할 수 없습니다. 그리스도께서 여러분을 자신의 잔칫집으로 데리고 들어가시지 않았다면, 여러분 위에 세워진 그리스도의 깃발이 사랑이 아니었다면, 그리스도께서 여러분에게 입맞춤을 하시지 않았다면, 그리스도께서 여러분에게 "나는 너의 것이고 너는 나의 것이다"는 말씀을 하신 적이 없다면, 여러분이 경험하지 못한 것을 알 것이라고 기대할 수 없습니다. 그러나 베들레헴 샘물에서 물을 한 번 마신 사람은 다시 그 물을 한 모금 마시기 위해서라면 목숨이라도 무릅쓰려고 할 것입니다. 7만 배 더 뜨겁게 달구어진 풀무불 속에라도 기꺼이 지나가려고 할 것입니다. 빨갛게 타오른 숯불을 밟고 다닌 빛나는 네 번째 사람, 곧 그 하나님의 아들을 다시 한번 볼 수 있다면 그렇게 할 것입니다. 그리스도의 임재야말로 하늘 아래서 누릴 수 있는 가장 빛나는 기쁨입니다. 그리스도인이여, 그 기쁨을 구하십시오. 그 기쁨 없이 만족하지 않도록 하십시오. 그 기쁨을 갖도록 하십시오.

한 가지 매우 슬픈 생각이 갑자기 떠오르며 이 설교를 마치기 전에 꼭 말을 해야 할 것 같은 느낌이 듭니다. 이 말로 설교를 마치고 싶지 않지만, 설교에 충실하려면 이 말을 하지 않을 수 없겠습니다. 그리스도께서 함께 하시지 않는 풀무불 속에 던져지는 것은 얼마나 두려운 일이겠습니까! 풀무불 속에서 영원히 불에 타며 지내는 것은 얼마나 고통스러운 일이겠습니까! 불쌍한 이 세 청년이 불붙은 역청이 불길을 하늘 높이 올라가게 하여 마치 온통 하늘을 불태우는 것처럼 보이는 느부갓네살의 풀무불 속에 던져진 것을 생각할 때 사람들의 마음은 빨리 뜁니다. 그런데 그 불이 이 세 자녀들을 건드리지 못했습니다. 그것은 태우는 불이 아니었습니다. 그러나 여러분, "소멸하는 불"이신 분이 계시고, 일단 그 분이 진노로 불타오르시면 아무도 여러분을 구원할 수 없다는 점을 잘 알기 바랍니다. "우리 하나님은 소멸하는 불이심이라"(히 12:29)는 사실을 우리는 압니다. 가마솥처럼 불이 타오를 날이 옵니다. 교만한 자들과 악을 행하는 자들은 불에 타 그루터기처럼 될 것입니다. 세상에서 그리스도 예수를 믿지 않는 사람은 모두 그 풀무불 속에 던져질 것입니다. 이것이 둘째 사망입니다.

하나님을 망각하고 사는 여러분, 도벳의 영원한 불이 여러분을 불사르지 않도록 조심하십시오. 그 불길이 여러분의 관절과 골수를 찾아 불태우고 여러분의 영혼을 고통으로 불사를 것이기 때문입니다. 여러분, 그동안 복음을 많이 들었으면서도 헛되이 들은 여러분, 여러분에게는 하나님의 진노의 풀무불이 일곱 배나 뜨겁게 타오를 것입니다. 여러분은 결박된 채 풀무불 가운데 떨어질 것이고, 그 결박이 결코 끊어지지 않을 것입니다. 그때 그리스도께서 함께 계시며 여러분을 위로하기보다는, 여러분은 그가 보좌에 앉아 계시는 것을 볼 것이며, 그의 번개 같은 눈길이 그 불길을 영원히 더욱 뜨겁고 더욱 극렬하게 타오르게 만드는 것을 볼 것입니다. 여러분이 느부갓네살의 풀무불에 던져진다면 그 일은 순식간에 끝날 것입니다. 바싹 구워진 뼈 가루조차 발견되지 않을 것입니다.

그러나 영혼은 죽지 않습니다. 악인은 의인이 보상받는 기간만큼 형벌을 받을 것입니다. 공의는 하나님의 마음에 항상 있을 것이며, 그 공의를 시행할 대상도 항상 있을 것입니다. 영혼이 죽는다면, 지옥이 지옥답지 않을 것입니다. 거기에는 희망이 있을 것이기 때문입니다. 영혼이 죽으면 절망이라는 끔찍한 요소가 제거될 것이기 때문입니다. 죄인이여, 자신이 멸절되어 없어질 것이라고 꿈에도 생각하지 마십시오. 결코 꺼지지 않고, 그 속에서 벌레도 죽지 않는 불을 두려워하십시오. 하나님의 말씀에 하나님은 "몸과 영혼을 능히 지옥에 멸하실 수 있는"(마 10:28) 분이라고 기록되었습니다. 이것은 영혼이 소멸되는 죽음이 아닙니다. 실제로 생명이 있지만 존재를 벗어나도 여전히 영향을 받지 않는 것을 멸하시는 것입니다.

> "평생 쫓겨나 있으면서도
> 죽도록 허락받지 못하고,
> 영원히 고통 가운데 있으면서
> 영원히 죽도록 허락받지 못한다면, 그 고통이 어떠하겠는가?"

그런 운명은 참으로 두렵습니다. 믿지 않는 모든 사람에게 임할 둘째 사망이 있습니다. 그것은 영혼의 소멸이 아닙니다. 죽음이 몸을 소멸하지 않듯이 영적인 죽음도 영혼을 소멸하지 않습니다. 여러분이 생명은 잃지만 존재는 잃지 않을 것입니다. 영원한 죽음 속에서 머무를 것입니다. 그러나 거기에 구주께서 계십니다. 구주께서 풀무불 속에서 자기 백성들과 함께 계셨듯이 오늘날도 자비로 여러분 가까이 계시면서 여러분을 죄에서 구원하십니다. 주님께서 여러분에게 죄를 버리고 주님을 보라고 부르십니다. 그렇게 하면 여러분은 죽지 않을 것이고, 진노의 불길이 여러분에게 쏟아지지 않을 것입니다. 그 불길이 주님에게 쏟아졌고, 주께서 하나님의 진노의 풀무불을 겪으시고 자기를 믿는 모든 영혼을 대신하여 타오르는 숯불을 밟으셨기 때문입니다. 하나님께서 여러분에게 복을 베풀어 주시기를 바랍니다. 아멘.

제
4
장
—

정복할 수 없는 왕

—

"그 기한이 차매 나 느부갓네살이 하늘을 우러러 보았더니 내 총명이 다시 내게로 돌아온지라 이에 내가 지극히 높으신 이에게 감사하며 영생하시는 이를 찬양하고 경배하였나니 그 권세는 영원한 권세요 그 나라는 대대에 이르리로다 땅의 모든 사람들을 없는 것 같이 여기시며 하늘의 군대에게든지 땅의 사람에게든지 그는 자기 뜻대로 행하시나니 그의 손을 금하든지 혹시 이르기를 네가 무엇을 하느냐고 할 자가 아무도 없도다."
— 단 4:34,35

지금까지 느부갓네살을 선지자들 가운데 한 사람으로 간주하고 그의 말을 영감 되었다고 믿은 사람은 없었습니다. 지금 우리 앞에는 영감을 받지 않은 사람이 지극히 특별한 경험을 하고 나서 말한 진술이 있습니다. 그는 대단히 지체가 높고 지극히 교만한 사람이었습니다. 그런데 갑자기 이성을 잃고서 풀 먹는 소의 처지로 떨어지고 말았습니다. 그리고 정신을 회복하자 그는 지존하신 하나님의 손을 공공연히 인정하였습니다. 나는 그의 말이 성경의 다른 부분들에서 분명하게 진술되는 장엄한 교리들을 아주 정확하고 힘 있게 기술하지 않았다면 그의 말을 본문으로 삼지 않았을 것입니다. 이것은 하나님께서 사람들을 괴롭게 하는 섭리 가운데 집어넣으실 때, 어떻게 사람들로 하여금 하나님 자신에 관한 중대한 진리들을 많이 보고 자신의 믿는 바들을 표현하되, 성령께서 그 사실들을 불러주셨다면 그들이 썼을 것과 똑같이 표현하지 않을 수 없게 만드시는지 보여주는 특이한 예입니다. 하나님의 성품에는 믿지 않는 사람도 보지 않을 수 없는 부분들이 있습니다. 고난과 굴욕의 어떤 과정을 겪고 나면 믿지 않는 사람도 하나님의 성품에 관해 성령의 증거에 자신의 증언을 덧붙이지 않을 수 없습니다. 느부갓네살이 여기서 하는 말은 한 마디 한 마디가 다 하나님께서 절대 틀림없는 진리를 선포하도록 보내신 사람들의 틀림없이 영감된 말씀에 의해 지지를 받을 수 있습니다. 그러므로 우리는 본문의 말씀이 그저 느부갓네살의 진술에 지나지 않는다는 반론에 답변할 필요가 없을 것입니다. 가령 그렇다고 하더라도, 나는 겸손하게 된 바벨론의 이 군주가 여기서 성경의 다른 부분들의 증언과 아주 정확하게 일치하는 말을 하였다는 점을 보여줄 것입니다.

여러분이 본문의 말씀을 면밀히 살피도록 하기 전에 한 가지 말씀을 드리지 않을 수 없습니다. 여러분 가운데 많은 분들은 이 예배 동안에 읽는 성경 본문과 찬송, 설교가 모두 지난 밤 신문에 보도된 중요한 정치적 사건을 언급하려는 것이라고 아주 자연스럽게 추측할 것입니다. 여러분의 추측이 전혀 사실 무근이라는 것을 아시기 바랍니다. 왜냐하면 이 본문은 그 사건에 관한 소식을 조금이라도 듣기 전인 어제 아침에 정한 것이고, 따라서 그 사건이 일어나지 않았더라도 예배는 똑같았을 것이기 때문입니다. 그래서 본문의 구절을 택할 때 현저하게 생각나는 것을, 여러분이 원한다면 성령의 인도를 나타내는 것으로 볼 수 있습니다. 그러나 그것을 내가 의도적으로 어떤 것을 언급하려는 목적에서 택한 것으로 생각해서는 안 됩니다.

이제 우리는 먼저, 본문의 교리적인 교훈을 생각해 볼 것입니다. 둘째로, 본문의 실제적인 가르침을 배울 것입니다. 그리고 셋째로, 그런 주제를 명상하기에 적합한 정신을 보여줄 것입니다.

1. 첫째로, 그러면 본문으로 돌아가서 여기서 우리에게 제시되는 교리적인 교훈을 살펴봅시다.

여기서 우리는 하나님의 영원하신 자존의 교리가 분명하게 진술되는 것을 봅니다. "내가 지극히 높으신 이에게 감사하며 영생하시는 이를 찬양하고 경배하였나니." 이 말이 옳다는 것을 증명할 필요가 있다면 나는 여러분에게 요한계시록에 나오는 요한의 말을 보여주겠습니다. 우리는 4장 9,10절에서 요한이 생물들과 이십사 장로들이 "보좌에 앉으사 세세토록 살아 계시는 이에게" 영광과 존귀와 감사를 돌리는 모습을 묘사하는 것을 봅니다. 그보다 나은 예로, 우리는 요한복음 5장 26절에서 우리 구주님의 증언하시는 말씀을 들어봅시다. 거기에서 구주님은 "아버지는 자기 속에 생명이 있느니라"고 선언하십니다. 형제 여러분, 여러분은 내가 그 사실을 확증하는 수많은 구절들을 여러분 앞에 끌어 모을 필요가 없을 것입니다. 하나님의 영원하신 자존은 성경 전체에서 가르치는 바이고, 참되신 하나님 여호와께만 붙여진 이름, 곧 "나는 스스로 있는 자니라"는 이름에 함축되어 있는 사실이기 때문입니다. 여기서 그 이름이, 어떤 정도나 어떤 면에서 하나님이 더 이상 존재하지 않았음을 암시할 수 있을 "나는 있었던 자니라"가 아니고, 또 하나님의 현재 모습이 장차와 다를 것을 암시할 수 있을 "나는 있을 자니라"도 아니라는 것에 주의하기 바랍니다. 하나님의 이름은 나는 스스로 있는 자니라입니다. 즉, 유일한 존재, 곧 존재의 뿌리이시고 변치 않는 영원한 분이십니다.

한 훌륭한 청교도가 말하듯이, "우리는 존재한다기보다는 무에 더 가깝습니다." 존재하는 것은 하나님의 대권입니다. 하나님만이 "나는 하나님이라 나 외에 다른 이가 없느니라"(사 45:5)고 말씀하실 수 있습니다. 하나님은 "내가 하늘을 향하여 내 손을 들고 말하기를 내가 영원히 살리라"(신 32:4)고 선언하십니다. 하나님만이 파생되지 않고, 스스로 존재하며 스스로 지탱하는 분이십니다. 우리가 예배하는 여호와 하나님이 그 본성상 필연적으로 존재하시는 유일한 분이시라는 확실한 사실을 알도록 합시다. 하나님 외의 어떤 존재도 하나님의 주권적인 뜻이 없다면 존재할 수 없었고, 그 뜻이 그친다면 존재하는 것들이 계속해서 존재할 수도 없습니다. 하나님만이 생명의 빛이고, 다른 모든 것들은 그 빛을 반사하는 것들입니다. 하나님은 반드시 계셔야 합니다. 다른 어떤 지성적 존재들에게는 그런 필연성이 없었습니다. 장래에도 하나님은 계셔야 합니다. 다른 영들이 존속할 필요성은 하나님의 뜻에 있지, 그 사물들의 본성에 있지 않습니다. 피조물들이 없었던 때가 있었습니다. 피조물들은 그릇들이 토기장이의 물레바퀴에서 나왔듯이 하나님에게서 나왔습니다. 작은 시내가 그 물이 흘러나오는 샘물에 좌우되듯이 모든 피조물은 모두 하나님께 의존되어 있습니다. 하나님의 뜻이라면 모든 피조물은 거품이 물에 녹아 사라지듯이 사라질 것입니다. 영들의 불멸성은 마태복음 25장 46절 같은 구절들에서 암시됩니다. "그들은 영벌에, 의인들은 영생에 들어가리라"는 말씀은 하나님께서 영원히 존속하는 영들을 만드시겠다는 결심의 결과입니다. 하나님께서 일단 주신 불멸성을 거두시지 않을지라도, 영원히 존재할 이유는 피조물들에게 있지 않고 전적으로 하나님 자신에게 있습니다. 본래 "오직 그에게만 죽지 아니함이 있기"(딤전 6:16) 때문입니다.

"그는 창조하실 수 있고 멸하실 수도 있습니다."

물질적인 것이든 지적인 것이든 존재하는 모든 것은, 하나님께서 그렇게 정하기를 기뻐하셨다면, 햇살처럼 일시적으로 존재하였다가 무지개가 구름에서 사라지듯이 신속히 사라져버렸을 것입니다. 지금 어떤 것이 필연적으로 존재한다면, 그 필연성은 하나님에게서 나왔고, 지금도 그 존재는 하나님의 정하신 뜻이라는 필연성에 좌우됩니다.

하나님은 독립적인 분이십니다. 독립적인 분은 하나님밖에 없습니다. 우리는 몸이 매일 배설하는 것을 벌충할 음식물을 얻어야 합니다. 우리는 빛과 열, 그리고 수많은 외적인 힘들에 의존해 있습니다. 그리고 무엇보다 우리를 위해 베풀어지는 하나님의 능력에 근본적으로 의존해 있습니다. 그러나 스스로 있는 자이신 하나님은 스스로 충족하신 분입니다.

"그는 불확실한 보좌에 앉지 않으시고
존재하도록 누구의 허락을 받으시지도 않습니다."

하나님은 세상을 창조하시기 전에도 지금처럼 영광스러우셨습니다. 하나님은 해와 달과 별들이 존재하기 전에도 지금처럼 모든 속성에서 크고 복 되며 거룩한 분이셨습니다. 하나님께서 사람이 자기가 쓴 것을 지우듯이 혹은 토기장이가 자기가 만든 그릇을 부수듯이 모든 것을 없애버리실지라도, 하나님은 항상 찬송 받으실 지고의 하나님으로 계실 것입니다. 하나님의 존재 어떤 부분도 다른 것에서 파생되지 않았고 존재하는 모든 것이 하나님에게서 나왔습니다. 너희 작은 산들과 큰 산들, 너희 바다와 별들, 너희 사람들과 천사들, 너희 하늘과 하늘들의 하늘이여, 너희는 너희를 지으신 분에게 아무것도 드리지 못하고, 너희는 모두 너희의 창조주로부터 흘러나와 존재하는도다.

하나님은 어떤 변화도 겪지 않으신다는 이 면에서 항상 살아계십니다. 하나님의 모든 피조물들은 본질상 다소간에 변화를 겪습니다. 이 모든 것들에 대해서는 하나님의 뜻이 다음과 같이 선포됩니다. "천지는 없어지려니와 주는 영존하시겠고 그것들은 다 옷 같이 낡으리니 의복 같이 바꾸시면 바뀌려니와 주는 한결같으시고 주의 연대는 무궁하리이다"(시 102:26,27). 우리의 인생은 온갖 변화로 점철되어 있습니다. 우리는 어린아이에서 금방 청소년으로 자라고 청소년에서 금방 성인이 되며, 성인에서 금방 노년으로 시들어갑니다. 우리가 겪는 변화는 우리의 날수만큼이나 많습니다. 우리의 경우에 대해서 말하자면, 실로 "피조물이 허무한 데 굴복한다"(롬 8:20)고 말할 수 있을 것입니다. 사람은 깃털보다 가볍고, 들의 꽃보다 약하며, 유리처럼 부서지기 쉽고, 유성처럼 덧없으며, 공처럼 이리저리 튀며, 불꽃처럼 쉽게 꺼집니다. "주여, 사람이 무엇입니까?" 정한 때가 되면 우리 모두에게 영이 몸에서 분리되는 중대하고 최종적인 변화가 임합니다. 그리고 분리된 인성이 다시 결합되는 또 다른 변화가 뒤따릅니다. 그러나 하나님께는 이 같은 변화나 그 밖의 어떤 변화가 없습니다. 하나님께서 "나 여호와는 변하지 아니하느니라"(말 3:6)고 밝히시지 않았습니까?

하나님은 본래 그리고 영원히 순결한 영이십니다. 따라서 변함도 없고 회전하는 그림자도 없으십니다(약 1:17). 피조물들에게는 그 어떤 것에도 이렇게 말할 수 없습니다. 불변함은 하나님만의 속성입니다. 창조된 것들은 한때는 새로운 것이었지만 낡아지고 있고, 계속해서 더 낡아질 것입니다. 하나님에게는 시간이 없습니다. 하나님은 영원 가운데 거하십니다. 영원자에게는 시작하는 순간이 없습니다. 수명을 계산하기 시작하는 출발점이 없습니다. 옛날부터 하나님은 옛적부터 항상 계신 이시었습니다(단 7:9,22). 곧, "영원부터 영원까지 주는 하나님이시니이다"(시90:2). 여러분이 마음으로 멀리 갈 수 있는 한 최대한 거슬러 올라가 오래된 영원까지 올라가 보십시오. 거기에서도 홀로 충만한 영광 가운데 계신 여호와를 만납니다. 그 다음에 상상력을 발휘할 수 있는 한 마음껏 발휘해서 그 생각을 순식간에 먼 미래로 날아가 보십시오. 거기에서도 변치 않으시는 영원자를 만납니다. 하나님은 변화를 일으키고 가져오십니다. 그러나 하나님 자신은 언제까지나 동일하십니다. 형제 여러분, 우리는 이 같은 말로 하나님을 찬미합시다.

"주의 보좌는 바다와 별들이 생기기 전부터
영원히 있었나이다.
모든 민족은 죽었을지라도
주는 영원히 살아계신 하나님이시나이다.

영원이 주님 앞에는
그 모든 연수와 함께 현재로 서 있나이다.
크신 하나님이시여, 주에게는 오래된 것이 하나도 없고
새로운 것도 전혀 없나이다.

우리 인생은 다양한 장면을 거치며 일그러지고
하찮은 근심거리들로 애를 태우나이다.
그러나 하나님의 영원한 생각은 계속 전진하고
주의 일도 흔들림 없이 전진하나이다."

하나님께서 영원히 사신다는 것은 하나님의 본질적이고 필연적인 자존의 결과이며, 하나님의 독립성과 변치 않으심의 결과일 뿐만 아니라 또한 하나님을 해하거나 상처를 입힐 수 있는, 혹은 멸할 수 있는 세력이 없다는 사실의 결과이기도 합니다. 우리가 아주 불경한 생각을 해서 하나님께서 해를 받으실 수 있다고 여기더라도 보좌에 계신 하나님을 공격할 수 있는 활과 화살이 어디에 있습니까? 대체 어떤 창이 여호와의 방패를 뚫겠습니까? 땅의 모든 족속이 일어나 하나님께 대항해 보도록 하십시오. 대체 그들이 어떻게 하나님의 보좌에 이르겠습니까? 그들은 하나님의 발판도 흔들 수 없습니다. 하늘의 모든 천사들이 이 크신 왕에게 반역하고 그들의 군대가 지존하신 하나님의 궁정을 빽빽이 둘러 포위할지라도 하나님께서 마음먹기만 하시면 그들은 가을 낙엽처럼 시들어버리거나 기름이 제단 위에서 타듯이 타버리고 말 것입니다. 하나님의 권세를 대적한 자들은 어둠의 사슬에 묶인 채로 영원히 하나님의 진노를 기억나게 할 것입니다. 아무도 하나님께 손을 댈 수 없습니다. 그는 영원히 사시는 하나님이십니다. 살아계신 하나님을 기뻐하는 우리는 그 앞에 절하고, 우리를 살게 하고 활동하고 존재하게 하시는 하나님으로 알고 겸손히 예배하도록 합시다.

그 다음에 본문에서 우리는 느부갓네살이 하나님의 영원한 통치를 주장하는 것을 봅니다. 그가 "그 권세는 영원한 권세요 그 나라는 대대에 이르리로다"라고 말합니다. 우리가 섬기는 하나님은 존재하실 뿐만 아니라 또한 통치하십니다. 모든 피조물을 다스리는 무한한 통치권을 행사하실 수 있는 위치 외에는 하나님께 어울릴 수 있는 자리는 아무것도 없습니다. "천지의 주재이시요 지극히 높으신 하나님께서 그의 보좌를 하늘에 세우시고 그의 왕권으로 만유를 다스리시도다"(창 14:19; 시 103:19). "여호와께서 홍수 때에 좌정하셨음이여 여호와께서 영원하도록 왕으로 좌정하시도다"(시 29:10). 여호와께서는 당연히 만유의 통치자이십니다. 그런데 누가 감히 여호와를 다스리겠다고 나서겠습니까? 하나님은 사람의 제한된 이성으로 판단할 수 있는 분이 아닙니다. 하나님은 사람이 이해할 수 없는 큰일들을 행하시기 때문입니다. 피조물이 감히 창조주를 판단하는 자리에 앉으려고 할 때, 사람의 뻔뻔함이란 놀랍기 그지없습니다. 하나님의 성품은 공격하거나 의심을 품을 수 있는 대상이 아닙니다. 다만 그 끝을 모르는 우리의 교만과 오만이 감히 거룩하신 삼위 하나님께 무례한 짓을 하는 것입니다. "너희는 가만히 있어 내가 하나님 됨을 알지어다"(시 46:10)라는 말씀이 그런 미친 짓에 대한 충분한 답변입니다. 하나님의 위치는 보좌에서 다스리시는 것이고 우리의 위치는 복종해야 하는 자리입니다. 다스리시는 것은 하나님의 일이고, 우리의 일은 섬기는 것입니다. 자기의 뜻대로 행하시는 것은 하나님의 하실 일이고, 하나님의 뜻을 언제나 우리의 즐거움으로 삼아야 하는 것이 우리의 할 일임이 분명합니다.

그 다음에, 이 우주에서 하나님이 지금 실제로 통치하고 계시다는 것을 기억하시기 바랍니다. 우리는 하나님을 무한히 크신 분이지만 자신의 큰 권세를 발휘하여 통치하시지 않고 그저 사건들의 방관자로 계시는 것으로 생각해서는 안 됩니다. 그렇지 않습니다. 하나님은 바로 지금 다스리고 계십니다. 한편으로 우리가 "나라가 임하시오며" 하고 기도하지만, 또 한편으로는 "나라와 권세와 영광이 아버지께 영원히 있사옵나이다"(마 6:10,13) 하고 말합니다. 우주의 보좌는 비어 있지 않고, 그 권세가 정지되어 있지도 않습니다. 하나님은 그저 왕이라는 직함만 갖고 계신 것이 아닙니다. 하나님은 실제로 왕이십니다. 정권이 그의 어깨에 있고 경영하는 지배권이 그의 손에 있습니다. 이 시간에도 하나님은 사람의 아들들에게 이같이 말씀하십니다. "이제는 나 곧 내가 그인 줄 알라 나 외에는 신이 없도다 나는 죽이기도 하며 살리기도 하며 상하게도 하며 낫게도 하나니 내 손에서 능히 빼앗을 자가 없도다"(신 32:39). 하나님께서는 바로 여러분이 보는 앞에서 자신의 약속을 이루셨습니다(눅 1:52,53). 사건들이 회오리바람에 티끌이 날리는 것처럼 아무렇게나 벌어지는 것처럼 보이지만, 사실은 그렇지 않습니다. 전능자의 통치는 항상 만물 위에 시행됩니다. 어떤 것도 우연히 일어나지 않습니다. 만물이 하나님의 지혜로 다스려집니다. 보이지 아니하는 전능하신 만유의 주께 영광을 돌립시다.

한때 교만했던 이 바벨론 군주에게 이 하나님의 나라가 영원한 나라인 것이 분명하게 보였습니다. 항상 사시는 이 하나님의 통치는 다른 나라들과 달리 "대대에 이릅니다." 아무리 강한 왕도 권세를 물려받고 또 얼마 있지 않아 그의 권세를 후계자에게 물려줍니다. 그러나 하나님은 시작한 날도 없고 생명의 끝도 없습니다(히 7:3). 하나님께 대해서는 전임자나 후임자라는 말을 사용할 수가 없습니다. 다른 군주들은 그들의 권세가 정복되지 않는 동안에는 서 있습니다. 그러나 악한 날에 더 큰 강대국이 그들의 권세를 짓밟을 수 있습니다. 하나님보다 큰 권세는 없습니다. 다른 모든 권세는 하나님에게서 나오는 것입니다. "하나님이 한두 번 하신 말씀을 내가 들었나니 권능은 하나님께 속하였다 하셨기"(시 62:11) 때문입니다. 이러므로 하나님의 나라는 정복될 수 없고 영원할 수밖에 없습니다. 지금까지 수많은 왕조들이 사라졌는데, 그 후계자들이 없어서 소멸하였습니다. 그러나 항상 살아계시는 하나님은 아무에게도 그의 뒤를 잇고 그의 이름을 영속시켜달라고 부탁하시지 않습니다. 폭풍우에도 흔들리지 않던 숲의 나무들처럼 우뚝 서 있던 제국들이 내부의 부패로 말미암아 결딴난 경우가 많았습니다. 나무가 중심이 썩으면 오래지 않아 부패로 인해 약해져서 흔들거리다가 쓰러졌습니다. 무한히 거룩하신 하나님은 불의가 없고, 잘못이나 불공평 혹은 일을 처리하심에 있어서 악한 동기가 없습니다. 모든 일을 흠 없는 거룩함과 더할 나위 없는 공의, 한결같은 성실함, 깨끗한 진실함, 놀라운 자비와 넘치는 사랑으로 처리하십니다. 하나님 나라의 모든 요소들은 철저히 옳기 때문에 보존력이 매우 탁월합니다. 전지하신 하나님의 회의실에는 악한 누룩이 없고, 하늘의 재판석에는 부패 행위가 없습니다. "의가 주의 보좌의 기초라"(시 89:14). 하나님의 보좌는 거룩하기 때문에 우리는 그 보좌가 결코 흔들릴 수 없다는 것을 알고 기뻐합니다.

여러분, 여기서 잠시 멈추고 마음으로 사물에 대한 이 견해를 다시 한번 봅시다. 하나님은 첫날부터 통치하셨고 날이 끝날 때에도 통치하실 것입니다. 모든 곳에서 하나님은 통치하는 하나님이십니다. 하나님은 미리암이 소고를 들고 "너희는 여호와를 찬송하라 그는 높고 영화로우심이요"(출 15:21)라고 말하였을 때만큼이나 바로가 "여호와가 누구이기에 내가 그의 목소리를 듣겠느냐?"(출 5:2)고 하였을 때에도 통치하셨습니다. 천사들의 군대가 큰 소리로 의기양양하게 "문들아 너희 머리를 들지어다 영원한 문들아 들릴지어다 영광의 왕이 들어가시리로다"(시 24:7) 하고 외칠 때만큼이나 서기관과 바리새인들, 유대인들과 로마인들이 하나님의 독생자를 십자가에 못 박았을 때에도 통치하셨습니다. 하나님은 장차 평화로운 번영의 시대에 통치하시는 만큼 온갖 재난이 지구를 휩쓸 때에도 통치하십니다. 보좌는 비어 있지 않고 그 규는 치워지지 않습니다. 여호와는 언제나 왕이시고, 영원히, 영원히 왕이실 것입니다. 바라볼 보좌가 있는 신하들은 복됩니다! 그런 왕을 아버지로 모시고 있는 자녀들은 복됩니다! 왕 같은 제사장인 여러분은 여러분의 왕족의 특권과 제사장의 특권들이 안전하다고 느낄 수 있습니다. 정복할 수 없는 왕이 보좌에 확실하게 앉아 계시기 때문입니다. 여러분의 왕이신 하나님이 더 뛰어난 적에게 칼을 빼앗기지 않으셨으니, 여러분은 다른 지도자를 찾을 필요가 없습니다. 하나님은 그의 사랑하시는 아들 안에서 우리의 금 촛대 사이에 다니고 오른손으로 우리의 별을 붙잡고 계십니다. 하나님은 이스라엘을 지키시며 졸지도 주무시지도 않으십니다.

우리는 서둘러 가야 하겠습니다. 셋째로, 하나님 앞에서 겸손하게 된 느부갓네살은 인간의 무가치함에 관하여 비상한 말을 합니다. "땅의 모든 사람들을 없는 것 같이 여기시도다." 이 말을 한 사람이 느부갓네살이지만, 그의 말을 이사야가 확증합니다. "보라 그에게는 열방이 통의 한 방울 물과 같으니라"(사 40:15). 즉, 양동이의 물을 구유에 비운 뒤에 양동이에 남아 있는, 눈에 잘 보이지 않는 한 방울 물이나, 양동이를 우물에서 퍼 올릴 때 양동이에서 떨어지는, 너무 하찮아서 주의하여 볼 필요도 없는 한 방울 물과 같습니다. "저울의 작은 티끌 같도다"(40:15). 즉, 열방은 저울에 떨어지지만 너무 작아서 저울에 하등 영향을 주지 못하는 티끌과 같습니다. "보라 그는 섬들을 티끌 같이 드시느니라"(40:15 난외주). 모든 섬들을 하나님은 전혀 고려할 가치가 없는 하찮은 것처럼 드십니다. 하나님은 우리 인간의 나라를 하찮은 것으로 여기실 뿐만 아니라 또한 "티끌"

같은 것으로 보십니다. 거대한 섬 호주, 태평양의 섬들, 남극해의 국가들, 이 모든 것들을 하나님은 아이들이 장난감을 들 듯이 드십니다. "그의 앞에는 모든 열방이 아무것도 아니라 그는 그들을 없는 것 같이, 빈 것 같이 여기시느니라"(사 40:17). 이렇게 하나님의 크심에 대한 느부갓네살의 생각이 멀리 간다면 성령의 감동을 받은 이사야의 생각은 더 멀리 갑니다. 느부갓네살이 열방을 "없는 것"으로 부르는데, 이사야는 "없는 것보다 못하고 빈 것보다 못한 것"(40:17, 개역개정은 "없는 것 같이, 빈 것 같이" - 역주)이라고 말합니다. 열방에 대한 그와 같은 표현이 이사야 40장 15,17절에 나옵니다. 이제는 "땅의 모든 사람들을 없는 것 같이 여기시느니라"는 말의 취지를 살펴봅시다. 여기서 "땅의 모든 사람들"이라고 했는데, 이는 사람들 가운데 단지 일부가 아니라, 사람들 가운데 가난한 자들만을 가리키는 것이 아니라 부자들, 왕들, 지혜자들, 철학자들, 제사장들, 모든 사람들을 합쳐서 "없는 것 같이 여기신다"는 것입니다. 모든 민족들을 한데 모을 수 있다면, 얼마나 큰 무리가 모이겠습니까! 내 마음에는 참으로 인상적인 광경이 떠오릅니다! 사람이 이 거대한 회중을 지나가려면 독수리의 날개가 필요할 것입니다. 이 모든 사람이 모일 수 있는 평야를 어디에서 찾을 수 있겠습니까? 그런데도 본문은 이 모든 사람들에 대해 "없는 것 같이 여긴다"고 말합니다.

자, 땅의 모든 사람들이 본래 그렇다는 것을 아시기 바랍니다. 여기에 모여 있는 우리 모두에 관해서 말하자면, 우리가 없었던 때가 있었다는 것은 확실한 사실입니다. 우리는 그때 정말로 "없었던 존재"였습니다. 또한 바로 이 순간에, 만일 하나님께서 마음먹으신다면, 우리는 더 이상 존재하지 않고, 단 한 번의 조치로 다시 없는 것이 되어버립니다. 우리는 본래 없는 존재입니다. 우리는 하나님께서 우리에게 존재하도록 허락하실 때에만 있는 존재에 지나지 않습니다. 그래서 때가 오면, 그때가 곧 올 것인데, 이 세상에서 우리는 없어질 것입니다. 우리에게서 사람들 가운데 남을 것은 기껏해야 공동묘지나 시골 교회 묘지에 있는 작은 무덤뿐일 것입니다. 이는 해 아래서 행해지는 어떤 일에도 우리가 관여하지 못할 것이기 때문입니다. 형제 여러분, 바로 지금 대홍수 이전의 수많은 사람들이 어떤 가치가 있습니까? 니므롯, 시삭, 산헤립, 고레스의 군대들은 무엇입니까? 느부갓네살의 뒤를 이어 행진하였고 고레스의 명령에 복종하였으며, 크세르크세스 앞에서 죽어 간 수많은 사람들의 세계가 무엇이 중요합니까? 알렉산더의 통치권을 인정하였던 세대들이나 카이사르의 독수리 깃발을 따르고 거의 숭배하기까지 한 군대들은 지금 어디에 있습니까? 슬프지만, 우리의 선조들은 어디에 있습니까? 우리의 아들들은 우리가 반드시 죽는다는 것을 우리에게 예고합니다. 우리의 아들들은 우리를 매장하기 위해 태어난 것이 아닙니까? 이렇게 인간의 세대들은 숲의 나뭇잎들이 연이어 떨어지듯이 사라집니다. 그러니 세대들은 최상의 상태에 있는 때라도 "모두가 허사뿐"(시 39:5)이 아니고 무엇이겠습니까?

열방은 하나님과 비교할 때 아무것도 아닙니다. 여러분이 영(0)을 원하는 대로 아무리 많이 모아놓을지라도 그 영들이 합해서 아무것도 이루지 못하듯이 여러분이 원하는 대로 많은 사람들을 모으고, 또 사람들의 힘과 지혜라고 생각하는 것들도 함께 모을지라도 그 모든 것이 하나님과 비교하면 아무것도 아닙니다. 사람들은 영(0)이지만 하나님은 '1'의 수이십니다. 하나님은 모든 것 안에 있는 모든 것을 대표하고 모든 것을 포함하십니다. 하나님 외의 모든 것은 아무리 많이 모여 있을지라도 가치가 없는 영(0)에 지나지 않습니다. 하나님의 '1'이라는 수가 그 영들을 계산에 포함시키기 전에는 아무것도 아닌 것입니다. 여기서 나는 여러분에게 하나님께 영적으로 배운 사람은 누구나 자신이 전적으로 무가치함을 경험을 통해 생생하게 느끼게 된다는 점을 말씀드리고 싶습니다. 욥처럼 마음의 눈으로 여호와를 볼 때 사람은 자신을 혐오하며, 땅속으로 움츠리며, 단 한순간도 자신을 지존하신 하나님과 대조하거나 비교할 수 없다고 느낍니다.

> "크신 하나님, 주는 참으로 무한하시고
> 우리는 참으로 하잘것없는 벌레이옵니다!"

이것은 자신을 알고 자기 하나님을 아는 사람이라면 누구든지 금방 그 입에서 자연스럽게 나오는 시입니다. 영적인 면에서 생각할 때, 우리의 무가치함은 아주 분명하게 드러납니다. 선택에 있어서 우리는 아무것도 한 것이 없었습니다. "너희가 나를 택한 것이 아니요 내가 너희를 택하였느니라"(요 15:16). "그 자식들이 아직 나지도 아니하고 무슨 선이나 악을 행하지 아니한 때에 택하심을 따라 되는 하나님의 뜻이 행위로 말미암지 않고 오직 부르시는 이로 말미암아 서게 하려 하셨느니라"(롬 9:11). "그런즉 원하는 자로 말미암음도 아니요 달음박질하는 자로 말미암음도 아니요 오직 긍휼히 여기시는 하나님으로 말미암음이니라"(9:16). 구속에 있어서 우리는 아무것도 한 것이 없었습니다. 예수께서 지불하신 값에 우리는 아무것도 내놓은 것이 없습니다. "만민 가운데 나와 함께 한 자가 없이 내가 홀로 포도즙틀을 밟았느니라"(사 63:3). 중생에 있어서 우리는 완전히 무가치한 존재입니다. 영적으로 죽은 자들이 찬송 받으실 하나님께서 그들을 살리는 일을 도울 수 있습니까? "살리는 것은 영이니 육은 무익하니라"(요 6:63). "우리는 그가 만드신 바라 그리스도 예수 안에서 지으심을 받은 자니라"(엡 2:10). 천국에 가면 우리가 아무것도 아닌 것보다 못하고 빈 것보다 못한 존재이며 하나님은 모든 것의 모든 것이 되신다고 고백하는 것이 예배의 한 부분이 될 것입니다. 그러므로 우리는 면류관을 하나님의 발 앞에 던지고 하나님께 영원히 모든 찬양을 드릴 것입니다.

"땅의 모든 사람들을 없는 것 같이 여기시느니라." 이것은 놀라운 표현입니다. 사실 나는 이 말씀이나 본문의 어떤 부분을 자세히 설명하려고 하지 않습니다. 그보다는 본문과 같은 뜻을 지닌 말을 예를 들어 되풀이합니다. 내 앞에 깊은 바다가 있습니다. 누가 그 깊이를 헤아릴 수 있겠습니까? 나는 지식 없는 말로 조언을 흐리게 하고 싶지 않습니다.

농부의 땅 어딘가에 개미집이 있다면, 그 땅이 약 천만 평 정도 된다고 생각해 볼 때, 개미집이 비록 지극히 작긴 하지만 그 큰 땅에 대해 어느 정도 비율을 차지할 것입니다. 그 땅에 비해 개미집이 없는 것 같다고 말할 수 있지만 세상을 하나님께 비할 때 없는 것 같다고 말하는 것만큼은 되지 못할 것입니다. 이 둥근 지구는 하나님의 광대한 피조세계에 비할 때 지극히 하찮습니다. 심지어 망원경을 통해서 우리에게 보이는 세계에 비해서도 그렇습니다. 망원경을 사용해서 볼 수 있는 모든 것, 그것이 많은 천체들과 거기 거주하는 모든 것들이라고 할지라도, 광대한 우주에 비할 때는 그 모든 것이 런던 시에 비교되는 바늘구멍만큼 하찮은 것에 지나지 않는다고 충분히 생각할 수 있습니다. 이 세상이 그렇다면, 그리고 여러분이 마음으로 하나님의 피조계 전체를 둘러볼 수 있다면, 세상은 그 모든 것을 지으셨고, 또 그 모든 것을 만 배나 더 크게 지을지라도 그 능력을 이제 막 발휘하기 시작하신 것에 불과한 하나님에 비할 때 물통의 한 방울 물에 지나지 않을 것입니다. 이 세상은 개미집이 천만 평의 농부 땅에서 차지하는 비율만큼 하나님에 대해서 차지하지 못합니다. 농부가 그 땅을 경작하고자 하면, 필시 그는 일을 준비하면서 그 개미집을 전혀 인식하지 못하고 그 집을 갈아엎고 부술 것입니다. 이 사실은 개미가 하찮은 존재이고 개미에 비할 때 인간은 크다는 것을 증명합니다. 그러나 이 사실에는 어느 정도 농부 편에서의 부주의나 보지 못한 면이 관계되어 있으므로 개미를 완전히 없는 것으로 여기기에는 상당한 존재감을 지닙니다. 그러나 열방은 하나님에 비할 때 그 개미만큼도 존재감을 지니지 못합니다. 농부가 모든 계획들을 능숙하게 준비하여 자신의 조처들을 하나도 어그러트리지 않으면서도 모든 새와 개미, 벌레들을 계획 속에서 다 고려할 수 있다면, 농부는 개미에 비할 때 참으로 위대한 존재일 것입니다! 그리고 하나님이 바로 그와 같으십니다. 하나님께서는 만사를 완벽하게 준비하시므로 섭리의 통치가 아주 쉽게 모든 일들에 관여하고 아무에게도 부당하게 대하지 않으며 모든 것에게 공의를 시행하는 것으로 보입니다. 사람들은 하나님께 지극히 하찮은 존재들이어서 하나님은 단 한 사람에게도 부당하게 대할 필요를 전혀 느끼지 않으시고, 단 한 피조물에게도 불필요한 고통을 겪도록 하신 적이 없습니다. 이 점에 하나님의 위대하심이 있습니다. 즉, 하나님의 위대하심은 작은 모든 것을 흔쾌히 다 포함합니다. 하나님의 영광스러운 지혜는 하나님의 장엄한 능력만큼이나 놀랍습니다. 하나님의 찬란한 사랑과 은혜는 하나님의 두려운 주권만큼이나 놀랍습니다. 하나님은 자기의 원하시는 일을 하실 수 있습니다. 아무도 하나님을 막을 수 없기 때문입니다. 그러나 하나님은 어떤 경우에도 불의하고 부정하며 무자비한 일을 하려고 하시지 않고 하나님의 비할 데 없이 완전한 성품에 맞지 않는 방식으로 하려고 하시지도 않습니다. 여기서 잠시 멈추고 하나님을 찬양합시다. 적어도 나는 그렇게 하지 않을 수 없습니다. 지금까지 계속해서 해를 응시해온 것처럼 내 영혼의 눈이 아프기 때문입니다.

넷째로, 이제 우리는 주권적으로 작용하고 있는 하나님의 능력을 보여주는 그 다음 문장을 살펴보겠습니다. "그는 하늘의 군대에게든지 땅의 사람에게든지 자기 뜻대로 행하시느니라." 이것은 하늘의 군대를 생각하면 이해하기 쉽습니다. 우리는 하나님의 뜻이 하늘에서 이루어진다는 것을 압니다. 우리는 하나님의 뜻이 그대로 땅에서도 이루어지기를 간절히 기도합니다. 천사들은 그들의 군대가 하늘의 하나님께 순종하는 것을 봅니다. "하늘의 군대"라는 말에는 한때 그 군대의 일원으로 간주되었지만 반역으로 인해 하늘에서 쫓겨난 타락한 천사들도 포함됩니다. 마귀들은 내켜하지 않지만 어쩔 수 없이 하나님의 뜻을 이룹니다. "여호와께서 그가 기뻐하시는 모든 일을 천지와 바다와 모든 깊은 데서 다 행하셨도다"(시 135:6). 본문에서 하나님의 뜻이 땅에서 이루어진다는 사실을 볼 때, 우리는 새로운 마음으로 하나님의 영광을 추구하는 의인들 가운데서도 하나님의 뜻이 이루어지는 것을 봅니다. 그러나 그 진리는 거기에서 더 나아갑니다. 하나님의 뜻은 불의한 자들에게서 그리고 하나님을 알지 못하는 자들에 의해서도 이루어지기 때문입니다. 그렇습니다. 하나님의 뜻은 하나님을 반대하기로 굳게 마음먹은 사람들에게서도 우리가 알지 못하는 방식으로 성취됩니다(잠 19:21; 행 4:27,28). 나는 사람이 수많은 나무 조각들을 자기가 원하는 대로 정리할 수 있다는 것을 압니다. 하지만 그렇게 하는데 아주 놀랄 만한 기술이 있다고 생각하지 않습니다. 그러나 하나님의 영광스러운 기적은 이 점에 있습니다. 즉, 하나님께서 사람들을 자유로운 행위자로 만드시며 그들에게 의지를 주시고 마음의 법을 따라 행하실 뿐 그 의지에 간섭하시지 않는다는 것입니다. 또 하나님께서 사람들을 절대적으로 자유롭게 두셔서 자기가 원하는 것을 하게 두시며, 그래서 그들이 일반적으로 스스로 하나님의 뜻에 어긋나게 행하려고 한다는 것입니다. 하늘의 장엄한 전략이 그런 것입니다. 하나님의 지성의 놀라운 힘이 그런 것입니다. 즉, 이 모든 것에도 불구하고 하나님의 뜻을 이루시는 것입니다.

어떤 사람들은 우리가 다윗이 시편 115편에서 말한 것처럼 하나님께서 원하시는 모든 것을 행하셨다(115:2)고 믿는다면 자유로운 행위를 부인하는 것이고, 그러면 필연적으로 도덕적 책임도 부인하는 것이라고 생각하였습니다. 그렇지 않습니다. 나는 그렇게 생각하려고 한 사람들은 하나님께 대해 "그러면 하나님이 어찌하여 허물하시느냐 누가 그 뜻을 대적하느냐?"(롬 9:19) 하고 말하며 트집 잡기 좋아하는 옛 정신에 물들어 있다고 단언합니다. 그에 대해 우리가 할 수 있는 답변은 "이 사람아 네가 누구이기에 감히 하나님께 반문하느냐?"(9:20)라는 바울의 답변뿐입니다. 여러분은 어떻게 사람이 자유로운 행위자, 곧 책임 있는 행위자이고 그래서 사람의 죄는 그 자신의 고의적인 죄이며 그 책임이 그에게 있고 하나님께 있지 않는데도 하나님의 목적이 성취되고 하나님의 뜻이 마귀와 타락한 사람들에 의해서 이루어지는지 이해할 수 있습니까? 나는 이해할 수 없습니다. 나는 주저하지 않고 그 사실을 믿고, 기쁘게 믿지만 그 사실을 이해할 수 있을 것으로 기대하지 않습니다. 내가 하나님을 예배하지만 하나님을 다 이해할 수 있을 것으로 기대하지 않습니다. 만일 하나님을 내 오목한 손에 담을 수 있다면 나는 그를 하나님이라고 부를 수 없을 것입니다. 만일 내가 하나님의 처사를 다 알아서 마치 어린아이가 철자 교본을 읽듯이 하나님의 처사들을 읽을 수 있다면 나는 하나님을 예배할 수 없을 것입니다. 그러나 하나님은 참으로 무한히 크신 분이기 때문에 나는 여기저기에서 다양한 진리를 발견합니다. 비록 내가 진리를 한 체계 안에 다 압축하여 집어넣을 수 없을지라도 하나님께는 그 진리가 아주 분명하다는 것을 압니다. 내가 모르는 것을 하나님은 틀림없이 아신다는 사실에 나는 만족합니다. 경배하고 복종하는 것이 오늘 나의 할 일입니다. 머지않아 하나님께서 적합하다고 여기실 때 나는 더 많이 알고 더 많이 경배할 것입니다. 하늘과 땅과 지옥의 모든 것이 결국은 하나님의 계획의 일부임을 알게 되리라는 것이 나의 확고한 믿음입니다. 그렇지만 하나님은 결코 죄의 장본인이 아니시고 공범자도 아니십니다. 오히려 하나님은 죄를 미워하고 불의에 대해 복수하시는 분이십니다. 죄의 책임은 사람에게 있습니다. 전적으로 사람에게 있습니다. 그렇지만 하나님의 존재와 같이 거룩하고 신비한 지배적인 어떤 기이한 힘에 의해 하나님의 뜻이 성취될 것입니다.

어떻게 이 두 진리가 우리 주님의 십자가에 못 박히심에 관한 구절인 사도행전 2장 23절에서 실제로 결합되고 진술되는지 주의하여 보십시오. "그가 하나님께서 정하신 뜻과 미리 아신 대로 내준 바 되었거늘 너희가 법 없는 자들의 손을 빌려 못 박아 죽였느니라"(행 2:23). 우리가 이해할 수 없다고 해서 이 진리를 부인하는 것은 중요한 많은 지식을 스스로 거부하는 것입니다. 형제 여러분, 만일 하나님께서 어디에서나 통치하시는 것이 아니라면 하나님께서 통치하시지 않는 곳에서 다른 어떤 것이 지배하는 것이며, 그러면 하나님은 전능한 신이 아니신 것입니다. 만일 하나님이 자기의 뜻을 이루지 못하신다면 다른 누군가가 뜻을 이루는 것이고, 그렇게 되면 그 누군가가 하나님의 적수가 되는 것입니다. 나는 사람의 자유로운 행위를 부인하지 않고 사람의 책임도 줄이지 않습니다. 그러나 사람의 자유의지에 전능함을 부여할 생각이 전혀 없습니다. 그렇게 하면 사람을 일종의 신처럼 만들어 혐오스러운 우상 숭배가 되기 때문입니다. 게다가 여러분이 어딘가에서 우연을 인정해 보십시오. 그러면 모든 곳에서 우연을 인정한 것이 됩니다. 모든 사건들은 서로 연결되어 있고 서로에게 영향을 끼치기 때문입니다. 섭리의 바퀴에서 톱니 하나가 고장이 나거나 하나님을 떠나 사탄의 손에 넘어가거나 인간의 절대적인 자유에 맡겨진다면 그 톱니 하나가 기계 전체를 망칠 것입니다. 나는 죄 자체도 섭리의 통제로부터 혹은 온 땅의 재판장이신 하나님의 절대적인 통치로부터 벗어나 있다고 믿지 않습니다. 섭리가 없다면 우리는 불행한 존재이고, 보편적으로 미치는 하나님의 능력이 없다면 섭리는 불완전할 것입니다. 어떤 점들에서 우리는 이 이론에 따르면 하나님의 통제를 벗어날 수 있는 것으로 생각되는 악들에게 보호받지 못한 채로 노출될 수가 있습니다. 그런데 다행히도 "하나님은 하늘의 군대에게든지 땅의 사람에게든지 그는 자기 뜻대로 행하신다"는 것이 사실입니다.

이제 본문의 다섯 번째 부분을 생각해 봅시다. "그의 손을 금하든지 혹시 이르기를 네가 무엇을 하느냐고 할 자가 아무도 없도다." 나는 이 말씀으로부터 하나님의 명령은 저항할 수 없고 나무랄 데 없이 완전하다고 추론합니다. 우리는 어떤 주석가들이 원문에는 어린아이가 금지된 행동을 멈추도록 하기 위해 아이의 손을 한 번 때리는 것이 암시되어 있다고 말하는 것을 듣습니다. 아무도 하나님을 그런 식으로 대할 수 없습니다. 아무도 하나님을 방해할 수 없고 하나님을 잠시 멈추게 할 수도 없습니다. 하나님은 자기의 원하는 바를 행할 수 있는 힘이 있습니다. 그래서 이사야도 이렇게 말합니다. "질그릇 조각 중 한 조각 같은 자가 자기를 지으신 이와 더불어 다툴진대 화 있을진저 진흙이 토기장이에게 너는 무엇을 만드느냐 또는 네가 만든 것이 그는 손이 없다 말할 수 있겠느냐?"(45:9). 그렇다면 사람은 하나님의 명령에 저항할 힘이 없는 것입니다. 보통 사람은 하나님의 계획을 알지 못합니다. 그런데도 어줍지 않게 자신이 하나님의 계획을 안다고 생각합니다. 사람은 명백한 하나님의 계획에 반대하는 가운데 자신의 뜻에 어긋나게 하나님의 은밀한 계획을 이루는 일이 많습니다. 사람이 하나님의 계획을 알지 못하면서 힘을 다해 그 계획에 반대할지라도 겨가 바람을 이길 수 없듯이, 밀랍이 불에 저항할 수 없듯이 사람은 지존하신 하나님의 절대적인 뜻과 기뻐하시는 바에 효과적으로 저항할 수 없습니다.

여기에 우리의 위로가 있습니다. 하나님께서 이런 힘을 가지시는 것이 옳은 일입니다. 하나님은 언제나 자신의 힘을 지극히 옳게 사용하시기 때문입니다. 하나님은 무엇이든지 불의하고 인색하며 몰인정하고 죄 많은 일은 하려는 뜻을 품으실 수가 없습니다. 어떤 법도 우리를 묶듯이 하나님을 묶지 못합니다. 하나님이 그 자신에게 법이 되십니다. 나에 대해서나 여러분에 대해서는 "너는 할지니라" 혹은 "너는 하지 말지니라"고 말할 수 있습니다. 그러나 누가 하나님께 "너는 할지니라" 혹은 "너는 하지 말지니라"고 말할 수 있겠습니까? 누가 만왕의 왕에게 입법자가 되려고 할 수 있겠습니까? 하나님은 사랑이십니다. 하나님은 거룩함이십니다. 하나님은 법이십니다. 하나님은 사랑이시며, 자신이 원하시는 대로 행하시는데, 하나님이 원하시는 바는 사랑입니다. 하나님은 거룩하시며, 자신이 원하시는 대로 행하시는데, 하나님이 원하시는 바는 거룩함이고, 공의이며, 진리입니다. 어떻게 이것이 공의이며, 어떻게 그것이 사랑하는 것이며, 어떻게 그것이 지혜로운 일인가에 대해서 수많은 질문이 제기될지라도, 거기에 대해 한 가지 충분한 답변은 이것입니다.

"하나님에 대한 해석자는 하나님 자신이시며
하나님께서 그 사실을 분명하게 보여주실 것이다."

여러분, 나는 이 무한하신 하나님의 수수께끼들을 풀지 못합니다. 하나님께서 스스로를 설명하실 것입니다. 나는 하나님의 변호자로 나설 만큼 그렇게 뻔뻔하지 않습니다. 하나님은 자신의 입장을 스스로 해명하실 것입니다. 나는 하나님의 성품을 변호하도록 부름을 받지 않았습니다. "세상을 심판하시는 이가 정의를 행하실 것이 아니니이까?"(창 18:25) 촛불을 들고서 해의 밝음을 설명하려고 하는 것이 얼마나 어리석은 일입니까! 하물며 지극히 거룩하신 여호와를 변호하려고 하는 것은 얼마나 더 어리석겠습니까! 하나님께서 황송하게도 여러분과 다투신다면 하나님께서 스스로를 변호하실 것입니다. 여러분이 하나님의 우레 같은 목소리를 듣기만 한다면 얼마나 두려워 떨지 모릅니다! 하나님의 번개가 하늘을 불태울 때 여러분은 아주 소스라치게 놀랍니다! 여러분이 감히 그렇게 할 생각이 있다면 그때 나가 서서 하나님께 질문해 보십시오. 여러분이 폭풍우 치는 바다에 있는데, 배의 목재들마다 온통 삐걱삐걱 소리를 내며 돛이 부러지고 선원들은 술 취한 사람들처럼 비틀거리며, 머리 위에서는 무서운 비바람이 윙윙거리고, 폭풍우 속에서 하나님의 우레 같은 목소리가 들리며 여러분 주위에서는 온통 바람이 울부짖으면, 여러분은 트집 잡는 일을 그치고 곤경 가운데서 하나님께 부르짖습니다. 여러분은 그런 상황에 떨어지면 하듯이 오늘 그렇게 행하십시오. 여러분이 그때와 마찬가지로 오늘도 하나님의 손에 있기 때문입니다(시 99:1,5; 100:3,4).

이렇게 해서 나는 본문에서 가르치는 이 교리를 설명하였습니다.

2. 이제 아주 간단하게 본문의 실제적인 교훈을 생각해 봅시다.

내가 생각할 때, 첫 번째 교훈은 하나님과 뜻이 일치하는 것이 참으로 지혜로운 일이라는 것입니다. 내가 서재에서 이 본문의 장엄함 앞에 고개를 숙였을 때, 속으로 이런 심정을 느꼈습니다. "아, 무한히 크시고 영광스러우시며 거룩하신 하나님과 뜻이 완전히 일치할 수 있으면 정말 좋겠다. 내가 어떻게 감히 하나님의 원수가 될 생각을 할 수 있겠는가?" 그때 나는 내가 전에 굴복하지 않았다면 지금이라도 굴복해야 하고, 하나님 앞에 낮아져야 한다고 생각했습니다. 여러분 가운데 누구든지 지금 하나님의 뜻을 행하고 있지 않는 사람은 가망 없는 그 반역을 포기하기를 바랍니다. 하나님께서 여러분에게 오라고 초대하십니다. 하나님은 이미 여러분에게 떠나라고 명령하셨는지도 모릅니다. 하나님께서는 무한하신 주권으로 그리스도 예수를 사람들의 구주로 임명하셨습니다. 와서 이 구주님을 믿음으로 영접하십시오.

이 사실이 하나님과 뜻이 일치하는 사람들에게는 얼마나 격려가 됩니까? 하나님이 우리를 위하시면 누가 우리를 대적할 수 있겠습니까? "만군의 여호와께서 우리와 함께 하시니 야곱의 하나님은 우리의 피난처시로다"(시 46:7). 우리는 지진이 났을 때도 매우 행복한 모습을 보였던 그 믿는 자매와 같은 마음을 지녀야 합니다. 다른 사람은 모두 두려워하였습니다. 집들이 무너지고 탑들이 흔들리고 있었기 때문입니다. 그러나 그 자매는 미소를 지었습니다. 그래서 사람들이 왜 그렇게 웃는지 묻자 그녀가 대답하였습니다. "나는 내 하나님께서 이 세상을 흔드실 수 있다는 것을 알게 되어 아주 기쁩니다. 하나님께서 그렇게 하실 수 있을 것이라고 믿었는데, 이제 그렇게 하실 수 있다는 것을 보는군요." 여러분에게 신뢰할 수 있는 분, 곧 불가능한 일이 없고 자신의 뜻을 성취할 수 있고 또 성취하실 분이 계시다는 점을 기쁘게 여기십시오. 나는 그 자매라면 만일 하나님께 권세가 없고, 그녀에게 모두 있다면 그 권세를 하나님께 드릴 것이라는 생각이 듭니다. 나는 설사 내가 하나님에게서 권세를 치워버릴 수 있다고 할지라도 모든 권세를 하나님의 손에 드리고 싶습니다. "크신 하나님, 하나님은 가장 잘 통치하십니다. 하나님과 같으신 분이 없기 때문입니다." "여호와께서 다스리시나니 땅은 즐거워하며 허다한 섬은 기뻐할지어다"(시 97:1).

이 생각이 거룩한 모든 일꾼들에게 얼마나 즐거운 것이겠습니까? 여러분과 나는 하나님과 그리스도의 편에 가담하였습니다. 우리를 대적하는 군대들이 매우 강해 보이지만, 이 무적 왕께서 오래지 않아 그들을 확실히 패주시키실 것입니다. 로마가톨릭교, 우상 숭배, 불신앙, 이 모든 것들이 강하게 보입니다. 토기장이가 막 빚어낸 그릇들이 그렇게 보입니다. 어린아이는 그 그릇들이 돌이라고 생각합니다. 그러나 주 예수께서 철장으로 그것들을 치실 때, 그 질그릇 조각들이 어떻게 순식간에 사라지는지 보십시오! 하나님께서 오래지 않아 이 일을 하실 것입니다. 하나님께서 그의 두려운 팔을 들어 철장을 내려치실 것입니다. 그 때 예수님의 진리가 반드시 이기는 것을 보게 될 것입니다.

이 사실이 고통 받는 여러분에게 어떻게 도움을 줄 것입니까? 하나님께서 이 모든 일을 행하시고 어떤 것도 하나님을 떠나서 일어나는 일이 없다면, 사람의 악함과 잔인함조차도 하나님의 지배를 받는다면, 여러분은 즉시 복종할 수 있습니다. 여러분은 자신을 치는 그 손에 참으로 호의적인 태도와 아주 좋은 얼굴로 입을 맞출 수 있을 것입니다! 남편이 하늘나라로 갔습니다. 하나님께서 데려가신 것입니다. 재산이 사라져버렸습니다. 하나님께서 그 일을 허락하셨습니다. 여러분은 자신이 강도를 만났다고 말합니다. 좋습니다. 여러분은 제2 원인을 생각하기보다는 중요한 제1 원인을 생각해 보십시오. 여러분이 개를 치면, 개는 막대기를 뭅니다. 그 개가 똑똑하다면 매를 때리는 여러분을 쳐다볼 것입니다. 고통의 제2 원인을 보지 말고 제1 원인자이신 하나님을 보십시오. 그 모든 고통 안에 계시는 분은 여러분의 하나님이십니다. 곧 여러분의 아버지, 무한히 선하신 하나님이십니다. 여러분은 땅에서 여러분의 뜻과 하나님의 뜻 가운데 어느 것이 이루어지기를 바라겠습니까? 여러분이 지혜로운 사람이라면 "나의 원대로 마시옵고 아버지의 원대로 하옵소서"(마 26:39) 하고 말합니다.

그 다음에는 섭리의 방식들을 받아들이십시오. 하나님께서 그 방식들을 정하시므로 감사하고 찬양하는 심정으로 받아들이십시오. 우리가 "그가 나를 죽이실지라도 나는 그를 의뢰하리라"(욥 13:15 난외주) 하고 말할 수 있을 때, 여기에 하나님께 드리는 참된 제사가 있습니다. 우리는 그동안 하나님의 손에서 선한 것들을 받았습니다. 그래서 하나님께 감사하였습니다. 이방인과 세리들도 그렇게 하였을 것입니다. 그러나 우리가 악한 일을 당하고서도 여전히 하나님께 감사한다면 이것은 은혜이고, 성령의 역사입니다. 우리가 박살낼 듯이 치는 하나님의 손에 엎드러지면서도 그로 인해 당하는 우리의 고통이 하나님께 영광을 가져다드릴 것이라고 생각할 수 있다면, 우리는 만족합니다. 이것이 참된 신앙입니다. 하나님이시여, 우리에게 충분한 은혜를 주시어 우리의 충성이 부족하지 않게 하여 주시고 마지막까지 신실한 주의 종들이 되게 하여 주옵소서. 마음을 이렇게 하나님께 복종시킬 수 있으면 좋겠습니다! 어떤 사람들은 하나님의 주권을 나타내는 교리들에 강하게 반발합니다. 그들이 교만하고 반역적인 생각이 있기 때문에 그러는 것이 아닌가 염려됩니다. 하나님께 순종하는 사람들은 하나님께 대해서는 아무리 칭송해도 부족하게 느끼고 아무리 절대적인 권위를 드려도 부족하게 느낍니다. 집에서 반항적인 자녀만이 아버지가 원칙과 법규에 묶이기를 바랍니다. 그래서는 안 됩니다. 내 아버지 하나님은 반드시 옳은 일을 행하시므로 하나님께서 원하시는 대로 하시도록 해야 합니다.

3. 이 모든 것을 생각할 때 가져야 하는 바른 정신은 무엇입니까?

첫째는 겸손히 경배하는 정신입니다. 공적인 집회에서도 우리는 하나님께 충분한 경배를 드리지 못합니다. 왕이신 하나님을 온전히 예배할 수 있으면 좋겠습니다! 지금 머리를 숙이십시오. 아니, 여러분의 마음을 숙여 영원히 사시는 하나님을 경배하십시오. 여러분의 생각과 감정을 드려 경배하십시오. 이런 것들이 제단에 드리는 수소와 숫염소보다 낫습니다. 하나님께서 경배 드리는 여러분의 생각과 감정을 받으실 것입니다. 지극히 겸손하고 공손한 태도로 하나님을 예배하십시오. 여러분은 아무것도 아니고 하나님은 모든 것의 모든 것이 되시기 때문입니다.

다음으로, 여러분은 절대적인 복종의 정신을 가져야 합니다. 하나님께서는 여러분에게 그런 정신을 바라십니다! 나는 그런 정신으로 행하거나 그런 정신을 품겠습니다. 하나님께서 여러분이 완전한 복종의 정신으로 살도록 도와주시기를 바랍니다.

그 다음으로, 공손한 사랑의 정신을 발휘해야 합니다. 나는 이 하나님 앞에서 두려워 떱니까? 그렇다면 나는 하나님을 계신 그대로 사랑할 수 있도록 은혜를 더욱 구해야 합니다. 내가 하나님에 대해 생각할 때 그 광채가 줄어들고 하나님에게서 영광을 빼앗는 생각을 하였다면 하나님을 있는 그대로 사랑하는 것이 아니고 절대적인 주권자로 사랑하는 것이 아닙니다. 하나님의 주권이 내 방패이시고 하나님의 기름 부으신 자이신 예수 그리스도를 통해서 발휘되는 것을 보기 때문입니다. 나는 왕이신 내 하나님을 사랑하고, 무한히 큰 왕이신 하나님의 빛을 보도록 하나님의 보좌 가까이 가도록 허락받은 복된 신하가 되겠습니다.

끝으로, 우리는 깊이 기뻐하는 마음을 가져야 합니다. 성숙한 그리스도인에게 이 사실만큼 크고 깊은 기쁨을 담고 있는 교리는 없다고 믿습니다. 여호와께서 통치하신다! 여호와는 영원히 왕이시다! 그렇다면 모든 것이 다 좋습니다. 여러분이 하나님에게서 떠나면 평안에서도 떠납니다. 여러분이 마음으로 하나님을 깊이 파고들어 모든 것이 다 좋다고 생각할 때, 조용한 기쁨, 강 같은 평안, 말로 다할 수 없는 기쁨을 느낍니다. 사랑하는 여러분, 오늘 아침 이 기쁨을 얻으려고 노력하십시오. 그리고 얻으면 가서 찬송으로 그 기쁨을 표현하십시오. 여러분 가운데 누구든지 오늘 오후에 혼자 있고, 봉사에 매이지 않았다면 반드시 하나님께 감사하고 하나님을 찬양하십시오. 힘을 내어 하나님을 찬송하십시오. "찬송을 드리는 자가 나를 영화롭게 하느니라"(시 50:23, 개역개정은 "감사로 제사를 드리는 자가 나를 영화롭게 하느니라" - 역주).

하나님께서 우리 모두가 그리스도 예수를 믿는 믿음으로 말미암아 항상 살아계시고 찬송 받으실 하나님과 화목하게 하시고, 하나님께 영원히 찬송과 영광을 돌리게 하여 주시기를 바랍니다. 아멘.

제
5
장

심판의 저울

"데겔은 왕을 저울에 달아 보니 부족함이 보였다 함이요."
— 단 5:27

왕과 황제들, 세상의 모든 군주들의 무게를 재는 때가 있습니다. 물론 그들 가운데는 사람에게 책임을 지지 않는 것처럼 보이는 위치에 올라간 자들도 있습니다. 비록 그들이 세상의 저울은 피할지라도 하나님의 법정에서 반드시 심판을 받습니다. 열방들의 무게를 재는 때가 있습니다. 국가적인 죄는 국가적인 형벌을 요구합니다. 인류에 대한 하나님의 처사의 전(全) 역사를 보면, 한 나라가 계속해서 불의를 행하는데도 학대가 더 늘어나고, 학살과 포학 행위와 전쟁이 많아질 수 있다는 것을 알 수 있습니다. 그러나 보응의 시간이 가까이 오고 있습니다. 나라가 죄악의 정도를 다 채우면 그때 보복의 천사가 그 나라에 대한 판결을 시행할 것입니다. 사람들의 파멸은 결국 개인들의 죽음이 될 것입니다. 하나님의 법정에서는 각 사람이 개인으로 심판을 받을 것입니다. 그러므로 민족들에 대한 형벌은 국가적입니다. 민족들이 초래하는 죄책은 이 현 세상에서 반드시 두려운 보응을 받습니다. 갈대아인들의 거대한 나라가 그러하였습니다. 그들은 피 흘린 죄가 있었습니다. 지금도 남아 있는, 최근에 발굴된 기념물들을 보면 그들이 잔인하고 포학한 민족이었던 것을 알 수 있습니다. 그들은 이상한 언어를 쓰는 민족이었고, 그들의 언어보다 더 이상한 것은 그들의 행위였습니다. 하나님께서는 일정한 기간 동안 그 민족이 성장하고 번성하도록 하여 마침내 하나님의 망치가 되어 많은 민족을 산산이 부수도록 하셨습니다. 이 민족은 전능자의 도끼였습니다. 즉, 전쟁 도끼요 전쟁 무기였습니다. 하나님은 이 도끼로 왕들의 허리를 쳤고 강한 왕들을 죽였습니다. 그러나 이 민족의 때가 왔습니다. 이 민족은 여왕처럼 홀로 앉아 "나는 결단코 애통함을 당하지 아니하리라"(계 18:7)고 말하였습니다. 그럼에도 하나님께서 이 민족을 낮추고 수욕의 티끌 속에서 이를 갈게 만드셨으며 그들의 부를 약탈자들에게 주시고 그들의 화려함을 파괴자들에게 넘겨주셨습니다. 학대하는 죄가 있는 지상의 모든 민족이 반드시 그와 같이 될 것입니다. 하나님의 진노가 조금밖에 타오르고 있지 않을 때 하나님 앞에서 겸손하면 그 민족은 잠시 파멸을 막을 수 있습니다. 그러나 계속해서 담대히 불의를 행하면 그 민족은 틀림없이 스스로 뿌린 결과를 거둘 것입니다. 노예제도라는 불의한 악이 처벌되지 않은 채 간다면 하늘에 하나님이 없는 것입니다. 흑인들의 부르짖음이 지금도 흑인들을 노예 상태에 묶어 두고 있는 나라에 붉은 피의 우박을 내리게 하지 않는다면 위로 하늘에 하나님이 존재하시지 않는 것입니다. 지금도 서로 학대하고 전제군주에게 압제를 당하는 유럽의 민족들이 하나님께서 보복을 시행하신다는 것을 발견하지 못하고 낙담한다면 하나님은 어디에도 없는 것입니다. 여호와 하나님은 압박당하는 모든 사람의 보복자이시고 압제하는 모든 사람의 형 집행자이십니다. 지금 피로 흠뻑 젖어 있는 땅, 피에몬테(Piedmont: 이탈리아 북서부의 주[州] - 역주)는 지금까지 오랫동안 보류되어 왔던 보복을 이 시간 겪고 있는 것에 지나지 않습니다. 피에몬테 산들의 눈이 한 때는 순교자들의 피로 붉게 물들었습니다. 하나님의 자녀들이 산지에서 자고새처럼 쫓겨 다닌 사실은 잊히지 않습니다. 그래서 하나님께서는 그 일을 이렇게 처리하셨습니다. 하나님의 자녀들을 무섭게 대한 나라들이 만나 서로를 찢고 삼키며 대학살을 감행할 것입니다. 양쪽이 거의 똑같이 당할 것이고, 하나님께서 손을 들어 하나님의 기름 부음 받은 자를 친 자들을 형벌하려고 하신다는 사실이 누구나 알아볼 수 있게 확연히 드러날 것입니다.

지금까지 박해의 행위가 보응 받지 않았고 순교자가 흘린 피가 한 방울도 거두어들여지지 않았으나 이제 보응이 될 것입니다. 하나님의 자녀의 피 흘린 죄가 있는 나라마다 머지않아 하나님의 진노의 잔을 마실 것입니다. 특별히 지옥의 장자로 영적인 독재군주국인 로마제국의 머리에 두려운 폭풍이 몰려들고 있는 것이 확실합니다. 하나님의 보응의 구름이 한곳으로 모이고 있습니다. 하늘이 우렛소리로 가득합니다. 하나님의 오른팔이 바로 지금 높이 들립니다. 오래지 않아 땅의 열방들이 자기 살을 먹고 불로 자기 몸을 태울 것입니다. 간음의 포도주에 취한 자들이 이제 곧 하나님의 맹렬한 진노의 포도주도 마시지 않을 수 없을 것입니다. 하나님께서 밧모섬의 바위에 새긴 육필을 성취하실 때 그들이 이리저리 비틀거리며 허리가 풀리고 무릎이 서로 부딪칠 것입니다.

이때 우리의 할 일은 민족으로서 스스로 조심하여 자신의 큰 죄들을 씻어내는 것입니다. 하나님께서 우리에게 그처럼 많은 빛을 주셨고 성령의 이슬을 풍성히 받는 은혜를 베풀어 주셨음에도 불구하고 영국은 나이만 많이 먹은 죄인입니다. 하나님께서 호의로 이 민족에 자비를 베푸시니, 그만큼 더 각 그리스도인은 자기 민족의 죄들을 자신에게서 떨어버리려고 노력하고, 각 사람이 이 땅에서 피와 학대와 여전히 이 나라에 굳게 달라붙어 있는 악한 모든 것을 깨끗이 제거하기 위해 있는 힘껏 노력하고 애써야 합니다. 하나님께서 이 나라를 그렇게 보존하여 주시기를 바랍니다. 하나님이 오실 때까지, 곧 빛의 왕인 해가 그 금빛 머리를 들면 별들이 사라지듯이 임금들과 군주들이 자신의 권세를 아주 즐거이 그 앞에 내려놓을 분이 오실 때까지 이 나라의 군주정치가 지속되게 하여 주시기를 바랍니다.

서언을 이렇게 해서 간단히 마치고, 나는 민족들과 왕들의 문제는 그만두고 본문에서 주로 우리 각 사람과 관계가 있는 점을 생각해 보겠습니다. 그래서 하나님께서 우리가 이 예배당을 나갈 때 우리들 대부분이 이렇게 말할 수 있게 해 주시기를 바랍니다. "감사하게도 좋은 희망이 생겼어. 마지막 날에 저울에 달릴 때 내가 부족한 것으로 드러나지 않을 것이라는 희망이 생겼어." 혹시는 그것이 기대하기에 너무 큰 일이라면, 나는 어떤 사람들이 죄를 깨닫고 떠나면서 속으로 이렇게 외칠 것이라고 믿습니다. "나는 지금 부족하지만 하나님께서 내게 자비를 베푸신다면 부족한 채로 오래 가지 않을 것이야."

나는 첫째로 사전에 무게를 달아보는 예비적인 행위가 있다는 것을 살펴볼 것입니다. 이 예비적인 행위는 하나님께서 우리로 하여금 이 세상에서 스스로 무게를 달아보게 하시려는 것이고, 사실상 우리에게 최후의 결정적인 평가의 결과가 어떠할지 미리 알 수 있도록 조사해 보는 일종의 시험으로 정하신 것입니다. 이런 점들을 언급하고 나서, 그 다음에 심판 날의 그 두려운 마지막 평가를 이야기하겠습니다.

1. 우리는 심판을 받지 않도록 스스로를 판단합시다.

이제 우리가 할 일은 이 시간에 자신이 무게가 부족한지 아닌지 알아볼 수 있도록 다양한 시험을 거쳐야 합니다.

내가 말씀드리고 싶은 첫 번째 시험은 인간의 견해라는 시험입니다. 이제 내 말을 잘 이해하시기 바랍니다. 사람의 견해는 그릇된 전제에 근거해 있어서 틀린 결론을 이끌어 낼 때 전혀 가치가 없다고 믿습니다. 나는 하나님의 종들을 판단하는 일을 세상에 맡기고 싶지 않습니다. 세상이 교회를 판단하지 않고 오히려 성도들이 세상을 판단하리라는 것을 아는 것은 감사한 일입니다. 어떤 의미에서 나는 사도와 같이 이렇게 말할 수 있을 것입니다. "너희에게나 다른 사람에게나 판단 받는 것이 내게는 매우 작은 일이라 나도 나를 판단하지 아니하노라"(고전 4:3). 인간의 견해를 하나님의 계시와 경쟁시켜서는 안 됩니다. 그러나 지금 나는 우리 자신을 판단하는 일에 대해서 말하고 있습니다. 우리 자신의 성품을 판단할 때 자신의 판단을 택하고 이웃의 판단을 배제하는 것은 안전하지 못한 처사라고 생각합니다. 정직한 사람들이 당사자와의 관계나 선입견이 없이 직감적으로 보이는 존중이나 멸시는 결코 무시해서는 안 됩니다. 사람이 자신이 옳다는 것을 알 때는 모든 사람들 앞에 자신감 있게 설 수 있습니다. 그러나 양심이 자신이 틀렸다고 말할 때, 즉 사람들의 판단의 법정에서 자신에게 과실이 있는 것으로 드러나면, 그는 그 판단을 멸시해서는 안 됩니다. 오히려 사람들의 판단을 장차 있을 하나님의 심판을 알려주는 첫 번째 통고로 보아야 합니다.

청중 여러분, 여러분은 이 시간 다른 모든 사람들의 판단에서 피해야 할 사람으로 비난을 받고 있습니까? 여러분은 의인들이 여러분의 본을 보면 자신들이 악에 물들 것 같기 때문에 여러분을 피한다는 것이 분명히 보입니까? 여러분은 자신의 성품이 정직하고 훌륭한 사람들 사이에서 존중할 만한 것으로 평가받지 못한다는 것을 발견하였습니까? 그렇다면 여러분이 염려해야 할 이유가 충분히 있다고 확실히 말씀드립니다. 여러분이 다른 정직한 사람의 판단을 견딜 수 없다면, 이 땅의 재판에서도 여러분이 함께 교제하기에는 너무 악하다고 선고를 받는다면, 여러분이 훨씬 더 엄정한 하나님의 공의의 저울에 달릴 때는 여러분에 대한 정죄가 얼마나 두렵겠으며, 하늘의 장자들의 온전한 공동체가 하나같이 일어나 여러분이 그들의 사회에 들어오게 하지 말라고 요구할 때는 여러분의 운명이 얼마나 두렵겠습니까? 사람이 아주 악해서 그의 동료들조차 비록 불

완전한 사람들이긴 하지만 그에게서 단지 씨만을 보는 것이 아니라 죄악이 만개한 꽃을 본다면 그는 두려워 떨어야 합니다. 여러분이 그 시험을 통과할 수 없다면, 인간의 견해가 여러분을 정죄한다면, 즉 여러분의 양심이 인간의 견해가 옳다고 선언한다면 여러분은 정말로 심히 떨어야 마땅합니다. 여러분이 저울에 달려서 부족한 것이 드러났기 때문입니다.

나는 이 저울을 언급하는 것이 옳다고 생각했습니다. 이 자리에는 이 저울이 적절하게 맞을 수 있는 사람들이 있을 수 있습니다. 그러나 또한 사람들에게는 그보다 훨씬 더 나은 시험들이 있습니다. 그렇게 쉽게 오해할 수 없는 시험들이 있습니다. 나는 그 시험 방법들 가운데 몇 가지를 겪어보곤 하였습니다. 내가 모든 사람에게 적어도 일생에 한 번 스스로 달아보도록 하고 싶은 저울이 하나 있습니다. 내가 여기서 적어도 한 번 달아보게 하고 싶다고 말하는 것은, 그렇게 하지 않는다면 천국이 그에게 영원히 문이 닫히는 곳이 되기 때문입니다. 나는 모든 사람이 하나님의 법이라는 저울에 자신을 달아보게 하고 싶습니다. 저기에 하나님의 법이 서 있습니다. 이 법은 거기에 모래 알갱이 하나만 있어도 눈금이 변할 저울입니다. 이 저울은 머리카락 하나에도 눈금이 변합니다. 이 저울은 하나님의 영원한 불변의 진리라는 다이아몬드에 따라 움직입니다. 나는 이 저울에 추 하나만을 올려놓습니다. 그 추는 이것입니다. "네 마음을 다하고 목숨을 다하고 뜻을 다하여 주 너의 하나님을 사랑하라"(마 22:37). 나는, 자신을 의롭다고 생각하고 그래서 우쭐하여 자기는 자비가 필요 없고 예수 그리스도의 피로 씻을 필요가 없으며 속죄가 전혀 필요 없다고 말하는 사람은 누구든지 불러서 자신을 이 저울에 달고서, 다른 쪽 천칭의 접시에 이 한 계명이 놓였을 때 자신이 충분한 무게가 나가는지 보라고 말합니다.

친구 여러분, 우리가 율법의 이 첫 계명으로 자신을 시험해 보기만 한다면 우리는 반드시 자신이 죄인이라는 것을 인정할 수밖에 없습니다. 우리가 저울에 추를 하나씩 잇달아 놓아 그 신성한 열 개의 추를 전부 놓게 되면 이 하늘 아래서 조금이라도 지혜가 있는 사람이라면 자신이 과녁을 미치지 못하였다고, 하나님의 법이 요구하는 기준에 이르지 못한다고 고백하지 않을 수 없습니다. 착하기로 소문난 부인은 종종 말하기를 자기는 모든 의무를 다 이행했고 아마도 더 많이 했을 것이며, 자기는 가난한 사람들에게 필요 이상으로 친절하게 대했고, 신앙적 의무 이상으로 교회에 자주 출입했으며 이웃들 가운데 가장 훌륭한 신자보다도 더 성례에 착실히 참석했다고 공언했습니다. 그러니 만일 자기가 천국에 들어가지 못한다면 누가 들어갈 수 있을지 알 수 없다고 말합니다. "내가 성도들 가운데서 기업을 얻지 못한다면 과연 누가 빛 가운데 계신 하나님의 얼굴을 뵐 수 있겠습니까?" 부인, 이 말을 하게 되어서 유감이지만, 부인은 천국에 들어갈 수 없습니다. 부인이 그 저울에 달리면 깃털보다도 가볍기 때문입니다. 부인이 중요하게 생각하는 의식(儀式)이라는 나무 저울에 달면 충분히 옳은 것으로 보일 수도 있을 것입니다. 하지만 영원한 저울에 그 무시무시한 추와 함께 달리면, 곧 율법의 십계명과 함께 달리면 부인의 어리석은 머리 위에 이 포고문이 매달립니다. "너를 저울에 달아 보니 부족함이 보였다."

우리와 같은 회중들 가운데는 스스로 생각할 때 어렸을 때부터 하나님의 법을 지켰다고 믿는 매우 훌륭한 사람이 있을 수 있습니다. 그의 고향이나 식구 혹은 친구들도 그에 대해서 아무 비난할 거리를 내놓지 못합니다. 그래서 그는 결론짓기를 자신이 정말로 대단한 사람이라고 생각하고, 자신이 천국 문 앞에 나타나면 의인들의 보상의 정당한 소유자로 영접될 것이라고 여깁니다. 아, 친구여, 만일 그대가 앉아서 자신을 율법의 저울에 무게를 달아보는 수고를 조금만 해본다면, 그대가 계명 하나만을, 곧 자신이 조금도 범하지 않았고 가장 잘 지켰다고 생각하는 계명 하나만을 가지고서 그 계명의 의도와 정신을 보고, 그 계명의 길이와 넓이를 전부 본다면, 진실로 그대는 저울에 올라가지 않고서 이렇게 말할 것입니다. "아, 나는 저울추가 내려가 축하의 인사를 받을 줄 알았는데 저울에 앉은 티끌처럼 가볍게 쏜살같이 위로 올라갔고, 반면에 하나님의 그 무시무시한 율법은 소리를 내며 내려가 바닥에 부딪히는구나." 각 사람이 이렇게 해 보기를 바랍니다. 그러면 우리 모두 틀림없이 이렇게 말하며 예배당을 떠날 것입니다. "나를 저울에 달아 보니 부족함이 보였다."

이제 진실한 신자가 나와서 자신을 또 다른 저울에 달아달라고 요구합니다. 그는 말하기를, 만일 내 자신이 스스로 고백하는 그런 사람이라면, 이 새로운 저울에 달 때 나는 부족한 것으로 보이지 않을 것이라고 합니다. 이는 내가 예수 그리스도의 온전한 의를 가지고 올 수 있고, 그 의는 율법의 열 가지 계명들에 대하여 달아도 충분한 무게가 나가기 때문이라는 것입니다. 나는 완전한 속죄, 곧 예수님의 피로 인한 완전한 만족, 거룩하신 분의 완전한 의, 즉 하나님의 아들 예수의 흠 없는 의를 가져올 수 있습니다. 나는 율법에 대해 무게를 달아도 내가 지금과 영원히 율법과 대등하다는 것을 알기 때문에 안심하고 앉아 있을 수 있습니다. 그리스도께서 나의 것이므로 율법은 내게 대하여 아무런 힘을 갖지 못합니다. 율법의 공포는 나를 무섭게 할 힘이 전혀 없습니다. 율법의 요구들에 대해서 말하자면, 그 요구들이 그리스도 안에서 완전히 성취되었기 때문에 나에게 아무것도 요구할 수 없습니다. 이제 나는 신자라고 하는 사람들을 데려다가 저울에 놓고 달아보라고 말씀드립니다. 우리 각 사람도 스스로를 양심의 저울에 달아 보십시오. 이 시대에 많은 사람들이 신앙이 있다고 고백합니다. 지금은 가짜의 시대입니다. 아담 이래로 지금처럼 세상에 거짓말쟁이가 많았던 적은 없습니다. 거짓의 아비 마귀는 다른 어떤 시대보다 이 시대에 자식들을 많이 낳았습니다. 이 시대는 신문도 많고 이야기하는 사람도 많고 독서하는 사람들도 참으로 많습니다. 그래서 결과적으로 속보(速報)들과 그릇된 뉴스, 악한 이야기들이 어느 때보다도 비교할 수 없이 더 많습니다. 그래서 종교에도 헛된 과시가 많습니다.

때로 나는 지금 영국에 청교도 시대보다도 신앙이 없는 것이 아닌가 하고 걱정이 됩니다. 신앙이 흘러온 시내가 좁았지만 사실 그 물은 매우 깊게 흘렀습니다. 이제 그 둑이 터졌고, 그래서 나라의 광범위한 지역이 신앙고백으로 덮였습니다. 그러나 나는 우리가 마지막에 가서 그 물이 우리를 띄워 천국에 이르게 할 만큼 깊지 않았다는 것을 발견하게 되지나 않을까 두렵습니다. 이제 이 회중 가운데 있는 각 사람이 자신을 양심의 저울에 달아보십시오. 앉아서 이렇게 물어보십시오. "내 신앙고백이 진실한가? 하나님 앞에서 내가 약속의 후사라고 느끼는가? 내가 구주님의 식탁에 앉을 때 손님으로 거기에 앉을 권리가 있는가? 회심하였다고 고백할 때 내가 정말로 시험한 것을 고백한 것뿐이라고 진심으로 말할 수 있는가? 내가 하나님 나라의 일들에 관해서 경험에 의거하여 말할 때, 그 경험이 남에게서 들은 이야기인가 아니면 내 자신이 가슴으로 느낀 것을 말하는 것인가? 일어서서 설교할 때 내가 실제로 맛보고 다룬 것을 설교하는가 아니면 내 마음의 도가니에서 녹아 융합되지 않았을지라도 입으로 말하는 법을 배운 것을 그냥 되풀이하는 것일 뿐인가?" 양심은 그리 쉽게 속지 않습니다. 양심이 믿을 수 있는 저울이 되지 못하는 사람들이 있습니다. 그들은 점차 죄 가운데 마음이 아주 완고해져서 양심이 작용하지 않습니다. 그래도 나는 우리가 양심이 자유롭게 작용하도록 내버려 둔다면, 우리 대부분은 양심의 조사에 따를 것이라고 생각합니다.

친구 여러분, 나는 여러분이 가끔 혼자 방에 들어가서 문을 닫고 세상과도 일절 문을 닫고 앉아서 자신의 과거 생활을 회고하면 좋겠습니다. 여러분의 현재 성품과 현재 위치를 자세히 살펴보십시오. 제발 바라건대, 양심으로부터 정직하게 답변하려고 해보십시오. 여러분에게 의심을 품도록 만들 수 있겠다고 생각되는 것들을 모두 털어놓으십시오. 여러분이 이 점에서는 아무 어려움을 겪지 않을 것입니다. 왜냐하면 우리가 매일 범하는 죄들이 우리가 하나님의 자녀가 아닐 것이라는 의심을 확증하기에 충분하기 때문입니다. 사형을 외치는 이 어두운 고발자들이 모두 말하도록 두십시오. 이 모든 것들이 이야기하도록 두십시오. 여러분의 죄를 숨기지 마십시오. 여러분의 일기를 처음부터 끝까지 읽어보십시오. 여러분의 모든 죄악을 떠올려 보십시오. 이것이 고백의 중요한 부분입니다. 그 다음에 여러분이 진심으로 이렇게 말할 수 있는지 양심에게 물어보십시오. "나는 이 모든 것을 회개하였습니다. 내가 이 일들을 정말로 미워한다는 것을 하나님이 아십니다. 내가 구원과 칭의를 위해서 죄인들의 구주이신 하나님만을 신뢰한다는 것을 하나님께서도 내게 증언하십니다. 내가 완전히 속은 것이 아니라면 나는 하나님의 은혜를 받은 자이고, 중생하고 거듭나서 산 소망이 있는(벧전 1:3) 것입니다."

양심이 우리 각 사람을 도와 이렇게 말할 수 있게 하면 좋겠습니다. "나는 그저 색칠한 실물 초상이 아닙니다. 나는 '예수의 생명이 내 몸에 나타났다'(고후 4:10)고 믿습니다. 내 신앙고백은 죽은 영혼들을 모양새 좋게 파멸로 데려갈 때 갖추는 화려한 허식이 아닙니다. 신앙고백은 자비의 전차를 타고 위에 있는 아버지의 집으로 가고 있는 사람의 기쁨이요 소망이며 확신입니다."

얼마나 많은 사람들이 자신의 신앙을 정면으로 직시하기를 두려워하는지 모릅니다! 사람들은 그렇게 하는 것을 나쁜 일로 알고, 감히 자신의 신앙을 조사하려고 하지 않습니다. 그들은 장부책을 전혀 기록하지 않는 파산자들과 같습니다. 그들은 기록한 장부책이 있을지라도 불에 그 책들이 타면 기뻐할 것입니다. 수지가 전혀 맞지 않다는 것을 알기 때문입니다. 그들은 손해를 보고 있고 낭패를 겪고 있습니다. 그들은 자신의 손실이나 악행들을 장부에 기재해 두고 싶어하지 않습니다. 자신을 조사하기 두려워하는 사람은 그의 배가 썩어서 머지않아 바다에 침몰하여 영원히 파멸할 것인데도 안심하고 있을 수 있습니다. 양심을 깨우십시오. 여러분을 저울에 다십시오. 그리고 하나님께서 여러분을 도우셔서 그 평결이 여러분에게 불리하지 않게 해주시기를 바랍니다. 여러분에 대해서 "너를 저울에 달아 보니 부족함이 보였다"라고 말하지 않게 해주시기를 바랍니다.

나는 또한 모든 사람이 하나님의 말씀이라는 저울에 자신을 달아보게 하고 싶습니다. 하나님 말씀에서 단지 우리가 법적인 것이라 말하고, 우리의 타락한 상태와 관련 있다고 하는 부분으로만 우리를 달 것이 아닙니다. 우리는 복음이라는 저울로 자신을 달아보도록 합시다. 때로 여러분은 다윗이 아주 은혜에 충만하였을 때 쓴 시편을 읽어보는 것이 거룩한 활동이 된다는 것을 발견할 것입니다. 여러분이 그의 시편을 한 구절 한 구절 읽으면서 스스로에게 이렇게 물음을 던져보십시오. "내가 이렇게 말할 수 있는가? 나도 다윗이 느낀 것처럼 느꼈는가? 다윗이 회개의 시편들을 썼을 때처럼 나도 뼈가 꺾인 적이 있었는가? 다윗이 아둘람 굴에서 혹은 엔게디 수풀에서 하나님의 자비를 노래하였을 때처럼 내 영혼이 곤경의 때에 진정한 신뢰로 충만한 적이 있었는가? 내가 구원의 잔을 들고 하나님의 이름을 부를 수 있는가? 하나님의 전 뜰에서 모든 백성들 앞에서 여호와께 한 서약을 갚을 수 있는가?"

나는 여러분 가운데 어떤 분들이 시편을 보고서 여러분의 신앙이 피상적인 것에 지나지 않고 헛된 과시이며 생명의 원천을 이루는 사실이 아니라고 생각할까봐 염려가 됩니다. 하나님께서 여러분이 종종 그 저울에 자신을 달아보도록 도와주시기를 바랍니다. 그 다음에 그리스도의 생애를 자세히 읽어 보십시오. 읽으면서 여러분 스스로 그리스도께서 참 제자라고 묘사하시는 대로 그리스도를 따르는지 자문해 보십시오. 여러분에게 그리스도께서 끊임없이 가르치고 보여주셨던 온유함이 있는지, 겸손함이 있는지, 사랑스러운 정신이 있는지 보도록 애쓰십시오. 산성설교를 가지고 자신을 조사해 보십시오. 산상설교가 여러분의 마음을 달아보는 훌륭한 저울이라는 것을 알 것입니다. 그 다음에는 서신서들을 보십시오. 사도가 자신의 경험에 대해서 말한 대로 여러분도 말할 수 있는지 보십시오. 여러분은 사도처럼 이렇게 외쳐본 적이 있습니까? "오호라 나는 곤고한 사람이로다 이 사망의 몸에서 누가 나를 건져내랴"(롬 7:24). 여러분은 바울처럼 이렇게 느껴본 적이 있습니까? "미쁘다 모든 사람이 받을 만한 이 말이여 그리스도 예수께서 죄인을 구원하시려고 세상에 임하셨다 하였도다"(딤전 1:15).

여러분은 사도의 겸손을 이해했습니까? 여러분은 자신이 죄인들 가운데 괴수와 같고 언제나 모든 성도들 가운데 지극히 작은 자로 여겨진다고 말할 수 있습니까? 사도의 경건을 조금이라도 이해했습니까? 여러분은 사도와 함께 "내게 사는 것이 그리스도니 죽는 것도 유익함이라"(빌 1:21)고 말할 수 있습니까?

형제 여러분, 우리의 상태를 조사하기 위해 성경을 저울에 놓는다면, 우리의 영적 상태를 알아보는 시험으로 하나님의 말씀을 읽는다면 우리 가운데 가장 훌륭한 사람도 당연히 두려워할 것입니다. 전능하신 하나님 앞에서 무릎을 꿇고 성경을 펼쳐 놓고 읽는다면 우리는 아주 빈번하게 중간에 읽기를 그치고 이렇게 말하지 않을 수 없을 것입니다. "주님, 나는 지금까지 한 번도 이 자리에 이른 적이 없습니다. 나를 이 자리로 데려다 주십시오! 내가 읽고 있는 이것처럼 내게 참된 회개를 주십시오. 내게 진짜 신앙을 주십시오. 내가 허울뿐인 신앙을 갖지 않게 하여 주옵소서! 하늘나라에서 통용되는 화폐인 신앙을 내게 주십시오. 그것은 순은으로 만든 주의 은혜입니다. 그 은혜는 천국의 문이 열리고, 슬프게도 지옥의 문도 활짝 열릴 그 큰 날에 통용될 화폐입니다." 하나님의 말씀으로 자신을 조사해 보십시오. 나는 조사를 마치고 일어나서 "나를 저울에 달아 보니 부족함이 보였다"고 말하지 않을 수 없는 사람들이 있을까 두렵습니다.

그 다음에, 하나님은 또 다른 시험 방법을 우리에게 주기를 기뻐하셨습니다. 하나님께서 내가 이제 이야기하려고 하는 섭리의 저울에 우리를 달아보실 때 우리는 자신을 매우 신중하게 지켜보고 우리가 부족함을 보이지 않는지 볼 필요가 있습니다. 어떤 사람들은 역경의 저울에 올려져 조사를 받습니다. 친구 여러분, 여러분 가운데는 매우 슬픈 마음으로 이 자리에 온 분들이 있을 수 있습니다. 사업이 실패하고, 세상적인 전망은 점점 더 어두워져 갑니다. 이 세상에서 지금은 여러분에게 깜깜한 밤중입니다. 여러분의 집안에 우환(憂患)이 있습니다. 사랑하는 아내가 쇠약해져 가는 것을 보고 눈물을 흘립니다. 자녀들이 어쩌면 은혜를 모르는 태도로 여러분의 마음에 상처를 입혔을지도 모릅니다. 그런데 여러분은 신앙을 고백하는 사람입니다. 여러분은 하나님께서 지금 여러분에게 무슨 일을 하고 계시는지 압니다. 하나님은 지금 여러분을 시험하고 조사하고 계시는 중입니다. 하나님은 여러분을 아십니다. 하나님은 여러분에게 일시적인 신앙은 충분하지 않다는 것을 알게 하고 싶어 하십니다. 여러분의 믿음이 고난과 시련의 시험을 견딜 수 있는지 보게 하고 싶어 하십니다.

욥을 기억하십시오. 그를 달았던 저울은 참으로 대단한 것이었습니다! 잇달아 쏟아진 고통은 참으로 무거운 것들이었습니다. 산과 같이 큰 혹독한 고난들이었습니다. 그렇지만 욥은 그 모든 고난을 견딜 수 있었고, 사탄이 있는 힘을 다해 저울에 내던지는 그 모든 추들을 견디어 내고서 저울에서 나왔습니다. 여러분도 그와 같습니까? 여러분은 지금 "주신 이도 여호와시요 거두신 이도 여호와시오니 여호와의 이름이 찬송을 받으실지니이다"(욥 1:21) 하고 말할 수 있습니까? 여러분은 불평 없이 하나님의 뜻에 복종할 수 있습니까? 혹은 여러분이 이와 같은 신앙의 단계에는 이를 수 없을지라도 하나님께 불평할 수 없는 것은 느낄 수 있습니까? 여러분은 여전히 "그가 나를 죽이실지라도 나는 그를 의뢰하리라"(13:15 난외주)고 말합니까?

친구 여러분, 여러분의 믿음이 역경의 날을 견디지 못한다면, 폭풍우 치는 때에 여러분에게 위로를 주지 못한다면, 여러분은 그런 경우에 차라리 그런 믿음이 없이 지나는 것이 낫습니다. 그런 믿음이 있으면 여러분이 속지만, 없다면 여러분이 자신의 진정한 상태를 발견하고 회개하는 죄인으로서 하나님을 구할 수도 있기 때문입니다. 여러분이 작은 역경에 산산이 부서진다면 하나님의 사나운 비바람이 여러분 영혼에 일시에 쏟아지는 날에는 어떻게 되겠습니까? 여러분이 무덤이 열리는 것을 보고 견딜 수 없다면 마지막 날의 천사장의 나팔 소리와 무서운 우렛소리를 어떻게 견딜 수 있겠습니까? 불타는 여러분의 집이 너무 소중해서 견딜 수 없다면 이 세상이 불탈 때는 어떻게 하겠습니까? 우렛소리와 번개에 놀란다면 세상이 불타오르고, 하나님의 우렛소리가 그 숨은 곳을 떠나 온 세상을 달리며 울려 퍼지게 할 때 여러분은 어떻게 하겠습니까? 단순한 시련에 여러분이 괴로워하고 슬퍼한다면 하나님의 보응의 폭풍이 땅을 온통 휩쓸며 땅의 기둥들이 비틀거릴 때까지 흔들어 댈 때는 어떻게 하겠습니까? 그렇습니다. 친구 여러분, 나는 여러분이 자주 시험을 받고 고난을 겪는 만큼 그때마다 여러분이 그 시련을 어떻게 견디는지 보기를 바랍니다. 그때 여러분의 믿음이 견디는지, 하나님의 오른팔이 구름 가운데 감싸여 있을 때에도 그 팔을 볼 수 있는지, 여러분이 환난의 검은 구름 뒤편에서 빛나는 은빛을 볼 수 있는지 조사하기를 바랍니다. 하나님께서 여러분이 그 저울에서 벗어나도록 도와주시기를 바랍니다. 이는 많은 사람들을 저울에 달아보니 부족한 것이 보였기 때문입니다.

반대되는 색깔의 또 다른 저울들도 있습니다. 내가 지금까지 설명한 저울들은 검은 색이 칠해진 것이었습니다. 그런데 이 저울들은 금빛 색깔입니다. 이것은 번영의 저울들입니다. 많은 사람들이 가난의 냉기는 견뎠으면서도 햇빛 잘 드는 날씨는 견디지 못했습니다. 어떤 사람들의 신앙은 단단한 얼음판으로 지어진 러시아 왕비의 궁전과 아주 흡사합니다. 그 궁전은 서리를 견딜 수 있었고, 험악하기 짝이 없는 바람도 무너뜨릴 수 없었습니다. 겨울의 날카로운 기운도 이 궁전을 해칠 수 없었습니다. 이런 것들은 궁전을 더 강하게 하고 견고하게 만들었을 뿐입니다. 그러나 여름이 궁전을 모두 녹여버렸습니다. 한때 환락의 홀들이 있었던 곳에는 굽이치는 검은 강물 외에는 아무것도 남지 않았습니다. 얼마나 많은 사람들이 성공에 망하고 말았습니까? 인기라는 연기가 많은 사람들의 머리를 돌아버리게 만들었습니다. 사람들의 지나친 칭찬 때문에 많은 사람들이 부끄러운 자리에 떨어지고 말았습니다. 대중의 박수갈채는 사람을 수렁에 빠트립니다. 내가 아는 사람 가운데 오두막에 살 때는 하나님을 경외하는 것처럼 보였던 사람이 대저택에 살면서는 하나님을 잊어버린 사람이 많습니다. 이마에 땀을 흘려서 일용할 양식을 벌었을 때는 그들이 하나님을 섬겼고, 기쁨으로 하나님의 집에 올라갔습니다. 그러나 허울뿐인 그들의 신앙은 가축 떼가 늘고 은금이 많아지자 깨끗이 사라졌습니다. 번영의 시련을 견디는 것이 쉬운 일이 아닙니다.

여러분은 유명한 옛 우화를 압니다. 기독교의 관점에서 이 우화를 이야기해 보겠습니다. 고난의 바람이 그리스도인의 머리에 불어 닥치면 그는 천상의 위로라는 외투를 끌어당겨 몸을 여미고, 폭풍이 맹렬하기 때문에 신앙을 더욱 단단히 조일 뿐입니다. 그러나 번영의 해가 그에게 비치면 여행자는 몸이 더워지고 기쁨과 즐거움이 충만해집니다. 그러면 그는 외투를 벗어서 옆에 놓습니다. 이렇게 고난의 폭풍이 이룰 수 없었던 것을 번영이라는 부드러운 손과 마술이 이룰 수 있었습니다. 번영은 위대한 많은 사람들의 허리끈을 풀었습니다. 삼손과 같은 많은 사람들의 머리털을 자르고 힘을 빼앗아간 사람은 바로 들릴라 같은 여인이었습니다. 이 암초에 많은 배들이 완전히 난파되었습니다.

"나는 머리에 몰아치는 폭풍우보다
믿을 수 없는 평온이 더 무섭습니다."

우리가 성공을 경험한 후에 이렇게 말할 수 있겠습니까? "이것은 내 안식이 아니다. 이것은 내 하나님이 아니다. 하나님께서 내게 주실 수 있는 것을 주십시오. 그러면 주신 것을 인하여 하나님께 감사드리겠습니다. 그러나 나는 선물보다 선물을 주신 하나님을 기뻐할 것입니다. 하나님께 주님만이 내 안식이라고 말씀드리겠습니다." 여러분이 이 저울에서 내려올 때 부족함이 보이지 않았다는 말을 듣기를 정직하게 기대할 수 있다면 좋은 일입니다.

그런가 하면 유혹의 저울들이 있습니다. 아주 많은 사람들이 한동안은 잘 달리는 것처럼 보입니다. 그러나 그리스도인을 단련하는 것은 시험입니다. 여러분은 지금 정직하고 바르게 사업을 하고 있습니다. 그런데 사업을 하다가 어떤 투기적인 일을 우연히 만났는데, 그 일이 기독교 신앙의 높은 표준에서 아주 조금만 떠나면 되고, 사실 다른 장사꾼들이 따르는 낮은 표준에서는 전혀 벗어나지 않는 것이라고 생각해 봅시다. 이때 여러분은 "내가 어찌 이 큰 악을 행하여 하나님께 죄를 지으리이까?"(창 39:9) 하고 말할 수 있을 것 같습니까? 여러분은 이렇게 말할 수 있겠습니까? "나 같은 사람이 이런 일을 해야 하겠는가? 내가 속히 부하고자 해야 되겠는가? 내가 속히 부하고자 한다면 형벌을 면하지 못할 것이라"(잠 28:20). 여러분에게는 이 유혹이 어떻게 왔습니까? 여러분은 시련의 때를 겪었습니다. 작은 것이라도 이룰 기회가 있었습니다. 여러분은 그 기회를 잡았습니까? 불법적인 이익을 취하거나 정욕적인 쾌락을 누리거나 혹은 교만이나 허영에 빠질 뻔한 시험을 당했을 때 하나님께서 여러분에게 견딜 수 있게 해주셨습니까? 여러분이 이 모든 시험을 견디며 이렇게 말할 수 있었습니까? "사탄아 내 뒤로 물러가라 네가 하나님의 일을 생각하지 아니하고 도리어 사람의 일을 생각하고 죄의 일을 생각하는도다"(마 16:23 참조). 여러분이 한 번도 유혹을 당해본 적이 없다면 이 점에 관해 아무것도 알지 못합니다. 배가 바다에서 한 번 폭풍우를 만나기 전에는 어떻게 그 배가 튼튼한지 알 수 있겠습니까? 여러분이 일상생활의 실제적인 시험을 겪기 전에는 자신이 어떤 사람인지 알 수 없습니다. 여러분은 그 시험을 어떻게 겪었습니까? 여러분이 저울에 달려 무게를 재었을 때 이렇게 말할 수 있었습니까? "나는 시험 받을 때 나를 지켜준 은혜를 알고 또 주님께서는 항상 시험을 피할 길을 주셨다는 것을 압니다. 그래서 나는 지금 하나님의 은혜를 자랑합니다. 나는 자신을 의지할 수는 없지만 '나는 정말로 하나님의 것이라'고 말할 수 있습니다. 내 안에서 일어나는 이 일은 사람에게 속한 것이 아니고 사람이 행할 수 있는 것도 아닙니다. 그것은 성령의 일입니다. 나는 몸과 마음이 다 지쳐 아무 힘을 발휘할 수 없었을 때 구원과 양육을 받았습니다."

여러분, 틀림없이 여러분은 대부분이 신앙을 고백한 사람들일 것입니다. 나는 다시 한번 여러분에게 여러분의 신앙이 진짜인지 아닌지 자신을 시험하고 조사해 보라고 간절히 권합니다. 이 세상에 거짓 선지자들이 많고 또 그들을 따르는 추종자들이 있다면 치명적으로 속아서 지내는 거짓된 신앙인들이 틀림없이 많지 않겠습니까? 제발 여러분이 집사이기 때문에, 혹은 세례를 받았기 때문에 혹은 이 교회 교인이거나 신앙을 고백한 사람이기 때문에 안전하다고 생각하지 마십시오. 자기기만에 빠진 사람들의 뼈가 하얗게 바랜 것을 보고 여러분은 경고를 받아야 마땅합니다. 한때는 즐겁게 항해해 갔던 수많은 사람들이 추측이라는 암초에 걸려 깨어지고 말았습니다. 선원이여, 조심하십시오. 그대는 배를 즐겁게 손질하고 밝은 색을 칠할 수 있지만, 그래도 마찬가지라는 것을 알아야 합니다. 배 밑에서 암초가 나타나지 않을까, 그 암초가 여러분의 배를 뚫지 않을까, 파멸의 물이 궤멸시키지 않을까 조심하십시오. 제발 여러분이 이렇게 말하지 않기를 바랍니다. "왜 이렇게 소란을 피우지? 나는 마지막에 모든 것이 다 잘 될 거야." 여러분의 영원한 상태를 막연하거나 의심스러운 문제로 만들지 않도록 하십시오. 여러분이 그리스도의 것인지 아닌지 지금 양심으로 판단하십시오. 지금 판단하기를 바랍니다.

세상에 지극히 비참한 사람들이 많고 지극히 절망적인 사람들이 많지만 가장 불쌍한 사람은 신앙에 전혀 관심이 없는 사람이라고 생각합니다. 감정이 피부 밑으로 더 이상 내려가지 않는 사람들이 있습니다. 그들에게는 마음이 없습니다. 아니면 마음을 지방이 완전히 둘러싸고 있어서 그들의 감정을 건드릴 수 없는 것입니다. 나는 사람이 낙담해 있거나 아니면 기뻐하는 모습을 보면 좋습니다. 자신의 영원한 상태에 대해서 근심하거나 아니면 거기에 대해 확신하고 있는 것이 보기 좋습니다. 그러나 스스로에 대해 의문을 제기하려고 하지 않는 여러분, 여러분은 도살장으로 가고 있는 수소와 같습니다. 아니면 도살장에 들어가서 곧 자신의 목숨을 끊을 칼을 핥으려고 하는 양과 같습니다. 나는 오늘 아침 좀 더 진지하게 얘기하고 싶습니다. 하나님의 불에서 튀는 불꽃이 이제 내 영혼에 불이 켜지게 하면 좋겠습니다. 나는 스스로 신앙이 있다고 하는 세대 가운데 서서 사람들에게 경고하던 옛 선지자처럼 여러분에게 말할 수 있을 것이라고 생각합니다. 오늘 아침 바로 하나님의 목소리가 여러분 각 사람의 마음에 말씀하시면 좋겠습니다! 하나님께서 높은 곳에서 천둥을 치는 동안에 아래로 여러분 영혼 속에서도 큰 소리로 말씀하시면 좋겠습니다! 여러분, 스스로 속지 않도록 조심하십시오. 여러분 자신에게 진실하도록 하십시오. 만일 여호와가 하나님이시면 하나님을 섬기되 진심으로 섬기십시오. 마귀가 하나님이면 그를 섬기되 정직하게 섬기고, 성실하게 섬기십시오. 여러분이 사실은 하나님을 섬기는데 아무 관심이 없으면서 섬기는 체하지 마십시오.

2. 이제 끝으로 최후의 큰 저울에 대해서 이야기하고 설교를 끝내야 하겠습니다.

나는 이 점에 대해서는 매우 엄숙하게 말하지 않을 수 없습니다. 성령님께서 우리와 함께 하시기를 바랍니다. 시간이 곧 끝날 것입니다. 그리고 곧 영원이 반드시 시작될 것입니다. 죽음이 서둘러 앞으로 나가고 있습니다. 전속력으로 달리는 이 창백한 말이 이 땅의 모든 거주자에게 갑니다. 죽음의 화살이 활시위에 재이고 곧 과녁을 맞출 것입니다. 사람의 심장이 과녁입니다. 그리고 죽음 뒤에는 심판이 옵니다. 두려운 재판이 곧 시작될 것입니다. 천사장의 나팔소리가 잠자고 있는 무수한 사람들을 깨울 것이고, 그러면 그들이 발로 서서 자기들이 거슬러 죄를 범한 하나님을 마주하게 될 것입니다. 나는, 너무 무거워서 하나님 외에는 아무도 들 수 없는 하늘의 저울이 보이는 것 같습니다. 나는 눈을 들어 하늘을 보며, 내가 반드시 그 저울에 올라가 단 한 번 무게를 달아야 하는 때가 있음을 생각합니다.

자, 나는 이 자리에 계신 여러분 각 사람에게 말씀드립니다. 저기 하늘에 있는 저울은 정확합니다. 내가 여기 있는 다른 사람들은 속일 수 있지만 그때 가서 하나님을 속일 수는 없습니다. 나를 세상의 저울에 달 수 있습니다. 그러면 세상 저울은 편파적인 판단밖에 내리지 못해서 내가 사실과 다르게 나를 생각하고 절망적인 때에도 희망이 있는 것처럼 그릇된 생각을 품게 만들 것입니다. 그러나 하늘의 저울들은 틀림없습니다. 저기에는 그 저울들에게 아첨하여 거짓을 선언하도록 만들 것이 전혀 없습니다. 그 저울들이 큰 소리로 외치고 자비를 베풀지 않을 것입니다. 천국에 이르면 아첨하는 말이 정직한 목소리로 변할 것입니다. 이 땅에서는 내가 "평강이 없으나 평강하다, 평강하다"(렘 6:14 참조) 하고 소리치며 다닐 수 있습니다. 그러나 하늘에서는 적나라한 사실이 나를 놀라게 만들고, 사실이 아닌 위로는 단 한 마디도 내게 주어지지 않을 것입니다. 그러므로 나는 하늘의 저울은 아주 틀림없고 속일 수 없다는 사실을 깊이 생각하도록 하겠습니다. 또한 내가 원하든지 않든지 간에 나는 이 저울에 반드시 올라가야만 한다는 점을 기억하도록 하겠습니다. 하나님께서는 나를 내 신앙고백대로 받아주시지 않을 것입니다. 나는 내 증인을 함께 데려갈 수도 있을 것입니다. 내 교회의 목사와 집사들을 증인으로 데려가서 나를 칭찬하도록 할 수 있는데, 그들의 칭찬이 사람들 가운데서는 충분한 것으로 인정될지 모르지만 하나님께서는 구실로 용납하시지 않을 것입니다. 하나님께서는 다른 사람들의 견해가 무엇이든지, 내 자신의 신앙고백이 무엇이든지 간에 개의치 않고 나를 저울에 달아 내가 충분한지 보실 것입니다. 내가 반드시 그 저울에 달려야 한다는 것을 또한 나는 기억하도록 하겠습니다. 나는 하나님께서 내 머리의 무게는 달고 내 마음은 보지 않고 넘어가실 것이라고 기대할 수 없습니다. 다시 말해, 내가 교리에 대해 바르게 생각하고 있기 때문에 하나님은 내 마음이 불순하다는 사실이나 내 손이 불의한 죄가 있다는 사실은 잊어버리실 것이라고 생각할 수 없습니다. 내 모든 것이 반드시 그 저울에 달릴 것입니다.

자, 상상력을 동원해서 내 자신이 그 저울에 달리는 것을 그려보겠습니다. 나는 내가 믿는 분을 알고 또 그리스도의 피와 그의 온전한 의가 나를 그 모든 시험에서 지켜 해 받지 않게 하실 것을 확신하기 때문에 담대하게 그 저울로 걸어 올라가겠습니까? 아니면 공포와 낙담 가운데 끌려 저울에 올라가겠습니까? 천사가 와서 "저울에 올라가야 한다"고 말할 때 나는 무릎을 꿇고 "알겠습니다" 하고 말하겠습니까? 아니면 피하려고 하겠습니까? 자, 저울에 올라서서 내가 엄숙한 순간을 기다리고 있는 모습이 보입니다. 내 발이 저울의 바닥에 닿았습니다. 또 거기에 영원한 추들이 놓입니다. 저울이 어느 쪽으로 돌아갑니까? 결과가 어떻게 될 것 같습니까? 내가 예수님의 의로 말미암아 무게가 충분히 나가며 그래서 받아들여졌다는 것을 알고서 저울에서 기뻐하고 즐거워하면서 내려갑니까? 아니면 내가 가볍고 보잘것없으며 생각했던 내 모든 기대가 근거가 불충분한 것이어서 내 저울이 올라가고 실패하고 말겠습니까? 내가 보응의 험악한 손에 붙잡혀 무서운 절망으로 끌려가는 곳으로 가게 될 것입니까? 여러분은 이 긴장의 순간들을 그려볼 수 있습니까? 나는 불쌍한 사람이 목에 밧줄을 감고 가파른 비탈에 서 있는 모습을 볼 수 있습니다. 이것은 참으로 불안하기 짝이 없는 순간입니다. 이 순간 틀림없이 두려운 생각이 그의 머릿속을 온통 휘젓고 있을 것입니다!

하지만 여러분, 하나님을 믿지 않고, 그리스도도 없으며 부주의한 여러분, 신앙을 고백했지만 마음에는 신앙이 없는 여러분에게는 훨씬 더 두려운 순간이 올 것입니다. 여러분이 저울에 있는 것이 보이지만, 우리가 무슨 말을 하겠습니까? 지옥의 울부짖는 소리도 여러분의 비참함을 표현하기에는 부족한 것처럼 보입니다. 그리스도 없이 저울에 달린다고요? 머지않아 여러분은 어떤 동정이나 긍휼을 받지 못한 채 지옥의 아가리 속으로 들어갈 것입니다. 여러분, 여러분이 저울에 달리지 않은 채 천국에 이를 것으로 기대할 수 있다면, 하나님께서 여러분이 말하는 것을 시험하지 않은 채 그대로 믿으실 것이라면 나는 오늘 아침 여러분에게 자신의 마음의 상태를 확인해보라고 애써서 말할 생각이 없습니다. 하지만 하나님께서 여러분을 시험하실 것이라면 여러분이 스스로를 시험하십시오. 하나님께서 여러분을 판단하실 것이라면 여러분이 스스로 자신의 마음을 판단하십시오. 여러분이 스스로 신앙이 있다고 말하기 때문에 자신의 상태가 괜찮다고, 다른 사람들이 여러분은 안전할 것이라고 생각하기 때문에 자신은 괜찮다고 말하지 마십시오. 여러분 스스로 무게를 달아보십시오. 여러분의 마음을 저울에 달아보십시오. 스스로 속지 말아야 합니다. 여러분의 눈에서 붕대를 벗어버려 무지에서 벗어나고, 여러분이 누구인지에 대한 한낱 견해에 지나지 않는 것을 잊어버리도록 하십시오.

나는 여러분이 다른 사람들이 여러분을 보듯이 자신을 볼 뿐만 아니라 하나님께서 여러분을 보시듯이 자신을 보게 하고 싶습니다. 왜냐하면 결국은 그것이 여러분의 진짜 상태이기 때문입니다. 하나님의 눈은 틀리지 않습니다. 하나님은 진실하신 하나님이시며, 공정하고 올바르십니다. 우리 교인들 가운데 누가 마침내 지옥에 던져질 것이라고 한다면 참으로 두려운 일일 것입니다. 우리가 높이 올라가면 갈수록 우리의 파멸도 그만큼 더 큽니다. 밀랍으로 된 날개로 높이 올라갔다가 마침내 태양에 날개가 녹아 땅에 떨어졌다고 하는 옛 신화에 나오는 이카로스처럼 말입니다. 여러분 가운데 어떤 분들은 이카로스처럼 날고 있습니다. 밀랍의 날개로 날아오르고 있는 것입니다. 심판 날의 그 무서운 열기에 날개들이 녹으면 어떻게 하겠습니까!

때때로 나는 만일 마지막 날에 내가 천국에 받아들여지지 않게 된다면 내 기대와 반대되는 그 판단이 얼마나 두렵게 느껴질지 그려보려고 합니다. 내가 내 자신에 대해 말하는 것을 모든 사람에게 적용해야 할 것입니다. 아니, 만일 내가 이 세상에 살며 자신이 그리스도인이라고 생각하는데 실제는 아니라면, 나는 성소의 노래를 부르는 데서 나와 사탄의 회가 저주하는 데로 가야 합니까? 성찬의 잔을 받는 데서 나와 마귀의 잔을 받는 데로 가야 합니까? 주의 식탁에서 나와 귀신들의 잔치 자리로 가야 합니까? 지금 예수님의 말씀을 선포하는 이 입술이 어느 날 파멸의 울부짖는 소리를 낼 것입니까? 구속주를 찬양하는 노래를 하던 이 혀가 하나님을 모독하는 말을 하게 되겠습니까? 그처럼 많은 자비를 받은 그릇인 이 몸이 하나님의 보응이 가져오는 온갖 비참함을 받는 집이 되겠습니까? 지금 하나님의 백성을 바라보는 이 눈이 어느 날 모든 것을 소멸하는 불 속에서 멸망하는 영들의 두려운 모습을 볼 것입니까? 오늘 아침 할렐루야를 외치는 소리를 들은 이 귀가 어느 날 망한 자들과 저주받은 영들의 비명과 신음과 아우성 소리를 들어야 하겠습니까? 우리가 그리스도의 것이 아니라면 반드시 그렇게 될 것입니다. 그것이 얼마나 무서운 일인지 모릅니다!

나는 근엄한 신자처럼 보이는 어떤 사람이 마지막에는 정죄를 받고 지옥에 떨어지는 모습이 보이는 것 같습니다. 거기에는 차꼬를 차고서 누워 불 침대에서 뒹구는 허다한 죄인들이 있습니다. 그들은 잠시 팔꿈치로 몸을 괴고서 신자라고 하는 사람이 들어오는 것을 보고 이렇게 소리칠 때는 자신들의 고통을 잊어버리는 것처럼 보입니다. "그대도 우리 중 한 사람과 같이 되는가? 저 설교자도 정죄 받았는가? 뭐라고! 지금 이 교회의 집사로 있던 사람이 와서 술주정뱅이와 불경한 욕설하는 자들과 함께 앉는다고? 아하, 아하, 그대도 결국은 우리와 함께 같은 다발에 묶인다고?" 틀림없이 지옥의 이 조롱이 그 자체로 그에게 지극히 두려운 고문이 될 것입니다. 스스로 신자라고 하던 죄인들이 전혀 신앙을 고백하지 않은 자들에게 조롱을 받을 것입니다.

희망을 잃었을 때, 죽을 인생은 무너져버린 희망의 비참함을 다 설명할 수 없습니다. 희망을 잃어버렸다는 것은 자비를 잃어버리고 그리스도를 잃어버리며 생명을 잃어버린 것입니다. 또한 거기에는 끔찍한 파멸과 전능하신 하나님의 두려운 보응이 따르는 것입니다. 오늘 우리는 모두 집에 가서, 하나님의 하늘이 밝을 때 하나님의 제단 앞에 엎드려 자비를 베풀어 주시기를 구합시다. 모든 사람이 따로따로, 남편 따로, 아내 따로 구합시다. 우리는 각각 떨어져서 기도하는 골방에서 거듭거듭 구합시다. "주님, 나를 새롭게 하여 주소서. 나를 용서하여 주소서. 주님은 나를 영접하여 주옵소서."

사나운 비바람이 지금 하늘 아래서 낮게 불고 있는 동안에, 그리고 더 무서운 또 다른 폭풍우가 아주 두렵게 우리에게 닥치기 전에 여러분이 평안을 얻기를 바랍니다. 그때 우리가 망한 것을, 희망이 결코 찾아올 수 없게 영원히 망한 모습을 보지 않게 되기를 바랍니다! 내 자신을 살피는 것이 내 할 일이 될 것입니다. 그때 내가 스스로를 저울에 달 수 있을 것으로 기대합니다. 여러분, 여러분 각 사람도 그와 같이 하겠다고 약속하시기 바랍니다.

나는 이번 주 어느 날 어떤 사람에게서 이런 말을 들었습니다. 최근에 여러 안식일 동안 하나님 말씀의 위로를 주는 교리들에 대해서 설교를 듣고 나자 그는 여러분 가운데 어떤 분들이 하나님의 택하신 자가 아닐 수도 있는데 자신은 하나님의 택하신 자라는 생각으로 자위하기 시작하는 것이 아닌가 하고 두려웠다는 것입니다. 오늘 아침 내가 전해야 할 것으로 생각하는 것을 전했다면, 적어도 그런 일은 일어나지 않을 것입니다. 하나님께서 여러분에게 복 주시기를 바랍니다.

제
6
장
—

담대한 용기

—

"다니엘이 이 조서에 왕의 도장이 찍힌 것을 알고도 자기 집에 돌아가서는 윗방에 올라가 예루살렘으로 향한 창문을 열고 전에 하던 대로 하루 세 번씩 무릎을 꿇고 기도하며 그의 하나님께 감사하였더라" — 단 6:10

다니엘은 세상적으로도 크게 성공하였고 영적으로도 역시 성공하였습니다. 사람들 가운데 외부적으로 출세하지만 내부적으로 쇠락하는 경우가 흔히 있습니다. 지금까지 수많은 사람들이 성공에 도취되었습니다. 그들은 인생의 경주에서 1등을 차지할 듯하였지만, 유혹에 빠져 선악과를 따먹고 타락하고 말았으며, 그 결과 면류관을 얻지 못하였습니다. 그러나 다니엘은 그렇지 않았습니다. 그는 천한 시절과 마찬가지로 높은 지위에 있을 때에도 하나님 앞에서 온전하였습니다. 다니엘이 밖에서 일을 수행할 수 있는 힘을 하나님과 은밀한 교제를 지속함으로써 유지하였다는 사실이 이러한 모습을 잘 보여줍니다. 그는 훌륭한 심령의 소유자였으며, 많은 기도를 드리는 사람이었음을 성경에서 알 수 있습니다. 그러므로 높아졌다고 그의 생각이 변하지 않았으며, 하나님께서는 "그의 종들의 발을 사슴과 같게 하사 그들로 그들의 높은 곳으로 다니게 하시리라"(합 3:19)는 언약을 그에게 이루어주셨습니다. 다니엘은 순결함을 보존하였으며, 편히 쉬려고 그의 높은 지위를 찾지 않았습니다. 새들이 잘 익은 열매를 쪼아먹듯이 다니엘을 시기하는 대적들은 그를 공격하였습니다. 가장 뛰어난 용사들이 적의 화살의 표적이 되듯이 다니엘도 그가 누린 영광으로 말미암아 많은 사람들의 미움의 대상이 되었습니다.

그러므로 사랑하는 성도들이여, 세상에서 크게 되려는 지나친 욕망이나 혹은 근심 어린 야망을 삼가세요. 세상의 영광과 재물보다 더 귀한 것들이 존재합니다. 어느 페르시아 왕이 두 신하들에게 관심의 증표를 나누어주었습니다. 한 신하에게는 황금 잔을 주었고, 다른 신하에게는 입맞춤을 해 주었습니다. 황금 잔을 받은 신하는 자기가 왕에게 좋은 대우를 받지 못했다고 생각하고, 왕의 입맞춤을 받은 신하를 시기하였다고 합니다. 세상의 재물과 영광을 누릴 자들로 그 황금 잔을 채우게 하십시오. 그러나 여러분이 하나님의 입으로부터 나오는 은혜의 입맞춤을 받고, 여러분의 영혼 깊은 곳에서 그 은혜의 달콤함을 맛본다면 그들보다 더 소중한 것을 여러분이 받은 것입니다. 가난과 질병 가운데서 그 입맞춤을 받는다할지라도 불평할 이유가 없습니다. 오히려 하나님께서 무한한 은혜로 여러분을 귀하게 여기시므로 세상적인 것보다 영적인 것들을 더 많이 주신 것을 기뻐해야 할 것입니다.

루터는 세상의 모든 위대함이란 하나님께서 개에게 던져주신 뼈다귀에 불과하다고 말했습니다. 그는 말하기를, "하나님은 그의 성도에게보다 교황과 터키인들에게 세상적인 것들을 더 많이 주신다"라고 하였습니다. 이것이 사실입니다. 위대해지고, 두드러지고, 부자가 되는 것은 곧 교수대에서 처형될 하만의 기업과 같습니다. 반면, 하나님의 참된 종은 모르드개처럼 문 앞에 앉아 멸시를 받을 수 있습니다. 부자와 함께 잔치를 벌이는 것보다 나사로와 함께 하는 것이 더 낫습니다. 왜냐하면 하나님의 사랑이 세상의 불이익을 보상하고도 남기 때문입니다. 세상의 많은 재물보다 약간의 하나님의 은혜가 더 낫습니다. 좋은 것은 보이는 성공, 곧 어정쩡한 축복으로 오지 않습니다. 오히려 여러분이 영적인 기쁨이라는 믿을 만한 축복을 얻는다면 훨씬 더 만족스러울 것입니다.

저는 오늘날 여러분이 순종하는 삶을 살도록 하기 위하여 다니엘의 본을 보여드리고자 합니다. 제가 믿기에, 오늘날은 우리가 다니엘처럼 흔들림 없이 굳게 결심해야 할 때입니다. 어쨌든, 우리가 면류관을 받기 전에 우리의 발을 견고히 하고 주님과 그의 진리를 위하여 흔들림 없이 물러서지 않아야 할 때가 우리 모두에게 올 것이라고 저는 믿습니다.

1. 첫 번째, 다니엘의 기도의 습관을 주목해 보도록 합시다.

이는 우리가 연구할 가치가 있습니다. 다니엘이 이토록 큰 시험을 받지 않았더라면 우리는 그의 헌신에 대하여 결코 알지 못했을 것입니다. 그러나 불은 숨어있는 금을 드러냅니다.

앞에서 우리는 다니엘이 지속적으로 기도하는 습관이 있었다는 말씀을 보았습니다. 다니엘은 많은 기도를 하였습니다. 신앙생활의 여러 가지 형태가 절대적으로 중요한 것은 아니지만, 기도는 영성의 필수적인 요소입니다. 기도하지 않는 사람은 그 심령 속에 하나님의 생명의 호흡이 없습니다. 기도하는 모든 사람이 그리스도인이라고 말하지는 않겠습니다. 그러나 진지하게 기도하는 모든 사람은 그리스도인이라고 말하겠습니다. 사람들은 어떤 식으로든 기도할 수 있으며 심지어 은밀한 기도를 하지만 자신을 속일 수가 있습니다. 애굽의 개구리들이 침실에 뛰어올라왔던 것처럼, 사람들이 하나님을 예배하는 체하는 은밀한 장소 안으로 위선이 침입합니다. 하지만 진지한 헌신을 즐겁게 계속한다는 것은 은혜를 받은 증거이며, 그런 헌신을 하는 자는 스스로 주님의 가족이라고 분명하게 결론 내릴 수 있을 것입니다.

다니엘에게는 언제나 기도의 제목들, 기도할 이유들이 있었습니다. 그는 높은 자리에서 교만하지 않게 해 달라고 자신을 위해 기도하였습니다. 그리고 자기를 시기한 무리들의 올무에 걸리지 않게 해 달라고 기도하였으며, 동양의 통치자들의 억압과 불성실에 걸려들지 않게 해 달라고 기도하였습니다. 그리고 그는 자기 백성을 위하여 기도하였습니다. 다니엘은 자기처럼 성공하지 못한 많은 유다 족속을 보았습니다. 그는 자신과 같은 혈육인 백성을 기억하고 그들과 하나가 되었습니다. 그의 뼈 중의 뼈요 살 중의 살인 백성들을 믿음의 팔로 안고 다니엘은 하나님 앞에 나아갔습니다. 그는 예루살렘을 위하여 중보 기도하였습니다. 예루살렘 성읍이 황폐되었고, 갈대아의 파괴자들이 아주 아름답고 한때 온 세상의 기쁨이었던 시온산에 여전히 주둔해 있는 현실 때문에 그는 슬피 울었습니다. 다니엘은 유다 백성이 포로상태에서 풀려나 예루살렘으로 귀환할 수 있게 해 달라고 간절히 기도하였으며, 하나님께서 이런 일을 이미 작정하셨다는 사실을 알고 있었습니다. 또한 다니엘은 하나님의 영광을 위하여 기도하였으며, 우상들이 완전히 철폐되고, 여호와께서 하늘에서 통치하시고 또한 사람들 가운데서 역사하신다는 사실을 온 세상이 알게 될 날이 오게 해 달라고 기도하였습니다. 다니엘의 골방의 열쇠구멍에 귀를 대고 만군의 여호와 하나님께 드린 그의 강력한 중보의 기도를 듣는 것은 실로 기쁜 일일 것입니다.

다음에 본문에서 우리는 다니엘이 기도할 때마다 감사를 드렸다는 사실을 알 수 있습니다. 항상 요구만 하고 한 번도 감사하지 않는다는 것은 참으로 엉터리 신앙입니다! 하나님의 은혜로 먹고 사는 제가 어찌 받은 은혜를 하나님께 감사하지 않을 수 있겠습니까? 확실히 감사가 없는 기도는 이기적인 것입니다. 그런 기도들은 하나님을 약탈하는 것입니다. 사람이 그의 기도로 하나님을 약탈하는 것이 될 것입니다. 그러면서도 사람들은 자기의 기도가 이루어질 것이라고 기대합니다. 기도와 찬송은 우리의 사는 모습을 닮았다고 이 자리에서 제가 여러 번 말씀드리지 않았습니까? 우리는 공기를 들이마시고 또 그것을 내뿜습니다. 기도란 하나님의 사랑과 은혜라는 공기를 깊이 들이마시는 것이요, 그 다음에 찬양은 그것을 다시금 내뿜는 것입니다.

죄 사함 받고 드리는 기도와 찬양,
하늘의 복을 땅에 내리네

의로운 다니엘은 기도하는 것만큼 찬양하는 법을 알았으며, 다양한 향품으로 만들어진 감미로운 향기, 곧 감사와 경배가 섞인 간절한 열망과 소원을 하나님께 드렸습니다.

"다니엘이 … 기도하며 그의 하나님께(before his God) 감사하였더라"는 본문의 말씀은 주목할 가치가 있습니다. 기도는 바로 이런 것입니다. 곧 기도는 하나님 앞에(before God) 드려야 하는 것입니다. 오 형제들이여, 종종 바람에다 대고 기도하는 것을 자제하고, 마치 사면으로 둘러싸인 골방 안에서만 기도소리가 들려야 하는 것처럼 은밀한 말로 기도하지 않습니까? 그러나 올바른 기도는 하나님 앞에 나올 때 은혜의 보좌의 위엄을 실감하며, 그 위에 뿌려진 영원한 언약의 피를 바라보며, 하나님께서 여러분을 꿰뚫어보시고 모든 생각을 읽으시며 모든 열망을 판단하신다는 사실을 깨닫습니다. 또한 여러분이 기도할 때 하나님의 귀에다 대고 말하고 있다고 느낍니다. 그리고 그때에 마치

신성의 깊은 바다 속에 빠진 듯하며,

그의 광대하심 속에서 정신을 잃은 듯하도다.

기도는 하나님께 가까이 나아가는 것입니다. 여러분이 한 마디 말도 안 해도 상관없습니다. 하나님의 위엄에 크게 압도되어 말이 어울리지 않는다고 여러분이 느낀다면 말을 안 해도 괜찮습니다. 그리고 여러분이 흐느낌과 눈물, 그리고 말로 할 수 없는 탄식으로 엎드릴 때 침묵이 훨씬 더 의미심장합니다. 이것이 하나님께서 받으실 만한 기도요, 천국의 위엄에 어울리는 기도입니다. 이와 같이 다니엘은 기도하고 감사드렸습니다. 사람들에게 보이기 위함도 아니었으며, 은밀히 자신의 양심이 만족하기 위함도 아니었으며, 다만 "하나님 앞에서" 기도하였습니다. 이렇게 다니엘은 하루에 세 번씩 매일 하나님을 알현하였던 것입니다.

"그의"라는 작은 단어를 저는 빠뜨릴 수 없습니다. 다니엘은 그의 하나님께 기도하고 감사드렸습니다. 다니엘은 단순히 모든 사람의 하나님께 기도한 것이 아니라 그의 하나님께 기도하였던 것입니다. 다니엘은 그의 하나님께 뒤돌아 서지 않고 한결같이 섬기겠다고 굳게 결심하였습니다. 이러한 결심은 하나님께서 그를 선택하시고 그를 하나님의 사람으로 만들어주시며, 특별히 하나님의 찬송을 위하여 그를 구별하시기로 작정하신 데서 비롯된 것이었습니다.

"그의 하나님." 이런, 이 말씀을 보니 "언약"이라는 단어가 떠오르는군요. 그의 "언약의 하나님", 이 말씀을 보니 마치 "나는 그들의 하나님이 되고 그들은 내 백성이 되리라"(겔 37:27)고 하신 지존하신 하나님의 말씀을 따라 다니엘이 하나님과 언약을 맺은 것처럼 보입니다. 아브라함과 이삭과 야곱의 진정한 아들은 바로 다니엘이었습니다. 왜냐하면 그는 하나님을 그의 소유, 그의 기업으로 바라보았으며, 우리가 때때로 아름다운 시편에서 "그는 나의 하나님이시로다!"라고 노래하는 것처럼 다니엘은 하나님을 자기 하나님이라고 주장할 수 있었기 때문입니다.

오, 주님께서 온전히 나에게 속하여 계심을 깨닫기 원합니다! 다른 아무도 나의 하나님, 나의 하나님이라고 주장할 수 없을지라도, 저에게 하나님은 나의 아버지, 나의 목자, 나의 친구, 나의 주님, 나의 하나님이십니다! 사람이 자신과 언약하신 하나님과 대화할 수 있을 때 기도의 능력이 나타납니다. 그런 사람은 기도에 실패할 수가 없습니다. 그가 "그의 하나님 앞에" 간구할 때마다 그의 기도의 화살은 모두 표적의 중심에 정확히 꽂힙니다. 이 사람은 천국에서 인정받은 권리를 알고 있으며, 그 믿음으로 얍복강에 나타난 천사를 꼭 잡고 놓지 아니하므로 그를 반드시 이기고 맙니다. 이러한 기도는 다른 사람의 하나님으로부터 자비를 얻는 것이 아니며, 언약 밖에서 구하는 것이 아닙니다. 신자는 기도할 때 자기의 하나님께 이미 약속되었고, 맹세와 언약과 피로써 이미 보증된 자비를 구한다고 생각합니다.

그밖에 본문에서 다른 세부적인 내용들은 그다지 중요하지 않습니다. 그럼에도 불구하고 다니엘이 "하루 세 번씩" 기도하였다는 말씀을 살펴봅시다. 이 말씀은 다니엘이 몇 번 기도하였다는 것을 말해 주는 것이 아니라 몇 번 기도하는 자세를 취하였는가를 말해 줍니다. 필요하다면 다니엘은 3백 번이라도 기도했을 것이 틀림없습니다. 그의 마음은 언제나 하늘과 교통하였습니다. 그러나 정식으로는 하루에 세 번 기도하였습니다. 일반적으로 하루에 세 번 식사를 하는 것이 좋다고 사람들은 말합니다. 이와 마찬가지로 육신의 양식만큼 영혼의 양식도 세 번 먹는 것이 좋습니다. 아침에는 안내를 받고, 저녁 무렵에는 용서를 받으며, 정오에는 원기회복을 얻을 필요가 있지 않습니까? 정오에, "저의 영혼이 사랑하는 주님이시여, 당신께서 먹이시는 곳, 정오에 당신께서 양 떼를 쉬게 하시는 곳에서 제게 말씀하소서"라고 기도하는 것이 좋지 않겠습니까? 아침부터 저녁까지 기도의 간격이 너무 길다면, 정오에 또 하나의 황금 고리로 연결시켜 보세요. 성경에 여러분이 몇 번 기도해야 하는지, 언제 기도해야 하는지에 대해 규칙은 없습니다. 때를 정하는 것은 각자 마음에 받은 은혜대로 할 것입니다. 우리가 모세 언약의 굴레로 되돌아가 규칙과 의문에 얽매일 필요는 없는 것입니다. 자유의 성령께서 그의 성도들을 바르게 인도하실 것입니다. 하지만 하루에 세 번은 권장할 만한 수치입니다.

또한 기도의 자세를 주목해 봅시다. 이 또한 그다지 중요한 것은 아닙니다. 왜냐하면 우리는 성경에서 침대 위에서 기도한 사람들, 얼굴을 벽에다 대고 기도한 사람들을 볼 수 있기 때문입니다. 그런가 하면 다윗은 여호와 앞에 앉아서 기도하였습니다. 그리고 하나님 앞에 서서 기도하는 것 또한 매우 일반적이고 훌륭한 기도의 자세였습니다. 하지만 무릎을 꿇는 자세는 특별히 알맞은 자세이며, 특히 개인적인 기도를 할 때는 더욱 그러합니다. 그런 자세는 다음과 같이 웅변하는 것 같습니다. "저는 그 위엄 앞에 꼿꼿이 서 있을 수 없습니다. 저는 거지입니다. 그러므로 거지의 자세를 취합니다. 위대하신 하나님, 받을 아무런 자격도 없음을 인정하고, 당신의 은혜로우신 위엄 앞에 스스로 겸비한 그런 자세로 저는 무릎을 꿇고 당신께 간청하나이다." 본문에 언급된 특별한 경우에 다니엘이 무릎을 꿇은 이유는 다름이 아니라 그가 항상 무릎을 꿇어왔기 때문입니다. 그는 항상 무릎을 꿇었을 것이며, 그럴 리는 없겠지만, 폭군이 명령한다 할지라도 그는 그런 자세를 바꾸지는 않을 것입니다. 아니, 온 땅과 지옥이 반대한다 할지라도, 무릎을 꿇는 것이 하나님께 영광이 된다는 사실을 깨달았을진대 그는 여전히 무릎을 꿇을 것이며, 비록 이 때문에 사자 굴에 던져진다 하더라도 그는 그렇게 할 것입니다.

한 가지 더 주목할 것이 있습니다. 성경은 다니엘이 예루살렘으로 향한 창문을 열고 무릎을 꿇었다고 말씀하고 있습니다. 조금이라도 세상에 자기를 알리려는 의도로 그렇게 한 것이 아니었습니다. 아무리 창문을 열어두었더라도 궁궐 안의 종들 외에는 아무도 그를 볼 수 없었을 것입니다. 저는 다니엘의 집이 대부분의 동양의 집들처럼, 중앙이 열려 있는 정사각형의 형태를 이루었을 것이라고 상상해 봅니다. 창문이 예루살렘을 향하였다고 말씀하고 있지만, 그 창문은 왕궁 안쪽을 향하였을 것이고, 따라서 다니엘의 모습은 그 집의 거주자들과 업무중 방문객들만이 볼 수 있었을 것입니다. 아마도 다니엘의 동료 총리들은 그가 기도하기 위해 정해 놓은 시간을 알았을 것이며, 그 시간에 다니엘이 기도하는지 알아보려고 왔을 것입니다. 그밖에 여러분이 반드시 고려해야 할 사실은, 창문을 열어놓고 소리가 밖으로 새어나갈 수 있는 곳에서 기도하는 것이 이상하기는 하지만, 동양 사람들 사이에서는 그것이 하나도 이상하지 않다는 것입니다. 바리새인들과 그밖에 다른 사람들이 기도 시간만 되면 장소를 불문하고 조금도 지체하지 않고 기도를 드린다는 것을 여러분은 알 것입니다.

다니엘은 솔로몬의 기도에서 창문을 열어 놓고 기도해야겠다는 생각을 하였을 것입니다. 솔로몬은 기도하기를, 만일 여호와의 백성이 어느 땐가 죄를 범하므로 추방당하거든 그들이 거룩한 곳을 향하여 여호와를 구할 때 그들의 기도를 들어달라고 하였습니다. 또한 모든 유대인들의 마음이 애착을 가지고 향하였던 그 아름다운 예루살렘 성을 회상하였을 때 다니엘은 창문을 열어 놓고 기도할 생각을 하였을 것입니다. 유대인들에게 있어서 예루살렘 성은 그 기둥을 향해 바늘도 떨릴 정도였습니다. 더구나 그런 예루살렘이 파괴되었다는 생각에 다니엘의 마음이 더욱 간절하였으며, 예루살렘의 죄를 기억하며 더욱 겸손하였고, 예루살렘 성에 관한 언약을 생각하고 위로를 받았습니다. 그는 예루살렘을 향하였습니다. 이 말씀이 우리에게 무엇을 말합니까? 형제들이여, 이 말씀은 우리가 기도할 때 기억해야 할 한 가지 중요한 사실을 깨우쳐 줍니다. 즉, 우리가 기도할 때 골고다를 향한 우리의 창문을 열어 놓아야 한다는 것입니다. 여러분의 심령은 동쪽을 향하지도 말고 서쪽을 향하지도 말고 다만 그리스도의 십자가를 향하십시오. 십자가는 모든 신자들의 얼굴이 항상 향하고 있어야만 하는 위대한 지점입니다. 그곳에서 예수님께서 죽으셨고, 그곳에서 부활하셨으며, 그곳에서 예수님께서 은혜의 보좌 앞에서 중보의 기도를 드리십니다. 십자가는 믿음의 눈으로 바라보아야 하는 것입니다. 언제나 골고다를 향한 창문을 열어 놓고 기도하십시오. 주님의 보혈을 바라보십시오. 부활하신 주님을 흔들림 없이 응시하십시오. 아버지 앞에서 자기 백성을 위하여 변호하시는 주님의 권세 있는 기도를 바라보십시오. 그리하면 여러분이 씨름할 힘을 얻고 마침내 이기고 말 것입니다.

2. 이제 두 번째, 다니엘이 시험 중에 행한 일을 묵상해 봅시다.

왕들과 왕비들은 종교를 주무르기를 무척 좋아합니다. 프로이센의 왕은 많은 시계들을 모아놓고 모두 동시에 똑딱거리도록 해 보았지만 그 시험은 실패하였습니다. 이러한 실패에도 불구하고 악한 고문들은 언제나 사람들의 양심을 통일시키려고 합니다. 가이사가 왕좌에 앉아 하나님의 일을 주무르는 것은 어리석은 짓입니다. 다니엘 때에도 통일령이 시행되었습니다. 이 통일령은 바로 이 땅에 밀어닥쳤던 저 유명한 통일령(Act of Uniformity, 영국국교회(國教會)의 예배와 기도 그리고 의식 등을 통일하기 위하여, 영국 의회가 1549~1562년까지 4차에 걸쳐 제정·공포한 법률. 예배통일법이라고 함 – 역주)과 여러 가지 면에서 유사합니다. 이 두 가지 중에 어느 것이 조금 더 낫다고도 할 수 없습니다. 이 통일령이 발효되었을 때, 다니엘에게는 여러 가지 행동이 가능하였습니다. 예를 들면 그는 이렇게 말했을지도 모릅니다. "이 법령은 내 의도와 맞지 않아. 나는 사회적으로 높은 지위를 가지고 있어. 나는 이 모든 영토를 다스리는 총리야. 나야 내 신앙을 위해서라면 죽음도 불사하겠지만, 그러면 이 나라가 혼란에 빠질 거야. 그러므로 나는 기도를 중단해야겠어." 다니엘은 판례도 찾아보고, 많은 동료들을 만나

보았을지도 모릅니다. 목숨이냐 진리냐, 명예냐 그리스도냐, 악한 선택이냐 비참하게 죽느냐 하는 갈림길에서 그는 얼마나 혼란스러웠을까요? 그러나 다니엘은 그런 갈등을 하지 않은 것 같습니다.

또 한편으로 그는 이렇게 말했을지도 모릅니다. "자, 자, 우리는 신중해야 돼. 하나님은 확실히 경배를 받으셔야 하지만, 그렇다고 늘 기도하던 방에서나 또는 내가 살고 있는 이 성에서 하나님을 경배해야 할 특별한 이유는 없잖아. 내가 저녁에 은둔할 수도 있고, 또는 내 집에서라도 좀 더 은밀한 곳을 마련할 수 있잖아. 그리고 특히 창문을 열어놓을 이유는 없어. 내가 창문을 닫은 채 기도해도 하나님께서 내 기도를, 나를 받아주실 거야. 그러므로 내 양심은 지키되 이 악한 날에 내 신앙을 밖으로 드러내지 않는 것이 좋은 것 같아."

하지만 다니엘은 그런 명분을 찾지 않았습니다. 그는 사자같이 담대한 사람이었습니다. 대적 앞에서 자신의 기준을 낮추기를 거절하였습니다. 다니엘이 그의 위치에서 만일 전과 같이 기도하지 않는다면, 이는 연약한 자들에게 험담거리가 되었을 것이며 악한 자들에게는 조롱거리가 될 것이기 때문이었습니다. 연약한 자들은 이렇게 말할 것입니다. "보라, 다니엘이 법령 앞에서 겁을 집어먹었다네." 이렇게 되면 그 지역에 살던 가련한 모든 유대인들은 각자의 신앙을 버릴 구실을 찾게 될 것입니다. 그리고 악한 자는 이렇게 말할 것입니다. "잘 보시오. 다니엘은 일이 잘될 때는 자기 하나님을 섬기지만, 어려움이 닥치면 도망갈 곳을 찾는다오." 다니엘은 신중함을 앞세워 은둔을 도모하지 않았습니다.

한편, 다니엘은 속으로 기도하는 것을 생각해 보았을지도 모릅니다. 말 없이 드리는 기도도 하나님께서 받으십니다. 그러나 다니엘은 자신의 영혼 속으로부터 내려오는 명령이 없는 한 그럴 수 없다고 생각했습니다. 종교에 대한 왕의 핍박은 다니엘의 영혼 속으로부터 온 명령이 아니었습니다. 왕의 핍박에 저항하는데 있어서 다니엘은 내부적인 진리를 지키기 위해 외부적인 거짓을 용인하지 않았습니다. 그는 찬송가에 있는 대로 "힘에는 힘으로 대결한다"라고 노래하였습니다. 그는 외부의 박해하는 법령에 저항하여 자신의 신앙을 분명하게 외부적으로 공언하기로 하였습니다.

다니엘이 이중적인 양심을 갖지 않았던 만큼, 그는 법령의 용어들 가운데 새로운 의미를 부여하려고 애쓰지 않았고, 또는 법령과 자신의 신앙 사이에서 절충을 시도하지 않았으며, 그는 곧장 분명한 길로 나아갔습니다. 그는 그 법령이 무엇을 의미하였는지 알고 있었습니다. 그러하기에 하나님 앞에 무릎을 꿇고 그 법령에 도전하였던 것입니다. 법령을 얌전하게 다 읽었든 안 읽었든, 그런 것 때문에 다니엘은 걱정하지 않았습니다. 다리오 왕이 무엇을 의도하였는지, 동료 총리들이 무엇을 의도하였는지 그는 잘 알고 있었으며, 또한 자신이 무엇을 해야 하는지도 잘 알고 있었습니다. 그러므로 그는 바르게 행하였습니다. 즉, 악한 일로 자신의 양심을 더럽히기보다 자신의 하나님 편에 서서 사자들을 용기 있게 맞이하였습니다.

다니엘의 행위를 주의 깊게 살펴봅시다. 그는 전에 행하던 대로 하기로 마음을 먹었습니다. 다니엘이 얼마나 차분하게 행동하였는지 주목하세요. 그는 대적들 중에 누구에게도 "나는 내 소신대로 할 것입니다"라고 말하지 않았습니다. 한 마디도 하지 않았습니다. 다니엘은 그들에게 말이 통하지 않는다는 것을 알았기 때문이죠. 그래서 다니엘은 말이 아니라 행동으로 보여주었습니다. 그 법령이 통과되었다는 것을 알았을 때 그는 차분한 마음으로 집에 돌아왔습니다. 물론 그런 일이 이루어졌다는 것이 못내 슬펐지만, 단 한 마디의 불평이나 푸념 없이 자기의 방을 찾았습니다. 다니엘이 몹시 혼란스러웠는지 또는 불안하였는지는 알 수 없습니다. "전에 하던 대로" — 이 말씀을 볼 때 다니엘은 전에 하던 습관대로 차분하게 위층으로 올라갔던 것 같습니다. 하인들은 다니엘의 행동을 보고는 어떤 법령이 만들어졌는지 알 수 없었습니다. 그는 기도 시간에 항상 위층으로 올라갔고, 하인들은 그가 전에 하던 대로 간절히 기도하는 소리를 들을 수 있었습니다. 그는 계속해서 하나님 안에 있었고, 따라서 온전한 평안을 유지하였습니다.

또한 다니엘이 머뭇거리지 않고, 즉시 행동한 사실을 주목합시다. 다니엘은 잠시도 멈추지 않았습니다. 그는 어떻게 해야 할지 생각할 시간도 갖지 않았습니다. 위험한 사명을 감당함에 있어서 처음에 생각한 대로 하는 것이 최선입니다. 신앙으로 말미암아 무언가를 잃어버려야 할 때 양심이 "옳은 일을 하라"고 말하는 첫 번째 생각을 따라가십시오. 우리의 사명이 분명한데 머뭇거릴 필요가 있을까요? 하나님께서 명하시는 곳에서는 트집을 잡을 명분이 없습니다. 만약에 마귀가 다니엘 선지자의 귀에다 대고 속삭였다면, 그놈은 분명히 이렇게 말했을 것이라고 믿어 의심치 않습니다. "자, 다니엘, 잠시 생각 좀 해보는 게 어때. 너는 친구들을 물질적으로 도울 수 있는 위치에 있잖아. 너는 이 궁궐에서 큰 권세를 누리고 있잖아. 너는 참된 종교를 후원할 수도 있잖아. 얼마나 많은 사람들이 너를 보고 회개할지 너는 모를 거야. 너는 좋은 일을 많이 할 수 있는 이런 자리를 쉽게 포기해서는 안 돼." 사람들이 잘못된 곳에서 나와 올바르게 행하라는 권면을 듣고 이런 논리로 변명하는 것을 저는 수백 번 들어보았습니다. 그러나 우리의 권세와 지위를 유지하기 위해 우리는 진리를 팔아서는 안 될 것입니다. 앞으로 좋은 일을 많이 하기 위해 잠시 악을 범하는 것은 결단코 옳지 않습니다. 우리의 사명은 옳은 일을 행하는 것입니다. 결과는 하나님께 달려 있습니다. 여러분이나 다른 사람들을 위해 악을 행하는 것은 긴 안목으로 보면 결코 선한 일이 될 수가 없는 것입니다.

또한 다니엘이 흥분 상태에서 행하지 않고, 결과를 충분히 알고 행하였다는 것을 여러분은 알 수 있을 것입니다. 본문이 이를 그대로 보여주고 있습니다. "다니엘이 이 조서에 왕의 도장이 찍힌 것을 알고도." 많은 사람들이 성급하게 행하며, 크게 흥분하여 냉정하게 행동하지 못합니다. 그러나 다니엘은 간교한 동료 총리들이 주도한 회의에서 아마도 따돌림 받았을 것이지만, 거기서 법령이 통과되었다는 소식을 듣자마자 흥분하지 않고 결단을 내리고 마음을 다잡았습니다. 그는 지체하지 않았고 주저하지 않았습니다. 다니엘은 모든 자료를 분석한 이후 하나님께 순종하기로 결심하였습니다. 젊은이들이여, 여러분이 그리스도인이라고 고백하기 전에 먼저 그리스도인이 되었을 때 치러야 하는 대가를 계산해 보세요. 감당하지도 못할 기획을 갑작스럽게 이행하지 마세요. 하나님의 은혜로 주 하나님께 헌신하시되 그리스도의 말씀대로 먼저 여러분이 감수해야 할 것이 무엇인지 파악하시고, 그 다음에 헌신하도록 하세요. 그리고 여러분 스스로는 감당할 수 없는 일을 완수하기 위하여 위로부터 오는 은혜를 구하세요.

"전에 하던 대로." 저는 이 말씀을 좋아합니다. 그래서 다시금 이 말씀을 생각해 보아야겠습니다. 이때에 다니엘은 변하지 않습니다. 그는 왕의 법령에 조금도 개의치 않습니다. 이 선지자는 같은 장소, 같은 시간, 같은 자세, 같은 정신을 그대로 유지합니다. 이러한 사실은 박해를 받을 때 우리 그리스도인의 사명이 무엇인지 가르쳐줍니다. 박해를 받을 때 그리스도인은 죽을지언정 전에 행하던 대로 행해야 할 것입니다. 여러분이 그리스도인 친구들의 미소를 받으며 하나님을 경배하였다면, 불경건한 자들의 지배를 받는 가운데서도 하나님을 경배해야 할 것입니다. 여러분이 형통할 때에 상인으로서 정직하게 거래하였다면, 상황이 바뀌어도 하나님과 그리스도를 위하여 부정한 거래를 하지 마세요. 지금까지 의로웠던 것이 지금도 의롭습니다. 그러므로 지금까지 의로웠던 것을 묵묵히 따르세요. 지금까지 여러분이 진지하게 행했던 대로 지금대로 그대로 행하세요. 그리하면 하나님께서 여러분의 행실을 보시고 복을 내려주실 것입니다. 만약에 다니엘이 전부터 꾸준히 기도하던 습관을 갖지 못했더라면 사자 굴에 들어가는 형벌 앞에서 기도를 드리지 못했을 것입니다. 다니엘이 기도를 계속 할 수 있었던 힘과 활력은 바로 하나님과의 은밀한 교제에서 비롯되었습니다. 그가 지금까지 의로웠기 때문에 어떠한 형벌을 받을지라도 앞으로도 계속해서 의로울 수가 있다는 사실을 그는 깨달았습니다. 감히 말씀드리건대, 경건한 가정에서 자라난 한 청년이 있습니다. 그는 그 가정에서 매일 진정한 경건을 보고 자라났습니다. 이제 직장에서 일하다가 그곳에서 예수님이 조롱거리가 되는 것과 신앙이 웃음거리가 되는 것을 보고는 그는 깜짝 놀랍니다. 자, 친구여, 집에서 경건한 사람은 밖에서도 경건한 것입니다. 사람들을 차별대우하지 않습니다. 초심을 잃지 않으려고 애를 씁니다. 저는 "경건한 정신을 버리지 말라"고 말씀드릴 뿐만 아니라 "경건의 모양도 포기하지 말라"고 말씀드립니다. 마귀는 여러분을 절대로 내버려두지 않습니다. 그러므로 우리도 마귀를 그냥 내버려두지 말아야 합니다. 마귀는 있는 힘을 다해 우리와 싸우려 합니다. 그러므로 우리도 마귀와 맞서 싸워야 합니다.

많은 그리스도인들이 처음에 굽히지 않음으로써 곤란한 일을 당한다고 저는 생각합니다. 그리스도인 한 사람이 경건한 생활을 하기로 결심하고 마음을 먹으면 잠시 후 이 세상은 그를 따돌릴 것입니다. 이는 이 세상에서 일반적인 현상입니다. 막사 안에서 그리스도인 병사가 무릎을 꿇고 기도하면, 그는 다른 병사들로부터 웃음거리가 되고 말며 결국 그는 무릎을 꿇을 생각을 포기하고 맙니다. 그러나 우리는 진정한 회개자의 이야기를 들어보았습니다. 그는 회개한 후에 연대에 배치되었고 거기서 무릎을 꿇고 기도하였습니다. 그리고 고집스럽게 무릎을 꿇고 기도하였을 때 동료 병사들은 이렇게 말했습니다. "야, 그놈 줏대 있는 놈이네. 진짜 성실한 녀석이야." 이후로 그들은 그를 괴롭히지 않았습니다. 반대로 만일 처음에 그가 기도하지 않고 슬며시 침대로 들어가 버렸다면 그는 이후에 결코 무릎을 꿇을 수 없었을 것입니다. 절대로 굴복하지 아니한 다니엘의 모범에 견줄 만한 것은 없습니다. 여러분이 다니엘을 본받아 행한다면 여러분을 비웃는 사람들로부터 오히려 존경을 받게 될 것입니다. 또한 이 세상은 곧 우리의 진심을 알아줄 것입니다! 그러나 세상 사람들이 우리의 참 모습을 알아볼 수 없도록 우리가 재미있게 오락을 즐기고, 또 세상과 하나님을 모두 기쁘게 하는 것은 언제나 철저한 실패에 이르게 될 것입니다. 그때에 세상은 우리를 경멸할 것이며, 우리는 양심을 지켰다는 위안을 받지 못할 것입니다.

우리의 조상인 청교도들이 조금이라도 굴복했더라면, 오늘날 많은 사람들처럼 그들의 양심에 조금이라도 흠이 있었더라면, 그들은 집에서 쫓겨나지 않았을 것이며, 입을 열어 그리스도를 전하지 않았을 것이며, 그들이 굴복함으로 안락함과 체면을 유지할 수 있었을 것입니다. 하지만 그렇게 되었다면 온 나라 사람들의 마음을 기쁘게 하는 복음의 빛은 어떻게 되었을까요? 조상들이 우리에게 물려준 그 순수하고 거룩한 법령들은 어떻게 되었을까요? 지금 이 시간에도 조상들의 용감한 결단으로 말미암아 그들은 우리의 복된 나라 가운데 살아있으며, 국민들이 그들을 존경하고 있습니다.

용감한 조상들의 자손들이여, 우리 모두 굴복하지 맙시다. 크롬웰의 시대를 기억합시다. 그리고 불경건한 왕당원들(Cavaliers, 국왕 및 국교회(國敎會)에 충성을 맹세하는 왕당파를 일컬음. 귀족, 대토지 소유자, 온건파 가톨릭교도 등이 많았다 - 역주)이 의회당원들(Roundheads, 1642-49년의 내란 시 왕당에 적대하여 머리를 짧게 깎았던 청교도의 별명, 원두당원이라고도 한다)의 예리한 칼날을 두려워했던 때를 기억합시다. 물론 우리는 육체의 무기를 취하지 않으며 철저하게 그런 것들을 피하지만, 우리의 대적들에게 잉글랜드의 남자다움이 우리 안에 살아있음을 보여줍시다. 그리고 우리가 우리의 조상들과 같은 종이라는 것을 보여줍시다.

3. 이제 결론 부분으로서 세 번째 대지로 넘어갑니다. 다니엘을 은밀하게 지지해 준 것들입니다.

이 사람 안에는 그를 지지해 준 무언가가 있었습니다. 즉, 그에게 도량이 크게 해준 은밀한 무언가가 있었다는 것입니다. 그것이 무엇일까요? 그 요인은 여러 가지입니다.

첫째, 다니엘의 신앙이 감정에서 비롯되지 않고 뿌리깊은 신앙의 도리에서 비롯되었다는 사실입니다. 어떤 사람들의 신앙은 겉으로 피어나는 꽃과 같습니다. 그들은 핍박의 태양이 이글거릴 때 금방 말라 버립니다. 그런가하면 숲 속 나무들 같은 신앙인들이 있습니다. 그들은 신앙의 도리라는 흙 속에 뿌리를 깊이 내립니다. 이런 사람들은 자기가 알고 있는 바를 늘 간직하며, 배운 바를 철저하게 익히며, 받은 바를 놓지 않으며, 환난의 때에 은밀한 은혜의 샘으로 말미암아 견디어내며, 그들의 잎사귀는 마르지 않습니다. 성령께서 다니엘의 심령 속에 신앙의 원칙을 심어주셨기 때문에 그는 환난의 때에도 지탱할 수 있었던 것입니다. 또한 다니엘은 고대에 하나님께서 행하신 일들을 말씀에서 읽음으로써 그 신앙을 지탱하였다고 저는 믿어 의심치 않습니다. 그는 책들을 부지런히 찾아서 읽었으며, 이로써 고대에 여호와께서 언제나 승리하셨다는 사실을 알아냈습니다. 다니엘이 바로와 홍해에 대하여 생각하였을 때, 바산 왕 옥과 아르논 골짜기를 회상하였을 때, 그의 생각이 산헤립에게 미쳤을 때, 그리고 악어의 입 속에 갈고리를 집어넣어 왔던 길로 도로 가게 하신 일에 미쳤을 때, 이 선지자의 눈은 번득였습니다. 그의 심령은 주님의 행사들을 부지런히 살폈으며, 이런 주님의 행사들을 회상하면서 살아계신 하나님께서 자신에게 신실하심을 보여주실 것이라고 크게 확신하였습니다.

그밖에, 이 선지자의 심령은 자신이 직접 본 것으로 말미암아 견고할 수 있었습니다. 다니엘은 느부갓네살 왕 앞에 불려갔던 세 명의 거룩한 친구들과 친교를 나누었습니다. 다니엘이 그때에 어디에 있었는지 정확히 알 수는 없지만, 그는 틀림없이 이들의 영웅적인 행동에 대하여 익히 알고 있었을 것입니다. 그는 느부갓네살 왕이 거절당하는 모습을 목격하였고, 하나님의 아들이 이 세 명의 영웅들과 함께 풀무 속에서 거니시는 모습을 목도하였으며, 또한 그들이 걸어나왔을 때 그들에게서 불에 탄 냄새조차 나지 않은 것을 보았습니다. 여기서 다니엘은 큰 용기를 얻었습니다. 그밖에 다니엘은 하나님을 직접 체험하였습니다. 다니엘은 느부갓네살 왕 앞에 서서 꿈을 말해 주고 또 해몽까지 해 주었습니다. 이보다 더 무서운 상황에서 그는 두려움과 떨림 없이 벨사살 왕을 대면하였습니다. 그때에 수많은 귀빈들이 각자 자기들의 신들을 찬양하였으며, 왕과 왕비들과 첩들은 화려한 자태로 여호와께 바쳐진 그릇에 술을 따라 마시고 있었습니다. 다니엘은 이 불경한 무리들 가운데 홀로 꼿꼿이 서 있었으며, 사람의 손가락만 나타나 벽에 기록한 신비로운 글자들을 가리키면서 하나님의 무서운 심판을 해독해 주었습니다. "메네 메네 데겔 우바르신." 아무런 무장도 하지 않은 한 사람이 왕 앞에서 왕의 최후를 선포하였습니다! 이런 사람이 지금 두려워하겠습니까? 수많은 군대 앞에서도 떨지 아니했던 그가 오직 사자들만이 기다리고 있는 그때에 두려워했을까요? 아닙니다. 그는 자기 하나님의 얼굴을 바라보았으며, 그러므로 사자의 얼굴을 두려워하지 않았을 것입니다. 여호와께서 그를 감싸주셨고, 따라서 사자 굴 속에 던져졌지만 그는 조금도 두려워하지 않았습니다. 하나님에 대한 그의 직접적인 체험이 그를 강하게 하였던 것입니다. 그는 하나님께서 자기를 건져주시리라는 확신을 가졌습니다. 또 설령 하나님께서 자기를 건져주시지 않더라도 기쁘게 목숨을 바칠 정도로 이스라엘의 하나님을 뜨겁게 사랑하였습니다.

이런 확신을 가진 사람은 복이 있습니다. 지쳐 있고, 앞으로도 더 많은 시련이 예상되는 의로운 백성들이여, 여러분이 다음과 같은 마음을 갖지 않고는 결단코 견고히 서지 못할 것입니다. "하나님은 나를 건지실 수 있다. 하지만 하나님께서 설령 나를 건지시지 않는다 하더라도 나는 예수님을 위하여 기쁘게 희생당하리라."

아! 여러분 중에 더러는 그리스도인이 되기를 기뻐하겠지만 환난의 때에 그리스도인 됨을 포기할 것입니다. 그들은 마치 서투른 선원과 같습니다. 이 선원은 형형색색으로 꾸민 배, 바람에 부풀려 있는 새하얀 돛들을 바라보면서 선원이 되기를 잘했다고 생각합니다. 그러나 먼 바다로 가기도 전에 그는 현기증에 시달립니다. 그리고 폭풍우를 무서워하며 다음과 같이 맹세합니다. "뭍에 안전하게 닿기만 하면 나는 영원히 선원생활을 청산하리라." 많은 사람들이 "나는 다니엘처럼 주님을 따를 거야"라고 말합니다. 그렇습니다. 그들은 수산에 있는 왕궁에서 다니엘처럼 지내기를 좋아합니다. 그러나 정작 사자 굴에 들어가야 할 때는 "다니엘, 잘 가"라고 말합니다. 훗날 여러분의 기대를 충족시켜 주지 못할 그럴싸한 고백에 속지 않도록 주의하십시오. 다니엘은 기대에 어긋나지 않았습니다. 왜냐하면 하나님에 대한 그의 사랑이 가슴속 깊이 자리잡고 있었기 때문입니다. 하나님에 대한 사랑이 그의 존재의 일부분이 되었습니다. 그리고 사랑과 믿음이라는 두 손이 받쳐주므로 다니엘은 험하고 가시 돋친 곳에서 잘 견디어냈습니다.

다니엘이 우리 주 예수 그리스도의 모형이라는 사실을 기억하십시오. 예수님에게는 그를 죽이려고 했던 대적들이 있었습니다. 그들이 예수님을 대적한 명분은 다름아니라 "하나님을 모독하였다"는 것이었습니다. 그들은 예수님을 신성모독죄로 고발하였습니다. 대적들이 다니엘에게 죄를 뒤집어씌웠던 것처럼 그들은 선동죄라는 죄목을 예수님에게 뒤집어씌웠습니다. 예수님은 동굴 속에, 곧 무덤 속에 던져졌습니다. 예수님의 영혼은 사자들 가운데 있었습니다. 대적들은 밤중에 예수님의 시신을 훔쳐가지 못하도록 예수님의 무덤을 인봉하였습니다. 그러나 예수님은 다니엘처럼 살아나셨고 아무런 해도 받지 않으셨으며, 도리어 그의 대적들이 멸망당하였습니다. 자, 다니엘이 그리스도의 모형이라면, 그리고 주 예수님께서 그 안에 있는 모든 자들의 대표라면, 여러분 신자들이여, 여러분을 대적할 자들이 나타날 것이며, 특히 여러분의 신앙을 공격할 자들이 있을 것이라는 사실을 여러분은 예상해야 합니다. 한동안은 그들이 여러분을 압도하여 여러분을 사자 굴 속에 던져 넣을 것이며, 마치 여러분이 영원히 멸망 받은 자들인 양 여러분을 가두려고 할 것을 예상해야 합니다. 하지만 여러분은 몸뿐만 아니라 명성까지도 부활할 것이며 다시 일어설 것입니다. 나팔소리가 울릴 때, 인간을 구성하고 있는 육체적인 요소뿐만 아니라 인간의 명성까지도 부활할 것입니다. 욕설 더미 밑에 묻혀 있던 선한 이름이 부활할 것이며, 주님께서 재림하셔서 파멸을 삼켜버리신 것을 그들의 존재와 그들의 명성을 통해 깨닫게 될 것입니다.

오 위대한 다니엘과 같으신 분, 곧 예수님의 제자가 됩시다! 예수님이 어디로 가시든 그의 발자국을 밟아 나갑시다! 사적으로든 공적으로든 많은 시간을 예수님과 함께 보냅시다! 이는 바람직한 일입니다. 저는 이러한 것을 여러분에게 권하지만 여러분 스스로의 힘으로 이에 도달할 것이라고 생각하지 않습니다. 그러므로 저는 여러분을 성령님께 부탁합니다. 성령께서는 여러분 안에서 이러한 일을 능히 이루실 수 있으며, 오래전 이 선지자(다니엘)처럼 여러분으로 하여금 큰 사랑을 받게 만드실 수 있습니다.

제
7
장

사자 굴

"살아 계시는 하나님의 종 다니엘아 네가 항상 섬기는 네 하나님이 사자들에게서 능히 너를 구원하셨느냐." — 단 6:20

바벨론 제국이 새로운 왕조의 손에 넘어갔습니다. 벨사살 왕이 그의 수도에 닥친 야간 습격에서 죽임을 당한 것입니다. 그 날 밤에 그는 다니엘에게 자주색 옷을 입히고 그를 나라의 세 번째 통치자로 삼았습니다. 이것은 하나님의 뜻에 의한 일이었습니다. 만일 다니엘이 무명으로 지냈다면 그가 다리오의 주목을 거의 받지 못하였을 것이기 때문입니다. 그러나 그가 왕궁에서 자주색 옷을 입고 있는 것이 눈에 띄기 때문에 다리오가 자연히 그가 누구인지 묻고, 그의 경력을 조사하였을 것입니다. 그의 지혜에 대한 명성이 금세 다리오에게 전해졌을 것이고, 다니엘이 이전 시대에 느부갓네살의 꿈을 두 번에 걸쳐 해석하였으며, 벨사살 왕의 몰락과 바벨론 성이 메대와 바사에게 함락될 것을 아주 정확하게 예언한 사실들에 대해서 사람들이 열심히 이야기하였을 것입니다. 그러므로 다리오가 그를 매우 주의하여 보고 그의 인물됨을 평가하며 그의 행동을 지켜 본 후에 그를 나라의 총리로 높인 것은 전혀 놀라운 일이 아니었습니다.

다니엘의 성공과 명예를 보고 신하들이 시기하였습니다. 악의가 가득하고 질투심에 사로잡혀서 총리와 지사들이 함께 공모하여 악한 비방으로 다니엘을 내치려고 하였습니다. 사람들은 흔히 "털어서 먼지 안 나는 사람 없다"고 말합니다. 이와 같이 그들은 다니엘을 공격할 수 있는 고소 거리를 찾았습니다. 틀림없이 그들은 끊임없이 그를 예의주시하며, 그를 멈춰 세우기를 간절히 바랐고, 그러는 동안 내내 자기들이 올가미 씌우려고 하는 그에게 비열하게 아첨하는 말을 하였을 것입니다. 그들이 그의 보고서들에서 흠을 찾을 수 있습니까? 그의 판단의 공평성에 문제를 제기할 수 있습니까? 그들이 통치권의 시행에서 충성심의 부족을 다니엘에게서 찾을 수 있습니까? 그의 사생활에서 허물을 찾을 수 있습니까? 없습니다. 그러나 그에 대해서 공격할 것이 아무것도 없습니까? 다니엘이 너무도 완벽해서 그들이 도무지 대항할 수 없는 그런 사람입니까? 나는 그들이 그의 흠을 찾아 아무리 여기저기 뒤져도 고소할 거리를 찾지 못해 그들의 오만한 얼굴이 초췌해지기까지 하였을 것이라고 충분히 생각할 수 있습니다. 그들은 염탐꾼을 그의 집 근처에 잠복시켜 그의 행동을 감시하도록 하였을 것이고, 또 사실 그들은 그의 몰락을 가져올 수만 있다면 체면이 깎이는 것을 거의 개의치 않고 창피를 무릅쓰고 비열하기 짝이 없는 책략들을 썼을 것이라고 충분히 생각할 수 있습니다. 그러나 그의 정직함은 그들의 모든 책략에도 무너지지 않고 견디어 냈습니다. 그들이 가까이서 그를 감시하면 할수록 그가 언제나 부지런하고 신중하며 경건하다는 것을 그만큼 더 분명하게 볼 수 있었습니다. 다니엘은 그 성품과 행동에서 지극히 양심적이고 한결같이 언행이 일치하여서 그를 그들의 음모에 얽히게 하려는 모든 노력이 헛수고가 되었습니다.

간계에 좀처럼 부족하지 않은 마귀는 마침내 그들에게 새로운 음모를 보여 줍니다. 사탄이여, 그대는 온갖 간교한 생각으로 가득하도다! 그들은 이렇게 말합니다. "우리가 그의 신앙과 애국심이 충돌하게 만들 새로운 법을 고안해 내자. 그는 태생이 히브리 사람이니, 마음을 다해 유일하신 하나님만을 믿는다. 그는 우리의 신들을 멸시한다. 우리 신전들에 대해 말없이 비웃는다. 그는 우리가 공경하여 모시는 장엄한 조상(彫像)들을 전혀 귀하게 여기지 않는다. 그는 '살아계시는 하나님 여호와'라고 부르는 보이지 않는 보호자에게 하루에 세 번 기도드리는 습관이 있다. 이러한 기이한 습관들이 틀림없이 우리에게 구실을 제공해 줄 것이고, 그러면 우리는 확실히 그를 함정에 빠트릴 수 있을 것이다."

그래서 그들은 악한 머리들을 모으고 궁리해낼 수 있는 한 가장 간교한 함정을 생각해냈습니다. 그러나 그들이 영리하긴 했지만 자기들이 준비한 올가미에 걸려 죽고 말았습니다. 그들은 자신들의 간악한 꾀에 왕도 말려들게 하여 어쩔 수 없이 자신의 총애하는 신하를 희생시키거나 아니면 자신의 결정을 굽히고 그래서 제국의 신성한 전통을 어기지 않을 수 없게 만들었습니다. 왕의 법이 제정되고, 30일 동안 하나님이나 사람에게 무엇이든지 구하는 일을 금하는 왕의 명령이 공표되었습니다. 참으로 터무니없는 명령이었습니다!

그러나 잠시 제정신을 잃은 전제군주가 없는 때가 있었습니까? 권력을 추구하는 격정에 사로잡히게 되면 사람이 극단적으로 어리석게 되고 무모한 허영에 사로잡히게 될 것입니다. 이 군주가 그처럼 부적절한 자리에 있었는데, 그는 악한 신하들의 말에 쉽게 설득되어 그들이 바라는 악명 높은 칙령을 공표하였습니다. 이 곤경에서 다니엘은 어떻게 처신하겠습니까? 자신의 지위를 버리고 그 자리를 피하는 것이 분별 있는 처사라고 생각할 것입니까? 그렇지 않습니다. 다니엘은 그런 방책을 무시할 만한 기백이 있었습니다. 그렇지만 여러분은 만일 다니엘이 기도를 해야 한다면 지하실로 내려가거나 사람들의 이목을 끌 필요가 없는 은밀한 곳에서 하나님께 간구할 것이라고 생각할지도 모릅니다. 그의 간구는 그가 기도하는 장소와 관계없이 하늘에서 들을 것입니다. 혹은 소리 내어 기도하는 것을 잠시 중단하고 속으로 간구를 올리는 것이 상책이었을 수도 있습니다. 그러나 다니엘은 살아계신 하나님의 종이었습니다. 그러므로 그는 이렇게 미봉책을 쓰고 비겁자처럼 구는 것을 수치로 여겼습니다. 옛 작가들 가운데 한 사람이 그를 사자의 심장이라고 부르는데, 옳은 말입니다. 그는 정말로 사자의 심장이 있었기 때문입니다. 그는 사자 굴에 사람 같은 사자로, 즉 삼림의 맹수처럼 잔인하지 않지만 훨씬 더 용기 있는 사자로 들어갔습니다.

하나님에 대한 그의 양심은 깨끗하였고 다른 사람들 앞에서 그가 보인 행실은 결백하였습니다. 그는 진리를 알고 있었기 때문에 기회주의자가 될 수 없었을 것입니다. 그는 자신의 습관을 바꾸지 않고 기도하러 위층으로 올라갑니다. 물론 그렇게 하면 자신이 교수대로 올라가게 될 수도 있다는 것을 알았을 것입니다. 그는 모든 적들이 보는 앞에서 예루살렘 쪽으로 향한 창문을 열어놓고 무릎을 꿇고 손을 모읍니다. 그리고 전에 해왔던 대로 하루에 세 번 기도를 드립니다. 과시하는 태도는 아니지만 숨김없이 기도합니다. 바리새인의 태도가 아니라 프로테스탄트의 정신으로 기도합니다. 그는 영광을 추구하지 않았고 위험을 피하지도 않았습니다. 필요하다면 의를 위해서 수치를 당하거나 비난을 감수하는 것이 오랫동안 그에게 굳어진 습관이었습니다. 이제는 그로 인해 곧 목숨을 잃게 되는 위협을 받게 되었지만 그는 그 습관을 버리지 않습니다.

사람들이 수산 거리를 따라 종종 걸음으로 신속하게 움직이는 발소리를 들어보십시오. 모든 총리와 지사들이 한데 모이고 있습니다. 음모가 꾸며지고 있습니다. 그들이 왕을 만나려고 합니다. 그들은 다니엘이 기도라는 끔찍한 범죄를 저지르는 것을 포착했다는 사실을 왕에게 알리지 못해 안달이 나 있습니다! 이것이 새로운 죄였습니까? 그렇지 않습니다! 인류 역사상 죽은 첫 번째 사람은 신앙 때문에 희생되었습니다. 이와 같이 이것은 아주 오랜 세월 동안 사람이 사회에 대해 저지른 가장 부정한 죄들 가운데 하나였다고 생각합니다. 살아계시고 참되신 하나님을 섬기는 사람들은 어느 시대에서든지 기회주의자들의 비웃음에 감연히 맞설 것입니다. 오늘날은 유독 신앙인을 미워하는 사람들이 많습니다. 추문에 해당하는 불명예스러운 모든 별명도 모든 일에 하나님께 경의를 표하는 사람에게 붙이기에는 너무 선하다고 여깁니다. 믿음 없는 사람은 정직하고 지적이며 존경할 만하다는 평판을 들을 수 있습니다. 그러나 진실한 그리스도인은 당장에 위선자라고 공공연히 비난받습니다. 그런 인간은 쫓아버리라고 말합니다. 그의 양심을 그의 신조만큼이나 불쾌하게 여깁니다! 그 시대의 유행을 따르는 사람은 누구에게나 관용이 베풀어집니다. 하늘의 법이 지상의 생활을 규제해야 한다고 믿는 사람에게는 관용이 베풀어지지 않습니다.

이렇게 그들은 왕에게 제국의 법이 신성하게 지켜져야 한다고 말했습니다. 자신들은 선량하고 충성스러운 사람들이기 때문에 법을 결코 어기지 않을 것이라고 하였습니다. 왕의 포고가 존중되지 않는다면 왕의 나라는 끝장나는 것이라고 했습니다. 자기들은 어떻게든지 공익을 위하고 왕의 명예를 지키려는 마음이 크고 간절해서, 모든 위험을 무릅쓰고, 즉 비록 자신들의 절친한 친구인 다니엘이 사자 굴에 들어가게 되는 모습을 볼지라도 왕의 위엄을 지켜야 하고 왕의 포고의 권위를 옹호하지 않을 수 없다고 하였습니다. 왕은 자신이 올가미에 걸렸다는 것을 알아차리지만 이미 문제는 끝이 났고, 다니엘을 음모자들에게 넘겨줄 도리밖에 없다는 것을 발견합니다.

슬프게도, 이 경건한 사람이 사자들 가운데로 던져지는 모습이 보입니다. 그러나 내게 들리는 소리가 무엇입니까? 그의 뼈들이 우두둑하고 부러지는 소리가 들립니까? 이 선지자에게서 나오는 비명 소리가 들립니까? 이 사나운 짐승들이 먹이를 보고 울부짖는 소리가 들립니까? 왕이 굴을 막은 돌에 봉인을 하는 동안 두려운 침묵이 있습니다. 우리가 내려가서 굴 안에서 무슨 일이 벌어지고 있는지 들여다볼까요? 다니엘이 굴에 도착하자마자 하나님의 천사가 굴 속에 진을 쳤습니다. 천사는 큰 날개를 활짝 펴고서 이 맹수들 앞에 주둔지를 설치한 것처럼 보입니다. 다니엘의 안전이 확보되었습니다. 사자들의 입이 닫혀졌고 사자들이 양처럼 누웠습니다. 아마도 다니엘은 이 하늘의 방문객이 나타나 입막음을 하지 않았다면 그를 삼켜버렸을 그 거대한 짐승들 가운데 한 마리의 털이 수북한 몸을 편안한 밤을 위한 안락한 베개로 삼을 수 있음을 알았을 것입니다. 혹은 천사의 모습이 불꽃같고 사자들의 눈에 환영으로 작용해서 마치 다니엘이 불길에 싸여 있거나 불로 옷 입은 것처럼 보였을지도 모릅니다. 어쨌든 그날 밤, 어린 양이 사자와 함께 누울 것이라는 종말의 예언이 문자적으로 성취되었습니다. 하나님은 섭리와 은혜로 자기 종을 보호하셨습니다. 우리는 다음의 장면을 어렵지 않게 상상해 볼 수 있습니다. 다니엘은 잠들지 않았을 때 바울과 실라처럼 사자 굴이 찬송 소리로 울리게 하고, 하나님의 천사가 곁에 서서 전에 들어보지 못한 아름다운 음악에 귀를 기울이고 있는 동안 사자들은 베이스 음으로 낮게 으르렁거렸으며, 마침내 아침이 밝아 왕이 다니엘을 감옥에서 이끌어내기 위해 올 때 신속히 하늘로 올라갔을 것입니다. 다니엘은 이렇게 구원을 받았고 그의 적들은 당황하였습니다. 이야기가 이렇습니다. 그러면 우리는 이 이야기에서 무슨 교훈을 배울 수 있습니까?

1. 첫째로, 나는 다니엘이 젊었을 때부터 전적으로 하나님을 섬기는 일에 헌신한 사실을 제시하고 싶습니다.

왕이 "네가 항상 섬기는 네 하나님"이라고 말했습니다. 이것은 전혀 빈 말이 아니었습니다. 다니엘의 철저한 강직함은 몸에 완전히 배어 있어서 거의 천성적인 성격 같았습니다. 다니엘은 젊었을 때부터 하나님을 섬기기 시작하였습니다. 유아 시절에 더듬거리며 말하기 시작하면서부터 하늘의 진리들이 마음에 스며든 사람들에 비길 만한 성도들은 없습니다. 그것은 죄인들 가운데 악의 소굴에서 나고 자라며 요람에서부터 불경한 말을 하고 십계명의 모든 명령을 무시하는 것을 용감한 것으로 생각하고 행동하여 마침내는 온갖 방탕한 일에 능숙하게 된 사람만큼 악에 익숙한 죄인이 없는 것과 똑같습니다. 아침을 하나님께 드리는 사람들은 일찍 시작하면 하루 종일 자기 일에 뒤처지지 않고 따라갈 수 있다는 것을 발견할 것입니다. 이렇게 젊었을 때부터 계속해서 하나님을 섬긴 다니엘은 복된 사람입니다! 그렇지만 그의 이름을 영광스럽게 만든 것은 그의 타고난 좋은 운이 아니었습니다. 전혀 그렇지 않았습니다. 풋내기 소년에 불과하였을 때 조국을 떠나 멀리 포로로 끌려간 것이 그의 슬픈 운명이었습니다. 조상들의 고국을 떠나 그는 느부갓네살의 왕궁으로 끌려갔습니다. 그리고 거기에서 다른 세 젊은이와 함께 낯선 나라의 낯선 학문을 배우고 그래서 왕의 학자들 가운데 한 사람이 되기 위해 장학생으로 이교도 학교에 입학하게 되었습니다. 선조들의 믿음에 대한 그의 충성이 즉시 시험을 받았습니다. 그의 양심을 거스르는 음식이 매일 차려져 나왔습니다. 아마도 그 음식은 거짓된 신에게 바치는 제사에서 제공되었을 것입니다. 다니엘은 자기가 그 음식을 먹으면 더럽혀질 것이라고 느낍니다. 그러므로 그는 친구들과 함께 왕의 고기를 먹기를 거부하고 왕의 포도주를 마시는 것도 거부합니다. 절대 금주가처럼 물 외에는 아무것도 마시지 않았습니다. 또 채식주의자처럼 콩류 외에는 아무것도 먹지 않았습니다. 자신의 미각을 즐겁게 하려는 마음이 전혀 없었고, 끊임없이 자기 하나님을 섬기는 것이 그의 기쁨이었습니다. 다른 사람은 자신이 무엇을 먹고 마시는가 하는 것은 별로 문제가 되지 않는다고 생각하였을 수도 있습니다. 그러나 다니엘에게는 하나님의 계시의 지극히 작은 것들도 의미가 있었습니다. 그는 고기와 음료에 관한 것일지라도 자기 하나님의 법에 어긋나게 행동할 생각이 없었습니다. 여호와께서 돌보시는 땅에서 멀리 떨어져 있을지라도 그는 하나님의 얼굴 빛 가운데서 살기를 간절히 바랐습니다. 하나님께 대한 철저한 순종에는 신속한 보상이 따릅니다. 이내 그의 얼굴은 왕의 음식을 먹은 사람들의 얼굴보다 더 아름다워졌습니다.

마침내 다니엘이 개인적인 수업으로 말미암아 공적인 주목을 받게 되는 때가 이릅니다. 느부갓네살이 한 꿈을 꾸고 괴로워하였는데, 그의 점성술사들이 꿈을 해석하지 못하고, 그의 점쟁이들도 뜻을 알아보려고 애쓰지만 소용이 없습니다. 항상 자기 하나님을 섬긴 다니엘에게만 그 비밀이 계시됩니다. 느부갓네살이 본 환상에 대해서는 지금 이야기하지 않겠습니다. 다니엘은 참으로 고결한 마음을 가지고 왕 앞에 섭니다! 그는 세상 군주 앞에서 떨지 않습니다. 그리고 자신에게 지혜를 불어넣어 주시는 하늘의 하나님의 이름을 숨기지도 않습니다. 무명하다고 해서 그가 주눅들지 않았고, 명성을 얻었다고 해서 현혹되지도 않았습니다. 그 왕이 또 한 번 꿈을 꿉니다. 다시 한번 다니엘은 그 오만한 군주가 미치광이가 되어 사람들의 거처에서 쫓겨날 것이라는 취지로 말해야 하는 것임에도 불구하고 담대히 설명합니다.

잠시 동안 다니엘은 그늘진 곳으로 물러납니다. 여러분은 벨사살이 왕위에 오를 때까지 그에 대한 이야기를 전혀 듣지 못합니다. 그러나 그는 여전히 자기 하나님을 섬기고 있습니다. 틀림없이 그는 때로 자기의 불쌍한 형제들을 보살피고, 병자들을 방문하며 흔히는 자기 방에서 기도로 또 성경 연구로 지존하신 하나님과의 교제를 힘쓰고 또 누렸을 것이라고 믿습니다. 갑자기 벨사살이 그를 호출합니다. 벽에 신비스러운 글씨가 나타났는데, 다니엘 외에는 아무도 읽을 수 없고 해석할 수도 없습니다. 그는 당황하지 않고, 왕의 호출에 궁전으로 갑니다. 참으로 기품 있게, 참으로 침착하게, 참으로 영웅적인 용기를 가지고 이 하나님의 사람은 마음만 먹으면 자신을 산산조각 낼 수 있는 오만한 군주에게 그의 임박한 죽음에 대해 이야기합니다. "왕을 저울에 달아 보니 부족함이 보였다 함이요"(단 5:27). 여러분이 성경에서 존 녹스에 상응하는 인물을 찾고 싶다면, 엘리야를 빼놓고는 여러분이 어디에서 다니엘에 필적할 인물을 찾을 수 있을지 모르겠습니다. 다니엘은 참으로 확신 있게 "그 글은 이것입니다!" 하고 말하고, 또 "그 해석은 이것입니다" 하고 말합니다. 그의 말은 양심과 완전히 일치합니다. 아무도 그 말에 반박하려고 하지 않습니다. 그는 나라에서 지극히 높은 지위에 오릅니다. 이제 그는 무슨 일을 하겠습니까? 그동안 군주들을 바뀌었지만 다니엘에게는 아무런 변화가 없습니다. 시류에 편승하는 사람이 아닌 그는 언제든지 자신의 원칙에 충실합니다. "살아계시는 하나님의 종"이 여전히 그의 직함입니다. 그는 인생을 시작할 때 "나는 하나님을 섬긴다"는 것을 좌우명으로 삼았고, 인생 마지막까지 그 좌우명을 유지합니다. 하나님의 영광이 일생 동안 내내 그가 품었던 유일한 목표였습니다. 그가 이제는 과거 어느 때보다도 높은 지위에 오르게 됩니다. 결코 바른 길에서 벗어나지 않았습니다. 그는 그 시대 가장 위대한 군주의 총리입니다. 그러나 그는 이교도의 우상 숭배를 싫어하고 하늘에서 통치하시는 분에 대해 변함없이 충성을 바칩니다. 사람들은 시기의 눈으로 아침부터 저녁까지 그를 감시하지만 그에게서 아무런 흠을 찾을 수 없습니다.

형제 여러분, 높은 지위에서 하나님을 섬기는 것은 힘든 일입니다! 많은 사람이 손으로 수고하여 힘들게 생계비를 벌고 얼굴에 땀을 흘리며 양식을 먹을 때는 우리 구주 하나님의 교훈을 칭송하는 것처럼 보였습니다. 그러나 후에 편해지고 부유해졌을 때는 친구들에게 등을 돌리고 자기 하나님을 버렸습니다. 여러분이 세상에서 출세하고 있다면 방심하지 않도록 매우 조심하십시오. 부(富)는 사람을 속입니다. 높은 줄 위에서 걷는 것은 쉬운 일이 아닙니다. 이렇게 목숨이 위태로운 처지에 있었던 사람들에게 참으로 슬퍼할 사고들이 일어났습니다! 우리는 높은 위치에서 행하도록 부름을 받을 때 더욱더욱 조심하도록 합시다. 인기와 명성, 부와 명예는 사람의 고결함을 시험할 수 있는 시련들 가운데 죽을 인생으로서 겪을 수 있는 지극히 혹독한 것들입니다. 다니엘은 정신을 놓지 않고 그 모든 시련들을 다 견딜 수 있었는데, 이는 그가 항상 자기 하나님을 섬겼기 때문입니다.

이제 다니엘이 행한 일의 결과를 살펴봅시다. 쾌청한 날씨에는 주님을 따르기가 상당히 쉽습니다. 그러나 번영의 해가 갑작스럽게 어두워지고, 하나님의 사람이 위험에 에워싸입니다. 만일 그가 계속해서 거룩한 행실을 취해 나간다면 왕의 총애를 잃고, 지극히 두려운 방식으로 목숨도 잃을 것입니다. 다니엘은 어떤 결정을 내리겠습니까? 아, 그에게는 진정한 용기가 있습니다! 그는 진정으로 예루살렘에서 제작된 칼이므로, 부러질 수 없습니다. 그는 전에 해왔던 그대로 행하려고 합니다. 창문을 열고, 같은 자세로 무릎을 꿇고 전에 하던 대로 기도합니다. 다니엘의 하나님께 찬송을 드립시다. 그의 하나님은, 위기 속에서도 정신을 분명히 차리고, 박해 가운데서도 마음을 순결하게 보존하며 끝까지 그 걸음을 확고히 하는 사람을 일으키고 지키신 분이십니다!

사랑하는 친구 여러분, 우리 가운데는 이러한 압박들이 무엇을 의미하는지 거의 모르는 사람들이 있습니다. 여러분 가운데 그런 압박들을 아는 분들이 몇 분 있습니다. 그분들은 석방을 받아들이지 않고 그냥 고문을 견뎠습니다. 나는 그들이 어떻게 시련을 견뎠는지 알았을 때 그분들에게 거룩한 자긍심이 있는 것을 느꼈습니다. 주일이면 주중의 엿새 동안 버는 것보다 더 많은 수입을 벌어들이는 가게가 있는 사람을 보십시오. 그는 이렇게 말합니다. "둘 중의 어느 한 쪽을 택할 수밖에 없습니다. 나는 태버너클 예배당에 가면서 가게 문도 계속 열어 둘 수 없습니다. 어떻게 해야 하겠습니까?" 그의 믿음은 두려움보다 더 강합니다. 주중의 첫 날에는 가게 문을 닫습니다. 그는 사업을 계속 하면서 모든 것을 잃습니다. 그렇지만 그 점에 대해 후회하지 않습니다. 그는 부정한 방법으로 얻는 이익에 대해 조금도 아쉬워함이 없이 손을 떼고, 다시 고된 육체노동을 시작하며 전에는 알지 못하였던 도덕적 만족감과 양심의 분명한 평안을 느낍니다. 사랑하는 여러분, 여러분의 목사는 여러분을 자랑스럽게 생각합니다. 그리스도의 복음이 살아계신 하나님의 그처럼 순전하고 정직한 종들을 교육하고 길러내므로 나는 하나님께 감사하고 용기를 낼 수 있을 것 같습니다. 나는 가게에서 일하는 젊은이들에 대한 이야기를 들었습니다. 그 젊은이들이 명백히 부정한 일을 하도록 요구받았을 때 처음에는 자기가 할 수 없다고 온순하게 말하였는데, 그들이 시키는 대로 하든지 아니면 퇴직해야 한다는 말을 들었을 때, 담대히 "그렇다면 회사를 떠나겠습니다" 하고 대답하였다는 말을 들었을 때, 나는 우리의 군대에 그런 군인들을 두신 하나님께 크게 경의를 표하지 않을 수 없었습니다.

나의 훌륭한 전임자이신 길(Dr. Gill) 목사님이 교인 한 사람에게서 다음의 말을 들었습니다. 그 교인은 목사님을 좀 더 잘 알았어야 하는데 그렇지 못한 것 같습니다. 그 교인이 말하기를 만약 목사님이 목사님의 책 「하나님과 진리의 대의」(*The Cause of God and Truth*)를 출판하면 절친한 친구들 몇 사람을 잃고 수입도 줄어들 것이라고 하자, 목사님은 "나는 가난해질 수는 있는데 양심을 해칠 수는 없습니다"라고 답변했습니다. 마귀와 여러분 마음의 교활함은 즉시 여러분이 가족을 돌봐야 한다고, 훌륭한 그리스도인이 신중함과 경건을 혼동한다고 여러분에게 넌지시 말할 것입니다.

다니엘이 신중절약 씨(Mr. Prudent Thrifty: 존 번연의 작품 「거룩한 전쟁」에 나오는 우화적 인물로 본래 '탐심 경'이었는데 이 명칭으로 이름을 바꾸었음 – 역주)에게 가서 의견을 묻고 조언을 구했다면 신중절약 씨는 이렇게 말했을 것입니다. "자, 우리가 당신을 일의 선두에 두는 것은 매우 중요한 일입니다. 나는 당신이 선을 행할 수 있는 그런 좋은 기회를 날려버려야 한다고 생각하지 않아요. 당신이 반드시 30일 동안 내내 기도해야 할 필요는 없어요! 작은 것은 잘라내고 중요한 것 한두 가지를 얻는 것이 더 낫지 않겠습니까? 당신은 우리의 대의를 위해 훌륭한 봉사를 하는 것입니다. 그러니 당신이 자리를 계속 고수하면 적들을 궁지에 빠트리게 할 것입니다. 타협하면 당신은 이권(利權)을 얻을 것이에요. 세상 지혜는 연구해 볼 만한 가치가 있습니다." 이것이 어리석은 자들을 속이는 방식입니다. 많은 그리스도인들이 이 방식에 걸려들어 자신의 정박지를 떠나 떠돌아다닙니다. 현재의 곤경을 이유로 내세우는 것은 대부분이 핑계에 지나지 않습니다. "선을 이루기 위하여 악을 행하자"(롬 3:8)는 조언이 구약의 법전이나 신약의 진리에는 없었습니다.

몇 년 전에 겪었던, 이 거짓된 논리의 현저한 예가 생각납니다. 영국 국교회와 관계를 끊고 오래 생각한 끝에 침례교회에 가담한 유명한 목사의 행동에 대해 비난이 일었습니다. 사람들은 물었습니다. "그 목사가 그렇게 교단을 바꿈으로써 명성을 얻었거나 교인 수가 늘었는가?" 그것에 대해서 무엇이라고 말합니까? 그 대답은 쉽습니다. 무엇보다 양심을 따르라는 것입니다. 상황은 저울에서 깃털만큼도 무게가 나가지 않습니다. 오래 전에 고인이 되었지만, 우리는 여전히 그를 존경하는 침례교회 목사 노엘이라고 말할 수 있습니다. 그는 어떤 손실에도 불구하고 하나님을 경외한 사람으로서 바르고 의로운 결정을 내렸던 것입니다. 그가 멈춰서는 안 되는 곳에 멈추고 혹은 타락한 단체라고 여기는 것을 따름으로써 많은 사람들의 영혼을 구원할 수 있었을지라도, 다른 사람들에게 행한 선이 그 자신이 초래한 죄를 가볍게 해주지 못할 것입니다. 여러분과 나는 결과들에는 전혀 관계가 없습니다. 하나님의 목소리에 귀를 기울이고 하나님의 고귀한 명령에 복종하는 것을 우리의 본무로 삼도록 합시다. 하나님께서 우리의 양심을 자극하여 어떤 행동을 하도록 만드실 때는 아무리 작은 반대에도 견딜 수 없는 죄의식을 느끼며 뒤로 물러날 것입니다. 우리가 올바른 행동을 함으로 말미암아 하늘이 무너질지라도 우리는 하늘이 무너지지 않도록 하기 위해 죄를 짓는 일을 해서는 안 됩니다. 의무가 부를 때에는 위험을 피해서는 안 됩니다. 우리가 옳은 일을 행하고 난 후에 모든 것이 우리에게 어긋나는 것처럼 보일지라도 후회할 이유는 없습니다. 우리의 행동이 사람됨을 형성한다는 사실을 기억하시기 바랍니다. 여러분, 믿음의 사람들이여, 여러분의 깃발을 올리십시오! 여러분에게 필요한 것을 공급하는 일은 하나님께 맡기고 끝까지 하나님께 복종하십시오. 여러분의 의무를 알고 용감하게 이행하십시오. 예수께서 여러분을 "물속으로나 불속으로" 인도하실지라도 여러분의 안녕이 확실하다는 것을 의심하지 말고 계속 따라가십시오.

친구 여러분, 나는 하나님께 바치는 봉사 가운데 진심에서 우러나오고 보상을 받는 진짜 봉사는 아무것에도 주저하지 않고 이렇게 항상 하나님을 섬기는 봉사뿐이라고 말씀드리고 싶습니다. 배고픈 개는 여러분이 거리에서 고기 한 조각이나 과자 한 개로 꾈지라도 여러분을 따를 것입니다. 그 개는 여러분의 뒤를 아주 바싹 붙어 따릅니다! 그러나 잠시 후에 미끼가 사라지면 개는 물러납니다.

바로 그것이 많은 신자의 모습입니다. 종교에는 약간의 즐거움이나 어떤 이점이 있습니다. 그래서 그는 그리스도를 따릅니다. 그러나 잠시 후에 다른 데서 매력적인 것이 나타납니다. 그러면 그는 감사하는 마음보다는 탐욕에 끌려 그것을 얻으려고 따라갑니다. 이렇게 거짓 신자들은 그리스도를 버리는데, 그들은 진심으로 그리스도를 따르지 않은 것입니다. 나는 한 사람이 말을 타고서 진흙탕 물을 튀기며 가는데, 그의 개가 말 뒤를 바짝 따라 언덕을 오르고 골짜기를 내려가는 것을 보았습니다. 길이 평탄하든지 험하든지, 충성스러운 개에게는 그것이 아무런 문제가 되지 않았습니다. 자기 주인이 자기 앞에 있으므로 계속해서 따라간 것입니다. 내가 기르고 싶은 개는 그런 개뿐입니다. 나는 바로 이런 사람만이 우리 주 예수 그리스도께서 기꺼이 인정하시는 제자라고 믿습니다. 기회주의자들, 그들은 강물 위의 거룻배 사공처럼 이쪽을 바라보고 거꾸로 노를 젓는 사람입니다! 사심(私心) 씨(Mr. By-Ends)를 포함하여, 아름다운 언변 경(Lord Fair-Speech), 기회주의자 경(Lord Time-server), 사근사근 씨(Mr. Smooth-Man), 무엇이든 좋소 씨(Mr. Anything), 양다리 걸치기 씨(Mr. Facing-both-Ways), 한 입으로 두말하기 씨(Mr. Two-Tongues) 등, 이들 모임의 모든 회원들에 대해서 말하자면, 이들 모든 무리는 마지막 날 재판장께서 파멸이라는 마당비를 가지고 오실 때 깨끗이 쓸어버리실 것입니다.

나는 여러분이 이 진리의 힘을 느낀다는 것을 압니다. 여러분은 어려운 때에 여러분에게 신실하지 않은 친구를 아주 싫어합니다! 여러분은 한때 저녁에 집에 들러 여러분과 잡담하던 친구가 생각납니까? 그는 참으로 소중한 친구처럼 보였습니다! 언제나 그를 진실한 친구라고 생각하였습니다. 그를 매우 좋아하였고, 함께 상의할 때 그의 판단을 신뢰하였습니다. 어느 날 어두운 구름이 여러분 머리 위에 모이기 시작하기 전까지는 모든 것이 좋았습니다. 여러분 환경에 심각한 변화가 일어났습니다. 그것이 무엇이었습니까? 사업에서 심각한 손해를 보거나 혹은 파산을 당했을 수 있습니다. 이제 여러분은 아주 잘 차려진 식탁을 대할 수 없거나 아니면 전처럼 아주 고급 모자를 쓰고 다닐 수 없습니다. 이제는 주일에 좋은 외투를 걸치지 못합니다. 여러분은 옛날만큼 잘 나가는 사람으로 보이지 않습니다. 여러분의 친구는 어떻게 되었습니까? 아, 상관없습니다. 그는 현재 있는 곳에 그대로 있게 내버려 두십시오. 왜냐하면 여러분이 그를 친구에서 제하여 버렸지만 많은 손실을 겪지 않았기 때문입니다. 전에는 그가 알 만한 가치가 있는 사람이었는지 몰랐습니다. 그러나 여러분은 이제 그가 하잘것없는 사람이라는 것을 깨달았습니다. 나는 여러분에게 더 이상 그를 상대하지 말라고 충고합니다. 여러분은 그런 사람의 성품을 멸시하지 않습니까? 마음으로 이렇게 생각하지 않습니까? "나는 그를 용서할 수 있어. 하지만 더 이상은 그런 친구하고는 상대하지 않겠어."

여러분이 하나님의 백성들의 공동체 안에 있을 때에만 예수 그리스도를 따르려고 하고, 믿지 않는 사람들과 함께 있을 때는 시시한 노래나 추잡한 노래를 부르는 것을 쉽게 따라간다면, 이것이 바로 여러분의 모습을 보여주는 그림인 것입니다. 벨리알의 아들들로 알려진 그런 친구들의 집단에 들어갈 때는 혀를 함부로 놀려 경박한 말을 하고 하찮은 대화를 하는 사람의 신앙이 무슨 가치가 있겠습니까? 우리에게 항상 하나님을 섬기려고 하는 다니엘 같은 사람들이 더 많이 있으면 좋겠습니다! 이 시대의 유혹과 여러분의 주변 상황의 시험들을 이겨낼 성품을 기르는 방법은 다니엘이 하였던 것처럼 여러분의 대의를 하나님께 맡기는 것밖에 없습니다. 많이 기도하십시오. 일과 걱정, 무거운 책임들, 끊임없는 근심 가운데서 여러분은 종종 무릎을 꿇고 죄와 연약함을 다시금 고백할 필요가 있습니다. 그 다음에, 다시 한번 말하지만 여러분은 이 선지자처럼 살아 계시고 참되신 하나님에 대한 생생한 믿음을 지녀야 합니다. 왜냐하면 이런 믿음만이 그처럼 치열한 전투에서 여러분을 지탱해줄 수 있기 때문입니다. 여러분의 믿음은 올바르고 진실합니까? 거짓 믿음은 곧 힘을 잃어버립니다. 그리스도인이 가장 용기와 위로가 필요할 때 그의 힘과 기쁨이 모두 사라져버렸다면 그는 심한 곤경 가운데 처해 있는 것입니다. 여러분의 믿음이 악한 날의 위험한 전투를 견디도록 하고 싶다면 현재 일어나는 작은 전투들에서 믿음을 입증해 보이십시오. 여러분의 믿음은 철저한 자기 부인에서 시작한 것이 아닙니까? 그렇다면 그 믿음을 버리십시오. 여러분의 믿음이 체질적으로 의식(儀式)들을 좋아하는 여러분의 경향에 맞고, 문화에 대한 예술적 취향과 음악에 대한 타고난 열정과 잘 맞는 것이라면, 그 믿음을 조심하십시오. 진정한 모든 신앙의 뿌리는 주 예수 그리스도에 대한 단순한 믿음입니다. 가짜는 다 버리십시오. 오직 예수님만을 의지하여 살고 예수님만을 의지하며 전적으로 예수님에게만 근거를 두며 간절한 기도로 나타나는 믿음만이 여러분에게 일생 동안 다니엘처럼 만들어 줄 일관성 있고 결단력 있는 성품을 형성해 줄 것입니다.

2. 둘째로, 다니엘이 항상 섬긴 이 하나님은 어떤 분이셨습니까?

여러분에게 물어보겠습니다. 다니엘의 하나님은 우리의 예배를 받으실 만한 분입니까? 나는 아주 진지하게 이 질문을 묻습니다. 이는 많은 사람들이 스스로 판단할 때 논쟁할 만한 가치가 거의 없고, 위해서 죽을 만한 가치는 더 없다고 여기는 믿음을 가지고 있는 것이 확실하다고 느끼기 때문입니다. 가톨릭교도가 많은 사람들이 그랬듯이 꾸며낸 이야기나 거짓을 옹호하기 위해 화형주(火刑柱)나 교수대로 가는 것을 보면 참으로 애석하기 짝이 없습니다. 불가지론자가 아무것도 아닌 것을 변호하기 위해 목숨을 내놓는 것을 보면 놀랍습니다. 그러나 다니엘이 기쁘게 경의를 표했던 살아계신 참되신 하나님에 대해서 우리는 뭐라고 말하겠습니까? 그 하나님은 우리가 위해서 살고 섬기며 위해서 죽을 만한 가치가 있으신 분입니까? 이 선지자의 경건은 하나님의 선하심과 크심을 시험해보고 확인함으로써 더 강해진 것이 틀림없습니다. 그가 처음에는 어린애 같은 믿음으로 단순한 명령들을 굳게 붙잡고, 어기려 하지 않았습니다. 그가 후에 받은 계시들은 그의 흔들리지 않는 고결함에 대한 보상처럼 보입니다. 지극히 긴박한 위급 상황에서 하나님은 분명하게 그를 구원하셨습니다. 그는 평생에 온 땅의 하나님과 교제하는 것 외에 다른 소원이 없었습니다. 기독교적 관점에서 볼 때 그는 "큰 은총을 받은 사람"(단 10:19)이었습니다. 바깥의 이교도들에게 그는 "살아계시는 하나님의 종"(6:20)이었습니다. 우리 스스로 질문에 답하는 즐거움을 누릴 수 있도록 다시 한번 그 질문을 묻겠습니다. 우리 주 예수 그리스도의 아버지 하나님이 우리의 사랑과 생명을 받으실 만한 분입니까? 우리가 죄로 죽어 있었을 때조차도 우리를 사랑하신 그 큰 하나님의 사랑을 생각할 때, 자비가 풍성하신 하나님에 대해 우리가 품고 있는 감사의 마음과 기쁨은 말로써 다 표현할 수가 없습니다.

나는 찬송 받으실 하나님의 아들이 자기 심장의 피로써 내 영혼을 구속하셨다는 것을 믿음으로 알고, 그 아들이 나를 어두운 절망의 구렁텅이에서 건져 내 발을 바위 위에 세우셨다는 것을 즐거운 경험을 통해서 압니다. 그리스도께서 나를 위해 죽으셨습니다. 이것이 내가 느끼는 모든 만족의 근원입니다. 그리스도께서 내 모든 죄를 다 없애버리셨습니다. 그의 보혈로 나를 깨끗이 씻으셨습니다. 그의 완전한 의로 나를 덮으셨습니다. 주님께서는 나를 그 자신의 덕으로 감싸셨습니다. 내가 이 세상에 있는 동안에 세상의 시험과 함정으로부터 나를 지켜주겠다고 약속하셨습니다. 그리고 내가 이 세상을 떠날 때는, 주께서 이미 나를 위해 하늘에 쇠하지 않는 더없이 기쁜 대저택을 마련해 놓으셨고, 결코 시들지 않을 영원한 기쁨의 면류관을 준비해놓으셨습니다. 그 다음에, 죽을 몸을 가지고 이 세상에 머물 날수나 연수가 내게는 별로 중요하지 않고, 내가 어떻게 죽느냐 하는 것도 별로 중요하지 않습니다. 세상에서 나의 짧은 기간이 지속되는 동안 내가 나를 위해 종들 가운데 가장 큰 종이 되신 분의 종이 되는 것 말고 더 바랄 것이 있겠습니까? 친구 여러분, 여러분은 자신의 신앙이 고난을 감수하면서까지 지켜야 할 만한 가치가 있는 것인지 아닌지 다른 누구보다 여러분 스스로 판단해야 합니다. 여러분의 믿음이 영원에 대한 확신으로 가득 차 있지 않다면 나는 여러분에게 그 믿음을 지키느라 여러분의 평판이 손상되는 위험을 감수하라고 권하고 싶지 않습니다. 여러분의 믿음이 그럴 듯한 고백에 지나지 않는 것이라면, 자신의 믿음을 하찮은 망상으로 여기고 부끄러워할 수가 있습니다. 시대의 덧없는 유행에는 시장 가격이 따르지만, 신뢰할 만한 진리는 가격이 오르내리지 않는 필수품입니다. 여러분은 모세가 율법에서 말하였고 선지자들이 기록한 그분, 곧 나사렛 예수를 만났습니까? 바로 그리스도께서 여러분의 믿음의 전부라면 여러분의 믿음은 진짜입니다. 그리스도가 여러분의 사랑하는 구주이십니까? 그렇다면 지금 여러분에게 이 시간 사죄와 평안과 행복이 있고, 장차는 천국이 있습니다. 아무도 더 이상 바랄 수 없는 행복한 운명이 있습니다.

그 다음에, 또 다른 질문이 옵니다. 다니엘의 하나님은 우리를 사자 굴에서 구원하기에 능하십니까? 바로 지금 그리스도의 십자가를 위해 고난을 겪고 있는 여러분, 예수님을 위해 실패자가 된다는 것이 무엇인지 아는 여러분은 다니엘이 했던 것처럼 고통과 형벌에 끝까지 저항하며 견디고 있습니다. 여러분은 사자가 몹시 사납고 흉포한 짐승이라는 것을 잘 압니다. 이 사자들은 실컷 먹어서, 먹이에 대한 짐승의 본성이 없는 이름뿐인 짐승이 아닙니다. 이렇게 그리스도인의 고난은 감상적인 것이 아니라 현실입니다. 이 사자들은 이가 다 부러지지 않았습니다. 어린 양으로 변하지 않았습니다. 이 사자들이 만일 그렇게 하도록 허락을 받았다면 다니엘을 삼켜버렸을 것입니다. 여러분의 고난을 하찮은 것으로 말하는 것은 어리석은 일일 것입니다. 하나님의 은혜가 없었다면 그 고난으로 말미암아 여러분은 다시 세상으로 돌아가고 절망에 떨어졌을 수가 있습니다. 여러분이 걸음을 거의 실족할 뻔한 경우가 아주 많았습니다. 고난이라는 사자들은 날카로운 이가 있어서 그냥 내버려두었다면 여러분을 삼켜버렸을 것입니다. 오직 하나님께서 은혜로 여러분을 그 입에서 구원하시는 수단을 내놓으셨던 것뿐입니다. 나는 자신의 신념을 배신하고 싶지 않기 때문에 유리한 지위를 포기한 사람에게 그가 빈약한 식사로 인해 더욱 즐거운 만족을 느끼지 못했는지 묻겠습니다. 더 딱딱한 베개를 베고 자느라 더 상쾌한 잠을 자지 못했는지 묻겠습니다. 올바르게 행했다는 의식에는 항상 마음을 평온하게 해주는 효과와 부드러운 자극이 따르지 않는지 여러분 모두에게 묻습니다.

형제 여러분, 나는 여러분 가운데 그와 같이 어려운 시련을 겪은 분들은 사자 굴에 던져져 있는 동안에 여러분을 떠받쳐주는 영향력이 여러분에게 허용되었다는 사실을 내게 증언할 수 있으리라는 것을 압니다. 여러분 가운데는 지금 호된 시련을 겪고 있는 분들이 있습니다. 그런가 하면 거기에서 한 걸음 더 나아가 무서운 위험에서 구원을 받은 분들도 있습니다. 내가 목격했던 대부분의 경우에, 누군가가 그리스도를 위하여 손해를 무릅쓰는 일을 하였을 때 그는 이내 상당한 이익을 거두어들였고, 그의 손실이 결국에는 이익이었다는 것이 판명 났습니다. 많은 사람이 이런 식으로 하나님의 섭리를 입증하였습니다. 정직한 양심의 가책 때문에 그는 부적당한 자리에 놓이게 되었고, 그로 인해 살림살이가 빈한하게 되었습니다. 그의 앞날이라는 것이 고작해야 부족한 음식으로 만족해야 하는 것밖에 보이지 않습니다. 안정된 거처에서 풀려났기 때문에 그는 길을 잃어버릴까봐 두려워하였습니다. 그렇지만 후에 그는 자신의 큰 번영은 바로 그 날로부터 시작된 것으로 생각합니다. 자비에 풍성하신 하나님은 이내 그 사람에게 만일 그가 본래의 자리를 잃지 않았다면 이르렀을 수 있는 위치보다 훨씬 더 좋은 자리를 마련해 주셨습니다.

여러분의 구원이 이처럼 신속하고 갑작스럽게 오지 않을 수 있습니다. 그러나 여러분이 다윗처럼 "내 영혼이 사자들 가운데에서 살며 내가 불사르는 자들 중에 누웠으니 곧 사람의 아들들 중에라 그들의 이는 창과 화살이요 그들의 혀는 날카로운 칼 같도다"(시 57:4)고 말할지라도 다윗처럼 "하나님이여 내 마음이 확정되었고 내 마음이 확정되었사오니 내가 노래하고 내가 찬송하리이다"(57:7)라고 말하게 될 것입니다. 그러나 우리가 내내 사자들 가운데 있다가 마침내 죽게 될지라도, 사자들을 떠나 더없이 복된 내세에서 성도들과 거룩한 천사들을 만나면 그 기쁨이 얼마나 크겠습니까! 더 고귀한 보상은 더 고귀한 봉사에 주어지고, 더 빛나는 면류관은 지극히 고통스러운 고난을 지극히 용감하게 견딘 사람들의 머리에 씌워집니다.

여러분과 나는 이 부드럽고 온화한 시대에서는 우리 주님을 위하여 자유와 생명을 포기함으로써 주님에 대한 사랑을 보여줄 기회가 참으로 적습니다. 지금은 순교자들을 위한 차꼬나 고문대가 없으며, 화형주나 교수대가 없습니다. 지금은 평탄하고 매끈한 시대입니다. 그렇지만 우리가 정말로 할 마음이 있다면 선교사의 자기 부인(否認)과 자기희생의 정신을 가지고 진지하게 일할 수 있습니다. 예수님을 사랑하면 우리는 성인으로 추앙받을 아무런 기대도 갖지 않고 기꺼이 무명한 가운데 죽을 수 있습니다. 믿음과 인내는 군인의 덕목들인데, 우리 지방에서는 이 덕목들을 영웅적인 것으로 설명하기보다는 겸손한 것으로 설명할 수 있습니다.

여러분은 내가 이 긴장 상태를 계속 유지하는 이유를 궁금해 할 수 있습니다. 나는 여러분이 생각하는 것보다 훨씬 더 일반적인 예들을 염두에 두고 있습니다. 이곳에 모이는 사람들 가운데는 어떤 비난에도 노출되지 않게 해주는, 그래서 조롱하는 말로 "비밀집회소"라고 불리며, 어떤 경우들에는 오히려 어느 정도 존경도 받게 해줄 것으로 여기기 때문에 이 자리에 끊임없이 참석하는 사람들이 많습니다. 그런가 하면 내가 알기로는, 하나님 백성의 특권을 누릴 때마다 견디기 어려운 도발과 악의를 만나는 사람들이 있습니다.

이렇게 많은 회중 가운데서 가족과 함께 앉는 사람들은 외로운 사람들이 목사에게 털어놓는 속사정 얘기를 들으면 깜짝 놀랄 것입니다. 그리스도에 대한 고백은 종종 가족 안에 불화를 일으킵니다. 남편과 아내가 그리스도 때문에 반목합니다. 어머니와 딸이 사이좋게 지낼 수 없습니다. 비웃음과 조롱은 태연히 견디기가 어렵습니다. 어쩌면 그리스도에 대한 고백이 사람들의 장사에 영향을 줄 수 있습니다. 신앙고백이 생업에 지장을 주어, 믿음 때문에 빵을 잃게 되는 것입니다. 나의 동정은 그것이 아무리 진실한 것이라 할지라도 별로 중요하지 않습니다. 내가 여러분에게 좀 더 용기를 북돋아줄 수 있으면 좋겠습니다! 나는 여러분에게 장부답게 처신하라고 요구합니다. 여러분에게 다니엘처럼 행동하라고 권합니다. 이제 말해 보십시오. 여러분의 하나님은 여러분을 사자 굴에서 구원해내기에 능하신 살아계시는 하나님이십니까? 나는 여러분이 힘차게 이렇게 대답할 수 있기를 바랍니다. "나는 하나님이 능히 구원하실 수 있고, 또 구원하실 것이라고 믿습니다. 설사 굴 속에 있다가 죽게 될지라도 나는 하나님의 어전에 있는 천사가 나의 보호자로 함께 있기 때문에 그곳에서 조용히 쉴 것입니다. 이는 내가 잠시 고난을 받은 후에는 하나님께서 나를 영원한 영광에 이르게 하실 것을 알기 때문입니다."

"네가 항상 섬기는 네 하나님이 사자들에게서 능히 너를 구원하셨느냐?" 이 질문을 한두 가지 관점에서 살펴보고, 우리의 생각을 끝내도록 하겠습니다. 나는 이 페르시아 왕처럼 그가 일찍이 얼핏 보았던 것보다 더 큰 사자 굴을 몸을 굽혀 들여다봅니다. 굴은 어둡습니다. 그리고 아주 심한 악취가 납니다. 희미한 그림자들 사이로 버둥거리는 형체와 모습들이 보입니다. 얼굴을 가린 고문자들이 고문대 위에 여자들을 묶고 남자들을 휘청휘청한 나뭇가지와 매로 고문을 하고 있습니다. 그리고 저쪽에서는 수백 개의 화형주에서 순교자들이 불에 타 죽었습니다. 아주 멀리에는 야생마와 말에 묶여 끌려 다니다가 죽은 사람이 있습니다. 저쪽에는 기이하고 두려운 광경이 펼쳐집니다. 채찍에 맞은 사람들, 돌에 맞은 사람들, 목 베어 죽임을 당한 사람들, 톱으로 켬을 당한 사람들의 긴 행렬이 지나갑니다. 이들은 세상이 감당하지 못하는 거룩한 사람들입니다. 나는 이 커다란 사자 굴 앞에서 몸을 굽혀 모든 시대의 박해 받은 성도들에게 묻습니다. 여러분의 하나님이 여러분을 구원하시기에 능하셨습니까? 즐겁게 외치며 우렛소리처럼 큰 목소리로 그들은 "이 모든 일에 우리를 사랑하시는 이로 말미암아 우리가 넉넉히 이기느니라"(롬 8:37) 하고 외칩니다.

나는 또 다른 사자 굴을 내려다봅니다. 이 굴은 아직도 캄캄합니다. 그러나 아주 음산하지는 않습니다. 신성한 그늘과 고독 속에서 밤이 군림하고 있습니다. 별들은 숨어 있습니다. 가는 초들이 방에서 희미하게 빛을 내며 타고 있습니다. 슬픔의 아들딸들이 병상에서 뒤척입니다. 이렇게 그들은 몇 달 동안을, 어쩌면 건강을 회복할 것이라는 희망이 모두 사라진 채, 즐거운 날이 있을 것이라는 전망이 모두 사라진 채 몇 년 동안을 누워 지냈는지 모릅니다. 그들의 팔다리는 마비되었고, 그들의 시력은 떨어지고 있으며 듣는 것도 둔해집니다. 온갖 불행이 그들에게 임했습니다. 하나님께서 고통의 큰 사자들이 울부짖으며 주변을 돌아다니면서 그들의 모든 위로와 기쁨을 찢어버리도록 허락하셔서 마침내 그들이 죽을 인생을 즐거운 맛으로 달래주는 기분 좋은 교제도 전혀 누리지 못한 채 지내게 됩니다. 여러분 가운데는 아주 건강한 사람들이 있습니다. 그분들은 머리가 쑤시지 않고, 심장의 고통을 느끼지 않습니다. 그들은 자신이 신경이 예민하다고 거의 생각하지 않습니다. 그런 여러분은 환자들, 곧 지상의 순례 여행이 고통으로 황폐해지는 사람들의 조용하지만 거룩한 영웅적인 행실을 별로 생각하지 않습니다. 종종 나는 시련 가운데 지내는 그들의 친구가 되었습니다. 나는 시련을 받고 고통을 받는 이 하나님의 자녀들에게 묻습니다. 다니엘 같은 여러분, 여러분의 하나님이 여러분을 사자의 입에서 구원하시기에 능하셨습니까? 나는 사람마다 이렇게 말하는 것을 듣습니다. "내 영혼아 여호와를 송축하라"(시 103:1). 또 한 목소리로 이렇게 말하는 것을 듣습니다. "우리 하나님 여호와께서 우리에게 대하여 말씀하신 모든 선한 말씀이 하나도 틀리지 아니하고 다 우리에게 응하였도다. 우리의 신이 철과 놋이 되었고 우리가 사는 날을 따라서 능력이 있었도다"(수 23:14; 신 33:25 참조).

내가 또 다른 사자 굴을 본다면 이 비유를 너무 남용하는 것이 되겠습니까? 이 사자 굴은 골짜기 깊은 곳에 있습니다. 밤이 무겁게 드리웁니다. 이 맹수들은 기술과 영민함과 시간과 재능을 쏟아 부어 길들이려고 했지만 헛수고만 한 질병들입니다. 이 질병들은 기이하게도 겉모습은 다르지만 본능은 사자들과 아주 흡사해서 사자처럼 그 희생물에게 갑자기 달려들어 그들의 목숨을 끊어놓습니다. 우리는 이곳을 "사망의 음침한 골짜기"라고 부릅니다. 나는 지금 이 사자들에게 끌려가면서 떨고 있는 사람들의 형체를 보고 있는 것 같습니다. 친한 친구들이 한 사람에 이어 또 한 사람 무덤으로 내려갑니다. 나는 그들에게 떠나는 순간 "그대가 항상 섬기는 그대의 하나님이 사자들에게서 능히 그대를 구원하셨는가?" 하고 묻습니다. 각 사람이 이와 같이 독주곡을 부를 때 그들의 얼굴은 평온하고 그들의 목소리는 맑습니다. "사망아 너의 승리가 어디 있느냐 사망아 네가 쏘는 것이 어디 있느냐 ? 우리 주 예수 그리스도로 말미암아 우리에게 승리를 주시는 하나님께 감사하노라"(고전 15:55,57). 이와 같이 결국 이 사자 굴은 그 모든 공포를 잃어버립니다.

그 다음에 나는 또 다른 굴을 들여다봅니다. 이 굴은 거의 비어 있습니다. 거기에는 사자가 한 마리 들어 있습니다. 무섭게 생긴 늙은 사자입니다. 나는 이 사자의 희생물들을 이야기해 줄 뼈 같은 것을 보지 못합니다. 이 사자가 끼친 맹렬한 파멸의 흔적이 전혀 남아 있지 않습니다. 이 땅에서 한때 수많은 사람이 죽임을 당했습니다. 그러나 지금은 텅 비어 있습니다. 갑자기 나는 위를 올려다봅니다. 거기에 수많은 불멸의 영혼들이 있는 것이 보입니다. 그 영혼들이 모두 내게 말합니다. "우리 하나님께서 우리를 무덤에서 구원하셨고, 무덤에서 그 먹이를 빼앗아 오셨습니다. 하나님께서는 영광스러운 부활로 말미암아 그의 구속받은 모든 백성을 주님의 나타나시는 그 큰 날에 자기 하나님을 만날 수 있도록 내놓으셨습니다. 그들이 하나님의 보좌 앞에 설 것입니다. 하나님께서 그 사자의 이를 부러트리시고 그 원수의 권세에서 자기 모든 자녀들을 구원하셨기 때문입니다."

제
8
장
—

안전한 전망

—

"정한 때 끝에 관한 것임이라." — 단 8:19

인간 본성은 미래에 대해 다소라도 알기를 갈망합니다. 만일 우리가 오늘 밤 역사의 휘장을 들추고 향후 몇 년 동안의 우리 인생의 진행을 미리 볼 수 있는 어떤 곳으로 간다는 말을 듣는다면 그 자리에 빠지거나 그런 기회를 놓치려고 할 사람이 거의 없을 것이라고 생각합니다. 이렇게 미래를 알고 싶어 하는 열망과 온갖 예언과 점에 주의를 기울이는 기이할 정도의 고지식함 때문에 많은 사람들이 배우지 못한 이집트인의 무지로부터 현대 교수들의 영리함에 이르기까지 모든 시대에 속셈 있는 사기꾼들에게 쉽게 넘어가는 봉이 되었습니다. 나는 장차 일어날 일들에 대해 예언을 하고 자신의 예언을 뒷받침하기 위해 거룩한 성경을 끌어들이는 학식 있는 박사들의 이름을 댈 수도 있습니다. 도처에서 사람들을 통속 문학을 재미있어 하게 만드는 그런 정신이 또한 사람들로 하여금 미래를 알아보려는 생각으로 성경을 읽게 하고, 펼쳐진 두루마리를 얼핏이라도 볼 수 있을 것으로 기대하게 만드는 꾸며낸 이야기를 의지하게 만들 것입니다. 그러나 형제 여러분, 하나님께서 장엄한 모습을 대략적으로 계시하신 그 위대한 미래를 제외하고, 미래는 인간의 눈에 완전히 닫혀져 있다는 사실을 확실히 알기 바랍니다. 여러분이나 나의 인생의 세부적인 일들을 우리가 별자리표나 예언 혹은 성경 점(占)을 사용하여 친숙히 아는 것은 절대로 불가능한 일입니다. 점차 경험이 쌓이면 곧 그것을 알게 되겠지만 그것이 밝혀질 때까지 알려고 시도하는 것은 무익하고 해로운 일입니다.

그러면 왜 미래는 이렇게 우리가 볼 수 없도록 닫힌 것입니까? 우리의 재능들을 쓰기에 현재로도 충분하기 때문이 아닙니까? 지금 이 시간 하나님을 바르게 섬기려면 우리에게 있는 힘을 다 써야 하고, 하나님으로부터 얻을 수 있는 힘도 다 써야 할 것입니다. 한 날의 괴로움은 그 날로 족할 뿐만 아니라 한 날의 수고도 그날로 족합니다(마 6:34 참조). 과거에 너무 사로잡혀서 살고 적당하게 신중한 것을 넘어서서 너무 조심하는 사람들은 이 세상에서 별로 쓸모가 없게 됩니다. 미래에 대한 예측에 따라 행동하려고 하는 사람들은 언제나 추상적이고 이론적이며 경험에 의존하고 감정에 치우치는 한편 부지런히 일하는 것이 없어서 오늘의 치열한 전투에서는 아무 쓸모 없게 될 것입니다. 여러분, 사실 여러분은 온 마음을 쏟아야 하는 지금에 몰두할 필요가 있습니다! 이 지금을 활용하십시오. 행복하고 거룩하며 영광스러운 미래를 확보하는 가장 좋은 방법은 현재에 주의하고, 지금 이 시간에 여러분에 대한 주님의 뜻, 즉 여러분에게 가장 적합하고 여러분의 성품을 형성하며 여러분의 운명을 결정짓고 있는 주님의 뜻을 계속해서 유의하여 보는 것입니다.

하나님께서는 우리에게 미래를 숨기셨는데, 이는 아마도 세상을 지나가는 우리의 인생이 지루하고 단조롭지 않도록 하고 흥미진진한 새로운 국면들을 맞이하도록 하시기 위함인 것 같습니다. 만약 우리 인생이 순례의 길을 시작한 첫날부터 우리 앞에 있는 지도에 모두 펼쳐져 있다면 인생이 생기 넘치는 면을 갖지 못할 것입니다. 여행의 즐거움은 많은 경우에 여행자가 산을 오르거나 골짜기를 내려갈 때 갑작스럽게 펼쳐지는 예기치 못한 광경과 장면을 만나는 데서 옵니다. 여행자가 변화가 없는 긴 가로수 길을 한 번에 다 볼 수 있다면 그 길을 걷는 것이 여행자에게는 지루한 일일 것입니다. 끊임없이 새로운 사건들과 진기한 경험들, 뜻하지 않은 사건들이 일어나면 인생이 행복하지는 않을지라도 흥미진진하게 대하는데 도움이 될 것입니다. 나는 그동안 하나님의 섭리의 보고로부터 끊임없이 내게 새롭게 임한 감사한 많은 일들을 인하여 하나님께 감사드립니다. 나는 매우 시의적절한 하나님의 선물이 그처럼 전혀 예기치 못한 방식으로 내게 올 수 있을 것이라고 생각할 수 없었습니다. 그것은 마치 하나님께서 돈으로 바꾸어 내 손에 쥐여주시는 것처럼 전혀 생각지 못한 방식으로 왔습니다.

하나님께서 우리에게 미래를 감추신 것은 또한 이러한 이유 때문이 아니겠습니까? 즉, 우리가 "말 못하고 쫓기는 짐승" 같다는 의식을 가지고, 다시 말해, 의지도 자유도 없이, 저항할 수 없는 힘 때문에 하지 않을 수 없는 일을 해야 하고 견딜 수밖에 없다는 생각으로 괴로워하지 않도록 하기 위해서가 아니겠습니까? 자, 나는 예정론을 믿습니다. 그렇습니다. 그 교리의 지극히 작은 부분까지 철저히 믿습니다. 3월의 바람에 이는 먼지 알갱이 하나까지도 아무도 어길 수 없는 하나님의 뜻에 의해 확고히 결정되었다고 믿습니다. 사람의 말 한 마디, 생각 하나도, 참새의 날갯짓 하나하나, 파리가 한 번 날아가는 일, 딱정벌레가 기어가는 것, 깊은 바닷속의 물고기가 한 번 헤엄치는 것, 사실 이 모든 것을 하나님은 미리 알고 미리 정하셨습니다.

그러나 나는 또한 인간의 자유로운 행위도 마찬가지로 굳게 믿습니다. 즉, 사람은 자기가 원하는 대로 행동하는데, 특별히 도덕적인 활동에서 그렇게 행한다고 믿습니다. 다시 말해, 하나님으로부터 오는 어떤 것에도 매이지 않고, 순전히 자신의 마음의 타락과 잘못된 습관들에 영향을 받은 자신의 뜻으로 악한 것을 택하고, 비록 성령의 인도를 받긴 하지만 완전히 자유롭게 옳은 것을 택하는 것입니다. 즉, 사람이 옳은 것과 참된 것을 선택하도록 훈련받기는 하지만 마음이 내키지 않는데 억지로 떠밀려서 하는 것이 아니라 자유로운 행위로 그렇게 한다고 믿습니다. 이는 하나님의 아들께서 사람을 자유롭게 만드셨기 때문입니다. 나는 사람이 마치 모든 것이 운에 맡겨진 것처럼 자유롭고, 또 운명이란 것은 전혀 없는 것처럼 책임 있는 존재라고 믿습니다.

나는 이 두 진리가 어디에서 만나는지 모르고, 또 알고 싶지도 않습니다. 나는 이 두 진리를 믿기 때문에 두 진리를 곤란하게 생각하지 않습니다. 어떤 사람들은 이 두 진리가 모순된다고, 이 진리와 저 진리가 서로 반대된다고 생각합니다. 나는 두 진리가 평행선을 이룬다고 믿습니다. 두 진리는 나란히 달리며, 영원히 달릴지라도 이 두 큰 진리가 함께 만나는 점은 없다고 생각합니다. 그러나 예정론이 계시된 사실이고 우리가 그 사실을 볼 수 있다면, 인간 본성이 자유의 개념을 받아들이거나 인간 본성이 행동에서 전적으로 자유롭다고 믿는 것은 완전히 불가능한 일이 될 것입니다. 사람은 롱펠로(Longfellow)의 시("인생 찬가" - 역주)를 다시 인용해서 말하자면, 자신이 원하였든 않든 간에 정해진 것을 해야 하는 "말 못하고 쫓기는 짐승"에 불과하다고 느낄 것입니다.

형제자매 여러분, 모든 미래가 우리에게 숨겨져 있다는 사실에 감사해야 할 일들이 많은 것이 아닙니까? 왜냐하면 그 미래는 매우 변화가 심해서 누군가가 말했듯이 인생의 활동적인 시기와 관조적인 시기에 모두 희망의 빛과 두려움의 그림자를 드리우기 때문입니다. 미래의 어떤 부분은 즐거움으로 빛나고 많은 부분은 슬픔으로 칙칙합니다. 우리가 즐거움이 오리라는 것을 알면서도 그 날을 기대하지 않는다면 어떻게 되겠습니까? 시간은 느릿느릿 흘러갈지라도 마침내 그 즐거운 날이 올 때까지 확실히 흘러갈 것입니다. 우리가 미래를 충분히 안다면 성공의 때를 앞당기기 위해서 아마도 미래에 대해 액면가보다 훨씬 낮은 금액으로 어음을 발행할 것이 틀림없습니다. 그래서 그 성공의 때가 왔을 때 우리는 이미 그 성공을 미리 맛보았기 때문에 시큰둥하게 될 것이고, 기쁘게 내다보았던 전망이 현재가 되었을 때는 그 좋은 것을 즐거워하지 못할 것입니다. 그리고 우리 앞에 있는 근심거리와 위험과 고통에 대해서 말하자면, 만일 우리가 그것들을 미리 안다면 아주 틀림없이 타락한 불신앙과 병적인 근심에 사로잡히기 쉬운 우리의 본성적인 경향 때문에 그 짐을 질 날이 오기도 전부터 지기 시작할 것입니다. 폭풍이 오기도 전에 닻이란 닻은 모두 내릴 것입니다. 비가 한 방울도 떨어지기 전에 집 안으로 뛰어들 것입니다. 우리는 미래에 대해 불안한 마음으로 끊임없이 대비하느라 오늘의 위로를 다 놓치고 현재의 기쁨과 기회들을 무시하게 될 것입니다. 그렇게 되면 우리는 한탄하는 약함을 키우고, 멸시하는 소심함을 키우게 될 것입니다. 우리의 근육은 약해지고 사지의 뼈들은 삐게 되며, 심장은 두려움에 사로잡히게 될 것입니다.

이렇게 하면 안 됩니다. 만일 주님께서 우리 가운데 누구에게든지 자신의 미래를 알 수 있는 능력을 주신다면 그것은 치명적인 선물이 될 것입니다. 우리 가운데 누구든지 이 현재 시간을 넘어서 볼 수 있다면, 그것은 불행한 일입니다. 하지만 우리는 그런 일로 고민할 필요가 없습니다. 그런 은사를 받지 못할 것이기 때문입니다. 우리는 내일을 가리고 있는 휘장을 들추도록 허락받지 못할 것입니다. 우리는 계속해서 "오늘 우리에게 일용할 양식을 주시옵소서"(마 6:11) 하고 기도해야 할 것입니다. 계속해서 그 날에 내리는 만나를 먹고 살아야 하고, 또 그 날 하루에 필요한 힘을 얻어 살아야 할 것입니다. 그것은 우리가 자주 부르는 다음의 노래와 같습니다.

"날마다 만나가 내렸으니

이 교훈을 잘 배우면 좋겠네!
지금도 끊임없는 자비로 우리를 먹이시니
주여, 내게 일용할 양식을 주옵소서.

'날마다'라고 약속이 씌어 있으니
매일 필요한 매일의 힘을 구하고
불길한 두려움은 던져버리며
오늘의 만나를 취하세."

하지만 미래에 관해서 우리가 두세 가지 사실을 기억하는 것은 중요합니다. 첫째로, 미래의 모든 것은 정해져 있다는 것이고, 둘째로, 그것이 어떤 목적이 있어서 특별히 정해지는 일들이라는 것이며, 셋째로, 그런 목적과 사건들에는 오늘 우리에게 위로를 주기 위해 정해진 자비로운 뜻이 있다는 것입니다.

1. 첫째로, 우리는 미래의 모든 것이 정해져 있다는 것을 기억하는 것이 좋습니다.

하나님께서 미리 아시지 못한 일은 어떤 것도 우리에게 일어나지 않을 것입니다. 예기치 않은 어떤 사건이 일어나 하나님의 계획을 망치는 일은 없을 것입니다. 하나님이 대비하시지 못한 비상사태가 일어나는 일은 없을 것입니다. 하나님이 감시하지 못한 위험이 발생하는 일은 없을 것입니다. 하나님도 미처 알지 못해 깜짝 놀랄 현저한 부족이 발생하는 일은 없을 것입니다. 하나님은 처음부터 끝을 아시고, 없는 것을 마치 있는 것처럼 보십니다. 하나님의 눈에는 과거가 없고 미래도 없습니다. 하나님은 영원한 현재를 채우고 계십니다. 하나님은 전체를 내려다보실 수 있는 위치에, 과거와 현재와 미래를 한 눈에 볼 수 있는 위치에 계십니다. 미래의 모든 것을, 하나도 빼놓지 않고 모든 것을 하나님은 미리 아시고 정해두셨습니다.

우리는 이 사실에서 적지 않은 위로를 끌어낼 수 있습니다. 어떤 사람이 아주 능숙한 선장의 지휘 아래 출항한다고 생각해 봅시다. 아무리 능숙한 선장이라도 항해 도중에 무슨 일이 일어날지 알 수 없고, 탁월한 선견지명으로 절대로 안전한 항해를 약속할 수도 없습니다. 그가 지금까지 만나지 못한 위험한 일들이 있을 수 있습니다. 훌륭한 배를 쓸어버릴 수 있는 대서양의 파도와 태풍들을 만날 수 있습니다. 그래서 항구에서 즐겁게 항해를 시작한 그들이 결코 항구에 이르지 못할 수도 있습니다. 그러나 여러분이 섭리의 배를 타게 되면, 그 키를 쥐고 계시는 분은 불어올 모든 바람과 배에 힘 있게 부딪힐 모든 파도를 통제하시는 주님이십니다. 하나님은 출발하는 항구에서 일어나는 일들뿐 아니라 우리가 향하여 가고 있는 항구에서 일어날 일들도 미리 아십니다. 밀어닥칠 모든 파도를 그 높이와 넓이와 힘까지 속속들이 알고, 바람 하나하나도 다 아십니다. 바람이 제멋대로 부는 것처럼 보이지만, 하나님은 바람의 모든 관계를 아시고, 그 바람이 나아갈 속도도 아십니다. 이렇게 튼튼한 섭리의 배에 타고 있고, 처음부터 끝까지 모든 것을 미리 조정하고 정하신 놀라운 선장을 모시고 있으니, 우리는 참으로 안전합니다. 그러니 우리가 하나님의 인도를 절대적으로 신뢰하는 것이 참으로 마땅한 일입니다! 여러분, 조언할 생각을 하지 말고 잠자코 있으십시오. 여러분의 지식이 미치지 못하는 곳에서는 여러분의 생각은 무익하기 때문입니다.

"주께서 왜 일을 이렇게 혹은 저렇게 정하시는지
내 흐릿한 이성이 물으려고 하면
나는 그 비밀을 아무리 파헤쳐도 알 수 없는
거대하고 깊은 바다 곁에 서 있는 것 같네.

내 기쁨은 이것이니
주께서 항상 주의 뜻대로 만유를 다스리시는 것이네.
내가 주의 뛰어난 지혜를 찬미하고
여전히 주님을 조용히, 즐거이 신뢰하네."

이 주제와 관련해서 우리는 숙명이 예정론과 전혀 다른 교훈이라는 것을 알고서 우리가 숙명을 믿는 사람이 아니라는 것을 항상 기억해야 합니다. 숙명은 일이 현재 그대로 있을 수밖에 없고, 그렇게 정해져 있다고 말합니다. 그러나 바른 교훈은 이것입니다. 즉, 하나님께서 일을 이렇게 저렇게 정하셨는데, 그것은 일이 그렇게 될 수밖에 없기 때문이 아니라 그렇게 되도록 하는 것이 가장 좋은 일이기 때문입니다. 숙명은 맹목적이어서 아무것도 보지 못합니다. 그러나 성경에서 말하는 운명에는 눈이 가득합니다. 숙명은 가혹하고 단호해서 인간의 슬픔에 전혀 눈물을 보이지 않습니다. 그러나 섭리의 준비는 친절하고 선합니다. 섭리의 준비를 통해서 이루려는 목적은 가장 많은 사람들을 위한 최고의 선이며, 무엇보다 하나님의 영광입니다. 여러분은 하나님께서 순전히 마음 내키는 대로 이것도 정하고 저것도 정하셨다고 생각해서는 안 됩니다. 하나님은 원하시는 대로 하시지만, 언제나 자신의 고귀하고 영광스러운 본성에 맞는 일을 행하시려고 합니다. 하나님은 불의한 일은 절대로 하려고 하시지 않습니다. 정말로 몰인정한 일은 하려고 하시지 않습니다. 하나님께서 섭리 가운데 정하신 모든 일들, 특별히 자기 백성에 대해 정하신 일들은 모두 자비로, 부드럽게, 사랑과 지혜로 정해집니다. 그리고 그 모든 일들은 하나님 백성들의 가장 고귀한 이익과 가장 큰 행복을 이루는데 이바지합니다.

이것은 참으로 복된 진리입니다. 이렇게 말할 수 있다면 정말로 기분 좋은 일입니다. "오늘부터 내게 무슨 일이 일어나든지, 곧 작은 일이든 큰 일이든 나는 만족합니다. 그것이 어떤 일일지 전혀 모르지만 모른다는 사실이 전혀 유감스럽지 않습니다. 그것은 내가 이 한 가지 사실, 곧 하나님께서 허락하시지 않는 일은 결코 일어나지 않으리라는 사실을 알기 때문입니다. 나는 결코 마귀의 권세에 맡겨지지 않을 것이고, 고아처럼 버려지지 않을 것입니다. 아버지의 눈과 아버지의 손을 벗어나는 일이 없을 것입니다. 무슨 일이든지 다 하나님께서 기뻐하시는 대로 오고 지속되며 끝이 날 것입니다. 일어나는 일은 모두 언제나 하나님을 기쁘시게 하므로, 내가 하나님의 백성 가운데 한 사람이라면 일어나는 모든 일은 나의 선을 이룰 것입니다. 내가 그 때는 그 점을 보지 못할 수 있지만, 보든 보지 못하든 상관없이 그렇게 될 것입니다. 모든 일, 모든 사건이 적절한 곳에서 일어나고, 모든 고통이 적절한 정도만큼 올 것입니다. 나로 한숨짓게 하고 소리치고 신음하게 만드는 모든 것, 모든 손실과 불행, 비방, 나를 방해하거나 내 소원을 망치는 것처럼 보이는 모든 것, 이 모든 일이 올 것이지만, 하나님께서 그 모든 일을 다스리고 조정하셔서 내 영혼에 구원을 가져다주고 하나님께는 영광을 드릴 것으로 약속하신 목적을 이루도록 하실 것입니다."

사랑하는 여러분, 나는 이 진리를 받아들이지 않는 사람이 어디 가서 위로를 얻을지 모르겠습니다. 하지만 내가 분명히 아는 사실은 여러분이 일용할 양식을 얻기 위하여 할 수 있는 모든 수고를 다 한 후에, 혹은 내 경우와 같이 여러분이 그리스도인의 봉사를 이행하기 위해 할 수 있는 모든 일을 다 한 후에, 심각한 곤경과 난처한 궁지에 처했을 때 영원히 다스리시는 하나님의 팔을 의지하고 이렇게 말할 수 있다면 복된 일이라는 것입니다. "주는 만사를 바르게 행하십니다. 비록 내가 보기에 사태가 여의치 않게 돌아가지만 주의 판단은 내 판단보다 낫고 주님은 모든 일을 바르게 처리하십니다. 그러므로 주의 이름에 영광을 돌리나이다."

만일 어떤 사람이 공기 중 어딘가에 하나님의 통제를 받지 않는 먼지 알갱이 하나가 떠다닐 수 있다고 생각한다면, 그는 마치 전염병을 피하듯이 그것을 피하기를 바랄 수가 있습니다. 만일 사람이 밤중의 단 한 시간이나 꼬박 일 년 중의 단 일 초라도 하나님께서 자연에서 손을 거두신 시간이 있을 수 있거나 하나님께서 관여하시지 않고 하나님의 뜻이 개입되지 않은 사건이 단 하나라도 있을 수 있다고 생각한다면, 사람은 그 어두운 시간이 다 지나가기까지 혹은 그 두려운 일이 악이 가득 든 물약병처럼 쏟아져 깨끗이 사라질 때까지 두려워 떨 수가 있습니다. 그러나 이제는 매 시간이 안전합니다. 하나님께서 매 시간이 안전하도록 조치를 취하셨기 때문입니다. 곤란하고 위험한 곳마다 하나님의 신실한 종들에게는 안전한 곳이 될 것입니다. 위험한 때마다 영원하신 하나님의 날개 아래에서 쉬는 사람에게는 복되고 안전한 시간이 될 것입니다. 평온한 때든지 폭풍이 치는 때든지 하나님 보기를 배우는 사람은 둘 중의 어느 것이 오든지 신경 쓰지 않고 그 일을 하나님의 뜻에 맡깁니다. 하나님의 거두어 가는 손뿐 아니라 주시는 손도 보는 사람은 어떤 일에도 불평하지 않고 이렇게 말할 것입니다. "주신 이도 여호와시요 거두신 이도 여호와시오니 여호와의 이름이 찬송을 받으실지니이다"(욥 1:21).

나는 여러분에게 하나님께서 작은 일들에 계시다는 것을 믿으라고 간절히 권합니다. 우리를 가장 많이 괴롭히는 것은 인생의 작은 근심거리들입니다. 때로 사람은 숯불에 손가락을 데이거나 그에게 일어날 수 있는 작은 사건보다 사랑하는 친구를 잃은 슬픔을 더 잘 견딜 수가 있습니다. 신발 속에 든 작은 돌멩이들이 여행자를 절뚝이게 만듭니다. 반면에 큰 돌멩이들은 그에게 별로 해를 끼치지 못합니다. 여행자가 뛰어넘어 가기 때문입니다. 하나님께서 작은 일들을 다 주선하신다는 것을 믿으십시오. 작은 근심거리들이 오면 오는 대로 가져가 하나님께 말씀드리십시오. 그 근심거리들이 하나님으로부터 오는 것이기 때문입니다. 하나님께서는 백성들에 관한 것은 어떤 것도 작은 것으로 여기시지 않는다는 것을 믿으십시오. 실로 하나님께는 여러분의 지극히 큰 염려도 작은 것이라고 말할 수 있고, 여러분의 작은 걱정들도 하나님께는 쳐다보시지 않을 만큼 하찮은 것은 없습니다. 여러분의 머리카락 수도 다 세어 알고 계십니다. 그러므로 여러분은 하나님께 지극히 하찮은 고통에 대해서도 기도할 수 있습니다. 참새 한 마리도 여러분의 아버지 하나님의 뜻이 없이는 땅에 떨어지지 않는다면 여러분의 인생에서 일어나는 지극히 작은 일들도 하나님의 정하신 뜻에 따라 일어난다고 볼 이유가 충분합니다. 따라서 여러분은 그 일들을 오는 대로 기쁘게 받아들이고, 그 일들 때문에 다른 사람들에 대해서나 여러분 자신에 대해서나 모두 화를 내서는 안 됩니다. 이것은 여러분이 절대적으로 의지할 수 있는 진리이고, 또 여러분이 매우 예리한 고통을 누그러뜨리고 몹시 불안정한 흥분을 가라앉히며, 지쳤지만 쉬지 못하는 영혼이 누릴 수 있는 지극히 달콤한 휴식을 얻을 때까지 계속해서 익혀야 하는 진리입니다. 이 진리는 두려움을 치료하는 해독제입니다. 나는 분명하고 확실한 이 사실을 여러분에게 큰 확신을 가지고 권합니다. 미래의 모든 일은 하나님께서 정하신 바입니다. 사람으로서 여러분은 그 사실을 이치에 맞다고 생각할 것입니다. 제자로서 여러분은 그 사실이 분명히 계시되었기 때문에 그것을 믿을 것입니다. 그리스도인으로서 여러분은 그 사실을 진심으로 기뻐할 것입니다. 모든 것이 크신 왕의 손에 있다는 사실은 기뻐할 주제임에 틀림없기 때문입니다. 하나님은 왕이십니다. 그러니 그의 백성들은 기뻐합시다!

"하나님은 왕이시라. 누가 감히
그의 뜻에 저항하고 그의 돌보심을 믿지 않고
그의 지혜로운 뜻에 불평하며
왕으로서 그의 약속을 의심하겠는가?

하나님의 지혜가 틀릴 수 있고
하나님의 힘이 쇠퇴하고 그의 사랑이 떠날 수 있다면
그때는 그의 자녀들이 이 노래를 그칠 수 있을 것이다.
전능하신 하나님은 왕이시라는 노래를."

2. 이제 둘째로, 어떤 목적이 있어서 특별히 정해지는 일들이 있습니다.

나는 지금 그 관련을 조사할 생각은 없습니다. 본문을 살펴보는 것으로 충분할 것입니다. 이는 본문이 "정한 때가 되면 끝이 이를 것이라"(개역개정은 "정한 때 끝에 관한 것임이라")고 말하고 있기 때문입니다. 여러분과 내가 큰 기대를 가지고 내다보고 있는 "끝"이 있습니다. 현재의 고난의 끝이 있습니다. 이 점을 함께 생각해 봅시다. 나는 여러분이 구체적으로 겪고 있는 고난이 무엇인지 모릅니다. 그러나 이 점은 알고 있습니다. 즉, 여러분이 혹독한 시련 가운데 있는 만큼 확실히 그 시련에서 구원받기를 간절히 바랄 것입니다. 우리가 하나님의 뜻에 전적으로 복종을 해야 하지만, 고통을 사랑하는 것이 우리에게 자연스러운 일은 아닙니다. 우리는 끝에 가서 시련에서 벗어나기를 바랍니다. "정한 때가 되면 끝이 이를 것이라."

하나님의 종들이 아주 많이 겪는 시련인데, 여러분은 인물됨에 관하여 비방을 받았습니다. 그런 비방을 받으면 여러분은 짜증이 나고 화가 나서 거기에 서둘러 답을 하고 싶어 합니다. 비방에 대해 반박하고 자신의 평판을 변호하고 싶어 합니다. 가만히 계십시오. 아주 조용히 인내하십시오. 그 모든 것을 견디십시오. 가만히 서서 하나님의 구원을 보십시오. 이는 의인을 위하여 빛이 뿌려졌고(시 97:11) 하나님께서 여러분의 의를 빛 같이 나타내시며 여러분의 판단을 정오의 빛 같이 하실(37:6) 것이기 때문입니다. "정한 때가 되면 끝이 이를 것이라."

개들은 지치면 짖기를 그칩니다. 하나님께서 개들에게 가만히 있으라고 명령하시면 개들이 여러분에 대해 혀를 놀릴 생각을 감히 하지 못할 것입니다. "정한 때가 되면 끝이 이를 것이라." 여러분은 가난한 처지에 있습니다. 여러분이 그날 그날의 양식을 벌어들일 수 있는 자리에 있은 지 다소 시간이 흘렀습니다. 여러분은 딱딱한 런던의 거리들을 지친 걸음으로 오르내렸습니다. 지금까지 광고 전단지를 샅샅이 뒤졌습니다. 무엇이라도 할 일을 사방에서 찾았습니다. 여러분은 사랑하는 아내와 불쌍한 자녀들을 보면서 점점 더 근심이 커졌습니다. 여러분이 하나님의 자녀입니까? 짐을 하나님께 맡기는 법을 배웠습니까? 그렇다면 "정한 때가 되면 끝이 이를 것입니다."

머지않아 여러분에게 구원이 이를 것입니다. "여호와를 의뢰하고 선을 행하라 땅에 거하여 정녕히 먹으리로다"(시 37:3 난외주). 까마귀들은 다윗의 때에 먹을 것을 얻었듯이 오늘도 먹을 것을 얻습니다. 까마귀들을 먹이시는 분께서 그의 자녀들을 굶어죽게 하시지 않을 것입니다. 정한 때를 끈기 있게 기다리십시오. 그 때를 부지런히 살피되, 인내하는 마음으로 조용히 하나님의 뜻에 복종하십시오.

사랑하는 여러분, 여러분은 지금 내가 설명할 수 없을 또 다른 시련을 벗어나고 있는지도 모릅니다. 사실 그것은 여러분이 숨기고 아무에게도 말하지 않는 시련입니다. 여러분 자신은 그 시련의 고통을 아는데 모르는 사람이 주제넘게 그 일에 간섭할 때, 무엇보다 견디기 힘든 시련이 됩니다. 여러분은 지금까지 이 시련에서 벗어날 수 있도록 도움을 주시기를 기도해왔고, 도움이 올 것이라고 믿었지만, 그 응답이 미루어진지 오래되었습니다. 여러분이 폭풍 신호기를 올린지 여러 달이 되었는데, 아직까지 하늘 아버지께서 보내실 자비의 구명정은 거의 파선 지경에 있는 여러분의 배에 오지 않았습니다. 가만히 있으면서 하나님의 구원을 아십시오. "정한 때가 되면 끝이 이를 것이라." 그 때는 여러분이 정하지 않습니다. 하나님께 기도 응답의 시간을 정해 드리는 것은 언제나 잘못된 일입니다. 주시는 분에게 선물을 줄 시간을 정할 권리가 있습니다. 구걸하는 거지가 그 시간을 정해서는 안 됩니다. 하나님께서 여러분을 찾아오실 시간을 정하셨습니다. 정한 때가 되면, 땅과 지옥이 아무리 난리를 칠지라도 그 때는 반드시 올 것입니다. 다만 견실하며 흔들리지 말고 항상 주의 일에 더욱 힘쓰는 자들이 되고(고전 15:58) 조용하지만 굳게 확신하십시오. 정한 때가 되면 여러분의 시련과 고난의 끝이 반드시 이를 것이기 때문입니다.

형제 여러분, 여러분이 지금 바라고 있는 목적이 더 크게 유용할 수 있고, 여러분은 지금까지 수년 동안 그 목적을 이루기를 갈망해 왔을 수 있습니다. 여러분이 떠맡은 학급에서 혹은 시골 예배당에서 혹은 여러분이 맡은 일이 어떤 것이든지 간에, 지금까지 괴로움 가운데 부르짖으며 하나님께 성령을 더 풍성히 주시기를 구하였습니다. 여러분은 일하는데 방해가 되거나 하나님께서 여러분을 사용하시지 못하도록 막을 것은 무엇이든지 제거하려고 하였습니다. 잘못된 모든 동기들과 거친 세속적인 욕구들에서 구원해 주시기를 간구하였습니다. 그런데 그 모든 노력에도 복이 더디 옵니다. 그렇게 하기를 포기하지 마십시오. 요나처럼 행동하지 마십시오. 요나처럼 행동했지만 그들을 삼키는 고래를 발견하지 못한 사람들이 많았습니다. 혹은 고래가 그들을 삼켜버렸다면 그들은 끝이 났을 것입니다. 여러분은 지금도 계속해서 일을 하십시오. "정한 때가 되면 끝이 이를 것이기" 때문입니다. 하나님은 신실한 일꾼이 헛수고하도록 하시지 않을 것입니다. 여러분의 사랑의 수고는 주님 안에서 헛되지 않을 것입니다. 여러분은 언제 성공이 올지 모릅니다. 어떤 사람은 살아서 자기 일의 결과를 보지 못합니다. 그래서 그들이 모세의 말대로 이렇게 말한다고 생각해 봅시다. "주께서 행하신 일을 주의 종들에게 나타내시며." 우리가 이 주의 일을 하게 하여 주소서. 그리고 "주의 영광을 그들의 자손에게 나타내소서." 우리 자녀들이 살아서 우리의 일의 결과와 그 일로 말미암은 하나님의 영광을 보게 하소서. 그러면 우리가 만족하겠습니다. "정한 때," 곧 그리스도의 정직하고 진실한 모든 종에게 정한 때가 되면 "끝이 이를 것입니다."

사랑하는 친구 여러분, 여러분 가운데는 자신의 인생의 전투의 끝을 즐거움으로 기다리고 있는 사람들이 있습니다. 진실한 그리스도인에게 인생은 끊임없는 싸움입니다. 우리가 회심하는 순간부터 전투는 시작됩니다. 때로 우리는 우리 안에서 타락이 소멸되고 그래서 우리를 에워싸는 죄를 하나도 발견하지 못할 것이라고 생각합니다. 나는 하나님의 종들 가운데 어떤 이들이 자기 속에서 내주하는 죄가 소멸되었다고 말하는 것을 들은 적이 있습니다. 나는 그런 일이 내게도 일어날 것이라는 희망을 가질 수 있기를 바랄 뿐입니다. 그러나 그렇게 되기를 원하는 마음은 내게 있지만 내가 원하는 바를 어떻게 이룰 수 있는지는 알지 못합니다. 내가 하나님을 섬기려고 하지만 여전히 내 안에는 그렇게 하려는 나를 막는 악한 불신앙의 마음이 있습니다. 사람들이 자신의 마음을 똑바로 볼 수 있다면, 바로 그것이 모든 하나님의 자녀가 경험하는 바라고 믿습니다. 그리스도인의 삶은 처음부터 마지막까지 싸움입니다. 천국에 이르기 전에는 우리가 칼을 칼집에 넣고 쉬겠다고 말할 수 없습니다. 그러나 하나님께 감사합시다. "정한 때가 되면 이 전투의 끝이 이를 것입니다." 이 싸움은 하나님의 맹세에 따라 영원히 지속되는 아말렉과의 싸움입니다. "여호와께서 맹세하시기를 여호와가 아말렉과 더불어 대대로 싸우리라 하셨기"(출 17:16) 때문입니다. 그러나 일단 우리는 참된 가나안에 들어가도록 합시다. 그러면 아말렉과의 싸움은 더 이상 없을 것입니다. 이는 하나님께서 친히 사탄을 발로 밟으시고, 타고난 죄를 멀리 던지실 것이고, 우리가 하나님의 보좌 앞에 흠 없이 설 것이기 때문입니다. 세상으로부터 일어나는 어떤 시험도 우리에게 미치지 못할 것이고, 지옥으로부터 나오는 어떤 암시도 우리를 괴롭히지 않을 것이며, 불 같은 화가 우리 마음을 흔들지 못할 것이고, 어떤 교만한 생각이나 육신의 암시가 들어와 비길 데 없이 정결한 우리 마음을 손상시키지 못할 것입니다. 우리는 하나님의 전에서 밤낮으로 하나님을 섬기고, 거룩한 아름다움이 우리에게 임할 것입니다. 정한 때가 되면 이 복된 끝이 이를 것입니다.

또한 우리 인생의 봉사도 그와 같습니다. 하나님의 종은 아무도 자기 주님을 섬기는 일에 물리지 않는다고 생각합니다. 우리가 하나님을 섬기는 일에 물리지는 않지만 봉사하는 일에 지칠 수가 있습니다. 나는 유명한 윌리엄 도슨 씨(Mr. William Dawson)의 이야기를 들었는데, 적절한 예가 될 것입니다. 한 번은 도슨 씨와 그의 감리교 친구들 몇 명이 함께 저녁 시간을 보내고 있었는데, 마침 그 자리에 내 친구 한 사람이 있으면서 거기서 일어난 일을 보았습니다. 그들은 도슨 씨의 생명을 앞으로 오래 동안 보존해 주시라고, 이처럼 열심 있는 사람을 20년 혹은 30년 동안 교회 안에 지켜 주시라고 기도하고 있었습니다. 그들이 한참 기도하고 있는 중간에 윌리엄 도슨이 끼어들어 말했습니다. "주님, 저들의 기도를 듣지 마십시오. 저는 제 일을 끝내고 본향으로 가고 싶습니다. 저는 필요 이상으로 이곳에 더 머물고 싶지 않습니다." 그 형제들은 기도를 멈추고, 도슨 씨의 심정을 알고 깜짝 놀랐습니다. 나는 열심히 일하는 그리스도인에게는 종종 그런 심정이 일어날 것이라고 믿습니다. 그는 이렇게 말합니다. "아, 저는 게으르지 않습니다. 놀고 있지 않습니다. 하지만 저는 제 일을 끝내고 싶습니다." 일터에서 하루 종일 시간만 보내고 있는 사람들은 게으른 직공들입니다. 부지런한 사람은 하루를 효과적으로 보내고 짧은 시간 안에 많은 일을 처리할 것입니다. 내 일을 끝내고 싶다는 마음이 점점 더 커져서 안달하게 되지 않도록, 본문이 우리에게 "정한 때가 되면 끝이 이를 것이라"고 속삭입니다. 여러분은 마지막으로 추수하러 나갈 것입니다. 마지막으로 설교하는 때가 올 것이고, 마지막으로 기도하는 때가 올 것입니다. 타락하는 사람들을 보고 마지막으로 걱정스러운 표정을 지을 때가 올 것입니다. 회개하지 않는 사람들에 대해 마지막으로 슬픔의 눈물을 흘릴 때가 올 것입니다. 여러분을 속이고 여러분의 희망을 좌절시킨 사람들에 대해 여러분의 감정이 마지막으로 움직일 때가 올 것입니다. 그 모든 일이 끝이 날 것입니다. 여러분 필생의 사업의 머릿돌을 꺼내올 때 "은총, 은총이 그에게 있을지어다"(슥 4:7) 하고 외치는 소리가 있을 것입니다. 여러분은 면류관을 주신 분의 발 앞에 면류관을 내놓을 것이고 그분이 이렇게 말씀하시는 것을 들을 것입니다. "잘 하였도다 착하고 충성된 종아 네 주인의 즐거움에 참여할지어다"(마 25:21). "정한 때가 되면 끝이 이를 것이라."

많은 하나님의 자녀에게 인생은 영적인 전투이고 외적으로는 하나님을 위한 일일 뿐만 아니라 또한 많은 고난이 따르는 길이기도 합니다. 나는 지금 순교자들에 대해서 말하는 것이 아닙니다. 자기 시대에 별로 중요한 평가를 받지 못하고 공적인 사형 집행자의 손에 쓰러졌지만, 후세에 크게 영예를 얻어 그들을 기념할 때 큰 영광을 얻는 사람들을 이야기하는 것이 아닙니다. 그보다는 영웅적인 믿음으로 신체적인 고통을 신성한 마음이 들 정도로 태연히 견딘 사람들을 이야기하는 것입니다. 여러분은 리처드 백스터(Richard Baxter)가 힘들게 견딘 병들에 대해 들어본 적이 없습니까? 그는 박력 있는 설교를 하였을 뿐만 아니라 방대한 저술도 남겼는데, 그의 작품들은 그의 경이로운 노고의 결과들입니다. 내가 여러분에게 로버트 홀(Robert Hall)에 대해서도 이야기할 필요가 있겠습니까? 우리 모두가 거의 기억할 수 있는 그는 그의 웅변으로 인해 현대 설교가들의 왕자라고 간주되었습니다. 사람들은 그가 병리학에 아주 능통해서 어느 누구의 복잡한 질병에 대해서도 설명할 수 있을 것이라고 말할 정도로 많은 병에 시달렸습니다. 그렇지만 이렇게 고통에 시달리면서도 그들은 힘들게 나아가는 일을 그치지 않았습니다. 고통이 그들에게는 봉사를 그쳐야 할 아무 구실이 되지 않았습니다. 그들은 죄인들에게 타락한 영혼들의 더욱 두려운 신음소리에 대해 경고하는 데서 고통으로부터 휴식을 얻었습니다. 나는 고통 받는 많은 성도들을 동정합니다. 그들의 고통에 대해서는 인내 외에는 특효약이 없기 때문입니다. 내가 알고 있는 많은 하나님의 종들은 숨 쉬는 것 자체가 고통스러워 보입니다. 그들의 가엾은 몸은 아주 끔찍한 상태에 있어서 그들에게 사는 것은 죽음이 연장되는 것과 같습니다. 때로 오래도록 사람을 지치게 하는 밤에, 특별히 아픈 데다 가난까지 겹치고 해마다 친구들은 줄어들 때, 그가 이렇게 외치는 것은 이상한 일이 아닙니다. "그의 병거가 어찌하여 더디 오는가?(삿 5:28) 내 사랑하는 분이 어디로 가셨는가? 왜 주께서 나를 쉴 만한 풀밭으로 인도하시지 않는가?" 지친 병자여, "정한 때가 되면 끝이 이를 것입니다."

우리가 모든 것을 종합할 때 그 날을 연기하고 싶지 않다고 말할 수 있을 것입니다. 우리가 마땅히 있어야 하는 기간보다 더 오래 천국 밖에 있고 싶어 하는 것은 참으로 어리석은 일입니다! 그러나 나는 그 날을 앞당기고 싶지 않습니다. 주님은 언제가 가장 좋은 때인지 아시기 때문입니다. 우리가 주님의 정하신 때보다 한 시간 먼저 천국에 이른다면, 만약 이런 일이 가능하다면, 그것은 결코 천국에 있는 것이 되지 못할 것입니다. 천국에 있는 것은 하나님의 뜻에 완전히 일치하는 것이기 때문입니다. 한 훌륭한 영혼이 살 것인지 죽을 것인지 정하도록 질문을 받고서 자기는 그 문제를 차라리 하나님께 맡기겠다고 말하였습니다. 사람들이 말하기를 "하지만 만약 주님께서 당신에게 선택하도록 하락하셨다면 당신은 어떻게 하겠습니까?" 하고 묻자 그는 이렇게 대답하였습니다. "나는 선택하지 않을 것 같습니다. 그보다는 하나님께 나를 대신해서 선택해 주시기를 부탁드리고, 하나님께서 나를 대신해서 택하신 것을 내가 택하겠습니다." 이것이 우리가 품어야 할 가장 좋은 마음 상태입니다. 끝은 정해졌습니다. 죽을 날과 시간은 정해져 있습니다. 그리고 우리가 죽음의 충격을 받게 될 방식, 곧 우리가 거리에서 갑자기 죽게 될지, 회중석에서 죽을지, 그런 일이 이 태버너클 예배당에서 일어났습니다. 아니면 허약한 상태로 오래도록 누워 있으면서 몸은 점점 더 허물어지고 있지만 영혼은 몸을 떠나기 전까지 하늘의 영광을 응시하게 될지, 어느 쪽으로든 하나님은 이 모든 일을 다 정하셨습니다. 하나님께서는 최선의 결과가 되도록 그 모든 일을 정하셨습니다.

때로 이 문제를 생각하면서, 만일 사람이 선택할 수 있다면 갑작스럽게 죽는다면, 곧 지상에서 눈을 감았다가 천국에서 눈을 뜨게 된다면 가장 좋을 것처럼 보입니다. 나는 많은 사람들이 아주 훌륭한 것으로 생각하는, 성공회 기도서에 나오는 그 기도를 이해할 수 없었습니다. 그럴 수 있습니다. 사람들이 갑작스러운 죽음을 죽지 않기를 기도한다는 내 생각이 틀릴 수 있습니다. 나는 그런 기도를 할 생각을 하고 싶지 않고 또 하지 않을 것입니다. 나는 갑작스러운 죽음이라는 특전만큼 큰 특전이 있는지 모르겠습니다. 여러분이 부드럽게 한숨을 한 번 쉬고 떠나는 것입니다. 하나님의 사랑하시는 종 와츠 윌킨슨(Watts Wilkinson) 씨처럼 죽는 것입니다. 그는 자기가 죽음을 모르기를 기도했는데, 잠을 자는 중에 죽었습니다. 기도가 응답이 되어, 그는 편안히 기분 좋게 자는 가운데 본향으로 데려감을 당하였습니다. 세인트 앤 블랙프라이어스(St. Ann's Blackfriars) 교회의 아이작 샌더스(Issac Sanders)와 웨슬리 교파의 목사인 보몬트(Dr. Beaumont) 박사처럼 강단에서 숨을 거두는 것은, 즉 주님의 일을 하는 중에 부름을 받아 가는 것은 참으로 복된 일입니다! 여러분은 이 문제에 선택권이 없습니다. 따라서 여러분이 가장 두려워하는 죽음의 형태가 어떤 것이든 간에 그 문제로 마음 졸이며 불안해할 필요는 없습니다. 여러분이 그 문제를 처리할 수 없기 때문입니다. 하나님께서 여러분을 천상의 방식으로 본향에 데려가려고 주의하실 것입니다. 이는 하나님께서 자신의 종들에게 가장 적합한 병거를 보내실 것이기 때문입니다. 나는 하나님의 종들이 거지 같은 행렬을 지어 천국에 갈 것이라고 생각하지 않습니다. 하나님께서는 영원히 자기와 함께 거할 손님들 각 사람을 적합한 방식으로 데려가실 것입니다. 그래서 만일 무한한 지혜가 여러분에게 알려준다면 여러분이 기꺼이 선택할 방식으로 여러분을 데려가 하나님과 함께 거하게 하실 것입니다.

설교를 마치기 전에 한 가지 점을 더 생각해 보겠습니다. 만사가 다 정해져 있습니다. 신성하고 복된 이런 마지막 순간들은 더욱 확실히 정해져 있습니다.

3. 이 마지막 순간들 외에도 그 순간에 이르는 모든 방식들도 정해져 있습니다.

마지막 순간에 이르기 전에 일어나는 모든 일들도 정해져 있습니다. 이 점을 다른 생각과 비교해 보십시오. 내게 정해진 고난이 있습니다! 그렇습니다. 그러나 고난 가운데 있는 나를 지탱해 줄 은혜도 정해져 있습니다. 시련을 겪고 있는 동안 내게 꼭 필요한 만큼의 은혜도 정해져 있습니다. 정해진 시험이 있습니다! 그렇습니다. 그러나 그리스도의 양 한 마리라도 지옥의 사자에게 삼키지 않도록 하기 위해 영혼을 지옥으로 내려가는 데서 구원하고, 발을 그물에서 들어올리기 위해 정해진 특별한 도움도 있습니다. 여러분은 병이 정해져 있을 수 있기 때문에 병을 두려워합니다. 그러나 "그가 누워 있을 때마다 내가 그의 병을 고쳐 줄 것이라"(시 41:3)는 약속도 정해져 있습니다. 이 약속 때문에 여러분은 다른 병도 견딜 수가 있습니다.

여러분이 궁핍에 처하게 되는 것도 정해져 있을 수 있습니다. 그러나 악인의 살진 소보다 채소로 차린 여러분의 저녁 식사가 더 낫게 되는 일도 정해져 있습니다. 주님께서 갑자기 자기 영광으로 오시지 않는 한, 여러분이 죽는 것도 정해져 있다는 사실을 압니다. 그러나 여러분이 다시 일어날 것이 정해졌고, 정해진 그 죽음은 일반 사람의 죽음과 다릅니다. 예수님 안에서 잠자고 있으면 천사장의 나팔소리가 여러분을 깨울 것입니다. 이때 정해진 은혜는 무엇입니까? 여러분이 현재 입고 있는 것보다 더 고귀한 형상, 즉 여러분의 언약의 머리이신 주님의 형상을 입고 무덤에서 일어날 것이 정해져 있지 않습니까? 여러분의 몸이 골짜기의 흙덩이 가운데 누워 있도록 정해져 있다면 어떻게 되겠습니까? 그렇지만 그러나 이 손으로 황금 비파의 천상의 줄들을 튕기며, 이 눈으로 그리스도의 아름다운 모습과 지금 멀리 있는 그 나라를 볼 것도 정해져 있습니다. 그러므로 하나님께서 자녀들 한 사람 한 사람에 대해 정하신 일들은 확실하고 효과적이니 기뻐하십시오. 여러분은 틀림없이 그리스도께서 자기 영광을 보실 곳에 그리스도와 함께 있을 것입니다. 여러분은 틀림없이 그리스도의 영원한 복에 참예하는 자가 될 것입니다. 주님께서는 여러분이 멸망하도록 두시지 않고 여러분이 버림을 받도록 내버려 두시지 않을 것입니다.

다른 모든 문제들이 정해졌다면 이 크고 영광스러운 일들도 정해져 있습니다. 이 일들은 정해진 시간에 일어날 것입니다. 그러므로 여러분은 하나님께 끊임없는 찬송을 드릴 것입니다.

친구 여러분, 이 진리에는 지금 하나님과 화목하고 있지 않은 사람들에게는 조금이라도 위로를 줄 수 있는 것이 전혀 없습니다. 이것은 하나님 편에 있지 않은 사람들에게는 아주 두려운 진리입니다. 정한 때가 되면 끝이 이를 것입니다. 회개하지 않는 자의 운명을 마주할 사람들에게는 말로 다 설명할 수 없는 참으로 두려운 결말이 기다리고 있습니다. 남을 얕보는 거만한 회의론이 끝장날 때가 올 것입니다. 경솔하고 냉담한 불신앙이 끝장날 때가 올 것입니다. 육신의 방종이 끝장나고, 피조물에서 얻는 위안이 끝장날 때가 올 것입니다. 하나님께서 여러분에 대해 그처럼 끈기 있게 오래 참으시는 일이 끝날 때가 올 것입니다. 여러분에게 회개하라고 권하는, 여러분의 귀에 울리는 자비의 목소리가 끝날 때가 올 것입니다. 여러분 가운데 그 정해진 때를 미리 볼 수 있는 사람이 있습니까?

가엾은 죄인이여, 나는 그대가 하나님과 화목하기를 바랍니다. 여러분이 하나님과 화목하지 않는다면, 여러분이 살든지 죽든지 간에 앞으로 일어날 일들이 여러분에게 더욱더 암담해질 것이기 때문입니다. 장차 일어날 모든 일이, 특별히 영원 가운데 일어날 모든 일은 여러분에게 고통만을 가져다주므로, 여러분은 영원히 이렇게 외치지 않을 수 없을 것입니다. "한 고통이 지나가니 또 다른 고통이 오고, 그 다음에 또 다른 고통이 오는구나!" 욥의 사자들처럼 그대의 불행이 바로 뒤를 따라 계속해서 일어날 것입니다. 왜 이 하늘의 대왕에게 반대합니까? 왜 하나님의 뜻을 거역합니까? 하나님께서 오늘 밤 그대에게 말씀하십니다. 저녁 서늘할 때에 하나님이 그대에게 오셔서 “내게로 돌아오라. 일어나서 네 아버지의 얼굴을 구하라”고 말씀하십니다. 그대가 하나님과 화목하려고 한다면 주 예수 그리스도를 믿으십시오. 마음으로 그리스도를 신뢰하십시오. 무조건 그리스도를 믿고 진심으로 믿으십시오. 바로 지금 그리스도를 믿으십시오. 그러면 여러분은 즉시 하나님과 화목하게 되고, 그러면 이후로 섭리라는 크고 두려운 바퀴가 여러분에게 더 이상 두려운 것이 되지 않습니다. 하나님을 사랑하는 자, 곧 그의 뜻대로 부르심을 입은 자들에게는 모든 것이 합력하여 선을 이루기(롬 8:28) 때문입니다.

하나님의 복 주심이 영원히 여러분과 함께 하기를 바랍니다.

제
9
장

닫고 봉인하고 덮기
메시야의 영광스러운 사역

“네 백성과 네 거룩한 성을 위하여 일흔 이레를 기한으로 정하였나니 허물이 그치며 죄가 끝나며 죄악이 용서되며 영원한 의가 드러나며 환상과 예언이 응하며 또 지극히 거룩한 이가 기름 부음을 받으리라.” — 단 9:24

여호와 하나님께서 자기 아들을 세상에 보내시는 때를 정하셨습니다. 어떤 것도 운에 맡기지 않으셨습니다. 메시야가 태어날 시간과 메시야가 이 땅에서 끊어지는 순간을 무한한 지혜로 정하셨습니다. 메시야의 도래와 사역은 하나님의 목적의 절정이고, 역사의 중심점이며, 섭리의 핵심이고, 은혜로운 건물의 영광입니다. 그러므로 하나님께서 그 일의 세부적인 것 하나하나에 특별한 관심을 기울이셨습니다. 하나님의 아들이 자기를 단번에 제물로 드려 죄를 없이하시려고 세상 끝에 나타나셨습니다(히 9:26). 이것은 다른 모든 사건들이 그 앞에 절해야 하는 가장 중요한 사건입니다. 학문을 좋아하는 사람은 왜 메시야가 더 일찍 오시지 않았는지, 또 왜 좀 더 기다렸다가 후에 오시지 않았는지, 그 이유들을 즐겁게 찾아볼 것입니다. 선지서들이 그 기일을 언급하였습니다. 그러나 훨씬 오래전에 틀림없는 지혜가 지극히 깊은 이유들로 그때를 정하였습니다. 구속자께서 오신 것은 잘된 일이었습니다. 구속자께서 성경에서 때가 차매라고 말하는 그때, 곧 이 말세에 오신 것은 잘된 일이었습니다.

여호와께서 자기 백성들에게 다소 막연하게, 하지만 상당히 분명하게 그리스도께서 오실 때를 말씀하셨다는 사실을 다시 한번 살펴봅시다. 이렇게 하나님은 고통의 짙은 구름이 자기 백성들의 길 위에 드리워 있을 때 그들을 위로하셨습니다. 이 예언은 이스라엘이 한참 슬픔을 겪고 있는 가운데서 별처럼 빛났습니다. 그 별이 아주 밝게 빛나서 그리스도께서 오실 무렵에는 이스라엘 백성들이 전체적으로 그에 대한 기대가 있었습니다. 성경을 부지런히 연구하는 거룩한 사람들이 그리스도를 기다리고 있었습니다. 시므온은 이스라엘의 위로를 기다리고 있었고, 안나는 다른 사람들과 함께 예루살렘의 구속을 바라고 있었습니다. 유대인들뿐만 아니라 사마리아인들도 그리스도를 기다렸는데, 이는 우물 가에서 예수님을 만난 여인이 "메시야 곧 그리스도라 하는 이가 오실 줄을 내가 아노라"(요 4:25) 하고 외쳤기 때문입니다. 이방 땅에서도 소동과 싸움이 현저하게 그쳤습니다. 여느 때와 다른 평안이 모든 민족들 위에 임했습니다. 말없이 바라보는 기대가 그 시간을 가득 채웠습니다.

"다투는 소리도, 전쟁의 소리도
온 세상에 일절 들리지 않으니
할 일 없는 창과 방패가 높이 걸려 있었네.
적군의 피가 얼룩지지 않은
전차가 고리에 걸려 서 있었고
무장한 군대에 나팔소리가 울리지 않았네.
왕들이 마치 그들의 높으신 주가 확실히 곁에 계신 것처럼
두려움에 찬 눈으로 말없이 앉아 있었네."

사람들은 오실 분을 바라보고 있었습니다. 세상의 곡식이 익어서 추수꾼을 기다리고 있었기 때문입니다. 사람들은 기대감에 한껏 고조되어서 약속된 왕이 언제 올 것인지 궁금해하였습니다. 그러나 슬프게도 사람들은 그 왕이 오실 때를 알지 못하였습니다. 우리 주 예수 그리스도의 재림의 관한 일도 이와 마찬가지입니다. "그러나 그 날과 그 때는 아무도 모르느니라"(마 24:36). 그러나 하나님은 아시고, 하나님의 영원한 뜻의 명부에 확정되어 있습니다. "하나님은 창세로부터 그의 모든 일을 아십니다"(행 15:18, 개역개정은 "예로부터 이것을 알게 하시는

주의 말씀이라" - 역주). 특별히 우리의 경배드릴 주 예수님이라는 분에 관한 그 위대한 일들에 대해서는 더욱 잘 아십니다. 예수님은 하나님이 정하셨으므로 오실 것입니다. 주님의 영광스러운 모습을 보는 것이 지체되지 않을 것입니다. 주님은 영광스럽게 나타나는 그 일에 대해 암시하는 말씀들을 하셨습니다. 주님은 우리에게 주의 오실 날을 기다리고 고대하라고 분명히 가르치셨습니다. 주께서 하신 마지막 말씀들 가운데는 "내가 진실로 속히 오리라"(계 22:20)는 말씀도 있습니다. 이것은 경고의 말씀일 뿐 아니라 위로의 말씀이기도 합니다. 주님은 우리에게 주의 오심이 밤에 도적같이 닥치지 않도록 그 날을 끊임없이 지켜보라고 명령하십니다. 호령과 천사장의 소리와 하나님의 나팔 소리와 함께 하늘로부터 내려오겠다고 분명하게 말씀하십니다. 그러므로 이 기쁜 소식으로 서로 위로하고, 많은 죄 때문에 마음이 상할 때마다 믿음의 귀로 "보라 신랑이로다"(마 25:6) 하고 외치는 약속의 소리를 듣도록 하라고 하십니다. 가장 충분하고 가장 분명한 의미로 범죄를 없애고 죄를 끝내며 영원한 의를 가져오실 분이 오십니다. 사랑하는 주님의 강림은 그의 슬퍼하는 성도들에게 위안이 됩니다. 초림(初臨)과 재림(再臨)에서 주님은 오셔서 악인들을 겨처럼 날려버리는 일을 하실 뿐만 아니라 또한 그의 택하신 자들을 위로하고 높이는 일도 하십니다. 즉, 그 날은 가마처럼 불이 타오를 날이지만, 구속받은 자들에게는 이제까지 동이 텄던 날 가운데 가장 기쁜 날이 될 것입니다.

우리 주님의 초림이 본문에서는 일흔 이레가 마치기 전에, 또 거룩한 성이 파괴되기 전에 있을 것으로 정해진 것으로 언급됩니다. 주님의 초림은 이 선지자가 말한 그대로 되었습니다. 나는 일흔 이레, 일곱 이레, 예순두 이레라는 말이 의미하는 기간의 시작과 끝을 설명하는데 시간을 허비하지 않겠습니다. 이것은 많은 조사와 학식이 필요한 어려운 연구 주제입니다. 나는 안식일 아침에 이런 주제를 논의하는 것이 우리에게 실제적으로 별 유익이 없다고 생각합니다. 여러분이 살지는 데는 때와 시기에 대해서보다는 주님 자신에 대해서 아는 것이 더 나을 것입니다. 지금은 메시야, 곧 우리 주 예수 그리스도께서 예언된 그대로 오셨고 또 예언된 대로 이 땅에 머무르셨다는 것을 믿는 것으로 충분합니다. 예정된 그 이레 중간에 주께서 베임을 당하셨는데, 이때 주님은 삼 년 반 동안의 구원 사역을 완성하셨습니다. 그리고 그와 비슷한 또 다른 기간에 복음이 모든 민족에게 전파되었고, 메시야와 이스라엘의 특별한 관계가 끊어졌습니다. 다음에,

만일 여러분이 예루살렘 재건에 대한 왕의 명령부터 예루살렘의 파괴까지 490년의 기간을 생각해 본다면, 거기에서 유익을 얻을 수 있을 것입니다.

우리는 이 시간에 메시야의 사역을 개괄적으로 살펴볼 것입니다. 메시야는 히브리어 이름인데, 그것을 헬라어식으로 해석하면 그리스도입니다. 첫째로, 이 기름 부음 받은 자의 사역을 살펴보도록 합시다. 둘째로, 그 사역에 우리가 참여함에 대하여 알아봅시다. 그 다음에 셋째로, 우리가 그 사역에 참여하거나 혹은 참여하지 않는데 따르는 결과들에 대해서 생각해 봅시다. 우리가 이 큰 주제를 합당하게 묵상할 수 있도록 기름 부음을 넉넉히 내려주시면 좋겠습니다. 성령이여, 우리에게 임하소서.

1. 첫째로, 메시야의 사역을 살펴봅시다.

본문에 따르면 메시야의 사역은 크게 두 가지로 나뉘고, 이 두 사역은 또 각각 세 가지 세부적인 사항들로 나뉩니다.

우리 주 예수 그리스도의 첫 번째 사역은 악을 무너뜨리시는 것입니다. 이 사역이 이와 같이 묘사됩니다. "허물이 그치며 죄가 끝나며 죄악이 용서되며." 주님의 사역은 전부 허물어뜨리는데만 사용되지 않습니다. 주님은 세우기 위해 오십니다. 주님의 두 번째 사역은 세상에 의를 세우시는 것입니다. 이 점이 다음 세 문장으로 묘사됩니다. "영원한 의가 드러나며 환상과 예언이 응하며 또 지극히 거룩한 이가 기름 부음을 받으리라."

메시야의 첫 번째 사역은 악을 무너뜨리시는 것입니다. 히브리 원문을 문자적으로 번역한다면 이 구절은 이렇게 읽을 수 있습니다. "허물을 투옥하고 죄를 밀봉하며 죄악을 덮고." 학자들에 따르면 이런 것이 여기에 사용되는 말이고, 이 세 마디가 합쳐져서 죄를 제거하는 것을 아주 완벽하게 묘사합니다. 첫째로, 죄가 투옥됩니다. 말하자면, 죄가 죄수로 붙잡혀 교도소 방에 가두어집니다. 문이 굳게 닫히고, 죄가 감금됩니다. 죄가 보이지 않는 곳에, 좁은 공간에 갇히므로 한때 지녔던 힘을 발휘할 수 없게 됩니다. 한 마디로, 죄가 "구속"(拘束)되었습니다. 우리 성경 난하주에서 그 단어를 그렇게 읽습니다. 이 히브리어는 억누르다, 억제하다, 체포하다, 투옥하다, 감금하다는 의미를 나타냅니다. 죄의 지배력이 끝이 났습니다. 죄 자체가 묶여 있기 때문입니다. 그리스도께서 사로잡혔던 자들을 사로잡으셨습니다(엡 4:8).

그러나 정복된 이 폭군을 영원히 감금하지 않는 한, 그를 투옥시키는 것만으로는 충분하지 않습니다. 그래서 그가 다시는 탈출할 수 없도록 하기 위해, 다음 문장에서 "밀봉한다"는 말을 사용합니다. 봉인의 용도는 많습니다. 하지만 여기서는 확실히 가두기 위한 용도로 사용됩니다. 다니엘이 사자 굴에 던져졌을 때 왕이 돌로 굴을 막고 자신의 도장과 신하들의 도장으로 봉한 것과 같습니다. 혹은 우리 주님께서 무덤에 뉘였을 때, 사람들이 돌을 굴려다가 무덤 입구를 막고, 주님의 원수들이 주님의 시신을 그의 제자들이 훔쳐가지 못하도록 무덤을 봉하고 파수꾼을 세워 지키게 한 것과 같습니다. 주님의 경우는 이러했습니다.

> "무덤을 막은 돌이 헛되고, 파수꾼이 헛되며, 봉인이 헛되도다.
> 그리스도께서 지옥의 문들을 부수셨으니."

그러나 죄는 그렇게 일어날 수 없습니다. 죄는 예수님의 무덤 안에 감금되었고, 거기에서 나올 수 없습니다. 이는 그 문에 변치 않으시는 하나님의 어인(御印)이 찍혀 있기 때문입니다. 이렇게 죄는 이중으로 보이지 않게 처리되었습니다. 문서를 서류함에 넣고 밀봉한 것처럼, 죄를 가두고 밀봉하였습니다. 흠정역 성경에서는 "그치며"와 "끝나고"라는 두 단어가 사용되었는데, 이 단어들이 핵심적인 의미를 제공합니다. 요즘 널리 알려진 사건들로 비유하자면, 이집트인 반역자 아라비(Arabi)가 죄수로 감금되어 그의 패배가 확인되었습니다. 그러므로 그의 반역이 그치고 끝이 난 것입니다. 죄도 바로 이와 같이 된 것입니다. 즉, 우리 주님께서 악을 정복하시고, 전능자의 손과 인으로 그 사실을 보증하셨습니다. 그러므로 우리는 주께서 "다 이루었도다" 하고 말씀하시는 것을 기쁘게 들을 수 있고, 또한 죽은 자들 가운데서 일어나 우리의 의롭다함을 보증하시는 것을 볼 수도 있습니다.

그런데, 이것으로도 충분치 않은 것처럼 히브리 원문에서는 덮는다는 용어가 사용됩니다. 화해하다 혹은 속죄하다는 단어가 히브리어에서는 보통 덮어 가리다는 뜻으로 사용됩니다. "허물의 사함을 받고 자신의 죄가 가려진 자는 복이 있도다"(시 32:1). 그리스도께서는 죄를 가리기 위해, 즉 죄를 속하여서 가리기 위해 오셨습니다. 그리스도의 영광스러운 공로와 대속의 고난과 죽음이 죄를 완전히 없애버려서 하나님조차도 더 이상 죄를 보지 못하십니다. 그리스도께서 죄를 지워버리고 바다에 던져버리셨으며, 동이 서에서 먼 것 같이 우리에게서 멀리 옮기셨습니다. 앞의 두 문장은 허물을 그치고 죄를 끝내신 것을 말하는데, 이 표현들은 충분하고 완전합니다. 반면에 세 번째 문장은 그 사역을 수행하는 방법, 즉 죄의 흔적을 모두 덮어버리는 속죄를 설명합니다. 이와 같이 이 세 문장이 합쳐진 데서 우리는 죄의 책임과 세력에서 죄의 완전한 소멸, 한 마디로 죄의 존재 자체의 완전한 소멸에 대한 그림을 봅니다. 죄가 지하 감옥에 던져지고, 문이 닫힙니다. 그 후에 문이 봉인이 되고, 그 다음에 문을 덮습니다. 그래서 죄가 매장된 장소를 영원히 다시는 볼 수 없게 됩니다. 죄가 전에는 하나님 면전에 있었지만, 그리스도 예수로 말미암아 우리는 "주께서 주의 백성의 죄악을 사하시고 그들의 모든 죄를 덮으셨나이다 주의 모든 분노를 거두셨나이다"(시 85:2,3)라는 말씀을 읽게 됩니다. 그리스도께서 죄를 가두시기 전에는 죄가 하나님의 길을 방해하였지만, 이제는 죄가 더 이상 하나님의 면전에 나서지 못합니다. 예수께서 죄를 밀봉해 버리시기 전에는 항상 탈출하였습니다. 그러나 이제는 의롭게 된 자들에 대해 더 이상 나서서 어떤 고발도 할 수 없습니다.

이 세 마디를 한 마디로 압축하자면, 그리스도께서 온갖 죄를 깨끗이 쓸어버리셨다고 말할 수 있습니다. 죄가 특별히 어떻게 발전했든지 간에, 그것이 경계를 위반한다는 의미에서 허물이든지 혹은 법에 조금이라도 일치하지 못하는 죄나 죄악이든지, 말하자면 불공평이나 공의의 부족 혹은 의의 결핍, 죄를 설명할 수 있는 어떤 형태의 죄든지, 그리스도께서 그의 속죄 제사로써 단번에 죄를 가두고 밀봉하셨으며 덮어버리셨습니다. 깊음으로 죄를 덮어버려서, 그것을 찾을지라도 찾을 수 없습니다. 우리의 찬송 받으실 속죄양께서 죄를 지고 망각의 땅으로 들어가셨습니다. 그래서 우리에 대해서 영원히 다시는 죄를 언급하지 못할 것입니다. 이 세 마디 말씀에 함축된 의미는 무한히 커서 나로서는 그것을 설명할 시간도 능력도 없습니다.

사랑하는 친구 여러분, 죄를 나타내는 이 용어들이 독립된 형태로 남아 있다는 사실에 유의하기 바랍니다. 죄에 대해서 "허물이 그치며" "죄가 끝나며" "죄악이 용서된다"고 말합니다. 이것은 누구의 허물입니까? 누구의 죄입니까? 누구의 죄악입니까? 그것에 대해서는 말하지 않습니다. "그리스도께서 교회를 사랑하시고 그 교회를 위하여 자신을 주셨느니라"(엡 5:25) 혹은 "나는 양을 위하여 목숨을 버리노라"(요 10:15)는 구절들과 달리, 여기에는 구속이 베풀어진 사람들을 밝히는데 사용되는 단어가 없습니다. 여기서는 대부분의 악이 따로 분류되어 있지 않습니다. 따라서 회개하는 죄인은 누구나 메시야를 바라보고 그 안에서 죄를 없앨 방도를 얻을 수 있습니다. 어떤 허물이 그쳤습니까? 온갖 허물이 그쳤습니다. 어떤 죄들이 끝났습니까? 온갖 죄들, 곧 율법을 어긴 죄, 복음을 어긴 죄, 하나님께 범한 죄, 사람들에게 범한 죄, 과거의 죄, 현재의 죄, 장차 범할 죄 등, 모든 죄가 끝났습니다. 어떤 죄악이 용서되었습니까? 온갖 형태의 죄악, 곧 부작위로 인해 미치지 못하는 모든 죄악과 작위로 인해 범한 모든 죄악이 용서되었습니다. 이 구절에서는 그리스도께서 죄와 허물과 죄악을 전체로 다 제거하신 것으로 말합니다. 다른 곳들에서는 그리스도의 대속의 대상들에 대해서 읽는데, 여기서는 모든 것이 명확하게 정해져 있지 않아서 모두에게 기대를 불러일으킵니다. 주님은 죄의 목록들을 제시하시지 않습니다. 이는 주께서 그 목록들을 써두실 데가 없기 때문입니다. 하늘도 죄의 목록들을 담아둘 수 없을 것입니다. 주께서는 죄를 형체가 없고 무섭고 어둡고 구역질나는 전체 덩어리로 다루십니다. 주님은 죄를 이렇게 다루십니다. 주님은 죄를 에워싸고 묶어서 영원히 묻어버리십니다. 흠정역 성경의 말로 하자면 주께서는 허물을 그치게 하며 죄를 끝내며 죄악을 용서하십니다. 메시야는 죄를 지워버리고 완전히 없애버리기 위해 오셨습니다. 이것이 그리스도의 사역의 현재 결과이고, 또 미래의 결과입니다. 이 세 문장을 하나로 합쳐 보십시오. 이것이 이 세 문장의 총합입니다.

잠시 내가 이 문장들을 각각 따로 떼어 하나씩 설명하도록 해보겠습니다. 주께서 허물을 그치게 하기 위해 오셨다고 말합니다. 어떤 사람들이 생각하듯이, 그리스도께서는 그의 죽음에서 인간의 허물이 가장 극단적으로 드러나고 스스로를 정죄하도록 하기 위해 오셨습니다. 죄가 하나님의 아들을 죽이는 데서 결말, 곧 궁극, 절정에 이르렀습니다. 죄는 여기서 더 이상 나아갈 수 없었습니다. 악의가 이보다 더 앞으로 나아갈 수 없었습니다. 사람들이 선지자들을 돌로 쳤고, 그들에게 보냄을 받은 사람을 모두 죽였습니다. 이제 그리스도께서 오셨고, 하나님께서 "그들이 내 아들은 존대하리라"(마 21:37)고 말씀하셨습니다. 그러나 그렇지 않았습니다. 반대로 그들은 이렇게 소리쳤습니다. "이는 상속자니 자 죽이고 그의 유산을 차지하자"(21:38). 죄는 하나님의 아들을 죽였을 때 끝났습니다. 그보다 더 익은 열매를 내놓을 수 없었습니다. 생각할 수 있는 어떤 죄도 우리 주 예수님을 죽인 것보다 클 수 없기 때문입니다. 이제 죄가 끝이 났고, 예수께서는 죄를 끝내기 위해 오셨습니다. 예수께서 말씀하셨습니다. "네가 여기까지 오고 더 넘어가지 못하리라(욥 38:11) 여기 내 상처와 죽음에서 네 교만한 파도를 그치게 하리라." 죄는 구주를 죽였을 때 사실상 자살을 한 것입니다. 구주의 죽음이 바로 죄의 죽음이 되었기 때문입니다. 죄의 나라가 평강의 왕을 죽인 그 날에 무너졌습니다. 그때 악의 지배에 종지부가 찍혔습니다. 주께서 죄를 억제하셨고, 사탄이 큰 사슬에 묶여 있었습니다. "알지 못하던 시대에는 하나님이 간과하셨거니와 이제는 어디든지 사람에게 다 명하사 회개하라 하셨느니라"(행 17:30). 죄가 더 이상 제지 받지 않은 채 돌아다닐 수 없습니다. 죄는 이제 체포되었고, 구속 영장을 받았으며 율법의 차꼬에 매여 있습니다. 우리 주님의 날부터 복음이 전파됨으로 말미암아 죄는 지배하는 힘을 더 이상 발휘하지 못하였습니다. 어떤 사람들은 악의 지배에서 완전히 구원을 받았고, 그런가 하면 여전히 죄의 노예로 있는 사람들도 그리스도께서 오시지 않았더라면 범하였을 무도하기 짝이 없는 방탕한 태도에까지 나아가지는 않습니다. 죄는 지금 포위공격을 당하고 있습니다. 죄는 자신이 쌓아올린 흙 성벽 뒤로 숨습니다. 죄의 이야기들은 점점 더 줄어들고 그 힘도 점점 더 약해지고 있습니다. 죄가 여전히 세력을 부리고 있지만, 그 전성기는 지나갔고, 머리는 치명적인 상처를 입었습니다. 진리와 의(義)의 승리가 우리 주 예수 그리스도의 죽음으로 말미암아 보증된 시대가 왔습니다.

죄악이여, 그대의 종말이 기록되었도다! 못 박힌 손이 그같이 기록하였도다! 두껍기 이를 데 없는 너의 책에는 하나님에 대한 불경과 사람들에 대한 악으로 가득 찬, 통탄스럽기 짝이 없는 것들이 아주 길게 기록되어 있다. 그러나 주 예수께서 이제 네게서 펜을 빼앗으신다. 그래서 너는 이제 예전과 다르게 더 이상 기록하지 못할 것이다.

악이라는 거대한 바다짐승이 그 적수를 만났고, 그 보복자의 권세에 짓눌립니다. 하나님께서 이렇게 말씀하십니다. "내가 갈고리로 네 코를 꿰며 재갈을 네 입에 물려 너를 오던 길로 돌아가게 하리라"(사 37:29). 하나님께서 전에는 모든 경계를 무너뜨리고 침범하였던 죄악에게 경계를 치셨습니다. 죄가 많았던 곳에 은혜가 훨씬 더 풍성하게 나타납니다. 죄가 감금되고 은혜가 자유를 얻을 수 있습니다. 이것이 우리 주님의 위대한 사역의 일부입니다. 주님께서 능력으로 그 일을 이루셨고 원수의 권세가 분쇄되었으니, 주님의 이름에 모든 영광을 돌립시다.

이제 우리 흠정역 성경에서 "죄가 끝나며"라고 번역하는 두 번째 문장을 살펴봅시다. 메시야께서 오셔서 사람의 아들들에게 그처럼 값없고 풍부하며 은혜로운 사죄를 선포하셨으므로, 사람들이 그 사죄를 받아들일 때 죄는 사실상 더 이상 존재하지 않게 됩니다. 죄가 끝나는 것입니다. 그리스도 안에 있고, 그리스도를 언약의 머리로 삼는 사람은 오늘 모든 죄에서 구원을 받았으므로, 담대히 이렇게 물을 수 있습니다. "누가 능히 하나님께서 택하신 자들을 고발하리요?"(롬 8:33). 그리스도께서 죄를 끝내셨다면, 죄가 끝이 난 것입니다. 즉, 그 문제는 종결이 되어서 더 이상 언급되지 않는 것입니다. 죄가 죽은 사람들 가운데로 내려가 눕고, 정복자 구주의 오른손에 의해 영원히 묻히는 것입니다.

그런데 히브리 원문은 이 문장을 "죄를 밀봉하고"라고 읽습니다. 나는 이 문장을 바로 그 의미로 받아들입니다. 우리를 비난하여 쓴 육필들이 있습니다. 손으로 쓴 이 필적들이 법정에서 우리에게 불리한 증거로 제시될 것입니다. 그러나 재판장의 명령에 의해 이 모든 필적들이 밀봉되고 보이지 않는 것으로 간주됩니다. 그 밀봉을 열 사람이 아무도 없고, 밀봉이 해체되지 않고서는 그 필적들을 읽을 수 있는 사람이 아무도 없습니다. 그러므로 그 필적들이 우리를 공격하는 일은 있을 수 없습니다. 그 필적들은 사실상 효력이 없고 무효가 된 것입니다. 하나님 백성들을 비난하는 고소거리로 가져올 수 있는 것은 모두 사람의 손이 미치지 못하는 곳으로 단번에 치워져 버려서 살아계신 하나님 앞에 개봉되어 그들을 비난할 수 없게 되었습니다. 혹은 만일 죄를 포로 된 죄수로 본다면, 이제 여러분은 그리스도의 죽음으로 말미암아 죄가 들어 있는 감옥이 아주 단단히 밀폐되어서 이 원수가 옛날의 힘으로 다시 부수고 나올 수 없다는 것을 보지 않을 수 없습니다. 죄가 한때는 가장 높은 산에 앉아 세상을 내려다보며 "이 모든 것이 내것이다" 하고 말할 수 있었습니다. 죄의 화신(化身)이 그리스도께 와서 세상 모든 나라들에 대해서 마치 그 모든 것을 자기 것으로 주장할 수 있는 것처럼 "이 모든 것을 네게 주리라"(마 4:9)고 말할 수 있었습니다. 그러나 오늘날은 그렇게 말하지 못합니다. 여호와의 전의 산이 오늘날 작은 산들 위에 뛰어납니다(사 2:2). 비록 아직 만방이 그리로 모여들고 있지는 않지만 영광스러운 무리가 나와서 살아계신 하나님의 전으로 가고 있고, 그 무리는 나날이 늘어날 것입니다. 실개천이 불어나 개울이 되고, 개울이 불어나 강물이 되며, 강물이 불어나 끝없는 바다로 힘 있게 흘러들어 가는 것처럼, 항상 성장하는 예수 그리스도의 교회가 그러할 것입니다. 이 교회는 머지않아 파죽지세로 뻗어가며 복으로 온 땅을 덮을 것입니다. 악이여, 너는 세력을 떨칠 수 없다! 예수께서 오셔서 너를 정복하였고, 사람에게 너를 이기도록 가르치셨다! 너는 한때 그랬던 것처럼 다시는 왕위에 오를 수 없다. 여인의 후손이 네 머리를 깨트렸기 때문이다. 여인의 후손이 영원히 통치하시고, 너는 죽을 것이다! 할렐루야! 죄의 관 뚜껑이 닫혔고, 그리스도의 승리로 단단히 봉인되었습니다.

이제 마지막 문장은 주께서 "죄악을 용서하기" 위해 오셨다는 것입니다. 다시 말해, 영광스러운 화해에 의해, 즉 둘이 다시 화해함으로써 하나님과 사람 사이의 갈등을 끝내러 오셨다는 것입니다. 그래서 하나님께서 사람을 사랑하시고, 그 결과로 사람이 하나님을 사랑하는 것입니다. 그리스도의 복된 구속으로 말미암아 하나님과 사람이 한데 만나는 것입니다. 그리스도는 여호와께서 사랑하시는 분이요 우리의 기쁨이십니다. 죽임 당하신 구주님은 하나님께 기쁨을 드리는 분이십니다. 그렇다면 죄의식을 깊이 느끼는 죄인에게는 얼마나 더 크게 기뻐할 분이시겠습니까! 자, 여기에 사람이 두려움 없이 하나님께 말씀드릴 수 있고, 하나님께서 사람에게 진노하시지 않고 말씀하실 수 있는 시은좌가 있습니다. 여기서 의와 평강이 한데 만났습니다. 자비와 진리가 서로 입맞춤을 하였습니다. 그리스도께서 삶과 죽음 가운데 율법에 순종함으로써 이루신 화해는 참으로 영광스럽습니다.

이 문장을 히브리어 원문대로 읽으면, 죄악을 덮는다는 것입니다. 이것은 더없이 큰 복입니다. 친구 여러분, 죄가 이제 단번에 덮였다고 생각해 보십시오! 죄가 불에 타거나 번개 불빛이 비집고 들어갈 수 있는 덮개 아래서 곪고 있는 식으로 덮인 것이 아닙니다. 그리스도의 덮개는 아주 완벽해서, 여러분이 죄 위에 지옥을 쌓아올릴 수 있다고 해도 그만큼 철저히 죄를 가릴 수 없고, 죄 위에 온 세상을 덮을 수 있다고 해도 그만큼 철저히 죄를 숨길 수 없습니다. 모든 하늘이 내려와 죄를 덮어씌울지라도, 예수께서 아무도 기억할 수 없고 아무도 생각할 수 없는 지극히 깊은 심연보다 더 깊게 죄를 묻으신 것만큼 죄가 완전히 보이지 않게 할 수 없습니다.

"우리의 죄책이 완전히 사라질 것이다.

전에는 지옥처럼 검었을지라도
바다 밑으로 풀어져
더 이상 찾을 수 없을 것이다."

바로 이것이 악의 왕국 전체에 행해질 일입니다. 죄의 책임에 대해서 그와 같이 행해질 뿐 아니라 죄의 권세에 대해서도 그 같은 일이 벌어질 것입니다. 다곤 신상이 넘어져 깨어질 것이고, 그 그루터기까지도 분쇄될 것입니다. 어둠이 해가 떠오르면 사라지고 흔적조차 남지 않듯이, 죄가 하나님의 구속받은 자들에게서 철저히 소멸될 것입니다. 감금되고 밀봉되며 덮이는 것이 단지 죄책만이 아닙니다. 죄 자체, 곧 죄의 권능과 지배력, 죄의 습관과 오염, 죄에서 오는 불안, 죄가 일으키는 마음의 공포와 타는 듯한 고통을 깨끗이 덮어버리는 것입니다. 죄의 더러운 새장에 들어 있는 온갖 악취 나는 새들은, 반드시 자기 백성을 그들의 죄에서 구원하실 주님의 은혜로운 사역에 쫓겨 날아가 다시는 돌아오지 못할 것입니다. 바로 이 일을 위해 메시야가 죽임을 당하셨고, 그의 죽으심으로써 이 일을 이루셨습니다.

"사랑이여! 깊이를 헤아릴 수 없는 심연이여!
그대 안에서 내 죄가 삼켜지고
내 불의가 덮여서
죄책이 한 점도 내게 남지 않도다.
예수의 피는 값없는 자비를, 무한한 자비를
하늘과 땅에 두루 외치도다!"

나는 죄와 사탄을 무너뜨리는 이 승리를 온전히 다 설명할 수 없습니다. 그처럼 위대한 주제를 다룰 만한 지혜와 말재주가 없습니다. 나는 이제 여러분에게 그리스도의 두 번째 사역, 곧 의를 세우심에 대해 잠시 생각해 보라고 권합니다. 이 일이 다음 세 가지 표현으로 제시되고 있습니다. 첫째로, "영원한 의가 드러나며"라는 말로 표현됩니다. 이것이 무엇입니까? 이것은 바로 하나님 자신의 의로서, 영원부터 영원까지 존재하며 이것을 얻은 자들이 결코 빼앗기지 않을 의이고, 언제까지나 그들에게 아름다움이 되고 영화로운 예수가 될 의입니다. 그리스도께서 그의 삶과 죽음으로써 이루신 사역을 하나님께서 그의 백성들에게 전가시켜 주십니다. 과연 이 의(義)는 그들이 그리스도와 하나이기 때문에 그들의 것입니다. 그리스도는 여호와 그들의 의이시고, 그들은 그리스도 안에서 하나님의 의이십니다. 성도들은 예수 그리스도 안에서 얼마나 의로운지, 타락 전의 아담보다 더 의롭습니다. 아담은 피조물로서 의를 지녔을 뿐이지만 성도들은 창조주의 의를 지니고 있기 때문입니다. 아담은 의가 있었으나 상실하였지만, 신자들은 결코 잃어버릴 수 없는 의, 곧 영원한 의가 있습니다. 본문의 의미가 이것이 전부는 아닙니다. 하나님께서 의를 전가시키는 자들에게는 또한 의를 나누어 주시기도 합니다. 하나님은 그들의 마음을 정결케 하시고 또 그들의 욕구를 변화시키시며, 그들이 의롭고 정당하고 선한 것을 좋아하게 만드십니다. 그렇게 해서 그들에게 경건하고 착실하며 정직하고 거룩한 생활을 영위할 수 있는 은혜를 주시는 것입니다. 그들을 짓밟아서 이 의를 빼낼 수 없을 것입니다. 그들이 온전해져서 빛 가운데 계시는 하나님과 함께 거하기에 합당하게 되기까지 성령의 사역이 계속될 것이기 때문입니다. 심령에 그리스도께서 주시는 영원한 의를 받는 자들은 복됩니다. 하나님의 나라가 그들의 것이고, 그들이 그 나라에서 해처럼 빛날 것이기 때문입니다. 그들은 지금 옳습니다. 그래서 앞으로도 옳을 것입니다. 그들은 진실합니다. 그래서 앞으로 타락하여 거짓말을 하는 일이 없을 것입니다. 그들은 지금 하나님의 자녀입니다. 그래서 그들은 계속해서 그들의 맏아들이신 그리스도의 형상을 발전시켜 마침내 티나 주름 잡힌 것이나 이런 것들이 없게 될 것입니다. 이 일을 하기 위해 그리스도께서 오셨습니다. 그리스도께서는 의를 전가시키고 나누어 주시고, 이렇게 해서 그의 나라의 기초인 영원한 의를 가져오십니다.

다음으로, 의의 나라를 세우기 위해 그리스도께서 "환상과 예언이 응하도록" 하기 위해 오셨습니다. 즉, 그리스도께서 친히 구약의 모든 환상과 예언을 성취함으로써 예언과 환상을 모두 끝내십니다. 그리스도께서 환상과 예언을 다 결정하셔서, 더 이상 환상을 보거나 예언을 말하는 일이 없을 것입니다. 환상과 예언이 종결되어서, 아무도 거기에 무엇을 더할 수 없습니다. 그러므로, 이것이 주의할 요점인데, 복음이 영원히 결정되었고, 따라서 영원히 동일할 것입니다. 그리스도께서는 결코 요동하지 아니할 나라를 세우셨습니다. 주님의 진리는 새로운 어떤 계시에 의해서도 바뀔 수 없습니다. 만일 누구든지 여러분에게 와서 "나는 선지자다!"라고 말한다면, 예수께서 여러분에게는 예언을 다 끝내셨으니, 그의 말을 곧이들을 어리석은 사람들에게나 가보라고 말하십시오. 누가 와서 "나는 복음과 반대되는 것을 계시할 것이 있다"고 말한다면, 여러분은 더 나은 사실을 알고 있으니, 그의 말을 들으려고 하는 사람들에게나 가서 설교하라고 말하십시오. 그리스도께서는 여러분에게 계시와 환상을 마치셨으므로 거기에는 더할 것이 더 이상 없기 때문입니다. 그리스도 안에서 하나님이 구원의 길에 관해 말씀하시려고 하는 것을 모두 말씀하셨기 때문에 그렇게 할 필요가 없는 것입니다. 그리스도께서 친히 오실 때까지 정경은 완전합니다. 비록 "여기 있다!" "여기 있다!" 하는 목소리들이 많고, 또 그 목소리들이 아주 매혹적이어서 할 수 있으면 택하신 자라도 속이려 하지만, 그리스도께서 택하신 자들은 목자의 음성을 알고 "타인의 음성은 알지 못하는 고로 타인을 따르지 아니 합니다"(요 10:5). 형제 여러분, 그리스도께서 오시기 전에는 모든 시대에 언제나 장차 올 더 나은 것이 있었습니다. 그러나 최상의 것이 온 후에는, 더 나은 것이 오지 않습니다. 어떤 철학자가 이것을 가르쳤습니다. 다음 철학자는 저것을 가르쳤습니다. 또 다른 철학자가 이것과 저것을 반박하고 또 다른 것을 가르쳤습니다. 그런가 하면 또 다른 대가가 일어나 이전에 있는 모든 것을 반박하였습니다. 이와 같이 사람은 어둠 가운데 있는 것처럼 벽을 더듬어 찾습니다. 그러나 이제 날이 밝았고, 참된 빛이 비칩니다. 그리스도께서 나타나셨기 때문입니다. 이것이 선한 것을 세우는데, 즉 우리가 굳게 서서 흔들리지 않을 수 있는 확고한 기초 위에 진리를 세우는데 필수적인 부분입니다. 날이 하늘의 창문으로부터 밝아오기 때문에 이 촛불들을 끄는 것입니다. 이 사랑스러운 분을 기뻐하십시오. 하나님께서는 여러분을 그리스도 안에서 또 그리스도와 함께 거룩하게 하십니다. 여러분이 변화로 당혹스러워하지 않도록 하기 위해 하나님은 다른 모든 교사들을 제치고 그리스도께서 여러분의 모든 것의 모든 것이 되시도록 합니다.

그 다음에, 이것이 충분하지 않은 것처럼, 정말로 이것이 충분하지 않을 것처럼, 그리스도께서는 또한 지극히 거룩한 이에게 기름을 붓기(개역개정은 "지극히 거룩한 이가 기름 부음을 받으리라") 위해, 혹은 여러분이 본문을 달리 읽을 수 있는 대로, 지성소에 기름을 붓기 위해 오셨습니다. 그러면 이 말이 무슨 뜻입니까? 여기서는 물질적인 것을 가리키지 않습니다. 지성소, 곧 옛적에 대제사장이 들어갔던 장소는 무너졌고 휘장은 찢어졌습니다. 지극히 거룩한 그곳이 지금은 주 예수 그리스도라는 분입니다. 하나님께서 그 안에 거하시기 위해 그가 기름 부음을 받았습니다. 지성소가 지금은 그리스도의 교회입니다. 그리스도와 더불어 성령께서 우리와 함께 하고, 우리 안에 영원히 거하시기 위해 오순절에 강림하셨을 때, 그리스도의 교회가 기름 부음을 받았습니다. 혹은 하나님께 바쳐졌습니다. 그것이 의로운 큰 나라를 세우는 일의 고귀한 부분이었습니다. 이때 불의 혀들이 제자들에게 내려 각 사람 위에 임하였고, 그들이 성령께서 각 사람에게 말할 수 있게 하시는 대로 다른 외국어들로 말하기 시작하였습니다. 이것은 그리스도의 사역입니다. 이를 위해 그리스도께서 오셨고 또 이를 위해 하늘에 오르셨는데, 곧 진리를 세우고 의를 세우며, 성령께서 하나님의 교회 안에서 사람들 가운데 거하심으로써 이 의를 영원히 세우시기 위함입니다.

2. 이제 이 두 가지 사역에 우리가 참여하는 것에 관해 살펴봅시다.

나는 할 수 있는 대로 간단하게 두어 가지 질문을 하겠습니다. 성령 하나님께서 우리 각 사람이 그 질문들에 정직하게 답변할 수 있게 해주시기를 기도합니다.

첫째로, 형제 여러분, 그리스도께서 이 모든 선한 일을 행하기 위해 세상에 오셨는데, 우리를 위해 이 일을 하신 것이 아닙니까? "하나님이 세상을 이처럼 사랑하사 독생자를 주셨습니다." 무엇을 위해서 그렇게 하셨습니까? "그를 믿는 자마다 멸망하지 않게 하시기" 위해서입니다. 속죄에 일반적인 면이 있습니다. 그러나 아주 그만큼 확실하게 속죄에는 특별한 대상이 있습니다. 하나님께서 세상을 사랑하셨고, 그래서 자기 아들을 주셨습니다. 무슨 목적을 주셨습니까? 여기에 답변이 있습니다. "그를 믿는 자마다 멸망하지 않고 영생을 얻게 하려 하심이라." 신자에게는 특별한 시선이 있었습니다. 자, 여러분은 믿었습니까?

이 질문에 답하도록 여러분을 도울 첫 번째 질문은 이것입니다. 즉, 여러분의 죄는 그 능력이 끊겼습니까? 그리스도께서 여러분에 계시다면 "죄가 여러분을 주장하지 못할 것입니다"(롬 6:14). 여러분의 마음과 악 사이의 관계는 어떻습니까? 전쟁 중입니까? 아니면 평화롭습니까? 한때는 여러분이 죄를 사랑했습니다. 아무리 죄를 범해도 족할 줄 몰랐습니다. 지금도 그렇습니까? 여러분은 아직도 악을 기뻐합니까? 만일 그렇다면 여러분에게는 하나님의 사랑이 없습니다. 여러분이 한때 그랬던 것처럼 지금도 죄악에 손을 댈 수 있습니까? 그렇다면, 여러분은 그리스도께서 여러분에게 무슨 일인가 행하신 것처럼 굴지 마십시오. 여러분이 신자라면, 여러분의 죄가 완전히 죽어 있지 않을 수 있지만 감금되어 있어 죽은 것이나 마찬가지입니다. 죄는 사형수의 방에 단단히 갇혀 있습니다. 죄가 아직도 숨을 쉴 수 있지만, 그리스도와 함께 십자가에 못 박혔습니다. 죄가 못 박힌 데서 손을 빼내려고 얼마나 애쓰는지 모릅니다! 죄가 십자가에서 발을 빼내려고 얼마나 발버둥 치는지 모릅니다! 그러나 할 수 없습니다. 죄를 못 박으신 분께서 못 박는 법을 아시고, 범죄자를 나무에 단단히 묶는 법을 아시기 때문입니다.

여러분은 죄악이 점점 더 싫어지기 시작합니까? 죄악이 싫고 불쾌합니까? 하루를 돌아볼 때, 여러분이 분별없이 말하거나 경솔하게 행동한 것 혹은 그 밖의 다른 방식으로 여러분의 성품을 더럽히는 행동을 한 것이 생각날 때, 눈물로써 모든 얼룩을 깨끗이 지우고 싶은 간절한 심정이 듭니까? 그렇다면, 그리스도께서 여러분과 함께 하기 시작하신 것입니다. 오셔서 여러분의 죄를 가두고, 죄의 통치를 끝내신 것입니다. 죄가 더 이상 여러분을 주장하지 못할 것입니다. 죄가 여러분 안에 있을 수 있으나 왕위에 오르지는 못할 것입니다. 죄가 여러분을 위협할 수는 있으나 여러분에게 명령할 수는 없습니다. 죄가 여러분을 슬프게 할 수는 있으나 여러분을 파괴할 수는 없습니다. 여러분은 다른 주인 밑에 있습니다. 여러분은 주 그리스도를 섬기는 것입니다. 이 문제가 여러분에게 어떻게 되어 가는지 판단하십시오.

본문으로부터 일어나는 다음 질문은, 여러분의 죄가 정죄하는 그 능력에서 끊어졌는가라는 것입니다. 여러분은 "평안히 가라. 네 많은 죄가 사하여졌도다"(눅 7:50,47)라고 말씀하시는 성령의 능력을 느껴보았습니까? 여러분은 "그를 믿는 자는 정죄를 받지 아니하는 것이요"(요 3:18 난하주)라는 약속을 굳게 붙잡았습니까? 예수님을 믿었습니까? "그러므로 이제 그리스도 예수 안에 있는 자에게는 결코 정죄함이 없느니라"(롬 8:1)는 이 복된 말씀이 여러분의 영혼에 깊은 평온을 주었습니까? 여러분 가운데는 내 말의 의미를 모르는 분들이 있고, 아는 분들도 있습니다. 이렇게 말할 수 있다는 것은 참으로 더없는 행복이고 낙원입니다. "나는 어린 양의 피로 씻음을 받았습니다. 즉, 나는 구원을 받았습니다. 다시 말해 과거, 현재, 미래의 모든 죄로부터 고소당할 수 있는 모든 가능성으로부터 완전히 구원받았습니다. 그리스도께서 내 죄를 자루에 집어넣고 밀봉한 다음 자루를 바다에 던져서 없애버리셨습니다. 내 죄는 사라져서 두 번 다시 볼 수 없게 되었습니다." 그리스도께서 죄를 끝장내셨습니다. 자, 청중 여러분, 여러분은 이 사실에 관해 아는 것이 조금이라도 있습니까? 없다면, 이것은 여러분이 알아야 할 필요가 있는 것입니다. 그리고 여러분이 그 사실을 알 때까지는 마음에 안식을 전혀 얻지 못하고, 미친 듯이 날뛰는 바다 위에 있는 것처럼 이리저리 요동할 것입니다. "내 하나님의 말씀에 악인에게는 평강이 없다 하셨느니라"(사 57:21). 그리스도께서 우리의 죄를 끝장내시기 전에는 우리 중 어느 누구에게도 평안이 없습니다. 여러분의 마음은 어떻습니까?

다음으로, 여러분의 죄가 하나님 앞에서 그 모습이 가리어졌습니까? 주 예수 그리스도께서 여러분의 죄를 철저히 속죄하셨기 때문에 여러분의 죄가 지존하신 하나님 앞에서 더 이상 눈에 띄지 않으므로 여러분이 두려움 없이 하나님께 갈 수 있습니까? 여러분이 희망을 가지고 이렇게 말할 수 있습니까? "여호와 하나님, 하나님은 제게서 아무 죄도 보시지 못합니다. 이는 하나님께서 그리스도의 의로 저를 덮으셨고, 그리스도의 피로 저를 씻으셨기 때문입니다." 여러분은 이 사실의 달콤함을 느끼셨습니까? 그것은 지극히 큰 기쁨입니다! 그 사실이 너무도 선해 보여서 그것이 과연 사실일 수 있을까 하는 의문에 사로잡혔던 때가 생각납니다. 그러나 믿음이 다시 살아났을 때 나는 말했습니다. "그 사실이 선한 만큼 또한 사실임이 분명하다. 이처럼 아주 크고 기이한 일들을 행하고, 자기 백성들의 죄를 없애며 단번에 덮어버리는 것은 하나님다우신 일이기 때문이다." 그때 내 심령에는 추수의 기쁨이나 결혼의 기쁨 혹은 집에 첫 아이를 얻은 기쁨과 전혀 다른 기쁨이 있었습니다. 그렇습니다. 그것은 말할 수 없이 깊고 신비하고 거룩한 천사들의 기쁨이었습니다. 여러분은 그 기쁨을 느껴보셨습니까? 그리스도께서 오셔서 여러분과 함께 거하신다면 그 기쁨을 끊임없이 느낄 것입니다. 그때는 여러분이 하나님께서 여러분의 죄를 끝내셨다는 것을 마음으로 확신하게 될 것입니다.

이제는 여러분에게 다음 요점에 관해 질문하겠습니다. 주 예수 그리스도께서 여러분을 의롭게 만드셨습니까? 여러분은 그리스도의 피와 의를 자랑합니까? 순결하고 거룩한 것을 추구합니까? "스스로 속이지 말라 하나님은 업신여김을 받지 아니하시나니 사람이 무엇으로 심든지 그대로 거두리라"(갈 6:7). 우리가 계속해서 죄를 범한다면, 죄 가운데 죽을 것입니다. 악에서 나오고, 경건한 자들과 거룩한 자들의 행실을 따라 정직하고 의롭게, 진지하게 살려고 애쓰는 사람은 구원받은 사람입니다. 여러분도 그렇습니까? 여러분 심령에 크고 깊은 변화가 일어나서, 이제는 여러분이 한때 다른 사람들 안에서 멸시하고 조롱하였던 선한 것들을 좋아합니까? 만약 여러분이 나의 이 보잘것없는 질문들에 대답을 할 수 없다면 하나님께서 불로써 여러분을 시험하실 때 어떻게 하나님의 법정 앞에 서겠습니까?

그 다음에, 예언과 환상이 여러분에게 닫혔습니까? 예언과 환상이 여러분에게서 성취되었습니까? 하나님께서 우리를 씻어 눈보다 더 희게 하겠다고 선언하시는데, 여러분이 그렇습니까? 하나님께서 "내가 새 마음을 그들에게 주고 그 속에 의로운 영을 주며 내가 나의 법을 그들의 마음에 기록하리라"(겔 36:26; 11:19; 렘 31:33 참조)고 말씀하시는데, 이 말씀이 여러분에게 해당됩니까? 여러분은 지금 헛된 꿈과 공상을 추구하고 있습니까? 아니면 오래된 예언들과 고대의 환상들을 붙잡고, 그 예언과 환상들의 실질이 여러분 마음속 깊은 곳에서 작용하고 있다는 것을 발견하였습니까?

이것이 전부는 아닙니다. 여러분은 하나님께 지극히 거룩하도록 기름 부음을 받았습니까? 여러분은 하나님을 섬기도록 따로 구별되었습니까? 성령께서 여러분에게 임하여, 선을 행하고자 하는 마음을 여러분에게 주셨습니까? 여러분은 멸망하는 자들을 구원할 마음이 있고, 길 잃은 양을 목자장의 우리로 데리고 돌아올 간절한 심정이 있습니까? 하나님의 영이 오늘 여러분에게 확실히 계셔서 여러분이 진심으로 "나는 나의 것이 아니요 값으로 산 것이 되었다"(고전 6:20 참조)고 말할 수 있습니까? 메시야이신 예수께서 오셔서 이 모든 일들을 행하셨습니다. 만일 예수께서 여러분에게 이 일들을 행하시지 않았다면, 여러분에게 오시지 않은 것입니다. 여러분은 여전히 외인이요, 그리스도에게서 아주 멀리 있는 사람입니다. 여러분이 예수께 올 때까지 주께서 여러분을 절망적으로 불행하게 만드시기를 바랍니다. 여러분이 십자가 아래에서 마음의 평화를 발견하기 전까지 마음의 평화가 무슨 뜻인지 알지 못하게 해주시기를 바랍니다! 이 시간부터 여러분이 한숨을 쉬며 맥박이 뛸 때마다 마음에 새로운 고통을 느끼게 해 주시기를 바랍니다. 그래서 마침내 여러분이 이렇게 말할 수 있게 되기를 바랍니다. "그렇습니다. 메시야께서 끊어짐을 당한 것은 나를 위해 당하신 것이며, 그가 오셔서 행하신 모든 일은 나를 위해 행하신 것입니다. 나는 이 모든 것의 분담자요 참여자입니다."

3. 끝으로, 나는 이 모든 것에 참여하는 것의 결과들에 대해서 말할 시간이 조금밖에 없습니다.

그 결과들이라! 내가 그 결과들에 대해서 이야기하려면 한 주일이 필요합니다. 그 결과들은 우선 첫째로 안전입니다. 그 허물이 그치고 그 죄가 끝난 사람이 어떻게 망할 수 있습니까? 그런 사람이 땅에서, 하늘에서 혹은 지옥에서 두려워할 것이 무엇이겠습니까? 그리스도께서 내 죄를 없애버리셨다면 나는 죽을 수 없습니다. 그리스도께서 내 죄책을 씻어버리셨다면 나는 정죄 받을 수 없습니다. 나는 안전합니다. 그래서 이렇게 의기양양하게 노래를 부를 수 있습니다.

> "영화롭게 된 영들이 하늘에서는
> 더 행복하고, 그 이상으로 더 안전하도다."

그러므로 우리는 이 사실을 기뻐합니다.

이제 여러분이 안전한 한은, 또한 하나님과 화목하고 하나님을 기뻐하게 됩니다. 하나님은 여러분의 친구이시고, 여러분은 하나님의 친구들 가운데 한 사람입니다. 그 거룩한 우정을 기뻐하고, 그 우정을 확신하는 가운데 사시기 바랍니다. 이제 여러분에게는 기름 부음이 있으니, 그것을 의심하지 마십시오. 그리스도께서 그의 죽으심으로써 기름 부음이 여러분의 것이 되게 하셨습니다. 하나님의 영이 여러분 위에 계시므로, 여러분은 봉사하기에 합당한 것입니다. 더 이상 묻지 말고 봉사를 시작하십시오. 기름 부음이 여러분에게 있습니다. 여러분은 하나님께 지극히 거룩한 자입니다. 그러니 여러분의 삶을 전적으로 주님께 바치십시오. 허락받은 사람 외에는 아무도 들어가지 못하고, 대제사장이 일 년에 한 번만 들어가되, 그것도 피 없이는 들어가지 못한 지성소처럼 여러분의 마음은 성령의 능력으로 말미암아 거룩함이 틀림없고 또 거룩해야 할 것입니다. 하나님께서 여러분 안에 계시고 여러분은 하나님 안에 있습니다. 얼마나 복된 결과들인지 모릅니다! 여러분은 곧 하나님과 영원히 함께 거할 것입니다!

그런데 내가 그 질문을 하였을 때, 여러분이 머리를 흔들며 "아니요, 나는 그렇지 않습니다" 하고 말할 수밖에 없다고 생각해 봅시다. 그렇다면 다음 몇 마디 말을 들어보십시오. 메시야가 여러분을 위해 이 일을 하시지 않았다면 여러분의 죄는 다른 방식으로 끝이 날 것입니다. 그때 여러분의 죄가 끝이 나면, 그것은 죽음을 내놓을 것입니다. 두려운 죽음이 여러분을 기다리고 있습니다. 하나님께 대하여 죽고, 정결함과 기쁨에 대하여 죽는 죽음이 기다리고 있습니다. 여러분에게 화가 있을 것입니다. 화가 있을 것입니다. 청황색 말을 탄 죽음이(계 6:8) 여러분을 쫓을 것이며 곧 여러분을 덮칠 것입니다. 그때 한 가지 화가 지나갈 것이지만 이어서 또 다른 화가 따라올 것입니다.

그리스도께서 여러분의 죄를 끝내지 않으셨다면 이 점을 유의하십시오. 즉, 여러분의 죄가 곧 여러분을 끝장낼 것이며, 여러분의 모든 희망과 즐거움과 자랑, 여러분의 평안은 사라질 것입니다. 여러분 속에 있는 희망적인 모든 것이 두려운 종말을 맞이할 것입니다. 여러분은 영원히 버려진 황무지가 될 것입니다. 그리스도께서 여러분을 하나님과 화목시키지 않으셨습니까? 그렇다면 이 점을 아십시오. 여러분의 적의는 더욱 커질 것입니다. 지금 하나님과 여러분 사이에는 평화가 없습니다. 이제 곧 전쟁이 시작될 것입니다. 하나님께서 반드시 여러분을 정복하고, 여러분은 항복하지 않고 계속해서 영원히 하나님을 미워하고, 그렇게 미워하는 가운데 아주 끔찍한 고통과 사납기 짝이 없는 지옥을 만나는 전쟁이 시작될 것입니다.

여러분은 아직까지 그리스도의 의를 받아들이지 않았습니까? 그렇다면 이 점을 생각하십시오. 여러분의 불의가 영원히 지속될 것입니다. 얼마 있지 않아서 하나님께서 말씀하실 것입니다. "불의를 행하는 자는 그대로 불의를 행하고 더러운 자는 그대로 더럽게 하라"(계 22:11). 이것이 여러분에게 일어날 수 있는 일들 가운데 가장 두려운 일일 것입니다. 여러분은 메두사의 머리에 대한 우화를 들어서 알고 있습니다. 메두사를 본 사람은 누구든지 돌로 변하였습니다. 죄인이여, 어느 날 여러분은 죽음을 볼 것입니다. 그러면 죽음은 여러분의 성품을 돌같이 굳게 만들어서 영원히 여러분의 성품이 죽은 것같이 될 것입니다. 죽음이 여러분을 찾으면 심판이 여러분을 만날 것이고, 영원이 여러분을 떠날 것입니다. 불쌍한 영혼이여, 그대는 그리스도의 영원한 의와 아무 상관이 없도다!

그 예언들, 곧 자비의 예언들이 여러분에게서 성취되지 않았습니까? 그렇다면 주의해서 들으십시오. 여러분의 인생 전반에 저주의 예언이 기록될 것입니다. "악인들이 스올로 돌아감이여 하나님을 잊어버린 모든 이방 나라들이 그리하리로다"(시 9:17). 하나님을 잊어버린 여러분, 하나님께서 여러분을 산산이 찢을까 조심하십시오. 그때는 여러분을 구원할 자가 아무도 없을 것입니다. 나는 여러분을 붙들고서 아주 두려운 말을 많이 하지 않겠습니다. 그러나 구약에서는 그 두려운 말들이 천둥소리처럼 우르르 하고 울리고, 신약에서도 계속 죄악을 행하면서 그리스도께로 돌이키려고 하지 않는 사람에 대해서 그에 못지않게 무서운 말들을 선언합니다.

끝으로, 여러분은 지극히 거룩한 사람이 되기 위해 기름 부음을 받을 생각이 없습니까? 그렇다면 기억하십시오. 여러분은 거룩함에서 영원히 멀어질 것이고, 거룩함에서 멀어지면 필연적으로 천국과 행복에서도 멀어질 수밖에 없을 것입니다. 죄는 비참한 것입니다. 죄에는 영원한 저주의 뿌리와 열매가 모두 들어 있습니다. 정결함은 낙원입니다. 하나님과 바른 관계에 있으면 여러분 자신과 또 모든 피조물과도 바른 관계에 있게 됩니다. 그러나 여러분이 거룩하려고 하지 않는다면, 그때는 여러분이 자신의 선택으로 인해 비참함의 불안한 바다에서 영원히 요동하게 될 것입니다. 형제자매 여러분, 하나님께서 여러분을 구원하시기 바랍니다. 하나님께서 그리스도를 인하여 여러분을 구원하시기를 바랍니다. 아멘.

제
10
장

위로의 달콤한 원천인 우리 주님의 인성

"또 사람의 모양 같은 것 하나가 나를 만지며 나를 강건하게 하여." — 단 10:18

우리는 아직 하나님의 일들에 대한 충만한 계시를 감당할 수 없습니다. 언약의 사자의 놀라운 영광을 바라볼 수 있을 만큼 강한 지식이 있고, 마음이 아주 정결한 사람이 있었다면, 다니엘이 그런 지성과 마음을 지닌 인물이었음에 틀림없습니다. 그러나 그런 다니엘도 얼굴을 땅에 대고 거의 죽은 듯이 기절하였습니다. 이는 그가 세마포를 입고 "그의 몸은 황옥 같고 그의 얼굴은 번갯빛 같은"(단 10:6) 사람의 시선을 감당할 수 없었기 때문입니다. 우리는 하나님께서 그 이상으로 자신을 계시하시지 않은 것에 감사해야 합니다. 하나님의 말씀은 그 밝음이 찬란할 뿐 아니라 그 어둠도 또한 깊습니다. 하나님의 말씀이 더 밝히 드러났더라면, 그 계시들이 우리에게 더 은혜롭지 않았을 것이고, 아마도 덜 유익하였을 것입니다. 사실 이 성경에는 여러분과 내가 지금까지 본 것보다 훨씬 더 많은 것이 있습니다. 우리는 더 많은 것이 기록되었기를 바랄 필요가 없습니다. 우리가 그런 마음을 품고 있다면 사랑하시는 우리 주님께서는 이 말씀으로 우리를 잠잠케 만드실 것입니다. "내가 아직도 너희에게 이를 것이 많으나 지금은 너희가 감당하지 못하리라"(요 16:12).

본문을 보면, 하나님의 임재 의식에 무겁게 눌려 있을 때, 아주 즉각적인 위로의 방법이 장엄하고 신비한 어떤 손의 접촉에 있는 것으로 보입니다. 나는 다니엘에게 나타났던 인물이 천사 가브리엘이었다고 말하는 것이 아주 일반적인 견해라는 것을 압니다. 그러나 그가 이 장에 나오는 그 천사라고 생각되지 않습니다. 이 영광스러운 존재는 피조 되지 않은 언약의 사자임에 틀림없습니다. 그는 다니엘 시대에 우리의 본성을 갖고 태어나지 않았지만, 실제로 성육신하기 전에 특별한 경우에 다른 성도들에게 나타났던 것처럼 잠시 동안 사람의 형체와 비슷한 모습을 취하였습니다. 우리가 다니엘을 만졌던 인물이 천사라는 것을 인정한다고 할지라도, 내가 여전히 분명하게 밝히고 싶은 진리는 이것입니다. 즉, 비록 천사가 우리를 위로하고자 할지라도 천사는 반드시 보이는 사람의 형태를 취해야 하고 우리의 손과 같은 동정적인 손을 우리에게 대야 한다는 것입니다. 그래서 어쨌든 "사람의 모양"으로 나타날 것이고, 그렇지 않으면 우리가 격려를 받지 못할 것입니다. 이 점을 진리로 인정할지라도 나는 바로 본문이 그리스도를 가리킨다고 강조하지 않을 것입니다. 그보다는 일반적인 원칙을 들어서 이렇게 말하겠습니다. 즉, 위로는 사람이 사람들에게 가장 잘 전할 수 있다는 것이고, 만일 우리가 위로받으려고 한다면 "사람의 모양 같은 것"의 손길이 필요하다는 것입니다. 그렇기 때문에 그리스도를 믿는 신자로서 우리에게는 주 예수께서 사람이시라는 사실이 가장 풍성하고 고귀한 위로라는 것을 어렵지 않게 생각할 수 있습니다. 예수께서 우리에게 힘을 북돋우실 때는 흔히 사람으로서 그의 손을 우리에게 대심으로써 하십니다. 주님은 자신이 우리와 같은 혈족임을 계시하십니다. 우리 심령은 주님께서 우리와 연합되어 있다는 것을 알 때 위로를 받고 기운을 얻습니다. 나의 한 가지 목표는 성령의 도우심을 받아 우리 주님의 인성이라는 오래된 샘에서 물을 깃는 것입니다.

하나님의 아들은 또한 사람의 아들이시기도 합니다. 우리 가운데 그의 신성을 의심하는 사람은 아무도 없습니다. 그러므로 나는 오늘 설교에서 주님의 인성을 묵상하고, 그 진리에 들어 있는 기쁨거리들을 생각하는데 시간을 다 쓸 수 있을 것입니다. 예수는 하나님이십니다. 그러나 예수님은 태어나셨고, 사셨으며, 죽었고, 부활하셨으며 지금 사람으로서 하늘에 계십니다. 그는 한 인격으로 계시는 하나님이시자 사람이십니다. 그러나 그에게서 두 본성이 혼동되지 않습니다. 예수님은 신격화된 사람이 아니시고 인간화된 하나님도 아니십니다. 그는 신성에서 전적으로 하나님이시고 인성에서 전적으로 사람이십니다. 우리는 이 한 분을 나누어서는 안 되고, 두 본성을 혼동해서도 안 됩니다. 그는 마치 하나님이 아니신 것처럼 보일 만큼 진실로 사람이시고, 또 결코 사람의 본성을 취하시지 않은 것처럼 보일 만큼 진실로 하나님이십니다. 내가 이제 이야기하려고 하는 것은 바로 그의 인성에 대해서입니다. 나는 인성을 증명하려고 하지 않겠고, 다만 사람이신 예수님의 손길이 어떻게 우리를 위로하는지를 설명하도록 하겠습니다.

1. 첫째로, 우리가 외롭다는 생각으로 힘들어할 때 이 사실이 우리에게 위로가 되지 않습니까?

우리가 주님을 진심으로 믿는다면, 우리의 모든 선조들이 그랬듯이 우리는 나그네로서 주님과 함께 이 땅에 잠시 머무는 것입니다. 그리스도의 십자가 앞에서 우리는 자신이 주님께서 그러셨던 것과 똑같이 이 땅에서 나그네로 있는 것을 발견합니다. 이는 세상이 주님을 알지 못하였듯이 우리도 알지 못하고, 세상이 주님을 진 밖에 두었듯이 우리도 외국인으로 대합니다. 외로운 길을 걸을 때 "나는 주와 함께 있는 나그네이나이다"(시 39:12)라고, 즉 주님처럼 이 세상에서 나그네요, 주님처럼 떠도는 사람으로 느끼는 것은 기분 좋은 일입니다. 그처럼 외로울 때 예수님의 인성은 향기로운 감로주입니다.

어떤 사람들은 자기 집에서 하나님을 섬기는 사람이 자기 혼자이기 때문에 외로움을 느낍니다. 여러분은 그렇지 않기를 간절히 바랄 것입니다! 여러분의 모든 친척이 그리스도의 제자가 되기를 구하는 것이 여러분의 매일의 기도이지만, 아직까지 그들은 그리스도의 제자가 아닙니다. 어쩌면 그들은 대놓고 여러분을 반대하고 거친 말로 여러분의 생활을 비참하게 만들 것입니다. 그러나 형제보다 더 가깝게 여러분에게 붙어 있는 친구가 계십니다. 여러분이 무슨 말을 하든지 들을 형제가 계십니다. 아니, 여러분이 말하기 전에 마음속에 있는 것을 모두 아시는 형제가 계십니다. 그는 요셉의 원형(原型)으로서 형제들과 갈라진다는 것이 무엇인지 아시는 분입니다. 지금까지 살았던 모든 사람들 가운데서 그는 가장 외로우신 분이었고, 그러므로 버림받은 자들을 동정하실 수 있습니다.

하나님의 자녀가 은혜 안에서 자라면 어떤 면들에서는 더욱 외롭게 됩니다. 그것은 마치 산들이 높으면 높을수록 그만큼 더 친구가 적어져서, 몽블랑이 그 대단한 높이 때문에 대등하게 이야기할 상대가 없이 홀로 떨어져 지내는 것과 같습니다. 하나님을 섬기는 일을 많이 잘하고 하나님의 내밀한 임재에 가까이 가는 사람들은 그만큼 사람들에게서 위로를 얻는 데서는 멀리 떨어져 있습니다. 예수께서 오르신 것보다 높은 고지는 없고, 예수께서 달성하신 것보다 뛰어난 업적은 없습니다. 이 영광스러우신 분이 여러분과 함께 계십니다. 여러분이 하나님을 일편단심으로 섬기듯이 그 심정으로 주님께서 여러분과 함께 하시고, 성령께서 여러분으로 온전히 헌신하게 하셨듯이 완전한 헌신으로 여러분과 함께 하시며, 여러분이 영원하신 아버지 하나님과 갖는 친밀한 교제로 여러분과 함께 하십니다. 여러분이 황홀경 가운데 더할 수 없이 높은 곳을 날 때에도, 여전히 사람이 여러분 우편에 있으면서 "두려워하지 말라 내가 너와 함께 함이라 놀라지 말라 나는 네 하나님이 됨이라"(사 41:10)고 말씀하십니다.

홀로 서서 믿음의 싸움을 싸우는 것이 어떤 그리스도인들이 당하는 운명입니다. 어쩌면 지금까지 다른 사람들에게 계시되지 않았던 것이나, 계시되었지만 다른 사람들이 보려고 하지 않았거나, 혹은 보았지만 선포하기를 두려워했던 것이 그들에게 알려졌는지도 모릅니다. 그런 경우에 성실한 사람들은 적어도 한동안은 아주 외롭게 지냅니다. 그들에게는 다른 사람들이 소중히 여기지 않는 보물이 있습니다. 그들은 이 보물을 보여주어야 할 의무가 있습니다. 이 목적을 위해서 그 보물이 질그릇 같은 그들 속에 놓였기 때문입니다. 하나님께서는 그들 자신만을 위해서 보물을 그들에게 맡기신 것이 아닙니다. 하나님은 다른 사람들의 유익을 위해서 그들에게 복음을 맡기셨습니다. 그러므로 그들은 복음을 큰 소리로 말해야 합니다. 그렇게 할 때 동정적인 답변은 전혀 듣지 못하고 오히려 말다툼하고 고약하게 비난하는 사람을 만나게 될지라도, "충성되고 참된 증언"(계 3:14, 개역개정은 "충성되고 참된 증인" - 역주)이 모든 정직한 증언의 으뜸이라는 것을 아는 것은 그들에게 복된 일입니다.

그는 우리의 속죄 제물로 홀로 서 계십니다. 우리는 그 외로움에 끼어들지 못합니다. 그러나 다른 모든 사역에서 그는 우리의 친구이십니다. "사람이신 그리스도 예수"(딤전 2:5)라고 불리시는 바로 그분이 말입니다. 그러므로 우리에게 세상의 조력자들이 하나도 없는 것을 발견할지라도, 그분의 임재로 격려를 받을 것입니다. 만일 우리가 항상 집에 살면서 우리의 비밀들을 아는 천사를 두는 것과 사람이신 예수 그리스도를 우리의 변치 않는 친구로 삼는 것 사이에서 선택을 한다면, 오래 생각하지 않고 즉시 주님을 친구로 선택할 것입니다. 천사는 종종 우리를 괴롭힐 것입니다. 우리는 자신의 인색한 점들을 천사에게 솔직히 털어놓기를 주저할 것이고, 천사가 그런 점들을 천하게 생각할까봐 두려워할 것입니다. 우리는 그가 본성적으로 우리를 경멸하지 않을까 생각할 것이고, 그래서 그 앞에서는 안절부절못할 것입니다. 그러나 우리가 우리의 연약함을 동정하실 수 있는 분을 상대할 때는 그런 생각이 마음에 스쳐 지나가지 않습니다. 우리는 주님께서 참 사람이심을 압니다. 그러므로 우리는 주님께 친밀하게 말하고, 주님을 우리의 가장 소중한 친구로 삼습니다. 외로운 이여, 여러분은 예수님과의 사이에 아무 비밀이 없도록 조심하십시오. 외로움이 여러분을 그리스도께 더 가까이 이끈다면, 외로움을 피하려고 하기보다는 사랑하십시오. 여러분이 언제든지 그리스도인의 교제를 나눌 준비를 하고, 또 그 일에 애쓴다면 잘하는 일일 것입니다. 그러나 그 교제에 의존하여 살지 마십시오. 예수님과의 교제가 성도들과의 교제보다 더 달콤하기 때문입니다. 성도들과의 교제가 성도들의 주님이신 그리스도와의 교제를 통해서 이루어지지 않는다면, 그 교제가 보잘것없어진다는 것을 압니다. 교제가 주님의 손에 의해서 베풀어지고 우리가 주님의 무리 가운데서 잔치에 갈 때는, 식탁에 앉는 모든 형제가 우리의 기쁨을 더해줍니다. 그러나 우리가 식탁에 가까이 가서 형제들을 보고 주님을 잊어버린다면, 모든 형제가 우리에게 불편함을 더하고, 주님을 가리는 또 다른 휘장 노릇을 합니다. 겟세마네 동산의 그리스도, 십자가의 그리스도를 굳게 붙잡으십시오. 외로운 이여, 그리스도께서 여러분과 같은 사람이시라는 생각에서 지극히 달콤한 기쁨을 찾도록 하십시오. 여러분은 나와 함께 이 즐거운 시를 노래합시다.

> "구름이 몰려들고
> 날은 어둡고 친구가 없을 때
> 모든 인간의 고통을 헛되이
> 경험하시지 않은 주님을 의지하네.
> 주님은 내 부족을 아시고 내 두려움을 누그러뜨리시며
> 내 눈물을 헤아리고 마음에 새기시네."

2. 우리가 하나님 앞에서 마음이 압도되었을 때 사람이신 그리스도의 손길을 느끼는 것은 참으로 즐거운 일입니다.

형제 여러분, 나는 여러분이 하나님의 영광이 강하게 빛나는 것을 보고 그

영광 빛이 영혼에 들어오는 것을 느끼는 은혜를 종종 누렸는지 모릅니다. 나는 이것이 무엇인지 압니다. 여러분도 안다면, 그것이 사람을 지치게 하고 압도하는 기쁨이라는 것을 알 것입니다. 그 빛을 더 받는다면 그것은 아마도 우리의 목숨을 빼앗는 기쁨이 될 수도 있습니다. "우리 하나님은 소멸하는 불이시기"(히 12:29) 때문입니다. 우리가 하나님께 아주 가까이 가고 하나님이 사랑이시라는 것을 가장 잘 알게 될 때, 그 사랑의 영광이 우리를 압도합니다. 우리가 꿀을 많이 먹을 수 없듯이, 하나님의 영광을 감각적으로 많이 즐길 수 없습니다. 나는 지금 아주 많이 누리는 것에 대해서 말씀드리는 것입니다. 물론 하나님의 영광은 우리에게 큽니다. 그러나 그것은 만일 우리가 감당할 수 있다면 하나님께서 계시하실 수 있는 것에 비할 때 큰 것이 아닙니다. 여러분은 마치 자신이 없는 것처럼 느껴지는 것을 경험해 본 적이 있습니까? 여러분의 아름다움이 추한 것으로 변하고, 여러분의 우수함이 다 사라지는 것을 보고, 자신이 하나님 앞에서 죽은 것 같을 뿐만 아니라 마치 전혀 존재하지 않는 것처럼, 그처럼 놀라운 위엄과 그처럼 장엄한 사랑 앞에서 여러분이 독립적으로 존재하지 않는 것처럼 느껴지는 경험을 한 적이 있습니까? 그때는 아무 두려움을 느끼지 못하고, 아무런 불행도 느끼지 못합니다. 오히려 정반대입니다. 여러분은 사라지고 하나님이 모든 것의 모든 것이 되십니다. 자아의 복된 소멸이 무한한 사랑을 받아들일 자리를 마련합니다.

우리가 언약의 복을 안다면, 우리를 이처럼 겸손하게 만드는 것은 언약의 복밖에 없습니다. 하나님께서 자기의 택하신 자들에게 주시는 모든 선물은, 그 선물을 바르게 이해하고 진심으로 받는다면, 우리로 하여금 아브라함처럼 "나는 티끌이나 재와 같사오니"(창 18:27)라고 말하게 만들고, 다윗처럼 앉아서 "이 어찌 된 일인가?(눅 1:43) 주 여호와여 이것이 사람의 법이니이까?"(삼하 7:19) 하고 외치게 만들 것입니다. 그처럼 자신이 소멸되는 시간에, 그러한 손길을 느끼고 우리의 하나님이신 분이 또한 우리에게 아주 가까이 계시다는 사실을 인식하는 것이 하늘의 영광에 압도되어 곧 죽을 것 같은 마음에 기운을 북돋아줍니다. 창조주께서 피조물과 같이 되셨음을 아는 것이 내게는 더없는 기쁨입니다. 예수 그리스도께서 베들레헴에 나셨기 때문입니다. 예수께서 먹고 마시며, 주무시고 울고 피 흘리며 죽으셨습니다. 그리고 지금은 하나님 우편에 앉아 계십니다. 그 광경의 두려움에 압도됨에도 불구하고, 나는 또한 주께서 무한히 자신을 낮추심을 봅니다. 여기서 하나님과 내가 비슷한 친족 관계임을 보게 되는데, 이 점이 나를 하나님께 가까이 가도록 만들어 줍니다. 그래서 나는 "내 아버지"라고 말하고, 숨을 한 번 쉰 다음에는 "내 형제, 내 친구, 내 남편, 내 가장 사랑하는 분"이라고 말합니다. 우리가 하나님에 대해서는 아주 많이 알고 그리스도는 알지 못하였다면 어떻게 했을까 하는 생각이 듭니다! 나는 지금 모순된 말을 하고 있고 해서는 안 될 말을 하고 있다고 생각합니다. 왜냐하면 우리가 예수 그리스도 안에서 하나님을 알지 않고서는 하나님을 알 수 없었을 것이기 때문입니다. 만일 그런 일이 일어날 수 있었다면 틀림없이 그 일은 우리에게 해가 되었을 것입니다. 그러나 이제 예수 그리스도 안에서 하나님은 지극히 복되신 분입니다! 그리스도를 떠나서 우리는 하나님에 대해 아무것도 알지 못하고, 알 필요도 없습니다. 루터는 이렇게 말하곤 하였습니다. "나는 절대적인 하나님과 아무 상관 하지 않겠다." 중보자 예수 그리스도를 떠나서 하나님을 상대하려고 하지 않도록 조심하십시오. 하나님의 아들, 예수 그리스도로 말미암지 않고서는 아무도 하나님께 가지 못하기 때문입니다.

이렇게 우리는 하나님의 영광을 깊이 느끼고서 기진맥진하게 되었을 때 우리의 기운을 북돋우는 사람의 손길을 느꼈습니다.

형제자매 여러분, 아마도 이 문제에서는 자매들이 우선시 될 것입니다.

3. 셋째로, 슬플 때 사람이신 예수님의 손길을 느끼는 것은 참으로 복된 일입니다!

하나님 백성들 가운데 많은 사람들이 몸의 고통을 안고 사는 것이 그들의 운명입니다. 그들은 고통 없이 오래 지낸 적이 좀처럼 없는 것 같습니다. 하나님의 귀한 사람들 가운데 많은 이들이 허약함 때문에, 항상 허약하기 때문에 침실이나 방에 붙어 살게 되고, 하나님의 성도들의 집회에 나올 수 없기 때문에 소중한 은혜의 수단들을 놓치는 일들이 많습니다. 그런가 하면 가난의 고통을 견디는 사람들이 있습니다. 그들은 아무리 절약하고 부지런히 일해도 모든 사람들이 보기에 정직한 방식으로 가족을 부양하는 일은 어렵다고 느낍니다. 진실한 그리스도인들 가운데 천성적으로 우울한 사람들이 있습니다. 그들에게는 한여름 날씨도 겨울 같은 면이 있습니다. 하나님께서는 자녀들 각 사람에게 지고 갈 십자가를 나누어 주셨는데, 애정 어린 지혜로 그같이 하셨습니다. 인생 대부분을 시련 없이 보낸 사람들은 보통 하나님의 교회에서 가장 약한 사람들입니다. 이들은 영적인 면에서 가장 뒤처진 사람들이고, 진리를 경험으로 배운 일이 가장 적은 사람들이며 하나님의 일들에 가장 장성하지 못한 사람들입니다. 우리가 슬픈 일들을 당하지만, 슬픔에 대한 가장 좋은 위로는 예수 그리스도께서 그 모든 것을 아시고 슬픔 가운데 우리와 함께 계시다는 사실이라는 것을 실제 경험을 통해서 깨닫지 않았습니까? 다음의 시가 심령 속에서 내게 앞으로 나아가라고 촉구하는 나팔 소리처럼 울리는 일이 얼마나 많았는지 모릅니다. 이 나팔 소리가 없었다면 나는 틀림없이 전쟁에서 뒤로 물러났을 것입니다.

> "마음을 찢는 모든 고통에
> 이 슬픔의 사람이 관여하시니
> 보좌 앞에서 담대하게
> 우리의 모든 슬픔을 알려드립시다."

예수께서 바닥까지 내려가시지 않은 슬픔의 심연은 없습니다. 몸의 병과 심령의 고통, 사별, 가난, 멸시, 비방, 버림, 배반, 주님은 이 모든 일을 아십니다. 악의, 시기, 경멸, 증오, 이 모든 것이 불화살을 주님께 쏘았습니다. 주님은 슬픔의 바다의 깊은 곳들을 조사해 보셨습니다. 주님께서는 슬픔이 지나쳐 죽을 지경에 이르렀다고 말씀하시지 않았습니까? 주님의 얼굴을 빨갛게 물들인 피 같은 땀방울이 그의 영혼이 겪고 있었던 내적 고뇌가 얼마나 끔찍한 것인지 보여주지 않았습니까? 예수시여, 주님은 슬픔의 왕이십니다! 그리스도시여, 주님은 고뇌의 나라의 황제이십니다! 옛적에 선지자가 "고난당한 자는 나로다"(애 3:1)라고 말했는데, 주님은 훨씬 더 사실대로 그같이 말하실 수 있을 것입니다.

형제자매 여러분, 우리의 쓴 잔이 달게 됩니다. 이는 주님의 귀중한 입술이 그 잔에 닿았기 때문입니다. 아니, 주께서 그 쓴 잔을 한 방울도 남기지 않고 다 마셨기 때문입니다. 우리의 심한 슬픔이 누그러지는 것은, 그것이 우리 주께서 친히 대부분 먹어버리신 덩어리에서 떨어져 나온 작은 부스러기에 불과하기 때문입니다. 우리가 기꺼이 눈물 골짜기를 지나갈 수 있는 것은, 그것이 "왕의 골짜기"이고, 그래서 우리가 그 골짜기 내내 그리스도의 발자국을 따라갈 수 있기 때문입니다. 우리는 그리스도의 발자국을 압니다. 그 발자국에는 못 자국이 선명하기 때문입니다! 그것은 십자가에 못 박히신 분의 발자국입니다! 모든 슬픔과 고뇌에서 우리와 함께 하는 친구이신 주님은 우리의 마음이 무거울 때 언제나 우리 편에 계십니다. 주님은 이 땅에서 찔린 인간의 심장을 가지고 하늘에 가셨습니다. 하늘에서 주님은 골고다를 기억하시고, 우리를 위해 겪으신 모든 고통을 기억하십니다. 주님은 여전히 우리를 동정하십니다. 나는 우리의 찬송 작사가들 가운데 한 사람이 다음과 같이 말할 때 그 생각에 기쁘게 공감합니다.

> "죽으신 후에도 주님의 심장은
> 우리를 위해 공물(供物)을 쏟아 부으셨네."

우리 주님께서 죽으신 후에, 주님의 심장은 우리를 위해 물과 피를 쏟았습니다. 그래서 죽으신 후에도 주님은 여전히 우리를 동정하셨습니다. 지금도 주님은 자기 백성을 사랑하십니다. 주님의 이름에 영광을 돌립시다! 지금 여러분 가운데 자기 십자가를 짊어지기를 거부할 사람이 있습니까? 여러분은 방금 십자가를 내려놓고 "나는 더 이상 지고 갈 수 없어. 절망 가운데 포기할 수밖에 없어"라고 말하였습니까? 주님은 여러분을 위하여 더 무거운 짐을 지고 가십니다. 주님께서 우리와의 우정 때문에 구별해서 주시는 짐을 지도록 하십시오. 주님께서 한때 그 짐을 지셨다는 것을 생각하면 짐이 가벼워질 것입니다. 알렉산더 대왕의 군대가 먼 길을 행군하였을 때, 군인들의 기운을 북돋운 것은 알렉산더가 언제나 그들이 가는 데까지 멀리 걸어서 갔다는 사실이었습니다. 그들이 찌는 듯한 더위 속에서 목이 아주 말랐다가 물을 발견하면, 당연히 그들은 물을 먼저 알렉산더에게 가져갔습니다. 그들이 당연히 자기들의 왕을 먼저 생각해야 하지 않겠습니까? 그러나 그는 시원한 물을 기품 있게 한쪽으로 치우고 "병든 사람이 물을 필요로 하는 한, 알렉산더는 물 없이 가겠다"고 말하였습니다. 이 말에 용사 한 사람 한 사람이 힘을 냈습니다. 자기 왕이 자기처럼 지냈기 때문입니다. 예수 그리스도께서 우리에게 손을 대시며 "두려워 말라. 내가 네 슬픔 가운데 너와 함께 있다. 내 마음은 너의 마음과 같다. 그러니 기운을 내라"고 말씀하십니다. 오늘 이 말씀을 듣고 힘을 냅시다.

나는 한 가지 생각을 오래 다루지 않겠습니다. 그 점에 대해 자세히 생각하는 일은 여러분에게 맡기겠습니다.

4. 예수 그리스도께서 우리와 같은 사람이시라는 사실에서 크게 위로를 받고 모든 싸움을 감당해 나갑시다.

이 인생의 싸움은 힘들게 보입니다. 곧, "성도에게 단번에 주신 믿음의 도를 위하여 힘써 싸우는"(유 1:3) 이 싸움, 죄와의 싸움, 본성적인 타락과의 싸움, 높은 데서 벌어지는 영적인 악과의 싸움은 힘들게 보입니다. 우리는 때로 이렇게 생각하는 경향이 있습니다. "우리가 과연 이길 수 있나? 이 싸움은 너무 어려운 것이 아닌가?" 그런 순간에는 하나님 보좌에 앉아 계시는 저분을 보십시오. 그는 표본적인 분입니다. 곧, 우리에게 사람이 마땅히 되어야 하는 모습을 보여주는, 아니 하나님의 은혜로 말미암은 사람이 어떻게 되는지를 보여주는 대표자이십니다. 그리스도께서는 여러분이 힘들게 씨름하듯 씨름하셨고, 승리를 얻으셨습니다. 여러분은 시험을 받습니다. 그 사실 때문에 의심이 생깁니까? 주님은 "모든 일에 우리와 똑같이 시험을 받으셨지만" 죄를 짓지 않으셨습니다(히 4:15). 믿지 않는 사람들과의 싸움 때문에 괴롭습니까? "너희가 피곤하여 낙심하지 않기 위하여 죄인들이 이같이 자기에게 거역한 일을 참으신 이를 생각하라"(12:3). 결국 이 싸움은 여러분에게 그리스도의 싸움만큼 심하지 않습니다.

여러분의 싸움은 더 쉽고, 또 여러분에게는 여러분이 사는 날을 따라서 능력이 있을 것이라(신 33:25)는 약속이 있습니다. 자, 주님께서 싸움에 필요한 충분한 힘을 얻어서 이기셨으므로, 주님은 여러분이 주님으로 말미암아 행할 일을 보여주는 생생한 예언이 됩니다. 그렇습니다. 형제 여러분, 여러분은 죄를 발로 밟을 것이고, 적의 요새를 함락시킬 것이며, 은혜가 여러분 마음속에서 왕 노릇할 것입니다. 악의 삼인조인 세상과 육신과 마귀를 여러분이 이길 것입니다. 여러분은 정복자가 될 것입니다. 아니, 이 말씀을 들어보십시오! "우리를 사랑하시는 이로 말미암아 우리가 넉넉히 이기느니라"(롬 8:37).

"주께서 확실히 이기셨고
여러분을 위하여 일찍이 승리하셨듯이
주님의 이름을 사랑한 여러분도
주님 안에서 승리할 것이다."

어떤 유명한 업적에 대해서 한 사람이 용기 있게 물었습니다. "사람이 과연 그런 일을 했습니까? 만일 한 사람이 그 일을 하였다면 다른 사람도 그 일을 할 것입니다." 그것은 용기 있는 말이었습니다. 우리는 그 말을 잠시 그리스도에게 적용해 봅시다. 사람이신 그리스도께서 이 세상에서 맹렬한 시험들 가운데 사셨고, 그처럼 맹렬히 타는 풀무불에서 나오면서도 몸에 탄 냄새조차 없었습니까? 그렇다면 영원하신 하나님께서는 그와 같은 일을 다른 사람들에게서도 행하실 수 있습니다. 그래서 우리가 어린 양의 피로 말미암아 승리를 얻을 것이라고 믿을 수 있습니다. 아니, 확신할 수 있습니다. 사람의 아들들이여, 용기를 내십시오. 사람의 아들이신 그리스도께서 승리를 얻으셨기 때문입니다. 확신을 버리지 마십시오. 칼을 치우지 마십시오. 예수님, 곧 사람의 대표자이신 예수께서 이기셨습니다. 그러므로 주님 안에 있는 자들, 곧 "그의 성령으로 말미암아 너희 속사람을 능력으로 강건하게 하신"(엡 3:16) 자들도 이길 것입니다. 여기에 위로가 있습니다.

그 다음에, 형제 여러분, 우리가 다섯 번째로 생각할 점은 이것입니다.

5. 우리가 형제들에게 속았을 때 예수 그리스도의 인성을 보는 것은 참으로 복된 일이었습니다.

우상 숭배로 향하는 본성적인 경향 때문에 우리는 사람을 신뢰하는 시험을 받습니다. 신앙인들 가운데는 참으로 유감스럽게도 뛰어난 사람들, 곧 목사들, 지도자들, 경험 있는 사람들을 많이 의지하는 경향이 언제나 있었습니다. 감사하게도 우리는 그런 사람들에게서 좋은 것을 많이 얻습니다. 그러므로 우리는 그들을 좋게 생각합니다. 사실 우리가 칭찬할 만한 모든 점을, 그것을 주신 하나님께 돌린다면 잘하는 일입니다. 그러나 때로 우리는 젊은 사람이 나이든 사람에게 보일 수 있는 합당한 신뢰를 넘어서서 그 사람을 철저히 신뢰하고 그의 성실에 어느 정도 희망을 겁니다. 이것은 특별히 젊은 그리스도인들이 잘 범하는 죄입니다. 그러나 때로 나이가 아주 많은 순진한 사람들에게서도 이 죄를 봅니다. 그들은 "귀하신 목사님" "존경하는 하나님의 사람"이라고 하여, 그를 너무 높이 보았습니다. 하지만 슬프게도, 사람은 사람일 뿐이고, 또 어떤 사람들은 비록 말은 성자처럼 하지만 성자가 아니라는 사실을 발견하게 되었습니다. 우상을 완전히 버리고 산산이 부수겠다는 신앙 고백이 폭발적으로 늘어났습니다. 그런 때 많은 사람의 신앙이 심하게 비틀거렸고, 다소 굳건하게 서 있는 사람들조차 심한 타격을 받았습니다. 우리는 유다 같은 사람들, 데마와 후메내오와 빌레도와 같은 사람들, 또 옛적의 아히도벨 같은 사람들이 죽은 자들 가운데서 다시 일어나는 것을 보았고, 큰 충격을 받았습니다. 그런 때에 우리를 결코 속이지 않을 분이 계시다는 것을 생각하면 큰 힘을 얻습니다. 자신이 이루지 못할 약속은 결코 하시지 않았고 또 정당하게 요구할 수 있는 것 이상의 신뢰를 얻으려고 하시지 않는 분이 계십니다. 예수께서 그런 분으로 서 계시다는 것을 아는 것은 지극히 복된 일입니다. 예수님은 정직과 성실과 올바름과 의가 육신으로 나타나신 분입니다. 사실, 그의 본성은 자신의 개인적인 이익을 위해 교묘한 수단을 사용하려는 악한 동기나 이기적인 욕망이 없고, 전혀 사심이 없이 하나님의 영광과 자기 백성의 선을 위해 살았습니다. 그의 품으로 다시 돌아가 거기에 깃들이고 "자, 여기에 언제나 진실한 사랑으로 따뜻한 마음이 있어. 너는 여기서 안전해" 하고 느끼는 것, 이것이 참된 안식입니다. 예수님께로 돌아가서 "이제 나는 바울에게도 아볼로에게도 게바에게도 속하지 않고 그리스도께 속했습니다" 하고 말하십시오. 이 교단과 저 교단에서 벌어지고 있는 종교적 분쟁의 소식을 듣고 또 각기 다른 교단들의 서로 충돌하는 요소들을 보면서 "헛되고 헛되며 헛되고 헛되니 모든 것이 헛되도다"(전 1:2)고 말하십시오. 그리고 예수님을 굳게 붙잡고 "그러나 이것은 헛되지 않아. 이것은 사실이고 진리야!" 하고 느끼십시오.

형제자매 여러분, 항상 예수님께 머물러 있고 결코 그에게서 떠나지 말며, 여러분이 믿을 수 있는 진리, 의지할 수 있는 성실이 그리스도 예수라는 분에게서 육체로 나타났다는 것을 생각하십시오. 사람이 모든 피조물 가운데 가장 천하고 가장 거지 같은 존재가 아닙니까? 여러분은 사람이 여러분을 속일 때 인간이 그렇다고 느끼지 않습니까? 그러나 예수님을 보면 인간을 아주 높이 평가하게 됩니다. 결국 인간은 위대하고 영광스러운 일을 할 수 있는 존재입니다. 그래서 여러분은 자신의 장엄하고 완전한 성품으로 우리의 본성을 두려운 타락에서 구속하신 주 예수님을 찬송합니다.

내 설교를 여러분이 지루하게 여기지 않기를 바랍니다. 나는 이처럼 중요한 주제로부터는 비단 같은 실을 계속 뽑아낼 수 있을 것입니다.

6. 하나님의 자녀들은 의심에 빠질 때 그리스도의 인성의 교리가 큰 위로가 되는 것을 발견할 것입니다.

여러분 가운데 중대한 의심들에 시달리는 분들은 많지 않습니다. 나는 여러분들의 마음에서 의심들을 보지 못하겠습니다. 나는 레이스 짜는 대(臺)와 얼레에 붙어사는 가난한 여인, 자기 성경이 진리라는 것만을 알고 세상의 모든 철학들은 거기에 관심 있는 사람들에게나 맡겨버린 여인에 대한 쿠퍼(Cowper)의 묘사를 좋아합니다. 그런가 하면 생각이 많고 많은 것을 의심하는 경향이 있는 도마와 같은 제자들이 있습니다. 그들은 의심을 좋아하지 않고 미워합니다. 그런데도 그들의 의심은 종종 아주 깊은 데까지 내려가 지극히 귀중한 교리들을 훼손합니다. 그들은 사실 믿음에서 확고합니다. 그러나 그들이 믿음에 이르기까지는 많은 경험과 고통스런 질문을 거쳐야 합니다. 그들은 "어떻게 해서 이렇게 되지? 저것은 왜 그렇지?" 하고 묻습니다. 어쩌면 그들은 심장보다 뇌가 더 클지 모릅니다. 나는 우리 가운데 많은 사람들이 그런 상태에 빠진다고 생각합니다. 여러분도 그것을 아십니까? 내게는 주님을 보는 것이 큰 안전입니다. 회의와 의심에 빠질 때 나를 굳게 붙잡아 주는 비상용 큰 닻입니다.

주님을 볼 때 나는 의심할 수 없습니다. 이 성경책을 펼쳐서 주님의 인물됨을 읽을 때, 불신자가 되는 것이 불가능한 일임을 발견합니다. 만일 그리스도라는 인물을 꾸며낸 사람이 있다면 나는 그를 숭배하겠습니다. 그런 완벽한 인물을 창작해낸 것을 보면 그는 신과 같은 사람임에 틀림없습니다. 내가 볼 때, 만일 예수의 삶이 사실이 아니라면, 바로 그 허구(虛構)는 작가에게 완전한 거룩함이 요구되는 창작물일 것입니다. 완벽하게 거룩한 사람이 아니고서는 누가 우리 주님과 같은 인물을 고안해낼 수 있었겠습니까? 다른 모든 인물에게는 흠이 있습니다. 사람은 내가 전에 케임브리지에서 보았던 조상(彫像)에 비유할 수 있습니다. 그 조상이 지금은 트리니티 칼리지 도서관에 있는 것으로 아는데, 바이런(Byron)의 상(像)입니다. 내가 어떤 관점에서 그 조상을 보고 있었던 것으로 생각나는데, 그 조상을 내게 설명하던 신사가 말했습니다. "자, 보세요. 목사님, 그 시인이에요!" 그렇습니다. 그 조상(彫像)은 얼굴이 고상하고 고귀한 사상과 진기한 생각으로 가득 차 있습니다. 여러분은 그 사람에 대해 탄복합니다. 그때 나를 안내하던 사람이 말했습니다. "돌아서 이리로 오세요. 거기에는 감히 하나님을 무시한 사람이 있으니까요." 여러분은 지극히 순수하고 경건한 감정에 마음이 팔린 반미치광이 바이런을 즉시 볼 수 있을 것입니다. 그 조각가는 이중적인 사람을 표현하였습니다. 사실 그대로의 바이런, 즉 위대하면서도 악한 사람을 표현하였습니다. 어떤 예술가가 진리 전체를 대리석으로 표현한 작품들을 여러분에게 전시할 수 있다면, 여러분의 친구들은 아주 많은 점들을 보고 "아름다워요! 아름다워! 탄복할 만해요! 놀라워요! 사랑스러워!" 등등의 얘기를 계속할 수 있을 것입니다 그러나 그들이 어떤 점에 이르렀을 때(우리 중의 어떤 이들은 사람들이 일반적으로 그 점을 보지 못하는 것을 아주 감사하게 생각할 수도 있습니다), "아, 슬프다" 하고 소리칠 것입니다. 그들은 더 이상 말하고 싶어 하지 않을 것입니다. 사물이 보이는 것과 전혀 다르며, 자기들이 지극히 감탄해 마지않은 것들에 흠이 발견될 수 있다는 것을 느낄 것입니다. 그러나 예수님은 그렇지 않습니다. 예수님을 조사해 보십시오. 앞뒤로, 좌우로 살펴보십시오. 한밤중에 와서 그를 보십시오. 한낮에 그를 보십시오. 어린 시절의 그를 눈여겨보고, 성인(成人)이었을 때 그를 보십시오. 홀로 있는 그를 보고, 무리 가운데 있는 그를 보십시오. 예수께서 나귀를 타고 예루살렘으로 들어가실 때 화려한 행렬에 싸여 있는 그를 보십시오. 사람들이 예수님을 죽음까지 몰아갈 때 부끄러움을 당하시는 그를 보십시오. 모든 점에서 그는 완전하십니다. 절대적으로 완전하십니다. 여러분은 그에게서 개선할 점을 도무지 발견할 수 없고, 어떤 흠이 있는 것처럼 넌지시 말할 수도 없습니다. 정직한 사람들에게 이것은 확실한 사실이고, 이것을 의심하기는 어려울 것입니다. 주님을 사랑하는 신자들에게 그것은 그들을 단단히 굳게 붙들어 주는 복된 사슬이 됩니다. 그래서 그들이 받은 진리를 포기하지 않을 수 있습니다. 그동안 신자들은 교묘히 만든 이야기(벧후 1:16)를 좇은 것이 아니기 때문입니다. 베드로와 야고보와 요한이 주님의 변화되신 모습을 보았을 때 믿음이 확고해졌다면, 우리도 주께서 이 땅에 사람으로 사신 삶을 볼 때 그렇게 됩니다. 주님의 지상 생애 전체가 인성의 변화된 모습을 보여주기 때문입니다. 참으로 보잘것없는 인간 본성의 옷들이 빨래하는 자가 그렇게 희게 할 수 없을 만큼 매우 희어질 수 있음을, 즉 인간의 광채가 한낮의 해의 영광보다 밝을 수 있음을 놀랍게 보여줍니다. 이 사실이 의심스러운 생각들로 씨름하고 있는 우리에게 위로가 됩니다.

7. 그 다음에, 사랑하는 형제 여러분, 죽음을 앞두고 있을 때 사람이신 우리 주님의 손길은 참으로 복된 위로가 됩니다.

주님이 오시지 않는 한, "한번 죽는 것은 사람에게 정해진 것입니다"(히

9:27). 죽음과 무덤 앞에서, 우리가 실제로 그것들을 마주할 때, "괜찮을까?" 하고 자문해 보기 시작하지 않을 사람은 거의 없습니다. 내가 죽어야 하나? 우리는 뒷걸음칩니다. 우리는 죽어야 한다는 사실을 견딜 수 없습니다. "내가 다시 살아날까? 벌레들이 이 몸을 먹어치운다면 내가 몸을 가지고 하나님을 뵐 수 있을까? 그럴 수 있을까? 그것이 가능할까? 이 마른 뼈들이 살아날 수 있을까?" 우리는 장례식 예식문을 많이 읽었습니다. 우리 친구들에 대해 장례식 설교를 하는 것을 들었습니다. 우리는 자신이 부활을 믿는다고 생각했습니다. 그러나 그 문제가 우리에게 닥쳐 자신이 죽게 생겼고 병이 깊어지면, 우리는 이 질문을 거듭하게 됩니다. "내가 살아날까? 그것이 사실일까? 정말로 사실일까?" 나는 몇 번이고 그 문제에 대해 골똘히 생각하였습니다. 그리고 이것이 언제나 내가 발을 딛고 서는 곳입니다. 나는 사람이신 그리스도 예수께서 죽은 자들 가운데서 일어나셨다는 것을 압니다. 그 사실을 확신합니다. 내가 그 사실을 어떻게 압니까? 인간 역사에서 어떤 사실도 십자가에 못 박힌 예수께서 죽은 자들 가운데서 살아나셨다는 이 사실만큼 많이 그리고 충분히 입증된 것은 없습니다. 그 증인들은 참으로 많습니다. 바울이 고린도전서에서 그 증거들을 요약한 것을 읽어보십시오. 바울은 어떤 때 그리스도를 제자 한 사람이 보았고, 그 다음에는 열두 명이, 그리고 언제 한 번은 오백 명의 증인들이 일시에 보았다고 설명합니다. 예수께서는 반박할 여지가 없는 증거들로 자신이 살아 있음을 보여주셨습니다. 우리는 예수께서 죽은 자들 가운데서 일어나셨다는 것을 확실히 압니다. 그 다음에 나도 죽은 자들 가운데서 일어날 것을 믿습니다.

이는 바울 사도가 영감을 받아 이 두 가지 사실을 다음과 같이 종합하였기 때문입니다. "만일 그리스도가 다시 살지 못하였다면 죽은 자의 부활은 없는 것이다. 그러나 만일 그리스도께서 죽은 자들 가운데서 부활하셨다면 어찌하여 너희들 가운데 어떤 이들은 죽은 자의 부활이 없다고 하느냐?" 한 사람이 무덤이라는 감옥을 부수고 나왔으니, 그와 같이 모든 사람들이 그 감옥을 부수고 나올 것입니다. 죽음의 가사(Gaza)에 있는 형제 여러분, 우리는 이 도시에서 도망할 것입니다. 우리의 삼손께서 오늘 아침 일어나 문과 기둥과 빗장과 모든 것을 떼어 짊어지고 산 꼭대기로 가져가셨기 때문입니다. 무덤의 문이 열렸습니다. 하나님의 구속받은 여러분, 이 문을 지나가십시오! 주께서 무덤의 빗장을 뜯어내버리셨습니다. 무덤은 이제 더 이상 지하 감옥이 아닙니다. 무덤은 이제 여러분의 몸이 주님의 포옹을 맞을 준비를 할 때까지 얼마간 잠을 잘 침실입니다.

"타고난 죄 때문에
우리의 육신이 티끌을 본다 한들 어떠리.
여호와 우리 구주께서 살아나셨으므로
그의 모든 제자들도 반드시 살아날 것이라."

하나님의 자녀들이여, 여기서 또 한 가지 생각할 점이 있습니다.

8. 여러분이 다른 사람들에게 선을 행하려고 할 때 그리스도의 인성이 큰 위로가 될 것입니다.

이곳은 두려운 세상, 곧 인간들의 세상입니다. 여러분이 말을 타고 큰 길을 따라 지나가면 런던은 아주 훌륭한 도시처럼 보입니다. 그러나 큰 길에서 벗어나 골목길로 들어가 보십시오. 교수형 집행장 같은 데에 들어가 보십시오. 죄짓는 것이 생계 수단이고, 술 취함이 큰 기쁨이며, 방탕이 더 이상 쾌락이 아니라 직업이 돼버렸고, 모든 악행이 부끄러움 없이 자행되는 지역을 방문해 보십시오. 하나님이여, 인간성이 기독교의 울타리 안에 있는 곳에서 인간이 어떤 존재인지 생각해 보고, 그 다음에 인간성이 나무토막과 돌덩이 앞에서 절하고 악한 방탕을 하나님에 대한 경배로 여기고 몰두하는 곳에서 인간이 무엇인지 생각해 보십시오. 그러면 우리는 "아, 그것은 추잡한 일이야! 그런 일에는 손대지 마! 그것은 동정 받을 만한 가치가 없어"라고 말할 수 있는데, 옳은 말입니다. 우리가 세상이 변화되지 않으리라는 것을 믿을 수만 있다면 참으로 편할 것입니다. 주 예수께서 오고 계시고, 세상은 끝이 날 것이며 그래서 우리가 할 일이란 그저 여기저기 침몰하는 배에서 탈출하는 사람을 끌어당기는 것밖에 없기 때문에, 우리는 가만히 앉아서 이 딱한 세상에 대해서 더 이상 관심을 갖지 않을 수 있을 것입니다. 이 세상 나라들은 결코 하나님과 그리스도의 나라가 되지 않을 것이고, 주님께서는 어쨌든 복음 전파의 일반적인 방법으로 바다 이끝에서 저끝까지 통치하시지 않을 것이기 때문입니다. 그래서 성공할 희망이 없는 곳에서는 노력이 필요 없기 때문에 우리가 방에 가서 그냥 쉬는 것이 당연한 일일지도 모릅니다. 그러나 나는 이 세상이 변화되어 하나님께 바쳐질 것을 믿습니다. 또 여기 이 전쟁터에서 그리고 이 싸움이 시작될 때 사용되었던 바로 그 무기들을 가지고 영광스러운 목적을 위하여 이 싸움을 끝까지 싸울 것이며, 그리스도의 보혈로 말미암아 승리를 얻을 하나님의 백성들이 죄를 짓밟으리라는 것을 믿습니다. 다시 한번 타락한 인간 본성을 봅시다. 휫필드는 인간 본성은 반은 짐승이고 반은 마귀라고 말하곤 하였습니다. 그는 표적에 아주 가까이 다가갔습니다. 그러나 사람을 제멋대로 하게 내버려 두었을 때, 사람과 비교하면 짐승과 마귀가 비방을 받을지 모르겠습니다. 타락한 인간은 끔찍한 피조물입니다. 우리 각 사람은 자신의 본성적인 마음에서 그 표본을 볼 수 있을 것입니다.

형제 여러분, 우리는 마음을 다잡고 용기를 냅시다. 타락 이전으로 가서 인간 본성이 한때 어떠했는지, 그리고 지금도 그 본성이 어떻게 될 수 있는지 봅시다. 예수께서는 인간 본성을 취하셨습니다. 그렇게 함으로써 인간 본성에 지극히 높은 명예를 돌려주셨습니다. 그것은 인간 본성에 대한 비난을 멀리 치워버리고도 남을 만큼의 명예였습니다. 그리스도의 인성은 죄가 없었지만 그래도 인간 본성이었습니다. 이와 같은 본성을 취하심으로써 예수께서는 우리 인류를 중시하신다는 점을 보여주셨습니다. 예수께서는 내가 지금까지 말해 온 대로 그처럼 불쌍한 존재들을 위해 살고 고난 받고 피 흘리고 죽으시는 것을 가치가 있는 일로 생각하셨습니다. 남편이 다섯이나 있었고 여전히 죄 가운데 살고 있는 여인에게 설교하는 것을 가치 있는 일로 여기셨습니다. 죄인이었던 여자가 눈물로 발을 씻도록 허락하시고, 또 세리와 죄인들, 곧 대도시에서 흔히 볼 수 있는 하층 계급들과 어울리는 것을 가치 있는 일로 여기셨습니다. 이는 예수께서 의사이셨고, 병든 자들을 고치러 오셨기 때문입니다.

우리는, 누구든지 내 밑에 있다거나, 인간은 아주 천한 존재여서 그에게 관심을 가질 가치가 없고, 인간은 아주 나쁜 존재여서 그를 이롭게 하기를 기대하는 것은 정말로 무익한 일이라는 교만한 생각을 한순간도 품지 않도록 합시다. 타락한 여인들에 대해서 "그런 여자들을 상대하는 것은 아주 우울한 일이에요. 그런 여자들은 그냥 내버려 두는 것이 나을 겁니다"라고 에둘러 말하는 것을 내가 듣지 않았습니까? 그런가 하면 어떤 사람들은 이렇게 말합니다. "거리를 떠도는 이 아이들, 곧 부랑아와 노숙자들은 훌륭한 교회 고위 성직자들과 지방 당국이 구빈원에서 가르치는 것이 더 낫지 않겠습니까? 더 큰 악들은 그냥 내버려 두는 것이 낫지 않겠습니까? 그 악들은 아주 무시무시합니다. 술 취함, 가난, 부정(不貞), 이 악들은 이 대도시에 넘쳐나서 사람이 그 악들에 가까이 갈 때 큰 위험을 무릅쓰게 되고 거기에 많이 오염됩니다." 아주 잘난 체하는 사람들이 때로 이런 식으로 말합니다. 내 말뜻은 자만심이 강한 멋쟁이들이 그렇게 말한다는 것입니다. 너무도 타락하여서, 여러분과 내게서 하나님의 은혜가 거두어들여진다 할지라도 우리가 그만큼은 타락할 수 없다고 말할 수 있는 사람이 세상에 있습니까? 우리가 똑같은 영향력에 노출되고 사랑의 억제를 받지 못할 경우에 악해질 수 있는 것보다 더 악하게 될 수 있는 사람이 세상에 있겠습니까? 있을 수 없을 것입니다. 그렇다면 어떻게 우리가 죄인들을 우리보다 밑에 있는 사람들이라고 말할 수 있겠습니까? 예수 그리스도께서는 실로 자기를 낮추십니다. 그러나 여러분과 나는 자신을 낮추는 일을 거의 할 수가 없습니다. 왜냐하면 우리는 이미 너무 낮게 내려와 있어서 거의 가장 밑바닥에 다다랐기 때문에 그렇게 자신을 크게 낮추는 일을 할 수가 없습니다. 이 사실이 언제나 우리에게 위로가 됩니다. 만일 주님께서 내게 여러 번 감옥에 들락거린 절망적인 죄수들로 가득한 집을 주신다면, 나는 큰 확신을 가지고 그들에게 복음을 전할 것입니다. 이는 내가 "자, 나는 주님께서 그의 복음을 전하기 위해 세우려고 하신 바로 그 자리에 있다"라고 생각할 것이기 때문입니다. 주님은 하나님의 율법 아래서 죄수들인 우리를 구원하기 위해 오시지 않았습니까? 주께서 그렇게 하셨다면 우리는 중 죄인들 가운데 가장 악한 자들이라도 단념하지 맙시다. 우리는 그런 자들을 단념하지 맙시다. 그런 자들이라도 영원한 보좌 앞에 선 무수한 사람들처럼 "우리가 어린 양의 피에 그 옷을 씻어 희게 하였나이다"(계 7:14 참조) 하고 노래할 수 있기 때문입니다. 구제 선교사(City missionary: 1826년 영국 글래스고에서 시작된 기독교 구제 활동으로 빈민들의 영적 물질적 필요를 공급하는 일에 종사한 사람들 - 역주)와 전도 부인(Bible woman) 여러분, 곧 사람들 중 가장 낮은 계층 가운데 일하는 형제자매 여러분, 여러분은 주님의 손길을 느끼고 힘을 얻으십시오.

나는 여기 계시는 분들 가운데 구속자에 대해서 별로 알지 못하고 아직까지 그를 믿지 않는 분들에게 초대의 말을 한두 마디 하였을 때 할 일을 다 한 셈입니다.

여러분은 자신이 하나님 앞에 죄인이라고 느낍니까? 여러분은 자비를 얻기 원하십니까? 그렇다면 오십시오. 바로 오십시오. 여러분과 같은 사람이신 예수 그리스도께서 여러분을 초대하시기 때문입니다. 여러분이 중보자 없이는 하나님께 갈 수 없지만, 예수께는 중보자 없이 갈 수 있다는 것을 아십시오. 여러분은 현재의 모습 그대로 갈 수 있습니다. 누군가 여러분을 예수께 소개할 필요가 없습니다. 나는 여러분이 여러분과 같은 또 다른 사람에게 가서 여러분의 죄에 대해 말씀드릴 수 있다는 것을 압니다. 아주 어리석게도 그렇게 하는 사람들이 있습니다. 그들은 유다가 그랬듯이 사제들에게 가서 자기 죄를 고백합니다. 그런데 여러분도 알다시피 유다는 그 다음에 가서 목매어 자살하였습니다. 그것은 그런 고백 후에 할 법한 일이었습니다. 그러나 여러분이 사람이시고, 때로는 사람 이상이신 예수께 가서 여러분의 죄를 고백한다면 예수께서 여러분의 이야기를 들어주실 것입니다. 그리고 여러분의 말이 주님의 귀를 더럽히지 못할 것입니다. 주님께서는 여러분의 고백에 귀를 기울이실 뿐만 아니라 그 이상의 일을 하실 것입니다. 여러분의 죄를 실제로 용서해 주실 것입니다. 여러분은 지금 아주 성인으로 자라버려서 자신이 다시 어린아이 시절로 돌아갈 수 있으면 좋겠다고 생각하지 않았습니까? 그러면 밤에 엄마에게 가서 여러분이 낮 동안에 잘못했던 일을 모두 말하고, 엄마가 여러분에게 입맞춤을 해주면 모든 것이 다시 괜찮아졌다고 느끼고 잠자리에 들 수 있을 것입니다.

죽을 인생 가운데는 여러분이 가서 그와 같은 사죄를 구할 수 있는 사람이 없습니다. 다만 주 예수 그리스도만이 여러분이 어렸을 때 여러분의 어머니가 여러분에게 의미하였던 모든 것이 되실 것입니다. 예수께 가서 그에게 죄에 대한 모든 것을 말씀드리고, 여러분을 그의 피로 씻고 그의 의로 덮어달라고 구하십시오. 그러면 주님께서 여러분의 어머니가 하였을 것처럼 아주 흔쾌히 여러분을 용서하여 주실 것입니다. 그리스도는 여러분을 동정하실 것입니다. 주님께서는 여러분의 모든 시험과 약함을 아시기 때문입니다. 여러분을 위하여 만들 구실이 있다면, 그 구실을 제시하실 것입니다. 주님은 "아버지 저들을 사하여 주옵소서 자기들이 하는 것을 알지 못함이니이다"(눅 23:34) 하고 말씀하셨을 때, 자기를 죽인 자들에 대해 용서할 구실을 만드신 것입니다. 전혀 정상을 참작할 수 없는 것에 대해 주님께서는 구실보다 훨씬 더 나은 것, 곧 그 자신의 속죄 제사를 제시하십니다. 주님은 여러분에게 "그저 나를 믿기만 하라. 그러면 내가 너를 구원할 것이다"고 말씀하실 것입니다. 와서 그에게 여러분의 모든 사정을 아뢰기를 두려워하지 마십시오. 주님은 여러분에게 퇴짜 놓지 않으실 것입니다. 예수께서 지금까지 죄인을 퇴짜 놓으신 적이 있습니까? 개들이 주인의 상에서 떨어지는 부스러기를 먹는데, 주님은 개들을 결코 내쫓지 않으십니다. 개와 같은 죄인이여, 여러분은 주님의 발 앞에 올 수 있습니다. 주님께서는 여러분이 개에게 하는 것보다 나은 일을 하실 것입니다. 하지만 여러분은 내게 "사람이신 예수는 하늘에 있다"고 말합니다. 그것이 훨씬 더 낫습니다. 왜냐하면 예수께서 이 땅에서 여기 태버너클 예배당에 계시다면 저기 세븐 다이얼스(Seven Dials)와 골든 레인(Golden Lane)에, 그리고 런던의 북부와 동부에는 계시지 않을 것이고, 멀리 스코틀랜드와 아일랜드 혹은 외국에는 계시지 않을 것입니다. 그러나 주님이 하늘에 계시기 때문에 우리가 어디에 있든지 간에 우리 모두에게 미치실 수 있고, 누구든지 그를 따르고자 하는 사람은 혹은 그를 바라는 사람은, 무엇보다 그를 믿는 사람은 그에게서 영원한 생명을 발견할 것입니다.

죄인이여, 여러분은 절대적인 하나님을 상대해서는 안 됩니다. 사람이신 예수님 안에서 하나님을 대해야 합니다. 그러니 예수께로 오십시오. 예수께서 여러분에게 오셨기 때문입니다. 사닥다리이신 예수 그리스도께서 그 발은 땅에 닿았고 그 꼭대기는 하늘에 닿았다는 것을 여러분은 압니다. 높이 올라가면 갈수록 그만큼 더 우리는 하나님의 영광을 기쁘게 생각할 수 있습니다. 그러나 먼저 할 일은 그 사닥다리의 발에 대해서 생각하는 것입니다. 나는 오늘 밤 여러분이 그 사닥다리의 발이 바로 여러분이 보는 바와 같이 땅에 서 있다는 것을 알기 바랍니다. 예수님은 여러분과 같이 사람이셨습니다. 그러나 죄는 없으셨습니다. 죄가 있을 수 없었습니다. 하지만 다른 모든 점에서는 여러분과 같이 가난하셨고, 고통을 받으셨습니다. 이제 여러분의 발을 그 사닥다리의 첫 번째 발판, 곧 그리스도의 인성과 십자가에서 드리신 그의 피 흘린 제사에 올려놓으십시오. 그 발판을 신뢰하십시오. 그러면 여러분은 성육신하신 구주님의 모든 신성이 밝게 빛나는 곳까지 올라갈 수 있을 것입니다. 그곳에서 여러분은 주님의 재림을 기뻐하고, 주님의 장래 통치의 찬란한 모든 영광을 기뻐할 것입니다. 오늘 밤 여러분은 그 이상의 일들은 그냥 내버려 두십시오. 이 사닥다리의 밑에서부터 오르기 시작하십시오. 주님께서 여러분을 도우시기 바랍니다! 주님께서 여러분에게 복 주시기를 바랍니다! 불쌍한 죄인이여, 주님께서 이 순간 여러분에게 손을 대시기 바랍니다! 그러면 주님의 손길이 여러분의 마음을 녹이고, 여러분의 심령을 위로하고, 여러분에게 죽은 자들로부터 일어나는 생명을 주실 것입니다. 하나님께서 주님의 이름을 인하여 그같이 해 주시기를 바랍니다. 아멘.

제
11
장

큰 은총을 받은 사람

"큰 은총을 받은 사람이여 두려워하지 말라 평안하라 강건하라 강건하라." — 단 10:19

내가 본문을 가지고 설교하면서 이 본문을 우리 교인에 대해서 적용하면 반대가 있을 것으로 예상합니다. "본문의 말씀은 다니엘에게 한 것이고, 우리는 다니엘 같은 사람이 아닙니다." 이것이 아마도 어떤 사람들이 반대할 때 내세우는 이유일 것입니다. 그에 대한 내 답변은 이것입니다. "비록 우리가 다니엘과 같은 사람들은 아니지만 적어도 우리는 그런 사람이 되기를 바라야 하고, 우리가 그런 사람이 될 수 있는 가능성이 있다는 사실은 기억해야 합니다. 하나님의 은혜를 받으면 우리가 다니엘의 성품 가운데 많은 부분을 뒤따라갈 수 있습니다. 다니엘은 본받을 수 없는 사람으로 우리 위에 아주 높이 세워진 것이 아니라 기쁘게 따라가야 할 모범으로 서 있는 것입니다." "하지만 우리는 다니엘이 받은 그런 큰 은총에는 이르지 못할 것입니다" 하고 말하는 사람이 있습니다. 나는 하나님께서 우리가 그 은총에 이를 수 있게 해 주시기를 기도합니다. 모든 시대에 다니엘과 같은 사람들이 있었습니다. 대홍수 이전 시대는 에녹 같은 사람을 배출하였습니다. 그는 "하나님과 동행하더니 하나님이 그를 데려가시므로 세상에 있지 아니하였습니다"(창 5:24). 그는 다니엘처럼 주의 오심에 관해 예언하였습니다. 족장 시대에는 "하나님의 벗"(약 2:23)이라 불린 아브라함이 있었습니다. 하나님께서는 그와 아주 특별한 방식으로 교제하셨습니다. 후일에 율법 아래 있을 때에는 "하나님의 마음에 맞는 사람"(삼상 13:14), 다윗이 있지 않았습니까? 비록 그의 성품에 결점이 많았지만 우리가 시편에서 보듯이 그는 하나님과의 친밀한 교제로 말미암아 그런 범주의 인물 가운데 들어갑니다. 만일 여러분이 이 모든 사람들과 또 내가 더 언급할 수 있는 많은 사람들은 옛 시대에, 기적의 시대에 속한 사람들이라고 말한다면, 나는 여러분에게 오늘날 복음 아래서 하나님의 자녀는 이전 시대의 아주 위대한 신자들도 알지 못한 특권이 있다는 점을 말씀드리겠습니다. 여자가 낳은 자들 가운데 그보다 큰 자가 없다는 말을 들은 세례자 요한조차도 하나님 나라에서는 극히 작은 자보다도 작다는 말을 들었습니다. 우리는 에녹이나 아브라함 혹은 다윗, 다니엘보다 열등한 것이 아니라 성령의 더 분명한 빛과 더 풍성한 내주하심으로 말미암아 이 모든 이들보다 뛰어나게 됩니다.

그 다음에 나는 또 신약 시대는 (사도)요한 같은 인물을 배출했다는 사실도 말씀드리고 싶습니다. 요한만큼 다니엘과 비슷한 사람이 있습니까? 이 두 사람은 그 위치와 환경이 전혀 다르지만 그 성향에 있어서나 하나님과 동행함, 지존하신 하나님과의 친밀함, 그들이 받은 미래에 대한 특별한 환상에 있어서 어찌나 비슷하든지, 다니엘이 선지자들 가운데 요한이었고, 요한은 복음서 기자들 가운데 다니엘이었다고 말할 수 있을 정도입니다. 자, 복음 아래에서 요한 같은 사람이 배출되었다면 그와 같은 인물이 또 배출되지 않으리라는 법이 있습니까? 그 두 사람이 이천 명이 되고 이만 명이 되지 말라는 법이 있습니까? 내가 그런 사람들 가운데 한 사람이 되지 말라는 법이 있습니까? 신자마다 그렇게 물을 수 있습니다. 하나님의 영은 제한을 받지 않으십니다. 하늘로부터 내리는 이슬은 다함이 없습니다. 그 이슬이 다니엘의 가지에 내렸고 요한의 잎에도 내렸기 때문입니다. 형제 여러분, 여러분도 그 이슬을 받을 수 있습니다. 기름지게 하는 이슬의 영향력을 받으면 여러분이 싹을 틔우고 꽃을 피우며, 꽃을 피울 때마다 하나님과의 교제의 향기를 사방에 퍼트릴 수 있습니다.

그 다음에, 우리가 다니엘을 본받는 문제는 잠시 미루어 놓는다고 할지라도, 나는 또 다른 면에서 생각할 때 본문을 얼마든지 아주 자유롭게 사용할 수 있다는 점을 이야기하고 싶습니다. 왜냐하면 진실한 그리스도인은 모두 어떤 의미에서, 그리고 아주 깊고 진실한 의미에서 "큰 은총을 받은 사람"이기 때문입니다. 하나님의 사랑이 나타나는 방식에 차이가 있어서 택하신 자들 가운데서도 더욱 뛰어난 자들이 있다고 말할 수 있지만, 그럼에도 불구하고 택하신 자는 모두가 "큰 은총을 받은" 사람들입니다. 제자들 가운데 뽑힌 칠십 명이 있고, 이 칠십 명 가운데 뽑힌 열둘이 있으며, 이 열둘 가운데 뽑힌 세 사람, 곧 베드로와 야고보와 요한이 있고, 이 세 사람 가운데서 요한이 뽑혔듯이 택하심을 받은 자들 가운데서 또 택하심을 받은 뛰어난 사람들이 있습니다. 택하심은 마치 피라미드가 올라가듯이 그 자체로 거듭거듭 발생합니다. 그럴지라도 그 피라미드의 기초 부분에 있는 일반 제자들은 "큰 은총을 받은 사람들"입니다. 즉, 무한한 사랑으로 사랑을 받은 사람들입니다. 은혜 안에서 지극히 약한 어린 아기들도 그리스도 예수 안에서 온전히 성인으로 자란 사람들만큼 진실로 사랑을 받은 것입니다. 태양 빛이 끊임없이 내리쬐는 것 같은 특별한 지점들이 있습니다. 그렇지만 하나님의 사랑의 태양은 하나님께서 택하신 들판 전체를 비추십니다. 비옥한 땅에는 갈멜과 사론의 아름다움(사 35:2)이 있었습니다. 그렇지만 단에서부터 브엘세바까지 모든 땅이 여호와께 복을 받았습니다. 하늘의 상속자는 모두가 같은 핏값을 치르고 사신 바 되었고, 같은 생명책에 기록되었으며, 같은 영에 의해 부름을 받았고, 같은 하나님의 능력에 의해 보존되며, 동일한 영적 영향력 아래에서 영원한 영광을 위하여 무르익어 갑니다. 그러므로 확실히 신자는 모두가 "사랑을 받았고" 또 "큰 은총을 받았습니다." 우리 각 사람의 구원에서 그리고 오늘까지 우리가 보존된 데서 큰 사랑이 베풀어진 것을 알 수 있습니다. 그러므로 우리 가운데 아무도 본문의 이 표현이 특별히 우리에게 적용될 수 있을 것이라고 기대하지는 못하지만, 우리가 하나님의 주권적인 은혜로 구원을 받았고 예수 그리스도의 피로 말미암아 하나님께 가까이 가게 된 것을 볼 때 우리가 크게 은총을 받은 사람들이라는 것을 믿음으로 알 수 있는데, 그것은 주제넘는 일이 아닙니다. 그러나 그리스도인이라면 누구나 자기가 받은 큰 사랑을 깨달을 때 그 사실에서 나오는 중대한 의무들도 깨달을 것이라고 생각할 것입니다. 이것은 신자라면 누구나 지녀야 하는 정직한 태도일 뿐입니다. 우리가 자녀로서 떡을 먹는다면 아들로서 순종을 바쳐야 합니다.

이제는 본문의 말씀 자체를 살펴봅시다. 본문에서 첫째로 나는 "큰 은총을 받은 사람"이라는 세심하게 선택한 호칭을 봅니다. 둘째로, "두려워하지 말라"는 말로 아주 부드럽게 책망을 받는 일반적인 병약함을 봅니다. 그 다음에 셋째로, "평안하라 강건하라 강건하라"는, 병약함에 대처하도록 주어지는 매우 은혜로운 위로를 봅니다.

1. 우선 본문이 세심하게 선택한 호칭으로 빛나는 점부터 살펴봅시다.

다니엘은 "큰 은총을 받은 사람"이라는 말을 듣습니다. 혹은 어떤 사람들이 그 단어를 해석하는 대로 "바라는 사람," 즉 하나님께서 탐내는 사람, 하나님께서 교제하고 싶어 하시는 사람이라는 말을 듣습니다.

다니엘에 대한 하나님의 큰 사랑이 그의 성품에서 아주 똑똑하게 나타납니다. 나는 그의 성품을 하나님께서 그를 사랑하신 이유로 설명하지 않겠습니다. 전혀 그렇지 않습니다. 오히려 그의 성품을 하나님께서 그에게 베푸신 사랑의 결과로 언급하겠습니다. 하나님께서 그를 크게 사랑하셨습니다. 그러므로 그를 이렇게 저렇게 만드신 것입니다.

이제 우리가 살펴볼 것으로, 하나님께서 다니엘에게 베푸신 큰 사랑의 첫 번째 징표는 이것이었습니다. 즉, 하나님께서 그에게 일찍부터 신앙심을 주셨다는 것입니다. 어린 시절부터 다니엘은 하나님을 경외하였습니다. 다니엘이 하나님을 온전히 알게 된 때를 알지 못하지만, 틀림없이 어린 시절부터 하나님을 알았을 것입니다. 왜냐하면 그가 아직 풋내기였던 시절에 자기 열조의 하나님 여호와를 위하여 장부답게 행동하는 것을 보기 때문입니다. 그가 어린 시절을 포로로 지냈던 것은 사실입니다. 그는 유다 왕가에 속하였고, 바벨론으로 끌려갔습니다. 그가 포로로 끌려갔고, 동시에 예루살렘 성전으로부터 거룩한 그릇들도 탈취되어 갔다는 사실에는 중요한 의미가 있습니다. 내가 다니엘 자신이 거룩한 그릇들 가운데 하나라고 말한다면 어떻겠습니까? 그는 과연 주님의 쓰시기에 합당한 그릇이었기 때문입니다. 그래서 그와 여호와의 전의 금 그릇들이 사로잡혀 갔지만, 하나님의 보호를 받음으로 더럽혀져서 부정한 데 쓰이지 않습니다. 친구 여러분, 어린 시절에 혹은 청소년 시절에 하나님을 알게 되는 특전은 아무리 높이 평가해도 지나침이 없습니다. 그 특전이 죄의 행동이 마음에 일으키는 해로부터 구원받도록 하기만 한다면, 후에 양심에서 죄를 씻어낼 때 일어날 과거에 대한 후회에서 벗어나게만 한다면, 인생의 초년 시절의 귀한 시간을 아껴서 주님을 위해 사용하도록 하기만 했다면, 그것이 이 세 가지 이유들을 위한 것이고, 그 이유들은 큰 덩어리의 일부에 불과할지라도, 그 이유들은 하나님의 특별한 사랑을 영원히 감사할 만한 것들입니다. 나는 좀 더 나이가 들어서 하나님을 사랑하게 된 사람들에게, 그리고 특별히 노년에 하나님을 알게 된 사람들에게 권합니다. 사랑하는 형제 여러분, 여러분은 자신을 부르신 하나님을 사랑합니다. 그러나 여러분은 속으로 "내가 디모데처럼 어머니 무릎에 있었을 때 하나님을 알았더라면 좋았을 텐데" 하고 종종 말하지 않았습니까! 그리고 요즘 여러분의 가장 소중한 바람은 자녀들이 여러분과 다르게 하나님을 위한 결단을 오래 미루지 않고, 그들의 볼에 젊음의 붉은 혈색이 있는 동안에 하나님의 백성들과 운명을 같이하는 것이지 않습니까? 나는 지금 바로 여러분의 마음에 이야기합니다. 그러므로 여러분은 어린 시절의 신앙심은 큰 복이라는 사실에 대한 증인입니다. 그래서 그 복을 받은 사람은 오늘 아침 천사가 자기에게 "오, 큰 은총을 받은 사람이여, 네가 어렸을 때 하나님께서 너를 기뻐하셨도다"라고 말하는 것을 듣는다고 생각할 수 있습니다.

둘째로, 다니엘에 대한 하나님의 큰 사랑은 그의 어린 시절에 그리고 세상에 복종하지 않는 데서 나타났습니다. 그는 경건한 교제에서 완전히 단절되었고, 거룩한 가정이나 은혜로운 보호의 신성한 영향력에서 완전히 떨어져 지내는, 특별히 위험한 상황에 처해 있었습니다. 그는 우상을 숭배하는 나라로 옮겨졌고, 우상 숭배 하는 궁정에서 미신적인 일을 하도록 훈련받았습니다. 이 젊은 히브리인이 그의 조상들의 하나님을 잊도록 하기 위해 할 수 있는 모든 조처가 취해졌습니다. 그와 함께 포로 생활을 한 훌륭한 세 친구의 이름뿐 아니라 그의 이름도 바뀌었습니다. 이들은 히브리어로 멋진 이름들이 있었습니다. 각각의 이름은 은혜로운 어떤 진리를 의미합니다. 그런데 그 이름들이 바벨론 사람들의 호칭으로 바뀌었습니다. 그래서 그들은 자기들이 유대인이라는 것을 잊고 하나님의 이름조차 잊어버릴 수도 있었습니다! 그들은 주변에서 온통 우상 숭배와 정욕과 범죄를 보았습니다. 밖에 나가든지 집에 머물든지 간에 그들에게 이교도의 가증한 것들을 연상시키는 것밖에 없었습니다. 그런데 어린 소년에 불과하였을 때 "다니엘은 뜻을 정하여 왕의 음식과 그가 마시는 포도주로 자기를 더럽히지 아니하리라 하고 자기를 더럽히지 아니하도록 환관장에게 구하였습니다." 다니엘에게 가져다 줄 음식과 포도주는 이스라엘 사람이 먹거나 마셨을 그런 것이 아니었을 것입니다. 그 고기는 피로 더럽혀졌거나 율법의 명령에 어긋나게 목 졸라 잡은 것이었을 수 있습니다. 그리고 많은 경우에 바벨론 사람이 먹은 고기는 부정한 짐승의 고기였을 것입니다. 포도주도 그 일부에 대한 헌주(獻酒) 의식을 통해 거짓 신들에게 바쳐졌을 것이고, 고기도 우상들에게 바쳐졌을 것입니다. 그래서 다니엘은 아주 충분한 정도가 아니라 지나치다고 할 정도까지 나아가기로 결심하였고, 왕의 음식으로 자신을 더럽히지 않고 왕의 포도주로도 자신을 더럽히지 않으려고 하였습니다. 여러분이 불구대천의 원수와 싸우고 있다면 여러분과 적 사이에 아주 높은 담을 쌓는 것이 언제나 지극히 안전한 일입니다. 적이 여러분을 죽이려고 마음먹고 있다면, 담을 아주 높이 쌓는 것에 아무 잘못이 없을 것입니다. 우리가 우리와 죄 사이에 치는 칸막이는 아무리 넓게 해도, 아무리 깊게 해도 지나치지 않을 것입니다. 다니엘은 아주 놀라운 결단력을 가지고 왕의 음식으로 자신을 더럽히지 않겠다고 마음먹었습니다. 자, 이것은 어린아이가 취하기에는 다소 강한 태도였습니다. 이때 그는 학생에 불과하였습니다. 왜냐하면 이때 다니엘은 젊쟁이 학교에 다니면서 갈대아인들의 지혜를 배우고 있었기 때문입니다. 그는 학생에 불과하였지만, 그럼에도 이 문제에 대해서 단호하였습니다. 단호하였지만 경솔하지 않았습니다. 그는 박해를 자초하지 않았습니다. 그는 일터에 가서 부드럽고 예의바른 태도로 일하였는데, 이것은 언제나 확고부동한 태도와 짝을 이루고 있습니다. "태도는 부드럽게"(Suaviter in modo)라는 표어는 언제나 "행동은 꿋꿋하게"(Fortiter in re)라는 말과 함께 가야 합니다. 부드러운 태도는 확고한 원칙을 감싸는데 적절한 옷입니다.

그러므로 우리는 다음과 같은 글을 읽습니다. 다니엘이 "자기를 더럽히지 아니하도록 환관장에게 구하니 하나님이 다니엘로 하여금 환관장에게 은혜와 긍휼을 얻게 하신지라"(단 1:8,9). 그래서 환관장은 다니엘이 제공되는 음식을 먹지 않음으로써 건강을 해치게 될지 모른다는 염려를 표시한 후에 그것을 시험해 보도록 허락하였습니다. 채소와 물만 먹는 규정식을 시험해 본 결과는 더할 나위 없이 만족스러운 것으로 판명이 났습니다. 다니엘과 그의 세 친구들은 학교의 다른 어린 학생들보다 건강도 더 좋고 마음도 더 튼튼한 것으로 나타났습니다. 이 어린 영웅이 그처럼 단호한 태도를 취한 것이 대단한 일이 아니었습니까? 우리는 시작을 잘하는 사람이 계속해서 잘 해나갈 것이라고 기대할 수 있습니다. 젊은 그리스도인 여러분, 여러분은 시작할 때 머뭇거리는 일이나 세상과 홍정하는 일, 악과 교섭해 보려고 하는 일, 자신이 죄에 얼마나 가까이 갈 수 있는지 알아보려고 하는 일을 일절 하지 마십시오. 여러분이 처음부터 철저히 하나님을 위하는 태도를 취하지 않으면 앞으로도 하지 못할까 염려됩니다. 그리스도인들은 은혜 안에서 자라야 하는데, 이런 말 하는 것이 유감스럽지만 그리스도인들 가운데 많은 사람들이 점점 더 약해진다는 것입니다. 그리고 내가 정말로 염려하는 것은, 그들이 그렇게 된 것은 시작할 때 확고한 태도로 하지 않았기 때문이라는 것입니다. 건축하는 사람은 누구나 여러분에게 기초를 잘 놓아야 하는 필요성에 대해서 이야기할 것입니다. 여러분은 결심과 확고한 정신, 진실함, 철저함을 신앙의 기초로 삼으십시오. 이도저도 아닌 그리스도인 여러분, 여러분은 그럴듯한 경건의 모양을 갖추고 서둘러 건물을 짓고 잘 개지 않은 회반죽으로 바르지만 그 건물은 확실히 무너질 뿐입니다. 하나님께서 우리를 깊은 그리스도인, 곧 자기가 무엇을 아는지 알고, 자기들이 말하는 바를 진심으로 말하며, 하나님을 위하고 하나님의 진리를 위하여 의도하는 바를 하나님의 도움을 받아 분명하게 말하는 사람들로 만들어 주시기 바랍니다. 다니엘이 큰 은총을 받은 사람이었는데, 이는 그가 어릴 때부터 세상에 굴복하지 않는 태도가 확실하였기 때문입니다.

이후로 우리는 다니엘이 용기 있게 하나님을 신뢰한 데서 하나님의 사랑의 또 다른 즐거운 결과를 봅니다. 그는 어쨌든 일생에서 두 번에 걸쳐 더할 수 없이 담대한 용기를 보이도록 부름을 받았습니다. 느부갓네살이 한 가지 꿈을 꾸었습니다. 다니엘은 전에 그에게 꿈을 해석해 주었습니다. 그래서 이번에도 그는 왕 앞에 나아가도록 허락을 받았습니다. 다니엘이 왕의 꿈을 들었습니다. 그러나 그 꿈에 대한 해석은 이 폭군에게 닥칠 지극히 심각한 병을 예언하는 것이었습니다. 그러니 그가 어떻게 그 두려운 사실을 말해야 하겠습니까? 이 군주가 손가락을 쳐들기만 하면 다니엘의 목은 마루에 구를 것입니다. 바벨론 전 제국이 이 독재자 느부갓네살의 절대적인 지배 아래 있었습니다. 그렇지만 다니엘은 주저하지 않고 그에게 말하였습니다. 그가 미칠 것이고 그의 머리카락은 독수리의 깃털처럼 자라며, 그의 손톱은 새의 발톱같이 자라고, 그가 사람들의 거처에서 쫓겨날 것이라고 말하였습니다. 나는 그가 두려움을 모르는 모습과 목소리로 왕에게 공의를 행함으로써 죄를 사하고 가난한 자를 긍휼히 여김으로써 죄악을 사하여 왕의 평안함이 장구할 수 있도록 하라고 말하는 모습이 보이는 것 같습니다. 그런데 오늘날은 진리를 말하는데 큰 용기가 필요하지 않습니다. 아무리 대담한 그리스도의 사자라도 갑작스런 죽임을 당하지 않기 때문입니다. 우리는 원하는 것을 믿을 수 있고 또 하고 싶은 말을 거의 할 수 있는 자유의 시대에 살고 있습니다. 그러나 그때는 나단처럼 와서 "당신이 그 사람이라"(삼하 12:7)고 말하되, 마음에 은혜가 있는 다윗 같은 사람에게 하는 것이 아니라 하나님을 두려워하지 않는 사람, 곧 자신을 신이라고 생각하는 느부갓네살에게 말하려면 영웅적인 용기가 필요하였습니다. 그리고 다니엘이 벨사살 왕과 그의 모든 신하 앞에 섰던 그 두려운 밤에 행한 용기 있는 행동이 있었습니다. 그때 다른 지방의 제후와 영주들이 한데 모여 있었고, 거기에서 벽에 나타난 육필을 해석하였습니다. 생각해 보십시오. 다니엘은 순식간에 그를 죽일 수 있는 군대에 에워싸여 있었습니다. 그는 젊고 오만한 왕, 사람의 생명을 조금도 귀하게 여기지 않는 방탕하고 제멋대로 구는 왕 앞에 섰고, 그에게 "왕을 저울에 달아 보니 부족함이 보였다 함이요 왕의 나라가 나뉘어서 메대와 바사 사람에게 준 바 되었다 함이니이다"(5:27,28)라는 말을 해야 했습니다. 왕의 최종적인 파멸을 있는 그대로 해석할 수 있으려면 적지 않은 용기가 필요하였습니다. 다니엘은 젊었을 때 느부갓네살을 마주하였고, 세월이 흘러 나이가 들었을 때도 여전히 평온함과 용감한 기백을 가지고서 벨사살을 마주하여 그의 죄를 인하여, 이스라엘의 하나님 여호와를 오만하게 무시한 점을 인하여 그를 책망하였습니다. 그는 큰 은총을 받은 사람이어서 모든 적들의 한가운데 있으면서도 사자처럼 담대하였습니다.

하나님께서 그에게 베푸신 사랑을 보여주는 또 다른 증거로서 이 점은 그가 성공을 놀랍게 견딘 사실과 결부되어 있었습니다. 어릴 적의 신앙심이 사람에 대한 하나님의 특별한 애정을 보여주는 중요한 증거라고 앞에서 말하였다면, 많은 사람들의 존경과 인생의 성공, 부와 지위를 감당하는 능력도 하나님의 은총을 보여주는 매우 특별한 표지라고 말할 수 있을 것입니다. 다니엘이 느부갓네살에게 가서 그에게 그의 꿈을 말하고 해석을 해주었을 때 그는 젊은이에 불과하였습니다. 다니엘이 왕의 문에 앉고 바벨론의 모든 지혜자의 우두머리가 된 때는 십칠 세쯤이었을 것으로 생각합니다. 에스겔은 두로 왕에게 말하기를 "네가 다니엘보다 지혜로우냐"(겔 28:3)고 하였습니다. 자, 젊은이가 그런 위치에 올라갔습니다. 우리는 모두 그를 에워싸고 있는 위험들이 틀림없이 많았으리라는 것을 압니다. 혹은 많았을 것이라고 생각합니다. 경험이 있는 사람도 언제나 권력이 있는 높은 지위에 쉽게 오를 수 있는 것이 아님을 압니다. 그런데 젊고 경험이 없는 사람이 그 위치에 오르는 것을 보면, 그는 큰 사랑을 받은 사람임에 틀림없습니다. 그 다음에, 43년간의 느부갓네살 통치 기간 동안 혹은 그 이후에도 다니엘은 바벨론 왕국의 고관들 가운데 한 사람으로 지냈다는 점을 생각해 보십시오. 또 우리는 다니엘이 벨사살의 통치 기간 내내, 그리고 이어서 메대 왕 다리오의 통치 기간 동안에도 여전히 정부의 최고위직의 한 사람으로 있는 것을 봅니다. 벨사살은 그를 왕국에서 세 번째 인물로 세웠습니다. 내가 생각할 때, 그 때는 제국에 두 왕이 있었기 때문에 다니엘이 두 번째 인물이 될 수는 없었습니다. 하지만 그는 제국 전체에서 두 왕 다음의 인물이 되었습니다. 하지만 여러분은 다니엘이 자신이 큰 인물이라는 생각을 무심코 드러내는 것을 한 번도 보지 못합니다. 그의 책을 보면 자신을 조금이라도 나타내려는 욕심이 전혀 보이지 않습니다. 여러분은 다니엘의 경건한 세 친구가 맹렬한 풀무불 가운데 던져졌을 때 그가 어디에 있었는지 종종 궁금하게 생각하지 않았습니까? 만일 내가 다니엘서를 썼다면 틀림없이 나는 한두 절이라도 집어넣어서 그때 내가 어디에 있었는지를 설명하려고 했을 것입니다. 그러나 다니엘은 자신을 전혀 생각하지 않고 자신의 결백을 주장하지 않습니다. 혹은 의심을 피하려고도 하지 않으며 우리가 어떻게 생각하든 개의치 않고 내버려 둡니다. 우리는 다니엘이 그때 훌륭하게 행동하였을 것이라고 확신할 수 있습니다. 그러나 그는 우리가 그렇게 생각하도록 만들려고 하지 않습니다. 자신은 아무것도 아닙니다. 자신의 백성들과 자기 하나님을 섬기는 것, 바로 이것이 그의 생각을 온통 사로잡고 있었습니다. 사람이 부와 권세가 있는 높은 지위에 오르고, 관을 쓰고 진홍색 옷을 입게 되었으면서도 그런 일들이 자기에게 전혀 시험이 되지 않는 사람들처럼 겸손히 자기 하나님과 동행하고 흠 없이 자신의 의무를 이행하는 것을 보는 것은 멋진 일입니다. 나는 이번 주에 바다에서 폭풍우를 만난 배에 대한 기사를 읽었습니다. 산더미 같은 파도, 산처럼 높이 솟은 물이 배를 지나가며 엔진의 불을 꺼버리고 타륜(舵輪)과 조타실을 쓸어 가버렸습니다. 그래서 배가 바다의 여물통에 나무토막처럼 떠 있었습니다. 지금 많은 사람이 그런 모습으로 지냈습니다. 엄청난 부와 성공이 그를 덮쳐서 그가 이전에 지녔던 열정의 불꽃을 꺼트렸고, 그의 영혼의 모든 조타 장치를 쓸어가 버렸습니다. 그는 세상적인 생각과 교만의 파도 가운데서 나무토막처럼 위아래로 출렁이다가 완전히 깨어지고 말았습니다. 그러나 다니엘은 크게 사랑을 받은 사람이었습니다. 이는 하나님께서 그를 높은 지위에 세우시고, 그의 발을 암사슴 발같이 만드셨기 때문입니다.

그에게 베푸신 하나님의 큰 사랑을 보여주는 또 한 가지 예는 그가 시련 가운데서 보인 확고한 태도에서 찾아 볼 수 있습니다. 대부분의 사람들에게는 시험을 받는 특별한 때가 올 것입니다. 다니엘에게는 그 일이 노년에 일어났습니다.

다니엘이 정치적인 일들에서 언제나 전면에 서는 것을 참을 수 없었던 사람들이 있었습니다. 그래서 그들이 그에 대해 음모를 꾸몄지만 그의 하나님에 관한 것을 제외하고는 그를 고소할 만한 것을 아무것도 찾지 못하였습니다. 그들은 아무도 왕에게 기도하는 것 외에는 30일 동안 기도해서는 안 된다는 왕의 칙령을 얻어냈습니다. 그러나 다니엘은 그런 칙령에 거의 신경을 쓰지 않았습니다. 자신이 오랫동안 조국을 떠나서 포로 생활을 하고 있지만 아직도 사랑하는 조국을 향하여 하루에 세 번 창문을 열어 놓고 하나님 앞에 엎드리는 것이 그의 습관이었습니다. 그는 왕의 칙령이 없었다면 기도하였을 그 시간에 그의 속에 아주 두드러졌던 단호하고 올곧은 마음으로 가서 기도하였습니다. 그는 다른 창문을 열지 않았고 창문을 닫지도 않았습니다. 전에 늘 하던 대로 무릎을 꿇고 기도하였습니다. 사자 굴은 그에게 아무것도 아니었습니다. 그에게 중요한 것은 의무였습니다. 의무의 길이 들짐승의 입을 지나가도록 놓여 있었지만 그는 계속해서 그 길을 따라갔습니다. 여러분은 그 결과를 압니다. 하나님께서 어떻게 자신의 종을 변호하셨는지 압니다. 사실 나는 다니엘이 사자들이 날뛰고 있는 굴에 던져졌을 때 그 순교자는 크게 사랑받은 사람이었다고 말했을 수도 있습니다. 그러나 모든 사람은 다니엘이 하나님께서 그를 보호하기 위해 자기 천사를 보내신 굴에서 살아 나와 다리오에게 존경을 받았을 때 그 사실을 고백합니다. 즉, 그를 본 사람이 모두가 그가 크게 사랑받은 사람이었다고 고백하였습니다.

한 마디 덧붙이자면, 여기서 우리는 다니엘을 그처럼 끊임없이 헌신하는 사람으로 만드신 데서 하나님의 은혜와 사랑이 분명하게 나타났다는 사실을 잊어서는 안 된다는 것입니다. 그는 매일 변함없이 규칙적으로 기도를 드렸습니다. 그가 바리새인이어서 자신이 정한 때가 다른 때보다 더 좋다고 생각한 것이 아닙니다. 아마도 그는 우리들 대부분이 그래왔듯이 기도할 시간을 따로 정하지 않으면 아예 기도를 소홀히 할 수 있다는 것을 알았기 때문일 것입니다. 하루에 세 번, 어떤 일이 있더라도, 다시 말해 정치인이 마음으로 느끼는 업무에 대한 엄청난 압박에도 불구하고, 하루에 세 번 자기 하나님께 기도하였습니다. 그 외에도 특별한 시간을 가졌습니다. 3주 동안 우리는 다니엘이 기도하고 금식하며 지내는 것을 봅니다. 그는 집에서 규칙적으로 기도를 드렸습니다. 그러나 특별한 간구는 강변의 외로운 버드나무들 곁에서 드렸습니다. 거기에 그는 큰 소리로 외치고 하나님과 씨름하였습니다. 우리는 이 결과로 그가 위로부터 오는 계시들을 받는 은총을 받았습니다. 만일 그가 규칙적으로 혹은 계속해서 기도를 드리지 않았다면 그런 계시를 받지 못하였을 것입니다. 사람이 기도의 영 가운데 산다면, 사람이 기도하기를 기뻐한다면, 해가 바뀌어도 기도가 무미건조해지지 않았다면, 기도가 그 사람에게 진짜라면, 그가 기도를 더 많이 하기를 갈망하여서 점점 더 오래 기도하고 더욱 뜨겁게 기도하게 된다면, 그것은 하나님께서 그에게 베푸신 사랑을 보여주는 중요한 징표입니다. 하나님께서 그에게 기도에 능하게 하는 특권을 주신다면, 그는 크게 사랑을 받은 사람입니다. 기도의 능력은 하나님의 은혜로운 선물들 가운데 가장 신성한 것 중의 하나입니다. 나는 오늘 한 사람의 이름을 말할 수 있을 것입니다. 그 이름은 여러분도 잘 압니다. 하나님께서 근래 몇 년 동안 그의 기도를 들으시고 그가 수천 명의 고아들을 먹이고 수십 명의 선교사들을 파송하도록 도우신 사람입니다. 그 사람을 생각할 때마다 우리는 그를 크게 사랑받은 사람이라고 생각합니다. 나는 기도에 능한 사람, 곧 간구로 자기 가족과 교회와 이웃에게 복이 임하게 하는 사람을 볼 때마다 그가 정말로 크게 사랑받은 사람이라는 것을 압니다.

나는 여러분에게 하나님께서 다니엘에게 베푸신 사랑의 외적 표시들은 우리 가운데 많은 사람들이 어느 정도 누렸고 또 더 누릴 수도 있는 그런 것이었음을 보여주었다고 생각합니다. 왜냐하면 이 자리에는 어렸을 때 구원받은 사람들이 있고, 어릴 때부터 하나님을 위하여 확고한 태도를 보인 사람들이 있으며, 그리스도를 위하여 용감하게 일어서고 믿음을 부인하지 않은 사람들이 있고, 번영을 유지하면서 시험도 견뎌낸 사람들이 있으며, 은혜로 하나님께 간구하는 법을 배운 사람들도 있기 때문입니다. 어쩌면 그들은 자신들이 그런 사람인 줄 모를 것입니다. 그러나 우리는 그들을 알아볼 수 있고, 그래서 그들을 크게 사랑받은 사람들이라고 부를 수 있습니다.

한 마디로 하면, 하나님께서 다니엘에게 베푸신 사랑을 보여주는 최고의 징표가 있습니다. 그것은 그의 일생을 통해서 나타난 완전한 일관성입니다. 만일 누가 나에게 어떤 특별한 덕성 때문에 그가 유명한 것이냐고 묻는다면 어떻게 대답을 해야 할지 잘 모르겠습니다. 그의 성품에는 뛰어난 모든 미덕들이 결합되어 있습니다. 그에게서 부족한 점을 도무지 찾을 수 없을 것 같습니다. 그가 하나님 보시기에 죄인인 것은 분명합니다. 그러나 그가 사람에게는 흠이 없었습니다. 그의 성품은 균형이 잡혀 있었습니다. 매우 아름다운 요한의 성품에서와 같이, 여러 가지 덕성들이 균형을 이루고 있습니다. 요한의 성품에서는 아마도 사랑스러운 면, 곧 다니엘에게서는 보지 못하는 애정이 깃든 부드러움이 있을 것입니다. 이 선지자에게는 사자 같은 모습이 다소 더 있고, 이 사도에게는 어린 양 같은 모습이 더 있습니다. 그러나 이 두 사람은 각각 자기 나름대로 완전합니다. 여러분은 다니엘의 생애 전체를 통해서 흠을 발견하지 못합니다. 다니엘이 무너질 수도 있었을 중요한 때가 있었지만 하나님께서 그가 그 시기를 지나가도록 도우셨습니다. 그는 긴 생애 동안 경영자였습니다. 국가의 짐을 짊어진 사람이었습니다. 그럼에도 불구하고 아무도 그에 대해 어떤 잘못으로 한 번도 고발할 수 없었습니다. 할 일이 많은 사람은 비록 그 자신은 아주 옳을지라도 보통 그의 부하들을 통해 이루어진 이런저런 잘못으로 비난을 받게 될 것입니다. 그러나 여기에 하나님의 은혜로 아주 강직하고 모든 일을 아주 올바르게 행해서 적들조차도 그의 종교에 관한 것을 제외하고서는 그에 대해 아무것도 고발할 수 없는 사람이 있었습니다. 이것은 큰 은혜의 표시이고, 참으로 드문 경건의 징표입니다. 많은 사람들이 스스로 그리스도인이라고 합니다. 그런데 나는 이들이 슬그머니 천국에 들어갈 것이라고 생각합니다. 참으로 슬프게도 이들의 모순된 행동들에 대해서는 적게 이야기할수록 그만큼 더 낫습니다. 사람이 하나님의 은혜로 말미암아 처음부터 마지막까지 언행이 변치 않는다면, 그것이 크게 사랑받은 사람임을 보여주는 특별한 표시입니다.

남은 시간이 부족할 것 같습니다. 그래서 서둘러 두 번째 요점으로 넘어가야 하겠습니다.

2. 다니엘은 사람들이 흔히 겪는 허약함에 사로잡히게 되었다는 점을 살펴봅시다.

그가 한번은 온통 두려움에 사로잡혔습니다. 그래서 천사가 그에게 "두려워하지 말라"고 하였습니다. 나는 이 점을 생각할 때 기쁩니다. 사람들 가운데 아무리 훌륭한 사람도 아주 큰 두려움에 사로잡힐 수 있다는 것을 가르쳐 주기 때문입니다. 바로 이 부분에서 다니엘이 엎드리고 아무 말을 하지 못하는 것을 알고서 기뻤습니다. 왜냐하면 그 사실에서 다니엘이 우리와 같이 연약한 면들이 있었고, 하나님께서 그를 위대하게 세우셨지만 그 자신만으로는 아무것도 아니며 그의 모든 위대함은 하나님의 은혜로 말미암은 것이었다는 점이 나타나기 때문입니다. 다니엘이 느꼈던 그 두려움은 바로 그때 겪은 그의 개인적인 시련의 결과가 아니었습니다. 사실 그 두려움은 다니엘이 하나님으로부터 계시를 받는 큰 명예를 누렸을 때 일어났습니다. 그가 느낀 두려움은 여호와를 보고서 자신의 무가치함을 느낀 데서 생겨났습니다. 그 점에 대해서 한 마디만 하겠습니다. 여러분이 크게 사랑받은 사람이라면, 다른 사람들보다 주 예수님을 더 분명하게 볼 수가 있습니다. 바로 그 점 때문에 여러분은 자신을 생각할 때마다 더 크게 부끄러워하고 당황스러워할 수 있습니다. 다니엘이 자신에 관해서 "내 몸에 힘이 빠졌고 나의 아름다운 빛이 변하여 썩은 듯하였고 나의 힘이 다 없어졌나이다"(10:8) 하고 말했다는 점을 생각해 보시기 바랍니다. 사랑하는 여러분, 만일 주님께서 여러분에게 은혜를 베풀어 많은 사랑을 받게 하시고 하나님께 가까이 갈 수 있게 하신다면, 여러분은 그 사실의 반대 면을 생각해야 합니다. 즉, 여러분은 자신이 아무것도 아니고 천하며 무가치하다는 것을 느끼지 않을 수 없습니다. 그 점을 느끼는 동안 여러분이 자신이 차라리 태어나지 않았으면 좋았겠다고까지 생각하며, 하나님의 백성들을 위하여 조금이라도 무엇을 하기에 적합한 존재가 아닌 것처럼 생각하는 것은 이상한 일이 아닙니다. 비록 그렇게 생각할지라도 여러분은 크게 사랑받고 크게 복을 받은 사람일 수가 있습니다. 욥을 보십시오. 그가 온 몸에 종기가 났을 때는 어느 정도 스스로를 의롭게 여깁니다. 그러나 하나님을 보는 순간 뭐라고 말합니까? "내가 주께 대하여 귀로 듣기만 하였사오나 이제는 눈으로 주를 뵈옵나이다 그러므로 내가 스스로를 혐오하나이다"(욥 42:5,6. 개역개정 "그러므로 내가 스스로 거두어들이나이다" - 역주). 그렇게 될 것이 확실합니다. 하나님으로부터 받는 큰 사랑은 여러분을 아주 겸손하게 만들고 티끌 가운데 앉도록 만들 것입니다. 지금 이 설교를 듣는 사람들 가운데 최근 들어서 자신의 마음이 추하다는 것을 과거 어느 때보다 생생하게 알게 된 형제가 있습니까? 그런 분이 오늘 아침에 여기 와서 "아, 슬프다" 하고 소리쳤습니까? 아닙니다. 형제여, "슬프다"고 말하지 말고, "크게 사랑받은 사람이여" 하고 말해야 합니다. 비록 여러분이 주님을 봄으로써 이 사실을 알게 되었을지라도 두려워하지 마십시오. 이것은 여러분에게 저주가 아니라 복입니다.

어쩌면 다니엘의 두려움은 민족들의 역사와 특별히 그의 민족의 역사가 그에게 밝혀짐으로 인해 또한 일어났을 것입니다. 다니엘은 자기 민족에 대하여 특별히 염려하였습니다. 여러분은 그런 상태에 들어가서 세상과 조국과 교회를 보기 시작하다가 갑작스럽게 두려워하며 떨어본 적이 있습니까? 여러분에게 아주 확실하게 말씀드리지만, 눈물을 흘리는 선지자, 예레미야의 옷을 걸치는 것은 아주 쉬운 일입니다. 여러분이 우리의 이 작은 섬나라에서도 사방을 둘러보면 해악이 뚜렷이 나타나고 잘못된 생각이 널리 보급되는 반면에, 진리의 주장은 폭풍우에 시달려 거의 파선한 배처럼 보입니다. 정말로 사람이 그런 형편을 보면 울며 한탄할 여지가 충분히 있을 것입니다. 전체적으로 세상을 보고 어떻게 불신앙이 퍼지는지를 본다면 우리는 "슬프다!" 하고 말할 것입니다. 그렇습니다. 다니엘은 장래의 긴 세상 역사를 보았고, 그러므로 두려움에 사로잡혔던 것입니다. 여러분도 두려움에 사로잡히게 되지 않습니까? 하나님께 크게 사랑을 받는 사람들이 감당해야 할 몫은, 시대의 고난을 짊어지고, 자기 시대를 위하여 그리스도처럼 되며, 사람들의 죄를 마음에 짊어지고서 살아계신 하나님 앞에서 사람들에 대해 간구하는 것입니다.

또한 내가 생각할 때 다니엘의 슬픔이 얼마간은 그에게 다음과 같은 말씀이 반복된 데서 일어난 것이라고 봅니다. "그 환상이 참되니 정한 그 기간이 오래 계속 되니라(개역개정은 "그 일이 참되니 곧 큰 전쟁에 관한 것이라") 다니엘이 그 일을 분명히 알았고 그 환상을 깨달으니라"(10:1). "그 기간이 오래 계속 되니라." 내게는 이 말씀만큼 마음을 무겁게 누르는 근심은 없는 것 같습니다. 하나님께서 기적을 행하신 이후로 아주 오랜 기간이 흐른 것 같습니다. 교회 안에 큰 일이 일어난 이래로 참으로 긴 시간이 흘렀습니다. 기독교는 인류 가운데 보잘것 없는 소수에게 영향력을 행사하고 있을 뿐입니다. 세상에서 열성적인 그리스도인의 수는 우상 숭배자들과 이슬람교도들, 로마가톨릭교인들, 또 그와 같은 사람들의 많은 수에 비하면 말할 거리도 되지 않는 소수에 지나지 않습니다. 진실한 그리스도인들은 그 수가 불어나는 것 같지 않습니다. 동시에 불신자들은 우리에게 그에 대해서 설명해 보라고 요구하는데, 우리는 마땅히 해야 하는 대로 그들에게 답변할 용기가 없어 보입니다. 1800여년이 지나갔는데, 아무 진보가 없거나 거의 없습니다! 주님이시여, 얼마나 오래 기다려야 합니까! 얼마나 오래 가야 합니까! 얼마나 오래 기다려야 합니까! 하지만 여호와는 하나님이십니다. 그렇습니다. 여호와만이 하나님이십니다. 하나님께서는 인류의 어둠을 순식간에 밝히실 수 있습니다. 성령께서는 시대의 한밤중에 불길처럼 번쩍하고 빛을 비출 사람들을 일으키실 수 있습니다. 그런데 하나님은 왜 지체하십니까? 이것은 교회가 하나님 가까이에 생활하는 곳은 어디서든지 일반적으로 부르짖는 외침입니다. 만일 이 자리에 하나님의 사랑을 받는 은총을 누린 사람들이 있다면, 틀림없이 이런 의문이 그들의 마음을 누를 것이라고 확신합니다. "어느 때까지니이까? 여호와여, 어느 때까지니이까? 왜 지체하시나이까?"

3. 이제 셋째로, 천사가 다니엘에게 가져온 위로를 살펴보고 설교를 마치도록 하겠습니다.

천사는 크게 사랑받는 만큼 또한 두려움을 느끼는 우리에게 위로를 가져다 줍니다. 천사는 먼저 다니엘에게 "평안하라"고 말하였습니다. 이와 같이 천사는 이 자리에 있는, 하나님의 사랑을 받은 모든 사람에게 그와 같이 말합니다. "평안하라. 왜 너는 초조해하고 불안해하며 마음이 심히 요동하느냐? 평안하라."

먼저 평안하도록 하십시오. 여러분은 "크게 사랑을 받았기" 때문입니다. 무슨 일이 일어나든지 일어나지 않든지 간에, 여러분은 크게 사랑을 받은 사람들입니다. 하나님은 땅이 있기 전부터 여러분을 사랑하셨습니다. 하나님은 자기 아들의 피로써 여러분을 구속하셨고, 여러분을 불러 예수님과 교제하도록 하셨으니, 평안하십시오! 여러분은 사랑을 받은 자들입니다. 그 사실이 여러분에게 평안을 주지 않습니까? 엄마가 "쉿, 아가야. 가만히 누워 자거라" 하고 말합니다. 엄마가 자장가를 부르면서 아주 부드러운 목소리로 쉿 하고 내는 소리는 엄마의 사랑을 나타내는 말입니다. 하나님의 사랑하는 자녀 여러분, 그와 같이 가만히 있으십시오. 평안하게 있으십시오. 여러분은 하늘의 사랑을 받은 자입니다.

그 다음에는, 두려워하지 말고 평안하십시오. 하나님께서 지금도 다스리고 계십니다. 하나님은 여러분이 태어나기 전부터 세상을 다스리며 자신의 모든 뜻을 이루셨습니다. 또 여러분이 죽어도 하나님은 여전히 세상을 다스리고 자신의 뜻을 성취하실 것입니다. 왜 여러분은 근심합니까? 여러분이 초조해하는 것이 무슨 소용이 있겠습니까? 여러분은 위대한 선장이신 주님께서 여러분에게 키를 맡길지라도 조종할 수 없고, 돛을 접는 일조차 하지 못하는 배에 타고 있습니다. 그런데도 여러분은 마치 자신이 선장이고 키잡이인 것처럼 걱정합니다. 평안하십시오. 하나님이 주님이십니다. 여러분은 사방에서 들리는 이 모든 소음과 소동이 하나님께서 보좌를 떠나셨다는 징조라고 생각합니까? 그렇지 않습니다. 하나님의 군마들은 맹렬히 달려 나가고, 하나님의 전차는 폭풍우입니다. 그러나 이것들의 입에는 재갈이 물려 있어서 하나님이 고삐를 굳게 붙잡고 자기의 원대로 이것들을 부리십니다! 여호와는 지금도 주님이십니다. 이 점을 믿고 평안하십시오. 두려워하지 마십시오!

시간이 오래 지체되는 것 때문에 근심이 되는데, 여러분이 무엇을 가지고 그 기간을 잽니까? 여러분의 70년 나이를 가지고 혹은 날과 달로써 그 기간을 재겠습니까? 여러분은 영원하신 하나님의 측량줄을 보았습니까? 이 세상이 몇천만 년 동안 지속된다고 하더라도 그것은 영원 속에서는 작은 점에 불과할 것이라는 사실을 압니다! 하나님의 생명은 시간에 제한을 받지 않습니다. 하나님은 기다리실 수 있습니다. 하나님은 기다리실 수 있습니다. 하나님께서 악인들의 세대가 대대로 이어지게 두실 수 있습니다. 그렇습니다. 하나님께서 마귀에게 만 년 동안 세상을 사슬로 묶어 끌고 다니도록 허락하실 수 있습니다. 그렇지만 마지막에는 하나님께서 넉넉히 이기실 것입니다. 싸움의 기간이 긴 만큼 승리도 그만큼 더 영광스러울 것입니다. 아이의 싸움은 기껏해야 한 시간밖에 지속되지 않지만 민족들의 싸움은 거대합니다. 민족들은 해마다 서로 싸우는데, 한 번의 교전(交戰)으로 전쟁이 시작될 수가 있고, 또 한 번의 교전은 그 싸움에 불을 붙이며, 세 번째 교전은 사람들에게 격정을 불러일으키며, 또 한 번의 교전은 싸우는 사람들을 길길이 날뛰게 만들어 결국에는 모든 것을 끝내는 대충돌을 가져올 것입니다. 하나님의 싸움은 그 기간이 사람들의 싸움보다 짧겠습니까? 여러분은 한 번의 교전밖에 보지 못했습니다. 어쩌면 싸움을 시작하는 포병의 일제 사격밖에 보지 못했을 것입니다. 여러분은 보병이 건너오는 것을 아직 보지 못했는데, 머지않아 볼 수 있을 것입니다. 세상이 지금까지 보지 못한 환난의 시기가 아직 남아 있기 때문입니다. 그러나 여러분은 이 점을 확실히 아십시오. 그 기간이 천 년이 하루 같고 하루가 천 년 같은 분에게는 너무도 짧다는 것입니다. 어린아이여, 측량하는 곳에서 내려오라. 내려오라! 무게를 달고 길이를 재시는 분은 하나님이십니다. 그 일은 내버려두고, 하나님의 발 앞에 앉아 가만히 있으십시오. 가만히 계십시오. 모든 것이 괜찮습니다. 하나님께서 지금도 주님이시니, 모든 것이 잘 끝날 것이 확실합니다.

그 다음에, 천사는 다니엘이 이런 두려움 때문에 약해진 것처럼, 그가 강해지는 것이 중요한 것처럼 "강건하라"는 말을 덧붙입니다. 우리에게 중요한 것이 있다면, 현재 위치에서 무슨 일이라도 할 수 있으려면 힘이 필요하다는 것입니다. 그리고 우리가 두려움으로 심히 약해지기 때문에, 실제적인 목적을 위해서 두려움을 떨쳐버려야 합니다. 그러므로 천사가 두 번에 걸쳐 "강건하라 강건하라"고 말합니다. 사랑하는 여러분, 우리는 믿음 안에서 강건해야 합니다. 하나님께서 그것을 귀하게 보시기 때문입니다. 하나님은 우리의 안전에 대해서, 자신의 최종적인 정복에 대해서, 하나님의 대의의 승리에 대해 약속하셨습니다. 그리고 하나님은 지금까지 한 번도 거짓말하신 적이 없습니다. 그런데 왜 여러분은 하나님을 의심합니까? 하나님을 신뢰한 사람들은 지금까지 한 번도 당황한 적이 없습니다. 하나님은 우리가 마땅히 의지할 만한 분이십니다. 상황이 더 어두워지고 시대가 더 악해지며 참된 신앙이 거의 분쇄되고 겨우 한 사람의 마음 속에나 살아 있다고 할지라도 그는 여전히 하나님께서 승리하실 것을 믿고 의심을 품지 말아야 합니다. 왜냐하면 이런 상황에서는 그 사람조차도 우리 주 예수 그리스도의 아버지 하나님, 곧 결코 오류가 없고 변치 않으시며 진실하신 하나님을 의심하게 되기 때문입니다! 형제 여러분, 여러분이 힘을 내야 할 이런 이유와 근거가 있는 한에는, 여러분이 일을 하려면 온 힘을 쏟아야 한다는 점을 기억하시기 바랍니다. 여러분에게 이런 의심들이 있으면 어떻게 기도할 수 있습니까? 여러분이 스스로 의심하고 있으면 어떻게 다른 사람들을 가르치겠습니까? 스스로 한숨을 쉬게 될 때 어떻게 봉사의 일을 할 수 있겠습니까? 이스라엘의 하나님 여호와를 위하여 일하는 일꾼에게는 노래가, 그것도 즐거운 노래가 흘러나와야 합니다. 강건하십시오. 하나님 앞에 엎드려 간절히 기도하십시오. 하나님께 초조한 마음을 거두어 가시고, 여러분이 크게 사랑을 받은 사람이니 여러분을 강건하게 해 주시라고 구하십시오.

사랑하는 여러분, 여러분 가운데 특별히 모든 점에서 뛰어난 분들은 다른 사람들이 여러분을 본받는다는 것을 기억하십시오. 그래서 여러분이 숨을 죽이고 떨리는 목소리로 말한다면 다른 사람들도 약해질 것입니다. 그러므로 두려워하지 말고 강건하십시오. 예, 강건하십시오. 결국 놀랄 이유가 하나도 없다는 점을 아십시오. 여러분은 언제나 사람들의 판단에 상황이 최악이라고 생각했을 때 그들이 최고의 때를 향하여 가고 있었다는 것을 알 만큼 충분히 오래 살지 않았습니까? 사람의 눈에는 보이지 않지만 수면의 조수보다 더 강한 해수의 저류(低流)가 있습니다. 이밖에도, 이것이 그렇지 않다고 하더라도 여러분은 밤이 가장 깊을 때 아침이 밝아오기 시작한다는 것을 보지 않았습니까? 여러분의 부모들이 그렇게 말하지 않았습니까? 여러분은 참된 신앙이 여러분 마음속에서나 세상에서 한창 때를 지나간 것처럼 보였는데 갑자기 다시 도약하는 것을 본 적이 없습니까? 해변에 파도가 밀려올 것입니다. 이 파도는 저 파도보다 더 센 것처럼 보일 것입니다. 그 다음에는 그 모든 파도를 뒤로 끌어당기는 파도가 올 것입니다. 그래서 여러분은 바다가 힘이 줄어들고 있다고 생각할 수도 있습니다. 그런데 그 파도가 아주 멀리까지 물러나는 동안에도 밀물은 들어오고 있습니다. 여기저기에 방해물이 있는 것처럼 보일 수 있지만, 모든 것이 진보를 이루도록 작용하고 있습니다. 거대한 나이아가라 폭포처럼 물살이 급하게 흘러갑니다. 여러분은 그 강기슭 옆에서 빙글빙글 도는 작은 소용돌이 속에 있습니다. 그래서 여러분은 물살이 잘못된 방향으로 돌고 있고, 전혀 앞으로 나아가지 못했다고 하며 "이렇게 빙글빙글 도는 것에 지쳤다"고 말합니다. 아, 그렇지만 여러분이 폭이 넓은 물살에는 들어가지 않았습니다. 혹은 여러분이 그 물살을 계속 응시하였다면, 물살의 폭과 길이를 보느라 눈이 어질어질해졌고, 그래서 물살을 제대로 알지 못하였습니다. 하나님께서 통치하십니다. 전능하신 여호와 하나님께서 다스리시고, 예수께서 하나님 우편에 앉아 계십니다. 하나님의 천사들과 같은 진리가 주님의 바로 뒤를 따르는 동안, 여전히 능하신 예수께서 하나님 우편에 앉아 계십니다! 만군의 여호와의 열심이 머지않아 하나님의 약속을 이루실 것입니다! 잠시 자신의 큰 능력을 감추시고 하나님의 교회의 은밀한 방들에 숨어 계신 성령께서 나오실 것입니다. 하나님의 진리가 사람들 가운데 능력 있게 선포될 날이 올 것입니다. 세상이 그 앞에 엎드릴 만큼 능력 있게 선포되고, 전능하신 여호와 하나님께 찬송이 올라가고, 해 뜨는 곳에서부터 해 지는 곳까지 여호와를 예배할 날이 올 것입니다!

지금까지 하나님의 어린 양이 어디로 가시든지 그를 따른 처녀 딸들이여, 지금도 그를 따르십시오! 여러분의 옷을 세상의 얼룩이 묻지 않도록 지키십시오. 진리와 양심을 굳게 붙드십시오. 여러분은 크게 사랑받은 사람들이니, 낙심하지 않도록 하십시오. 우리 앞에서 활보하는 골리앗 때문에 아무도 낙심하지 않도록 하십시오! 그는 피조물에 불과하므로, 죽어 사라질 것입니다. 두려워하지 마십시오. 평안하십시오. 강건하십시오. 그렇습니다, 강건하십시오! 여호와께서 여러분에게 힘 주시기를 바랍니다. 아멘.

제
12
장
—

알도록 권함을 받는 지식

—

"오직 자기의 하나님을 아는 백성은 강하여 용맹을 떨치리라
백성 중에 지혜로운 자들이 많은 사람을 가르칠 것이라."
— 단 11:32,33

영감 받지 않은 책인 마카베오서가 어쩌면 다니엘서의 이 구절을 가장 잘 해석하고 있다고 볼 수 있을 것입니다. 우리는 이 선지자가 안티오코스 치세 아래 벌어졌던 대 박해를 언급한다고 생각합니다. 이때 유다 마카베오의 추종자들은 백성들의 전체적인 변절에도 불구하고 자기들의 하나님을 알고 여전히 그에게 굳게 붙어 있으면서 시리아의 우상들 앞에 절하기를 거부하였습니다. 이들은 하나님의 은혜로 강하였고, 큰 공훈들을 세웠습니다. 우리는 유다와 그의 형제들에 대한 이야기에서 용맹한 기사들을 읽습니다. 끔찍하기 짝이 없는 고문을 받으면서도 끝까지 믿음을 굳게 지킨 그 어머니와 아들들, 그 밖의 순교자들에 대해 타의 추종을 불허하는 영웅적인 고난의 기사들이 자세히 기술됩니다. 그 시대에는 돌에 맞아 죽은 사람들이 있었고, 톱으로 켬을 당한 사람들, 맹렬한 불길 속에 던져진 사람들이 있었습니다. 그렇지만 그들은 적들이 무슨 일을 할지라도 자기 하나님에게서 떨어지지 않았습니다. 우리가 본문에서 배워야 할 교훈이 있습니다. 그러므로 우리는 역사적인 사실들을 언급하는 것은 그만 두고 이제 본문의 가르침을 살펴봅시다. 이 모든 일을 행한 사람들은 아는 것이 많은 백성이고 총명한 사람들인 것으로 보입니다. 큰 공훈을 세운 이들은 무식한 백성

들이 아니고 자기 하나님을 안 사람들이었습니다. 빽빽한 어둠 가운데서 이스라엘의 등불이 계속 켜 있도록 도운 사람들은 무지한 사람들이 아니었습니다. 그들은 지식이 있는 백성이었습니다.

오늘 아침 설교 주제는 지식입니다. 특별히 하나님의 일들을 아는 지식입니다. 이 문제는 교회에 아주 많은 초신자들을 받아들이고 있는 요즘 매우 긴급하고 중요한 일입니다. 그들 가운데 많은 사람들은 하나님의 일들에 대해 잘 배울 필요가 있습니다. 이 어린 신자들에게 기독교 신앙의 초보를 알고 있으므로 더 높은 진리들을 더욱더 배우도록 부지런히 힘쓰라고 권하는 것이 내가 반드시 해야 할 의무라고 무겁게 생각하고 있습니다. 만일 그들이 하나님의 사랑에 대한 놀라운 계시를 다소 알았으면, 더 나아가 능히 모든 성도와 함께 지식에 넘치는 그리스도의 사랑을 알고 그 높이와 깊이가 어떠함을 깨달으라고 반드시 권해야 한다고 생각합니다.

이 질문은 종종 다음과 같이 매우 일반적이고 모호한 방식으로 제기됩니다. "지식은 좋은 것인가 아닌가?" 우리는 이 질문에 주저 없이 즉각적으로 답변해야 할 것 같이 생각되는데, 그렇게 답변한다면 우리는 덫에 걸리기가 아주 쉬울 것입니다. "지식. 지식은 그 자체로 좋은 것입니까 아닙니까?" 이 질문에 대한 답은 여러 가지 사실에 따라 달라집니다. 여러분은 나에게 공기가 좋은 것인지 묻는 것이 나을 수도 있습니다. 물론, 느슨하게 말하자면, 공기는 좋은 것입니다. 그러나 사방이 막힌 오래된 공간과 지하실 등, 그런 곳의 공기는 생명을 죽일 정도로 많이 나쁩니다. 그러므로 여러분이 나를 함정에 빠트릴 생각을 가지고 묻는 것이라면, 내가 즉시로 "좋다"든지 혹은 "나쁘다"든지 말할 것으로 기대할 수 없습니다. 일반적으로 공기는 좋은 것입니다. 폐가 공기를 필요로 하고, 사람에게는 반드시 공기가 있어야 합니다. 공기는 좋은 것입니다. 그와 같이 지식도 좋은 것입니다. 그러나 전염병을 퍼트리는 공기가 있듯이 우리가 받지 않는 것이 무한히 더 좋은 해로운 지식이 있습니다. 음식이 좋은 것입니까? 그렇습니다. 그러나 여러분이 지금 시장에서 압수된 썩은 고기나 불량 음료수를 언급하는 것이라면 나는 서둘러 여러분에게 대답하지 않습니다. 여러분이 어떤 종류의 음식을 말하는지 알려고 할 것입니다. 추상적으로 음식은 좋은 것입니다. 그렇지만 보편적으로 모든 음식이 다 좋은 것은 아닙니다. 썩은 고기는 병을 일으키고, 온갖 병을 가져오며, 음식물로 유지시키려고 하는 생명을 해칠 것입니다. 지식이 그와 같습니다. 지식은 마음의 음식물입니다. 그렇지만 치명적이고 유해하며 전염성이 있고 온갖 해악이 가득한 지식이 있습니다. 그런 지식은 전혀 모르는 사람이 지혜로운 사람입니다. 물이 좋은 것입니까? 다시 한번 말하지만, 추상적으로는 "그렇다"고 나는 답변합니다. 아주 많은 물의 분자들이 인간의 몸의 건강을 증진시키고 유지하는데 절대적으로 필요합니다. 그래서 목마른 사람은 누구나 물이 좋다는 것을 압니다. 그렇지만 나쁜 물이 있습니다. 못쓰게 된 우물들이 있었습니다. 물이 썩으면 생명에 해롭습니다. 추상적으로 이야기할 때 물은 좋은 것입니다. 그렇지만 썩었거나 독이 든 물처럼 영혼을 파괴시킬 수 있는 지식이 있습니다.

선악을 알게 하는 나무가 에덴동산에 있었습니다. 선악에 대한 그 지식이 에덴동산을 파괴하기만 하였다는 점을 유의하시기 바랍니다! 사람이 많은 것을 알 수 있고, 그러면서도 여전히 고결한 성품을 유지할 수가 있습니다. 그렇지만 사람이 자기 본래의 모습 그대로 있는 동안에도, 지식이라는 나무 속에 사람의 영혼을 파괴시키려고 하는 뱀이 들어 있을 것입니다. 여러분이 지식이 좋은 것인지 아니면 나쁜 것인지 판단하고 싶다면 그 지식이 어디에서 왔는지 자문해보아야 합니다. 스랍이 불타는 숯을 제단에서 가져온다면, 그 숯불에 입술이 닿는 것은 큰 복입니다. 그런가 하면 지옥의 불이 붙은 혀가 있습니다. 그처럼 저주받은 불길에 닿고 싶어 하는 사람이 누가 있겠습니까? 여러분은 불타는 숯불이 입술에 닿도록 허락하기 전에 그 숯불이 어디에서 오는 것인지 알아야 합니다.

지식은 그 성격을 살펴봄으로써 조사해 볼 수 있습니다. 어떤 지식은 달빛과 같습니다. 그래서 건강에 해롭지는 않을지라도 투명하며 차갑고 열매를 맺지 못합니다. 그러나 천상의 지식은 열매를 많이 맺고 건강에 좋고 온화하며 따뜻한 햇살처럼 병을 쫓아냅니다. 여러분은 지식을 사용하는 방식에 의해 지식을 좋은 것으로 만들 수 있고 나쁜 것으로 만들 수도 있습니다. 지식이 횃불이라면 여러분은 그 불을 가져가 지옥의 불을 피우는데 사용할 수가 있습니다. 반면에 은혜로 말미암아 여러분은 하늘에서 불붙인 횃불을 가지고 낙원에 이르는 길을 찾을 수가 있습니다. 그러므로 항상 신중하게 지식을 판단하십시오. 여러분이 지식을 추상적으로 아주 좋은 것으로 생각하고 추구하면서, 깊은 지식을 만날 때마다 그 바닥을 알아보기 위해 서둘러 뛰어들지 말고, 불타는 분화구를 만날 때마다 그 깊이를 측량하기 위해 서둘러 뛰어들지 마십시오. 나는 독을 마시지 않고도 독이 해로운 것을 충분히 알고, 죄에 뛰어들지 않고도 죄가 무서운 것을 충분히 압니다. 이 사실이 우리에게 교훈하는 바가 많습니다. 이제 본문을 살펴보겠습니다.

여기서 첫째로, 특별한 지식이 언급되는 것을 보고, 둘째로, 그 지식의 복된 영향력이 언급되는 것을 봅니다. 이 지식은 사람들을 강하게 하여 큰 공훈을 세우게 만듭니다. 셋째로, 그 지식의 성취 수단들을 살펴보고, 넷째로는 이 지식의 위험에 대한 암시를, 그리고 다섯째로는 이 지식을 퍼트려야 할 의무에 대해서 살펴보겠습니다. 이 점이 33절에 언급됩니다. "백성 중에 지혜로운 자들이 많은 사람을 가르칠 것이니라."

1. 첫째로, 여기에서 언급되는 특별한 지식이 있습니다.

"자기의 하나님을 아는 백성." 하나님을 아는 것은 지식의 최고이자 최상의 형태입니다. 하지만 우리가 하나님에 대해서 무엇을 알 수 있습니까? 하나님께서 우리에게 계시하기를 기뻐하신 것 외에는 아무것도 알 수 없습니다. 하나님은 자연의 책에서 자신에 대해 다소 계시하셨고, 계시의 책에서는 훨씬 더 많은 것을 계시하셨습니다. 하나님은 세상에 대해서와는 다르게 자기 백성들에게는 자신을 나타내심으로써 그 계시의 책에 생생한 빛을 비추시기를 기뻐하셨습니다.

하나님을 아는 사람들은 하나님의 본질과 실재의 단일성을 믿어야 합니다. "이스라엘아 들으라 우리 하나님 여호와는 오직 유일한 여호와이시니라"(신 6:4). 이 점에서 잘못 생각해서는 안 됩니다. 하나님의 단일성은 근본적인 것이고, 따라서 여기서 잘못된 생각은 치명적인 것입니다. 우리는 하나님의 위격이 복수로 계심을 압니다. 하나님께서는 "우리의 형상을 따라 우리가 사람을 만들자" 하고 말씀하셨습니다. 사람은 자신의 존재가 나온 이 "우리"에 대해 다소 알기 전에는 만족하지 않아야 합니다.

하나님 아버지에 대해 알도록 노력해야 합니다. 깊이 회개하는 가운데 여러분의 머리를 아버지의 가슴에 묻고 자신은 아버지의 아들이라고 일컬음을 받기에 합당치 않은 자라고 고백하십시오. 아버지의 사랑의 입맞춤을 받으십시오. 아버지의 영원한 신실함을 보여주는 표지인 가락지를 여러분의 손가락에 끼우십시오. 하나님 아버지의 식탁에 앉아 그의 은혜를 마음으로 즐거워하십시오.

하나님 아버지의 영광의 광채이시고 그 본체의 형상이시지만(히 1:3) 우리를 위하여 자신을 낮추시는, 말로 다할 수 없는 은혜로 사람이 되신 하나님의 아들에 대해 많이 알려고 노력하십시오. 이 하나님의 아들이 지극히 복잡한 본성 가운데 계시는 것을 알기 바랍니다. 그분은 영원하신 하나님이시지만, 고난을 받는 유한한 인간이십니다. 그가 하나님의 발걸음으로 물 위를 걸으시는 것을 따라가 보고, 또 사람으로 지쳐서 우물 곁에 앉아 계시는 것을 보십시오. 여러분의 친구요 형제이며 남편이고, 여러분의 모든 것이 되시는 예수 그리스도에 대해서 얼마간 알기 전에는 만족하지 마십시오.

성령님을 잊지 마십시오. 성령의 본성과 성품, 성령의 속성, 그의 활동에 대해서 할 수 있는 대로 분명히 알려고 애쓰십시오. 저 하나님의 영을 보십시오. 성령께서는 무엇보다 혼돈 위에서 운행하며 질서를 이끌어내신 분이십니다. 이 성령께서 지금은 여러분 영혼의 혼돈에 찾아가 거기에 질서를 일으키시는 분이십니다. 하나님이시며, 영적 생명을 주시는 분이시고, 빛을 비추시는 분이며, 가르치시는 이요, 위로자이시며 거룩하게 하시는 자이신 성령님을 보십시오. 성령께서 거룩한 기름처럼 예수의 머리에 임하시고, 후에는 주님의 옷자락과 같은 여러분에게 임하시는 것을 보십시오.

그 다음에는 한 분으로 계시는 삼위 하나님에 대해서 분명하게 아십시오. 그 점을 추론하려고 하지 마십시오. 그 점을 이해하려고 하지 마십시오. 이러한 진리들을 파악하는 것이 여러분의 의무가 아니라는 점을 기억하시기 바랍니다. 여러분은 추론하기보다 믿어야 합니다. 삼위가 일체로 계시는 한 분 하나님을 우리는 알고 예배해야 합니다. 이 사실을 알지 못하는 사람들은 하나님의 일들에 관한 다른 많은 것들을 좀처럼 알지 못하기 때문입니다. 매우 현저한 한 가지 사실은 이 삼위일체의 교리를 포기하게 되면 거의 틀림없이 복음 신앙의 다른 교리들도 완전히 버리게 된다는 것입니다. 이 삼위일체의 교리는 그것을 공적으로 가르치는 선생과 개인 신자들의 사활이 걸린 문제입니다.

우리가 이 하나님의 속성들을 잘 배우도록 연구하고, 그 모든 속성을 알 수 있는 은혜를 구합시다. 순전히 사랑뿐이고 그 외에는 아무것도 아닌 신을 꿈꾸는 사람들이 되지 않도록 하십시오. 이 사람들은 감상적인 어조로 말을 합니다. 마치 죄를 눈감아 주고 강직함이나 거룩함은 티끌만큼도 없는 나약한 하나님을 믿는 것처럼 말합니다. 하나님을 계신 그대로 믿으십시오. 다시 말해 하나님을 자비로우실 뿐 아니라 두려운 하나님으로, 즉 죄인들을 결코 용서하시지 않고 죄악과 허물과 죄를 그냥 지나치시지 않는 분으로 믿으십시오. 골고다 십자가에 달리신 예수 그리스도의 고통 받으시는 몸과 영혼 속에 계시는 하나님을 보십시오. 그러면 여러분은 죄의 요구에 응하고 있는 예수님에게서 하나님이 얼마나 엄격하게 죄를 처벌하시는지 알 것이고, 또 범죄한 영혼들에게 그처럼 피할 길을 제공하시는 데서 하나님이 얼마나 은혜로우신지도 알게 될 것입니다. 하나님의 속성들에 대해 그냥 왜곡된 견해를 그대로 갖고 있지 마십시오. 하나님께서 편재(遍在)하시는 분임을 아십시오. 여러분이 하나님께서 멀리 떨어져 계신 분인 것처럼 부를 필요가 없고, 아주 가까이 계시다는 것을 알고 기뻐하십시오. 하나님께서 전능하신 분이라는 것을 아십시오. 하나님께서 하실 수 없는 일은 아무것도 없습니다. 그러므로 하나님을 의심하지 마십시오. 하나님의 절대적인 주권을 잊지 말고 하나님의 권세에 순하게 복종하십시오. 많은 사람들이 하나님에 대한 생각에서 저지르는 잘못은 하나님을 모든 법의 원천이자 근원이라고 생각하기보다는 법에 종속되는 분으로 여기는 것입니다.

그들은 하나님의 행동을 자기들의 기준에서 판단하고, 하나님의 이같이 두려운 답변을 잊어버립니다. "이 사람아 네가 누구이기에 감히 하나님께 반문하느냐 지음을 받은 물건이 지은 자에게 어찌 나를 이같이 만들었느냐 말하겠느냐 토기장이가 진흙 한 덩이로 하나는 귀히 쓸 그릇을, 하나는 천히 쓸 그릇을 만들 권한이 없느냐?"(롬 9:20,212). 그들은 "내가 긍휼히 여길 자를 긍휼히 여기고 불쌍히 여길 자를 불쌍히 여기리라"(9:15)는 엄숙한 목소리를 듣지 못한 것입니다. 비록 여러분이 하나님을 완전히 알 수는 없을지라도 아테네 사람들이 "알지 못하는 신"(행 17:23)이라는 이름을 붙여서 예배했던 것처럼 하나님을 예배하지 마십시오.

어떻게 무한한 사랑이 무한한 공의와 만나는지 알도록 노력하십시오. 어떻게 "거룩함이 주의 집에 합당한지"(시 93:5), 그럼에도 불구하고 어떻게 하나님 안에 자기 피조물들에 대한 자비로운 애정이 항상 거하는지 알도록 노력하십시오. 무지한 상태에서 예배하지 않도록 하십시오! 여러분이 다른 것은 모를지라도, 여러분의 하나님의 성품은 알도록 하십시오. "주의 이름을 아는 자는 주를 의지하리이다"(9:10).

그 다음에, 하나님의 활동들을 보고서 하나님을 알도록 하십시오. 과거를 잘 연구하십시오. 창조의 위대한 활동에 무지하지 않도록 하십시오. 현대 과학의 빛이 억측에서 이끌어낸 것이 아니라 사실들에서 이끌어낸 것인 한, 여러분에게 기술이 있다면 현대 과학의 관점에서 창조를 한번 보십시오. 섭리에 있어서 하나님의 위대한 활동들을 깊이 들여다보십시오. 여러분은 연구의 순례 여행을 에덴동산의 입구에서 시작하여 현재까지 이르도록 나아오십시오. 여러분은 묵상하는 가운데 노아와 함께 방주를 타고 안전하게 떠돌아다녀 보십시오. 인류를 이처럼 깨끗이 쓸어 없애버리는 데서 나타난 하나님의 두려운 공의를 연구해 보십시오.

나는 오늘 아침 시간이 없어서 이들 중 어느 한 지점에 오래 머물 수 없습니다. 만일 할 수 있다면, 나는 홍해를 택했을 것입니다. 여호와께서 홍해와 아르논 골짜기에서 무슨 일을 행하셨는지 생각해 보십시오! 어떻게 하나님께서 팔을 뻗어 적들을 쓸어버리셨는지 말해 보십시오! 미리암의 소고를 들고, 영광스럽게 승리하신 하나님을 찬송하십시오! 여러분이 이것으로 만족하지 못한다면, 옥과 시혼을 기억하십시오. 혹은 다음과 같이 드보라의 노래를 부르며 시스라에 대해 승리를 노래하십시오. "깰지어다 깰지어다 드보라여 깰지어다 깰지어다 너는 노래할지어다 일어날지어다 바락이여 아비노암의 아들이여 네가 사로잡은 자를 끌고 갈지어다"(삿 5:12). 훗날에, 곧 하나님께서 한밤중에 산헤립과 그의 군대를 치신 하나님의 행사를 생각하십시오. 어떻게 하나님께서 자기 백성이 포로 된 땅에서 기뻐하며 나오게 하셨고, 다시 한번 예루살렘 성벽을 건축하게 하셨는지를 말해 보십시오. 여러분이 특별히 그리스도에 관한 하나님의 행사들을 소중히 여기도록 하십시오. 우리가 날아서 거슬러 올라가 그 영원한 회의에 들어가 봅시다. 여러분이 믿음으로 하지 않는다면, 그 영원한 대회의실에 들어가지 못할 것입니다. 언약과 보증인, 법령, 전능자의 작정을 생각해 보십시오.

예수께서 아버지 하나님의 품에서 나오시며, 천사들의 찬송 가운데서 여인의 품에 매달려 계시는 것을 보십시오. 성육신하신 하나님의 역사를 조사해 보고, 여러분에게 있는 그리스도의 생명을 연구해 보십시오. 그에 대해서 철저히 알도록 하십시오. 여러분 가운데 가장 어린 사람에게 예수님의 생명에 관하여 여러분도 대답할 수 없는 문제를 묻지 않도록 하십시오. 수사학자들은 고전 작품들을 연구합니다. 옛날 로마의 웅변가들은 데모스테네스(Demosthenes)와 그리스 시인들에 대해서 잘 알았습니다. 그와 같이 그리스도인들은 예수님의 생명을 첫 번째 연구 주제로 삼아야 하고, 그 주제에 대해서 철저히 잘 알도록 해야 합니다. 요람의 약한 모습에서 승리의 당당한 모습에 이르기까지의 구주님을 알도록 하십시오. 승천하실 때 주님은 사로잡힌 자들을 사로잡고, 영원히 통치하시기 위해 아버지의 보좌에 오르셨습니다.

여러분이 이 모든 사실을 완전히 습득하셨다면, 구원의 계획에 관한 성령의 가르침에 대해서 알려고 힘쓰십시오. 어두운 가운데서 구원받은 것에 만족하지 말고, 어떻게 여러분이 구원받았는지 알도록 하십시오. 여러분은 지금 반석 위에 있습니다. 하지만 그 반석을 보지 말고, 왜 그것이 반석인지, 어떻게 여러분이 그 반석에 서게 되었는지 알도록 하십시오. 나는 요즘 널리 유행하고 있는 알미니우스주의는 주로 복음의 교리에 무지한 데서 나온 것이라고 생각합니다. 사람들이 성경을 연구하기 시작하여 하나님의 말씀을 보는 그대로 받아들인다면, 그들이 신자라면 반드시 은혜의 교리를 깨닫고 기뻐하는 자리로 나아가게 될 것입니다. 볼링브로크(Bolingbroke)는 극단적인 불신자였습니다. 그가 어느 날 아침 휫필드를 만났을 때 이렇게 말하였습니다. "목사님, 만일 성경이 사실이라면, 목사님이 설교하시는 것과 같은 칼빈주의 교리들은 성경에서 가르치고 있는 것임에 틀림없습니다. 내가 성경도 칼빈주의도 받아들이지 않지만, 만일 목사님께서 이 교리들을 성경에서 입증하고자 한다면, 내 글이 목사님께 많은 도움이 될 것입니다."

나도 칼빈주의가 성경에서 가르치는 바라고 확신합니다. 친구 여러분, 나는 여러분이 그냥 교회에 가입하고서 "예, 나는 그리스도를 믿습니다" 하고 말하고 말기를 바라지 않습니다. 나는 지금 최근에 교회에 가입한 분들에게 말하는데, 나는 여러분이 이 위대한 계획이 어디에서 시작되었는지 알기를 바랍니다. 그리스도의 피가 어떻게 죄를 없애는지 알기 바랍니다. 그 사실을 아는 것은 매우 귀한 일입니다. 그러나 그 사실의 이유를 이해하는 것은 크게 위안이 되고 믿음을 확고하게 해주는, 모든 면에서 바람직한 일입니다. 그래서 나는 여러분이 하나님의 말씀을 많이 연구하여, 선택에서부터 궁극적 견인에 이르기까지, 궁극적 견인에서부터 재림, 부활, 거기에 따라올 영광과 무궁한 세계에 이르기까지 구원의 전 계획을 명확히 알기를 바랍니다. 이렇게 해서 나는 자기의 하나님을 아는 백성들에 대해 본문이 가르치는 바라고 생각하는 것을 설명하였습니다.

그런데 우리는 여기서 "자기의 하나님을 아는 백성"이라고 할 때, '자기의' 라는 작은 단어를 간과해서는 안 됩니다. "하나님을 아는 자들"이 아니라 "자기의 하나님을" 아는 자들을 말합니다. 하나님에 대해서 무엇이든 바르게 알려면 여러분은 하나님을 굳게 붙들어야 합니다. 하나님이 여러분의 하나님이 되어야 합니다. 한때 기도를 많이 했던 한 노인이 말했습니다. "여러분이 하나님을 굳게 붙잡기 전에는 기도가 나오지 않습니다." 하나님을 친밀하게 알아야 합니다. 하나님이 여러분의 하나님이시라는 것을 알아야 합니다. 하나님께서 영원한 언약 가운데서 자신을 여러분에게 주셨기 때문입니다. 하나님께서 그의 말씀에서 자신을 여러분에게 주겠다고 약속하셨기 때문에 여러분의 하나님이십니다. 여러분이 단순한 믿음의 행위로 하나님을 붙들기 때문에 여러분의 하나님이십니다. 매일 여러분이 하나님의 인도를 받고 하나님의 명령에 복종하는 군인이 되기를 바라기 때문에 여러분의 하나님이십니다. 하나님께서 여러분을 붙들고 마지막까지 붙드실 것이기 때문에 여러분이 하나님을 일생 동안 그리고 죽을 때, 또 영원히 여러분의 하나님으로 모시는 것입니다. "자기의 하나님을 아는 백성." "나의 하나님! 나의 하나님!" 이것은 인간이 혀로 말할 수 있는 최고의 사실들 가운데 하나입니다. 도마여, 그대는 예수님의 옆구리에 손을 넣어보고서 단지 "여호와 하나님"이라고만 하지 않고 "나의 주님이시요 나의 하나님이시니이다"(요 20:28)라고 말할 수 있었을 때 중요한 교훈을 배운 것입니다. 여러분 모두 자기의 하나님을 아는 백성들 가운데 들어가기 바랍니다.

2. 그 다음으로, 이런 지식의 복된 영향력에 대해서 살펴봅시다.

본문을 보면 이 지식이 힘을 북돋우며, 용기를 주고 에너지와 활력, 확고한 정신, 대담함, 성공을 주는 것을 알 수 있습니다. 자기의 하나님을 아는 사람들은 강하고, 그래서 큰 공들을 세웁니다. 로마가톨릭교회는 맹목적인 신앙, 곧 자신이 무엇을 믿는지 알지 못하고 믿는 신앙에 대해서 아주 많이 생각합니다. 우리가 완전히 이해할 수 없는 것을 믿어야 한다는 점에서는 로마가톨릭 교인들과 의견이 일치합니다. 그러나 우리가 알지 못하는 것을 믿어야 한다고 말하는 점에서는 그들의 생각에 동의하지 못합니다. "여러분은 무엇을 믿습니까?" "나는 교회가 믿는 것을 믿습니다." "그러면 교회는 무엇을 믿습니까?" "아, 교회는 내가 믿는 대로 믿습니다." "좋습니다. 그러면 여러분과 교회가 믿는 것은 무엇입니까?" "우리는 모두 같은 것을 믿습니다." 자, 가톨릭 교인들은 그런 신앙을 중요시할 수 있습니다. 그래서 그들은 흔히 그런 신앙을 일으키기 위해서 일반 사람들에게는 성경을 주지 않거나 교육을 소홀히 해서 대중들이 하나님의 말씀을 얻을 수 있을지라도 읽을 수 없게 하는 일들을 합니다. 만일 여러분이 "여러분은 내가 믿는 대로 믿고 나는 여러분이 믿는 대로 믿습니다. 우리는 모두 같은 사실을 믿습니다"라고 말한다면, 여러분은 여러분의 선생에게 결코 자랑거리가 되지 못합니다. 여러분이 믿음을 빨리 포기하면 할수록 그만큼 더 낫습니다. 사람은 자기가 알지 못하는 것을 믿을 수 없습니다. 사람은 이렇게 말할 수 있습니다. "내가 알지 못하는 것을 알게 될 때 믿을 준비가 되었다." 하지만 자신이 전혀 들어보지 못한 것을 믿는 일이란 불가능합니다. 어머니 교회에 대해 내가 들어보지 못한 어떤 교리들이 있다면 나는 그 교리들을 믿지 못합니다. 그런데 내가 일어서서 그 교리들을 믿는다고 말한다면 나는 터무니없는 말을 하고 있는 것입니다. 내가 그 교리들을 들었을 때 믿을 준비가 되었다고 말한다면, 그것은 있을 수 있는 일입니다. 그러나 듣기 전에 먼저 그것을 믿을 수는 없는 일입니다. 믿음은 아는 것과 함께 가야 합니다. 사람은 어떤 사실을 알아야 합니다. 그렇지 않으면 그것을 믿을 수 없습니다.

지식은 영적인 사람을 강하게 합니다. 첫째로, 지식은 믿음이 먹고 살아야 하는 것이기 때문입니다. 믿음이 있는 곳에서 지식은 큰 이익입니다. 여러분 가운데 성경을 주의 깊게 읽는 사람들은 모두 이 사실을 분명히 알 것입니다. "알다"는 단어와 "믿는다"는 단어가 흔히 성경에서는 거의 동의어로 사용되기 때문입니다. 여러분이 요한복음 10장 38절을 보면, 구주께서 "내가 행하거든 나를 믿지 아니할지라도 그 일은 믿으라 그러면 너희가 아버지께서 내 안에 계시고 내가 아버지 안에 있음을 깨달아 알리라"고 말씀하신 것을 볼 것입니다. 그 다음에, 요한일서 2장 3절을 보면 앞에서 언급했던 것과 같은 표현을 봅니다. "우리가 그의 계명을 지키면 이로써 우리가 그를 아는 줄로 알 것이요." 우리는 하나님께 순종하여 행함으로써 믿음과 지식을 확실히 안다는 것입니다. 그리스도인의 믿음이 나오는 원천이 지식의 중요함을 입증합니다. 그리스도인에게 어떻게 믿음이 생깁니까? 가만히 앉아서 오십 개나 백 개의 초들을 바라보고 있으면 믿음이 생깁니까? 거리 모퉁이에 있는 평온한 마리아 상(像)을 감탄하는 눈초리로 응시하고 있으면 믿음이 생깁니까? 특이한 옷을 입은 사람들이 반복하는, 이해할 수 없는 말을 들으면 믿음이 생깁니까? 성경 말씀에 따라 생각할 때, 그렇지 않습니다. 그러면 어떻게 생깁니까? "믿음은 들음에서 나며 들음은 그리스도의 말씀으로 말미암았느니라"(롬 10:17). 여기에 믿음의 전(全) 역사가 나옵니다. 하나님의 말씀이 지식으로 우리에게 은총을 베푸는 교훈을 줍니다. 그때 믿음이 옵니다. 눈으로 보는 것, 종교적 경외심, 두려운 인상, 놀라움, 이런 것들이 믿음을 주지 않습니다. 내가 알 수 있는 어떤 것을 듣는 것이 내게 믿음을 가져다주는 수단입니다. 성경에서는 항상 믿는 사람들을 두고 하나님께 빛을 받고 가르침을 받은 사람들이라고 이야기합니다. 신자들에 대해서 "거룩하신 자에게서 기름 부음을 받았다"(요일 2:20)고 말합니다. 신자들을 모든 진리 가운데로 인도하는 것이 성령의 고유 직무입니다. 그리고 이 모든 것은 그들의 믿음을 기르고 강화하기 위함입니다. 신자들이 믿도록 하기 위해 그들을 어둠 가운데 두지 않고 빛 가운데 둡니다. 그리스도의 종교와 적그리스도의 종교 사이에는 그 차이점이 있습니다. 그 다음에, 하나님의 교회에는 지식이 믿음의 양식이 된다는 것을 입증하는 행위가 있습니다. "성도를 온전하게 하는 것"(엡 4:12), 이것 말고 임직 받은 목사가 힘써야 할 목적이 있습니까? 우리가 교사로 부름을 받지 않았습니까? 사람들을 흥분시키는 일밖에 하지 않는 설교자, 가르치는 것이 아무것도 없고 분명한 교리들을 선포하지 않는 교사는 직무를 내려놓고, 더 이상 해악을 끼치지 않을 수 있는 곳에서 정직한 일자리를 찾는 것이 낫습니다. 우리에게 부족한 것은 가르치는 일입니다. 진실한 목사는 자기 교인들에게 교사입니다. 곧, "새것과 옛것"(마 13:52)을 가져오는 하나님의 청지기입니다.

그 다음에, 지식이 정말로 성령님의 영향 하에서 믿음의 양식이 된다면, 믿음이 인간의 힘을 일으키는 근육이므로 강해지기 위해서 우리는 하나님의 일들에 대한 지식을 많이 알아야 합니다. 자기의 하나님을 아는 백성은 믿음 안에서 강해지고, 큰 공들을 세울 것입니다.

친구 여러분, 다른 모든 덕들에 미치는 믿음의 영향력을 다시 한번 생각해 봅시다. 사랑은 모든 덕들 가운데 가장 달콤합니다. 그런데 어떻게 해야 지식이 나에게 그리스도를 알게 해 줄 때까지 사랑할 수 있습니까? 지식이 문을 열고, 그러면 그 문을 통해서 나는 구주님을 봅니다. 다른 식으로 표현할 수도 있을 것입니다. 지식은 나에게 그리스도의 초상화를 보여주고, 나는 그 초상화를 보고서 그리스도를 사랑하게 됩니다. 나는 적어도 조금이라도 알지 못하는 그리스도를 사랑할 수 없습니다. 내가 그리스도의 뛰어난 점들에 대해 아무것도 알지 못한다면, 곧 그리스도께서 나를 위해 행하신 일과 지금도 행하고 계신 일을 알지 못한다면, 주님을 사랑할 수 없습니다. 그리스도의 경우에는 아는 것이 곧 사랑하는 것입니다. 나는 많이 알수록 그만큼 더 많이 사랑할 것입니다.

이제 소망에 대해서 생각해 봅시다. 내가 어떤 것이 있는지조차도 알지 못한다면 어떻게 그것을 소망할 수 있겠습니까? 소망은 망원경이 될 수 있습니다. 그러나 내가 지식을 얻기 전에는 망원경 앞에 어떤 것이 있지만 나는 그것이 무엇인지 전혀 알 수 없습니다. 그러나 지식이 장애물을 치웁니다. 그러면 망원경을 통해서 볼 때 영광이 나타나는 것을 볼 수 있습니다. 나는 전혀 알지 못하는 것을 소망할 수 없습니다. 천국이 있다는 것을 먼저 알아야 합니다. 그렇지 않으면 천국을 소망할 수 없습니다.

그 다음에 인내를 생각해 봅시다. 야고보 사도가 말하는 대로 욥의 인내를 듣지 않았다면 어떻게 내가 인내할 수 있겠습니까? 내가 그리스도의 동정에 대해서 다소 알지 못한다면, 하늘 아버지께서 내게 행하시는 징계로부터 나올 유익을 알지 못한다면 어떻게 인내를 보일 수 있겠습니까? 지식은 내게 인내할 이유들을 제공해 줍니다. 나는 이 점을 오래 생각할 수 없습니다. 아무튼 그리스도인의 덕 가운데 하나님께서 거룩한 지식으로 기르고 온전케 하시지 못할 덕은 단 한 가지도 없습니다. 그러므로 지식은 지극히 중요한 것이 됩니다.

그 다음에, 본문의 전후관계로 볼 때, 많은 사람들이 안티오코스 시절에 미혹을 받았다는 것이 나타납니다. "그가 또 언약을 배반하고 악행하는 자를 속임수로 타락시킬 것이나 오직 자기의 하나님을 아는 백성은 강하여 용맹을 떨치리라." 그렇다면 하나님을 아는 것이 확고부동하게 서게 하는 수단인 것입니다. 끊임없이 생겨나는 철학 사상들과 불신앙 때문에 크게 혼란스러워 하는 이 백성은 누구입니까? 자기의 하나님을 모르는 사람들입니다. 어떤 젊은이들은 내게 이렇게 말합니다. "목사님, 제가 새 책을 읽었는데요, 진화에 관해 대단히 중요한 사실이 발견되었어요. 동물들은 따로따로 창조되지 않았고, 점진적인 개선의 정도에 따라 서로에게서 생겨난 것입니다." 여러분의 할머니에게 가서 그 점에 관해 물어보십시오! 할머니가 안경을 벗으면서 무엇이라고 말씀하십니까? "지금 '말세에 조롱하는 자들이 와서 자기의 정욕을 따라 행하리라'(벧후 3:3)는 말씀을 읽고 있었어" 하고 말합니다. 젊은이가 할머니에게 말합니다. "할머니는 자신의 신앙에 대해 불안한 생각이 들지 않으세요?" 할머니는 말합니다. "아니, 사람들이 오만 가지 사실을 새로 발견하더라도 나는 혼란스럽지 않을 것이다. '내가 믿는 자를 내가 알고 또한 내가 의탁한 것을 그 날까지 그가 능히 지키실 줄을 확신하기'(딤후 1:12) 때문이지." 여러분은 어쩌면 할머니가 숙맥일 것이라고 생각할 것입니다. 할머니는 아마도 훨씬 더 여러분이 숙맥이라고 생각할 것입니다. 때때로 이단이 일어납니다. 어떤 여자가 선지자가 되어 헛소리를 합니다. 혹은 어떤 미치광이가 하나님께서 자기에게 영감을 주셨다는 망상을 품습니다. 그리고 사기꾼만 나오면 즉각 따르는 어리석은 사람들은 언제나 있습니다. 그런 사람들을 따라가는 사람들은 누구입니까? 자기의 하나님을 모르는 사람들입니다. 자기의 하나님을 아는 사람들은 이렇게 말하고 사기꾼을 따라가지 않습니다.

"사람들이 고안해내는 온갖 것들이
교묘한 기술로 내 믿음을 공격하네.
나는 그런 것들을 헛된 것과 거짓말이라 부르고
내 마음을 복음에 묶겠네."

형제 여러분, 참으로 경건한 목사가 6, 7년 동안 교인들을 가르치면서, 견실한 진리를 제시하고 교인들은 그 진리를 받고 이해한다면, 나는 이리가 들어오는 것을 보고 싶지 않지만, 들어올지라도 별로 해를 끼치지 못할 것이라고 믿습니다. 왜냐하면 강한 자들이 많이 나타나서 그 침입자를 죽일 것이기 때문입니다. 그러나 도덕적 의무들만 설교하고 사람들을 흥분시키는 것에만 몰두하는 목사가 있다면, 이리가 올 때 그는 교인들의 피를 질리도록 맛볼 것입니다. 교인들에게 침입자를 격퇴시킬 힘이 없기 때문입니다. 우리는 우리를 확고하게 세워주는 견고한 교리가 필요합니다. 하나님께서 우리가 그리스도 안에서 뿌리가 박히고 터가 굳어지게 해주시고, 또 우리에게 하나님에 대해 계시해 주시는 것들을 알게 해주시기를 바랍니다.

한 가지만 더 말씀드리고, 두 번째 요점을 마치겠습니다. 지식이 유용하게 쓰일 수 있다고 생각한다면, 여러분은 지식이 여러분으로 하여금 큰 업적들을 이룰 수 있게 하는 중요한 수단이라는 것을 분명히 알 것입니다. 예를 들면, 지식이 없는 그리스도인이 거룩한 생활에서는 감탄할 만한 사람입니다. 하지만 여러분은 그 사람에게 어떤 일을 맡길 수 있겠습니까? 그는 강단에 올라가서는 안 됩니다. 이미 강단에 서고 있다면 거기에서 물러나는 것이 더 낫습니다. 그런 사람은 교회의 직원이 되어서는 안 됩니다. 우리 가운데서 나약한 사람을 지도자로 선택하는 것은 어리석은 일일 것입니다. 그는 주일학교 반에서도 별로 쓸모 있게 일하지 못합니다. 그는 아이들이 성경 읽는 것이나 들으면서 그럭저럭 시간을 보낼 것입니다. 그러나 그가 그리스도인 교사라면 성경을 펼쳐놓고 성경에 대해 설명할 것입니다. 여러분 가운데 아무도 내가 지금 하는 말을 듣고 슬퍼하지 않기 바랍니다. 나는 이제 막 회심한 사람들에 대해서 이야기하고 있는 것입니다. 이제 막 회심한 여러분은 신자입니다. 나는 그 사실을 기쁘게 생각하고 있습니다. 여러분의 지식이 아무리 적을지라도 여러분이 회심한 사람이라는 사실을 기뻐합니다. 하지만 여러분이 자신의 무지에 대해서 불만스럽게 생각하고, 여러분이 유용하게 쓰이기 위해 믿는 사실들의 이유와 근거에 대해서 알며, 할 수 있는 대로 하나님의 깊은 것들을 이해하려고 노력하십시오. 항상 어린아이로 있는 것에 만족하지 마십시오. 여러분이 먼저 어린아이가 되지 않으면 성인이 되지 못할 것입니다. 여러분이 지식에서 자라지 못하는데도 가만히 있지 말고, 여러분이 유용하게 쓰이기 위해 은혜 안에서 자라고 주 예수 그리스도를 아는 지식에서 자라기를 구하십시오.

3. 셋째로, 이제 우리는 이 지식을 얻을 수 있는 방법에 대해서 살펴봅시다.

시간이 많이 지나갔으므로, 나는 자세히 설명하지 못하고 대략만 이야기하도록 하겠습니다. 성경을 조사하십시오. 그냥 성경을 읽지만 말고, 조사하십시오. 병행 구절들을 찾아서 대조해 보십시오. 어떤 한 진리를 언급하는 본문들을 모두 살펴봄으로써 그 진리에 대한 성령의 의도를 파악하도록 노력하십시오. 성경을 연속적으로 읽으십시오. 성경 구절을 여기저기 읽지 마십시오. 그것은 좋은 방법이 아닙니다. 여러분이 매일 아침 존 번연의 「천로역정」을 펴서 아무 곳에서나 여섯 줄을 읽고 나서 책을 덮는다면 그 책에 대해서는 아무것도 알지 못할 것입니다. 여러분이 그 책에 관해 무엇인가 알고자 한다면 그 책 전체를 읽어야 합니다. 마가복음이나 요한복음을 읽을 때, 처음부터 끝까지 다 읽도록 하십시오. 두세 구절이나 한 장을 읽고 끝내지 말고, 마가가 이야기하고자 하는 바가 무엇인가 알도록 노력하십시오. 로마서를 펴서 한 장만 읽는 것은 바울을 정당하게 대하는 일이 아닙니다. 우리가 공중 예배 시간에는 한 장만을 읽을 수밖에 없습니다. 그러나 여러분이 바울의 의도를 알고 싶다면, 다른 일반 편지를 읽을 때와 같이 편지 전체를 다 읽도록 하십시오. 성경을 상식적인 방식으로 읽으십시오. 어떤 사람들이 그렇게 읽는 것을 보았는데, 성경을 무릎에 펼쳐놓고 읽지 마십시오. 그것은 불편한 자세입니다. 안락한 의자에 앉아 편안하게 읽으십시오. 성경을 읽고 싶은 만큼 읽고 나서 기도하십시오. 즐거움이 되어야 할 일을 고행으로 만들지 마십시오. 성경을 읽어가다가 이해하기 어려운 부분을 만나면 건너뛰지 마십시오. 여러분에게는 여러분보다 더 많이 아는 그리스도인 친구가 있습니다. 그에게 가서 그 문제에 대해서 설명을 듣도록 하십시오. 무엇보다 여러분이 어떤 구절을 읽고 그 구절을 정말로 이해하게 되면, 그 말씀을 실행에 옮기십시오. 성령님께 그 의미가 여러분의 마음 판에 쓰일 때까지 그 의미를 여러분의 양심에 새겨주시기를 구하십시오.

그 다음에, 성경을 이해하는데 도움이 되는 것들을 활용하십시오. 나는 「웨스트민스터 신앙고백서」(*The Confession of Faith*)나 「웨스트민스터 소교리문답」만큼 일반 교인들에게 좋은 도움이 되는 것이 달리 있는지 모르겠습니다. 신자라면 아무리 무지한 사람이라도 소교리문답서와 성경 본문들을 읽으면, 아주 짧은 시간 안에 하나님의 일들에 대해서 잘 개관해 볼 수 있습니다. 나는 「웨스트민스터 소교리문답」이 일반 보급판 책들보다 많은 신학을 담고 있다고 믿습니다. 그래서 누구든지 이 교리문답을 알고 이해한다면, 자기 안에 있는 소망에 대한 이유를 말하는데 두려워할 필요가 없을 것입니다.

다음으로, 목사의 설교에 귀를 기울이십시오. 언제나 달콤한 얘기만을 들으려고 하지 마십시오. 예언한다고 하는 말이나 새로운 것들을 따라가지 마십시오. 성경 전체를 보도록 노력하십시오. 칼빈주의를 믿으십시오. 그러나 알미니우스주의자만이 주장할 수 있는 진리가 한 가지라도 있으면 그것도 믿으십시오. 여러분이 동의하지 않는 것을 현재 유행하는 방식을 따라 억지로 정통적인 것으로 밀어 넣으려고 하지 마십시오. 기꺼이 폭넓은 지식을 갖도록 하십시오. 하나님께서 계시하신 것은 무엇이든지 받아들이고, 하나님의 진리 전체를 여러분이 체계화할 수 있든지 없든지 간에 그대로 받아들이십시오.

그 다음에, 만일 여러분이 많이 알고 싶다면 많이 기도하라고 말씀드리겠습니다. 기도는 풀기 어려운 많은 매듭을 풉니다. 하나님과 많이 교제하십시오. 여러분이 멀리서 하나님을 알 수는 없습니다. 하나님께 가까이 가십시오. 예수 그리스도의 이름으로 하나님께 가십시오. 아주 가까이 가십시오. 요 며칠 전날 밤에 나는 기도하면서 무심코 구약 성경을 인용하여 우리가 제사장들처럼 "낭실과 제단 사이에서"(욜 2:17) 울도록 해야 한다고 말한 것이 생각납니다. 그 점에 대해 한 형제가 지적해주어서 바로잡았는데, 그 형제가 이렇게 말하였습니다. "나는 낭실과 제단 사이에 서고 싶지 않습니다. 기도에 있어서 그리스도인에게 합당한 위치는 제단을 넘어서 더 앞으로 나아가는 것입니다. 제사 드리는 일이 마쳐졌으니, 우리는 제사장의 뜰을 지나서 지극히 거룩한 곳, 즉, '휘장 안에 앞서 가신 예수께서 우리를 위하여 들어가신 곳으로'(히 6:20 참조) 들어가야 합니다." 그러므로 성경의 예표들을 바르게 알도록 노력해야 합니다. 여러분이 예표들에 대해서 잘못 알았으면 그것을 바로잡도록 하십시오. 그 실질을 경험함으로써 예표들을 이해하도록 하십시오. 그것이 예표를 가장 잘 아는 방법입니다. 여러분이 모두 갈 수 있는 학교가 한군데 있다는 것을 아십시오. 거기에 들어가면 여러분이 모두 배울 것입니다. 우리 구주께서는 이렇게 말씀하십니다. "사람이 하나님의 뜻을 행하려 하면 이 교훈이 하나님께로부터 왔는지 내가 스스로 말함인지 알리라"(요 7:17). 거룩한 생활은 우리가 은혜의 교리를 배울 수 있는 문법학교입니다.

4. 이제 주의를 주기 위해서 한 마디만 말씀드리고 싶습니다. 지식이 하나님의 복을 받을 때 갖는 모든 뛰어난 점과 가치들에도 불구하고 여러분에게 위험한 요소를 안고 있다는 점을 기억하시기 바랍니다.

바울 사도는 "지식은 교만하게 한다"(고전 8:1)고 말합니다. 사실, 그렇습니다. 여러분은 알고 있는 것을 자랑할 수 있습니다. 하나님께서 여러분을 용서하시고 거기에서 구원해 주시기를 바랍니다! 또한 여러분은 자신이 아는 것에 관해 매우 확신을 가질 수가 있습니다. 그래서 더 이상 알지 않기로 결심했을지도 모릅니다. 자신이 모든 것을 안다고 생각하는 사람들이 있습니다. 그들이 이미 한번 받아들이지 않은 교리는 어떤 것을 제시하더라도 반드시 퇴짜를 놓습니다. 이는 자기가 마음에 모든 계시를 갖고 있고, "뼘으로 하늘을 쟀으며 땅의 티끌을 되에 담아 보았고"(사 40:12) 지혜를 완전히 발견하였다고 결론을 냈기 때문입니다. 그런 상태에 빠지지 마십시오. 지식이 있으면 여러분이 하나님의 백성들에게 거드름을 피울 수가 있습니다. 여러분만큼 아는 것이 많지 않은 사람들을 무시하고 깔볼 수 있습니다. 그렇지만 그들이 여러분보다 배로 거룩하고 하나님께 더 많이 봉사하고 있을 수 있습니다. 왜냐하면 지식은 결국 재능에 불과하고, 언제나 은혜가 재능보다 낫기 때문입니다. 재능을 바르게 사용하기 위해 은혜를 얻기를 구하십시오. 여러분이 돛이 될 수 있는 지식에서 성장함에 따라 겸손이 배의 균형을 잡아주는 훌륭한 바닥짐이 될 것입니다. 이 목적을 위해서 나는 여러분이 아는 것을 제대로 알 수 있게 해주시도록 성령님의 도움을 구합니다. 그렇게 해서 안 지식은 여러분을 우쭐하게 만들지 않고, 십자가 밑에서 눕게 만들 것입니다. 하나님께서 이와 같이 우리 모두를 가르치고 교훈하시면 좋겠습니다.

4. 이제 끝으로, 우리에게 있는 이 지식을 널리 퍼트릴 의무에 대해서 살펴보겠습니다.

"백성 중에 지혜로운 자들이 많은 사람을 가르칠 것이라." 성취되는 것은 예언이지만, 여기에는 우리가 이행해야 하는 의무에 대한 암시도 있습니다. 여호와를 아는 우리는 많은 사람들을 가르치고 있습니까? 어떤 사람은 이렇게 말합니다. "그렇습니다. 나는 주일학교 반에서, 교리문답 반에서 가르치는 일에 최선을 다하고 있습니다." 친구 여러분, 하나님께서 여러분이 더욱 속도를 내도록 해주시기를 바랍니다. 여러분이 선한 일에 더욱 열심을 내도록 해주시기를 바랍니다! 하나님께서 여러분이 지금까지 구하거나 생각하기를 배운 것보다 천 배나 더 빠르게 해주시기를 바랍니다! 그러나 이 자리에는 다른 사람들을 가르치고 있지 않은 분들도 틀림없이 있습니다. 물론 우리의 일은 자녀를 가르치는 것부터 시작해야 합니다. 옛날에 아침과 오후에 예배드렸을 때 저녁 시간은 주로 자녀들에게 성경을 가르치고 교리를 가르치는 일을 하였습니다. 런던에서는 우리가 옛날 방식으로 돌아갈 수 없을 것이라고 생각합니다. 부모가 안식일 저녁에 항상 자녀들을 가르칠지라도 아이들이 많은 것을 배우지 못할 수도 있습니다. 그렇지만 현재 방식이 그보다 나은 개선책인지는 잘 모르겠습니다. 어쨌든, 어머니와 아버지가, 특별히 어머니들이 만일 자신이 하나님의 일들을 안다면 어린 자녀들에게 자기가 아는 것을 가르치지 않고 안식일을 보내게 할 사람은 아무도 없을 것입니다. 주일학교 교사가 잘 가르칠 수 있지만, 자녀를 가르치는 책임을 부모에게서 면제시켜 줄 수는 없습니다.

그런가 하면 더 넓은 범위에서 가르칠 수 있는 사람들이 있습니다. 여러분이 집에서 성경공부 모임을 가질 수도 있습니다. 하나님께서 여러분에게 다른 사람들은 모르는 진리를 가르쳐 주셨다면, 여러분은 이웃들 가운데서 여러분의 집에 와서 여러분이나 다른 누군가에게서 하나님의 일들을 배우려고 하는 사람들을 찾을 수 있지 않겠습니까? 만일 그 사람들이 여러분의 집에 오려고 한다면 여러분은 어떻게 해서든 그들을 붙잡아 둘 수 있겠다는 생각이 들지 않습니까? 여러분이 생활의 일상사들을 잘 이용하여 성경을 가르치는 기회를 만들어서 여러분이 정말로 "여러 사람에게 여러 모습"(고전 9:22)이 될 수 있지 않습니까? 우연히 집에 들른 사람과 대화의 꼬투리를 이어서 복음을 가르치도록 하십시오.

우리는 웨슬리교도들처럼 체계적인 공부 모임이 없습니다. 우리에게 그와 같은 모임들이 있다면 대단히 감사한 일일 것입니다. 우리 교회의 장로님들이 계속해서 어린 사람들을 돌본다면 좋은 일일 것입니다. 일곱 명이나 여덟 명 혹은 아홉 명을 모아서 한 반으로 만드십시오. 교재를 가지고, 하나님 말씀에 비추어 공부하십시오. 이 자리에는 훌륭한 교사들이 몇 분 있습니다. 그런데 훨씬 더 잘 가르칠 수 있으면서 현재 가르치고 있지 않는 분들이 있다고 생각합니다. 그 분들 가운데 어떤 분들은 멀리 삽니다. 그분들이 이곳에서는 가르치는 일을 잘 할 수가 없습니다. 그것은 참으로 문제입니다! 그분들은 차라리 다른 곳에서 가르치는 것이 낫습니다. 여러분이 하나님을 위해 일하고 있는 한, 그 일을 이곳에서 하든지 저곳에서 하든지 하는 것은 중요하지 않습니다.

여러분이 우리 교회에 속한 분들이라면, 여러분의 의무는 첫째로 이곳에서 가르치는 것입니다. 그러나 어떤 상황 때문에 여러분이 우리와 함께 일할 수 없다면 다른 곳에서 일하도록 하십시오. 만일 여러분이 다른 곳에 가기를 원한다면 물론 나는 여러분을 잃는 것이 서운합니다. 그러나 여러분이 거기에서 하나님을 더 잘 섬길 수 있다면, 그렇게 하시라고 말씀드립니다. 만일 여러분이 내 설교가 여러분의 마음에 맞기 때문에 내 설교를 들어야겠다고 느낀다면, 와서 우리를 도와 선한 일을 하도록 합시다. 하여튼 하나님께서 여러분에게 말씀하신 것을 가르치십시오! 하나님께서 여러분의 초에 불을 붙이셨다면, 빛을 비추도록 하고, 다른 사람의 초에도 불을 붙이도록 하십시오.

이 점에 대해서는 이만큼 이야기했으니, 이제 이 말씀을 드리고 끝내겠습니다. 이 자리에는 자신을 아는 일조차 시작하지 못했기 때문에 하나님에 대해서 많이 배우고 알라고 권할 수 없는 분들이 있습니다. 그들은 이 단순한 진리를 모릅니다. "그리스도 예수께서 죄인을 구원하시려고 세상에 임하셨다"(딤전 1:15).

그들은 그 진리를 이론으로 아는데, 그것은 아무 소용이 없습니다. 그들이 마음으로 그 진리를 알고 이렇게 말할 수 있기를 바랍니다. "예수님, 저는 죄인입니다. 주님께서 죄인을 구원하러 오셨으므로 주님께 저를 드립니다. 저를 구원해 주십시오. 주님께서 저를 구원하실 줄 믿습니다." 하나님께서 여러분을 이 상태에 이르게 해주시기를 바랍니다. 여러분이 그리스도를 영접하였을 때는, 여러분의 힘이 미치는 한 이같이 노력하십시오.

"주변의 죄인들에게 가르치십시오.
여러분이 사랑하는 주님이 어떤 분이신지 안 것을."

주님께서 이 말에 복을 베풀어 주시기를 바랍니다. 아멘.